Greene

“十三五”国家重点出版物出版规划项目
经济科学译丛

计量经济分析

（第八版）下册

威廉 · H. 格林（William H. Greene） 著

张成思 译

中国人民大学出版社
· 北京 ·

简要目录

第3部分　估计方法

第 4 部分　横截面、面板数据与微观计量经济学

第 5 部分　时间序列与宏观计量经济学

第3部分

估计方法

12 计量经济学的估计框架

12.1 引言

从本章开始，我们将分析估计方法。现代计量经济学为实践者提供了大量的估计方法，从高度参数化的似然法，到轻描淡写地假定变量间联系的非参数法，种类繁多。该如何从中做出选择，即便经验丰富的研究者也会感到困惑。对这个问题的回答超出了本书的范围，但我们仍能给出一些基本的原则。可能的话，近来的研究都倾向于使用无根据或不适当的假定尽可能少（或者更少）的方法。这就解释了 GMM 估计的优势，它既能避免高度的似然参数化，又能在出现异方差和序列相关时仍给出稳健估计（计算方法的进步使得高度参数化的贝叶斯法越来越容易被接受，看到这种情况出现真让人高兴）。

作为一个一般命题，从全参数到半参数再到非参数估计（nonparametric estimation），对假定依次放松，但代价是能从数据中得出的结论依次削弱。在离散选择模型分析（计量经济学领域文献最活跃的专题之一）中，与在其他任何地方都差不多，这一点尤其明显（我们在第 17 章中会给出一些有代表性的种类）。一个规范的 probit 或 logit 模型使得对概率、偏效应和一大堆附属结论的估计成为可能，但代价是对数据施加了正态或 logistic 分布。**半参数估计量**（semiparametric estimator）和**非参数估计量**（nonparametric estimator）虽然容许放松这些约束，但通常只提供概率的范围，如果是这样，那么在许多情况下，就不可能估计概率或有用的偏效应。在半参数估计和非参数估计中，结论具有稳健性的优点。①

考察估计性质是比较不同方法的另一个方面。在一类估计量内，可以定义出利用数据的“最佳”（最有效）工具（参见例 12.2 中的应用）。有时候，也可以在不同种类的估计量之间进行比较。比如，当它们用于估计相同的参数时，最佳参数估计量通常优于最佳半参数估计量（这有待证明）。当然，这就是参数估计中额外信息的价值。不过，比较的另一方面是，如果参数模型以某种半参数估计量勉强还算稳健（而参数模型却不稳健）的方式误设了，那么半参数模型便略胜一筹。

这些思想流派陷入了对峙之中。**贝叶斯估计**（Bayesian estimation）的拥护者在批评他们作

① 对这些观点的激烈讨论，可参见 Angrist and Pischke（2010）的专题研究。

为古典主义者的同事时，几乎采用神学的观点。[①]。当代实践者通常更加注重实效。在很多情况下，贝叶斯估计都能为那些当时遥不可及的问题给出优美而又容易处理的解，作为这样一套方法，贝叶斯估计便开始广泛传播。[②] 因此，比如 Chib and Greenberg（1996）在许多论文中提倡的**基于模拟的估计**（simulation-based estimation），便解决了许多在计算上颇具挑战性的问题。有关某种方法在方法论上优越性的争论远不如从前那么受关注。

本书第 2～7 章集中讨论了经典回归模型和一个特殊的估计量——最小二乘（线性和非线性）。在本章和接下来的四章中，我们将分析几个广泛用于各种情形的一般估计策略。本章将通盘考虑上述三大领域内的一些方法。第 13 章将讨论**广义矩法**（generalized method of moments），它是作为半参数估计的核心而出现的。第 14 章将介绍**极大似然**（maximum likelihood）法，它是计量经济学中经典参数估计的主要平台。第 15 章将讨论模拟估计和自助法。估计技术的进步使这种技术研究成果成为可能，而且它可以使得那些曾经纯粹因为计算困难而很少被使用的许多估计量变得相当简单。第 16 章将介绍贝叶斯计量方法。

我们所介绍的一系列方法远非完全，我们只是选择了构成计量经济学主流的一组方法。当然还有其他方法或许应该考虑。[③] 实质上，它们都是有关这个问题的优秀专著。我们在本章将介绍几个应用，有些源自文献，有些则源于我自己的研究，用于说明现代计量经济学实践中通用方法的范围。我们在 12.2 节中从参数方法开始分析，主要是极大似然法。因为这是本书剩余部分的主要内容，所以本节只是进行简略描述。12.2 节还将介绍贝叶斯估计，按照其传统形式，与极大似然估计一样高度参数化。12.3 节介绍半参数估计。GMM 估计是整个第 13 章的主题，所以这里只简单介绍一下。这里还介绍了最小绝对离差法。我们还介绍了源自最近理论研究的一系列应用。12.4 节描述了非参数估计。首先提出核密度估计量这个基本工具，然后将其应用于一个回归分析问题。我们还介绍了两个应用。由于本章只关注应用，所以对这些方法的统计理论（比如它们的渐近性质，当然文献中对这些结论进行了详尽阐述）涉及不多。我们在 12.5 节将简要地说明一下估计量性质的问题，然后在第 13～16 章更详尽地讨论它们。

12.2 参数估计与推断

参数估计从**密度**（density）或概率模型的一个完整命题开始，其中模型能为我们所关心的某个随机变量提供**数据生成机制**（data-generating mechanism）。就我们迄今所考虑的应用类型来看，我们可能会说，一个单一的随机变量“y”和我们所关心的随机向量“$\mathbf{x}$”的联合密度可设定为

$$f(y,\mathbf{x})=g(y|\mathbf{x},\boldsymbol{\beta})\times h(\mathbf{x}|\boldsymbol{\theta}) \tag{12-1}$$

式中，未知参数为 $\boldsymbol{\beta}$ 和 $\boldsymbol{\theta}$。继续我们从第 2 章起一直考虑的应用，即带有正态分布随机扰动项的

---

① 例如，参见 Poirier（1995）。

② 贝叶斯计量经济学的突破有可能被夸大。它经常在《计量经济学杂志》《应用计量经济学杂志》《商业与经济统计杂志》等杂志出现。另外，在 2000 年出版的 6 本主要计量经济学教科书中，有 4 本（Hayashi，Ruud，Patterson，Davidson）根本就没有提到贝叶斯法。而含有 32 篇文章的论文集（Baltagi）中只有一篇讨论这个问题。类似地，Wooldridge（2010）被广泛引用的论文里没有涉及贝叶斯计量经济学的任何内容。在这篇文章中，只有大约 10%用于介绍贝叶斯估计，但也只是宽泛地说明一般理论或线性回归模型，而对构成该领域诸多期刊的标准应用研究的更精致的贝叶斯模型则只字未提。

③ 详细的方法目录，参见 Mittelhammer，Judge，and Miller（2000）。

线性回归模型。这个假定可以得到对**条件密度**（conditional density）（即从中抽取观测的总体）的一个完整命题：

$$y_i \mid \mathbf{x}_i \sim N[\mathbf{x}_i'\boldsymbol{\beta}, \sigma^2]$$

对总体的一个完整定义便只剩下未知但固定的参数所取特定值的信息。有了这些，y_i 的条件概率分布就完全确定了——均值、方差以及发生某特定事件的概率，等等（基于变量的边际密度不是特别有意义）。因此，这个模型平台的标志性特征就是同时设定了密度及其特征（参数）。

这个参数模型的**参数空间**（parameter space）是满足模型某个先验设定的参数值集。比如，在前面设定的回归模型中，K 个回归斜率可取任意实数值，但方差必须为正，因此该模型的参数空间为 $[\beta, \sigma^2] \in \mathbb{R}^K \times \mathbb{R}+$。在这个背景下，“估计”由两个部分构成，首先指定一个将参数空间中的点进行排序的准则，然后选择最优化这个准则——具有最优序位的点（点估计值）或点集（区间估计值）。因此，比如我们选择线性最小二乘作为线性模型的一个估计准则（estimation criterion），此时的“推断”是一个用于判定（已经设定的）参数空间的某个区域不包括未知参数的过程，但更实际的做法是，我们通常会定义一个准则，然后根据该准则指定某个区域不太可能包含真实参数。

□ 12.2.1 经典似然估计

计量经济学中（迄今为止）最常见的参数估计量便是极大似然估计量。这类估计量背后的原理就是“样本信息”的思想。当观测样本的密度除未知参数外被完全设定时，这些观测（假定它们是独立的）的联合密度就是**似然函数**（likelihood function），即

$$f(y_1, y_2, \cdots, \mathbf{x}_1, \mathbf{x}_2, \cdots) = \prod_{i=1}^{n} f(y_i, \mathbf{x}_i \mid \boldsymbol{\beta}, \boldsymbol{\theta}) \tag{12-2}$$

这个函数包含了样本中所有的有关总体（那些观测从中抽取）的可用信息。在估计中使用信息的策略就构成了估计量。

极大似然估计量（maximum likelihood estimator）(Fisher，1925）是最大化似然函数（或对数似然函数，因为更简单）的数据的函数（顾名思义）。在离散随机变量的背景下，最容易想象这种方法的动机。此时，似然函数给出了所观测的样本数据的联合概率，极大似然估计量是使得观测数据最为可能（至少根据该准则）的样本信息的函数。尽管对于离散变量来说，前述类比最直观，但也能推广到连续变量的情况。由于这个估计量是第 14 章的主题（相当详尽），所以我们将正式讨论推迟到第 14 章，并考虑两个应用以说明其方法和基础。

∵例 12.1　线性回归模型

最小二乘法在计算中把正负离差看得同等重要，并且赋予较大的离差不成比例的权重。这个性质根据不同的数据生成机制而可能成为一个优势或劣势。对于正态分布随机扰动项，这个方法恰好就是最有效利用数据所需要的方法。如果数据由一个正态分布生成，那么对数似然函数就为

$$\ln L = -\frac{n}{2}\ln 2\pi - \frac{n}{2}\ln\sigma^2 - \frac{1}{2\sigma^2}(\mathbf{y}-\mathbf{X}\boldsymbol{\beta})'(\mathbf{y}-\mathbf{X}\boldsymbol{\beta})$$

很容易证明，最小二乘便是这个模型所选中的估计量。最大化这个函数意味着最大化其指数，通过最

小二乘便可得到 $\boldsymbol{\beta}$，并用 $\mathbf{e}'\mathbf{e}/n$ 得到 σ^2。

如果认为适当的分布不是正态分布，而是其他分布——可能观察到随机扰动项的分布的尾部太厚（参见例 14.8 和 14.9.2 小节），那么就有三种办法用于继续分析。首先，我们观测到，只要随机扰动项的条件均值为零，那么最小二乘的一致性对这个设定失败便是稳健的。为了进行适当的推断，有必要对标准误进行某种修正。其次，你或许想得到一个具有更好有限样本性质的估计量。12.3.3 小节中讨论的最小绝对离差估计量便是一个选择。最后，你或许想考察适应观测到的差异的其他某种分布。例如，Ruud（2000）较详尽地分析了线性回归模型，其随机扰动项服从自由度为 v 的 t 分布。只要 v 有限，这个随机变量都将具有一个比正态变量更大的方差。我们该采用哪种方法呢？第三种方法最缺乏吸引力。若正态分布不合适，那么显然也很难找到一个合理的机制与 t 分布相一致。若样本很小，LAD 估计量可能更加可取。否则，最小二乘可能仍是可以选择的估计量，只是必须容许标准的推断工具可能具有某种误导性。当前的实践一般都采用第一种方法。

❖例 12.2　　随机前沿模型

我们将在第 19 章详细讨论的**随机前沿模型**（stochastic frontier model）是一个回归形式的模型，其随机扰动项非正态。该模型因变量的条件密度为：

$$f(y\,|\,\mathbf{x},\boldsymbol{\beta},\sigma,\lambda)=\frac{\sqrt{2}}{\sigma\sqrt{\pi}}\exp\left[\frac{-(y-\alpha-\mathbf{x}'\boldsymbol{\beta})^2}{2\sigma^2}\right]\Phi\left(\frac{-\lambda(y-\alpha-\mathbf{x}'\boldsymbol{\beta})}{\sigma}\right)$$

由此就可以推导出该模型的一个对数似然函数

$$\ln L=-n\ln\sigma-\frac{n}{2}\ln\frac{2}{\pi}-\frac{1}{2}\sum_{i=1}^{n}\left(\frac{\varepsilon_i}{\sigma}\right)^2+\sum_{i=1}^{n}\ln\Phi\left(\frac{-\lambda\varepsilon_i}{\sigma}\right)$$

这个模型至少有两个完全参数化的估计量。19.2.4 小节讨论了极大似然估计量。Greene（2007a）给出了如下的**矩法**（method of moments）估计量：对于回归斜率，除常数项外，都使用最小二乘法。对于参数 α，σ 和 λ，基于最小二乘残差和最小二乘常数项的二阶和三阶矩，求解

$$m_2=\sigma_v^2+[1-2/\pi]\sigma_u^2$$
$$m_3=(2/\pi)^{1/2}[1-4/\pi]\sigma_u^3$$
$$a=\alpha+(2/\pi)^2\delta_u$$

式中，$\lambda=\sigma_u/\sigma_v$，$\sigma^2=\sigma_u^2/\sigma_v^2$。

这两个估计量都是完全参数化的。极大似然估计的使用是基于前面讨论过的原因。矩估计量（见 13.2 节）只适合于这个分布。哪个更好呢？我们在第 19 章将论述，这两个估计量都是一致和渐近正态分布的。根据克拉默-拉奥（Cramèr-Rao）定理，极大似然估计量具有较大的渐近方差。它们都没有任何小样本最优的性质。因此，矩估计量唯一的优点是，可以用任何标准回归/统计计算包和计算器计算这个估计量，而似然估计量则要求专门的软件（多少有些特殊，但其实这种软件也很常见）。

□ 12.2.2　Copula 函数的联合分布建模

分析人员在设定似然函数的时候，需要针对感兴趣的随机变量的分布进行很强的假设。当然，这样做也有好处，可以获得更强的统计推断。然而，当我们关心的随机变量不止一个时，例如在以下关于家庭医疗使用的联合决策的例子中，构建完整的似然函数包括设定边际分布，

这可能可以轻松地得到，而一个完整的联合分布的设定很可能就没那么容易得到。在典型的情形中，模型可能包括两个类似的随机变量和它们之间的一个形式不规范的相关关系。这种情形暗含了边际分布的设定。联合分布在实证上具有必要性，它允许相关系数不为零。**Copula 函数**（copula function）法为研究人员提供了一个可以用来分析这种情况的机制。

Trivedi and Zimmer（2007）提出了符合这个描述的一系列应用：

● 金融机构通常关心不同的、相关的（相互依赖的）资产的价格结构。典型的多元正态假设由于分布的 GARCH 效应（参见 20.13 节）和厚尾特征而成为一个问题。设定合理的边际分布也许比较简单，但设定联合分布就比较复杂。Klugman and Parsa（2000）的例子是一个应用。

● 存在很多简单的边际分布很难合并成一个自然的联合分布的宏观经济应用例子。Munkin and Trivedi（1999）分析的二元事件计数模型和下一个例子是一个应用。

● 在第 19 章论述的线性自我选择的模型中，必要的联合分布是一个更大的模型的组成部分。观测结果的似然函数为利率、小时数、工资、收入等一系列变量的联合分布。Smith（2003，2005）提出了一些应用，在这些应用中，一个灵活的 copula 代表性函数更为恰当。[在早期应用中，copula 建模并不是用这个名字，由于它比计量经济理论早得多，Lee（1983）在一个正常的选择性模型中构建了一个结果变量，它的观测值概率服从 logistic 分布，我们在随后的章节中将证明如何用“高斯”copula 函数描述它们之间的相关关系。]

● Cheng and Trivedi（2015）在研究面板数据集的磨损现象时，使用 copula 函数作为对二元正态分布的替代（这一点在例 11.3 中已经进行了考察）。

尽管统计理论的先行研究可追溯至 Sklar（1973）的统计推断，但它在计量经济学和金融学中的应用是近些年才兴起的，其中大多数应用在 2000 年后才出现。[①]

考虑含有两个随机变量的边际条件分布函数，以充分说明如何为 $F_1(y_1|\bullet)$和 $F_2(y_2|\bullet)$建模。其中我们对样本信息（数据）和参数施加的条件用“•”表示。我们暂时假设这里的连续随机变量遵循所有概率公理。这个二元条件分布函数是 $F_{12}(y_1,y_2|\bullet)$。一个（二元）copula 函数（这些结论还适用于多元函数）是一个在单位平方$[(0\leqslant u_1\leqslant 1)\times(0\leqslant u_2\leqslant 1)]$内定义并且满足以下条件的函数 $C(u_1,u_2)$：

(1) $C(1,u_2)=u_2$ 且 $C(u_1,1)=u_1$

(2) $C(0,u_2)=C(u_1,0)=0$

(3) $\partial C(u_1,u_2)/\partial u_1\geqslant 0$ 且$\partial C(u_1,u_2)/\partial u_2\geqslant 0$

它们就是单位平方内的随机变量 u_1 和 u_2 的二元条件分布函数的性质。因此，copula 函数是一个二维条件分布函数，它在单位平方内有定义，这一单位平方有一个一维边际分布，其在单位区间内为标准分布［即性质（1）］。为了使这个关系能得到充分利用，我们注意到一个随机变量的条件分布函数 $F_1(y_1|\bullet)$ 本身是一个服从标准正态分布的随机变量。这是我们用来生成随机数的**基本概率变换**（fundamental probability transform）（见 15.2 节）。在 Sklar（1973）的理论中，边际条件分布函数发挥了 u_1 和 u_2 的作用，这个理论认为，存在一个如下定义的 copula 函数：

$$F_{12}(y_1,y_2|\bullet)=C[F_1(y_1|\bullet),F_2(y_2|\bullet)]$$

① 更广泛的描述可参见 Trivedi and Zimmer（2007）出色的调查报告。

如果 $F_{12}(y_1, y_2 | \cdot) = C[F_1(y_1 | \cdot), F_2(y_2 | \cdot)]$是连续函数并且边际条件分布函数有分位函数（反函数）$F_j^{-1}(u_j)$，其中 $0 \leqslant u_j \leqslant 1$ ，那么 copula 函数可表示为

$$\begin{aligned} F_{12}(y_1, y_2 | \cdot) &= F_{12}[F_1^{-1}(u_1 | \cdot), F_2^{-1}(u_2 | \cdot)] \\ &= \text{Prob}[U_1 \leqslant u_1, U_2 \leqslant u_2] \\ &= C(u_1, u_2) \end{aligned}$$

用语言表述就是，联合密度可写成对两个累积概率函数求值的 copula 函数的形式。

只有当边际分布能确定时，copula 函数才允许分析人员将边际分布组合成联合分布。为了得到我们需要的两个随机变量之间的相关关系，copula 函数可写为

$$F_{12}(y_1, y_2 | \cdot) = C[F_1(y_1 | \cdot), F_2(y_2 | \cdot), \theta]$$

式中，θ 是一个“变参数”。对于连续随机变量，联合概率分布函数就是混合偏导数，即

$$\begin{aligned} f_{12}(y_1, y_2 | \cdot) &= c_{12}[F_1(y_1 | \cdot), F_2(y_2 | \cdot), \theta] \\ &= \partial^2 C[F_1(y_1 | \cdot), F_2(y_2 | \cdot), \theta] / \partial y_1 \partial y_2 \\ &= [\partial^2 C(.,.,\theta) / \partial F_1 \partial F_2] f_1(y_1 | \cdot) f_2(y_2 | \cdot) \end{aligned} \tag{12-3}$$

我们现在可以通过使用式（12－3）的右边变量的对数值来构建一个对数似然函数。对式(12－3)取对数值可以揭示 copula 法的效力。联合观测的对数似然为

$$\ln f_{12}(y_1, y_2 | \cdot) = \ln[\partial^2 C(.,.,\theta) / \partial F_1 \partial F_2] + \ln f_1(y_1 | \cdot) + \ln f_2(y_2 | \cdot)$$

在实际应用中，有如下一些常用的 copula 函数：

生产函数：$C[u_1, u_2, \theta] = u_1 u_2$

FGM 函数：$C[u_1, u_2, \theta] = u_1 u_2 [1 + \theta(1 - u_1)(1 - u_2)]$

高斯函数：$C[u_1, u_2, \theta] = \Phi_2[\Phi^{-1}(u_1), \Phi^{-1}(u_2), \theta]$

克莱顿(Clayton)函数：$C[u_1, u_2, \theta] = [u_1^{-\theta} + u_2^{-\theta} - 1]^{-1/\theta}$

弗兰克(Frank)函数：$C[u_1, u_2, \theta] = \dfrac{1}{\theta} \ln\left[1 + \dfrac{\exp(\theta u_1 - 1)\exp(\theta u_2 - 1)}{\exp(\theta) - 1}\right]$

普莱克特(Plackett)：$C[u_1, u_2, \theta]$

$$= \frac{1 + (\theta - 1)(u_1 + u_2) - \sqrt{[1 + (\theta - 1)(u_1 + u_2)]^2 - 4\theta(\theta - 1)(u_1 u_2)}}{2(\theta - 1)}$$

生产 copula 函数暗示随机变量相互独立，因为它表明联合条件分布函数是多个边际分布的乘积。在 FGM（Fairlie，Gumbel，Morgenstern）的 copula 函数中，可以看出，$\theta = 0$ 意味着生产 copula 函数，或者称为独立性。在克莱顿的 copula 函数中同样的结果成立。在普莱克特的 coupla 函数中，$\theta = 1$ 意味着独立性。在高斯函数中，首先，如果边际分布恰巧服从正态分布，那么 copula 函数是一个二元正态条件分布函数。重要的一点是，在构建 copula 函数时，并不要求边际分布服从正态分布，只要求边际条件分布函数能够设定出来。（因变量系数并不代表变量之间的相关性。特里维迪（Trivedi）和齐默（Zimmer）提供了 θ 的变换形式，其中 θ 与上面所列的每个 copula 函数都密切相关。）

Copula 法的核心是，研究人员可以将设定和分析边际分布与 copula 函数分开。对数似然函数是通过构建条件分布函数［或者是密度，因为式（12－3）的差分会将联合密度简化成一个边际密度的方便函数］和 copula 函数得到的。

∵例 12.3　一对事件计数的联合建模

随机变量 y 的标准回归建模方法，即 y 是泊松回归模型中事件发生的次数。

$$\text{Prob}[Y=y\mid\mathbf{x}]=\exp(-\lambda)\lambda^{y}/y!\text{，其中 }\lambda=\exp(\mathbf{x}'\boldsymbol{\beta}),y=0,1,\cdots$$

更复杂的定义使用了负的二项分布模型（以 NB2 表示）

$$\text{Prob}[Y=y\mid\mathbf{x}]=\frac{\Gamma(y+\alpha)}{\Gamma(\alpha)\Gamma(y+1)}\left(\frac{\alpha}{\lambda+\alpha}\right)^{\alpha}\left(\frac{\lambda}{\lambda+\alpha}\right)^{y},y=0,1\cdots$$

式中，α 为过度散布参数（见 18.4 节）。对于二元结果的设定，学术界一直在寻找一个令人满意并且合理的答案。较早的提法是基于一个潜在混合模型，即

$$y_1=z+w_1$$
$$y_2=z+w_2$$

式中，w_1 和 w_2 服从前面所述的泊松或 NB2 分布，条件均值分别为 λ_1 和 λ_2，z 被视为一个未观测到的泊松或 NB 变量。这一构建方式会导致变量之间出现相关关系，但我们对这个结果并不满意，因为相关性本应为正。在一个自然的应用中，y_1 是看医生的次数，y_2 是去医院的次数。它们可能是负相关的。Munkin and Trivedi（1999）指出了条件均值函数中的联合性，在潜在的形式中，常见的差异性为

$$\lambda_j=\exp(\mathbf{x}_j'\boldsymbol{\beta}_j+\varepsilon)$$

式中，ε 对两个函数都适用。Cameron et al.（2004）使用了一个二元 copula 法来分析澳大利亚自我记录的数据和实际看医生次数的数据 [后者通过健康保险委员会（Health Insurance Commission）得到]。他们对我们前面构建的模型提出了两个建议。首先，他们使得基本的 copula 函数适用于离散随机变量。其次，他们感兴趣的变量不是实际或自我记录的次数，而是二者之间的差异。它们都是对基本的 copula 模型的简单修正。

∵例 12.4　战胜华尔街的公式[①]

David Li（2010）设计了一种二元正态 copula 模型以给担保债务凭证（collateralized debts obligations，CDOs）定价，例如抵押支持债券。他提出的方法已在抵押支持债券市场上广泛应用。当市场稳定的时候，这个模型会起到很好的作用，但是在 2008—2009 年金融危机爆发、市场动荡时期，模型彻底失效。Li 并被认为（当然，不公平）应对 2008 年的金融危机负部分责任。[②]

12.3　半参数估计

半参数估计所依据的假设比参数估计少一些。半参数估计通常都取消对分布的假定，估计量则依据总体更一般的特征设计出来。直觉告诉我们两个（正确的）结论。第一，半参数估计

① Salmon（2010）和 Li（1999，2000）。

② 例如，Lee（2009），Hombrook（2009），Jones（2009）和其他许多人。CBC 文章："……David Li 是一个加拿大的数学天才，现在有些人说他发明了一个摧毁华尔街的风险公式"。

量比参数估计量更稳健，它保留了参数估计量的性质，特别是在更大设定范围内的一致性。考虑我们最熟悉的例子。只要数据表现良好，且随机扰动项和回归元无关，那么最小二乘斜率估计量总是一致的。甚至对于例 12.2 中具有非对称和非正态随机扰动项的前沿函数也是如此。第二，这种稳健性是有代价的。分布假定通常会使我们偏好使用的估计量比稳健估计量更有效。一类稳健估计量中最好的一个估计量通常都不如分布假定正确时的参数估计量。同样，在前沿函数背景下，虽然斜率的最小二乘估计量可能是稳健的，而且只使用随机扰动项与回归元正交这个假定时也最有效，但在正态分布假定正确的情况下，它就不如极大似然估计量。

□ 12.3.1　计量经济学中的 GMM 估计

近来经济学的应用研究中有许多估计都基于**矩法**（method of moments）。**广义矩法**（generalized method of moments）来自一组基于模型的矩方程 $E[\mathbf{m}(y_i,\mathbf{x}_i,\boldsymbol{\beta})]=\mathbf{0}$，其中方程组所设定的关系通常被认为在总体中是成立的。我们在前面的章节中曾使用了其中之一。我们注意到，最小二乘估计的核心假设是 $E[\mathbf{x}_i(y_i-\mathbf{x}_i'\boldsymbol{\beta})]=\mathbf{0}$，这就促使我们使用 OLS 估计量。通过寻找一个能够刻画总体结果的参数估计量 $\mathbf{b}$ 就可以得到该估计量，$(1/n)\Sigma_i[\mathbf{x}_i(y_i-\mathbf{x}_i'\mathbf{b})]=\mathbf{0}$。当然，这就是最小二乘法的正规方程组。注意，这个估计量的设定没有利用任何分布假定。矩法估计是第 13 章的主题，我们会在第 13 章中做进一步的分析。

□ 12.3.2　极大经验似然估计

经验似然法替代极大似然法应用于半参数情形中。我们很快将看到，该估计量与 GMM 估计量有着密切的关系。一般用 π_i 表示 $y_i\mid\mathbf{x}_i$ 取样本实际值的概率。直觉告诉我们，如果没有更多的信息，那么 $\pi_i=1/n$。**经验似然函数**（empirical likelihood function）为

$$EL=\prod\nolimits_{i=1}^{n}\pi_i^{1/n}$$

极大经验似然估计量（maximum empirical likelihood estimator）需要最大化 EL。等价地，我们最大化似然函数的 log 形式，即

$$ELL=\frac{1}{n}\sum_{i=1}^{n}\ln\pi_i$$

作为一个最大化问题，这一程序缺乏充分的结构采用这样的解——π_i 的解没有边界。如果增加限制，使得 π_i 相加的和为 1，那么就可以利用拉格朗日方程解决这个最优化问题：

$$ELL=\left[\frac{1}{n}\sum_{i=1}^{n}\ln\pi_i\right]+\lambda\left[1-\sum_{i=1}^{n}\ln\pi_i\right]$$

这对问题稍稍施加了约束，因为$0<\pi_i<1$ 且$\Sigma_i\pi_i=1$，前面提到的解决办法就显而易见了。（对 π_i 求导，其导数必定彼此相等。）把这个结果代入特定的 π_i 的导数中，就可得到 $\lambda=1$。

当我们在数据上添加结构信息时，最大化问题就变得有意义了。拓展我们在例 7.6 中的例子——关于德国社会经济面板（Germany Socioeconomic Panel）中收入的非线性回归方程，其中我们设定

$$E[Income\mid Age,Sex,Education]=\exp(\mathbf{x}'\boldsymbol{\beta})=h(\mathbf{x},\boldsymbol{\beta})$$

举例来说，假设方程中 *Education* 是内生的，但存在工具变量集合 **z**，即（*Age*，*Health*，*Sex*，*Market Condition*）。我们已经假设工具变量个数（4 个）大于初始变量个数（3 个），所以系数被过度识别（这个例子也会变得复杂有趣）。（参见 8.3.4 小节和 8.9 节。）非线性工具变量估计的正交条件为扰动项必须不能与工具变量有相关关系，故

$$E\{\mathbf{z}_i[Income_i - h(\mathbf{x}_i, \boldsymbol{\beta})]\} = E[\mathbf{m}_i(\boldsymbol{\beta})] = \mathbf{0}$$

8.9 节介绍了这个问题的非线性最小二乘法。GMM 估计量会关于 $\boldsymbol{\beta}$ 最小化准则函数

$$q = \bar{\mathbf{m}}'(\boldsymbol{\beta})\mathbf{A}\bar{m}(\boldsymbol{\beta})$$

其中，$\mathbf{A}$ 是选择的权重矩阵。注意在我们的例子中，包括常数项，$\boldsymbol{\beta}$ 中有 4 个元素，同时有 5 个矩方程，所以系数被过度识别。

相反，如果我们将矩方程的限制施加到经验似然函数上，则可以得到总体矩条件，

$$\left[\sum_{i=1}^{n} \pi_i \mathbf{z}_i \times (Income_i - h(\mathbf{x}_i, \boldsymbol{\beta}))\right] = \mathbf{0}$$

（因为概率是总体量，所以这是个期望值。）这产生了有约束的经验对数似然函数，

$$ELL = \left[\frac{1}{n}\sum_{i=1}^{n} \ln\pi_i\right] + \lambda\left[1 - \sum_{i=1}^{n}\pi_i\right] + \gamma'\left[\sum_{i=1}^{n}\pi_i \mathbf{z}_i(Income_i - h(\mathbf{x}_i, \boldsymbol{\beta}))\right]$$

方程需要关于 π_i，λ，$\boldsymbol{\beta}$（K 个元素）和 γ（L 个元素，工具变量的个数）来进行最大化。在该方案中，π_i 的值从本质上确定了权重集合。Cameron and Trivedi（2005，p. 205）提出了根据（$\boldsymbol{\beta}$，γ）求解 $\hat{\pi}_i$ 的解决方案，并再次表明 $\lambda = 1$。统一的 *ELL* 方程和这些植入的条件提供了一个关于 γ 和 $\boldsymbol{\beta}$ 的仍需最大化的函数。

经验似然估计量与 GMM 估计量具有一样的渐近性质（这听起来有道理，因为两者的估计准则相似）。有证据表明，至少在某些情形下，经验似然估计的有限样本性质可能比 GMM 要好。Imbens（2002）中存在相关的研究。有研究者建议对步骤进行修正，用**熵**（entropy）测度替换 $(1/n)\Sigma_i \ln\pi_i$ 中的核心函数，

$$Entropy = -(1/n)\Sigma_i \pi_i \ln\pi_i$$

最大熵（maximum entropy）估计量可参见 Golan，Judge，and Miller（1996）和 Golan（2009）。

□ 12.3.3 最小绝对离差估计和分位数回归

在小样本中，异常观测值会严重扭曲最小二乘估计。例如，近来微观经济学和金融学的应用（包括厚尾的随机扰动项分布）恰恰特别可能受到这种观测值的影响。（当然，对于金融学中包含成千上万个观测值的应用研究，这种异常观测值很常见，这里的讨论对此实际意义不大。）这些应用就要求提出一些不受异常数据影响的“稳健”估计量。其中之一，就是在 7.3.1 小节讨论的最小绝对离差（least absolute deviations，LAD）估计量，其本身作为修正模型条件中位数函数的估计量，在这种异常值估计中同样是有用的。

$$\text{Med}[y \mid \mathbf{x}] = \mathbf{x}'\boldsymbol{\beta}_{.50}$$

也即，LAD 不提供 $E[y \mid \mathbf{x}]$ 的斜率的稳健估计量，LAD 是具有总体的其他性质的估计量。这本

质上就是一个非参数设定，因为它只设定了分布的某一特定特点，即中位数，并没有对分布本身进行设定。同时它也设定条件均值是 $\mathbf{x}$ 的线性函数。

反过来，中位数只是一种感兴趣的可能的分位数。如果模型扩展到条件分布的其他分位数，我们可以得到

$$Q[y\mathbf{x},q]=\mathbf{x}'\boldsymbol{\beta}_q \text{使得 Prob}[y\leqslant\mathbf{x}'\boldsymbol{\beta}_q|\mathbf{x}]=q,0<q<1$$

这本质上就是一个非参数设定。没有做出任何关于 $y|\mathbf{x}$ 的分布或者条件方差假设。q 连续地（严格地）在 0 到 1 之间变动的情况，意味着存在无穷多种可能的参数向量。与其把系数 $\boldsymbol{\beta}(q)$ 视作固定的参数，正如线性回归模型中那样，不如将其粗略视作 $y|\mathbf{x}$ 的分布特征。举例来说，将 $\boldsymbol{\beta}(0.49)$ 看成与 $\boldsymbol{\beta}(0.50)$ 不同或者精确地计算差异，如 $\boldsymbol{\beta}(0.5)-\boldsymbol{\beta}(0.3)$，很可能是没有意义的。另外，$\boldsymbol{\beta}(0.3)$ 和 $\boldsymbol{\beta}(0.5)$ 之间性质上的区别或者没有区别，也许是总体的一个有意思的特征。7.3.2 小节考察了分位数回归模型。

□ 12.3.4 核密度法

核密度估计量原本是一个非参数工具，所以它更适合在下一节介绍。但有些使用该方法的模型并非完全非参数的。7.4 节中的局部线性模型便是一例。许多模型都保留了指数函数表达式，即围绕着一个线性函数 $\mathbf{x}'\boldsymbol{\beta}$ 加以设定，这就使得它们至少是半参数的，但我们仍使用该方法来避免分布假定。二值选择模型的 Lewbel（2000）估计量便是另一个例子。

❖例 12.5　二值选择模型的半参数估计

我们在 17.3 节中分析的核心二值选择模型（概率单位模型）是一个完全参数化的设定。在该模型的假定之下，极大似然是有效（且适当的）估计量。不过，正如多数已有文献所证明的那样，$\boldsymbol{\beta}$ 的估计量因分布假设难以成立而显得脆弱。我们在 17.4.7 小节将分析半参数和非参数估计量。为了说明建模过程的性质，我们考虑 Lewbel（2000）提出的一个估计量。概率单位模型基于正态分布，有 $\text{Prob}[y_i=1|\mathbf{x}_i]=\text{Prob}[\mathbf{x}_i'\boldsymbol{\beta}+\varepsilon_i>0]$，其中 $\varepsilon_i\sim N[0,1]$。在这一设定下，若是非正态分布或者 ε_i 存在异方差性，则 $\boldsymbol{\beta}$ 的估计量将是不一致的。勒贝尔（Lewbel）建议：如果可假定 $\mathbf{x}_i$ 包含一个“特殊”变量 v_i，其系数的符号已知（并提出一种确定符号的方法），而且 ε_i 的密度独立于这个变量，那么，通过 $[y_i-s(v_i)]/f(v_i|\mathbf{x}_i)$ 对 $\mathbf{x}_i$ 的线性回归，就可以得到 $\boldsymbol{\beta}$ 的一个一致估计量，其中，若 $v_i>0$，则 $s(v_i)=1$，否则，$s(v_i)=0$，并且 $f(v_i|\mathbf{x}_i)$ 是 $v_i|\mathbf{x}_i$ 的密度的一个核密度估计量。勒贝尔的估计量对异方差性和分布都保持稳健。为了估计 ε_i 的分布，他还给出了一种方法。注意，勒贝尔的估计量是半参数的。虽然他所依据的模型是参数 $\boldsymbol{\beta}$ 的函数，但他没有对分布加以设定。

□ 12.3.5 参数估计与半参数估计的比较

人们经常对参数和半参数法的结果间的比较感兴趣。正如我们早先指出的，完全参数模型的强假设是有代价的，模型得出的推断只保持与潜在假设一样稳健。当然，该论断的另一方面表示，当假设条件得到满足时，参数模型代表了分析数据的有效策略。作为一种替代方法，半参数法放松了诸如正态性和同方差的假设。重要的是注意到模型引申出的典型的稳健的半参数估计量和更强的参数估计量并不保持一致。要比较的不只是估计的效率。因此，参数估计间的比较可能具有误导性——参数和半参数估计量经常被用来估计非常不同的量。

∴例 12.6　一个假日支出模型

Melenberg and van Soest（1996）分析了由 1 143 个荷兰家庭构成的样本 1981 年的假日支出数据。这个数据使分析复杂化的重要特征是 37%（423 个）的家庭报告零支出。如果忽略数据的这个特征而进行线性回归，结果将严重偏向于低估假日支出对家庭总支出（预算）、家庭规模大小、年龄和教育等的反应（见 19.3 节）。用来分析这类数据的标准方法是 tobit，或者删失回归模型，即

$$y_i^* = \mathbf{x}_i'\boldsymbol{\beta} + \varepsilon_i, \varepsilon_i \sim N[0, \sigma^2]$$
$$y_i = \max(0, y_i^*)$$

或者两部模型，其中，模型对"参与"（0 或者正的支出）和"强度"（正支出下的支出量）进行独立分析。（我们将在 19.3 节详细检验这个模型的极大似然估计。）这个模型依赖于两个强假设：正态性和同方差。这两个假设条件都在一个更精妙的参数框架内得以放松，但作者发现，统计检验即使在扩展的设定中也持续拒绝两个假设中的一个或全部。Powell（1984，1986a，1986b）提出了对两个假设都稳健的替代性方法，即删失最小绝对离差估计。这个估计量是基于 7.3.1 小节的 LAD 估计量，并且在计算上要求很高。毫不奇怪的是，两种方法生成的参数估计值大相径庭。作者计算了 $\boldsymbol{\beta}$ 的一系列估计量。但他们并没有比较不同模型的偏效应。这个基于两个不同估计的基准有时可以调节。在 tobit 模型中，$\partial E[y_i|\mathbf{x}_i]/\partial\mathbf{x}_i = \Phi(\mathbf{x}_i'\boldsymbol{\beta}|\sigma)\boldsymbol{\beta}$（参见 19.3 节）。目前我们还不清楚如何计算半参数模型中的对应情况。由于基本设定只在 $\mathrm{Med}[\varepsilon_i|\mathbf{x}_i]=0$ 的条件下成立。[作者在《应用计量经济学杂志》的数据档案网站的报告中指出了这些数据的特有性质。因此，我们无法通过扩展分析得到偏效应的估计。] 这揭示了半参数估计方法的一个突出问题。在一个与此类似的非线性模型中，人们一般感兴趣的是偏效应，而不是系数。但是，更稳健的设定的副产品之一是偏效应没有定义。

在分析的第二阶段，作者将他们的支出方程分解成一个"参与"方程，"参与"方程为这个二值结果"支出=0 或支出>0"和一个针对正支出的家庭的条件支出方程构建概率。① 对于这个步骤，作者再次使用了一个基于正态分布（这个概率模型参见 17.3 节）的参数模型和一个对 Klein and Spady（1993）构建的分布与异方差性稳健的半参数模型。像以往一样，系数估计值大不相同。然而，在这种情况下，设定检验相对更偏向参数模型。图 12.1 是作者的研究中图 2 的重现，以比较这两个模型得出的预测概率。虚线代表 probit 模型。在大多数数据范围内，模型给出了相当类似的预测。然而，我们无法比较偏效应。这部分分析得出的有趣结果似乎是：参数设定的失误发生在连续支出变量的构建过程中，而非分离基于 0 或正支出的两个子样本的模型中。

12.4　非参数估计

研究人员对用极大似然法拟合参数模型时所做的强假设一直心存疑虑。含正态随机扰动项的线性回归模型便是一个典型的例子。样条函数、超越对数模型和多项式都曾表现出使函数形式一般化的努力。不过，这种近似能得到多大的一般性仍成问题。非参数估计法基本上放弃了有关函数形式和分布的一切固定假定。给定它们极其有限的结构，非参数设定很少能提供十分精确的推断。使用非参数法的好处是，所提供的信息极其稳健。这套方法的核心就是我们在前

① 在 18.4.8 小节中，我们将它称为一个"栏式"模型。参见 Mullahy（1986）。

面的例子中曾使用过的核密度估计量。我们先分析一些例子，然后考察其在一个双变量回归中的应用。①

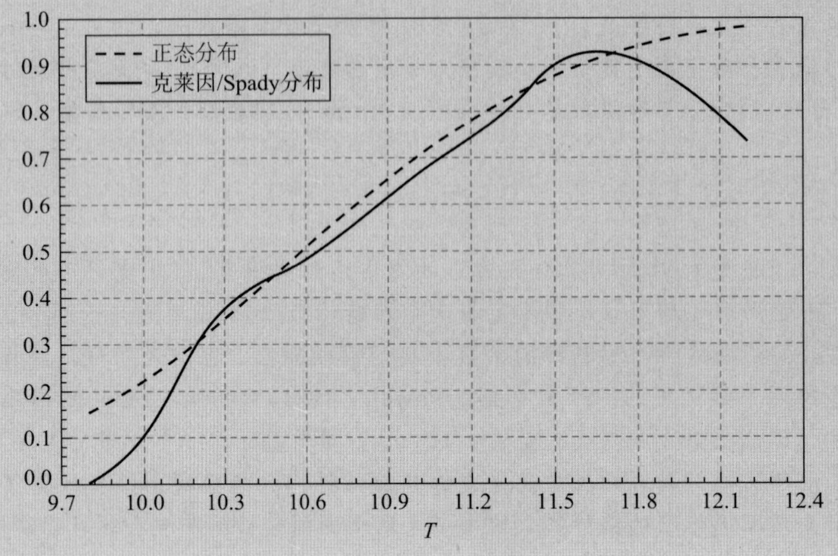

图 12.1 正支出的预测概率

□ 12.4.1 核密度估计

诸如均值、方差和极差等样本统计量给出了一个随机变量可能取什么值的摘要信息。但它们不足以表明随机变量所取数值的分布，而我们对这些分布可能也感兴趣。变量的密度便服务于这一目的。估计密度的一个完全参数化的方法，首先必须对分布形式进行假定，其密度的估计总是伴随着分布参数的估计。作为一个规范的例子，如果我们决定从均值为 μ 和方差为 σ^2 的正态分布中生成一个变量，那么其密度就由这些参数充分地刻画了。于是有

$$\hat{f}(x)=f(x\mid\hat{\mu},\hat{\sigma}^2)=\frac{1}{\hat{\sigma}}\frac{1}{\sqrt{2\pi}}\exp\left[-\frac{1}{2}\left(\frac{x-\hat{\mu}}{\hat{\sigma}}\right)^2\right]$$

你可能不愿意对密度做一个狭隘的分布假定。此时通常的办法是，从作为一个描述性工具的**直方图**（histogram）开始。考虑一个例子，在例 15.7 和 Greene（2004a）中，我们估计了一个模型，并给出了样本中 1 270 家企业斜率向量的条件估计量。我们可能对不同企业之间这些估计量的分布感兴趣。具体而言，1 270 家企业的 ln *sales* 的估计斜率的条件估计量具有样本均值 0.342 8、标准差 0.089 19、最小值 0.236 1 和最大值 0.566 4。它没有告诉我们关于值分布的信息，尽管均值远低于全距中位数 0.401 3 的事实可能意味着某种偏态。图 12.2 中的直方图更能显示其分布信息。基于我们目前之所见，正态性假定可能不合适。虽然看起来像是双峰分布，但肯定没有哪个特定的函数形式具有这种分布形式。

① 在计量经济学的这个领域，文献浩瀚且增长快速。分别提供了应用和理论基础的主要文献为 Härdle（1990），Pagan and Ullah（1999），以及 Li and Racine（2007）。

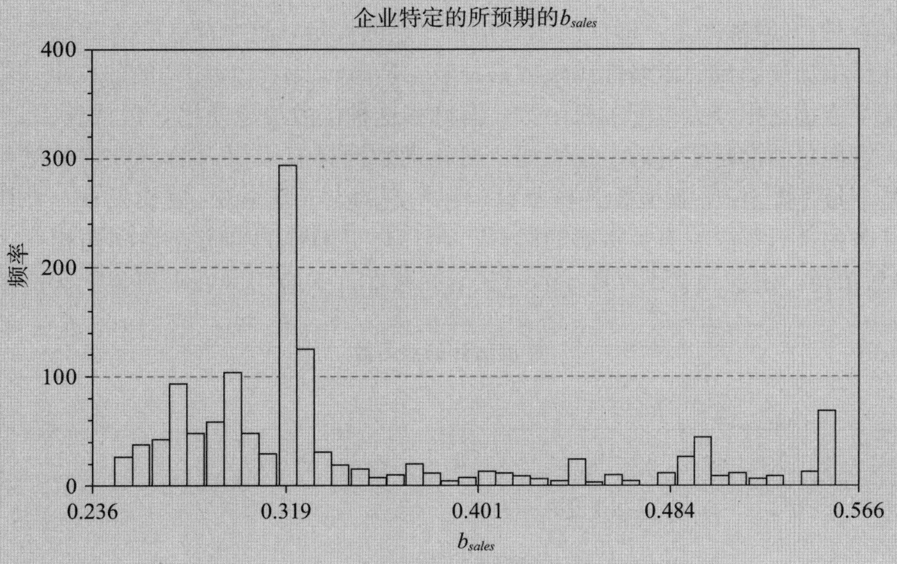

图 12.2　系数 b_{sales} 估计值的直方图

直方图是一个粗略的密度估计量。图中的矩形被称为箱形区，根据定义，它们宽度相等。（直方图的参数为箱形区的个数、箱宽及最左边的起点。每个参数对最终结论的形状都很重要。）由于箱形区的频率之和等于样本容量，所以在除以 n 后，我们就可以得到一个满足密度明显要求的密度估计量，即和（积分）为 1。通过设计得到频率的方法，我们可使之定型。令 x_k 为第 k 个箱的中点，h 为箱宽——我们稍后会将 h 重新命名为密度估计量的带宽。中点到左右边界的距离都是 $h/2$。每个箱形区的频率都是落入区域 $x_k \pm h/2$ 的样本观测个数。总而言之，我们得到的“估计量”为

$$\hat{f}(x)=\frac{1}{n}\frac{\text{落入第 } x \text{ 个箱形区的频率}}{\text{第 } x \text{ 个箱形区的宽度}}=\frac{1}{n}\sum_{i=1}^{n}\frac{1}{h}\mathbf{1}\left(x-\frac{h}{2}<x_i<x+\frac{h}{2}\right)$$

式中，**1**（命题）表示一个指标函数，在括号内的命题为真时等于 1，在命题为假时等于 0，第 x 个箱形区表示以 x 为中点的箱形区。于是，我们看到，像我们遇到的其他估计量一样，直方图至少在某些方面也是一个估计量。可将指标中的事件重新整理，得到一个等价形式

$$\hat{f}(x)=\frac{1}{n}\sum_{i=1}^{n}\frac{1}{h}\mathbf{1}\left(-\frac{1}{2}<\frac{x_i-x}{h}<\frac{1}{2}\right)$$

估计量的这个形式无非就是计算落入 x_k 的半个箱宽范围内的观测点数。

尽管相当粗略，但这个“质朴”（其在文献中的正式名称）估计量仍具有我们曾多次遇到的**核密度估计量**（kernel density estimators）的形式，即

$$\hat{f}(x)=\frac{1}{n}\sum_{i=1}^{n}\frac{1}{h}K\left[\frac{x_i-x}{h}\right]\text{，其中 } K[z]=\mathbf{1}[-1/2<z<1/2]$$

这个质朴估计量有几个缺点。它既不平滑又不连续。其形状部分地由直方图最左和最右端点的位置决定。（在构造一个直方图时，通常会选择箱宽为样本极差的一个固定比例。如果是这样，那么最低箱和最高箱的端点将等于样本中的极小值和极大值，这就部分地确定了直方图的形状。

事实上，如果设定箱宽与样本值无关，这个问题便解决了。）更重要的是，直方图的形状严格依赖于带宽本身。（遗憾的是，即便使用更精密复杂的设定，这个问题仍无法解决。）

估计量中加权函数的粗略性比较容易补救。Rosenblatt（1956）的建议是，将质朴估计量换成其他某个连续且积分为 1 的加权函数。有许多这种函数可以使用，包括表 12.1 中列出的一长串函数。它们每个都是平滑的、连续的、对称的和同样有吸引力的。对数单位和正态核都定义权重只是渐近下降至 0，而其他的核都设定在特定的点下降至 0。观察发现，在构造密度估计量时，核函数的选择很少有至关重要的时候，而且与更困难的带宽选择问题相比，通常都是次要的。（对数单位、正态和艾氏（Epanechnikov）核在许多应用中看来都是默认选择。）

表 12.1　　密度估计的核函数

核	构建 $K[z]$
艾氏	$0.75\times(1-0.2z^2)/\sqrt{5}$，如果 $\|z\|\leqslant\sqrt{5}$；否则为 0
正态	$\phi(z)$（正态密度）
对数单位	$\Lambda(z)[1-\Lambda(z)]$（对数单位密度）
均匀	0.5，如果 $\|z\|\leqslant 1$；否则为 0
贝塔	$0.75\times(1-z)(1+z)$，如果 $\|z\|\leqslant 1$；否则为 0
余弦	$1+\cos(2\pi z)$，如果 $\|z\|\leqslant 0.5$；否则为 0
三角	$1-\|z\|$，如果 $\|z\|\leqslant 1$；否则为 0
帕仁(Parzen)	$4/3-8z^2+8\|z\|^3$，如果 $\|z\|\leqslant 0.5$；$8(1-\|z\|)^3/3$，如果 $0.5<\|z\|\leqslant 1$；否则为 0

核密度函数是一个估计量。对任一特定的 x，$\hat{f}(x)$ 都是一个样本统计量，即

$$\hat{f}(z)=\frac{1}{n}\sum_{i=1}^{n}g(x_i \mid z,h)$$

由于 $g(x_i|z,h)$ 是非线性的，所以我们预计，在有限样本中存在偏倚。虽然我们不禁想使用一般的样本矩结论，但由于带宽是 n 的函数，所以分析起来更加复杂。Pagan and Ullah（1999）详尽地分析了核估计量的性质，并发现在特定的假设条件下，这个估计量是一致且渐近正态分布的，尽管在有限样本中存在偏倚。[①] 偏倚是带宽的函数，但对于适当选择的 h，这个偏倚会渐近地消失。直觉告诉我们，带宽越大，偏倚就越大，但与此同时，方差就越小。这可能就意味着要寻找一个最优带宽。但经过对这个问题的冗长分析之后，作者的结论并没有为找到这样一个最优带宽提供任何洞见。为了让箱形区所俘获的观测比例收敛于密度下对应的面积，带宽本身的收敛速度必须慢于 $1/n$。为此，常见的应用通常使用的带宽都等于 $n^{-1/5}$ 的某个倍数。因此，我们前面所用的带宽就是 $h=0.9\times s/n^{1/5}$。为了结束前面开始进行的说明，图 12.3 为前面估计模型的斜率估计值分布给出了一个基于对数单位的核密度估计量。不出所料，它与直方图图 12.2 十分相似。

① 也可参见 Li and Racine（2007）和 Henderson and Parmeter（2015）。

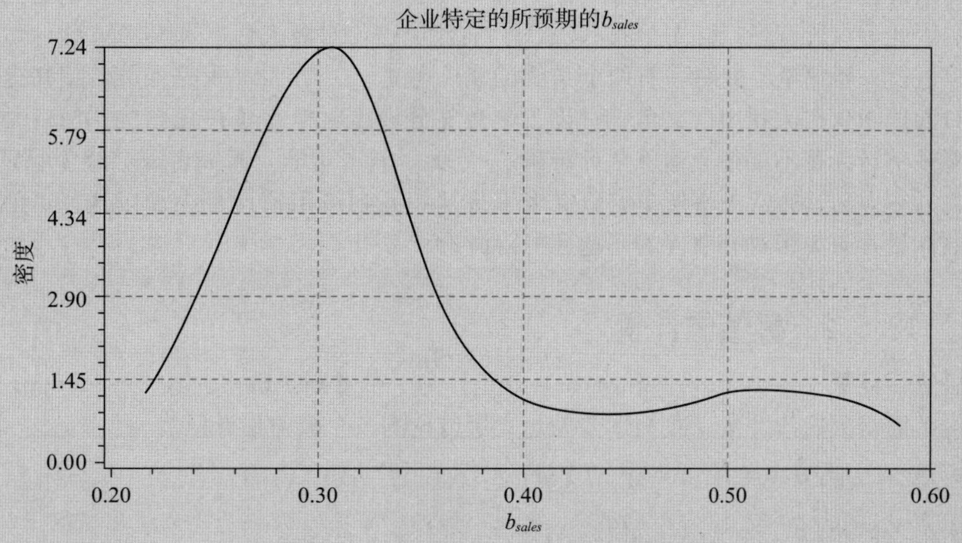

图 12.3　系数 b_{sales} 的核密度

12.5　估计量的性质

我们在前面的章节中分析了估计方法，概览了在应用文献中出现的各种方法，但还没有分析这些估计量的统计性质。尽管前面曾提出我们将渐近理论的广泛分析留给更高深的教材，但关于支撑这些方法的基本理论平台，我们还是有必要花一点时间来介绍。

□ 12.5.1　估计量的统计性质

我们考虑的性质如下：

● 无偏性：这是一个只能在少数情形中得以确立的有限样本性质。在线性回归模型之外，严格的无偏性几乎没有什么核心重要性。然而“渐近无偏性”（根据这个性质，可以预期一个估计量会随着样本容量的不断扩大而收敛于真实参数）可能值得关注。[①] 但在大多数情况下，对渐近无偏性的讨论实际上都转向了更理想的一致性性质。

● 一致性：这个性质十分重要。计量经济学家很少愿意对一个连一致性都不具备的估计量寄予信任。在某些情况下，不一致性可以被精确量化。比如，与面板数据的固定效应模型有关的附带参数问题（参见 17.7.3 小节），其估计量在 T 固定时不是一致的，但在 T 较大时是一致的（在 T 中等大小时，其偏差是可容忍的）。

● 渐近正态性：这个性质构成了对常见估计量进行大多数统计推断的基础。在不具备渐近正态性的时候，要找到一个方法，其能够在估计值简单的数值表述之外更进一步，这有时候会相当困难。但当代宏观经济学和时间序列分析中的多数文献关注的主要是那些断然不服从渐近正态分布的估计量。其含义在于，这个性质只在特定背景下才具备重要性，且不具备绝对的优势。

① 参见 Pagan and Ullah（1999，Section 2.5.1）和 Henderson and Parmeter（2015，Section 2.2）对核密度估计量这个主题的分析。

● 渐近有效性：我们很少能够获得绝对意义上的有效性，但在一类估计量之内却通常可以做到。因此，在所有渐近正态分布（CAN）估计量中，对极大似然和 GMM 估计量的相对有效性可以进行一番评论。此时，有两个重要的实际考虑。一方面，研究人员希望知道自己肯定还没有对数据做到次优利用（文献中讨论了参数充分设定时概率单位模型的 GMM 估计——此时的 GMM 估计无疑不如极大似然估计准确）。因此，只要可能，研究者都会避免明显非有效的估计量。另一方面，通常的情形是，研究者不是从一系列可用估计量中加以选择；他们手头上有一个估计量，有关相对有效性的问题还有待讨论。

□ 12.5.2 极值估计量

极值估计量（extremum estimator）就是作为一个**准则函数**（criterion function）$q(\boldsymbol{\theta}|\mathbf{data})$ 的最优解而得到的估计量。我们迄今为止大量讨论的三个极值估计量为

● 最小二乘：$\hat{\boldsymbol{\theta}}_{LS}=\text{Argmax}[-(1/n)\sum_{i=1}^{n}(y_i-h(\mathbf{x}_i,\boldsymbol{\theta}_{LS}))^2]$

● 极大似然：$\hat{\boldsymbol{\theta}}_{ML}=\text{Argmax}[(1/n)\sum_{i=1}^{n}\ln f(y_i \mid \mathbf{x}_i,\boldsymbol{\theta}_{ML})]$

● GMM：$\hat{\boldsymbol{\theta}}_{GMM}=\text{Argmax}[-\bar{\mathbf{m}}(\mathbf{data},\boldsymbol{\theta}_{GMM})'\mathbf{W}\bar{\mathbf{m}}(\mathbf{data},\boldsymbol{\theta}_{GMM})]$

（为了把这三个估计量看成同一种最优化问题，我们已经改变了第一个和第三个估计量的符号。）最小二乘和极大似然估计量是被定义为最优化一个求和式子的 **M 估计量**（M estimators）的两个例子。这里及其他论著中提出的多数熟知的理论结果都考虑了这些极值估计量的表现。本章考虑的估计量中有几个也是极值估计量，但也有一些（包括贝叶斯）估计量以及某些半参数估计量和所有非参数估计量都不是极值估计量。尽管如此，只要可能，我们仍对证明所有这些情形中估计量的性质颇感兴趣。对于实践者而言，最终得到这些统计性质会使得他们对当初驱使他们开始进行分析的数据生成过程信心十足地推导出一些结论。

文献在各种层次上对极值估计量的表现进行了推导。Amemiya（1985）与 Davidson and MacKinnon（2004）的处理很容易理解。Newey and McFadden（1994）最近进行的严格的分析是当前的标准。我们这里的讨论仅提出一些分析要素，对于详细的证明和推导，读者可查阅这些文献中的任何一个。

□ 12.5.3 对极值估计量渐近性质的若干假设

为了证明上述提到的经典（非贝叶斯）常用极值估计量的渐近性质，我们还需要一些宽泛的结论。

1. 参数空间（parameter space）（见 12.2 节）必须是凸的，作为估计对象的参数向量必须是其内部的一个点。第一个要求排除了定义不清的估计问题，比如估计只能取一组有限的离散值的一个参数。因此，在一个时间序列中搜索结构突变日期（把它看成通常的参数）就会导致非凸性。通过假设参数空间是紧集（紧集是闭的且有界的），这里的某些证明便得以简化。但假定紧性通常限制性太强，所以我们将选择更弱的要求。

2. 准则函数必须是参数的凹函数（见 A.8.2 小节）。这个假定意味着，对一个给定数据集，目标函数有一个内点最优解，而且我们能够找到它。准则函数不一定是“整体凹的”；它们可能有多个最优解。但如果它们连“局部凹的”都不是，那么我们探讨最优解就没有什么意义。虽然你通常只是在结构极其糟糕的模型中才会遇到这个问题，但你在表述一个模型时，估计准则

是一个参数的单调递增或递减函数是可能的。这种模型会导致一个非凹的准则函数。[①]就此看来，上述条件中紧性和凹性的区别相当重要。如果准则函数在一个紧参数空间上严格连续，那么它在这个集合内就有一个极大值，假设凹性也就没有必要了。但对估计来说，问题是，这并未排除极大值出现在参数空间的（假定）边界上的可能性。这种情形妨碍了对一致性和渐近正态性的证明。通过假定准则函数在真实参数向量的邻域内是凹的，整个问题就得以解决。

3. 参数的可识别性。任何以"如果……那么模型的真实参数 $\boldsymbol{\theta}_0$ 便可识别"开始的命题都存在问题，因为如果参数"不能识别"，那么可以说，它们不是（任何）模型的参数（比如，在例 2.5 的未识别模型中，不存在"真实"参数向量）。要避免先试图定义"真实"参数向量然后再问它是否可识别（可估计）的模棱两可的局面，我们从 Davidson and MacKinnon（1993，p. 591）中找到了一个有用的解决办法：考虑参数化模型 M 和模型容许的数据生成机制集 μ。在一个特定的参数化 μ 下，假设存在一个假定的"真实"参数向量 $\boldsymbol{\theta}(\mu)$。考虑参数空间 Θ 中的任一参数向量 $\boldsymbol{\theta}$。定义

$$q_\mu(\mu,\boldsymbol{\theta})=\text{plim}_\mu q_n(\boldsymbol{\theta}\,|\,\textbf{data})$$

这个函数是目标函数在所假定参数化 μ 下的概率极限。如果这个概率极限存在（是一个有限常数），而且

$$q_\mu[\mu,\boldsymbol{\theta}(\mu)]>q_\mu(\mu,\boldsymbol{\theta}),\ \text{如果}\ \boldsymbol{\theta}\neq\boldsymbol{\theta}(\mu)$$

那么，若参数空间是紧集，则参数向量可由准则函数识别。我们还没有假定紧性。对一个凸参数空间，我们需要的一个额外条件是：不存在一个不含极限点的序列 $\boldsymbol{\theta}^m$，使得 $q(\mu,\ \boldsymbol{\theta}_m)$ 收敛于 $q[\mu,\ \boldsymbol{\theta}(\mu)]$。

这里采用的方法是，首先假定模型有某个参数集。识别准则意味着，假定是这种情况，那么准则的概率极限在这些参数处得以最大化。这个结论依赖于准则函数在参数空间内任意一点收敛于一个有限值。由于准则函数是数据的函数，所以这个收敛性要求数据性质的一个命题，比如在某种意义上具有良好表现。我们暂时先把这个问题放在一边，有意思的是，目前的结论已经证明了 M 估计量的一致性。以某种看起来极为简练的方式，Amemiya（1985）简单地把可识别性定义为"一个一致估计量的存在"。我们看到，M 估计量的识别和一致性条件实质上是一样的。

为了证明一致性论点，理论上需要识别这一形式。但即使在最简单的情形下，要验证它实际上都极为困难。幸运的是，更多地借助于直觉，存在更简单的能够保证识别的方法。

● 对于最小二乘估计，识别的一个充分条件是，任意两个不同的参数向量 $\boldsymbol{\theta}$ 和 $\boldsymbol{\theta}_0$ 都必须能够推导出不同的条件均值函数值。这就意味着，对任意两个不同的参数向量，必定有一个 $\mathbf{x}_i$ 能让条件均值函数得到不同值。你应该可以验证，对于线性模型，这就是满秩假设 A2。对例 2.5 中的模型，其中有一个回归 $x_2=x_3+x_4$。此时，形如（β_1，β_2-a，β_3+a，β_4+a）的任一参数向量，无论 $\mathbf{x}_i$ 是什么，都能与（β_1，β_2，β_3，β_4）一样得到相同的条件均值，所以这个模型不能识别。要排除这个问题，就需要满秩假定。对于非线性回归，问题更为复杂，而且没有一个通用法则。例 7.2 说明了一个不能识别的非线性回归模型及其补救措施。

---

① Griffiths，Hill，and Judge（1993）在其例 23.6 中，基于本书第一版，提出了全国选举结果的概率单位模型，其中包括了区域虚拟变量：东北、东南、西部和山区。通常在模型中要包括四个虚拟变量中的三个，但格丽菲思（Griffiths）等人小心地去掉了它们中的两个，因为除了虚拟变量陷阱外，东南变量总是在因变量等于 0 的时候等于 0。包含这个变量导致似然函数是非凹函数——这个变量的参数发散。在 Amemiya（1985，p. 272）中，作为一个警告，也对相关情形加以分析。

● 对于极大似然估计，需要一个类似回归模型所需的条件。对任意两个参数向量 $\boldsymbol{\theta}\neq\boldsymbol{\theta}_0$，必须能对某个数据向量（$y_i$，$\mathbf{x}_i$）得到密度 $f(y_i|\mathbf{x}_i,\boldsymbol{\theta})$的不同值。用极大似然法拟合的许多计量模型都是密度函数形式为 $f(y_i|\mathbf{x}_i,\boldsymbol{\theta})=f(y_i|\mathbf{x}_i'\boldsymbol{\theta})$的"指数函数"模型。此时，适用于回归模型的满秩条件可能就足够了（如果模型中没有其他参数，那么它就足够了）。

● 对于 GMM 估计量，得不到这么简单的条件。识别的一个条件是：若 $\boldsymbol{\theta}\neq\boldsymbol{\theta}_0$，则 $E[\bar{\mathbf{m}}(\mathbf{data},\boldsymbol{\theta})]\neq\mathbf{0}$。

4. 关于数据的表现，我们在前面多处已经讨论过。估计量基于观测函数的均值。（在以上三个定义中，你都可以看到这一点。这些准则函数的导数同样是观测函数的均值。）对其大样本行为的分析，将给出观测函数的样本均值是否服从大数定律［例如辛钦定理（D. 5）或切比雪夫定理（D. 6）］的判定条件，以及为了保证$\sqrt{n}$乘以函数的样本均值服从中心极限定理，诸如针对横截面数据的林德伯格-费勒（D. 19）或李雅普诺夫（D. 20）定理，或者关于非独立观测的鞅差分中心极限定理（定理 20. 3），还必须假定什么条件。这最终是一个证明统计性质的问题。在数据背景下，上面声称的收敛性质一定会出现。这些条件我们在 4. 4. 1 小节和 4. 4. 2 小节中都有相应的讨论。此时，我们假定数据都是表现良好的。

□ 12. 5. 4　估计量的渐近性质

有了这些工具，就可以推导出 M 估计量渐近性质的如下标准结论：

定理 12. 1　M 估计量的一致性

如果：(a) 参数空间是凸的，而且真实参数向量是其中的一个内点；(b) 准则函数是凹的；(c) 参数可由准则函数识别；(d) 数据表现良好，那么 M 估计量便依概率收敛于真实参数向量。

对 M 估计量一致性的证明依赖于一个基本的收敛结论，而这个收敛结论本身又依赖于定理 12. 1 的假定 (a)～(d)。我们已经假定了识别性。基本策略如下：由于依赖于数据，所以 $q(\boldsymbol{\theta}|\mathbf{data})$是一个随机变量。我们在（c）中假定了，对于参数空间中的任意一点，都有 $\text{plim}q(\boldsymbol{\theta}|\mathbf{data})=q_0(\boldsymbol{\theta})$。假定（c）意味着 $q_0(\boldsymbol{\theta})$ 的最大值发生在 $q_0(\boldsymbol{\theta}_0)$，所以 $\boldsymbol{\theta}_0$ 是概率极限的最大化者。根据定义，$\hat{\boldsymbol{\theta}}$ 是 $q(\boldsymbol{\theta}|\mathbf{data})$的最大化者。因此，一致性要求最大化者的极限 $\hat{\boldsymbol{\theta}}$ 等于极限的最大化者 $\boldsymbol{\theta}_0$。我们的识别条件证明了这一点。我们在 14. 4. 5. a 小节证明极大似然估计量时将更详细地使用这种方法。

定理 12. 2　M 估计量的渐近正态性

若

（ⅰ）对参数空间的一个内点 $\boldsymbol{\theta}_0$，$\hat{\boldsymbol{\theta}}$ 是 $\boldsymbol{\theta}_0$ 的一个一致估计量；

（ⅱ）$q(\boldsymbol{\theta}|\mathbf{data})$ 是在 $\boldsymbol{\theta}_0$ 的一个邻域 $\boldsymbol{\theta}$ 的二阶连续可微凹函数；

（ⅲ）$\sqrt{n}[\partial q(\boldsymbol{\theta}_0|\mathbf{data})/\partial\boldsymbol{\theta}_0]\xrightarrow{d}N[\mathbf{0},\boldsymbol{\Phi}]$；

（ⅳ）对 $\boldsymbol{\Theta}$ 中任一 $\boldsymbol{\theta}$，都有$\lim_{n\to\infty}\Pr[|(\partial^2q(\boldsymbol{\theta}|\mathbf{data})/\partial\theta_k\partial\theta_m)-h_{km}(\theta)|>\varepsilon]=0(\forall\varepsilon>0)$，其中 $h_{km}(\boldsymbol{\theta})$是 $\boldsymbol{\theta}$ 的一个有限连续值函数；

（ⅴ）元素矩阵 $\mathbf{H}(\boldsymbol{\theta})$ 在 $\boldsymbol{\theta}_0$ 处是非奇异的，则$\sqrt{n}(\hat{\boldsymbol{\theta}}-\boldsymbol{\theta}_0)\xrightarrow{d}N\{\mathbf{0},[\mathbf{H}^{-1}(\boldsymbol{\theta}_0)\boldsymbol{\Phi}\mathbf{H}^{-1}(\boldsymbol{\theta}_0)]\}$。

渐近正态性的证明基于微积分中的中位数定理和最大化准则函数的导数在真实参数向量附近的泰勒展开，即

$$\sqrt{n}\frac{\partial q(\hat{\boldsymbol{\theta}}\mid\mathbf{data})}{\partial\hat{\boldsymbol{\theta}}}=\mathbf{0}=\sqrt{n}\frac{\partial q(\boldsymbol{\theta}_0\mid\mathbf{data})}{\partial\boldsymbol{\theta}_0}+\frac{\partial^2\boldsymbol{q}(\bar{\boldsymbol{\theta}}\mid\mathbf{data})}{\partial\bar{\boldsymbol{\theta}}\partial\bar{\boldsymbol{\theta}}'}\sqrt{n}(\hat{\boldsymbol{\theta}}-\boldsymbol{\theta}_0)$$

二阶导数在 $\hat{\boldsymbol{\theta}}$ 和 $\boldsymbol{\theta}_0$ 之间的点 $\bar{\boldsymbol{\theta}}$ 处取值，即对于某个 $0<w<1$，$\bar{\boldsymbol{\theta}}=w\hat{\boldsymbol{\theta}}+(1-w)\boldsymbol{\theta}_0$。由于我们已经假设了 $\text{plim}\ \hat{\boldsymbol{\theta}}=\boldsymbol{\theta}_0$，所以我们看到等号右边第二项的矩阵一定收敛于 $\mathbf{H}(\boldsymbol{\theta}_0)$。与定理中的假定相结合，就可以推导出所要的正态分布。Newey and McFadden（1994）给出了这组结论的规范证明。我们在 14.4.5.b 小节证明极大似然估计量的渐近性质时，会给出基于这个定理的更详尽的分析。

以上仅讨论了 M 估计量，下面还要对重要的 GMM 估计量做类似的证明。虽然一致性的证明和前面的思路相同，但渐近正态性的证明较困难。我们在第 13 章将回顾这个问题，在那一章，我们同样只勾勒一下正式结论，对于严格的推导过程仍建议读者查阅文献，例如 Newey and McFadden（1994）。

以上结论并不是在所有估计问题上都一目了然。比如，最小绝对离差（LAD）不在上述估计量之列，但它也是一个 M 估计量并且具有上述结论。由于其准则函数不是连续可微的，所以分析起来格外困难。尽管如此，其一致性和渐近正态性还是得以证明。[①] 某些半参数和所有非参数估计量都要求多少复杂一些的处理。比如，Pagan and Ullah（1999，Sections 25－26），以及 Li and Racine（2007，Sections 1.9－1.12），证明了核密度估计量 $\hat{f}(x^*)$ 的一些熟悉的理想性质，但它要求对函数和数据进行更复杂的分析，超出了线性回归或二项式对数单位模型所需的。感兴趣的读者可以在如下文献中找到对估计量的渐近性质详尽而又冗长的分析：Amemiya（1985），Newey and McFadden（1994），Davidson and MacKinnon（1993）以及 Hayashi（2000）等。实际上，几乎不可能去验证估计问题的上述条件，通常只是假定具备这些条件。不过，发现对这些条件的违背多少更直接一些，这是值得去做的。例如分析模型本身，通常就可以发现参数能否识别。

□ 12.5.5 假设检验

以上是一些关于三种基础的计量估计量的结论的总结，包括最小二乘估计、极大似然估计和 GMM 估计。类似的理论同时也适用于我们所熟知的统计检验，如沃尔德检验、似然比（LR）和拉格朗日乘数（LM）。[②] 所有这些统计检验方法都在本书某处的关键术语与概念中列出。为了简洁起见，本书将提供背景资料的链接，有感兴趣的读者可以通过链接了解更多细节。

12.6 归纳与总结

本章简要概述了计量经济学中的估计方法。多种方法可以进行此类估计。根据已有文献资

---

① 见 Koenker and Bassett（1982）；Amemiya（1985，pp. 152－154）。

② 见 Newey 和 McFadden（1994）。

料，估计量大致分为三种类型，分别是参数估计量、半参数估计量和非参数估计量。有人认为当前文献所用估计量已经由参数估计量演变为非参数估计量。但若仔细观察，我们会发现情况并非如此。在大多数情况下，极大似然仍然是默认选择的估计量。但与此同时，GMM 估计量有了新的应用，完全参数化的贝叶斯估计量和模拟估计量也在快速发展。当然，在任意设定中可应用的工具范围是稳定发展的。

关键术语与概念

贝叶斯估计	极值估计量	极大似然估计量
条件密度	基本概率变换	矩法
copula 函数	广义矩法	非参数估计量
准则函数	直方图	半参数估计量
数据生成机制	核密度估计量	基于模拟的估计
密度	M 估计量	随机前沿模型
经验似然函数	极大经验似然估计量	熵
最大熵	估计准则	

练习

1. 通过对比完全参数和半参数方法估计一个离散选择模型的异同，如在第 17 章讨论的多项式 logit 模型。半参数估计方法的优缺点是什么？

13 最小距离估计与广义矩法

13.1 引言

在明确设定的参数模型背景下，第 14 章介绍的**极大似然估计量**（maximum likelihood estimator）在所有一致且同时服从渐近正态分布的估计量中是充分有效的。这个结论可能的不足之处在于，为了得到估计量的有效性，必须对分布或数据生成过程做出较强而又有约束性的假定。本章讨论的广义矩法（generalized method of moments，GMM）估计量暂不考虑参数的假设情况，而是研究那些对基本数据生成过程的某些变异保持稳健的估计量。

本章将介绍参数估计中的一系列具有一般性的结论。我们从可能是最早的估计理论——古典矩法理论开始分析。这一结论可追溯到 Fisher（1925）的开创性研究。在计量经济学中，使用样本矩作为估计方程的基础是最重要的。GMM 是对这一方法的延伸，稍后我们将会发现，它包含了本书中所讨论的几乎所有常见的估计量。13.2 节将介绍使用矩法的估计框架；13.3 节将论述最小距离估计法；13.4 节将介绍 GMM 估计量的规范形式；13.5 节则将基于矩方程讨论假设检验；13.6 节将描述一个主要应用——动态面板数据模型。

例 13.1　欧拉方程与生命周期消费模型

在用 GMM 原理估计计量经济学模型的应用中，一个最经常被引用的研究就是 Hall（1978）的永久收入消费模型。原模型（符号上有变化）设立了一个消费者在其整个生命周期中的最优选择行为假设。假设消费者的行为可用以下模型描述：

$$\text{Maximize } E_t\left[\sum_{\tau=0}^{T-t}\left(\frac{1}{1+\delta}\right)^{\tau}U(c_{t+\tau})\mid \boldsymbol{\Omega}_t\right] \text{满足} \sum_{\tau=0}^{T-t}\left(\frac{1}{1+r}\right)^{\tau}(c_{t+\tau}-w_{t+\tau})=A_t$$

时期 t 的已知信息用 $\boldsymbol{\Omega}_t$ 表示，所以 E_t 表示基于时期 t 的信息集 $\boldsymbol{\Omega}_t$ 形成的预期。最大值是从时期 t 到生命终点时期 T 之间的未来消费效用的期望贴现流之和。个人的主观时间偏好率为 $\beta=1/(1+\delta)$。假定真实利率 r 是常数且 $r\geqslant\delta$。假定效用函数 $U(c_t)$ 为严格凹函数，且在时间上可分离（如模型所示）。某一期的消费为 c_t。跨时期的预算约束表明，消费 c_t 超出收入 w_t 的部分在一生中的现值等于不包括人

力资本的总资产A_t。在这个模型中，不确定性的唯一来源是w_t。除了存在一个未来预期收入$E_t[W_{t+\tau}|\boldsymbol{\Omega}_t]$外，对$w_t$的随机性质未做任何其他假定，既没有假定不同时期的$w_t$相互独立，也没有假定它是平稳的。

霍尔（Hall）的主要"定理"是这个最优化问题的解，即

$$E_t[U'(c_{t+1})|\boldsymbol{\Omega}_t]=\frac{1+\delta}{1+r}U'(c_t)$$

我们的兴趣在于其中的重要结论"推论 1"，即"除消费水平c_t外，时期t没有任何有助于预测未来消费c_{t+1}的有用信息（在影响预期边际效用的意义上）。具体而言，一旦知道了c_t，那么时期t或此前的收入与财富都不再相关"。我们可以把这个命题作为 GMM 框架中的模型基础。为了继续进行分析，有必要假定一个效用函数形式。效用函数的一个常见形式是$U(c_t)=c_t^{1-\alpha}/(1-\alpha)$，它是单调的$(U'=c_t^{-\alpha}>0)$且凹的$(U''/U'=-\alpha/c_t<0)$。把这个函数形式代入最优解中，经重新整理和参数化，我们有

$$E_t\left[(1+r)\left(\frac{1}{1+\delta}\right)\left(\frac{c_{t+1}}{c_t}\right)^{-\alpha}-1\,|\,\boldsymbol{\Omega}_t\right]=E_t[\beta(1+r)R_{t+1}^{\lambda}-1\,|\,\boldsymbol{\Omega}_t]=0$$

其中，$R_{t+1}=c_{t+1}/c_t$，$\lambda=-\alpha$。

霍尔假定r为常数。这个模型框架的其他一些应用对整个模型框架进行了修改，使之包含预测的利率r_{t+1}。[①] 从这里如何继续进行分析则取决于信息集。无条件均值不能识别这两个参数。推论认为，信息集中最重要的信息就是c_t。给定模型形式，一个更自然的工具就是R_t。这样就恰好识别了模型中的两个参数，即

$$E_t\left[(\beta(1+r_{t+1})R_{t+1}^{\lambda}-1)\begin{pmatrix}1\\R_t\end{pmatrix}\right]=\begin{bmatrix}0\\0\end{bmatrix}$$

如上所述，这个模型没有任何可检验的意义。这两个矩方程恰好识别了两个未知参数。霍尔假定了几个涉及收入和消费的模型，这就使得模型过度识别，并因此施加了约束。

13.2 一致估计：矩法

诸如均值和方差等样本统计量可视为简单的描述性度量。但在在线附录 C 讨论的估计中，我们指出，样本统计量一般在总体中都有对应物，例如样本均值与总体期望值之间的对应关系。分析的下一步自然（可能显然）是利用这种类比来说明使用样本"矩"作为这些总体参数估计量的合理性。余下要证明的是，这种方法是不是使用样本数据推断总体特征的最好或者至少不错的办法。

矩法（method of moments）的基础是：在随机抽样中，在一般的良性假定之下，样本统计量将依概率收敛于某个常量。比如，根据 i. i. d.（独立同分布）随机抽样，$\bar{m}'_2=(1/n)\sum_{i=1}^{n}y_i^2$将依均方收敛于方差与随机变量$y$均值平方的和。这个常量转而又是分布中未知参数的函数。为估计K个参数θ_1，…，θ_K，我们可计算K个这种统计量$\bar{m}_1$，…，$\bar{m}_K$，其**概率极限**（probability limits）为参数的已知函数。这K个矩等于K个函数，求反函数就可以将参数表示成矩的

① 比如 Hansen and Singleton（1982）。

函数。根据大数定律（定理 D.4～D.9），这些矩将是一致的。根据**林德伯格-利维中心极限定理**（Lindeberg-Levy central limit theorem，D.18），它们还是渐近正态分布的。根据斯拉茨基定理（Slutsky theorem，D.12）推导出来的参数估计量继承了一致性，δ 法（delta method，D.21）则继承了渐近正态性。

本节将较详尽探讨这一方法，部分介绍矩法本身，部分作为 13.4 节中讨论广义矩法或 GMM 估计方法的序幕。

□ 13.2.1 分布参数的随机抽样与估计

考虑对有限矩多达 $E[y^{2K}]$的分布 $f(y|\theta_1,\cdots,\theta_K)$ 的 i.i.d. 随机抽样。**随机样本**（random sample）由 n 次观测 y_1，…，y_n 构成。k 阶“原始”矩或**非中心矩**（uncentered moment）为

$$\bar{m}'_k=\frac{1}{n}\sum_{i=1}^{n}y_i^k$$

根据定理 D.4，有

$$E[\bar{m}'_k]=\mu'_k=E[y_i^k]$$

且

$$\mathrm{Var}[\bar{m}'_k]=\frac{1}{n}\mathrm{Var}[y_i^k]=\frac{1}{n}(\mu'_{2k}-\mu'^2_k)$$

根据惯例，$\mu'_1=E[y_i]=\mu$。根据辛钦定理（Khinchine theorem，D.5），有

$$\mathrm{plim}\bar{m}'_k=\mu'_k=E[y_i^k]$$

最后，根据林德伯格-利维中心极限定理，有

$$\sqrt{n}(\bar{m}'_k-\mu'_k)\xrightarrow{d}N[0,\mu'_{2k}-\mu'^2_k]$$

通常，μ'_k为上述参数的函数。通过计算这 K 个原始矩，并令它们等于这些函数，我们便得到 K 个方程，原则上应该可以解出 K 个未知参数的估计值。

❖例 13.2　　$N[\mu,\sigma^2]$ 的矩估计量

在来自 $N[\mu,\sigma^2]$ 的随机抽样中，我们有

$$\mathrm{plim}\frac{1}{n}\sum_{i=1}^{n}y_i=\mathrm{plim}\bar{m}'_1=E[y]=\mu$$

且

$$\mathrm{plim}\frac{1}{n}\sum_{i=1}^{n}y_i^2=\mathrm{plim}\ \bar{m}'_2=\mathrm{Var}[y]+\mu^2=\sigma^2+\mu^2$$

使概率极限的左右两边相等，就可以推导出矩估计量

$$\hat{\mu}=\bar{m}'_1=\bar{y}$$

和

$$\hat{\sigma}^2 = \bar{m}'_2 - \bar{m}'^2_1 = \left(\frac{1}{n}\sum_{i=1}^{n} y_i^2\right) - \left(\frac{1}{n}\sum_{i=1}^{n} y_i\right)^2 = \frac{1}{n}\sum_{i=1}^{n}(y_i - \bar{y})^2$$

注意，尽管这两个估计量都是一致的，但 $\hat{\sigma}^2$ 仍存在偏误。

尽管基于 y 的幂的各阶矩为参数信息提供了一个天然源泉，但数据的其他函数可能也有用。令 $m_k(\cdot)$ 为一个不包含样本容量 n 的连续可微函数，并令

$$\bar{m}_k = \frac{1}{n}\sum_{i=1}^{n} m_k(y_i), \quad k = 1, 2, \cdots, K$$

这些也都是数据的“矩”。于是根据定理 D. 4 及其推论 D. 5，有

$$\text{plim}\bar{m}_k = E[m_k(y_i)] = \mu_k(\theta_1, \cdots, \theta_K)$$

我们假定 $\mu_k(\cdot)$ 包含分布的某些或全部参数。对于 K 个待估计参数，K 个**矩方程**（moment equations）

$$\bar{m}_1 - \mu_1(\theta_1, \cdots, \theta_K) = 0$$
$$\bar{m}_2 - \mu_2(\theta_1, \cdots, \theta_K) = 0$$
$$\cdots$$
$$\bar{m}_K - \mu_K(\theta_1, \cdots, \theta_K) = 0$$

就可以推导出K个未知数 θ_1，…，θ_K 的 K 个方程。若这些方程连续且函数独立，则可通过解方程组得到**矩估计量**（method of moments estimators）

$$\hat{\theta}_k = \hat{\theta}_k[\bar{m}_1, \cdots, \bar{m}_K]$$

可见，可能不止一组矩可用于参数估计，或者可用的矩方程可能也多于必需的个数。

❖例 13. 3　　逆高斯（沃尔德）分布

逆高斯分布（inverse Gaussian distribution）用于模型化从某时刻起直至发生某种转变时剩余或流逝的时间。这个随机变量的密度的标准形式为

$$f(y) = \sqrt{\frac{\lambda}{2\pi y^3}}\exp\left[-\frac{\lambda(y-\mu)^2}{2\mu^2 y}\right], y > 0, \lambda > 0, \mu > 0$$

其均值和方差分别为 μ 和 μ^3/λ。这个参数的有效极大似然估计量基于 $(1/n)\sum_{i=1}^{n} y_i$ 和 $(1/n)\sum_{i=1}^{n}(1/y_i)$。由于均值和方差都是以上参数的简单函数，所以我们也可以使用样本均值和样本方差作为这些函数的矩估计量。因此，基于 $(1/n)\sum_{i=1}^{n} y_i$ 和 $(1/n)\sum_{i=1}^{n} y_i^2$，可得到沃尔德分布（Wald distribution）中参数的另外一对矩估计量。这对估计量的精确表达式都作为练习留给读者。

❖例 13. 4　　混合正态分布

Quandt and Ramsey（1978）分析了估计混合正态分布参数的问题。假设一个随机样本中的每个观测值都是取自两个不同的正态分布之一。观测值取自第一个分布 $N[\mu_1, \sigma_1^2]$ 的概率为 λ，取自第二个分布的概率为（$1-\lambda$）。所观测变量 y 的密度函数为

$$f(y)=\lambda N[\mu_1,\sigma_1^2]+(1-\lambda)N[\mu_2,\sigma_2^2],0<\lambda<1$$

代入定义得到：

$$f(y)=\frac{\lambda}{(2\pi\sigma_1^2)^{1/2}}e^{-1/2[(y-\mu_1)/\sigma_1]^2}+\frac{1-\lambda}{(2\pi\sigma_2^2)^{1/2}}e^{-1/2[(y-\mu_2)/\sigma_2]^2}$$

在继续讨论之前，我们注意到以上密度函数和 14.15.1 小节中所描述的有限混合模型完全一致。该模型使用的极大似然估计法比此处所介绍的矩估计法简便一些。

样本均值和第二阶至第五阶中心矩（central moments）

$$\bar{m}_k=\frac{1}{n}\sum_{i=1}^{n}(y_i-\bar{y})^k,\quad k=2,3,4,5$$

提供了包含五个未知数的五个方程，从中（通过一个九阶多项式）可解出五个参数的一致估计量。由于 $\bar{y}$ 依概率收敛于 $E[y_i]=\mu$，所以前面给出的 $\bar{m}_k'$ 作为 μ_k' 的估计量的定理，也适用于将 $\bar{m}_k$ 作为

$$\mu_k=E[(y_i-\mu)^k]$$

的估计量。对这个混合正态分布，其均值和方差为

$$\mu=E[y]=\lambda\mu_1+(1-\lambda)\mu_2$$

和

$$\sigma^2=\mathrm{Var}[y]=\lambda\sigma_1^2+(1-\lambda)\sigma_2^2+2\lambda(1-\lambda)(\mu_1-\mu_2)^2$$

这就足以说明矩法可能会变得多么复杂。作者还根据

$$E[e^{ty}]=\lambda e^{t\mu_1+t^2\sigma_1{}^2/2}+(1-\lambda)\mathrm{e}^{t\mu_2+t^2\sigma_2^2/2}=\Lambda_t$$

提出了另一种估计方法，其中 t 是任意值，且不一定为整数。Quandt and Ramsey（1978）建议选择 t 的五个不太接近的值，并利用统计量

$$\bar{M}_t=\frac{1}{n}\sum_{i=1}^{n}e^{ty_i}$$

来估计参数。矩方程为 $\bar{M}_t-\Lambda_t(\mu_1,\mu_2,\sigma_1^2,\sigma_2^2,\lambda)=0$。他们把这个程序称为**矩生成函数法**（method of moment generating functions）（矩生成函数的定义参见 B.6 节）。

在多数情形中，矩估计量不是有效的，除非从分布的**指数族**（exponential families）中随机抽样。

定义 13.1　指数族

分布的一个指数（参数）族的对数似然函数形式如下，即

$$\ln L(\boldsymbol{\theta}\,|\,\mathbf{data})=a(\mathbf{data})+b(\boldsymbol{\theta})+\sum_{k=1}^{K}c_k(\mathbf{data})s_k(\boldsymbol{\theta})$$

式中，$a(\cdot)$，$b(\cdot)$，$c_k(\cdot)$和 $s_k(\cdot)$均为函数。“族”成员用不同的参数值加以区别。正态分布和沃尔德分布见例 13.3。

若对数似然函数是这种形式，则函数 $c_k(\cdot)$ 被称为**充分统计量**（sufficient statistics）。[①] 若存在充分统计量，则矩估计量便可能是它们的函数。在此情形中，矩估计量可能也是极大似然估计量，所以它们当然有效——至少渐近有效。在此例中我们强调，概率分布是充分设定的。由于正态分布是包含充分统计量 $\bar{m}_1'$ 和 $\bar{m}_2'$ 的指数族，所以例 13.2 中描述的估计量都是完全有效的（它们都是极大似然估计量）。混合正态分布不是指数族。例 13.3 的沃尔德分布是一个指数族，我们把证明作为练习留给读者。读者应该能够证明，例 13.3 中用来计算 μ 和 λ 的 MLE 即是充分统计量。

❖例 13.5 伽马分布

伽马分布（gamma distribution，参见 B.4.5 小节）为

$$f(y)=\frac{\lambda^{P}}{\Gamma(P)}e^{-\lambda y}y^{P-1},\ y\geqslant 0,\ P>0,\ \lambda>0$$

该分布的对数似然函数为

$$\frac{1}{n}\ln L=[P\ \ln\lambda-\ln\Gamma(P)]-\lambda\frac{1}{n}\sum_{i=1}^{n}y_i+(P-1)\frac{1}{n}\sum_{i=1}^{n}\ln y_i$$

这个函数是一个指数族，其中 $a(\textbf{data})=0$，$b(\boldsymbol{\theta})=n[P\ \ln\lambda-\ln\Gamma(P)]$，两个充分统计量为 $\frac{1}{n}\sum_{i=1}^{n}y_i$ 和 $\frac{1}{n}\sum_{i=1}^{n}\ln y_i$。基于 $\frac{1}{n}\sum_{i=1}^{n}y_i$ 和 $\frac{1}{n}\sum_{i=1}^{n}\ln y_i$ 的矩估计量将是极大似然估计量。但我们还有

$$\text{plim}\ \frac{1}{n}\sum_{i=1}^{n}\begin{bmatrix}y_i\\ y_i^2\\ \ln y_i\\ 1/y_i\end{bmatrix}=\begin{bmatrix}P/\lambda\\ P(P+1)/\lambda^2\\ \Psi(P)-\ln\lambda\\ \lambda/(P-1)\end{bmatrix}$$

[我们在 E.2.3 小节中讨论了函数 $\Gamma(P)$ 和 $\Psi(P)=d\ln\Gamma(P)/dP$。]其中任意两个都可用于估计 λ 和 P。

对于例 C.1 中的收入数据，之前列出的四个矩为

$$(\bar{m}_1',\bar{m}_2',\bar{m}_*',\bar{m}_{-1}')=\frac{1}{n}\sum_{i=1}^{n}(y_i,y_i^2,\ln y_i,1/y_i)$$
$$=(31.278,\ 1\,453.96,\ 3.221\,39,\ 0.050\,014)$$

基于这些矩方程的 6 个可能组合，$\boldsymbol{\theta}=(P,\ \lambda)$ 的矩估计量如下

$$(\hat{P},\hat{\lambda})=\begin{bmatrix} & \bar{m}_1' & \bar{m}_2' & \bar{m}_{-1}'\\ \bar{m}_2' & 2.056\,82,0.065\,759 & & \\ \bar{m}_{-1}' & 2.771\,98,0.088\,623\,9 & 2.609\,05,0.080\,475 & \\ \bar{m}_*' & 2.410\,6,\ 0.077\,070\,2 & 2.264\,50,0.071\,304 & 3.035\,80,0.101\,820\,2\end{bmatrix}$$

---

① Stuart and Ord（1989，pp. 1-29）对充分统计量和分布的指数族进行了讨论。我们在第 17 章将用到的一个结论是：若 $c_k(\textbf{data})$ 是充分统计量，则条件密度 $f[y_1,\cdots,y_n|c_k(\textbf{data}),k=1,\cdots,K]$ 就不是参数的函数。

极大似然估计量为 $\hat{\boldsymbol{\theta}}(\bar{m}'_1, \bar{m}'_*)=(2.410\ 6, 0.077\ 070\ 2)$。

□ 13.2.2 矩估计量的渐近性质

在一些情形中，我们能得到矩估计量的精确分布。比如，在从正态分布中抽样时，$\hat{\mu}$ 具有均值 μ 和方差 σ^2/n 且服从正态分布，而 $\hat{\sigma}^2$ 具有均值 $[(n-1)/n]\sigma^2$ 和方差 $[(n-1)/n]^2 2\sigma^4/(n-1)$，且与一个自由度为 $n-1$ 的某个倍数的卡方变量具有完全相同的分布。若不是从正态分布中抽样，样本均值的精确方差仍将是 $\mathrm{Var}[y]/n$，而总体方差的矩估计量的渐近方差可基于例 D.10 中式（D-27）的主项得到，但其精确分布很难分析。

在有些情形中，没有关于样本矩方差的精确表述。比如，在例 13.4 中，样本统计量为

$$\overline{M}_t=\frac{1}{n}\sum_{i=1}^{n}e^{ty_i}=\frac{1}{n}\sum_{i=1}^{n}M_{it}$$

只有当 t 为整数时，才知道 $\overline{M}_t$ 的精确方差。但如果抽样是随机的，且 $\overline{M}_t$ 是一个样本均值，我们就可以使用观测值 M_{it} 的样本方差乘以 $1/n$ 来估计其方差。我们还可以构建 $\overline{M}_t$ 和 $\overline{M}_s$ 的一个协方差估计量，即

$$\text{Est. Asy. Cov}[\overline{M}_t,\overline{M}_s]=\frac{1}{n}\left\{\frac{1}{n}\sum_{i=1}^{n}[(e^{ty_i}-\overline{M}_t)(e^{sy_i}-\overline{M}_s)]\right\}$$

通常，当矩按以下方法计算时：

$$\bar{m}_{n,k}=\frac{1}{n}\sum_{i=1}^{n}m_k(\mathbf{y}_i),\quad k=1,\cdots,K$$

式中，$\mathbf{y}_i$ 是变量向量的一个观测值，$\bar{\mathbf{m}}_n=[\bar{m}_{n,1},\cdots,\bar{m}_{n,k}]$ 的渐近协方差矩阵的一个合适估计量便可使用下式计算：

$$\frac{1}{n}\mathbf{F}_{jk}=\frac{1}{n}\left\{\frac{1}{n}\sum_{i=1}^{n}[(m_j(\mathbf{y}_i)-\bar{m}_j)(m_k(\mathbf{y}_i)-\bar{m}_k)]\right\},\quad j,k=1,\cdots,K$$

（也可以将括号里面的和式除以 $n-1$ 而非 n，二者渐近等价。）这个估计量为计算参数估计值所用的矩提供了渐近协方差矩阵。在从一个有限矩的分布中进行 i. i. d. 随机抽样的假设下，$\mathbf{F}$ 将依概率收敛于标准矩向量的合适协方差矩阵 $\boldsymbol{\Phi}=\text{Asy. Var}[\sqrt{n}\,\bar{\mathbf{m}}_n(\boldsymbol{\theta})]$。最后，在随机抽样假定下，尽管可能不知道精确分布，但我们可以使用林德伯格-利维中心极限定理（D.18）来得到一个渐近的近似值。

为了完成余下的推导，回顾矩方程，我们现在可将其写成

$$\bar{m}_{n,k}(\theta_1,\theta_2,\cdots,\theta_K)=0,k=1,\cdots,K$$

下标 n 表示取自一个 n 次观测构成的数据集。我们还在矩方程的这个一般形式中，将样本统计量（和式）与参数函数 $\mu(\theta_1,\cdots,\theta_K)$ 相结合。令 $\overline{\mathbf{G}}_n(\boldsymbol{\theta})$ 表示 $K\times K$ 矩阵，其第 k 行是偏导数向量

$$\overline{\mathbf{G}}'_{n,k}=\frac{\partial\bar{m}_{n,k}}{\partial\boldsymbol{\theta}'}$$

现在，将要求解的矩方程在参数真实值 $\boldsymbol{\theta}_0$ 处展开成一个线性**泰勒级数**（Taylor series）。其线性

近似为

$$\mathbf{0} \approx [\bar{\mathbf{m}}_n(\boldsymbol{\theta}_0)] + \bar{\mathbf{G}}'_n(\boldsymbol{\theta}_0)(\hat{\boldsymbol{\theta}} - \boldsymbol{\theta}_0)$$

因此，

$$\sqrt{n}(\hat{\boldsymbol{\theta}} - \theta_0) \approx -[\bar{\mathbf{G}}_n(\boldsymbol{\theta}_0)]^{-1}\sqrt{n}[\bar{\mathbf{m}}_n(\boldsymbol{\theta}_0)] \tag{13-1}$$

(我们把这作为一个近似的分析是因为我们没有正式分析泰勒级数中更高阶的项。在 13.4 节讨论 GMM 估计量时将明确这一点。）刻画估计量 $\hat{\boldsymbol{\theta}}$ 的大样本行为所需要的论证在在线附录 D 中给出。我们从定理 D.18（中心极限定理）可知，$\sqrt{n}\,\bar{\mathbf{m}}_n(\boldsymbol{\theta}_0)$ 服从均值向量为 $\mathbf{0}$、协方差矩阵为 $\boldsymbol{\Phi}$ 的极限正态分布。假设矩方程中的函数是连续且相互独立的，我们便可以预期 $\bar{\mathbf{G}}_n(\boldsymbol{\theta}_0)$ 收敛于一个常量非奇异矩阵 $\Gamma(\boldsymbol{\theta}_0)$。在一般条件下，式（13－1）右边的极限分布将是一个正态分布向量线性函数的极限分布。直接跳到结论，我们预期 $\hat{\boldsymbol{\theta}}$ 的渐近分布将是均值向量为 $\boldsymbol{\theta}_0$、协方差矩阵为 $(1/n)\times\{-[\boldsymbol{\Gamma}(\boldsymbol{\theta}_0)]^{-1}\}\boldsymbol{\Phi}\{-[\boldsymbol{\Gamma}'(\boldsymbol{\theta}_0)]^{-1}\}$的正态分布。于是，矩估计量的渐近协方差矩阵可估计为

$$\text{Est. Asy. Var}[\hat{\boldsymbol{\theta}}] = \frac{1}{n}[\bar{\mathbf{G}}'_n(\hat{\boldsymbol{\theta}})\mathbf{F}^{-1}\bar{\mathbf{G}}_n(\hat{\boldsymbol{\theta}})]^{-1}$$

❖例 13.5 伽马分布(续)

利用估计值 $\hat{\boldsymbol{\theta}}(m'_1, m'_*) = (2.410\,6, 0.077\,070\,2)$，我们有

$$\hat{\bar{\mathbf{G}}} = \begin{bmatrix} -1/\hat{\lambda} & \hat{P}/\hat{\lambda}^2 \\ -\hat{\Psi}' & 1/\hat{\lambda} \end{bmatrix} = \begin{bmatrix} -12.975\,15 & 405.835\,3 \\ -0.512\,41 & 12.975\,15 \end{bmatrix}$$

[函数 $\Psi'(P)$ 为 $d^2 \ln \Gamma(P)/dP^2 = (\Gamma\Gamma'' - \Gamma')/\Gamma^2$。有 $\hat{P} = 2.410\,6$，$\hat{\Gamma} = 1.250\,832$，$\hat{\Psi} = 0.658\,347$ 和 $\hat{\Psi}' = 0.512\,408$。]① 矩阵 $\mathbf{F}$ 是 y 和 $\ln y$ 的样本协方差矩阵（使用 19 作为除数）

$$\mathbf{F} = \begin{bmatrix} 500.68 & 14.31 \\ 14.31 & 0.477\,46 \end{bmatrix}$$

积为

$$\frac{1}{n}[\hat{\mathbf{G}}'\mathbf{F}^{-1}\hat{\mathbf{G}}]^{-1} = \begin{bmatrix} 0.389\,78 & 0.014\,605 \\ 0.014\,605 & 0.000\,687\,47 \end{bmatrix}$$

对于极大似然估计量，基于期望（和实际）海塞矩阵的渐近协方差矩阵估计值为

$$[-\mathbf{H}]^{-1} = \frac{1}{n}\begin{bmatrix} \Psi' & -1/\lambda \\ -1/\lambda & P/\lambda^2 \end{bmatrix}^{-1} = \begin{bmatrix} 0.512\,43 & 0.016\,38 \\ 0.016\,38 & 0.000\,646\,54 \end{bmatrix}$$

海塞矩阵与 $\mathbf{G}$ 具有相同的元素，因为我们为矩估计量选用了充分统计量，于是我们求微分的矩方程除符号变化外，也是对数似然函数的导数。两个方差的估计值分别为 0.512 03 和 0.000 646 54，与上述

① Ψ'是三伽马函数。Abramovitz and Stegun（1971）列表给出了 $\Gamma(P)$，$\Psi(P)$ 和 $\Psi'(P)$ 的值。这里给出的数值是利用 IMSL 计算机程序库得到的。

估计值相当一致。其差别源于有限样本中的抽样变异和第一个方差估计量中 $\mathbf{F}$ 的出现。

□ 13.2.3 小结：矩法

在最简单的情形中，矩法对数据生成过程（data-generating process，DGP）在参数设定上的差别具有稳健性。无论其过程如何，样本均值或方差都估计了其总体对应参数（假设其存在）。正是这种不必要的分布假定的自由使得这种方法近年来如此流行。不过，这也是有代价的。如果更多地了解了 DGP，比如其具体的分布，就会发现矩法没有利用所有可用的信息。因此，在例 13.3 中，基于样本均值和方差的分布参数的自然估计量最终就不是有效的。其替代方法，作为计量经济学研究基础的极大似然法有效地利用了这些样本信息，因而更加有效。

13.3 最小距离估计

前面的分析讨论了**恰好识别情形**（exactly identified cases）。在每个例子中都有 K 个参数需要估计，我们使用 K 阶矩法来估计它们。在例 13.5 中，我们讨论了伽马分布，一个含有两个参数的族，并讨论了能用来估计这两个参数的不同对矩估计量。[这个分布的参数的最有效估计量将基于 $(1/n)\Sigma_i y_i$ 和 $(1/n)\Sigma_i \ln y_i$。] 这引出了一个一般性的问题：当我们能得到的矩估计量的个数大于我们所需的时候，我们将如何选择呢？只是丢弃多余信息似乎是适得其反的选择。在这个情形中，从逻辑上讲，样本信息提供量超过了估计模型参数所需的，因此现在需要调和这些相互冲突的估计量。

我们在先前的多个例子中遇到过这种情况：在例 11.23 的 Passmore（2005）对房利美的研究中，我们得到了一个参数 $\hat{\alpha}_j$ 的四个相互独立的估计量，以及估计的渐近方差 $\hat{V}_j$，$j=1$，…，4。使用**准则函数**（criterion function）将这些估计量合并：

$$\text{关于 } \alpha \text{ 进行最小化：} q=\sum_{j=i}^{4}\frac{(\hat{\alpha}_j-\alpha)^2}{\hat{V}_j}$$

这个最小化问题的解是

$$\hat{\alpha}_{\text{MDE}}=\sum_{j=1}^{4}w_j\hat{\alpha}_j,\ w_j=\frac{1/\hat{V}_j}{\sum_{s=1}^{4}(1/\hat{V}_s)},\ j=1,\cdots,4 \text{ 且} \sum_{j=1}^{4}w_j=1$$

我们在 11.10.3 小节的动态面板数据模型中构造参数的两阶段最小二乘估计量时，通过对信息充足的各个阶段采用不同的工具方法得到了未知参数向量 $\boldsymbol{\theta}$ 的 $T-2$ 个工具变量估计量。同一个参数向量的 $T-2$ 个估计量是 $\hat{\boldsymbol{\theta}}_{\text{IV}(t)}$。这一背景下的单一参数向量的阿雷纳诺-邦德估计量为

$$\hat{\boldsymbol{\theta}}_{\text{IV}}=\Big(\sum_{t=3}^{T}\mathbf{W}_{(t)}\Big)^{-1}\Big(\sum_{t=3}^{T}\mathbf{W}_{(t)}\hat{\boldsymbol{\theta}}_{\text{IV}(t)}\Big)=\sum_{t=3}^{T}\mathbf{R}_{(t)}\hat{\boldsymbol{\theta}}_{\text{IV}(t)}$$

式中

$$\mathbf{W}_{(t)}=(\hat{\hat{\mathbf{X}}}'_{(t)}\hat{\hat{\mathbf{X}}}_{(t)}),\ \mathbf{R}_{(t)}=\Big(\sum_{t=3}^{T}\mathbf{W}_{(t)}\Big)^{-1}\mathbf{W}_{(t)} \text{ 且} \sum_{t=3}^{T}\mathbf{R}_{(t)}=\mathbf{I}$$

最后，我们在例 11.13 检验的 Carey（1997）对医院成本的分析涉及一个能得出模型中一些参数的多重估计值的似不相关回归模型。我们将在例 13.6 中重新考虑这个应用。

一个**最小距离估计量**（minimum distance estimator，MDE）定义为：让 $\bar{m}_{n,l}$ 表示以 n 个观测值为基础估计出的样本统计量，满足：

$$\text{plim } \bar{m}_{n,l} = g_l(\boldsymbol{\theta}_0), l = 1, \cdots, L$$

式中，$\boldsymbol{\theta}_0$ 为待估计的 $K \leqslant L$ 个参数的向量。这些矩估计量和函数采用 $L \times 1$ 维向量 $\bar{\mathbf{m}}_n$ 和 $\mathbf{g}(\boldsymbol{\theta}_0)$ 的形式，并且进一步假设这些统计量服从以 $\bar{\mathbf{m}}_n = \mathbf{g}(\boldsymbol{\theta})$ 和 Asy. Var$[\bar{\mathbf{m}}_n] = (1/n)\boldsymbol{\Phi}$ 为特征的联合渐近正态分布。

定义准则函数

$$q = [\bar{\mathbf{m}}_n - \mathbf{g}(\boldsymbol{\theta})]'\mathbf{W}[\bar{\mathbf{m}}_n - \mathbf{g}(\boldsymbol{\theta})]$$

W 是一个正定**权重矩阵**（weighting matrix）。最小距离估计量是使得 q 最小化的 $\hat{\boldsymbol{\theta}}_{\text{MDE}}$。**W** 的不同设定将生成不同的估计量，但这些估计量都具有以下性质：

定理 13.1　渐近分布的最小距离估计量

在 $\sqrt{n}[\bar{\mathbf{m}}_n - \mathbf{g}(\boldsymbol{\theta}_0)] \xrightarrow{d} N[\mathbf{0}, \boldsymbol{\Phi}]$ 的假设下，最小距离估计量的渐近特性如下：

$$\text{plim } \hat{\boldsymbol{\theta}}_{\text{MDE}} = \boldsymbol{\theta}_0$$

$$\text{Asy. Var}[\boldsymbol{\theta}_{\text{MDE}}] = \frac{1}{n}[\boldsymbol{\Gamma}(\boldsymbol{\theta}_0)'\mathbf{W}\boldsymbol{\Gamma}(\boldsymbol{\theta}_0)]^{-1}[\boldsymbol{\Gamma}(\boldsymbol{\theta}_0)'\mathbf{W}\boldsymbol{\Phi}\mathbf{W}\boldsymbol{\Gamma}(\boldsymbol{\theta}_0)][\boldsymbol{\Gamma}(\boldsymbol{\theta}_0)'\mathbf{W}\boldsymbol{\Gamma}(\boldsymbol{\theta}_0)]^{-1} = \frac{1}{n}\mathbf{V}$$

式中

$$\boldsymbol{\Gamma}(\boldsymbol{\theta}_0) = \text{plim } \mathbf{G}(\hat{\boldsymbol{\theta}}_{\text{MDE}}) = \text{plim } \frac{\partial \mathbf{g}(\hat{\boldsymbol{\theta}}_{\text{MDE}})}{\partial \hat{\boldsymbol{\theta}}'_{\text{MDE}}}$$

和

$$\hat{\boldsymbol{\theta}}_{\text{MDE}} \xrightarrow{a} N\left[\boldsymbol{\theta}_0, \frac{1}{n}\mathbf{V}\right]$$

证明可以在 Malinvaud（1970）与 Amemiya（1985）中找到。从研究目的出发，我们可以认为，MDE 估计方法是前面章节介绍的矩估计方法的扩展。一个重要的含义是，这个估计量和任意一个 **W** 都保持一致，但矩阵的渐近协方差是 **W** 的函数。这说明了 **W** 可能通过着眼于协方差矩阵的规模大小和最优选择来构建。这确实是一个经典例子。在最小距离估计中，产生最小方差的权重矩阵为

最优权重矩阵（optimal weighting matrix）：$\mathbf{W}^* = [\text{Asy. Var. } \sqrt{n}\{\bar{\mathbf{m}}_n - \mathbf{g}(\boldsymbol{\theta})\}]^{-1} = \boldsymbol{\Phi}^{-1}$

[参见 Hansen（1982）的讨论。] 对于 **W** 的这一选择，我们有

$$\text{Asy. Var}[\hat{\boldsymbol{\theta}}_{\text{MDE}}] = \frac{1}{n}[\boldsymbol{\Gamma}(\boldsymbol{\theta}_0)'\boldsymbol{\Phi}^{-1}\boldsymbol{\Gamma}(\boldsymbol{\theta}_0)]^{-1}$$

这是我们先前使用矩估计量得到的结论。

通过如下定位查找 $\hat{\boldsymbol{\theta}}_{\text{MDE}}$ 就可以推导出 MDE 估计问题的解决方案，使得

$$\frac{\partial q}{\partial \hat{\boldsymbol{\theta}}_{\text{MDE}}}=-\mathbf{G}(\hat{\boldsymbol{\theta}}_{\text{MDE}})'\mathbf{W}[\bar{\mathbf{m}}_n-\mathbf{g}(\hat{\boldsymbol{\theta}}_{\text{MDE}})]=\mathbf{0}$$

在恰好识别情形下，就会出现与 MDE 相关的一个重要问题。如果 $K=L$，并且函数 $g_l(\boldsymbol{\theta})$ 是函数非相关的，也就是 $\mathbf{G}(\boldsymbol{\theta})$ 行满秩，即秩为 K，那么就能够恰好求解矩方程。这就是说，这个最小化问题等价于在 K 个未知量 $\hat{\boldsymbol{\theta}}_{\text{MDE}}$ 中求解 K 个矩方程 $\bar{m}_{n,l}=g_l(\boldsymbol{\theta}_0)$。这就是前面章节讨论的矩法估计量。在本例中，权重矩阵 $\mathbf{W}$ 与解决方案无关，因为 MDE 现在将满足矩方程

$$[\bar{\mathbf{m}}_n-\mathbf{g}(\hat{\boldsymbol{\theta}}_{MDE})]=\mathbf{0}$$

在更早列举的针对**过度识别情形**（overidentified cases）的例子中，Passmore（2005）对房利美的分析将最小距离估计量定义为：

$$q=((\hat{\alpha}_1-\alpha)(\hat{\alpha}_2-\alpha)(\hat{\alpha}_3-\alpha)(\hat{\alpha}_4-\alpha))\begin{bmatrix}\hat{V}_1 & 0 & 0 & 0\\ 0 & \hat{V}_2 & 0 & 0\\ 0 & 0 & \hat{V}_3 & 0\\ 0 & 0 & 0 & \hat{V}_4\end{bmatrix}^{-1}\begin{bmatrix}(\hat{\alpha}_1-\alpha)\\(\hat{\alpha}_2-\alpha)\\(\hat{\alpha}_3-\alpha)\\(\hat{\alpha}_4-\alpha)\end{bmatrix}$$

对于动态面板数据模型中的阿雷纳诺-邦德估计量，我们有

$$q=((\mathbf{b}_{\text{IV}(3)}-\boldsymbol{\theta})\cdots(\mathbf{b}_{\text{IV}(T)}-\boldsymbol{\theta}))'\begin{bmatrix}(\hat{\hat{\mathbf{X}}}'_{(3)}\hat{\hat{\mathbf{X}}}'_{(3)}) & \cdots & \mathbf{0}\\ \vdots & & \vdots\\ \mathbf{0} & \cdots & (\hat{\hat{\mathbf{X}}}'_{(T)}\hat{\hat{\mathbf{X}}}_{(T)})\end{bmatrix}^{-1}\begin{bmatrix}(\mathbf{b}_{\text{IV}(3)}-\boldsymbol{\theta})\\ \vdots\\ (\mathbf{b}_{\text{IV}(T)}-\boldsymbol{\theta})\end{bmatrix}$$

❖例 13.6　一个医院成本方程的最小距离估计量

在例 11.13 Carey（1997）对医院成本的分析中，Chamberlain（1984）对一个面板数据模型采用似不相关回归方法生成了一个参数向量 $\boldsymbol{\theta}_t$ 的五期设定的估计值。一些参数只针对某个年份是特定的，而其他参数（被假设为）对所有的五年都是特定的。这里有两个我们感兴趣的特定参数 β_D 和 β_O，它们允许每年都出现波动，但每个都通过 SUR 模型被多次估计。我们只关注这些参数，模型为

$$y_{it}=\alpha_i+A_{it}+\beta_{D,t}DIS_{it}+\beta_{O,t}OUT_{it}+\varepsilon_{it}$$

式中

$$\alpha_i=B_i+\Sigma_t\gamma_{D,t}DIS_{it}+\Sigma_t\gamma_{O,t}OUT_{it}+u_i,t=1987,\cdots,1991$$

DIS_{it} 为病人出院；OUT_{it} 为门诊病人。(我们略微改变了凯里（Carey）的注释并扩展了模型中与我们这里的分析无关的部分。A_{it} 和 B_i 包括这些添加的部分。）先前的模型是通过在每个方程中插入 α_i 来估计。然后通过 FGLS 构建一个无约束的似不相关模型。这里有五年的数据，因此有五组估计值。然而需要说明的是，考虑到收费变量 DIS，尽管每个方程提供了离散的估计值 $(\gamma_{D,1},\cdots,(\beta_{D,t}+\gamma_{D,t}),\cdots,\gamma_{D,5})$，每个方程（年）共有 5 个参数估计值，但这里总共只有 10 个，而不是总共有 25 个参数要估计。除此之外，OUT_{it} 的参数被过度识别。表 13.1 对表 11.7 的 *discharge* 变量系数重新进行了估计并增加

了对 *outpatient visit* 变量的估计。

表 13.1a　　医院成本 SUR 模型中 *DIS* 的系数估计

方程中变量的系数

方程	*DIS87*	*DIS88*	*DIS89*	*DIS90*	*DIS91*
SUR87	$\beta_{D,87}+\gamma_{D,87}$	$\gamma_{D,88}$	$\gamma_{D,89}$	$\gamma_{D,90}$	$\gamma_{D,91}$
	1.76	0.116	−0.088 1	0.057 0	−0.061 7
SUR88	$\gamma_{D,87}$	$\beta_{D,88}+\gamma_{D,88}$	$\gamma_{D,89}$	$\gamma_{D,90}$	$\gamma_{D,91}$
	0.254	1.61	−0.093 4	0.061 0	−0.051 4
SUR89	$\gamma_{D,87}$	$\gamma_{D,88}$	$\beta_{D,89}+\gamma_{D,89}$	$\gamma_{D,90}$	$\gamma_{D,90}$
	0.217	0.084 6	1.51	0.045 4	−0.025 3
SUR90	$\gamma_{D,87}$	$\gamma_{D,88}$	$\gamma_{D,89}$	$\beta_{D,90}+\gamma_{D,90}$	$\gamma_{D,91}$
	0.179	0.082 2	0.029 5	1.57	0.024 4
SUR91	$\gamma_{D,87}$	$\gamma_{D,88}$	$\gamma_{D,89}$	$\gamma_{D,90}$	$\beta_{D,91}+\gamma_{D,91}$
	0.153	0.036 3	−0.042 2	0.081 3	1.70
MDE	β=1.50	β=1.58	β=1.54	β=1.57	β=1.63
	γ=0.219	γ=0.066 6	γ=−0.053 9	γ=0.069 0	γ=−0.021 3

表 13.1b　　医院成本 SUR 模型中 *OUT* 的系数估计

方程中变量的系数

方程	*OUT87*	*OUT88*	*OUT89*	*OUT90*	*OUT91*
SUR87	$\beta_{O,87}+\gamma_{O,87}$	$\gamma_{O,88}$	$\gamma_{O,89}$	$\gamma_{O,90}$	$\gamma_{O,91}$
	0.013 9	0.002 92	0.001 57	0.000 951	0.000 678
SUR88	$\gamma_{O,87}$	$\beta_{O,88}+\gamma_{O,88}$	$\gamma_{O,89}$	$\gamma_{O,90}$	$\gamma_{O,91}$
	0.003 47	0.012 5	0.005 01	0.005 50	0.005 03
SUR89	$\gamma_{O,87}$	$\gamma_{O,88}$	$\beta_{O,89}+\gamma_{O,89}$	$\gamma_{O,90}$	$\gamma_{O,91}$
	0.001 18	0.001 59	0.008 32	−0.002 20	−0.001 56
SUR90	$\gamma_{O,87}$	$\gamma_{O,88}$	$\gamma_{O,89}$	$\beta_{O,90}+\gamma_{O,90}$	$\gamma_{O,91}$
	−0.002 26	−0.001 55	0.000 401	0.008 97	0.000 450
SUR91	$\gamma_{O,87}$	$\gamma_{O,88}$	$\gamma_{O,89}$	$\gamma_{O,90}$	$\beta_{O,91}+\gamma_{O,91}$
	0.002 78	0.002 55	0.002 33	0.003 05	0.010 5
MDE	β=0.011 2	β=0.009 99	β=0.010 0	β=0.009 15	β=0.007 93
	γ=0.001 77	γ=0.004 08	γ=−0.000 11	γ=−0.000 73	γ=0.002 67

从表中我们可以发现，在 1988—1991 年的方程的基础上，SUR 模型提供了 $\gamma_{D,87}$ 的四个直接估计值。从最后四个方程中可以推导出 $\gamma_{D,87}$ 的四个直接估计值中的任意一个，这无疑隐含地给出了 $\beta_{D,87}$ 的四个估计值，因为从最后四个方程得到的 $\gamma_{D,87}$ 的四个估计值中的任意一个都可以从 1987 年方程 *DIS*

的系数中提取出来估计 $\beta_{D,87}$。在有 20 个待估计参数的方程中有 50 个参数估计值，

$$\theta=(\beta_{D,87},\cdots,\beta_{D,91}),(\gamma_{D,87},\cdots,\gamma_{D,91}),(\beta_{O,87},\cdots,\beta_{O,91}),(\gamma_{O,87},\cdots,\gamma_{O,91})$$

以及用于找到一个普遍的、受限制的估计量的 30 个约束条件。MDE 可以用于调节这些相互冲突的估计量。

令 $\hat{\boldsymbol{\beta}}_t$ 表示模型参数 10×1 阶以时期为标识的估计量。与我们检验的其他例子不同的是，单个估计值并不是完全不相关。在 SUR 模型中，估计的渐近协方差矩阵是由式（10－7）给出的分块矩阵。对于两个方程的估计量，我们有

$$\text{Est. Asy. Cov}[\hat{\boldsymbol{\beta}}_t,\hat{\boldsymbol{\beta}}_s]=\begin{bmatrix}\hat{\sigma}^{11}\mathbf{X}_1'\mathbf{X}_1 & \hat{\sigma}^{12}\mathbf{X}_1'\mathbf{X}_2 & \cdots & \hat{\sigma}^{15}\mathbf{X}_1'\mathbf{X}_5\\ \hat{\sigma}^{21}\mathbf{X}_2'\mathbf{X}_1 & \hat{\sigma}^{22}\mathbf{X}_2'\mathbf{X}_2 & \cdots & \hat{\sigma}^{25}\mathbf{X}_2'\mathbf{X}_5\\ \vdots & \vdots & & \vdots\\ \hat{\sigma}^{51}\mathbf{X}_5'\mathbf{X}_1 & \hat{\boldsymbol{\sigma}}^{52}\mathbf{X}_5'\mathbf{X}_2 & \cdots & \hat{\sigma}^{55}\mathbf{X}_5'\mathbf{X}_5\end{bmatrix}^{-1}\quad \text{第 } t \text{ 行第 } s \text{ 列的交叉项}=\hat{\mathbf{V}}_{ts}$$

式中，$\hat{\sigma}^{ts}$ 为 $\hat{\boldsymbol{\Sigma}}^{-1}$ 中的第 t 行第 s 列的元素。（由于在 *DIS* 和 *OUT* 的五期之外，凯里的 SUR 模型的每个方程包括 26 个其他变量，所以我们从相关矩阵中推导出一个子矩阵。）MDE 的 50×50 权重矩阵为

$$\mathbf{W}=\begin{bmatrix}\hat{\mathbf{V}}_{87,87} & \hat{\mathbf{V}}_{87,88} & \hat{\mathbf{V}}_{87,89} & \hat{\mathbf{V}}_{87,90} & \hat{\mathbf{V}}_{87,91}\\ \hat{\mathbf{V}}_{88,87} & \hat{\mathbf{V}}_{88,88} & \hat{\mathbf{V}}_{88,89} & \hat{\mathbf{V}}_{88,90} & \hat{\mathbf{V}}_{88,91}\\ \hat{\mathbf{V}}_{89,87} & \hat{\mathbf{V}}_{89,88} & \hat{\mathbf{V}}_{89,89} & \hat{\mathbf{V}}_{89,90} & \hat{\mathbf{V}}_{89,91}\\ \hat{\mathbf{V}}_{90,87} & \hat{\mathbf{V}}_{90,88} & \hat{\mathbf{V}}_{90,89} & \hat{\mathbf{V}}_{90,90} & \hat{\mathbf{V}}_{90,91}\\ \hat{\mathbf{V}}_{91,87} & \hat{\mathbf{V}}_{91,88} & \hat{\mathbf{V}}_{91,89} & \hat{\mathbf{V}}_{91,90} & \hat{\mathbf{V}}_{91,91}\end{bmatrix}^{-1}=[\hat{\mathbf{V}}^{ts}]$$

二次形的矩阵是由 5 个 10×1 维列向量组合而成。1987 年的方程的第一个列向量为

$$\begin{aligned}&\bar{\mathbf{m}}_{n,87}-\mathbf{g}_{87}(\boldsymbol{\theta})\\ &=\begin{bmatrix}\{\hat{\beta}_{D,87}^{87}-(\beta_{D,87}+\gamma_{D,87})\},\{\hat{\beta}_{D,88}^{87}-\gamma_{D,88}\},\{\hat{\beta}_{D,89}^{87}-\gamma_{D,89}\},\{\hat{\beta}_{D,90}^{87}-\gamma_{D,90}\},\{\hat{\beta}_{D,91}^{87}-\gamma_{D,90}\},\\ \{\hat{\beta}_{O,87}^{87}-(\beta_{O,87}+\gamma_{O,87})\},\{\hat{\beta}_{O,88}^{87}-\gamma_{O,88}\},\{\hat{\beta}_{O,89}^{87}-\gamma_{O,89}\},\{\hat{\beta}_{O,90}^{87}-\gamma_{O,90}\},\{\hat{\beta}_{O,91}^{87}-\gamma_{O,90}\}\end{bmatrix}\end{aligned}$$

其他四个也可以类似的方式得到。这个模型的 MDE 准则函数为

$$q=\sum_{t=1987}^{1991}\sum_{s=1987}^{1991}[\bar{\mathbf{m}}_t-\mathbf{g}_t(\boldsymbol{\theta})]'\hat{V}^{ts}[\bar{\mathbf{m}}_s-\mathbf{g}_s(\boldsymbol{\theta})]$$

注意，SUR 方程有 50 个待估计的参数（如表 13.1 所示），准则函数中有 20 个未知参数需要进行校验。每个表的最后一行显示的是最小距离估计值。

13.4 广义矩估计量

近来计量经济学实证研究中有很大比例都使用了广义矩法（GMM）估计量，特别是在宏观经济学与金融学领域。我们将看到，这一大类估计量实际上包含了本书其他地方讨论的大多数

估计量。

GMM 估计法是 13.3 节描述的最小距离估计法的扩展。[①] 接下来，我们将广义矩法扩展到广义线性回归以外的其他模型，并填补 13.2 节推导中的某些空白。

□ 13.4.1 基于正交条件的估计

考虑经典线性回归模型中的参数的最小二乘估计量。这个模型的一个重要假设是

$$E[\mathbf{x}_i\varepsilon_i]=E[\mathbf{x}_i(y_i-\mathbf{x}_i'\boldsymbol{\beta})]=\mathbf{0}$$

对应的样本表达式为

$$\frac{1}{n}\sum_{i=1}^{n}\mathbf{x}_i\hat{\varepsilon}_i=\frac{1}{n}\sum_{i=1}^{n}\mathbf{x}_i(y_i-\mathbf{x}_i'\hat{\boldsymbol{\beta}})=\mathbf{0}$$

$\boldsymbol{\beta}$ 的估计量满足这些矩方程，也正是最小二乘估计量的正态方程。所以我们发现，OLS 估计量是一种矩估计量。

在推导第 8 章的工具变量估计量的过程中，我们依赖于一个与矩条件类似的大样本表达式

$$\text{plim}\left(\frac{1}{n}\sum_{i=1}^{n}\mathbf{z}_i\varepsilon_i\right)=\text{plim}\left(\frac{1}{n}\sum_{i=1}^{n}\mathbf{z}_i(y_i-\mathbf{x}_i'\boldsymbol{\beta})\right)=\mathbf{0}$$

通过求解以下方程，我们解决了工具个数超过参数个数的问题：

$$\left(\frac{1}{n}\mathbf{X}'\mathbf{Z}\right)\left(\frac{1}{n}\mathbf{Z}'\mathbf{Z}\right)^{-1}\left(\frac{1}{n}\mathbf{Z}'\hat{\boldsymbol{\varepsilon}}\right)=\frac{1}{n}\hat{\mathbf{X}}'\hat{\boldsymbol{\varepsilon}}=\frac{1}{n}\sum_{i=1}^{n}\hat{\mathbf{x}}_i\hat{\varepsilon}_i=\mathbf{0}$$

式中，$\hat{\mathbf{X}}$ 的列向量是它对 $\mathbf{Z}$ 的所有列向量进行回归的拟合值（即 $\mathbf{X}$ 的这些列到 $\mathbf{Z}$ 的列空间上的投射）。（进一步的细节参见 8.3.4 小节。）

非线性最小二乘估计量可以类似定义，只是在这种情况下，正态方程由于是隐函数而变得更加复杂。非线性回归模型的总体**正交条件**（orthogonality condition）为 $E[\mathbf{x}_i^0\varepsilon_i]=\mathbf{0}$。**经验矩方程**（empirical moment equation）为

$$\frac{1}{n}\sum_{i=1}^{n}\left(\frac{\partial E[y_i\mid\mathbf{x}_i,\boldsymbol{\beta}]}{\partial\boldsymbol{\beta}}\right)(y_i-E[y_i\mid\mathbf{x}_i,\boldsymbol{\beta}])=\mathbf{0}$$

接着令对数似然函数的导数等于零，推导出极大似然估计量。将对数似然函数缩放为

$$\frac{1}{n}\ln L=\frac{1}{n}\sum_{i=1}^{n}\ln f(y_i\mid\mathbf{x}_i,\boldsymbol{\theta})$$

式中，$f(\cdot)$ 为密度函数；$\boldsymbol{\theta}$ 为参数向量。对于满足正交条件（参见 14.4.1 小节）的密度，我们有

$$E\left[\frac{\partial\ \ln f(y_i\mid\mathbf{x}_i,\boldsymbol{\theta})}{\partial\boldsymbol{\theta}}\right]=\mathbf{0}$$

---

① 这一分析所要求的规范结论可参见 Hansen (1982); Hansen and Singleton (1988); Chamberlain (1987); Cumbu, Huizinga, and Obstfeld (1983); Newey (1984, 1985a, 1985b); Davidson and MacKinnon (1993); Newey and McFadden (1994) 等。Pagan and Wickens (1989) 与 Matyas (1999) 对 GMM 估计及计量经济学中其他进展进行了有价值的总结。Pagan and Vella (1989) 给出了这些方法的一个应用，并顺便给出了一个有用的总结。更进一步的讨论可参见 Davidson and MacKinnon (1993)。Ruud (2000) 提供了许多理论上的细节。Hayashi (2000) 以 GMM 估计量为中心，对估计也展开了详尽的讨论。

通过令对应的样本表达式等于零，就可以推导出极大似然估计量

$$\frac{1}{n}\frac{\partial \ln L}{\partial \hat{\boldsymbol{\theta}}}=\frac{1}{n}\sum_{i=1}^{n}\frac{\partial \ln f(y_i \mid \mathbf{x}_i,\hat{\boldsymbol{\theta}})}{\partial \hat{\boldsymbol{\theta}}}=\mathbf{0}$$

（将原等式除以 n 可以在不改变解的结果的同时使得结果较先前的结论可比性更强。）结论是，至此我们讨论的和之后遇到的几乎所有估计量都可解释为矩估计量的一种。［Manski（1992）对**模拟估计**（analog estimation）的分析提供了一些有趣的扩展和方法论上的论述。］

假若我们延续上述系列逻辑思路，会发现本书定义的大部分估计量都可被看作广义矩估计量。

□ 13.4.2 矩法的推广

以上例子都有一个共同特点：除工具变量估计量的一般情形外，其余每种情形中的矩方程都恰好与待估计参数的个数一样多。因此，它们都是**恰好识别**（exactly indentified）的情形。这些矩方程将有唯一解，而这个解也恰好满足这些方程。[①] 但在有些情形中，矩方程个数多于参数个数，所以整个系统是超定的（overdetermined）。在例 13.5 中，我们定义了四个样本矩

$$\bar{\mathbf{g}}=\frac{1}{n}\sum_{i=1}^{n}\left[y_i, y_i^2, \frac{1}{y_i}, \ln y_i\right]$$

其概率极限分别为 P/λ，$P(P+1)/\lambda^2$，$\lambda/(P-1)$和 $\Psi(P)-\ln\lambda$。其中任意两个都可用于估计两个参数，但正如我们在前面的例子中所分析的，这 6 种组合得到的 $\boldsymbol{\theta}=(P,\lambda)$ 的估计值多多少少有些不同。

在这种情形下，为了使用样本中的所有信息，必须设计一种方法，以调和超定系统中可能出现的不同估计值。更一般地，假设模型包含 K 个参数，$\boldsymbol{\theta}=(\theta_1,\theta_2,\cdots,\theta_K)'$，而理论定义的 $L>K$ 个矩条件为

$$E[m_l(y_i,\boldsymbol{x}_i,\mathbf{z}_i,\boldsymbol{\theta})]=E[m_{il}(\boldsymbol{\theta})]=0$$

式中，y_i，$\mathbf{x}_i$ 和 $\mathbf{z}_i$ 为模型中出现的变量；$m_{il}(\boldsymbol{\theta})$ 的下标 i 表示取决于（y_i，$\mathbf{x}_i$，$\mathbf{z}_i$）。我们将对应的样本均值表示为

$$\bar{m}_l(\mathbf{y},\mathbf{X},\mathbf{Z},\boldsymbol{\theta})=\frac{1}{n}\sum_{i=1}^{n}m_l(y_i,\mathbf{x}_i,\mathbf{z}_i,\boldsymbol{\theta})=\frac{1}{n}\sum_{i=1}^{n}m_{il}(\boldsymbol{\theta})$$

除非方程彼此函数相关，否则 K 个未知参数的 L 个方程联立的方程组

$$\bar{m}_l(\boldsymbol{\theta})=\frac{1}{n}\sum_{i=1}^{n}m_l(y_i,\mathbf{x}_i,\mathbf{z}_i,\boldsymbol{\theta})=0, l=1,\cdots,L$$

不会有唯一解。[②] 为简便起见，这里的矩方程是暗含给出的，而不像 13.3 节中那样直接给出矩等式关系。有必要对可能得到的 $\binom{L}{K}$ 种不同的估计值集加以调和。可能的办法之一就是最小化

---

① 当然，必须首先有解。在出现共线性的回归模型中，有 K 个参数，但独立的矩方程数量少于 K 个。

② L 大于样本容量 n 时有可能，但我们假定 L 严格小于 n。

一个准则函数，比如平方和[①]

$$q=\sum_{l=1}^{L}\bar{m}_l^2=\bar{\mathbf{m}}(\boldsymbol{\theta})'\bar{\mathbf{m}}(\boldsymbol{\theta}) \tag{13-2}$$

可以证明，在我们至今所做的系列假设下，特别是当 $\text{plim}\ \bar{\mathbf{m}}(\boldsymbol{\theta})=E[\bar{\mathbf{m}}(\boldsymbol{\theta})]=\mathbf{0}$ 时，最小化式（13－2）中的 q 就可以推导出 $\boldsymbol{\theta}$ 的一个一致估计量（尽管我们将看到它可能不是有效的）。[②] 实际上，我们可以利用一个加权平方和作为准则，即

$$q=\bar{\mathbf{m}}(\boldsymbol{\theta})'\mathbf{W}_n\bar{\mathbf{m}}(\boldsymbol{\theta})$$

式中，$\mathbf{W}_n$ 为任一依靠数据但非 $\boldsymbol{\theta}$ 的函数，比如式（13－2）中的 $\mathbf{I}$，来得到 $\boldsymbol{\theta}$ 的一个一致估计量的正定矩阵。[③] 例如，若有不同矩在重要性方面（采用某种衡量指标）的信息，我们就可以使用一个权重对角阵。我们确实额外做了一个假定：$\text{plim}\ \mathbf{W}_n$＝一个正定矩阵 $\mathbf{W}$。

根据广义最小二乘优于普通最小二乘的相同逻辑，使用权重与矩量方差成反比的加权准则应该是有益的。令 $\mathbf{W}$ 为一个对角阵，其对角线元素为各个矩量方差的倒数，即

$$w_{ll}=\frac{1}{\text{Asy. Var}[\sqrt{n}\bar{m}_l]}=\frac{1}{\phi_{ll}}$$

[我们把它写成这个形式是为了强调等号右边包含了样本均值的方差，其大小相当于（$1/n$）阶。] 于是，一个**加权最小二乘**（weighted least squares）估计量就可以最小化

$$q=\bar{\mathbf{m}}(\boldsymbol{\theta})'\boldsymbol{\Phi}^{-1}\bar{\mathbf{m}}(\boldsymbol{\theta}) \tag{13-3}$$

通常，$\bar{\mathbf{m}}$ 中的 L 个元素可任意相关。在式（13－3）中，我们使用一个对角阵 $\mathbf{W}$ 就可以忽略这种相关性。为了使用广义最小二乘法，我们将定义完整矩阵

$$\mathbf{W}=\{\text{Asy. Var}[\sqrt{n}\ \bar{\mathbf{m}}]\}^{-1}=\boldsymbol{\Phi}^{-1} \tag{13-4}$$

通过选择 $\boldsymbol{\theta}$ 来最小化

$$q=\bar{\mathbf{m}}(\boldsymbol{\theta})'\mathbf{W}_n\bar{\mathbf{m}}(\boldsymbol{\theta})$$

从而我们定义的估计量就是 13.3 节定义的最小距离估计量。一般结论是：若 $\mathbf{W}_n$ 是正定矩阵，而且

$$\text{plim}\bar{\mathbf{m}}(\boldsymbol{\theta})=\mathbf{0}$$

则 $\boldsymbol{\theta}$ 的最小距离（GMM）估计量便是一致的。[④] 由于式（13－2）中 OLS 准则使用了 $\mathbf{I}$，所以与加权最小二乘估计量和完备 GLS 估计量一样，这个方法可以推导出一个一致估计量。剩下要决定的是，选择一个最好的 $\mathbf{W}$。直觉（正确地）告诉我们，式（13－4）中定义的 $\mathbf{W}$ 便是最优

① 这个方法是 Quandt and Ramsey（1978）针对例 13.4 中的问题而提出的。

② 比如参见 Hansen（1982）。

③ 原则上，权重矩阵也可以是参数的函数，这方面的讨论参见 Hansen，Heaton，and Yaron（1996）。从估计量的渐近性质来看，这样做可能没什么好处。作者指出的一个好处是，某些估计量对我们在例 14.1 中讨论的标准化类型保持恒定性。实际上，这可能只是在相当小的一类情形中的一个考虑。

④ 在大多数更一般的情形中，为了保证一致性和我们讨论的其他性质，还需要满足许多其他微妙的条件。就我们的目的而言，这里给出的条件就足够了。Malinvaud（1970），Hansen（1982）和 Amemiya（1985）都讨论了最小距离估计量。

的，原理仍与我们使用广义最小二乘法的原理一致。这个结论现在成为 Hansen（1982）有口皆碑的结论之一。

这个**广义矩估计量**（generalized method of moments estimator，GMM estimator）的渐近协方差矩阵为

$$\mathbf{V}_{GMM}=\frac{1}{n}[\boldsymbol{\Gamma}'\mathbf{W}\boldsymbol{\Gamma}]^{-1}=\frac{1}{n}[\boldsymbol{\Gamma}'\boldsymbol{\Phi}^{-1}\boldsymbol{\Gamma}]^{-1} \tag{13-5}$$

式中，$\boldsymbol{\Gamma}$ 为导数矩阵，其第 j 行等于

$$\boldsymbol{\Gamma}^{j}=\text{plim}\,\frac{\partial\bar{m}_{j}(\boldsymbol{\theta})}{\partial\bar{\boldsymbol{\theta}}}$$

且 $\boldsymbol{\Phi}=\text{Asy. Var}[\sqrt{n}\,\bar{\mathbf{m}}]$。最后，由于中心极限定理适用于样本矩，而斯拉茨基定理（Slutsky theorem）适用于这种分析，所以我们可以预期这个估计量是渐近正态分布的。我们在 13.4.3 小节中将重新回顾渐近性质。

❖例 13.7　非线性回归模型的 GMM 估计

在例 7.6 中，利用德国社会经济面板数据集（German Socioeconomic Panel Data Set），我们探讨了一个关于收入的非线性回归模型，如下所示：

$$Income=h(1,Age,Education,Female,\boldsymbol{\gamma})+\varepsilon$$

式中，$h(.)$ 是关于变量的指数函数。在这个例子中，我们用到了几个交叉项。在本例中，我们将简化条件均值函数，转而使用以下形式：

$$Income=\exp(\gamma_1+\gamma_2 Age+\gamma_3 Education+\gamma_4 Female)+\varepsilon$$

为简便起见，我们将等式写成 $y_i=\exp(\mathbf{x}_i{}'\boldsymbol{\gamma})+\varepsilon_i=\mu_i+\varepsilon_i$。① 样本中包含了面板数据集 1988 年的部分，除了 2 个收入为 0 的观测值。最终样本包含 4 481 个观测值。表 7.2 给出了样本数据的描述性统计。我们首先考虑参数的非线性最小二乘估计。非线性最小二乘估计的一般估计方程为：

$$(1/n)\Sigma_i[(y_i-\mu_i)\mu_i\mathbf{x}_i]=(1/n)\Sigma_i[\varepsilon_i\mu_i\mathbf{x}_i]=\mathbf{0}$$

注意到正交条件中包含了伪回归元 $\partial\mu_i/\partial\gamma=\mathbf{x}_i^0=\mu_i\mathbf{x}_i$。总体矩方程为 $E[\varepsilon_i(\mu_i\mathbf{x}_i)]=\mathbf{0}$。非线性最小二乘估计量的计算在 7.2.8 小节中给出。渐进协方差矩阵估计量为：

$$\text{Est. Asy. Var}[\hat{\boldsymbol{\gamma}}_{NLSQ}]=\frac{\sum_{i=1}^{n}(y_i-\hat{\mu}_i)^2}{(4\,481-4)}\left[\sum_{i=1}^{4\,481}(\hat{\mu}_i\mathbf{x}_i)(\hat{\mu}_i\mathbf{x}_i)'\right]^{-1}，\text{其中 }\hat{\mu}_i=\exp(\mathbf{x}'_i\hat{\boldsymbol{\gamma}})$$

通过假定 $\mathbf{x}_i$ 而不是 $\mathbf{x}_i{}^0$ 正交于 ε_i，我们可以简单构建出计算矩估计量的方法，也即：

$$E(\varepsilon_i\mathbf{x}_i)=E\left[\varepsilon_i\begin{bmatrix}1\\Age_i\\Education_i\\Female_i\end{bmatrix}\right]=\mathbf{0}$$

① 注意到在这个模型中，变量 *Education* 可能是内生的。这一点可以直接明了地在 GMM 估计量中体现出来。尽管如此，为了能直白地展示这一数值型例子，我们在本例中将假定 *Education* 为外生变量。

可推出 4 个矩方程。对应的样本矩方程为：

$$\bar{m}_k(\boldsymbol{\gamma})=\frac{1}{n}\sum_{i=1}^{n}(y_i-\mu_i)x_{ik}=\frac{1}{n}\sum_{i=1}^{n}\varepsilon_i x_{ik}$$

为了计算出矩估计量，最小化以下平方和：

$$\bar{\mathbf{m}}'(\boldsymbol{\gamma})\bar{\mathbf{m}}(\boldsymbol{\gamma})=\sum_{k=1}^{4}\bar{m}_k^2(\boldsymbol{\gamma})$$

这个非线性优化问题需由在线附录 E. 3 给出的方法迭代得到。

给出第一步估计的参数 $\hat{\boldsymbol{\gamma}}^0$ 之后，协方差矩阵可由式（13－5）估计得到：

$$\hat{\boldsymbol{\Phi}}=\left\{\frac{1}{4\ 481}\sum_{i=1}^{4\ 481}\mathbf{m}_i(\hat{\boldsymbol{\gamma}}^0)\mathbf{m}_j(\hat{\boldsymbol{\gamma}}^0)\right\}$$

$$=\left\{\frac{1}{4\ 481}\sum_{i=1}^{4\ 481}(\hat{\varepsilon}_i^0\mathbf{x}_i)(\hat{\varepsilon}_i^0\mathbf{x}_i)'\right\}$$

$$\bar{\mathbf{G}}=\left\{\frac{1}{4\ 481}\sum_{i=1}^{n}\mathbf{x}_i(-\mu_i^0\mathbf{x}_i)'\right\}$$

MOM 估计量的协方差矩阵可由式（13－5）计算得出：

$$\text{Est. Ast. Var}[\hat{\boldsymbol{\gamma}}_{\text{MOM}}]=\frac{1}{n}[\bar{\mathbf{G}}\hat{\boldsymbol{\Phi}}^{-1}\bar{\mathbf{G}}']^{-1}$$

假设我们还获取了两个额外的变量，*Health Satisfaction* 以及 *Material Status*，那么在保持前面给出的条件矩函数不变的条件下，我们可以用这两个变量来构建 GMM 估计量，由此得到两个额外的矩方程：

$$E\left[\varepsilon_i\begin{bmatrix}Health\ Satisfaction_i\\ Marital\ Status_i\end{bmatrix}\right]$$

从而利用总共 6 个矩方程来估计 4 个参数。我们依据以下步骤构建广义矩估计量：第一步和前面所述相同，除了平方和 $\bar{\mathbf{m}}'(\boldsymbol{\gamma})\bar{\boldsymbol{m}}(\boldsymbol{\gamma})$ 应是 6 项加总而非 4 项，之后我们得到：

$$\boldsymbol{\Phi}=\left\{\frac{1}{4\ 481}\sum_{i=1}^{4\ 481}\bar{\mathbf{m}}_i(\hat{\boldsymbol{\gamma}})\mathbf{m}_i'(\hat{\boldsymbol{\gamma}})\right\}=\left\{\frac{1}{4\ 481}\sum_{i=1}^{4\ 481}(\hat{\varepsilon}_i\mathbf{z}_i)(\hat{\varepsilon}_i\mathbf{z}_i)'\right\}$$

式中第二个等号右侧 $\mathbf{z}_i$ 是 6 个外生变量，而非一开始的 4 个（包括常数项），因此 $\hat{\boldsymbol{\Phi}}$ 现在是一个 6×6 的矩阵。最优权重矩阵为 $\hat{\boldsymbol{\Phi}}^{-1}$（表达式将在下一节给出）。对 $\boldsymbol{\gamma}$ 求导最小化以下式子，得到 GMM 估计量：

$$q=\bar{\mathbf{m}}'(\boldsymbol{\gamma})\hat{\boldsymbol{\Phi}}^{-1}\bar{\mathbf{m}}(\boldsymbol{\gamma})$$

渐近协方差矩阵和简单的矩估计量一样，由式（13－5）给出。

表 13.2 给出了四种不同估计方法的结果，分别是：非线性最小二乘，矩法，第一步 GMM 以及用最优权重矩阵的 GMM。这些估计量间的对比有两点需要注意。一是矩法所得到的结果和非线性最小二乘得到的结果有微小的差异。由于计算准则的不同，这一点在意料之中。二是根据标准误的结果，GMM 估计的结果看似稍微优于非线性最小二乘和矩法的结果。不管如何，这里的结论是：这两个额

外的矩条件（变量）没有为估计参数提供更多额外的信息。

表 13.2　　非线性回归估计（括号中为标准误）

估计值	非线性最小二乘	矩法	第一步 GMM	GMM
常数	−1.693 31	−1.629 69	−1.455 51	−1.611 92
	(0.044 08)	(0.042 14)	(0.101 02)	(0.041 63)
Age	0.002 07	0.001 78	−0.000 28	0.000 92
	(0.000 61)	(0.000 57)	(0.001 00)	(0.000 56)
Education	0.047 92	0.048 61	0.037 31	0.046 47
	(0.002 47)	(0.002 62)	(0.005 18)	(0.002 62)
Female	−0.006 58	0.000 70	−0.022 05	−0.015 17
	(0.013 73)	(0.013 84)	(0.014 45)	(0.013 57)

□ 13.4.3　GMM 估计量的性质

我们现在更详细地分析 GMM 估计量的性质。由于 GMM 估计量涵盖了我们曾遇到过的其他估计量，其中包括最小二乘（线性和非线性）、工具变量，所以这些结论都能扩展到那些情形中。我们在本小节中给出的讨论只勾勒了一下规范证明的要素；所做的假定比完全一般性的分析所容许的假定更狭隘，但也足以包括实践中可能出现的情形。更详尽和严格的分析可参见，例如 Newey and McFadden（1994），White（2001），Hayashi（2000），Mittelhammer et al.（2000）或 Davidson（2000）。

GMM 估计量基于一组总体正交条件

$$E[\mathbf{m}_i(\boldsymbol{\theta}_0)]=\mathbf{0}$$

式中，$\boldsymbol{\theta}_0$ 为真实参数向量。等号左边的下标 i 表示依赖于观测数据（$\mathbf{y}_i$，$\mathbf{x}_i$，$\mathbf{z}_i$）。将其对样本观测值求平均，就可以推导出样本矩方程

$$E[\bar{\mathbf{m}}_n(\boldsymbol{\theta}_0)]=\mathbf{0}$$

式中

$$\bar{\mathbf{m}}_n(\boldsymbol{\theta}_0)=\frac{1}{n}\sum_{i=1}^{n}\mathbf{m}_i(\boldsymbol{\theta}_0)$$

这个矩是包含 K 个参数的 L 个方程的集合。我们将假定这个期望存在，且样本矩收敛于它。这些定义将以总体参数的形式表示，并以样本容量标识。为了集中说明，我们再次考虑为线性或非线性回归模型定义了工具变量估计量的经验矩方程。

∵例 13.8　　工具变量的经验矩方程

对于线性或非线性回归模型中的 IV 估计量，我们假定

$$E[\bar{\mathbf{m}}_n(\boldsymbol{\beta})]=E\left[\frac{1}{n}\sum_{i=1}^{n}\mathbf{z}_i[y_i-h(\mathbf{x}_i,\boldsymbol{\beta})]\right]=\mathbf{0}$$

$\mathbf{z}_i$ 中有 L 个工具变量，$\boldsymbol{\beta}$ 中有 K 个参数。这个命题定义了 L 个矩方程，每个工具变量都有一个。

我们对模型及其经验矩做如下假定：

假定 13.1　经验矩的收敛

假定数据生成过程满足使用大数定律所需要的条件，以至我们可以假定经验矩依概率收敛于其期望。在线附录 D 按照一般性递增的顺序列出了几个不同的大数定律。这个假定的要求是

$$\bar{\mathbf{m}}_n(\boldsymbol{\theta}_0)=\frac{1}{n}\sum_{i=1}^{n}\mathbf{m}_i(\boldsymbol{\theta}_0)\xrightarrow{p}\mathbf{0}$$

我们在附录 D 中分析的大数定律能解决独立观测的情形，而非独立或相关观测的情形，可在**遍历定理**（ergodic theorem）（定理 20.1）中进行分析。于是，对于这个更一般的情形，我们将假定观测序列 $\mathbf{m}(\boldsymbol{\theta})$ 由一个联合（$L\times1$）平稳遍历过程构成。

假定经验矩是参数的连续和连续可微函数。对于我们上面的例子，这就意味着条件矩函数 $h(\mathbf{x}_i, \boldsymbol{\beta})$ 是 $\boldsymbol{\beta}$ 的（尽管不一定是 $\mathbf{x}_i$ 的）一个连续函数。

有了连续性和可微性，我们就假定矩导数

$$\bar{\mathbf{G}}_n(\boldsymbol{\theta}_0)=\frac{\partial\bar{\mathbf{m}}_n(\boldsymbol{\theta}_0)}{\partial\boldsymbol{\theta}'_0}=\frac{1}{n}\sum_{i=1}^{n}\frac{\partial\mathbf{m}_{i,n}(\boldsymbol{\theta}_0)}{\partial\boldsymbol{\theta}'_0}$$

收敛于一个概率极限，比方说 $\text{plim}\bar{\mathbf{G}}_n(\boldsymbol{\theta}_0)=\bar{\mathbf{G}}(\boldsymbol{\theta}_0)$。[参见式（13－1）、式（13－5）和定理 13.1。] 对于独立观测，函数和导数的连续性容许我们援引斯拉茨基定理来推导这个结论。对于相关观测的更一般情形，定理 20.2（函数的遍历性）将为时间序列数据提供斯拉茨基定理的一个对应定理。总之，如果矩本身服从大数定律，那么假定其导数也服从大数定律就合乎情理。

假定 13.2　识别

对任意 $n\geqslant K$，若 $\boldsymbol{\theta}_1$ 和 $\boldsymbol{\theta}_2$ 是两个不同的参数向量，则存在数据集使得 $\bar{\mathbf{m}}_n(\boldsymbol{\theta}_1)\neq\bar{\mathbf{m}}_n(\boldsymbol{\theta}_2)$。规范地讲，在 12.5.3 小节中，识别的定义意味着，GMM 准则函数的概率极限唯独在真实参数 θ_0 处得以最小化。

假定 13.2 是识别的一个实践规则。更规范的条件我们在 12.5.3 小节讨论过。我们曾考察过两种违背这一关键假定的情况。在线性回归模型中，假定之一是外生变量矩阵的满秩——$\mathbf{X}$ 中无多重共线性。在讨论极大似然估计量时，我们论述过识别参数向量需要标准化的情形（例 14.1）。[①] 这两种情形都被包含在这个假定之中。识别条件具有三个重要含义：

1. 阶条件（order condition）：矩条件数至少和参数个数一样多，$L\geqslant K$。这是识别的必要非充分条件。

2. 秩条件（rank condition）：$L\times K$ 导数矩阵 $\bar{\mathbf{G}}_n(\boldsymbol{\theta}_0)$的行秩等于 K（再次注意，必须大于等于列数）。

① 见 Hansen et al.（1996）对这种情形的讨论。

3. 唯一性（uniqueness）：根据连续性假定，识别假定意味着满足总体矩条件的参数向量是唯一的。我们知道，在真实参数 $\boldsymbol{\theta}_0$ 处，$\text{plim}\ \bar{\mathbf{m}}_n(\boldsymbol{\theta}_0)=\mathbf{0}$。若任一参数向量 $\boldsymbol{\theta}_1$ 满足这个条件，则 $\boldsymbol{\theta}_1$ 一定等于 $\boldsymbol{\theta}_0$。

假定 13.1 和假定 13.2 刻画了模型的参数化。它们一起证明了参数向量的可估计性。我们现在做一个统计假定，使得我们能够证明 GMM 估计量的性质。

假定 13.3　经验矩的渐近分布

我们假定经验矩服从中心极限定理。这就假定了经验矩具有一个有限的渐近协方差矩阵 $(1/n)\boldsymbol{\Phi}$，使得 $\sqrt{n}\ \bar{\mathbf{m}}_n(\boldsymbol{\theta}_0)\xrightarrow{d}N[\mathbf{0},\boldsymbol{\Phi}]$。

如果构成经验矩的观测不独立，那么这个假定成立对数据的基本要求将有所变化并且十分复杂。对于独立观测样本，我们假定林德伯格-利维中心极限定理（D.19）或李雅普诺夫中心极限定理（D.20）所需的条件就足够了。对于更一般的情形，则有必要再对数据做出某种假定。我们已经假定了 $E[\mathbf{m}_i(\boldsymbol{\theta}_0)]=\mathbf{0}$。如果我们更进一步假定函数 $\mathbf{m}_i(\boldsymbol{\theta}_0)$ 是一个平稳遍历的**鞅差分序列**（martingale difference series），$E[\mathbf{m}_i(\boldsymbol{\theta}_0)\mid\mathbf{m}_{i-1}(\boldsymbol{\theta}_0),\mathbf{m}_{i-2}(\boldsymbol{\theta}_0),\cdots]=\mathbf{0}$，那么，我们就可以援引定理 20.3，即鞅差分序列中心极限定理。对于非线性模型，由于验证这个假定通常都相当复杂，所以一般都会直接做出假定。另外，在一个典型应用中，这些假定有可能相当简单。对于回归模型，这个假定的形式为

$$E[\mathbf{z}_i\varepsilon_i\mid\mathbf{z}_{i-1}\varepsilon_{i-1},\cdots]=\mathbf{0}$$

这种形式通常是模型核心结构的一部分。

有了这些假定，我们就可以推导出如下定理。

定理 13.2　GMM 估计量的渐近分布

在上述假定下，有

$$\hat{\boldsymbol{\theta}}_{GMM}\xrightarrow{p}\boldsymbol{\theta}_0$$

$$\hat{\boldsymbol{\theta}}_{GMM}\overset{a}{\sim}N[\boldsymbol{\theta}_0,\mathbf{V}_{GMM}]\qquad(13-6)$$

式中，$\mathbf{V}_{GMM}$ 在式（13－5）中定义。

我们现在简单阐述一下定理 13.2 的证明。GMM 估计量可以通过最小化以下准则函数而推导出

$$q_n(\boldsymbol{\theta})=\bar{\mathbf{m}}_n(\boldsymbol{\theta})'\mathbf{W}_n\bar{\mathbf{m}}_n(\boldsymbol{\theta})$$

式中，$\mathbf{W}_n$ 为所用的权重矩阵。使用与极大似然估计量相同的逻辑，可以证明最小化这一准则函数的估计量的一致性。首先必须证明，$q_n(\boldsymbol{\theta})$ 收敛于一个值 $q_0(\boldsymbol{\theta})$。根据我们的严格连续性假定和假定 13.1，$q_n(\boldsymbol{\theta}_0)$ 收敛于 0（我们可以应用斯拉茨基定理推导出这个结论）。我们假定参数空间中的其他点 $q_n(\boldsymbol{\theta})$ 也收敛于 $q_0(\boldsymbol{\theta})$。由于 $\mathbf{W}_n$ 是正定矩阵，所以对任意有限的 n，我们有

$$0\leqslant q_n(\hat{\boldsymbol{\theta}}_{GMM})\leqslant q_n(\boldsymbol{\theta}_0)\qquad(13-7)$$

也就是说，在有限样本中，$\hat{\boldsymbol{\theta}}_{GMM}$实际上最小化了这个函数，所以准则函数在$\hat{\boldsymbol{\theta}}_{GMM}$处的样本值不会大于在任何其他地方的样本值，包括真实参数。但在真实参数值处，$q_n(\boldsymbol{\theta}_0)\xrightarrow{p}0$。所以，若式（13-7）正确，则由于识别假定 13.2，必须有 $q_n(\hat{\boldsymbol{\theta}}_{GMM})\xrightarrow{p}0$。随着 $n\to\infty$，$q_n(\hat{\boldsymbol{\theta}}_{GMM})$和$q_n(\boldsymbol{\theta})$收敛于相同的极限。于是，随着 $n\to\infty$，一定有 $\bar{\mathbf{m}}_n(\hat{\boldsymbol{\theta}}_{GMM})\to\bar{\mathbf{m}}_n(\boldsymbol{\theta}_0)$，因为这个函数是二次形，且 W 是正定的，所以我们前面假定的识别条件现在就可以保证随着 $n\to\infty$，$\hat{\boldsymbol{\theta}}_{GMM}$一定等于$\boldsymbol{\theta}_0$。这就证明了这个估计量的一致性。

我们现在勾勒一下这个估计量渐近正态性的证明：GMM 估计量的一阶条件为

$$\frac{\partial q_n(\hat{\boldsymbol{\theta}}_{GMM})}{\partial\hat{\boldsymbol{\theta}}_{GMM}}=2\bar{\mathbf{G}}_n(\hat{\boldsymbol{\theta}}_{GMM})'\mathbf{W}_n\bar{\mathbf{m}}_n(\hat{\boldsymbol{\theta}}_{GMM})=\mathbf{0} \tag{13-8}$$

（公式前面的 2 与求解无关，所以可以去掉。）正交方程被假定为连续且连续可微的。这就容许我们将经验矩在真实参数 $\boldsymbol{\theta}_0$ 处展开成一个线性泰勒级数时使用**中位数定理**（mean value theorem），即

$$\bar{\mathbf{m}}_n(\hat{\boldsymbol{\theta}}_{GMM})=\bar{\mathbf{m}}_n(\boldsymbol{\theta}_0)+\bar{\mathbf{G}}_n(\bar{\boldsymbol{\theta}})(\hat{\boldsymbol{\theta}}_{GMM}-\boldsymbol{\theta}_0) \tag{13-9}$$

式中，$\bar{\boldsymbol{\theta}}$ 为$\hat{\boldsymbol{\theta}}_{GMM}$与真实参数$\boldsymbol{\theta}_0$ 之间的一个点。因此，对于它的每个元素，都有 $\bar{\theta}_k=w_k\hat{\theta}_{k,GMM}+(1-w_k)\theta_{0,k}$，其中 $0<w_k<1$。将式（13-9）代入式（13-8），于是有

$$\bar{\mathbf{G}}_n(\hat{\boldsymbol{\theta}}_{GMM})'\mathbf{W}_n\bar{\mathbf{m}}_n(\boldsymbol{\theta}_0)+\bar{\mathbf{G}}_n(\hat{\boldsymbol{\theta}}_{GMM})'\mathbf{W}_n\bar{\mathbf{G}}_n(\bar{\boldsymbol{\theta}})(\hat{\boldsymbol{\theta}}_{GMM}-\boldsymbol{\theta}_0)=\mathbf{0}$$

从这个方程中解出估计误差并乘以 $\sqrt{n}$，于是有

$$\sqrt{n}(\hat{\boldsymbol{\theta}}_{GMM}-\boldsymbol{\theta}_0)=-[\bar{\mathbf{G}}_n(\hat{\boldsymbol{\theta}}_{GMM})'\mathbf{W}_n\bar{\boldsymbol{G}}_n(\bar{\boldsymbol{\theta}})]^{-1}\bar{\mathbf{G}}_n(\hat{\boldsymbol{\theta}}_{GMM})'\mathbf{W}_n\sqrt{n}\,\bar{\mathbf{m}}_n(\boldsymbol{\theta}_0)$$

假设上式等号左右两边都有极限分布，则它们的极限分布相同。根据$\hat{\boldsymbol{\theta}}_{GMM}$的一致性，我们知道$\hat{\boldsymbol{\theta}}_{GMM}$和$\bar{\boldsymbol{\theta}}$ 都收敛于$\boldsymbol{\theta}_0$。根据假定的严格连续性，一定有

$$\bar{\mathbf{G}}_n(\hat{\boldsymbol{\theta}})\xrightarrow{p}\bar{\mathbf{G}}(\boldsymbol{\theta}_0)\text{ 且 }\bar{\mathbf{G}}_n(\hat{\boldsymbol{\theta}}_{GMM})\xrightarrow{p}\bar{\mathbf{G}}(\boldsymbol{\theta}_0)$$

我们还假定了权重矩阵 $\mathbf{W}_n$ 收敛于常矩阵 $\mathbf{W}$。经合并整理，左侧向量一定具有如下极限分布，且与右侧的相同

$$\sqrt{n}(\hat{\boldsymbol{\theta}}_{GMM}-\boldsymbol{\theta}_0)\xrightarrow{d}\{-[\bar{\mathbf{G}}(\boldsymbol{\theta}_0)'\mathbf{W}\bar{\mathbf{G}}(\boldsymbol{\theta}_0)]^{-1}\bar{\mathbf{G}}(\boldsymbol{\theta}_0)'\mathbf{W}\}\sqrt{n}\,\bar{\mathbf{m}}_n(\boldsymbol{\theta}_0) \tag{13-10}$$

我们现在援引假定 13.3。大括号中的矩阵是一组常量。最后一项具有假定 13.3 所给出的正态极限分布。这个极限分布的均值和方差分别为零和 $\boldsymbol{\Phi}$。经整理，我们就可以推导出定理 13.2 中的结果，其中

$$\mathbf{V}_{GMM}=\frac{1}{n}[\bar{\mathbf{G}}(\boldsymbol{\theta}_0)'\mathbf{W}\bar{\mathbf{G}}(\boldsymbol{\theta}_0)]^{-1}\bar{\mathbf{G}}(\boldsymbol{\theta}_0)'\mathbf{W}\boldsymbol{\Phi}\mathbf{W}\bar{\mathbf{G}}(\boldsymbol{\theta}_0)[\bar{\mathbf{G}}(\boldsymbol{\theta}_0)'\mathbf{W}\bar{\mathbf{G}}(\boldsymbol{\theta}_0)]^{-1} \tag{13-11}$$

最终结论是所选择权重矩阵 $\mathbf{W}$ 的函数。若使用最优权重矩阵 $\mathbf{W}=\boldsymbol{\Phi}^{-1}$，则上述表达式可简化为

$$\mathbf{V}_{GMM,optimal}=\frac{1}{n}[\bar{\mathbf{G}}(\boldsymbol{\theta}_0)'\boldsymbol{\Phi}^{-1}\bar{\mathbf{G}}(\boldsymbol{\theta}_0)]^{-1} \tag{13-12}$$

回到式（13－11），有一个特殊情形很有趣。如果我们在 $\mathbf{W}=\mathbf{I}$ 的情况下使用最小二乘法或工具变量法，那么

$$\mathbf{V}_{GMM}=\frac{1}{n}(\bar{\mathbf{G}}'\bar{\mathbf{G}})^{-1}\bar{\mathbf{G}}'\boldsymbol{\Phi}\bar{\mathbf{G}}(\bar{\mathbf{G}}'\bar{\mathbf{G}})^{-1}$$

这个方程实质上就是怀特或**纽韦-韦斯特估计量**（Newey-West estimator），这就让我们又回到出发点，而且为 GMM 原则提供了一个很好的呼应。我们将在 13.6.1 小节对此进行系统论述。

13.5 GMM 框架中的假设检验

我们在上一节中提出的估计框架为一组方便的假设检验统计量提供了基础。我们将考虑三组检验。第一组是用于检验（推导出矩方程的）约束有效性的两个统计量；第二组是三个检验，对应于前面章节中多次分析过的沃尔德、LM 和 LR 检验；第三组是基于条件矩的理论支柱（我们前面曾用于设计 GMM 估计量）的一类检验。

□ 13.5.1 检验矩约束的有效性

在我们前面分析的恰好识别情形中（最小二乘、工具变量和极大似然），GMM 估计的准则

$$q=\bar{\mathbf{m}}(\boldsymbol{\theta})'\mathbf{W}\bar{\mathbf{m}}(\boldsymbol{\theta})$$

将刚好等于零，因为我们能够找到一组估计值使得 $\bar{\mathbf{m}}(\boldsymbol{\theta})$ 刚好为零。因此，在矩方程个数正好等于待估参数的情形中，权重矩阵 W 与解无关。但如果矩方程过度识别参数，那么这些方程就意味着存在一些实实在在的约束。由此，如果导致矩方程的模型假设一开始就不正确，那么至少有些样本矩约束将被系统地违背。这个结论就为检验**过度识别约束**（overidentifying restrictions）提供了一个基础。根据构造，在使用了最优权重矩阵后，我们有

$$nq=[\sqrt{n}\,\bar{\mathbf{m}}(\hat{\boldsymbol{\theta}})']\{\text{Est. Asy. Var}[\sqrt{n}\,\bar{\mathbf{m}}(\hat{\boldsymbol{\theta}})]\}^{-1}[\sqrt{n}\,\bar{\mathbf{m}}(\hat{\boldsymbol{\theta}})]$$

于是 nq 为一个沃尔德统计量。因此，在模型假设下，

$$nq\xrightarrow{d}\chi^2[L-K]$$

（对于恰好识别情形，自由度等于 0，且 $q=0$。）

例 13.9　过度识别约束

在霍尔的消费模型及其推论中，例 13.1 中提到的两个正交条件恰好可以识别两个参数。但他对模型的分析提出了一种设定检验方法。结论“在影响预期边际效用的意义上，除消费水平 c_t 外，t 时期没有任何有助于预测未来消费 c_{t+1} 的有用信息。具体而言，一旦知道了 c_t，那么 t 时期或此前的收入与财富都不重要”指出了该模型的检验方法。如果在工具变量集中增加收入的滞后值 Y_t，那么模型就可以由如下正交条件过度识别：

$$E_t\left[(\beta(1+r_{t+1})R_{t+1}^{\lambda}-1)\times\begin{bmatrix}1\\R_t\\Y_{t-1}\\Y_{t-2}\end{bmatrix}\right]=\begin{bmatrix}0\\0\end{bmatrix}$$

对这些过度识别约束的简单检验暗含着结果的有效性。拒绝约束让人们对原模型产生了怀疑。为了将生命周期-持久收入模型与其他消费理论相区别，霍尔建议的检验需要在信息集中增加收入的两期滞后值。Hansen and Singleton（1982）直接对这一形式的模型进行了检验。其他研究，比如 Campbell and Mankiw（1989）以及霍尔本人的研究，都是使用模型含义来形成一个更常见的工具变量模型。

上述检验是一个**设定检验**（specification test），而非对参数约束的检验。不过，矩约束与对参数向量的约束之间存在着对称性。假设 $\boldsymbol{\theta}$ 的 J 个（线性和非线性）约束把自由参数的个数从 K 个限制为 $K-J$ 个（即将参数空间的维数从 K 减少到 $K-J$）。这些约束完全不会改变我们所提出的 GMM 估计问题的性质，即

$$q_R=\bar{\mathbf{m}}(\boldsymbol{\theta}_R)'\mathbf{W}\bar{\mathbf{m}}(\boldsymbol{\theta}_R)$$

受约束后的问题可表述为：注意到，权重矩阵 $\mathbf{W}$ 没有改变。解法的精确性质可能有所改变——这些约束会使之成为一个最优化问题。不过，准则函数本质上没有改变。于是有

$$nq_R\xrightarrow{d}\chi^2[L-(K-J)]$$

尽管分布理论不是那么明显，但这个结论还是指出了检验约束的一种方法。施加约束后的加权平方和 nq_R 肯定大于无约束的加权平方和 nq。其差为

$$(nq_R-nq)\xrightarrow{d}\chi^2[J] \qquad (13-13)$$

这个检验由 Newey and West（1987b）给出。这就提供了对一组约束进行检验的方法（我们在 13.6.5 小节讨论的应用中将主要关注这个检验的小样本性质）。我们现在考虑其他几个方法。

□ 13.5.2 GMM 的沃尔德、LM 和 LR 检验

我们在 14.6 节中将论述可用于极大似然估计背景下假设检验的三个程序。重申一遍，我们令待检验的假设是对 K 个参数 $\boldsymbol{\theta}$ 的 J 个形如 $H_0:\mathbf{r}(\boldsymbol{\theta})=\mathbf{0}$（可能非线性）的约束；令 $\mathbf{c}_1$ 为无约束情形下 $\boldsymbol{\theta}$ 的极大似然估计值，$\mathbf{c}_0$ 为约束情形下 $\boldsymbol{\theta}$ 的极大似然估计值，即在施加原假设后得到的估计值。渐近等价的三个统计量如下

$$\text{LR}=\text{似然比}=-2(\ln L_0-\ln L_1)$$

式中

$$\ln L_j=\text{在 }\mathbf{c}_j\text{ 处求值的对数似然函数},j=0,1$$

似然比统计量（likelihood ratio statistic）要求同时计算两个估计值。沃尔德统计量为

$$W=\text{Wald}=[\mathbf{r}(\mathbf{c}_1)]'\{\text{Est. Asy. Var}[\mathbf{r}(\mathbf{c}_1)]\}^{-1}[\mathbf{r}(\mathbf{c}_1)] \qquad (13-14)$$

沃尔德统计量（Wald statistic）是无约束估计量不能满足约束程度的距离度量。其渐近协方差矩阵的常用估计量为

$$\text{Est. Asy. Var}[\mathbf{r}(\mathbf{c}_1)]=\mathbf{R}_1\{\text{Est. Asy. Var}[\mathbf{c}_1]\}\mathbf{R}_1' \tag{13-15}$$

式中

$$\mathbf{R}_1=\partial\mathbf{r}(\mathbf{c}_1)/\partial\mathbf{c}_1' \quad (\mathbf{R}_1 \text{ 是 } J\times K \text{ 矩阵})$$

只用无约束估计值便可计算沃尔德统计量。LM 统计量为

$$\text{LM}=\text{拉格朗日乘数}=\mathbf{g}_1'(\mathbf{c}_0)\{\text{Est. Ast. Var}[\mathbf{g}_1(\mathbf{c}_0)]\}^{-1}\mathbf{g}_1(\mathbf{c}_0) \tag{13-16}$$

式中

$$\mathbf{g}_1(\mathbf{c}_0)=\partial\ln L_1(\mathbf{c}_0)/\partial\mathbf{c}_0$$

即无约束对数似然函数的一阶导数在约束估计值处的计算结果。Est. Asy. Var$[\mathbf{g}_1(\mathbf{c}_0)]$是参数极大似然估计量的渐近协方差矩阵的任意一个常用估计量借助约束估计值进行计算得到的逆矩阵。最方便的选择通常是 BHHH 估计量。LM 统计量基于约束估计值。

Newey and West（1987b）为 GMM 估计量设计了这些检验的对应统计量。沃尔德统计量的计算相同，只是使用 GMM 估计的结果而非极大似然结果。[①] 也就是说，在式（13－14）中，我们将使用 $\boldsymbol{\theta}$ 的无约束 GMM 估计量。合适的渐近协方差矩阵为式（13－12）。其计算完全相同。对应的 LR 统计量是式（13－13）中 nq 的差值。在此有必要在约束和无约束估计量中使用相同的权重矩阵 $\mathbf{W}$。由于无约束估计量在 H_0 和 H_1 下都是一致的，所以计算 $\mathbf{W}$ 时使用 $\boldsymbol{\theta}$ 的一个无约束的一致估计量。我们将它记为 $\boldsymbol{\Phi}_1^{-1}=\{\text{Asy. Var}[\sqrt{n}\,\bar{\mathbf{m}}_1(\mathbf{c}_1)]\}^{-1}$。每次出现下标 1 都表示使用无约束估计量。于是，q 可以在无约束情形下得到 q_1，并在约束情形下得到 q_0。LR 统计量便是（nq_0-nq_1）。[②] 由于我们在两种情形中都使用了相同的 $\mathbf{W}$，所以这个统计量肯定非负（这就是我们在 13.5.1 小节中讨论过的统计量）。

最后，对应的 LM 统计量为

$$\text{LM}_{GMM}=n[\bar{\mathbf{m}}_1(\mathbf{c}_0)'\hat{\boldsymbol{\Phi}}_1^{-1}\hat{\mathbf{G}}_1(\mathbf{c}_0)][\bar{\mathbf{G}}_1(\mathbf{c}_0)'\hat{\boldsymbol{\Phi}}_1^{-1}\bar{\mathbf{G}}_1(\mathbf{c}_0)]^{-1}[\bar{\mathbf{G}}_1(\mathbf{c}_0)'\hat{\boldsymbol{\Phi}}_1^{-1}\bar{\mathbf{m}}_1(\mathbf{c}_0)]$$

这个 LM 统计量的逻辑与 MLE 的 LM 统计量相同。式（13－3）中最小化准则 q 的导数为

$$\mathbf{g}_1(\mathbf{c}_0)=\frac{\partial q}{\partial\mathbf{c}_0}=2\bar{\mathbf{G}}_1(\mathbf{c}_0)'\hat{\boldsymbol{\Phi}}_1^{-1}\bar{\mathbf{m}}(\mathbf{c}_0)$$

LM 统计量（LM statistic），LM_{GMM}，便是检验这个向量在原假设约束下等于零的假设的沃尔德统计量。根据前面的结论，我们有

$$\text{Est. Asy. Var}[\mathbf{g}_1(\mathbf{c}_0)]=\frac{4}{n}\bar{\mathbf{G}}_1(\mathbf{c}_0)'\hat{\boldsymbol{\Phi}}_1^{-1}\{\text{Est. Asy. Var}[\sqrt{n}\ \bar{\mathbf{m}}(\mathbf{c}_0)]\}\hat{\boldsymbol{\Phi}}_1^{-1}\bar{\mathbf{G}}_1(\mathbf{c}_0)$$

$\sqrt{n}\,\bar{\mathbf{m}}(\mathbf{c}_0)$ 的估计渐近方差为 $\hat{\boldsymbol{\Phi}}_1$；所以，

$$\text{Est. Asy. Var}[\mathbf{g}_1(\mathbf{c}_0)]=\frac{4}{n}\bar{\mathbf{G}}_1(\mathbf{c}_0)'\hat{\boldsymbol{\Phi}}_1^{-1}\bar{\mathbf{G}}_1(\mathbf{c}_0)$$

---

① 关于这个程序的小样本结论，可参见 Burnside and Eichenbaum（1996）。Newey and McFadden（1994）证明了这三个程序的渐近等价性。

② 纽韦和韦斯特称该检验为 D 检验。

沃尔德统计量为

$$
\begin{aligned}
沃尔德 &= \mathbf{g}_1(\mathbf{c}_0)'\{\text{Est. Asy. Var}[\mathbf{g}_1(\mathbf{c}_0)]\}^{-1}\mathbf{g}_1(\mathbf{c}_0) \\
&= n\bar{\mathbf{m}}'_1(\mathbf{c}_0)\hat{\boldsymbol{\Phi}}_1^{-1}\bar{\mathbf{G}}_1(\mathbf{c}_0)\{\bar{\mathbf{G}}_1(\mathbf{c}_0)'\hat{\boldsymbol{\Phi}}_1^{-1}\bar{\mathbf{G}}_1(\mathbf{c}_0)\}^{-1}\bar{\mathbf{G}}_1(\mathbf{c}_0)'\hat{\boldsymbol{\Phi}}_1^{-1}\bar{\mathbf{m}}_1(\mathbf{c}_0)
\end{aligned}
\qquad (13-17)
$$

13.6 计量经济学模型的 GMM 估计

我们在前面的章节已提出 GMM 估计方法广泛地涵盖了我们在本书中所遇到的几乎所有估计量。在这一过程中我们已隐含检验了最小二乘估计量和工具变量的广义矩法。在本节中，我们将对前几章出现的几个估计量进行更具体、更规范的 GMM 估计。13.6.1 小节将检验第 9 章的广义回归模型；13.6.2 小节将 GMM/IV 估计量稍扩展至非线性回归模型；13.6.3 小节将描述我们研究的似不相关回归模型（SUR）方程组的 GMM 估计量；最后在 13.6.4 小节中，我们将详尽阐述 GMM 估计的一个主要应用，即动态面板数据模型的阿雷纳诺-邦德-博韦（Arellano-Bond-Bover）估计量。

□ 13.6.1 单方程线性模型

将注意力集中于工具变量情形会很有帮助，因为它是一个相当一般的情形，而且如果条件允许，我们可以很容易地将它看作一个更简单的回归模型。因此，我们暂不考虑一般线性模型（8-1），但我们不再要求 $E[\varepsilon_i \mid \mathbf{x}_i]=0$ 条件成立。相反，我们采用了第 8 章的工具变量法。即我们的模型是

$$
\begin{aligned}
&y_i = \mathbf{x}_i'\boldsymbol{\beta} + \varepsilon_i \\
&E[\mathbf{z}_i\varepsilon_i] = \mathbf{0}
\end{aligned}
$$

$\mathbf{x}_i$ 中有 K 个变量；$\mathbf{z}_i$ 为 L 个工具变量的集合，其中 $L \geqslant K$。如果 $\mathbf{z}_i=\mathbf{x}_i$，以上模型就是先前的广义回归模型，而如果我们还增加了条件 $\boldsymbol{\Omega}=\mathbf{I}$，以上模型就是经典回归模型。因此这个模型非常方便地包含了整个模型框架。

在第 9 章的广义最小二乘估计量中，我们考虑了两种情形，第一种是 $\boldsymbol{\Omega}$ 已知，第二种则是 $\boldsymbol{\Omega}$ 待估计。在广义矩法估计过程中，这些方法中的任意一种价值都不大，因为我们拥有的关于数据生成过程的（假设）信息明显不足，我们将考虑以下三种情形：

- 经典回归模型：$\text{Var}[\varepsilon_i \mid \mathbf{X},\mathbf{Z}]=\sigma^2$
- 异方差模型：$\text{Var}[\varepsilon_i \mid \mathbf{X},\mathbf{Z}]=\sigma_i^2$
- 广义回归模型：$\text{Cov}[\varepsilon_t,\varepsilon_s \mid \mathbf{X},\mathbf{Z}]=\sigma^2\omega_{ts}$

式中，$\mathbf{Z}$ 和 $\mathbf{X}$ 分别是 $n\times L$ 和 $n\times K$ 观测数据矩阵。（我们假设——通常也是正确的——时间序列模型适用于完全一般的情形。因此变化在下标中得到说明。）关于扰动项的（有条件的或无条件的）具体分布没有更多假设。

假定 $E[\mathbf{z}_i\varepsilon_i]=\mathbf{0}$ 意味着以下正交条件（orthogonality condition）成立，即

$$
\text{Cov}[\mathbf{z}_i,\varepsilon_i]=\mathbf{0} \quad 或 \quad E[\mathbf{z}_i(y_i-\mathbf{x}_i'\boldsymbol{\beta})]=\mathbf{0}
$$

通过总结上述结论，我们发现这进一步暗示着**总体矩方程**（population moment equation）

$$E\left[\frac{1}{n}\sum_{i=1}^{n}\mathbf{z}_i(y_i-\mathbf{x}_i'\boldsymbol{\beta})\right]=E[\bar{\mathbf{m}}(\boldsymbol{\beta})]=\mathbf{0} \tag{13-18}$$

这一关系式告诉我们现在如何继续估计 $\boldsymbol{\beta}$。注意，事实上，如果 $\mathbf{z}_i=\mathbf{x}_i$，那么，这刚好就是最小二乘正态方程对应的总体表达式。所以，作为估计的指引，这将使我们回到最小二乘法。假设我们现在将总体期望转变为对应的样本表达式并将其作为我们估计的指引。也就是说，如果真实参数向量 $\boldsymbol{\beta}$ 的总体关系成立，假设我们试图通过一个对应的样本表达式或经验矩方程来模拟这个结论，则有

$$\left[\frac{1}{n}\sum_{i=1}^{n}\mathbf{z}_i(y_i-\mathbf{x}_i'\hat{\boldsymbol{\beta}})\right]=\left[\frac{1}{n}\sum_{i=1}^{n}\mathbf{m}_i(\hat{\boldsymbol{\beta}})\right]=\bar{\mathbf{m}}(\hat{\boldsymbol{\beta}})=\mathbf{0} \tag{13-19}$$

在缺乏数据生成过程的其他信息的条件下，我们可以使用这个经验矩方程作为我们估计策略的基础。

经验矩条件是由 K 个未知量（我们将要估计的参数个数）的 L 个方程（$\mathbf{Z}$ 中的变量个数）构成。这里有三种可能的情形要讨论。

1. 识别不足：$L<K$ 。如果矩方程个数小于参数个数，那么式（13－19）的方程组将无法求解。在没有其他信息的条件下，比如将降低参数自由度的约束性条件，就没有必要继续进行分析了。

对于同样的情形，可以将式（13－19）方便地写成

$$\bar{\mathbf{m}}(\hat{\boldsymbol{\beta}})=\left(\frac{1}{n}\mathbf{Z}'\mathbf{y}\right)-\left(\frac{1}{n}\mathbf{Z}'\mathbf{X}\right)\hat{\boldsymbol{\beta}} \tag{13-20}$$

2. 恰好识别：如果 $L=K$ ，那么你可以很容易发现（我们把它留作一个练习）方程组的唯一解即是 8.3.2 小节中熟悉的工具变量估计量，即

$$\hat{\boldsymbol{\beta}}=(\mathbf{Z}'\mathbf{X})^{-1}\mathbf{Z}'\mathbf{y} \tag{13-21}$$

3. 过度识别：如果 $L>K$ ，那么该方程组 $\bar{\mathbf{m}}(\hat{\boldsymbol{\beta}})=\mathbf{0}$ 不只有唯一解。在这种情况下，我们需要采用一些方法来选择一个估计量。一种至今一直表现很好的直观方法是“最小二乘法”。在这种情况下，就意味着在准则函数的基础上选择一个估计量，即

$$\text{Min}_{\beta}\, q=\bar{\mathbf{m}}(\hat{\boldsymbol{\beta}})'\bar{\mathbf{m}}(\hat{\boldsymbol{\beta}})$$

必须牢记的是，我们只能在某些正值处最小化上述等式；在过度识别的情形中，式（13－19）没有精确的解。而且，如果我们将恰好识别情形当作过度识别来看待，即使用最小二乘法，你可以验证，我们仍然可以得到式（13－21）所示的 IV 估计量对于情形 2 的解。至于过度识别情形，一阶条件为

$$\begin{aligned}\frac{\partial q}{\partial \hat{\boldsymbol{\beta}}}&=2\left[\frac{\partial \bar{\mathbf{m}}'(\hat{\boldsymbol{\beta}})}{\partial \hat{\boldsymbol{\beta}}}\right]\bar{\mathbf{m}}(\hat{\boldsymbol{\beta}})=2\bar{\mathbf{G}}(\hat{\boldsymbol{\beta}})'\bar{\mathbf{m}}(\hat{\boldsymbol{\beta}})\\&=2\left(\frac{1}{n}\mathbf{X}'\mathbf{Z}\right)\left(\frac{1}{n}\mathbf{Z}'\mathbf{y}-\frac{1}{n}\mathbf{Z}'\mathbf{X}\hat{\boldsymbol{\beta}}\right)=\mathbf{0}\end{aligned} \tag{13-22}$$

我们将它作为一个练习来证明情形 2 和情形 3 的解都是

$$\hat{\boldsymbol{\beta}}=[(\mathbf{X}'\mathbf{Z})(\mathbf{Z}'\mathbf{X})]^{-1}(\mathbf{X}'\mathbf{Z})(\mathbf{Z}'\mathbf{y}) \tag{13-23}$$

式（13－23）中的估计量是一个我们从未遇到过的混合体，尽管当 $L=K$ 时，它确实能化简为早先遇到的式（13－21）中的估计量［在过度识别的情形中，式（13－23）不是一个 IV 估计量，而是我们寻找已久的**矩估计量法**（method of moments estimator)］。

接下来需要得到估计量的一致性，以及获得估计量的渐近分布和渐近协方差矩阵。我们需要的中间结论是 13.4.3 小节中的假定 13.1、13.2 和 13.3。

● 矩的收敛：样本矩依概率收敛于它对应的总体表达式，即 $\bar{\mathbf{m}}(\boldsymbol{\beta})\rightarrow\mathbf{0}$。不同情况下会有不同类型的收敛，但我们仍然需要它的某种形式。对于最简单的情形，例如一个异方差模型，它将收敛于均方。包括相关观测值的确定时间序列模型必然出现其他类型的收敛。但是，在我们所考虑的任意一种情形中，我们需要一般性的结论：$\text{plim }\bar{\mathbf{m}}(\boldsymbol{\beta})=\mathbf{0}$。

● 识别：参数以矩方程的形式被识别。识别意味着非常重要的一点，即足够大的样本将为我们提供充分的信息并使用样本矩来一致地估计 $\boldsymbol{\beta}$。这里必须满足两个条件——一个是我们已经假设的（$L\geqslant K$）的**阶条件**（order condition)，另一个是说明矩方程个数并非过多的**秩条件**（rank condition)。秩条件暗含了阶条件，因此我们只需要证明秩条件。

● GMM 估计量的识别条件：$L\times K$ 矩阵

$$\boldsymbol{\Gamma}(\boldsymbol{\beta})=E[\bar{\mathbf{G}}(\boldsymbol{\beta})]=\text{plim }\bar{\mathbf{G}}(\boldsymbol{\beta})=\text{plim }\frac{\partial\bar{\mathbf{m}}}{\partial\boldsymbol{\beta}'}=\text{plim }\frac{1}{n}\sum_{i=1}^{n}\frac{\partial\mathbf{m}_i}{\partial\boldsymbol{\beta}'}$$

必须满足行秩等于 K。[①] 因为这要求 $L\geqslant K$，所以这暗含了阶条件。这一假定表明导数矩阵依概率收敛于它的期望。此外，注意到我们已经假设导数与矩自身一样也遵循大数定律——它们依概率收敛于它们的期望。

● 样本矩的有限正态分布：总体矩满足中心极限定理或一些类似的变体。因为我们在研究一个广义回归模型，林德伯格-利维中心极限定理（D.18）将显得过于狭隘——观测值将出现异方差。林德伯格-费勒中心极限定理（D.19.A）在异方差模型中足够用，但在更一般的情形中，我们最终将使用一些更一般的定理。参见 13.4.3 小节。

由假定 13.1～13.3（在这方面我们同样不做证明）可以得出，我们获取的 GMM 估计量实际上是一致的。凭借斯拉茨基定理，我们可以将有限的结论推广到经验矩方程。

为了得到渐近协方差矩阵，我们只需援引 13.4.3 小节 GMM 估计量的一般性结论，即

$$\text{Asy. Var}[\hat{\boldsymbol{\beta}}]=\frac{1}{n}[\boldsymbol{\Gamma}'\boldsymbol{\Gamma}]^{-1}\boldsymbol{\Gamma}'\{\text{Asy. Var}[\sqrt{n}\,\bar{\mathbf{m}}(\boldsymbol{\beta})]\}\boldsymbol{\Gamma}[\boldsymbol{\Gamma}'\boldsymbol{\Gamma}]^{-1}$$

对于我们这里研究的特殊模型

$$\bar{\mathbf{m}}(\boldsymbol{\beta})=(1/n)(\mathbf{Z}'\mathbf{y}-\mathbf{Z}'\mathbf{X}\boldsymbol{\beta})$$
$$\bar{\mathbf{G}}(\boldsymbol{\beta})=(1/n)\mathbf{Z}'\mathbf{X}$$
$$\boldsymbol{\Gamma}(\boldsymbol{\beta})=\mathbf{Q}_{\mathbf{ZX}}\text{（参见 8.3.2 小节）}$$

（你应当查看我们前面的表述：特定矩阵及各种乘积的大小可以推导出我们所寻求的矩阵的正确设定。）对我们正在检验的模型至关重要的剩余的细节是确定

$$\mathbf{V}=\text{Asy. Var}[\sqrt{n}\ \bar{\mathbf{m}}(\boldsymbol{\beta})]$$

① 我们要求行秩必须至少和 K 一样大。可能会存在冗余的矩，即在函数形式上彼此依赖，但只要存在至少 K 个不相互函数依赖的矩即可。

给定 $\bar{\mathbf{m}}(\boldsymbol{\beta})$ 的形式，对于最一般的情形，我们有

$$\mathbf{V}=\frac{1}{n}\text{Var}\Big[\sum_{i=1}^{n}\mathbf{z}_i\varepsilon_i\Big]=\frac{1}{n}\sum_{i=1}^{n}\sum_{j=1}^{n}\sigma^2\omega_{ij}\mathbf{z}_i\mathbf{z}_j'=\sigma^2\frac{\mathbf{Z}'\boldsymbol{\Omega}\mathbf{Z}}{n}$$

考虑到这恰好是式（9－9）的表述，所以那里的问题在这里再次出现。也就是说，在什么样的条件下它会收敛于一个常数矩阵？我们这里将其视为给定。唯一剩余的细节是如何估计这个矩阵。答案在 9.2 节中可以找到，在那里我们探讨了与最小二乘估计量渐近协方差矩阵的稳健性估计相同的问题。然后考虑到，我们目前已经完成了为工具变量估计量提供一个理论基础的工作。正如我们在前面所指出的，这是专门针对最小二乘估计量的。我们研究的三种情形的 $\mathbf{V}$ 的估计量分别为

- 经典回归：

$$\hat{\mathbf{V}}=\frac{(\mathbf{e}'\mathbf{e}/n)}{n}\sum_{i=1}^{n}\mathbf{z}_i\mathbf{z}_i'=\frac{(\mathbf{e}'\mathbf{e}/n)}{n}\mathbf{Z}'\mathbf{Z}$$

- 异方差回归：

$$\hat{\mathbf{V}}=\frac{1}{n}\sum_{i=1}^{n}e_i^2\mathbf{z}_i\mathbf{z}_i' \tag{13-24}$$

- 广义回归：

$$\hat{\mathbf{V}}=\frac{1}{n}\left[\sum_{t=1}^{n}e_t^2\mathbf{z}_t\mathbf{z}_t'+\sum_{\ell=1}^{p}\left(1-\frac{\ell}{p+1}\right)\sum_{t=\ell+1}^{n}e_te_{t-\ell}(\mathbf{z}_t\mathbf{z}_{t-\ell}'+\mathbf{z}_{t-\ell}\mathbf{z}_t')\right]$$

我们应当发现，在每一种情形中，我们实际上使用了 $\boldsymbol{\Omega}$ 的结构的一些信息。如果只知道 $\bar{\mathbf{m}}(\boldsymbol{\beta})$ 里的项互不相关，那么就有一个估计量可方便地使用，即

$$\hat{\mathbf{V}}=\frac{1}{n}\sum_{i=1}^{n}\mathbf{m}_i(\hat{\boldsymbol{\beta}})\boldsymbol{m}_i(\hat{\boldsymbol{\beta}})'$$

这自然也就是经验方差估计量。注意，这就是之前式（13－24）在异方差模型中直接运用到的估计量。

总结迄今为止所有的结论，我们有

$$\begin{aligned}\text{Est. Asy. Var}[\hat{\boldsymbol{\beta}}]&=\frac{1}{n}[\bar{\mathbf{G}}(\hat{\boldsymbol{\beta}})'\bar{\mathbf{G}}(\hat{\boldsymbol{\beta}})]^{-1}\bar{\mathbf{G}}(\hat{\boldsymbol{\beta}})'\hat{\mathbf{V}}\bar{\mathbf{G}}(\hat{\boldsymbol{\beta}})[\bar{\mathbf{G}}(\hat{\boldsymbol{\beta}})'\bar{\mathbf{G}}(\hat{\boldsymbol{\beta}})]^{-1}\\&=n[(\mathbf{X}'\mathbf{Z})(\mathbf{Z}'\mathbf{X})]^{-1}(\mathbf{X}'\mathbf{Z})\hat{\mathbf{V}}(\mathbf{Z}'\mathbf{X})[(\mathbf{X}'\mathbf{Z})(\mathbf{Z}'\mathbf{X})]^{-1}\end{aligned} \tag{13-25}$$

我们在前面的章节中似乎赋予了最小二乘估计量或矩估计量某种程度的优越性，但这并不重要。我们只能为它们提供一个不同的统计性动因（和已证明的一致性）。现在考虑的问题是，因为这是一个广义回归模型，这里是否还存在使用数据的一些更好（更有效）的方法？

对于这个模型，最小距离估计量的类型是通过准则函数的解来定义的，即

$$\text{Min}_{\beta}\ q=\bar{\mathbf{m}}(\boldsymbol{\beta})'\mathbf{W}\bar{\mathbf{m}}(\boldsymbol{\beta})$$

式中，$\mathbf{W}$ 是任意正定**权重矩阵**（weighting matrix）。基于上面的假设，我们援引定理 13.1 推导出

$$\text{Asy. Var}[\hat{\boldsymbol{\beta}}_{MD}]=\frac{1}{n}[\bar{\mathbf{G}}'\mathbf{W}\bar{\mathbf{G}}]^{-1}\bar{\mathbf{G}}'\mathbf{WVW}\bar{\mathbf{G}}[\bar{\mathbf{G}}'\mathbf{W}\bar{\mathbf{G}}]^{-1}$$

注意到，我们之前整个分析的是最简单的最小距离估计量，即 $\mathbf{W}=\mathbf{I}$。现在显然产生了一个问题，如果任意一个 $\mathbf{W}$ 都可以生成一个一致估计量，那么是否存在一个 $\mathbf{W}$ 比其余的任意一个都好，或者它只是任意一个呢？这里有一个确定的答案，我们分两种情形讨论：

● 恰好识别：如果 $L=K$，那么矩条件的个数和待估计的参数个数相同，于是 $\mathbf{W}$ 与解不相关，所以只考虑简单性，最优的 $\mathbf{W}$ 是 $\mathbf{I}$。

● 过度识别：在这种情形中，"最优的"权重矩阵，也即生成最有效估计量的 $\mathbf{W}$ 为 $\mathbf{W}=\mathbf{V}^{-1}$。最优权重矩阵是矩向量的渐近协方差矩阵的逆。在这种情形中，MDE 将成为 GMM 估计量并有

$$\hat{\boldsymbol{\beta}}_{GMM}=[(\mathbf{X}'\mathbf{Z})\hat{\mathbf{V}}^{-1}(\mathbf{Z}'\mathbf{X})]^{-1}(\mathbf{X}'\mathbf{Z})\hat{\mathbf{V}}^{-1}(\mathbf{Z}'\mathbf{y})$$

而且

$$\begin{aligned}\text{Asy. Var}[\hat{\boldsymbol{\beta}}_{GMM}]&=\frac{1}{n}[\bar{\mathbf{G}}'\mathbf{V}^{-1}\bar{\mathbf{G}}]^{-1}\\&=n[(\mathbf{X}'\mathbf{Z})\mathbf{V}^{-1}(\mathbf{Z}'\mathbf{X})]^{-1}\end{aligned}$$

我们通过总结看起来似乎松散的观点来归纳我们的讨论。计算 GMM 估计量的解法是：

$$\text{Min}_{\beta}\, q=\bar{\mathbf{m}}(\boldsymbol{\beta})'\{\text{Asy. Var}[\sqrt{n}\ \bar{\mathbf{m}}(\boldsymbol{\beta})]\}^{-1}\bar{\mathbf{m}}(\boldsymbol{\beta})$$

这可能表明，权重矩阵是我们试图估计的参数的一个函数。GMM 估计的过程将分两步进行：第一步是得到 $\mathbf{V}$ 的一个估计值；第二步包括在计算 GMM 估计量的过程中将 $\mathbf{V}$ 的逆作为权重矩阵。以下是一个常见的解法：

步骤一：使用 $\mathbf{W}=\mathbf{I}$ 来得到 $\boldsymbol{\beta}$ 的一个一致估计量，然后在异方差情形（例如怀特估计量）中，使用下式估计 $\mathbf{V}$

$$\hat{\mathbf{V}}=(1/n)\sum_{i=1}^{n}e_i^2\mathbf{z}_i\mathbf{z}_i'$$

对于更一般的情形，使用纽韦-韦斯特估计量。

步骤二：通过 $\mathbf{W}=\hat{\mathbf{V}}^{-1}$来计算 GMM 估计量。

由此，敏锐的读者应该已注意到，在之前，我们从未真正遇见过 8.4.1 小节介绍的两阶段最小二乘估计量。为了得到这个估计量，我们必须回顾经典的，即同方差且无自相关扰动项的情形。

在这种情形下，定理 13.2 的权重矩阵将变成 $\mathbf{W}=(\mathbf{Z}'\mathbf{Z})^{-1}$，而且我们会得到显然不全面的结果。

异方差回归模型的 **GMM 估计量**（GMM estimator）是通过求解经验矩方程推导出的，即

$$\frac{1}{n}\sum_{i=1}^{n}\mathbf{x}_i(y_i-\mathbf{x}_i'\hat{\boldsymbol{\beta}}_{GMM})=\frac{1}{n}\mathbf{X}'\hat{\boldsymbol{\varepsilon}}(\hat{\boldsymbol{\beta}}_{GMM})=\bar{\mathbf{m}}(\hat{\boldsymbol{\beta}}_{GMM})=\mathbf{0} \qquad (13-26)$$

估计量可以通过最小化下式得到：

$$q=\bar{\mathbf{m}}(\hat{\boldsymbol{\beta}}_{GMM})\mathbf{W}\bar{\mathbf{m}}(\hat{\boldsymbol{\beta}}_{GMM})$$

式中，$\mathbf{W}$ 是一个正定权重矩阵。最优权重矩阵为

$$\mathbf{W}=\{\text{Asy. Var}[\sqrt{n}\,\bar{\mathbf{m}}(\boldsymbol{\beta})]\}^{-1}$$

它还是下式的逆：

$$\text{Asy. Var}[\sqrt{n}\,\bar{\mathbf{m}}(\boldsymbol{\beta})]=\text{Asy. Var}[\frac{1}{\sqrt{n}}\sum_{i=1}^{n}\mathbf{x}_i\boldsymbol{\varepsilon}_i]=\operatorname*{plim}_{n\to\infty}\frac{1}{n}\sum_{i=1}^{n}\sigma^2\omega_i\mathbf{x}_i\mathbf{x}_i'=\sigma^2\mathbf{Q}^*$$

[参见 9.4.1 小节。] 最优权重矩阵为 $[\sigma^2\mathbf{Q}^*]^{-1}$。但考虑到这个最小化问题是一个恰好识别情形，所以这个权重矩阵与解不相关。你可以从矩方程得到这个结论——方程只是普通最小二乘法的正规方程。我们可以准确解出这个矩方程，所以这里不必考虑权重矩阵。暂不考虑矩的协方差矩阵，异方差回归模型的 GMM 估计量即是普通最小二乘估计量。我们现在可以使用既得的结论来求解其渐近协方差矩阵。这个隐含估计量就是式（9－5）的怀特估计量 [同样，可参见定理 13.2]。在此可以得到的结论是：在做出一些关于方差的具体设定之前，我们不能推导出一个比最小二乘更有效的估计量，但我们确实需要修改已估计的渐近协方差矩阵。

□ 13.6.2 单方程非线性模型

假设经济理论设定了如下关系

$$y_i=h(\mathbf{x}_i,\boldsymbol{\beta})+\varepsilon_i$$

式中，$\boldsymbol{\beta}$ 为一个我们要估计的 $K\times1$ 阶参数向量。这可能不是一个回归关系，因为可能有对所有的 i 和 j

$$\text{Cov}[\varepsilon_i,h(\mathbf{x}_i,\boldsymbol{\beta})]\neq0$$

甚至

$$\text{Cov}[\varepsilon_i,\mathbf{x}_j]\neq0$$

比如，考虑一个包含滞后因变量和自相关扰动项的模型（见 20.9.3 小节）。目前，我们假定

$$E[\boldsymbol{\varepsilon}\,|\,\mathbf{X}]\neq\mathbf{0}$$

和

$$E[\boldsymbol{\varepsilon\varepsilon}'\,|\,\boldsymbol{X}]=\sigma^2\boldsymbol{\Omega}=\boldsymbol{\Sigma}$$

式中，$\boldsymbol{\Sigma}$ 为对称正定矩阵，但没有其他约束。扰动项可能具有异方差性和/或自相关性。但由于回归元与扰动项之间可能存在相关性，所以该模型可能会因此成为一个广义的非线性回归模型。假设在第 i 次观测中我们观测到 L 个变量构成的一个向量 $\mathbf{z}_i$，使得 $\mathbf{z}_i$ 与 $\boldsymbol{\varepsilon}_i$ 无关。你应该看得出 $\mathbf{z}_i$ 是一个**工具变量**（instrumental variables）集。到目前为止的假定意味着一组正交条件

$$E[\mathbf{z}_i\varepsilon_i]=\mathbf{0}$$

它或许足以识别（若 $L=K$）甚至过度识别（若 $L>K$）模型参数。

为方便起见，定义

$$\mathbf{e}(\mathbf{X},\hat{\boldsymbol{\beta}})=y_i-h(\mathbf{x}_i,\hat{\boldsymbol{\beta}}),\quad i=1,\cdots,n$$

和

$$\mathbf{Z}=n\times L\text{ 矩阵，其中第 } i \text{ 行为 } \mathbf{z}_i'$$

通过直接扩展前面的结论，我们可以推导出 $\boldsymbol{\beta}$ 的一个 GMM 估计量。样本矩为

$$\bar{\mathbf{m}}_n(\boldsymbol{\beta})=\frac{1}{n}\sum_{i=1}^{n}\mathbf{z}_i e(\mathbf{x}_i,\boldsymbol{\beta})=\frac{1}{n}\mathbf{Z}'\mathbf{e}(\mathbf{X},\boldsymbol{\beta})$$

对于我们决定要选择的 $\mathbf{W}$，最小距离估计量就是最小化

$$q=\bar{\mathbf{m}}_n(\hat{\boldsymbol{\beta}})'\mathbf{W}\bar{\mathbf{m}}_n(\hat{\boldsymbol{\beta}})=\left(\frac{1}{n}[\mathbf{e}(\mathbf{X},\hat{\boldsymbol{\beta}})'\mathbf{Z}]\right)\mathbf{W}\left(\frac{1}{n}[\mathbf{Z}'\mathbf{e}(\mathbf{X},\hat{\boldsymbol{\beta}})]\right) \tag{13-27}$$

的 $\hat{\boldsymbol{\beta}}$。上述准则给出了**非线性工具变量估计量**（nonlinear instrumental variable estimator）。如果我们使用 $\mathbf{W}=(\mathbf{Z}'\mathbf{Z})^{-1}$，那么恰好就可以得到我们在 8.9 节中定义非线性工具变量估计量时所用的估计准则。因为我们并非仅限于 $\mathbf{W}$ 的这一选择，所以式（13-27）显然更具一般性。对于 $\mathbf{W}$ 的任一给定选择，只要有足够的正交条件来识别参数，通过最小化 q 的估计方法，原则上至少是一个非线性优化的问题。对于这个估计量，$\mathbf{W}$ 的最优选择为

$$\begin{aligned}\mathbf{W}_{\text{GMM}}&=\{\text{Asy. Var}[\sqrt{n}\ \bar{\mathbf{m}}_n(\beta)]\}^{-1}\\&=\left\{\text{Asy. Var}\left[\frac{1}{\sqrt{n}}\sum_{i=1}^{n}\mathbf{z}_i\varepsilon_i\right]\right\}^{-1}=\left\{\text{Asy. Var}\left[\frac{1}{\sqrt{n}}\mathbf{Z}'\mathbf{e}(\mathbf{X},\boldsymbol{\beta})\right]\right\}^{-1}\end{aligned} \tag{13-28}$$

对于我们这里的模型，此即

$$\mathbf{W}=\left[\frac{1}{n}\sum_{i=1}^{n}\sum_{j=1}^{n}\text{Cov}[\mathbf{z}_i\varepsilon_i,\mathbf{z}_j\varepsilon_j]\right]^{-1}=\left[\frac{1}{n}\sum_{i=1}^{n}\sum_{j=1}^{n}\sigma_{ij}\mathbf{z}_i\mathbf{z}_j'\right]^{-1}=\left[\frac{\mathbf{Z}'\boldsymbol{\Sigma}\mathbf{Z}}{n}\right]^{-1}$$

如果我们在式（13-27）中插入这个结论，对于 GMM 估计量，就可以推导出准则

$$q=\left[\left(\frac{1}{n}\right)\mathbf{e}(\mathbf{X},\hat{\boldsymbol{\beta}})'\mathbf{Z}\right]\left(\frac{\mathbf{Z}'\boldsymbol{\Sigma}\mathbf{Z}}{n}\right)^{-1}\left[\left(\frac{1}{n}\right)\mathbf{Z}'\mathbf{e}(\mathbf{X},\hat{\boldsymbol{\beta}})\right]$$

这一细节分析起来可能很困难。GMM 估计量包含

$$\begin{aligned}\frac{1}{n}\mathbf{Z}'\boldsymbol{\Sigma}\mathbf{Z}&=\frac{1}{n}\sum_{i=1}^{n}\sum_{j=1}^{n}\mathbf{z}_i\mathbf{z}_j'\text{Cov}[\varepsilon_i,\varepsilon_j]\\&=\frac{1}{n}\sum_{i=1}^{n}\sum_{j=1}^{n}\mathbf{z}_i\mathbf{z}_j'\text{Cov}[(y_i-h(\mathbf{x}_i,\boldsymbol{\beta})),(y_j-h(\mathbf{x}_j,\boldsymbol{\beta}))]\end{aligned}$$

这个双重和式收敛于一个正定矩阵的条件，我们在 9.3.2 小节曾简要讨论过。假设它们成立，看来进行估计只需要 $\boldsymbol{\beta}$ 的一个估计值，尽管它正是我们的估计对象。$\boldsymbol{\beta}$ 的一个一致但非有效的估计量可能可用。暂时假设有一个。如果观测彼此无关，那么不同观测的交叉项便可省略，于是需要

$$\frac{1}{n}\mathbf{Z}'\boldsymbol{\Sigma}\mathbf{Z}=\frac{1}{n}\sum_{i=1}^{n}\mathbf{z}_i\mathbf{z}_i'\text{Var}[(y_i-h(\mathbf{x}_i,\boldsymbol{\beta}))]$$

此时，我们可使用 9.2 节讨论的 White（1980）估计量对应的表达式：

$$\mathbf{S}_0=\frac{1}{n}\sum_{i=1}^{n}\mathbf{z}_i\mathbf{z}_i'(y_i-h(\mathbf{x}_i,\hat{\boldsymbol{\beta}}))^2 \tag{13-29}$$

如果扰动项自相关但这个过程是平稳的，那么便可用 Newey and West（1987a）估计量（假定在合理的滞后阶 p 处，自相关性足够小）：

$$\mathbf{S}=\left[\mathbf{S}_0+\frac{1}{n}\sum_{\ell=1}^{p}w(\ell)\sum_{i=\ell+1}^{n}(e_ie_{i-\ell})(\mathbf{z}_i\mathbf{z}_{i-\ell}'+\mathbf{z}_{i-\ell}\mathbf{z}_i')\right]=\sum_{\ell=0}^{p}w(\ell)\mathbf{S}_\ell \tag{13-30}$$

式中

$$w(\ell)=1-\frac{\ell}{p+1}$$

最大滞后长度 p 必须事先确定。为了证明那些能使 OLS、GLS 以及这里的 GMM 估计有效的收敛结论，我们必须要求时间间隔越长（即 $|i-\ell|$ 越大）的观测值之间的协方差越小。p 的选择反映出为了估计 $(1/n)\mathbf{Z}'\boldsymbol{\Sigma}\mathbf{Z}$，多长时间间隔的自相关可忽略不计。现行实践建议使用大于等于 $n^{1/4}$ 的最小整数。

尚未解决的问题是，从哪里找到初始的一致估计量？一种可能性是，通过在式（13 - 27）中使 $\mathbf{W}=\mathbf{I}$，得到一个非有效但一致的 GMM 估计量，也就是说，使用一个非线性（线性方程使用线性）工具变量估计量。于是，这个初步估计量可用于构建 $\mathbf{W}$，从而可用于 GMM 估计量。另一种可能性是，$\boldsymbol{\beta}$ 或许可通过 GMM 以外的某个简单程序一致地估计。

一旦计算出了 GMM 估计量，便可在定理 13.2 的基础上估计其渐近协方差矩阵和渐近分布。回顾

$$\bar{\mathbf{m}}_n(\boldsymbol{\beta})=\frac{1}{n}\sum_{i=1}^{n}\mathbf{z}_i\varepsilon_i$$

这是 n 个 $L\times1$ 向量之和。导数 $\partial\bar{\mathbf{m}}_n(\boldsymbol{\beta})/\partial\boldsymbol{\beta}'$ 是 n 个 $L\times K$ 矩阵之和，所以

$$\bar{\mathbf{G}}(\boldsymbol{\beta})=\partial\bar{\mathbf{m}}(\boldsymbol{\beta})/\partial\boldsymbol{\beta}'=\frac{1}{n}\sum_{i=1}^{n}\mathbf{G}_i(\boldsymbol{\beta})=\frac{1}{n}\sum_{i=1}^{n}\mathbf{z}_i\left[\frac{\partial\varepsilon_i}{\partial\boldsymbol{\beta}'}\right] \tag{13-31}$$

在我们正在考虑的模型中，

$$\frac{\partial\varepsilon_i}{\partial\boldsymbol{\beta}'}=\frac{-\partial h(\mathbf{x}_i,\boldsymbol{\beta})}{\partial\boldsymbol{\beta}'}$$

这些导数是我们在 7.2.3 小节所分析的线性化回归模型中的伪回归元。利用那里定义的符号

$$\frac{\partial\varepsilon_i}{\partial\boldsymbol{\beta}}=-\mathbf{x}_i^0$$

于是有

$$\bar{\mathbf{G}}(\boldsymbol{\beta})=\frac{1}{n}\sum_{i=1}^{n}\mathbf{G}_i(\boldsymbol{\beta})=\frac{1}{n}\sum_{i=1}^{n}-\mathbf{z}_i\mathbf{x}_i^{0\prime}=-\frac{1}{n}\mathbf{Z}'\mathbf{X}^0 \tag{13-32}$$

有了这个矩阵，GMM 估计量的渐近协方差矩阵估计值为

$$\begin{aligned}\text{Est. Asy. Var}[\hat{\boldsymbol{\beta}}]&=\frac{1}{n}\left[\bar{\mathbf{G}}(\hat{\boldsymbol{\beta}})'\left(\frac{1}{n}\mathbf{Z}'\hat{\boldsymbol{\Sigma}}\mathbf{Z}\right)^{-1}\bar{\mathbf{G}}(\hat{\boldsymbol{\beta}})\right]^{-1}\\&=[(\mathbf{X}^{0\prime}\mathbf{Z})(\mathbf{Z}'\hat{\boldsymbol{\Sigma}}\mathbf{Z})^{-1}(\mathbf{Z}'\mathbf{X}^0)]^{-1}\end{aligned} \tag{13-33}$$

（这个结论中两个负号、一个 $1/n^2$ 和一个 n^2 都被消掉了。）

如果式（13－33）中出现的 $\mathbf{\Sigma}$ 为 $\sigma^2\mathbf{I}$，则式（13－33）将恰好是定理 8.1 中线性模型和定理 8.2 中非线性模型的渐近协方差矩阵。但这个估计量与前面讨论的 IV 估计量有一个有趣的区别。在前面的情形中，工具变量多于参数个数，我们通过特别选择 K 个工具，即 $\mathbf{X}$ 或 $\mathbf{X}^0$ 的 $\mathbf{K}$ 列在 $\mathbf{Z}$ 的列空间上的投射，来解决过度识别问题。而在这里，我们并不试图解决过度识别的问题，只是使用所有工具并最小化 GMM 准则。现在，你应该能够证明，当 $\mathbf{\Sigma}=\sigma^2\mathbf{I}$ 时，我们使用这个信息就可以推导出同样的参数估计值。但如果我们使用不同于 $\mathbf{W}=(\mathbf{Z}'\mathbf{Z}/n)^{-1}$ 的权重矩阵，则不然。

□ 13.6.3 似不相关回归模型

在 10.2.3 小节中，我们探讨了方程组的 FGLS 估计，即

$$
\begin{aligned}
\mathbf{y}_1 &= \mathbf{h}_1(\mathbf{X},\boldsymbol{\beta})+\varepsilon_1\\
\mathbf{y}_1 &= \mathbf{h}_2(\mathbf{X},\boldsymbol{\beta})+\varepsilon_2\\
&\vdots\\
\mathbf{y}_M &= \mathbf{h}_M(\mathbf{X},\boldsymbol{\beta})+\varepsilon_M
\end{aligned}
$$

这个过程向后可以延伸至线性方程组。然而，如果伪回归元 $\mathbf{x}_{tm}^o$，或者线性模型的实际回归元 $\mathbf{x}_{tm}$，与扰动项 ε_{tm} 相关，那么探讨的所有估计量都是不一致的。若我们允许方程内部或方程之间出现相关关系（事实上，如果这不发生，那么生成的 GMM 估计量将保持一致性）。简而言之，在本小节中，我们将对观测值标注下标 t，并对方程标注下标 i 和 j。假设这里有一套工具变量 $\mathbf{z}_t$，则

$$E[\mathbf{z}_t\varepsilon_{tm}]=\mathbf{0},\ t=1,\cdots,T\ \text{和}\ m=1,\cdots,M \tag{13-34}$$

（我们本可以允许为每个方程各自配置一套工具变量，但这样做只会导致形式变得不必要地复杂。）

在这些假设下，先前给出的非线性 FGLS 和 ML 估计量将出现不一致性。但对 8.4 节单方程情形下采用的工具变量技术的一个相对较小的扩展可以在这里替代使用。式（13－34）的样本对应是

$$\frac{1}{T}\sum_{t=1}^{T}\mathbf{z}_t[y_{ti}-h_i(\mathbf{X}_t,\boldsymbol{\beta})]=\mathbf{0},\quad i=1,\cdots,M$$

如果我们对方程组中的每个方程都使用这个结论，一次一个，那么我们恰好可以推导出 13.6.2 小节讨论的 GMM 估计量。但是，除了没有使用交互方程对 $\boldsymbol{\beta}$ 进行约束将导致效率损失外，我们还忽视了扰动项之间的相关性。令

$$\frac{1}{T}\mathbf{Z}'\mathbf{\Omega}_{ij}\mathbf{Z}=E\left[\frac{\mathbf{Z}'\boldsymbol{\varepsilon}_i\boldsymbol{\varepsilon}_j'\mathbf{Z}}{T}\right] \tag{13-35}$$

此背景下估计的 GMM 准则为

$$q=\sum_{i=1}^{M}\sum_{j=1}^{M}[(\mathbf{y}_i-\mathbf{h}_i(\mathbf{X},\boldsymbol{\beta}))'\mathbf{Z}/T][\mathbf{Z}'\mathbf{\Omega}_{ij}\mathbf{Z}/T]^{ij}[\mathbf{Z}'(\mathbf{y}_j-\mathbf{h}_j(\mathbf{X},\boldsymbol{\beta}))/T]$$

$$=\sum_{i=1}^{M}\sum_{j=1}^{M}[\boldsymbol{\varepsilon}_i(\boldsymbol{\beta})'\mathbf{Z}/T][\mathbf{Z}'\boldsymbol{\Omega}_{ij}\mathbf{Z}/T]^{ij}[\mathbf{Z}'\boldsymbol{\varepsilon}_j(\boldsymbol{\beta})/T] \tag{13-36}$$

式中，$[\mathbf{Z}'\boldsymbol{\Omega}_{ij}\mathbf{Z}/T]^{ij}$ 表示一个第 ij 块为 $\mathbf{Z}'\boldsymbol{\Omega}_{ij}\mathbf{Z}/T$ 的矩阵的逆的第 ij 块。

GMM 估计将分几步进行。为了计算任意一个方差参数，我们需要 $\boldsymbol{\beta}$ 的一个初始一致估计量。这一步可通过各个方程的非线性工具变量来实现——见 8.9 节——尽管如果方程组有共同的参数，那么就必须决定选择使用哪些。下一步，采用熟悉的怀特或纽韦-韦斯特技术来分块计算式（13－35）中的矩阵。因为它是建立在 $\boldsymbol{\beta}$ 的一致估计量的基础上（我们假设），这个矩阵不需要重新计算。现在，有了结论，就可以推导出式（13－36）最大化问题的一个迭代解，例如，使用在线附录 E 的方法。其一阶条件是

$$\frac{\partial q}{\partial \boldsymbol{\beta}}=-2\sum_{i=1}^{M}\sum_{j=1}^{M}[\mathbf{X}_i^0(\boldsymbol{\beta})'\mathbf{Z}/T][\mathbf{Z}'\mathbf{W}_{ij}\mathbf{Z}/T]^{ij}[\mathbf{Z}'\boldsymbol{\varepsilon}_j(\boldsymbol{\beta})/T]=\mathbf{0} \tag{13-37}$$

再次说明，逆矩阵中间的块矩阵是从更大的结构矩阵的逆中取出的。[①] 在本小节结束前，GMM 估计量的渐近协方差矩阵可由下式估计：

$$\mathbf{V}_{\text{GMM}}=\frac{1}{T}\Big[\sum_{i=1}^{M}\sum_{j=1}^{M}[\mathbf{X}_i^0(\boldsymbol{\beta})'\mathbf{Z}/T][\mathbf{Z}'\mathbf{W}_{ij}\mathbf{Z}/T]^{ij}[\mathbf{Z}'\mathbf{X}_j^0(\boldsymbol{\beta})/T]\Big]^{-1}$$

□ 13.6.4 动态面板数据模型的 GMM 估计

面板数据非常适用于检验动态效应，在一阶模型中，我们有

$$\begin{aligned} y_{it} &= \mathbf{x}_{it}'\boldsymbol{\beta}+\delta y_{i,t-1}+c_i+\varepsilon_{it} \\ &= \mathbf{w}_{it}'\boldsymbol{\theta}+\alpha_i+\varepsilon_{it} \end{aligned}$$

式中，等号右边的变量集 $\mathbf{w}_{it}$ 现在包括了滞后因变量 $y_{i,t-1}$。以这种方式让模型动态化将使方程的解释发生较大变化。没有滞后变量时，“自变量”代表了完整的生成结果观测值 y_{it} 的信息集。存在滞后变量的情况下，我们拥有了等号右边变量的所有历史信息，因此，任何可测量的影响都以这段历史信息为条件；在此情形中，$\mathbf{x}_{it}$ 的任何影响都代表了新信息的效应。在估计这类模型时产生了大量难题。在固定效应和随机效应背景下，问题在于滞后变量和扰动项相关，尽管已假设 ε_{it} 不自相关。此刻，我们将固定效应模型作为一个带有一个滞后因变量的普通回归考虑。我们将这一情形看作带有一个在观测值之间互相独立的随机回归元的回归。在那个动态回归模型中，基于 T 个观测值的估计量在有限的样本中是有偏的，但它在 T 中保持一致。有限样本偏误是 $1/T$ 阶。这里的结论相同，但区别在于之前我们通过增大 T 的值得到大样本结果，但在这里，T 的值被假设为很小而且是固定的，大样本结果是通过增大 n 的值而不是 T 的值得到的。$\boldsymbol{\theta}=[\boldsymbol{\beta},\delta]$ 的固定效应估计量可以被看作 n 个这类估计量的平均值。假设现在 $T\geqslant K+1$，其中 K 是 $\mathbf{x}_{it}$ 中的变量个数。那么，从式（11－14）中，我们有

$$\begin{aligned} \hat{\boldsymbol{\theta}} &= \Big[\sum_{i=1}^{n}\mathbf{W}_i'\mathbf{M}^0\,\mathbf{W}_i\Big]^{-1}\Big[\sum_{i=1}^{n}\mathbf{W}_i'\mathbf{M}^0\,\mathbf{y}_i\Big] \\ &= \Big[\sum_{i=1}^{n}\mathbf{W}_i'\mathbf{M}^0\,\mathbf{W}_i\Big]^{-1}\Big[\sum_{i=1}^{n}\mathbf{W}_i'\mathbf{M}^0\mathbf{W}_i\mathbf{d}_i\Big] \end{aligned}$$

---

① 这个简要的讨论可能低估了式（13－36）最优化问题的复杂性，但这是固有的程序。

$$= \sum_{i=1}^{n} \mathbf{F}_i \mathbf{d}_i$$

式中，$T\times(K+1)$矩阵 $\mathbf{W}_i$的行向量是 $\mathbf{w}_{it}'$；$\mathbf{M}^0$是生成组均值离差的 $T\times T$ 维矩阵［见式（11-14)］。每个组特定的估计量 $\mathbf{d}_i$是不一致的，正如它在有限样本中是有偏的，而且它的方差会随 n 的增大而不趋于零。n 个不一致估计量的矩加权平均也是不一致的。（这个分析是有启发性的。如果 $T<K+1$，那么单个系数向量就无法计算。①）

这一问题在随机效应模型中更明显。在模型

$$y_{it} = \mathbf{x}_{it}'\boldsymbol{\beta} + \delta y_{i,t-1} + u_i + \varepsilon_{it}$$

中，由于同样的 u_i出现在观测组 i 的每个方程中，所以滞后变量和模型中的复合扰动项相关。

这些结论没有一个会使得模型变得不可估计，但它们确实使用了一些除了我们熟悉的 LSDV 或 FGLS 估计量之外的必要技术。一般的做法（在文献中分了几个阶段描述）② 依赖于工具变量估计量以及最近［由 Arellano and Bond（1991）与 Arellano and Bover（1995）提供］的一个 GMM 估计量。例如，在固定或随机效应情形中的任意一种，模型中的异质性可通过一阶差分得以消除，生成式子

$$y_{it} - y_{i,t-1} = (\mathbf{x}_{it} - \mathbf{x}_{i,t-1})'\boldsymbol{\beta} + \delta(y_{i,t-1} - y_{i,t-2}) + (\varepsilon_{it} - \varepsilon_{i,t-1})$$

由于滞后因变量和扰动项（及其一阶移动平均扰动项）的相关性，这个模型仍然十分复杂。但排除组影响后，一个简单的工具变量估计量是可行的。假设时间序列足够长，对于（$y_{i,t-1} - y_{i,t-2}$）的一或两个工具变量，研究者可以使用滞后差分（$y_{i,t-2} - y_{i,t-3}$）或滞后项 $y_{i,t-2}$ 和 $y_{i,t-3}$（其他变量可作为它们自己的工具变量使用）。这是 11.8.3 小节的模型描述的安德森-萧估计量。借助这个构建，这一模型分析方法是我们在 11.8 节描述的工具变量技术的一个标准的应用。③ 这解释了一个工具变量的估计方法的效力。但是，正像阿雷纳诺等人与 Ahn and Schmidt（1995）已指出的那样，在我们讨论过的一个 GMM 估计量的背景下，样本中仍然有很多信息可以在估计中使用。

我们可以通过扩展豪斯曼和泰勒（HT）关于 11.8.2 小节的随机效应的表达来结束滞后因变量的讨论：

$$\begin{aligned} y_{it} &= \delta y_{i,t-1} + \mathbf{x}_{1it}'\boldsymbol{\beta}_1 + \mathbf{x}_{2it}'\boldsymbol{\beta}_2 + \mathbf{z}_{1i}'\boldsymbol{\alpha}_1 + \mathbf{z}_{2i}'\boldsymbol{\alpha}_2 + \varepsilon_{it} + u_i \\ &= \boldsymbol{\theta}'\mathbf{w}_{it} + \varepsilon_{it} + u_i \\ &= \boldsymbol{\theta}'\mathbf{w}_{it} + \eta_{it} \end{aligned}$$

式中

$$\mathbf{w}_{it} = [y_{i,t-1}, \mathbf{x}_{1it}', \mathbf{x}_{2it}', \mathbf{z}_{1i}', \mathbf{z}_{2i}']'$$

现在是一个$(1+K_1+K_2+L_1+L_2)\times 1$ 维向量。方程中的项与豪斯曼和泰勒模型中的一样。我们在 11.8.1 小节关于 HT 估计量的讨论中分析过模型不包括滞后因变量的工具变量估计。此

---

① 进一步的讨论由 Nickell（1981），Ridder and Wansbeek（1990）与 Kiviet（1995）给出。

② 这个模型首次由 Balestra and Nerlove（1996）以这种形式提出。比如参见 Anderson and Hsiao（1981，1982）；Bhargava and Sargan（1983）；Arellano（1989）；Arellano and Bond（1991）；Arellano and Bover（1995）；Ahn and Schmidt（1995）；Nerlove（1971a，b）。

③ 还有一个问题是，是否应该使用差分或者水平值作为工具？Arellano（1989）与 Kiviet（1995）给出证据表明，后者更可取。

外，只需使 $\mathbf{x}_{2it}$ 包括 $y_{i,t-1}$，我们看到，HT 方法也可以被扩展至这一情形，而且基本未做修改。阿雷纳诺等人提出了一个 GMM 估计量，并指出通过使用一个更大的矩条件集可以提高估计量的有效性。在以往的分析中，我们使用了一个构造如下的 GMM 估计量：我们用来定义工具变量的这个矩条件集为

$$E\left[\begin{bmatrix}\mathbf{x}_{1it}\\ \mathbf{x}_{2it}\\ \mathbf{z}_{1i}\\ \bar{\mathbf{x}}_{1i.}\end{bmatrix}(\eta_{it}-\bar{\eta}_i)\right]=E\left[\begin{bmatrix}\mathbf{x}_{1it}\\ \mathbf{x}_{2it}\\ \mathbf{z}_{1i}\\ \bar{\mathbf{x}}_{1i.}\end{bmatrix}(\varepsilon_{it}-\bar{\varepsilon}_i)\right]=\mathbf{0}$$

这个矩条件可以用于估计工具变量估计量。我们可以忽视 η_{it} 的非数量方差并在该点上使用简单的工具变量。然而，通过说明随机效应构建并使用可行 GLS 的对应表达，我们就可以在 11.8.4 小节推导出更有效的估计量。像往常一样，这可以分两步完成：计算非有效的估计量以得到需要的残差进而估计方差成分。这是豪斯曼和泰勒的步骤 1 和步骤 2。步骤 3 和步骤 4 是基于这些估计方差成分的 GMM 估计量。

阿雷纳诺等人认为前面的分析没有利用完所有样本信息。简单来说，在第 i 组的 T 个观测值中，我们还未使用的事实是

$$E\left[\begin{bmatrix}\mathbf{x}_{1it}\\ \mathbf{x}_{2it}\\ \mathbf{z}_{1i}\\ \bar{\mathbf{x}}_{1i.}\end{bmatrix}(\eta_{is}-\bar{\eta}_i)\right]=\mathbf{0}，\text{对于某一 } s\neq t$$

因此，例如，不仅 t 时期的扰动项和 t 时期的变量不相关，而且，它们和 $t-1$、$t-2$ 时期，也许 $t+1$ 时期等的变量同样不相关。原则上，有效工具的数量可能是巨大的。比如，假设以上所述的这套工具变量在包括现在、过去和未来的每个时期对于 η_{it} 都具有严格外生性。那么，每个观测值总共有$[T(K_1+K_2)+L_1+K_2]$个矩条件。在此基础上，考虑一个两期的面板数据。我们应当有两期，即

$$E\left[\begin{bmatrix}\mathbf{x}_{1i1}\\ \mathbf{x}_{2i1}\\ \mathbf{x}_{1i2}\\ \mathbf{x}_{2i2}\\ \mathbf{z}_{1i}\\ \bar{\mathbf{x}}_{1i.}\end{bmatrix}(\eta_{i1}-\bar{\eta}_i)\right]=\mathbf{0}\text{ 且 }E\left[\begin{bmatrix}\mathbf{x}_{1i1}\\ \mathbf{x}_{2i1}\\ \mathbf{x}_{1i2}\\ \mathbf{x}_{2i2}\\ \mathbf{z}_{1i}\\ \bar{\mathbf{x}}_{1i.}\end{bmatrix}(\eta_{i2}-\bar{\eta}_i)\right]=\mathbf{0} \qquad (13-38)$$

需要多少有用的信息来进行参数估计是不确定的，因为它取决于工具变量和方程中包含的外生变量的相关性。这些变量集的时间间隔越长，提供的信息就越少。（关于这个问题的文献包含“强”与“弱”工具变量的提法。[①]）然后，我们可以在 $\mathbf{x}_{2i}$ 中加入这个滞后因变量。这套工具变量可以用来构建估计量，无论实际上滞后变量是否存在。我们注意到，在这一点上，针对这个观点，豪斯曼和泰勒的估计量实际上没有完全使用所有可用的样本信息。我们现在有阿雷纳诺

① 参见 West (2001)。

等人的估计量的基础；剩下的基本是（遗憾的是，包括相当数量的）代数，我们现在来求解。

令

$$\mathbf{W}_i=\begin{bmatrix}\mathbf{w}'_{i1}\\ \mathbf{w}'_{i2}\\ \vdots\\ \mathbf{w}'_{iT}\end{bmatrix}=\text{第 } i \text{ 组完整右侧数据集，且 } \mathbf{y}_i=\begin{bmatrix}y_{i1}\\ y_{i2}\\ \vdots\\ y_{iT}\end{bmatrix}$$

注意，我们假设 $\mathbf{W}_i$ 是一个 $T\times(1+K_1+K_2+L_1+L_2)$ 矩阵。因为模型中有一个滞后因变量，所以必须假设 y_{it} 实际上有 $T+1$ 个可用的观测值。为了避免符号凌乱，我们将暂不考虑符号的区别。稍后，必要时，我们将更明确地表述它。这一因变量将再次出现在工具变量的定义中。共有 T 个观测值可用来构建 IV 估计量。我们现在构造一个工具变量矩阵。[①] 我们将形成一个前 T_i-1 行与 T_i-1 个观测值构建方式相同但最后一行与稍后讨论的情形不同的矩阵。[②] 这个矩阵有以下形式：

$$\mathbf{V}_i=\begin{bmatrix}\mathbf{v}'_{i1} & \mathbf{0}' & \cdots & \mathbf{0}'\\ \mathbf{0}' & \mathbf{v}'_{i2} & \cdots & \mathbf{0}'\\ \vdots & \vdots & & \vdots\\ \mathbf{0}' & \mathbf{0}' & \cdots & \mathbf{a}'_i\end{bmatrix} \tag{13-39}$$

包含在 $\mathbf{v}'_{it}$ 中的工具变量集可能包括模型中的以下内容：

$\mathbf{x}_{it}$ 和 $\mathbf{x}_{i,t-1}$（即，所有时变变量的现在值和一期滞后值）

$\mathbf{x}_{i1},\cdots,\mathbf{x}_{iT}$（即，所有时变变量的现在、过去和未来值）

$\mathbf{x}_{i1},\cdots,\mathbf{x}_{it}$（即，所有时变变量的现在和过去值）

与 u_i 不相关的非时变变量 $\mathbf{z}_{1i}$，被附加在前 $T-1$ 行的每一行的非零部分的最后一个位置。表面看起来，包括 $\mathbf{x}_2$ 在内的工具变量都将是无效的。然而，我们把扰动项转化为独立于潜在影响的组均值离差——也就是说，这组矩条件最终将转化为式（13-38）中出现的内容。尽管这些变量和 u_i 相关，但它们和 $\varepsilon_{it}-\bar{\varepsilon}_i$ 不相关。

构建 $\mathbf{V}_i$ 的最后一行很重要。存在以下两种可能性：

$\mathbf{a}'_i=[\mathbf{z}'_{1i}\quad \bar{\mathbf{x}}_{i1}]$（给出了豪斯曼-泰勒估计量）

$\mathbf{a}'_i=[\mathbf{z}'_{1i}\quad \mathbf{x}'_{1i1},\mathbf{x}'_{1i2},\cdots,\mathbf{x}'_{1iT}]$（给出了阿米米亚-麦柯迪（Amemiya-MaCurdy）估计量）

注意到，这 $\mathbf{a}$ 个变量都是有全部 T 个观测值的非时变外生变量 $\mathbf{z}_{1i}$，以及时变外生变量——无论是被压缩成单个组均值的形式还是原始形式。

为了构建这个估计量，我们需要一个转换矩阵 $\mathbf{H}$，它按照以下方式构建。令 $\mathbf{M}^{01}$ 表示 $\mathbf{M}^0$ 的前 $T-1$ 行，$\mathbf{M}^0$ 是产生组均值离差的矩阵。于是有

$$\mathbf{H}=\begin{bmatrix}\mathbf{M}^{01}\\ \dfrac{1}{T}\mathbf{i}'_T\end{bmatrix}$$

---

① Hausman and Taylor（1981），Arellano et al.（1991，1995，1999），Ahn and Schmidt（1995）与 Amemiya and MaCurdy（1986）探讨了解决这一问题的不同方法。

② 这是利用 Arellano and Bover（1995）提出的一个有用的代数结论。

因此，$\mathbf{H}$ 取代了 $\mathbf{M}^0$ 的最后一行 $1/T$。效果如下：如果 $\mathbf{q}$ 是一个变量的 T 个观测值，那么 $\mathbf{Hq}$ 就可以生成 $\mathbf{q}^*$，其中 $\mathbf{q}^*$ 的前 $T-1$ 个观测值被转化为组均值离差，而 $\boldsymbol{q}^*$ 的最后一个观测值正是组均值。特别是，令扰动项的 $T\times 1$ 列向量

$$\eta_i=[\eta_{i1},\eta_{i2},\cdots,\eta_{iT}]=[(\varepsilon_{i1}+u_i),(\varepsilon_{i2}+u_i),\cdots,(\varepsilon_{iT}+u_i)]'$$

于是有

$$\mathbf{H}\boldsymbol{\eta}=\begin{bmatrix}\eta_{i1}-\bar{\eta}_i\\ \vdots\\ \eta_{i,T-1}-\bar{\eta}_i\\ \bar{\eta}_i\end{bmatrix}$$

我们现在能够构建矩条件了。根据已分析完的所有机制，我们推导出了式（13－40）描述的结论，即

$$E[\mathbf{V}_i'\mathbf{H}\boldsymbol{\eta}_i]=E[\mathbf{g}_i]=\mathbf{0}$$

将这一点扩展至某类特殊情形是很有用的。假设 $T=3$ 并且我们将时期 1 的当期值、时期 2 的当期值和过去值以及豪斯曼和泰勒形式的非时变变量作为工具变量。然后前面的结果可以写成

$$E\left[\begin{bmatrix}\mathbf{x}_{1i1}&\mathbf{0}&\mathbf{0}\\ \mathbf{x}_{2i1}&\mathbf{0}&\mathbf{0}\\ \mathbf{z}_{1i}&\mathbf{0}&\mathbf{0}\\ \mathbf{0}&\mathbf{x}_{1i1}&\mathbf{0}\\ \mathbf{0}&\mathbf{x}_{2i1}&\mathbf{0}\\ \mathbf{0}&\mathbf{x}_{1i2}&\mathbf{0}\\ \mathbf{0}&\mathbf{x}_{2i2}&\mathbf{0}\\ \mathbf{0}&\mathbf{z}_{1i}&\mathbf{0}\\ \mathbf{0}&\mathbf{0}&\mathbf{z}_{1i}\\ \mathbf{0}&\mathbf{0}&\bar{\mathbf{x}}_{1i}\end{bmatrix}\begin{bmatrix}\eta_{i1}-\bar{\eta}_i\\ \eta_{i2}-\bar{\eta}_i\\ \bar{\eta}_i\end{bmatrix}\right]=\mathbf{0} \tag{13-40}$$

这和式（13－38）一样。[①] 后续的经验矩条件为

$$\begin{aligned}&\operatorname{plim}\frac{1}{n}\sum_{i=1}^{n}\mathbf{V}_i'\mathbf{H}\boldsymbol{\eta}_i\\ &=\operatorname{plim}\frac{1}{n}\sum_{i=1}^{n}\mathbf{V}_i'\mathbf{H}\begin{bmatrix}y_{i1}-\delta y_{i0}-\mathbf{x}_{1i1}'\boldsymbol{\beta}_1-\mathbf{x}_{2i1}'\boldsymbol{\beta}_2-\mathbf{z}_{1i}'\boldsymbol{\alpha}_1-\mathbf{z}_{2i}'\boldsymbol{\alpha}_2\\ y_{i2}-\delta y_{i1}-\mathbf{x}_{1i2}'\boldsymbol{\beta}_1-\mathbf{x}_{2i2}'\boldsymbol{\beta}_2-\mathbf{z}_{1i}'\boldsymbol{\alpha}_1-\mathbf{z}_{2i}'\boldsymbol{\alpha}_2\\ \vdots\\ y_{iT}-\delta y_{i,T-1}-\mathbf{x}_{1iT}'\boldsymbol{\beta}_1-\mathbf{x}_{2iT}'\boldsymbol{\beta}_2-\mathbf{z}_{1i}'\boldsymbol{\alpha}_1-\mathbf{z}_{2i}'\boldsymbol{\alpha}_2\end{bmatrix}=\mathbf{0}\end{aligned}$$

我们将上式写为

① 在一些分析［比如 Blundell and Bond（1998）］中，对初始值 y_{i0} 假设了一个附加条件，即 $E[y_{i0}\mid \text{外生数据}]=\mu_0$。这将在包括$[(y_{i0}-\mu_0),0,0]$的式（13－40）的矩阵的顶部加入一行。

$$\text{plim}\,\frac{1}{n}\sum_{i=1}^{n}\mathbf{m}_i = \text{plim}\ \bar{\mathbf{m}} = \mathbf{0}$$

则 GMM 估计量 $\hat{\boldsymbol{\theta}}$ 可通过选择一个恰当的权重矩阵 **A**，并最小化 $q=\bar{\mathbf{m}}'\mathbf{A}\bar{\mathbf{m}}$ 得到。这个最优权重矩阵为 $\sqrt{n}\ \bar{\mathbf{m}}$ 的渐近协方差矩阵的逆。现有 $\boldsymbol{\theta}$ 的一个一致估计量，这可以通过下式进行经验估计：

$$\text{Est. Asy. Var}[\sqrt{n}\,\bar{\mathbf{m}}] = \frac{1}{n}\sum_{i=1}^{n}\hat{\mathbf{m}}_i\hat{\mathbf{m}}_i' = \frac{1}{n}\sum_{i=1}^{n}\mathbf{V}_i'\mathbf{H}\hat{\eta}_i\hat{\eta}_i'\mathbf{H}'\mathbf{V}_i$$

这是一个稳健估计量，它支持 T 个扰动项 $\varepsilon_{it}+u_i$ 的无约束 $T\times T$ 阶协方差矩阵成立。但是，我们已经假设这个协方差矩阵是在式（11－31）的随机效应模型中定义的 $\boldsymbol{\Sigma}$。为了使用这个信息，我们将使用下式的残差作为代替：

$$\hat{\boldsymbol{\eta}}_i = \mathbf{y}_i - \mathbf{W}_i\hat{\boldsymbol{\theta}}$$

从而估计 σ_u^2 和 σ_ε^2 以及后来的 $\boldsymbol{\Sigma}$，其中 $\boldsymbol{\Sigma}$ 可以生成

$$\text{Est. Asy. Var}[\sqrt{n}\,\bar{\mathbf{m}}] = \frac{1}{n}\sum_{i=1}^{n}\mathbf{V}_i'\mathbf{H}'\hat{\boldsymbol{\Sigma}}\mathbf{H}'\mathbf{V}_i$$

我们现在拥有计算 GMM 估计量所需的整套结论，最小化含有参数向量 $\boldsymbol{\theta}$ 的 q 的最优化问题的解为

$$\begin{aligned}\hat{\boldsymbol{\theta}}_{GMM} = &\left[\left(\sum_{i=1}^{n}\mathbf{W}_i'\mathbf{H}\,\mathbf{V}_i\right)\left(\sum_{i=1}^{n}\mathbf{V}_i'\mathbf{H}'\hat{\boldsymbol{\Sigma}}\mathbf{H}\mathbf{V}_i\right)^{-1}\left(\sum_{i=1}^{n}\mathbf{V}_i'\mathbf{H}'\mathbf{W}_i\right)\right]^{-1} \\ &\times\left(\sum_{i=1}^{n}\mathbf{W}_i'\mathbf{H}\mathbf{V}_i\right)\left(\sum_{i=1}^{n}\mathbf{V}_i'\mathbf{H}'\hat{\boldsymbol{\Sigma}}\mathbf{H}\mathbf{V}_i\right)^{-1}\left(\sum_{i=1}^{n}\mathbf{V}_i'\mathbf{H}'\mathbf{y}_i\right)\end{aligned} \tag{13-41}$$

$\hat{\boldsymbol{\theta}}_{GMM}$ 的渐近协方差矩阵的估计量是括号内矩阵的逆。

剩下的问题是：如何得到 $\hat{\boldsymbol{\theta}}$ 的一致估计量以计算 $\hat{\boldsymbol{\Sigma}}$? 考虑到 GMM 估计量与我们前面表述的任意正定权重矩阵 **A** 是一致的。因此，对于一个初始估计量，我们可以让 **A**=**I** 并且使用这个简单的工具变量估计量，即

$$\hat{\boldsymbol{\theta}}_{\text{IV}} = \left[\left(\sum_{i=1}^{n}\mathbf{W}_i'\mathbf{H}\mathbf{V}_i\right)\left(\sum_{i=1}^{n}\mathbf{V}_i'\mathbf{H}'\mathbf{W}_i\right)\right]^{-1}\left(\sum_{i=1}^{n}\mathbf{W}_i'\mathbf{H}\mathbf{V}_i\right)\left(\sum_{i=1}^{n}\mathbf{V}_i'\mathbf{H}'\mathbf{y}_i\right)$$

更常见的是直接使用“两阶段最小二乘”估计量（参见 8.3.4 小节和 11.8.2 小节），其使用了

$$\mathbf{A} = \left(\frac{1}{n}\sum_{i=1}^{n}\mathbf{V}_i'\mathbf{H}'\mathbf{H}\mathbf{V}_i\right)^{-1}$$

这个估计量就是早先式（13－41）给出的 $\hat{\boldsymbol{\Sigma}}$ 被 $\mathbf{I}_T$ 替换的那个估计量。其中任意一个估计量只是样本数据的一个函数，并且提供了我们需要的初始估计量。

安（Ahn）和斯密特（Schmidt）发现，这里提出的 IV 估计量尽管被广泛地使用，但仍然忽视了许多信息并因此（相对）无效。例如，在第一个差分模型中，

$$E[y_{is}(\varepsilon_{it}-\varepsilon_{i,t-1})]=0,\quad s=0,\cdots,t-2,\quad t=2,\cdots,T$$

即 y_{is} 的值和至少相差两期的扰动项的差分无关。①（这个差分变换，也就是组均值离差的变换，消除了单个值的影响。）这个能进入 GMM 估计量的构建过程的相应矩估计量为

$$\frac{1}{n}\sum_{i=1}^{n} y_{is}[(y_{it}-y_{i,t-1})-\delta(y_{i,t-1}-y_{i,t-2})-(\mathbf{x}_{it}-\mathbf{x}_{i,t-1})'\boldsymbol{\beta}]=0$$

$$s=0,\cdots,t-2,\quad t=2,\cdots,T$$

总而言之，安和斯密特发现了 $T(T-1)/2+T-2$ 个这样的包括变量的水平值和差分的混合运算的方程。他们证明的主要结论是：在动态模型中，不仅可以从变量水平值之间的熟悉关系中，还可以从变量水平值和一次差分的暗含关系中搜集到大量的信息。变换后的 y_{it} 和 ε_{it} 的离差之间的相关性的问题在引用的文献中有说明。②

用来估计模型参数的正交条件（工具变量）个数是由式（13-39）中 $\mathbf{v}_{it}$ 和 $\mathbf{a}_i$ 的变量个数决定的。在大多数情形中，这个模型被大大过度识别——这里的正交条件个数大于参数个数。像往常一样，在 GMM 估计中，过度识别约束的检验可以基于 q 这个估计准则。在它的最小值处，nq 的有限分布是一个自由度等于工具变量总数减去 $(1+K_1+K_2+L_1+L_2)$ 的数值的卡方分布。③

❖例 13.10　地方政府支出的一个动态面板数据模型的 GMM 估计

Dahlberg and Johansson（2000）在 $t=1979$—1987 年的 9 年时间里针对瑞典几百个城市的观测估计了一个地方政府支出的模型。他们关心的方程为

$$S_{i,t}=\alpha_t+\sum_{j=1}^{m}\beta_j S_{i,t-j}+\sum_{j=1}^{m}\gamma_j R_{i,t-j}+\sum_{j=1}^{m}\delta_j G_{i,t-j}+f_i+\varepsilon_{it}$$

式中，$i=1$，…，$n=265$；$t=m+1$，…，9。（为方便起见，我们对它们的符号略加改变。）$S_{i,t}$，$R_{i,t}$ 和 $G_{i,t}$ 分别为市政支出、收入（税费收入）和中央政府的拨款。对 $R_{i,t}$ 和 $G_{i,t}$ 的当前值也设定了类似方程。适当的滞后长度 m 是这项经验研究所要确定的主要特征之一。这个模型包含了一个随城市不同而不同的效应，其设定既非“固定的”又非“随机的”。为了消除个体效应，我们将模型变换成一阶差分形式。于是有

$$\Delta S_{i,t}=\lambda_t+\sum_{j=1}^{m}\beta_j\Delta S_{i,t-j}+\sum_{j=1}^{m}\gamma_j\Delta R_{i,t-j}+\sum_{j=1}^{m}\delta_j\Delta G_{i,t-j}+u_{it}$$

或者

$$y_{i,t}=\mathbf{x}'_{i,t}\boldsymbol{\theta}+u_{i,t}$$

式中，$\Delta S_{i,t}=S_{i,t}-S_{i,t-1}$，如此等等；$u_{i,t}=\varepsilon_{i,t}-\varepsilon_{i,t-1}$。这就消除了群组效应而只剩下时间效应。由于时间效应开始时并无约束，所以 $\Delta\alpha_t=\lambda_t$ 仍是一个无约束的时间效应，它被处理为“固定的”，并用

---

① 这是 Holtz-Eakin（1988）和 Holtz-Eakin，Newey，and Rosen（1988）提出的方法。

② 安和斯密特指出，变量的一次差分和二次矩的关系导致这个模型存在大量潜在附加的正交条件。我们没有考虑这些。$\mathbf{V}_i$ 矩阵可能很大。我们现在考虑一个带有 10 个时变等号右边变量的模型并且假设 T_i 是 15。那么，这里有 15 行和大约 $15\times(10\times15)$ 即 2 250 列。安-斯密特估计量在一个只含有少数参数的模型中潜在包含了几千个工具，这可能有点不符合实际。相同的解法是，只使用可用工具变量的一个很小的子集。其计算的阶数会随着参数个数与 T^2 的乘积增大而增加。

③ 这在 GMM 估计中一般来说是正确的。它是 Bhargava and Sargan（1983）针对动态面板数据模型提出的。

一个时间虚拟变量来建模。最大滞后长度设定为 $m=3$。根据 9 年的数据，这就只有 1983—1987 年的观测可用于估计，即 $t=m+2, \cdots, 9$。$R_{i,t}$ 和 $G_{i,t}$ 的方程类似拟合。

作者主张的正交条件为

$$E[S_{i,s}u_{i,t}]=E[R_{i,s}u_{i,t}]=E[G_{i,s}u_{i,t}]=0, \quad s=1,\cdots,t-2$$

正交条件用财务变量的水平值与扰动项的差分来表述。Ahn and Schmidt（1995）讨论了这种表述的问题，比如与（模型暗含的）$E[\Delta S_{i,s}\Delta\varepsilon_{i,t}]=0$ 相比。我们将会看到，这组正交条件意味着共有 80 个工具变量。作者只使用了上面列出的三组中的第一组，从而得到 30 个工具变量。对于 5 年观测，选用 13.6.5 小节中给出的表述，我们就可以得到正交条件的如下工具变量矩阵

$$\mathbf{Z}_i=\begin{bmatrix} \boldsymbol{S}_{81-79} & d_{83} & \mathbf{0}' & 0 & \mathbf{0}' & 0 & \mathbf{0}' & 0 & \mathbf{0}' & 0 \\ \mathbf{0}' & 0 & \boldsymbol{S}_{82-79} & d_{84} & \mathbf{0}' & 0 & \mathbf{0}' & 0 & \mathbf{0}' & 0 \\ \mathbf{0}' & 0 & \mathbf{0}' & 0 & \boldsymbol{S}_{83-79} & d_{85} & \mathbf{0}' & 0 & \mathbf{0}' & 0 \\ \mathbf{0}' & 0 & \mathbf{0}' & 0 & \mathbf{0}' & 0 & \boldsymbol{S}_{84-79} & d_{86} & \mathbf{0}' & 0 \\ \mathbf{0}' & 0 & \mathbf{0}' & 0 & \mathbf{0}' & 0 & \mathbf{0}' & 0 & \boldsymbol{S}_{85-79} & d_{87} \end{bmatrix}\begin{matrix} 1983 \\ 1984 \\ 1985 \\ 1986 \\ 1987 \end{matrix}$$

式中，$\boldsymbol{S}_{t1-t0}$ 表示变量的年度范围。比如，$\boldsymbol{S}_{83-79}$ 表示 $[S_{i,1983}, S_{i,1982}, S_{i,1981}, S_{i,1980}, S_{i,1979}]$；$d_{year}$ 表示年度虚拟变量。数一下 $\mathbf{Z}_i$ 中的列，我们看到，只使用因变量的滞后值和时间虚拟变量，我们有 $(3+1)+(4+1)+(5+1)+(6+1)+(7+1)=30$ 个工具变量。在每个方程中利用另外两个变量的滞后值将增加 50 个变量，所以如果采用上述所有正交条件，我们共得到 80 个工具变量。给定上述构造，正交条件现在为

$$E[\mathbf{Z}_i'\mathbf{u}_i]=\mathbf{0}$$

式中，$\mathbf{u}_i=[u_{i,1983}, u_{i,1984}, u_{i,1985}, u_{i,1986}, u_{i,1987}]'$。经验矩方程为

$$\text{plim}\left[\frac{1}{n}\sum_{i=1}^{n}\mathbf{Z}_i'\boldsymbol{u}_i\right]=\text{plim }\bar{\mathbf{m}}(\boldsymbol{\theta})=\mathbf{0}$$

参数极大地过度识别。在所估计的三个方程中，仅使用因变量的滞后值便有 30 个矩条件；当 $m=3$ 时有 14 个待估计参数；当 $m=2$ 时有 11 个；当 $m=1$ 时有 8 个；当 $m=0$ 时有 5 个（在我们估计其中的每一个时，都将保持同样的工具变量矩阵）。GMM 估计分两步进行。第一步，使用如下公式计算基本的未加权工具变量

$$\hat{\boldsymbol{\theta}}'_{\text{IV}}=\left[\left(\sum_{i=1}^{n}\mathbf{X}_i'\mathbf{Z}_i\right)\left(\sum_{i=1}^{n}\mathbf{Z}_i'\mathbf{Z}_i\right)\left(\sum_{i=1}^{n}\mathbf{Z}_i'\mathbf{x}_i\right)\right]^{-1}\left(\sum_{i=1}^{n}\mathbf{X}_i'\mathbf{Z}_i\right)\left(\sum_{i=1}^{n}\mathbf{Z}_i'\mathbf{Z}_i\right)^{-1}\left(\sum_{i=1}^{n}\mathbf{Z}_i'\mathbf{y}_i\right)$$

式中

$$\mathbf{y}_i'=(\Delta S_{83} \quad \Delta S_{84} \quad \Delta S_{85} \quad \Delta S_{86} \quad \Delta S_{87})$$

且有

$$\mathbf{X}_i=\begin{bmatrix} \Delta S_{82} & \Delta S_{81} & \Delta S_{80} & \Delta R_{82} & \Delta R_{81} & \Delta R_{80} & \Delta G_{82} & \Delta G_{81} & \Delta G_{80} & 1 & 0 & 0 & 0 & 0 \\ \Delta S_{83} & \Delta S_{82} & \Delta S_{81} & \Delta R_{83} & \Delta R_{82} & \Delta R_{81} & \Delta G_{83} & \Delta G_{82} & \Delta G_{81} & 0 & 1 & 0 & 0 & 0 \\ \Delta S_{84} & \Delta S_{83} & \Delta S_{82} & \Delta R_{84} & \Delta R_{83} & \Delta R_{82} & \Delta G_{84} & \Delta G_{83} & \Delta G_{82} & 0 & 0 & 1 & 0 & 0 \\ \Delta S_{85} & \Delta S_{84} & \Delta S_{83} & \Delta R_{85} & \Delta R_{84} & \Delta R_{83} & \Delta G_{85} & \Delta G_{84} & \Delta G_{83} & 0 & 0 & 0 & 1 & 0 \\ \Delta S_{86} & \Delta S_{85} & \Delta S_{84} & \Delta R_{86} & \Delta R_{85} & \Delta R_{84} & \Delta G_{86} & \Delta G_{85} & \Delta G_{84} & 0 & 0 & 0 & 0 & 1 \end{bmatrix}$$

第二步从计算新权重矩阵开始，即

$$\hat{\boldsymbol{\Phi}}=\text{Est. Asy. Var}[\sqrt{n}\,\bar{\mathbf{m}}]=\frac{1}{N}\sum_{i=1}^{n}\mathbf{Z}_i'\hat{\mathbf{u}}_i\hat{\mathbf{u}}_i'\mathbf{Z}_i$$

通过乘以并除以外面的矩阵暗含的（$1/n$），我们就可以推导出估计量为

$$\begin{aligned}\boldsymbol{\theta}_{GMM}'&=\left[\left(\sum_{i=1}^{n}\mathbf{X}_i'\mathbf{Z}_i\right)\left(\sum_{i=1}^{n}\mathbf{Z}_i'\hat{\mathbf{u}}_i\hat{\mathbf{u}}_i'\mathbf{Z}_i\right)^{-1}\left(\sum_{i=1}^{n}\mathbf{Z}_i'\mathbf{X}_i\right)\right]^{-1}\\&\quad\times\left(\sum_{i=1}^{n}\mathbf{X}_i'\mathbf{Z}_i\right)\left(\sum_{i=1}^{n}\mathbf{Z}_i'\hat{\mathbf{u}}_i\hat{\mathbf{u}}_i'\mathbf{Z}_i\right)^{-1}\left(\sum_{i=1}^{n}\mathbf{Z}_i'\mathbf{y}_i\right)\\&=\left[\left(\sum_{i=1}^{n}\mathbf{X}_i'\mathbf{Z}_i\right)\mathbf{W}\left(\sum_{i=1}^{n}\mathbf{Z}_i'\mathbf{X}_i\right)\right]^{-1}\left(\sum_{i=1}^{n}\mathbf{X}_i'\mathbf{Z}_i\right)\mathbf{W}\left(\sum_{i=1}^{n}\mathbf{Z}_i'\mathbf{y}_i\right)\end{aligned}$$

该估计量的渐近协方差矩阵的估计量就是本结论中第一行方括号内的逆矩阵。

本研究主要关注的不是估计量本身，而是滞后长度，以及自变量的某些滞后值是否应该出现在每个方程中。这些约束可以通过使用 GMM 准则函数来检验，在这一表述中的准则函数（基于 GMM 估计后重新计算残差）为

$$nq=\left(\sum_{i=1}^{n}\hat{\mathbf{u}}_i'\mathbf{Z}_i\right)\mathbf{W}\left(\sum_{i=1}^{n}\mathbf{Z}_i'\hat{\mathbf{u}}_i\right)$$

注意，权重矩阵没有（必要）重新计算。为了进行假设检验，应该使用相同的权重矩阵。

此时，我们将考虑适当的滞后长度 m。仅通过重新定义 $\mathbf{X}$ 来改变滞后长度便可简化设定。为了检验设定，权重矩阵必须对模型的所有约束形式保持不变（$m=2$ 和 $m=1$）。

达尔伯格（Dahlberg）和约翰森（Johansson）的数据可以在《应用计量经济学杂志》网站上下载，见在线附表 F13.1。作者在表 13.1 中给出了原始数据的摘要统计量。研究中所用的以网络资源提供的数据都是以瑞典克朗表示的名义价值，通过官方价格指数加以平减，然后才能转换为人均值。表 13.3 给出了原始数据的描述性统计量。[①] 这些方程对所有三个变量进行回归，最大滞后阶数 $m=1$，2 和 3。（作者没有给出确切的估计结果。）统计方法采用的是前面描述的 Ahn and Schmidt（1995），Arellano and Bover（1995）与 Holtz-Eakin，Newey，and Rosen（1988）的方法。表 13.4 中给出了上述第一个设定的估计值。

表 13.3　地方支出数据的描述性统计量

变量	均值	标准差	最小值	最大值
支出	18 478.51	3 174.36	12 225.68	33 883.25
收入	13 422.56	3 004.16	6 228.54	29 141.62
拨款	5 236.03	1 260.97	1 570.64	12 589.14

表 13.5 显示的是三个方程三种滞后长度的模型参数估计值，以及每个估计模型的 GMM 准则函数值。每个模型的基准情形都是 $m=3$。每次滞后长度的减小都意味着有三个约束。在自由度为 3 的情况下，95%显著性水平下的 χ^2 临界值为 7.81，所以在这个水平上，我们发现支出方程的两阶滞后模型勉强能够接受（两个准则函数之差为 7.62），但其他两个模型显然都很合适。基于 $m=2$，只有收入模

① 网上提供的以及我们计算所用的数据通过除以 100 000 而实现了进一步转换。

型拒绝了 $m=1$。作为最后一个检验，我们想知道数据是否会表明完全没有必要使用任何滞后结构。三个方程只使用时间虚拟变量而不使用任何滞后结构的 GMM 准则值分别为 45.840，57.908 和 62.042。因此，所有这三个零阶滞后模型都被拒绝。

这项研究关注的问题是对矩约束进行设定检验所使用的适当临界值。在自由度为 16 的情况下，95%显著性水平下的 χ^2 临界值为 26.3，这就意味着收入方程被错误地设定了。作者利用自助法发现了一个保持设定不变情况下的更适当的临界值。最后注意到，表 13.5 的 $m=3$ 列中的三方程模型意味着如下形式的向量自回归（vector autoregression）：

$$\mathbf{y}_t=\boldsymbol{\Gamma}_1\mathbf{y}_{t-1}+\boldsymbol{\Gamma}_2\mathbf{y}_{t-2}+\boldsymbol{\Gamma}_3\mathbf{y}_{t-3}+\mathbf{v}_t$$

式中，$\mathbf{y}_t=(\Delta S_t,\Delta R_t,\Delta G_t)'$。

表 13.4　估计的支出方程

变量	估计值	标准误	t 值
1983 年	−0.003 657 8	0.000 296 9	−12.32
1984 年	−0.000 496 70	0.000 412 8	−1.20
1985 年	0.000 380 85	0.000 309 4	1.23
1986 年	0.000 314 69	0.000 328 2	0.96
1987 年	0.000 868 78	0.000 148 0	5.87
支出（$t-1$）	1.154 93	0.344 09	3.36
收入（$t-1$）	−1.238 01	0.361 71	−3.42
拨款（$t-1$）	0.016 310	0.824 19	0.02
支出（$t-2$）	−0.037 662 5	0.226 76	−0.17
收入（$t-2$）	0.077 007 5	0.271 79	0.28
拨款（$t-2$）	1.553 79	0.758 41	2.05
支出（$t-3$）	−0.564 41	0.217 96	−2.59
收入（$t-3$）	0.649 78	0.269 30	2.41
拨款（$t-3$）	1.789 18	0.692 97	2.58

表 13.5　支出、收入和拨款的滞后方程估计

	支出模型			收入模型			拨款模型		
	$m=3$	$m=2$	$m=1$	$m=3$	$m=2$	$m=1$	$m=3$	$m=2$	$m=1$
S_{t-1}	1.155	0.874 2	0.556 2	−0.171 5	−0.311 7	−0.124 2	−0.167 5	−0.146 1	−0.195 8
S_{t-2}	−0.037 7	0.249 3	—	0.162 1	0.077 3	—	−0.030 3	−0.030 4	—
S_{t-3}	−0.564 4	—	—	−0.177 2	—	—	−0.095 5	—	—
R_{t-1}	−1.238 0	−0.874 5	−0.532 8	−0.017 6	0.186 3	−0.024 5	0.157 8	0.145 3	0.234 3
R_{t-2}	0.077 0	−0.277 6	—	−0.030 9	0.136 8	—	−0.048 5	0.017 5	—
R_{t-3}	0.649 7	—	—	0.003 4	—	—	0.031 9	—	—
G_{t-1}	0.016 3	−0.420 3	0.127 5	−0.368 3	0.542 5	0.080 8	−0.238 1	−0.206 6	−0.055 9
G_{t-2}	1.553 8	0.186 6	—	2.715 2	2.462 1	—	−0.049 2	−0.080 4	—
G_{t-3}	1.789 2	—	—	0.094 8	—	—	0.059 8	—	—
nq	22.828 7	30.452 6	34.498 6	30.539 8	34.259 0	53.250 6	17.581 0	20.541 6	27.592 7

13.7 归纳与总结

广义矩法提供了一个宽泛的估计框架，其中包括最小二乘、非线性最小二乘、工具变量、极大似然，以及在此基础上引申出来的一类具有一般性的估计量。但它不仅仅是一把理论保护伞。GMM 还提供了一种模型表述方法，并且在不做很强的分布假定下给出了其默认估计值。Hall 的家庭消费模型是一个有用的例子，它说明了如何从基础经济理论的优化条件中得出一组与分布无关的估计方程。我们在本章首先分析了古典矩法理论。GMM 估计量是对这种方法的引申，它容许分析者以最优的方式使用识别模型所必需的信息之外的其他信息。在定义并证明了这个估计量的性质后，我们开始推断程序。方便的是，GMM 程序还提供了沃尔德、LM 和 LR 这三个我们熟悉的检验统计量的对应物。在最后一节中，我们详细说明了线性和非线性以及多方程模型的 GMM 估计量。我们还探讨了一个在现代应用研究中多次出现的例子，即含有个体效应和因变量滞后值的动态面板数据模型。

关键术语与概念

模拟估计	中心极限定理	准则函数
经验矩方程	遍历定理	恰好识别情形
指数族	广义矩（GMM）估计量	工具变量
似然比统计量	LM 统计量	鞅差分序列
极大似然估计量	中位数定理	矩生成函数法
矩法	矩估计量	最小距离估计量（MDE）
矩方程	纽韦-韦斯特估计量	非线性工具变量估计量
阶条件	正交条件	过度识别约束
过度识别情形	总体矩方程	概率极限
随机样本	秩条件	斯拉茨基定理
设定检验	充分统计量	泰勒级数
非中心矩	沃尔德统计量	加权最小二乘
权重矩阵		

练习

1. 对于正态分布 $\mu_{2k}=\sigma^{2k}(2k)!/(k!2^k)$ 和 $\mu_{2k+1}=0$，$k=0,1,\cdots$，利用这个结论分析两个估计量

$$\sqrt{b_1}=\frac{m_3}{m_2^{3/2}} \text{ 和 } b_2=\frac{m_4}{m_2^2}$$

式中，$m_k=\frac{1}{n}\sum_{i=1}^{n}(x_i-\bar{x})^k$。以下结论可以用于分析，即

$$\text{Asy. Cov}[\sqrt{n}m_j,\sqrt{n}m_k]=\mu_{j+k}-\mu_j\mu_k+jk\mu_2\mu_{j-1}\mu_{k-1}-j\mu_{j-1}\mu_{k+1}-k\mu_{k-1}\mu_{j+1}$$

假定数据是从一个均值为 μ、方差为 σ^2 的正态分布中抽取的，利用 δ 法求这两个函数的渐近方差和协

方差。（提示：在这些假定下，样本均值是 μ 的一个一致估计量，所以为了推导渐近结论，$\bar{x}$ 与 μ 之差可忽略不计。因此，为了不失一般性，可假定均值为 0，并从这里开始。）求上述三个矩的 3×3 协方差矩阵 **V**，并利用 δ 法证明：这两个估计量的协方差矩阵为

$$\mathbf{JVJ}'=\begin{bmatrix}6/n & 0\\0 & 24/n\end{bmatrix}$$

式中，**J** 为 2×3 导数矩阵。

2. 利用例 13.5 中的结论，估计基于 m_1' 和 m_2' 得到的 P 和 λ 的矩估计量的渐近协方差矩阵。（注意：你需要使用例 C.1 中的数据估计 **V**。）

3. 分布指数族（exponential families of distributions）。对于如下分布，通过检查对数似然函数判断它是否属于指数族。然后确定其充分统计量。

a. 均值为 μ 和方差为 σ^2 的正态分布；

b. 第 14 章练习 4 中的威布尔分布；

c. 第 14 章练习 3 中的混合分布。

4. 据例 13.3 中讨论的沃尔德分布：

$$f(y)=\sqrt{\frac{\lambda}{2\pi y^3}}\exp\left[-\frac{\lambda(y-\mu)^2}{2\mu^2 y}\right],y>0,\lambda>0,\mu>0$$

我们有以下结果：$E[y]=\mu$，$\mathrm{Var}[y]=\sigma^2=\mu^3/\lambda$，$E[1/y]=1/\mu+1/\lambda$，$\mathrm{Var}[1/y]=1/(\lambda\mu)+2/\lambda^2$，$E[y^3]=\mu^3=E[(y-\mu)^3/\sigma^3]=3\mu^5/\lambda^2$。

a. 推导 μ 和 λ 的极大似然估计量以及渐近方差的极大似然估计量。（提示：对指数项进行二次展开，并利用展开式中的前三项进行推导。）

b. 利用上述列出的三组不同的矩，$E[y]$,$E[1/y]$以及 $E[y^3]$，推导出矩估计量。

c. 利用随机数生成器，我们从参数为 μ 和 λ 的逆高斯总体中生成了 1 000 个抽样的样本，并计算出以下数据：

	均值	标准差
y	1.039 892	1.438 691
$1/y$	2.903 571	2.976 183
$y^3=(y-\mu)^3/\sigma^3$	4.158 523	38.013 72

[对于第三个变量，我们使用了已知（对于我们）参数的真实值。] 利用样本数据，计算出 μ 和 λ 的极大似然估计量以及渐近标准误的估计值。利用 $1/y$ 和 y^3 的均值计算出矩估计量。

5. 在含异方差性的经典回归模型中，普通最小二乘与 GMM 哪个更有效？求出两个估计量及其渐近协方差矩阵，然后证明你的判断。

6. 考虑在第 17 章中分析的概率单位模型。该模型表明，对于给定的自变量向量，有

$$\mathrm{Prob}[y_i=1\,|\,\mathbf{x}_i]=\Phi[\mathbf{x}_i'\boldsymbol{\beta}],\quad \mathrm{Prob}[y_i=0\,|\,\mathbf{x}_i]=1-\mathrm{Prob}[y_i=1\,|\,\mathbf{x}_i]$$

现在基于结论

$$E[y_i\,|\,\mathbf{x}_i]=\Phi(\mathbf{x}_i'\boldsymbol{\beta})$$

考虑一个 GMM 估计量。这就表明我们的估计可能要以正交条件

$$E[(y_i-\Phi(\mathbf{x}_i'\boldsymbol{\beta}))\mathbf{x}_i]=\mathbf{0}$$

为基础。基于这些结论构建一个 GMM 估计量。注意，这不是非线性最小二乘估计量。请解释，该模型非线性最小二乘估计的正交条件是什么？

7. 考虑在例 13.8 开始所示回归模型的 GMM 估计。令 $\mathbf{W}_1$ 表示基于矩方程的最优权重矩阵，$\mathbf{W}_2$ 表示其他某个正定矩阵。比较所提出的这两个估计量的渐近协方差矩阵。证明基于 $\mathbf{W}_1$ 的估计量绝不可能比基于 $\mathbf{W}_2$ 的估计量具有更大的渐近协方差矩阵。

14 极大似然估计

14.1 引言

本书第 13 章讨论的矩估计，第 12 章和第 16 章讨论的半参数估计（semiparametric estimator）、非参数估计（nonparametric estimation）和贝叶斯估计（Bayesian estimation）正逐渐被建模者广泛应用。尽管如此，与上述估计相比，本章介绍的极大似然估计仍然是多数情况下的首选。因此，我们将一般估计方法的讨论集中在这项技术上。14.2 节至 14.6 节给出了基于极大似然原理的估计和假设检验的基本统计结果。14.7 节至 14.8 节给出了该方法的两个推广：两步估计（two-step estimation）和拟极大似然估计（pseudo maximum likelihood estimation）。在得到这种估计方法的一般结果之后，我们将它们应用于更加熟悉的计量经济学模型当中。14.9 节和 14.10 节给出的应用示例展示了如何将极大似然法应用于前几章的模型以及其他能够展示该方法不同用途的模型中。

14.2 似然函数与参数识别

随机变量 y 的概率密度函数（pdf）记为 $f(y\,|\,\boldsymbol{\theta})$，它取决于一系列参数 $\boldsymbol{\theta}$。[①] 这个函数不仅确定了隐藏在样本数据下的数据生成过程，并且提供了一个该过程即将产生的数据的数学描述。这个过程的 n 个独立同分布（independent and identically distributed，i. i. d. ）观测值的联合密度是个体密度的乘积：

$$f(y_1,\cdots,y_n\,|\,\boldsymbol{\theta})=\prod_{i=1}^{n}f(y_i\,|\,\boldsymbol{\theta})=L(\boldsymbol{\theta}\,|\,\mathbf{y}) \tag{14-1}$$

这个联合密度就是似然函数（likelihood function），它定义为未知参数向量 $\boldsymbol{\theta}$ 的函数，其中 $\mathbf{y}$ 表示

① 稍后我们将把这个扩展到随机向量 $\mathbf{y}$ 的情形，即多变量密度函数，但目前随机向量 $\mathbf{y}$ 不会给讨论添加实质性内容，反而使符号复杂化。

样本数据集。注意到，我们将联合密度表示成参数条件下样本数据的函数，然而当我们构造似然函数时，我们将函数写成相反的形式，即样本数据条件下参数的函数。尽管两个函数是相同的，但需要强调的是用这种方式表示的似然函数突出了我们对包含在样本数据中的参数和信息的兴趣。

然而，可以理解的是，似然函数并不是第 16 章中参数的概率密度函数。在这个经典的估计框架中，我们假设参数是我们希望从样本数据中获得的固定常数。

使用似然函数的对数形式通常会比较简单：

$$\ln L(\boldsymbol{\theta}\mid\mathbf{y})=\sum_{i=1}^{n}\ln f(y_i\mid\boldsymbol{\theta}) \tag{14-2}$$

再一次，为了强调我们对参数的兴趣，基于样本数据，我们将函数表示为 $L(\boldsymbol{\theta}\mid \textbf{data})=L(\boldsymbol{\theta}\mid\mathbf{y})$。用 $\boldsymbol{\theta}$ 来衡量的似然函数和它的对数形式有时也会被简化为 $L(\boldsymbol{\theta})$ 和 $\ln L(\boldsymbol{\theta})$，或者在不会引起歧义的情况下，简化为 L 和 $\ln L$。

通常需要一般化似然函数的概念，使密度依赖于其他条件变量。为了便于直接讨论我们的核心应用之一，假设经典线性回归模型中的扰动项服从正态分布。在特定 $\mathbf{x}_i$ 的条件下，y_i 服从均值为 $\mu_i=\mathbf{x}_i'\boldsymbol{\beta}$，方差为 σ^2 的正态分布。这意味着观测到的随机变量不是独立同分布，它们有不同的均值。尽管如此，观测值仍然是相互独立的，我们将进行进一步的仔细研究。

$$\ln L(\boldsymbol{\theta}\mid\mathbf{y},\mathbf{X})=\sum_{i=1}^{n}\ln f(y_i\mid\mathbf{x}_i,\boldsymbol{\theta})=-\frac{1}{2}\sum_{i=1}^{n}[\ln\sigma_2+\ln(2\pi)+(y_i-\mathbf{x}'_i\boldsymbol{\beta})^2/\sigma^2] \tag{14-3}$$

其中 $\mathbf{X}$ 是 $n\times K$ 的样本数据向量，第 i 行对应 $\mathbf{x}_i'$。

本章的剩余部分将关注如何获得参数的估计值，以及如何对这些参数和数据生成过程进行假设检验。在我们开始这项研究之前，我们考虑参数估计是否可能，即识别（identification）问题。识别和模型形式的确立紧密相关。识别问题必须在参数估计被考虑之前就解决。这个问题的本质是：假设我们有一个无限大的样本——出于当前的目的，我们所需要的关于参数的全部信息。我们可以根据这个样本唯一确定 $\boldsymbol{\theta}$ 的取值吗？很显然，答案有时是否定的。

定义 14.1　识别

如果对任意的参数向量 $\boldsymbol{\theta}^*\neq\boldsymbol{\theta}$，对某些数据 $\mathbf{y}$，$L(\boldsymbol{\theta}^*\mid\mathbf{y})\neq L(\boldsymbol{\theta}\mid\mathbf{y})$，则我们称参数向量 $\boldsymbol{\theta}$ 是可识别的［**可估计的**（estimable）］。

这个结果在接下来的几点中至关重要，我们考虑两个例子，第一个例子你非常熟悉。

例 14.1　参数的识别

在式（14－3）设定的回归模型中，假定存在非零向量 $\mathbf{a}$ 使得对任意 $\mathbf{x}_i$ 有 $\mathbf{x}_i'\mathbf{a}=0$ 成立。存在另外一个参数向量 $\boldsymbol{\gamma}=\boldsymbol{\beta}+\mathbf{a}\neq\boldsymbol{\beta}$，使得对任意 $\mathbf{x}_i$ 有 $\mathbf{x}_i'\boldsymbol{\beta}=\mathbf{x}_i'\boldsymbol{\gamma}$ 成立。在这种情况下你会发现不管参数取值是 $\boldsymbol{\beta}$ 还是 $\boldsymbol{\gamma}$，对数似然保持不变。因此，这个模型中不可能估计出 $\boldsymbol{\beta}$，因为我们无法将 $\boldsymbol{\beta}$ 和 $\boldsymbol{\gamma}$ 区分开。针对回归模型中的这种完美共线性，我们在建立线性回归模型时通过“假设 2：模型参数的可识别性”进行排除。

前面处理的是样本数据的一个必备特征。现在我们考虑一个模型，其中通过模型参数的设置来保

证可识别性。（我们将在第 17 章中进一步学习该模型。）考虑一个简单的回归模型，$y_i=\beta_1+\beta_2x_i+\varepsilon_i$，其中 $\varepsilon_i|x_i$ 服从均值为 0，方差为 σ^2 的正态分布。赋予该模型一个实际背景，考虑消费者购买汽车等耐用消费品，x_i 是消费者的收入，y_i 是消费者愿意支付的价格，p_i^* 是他们的底价与车的标价 p_i 的价差。假设我们只能观察到消费者是否真正购买了汽车，而无法观测到 p_i^* 和 p_i，其中我们假设购买行为只发生在 $y_i=p_i^*-p_i$ 是正值的情况下。收集此类信息，我们的模型表明，消费者会在 $y_i>0$ 时购买汽车，在 $y_i\leqslant 0$ 时不购买汽车。我们对观测数据建立似然函数，观测数据是关于是否购买和收入的数据。该模型中的随机变量是“购买”或“不购买”——只有这两种结果。购买的概率为

$$
\begin{aligned}
\text{Prob}(\text{购买}|\beta_1,\beta_2,\sigma,x_i)&=\text{Prob}(y_i>0|\beta_1,\beta_2,\sigma,x_i)\\
&=\text{Prob}(\beta_1+\beta_2x_i+\varepsilon_i>0|\beta_1,\beta_2,\sigma,x_i)\\
&=\text{Prob}[\varepsilon_i>-(\beta_1+\beta_2x_i)|\beta_1,\beta_2,\sigma,x_i]\\
&=\text{Prob}[\varepsilon_i/\sigma>-(\beta_1+\beta_2x_i)/\sigma|\beta_1,\beta_2,\sigma,x_i]\\
&=\text{Prob}[z_i>-(\beta_1+\beta_2x_i)/\sigma|\beta_1,\beta_2,\sigma,x_i]
\end{aligned}
$$

其中 z_i 服从标准正态分布，不购买的概率为 $1-\text{Prob}$（购买$|\beta_1,\beta_2,\sigma,x_i$）。似然函数为

$$
\prod_{i=\text{购买}}[\text{Prob}(\text{购买}|\beta_1,\beta_2,\sigma,x_i)]\prod_{i=\text{不购买}}[1-\text{Prob}(\text{购买}|\beta_1,\beta_2,\sigma,x_i)]
$$

我们不需要进一步研究即可看出该模型中的参数并未被识别。如果 β_1，β_2 和 σ 同时乘以相同的任意非零常数，Prob(购买）保持不变，1−Prob（购买）同样保持不变，似然函数值也不发生改变。该模型需要标准化。一个常用的方式是 $\sigma=1$，但是一些作者［如 Horowitz（1993)］用 $\beta_1=1$ 或 $\beta_2=1$。①

14.3 有效估计：极大似然原理

极大似然（maximum likelihood）原理提供了一种选择一个参数或一组参数的渐近有效估计量的方法。这个方法的逻辑在离散分布的背景下很容易进行说明。考虑服从泊松分布的随机样本的 10 个观测值：5，0，1，1，0，3，2，3，4，1。每个观测值的密度为

$$
f(y_i|\theta)=\frac{e^{-\theta}\theta^{y_i}}{y_i!}
$$

因为观测值是相互独立的，它们的联合密度即该样本的似然函数为

$$
f(y_1,y_2,\cdots,y_{10}|\theta)=\prod_{i=1}^{10}f(y_i|\theta)=\frac{e^{-10\theta}\theta^{\Sigma_{i=1}^{10}y_i}}{\prod_{i=1}^{10}y_i!}=\frac{e^{-10\theta}\theta^{20}}{207\ 360}
$$

最后的结果给出了观测到这个特定样本的概率，假设一个含有未知参数 θ 的泊松分布生成以上数据。θ 取何值能使上述样本最可能发生？图 14.1 画出了 θ 取不同值的函数，当 $\theta=2$ 时它有单一状态，此时 θ 的取值即为 θ 的极大似然估计值（MLE)。

① 例如，参见 Horowitz（1993）和 Lewbel（2014)。

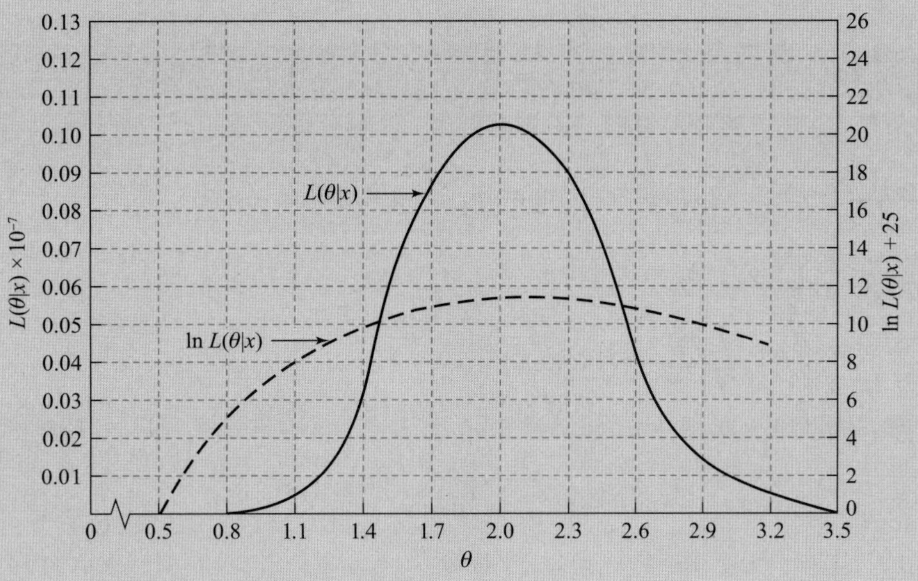

图 14.1　泊松分布的似然函数和对数似然函数

考虑最大化关于 θ 的函数 $L(\theta\,|\,\mathbf{y})$。因为函数的对数形式单调递增并且处理起来更加简单，所以我们通常最大化 $\ln L(\theta\,|\,\mathbf{y})$；服从泊松分布的样本，

$$\ln L(\theta\,|\,\mathbf{y}) = -n\theta + \ln\theta\sum_{i=1}^{n} y_i - \sum_{i=1}^{n}\ln(y_i\,!)$$

$$\frac{\partial \ln L(\theta\,|\,\mathbf{y})}{\partial\theta} = -n + \frac{1}{\theta}\sum_{i=1}^{n} y_i = 0 \Rightarrow \hat{\theta}_{ML} = \bar{y}_n$$

对于假设的观测样本，

$$\ln L(\theta\,|\,\mathbf{y}) = -10\theta + 20\ \ln\theta - 12.242$$

$$\frac{d\ \ln L(\theta\,|\,\mathbf{y})}{d\theta} = -10 + \frac{20}{\theta} = 0 \Rightarrow \hat{\theta} = 2$$

$$\frac{d^2 \ln L(\theta\,|\,\mathbf{y})}{d\theta^2} = \frac{-20}{\theta^2} < 0 \Rightarrow \text{这是最大值}$$

结果和之前的一样。图 14.1 同时画出了 $L(\theta\,|\,\mathbf{y})$的对数形式来说明结果。

在连续分布中，观测给定样本的概率的提法并不准确，因为一个特定样本的概率为零。尽管如此，原理是相同的。最大化 $L(\boldsymbol{\theta}\,|\,\textbf{data})$ 或其对数形式的参数的取值记为 $\hat{\boldsymbol{\theta}}$。对数函数是单调函数，因此使得函数 $L(\boldsymbol{\theta}\,|\,\textbf{data})$最大化的参数取值与最大化函数 $\ln L(\boldsymbol{\theta}\,|\,\textbf{data})$的参数取值是相同的。最大化 $\ln L(\boldsymbol{\theta}\,|\,\textbf{data})$ 的必要条件是

$$\frac{\partial \ln L(\boldsymbol{\theta}\,|\,\textbf{data})}{\partial\boldsymbol{\theta}} = \mathbf{0} \tag{14-4}$$

该式为**似然方程** (likelihood equation)。通常情况下 MLE 是似然方程的根。对离散随机变量数据生成过程的参数的应用表明，极大似然很好地利用了数据。它仍然是一个普遍的原则，我们

将在接下来的章节中讨论这个问题。

例 14.2　　正态分布的对数似然函数和似然方程

对于服从均值为 μ，方差为 σ^2 的正态分布的样本，μ 和 σ^2 的对数似然函数和似然方程为

$$\ln L(\mu,\sigma^2)=-\frac{1}{2}\sum_{i=1}^{n}\left[\ln(2\pi)+\ln\sigma^2+\frac{(y_i-\mu)^2}{\sigma^2}\right] \tag{14-5}$$

$$\frac{\partial \ln L}{\partial \mu}=\frac{1}{\sigma^2}\sum_{i=1}^{n}(y_i-\mu)=0 \tag{14-6}$$

$$\frac{\partial \ln L}{\partial \sigma^2}=-\frac{n}{2\sigma^2}+\frac{1}{2\sigma^4}\sum_{i=1}^{n}(y_i-\mu)^2=0 \tag{14-7}$$

为解出似然方程，式（14-6）乘上 σ^2 从而解出 $\hat{\mu}$，然后将这个值代入式（14-7）解出 σ^2。解为

$$\hat{\mu}_{\text{ML}}=\frac{1}{n}\sum_{i=1}^{n}y_i=\bar{y}_n \quad \text{且} \quad \hat{\sigma}^2_{\text{ML}}=\frac{1}{n}\sum_{i=1}^{n}(y_i-\bar{y}_n)^2 \tag{14-8}$$

14.4　极大似然估计量的性质

极大似然估计量（MLEs）是最具有吸引力的，因为它们具有大样本和渐近性质。

定义 14.2　渐近有效

一个估计量被称为渐近有效的，如果它服从一致渐近正态分布（CAN），并且它的渐近协方差矩阵不大于任意其他一致渐近正态估计量的渐近协方差矩阵。[①]

如果满足某些特定正则性条件，MLE 将具有如下性质：有限样本性质有时不是最优的。例如，MLE 可能是有偏的；例 14.2 中 MLE 的 σ^2 是向下有偏的。然而，有些说法认为 MLE 的特性在大样本中是最优的，这是不正确的。可以证明，当抽样来自分布的指数族（见定义 13.1）时，将会有足够多的统计量。在这种情况下，MLEs 将会是它们的函数，这意味着当最小方差无偏估计量存在时，它将是 MLEs。[②] 计量经济学中的大多数应用都不涉及指数族，因此 MLE 的吸引力主要在于它的渐近性。

我们使用以下符号：$\hat{\boldsymbol{\theta}}$ 是极大似然估计量；$\boldsymbol{\theta}_0$ 表示参数向量的真实值；$\boldsymbol{\theta}$ 表示参数向量的另一个可能值，它不是 MLE，也未必是真实值。基于参数真实值的期望记为 $E_0[.]$。如果我们假定 $f(\mathbf{x}, \boldsymbol{\theta}_0)$ 暂时能满足上述讨论的正则性条件，我们有如下定理。

定理 14.1　极大似然估计量的性质

在正则性条件下，MLE 有如下渐近性质：

M1. 一致性：$\text{plim}\hat{\boldsymbol{\theta}}=\boldsymbol{\theta}_0$；

① "不大于"在式（A-118）的意义下定义为：低效估计量的协方差矩阵等于有效估计量的协方差矩阵加上非负定矩阵。

② 见 Stuart and Ord（1989）。

M2. 渐近正态：$\hat{\boldsymbol{\theta}} \overset{a}{\sim} N[\boldsymbol{\theta}_0, \{\mathbf{I}(\boldsymbol{\theta}_0)\}^{-1}]$，其中

$$\mathbf{I}(\boldsymbol{\theta}_0) = -E_0[\partial^2 \ln L/\partial\boldsymbol{\theta}_0\partial\boldsymbol{\theta}_0']$$

M3. 渐近有效：基于M2和定理C.2，$\hat{\boldsymbol{\theta}}$ 是渐近有效的，并且达到了一致估计量的克拉默-拉奥下界(Cramér-Rao lower bound)。

M4. 不变性：如果 $\mathbf{c}(\boldsymbol{\theta}_0)$ 是连续并且连续可微函数，$\boldsymbol{\gamma}_0 = \mathbf{c}(\boldsymbol{\theta}_0)$ 的极大似然估计量是 $\mathbf{c}(\hat{\boldsymbol{\theta}})$。

□ 14.4.1 正则性条件

为了简述这些结果的证明，我们首先得到了概率密度函数的一些有用的性质。我们假定（y_i，…，y_n）是服从密度函数 $f(y_i|\boldsymbol{\theta}_0)$ 的总体中的一个随机样本，并且有以下**正则性条件**（regularity conditions）成立。[①]

定义 14.3 正则性条件

R1. 对几乎所有的 y_i 和 $\boldsymbol{\theta}$，$\ln f(y_i|\boldsymbol{\theta})$ 对 $\boldsymbol{\theta}$ 的前三阶导数连续且有限。这个条件保证了 $\ln L$ 的导数存在泰勒级数近似和有限方差。

R2. $\ln f(y_i|\boldsymbol{\theta})$ 一阶导和二阶导的期望存在且可获得。

R3. 对 $\boldsymbol{\theta}$ 的任意取值，$|\partial^3 \ln f(y_i|\boldsymbol{\theta})/\partial\theta_j\partial\theta_k\partial\theta_l|$ 不大于存在有限期望的函数。这个条件使我们能截取泰勒展开式。

在这些正则性条件下，我们能够得到 $f(y_i|\boldsymbol{\theta})$ 的如下一些基本性质：D1 是似然函数定义的一个自然结果。D2 给出了定义极大似然函数的矩条件。一方面，MLE 被认为是一个函数的最大化，它要求找到使梯度等于零的向量。另一方面，D2 是一种更基本的广义关系，它将 MLE 置于矩估计的广义方法当中。D3 产生了**信息矩阵等式**（information matrix equality）。这个关系向我们展示了如何获得 MLE 的渐近协方差矩阵。

□ 14.4.2 正则密度函数的性质

根据定义 14.3，正则密度函数有三个性质，它们被用来证明极大似然估计量的性质：

定理 14.2 对数似然函数导数的矩条件

D1. $f(y_i|\boldsymbol{\theta})$，$\mathbf{g}_i = \partial \ln f(y_i|\boldsymbol{\theta})/\partial\boldsymbol{\theta}$ 和 $\mathbf{H}_i = \partial^2 \ln f(y_i|\boldsymbol{\theta})/\partial\boldsymbol{\theta}\partial\boldsymbol{\theta}'$，$i=1,\cdots,n$，是随机变量的随机抽样，这个结论来自我们对随机抽样的假设。符号 $\mathbf{g}_i(\boldsymbol{\theta}_0)$ 和 $\mathbf{H}_i(\boldsymbol{\theta}_0)$ 表示导数在 $\boldsymbol{\theta}_0$ 处的取值。条件 D1 是密度函数定义的一个自然结果。

D2. $E_0[\mathbf{g}_i(\boldsymbol{\theta}_0)] = \mathbf{0}$。

D3. $\mathrm{Var}[\mathbf{g}_i(\boldsymbol{\theta}_0)] = -E[\mathbf{H}_i(\boldsymbol{\theta}_0)]$。

---

① 我们关于这些内容的表述并不严谨，可以从 Stuart and Ord（1989）或 Davidson and MacKinnon（2004）中找到更加严谨的表述。

目前，我们允许 y_i 的范围依赖于参数：$A(\boldsymbol{\theta}_0)\leqslant y_i\leqslant B(\boldsymbol{\theta}_0)$。(考虑例如发现 θ_0 极大似然估计量连续均匀分布在区间$[0,\ \theta_0]$。)(在下文中，如果有必要，单个积分符号$\int\cdots dy_i$ 将被用来代表多变量 y_i 的所有元素的多元积分。) 定义

$$\int_{A(\boldsymbol{\theta}_0)}^{B(\boldsymbol{\theta}_0)} f(y_i\,|\,\boldsymbol{\theta}_0)dy_i=1$$

现在该表达式对 $\boldsymbol{\theta}_0$ 求一阶导。莱布尼茨 (Leibnitz) 定理给出

$$\frac{\partial\int_{A(\boldsymbol{\theta}_0)}^{B(\boldsymbol{\theta}_0)} f(y_i\,|\,\boldsymbol{\theta}_0)dy_i}{\partial\boldsymbol{\theta}_0}=\int_{A(\boldsymbol{\theta}_0)}^{B(\boldsymbol{\theta}_0)}\frac{\partial f(y_i\,|\,\boldsymbol{\theta}_0)}{\partial\boldsymbol{\theta}_0}dy_i+f(B(\boldsymbol{\theta}_0)\,|\,\boldsymbol{\theta}_0)\frac{\partial B(\boldsymbol{\theta}_0)}{\partial\boldsymbol{\theta}_0}$$
$$-f(A(\boldsymbol{\theta}_0)\,|\,\boldsymbol{\theta}_0)\frac{\partial A(\boldsymbol{\theta}_0)}{\partial\boldsymbol{\theta}_0}=\mathbf{0}$$

如果第二项和第三项等于零，我们可以交换积分和导数符号。必要条件是 $\lim_{y_i\downarrow A(\boldsymbol{\theta}_0)}f(y_i\,|\,\boldsymbol{\theta}_0)=\lim_{y_i\uparrow B(\boldsymbol{\theta}_0)}f(y_i\,|\,\boldsymbol{\theta}_0)=0$。(注意：之前的均匀分布违反了这个条件。) 充分条件是观测到的随机变量的范围不依赖于参数，这意味着$\partial A(\boldsymbol{\theta}_0)/\partial\boldsymbol{\theta}_0=\partial B(\boldsymbol{\theta}_0)/\partial\boldsymbol{\theta}_0=\mathbf{0}$ 或者在边界点时密度函数为零。这个条件则是正则条件 D2。通常我们假设后者，我们将在下文中假设该条件成立。因此，

$$\frac{\partial\int f(y_i\,|\,\boldsymbol{\theta}_0)dy_i}{\partial\boldsymbol{\theta}_0}=\int\frac{\partial f(y_i\,|\,\boldsymbol{\theta}_0)}{\partial\boldsymbol{\theta}_0}dy_i=\int\frac{\partial\ \ln f(y_i\,|\,\boldsymbol{\theta}_0)}{\partial\boldsymbol{\theta}_0}f(y_i\,|\,\boldsymbol{\theta}_0)dy_i$$
$$=E_0\left[\frac{\partial\ \ln f(y_i\,|\,\boldsymbol{\theta}_0)}{\partial\boldsymbol{\theta}_0}\right]=\mathbf{0}$$

这证明了 D2。

因为我们可以交换积分和导数符号，我们在积分符号下再求一次导，得到

$$\int\left[\frac{\partial^2\ \ln f(y_i\,|\,\boldsymbol{\theta}_0)}{\partial\boldsymbol{\theta}_0\partial\boldsymbol{\theta}'_0}f(y_i\,|\,\boldsymbol{\theta}_0)+\frac{\partial\ \ln f(y_i\,|\,\boldsymbol{\theta}_0)}{\partial\boldsymbol{\theta}_0}\frac{\partial f(y_i\,|\,\boldsymbol{\theta}_0)}{\partial\boldsymbol{\theta}'_0}\right]dy_i=\mathbf{0}$$

但是

$$\frac{\partial f(y_i\,|\,\boldsymbol{\theta}_0)}{\partial\boldsymbol{\theta}'_0}=f(y_i\,|\,\boldsymbol{\theta}_0)\frac{\partial\ \ln f(y_i\,|\,\boldsymbol{\theta}_0)}{\partial\boldsymbol{\theta}'_0}$$

并且和的积分等于积分的和，因此，

$$-\int\left[\frac{\partial^2\ \ln f(y_i\,|\,\boldsymbol{\theta}_0)}{\partial\boldsymbol{\theta}_0\partial\boldsymbol{\theta}'_0}\right]f(y_i\,|\,\boldsymbol{\theta}_0)dy_i=\int\left[\frac{\partial\ \ln f(y_i\,|\,\boldsymbol{\theta}_0)}{\partial\boldsymbol{\theta}_0}\frac{\partial \ln f(y_i\,|\,\boldsymbol{\theta}_0)}{\partial\boldsymbol{\theta}'_0}\right]f(y_i\,|\,\boldsymbol{\theta}_0)dy_i$$

等号的左边是二阶导数矩阵期望的相反数。右边是一阶导数向量平方的期望。但是因为这个向量的期望值为 $\mathbf{0}$ (我们刚刚展示了这个结果)，右边是一阶导数向量的方差，这证明了 D3，于是有

$$\mathrm{Var}_0\left[\frac{\partial\ \ln f(y_i\,|\,\boldsymbol{\theta}_0)}{\partial\boldsymbol{\theta}_0}\right]=E_0\left[\left(\frac{\partial\ \ln f(y_i\,|\,\boldsymbol{\theta}_0)}{\partial\boldsymbol{\theta}_0}\right)\left(\frac{\partial\ \ln f(y_i\,|\,\boldsymbol{\theta}_0)}{\partial\boldsymbol{\theta}'_0}\right)\right]$$
$$=-E\left[\frac{\partial^2\ \ln f(y_i\,|\,\boldsymbol{\theta}_0)}{\partial\boldsymbol{\theta}_0\partial\boldsymbol{\theta}'_0}\right]$$

□ 14.4.3 似然方程

对数似然函数为

$$\ln L(\boldsymbol{\theta} \mid \mathbf{y})=\sum_{i=1}^{n} \ln f(y_i \mid \boldsymbol{\theta})$$

一阶导数向量或**得分向量**（score vector）为

$$\mathbf{g}=\frac{\partial \ln L(\boldsymbol{\theta} \mid \mathbf{y})}{\partial \boldsymbol{\theta}}=\sum_{i=1}^{n} \frac{\partial \ln f(y_i \mid \boldsymbol{\theta})}{\partial \boldsymbol{\theta}}=\sum_{i=1}^{n} \mathbf{g}_i \tag{14-9}$$

因为只是各项相加，在 $\boldsymbol{\theta}_0$ 处它遵从 D1 和 D2

$$E_0\left[\frac{\partial \ln L(\boldsymbol{\theta}_0 \mid \mathbf{y})}{\partial \boldsymbol{\theta}_0}\right]=E_0[\mathbf{g}_0]=\mathbf{0} \tag{14-10}$$

这是之前提到的**似然方程**（likelihood equation）。

□ 14.4.4 信息矩阵等式

对数似然函数的海塞（Hessian）矩阵为

$$\mathbf{H}=\frac{\partial^2 \ln L(\boldsymbol{\theta} \mid \mathbf{y})}{\partial \boldsymbol{\theta} \partial \boldsymbol{\theta}'}=\sum_{i=1}^{n} \frac{\partial^2 \ln f(y_i \mid \boldsymbol{\theta})}{\partial \boldsymbol{\theta} \partial \boldsymbol{\theta}'}=\sum_{i=1}^{n} \mathbf{H}_i$$

在 $\boldsymbol{\theta}_0$ 处再一次求值，取

$$E_0[\mathbf{g}_0 \mathbf{g}_0']=E_0\left[\sum_{i=1}^{n} \sum_{j=1}^{n} \mathbf{g}_{0i} \mathbf{g}_{0j}'\right]$$

并且，由于 D1，删掉下标不相等的项，我们得到

$$E_0[\mathbf{g}_0 \mathbf{g}_0']=E_0\left[\sum_{i=1}^{n} \mathbf{g}_{0i} \mathbf{g}_{0i}'\right]=E_0\left[\left(\sum_{i=1}^{n}-\mathbf{H}_{0i}\right)\right]=-E_0[\mathbf{H}_0]$$

因此

$$\begin{aligned}\operatorname{Var}_0\left[\frac{\partial \ln L(\boldsymbol{\theta}_0 \mid \mathbf{y})}{\partial \boldsymbol{\theta}_0}\right]&=E_0\left[\left(\frac{\partial \ln L(\boldsymbol{\theta}_0 \mid \mathbf{y})}{\partial \boldsymbol{\theta}_0}\right)\left(\frac{\partial \ln L(\boldsymbol{\theta}_0 \mid \mathbf{y})}{\partial \boldsymbol{\theta}_0'}\right)\right]\\&=-E_0\left[\frac{\partial^2 \ln L(\boldsymbol{\theta}_0 \mid y)}{\partial \boldsymbol{\theta}_0 \partial \boldsymbol{\theta}_0'}\right]\end{aligned} \tag{14-11}$$

这个非常有用的结果被称为**信息矩阵等式**（information matrix equality）。它表明 $\ln L$ 的一阶导数的方差等于其二阶导数的相反数。

□ 14.4.5 极大似然估计量的渐近性质

我们现在可以简单刻画出 MLE 渐近性质的一些推导。这些结果的正式证明需要非常复杂的数学原理。两个被广泛引用的推导是 Cramer（1948）和 Amemiya（1985）。为了展示这一推导的特色，我们将概述 Stuart and Ord（1989）对一个简单案例的分析，并指出在充分一般的情

形中，这里的推导该在什么地方加以引申。

14.4.5.a 一致性

我们假设 $f(y_i|\boldsymbol{\theta}_0)$可能是一个多元密度函数，在此刻不依赖于协变量 $\mathbf{x}_i$。因此，这是一个独立同分布（i. i. d.）的随机抽样。因为 $\hat{\boldsymbol{\theta}}$ 是 MLE，在任意有限样本中，对任意的 $\boldsymbol{\theta} \neq \hat{\boldsymbol{\theta}}$（包括真实值 $\boldsymbol{\theta}_0$），一定有下式成立：

$$\ln L(\hat{\boldsymbol{\theta}}) \geqslant \ln L(\boldsymbol{\theta}) \tag{14-12}$$

然后考虑随机变量 $L(\boldsymbol{\theta})/L(\boldsymbol{\theta}_0)$。因为由詹森不等式（定理 D.13）可知对数函数是严格凹函数，我们有

$$E_0\left[\ln \frac{L(\boldsymbol{\theta})}{L(\boldsymbol{\theta}_0)}\right] < \ln E_0\left[\frac{L(\boldsymbol{\theta})}{L(\boldsymbol{\theta}_0)}\right] \tag{14-13}$$

右边的期望等于 1，因为

$$E_0\left[\frac{L(\boldsymbol{\theta})}{L(\boldsymbol{\theta}_0)}\right] = \int\left(\frac{L(\boldsymbol{\theta})}{L(\boldsymbol{\theta}_0)}\right)L(\boldsymbol{\theta}_0)d\mathbf{y} = 1 \tag{14-14}$$

是联合密度函数积分。因此，式（14-13）右边等于零。将式（14-13）的左边除以 n 可得

$$E_0[1/n \ \ln L(\boldsymbol{\theta})] - E_0[1/n \ \ln L(\boldsymbol{\theta}_0)] < 0$$

这产生了一个中心结果：

定理 14.3 似然不等式

$$E_0[(1/n)\ln L(\boldsymbol{\theta}_0)] > E_0[(1/n)\ln L(\boldsymbol{\theta})]，\text{对任意 } \boldsymbol{\theta} \neq \boldsymbol{\theta}_0 (\text{包括 } \hat{\boldsymbol{\theta}})$$

换句话说，对数似然的期望值在参数的真正值处是最大的。

对任意的 $\boldsymbol{\theta}$，包括 $\hat{\boldsymbol{\theta}}$，

$$[(1/n)\ln L(\boldsymbol{\theta})] = (1/n)\sum_{i=1}^{n} \ln f(y_i|\boldsymbol{\theta})$$

是 n 个独立同分布的随机变量的样本均值，它的期望为 $E_0[(1/n)\ln L(\boldsymbol{\theta})]$。因为随机抽样是根据正则性条件进行的，它们满足独立同分布。我们可以引用辛钦定理，D.5；样本均值依概率收敛于总体均值。使用 $\boldsymbol{\theta}=\hat{\boldsymbol{\theta}}$，它服从定理 14.3：随着 $n\to\infty$，如果 $\hat{\boldsymbol{\theta}}\neq\boldsymbol{\theta}_0$，$\lim \text{Prob}\{[(1/n)\ln L(\hat{\boldsymbol{\theta}})] < [(1/n)\times\ln L(\boldsymbol{\theta}_0)]\}=1$。但 $\hat{\boldsymbol{\theta}}$ 是 MLE，因此对任意 n，$(1/n)\ln L(\hat{\boldsymbol{\theta}}) \geqslant (1/n)\ln L(\boldsymbol{\theta}_0)$。唯一正确的方法是：参数取值为 MLE 的样本对数似然乘以（$1/n$）收敛于参数取真值时总体对数似然乘以（$1/n$）的期望。还有最后一步，$(1/n)\ln L(\hat{\boldsymbol{\theta}}) \to (1/n)\ln L(\boldsymbol{\theta}_0)$是否意味着 $\hat{\boldsymbol{\theta}}\to\boldsymbol{\theta}_0$？如果只有一个参数，并且似然函数是一一映射的，那么显然可得结论。对于一般情况，这需要进一步描述似然函数。如果似然函数是严格连续的并且二次可微，我们假设在正则性条件下，如果模型的参数如我们开始讨论时假设的那样是可识别的，那么我们也可以得到上述结果。

这是一个具有启发性的证明。正如我们所指出的，正式的证明比上述更深入。我们还应该注意到，首先，我们假设样本均值收敛于它们的总体期望，对于通常在计量经济学中遇到的应

用来说，这可能是正确的，但在这种情况下，一组全面的结果将更接近于实际情况。其次，我们假设随机抽样过程是独立同分布的，也就是说，$\mathbf{y}_i$ 的密度函数不依赖于任何其他的变量 $\mathbf{x}_i$。在实践中这几乎是不可能的。关于这些变量的表现的假设也会进入证明中。

例如，在评估最小二乘估计量的大样本表现时，我们假设数据"表现得很好"。同样的考虑在这里也适用，我们很快会回到这个问题上。在满足了上述条件后，我们得到性质 M1，$\text{plim}\,\hat{\boldsymbol{\theta}}=\boldsymbol{\theta}_0$。

14.4.5.b 渐近正态

在极大似然估计量处，对数似然函数的梯度等于零（根据定义），因此

$$\mathbf{g}(\hat{\boldsymbol{\theta}})=\mathbf{0}$$

（这是样本数据而非期望。）在真实参数值 $\boldsymbol{\theta}_0$ 处对该等式进行泰勒展开。我们使用中位数定理，从而使泰勒展开式只具有两项

$$\mathbf{g}(\hat{\boldsymbol{\theta}})=\mathbf{g}(\boldsymbol{\theta}_0)+\mathbf{H}(\bar{\boldsymbol{\theta}})(\hat{\boldsymbol{\theta}}-\boldsymbol{\theta}_0)=\mathbf{0}$$

海塞矩阵的 K 行可以在 $\bar{\boldsymbol{\theta}}_K$ 处求得，$\bar{\boldsymbol{\theta}}_k$ 介于 $\hat{\boldsymbol{\theta}}$ 和 $\boldsymbol{\theta}_0$[$\bar{\boldsymbol{\theta}}_k=w_k\hat{\boldsymbol{\theta}}+(1-w_k)\boldsymbol{\theta}_0$，对于某一 $0<w_k<1$]之间。然后我们重新整理这个函数，将其结果乘以$\sqrt{n}$，可得

$$\sqrt{n}(\hat{\boldsymbol{\theta}}-\boldsymbol{\theta}_0)=[-\mathbf{H}(\bar{\boldsymbol{\theta}}_0)]^{-1}[\sqrt{n}\,\mathbf{g}(\boldsymbol{\theta}_0)]$$

又因为 $\text{plim}(\bar{\boldsymbol{\theta}}-\boldsymbol{\theta}_0)=\mathbf{0}$，$\text{plim}(\hat{\boldsymbol{\theta}}-\bar{\boldsymbol{\theta}})=\mathbf{0}$。二阶导数是连续函数。因此，如果极限分布存在，则

$$\sqrt{n}(\hat{\boldsymbol{\theta}}-\boldsymbol{\theta}_0)\xrightarrow{d}[-\mathbf{H}(\boldsymbol{\theta}_0)]^{-1}[\sqrt{n}\,\mathbf{g}(\boldsymbol{\theta}_0)]$$

通过将 $\mathbf{H}(\boldsymbol{\theta}_0)$和 $\mathbf{g}(\boldsymbol{\theta}_0)$除以 n，我们得到

$$\sqrt{n}(\hat{\boldsymbol{\theta}}-\boldsymbol{\theta}_0)\xrightarrow{d}\left[-\frac{1}{n}\mathbf{H}(\boldsymbol{\theta}_0)\right]^{-1}[\sqrt{n}\,\bar{\mathbf{g}}(\boldsymbol{\theta}_0)] \tag{14-15}$$

我们可将林德伯格-利维中心极限定理（Lindeberg-Levy central limit theorem，D. 18）应用于$[\sqrt{n}\ \bar{\mathbf{g}}(\boldsymbol{\theta}_0)]$，因为它是$\sqrt{n}$乘以随机样本的均值；我们再一次引用 D1。$[\sqrt{n}\ \bar{\mathbf{g}}(\boldsymbol{\theta}_0)]$的极限方差为$-E_0[(1/n)\mathbf{H}(\boldsymbol{\theta}_0)]$，因此

$$\sqrt{n}\,\bar{\mathbf{g}}(\boldsymbol{\theta}_0)\xrightarrow{d}N\left\{\mathbf{0},-E_0\left[\frac{1}{n}\mathbf{H}(\boldsymbol{\theta}_0)\right]\right\}$$

根据定理 D. 2，$\text{plim}[-(1/n)\mathbf{H}(\boldsymbol{\theta}_0)]=-E_0[(1/n)\mathbf{H}(\boldsymbol{\theta}_0)]$。这个结果是一个常数矩阵，因此我们可以合并结果得到

$$\left[-\frac{1}{n}\mathbf{H}(\boldsymbol{\theta}_0)\right]^{-1}\sqrt{n}\ \bar{\mathbf{g}}(\boldsymbol{\theta}_0)$$
$$\xrightarrow{d}N\left[\mathbf{0},\left\{-E_0\left[\frac{1}{n}\mathbf{H}(\boldsymbol{\theta}_0)\right]\right\}^{-1}\left\{-E_0\left[\frac{1}{n}\mathbf{H}(\boldsymbol{\theta}_0)\right]\right\}\left\{-E_0\left[\frac{1}{n}\mathbf{H}(\boldsymbol{\theta}_0)\right]\right\}^{-1}\right]$$

或者

$$\sqrt{n}(\hat{\boldsymbol{\theta}}-\boldsymbol{\theta}_0)\xrightarrow{d}N\left[\mathbf{0},\left\{-E_0\left[\frac{1}{n}\mathbf{H}(\boldsymbol{\theta}_0)\right]\right\}^{-1}\right]$$

这给出了 MLE 的渐近分布，

$$\hat{\boldsymbol{\theta}} \overset{a}{\sim} N[\boldsymbol{\theta}_0, \{\mathbf{I}(\boldsymbol{\theta}_0)\}^{-1}]$$

这最后一步完成了 M2 的证明。

❖例 14.3　　正态分布的信息矩阵

对于例 14.2 中的似然函数，二阶导数为

$$\frac{\partial^2 \ln L}{\partial \mu^2} = \frac{-n}{\sigma^2}$$

$$\frac{\partial^2 \ln L}{\partial (\sigma^2)^2} = \frac{n}{2\sigma^4} - \frac{1}{\sigma^6}\sum_{i=1}^{n}(y_i - \mu)^2$$

$$\frac{\partial^2 \ln L}{\partial \mu \partial \sigma^2} = \frac{-1}{\sigma^4}\sum_{i=1}^{n}(y_i - \mu)$$

为了求出极大似然估计量的**渐近方差**（asymptotic variance），我们需要这些导数的期望。第一项是非随机的，由于 $E[y_i]=\mu$，第三项的期望为 0。这时就只剩下了第二项，你可以确认它的期望为 $-n/(2\sigma^4)$，因为 n 项 $(y_i-\mu)^2$ 中的每一项的期望值都为 σ^2。将这些代入信息矩阵，取相反数，再取矩阵的倒数，就得到了极大似然估计量的渐近协方差矩阵

$$\left\{-E_0\left[\frac{\partial^2 \ln L}{\partial \boldsymbol{\theta}_0 \partial \boldsymbol{\theta}_0'}\right]\right\}^{-1} = \begin{bmatrix} \sigma^2/n & 0 \\ 0 & 2\sigma^4/n \end{bmatrix}$$

14.4.5.c　渐近有效

定理 C.2 给出了无偏估计量方差的下界，因为 MLE 的渐近方差达到了这个边界，直接拓展这个结果看起来是十分自然的。然而，一个小问题是 MLE 基本从来都不是无偏的。因此我们需要这个边界的渐近版本，该版本由 Cramér（1948）和 Rao（1945）提出（因此以他们的名字命名）。

定理 14.4　克拉默-拉奥下界

假定 y_i 的密度函数满足正则性条件 R1～R3，参数向量 $\boldsymbol{\theta}_0$ 的一致渐近正态分布估计量的渐近方差至少和下式一样大：

$$[\mathbf{I}(\boldsymbol{\theta}_0)]^{-1} = \left[-E_0\left(\frac{\partial^2 \ln L(\boldsymbol{\theta}_0)}{\partial \boldsymbol{\theta}_0 \partial \boldsymbol{\theta}_0'}\right)\right]^{-1} = \left(E_0\left[\left(\frac{\partial \ln L(\boldsymbol{\theta}_0)}{\partial \boldsymbol{\theta}_0}\right)\left(\frac{\partial \ln L(\boldsymbol{\theta}_0)}{\partial \boldsymbol{\theta}_0}\right)'\right]\right)^{-1}$$

事实上，MLE 的渐近方差和一致渐近正态分布估计量方差的克拉默-拉奥下界相等，因此这个论述的证明完成了。①

14.4.5.d　不变性

最后，不变性 M4 是 MLEs 的计算方法的数学结果，因此它不是一个统计结果。更正式地

① 由 LeCam（1953）报告并由 Amemiya（1985，p. 124）重述的一个结论指出，原则上确实存在其方差比 MLE 小的数据的 CAN 函数。但是，这一发现仅局限于理论而缺少现实支持。在实践中，结论被认为是给定的。

说，当 $\boldsymbol{\theta}$ 是一一对应地进行变换时，MLE 是不变的。任意不是一一对应的变换会使模型不可估计，如一对多，如果是多对一，则会施加太多限制条件。Davidson and MacKinnon（2004，pp. 446，539－540）讨论了该特性的一些理论方面。对于实践者来说，结果可能非常有用。例如，当一个参数在似然方程中表示为 $1/\theta_j$ 时，将模型的参数重新设置为 $\gamma_j=1/\theta_j$ 通常是值得的。这是一个重要的应用，Olsen（1978）利用这一结果获得了巨大的优势（见 19.3.3 小节）。假设例 14.2 中的正态对数似然的参数形式为**精度参数**（precision parameter），$\theta^2=1/\sigma^2$。对数似然变为

$$\ln L(\mu,\theta^2)=-(n/2)\ln(2\pi)+(n/2)\ln\theta^2-\frac{\theta^2}{2}\sum_{i=1}^{n}(y_i-\mu)^2$$

μ 的 MLE 很明显仍为 $\bar{x}$。但是 θ^2 的似然方程现在为

$$\partial\ln L(\mu,\theta^2)/\partial\theta^2=\frac{1}{2}\left[n/\theta^2-\sum_{i=1}^{n}(y_i-\mu)^2\right]=0$$

它的解正如所预期的，为 $\hat{\theta}^2=n/\sum_{i=1}^{n}(y_i-\hat{\mu})^2=1/\hat{\sigma}^2$。这有第二层含义，如果想分析 MLE 的函数，$\hat{\boldsymbol{\theta}}$ 的函数本身就是 MLE。

14.4.5.e 结论

这四个性质解释了极大似然技术在计量经济学中的流行性。第二个性质极大地促进了假设检验和区间估计的建立。第三个性质是一个非常有力的结果，MLE 的最小方差可以通过一致渐近正态分布估计量来实现。

□ 14.4.6 估计极大似然估计量的渐近方差

极大似然估计量的渐近协方差矩阵是一个必须估计的参数矩阵（即，它是被估计的 $\boldsymbol{\theta}_0$ 的函数）。如果对数似然的二阶导数的期望值形式已知，那么

$$[\mathbf{I}(\boldsymbol{\theta}_0)]^{-1}=\left\{-E_0\left[\frac{\partial^2\ln L(\boldsymbol{\theta}_0)}{\partial\boldsymbol{\theta}_0\partial\boldsymbol{\theta}'_0}\right]\right\}^{-1} \tag{14-16}$$

在 $\hat{\boldsymbol{\theta}}$ 处能被求解出来从而估计 MLE 的协方差矩阵。这个估计量很少可得到。对数似然的二阶导数几乎总是复杂的非线性函数，其准确的期望值是未知的。然而，这里有两种替代选择。第二个估计量是

$$[\hat{\mathbf{I}}(\hat{\boldsymbol{\theta}})]^{-1}=\left(-\frac{\partial^2\ln L(\hat{\boldsymbol{\theta}})}{\partial\hat{\boldsymbol{\theta}}\partial\hat{\boldsymbol{\theta}}'}\right)^{-1} \tag{14-17}$$

这个估计量是通过在极大似然估计值处求对数似然函数的实际（非期望）二阶导数矩阵来计算的。很容易证明，这等同于估计了密度函数的二阶导数和这个量的样本均值。

定理 D.4 和结果（D－5）可以用来证明计算。这个估计量的唯一缺点是，二阶导数的推导和程序对于计算机来说是复杂的。基于定理 14.2 中结果 D3——二阶导数矩阵的期望是一阶导数向量的协方差矩阵的第三个估计量是

$$[\hat{\mathbf{I}}(\hat{\boldsymbol{\theta}})]^{-1}=\left[\sum_{i=1}^{n}\hat{\mathbf{g}}_i\hat{\mathbf{g}}_i'\right]^{-1}=[\hat{\mathbf{G}}'\hat{\mathbf{G}}]^{-1} \tag{14-18}$$

其中 $\hat{\mathbf{g}}_i=\frac{\partial \ln f(\mathbf{x}_i,\hat{\boldsymbol{\theta}})}{\partial\hat{\boldsymbol{\theta}}}$，且 $\hat{\mathbf{G}}=[\hat{\mathbf{g}}_1,\hat{\mathbf{g}}_2,\cdots,\hat{\mathbf{g}}_n]'$ 是一个 $n\times K$ 矩阵，该矩阵的第 i 行等于对数似然函数对第 i 个向量的导数的转置。对于单个参数，这个估计值只是一阶导数的平方和的倒数。在大多数情况下，这个估计值非常方便，因为它不需要任何超出求解似然方程所需的计算。它的附加好处是，它总是非负定的。对于一些非常复杂的对数似然函数，有时由于四舍五入的误差，观察到的海塞矩阵是不确定的，即使是当函数取最大值的时候。式（14－18）中的估计量被称为**BHHH 估计量**（BHHH estimator）[①] 和**梯度外积估计量**（outer product of gradients estimator，OPG）。

这里给出的三种估计量中，没有一个比其他在统计上更可取。它们都是渐近等价的。大多数情况下，BHHH 估计量是最容易计算的。一个警告，如下例所示，在有限样本中，这些估计量可能给出不同的结果。在某些情况下会导致不同的结论，这是一个不可避免的有限样本的问题。这个例子就是一个很好的说明，在通常的步骤下，如果前两个方差估计量被使用，我们将拒绝假设 $\beta=0$，但如果第三个方差估计量也被使用，我们则不会拒绝该假设。式（14－16）中的估计量通常是不可获得的，因为海塞矩阵的准确估计值很难得知。现有的证据表明，在小或中等样本中，式（14－17）（海塞矩阵）比较好。

例 14.4　MLE 的方差估计量

例 C.1 中的样本数据是由如下形式的模型产生的：

$$f(y_i,x_i/\beta)=\frac{1}{\beta+x_i}e^{-y_i/(\beta+x_i)}$$

式中，y＝收入，x＝教育。为了找到 β 的极大似然估计值，我们最大化

$$\ln L(\beta)=-\sum_{i=1}^{n}\ln(\beta+x_i)-\sum_{i=1}^{n}\frac{y_i}{\beta+x_i}$$

似然方程是

$$\frac{\partial \ln L(\beta)}{\partial\beta}=-\sum_{i=1}^{n}\frac{1}{\beta+x_i}+\sum_{i=1}^{n}\frac{y_i}{(\beta+x_i)^2}=0 \tag{14-19}$$

它的解为 $\hat{\beta}=15.602\ 727$。为了计算 MLE 的渐近方差，我们需要

$$\frac{\partial^2 \ln L(\beta)}{\partial\beta^2}=\sum_{i=1}^{n}\frac{1}{(\beta+x_i)^2}-2\sum_{i=1}^{n}\frac{y_i}{(\beta+x_i)^3} \tag{14-20}$$

因为函数 $E(y_i)=\beta+x_i$ 是已知的，式（14－20）中期望值的精确形式是已知的。将 $y_i=\hat{\beta}+x_i$ 代入式（14－20），取其倒数的相反数，得到第一个方差估计值，44.254 6。仅在式（14－20）中代入 $\hat{\beta}=15.602\ 727$，取倒数的相反数，得到第二个方差估计值，46.163 37。最后，通过计算在 $\hat{\beta}$ 处密度函数

① 它似乎是在 Berndt et al.（1974）的计量经济学文献中最先被提出的。

一阶导的平方和的倒数，

$$[\hat{\boldsymbol{I}}(\hat{\boldsymbol{\beta}})]^{-1}=\frac{1}{\sum_{i=1}^{n}[-1/(\hat{\beta}+x_i)+y_i/(\hat{\beta}+x_i)^2]^2}$$

我们得到 BHHH 估计值，100.511 6。

14.5 条件似然和计量经济学模型

以上结果构成了极大似然估计技术的统计基础。但是出于我们的目的，我们缺少了一个关键的元素。我们已经分析了观测到的随机变量和参数向量的密度函数 $f(y_i \mid \boldsymbol{\alpha})$。但是计量经济学模型将会涉及外生变量或预先确定的变量 $\mathbf{x}_i$，因此结果必须得到扩展。一种可行的方法是建立和第 4 章相同的建模框架，在那里我们考虑了线性回归模型的大样本属性。因此我们将允许 $\mathbf{x}_i$ 表示随机变量和 y_i 条件密度中常数的混合。通过将 y_i 和 $\mathbf{x}_i$ 的联合密度划分为条件和边缘密度的乘积，对数似然函数可以写为

$$\ln L(\boldsymbol{\alpha} \mid \mathbf{data})=\sum_{i=1}^{n}\ln f(y_i,\mathbf{x}_i \mid \boldsymbol{\alpha})=\sum_{i=1}^{n}\ln f(y_i \mid \mathbf{x}_i,\boldsymbol{\alpha})+\sum_{i=1}^{n}\ln g(\mathbf{x}_i \mid \boldsymbol{\alpha})$$

其中，$\mathbf{x}_i$ 中的时间趋势或虚拟变量等非随机元素被视为常数。为了进一步证明，我们将像之前一样继续假定产生 $\mathbf{x}_i$ 的过程发生在我们感兴趣的模型之外。就当前而言，这意味着 $g(\mathbf{x}_i \mid \boldsymbol{\alpha})$中出现的参数不会和 $f(y_i \mid \mathbf{x}_i,\boldsymbol{\alpha})$中出现的参数重复。因此，我们将 $\boldsymbol{\alpha}$ 分拆为［$\boldsymbol{\theta}$，$\boldsymbol{\delta}$］，则对数似然函数可以写为

$$\ln L(\boldsymbol{\theta},\boldsymbol{\delta} \mid \mathbf{data})=\sum_{i=1}^{n}\ln f(y_i,\mathbf{x}_i \mid \boldsymbol{\alpha})=\sum_{i=1}^{n}\ln f(y_i \mid \mathbf{x}_i,\boldsymbol{\theta})+\sum_{i=1}^{n}\ln g(\mathbf{x}_i \mid \boldsymbol{\delta})$$

只要 $\boldsymbol{\theta}$ 和 $\boldsymbol{\delta}$ 没有公共的元素并且没有限制条件将它们联系在一起（如 $\theta+\delta=1$），那么对数似然函数的两部分就能够单独进行分析。在更多情况下，$\mathbf{x}_i$ 的边际分布是次要的（甚至不重要的）。

极大条件似然估计量的渐近结果解释了 $\mathbf{x}_i$ 在函数和 $\ln f(y_i \mid \mathbf{x}_i,\boldsymbol{\theta})$导数中的出现。我们将在数据表现良好的假设下进行进一步研究，此时样本的均值

$$(1/n)\ln L(\boldsymbol{\theta} \mid \mathbf{y},\mathbf{X})=\frac{1}{n}\sum_{i=1}^{n}\ln f(y_i \mid \mathbf{x}_i,\boldsymbol{\theta})$$

和它关于 $\boldsymbol{\theta}$ 的梯度会依概率收敛于总体的期望值。我们还需要引用中心极限定理来建立对数似然函数梯度的渐近正态性，以便能表征 MLE 本身。我们将这一点留给研究更深入的文献，如 Amemiya（1985）和 Newey and McFadden（1994），来构建对于极大似然估计量而言必须被假定为“通常”属性的特定条件和精确的点。就目前而言（以及大量的经验应用），以下假设应该足够：

● 参数空间。具有间隙和非凸性的参数空间通常会使这些步骤无法进行。导致这种失败的原因是估计参数时，要估计的参数只能在一组离散的值中取一个。例如，这套程序不包括“估计”模型结构发生变化的时点。似然函数必须是凸性参数空间中的连续函数。我们允许无界的参数空间，如回归模型中的 $\sigma>0$。

● 可识别性。估计必须是可行的。这是定义 14.1 关于可识别性和其他讨论的主题。

● 表现良好的数据。应用于样本均值的大数定律——包括数据和一些中心极限定理的形式（通常是李雅普诺夫）——能够被应用于梯度。遍历的平稳性的应用领域足够广，可以应对在实践中可能出现的任何情况，尽管它可能比我们在大多数应用中所需要的更普遍，因为我们不会在书中遇到不独立的观测值。一般继续假定第 4 章的定义成立。

有了以上假设，分析本质上和我们在第 4 章的线性回归模型中使用的文字是相同的，并精确地沿着 12.5 节进行。

14.6 假设、设定检验与拟合度衡量

接下来的几小节中将讨论最常用的检验步骤：似然比（likelihood ratio）、沃尔德、拉格朗日乘数检验（Lagrange multiplier tests）。[①] 我们考虑参数 θ 的极大似然估计和检验的原假设 H_0：$c(\theta)=0$。检验的逻辑见图 14.2。[②] 该图画出了对数似然函数 $\ln L(\theta)$、它关于 θ 的导数 $d\ln L(\theta)/d\theta$，以及约束条件 $c(\theta)$，这里有三种方法来检验图中的假设：

● 似然比检验。如果约束条件 $c(\theta)=0$ 是有效的，那么施加该条件不应该导致对数似然函数值的大幅减小。因此我们将检验基于差值 $\ln L_U-\ln L_R$，其中 L_U 是似然函数在无约束 θ 下的值，L_R 是似然函数在约束估计下的值。

● 沃尔德检验。如果约束是有效的，那么 $c(\hat{\theta}_{\mathrm{MLE}})$ 应该接近于 0，因为 MLE 是连续的。因此，该检验基于 $c(\hat{\theta}_{\mathrm{MLE}})$。如果值显著不为 0，我们拒绝原假设。

● 拉格朗日乘数检验。如果约束是有效的，那么约束估计值应该接近使得对数似然函数最大的点。因此在约束估计值处对数似然函数的斜率应该接近于 0。该检验基于约束条件下使得对数似然函数值最大的点处对数似然函数的斜率。

在原假设的情况下，这三个检验是渐近等价的，但是在小样本下它们的表现却相差甚远。不幸的是，除了少数特定情况，它们的小样本性质是未知的。因此它们之间的选择是基于计算的难易程度。似然比检验需要计算约束估计量和无约束估计量。如果两个都很容易计算，则这个方法是非常方便的。沃尔德检验只需要无约束估计量，拉格朗日乘数检验只需要约束估计量。在一些问题中，这些估计量中的某一个会比其他容易计算得多。例如，线性模型很容易估计，但是当施加非线性约束时就变成了非线性并且估计起来十分困难。在这种情况下，沃尔德检验将会是我们的首选。或者，约束有时是为了去除非线性，这将使拉格朗日乘数检验变成更简单的过程。

□ 14.6.1 似然比检验

令 $\boldsymbol{\theta}$ 表示要被估计的参数向量，H_0 表示这些参数的一些约束条件，$\hat{\boldsymbol{\theta}}_U$ 表示无约束条件下 $\boldsymbol{\theta}$ 的极大似然估计量，$\hat{\boldsymbol{\theta}}_R$ 表示约束条件下的极大似然估计量。如果 $\hat{L}_U$ 和 $\hat{L}_R$ 是这两个估计值处的似然函数，那么**似然比**（likelihood ratio）为

---

① 这些步骤的进一步讨论见 Godfrey（1988）。

② 见 Buse（1982），注意到纵轴的比例对于每条曲线都是不同的，因此交点没有意义。

$$\lambda = \frac{\hat{L}_R}{\hat{L}_U} \tag{14-21}$$

这个函数必须介于 0 和 1 之间，两个似然函数都是正的，并且 $\hat{L}_R$ 不会比 $\hat{L}_U$ 大。(约束条件下的最优不会优于无约束条件下的最优。) 如果 λ 太小，我们便会对这些约束产生怀疑。

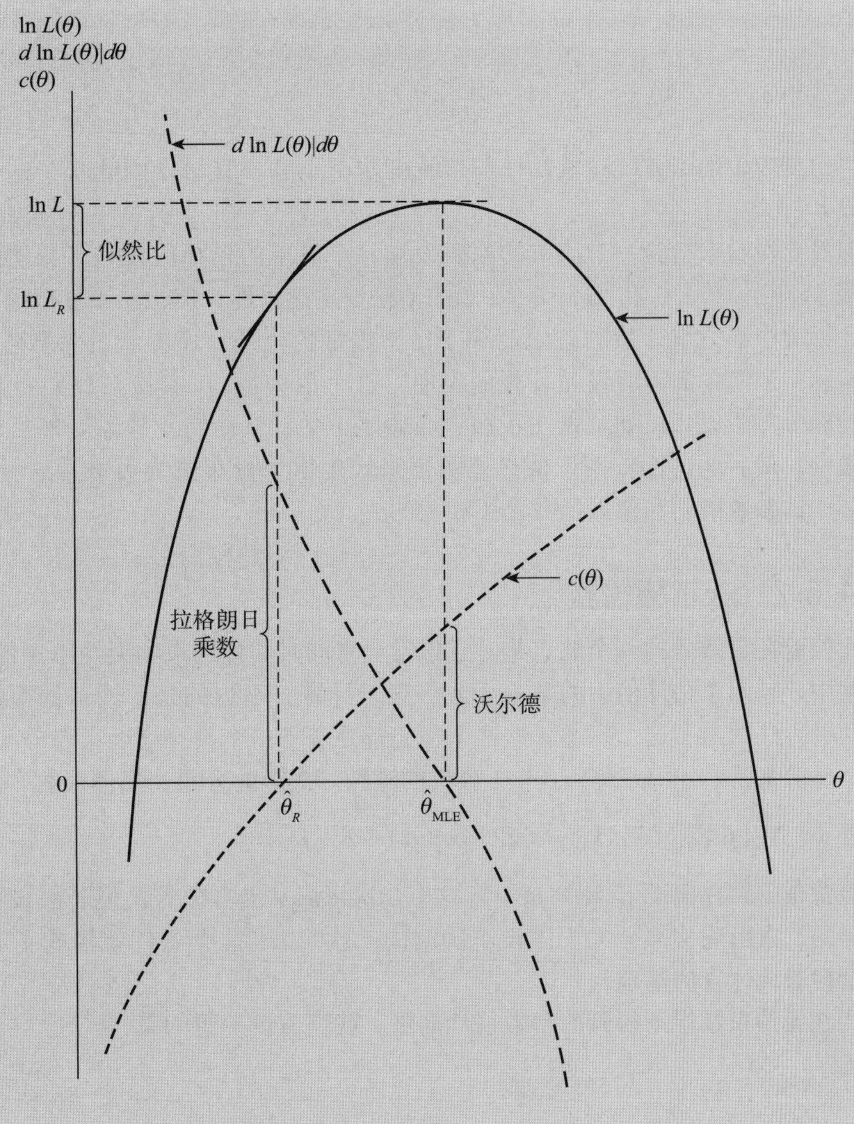

图 14.2　假设检验的三个基础

离散分布的一个例子有助于强化这些想法。在 14.3 节的开始，估计服从泊松分布的样本时，我们发现参数 θ 的 MLE 是 2。在这个值处，似然值即观测到该样本的概率是 0.104×10^{-7}，这些数据和 H_0：$\theta=1.8$ 一致吗？正如我们期望的那样，$L_R=0.936\times10^{-8}$ 偏小。这个特定的例子在原假设下在某种程度上是不可能的。

正式的检验过程基于如下结果。

定理 14.5　似然比检验统计量的极限分布

在正则性条件和 H_0 的假设下，$-2\ln\lambda$ 的极限分布是卡方分布，它的自由度等于约束条件的个数。

如果这个值超过了卡方分布表对应的临界值，则拒绝原假设。因此，对于泊松分布的例子，我们有

$$-2\ \ln\lambda=-2\ \ln\left(\frac{0.093\ 6}{0.104}\right)=0.210\ 72$$

这个自由度为 1 的卡方统计量在任何传统的水平下并不显著，因此基于这个检验，我们不拒绝原假设 $\theta=1.8$。①

利用似然比检验来检验一个简单的原假设和一个简单的备择假设是十分诱人的。例如，我们可能对检验 H_0：$\theta=1.8$ 和 H_1：$\theta=2.2$ 的泊松设定感兴趣。但检验不能以这种方式使用。

似然比检验中卡方统计量的自由度等于由于施加约束条件所导致的参数空间维数的减少。首先，在检验一个简单的原假设和备择假设时，这个值为零。② 其次，我们有时会尝试用似然比检验来检验分布假设；比如，先在正态分布假定下估计一个特定模型，然后又在 t 分布假定下估计该模型。最后通过比较两个似然函数值来决定哪个分布更为可取。这种比较也不恰当。这两种情形中的参数空间和似然函数是不相关的。

□ 14.6.2　沃尔德检验

似然比检验在实践中的一个缺点是，它通常要求同时估计约束和无约束条件下的参数向量。在复杂模型中，这两个估计值中的某一个或许很难计算。幸运的是，沃尔德检验和拉格朗日乘数检验这两种方法回避了这个问题。这两个检验都是基于一个具有渐近正态分布性质的估计量。

这两个检验都是基于 B.11.6 小节中分析的满秩二次形的分布。具体而言，

$$若\ \mathbf{x}\sim N_J[\boldsymbol{\mu},\boldsymbol{\Sigma}]，则(\mathbf{x}-\boldsymbol{\mu})'\boldsymbol{\Sigma}^{-1}(\mathbf{x}-\boldsymbol{\mu})\sim\chi^2[J] \tag{14-22}$$

在假设检验背景中，在假设 $E(\mathbf{x})=\boldsymbol{\mu}$ 下，这个二次形服从卡方分布。但若假设 $E(\mathbf{x})=\boldsymbol{\mu}$ 错误，则刚刚给出的二次形通常都会大于假设正确时的二次形。③ 这个条件就构成了本小节和下一小节中所讨论检验统计量的基础。

令 $\hat{\boldsymbol{\theta}}$ 为在无约束情况下得到的参数估计向量。我们假设一组约束

$$H_0:\mathbf{c}(\boldsymbol{\theta})=\mathbf{q}$$

若约束确当，则 $\hat{\boldsymbol{\theta}}$ 至少应该近似地满足它们。但若假设不正确，则 $\mathbf{c}(\hat{\boldsymbol{\theta}})-\mathbf{q}$ 与零值的偏离度应该超出了仅由抽样变异所能解释的程度。我们用于阐述这个思想的方法就是沃尔德检验。

---

① 当然，在样本为 10 的情况下，我们用的大样本结果可能存在问题。

② 注意，因为此例中的似然值都是有约束的，所以 $-2\ln\lambda$ 必定为负。

③ 如果均值不是 μ，则式（14-22）中的统计量将服从**非中心卡方分布**（noncentral chi-squared distribution）。这一分布与中心卡方分布的基本形状一样，并有同样的自由度，但是偏向其右边。所以，平均来说从非中心分布中随机抽取的观测值会大于从中心分布中抽取的观测值。

定理 14.6　沃尔德检验统计量的极限分布

沃尔德统计量为

$$W=[\mathbf{c}(\hat{\boldsymbol{\theta}})-\mathbf{q}]'(\text{Asy. Var}[\mathbf{c}(\hat{\boldsymbol{\theta}})-\mathbf{q}])^{-1}[\mathbf{c}(\hat{\boldsymbol{\theta}})-\mathbf{q}]$$

在 H_0 下，W 服从自由度等于约束个数［即 $\mathbf{c}(\hat{\boldsymbol{\theta}})-\mathbf{q}=0$ 中的方程个数］的卡方分布。

由定理 5.1 可推导沃尔德统计量的极限分布。

若 $\mathbf{c}(\hat{\boldsymbol{\theta}})-\mathbf{q}$ 服从均值为 $\mathbf{0}$ 的正态分布，则这个检验类似于式（14－22）中的统计量。过大的 W 值将拒绝假设。注意，W 只要求计算无约束模型。此外还必须计算上述二次形中出现的协方差矩阵。其结果是我们前面分析过的一个可能非线性函数的方差。

$$\text{Est. Asy. Var}[\mathbf{c}(\hat{\boldsymbol{\theta}})-\mathbf{q}]=\hat{\mathbf{C}}\ \text{Est. Asy. Var}[\hat{\boldsymbol{\theta}}]\hat{\mathbf{C}}'$$

$$\hat{\mathbf{C}}=\left[\frac{\partial \mathbf{c}(\hat{\boldsymbol{\theta}})}{\partial \hat{\boldsymbol{\theta}}'}\right] \tag{14-23}$$

即 $\mathbf{C}$ 是 $J\times K$ 矩阵，其第 j 行是第 j 个约束对 $\boldsymbol{\theta}$ 的 K 个元素的导数。常见的应用是检验一组线性约束。

为了检验一组线性约束 $\mathbf{R}\boldsymbol{\theta}=\mathbf{q}$，沃尔德检验将基于

$$H_0:\mathbf{c}(\boldsymbol{\theta})-\mathbf{q}=\mathbf{R}\boldsymbol{\theta}-\mathbf{q}=\mathbf{0}$$

$$\hat{\mathbf{C}}=\left[\frac{\partial \mathbf{c}(\hat{\boldsymbol{\theta}})}{\partial \hat{\boldsymbol{\theta}}'}\right]=\mathbf{R} \tag{14-24}$$

$$\text{Est. Asy. Var}[\mathbf{c}(\hat{\boldsymbol{\theta}}-\mathbf{q})]=\mathbf{R}\ \text{Est. Asy. Var}[\hat{\boldsymbol{\theta}}]\mathbf{R}$$

和

$$W=[\mathbf{R}\hat{\boldsymbol{\theta}}-\mathbf{q}]'[\mathbf{R}\ \text{Est. Asy. Var}(\hat{\boldsymbol{\theta}})\mathbf{R}']^{-1}[\mathbf{R}\hat{\boldsymbol{\theta}}-\mathbf{q}]$$

自由度等于 $\mathbf{R}$ 中的行数。

若 $\mathbf{c}(\boldsymbol{\theta})=\mathbf{q}$ 是一个单独约束，则沃尔德检验等同于我们前面曾提及的基于置信区间的检验。若检验为

$$H_0:\theta=\theta_0 \quad \text{对} \quad H_1:\theta\neq\theta_0$$

则之前的检验基于

$$z=\frac{|\hat{\theta}-\hat{\theta}_0|}{s(\hat{\theta})} \tag{14-25}$$

式中，$s(\hat{\theta})$ 为估计的渐近标准误。然后将这个检验统计量与标准正态分布表中的适当临界值相比较。沃尔德检验将基于

$$W=[(\hat{\theta}-\theta_0)-0](\text{Asy. Var}[(\hat{\theta}-\theta_0)-0])^{-1}[(\hat{\theta}-\theta_0)-0]=\frac{(\hat{\theta}-\theta_0)^2}{\text{Asy. Var}[\hat{\theta}]}=z^2 \tag{14-26}$$

式中，W 服从自由度为 1 的卡方分布，即式（14－25）中标准正态检验统计量的平方分布。

总之，沃尔德检验是基于衡量在多大程度上无约束估计值不能满足假设的约束条件。沃尔德检验有两个缺点。首先，它是一个纯粹的对原假设的显著性检验，而非针对一个特定的备择

假设。由此，其功效在某些情况下或许有限。但实际上，这个检验统计量的值在应用中往往相当大。其次，它拥有这里讨论的其他检验统计量都不具备的缺点。沃尔德统计量并非对约束的不同表述保持不变。比如，要检验函数 $\theta=\beta/(1-\gamma)$ 等于某特定值 q，有两种方法可用。直接基于 $\theta-q=0$ 的沃尔德检验将使用基于这个非线性函数的方差的一个统计量。另一种方法是分析线性约束 $\beta-q(1-\gamma)=0$，它是一个等价但线性的约束。这两个检验的沃尔德统计量可能不同，并可能会导致不同的推断。人们普遍认为，这两个缺点是反对使用沃尔德检验的令人信服的证据。但沃尔德检验的好处在于，它无须像似然比和拉格朗日乘数检验那样依赖于很强的分布假定。最近计量经济学文献中的应用研究大多数都基于与分布无关的估计方法（比如 GMM 法）。由此，近年来又出现了优化沃尔德检验的行动。

□ 14.6.3 拉格朗日乘数检验

第三个检验程序是**拉格朗日乘数检验**（Lagrange multiplier test，LM test）或**有效得分检验**（efficient score test），或只称为**得分检验**（score test）。它基于约束模型而不是非约束模型。假设我们在一组约束 $\mathbf{c}(\boldsymbol{\theta})-\mathbf{q}=\mathbf{0}$ 的条件下最大化对数似然函数。令 $\boldsymbol{\lambda}$ 为拉格朗日乘数向量并定义拉格朗日函数为

$$\ln L^*(\boldsymbol{\theta})=\ln L(\boldsymbol{\theta})+\boldsymbol{\lambda}'(\mathbf{c}(\boldsymbol{\theta})-\mathbf{q})$$

约束最大化问题的解为

$$\begin{aligned}\frac{\partial \ln L^*}{\partial \boldsymbol{\theta}}&=\frac{\partial \ln L(\boldsymbol{\theta})}{\partial \boldsymbol{\theta}}+\mathbf{C}'\boldsymbol{\lambda}=\mathbf{0}\\ \frac{\partial \ln L^*}{\partial \boldsymbol{\lambda}}&=\mathbf{c}(\boldsymbol{\theta})-\mathbf{q}=\mathbf{0}\end{aligned} \tag{14-27}$$

的联合解，其中 $\mathbf{C}'$ 为式（14-23）第二行导数矩阵的转置。若约束有效，则施加约束将不会导致似然函数极大值的显著变化。在一阶条件中，其含义为：导数向量的第二项很小，具体而言就是 $\boldsymbol{\lambda}$ 很小。我们可以直接检验它，即检验 H_0：$\boldsymbol{\lambda}=\mathbf{0}$，从而得到拉格朗日乘数检验。但还有一个等价且更简单的表述。在约束极值处，对数似然函数的导数为

$$\frac{\partial \ln L(\hat{\boldsymbol{\theta}}_R)}{\partial \hat{\boldsymbol{\theta}}_R}=-\mathbf{C}'\hat{\boldsymbol{\lambda}}=\hat{\mathbf{g}}_R \tag{14-28}$$

若约束至少在抽样变化的范围内是有效的，则 $\hat{\mathbf{g}}_R=\mathbf{0}$，即对数似然函数的导数在约束参数向量处的值近似为零。对数似然函数的一阶导数向量为有效得分向量。由于该检验基于这个向量，故拉格朗日乘数检验又被称为得分检验。一阶导数向量的方差就是我们曾用于计算 MLE 的渐近协方差矩阵的信息矩阵。这个检验统计量所基于的原理与沃尔德检验统计量背后的原理类似。

定理 14.7　拉格朗日乘数统计量的极限分布

拉格朗日乘数检验统计量为

$$\mathrm{LM}=\left(\frac{\partial \ln L(\hat{\boldsymbol{\theta}}_R)}{\partial \hat{\boldsymbol{\theta}}_R}\right)'[\mathbf{I}(\hat{\boldsymbol{\theta}}_R)]^{-1}\left(\frac{\partial \ln L(\hat{\boldsymbol{\theta}}_R)}{\partial \hat{\boldsymbol{\theta}}_R}\right)$$

在原假设下，LM 服从自由度等于约束个数的极限卡方分布。式中所有的项都是在约束估计量处计算而得出的。

LM统计量有一个有用的形式。令 $\hat{\mathbf{g}}_{iR}$ 表示对数似然函数梯度的第 i 项，于是有 $\hat{\mathbf{g}}_R = \sum_{i=1}^{n} \hat{\mathbf{g}}_{iR} = \hat{\mathbf{G}}_R' \mathbf{i}$，其中 $\hat{\mathbf{G}}_R$ 为 $n \times K$ 矩阵，其中第 i 行等于 $\hat{\mathbf{g}}_{iR}'$，$\mathbf{i}$ 表示一列 1。若我们用式（14－18）中的 BHHH（梯度外积）估计量来估计海塞矩阵，则有$[\hat{\mathbf{I}}(\hat{\boldsymbol{\theta}})]^{-1} = [\hat{\mathbf{G}}_R' \hat{\mathbf{G}}_R]^{-1}$，以及

$$\mathrm{LM} = \mathbf{i}' \hat{\mathbf{G}}_R [\hat{\mathbf{G}}_R' \hat{\mathbf{G}}_R]^{-1} \hat{\mathbf{G}}_R' \mathbf{i}$$

现在，由于 $\mathbf{i}'\mathbf{i} = n$，所以 $\mathrm{LM} = n(\mathbf{i}' \hat{G}_R [\hat{\mathbf{G}}_R' \hat{\mathbf{G}}_R]^{-1} \hat{\mathbf{G}}_R' \mathbf{i}/n) = nR_i^2$，即在一列 1 对对数似然函数在约束估计量处导数的线性回归中，非中心化多元相关系数平方的 n 倍。我们在本书中其他几个地方还将论述这个结论的各种不同表述形式。

□ 14.6.4 似然检验方法的一个应用

我们现在再次考虑例 C.1 中的数据。在例 14.4 中，用极大似然估计法估计模型

$$f(y_i \mid x_i, \beta) = \frac{1}{\beta + x_i} = e^{-y_i/(\beta + x_i)} \tag{14-29}$$

中的参数 β。为简便起见，令 $\alpha_i = 1/(\beta + x_i)$。这个指数密度是如下更一般的伽马分布的一种约束形式

$$f(y_i \mid x_i, \beta, \rho) = \frac{\alpha_i^{\rho}}{\Gamma(\rho)} y_i^{\rho-1} e^{-y_i \alpha_i} \tag{14-30}$$

这个约束就是 $\rho = 1$。[①] 我们用前面描述的各种方法来检验假设

$$H_0: \rho = 1 \quad 对 \quad H_1: \rho \neq 1$$

对数似然函数及其导数为

$$\begin{aligned}
&\ln L(\beta, \rho) = \rho \sum_{i=1}^{n} \ln \alpha_i - n \ln \Gamma(\rho) + (\rho - 1) \sum_{i=1}^{n} \ln y_i - \sum_{i=1}^{n} y_i \alpha_i \\
&\frac{\partial \ln L}{\partial \beta} = -\rho \sum_{i=1}^{n} \alpha_i + \sum_{i=1}^{n} y_i \alpha_i^2, \quad \frac{\partial \ln L}{\partial \rho} = \sum_{i=1}^{n} \ln \alpha_i - n \Psi(\rho) + \sum_{i=1}^{n} \ln y_i \\
&\frac{\partial^2 \ln L}{\partial \beta^2} = \rho \sum_{i=1}^{n} \alpha_i^2 - 2 \sum_{i=1}^{n} y_i \alpha_i^3, \quad \frac{\partial^2 \ln L}{\partial \rho^2} = -n \Psi'(\rho), \quad \frac{\partial^2 \ln L}{\partial \beta \partial \rho} = -\sum_{i=1}^{n} \alpha_i
\end{aligned} \tag{14-31}$$

[回顾 $\Psi(\rho) = d \ln \Gamma(\rho)/d\rho$ 和 $\Psi'(\rho) = d^2 \ln \Gamma(\rho)/d\rho^2$。] 通过令两个一阶导数等于零，就可以推导出 β 和 ρ 的无约束极大似然估计值。通过在固定 ρ 为 1 的情况下令 $\partial \ln L / \partial \beta$ 等于 0，就可以推导出 β 的约束极大似然估计值。结果如表 14.1 所示。有三个估计量可用来估计 $\boldsymbol{\theta} = (\beta, \rho)'$ 估计量的渐近协方差矩阵。应用式（14－17）提到的海塞矩阵，我们计算 $\mathbf{V} = [-\Sigma_i \partial^2 \ln f(y_i \mid x_i, \beta, \rho)/\partial \boldsymbol{\theta} \partial \boldsymbol{\theta}']^{-1}$ 在极大似然估计值处的值。对于这个模型，很容易证明 $E[y_i \mid x_i] = \rho(\beta + x_i)$（直接积分，或者更简单地利用结论 $E[\partial \ln L/\partial \beta] = 0$ 进行推导）。因此，我们还可以用式（14－16）中的期望海塞矩阵计算 $\mathbf{V}_E = \{-\Sigma_i E[\partial^2 \ln f(y_i \mid x_i, \beta, \rho)/\partial \boldsymbol{\theta} \partial \boldsymbol{\theta}']\}^{-1}$。最后，通过使用一阶导数的平方和与交叉乘积，我们就可以推导出式（14－18）中的BHHH 估计量 $\mathbf{V}_B = [\Sigma_i (\partial \ln f(y_i \mid x_i, \beta, \rho)/\partial \boldsymbol{\theta})(\partial \ln f(y_i \mid x_i, \beta, \rho)/\partial \boldsymbol{\theta}')]^{-1}$。表 14.1 中的结果基于 $\mathbf{V}$。

---

① 伽马函数 $\Gamma(\rho)$ 和伽马分布在 B.4.5 小节和 E.2.3 小节中有描述。

渐近协方差矩阵的这三个估计量会推导出明显不同的结果：

$$\mathbf{V}=\begin{bmatrix}5.499 & -1.653\\ -1.653 & 0.6309\end{bmatrix},\quad \mathbf{V}_E=\begin{bmatrix}4.900 & -1.473\\ -1.473 & 0.5768\end{bmatrix},$$

$$\mathbf{V}_B=\begin{bmatrix}13.370 & -4.322\\ -4.322 & 1.537\end{bmatrix}$$

表 14.1　　极大似然估计值

量	无约束估计值[a]	约束估计值
β	−4.718 5 (2.345)	15.602 7 (6.794)
ρ	3.150 9 (0.794)	1.000 0 (0.000)
$\ln L$	−82.916 05	−88.436 3
$\partial \ln L/\partial\beta$	0.000 0	0.000 0
$\partial \ln L/\partial\rho$	0.000 0	7.914 5
$\partial^2 \ln L/\partial\beta^2$	−0.855 7	−0.021 7
$\partial^2 \ln L/\partial\rho^2$	−7.459 2	−32.898 7
$\partial^2 \ln L/\partial\beta\,\partial\rho$	−2.242 0	−0.668 91

a. 基于 **V** 的渐近标准误的估计在括号中给出。

在小样本容量情况下，其差别在意料之中。不过，BHHH 估计量的显著差别典型地代表了其在小样本中的表现不稳定的特点。

● 置信区间检验：ρ 基于无约束估计值的 95%置信区间为 $3.1509\pm1.96\times\sqrt{0.6309}=[1.5941,4.7076]$。这个区间不包含 $\rho=1$，故拒绝原假设。

● 似然比检验：LR 统计量为 $\lambda=-2\times[-88.43626-(-82.91604)]=11.0404$。表中自由度为 1 的临界值为 3.842。由于计算出来的值大于这个临界值，所以再次拒绝原假设。

● 沃尔德检验：沃尔德检验基于无约束估计值。对于这个约束，有 $c(\boldsymbol{\theta})-q=\rho-1$，$dc(\hat{\rho})/d\hat{\rho}=1$，Est. Asy. Var$[c(\hat{\rho})-q]=$ Est. Asy. Var$[\hat{\rho}]=0.6309$，所以 $W=(3.1517-1)^2/0.6309=7.3384$。临界值和上一个临界值一样，因此再次拒绝原假设。注意，沃尔德检验统计量是在置信区间检验中所用的对应统计量的平方，$|3.1509-1|/\sqrt{0.6309}=2.73335$。

● 拉格朗日乘数检验：拉格朗日乘数检验基于约束估计量。为计算该统计量，需要计算一阶导数的估计渐近协方差矩阵，前面讨论的三个估计量中的任何一个都适用。BHHH 估计量 $\mathbf{V}_B$ 是梯度方差的经验估计量，也是实践中通常使用的估计量。这一计算可得到

$$\mathrm{LM}=[0.0000\quad 7.9145]\begin{bmatrix}0.00995 & 0.26776\\ 0.26776 & 11.199\end{bmatrix}^{-1}\begin{bmatrix}0.0000\\ 7.9145\end{bmatrix}=15.687$$

该结论和之前的一样。注意，利用 **V** 而非 $\mathbf{V}_B$ 进行同样的计算，得到的结果为 5.116 2。和往常一样，在样本容量很小时，我们仍发现对于不同的估计方法，结果存在明显的差别。

后三个检验统计量具有明显不同的数值，这就有可能因所用估计方法的不同而得到不同的结论。比如，若在 1%而非 5%的显著性水平上进行检验，而且使用 **V** 计算 LM，则统计表

中的临界值将为 6.635，LM 检验将不能拒绝原假设。在渐近性上，这三个估计方法是近乎等价的。但在有限样本中，比如这里的样本，有所差别就在意料之中了。[①]遗憾的是，在这种情况下该如何处理并没有一个明确的原则。很明显，这说明，根据一个特定的显著性水平，并基于样本数据得出拒绝或接受的结论，可能是有问题的。

□ 14.6.5 比较模型和计算模型的拟合度

在 14.6.1～14.6.3 小节中提到的检验统计量可以用来判定模型中参数约束条件的有效性。当模型是嵌套模型时，三种检验方法中的任意一种都可以使用。对于非嵌套模型，我们需要基于一个估计标准对不同模型进行比较，选择更具有优势的方法作为计算方法。基于与线性模型中调整后的判定系数相同的逻辑，两种一般的计算方法是

$$\text{赤池信息准则(AIC)} = -2\ln L + 2K$$

$$\text{贝叶斯(施瓦茨)信息准则(BIC)} = -2\ln L + K\ln n$$

式中，K 为模型中参数的个数。与在线性模型中使用 $\bar{R}^2$ 原理一样，我们可以基于最小的 AIC 值选择一个模型，这种方法虽然不符合统计规律，但却广泛为人们所接受。

AIC 和 BIC 被称为信息准则，而不是上述的拟合度衡量。这就留下了如何估计模型拟合度的问题。只有带常数项的线性最小二乘回归模型才能产生 R^2，R^2 可以衡量因变量的变异中由回归所解释的比例有多大。当我们从线性回归模型转到第 9 章讨论的广义回归模型后，作为拟合程度评价标准的 R^2 的模糊性问题马上就会显现。而在本章所讨论的模型中，这个问题会显得更为尖锐。例如，例 14.10 中对计数数据模型的估计并没有利用“因变量的变异”，而且对于解释变量也没有直观的检验方法。

McFadden（1974）第一个提出了检验离散选择模型拟合程度的一种方法，出人意料的是，这种方法在实证文献中得以广泛传播，它就是**似然比指数**（likelihood ratio index），也就是后来人们所熟知的**伪 $\boldsymbol{R}^2$**（pseudo R^2）。它可以写为

$$\text{伪 } R^2 = 1 - (\ln L)/(\ln L_0)$$

式中，$\ln L$ 为待估模型的对数似然；$\ln L_0$ 为只具有一个常数项的相同模型的对数似然。这个统计量可以使得 R^2 更近似于线性回归。这个统计量的名称并不合适，然而，因为即使针对我们提出的离散选择，它与模型是否与数据相拟合仍无直接联系。在对数似然一定为负的离散选择设定中，伪 R^2 的值一定会在 0 和 1 之间，并且当模型中变量增加时会随之增大。它很明显可以为 0，且通常都会小于 1。在带有服从正态分布的扰动项的线性模型中，最大化的对数似然函数为

$$\ln L = (-n/2)[1 + \ln 2\pi + \ln(\mathbf{e}'\mathbf{e}/n)]$$

略加计算，我们即可计算出线性回归模型的伪 R^2 为

$$\text{伪 } R^2 = \frac{-\ln(1-R^2)}{1+\ln 2\pi + \ln s_y^2}$$

此时真实 R^2 是 $1-\mathbf{e}'\mathbf{e}/\mathbf{e}_0'\mathbf{e}_0$。因为 s_y^2 与 R^2 可以单独变化（例如将 $\mathbf{y}$ 乘以一个标量 A，此时 R^2 可以不变，但 s_y^2 的值却会变为原值乘以 A^2），虽然其上限是 1，但这种方法却没有下限。它甚

① 关于此问题的更多讨论，参见 Berndt and Savin（1977）。

至可以为负。同样的问题在使用了因变量规模信息的模型中也存在，比如 tobit 模型（第 19 章）。这种估计方法对有序 probit（第 18 章）或者多项 logit 模型等各种多项模型更加不适用。而对于离散选择模型，我们在第 17 章中讨论了各种这样的方法。对于受限因变量和很多对数线性模型，其他针对预测值与真实值之间相关性的方法更加有用。

虽然如此，这种方法仍然在现代文献中得以广泛应用。① 尽管普遍蔑视似然比指数，但实践者通常对基于模型拟合度思想的模型的比较十分感兴趣。建立这样一个测度将具体到特定内容，因此我们将在第 17 章对具体应用的讨论如二值选择中回到这个问题。

□ 14.6.6 沃氏检验和库尔贝克-莱布勒（Kullback-Leibler）信息准则

沃氏检验（Vuong，1989）非嵌套模型的方法也基于似然比统计量。这个检验的逻辑和促使了似然比检验的逻辑类似。假设 $f(y_i|\mathbf{Z}_i,\boldsymbol{\theta})$和 $g(y_i|\mathbf{Z}_i,\boldsymbol{\gamma})$是随机变量 y_i 密度函数的两个模型，其中 f 是原假设 H_0，g 是备择假设 H_1。例如，在例 5.7 中（通过现在假设）两个密度函数都是正态分布，y_i 代表消费 C_t，$\mathbf{Z}_i$ 是 $[1, Y_t, Y_{t-1}, C_{t-1},]$，$\boldsymbol{\theta}$ 是 $(\beta_1, \beta_2, \beta_3, 0, \sigma^2)$，$\boldsymbol{\gamma}$ 为 $(\gamma_1, \gamma_2, 0, \gamma_3, \omega^2)$，$\sigma^2$和 ω^2 分别为扰动项 ε_{0t} 和 ε_{1t} 的条件方差。沃的分析中至关重要的一点是，并非两个模型之一是“正确”的，它们可能都不正确。我们想要做的是尝试使用这些数据来确定哪个模型更接近事实，即更接近正确的（未知）模型。

我们假定样本（扰动项）中的观测值是条件独立的。让 $L_{i,0}$ 表示原假设下似然函数的第 i 项。因此，原假设下对数似然函数为 $\Sigma_i \ln L_{i,0}$。类似地，将备择模型定义为 $L_{i,1}$。现在，令 m_i 等于 $\ln L_{i,1} - \ln L_{i,0}$。如果我们用熟悉的似然比检验，分别使用 $L_{i,0}$ 和 $L_{i,1}$ 的极大似然估计法来计算 $L_{i,0}$ 和 $L_{i,1}$ 的值，似然比统计量将为 $LR = 2\Sigma_i m_i = 2n\overline{m}$。当两个模型是嵌套模型时——$H_0$ 是 H_1 约束下的情况——我们知道 $\Sigma_i m_i \geqslant 0$。原假设下的约束条件绝不会使似然函数增大。(在我们已经检验过的扰动项为正态分布的回归模型中，对数似然函数和这些结果都是基于残差的平方和。并且，正如我们所看到的，施加约束条件绝不会使平方和减小。）原假设下 LR 统计量的极限分布是卡方分布，其自由度等于由于施加约束条件所导致的备择假设中参数空间自由度的减少量。

沃的分析是针对 $\Sigma_i m_i$ 不一定为正的非嵌套模型。标准化该检验需要我们进一步观察正确的模型意味着什么（也给我们提供了在后两节的讨论中一个方便的出发点）。在非嵌套模型的环境下，沃允许两个模型在绝对意义下都不对的可能性。我们保持存在正确的模型 $h(y_i|\mathbf{Z}_i,\boldsymbol{\alpha})$的经典假设，式中 $\boldsymbol{\alpha}$ 是“正确的”参数向量，但是可能两个假设的模型都不是该正确模型。**库尔贝克-莱布勒信息准则**（Kullback-Leibler Information Criterion，KLIC）依据似然函数衡量了正确模型（分布）和假设的模型之间的距离。

不严格地说，KLIC 是在真实模型假设下的对数似然函数减去在真实模型假设下的（误设的）假设模型的对数似然函数。正式地说，对于原假设下的模型，

$$\text{KLIC} = E[\ln h(y_i|\mathbf{Z}_i,\boldsymbol{\alpha})|h\text{ 是正确的}] - E[\ln f(y_i|\mathbf{Z}_i,\boldsymbol{\theta})|h\text{ 是正确的}]$$

---

① 软件包 Stata 对每一个拟合模型的 MLE 都给出了伪 R^2，但同时劝告其使用者不要认为它有什么意义。参见 http://www.stata.com/support/faqs/stat/pseudor2.html。Cameron and Trivedi（2005）详细地论述了伪 R^2，同时给出了同样的警告，劝告其读者寻找一种更有意义的方式来衡量模型预期值与变量结果之间的相关性。Wooldridge（2010，p. 575）总结式地进行了批判，认为偏效应更有意义。

如果我们想最大化正确模型 $h(y_i|\mathbf{Z}_i, \boldsymbol{\alpha})$的对数似然函数，我们会用$(1/n)\ln L$ 估计右边的第一项。第二项是在（错误地）假设 $f(y_i|\mathbf{Z}_i, \boldsymbol{\theta})$是正确的模型下用$(1/n)\ln L$ 估计的。注意到 $f(y_i|\mathbf{Z}_i,\boldsymbol{\theta})$是以参数向量 $\boldsymbol{\theta}$ 的形式表示的。因为 $\boldsymbol{\alpha}$ 是参数向量的真实值，也许参数向量 $\boldsymbol{\theta}$ 的表达有些模棱两可。沃（Vuong，p. 310）将此称为“伪实”参数向量。当我们使用 $f(y_i|\mathbf{Z}_i, \boldsymbol{\theta})$所暗示的估计量时，这些估计量收敛于常数向量。在例 5.7 中，如果 H_0 给出了正确的模型，这个公式假定 H_1 的最小二乘估计量会收敛于“伪实”参数向量。但这些并不是正确模型的参数——它们是 C_t 总体线性投射在 $[1, Y_t, C_{t-1}]$ 的斜率。

假设正确的模型是 $\mathbf{y}=\mathbf{X}\boldsymbol{\beta}+\boldsymbol{\varepsilon}$，其中扰动项服从正态分布，$\mathbf{y}=\mathbf{Z}\boldsymbol{\delta}+\mathbf{w}$ 是假设的另外一个模型。KLIC 是正确模型的对数似然函数的期望减去第二个模型对数似然函数的期望，仍然假设第一个模型是正确模型。我们的假设使得 KLIC 为正。我们会称一个模型优于另外一个模型，如果基于 KLIC 它更接近事实。如果我们将两个模型的 KLIC 做差，真正的对数似然函数被消掉，我们得到

$$\text{KLIC}_1-\text{KLIC}_0=E[\ln f(y_i|\mathbf{Z}_i,\boldsymbol{\theta})|h\ \text{是正确的}]-E[\ln g(y_i|\mathbf{Z}_i,\boldsymbol{\gamma})|h\ \text{是正确的}]$$

为了使用样本计算上式，我们将再一次简单地计算似然比统计量 $n\bar{m}$（不乘以 2）。因此，这提供了 LR 统计量的一个解释。但是根据具体情况，该统计量可能为负——我们不知道哪个模型更接近事实。

沃对于非嵌套模型的一般结果（他的定理 5.1）描述了统计量的表现

$$V=\frac{\sqrt{n}\left(\frac{1}{n}\sum_{i=1}^{n}m_i\right)}{\sqrt{\frac{1}{n}\sum_{i=1}^{n}(m_i-\bar{m})^2}}=\sqrt{n}(\bar{m}/s_m),\quad m_i=\ln L_{i,1}-\ln L_{i;0}$$

他发现：

1. 假设模型是“等价的”，$V\xrightarrow{D}N[0,1]$。
2. 假设 $f(y_i|\mathbf{Z}_i,\boldsymbol{\theta})$“更优”，$V\xrightarrow{A.S.}+\infty$。
3. 假设 $g(y_i|\mathbf{Z}_i,\boldsymbol{\gamma})$“更优”，$V\xrightarrow{A.S.}-\infty$。

该检验十分直接。大的正值偏向于原假设，大的负值偏向于备择假设。中间值（如介于显著性水平为 95%的-1.96 和 1.96 之间）是不确定的区域。例 14.8 展示了一个应用。

14.7 两步极大似然估计

在应用研究文献中，一个模型的元素包含在另一个模型之中的情况为数众多且与日俱增，这就引发了被我们普遍称为“两步”估计的问题。[①] 这里有两个参数向量 $\boldsymbol{\theta}_1$ 和 $\boldsymbol{\theta}_2$。第一个出现在第二个模型中，但是第二个没有出现在第一个模型中。在这种情况下，有两种处理方法。**完全信息极大似然**（full information maximum likelihood，FIML）估计要求构造两个随机变量的联合分布 $f(y_1,y_2|\mathbf{x}_1,\mathbf{x}_2,\boldsymbol{\theta}_1,\boldsymbol{\theta}_2)$，然后最大化完整的对数似然函数，即

① 其中最著名的是赫克曼（Heckman，1979）的样本选择模型，例如例 1.1 和第 19 章。

$$\ln L(\boldsymbol{\theta}_1, \boldsymbol{\theta}_2) = \sum_{i=1}^{n} \ln f(y_{i1}, y_{i2} \mid \mathbf{x}_{i1}, \mathbf{x}_{i2}, \boldsymbol{\theta}_1, \boldsymbol{\theta}_2)$$

这种模型的两步法可以通过最大化

$$\ln L_1(\boldsymbol{\theta}_1) = \sum_{i=1}^{n} \ln f_1(y_{i1} \mid \mathbf{x}_{i1}, \boldsymbol{\theta}_1)$$

来估计模型 1 的参数。通过将 $\boldsymbol{\theta}_1$ 的一致估计量视为已知并代入模型中，最大化 y_2 的边际密度似然函数。第二步要求最大化

$$\ln L_2(\hat{\boldsymbol{\theta}}_1, \boldsymbol{\theta}_2) = \sum_{i=1}^{n} \ln f_2(y_{i2} \mid \mathbf{x}_{i1}, \mathbf{x}_{i2}, \hat{\boldsymbol{\theta}}_1, \hat{\boldsymbol{\theta}}_2)$$

如此估计的理由至少有两个。第一，可能用公式分别表述两个对数似然函数很简单，但推导联合分布的过程却极其复杂。如果两个被模型化的变量来自两个不同总体，比如一个是离散的，另一个是连续的（在这个框架中比较常见），那么这种情形会经常发生。第二，最大化离散的对数似然函数可能相当简单，但最大化联合对数似然函数在数值上可能既复杂又困难。① 关于这里所给结论的证明，可参见关于这方面的一个重要文献：Murphy and Topel（2002），1985 年第一次出版。

于是假设我们的模型由 $f_1(y_1 \mid \mathbf{x}_1, \boldsymbol{\theta}_1)$和 $f_2(y_2 \mid \mathbf{x}_1, \mathbf{x}_2, \boldsymbol{\theta}_1, \boldsymbol{\theta}_2)$两个边缘分布构成，估计分两步进行。

1. 在模型 1 中用极大似然估计法估计 $\boldsymbol{\theta}_1$。令 $\hat{\mathbf{V}}_1$ 为该估计的渐近协方差矩阵的任一估计量（我们在 14.4.6 小节讨论过）的 n 倍。

2. 在模型 2 中，用 $\hat{\boldsymbol{\theta}}_1$ 取代 $\boldsymbol{\theta}_1$，就好像已知一样，再用极大似然估计法估计 $\boldsymbol{\theta}_2$。令 $\hat{\mathbf{V}}_2$ 表示 $\hat{\boldsymbol{\theta}}_2$ 的渐近协方差矩阵某一适当估计量的 n 倍。

$\hat{\boldsymbol{\theta}}_2$ 的一致性证明本质上是，若 $\boldsymbol{\theta}_1$ 已知，则 MLE 的所有结论都适用于 $\hat{\boldsymbol{\theta}}_2$ 的估计，又由于渐近而言 $\text{plim}\,\hat{\boldsymbol{\theta}}_1 = \boldsymbol{\theta}_1$，这个推理思路是正确的。（见定理 D.16 中的第三点。）但同样的逻辑却不足以证明可用$(1/n)\mathbf{V}_2$ 作为 $\hat{\boldsymbol{\theta}}_2$ 的渐近协方差矩阵估计量。为了对在 $\boldsymbol{\theta}_2$ 的估计过程中使用 $\boldsymbol{\theta}_1$ 的估计值做出解释，有必要对其进行某些修正。本质结论如下：

定理 14.8　两步 MLE 的渐近分布［Murphy and Topel（2002）］

若两个对数似然函数都满足标准的正则性条件，则 $\boldsymbol{\theta}_2$ 的第二步极大似然估计量是一致又渐近正态分布的，且具有渐近协方差矩阵

$$\mathbf{V}_2^* = \frac{1}{n}[\mathbf{V}_2 + \mathbf{V}_2[\mathbf{C}\mathbf{V}_1\mathbf{C}' - \mathbf{R}\mathbf{V}_1\mathbf{C}' - \mathbf{C}\mathbf{V}_1\mathbf{R}']\mathbf{V}_2]$$

式中

$$\mathbf{V}_1 = \text{Asy. Var}[\sqrt{n}(\hat{\boldsymbol{\theta}}_1 - \boldsymbol{\theta}_1)]\text{，基于 } \ln L_1$$

$$\mathbf{V}_2 = \text{Asy. Var}[\sqrt{n}(\hat{\boldsymbol{\theta}}_2 - \boldsymbol{\theta}_2)]\text{，基于 } \ln L_2 \mid \boldsymbol{\theta}_1$$

---

① 还有另一种可能的动机。如果任一模型被误设，则两个模型的 FIML 估计值会不一致。但如果只有第二个被误设，则至少第一个可以一致地估计。当然，这一结论只是“一招半式”，但总比没有强。

$$\mathbf{C}=E\left[\frac{1}{n}\left(\frac{\partial \ln L_2}{\partial \boldsymbol{\theta}_2}\right)\left(\frac{\partial \ln L_2}{\partial \boldsymbol{\theta}_1'}\right)\right], \quad \mathbf{R}=E\left[\frac{1}{n}\left(\frac{\partial \ln L_2}{\partial \boldsymbol{\theta}_2}\right)\left(\frac{\partial \ln L_1}{\partial \boldsymbol{\theta}_1'}\right)\right]$$

对第二步中的渐近协方差矩阵的修正要求一些额外计算。矩阵 $\mathbf{V}_1$ 和 $\mathbf{V}_2$ 分别由两个未加修正的协方差矩阵来估计。具体而言，就是用 BHHH 估计量

$$\hat{\mathbf{V}}_1=\left[\frac{1}{n}\sum_{i=1}^{n}\left(\frac{\partial \ln f_{i1}}{\partial \hat{\boldsymbol{\theta}}_1}\right)\left(\frac{\partial \ln f_{i1}}{\partial \hat{\boldsymbol{\theta}}_1'}\right)\right]^{-1}$$

和

$$\hat{\mathbf{V}}_2=\left[\frac{1}{n}\sum_{i=1}^{n}\left(\frac{\partial \ln f_{i2}}{\partial \hat{\boldsymbol{\theta}}_2}\right)\left(\frac{\partial \ln f_{i2}}{\partial \hat{\boldsymbol{\theta}}_2'}\right)\right]^{-1}$$

矩阵 $\mathbf{R}$ 和 $\mathbf{C}$ 通过将各个观测函数的导数交叉乘积矩阵求和即可得到，即

$$\hat{\mathbf{C}}=\frac{1}{n}\sum_{i=1}^{n}\left(\frac{\partial \ln f_{i2}}{\partial \hat{\boldsymbol{\theta}}_2}\right)\left(\frac{\partial \ln f_{i2}}{\partial \hat{\boldsymbol{\theta}}_1'}\right)$$

和

$$\hat{\mathbf{R}}=\frac{1}{n}\sum_{i=1}^{n}\left(\frac{\partial \ln f_{i2}}{\partial \hat{\boldsymbol{\theta}}_2}\right)\left(\frac{\partial \ln f_{i1}}{\partial \hat{\boldsymbol{\theta}}'_1}\right)$$

这一有用结果的推导很有指导意义。我们将依赖式（14 - 11）和 14.4.5.b 小节中的结果，其中阐释了极大似然估计量的渐近正态性。在 $\boldsymbol{\theta}_1$ 的第一步中，MLE 被定义为

$$\begin{aligned}\frac{1}{n}\frac{\partial \ln L_1(\hat{\boldsymbol{\theta}}_1)}{\hat{\boldsymbol{\theta}}_1}&=\frac{1}{n}\sum_{i=1}^{n}\frac{\partial \ln f_1(y_{i1}\mid \mathbf{x}_{i1},\hat{\boldsymbol{\theta}}_1)}{\partial \hat{\boldsymbol{\theta}}_1}\\&=\frac{1}{n}\sum_{i=1}^{n}\mathbf{g}_{i1}(\hat{\boldsymbol{\theta}}_1)=\bar{\mathbf{g}}_1(\hat{\boldsymbol{\theta}}_1)=\mathbf{0}\end{aligned}$$

使用 14.4.5.b 小节中的结果，我们从式（14 - 15）中得到渐近分布，

$$\sqrt{n}(\hat{\boldsymbol{\theta}}_1-\boldsymbol{\theta}_1)\xrightarrow{d}[-\mathbf{H}_{11}^{(1)}(\theta_1)]^{-1}\sqrt{n}\ \bar{\mathbf{g}}_1(\theta_1)$$

其中的表达式意味着两个随机向量的极限分布是相同的，并且

$$\mathbf{H}_{11}^{(1)}=E\left[\frac{1}{n}\frac{\partial^2 \ln L_1(\boldsymbol{\theta}_1)}{\partial \boldsymbol{\theta}_1 \partial \boldsymbol{\theta}_1'}\right]$$

在 $\boldsymbol{\theta}_2$ 的第二步中，MLE 被定义为

$$\begin{aligned}\frac{1}{n}\frac{\partial \ln L_2(\hat{\boldsymbol{\theta}}_1,\hat{\boldsymbol{\theta}}_2)}{\partial \hat{\boldsymbol{\theta}}_2}&=\frac{1}{n}\sum_{i=1}^{n}\frac{\partial \ln f_2(y_{i2}\mid \mathbf{x}_{i1},\mathbf{x}_{i2},\hat{\boldsymbol{\theta}}_1,\hat{\boldsymbol{\theta}}_2)}{\partial \hat{\boldsymbol{\theta}}_2}\\&=\frac{1}{n}\sum_{i=1}^{n}\mathbf{g}_{i2}(\hat{\boldsymbol{\theta}}_1,\hat{\boldsymbol{\theta}}_2)=\hat{\mathbf{g}}_2(\hat{\boldsymbol{\theta}}_1,\hat{\boldsymbol{\theta}}_2)=\mathbf{0}\end{aligned}$$

如往常一样对导数向量 $\bar{\mathbf{g}}_2(\hat{\boldsymbol{\theta}}_1,\hat{\boldsymbol{\theta}}_2)$ 进行泰勒展开，并再一次使用 14.4.5.b 小节中的结果，则

$$\bar{\mathbf{g}}_2(\hat{\boldsymbol{\theta}}_1,\hat{\boldsymbol{\theta}}_2)=\bar{\mathbf{g}}_2(\boldsymbol{\theta}_1,\boldsymbol{\theta}_2)+[\mathbf{H}_{22}^{(2)}(\boldsymbol{\theta}_1,\boldsymbol{\theta}_2)](\hat{\boldsymbol{\theta}}_2-\boldsymbol{\theta}_2)+[\mathbf{H}_{21}^{(2)}(\boldsymbol{\theta}_1,\boldsymbol{\theta}_2)](\hat{\boldsymbol{\theta}}_1-\boldsymbol{\theta}_1)+o(1/n)=\mathbf{0}$$

其中

$$\mathbf{H}_{21}^{(2)}(\boldsymbol{\theta}_1,\boldsymbol{\theta}_2)=E\left[\frac{1}{n}\frac{\partial^2\ln L_2(\boldsymbol{\theta}_1,\boldsymbol{\theta}_2)}{\partial\boldsymbol{\theta}_2\partial\boldsymbol{\theta}_1'}\right]\text{且 }\mathbf{H}_{22}^{(2)}(\boldsymbol{\theta}_1,\boldsymbol{\theta}_2)=E\left[\frac{1}{n}\frac{\partial^2\ln L_2(\boldsymbol{\theta}_1,\boldsymbol{\theta}_2)}{\partial\boldsymbol{\theta}_2\partial\boldsymbol{\theta}_2'}\right]$$

为了得到渐近分布，我们使用和之前一样的处理方式，

$$\begin{aligned}\sqrt{n}(\hat{\boldsymbol{\theta}}_2-\boldsymbol{\theta}_2)\xrightarrow{d}&[-\mathbf{H}_{22}^{(2)}(\boldsymbol{\theta}_1,\boldsymbol{\theta}_2)]^{-1}\sqrt{n}\ \bar{\mathbf{g}}_2(\boldsymbol{\theta}_1,\boldsymbol{\theta}_2)\\&+[-\mathbf{H}_{22}^{(2)}(\boldsymbol{\theta}_1,\boldsymbol{\theta}_2)]^{-1}[\mathbf{H}_{21}^{(2)}(\boldsymbol{\theta}_1,\boldsymbol{\theta}_2)]\sqrt{n}(\hat{\boldsymbol{\theta}}_1-\boldsymbol{\theta}_1)\end{aligned}$$

为了方便，令 $\mathbf{H}_{22}^{(2)}=\mathbf{H}_{22}^{(2)}(\boldsymbol{\theta}_1,\boldsymbol{\theta}_2)$，$\mathbf{H}_{21}^{(2)}=\mathbf{H}_{21}^{(2)}(\boldsymbol{\theta}_1,\boldsymbol{\theta}_2)$和 $\mathbf{H}_{11}^{(1)}=\mathbf{H}_{11}^{(1)}(\boldsymbol{\theta}_1)$。现在为了得到

$$\sqrt{n}(\hat{\boldsymbol{\theta}}_2-\boldsymbol{\theta}_2)\xrightarrow{d}[-\mathbf{H}_{22}^{(2)}]^{-1}\sqrt{n}\ \bar{\mathbf{g}}_2(\boldsymbol{\theta}_1,\boldsymbol{\theta}_2)+[-\mathbf{H}_{22}^{(2)}]^{-1}[\mathbf{H}_{21}^{(2)}][-\mathbf{H}_{11}^{(1)}]^{-1}\sqrt{n}\ \bar{\mathbf{g}}_1(\boldsymbol{\theta}_1)$$

在表达式中替换 $\boldsymbol{\theta}_1$ 的第一步估计量。从我们之前的结果中可得两个估计量的一致性和渐近正态性。为了得到 $\hat{\boldsymbol{\theta}}_2$ 的渐近协方差矩阵，我们在处理表达式的过程中会得到随机向量的极限方差。两个一阶导数向量的联合正态分布均值为零，并且有

$$\mathrm{Var}\begin{bmatrix}\sqrt{n}\ \bar{\mathbf{g}}_1(\boldsymbol{\theta}_1)\\\sqrt{n}\ \bar{\mathbf{g}}_2(\boldsymbol{\theta}_2,\boldsymbol{\theta}_1)\end{bmatrix}=\begin{bmatrix}\boldsymbol{\Sigma}_{11}&\boldsymbol{\Sigma}_{12}\\\boldsymbol{\Sigma}_{21}&\boldsymbol{\Sigma}_{22}\end{bmatrix}$$

然后我们寻找的渐近协方差矩阵为

$$\begin{aligned}\mathrm{Var}[\sqrt{n}(\hat{\boldsymbol{\theta}}_2-\boldsymbol{\theta}_2)]=&[-\mathbf{H}_{22}^{(2)}]^{-1}\boldsymbol{\Sigma}_{22}[-\mathbf{H}_{22}^{(2)}]^{-1}\\&+[-\mathbf{H}_{22}^{(2)}]^{-1}+[\mathbf{H}_{21}^{(2)}][-\mathbf{H}_{11}^{(1)}]^{-1}\boldsymbol{\Sigma}_{11}[-\mathbf{H}_{11}^{(1)}]^{-1}[\mathbf{H}_{21}^{(2)}]'[-\mathbf{H}_{22}^{(2)}]^{-1}\\&+[-\mathbf{H}_{22}^{(2)}]^{-1}\boldsymbol{\Sigma}_{21}[-\mathbf{H}_{11}^{(1)}]^{-1}[\mathbf{H}_{21}^{(2)}]'[-\mathbf{H}_{22}^{(2)}]^{-1}\\&+[-\mathbf{H}_{22}^{(2)}]^{-1}[\mathbf{H}_{21}^{(2)}][-\mathbf{H}_{11}^{(1)}]^{-1}\boldsymbol{\Sigma}_{12}[-\mathbf{H}_{22}^{(2)}]^{-1}\end{aligned}$$

正如我们之前发现的，对数似然函数一阶导数向量的方差是二阶导数矩阵的负数［见式（14-11)］。因此 $\boldsymbol{\Sigma}_{22}=[-\mathbf{H}_{22}^{(2)}]$和 $\boldsymbol{\Sigma}_{11}=[-\mathbf{H}_{11}^{(1)}]$。代入之后我们得到

$$\begin{aligned}\mathrm{Var}[\sqrt{n}(\hat{\boldsymbol{\theta}}_2-\boldsymbol{\theta}_2)]=&[-\mathbf{H}_{22}^{(2)}]^{-1}+[-\mathbf{H}_{22}^{(2)}]^{-1}[\mathbf{H}_{21}^{(2)}][-\mathbf{H}_{11}^{(1)}]^{-1}[\mathbf{H}_{22}^{(2)}]'[-\mathbf{H}_{22}^{(2)}]^{-1}\\&+[-\mathbf{H}_{22}^{(2)}]^{-1}\boldsymbol{\Sigma}_{21}[-\mathbf{H}_{11}^{(1)}]^{-1}[\mathbf{H}_{22}^{(2)}]'[-\mathbf{H}_{22}^{(2)}]^{-1}\\&+[-\mathbf{H}_{22}^{(2)}]^{-1}[\mathbf{H}_{21}^{(2)}][-\mathbf{H}_{11}^{(1)}]^{-1}\boldsymbol{\Sigma}_{12}[-\mathbf{H}_{22}^{(2)}]^{-1}\end{aligned}$$

根据式（14-15)，$[-\mathbf{H}_{11}^{(1)}]^{-1}$ 和$[-\mathbf{H}_{22}^{(2)}]^{-1}$ 是定理 14.8 中出现的 $\mathbf{V}_1$ 和 $\mathbf{V}_2$，这进一步使得表达式精简为

$$\mathrm{Var}[\sqrt{n}(\hat{\boldsymbol{\theta}}_2-\boldsymbol{\theta}_2)]=\mathbf{V}_2+\mathbf{V}_2[\mathbf{H}_{21}^{(2)}]\mathbf{V}_1[\mathbf{H}_{21}^{(2)}]'\mathbf{V}_2-\mathbf{V}_2\boldsymbol{\Sigma}_{21}\mathbf{V}_1[\mathbf{H}_{21}^{(2)}]'\mathbf{V}_2-\mathbf{V}_2[\mathbf{H}_{21}^{(2)}]\mathbf{V}_1\boldsymbol{\Sigma}_{12}\mathbf{V}_2$$

两个剩余项是 $\mathbf{H}_{21}^{(2)}$，它是在定理中提到的由$-\mathbf{C}$ 估计的 $E[\partial^2\ln L_2(\boldsymbol{\theta}_1,\boldsymbol{\theta}_2)/\partial\boldsymbol{\theta}_2\partial\boldsymbol{\theta}_1']$［对于符号的改变，请再一次留意式（14-11)］，以及 $\boldsymbol{\Sigma}_{21}$，它是两个一阶导数的协方差。它们在定理 14.8 中被 $\mathbf{R}$ 估计。做最后两步替换产生了

$$\mathrm{Var}[\sqrt{n}(\hat{\boldsymbol{\theta}}_2-\boldsymbol{\theta}_2)]=\mathbf{V}_2+\mathbf{V}_2\mathbf{C}\mathbf{V}_1\mathbf{C}'\mathbf{V}_2-\mathbf{V}_2\mathbf{R}\mathbf{V}_1\mathbf{C}'\mathbf{V}_2-\mathbf{V}_2\mathbf{C}\mathbf{V}_1\mathbf{R}'\mathbf{V}_2$$

推导到此完成。

❖例 14.5 两步 ML 估计

两步法的一个普遍应用是来解释第二步模型中回归元的变化。在此实例中，构造的变量通常是在第二步模型中为内生变量的期望值。在这个例子中，我们将构建一个基本模型来演示计算。

在 Riphahn，Wambach，and Million（RWM，2003）中，作者研究了个人是否使用德国的医疗系统能否在一定程度上解释他们是否购买一种特殊的附加健康保险。我们在几点上使用了德国社会经济面板（GSOEP）数据集（见例 7.6）。研究中感兴趣的一个变量是 *DocVis*，即一个人在调查年度看医生的次数。RWM 考虑了补充（*Addon*）保险的存在对看医生次数的影响。我们的简单模型如下：看医生次数的模型是一个泊松回归（见 18.4.1 小节）。这是一个被我们设定为

$$E[DocVis \mid \mathbf{x}_2, P_{Addon}] = \mu(\mathbf{x}_2'\boldsymbol{\beta}, \gamma, \mathbf{x}_1'\boldsymbol{\alpha}) = \exp[\mathbf{x}_2'\boldsymbol{\beta} + \gamma\Lambda(\mathbf{x}_1'\boldsymbol{\alpha})]$$

的对数线性模型。该模型包括了一个虚拟变量，当个体有 *Addon* 保险时该虚拟变量为 1，没有时为 0，在这个方程中该变量是外生的。但是对于一个个体是否有保险，基于 **logistic 概率模型**（logistic probability model）（见 17.2 节），$E[Addon \mid \mathbf{x}_1]$的估计值为

$$\Lambda(\mathbf{x}_1'\boldsymbol{\alpha}) = \frac{\exp(\mathbf{x}_1'\boldsymbol{\alpha})}{1+\exp(\mathbf{x}_1'\boldsymbol{\alpha})}\ \text{Prob}[\text{个体购买了 } Addon \text{ 保险} \mid \mathbf{x}_1]$$

出于练习的目的，我们设定

$$(y_1 = Addon)\mathbf{x}_1 = (\text{常数}, Age, Education, Married, Kids)$$
$$(y_2 = DocVis)\mathbf{x}_2 = (\text{常数}, Age, Education, Income, Female)$$

如前所述，为了回避与数据集的面板数据性质相关的问题，我们将使用 1988 年数据集中的 4 483 个观测值，并将其中收入为零的两个观测值删除。

Logistic 概率模型的对数似然函数为

$$\ln L_1(\boldsymbol{\alpha}) = \Sigma_i\{(1-y_{i1})\ln[1-\Lambda(\mathbf{x}_{i1}'\boldsymbol{\alpha})] + y_{i1}\ln\Lambda(\mathbf{x}_{i1}'\boldsymbol{\alpha})\}$$

对数似然的导数为

$$\mathbf{g}_{i1}(\boldsymbol{\alpha}) = \partial\ln f_1(y_{i1} \mid \mathbf{x}_{i1}, \boldsymbol{\alpha})/\partial\boldsymbol{\alpha} = [y_{i1} - \Lambda(\mathbf{x}_{i1}'\boldsymbol{\alpha})]\mathbf{x}_{i1}$$

我们将关于 $\boldsymbol{\alpha}$ 最大化似然函数，然后如同定理 14.8，使用 BHHH 估计量计算 $\mathbf{V}_1$。我们也会用 $\mathbf{g}_{i1}(\boldsymbol{\alpha})$ 来计算 $\mathbf{R}$。

泊松回归模型的对数似然函数为

$$\ln L_2 = \Sigma_i[-\mu(\mathbf{x}_{i2}'\beta, \gamma, \mathbf{x}_{i1}'\boldsymbol{\alpha}) + y_{i2}\ln\mu(\mathbf{x}_{i2}'\beta, \gamma, \mathbf{x}_{i1}'\boldsymbol{\alpha}) - \ln y_{i2}']$$

该对数似然函数的导数为

$$\mathbf{g}_{i2}^{(2)}(\boldsymbol{\beta}, \gamma, \boldsymbol{\alpha}) = \partial\ln f_2(y_{i2}, \mathbf{x}_{i1}, \mathbf{x}_{i2}, \boldsymbol{\beta}, \gamma, \boldsymbol{\alpha})/\partial(\boldsymbol{\beta}', \gamma)' = [y_{i2} - \mu(\mathbf{x}_{i2}'\boldsymbol{\beta}, \gamma, \mathbf{x}_{i1}'\boldsymbol{\alpha})][\mathbf{x}_{i2}', \Lambda(\mathbf{x}_{i1}'\boldsymbol{\alpha})]'$$
$$\mathbf{g}_{i1}^{(2)}(\boldsymbol{\beta}, \gamma, \boldsymbol{\alpha}) = \partial\ln f_2(y_{i2}, \mathbf{x}_{i1}, \mathbf{x}_{i2}, \boldsymbol{\beta}, \gamma, \boldsymbol{\alpha})/\partial\boldsymbol{\alpha} = [y_{i2} - \mu(\mathbf{x}_{i2}'\boldsymbol{\beta}, \gamma, \mathbf{x}_{i1}'\boldsymbol{\alpha})]\gamma\boldsymbol{\Lambda}(\mathbf{x}_{i1}'\boldsymbol{\alpha})[1-\Lambda(\mathbf{x}_{i1}'\boldsymbol{\alpha})]\mathbf{x}_{i1}$$

我们将用 $\mathbf{g}_{i2}^{(2)}$ 来计算 $\mathbf{V}_2$，$\mathbf{R}$ 和 $\mathbf{C}$，通过计算 $\mathbf{C}$ 来计算 $\mathbf{g}_{i1}^{(2)}$。特别地，

$$\mathbf{V}_1 = [(1/n)\boldsymbol{\Sigma}_i\mathbf{g}_{i1}(\boldsymbol{\alpha})\mathbf{g}_{i1}(\boldsymbol{\alpha})']^{-1}$$
$$\mathbf{V}_2 = [(1/n)\boldsymbol{\Sigma}_i\mathbf{g}_{i2}^{(2)}(\boldsymbol{\beta}, \gamma, \boldsymbol{\alpha})\mathbf{g}_{i2}^{(2)}(\boldsymbol{\beta}, \gamma, \boldsymbol{\alpha})']^{-1}$$
$$\mathbf{C} = [(1/n)\boldsymbol{\Sigma}_i\mathbf{g}_{i2}^{(2)}(\boldsymbol{\beta}, \gamma, \boldsymbol{\alpha})\mathbf{g}_{i1}^{(2)}(\boldsymbol{\beta}, \gamma, \boldsymbol{\alpha})']$$

$$\mathbf{R}=[(1/n)\boldsymbol{\Sigma}_i\mathbf{g}_{i2}^{(2)}(\boldsymbol{\beta},\boldsymbol{\gamma},\boldsymbol{\alpha})\mathbf{g}_{i1}(\boldsymbol{\alpha})']$$

表 14.2 给出了模型参数的两步极大似然估计值和估计的标准误。对于第一步逻辑模型，标注为 $\mathbf{H}_1$ 和 $\mathbf{V}_1$ 的标准误比较了使用二阶导数向量的负倒数（$\mathbf{H}_1$）和一阶导数（$\mathbf{V}_1$）的外积计算出的值。在该样本的规模下，正如所期望的那样，差别很小。后者用于第二步中校正的协方差矩阵的计算。在泊松模型中，$\mathbf{V}_2$ 和 $\mathbf{V}_2^*$ 的比较明显地显示出，即使在相对大样本下，在构建的回归元中对 $\hat{\boldsymbol{\alpha}}$ 的出现的解释会对标准误有很大的影响。注意到，修正的效果是将方程中共有的变量的系数的标准误加倍，但对于第二步模型中所特有的变量 *Income* 和变量 *Female* 来说，影响是相当小的。

表 14.2　估计的逻辑和泊松模型

	Addon 的逻辑模型			*DocVis* 的泊松模型		
	系数	标准误（H_1）	标准误（V_1）	系数	标准误（V_2）	标准误（V_2^*）
常数	−6.192 46	0.602 28	0.582 87	0.778 08	0.048 84	0.093 19
Age	0.014 86	0.009 12	0.009 24	0.017 52	0.000 44	0.001 11
Education	0.160 91	0.030 03	0.033 26	−0.038 58	0.004 62	0.009 80
Married	0.222 06	0.235 84	0.235 23			
Kids	−0.108 22	0.215 91	0.219 93			
Income				−0.802 98	0.023 39	0.027 19
Female				0.164 09	0.006 01	0.007 70
$\Lambda(\mathbf{x}_1'\boldsymbol{\alpha})$				3.911 40	0.772 83	1.870 14

两个梯度的协方差 $\mathbf{R}$，在一个特定的应用中可能会收敛于 0。当第一步和第二步估计值基于不同的样本时，$\mathbf{R}$ 精确为 0。例如，在我们之前的应用中，$\mathbf{R}$ 基于两个残差。

$$\mathbf{g}_{i1}=\{Addon_i-E[Addon_i\mid\mathbf{x}_{i1}]\}\text{ 且 }\mathbf{g}_{i2}^{(2)}=\{DocVis_i-E[DocVis_i\mid\mathbf{x}_{i2},\boldsymbol{\Lambda}_{i1}]\}$$

这两个残差很可能是不相关的。这个假设会在模型的基础上被检查，但是在这种情况下，$\mathbf{V}_2$ 中的第二项和第三项是渐近消失的，剩下的是更为简单的形式，$\mathbf{V}_2^{**}=(1/n)[\mathbf{V}_2+\mathbf{V}_2\mathbf{C}\mathbf{V}_1\mathbf{C}'\mathbf{V}_2]$。[在我们的应用中，$\boldsymbol{g}_{i1}$ 和 $\mathbf{g}_{i2}^{(2)}$ 的样本相关性仅为 0.015 658，$\mathbf{R}$ 的估计值中的元素仅为 0.01 乘以 $\mathbf{C}$ 中对应的元素——基本上 $\mathbf{V}_2^*$ 中相关性的 99%都是由 $\mathbf{C}$ 导致的。]

有人提出这套程序可能没必要这么复杂。[①] 有两种替代方法可供选择。首先，在一般情况下，第二步估计量的渐近协方差矩阵可用在 15.4 节中讨论的自助程序（bootstrapping procedure）近似。然而我们应该注意到，如果使用了该方法，那么两步都是“自助的”是有必要的。否则，若将 $\hat{\boldsymbol{\theta}}_1$ 视为给定和不变的，我们最终会估计（$1/n$）$\mathbf{V}_2$，而非正确的协方差矩阵。练习的意义是解释 $\hat{\boldsymbol{\theta}}_1$ 的变化。第二个可能性是一次拟合完整的模型。这就是说，使用一步的、完整信息的极大似然估计量并同时估计 $\boldsymbol{\theta}_1$ 和 $\boldsymbol{\theta}_2$。当然，这通常是我们一开始想要避免的过程。两步法在现代软件下通常是很简单的。尽管如此，还是有可能使用该方法的。Heckman（1979）的著名样本选择模型再次提供了一个有启发性的案例。在 19.4.3 小节中，我们提出了赫克曼模型的

① 例如，Cameron and Trivedi（2005，p. 202）。

两步和全信息估计。

14.8 伪极大似然估计和稳健的渐近协方差矩阵

极大似然估计要求所观测的随机变量分布严格服从假定。若实际的分布不是我们所假定的分布，则似然函数设定有误，那么 MLE 的理想性质便不复存在。本节考虑基于一种估计方法的一套结论，这种方法在某些模型误设的情况下结果仍然保持稳健。比如，我们已经发现，在一个模型中，若条件均值函数为 $E[y \mid \mathbf{x}]=\mathbf{x}'\boldsymbol{\beta}$，则诸如最小二乘等估计量在假定分布错误的扰动下仍可以保持"稳健"。也就是说，若扰动项服从正态分布，则 LS 是 MLE。但即便扰动项不服从正态分布，我们仍能得到 LS 的某些理想性质，包括一致性。我们在本节中将要讨论的一些结论，与我们最大化"错误的"对数似然函数时可能发生的情况，以及在那些尽管出现这些情况但估计量仍然具有统计一致性的情形中，该如何为它计算一个适当的渐近协方差矩阵相关。①

□ 14.8.1 MLE 稳健的协方差矩阵估计量

在 4.5.2 小节中考虑的是最小二乘估计量的异方差性稳健协方差矩阵。基于一般结果

$$\mathbf{b}-\boldsymbol{\beta}=(\mathbf{X}'\mathbf{X})^{-1}\textstyle\sum_i \mathbf{x}_i\varepsilon_i \tag{14-32}$$

$\mathbf{b}$ 的渐近协方差矩阵的一个稳健估计量是

$$\text{Est. Asy. Var}[\mathbf{b}]=(\mathbf{X}'\mathbf{X})^{-1}\left[\textstyle\sum_i(\mathbf{x}_i e_i)(\mathbf{x}_i e_i)'\right](\mathbf{X}'\mathbf{X})^{-1}$$

如果 $\text{Var}[\varepsilon_i \mid \mathbf{x}_i]=\sigma^2$ 和 $\text{Cov}[\varepsilon_i,\varepsilon_j \mid \mathbf{X}]=0$，那么我们可以将计算简化为 $\text{Est. Asy. Var}[\mathbf{b}]=s^2(\mathbf{X}'\mathbf{X})^{-1}$。但是第一个形式在两种情况下都是合适的——至少对于异方差性而言，它是稳健的。这个估计量对于观测值之间的协方差是不稳健的，例如时间序列（在第 20 章考虑）和聚类数据（cluster data）（在下一小节考虑）。在 $\mathbf{b}$ 一致估计 $\boldsymbol{\gamma}$ 的意义下，尽管一般情况下不是 $\boldsymbol{\beta}$，方差估计量对遗漏变量仍是稳健的，并且该方差估计量正确地估计了 $\boldsymbol{\gamma}$ 附近 $\mathbf{b}$ 的渐近方差。尽管 $\mathbf{b}$ 不是在估计 $\boldsymbol{\beta}$，但方差估计量对于 $\mathbf{X}$ 中的一个或多个变量存在内生性问题时同样是稳健的。这一点对于当前的情况而言是非常重要的。方差估计量对于 $\mathbf{b}$ 的渐近方差矩阵而言可能仍然是有效的，但是 $\mathbf{b}$ 估计的并非 $\boldsymbol{\beta}$。

在极大似然估计中也出现了类似的考虑。极大似然估计量的性质由式（14-15）推导出来。式（14-32）的经验对应式为

$$\hat{\boldsymbol{\theta}}_{\text{MLE}}-\boldsymbol{\theta}_0 \approx \left[-\frac{1}{n}\sum_{i=1}^{n}\mathbf{H}_i(\boldsymbol{\theta}_0)\right]^{-1}\left[\frac{1}{n}\sum_{i=1}^{n}\mathbf{g}_i(\boldsymbol{\theta}_0)\right] \tag{14-33}$$

式中，$\mathbf{g}_i(\boldsymbol{\theta}_0)=\partial \ln f_i/\partial\boldsymbol{\theta}_0$，$\mathbf{H}_i(\boldsymbol{\theta}_0)=\partial^2 \ln f_i/\partial\boldsymbol{\theta}_0\partial\boldsymbol{\theta}_0'$ 和 $\boldsymbol{\theta}_0=\text{plim }\hat{\boldsymbol{\theta}}_{\text{MLE}}$。注意到 $\boldsymbol{\theta}_0$ 是通过最大化 $\ln L(\boldsymbol{\theta})$ 估计得到的参数向量，尽管在对数似然函数形式设定错误的情况下它并不是模型的目标参数，且 MLE 不具有一致性。假定 $\text{plim }\frac{1}{n}\sum_{i=1}^{n}\mathbf{H}_i(\boldsymbol{\theta}_0)=\overline{\mathbf{H}}$，并且为了服从中心极限定理，

① 接下来将简要阐述一系列有关这一估计问题的结论。有关这一问题的主要文献有 White（1982a）；Gourieroux，Monfort，and Trognon（1984）；Huber（1967）；Amemiya（1985）。近期一个包括大量这一问题的讨论的文献是 Mittelhammer et al.（2000）。

$\sqrt{n}\ \bar{\mathbf{g}}=\sqrt{n}\left(\frac{1}{n}\sum_{i=1}^{n}\mathbf{g}_i(\boldsymbol{\theta}_0)\right)$ 所需要的条件也得到满足，$\boldsymbol{\theta}_0$ 附近 MLE 方差的正确的估计量为

$$\text{Asy. Var}[\hat{\boldsymbol{\theta}}_{\text{MLE}}]=[-\bar{\mathbf{H}}]^{-1}\{\text{Asy. Var}[\bar{\mathbf{g}}]\}[-\bar{\mathbf{H}}]^{-1} \tag{14-34}$$

缺少的元素将用于 $\bar{\mathbf{g}}$ 的渐近方差。如果信息矩阵等式（定理 14.2 中的性质 D3）成立，那么 $\text{Asy. Var}[\bar{\mathbf{g}}]=(-1/n)\bar{\mathbf{H}}$，并且我们得到类似的结果：$\text{Asy. Var}[\hat{\boldsymbol{\theta}}_{\text{MLE}}]=\frac{1}{n}[-\bar{\mathbf{H}}]^{-1}$。然而不管信息矩阵等式是否成立，式（14 - 34）都可应用。我们可以用

$$\text{Est. Asy. Var}[\bar{\mathbf{g}}]=\frac{1}{n}\left[\frac{1}{n}\sum_{i=1}^{n}\mathbf{g}_i(\hat{\boldsymbol{\theta}}_{\text{MLE}})\mathbf{g}_i(\hat{\boldsymbol{\theta}}_{\text{MLE}})'\right] \tag{14-35}$$

来估计 $\bar{\mathbf{g}}$ 的方差。MLE 的方差估计量为

$$\text{Est. Asy. Var}[\hat{\boldsymbol{\theta}}_{\text{MLE}}]$$
$$=\left[-\frac{1}{n}\sum_{i=1}^{n}\mathbf{H}_i(\hat{\boldsymbol{\theta}}_{\text{MLE}})\right]^{-1}\left\{\frac{1}{n}\left[\frac{1}{n}\sum_{i=1}^{n}\mathbf{g}_i(\hat{\boldsymbol{\theta}}_{\text{MLE}})\mathbf{g}_i(\hat{\boldsymbol{\theta}}_{\text{MLE}})'\right]\right\}\left[-\frac{1}{n}\sum_{i=1}^{n}\mathbf{H}_i(\hat{\boldsymbol{\theta}}_{\text{MLE}})\right]^{-1} \tag{14-36}$$

这是极大似然估计量的稳健渐近协方差矩阵。

如果 $\ln L(\boldsymbol{\theta}_0\mid\mathbf{y},\mathbf{X})$是正确的条件似然函数，那么 MLE 是 $\boldsymbol{\theta}_0$ 的一致估计量，并且由于信息矩阵等式，MLE 的渐近方差是（$1/n$）乘以式（14 - 33）中括号里面的项。如果似然函数是错误设定的，那么稳健性问题将和 $\boldsymbol{\theta}_0$ 的估计量的表现有关。假定我们将要最大化的函数［我们称其为伪对数似然函数（pseudo-log likelihood）］充分满足正则性条件，即我们计算出的使得函数最大化的参数值收敛于参数向量 $\boldsymbol{\beta}$。那么通过以上结论，不使用信息矩阵等式，我们就可以得到估计量的渐近方差。就像最小二乘的例子，这里有两个水平的稳健性需要考虑。为了论证在这种情况下该估计量本身是稳健的，尽管估计的是正确的参数，首先需要论证的是对于我们想要估计的量和最大化错误似然函数，该估计量是一致的。如果模型是非线性的，一般而言证明将会变得更加困难。例如，在具有诱导性的例子中，对于二值选择模型，如果一些人认为 probit 模型适用，并且一些其他的模型也适用，那么对于异方差、遗漏变量、自相关、内生性问题、固定效应或随机效应或错误的分布模型中的任何一种情况，估计量都不是稳健的。（很难想出一个 MLE 对其稳健的失败的模型。）一旦估计量是有效的，那么就可以考虑渐近协方差矩阵的稳健性了。①

✣例 14.6　　非正态扰动项的回归

如果我们相信回归的扰动项比默认的正态分布情况更广，那么 logistic 或 t 分布可能提供了其他的设定形式。我们考虑 logistic，模型为

$$y=\mathbf{x}'\boldsymbol{\beta}+\varepsilon,\ f(\varepsilon)=\frac{1}{\sigma}\frac{\exp(\varepsilon/\sigma)}{[1+\exp(\varepsilon/\sigma)^2]}=\frac{1}{\sigma}\frac{\exp(w)}{[1+\exp(w)^2]}=\frac{1}{\sigma}\Lambda(w)[1-\Lambda(w)]$$

式中，$\Lambda(w)$ 是 logistic 累积分布函数（CDF）。Logistic 分布像正态分布一样是对称的，但是它有更大的方差，即$(\pi^2/3)\sigma^2$，相比于正态分布的 σ^2，并且有更大的峰度（厚尾），4.2，相比于正态分布的 3.0。

① 当前的文献中有一个基于式（14 - 36）例行报道“稳健的标准误”的趋势，而不考虑似然函数（定义了模型）。

总体而言，logistic 分布和 t 分布是相似的，它的自由度为 8，峰度为 4.5，方差为 $4/3\sigma^2$。标准化后变量的密度函数见图 14.3。

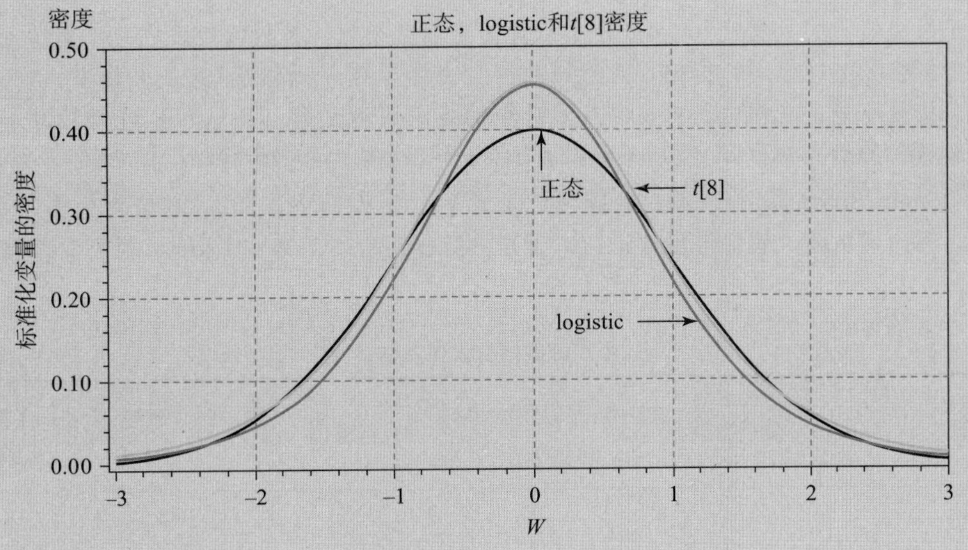

图 14.3 标准化的正态，logistic 和 t[8] 密度

对数似然函数为

$$\ln L(\boldsymbol{\beta},\sigma)=\sum_{i=1}^{n}\{-\ln\sigma+w_i-2\ln[1+\exp(w_i)]\},w_i=(y_i-\mathbf{x}_i'\boldsymbol{\beta})/\sigma \tag{14-37}$$

梯度和海塞矩阵中的项为

$$\mathbf{g}_i=\frac{-(1-2\Lambda(w_i))}{\sigma}\begin{pmatrix}\mathbf{x}_i\\w_i\end{pmatrix}-\frac{1}{\sigma}\begin{pmatrix}\mathbf{0}\\1\end{pmatrix}$$

$$\mathbf{H}_i=\frac{-2\Lambda(w_i)(1-\Lambda(w_i))}{\sigma^2}\begin{pmatrix}\mathbf{x}_i\\w_i\end{pmatrix}\begin{pmatrix}\mathbf{x}_i\\w_i\end{pmatrix}'+\frac{(1-2\Lambda(w_i))}{\sigma^2}\begin{bmatrix}0&\mathbf{x}_i\\\mathbf{x}_i'&2w_i\end{bmatrix}+\frac{1}{\sigma^2}\begin{bmatrix}\mathbf{0}&\mathbf{0}\\\mathbf{0}'&1\end{bmatrix}$$

$\begin{pmatrix}\hat{\boldsymbol{\beta}}\\\hat{\sigma}\end{pmatrix}$的渐近协方差矩阵的传统估计量是 $\left[-\sum_{i=1}^{n}\hat{\mathbf{H}}_i\right]^{-1}$，稳健估计量是

$$\text{Est. Asy. Var}\begin{bmatrix}\hat{\boldsymbol{\beta}}\\\hat{\sigma}\end{bmatrix}=\left[-\sum_{i=1}^{n}\hat{\mathbf{H}}_i\right]^{-1}\left[\sum_{i=1}^{n}\hat{\mathbf{g}}_i\hat{\mathbf{g}}_i'\right]\left[-\sum_{i=1}^{n}\hat{\mathbf{H}}_i\right]^{-1}$$

在线附录 F14.1 中的数据是西班牙北部 247 个乳牛场 6 年，即 1993—1998 年，观测的面板数据 。模型是一个简单的柯布-道格拉斯生产函数：

$$\ln y_{it}=\beta_0+\beta_1\ln x_{1,it}+\beta_2\ln x_{2,it}+\beta_3\ln x_{3,it}+\beta_4\ln x_{4,it}+\varepsilon_{it}$$

式中，y_i 是牛奶产量的对数，$x_{1,it}$ 是奶牛的数量，$x_{2,it}$ 是土地的公顷数，$x_{3,it}$ 是劳动力，$x_{4,it}$ 是饲料。四个输入都被转化成对数形式，然后是与对数形式均值的离差。接下来我们通过最大化 logistic 分布的对数似然函数来估计 $\boldsymbol{\beta}$ 和 σ。结果列在表 14.3 中，标准误使用$[-\Sigma_i\Sigma_i\hat{\mathbf{H}}_{it}]^{-1}$ 进行计算。第（4）列中展示的稳健标准误是基于式（14-36）的。它们和未修正的标准误基本相同，这表明 logistic 分布背离正确的潜在分布或异方差性的影响是十分微弱的。第（5）列展示了下一小节中将要讨论的基于式（14-38）的聚类稳健标准误。

在似然函数中假设的数据对 logistic 分布的背离是非常小的。对数似然函数并不支持 logistic 分布；然而，模型不能在此基础上进行比较，因为检验的自由度为 0——模型不是嵌套模型。在 14.6.6 小节中讨论的沃氏检验可能是有用的。对数似然函数中的各项可通过式（14-37）进行计算。对于正态分布，对数似然函数的形式将为 $\ln f_{it}=-(1/2)[\ln 2\pi+\ln s^2+(y_{it}-\mathbf{x}_{it}'\mathbf{b})^2/s^2]$，式中 $s^2=\mathbf{e}'\mathbf{e}/n$。使用 $d_{it}=(\ln f_{it}\,|\,\text{logistic}-\ln f_{it}\,|\,\text{normal})$，检验统计量为 $V=\sqrt{n}\bar{d}/s_d=1.682$。这轻微地支持了 logistic 分布，但是它在不确定区域。我们得出结论：对于这些数据而言，正态和 logistic 模型是无法从本质上进行区分的。

表 14.3　生产函数的极大似然估计

估计	（1）最小二乘	（2）极大似然估计 logistic	（3）标准误	（4）稳健标准误	（5）聚类标准误
β_0	11.577 5	11.582 6	0.003 53	0.003 64	0.007 51
β_1	0.595 18	0.586 96	0.019 44	0.021 24	0.036 97
β_2	0.023 05	0.027 53	0.010 86	0.011 04	0.019 24
β_3	0.023 19	0.018 58	0.012 48	0.012 26	0.023 25
β_4	0.451 76	0.456 71	0.010 69	0.011 60	0.020 71
σ	0.140 12[a]	0.078 07	0.001 69	0.001 64	0.002 99
R^2	0.925 55	0.952 53[b]			
$\ln L$	809.676	821.197			

a. σ^2 的极大似然估计为 $\mathbf{e}'\mathbf{e}/n$。

b. R^2 是作为预测值和真实值相关系数的平方来计算的。

□ 14.8.2　聚类估计量

从微观层面或者个体角度，数据通常会被分成组或“类”。在公司层面，成功的生产或经济模型可能基于一些行业，并且每个行业中都有若干公司。

学生教育目标的分析需要基于整个班级、学校或全国范围内学校平均水平的样本。当然，这样的“类”的概念是定义在一个面板数据集特征上的。我们现在考虑我们在 4.5.3 小节中分析过的面板数据的几种应用类型以及第 11 章中我们对面板数据的分析。最近的文献包含了很多分群数据的研究，这些研究分析了一个混合模型，即寻求通过修正后的渐近协方差矩阵来解释各观测之间预期的相关性问题。我们在计算面板数据模型的整体最小二乘估计量的稳健协方差矩阵时应用过这种方法［参见式（11-3）和例 11.7 与例 11.11］。

对于正态线性回归模型，我们用来最大化混合最小二乘估计量的对数似然函数可以写为

$$\ln L=\sum_{i=1}^{n}\sum_{t=1}^{T_i}\left[-\frac{1}{2}\ln 2\pi-\frac{1}{2}\ln\sigma^2-\frac{1}{2}\frac{(y_{it}-\mathbf{x}_{it}'\boldsymbol{\beta})^2}{\sigma^2}\right]$$

通过乘上和除以 $(\sigma^2)^2$，式（11－3）中的估计量可以写为

$$\mathbf{W}=\left(\sum_{i=1}^{n}\mathbf{X}_i'\mathbf{X}_i\right)^{-1}\left[\sum_{i=1}^{n}(\mathbf{X}_i'\mathbf{e}_i)(\mathbf{e}_i'\mathbf{X}_i)\right]\left(\sum_{i=1}^{n}\mathbf{X}_i'\mathbf{X}_i\right)^{-1}$$
$$=\left(-\frac{1}{\hat{\sigma}^2}\sum_{i=1}^{n}\sum_{t=1}^{T_i}\mathbf{x}_{it}\mathbf{x}_{it}'\right)^{-1}\left[\sum_{i=1}^{n}\left(\sum_{t=1}^{T_i}\frac{1}{\hat{\sigma}^2}\mathbf{x}_{it}e_{it}\right)\left(\sum_{t=1}^{T_i}\frac{1}{\hat{\sigma}^2}e_{it}\mathbf{x}_{it}'\right)\right]\left(-\frac{1}{\hat{\sigma}^2}\sum_{i=1}^{n}\sum_{t=1}^{T_i}\mathbf{x}_{it}\mathbf{x}_{it}'\right)^{-1}$$

第二行中的项是 $\ln f_{it}$ 的一阶和二阶导数，它服从式（14－3）中显示的均值为 $\mathbf{x}_{it}'\boldsymbol{\beta}$ 和方差为 σ^2 的正态分布。结果的一个通用形式为

$$W=\left(\sum_{i=1}^{n}\sum_{t=1}^{T_i}\frac{\partial^2\ln f_{it}(\hat{\boldsymbol{\theta}})}{\partial\hat{\boldsymbol{\theta}}\partial\hat{\boldsymbol{\theta}}'}\right)^{-1}$$
$$\times\left[\sum_{i=1}^{n}\left(\sum_{t=1}^{T_i}\frac{\partial\ln f_{it}(\hat{\boldsymbol{\theta}})}{\partial\hat{\boldsymbol{\theta}}}\right)\left(\sum_{t=1}^{T_i}\frac{\partial\ln f_{it}(\hat{\boldsymbol{\theta}})}{\partial\hat{\boldsymbol{\theta}}'}\right)\right]\left(\sum_{i=1}^{n}\sum_{t=1}^{T_i}\frac{\partial^2\ln f_{it}(\hat{\boldsymbol{\theta}})}{\partial\hat{\boldsymbol{\theta}}\partial\hat{\boldsymbol{\theta}}'}\right)^{-1}\quad(14-38)$$

相关系数的这个形式将用来解释组内观测值（导数）之间未指明的相关性。[式（11－4）中的有限样本相关性有时被应用。]

❖例 14.7 聚类稳健标准误

例 14.6 中使用的乳牛场的数据是 247 个农场连续 6 年的观测值的面板数据。对可能的聚类效应的标准误的修正是自然的。表 14.3 中的第（5）列展示了利用式（14－38）计算出的标准误。修正后的标准误接近于第（5）列值的两倍。这表明尽管分布设定是合理的，观测值之间的相关性仍是十分充分的。我们将在 19.2.4 小节对随机生产前沿模型（stochastic production frontier model）的讨论中进一步检查数据的这一特征。

我们现在考虑估计量必须匹配的标准误。假设组 i 中的观测值为服从多变量正态分布，且其扰动项期望值为 0 和非约束 $T_i\times T_i$ 协方差矩阵为 $\boldsymbol{\Sigma}_i$，那么相应的似然函数为

$$\ln L=\sum_{i=1}^{n}\left(-T_i/2\ln2\pi-\frac{1}{2}\ln|\boldsymbol{\Sigma}_i|-\frac{1}{2}\boldsymbol{\varepsilon}_i'\boldsymbol{\Sigma}_i^{-1}\boldsymbol{\varepsilon}_i\right)$$

式中，$\boldsymbol{\varepsilon}_i$ 为关于单个 i 的扰动项 $T_i\times1$ 向量。因此，通过使用混合最小二乘，我们最大化了错误的似然函数。实际上，使得这个似然函数最大化的 $\boldsymbol{\beta}$ 是 GLS 估计量，而不是 OLS 估计量。但在以下两个条件下，OLS 和聚类修正了之前给出的估计量：(1) 最小二乘估计量即使在分布假定错误的情况下也是一致的；(2) 稳健估计量实质上估计了正确的渐近协方差矩阵。

现在，我们考虑更一般的情况。假设数据集包括 n 个多变量观测值 $[y_{i,1},\cdots,y_{i,T_i}]$，$i=1,\cdots,n$。每个聚类是从联合密度函数 $f_i(\mathbf{y}_i|\mathbf{X}_i,\boldsymbol{\theta})$ 中得到的。再一次，为了保持结果的一般性，我们允许聚类大小不同。对于样本，相应的对数似然函数为

$$\ln L=\sum_{i=1}^{n}\ln f_i(\mathbf{y}_i|\mathbf{X}_i,\boldsymbol{\theta})$$

我们最大化伪对数似然函数而不是最大化 $\ln L$，于是有

$$\ln L_P=\sum_{i=1}^{n}\sum_{t=1}^{T_i}\ln g(y_{it}|\mathbf{x}_{it},\boldsymbol{\theta})$$

式中，我们使得不合实际的假设——与正确情况相似的相同的参数向量 $\boldsymbol{\theta}$ 加入伪对数似然函数，并假设它成立。使用我们熟悉的一阶渐近**伪极大似然估计量**（pseudo-maximum likelihood estimator，MLE）将会满足

$$(\hat{\boldsymbol{\theta}}_{P,ML}-\boldsymbol{\theta})\approx\left(\frac{-1}{\sum_{i=1}^{n}T_i}\sum_{i=1}^{n}\sum_{t=1}^{T_i}\frac{\partial^2\ln f_{it}}{\partial\boldsymbol{\theta}\partial\boldsymbol{\theta}'}\right)^{-1}\left(\frac{-1}{\sum_{i=1}^{n}T_i}\sum_{i=1}^{n}\sum_{t=1}^{T_i}\frac{\partial\ln f_{it}}{\partial\boldsymbol{\theta}}\right)+(\boldsymbol{\theta}-\boldsymbol{\beta})$$

$$=\left(\frac{-1}{\sum_{i=1}^{n}T_i}\sum_{i=1}^{n}\sum_{t=1}^{T_i}\mathbf{H}_{it}\right)^{-1}\left(\sum_{i=1}^{n}a_i\bar{\mathbf{g}}_i\right)+(\boldsymbol{\theta}-\boldsymbol{\beta})$$

式中，$a_i=T_i/\sum_{i=1}^{n}T_i$ 和 $\bar{\mathbf{g}}_i=(1/T_i)\sum_{t=1}^{T_i}\partial\ln f_{it}/\partial\boldsymbol{\theta}$。上式中的最后一项是使得存在 $\text{plim}\hat{\boldsymbol{\theta}}_{P,ML}=\boldsymbol{\beta}$ 的可能性，尽管不一定等于 $\boldsymbol{\theta}$。[①] 如果我们用上式的结果来估计均值的渐近均方差，则式中只包含两项——交叉项将被消掉。第一项即为现在文献中经常提及的聚类修正矩阵。第二项为随着 n 增大仍然存在的平方误（它的存在是因为伪极大似然估计量并不要求估计模型中的参数）。

我们可以推导出两个结论。我们可以在这个近似值的基础上进一步修正聚类估计量。总体来说，它可以在伪极大似然估计量平方变动的可能范围之内对其进行估计。它是否能够度量模型合适参数的变动取决于上式中的第二项是否为 0。也许理所当然地，只有在伪 MLE 是一致的情况下，这个结论才生效。这样的论断正确吗？如果模型忽略了不可观测的固定效应的影响，那么这个论断自然就不正确。另外，当我们做出忽略潜在的随机效应的错误假定时，估计量通常就不再具有统计一致性。伪极大似然估计量只在一些特殊情况下的随机效应模型中保持一致性，这些情况包括我们在第 18 章中论述的线性、泊松分布和负二项式分布模型。而它在经常使用它的 probit 和 logit 模型中却并不具有一致性。总体上，该估计量具有一致性的情况是非常罕见的。Freedman（2006，p. 302）曾对这个结论做过简要的论述："在严格的条件下，'三明治'算法甚至可以在错误假定下（即似然函数也是错误的）渐近正确地推导出极大似然估计量的方差。但是，在忽略偏误的情况下，这就是另外一回事了。直到现在，研究人员为什么要对错误参数的估计量的方差如此关注，仍然是一个谜。"

14.9 线性回归模型的极大似然估计

我们现在分析极大似然估计的几个应用。我们首先把 ML 的对应情况扩展至第 4～11 章中提到的古典与广义回归模型。（一般来说，将结论推广到动态模型时的情况比我们现在讨论的复杂得多。我们会考虑的一个例外情况是自相关标准模型。）需要强调的是，在上述每一种情况下，我们都可以建立一种有效、广义的方法，使得求出的矩估计与假定正态分布下的 MLE 拥有相同的渐近性质。在一些更加一般的例子中，我们有时会发现，GMM 估计量有时比 MLE 要优秀。这是因为，GMM 估计量具有在假定分布错误的情况下仍能保持稳健性的性质，而且计算它并不需要一开始就假定分布。但是，当我们把讨论扩展到基于广义最小二乘法的经典模型时，就会出现不同的情况。在这些模型中，MLE 也许是最佳的。首先，有时 MLE 会因其在非线性

① 注意，举例来说，Canteron and Trivedi（2005，p. 842）在他们提到的广义模型中特别假定了该估计的一致性。

模型中的不变性和小样本特性（虽然不是经常因为它）而受到青睐。其次，我们讨论一些非线性模型，在这些模型中并没有线性的相应矩估计方法，因此，MLE 就成为理所当然的估计量。最后，在每个例子中，我们都会发现 MLE 的有用之处，以及其他的一些算法，例如牛顿法和针对潜在类别模型的 EM 方法。

□ 14.9.1 扰动项为正态分布的线性回归模型

线性回归模型为

$$y_i = \mathbf{x}_i'\boldsymbol{\beta} + \varepsilon_i$$

拥有 n 个独立且同为正态分布的扰动项的似然函数为

$$L = (2\pi\sigma^2)^{-n/2} e^{-\boldsymbol{\varepsilon}'\boldsymbol{\varepsilon}/(2\sigma^2)}$$

从 ε_i 到 y_i 的变换为 $\varepsilon_i = y_i - \mathbf{x}_i'\boldsymbol{\beta}$，所以每次观测的雅可比 $|\partial\varepsilon_i/\partial y_i|$ 都是 1。① 做此变换后，我们发现，对观测随机变量观测 n 次的似然函数为

$$L = (2\pi\sigma^2)^{-n/2} e^{(-1/(2\sigma^2))(\mathbf{y}-\mathbf{X}\boldsymbol{\beta})'(\mathbf{y}-\mathbf{X}\boldsymbol{\beta})}$$

为了关于 $\boldsymbol{\beta}$ 最大化这个函数，有必要最大化其指数或最小化我们熟悉的平方和。取对数，就可以推导出经典回归模型的对数似然函数，

$$\begin{aligned}\ln L &= -\frac{n}{2}\ln 2\pi - \frac{n}{2}\ln\sigma^2 - \frac{(\mathbf{y}-\mathbf{X}\boldsymbol{\beta})'(\mathbf{y}-\mathbf{X}\boldsymbol{\beta})}{2\sigma^2} \\ &= -\frac{1}{2}\sum_{i=1}^{n}[\ln 2\pi + \ln\sigma^2 + (y_i - \mathbf{x}_i'\boldsymbol{\beta})^2/\sigma^2]\end{aligned} \qquad (14-39)$$

最大化该对数似然函数的必要条件为

$$\begin{bmatrix}\dfrac{\partial \ln L}{\partial\boldsymbol{\beta}} \\ \dfrac{\partial \ln L}{\partial\sigma^2}\end{bmatrix} = \begin{bmatrix}\dfrac{\mathbf{X}'(\mathbf{y}-\mathbf{X}\boldsymbol{\beta})}{\sigma^2} \\ \dfrac{-n}{2\sigma^2} + \dfrac{(\mathbf{y}-\mathbf{X}\boldsymbol{\beta})'(\mathbf{y}-\mathbf{X}\boldsymbol{\beta})}{2\sigma^4}\end{bmatrix} = \begin{bmatrix}\mathbf{0} \\ 0\end{bmatrix}$$

满足这些方程的值为

$$\hat{\boldsymbol{\beta}}_{\mathrm{ML}} = (\mathbf{X}'\mathbf{X})^{-1}\mathbf{X}'\mathbf{y} = \mathbf{b} \quad 且 \quad \hat{\sigma}^2_{\mathrm{ML}} = \frac{\mathbf{e}'\mathbf{e}}{n}$$

斜率估计量是我们熟悉的结果，但方差估计量与最小二乘的不同之处在于除数为 n 而非 $n-K$。②

无偏估计量方差的克拉默-拉奥下界为

$$\begin{bmatrix}\dfrac{\partial^2 \ln L}{\partial\boldsymbol{\beta}\partial\boldsymbol{\beta}'} & \dfrac{\partial^2 \ln L}{\partial\boldsymbol{\beta}\partial\sigma^2} \\ \dfrac{\partial^2 \ln L}{\partial\sigma^2\partial\boldsymbol{\beta}'} & \dfrac{\partial^2 \ln L}{\partial(\sigma^2)^2}\end{bmatrix} = \begin{bmatrix}-\dfrac{\mathbf{X}'\mathbf{X}}{\sigma^2} & -\dfrac{\mathbf{X}'\boldsymbol{\varepsilon}}{\sigma^4} \\ -\dfrac{\boldsymbol{\varepsilon}'\mathbf{X}}{\sigma^4} & \dfrac{n}{2\sigma^4} - \dfrac{\boldsymbol{\varepsilon}'\boldsymbol{\varepsilon}}{\sigma^6}\end{bmatrix}$$

---

① 见 B.5 节的式（B-41）。接下来的分析以 $\mathbf{X}$ 为条件。为避免符号混淆，我们将模型这一方面隐含在结论中。与之前一样，我们假定 $\mathbf{X}$ 的数据生成过程不包含 $\boldsymbol{\beta}$ 或 σ^2，并且如第 4 章讨论的那样，数据表现良好。

② 作为一个一般原则，极大似然估计量不对自由度做修改。

的期望值的负逆。在取期望值时，主对角线以外的元素为零，只留下

$$[\mathbf{I}(\boldsymbol{\beta},\sigma^2)]^{-1}=\begin{bmatrix}\sigma^2(\mathbf{X}'\mathbf{X})^{-1} & \mathbf{0}\\ \mathbf{0}' & 2\sigma^4/n\end{bmatrix}$$

对于这个模型，最小二乘斜率估计量就是极大似然估计量。因此，它继承了极大似然估计量所有理想的渐近性质。

我们前面证明了 $s^2=\mathbf{e}'\mathbf{e}/(n-K)$ 是 σ^2 的一个无偏估计量。因此，极大似然估计量存在趋向于 0 的偏误，即

$$E[\hat{\sigma}^2_{\mathrm{ML}}]=\frac{n-K}{n}\sigma^2=\left(1-\frac{K}{n}\right)\sigma^2<\sigma^2 \tag{14-40}$$

尽管在小样本情况下 σ^2 的极大似然估计量存在偏误，但却具有同样理想的渐近性质。我们在式（14－40）中论述过，s^2 与 $\hat{\sigma}^2$ 只相差一个因子 $-K/n$，在大样本中这个差别会消失。

用公式表述二者的渐近等价性颇有教益。根据式（14－40），我们有

$$\sqrt{n}\,(\hat{\sigma}^2_{\mathrm{ML}}-\sigma^2)\xrightarrow{d}N[0,2\sigma^4]$$

于是

$$z_n=(1-\frac{K}{n})\sqrt{n}\,(\hat{\sigma}^2_{\mathrm{ML}}-\sigma^2)+\frac{K}{\sqrt{n}}\sigma^2\xrightarrow{d}(1-\frac{K}{n})N[0,2\sigma^4]+\frac{k}{\sqrt{n}}\sigma^2$$

但随着 $n\to\infty$，$K/\sqrt{n}$ 和 K/n 都会为零，所以 z_n 的极限分布也是 $N[0，2\sigma^4]$。由于 $z_n=\sqrt{n}\times(s^2-\sigma^2)$，所以我们证明了 s^2 的渐近分布与极大似然估计量的渐近分布相同。

□ 14.9.2 具有非正态扰动项的一些线性模型

具有正态扰动项的线性回归模型的对数似然函数为

$$\begin{aligned}&\ln L_N(\boldsymbol{\beta},\sigma)=\sum_{i=1}^{n}\{-\ln\sigma-(1/2)\ln 2\pi-(1/2)w_i^2\}\\&w_i=(y_i-\mathbf{x}_i'\boldsymbol{\beta})/\sigma,\sigma>0\end{aligned} \tag{14-41}$$

例 14.6 考虑了扰动项为 logistic 分布的线性回归模型的极大似然估计。Logistic 分布的诱人之处是它更大的峰度——它的尾部比正态分布厚。对数似然函数为

$$\begin{aligned}&\ln L_L(\boldsymbol{\beta},\sigma)=\sum_{i=1}^{n}\{-\ln\sigma+w_i-2\ln[1+\exp(w_i)]\}\\&w_i=(y_i-\mathbf{x}_i'\boldsymbol{\beta})/\sigma,\sigma>0\end{aligned} \tag{14-42}$$

正如前面指出的，logistic 分布的设定固定了类似于 $t[8]$ 的分布的形状。就这一点而言，参数自由度不受约束的 t 分布（广义双区分布的一种特殊情况）容许更大的灵活性。但是参数的自由度不一定为整数值。我们允许 δ 是自由参数，尽管对于有限的前四个矩条件而言它大于 4。一个自由度为 δ 的服从标准 t 分布的随机变量的密度函数为

$$f(w|\delta,\sigma)=\frac{\Gamma[(\delta+1)/2]}{\Gamma(\delta/2)\Gamma(1/2)\sqrt{\pi\delta}}\frac{1}{\sigma}\left[1+\frac{w^2}{\delta}\right]^{-(\delta+1)/2}$$

对数似然函数为

$$\ln L_t(\boldsymbol{\beta},\sigma,\delta)=\sum_{i=1}^{n}\begin{pmatrix}-\ln\sigma+\ln\Gamma[(\delta+1)/2]-\ln\Gamma(\delta/2)\\-\ln\Gamma(1/2)-(1/2)\ln\pi-(1/2)\ln\delta\\-[(\delta+1)/2]\ln(1+w_i^2/\delta)\end{pmatrix}\qquad(14-43)$$

$$w_i=(y_i-\mathbf{x}_i'\boldsymbol{\beta})/\sigma,\sigma>0,\delta>4$$

随机前沿模型（例 12.2 和 19.2.4 小节）的中心是一个偏态分布，偏正态分布为

$$f(w\,|\,\lambda,\sigma)=\frac{2}{\sigma\sqrt{2\pi}}\exp[-(1/2)w^2]\Phi(-\lambda w),\ \lambda\geqslant 0$$

式中，$\Phi(z)$ 是标准正态分布的 CDF。如果偏度参数 λ 等于 0，这就退化成了标准正态分布。当扰动项的分布为 $\varepsilon=\sigma_v v_i-\sigma_u|u_i|$ 时，偏正态分布就会出现，式中 v_i 和 u_i 是标准正态变量，$\lambda=\sigma_u/\sigma_v$ 和 $\sigma^2=\sigma_v^2+\sigma_u^2$。[注意到 σ^2 不是 ε 的方差，方差 $|u_i|$ 是 $(\pi-2)/\pi$，而非 1。] 对数似然函数为

$$\ln L_{SN}(\boldsymbol{\beta},\sigma,\lambda)=\sum_{i=1}^{n}\{-\ln\sigma-(1/2)\ln(\pi/2)-(1/2)w_i^2+\ln\Phi(-\lambda w_i)\}$$

$$w_i=(y_i-\mathbf{x}_i'\boldsymbol{\beta})/\sigma\qquad(14-44)$$

例 14.8　Logistic，t 和偏正态扰动项

表 14.4 展示了四个模型的极大似然估计值。正如预想的那样，至少对于前三个而言斜率估计量的差异很小，因为差异表现为分布的范围而非形状。偏正态分布均值不为 0，而是 $E[\sigma_u|u_i|]=(2/\pi)^{1/2}\sigma_u$，因此常数项经过了调整。正如已经指出的，直接在 logistic 上作为一种限制来检验正态是不可能的，因为它们有相同数量的参数。沃氏检验也无法区分它们。t 分布看起来能够进行一个直接的模型设定的检验；然而，施加在 t 分布上的产生正态的限制是 $\delta\to\infty$，这是不可用的。但是我们可以利用极大似然估计量的不变性（表 14.1 中的性质 M4）。$1/\delta$ 的极大似然估计量是 $1/\hat{\delta}_{\text{MLE}}=0.101\,797=\hat{\gamma}$。我们可以运用 δ 法（delta method）来获得标准误。估计的标准误为 $(1/\hat{\delta}_{\text{MLE}})^2\times 2.542\,96=0.026\,342$。$H_0$：$\hat{\gamma}=0$ 的沃尔德检验将检验正态分布和 t 分布。结果为 $[(0.101\,797-0)/0.026\,342]^2=14.934$，这比临界值 3.84 大，因此正态假设被拒绝。[该检验有一个小问题，$\gamma=0$ 的值在参数空间的边界，而非内部。因此，卡方统计量不具有它通常的性质。该问题在 Kodde and Palm（1988）和 Coelli（1995）中进行探索，他们提出单个约束对应的临界值为 2.706 而非 3.84。[①] 同样的考虑也应用于 $\lambda=0$ 的检验中。] 我们指出，因为开始时对数似然函数可能使用 γ 来参数化，我们应该能够使用似然比检验来检验相同的假设。根据不变性的结果，用 γ 表示的对数似然应该不变，因此检验统计量应为 $\lambda_{\text{LR}}=-2\times(809.676-822.192)=25.032$。这得出了同样的结论。通过 $\lambda=0$ 或 $\sigma_u=0$，正态分布嵌套在偏正态分布中。我们可以使用似然比检验来检验这些中的第一个；$\lambda_{\text{LR}}=-2\times(809.676-822.688)=26.024$。基于 σ_u 的估计值推导的沃尔德统计量为 $(0.155\,73/0.002\,79)^2=3\,115.56$。[②] 对于两种情况而言结论是相同的。正如所指出的，t 和 logistic 在本质上是不可区分的。剩下的问题为：重新设立的模型会支持偏度还是峰

---

① 在对 $0.05=(1/2)\text{Prob}[\chi^2[1]\geqslant c]$ 求解 c 的过程中发现了临界值。对于自由度为 1 的卡方变量，90%的临界值为 2.706。

② Greene and McKenzie（2015）证明对于在这里检验的随机前沿模型，对假设 $\sigma_u=0$ 的 LM 检验可以基于 OLS 残差；自由度为 1 的卡方统计量为 $(n/6)(m_3/s^3)^2$，式中 m_3 是残差的三阶矩，$s^2=\mathbf{e}'\mathbf{e}/n$。整个数据集的值为 21.665。

度？我们没有直接可用的统计学检验。尽管如此，$\boldsymbol{\beta}$ 的 OLS 估计量是一致的，因此一些信息将会包含在残差中。图 14.4 将 OLS 的残差和具有相同均值（0）和标准差（0.140 12）的标准正态分布进行比较。该图表明，偏度的确存在，但没有过分蔓延。考虑到生产函数应用的本质，偏度在这个模型中是核心，因此到目前为止的发现是我们所期望的。随机生产前沿模型将在 19.2.4 小节中继续讨论。

表 14.4　极大似然估计（括号中为估计的标准误）

估计	OLS/MLE 正态	MLE Logistic	MLE t Frac. D. F.	MLE 偏正态
β_0	11.577 5	11.582 6	11.581 3	11.696 6[c]
	(0.003 65)	(0.003 53)	(0.003 63)	(0.004 47)
β_1	0.595 18	0.586 96	0.590 42	0.583 69
	(0.019 58)	(0.019 44)	(0.018 03)	(0.018 87)
β_2	0.023 05	0.027 53	0.025 76	0.035 55
	(0.011 22)	(0.010 86)	(0.010 96)	(0.011 13)
β_3	0.023 19	0.018 58	0.019 71	0.022 56
	(0.013 03)	(0.012 48)	(0.012 99)	(0.012 81)
β_4	0.451 76	0.456 71	0.452 20	0.449 48
	(0.010 78)	(0.010 69)	(0.009 89)	(0.010 35)
σ	0.140 12[a]	0.078 07	0.125 19	0.139 88[d]
	(0.002 75)	(0.001 69)	(0.004 04)	(0.002 79)
δ			9.823 50	
			(2.542 96)	
λ				1.501 64
				(0.087 48)
σ_u				0.155 73[e]
				(0.002 79)
R^2	0.925 55	0.952 53[b]	0.952 54[b]	0.952 50[b]
$\ln L$	809.676	821.197	822.192	822.688

a. σ 的 MLE 为 $\mathbf{e}'\mathbf{e}/n$。

b. R^2 是作为预测值和真实值相关系数的平方被计算出的。

c. 均值不为零的扰动项。β_0 的调整为 $\sigma_u(2/\pi)^{1/2}=-0.044\ 47$。

d. 报告的 $\sigma_\varepsilon=[\sigma_v^2+\sigma_u^2(\pi-2)/\pi]^{1/2}$。估计的 $\sigma_v=0.103\ 71(0.00\ 418)$。

e. σ_u 是被推导出来的。$\sigma_u=\sigma\lambda/(1+\lambda^2)^{1/2}$。Est. Cov$(\hat{\sigma},\hat{\lambda})=2.385\ 3\times10^{-7}$。标准误是使用 δ 法计算出来的。

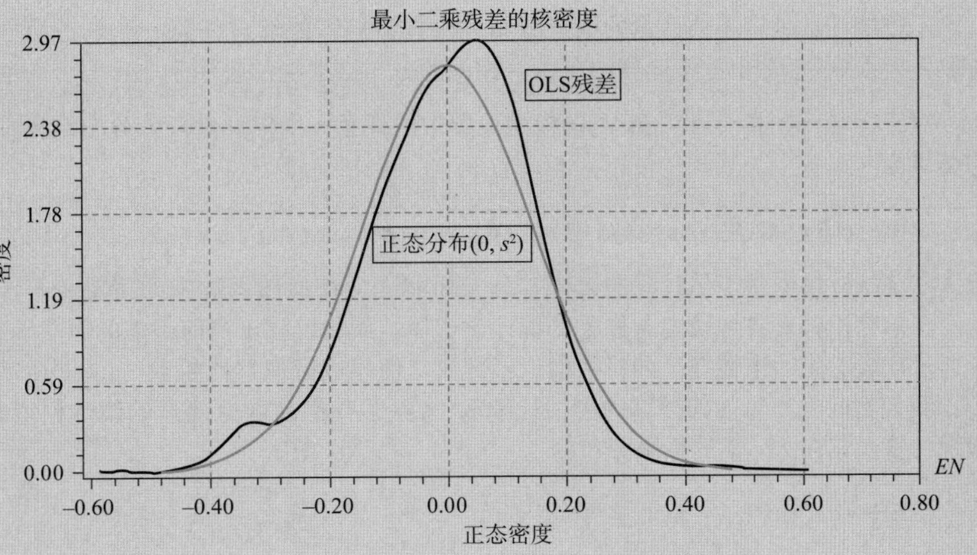

图 14.4　最小二乘残差的分布

□ 14.9.3　回归模型的假设检验

衡量扰动项为正态分布的线性模型的一组线性约束 $\mathbf{R}\boldsymbol{\beta}-\mathbf{q}=\mathbf{0}$ 的有效性的标准检验统计量是 F 值：

$$F[J, n-K]=\frac{(\mathbf{Rb}-\mathbf{q})'[\mathbf{R}s^2(\mathbf{X}'\mathbf{X})^{-1}\mathbf{R}']^{-1}(\mathbf{Rb}-\mathbf{q})}{J} \tag{14-45}$$

若扰动项服从正态分布，则 F 检验在任意大小的样本容量中都有效。统计量的更一般的形式

$$F[J, n-K]=\frac{(\mathbf{e}'_*\mathbf{e}_*-\mathbf{e}'\mathbf{e})/J}{\mathbf{e}'\mathbf{e}/(n-K)} \tag{14-46}$$

当扰动项具有异方差性时也可用，甚至在扰动项不服从正态分布且有形如一般形式 $\mathbf{c}(\boldsymbol{\beta})=\mathbf{0}$ 的非线性约束条件时也是有效的。在有线性约束条件下的线性回归设置中，沃尔德统计量 $\mathbf{c}(\mathbf{b})'\{\text{Asy. Var}[\mathbf{c}(\mathbf{b})]\}^{-1}\mathbf{c}(\mathbf{b})$ 等于 $J\times F[J, n-K]$。因此大样本有效性扩展到了正态线性回归模型以外（见 5.3.1 小节和 5.3.2 小节）。

在本小节中，我们将重新考虑沃尔德统计量，以及与其相关的似然比统计量和拉格朗日乘数统计量。这些统计量都基于似然函数，而且和沃尔德统计量一样通常只是渐近有效。由于此时的线性约束并未简化问题，所以我们将考虑如下形式的一般假设：

$$H_0: \mathbf{c}(\boldsymbol{\beta})=\mathbf{0}$$
$$H_1: \mathbf{c}(\boldsymbol{\beta})\neq\mathbf{0}$$

检验这个假设的沃尔德统计量（Wald statistic）及其在 H_0 下的极限分布为

$$W=\mathbf{c}(\mathbf{b})'\{\mathbf{G}(\mathbf{b})[\hat{\sigma}^2(\mathbf{X}'\mathbf{X})^{-1}]\mathbf{G}(\mathbf{b})'\}^{-1}\mathbf{c}(\mathbf{b})\xrightarrow{d}\chi^2[J]$$

式中 $\mathbf{G}(\mathbf{b})=[\partial\mathbf{c}(\mathbf{b})/\partial\mathbf{b}']$。

沃尔德统计量是基于估计量的渐近分布。协方差矩阵能够被任意一个渐近协方差的有效估计量取代。在例 14.7 中由于同样的理由，相同的分布结果能够应用于非正态分布的估计量。事实上，对于任意一个 $\hat{\boldsymbol{\beta}}\xrightarrow{a}N[\boldsymbol{\beta},\mathbf{V}]$ 的模型设置中的任意一个估计量，该分布结果都适用。则一般的结果为

$$W=\mathbf{c}(\hat{\boldsymbol{\beta}})'\{\mathbf{G}(\hat{\boldsymbol{\beta}})[\text{Asy. Var}(\hat{\boldsymbol{\beta}})]G(\hat{\boldsymbol{\beta}})'\}^{-1}\mathbf{c}(\hat{\boldsymbol{\beta}})\xrightarrow{d}\chi^2[J] \tag{14-47}$$

由于沃尔德统计量依赖于估计量的大样本分布而非隐含在似然函数中的特定分布，因此它是稳健的。沃尔德检验是各种设定条件下的统计学选择，而非仅限于当前考虑的似然函数。

通过比较有无约束情况下的对数似然函数值，便能进行**似然比检验**［likelihood ratio（LR）test］。我们暂时先不管如何计算约束估计量 $\mathbf{b}^*$（除了我们前面论述过的线性模型之外）。这个检验统计量及其在 H_0 下的极限分布为

$$\text{LR}=-2[\ln L_*-\ln L]\xrightarrow{d}\chi^2[J] \tag{14-48}$$

对于任意一个有极大似然函数拟合的嵌套模型而言，该结果是一般性的。正态/线性回归模型的对数似然函数在式（14－39）中给出。一阶条件意味着无论如何计算斜率，在对 $\boldsymbol{\beta}$ 没有约束的情况下，σ^2 的估计量都是 $\hat{\sigma}^2=(\mathbf{y}-\mathbf{X}\mathbf{b})'(\mathbf{y}-\mathbf{X}\mathbf{b})/n$。类似地，约束估计量为 $\hat{\sigma}_*^2=(\mathbf{y}-\mathbf{X}\mathbf{b}_*)'\times(\mathbf{y}-\mathbf{X}\mathbf{b}_*)/n=\mathbf{e}_*'\mathbf{e}_*/n$。在极大似然估计量处求值，**集中对数似然**（concentrated log-likelihood）[①]函数为

$$\ln L_c=-\frac{n}{2}[1+\ln 2\pi+\ln(\mathbf{e}'\mathbf{e}/n)]$$

约束情形与此类似。若将其代入 LR 的定义，则有

$$\text{LR}=n\ ln\ [\mathbf{e}_*'\mathbf{e}_*/\mathbf{e}'\mathbf{e}]=n(\ln\hat{\sigma}_*^2-\ln\hat{\sigma}^2)=n\ \ln(\hat{\sigma}_*^2/\hat{\sigma}^2) \tag{14-49}$$

（注意到这是扰动项为正态分布时应用于线性或非线性回归模型的一个特定结果。）

拉格朗日乘数检验［Lagrange multiplier（LM）test］基于对数似然函数的梯度。检验的原理是，若假设正确，则对数似然函数的导数在约束估计量处应该接近于零。有两种方法可用于进行 LM 检验。利用

$$\ln L_{\text{LM}}=-\frac{n}{2}\left[\ln 2\pi+\ln\sigma^2+\frac{[(\mathbf{y}-\mathbf{X}\boldsymbol{\beta})'(\mathbf{y}-\mathbf{X}\boldsymbol{\beta})]/n}{\sigma^2}\right]+\boldsymbol{\lambda}'\mathbf{c}(\boldsymbol{\beta})$$

便可以在一组约束下最大化对数似然函数。

其一阶条件为

$$\begin{bmatrix}\dfrac{\partial\ln L_{\text{LM}}}{\partial\boldsymbol{\beta}}\\[2mm]\dfrac{\partial\ln L_{\text{LM}}}{\partial\sigma^2}\\[2mm]\dfrac{\partial\ln L_{\text{LM}}}{\partial\boldsymbol{\lambda}}\end{bmatrix}=\begin{bmatrix}\dfrac{\mathbf{X}'(\mathbf{y}-\mathbf{X}\boldsymbol{\beta})}{\sigma^2}+\mathbf{G}(\boldsymbol{\beta})'\boldsymbol{\lambda}\\[2mm]\dfrac{-n}{2\sigma^2}+\dfrac{(\mathbf{y}-\mathbf{X}\boldsymbol{\beta})'(\mathbf{y}-\mathbf{X}\boldsymbol{\beta})}{2\sigma^4}\\[2mm]\mathbf{c}(\boldsymbol{\beta})\end{bmatrix}=\begin{bmatrix}\mathbf{0}\\0\\\mathbf{0}\end{bmatrix} \tag{14-50}$$

① 见 E4.3 节。

这些方程的解便给出了约束最小二乘估计量 $\mathbf{b}^*$、常规方差估计量（现在是）$\mathbf{e}_*'\mathbf{e}_*/n$，以及拉格朗日乘数。现在有两种方法检验统计量。在经典线性回归模型背景中，我们实际上计算了拉格朗日乘数。计算的一个简单方法是检验乘数等于零的假设。对于这个模型，$\boldsymbol{\lambda}_*$ 的解是 $\boldsymbol{\lambda}_* = [\mathbf{G}(\mathbf{X}'\mathbf{X})^{-1}\mathbf{G}']^{-1}(\mathbf{Gb}-\mathbf{q})$。这个方程是最小二乘估计量的线性函数。若我们进行原假设为 $\boldsymbol{\lambda}_*=\mathbf{0}$ 的沃尔德检验，则统计量为

$$\text{LM}=\boldsymbol{\lambda}_*'\{\text{Est. Var}[\boldsymbol{\lambda}_*]\}^{-1}\boldsymbol{\lambda}_*=(\mathbf{Gb}-\mathbf{q})'[\mathbf{G}s_*^2(\mathbf{X}'\mathbf{X})^{-1}\mathbf{G}']^{-1}(\mathbf{Gb}-\mathbf{q}) \tag{14-51}$$

基于约束斜率的扰动项方差估计量 s_*^2 为 $\mathbf{e}_*'\mathbf{e}_*/n$。

计算 LM 统计量的另一种方法通常能得出有趣的结果。在大多数情形下，我们只需最大化对数似然函数而无须实际计算拉格朗日乘数向量（约束通常以其他的方式施加）。计算该统计量的另一种方法便是基于待检验假设下的一般结论[①]

$$E[\partial \ln L/\partial\boldsymbol{\beta}]=E[(1/\sigma^2)\mathbf{X}'\boldsymbol{\varepsilon}]=\mathbf{0}$$

和

$$\text{Asy. Var}[\partial \ln L/\partial\boldsymbol{\beta}]=-E[\partial^2 \ln L/\partial\boldsymbol{\beta}\partial\boldsymbol{\beta}']^{-1}=\sigma^2(\mathbf{X}'\mathbf{X})^{-1} \tag{14-52}$$

我们可以检验导数在约束估计量处等于零的假设。统计量为

$$\text{LM}=\frac{\mathbf{e}_*'\mathbf{X}(\mathbf{X}'\mathbf{X})^{-1}\mathbf{X}'\mathbf{e}_*}{\mathbf{e}_*'\mathbf{e}_*/n}=nR_*^2 \tag{14-53}$$

在这个形式中，LM 统计量等于残差 $e_{i*}=(y_i-\mathbf{x}_i'\mathbf{b}_*)$ 对全部回归元的回归系数的 n 倍。最后，对于更加一般化的模型和情况，LM 检验的相同的原理产生了

$$\begin{aligned}\text{LM}&=[\bar{\mathbf{g}}(\hat{\boldsymbol{\theta}}_R)]'[\text{Est. Asy. Var}(\bar{\mathbf{g}}(\hat{\boldsymbol{\theta}}_R))]^{-1}[\bar{\mathbf{g}}(\hat{\boldsymbol{\theta}}_R)]\\&=\left[\frac{1}{n}\sum_{i=1}^n\mathbf{g}_i(\hat{\boldsymbol{\theta}}_R)\right]'\left[\frac{1}{n}\left\{\frac{1}{n}\sum_{i=1}^n\mathbf{g}_i(\hat{\boldsymbol{\theta}}_R)\mathbf{g}_i(\hat{\boldsymbol{\theta}}_R)'\right\}\right]^{-1}\left[\frac{1}{n}\sum_{i=1}^n\mathbf{g}_i(\hat{\boldsymbol{\theta}}_R)\right]\\&=\mathbf{i}'\hat{\mathbf{G}}(\hat{\mathbf{G}}'\hat{\mathbf{G}})^{-1}\hat{\mathbf{G}}'\mathbf{i}\end{aligned} \tag{14-54}$$

式中 $\mathbf{g}_i(\hat{\boldsymbol{\theta}}_R)=\dfrac{\partial \ln f_i(\hat{\boldsymbol{\theta}}_R)}{\partial\hat{\boldsymbol{\theta}}_R}$，$\mathbf{i}$ 是一列 1，$\mathbf{g}_i(\hat{\boldsymbol{\theta}}_R)'$ 是 $\hat{\mathbf{G}}$ 的第 i 行。

有充分的证据显示，这些统计量的渐近性质在中小样本中是存在问题的。[②] 所有这三个统计量的真实分布都涉及数据与未知参数（而且如数学运算所示），且从上面收敛于 F 分布。其含义是，卡方分布中的临界值可能太小，即在中小样本中使用极限卡方分布可能会夸大经验结果的显著性。因此，在应用中，除非数据足够丰富，否则越保守的 F 统计量（或存在一个约束时的 t 统计量）可能越可取。

∴例 14.9　规模报酬不变的检验

在例 14.6 和例 14.7 中估计的柯布-道格拉斯生产函数有规模报酬参数 $\gamma=\Sigma_k\,\partial\ln y/\partial\ln x_k=\beta_1+\beta_2+\beta_3+\beta_4$。规模报酬不变 $\gamma=1$ 的假设在这种情况下经常被检验。我们将用之前定义的三个步骤来进

① 这应用了海塞矩阵分块对角的性质。

② 例如参见 Davidson and MacKinnon（2004，pp. 424－428）。

行检验。表 14.5 显示了估计结果。对于似然比检验，卡方统计量等于 $-2\times(794.624-822.688)=56.129$。自由度为 1 的检验统计量的临界值为 3.84，因此在这个基础上原假设被拒绝。对于沃尔德统计量，基于非约束结果，$\mathbf{c}(\boldsymbol{\beta})=[(\beta_1+\beta_2+\beta_3+\beta_4)-1]$ 和 $\mathbf{G}=[1,1,1,1]$。表 14.5 中展示了检验所需要的渐近协方差，统计量为

$$W=\mathbf{c}'(\hat{\boldsymbol{\beta}}_U)[\mathbf{GVG}']^{-1}\mathbf{c}(\hat{\boldsymbol{\beta}}_U)=57.312$$

表 14.5　生产函数中规模报酬不变的检验

（括号里是估计的标准误）

估计	随机前沿无约束		随机前沿规模报酬不变	
β_0 [a]	11.701 4	(0.004 47)	11.702 2[a]	(0.004 57)
β_1	0.583 69	(0.018 87)	0.559 79	(0.019 03)
β_2	0.035 55	(0.011 13)	0.008 12	(0.010 75)
β_3	0.022 56	(0.012 81)	−0.043 67	(0.009 59)
β_4	0.449 48	(0.010 35)	0.475 75	(0.009 97)
σ [b]	0.139 88	(0.002 79)	0.189 62	(0.000 11)
λ	1.501 64	(0.087 48)	1.470 82	(0.085 76)
σ_u [c]	0.155 73[d]	(0.002 79)	0.156 81	(0.002 89)
$\ln L$	822.688		794.624	

a. 对于 ε 的非零均值未作调整。

b. 报告的 $\sigma_\varepsilon=[\sigma_v^2+\sigma_u^2(\pi-2)/\pi]^{1/2}$，估计的 $\sigma_v=0.103\,71(0.004\,18)$。

c. σ_u 是推导出来的。$\sigma_u=\sigma\lambda/(1+\lambda^2)^{1/2}$。Est. Cov$(\hat{\sigma},\hat{\lambda})=2.385\,3\times10^{-7}$。

标准误是用 δ 法计算的。

估计的 Asy. Var[b1,b2,b3,b4]

0.000 356 2			
−0.000 107 9	0.000 123 8		
-5.576×10^{-5}	9.193×10^{-6}	0.000 164 2	
−0.000 154 2	1.810×10^{-5}	-1.235×10^{-5}	0.000 107 1

对于 LM 检验，我们需要对数似然函数的导数。对于特定的项

$$\mathbf{g}_\beta=\partial\ln f_i/\partial(\mathbf{x}_i'\boldsymbol{\beta})=(1/\sigma)[w_i+\lambda A_i],A_i=\phi(-\lambda w_i)/\Phi(-\lambda w_i)$$

$$g_\sigma=\partial\ln f_i/\partial\sigma=(1/\sigma)[-1+w_i^2+\lambda w_iA_i]$$

$$g_\lambda=\partial\ln f_i/\partial\lambda=-w_iA_i$$

计算列在式（14-48）中。LM=56.398。三种方法的检验结果基本相同。

14.10　广义回归模型

对于 9.1 节的广义回归模型，

$$y_i = \mathbf{x}_i'\boldsymbol{\beta} + \varepsilon_i, i = 1, \cdots, n$$
$$E[\boldsymbol{\varepsilon} \mid \mathbf{X}] = \mathbf{0}$$
$$E[\boldsymbol{\varepsilon}\boldsymbol{\varepsilon}' \mid \mathbf{X}] = \sigma^2 \boldsymbol{\Omega}$$

同之前一样，我们假设 $\boldsymbol{\Omega}$ 是一个已知的常量矩阵。如果扰动项服从多元正态分布，那么样本的对数似然函数为

$$\ln L = -\frac{n}{2}\ln(2\pi) - \frac{n}{2}\ln\sigma^2 - \frac{1}{2\sigma^2}(\mathbf{y} - \mathbf{X}\boldsymbol{\beta})'\boldsymbol{\Omega}^{-1}(\mathbf{y} - \mathbf{X}\boldsymbol{\beta}) - \frac{1}{2}\ln|\boldsymbol{\Omega}| \tag{14-55}$$

简单地应用 OLS 和一个异方差性稳健协方差矩阵（见 4.5 节）看起来是不依赖于正态性假设的一个更优的方法。GLS 或者 MLE 至少在两种情况下可能是合理的。第一，如果关于扰动项方差有已知信息，则这种简单性是浪费样本信息的一个次要的优点。例 14.11 中分组数据的应用就是这样一个例子。第二，存在这样的设定，其中我们对方差本身感兴趣，如生产风险模型［Asche and Tvertas（1999）］和基于 14.10.3 小节模型的异方差随机前沿模型。[①]

□ 14.10.1 已知 $\boldsymbol{\Omega}$ 的 GLS

因为 $\boldsymbol{\Omega}$ 为一个已知的常量矩阵，所以 $\boldsymbol{\beta}$ 的极大似然估计量为最小化**广义平方和**（generalized sum of squares）的向量，$S_*(\boldsymbol{\beta}) = (\mathbf{y} - \mathbf{X}\boldsymbol{\beta})'\boldsymbol{\Omega}^{-1}(\mathbf{y} - \mathbf{X}\boldsymbol{\beta})$（由此命名为广义最小二乘）。最大化 L 的必要条件为

$$\frac{\partial \ln L}{\partial \boldsymbol{\beta}} = \frac{\mathbf{X}'\boldsymbol{\Omega}^{-1}(\mathbf{y} - \mathbf{X}\boldsymbol{\beta})}{\sigma^2} = \frac{\mathbf{X}_*'(\mathbf{y}_* - \mathbf{X}_*\boldsymbol{\beta})}{\sigma^2} = \mathbf{0}$$
$$\frac{\partial \ln L}{\partial \sigma^2} = -\frac{n}{2\sigma^2} + \frac{1}{2\sigma^4}(\mathbf{y} - \mathbf{X}\boldsymbol{\beta})'\boldsymbol{\Omega}^{-1}(\mathbf{y} - \mathbf{X}\boldsymbol{\beta})$$
$$= \frac{n}{2\sigma^2}\left[\frac{(\mathbf{y}_* - \mathbf{X}_*\boldsymbol{\beta})'(\mathbf{y}_* - \mathbf{X}_*\boldsymbol{\beta})}{n\sigma^2} - 1\right] = 0 \tag{14-56}$$

式中 $\mathbf{X}_* = \boldsymbol{\Omega}^{-1/2}\mathbf{X}$ 且 $\mathbf{y}_* = \boldsymbol{\Omega}^{-1/2}\mathbf{y}$。解法为使用转换数据的 OLS 估计量：

$$\hat{\boldsymbol{\beta}}_{\text{ML}} = (\mathbf{X}_*'\mathbf{X}_*)^{-1}\mathbf{X}_*'\mathbf{y}_* = (\mathbf{X}'\boldsymbol{\Omega}^{-1}\mathbf{X})^{-1}\mathbf{X}'\boldsymbol{\Omega}^{-1}\mathbf{y}$$
$$\hat{\sigma}^2_{\text{ML}} = \frac{(\mathbf{y}_* - \mathbf{X}_*\hat{\boldsymbol{\beta}})'(\mathbf{y}_* - \mathbf{X}_*\hat{\boldsymbol{\beta}})}{n} = \frac{(\mathbf{y} - \mathbf{X}\hat{\boldsymbol{\beta}})'\boldsymbol{\Omega}^{-1}(\mathbf{y} - \mathbf{X}\hat{\boldsymbol{\beta}})}{n} \tag{14-57}$$

这暗示着带有正态扰动项的广义最小二乘估计也是极大似然估计。与古典回归模型一样，σ^2 的极大似然估计量是有偏的。无偏估计量为式（9－20）中的估计量。结论是当 $\boldsymbol{\Omega}$ 为已知的时候，极大似然估计量是广义最小二乘估计量。

□ 14.10.2 $\boldsymbol{\Omega}$ 待估时的综合可行 GLS

当 $\boldsymbol{\Omega}$ 为未知数，并且必须对其进行估计的时候，需要同时关于全部参数［β，σ^2，$\boldsymbol{\Omega}$］最大化式（14－55）中的似然函数。因为不具有限制性的 $\boldsymbol{\Omega}$ 包含 $n(n+1)/2-1$ 个参数，很明显一些限制条件将会随着估计的进行而加入 $\boldsymbol{\Omega}$ 结构中。我们检验了一些应用，其中 $\boldsymbol{\Omega} = \boldsymbol{\Omega}(\boldsymbol{\theta})$是在下

---

① 参见 Just and Pope（1978，1979）。

面章节中会出现的一些更小的参数向量。关于这一点，我们这里注明几个一般性的结果：

1. 对于给定的 $\boldsymbol{\theta}$ 值，$\boldsymbol{\beta}$ 的估计量将在 GLS 中为可行的，并且 σ^2 的估计量可以通过式（14－57）推导出。

2. $\boldsymbol{\theta}$ 的似然方程对于 $\boldsymbol{\beta}$ 和 σ^2 来说会成为复杂的函数，因此，联合估计是必要的。然而，在很多情况下，对于给定的 $\boldsymbol{\beta}$ 和 σ^2 值，$\boldsymbol{\theta}$ 的估计量是直截了当的。比如，在式（9－21）中，在 $\boldsymbol{\beta}$ 和 σ^2 以及 $\boldsymbol{\theta}$ 的先前值为给定的情况下，迭代的 $\boldsymbol{\theta}$ 的估计量为先前值加上 $(e_i^2/\hat{\sigma}_i^2-1)$ 关于 $\mathbf{z}_i$ 回归的斜率。

第二步意味着一种在多数情形中都可以起作用、在模型中进行前后反复迭代的方法——比如说从 OLS 开始，在 1 和 2 之间反复进行迭代，直到结果收敛于极大似然估计量。Oberhofer and Kmenta（1974）检验过这种情形，他们指出，在一些要求相当宽松的情况下，最重要的是 $\boldsymbol{\theta}$ 不能包括 σ^2 或 $\boldsymbol{\beta}$ 的任何参数，这个方法就可以产生极大似然估计量。估计量的渐近协方差矩阵与 GLS 估计量一致。无论 $\boldsymbol{\Omega}$ 是否已知，结果都是一样的，这意味着如果 $\boldsymbol{\theta}$ 和 $\boldsymbol{\beta}$ 没有任何参数相同，那么关于 $\boldsymbol{\Omega}$ 的确定认识在估计 $\boldsymbol{\beta}$ 的过程中，相对于具有 $\boldsymbol{\Omega}$ 的一致估计量的 $\boldsymbol{\beta}$ 的估计在渐近效率方面不会带来更多的信息。

□ 14.10.3　多元异方差

Harvey（1976）的多元异方差模型是一个非常灵活的具有普遍性的模型，其中也包含大多数特殊情形下的有用公式。基本公式为

$$\sigma_i^2=\sigma^2\exp(\mathbf{z}_i'\boldsymbol{\alpha}) \tag{14-58}$$

带有如下异方差形式的模型 $\sigma_i^2=\sigma^2\prod_{m=1}^{M} z_{im}^{\alpha m}$ 在变量的对数在 $\mathbf{z}_i$ 中存在的情况下可取得结果。

我们在 9.7.2 小节描述的分组异方差模型可以通过令 $\mathbf{z}_i$ 成为一系列虚拟变量（其中一个需要被丢弃）形成。在这种情况下，σ^2 是对于基本组的扰动项，但是对其他组，则为 $\sigma_g^2=\sigma^2\exp(\alpha_g)$。

令 $\mathbf{z}_i$ 包括一个常数项，使其满足 $\mathbf{z}_i'=[1,\mathbf{q}_i']$，其中 $\mathbf{q}_i$ 为变量的原始形式，同时令 $\boldsymbol{\gamma}'=[\ln\sigma^2,\boldsymbol{\alpha}']$。随后，模型简化为 $\sigma_i^2=\exp(\mathbf{z}_i'\boldsymbol{\gamma})$。当所有参数向量都被估计时，$\exp(\gamma_1)$ 可以提供 σ^2 的估计量。（估计量使用极大似然估计的恒定结果，参见 14.4.5.d 小节。）对数似然函数为

$$\begin{aligned}\ln L&=-\frac{1}{2}\sum_{i=1}^{n}\left[\ln\sigma_i^2+\ln(2\pi)-\frac{\varepsilon_i^2}{\sigma_i^2}\right]\\&=-\frac{1}{2}\sum_{i=1}^{n}\left[\mathbf{z}_i'\boldsymbol{\gamma}+\ln(2\pi)+\frac{\varepsilon_i^2}{\exp(\mathbf{z}_i'\boldsymbol{\gamma})}\right]\end{aligned} \tag{14-59}$$

似然方程为

$$\begin{aligned}\frac{\partial\ln L}{\partial\boldsymbol{\beta}}&=\sum_{i=1}^{n}\mathbf{x}_i\frac{\varepsilon_i}{\exp(\mathbf{z}_i'\boldsymbol{\gamma})}\\\frac{\partial\ln L}{\partial\boldsymbol{\gamma}}&=\frac{1}{2}\sum_{i=1}^{n}\mathbf{z}_i\left[\frac{\varepsilon_i^2}{\exp(\mathbf{z}_i'\boldsymbol{\gamma})}-1\right]=\mathbf{0}\end{aligned} \tag{14-60}$$

□ 14.10.4　得分法

对于这个模型，**得分法**（method of scoring）看起来是用于最大化对数似然函数的一个非

常简便的方法。海塞矩阵中各项为

$$\frac{\partial^2 \ln L}{\partial\begin{pmatrix}\boldsymbol{\beta}\\ \boldsymbol{\gamma}\end{pmatrix}\partial\begin{pmatrix}\boldsymbol{\beta}\\ \boldsymbol{\gamma}\end{pmatrix}'}=-\sum_{i=1}^{n}\frac{1}{\exp(\mathbf{z}_i'\boldsymbol{\gamma})}\begin{pmatrix}\mathbf{x}_i\\ \varepsilon_i\mathbf{z}_i\end{pmatrix}\begin{pmatrix}\mathbf{x}_i\\ \varepsilon_i\mathbf{z}_i\end{pmatrix}' \tag{14-61}$$

由于 $E[\varepsilon_i\mid\mathbf{x}_i,\mathbf{z}_i]=0$，$\partial^2\ln L/\partial\boldsymbol{\beta}\partial\boldsymbol{\gamma}'$ 的期望值为 $\mathbf{0}$。$\partial^2\ln L/\partial\boldsymbol{\gamma}\partial\boldsymbol{\gamma}'$ 部分的期望值为 $E[\varepsilon_i^2/\sigma_i^2\mid\mathbf{x}_i,\mathbf{z}_i]=1$。令 $\boldsymbol{\delta}=[\boldsymbol{\beta},\boldsymbol{\gamma}]$，于是有

$$-E\left(\frac{\partial^2\ln L}{\partial\boldsymbol{\delta}\partial\boldsymbol{\delta}'}\right)=\begin{bmatrix}\mathbf{X}'\boldsymbol{\Omega}^{-1}\mathbf{X} & \mathbf{0}\\ \mathbf{0}' & \frac{1}{2}\mathbf{Z}'\mathbf{Z}\end{bmatrix}=-\overline{\mathbf{H}} \tag{14-62}$$

得分法是用于计算似然方程迭代结果的运算法则。迭代等式为

$$\boldsymbol{\delta}_{t+1}=\boldsymbol{\delta}_t-\overline{\mathbf{H}}^{-1}\mathbf{g}_t$$

式中，$\boldsymbol{\delta}_t$（即 $\boldsymbol{\beta}_t$，$\boldsymbol{\gamma}_t$ 和 $\boldsymbol{\Omega}_t$）为第 t 次迭代情况下的估计值；$\mathbf{g}_t$ 为第一项导数 $[\partial\ln L/\partial\boldsymbol{\beta}_t',\partial\ln L/\partial\boldsymbol{\gamma}_t']'$ 的两部向量；$\overline{\mathbf{H}}$ 为做同样分割后得到的结果。[**牛顿法**（Newton's method）实际上使用了式（14－61）中的二阶导数而不是式（14－62）中它们的期望。得分法利用了式（14－62）中非对角块的零期望的便利性。] 因为 $\overline{\mathbf{H}}$ 是分块对角阵，所以迭代可以写成如下分解后的等式：

$$\begin{aligned}\boldsymbol{\beta}_{t+1}&=\boldsymbol{\beta}_t+(\mathbf{X}\boldsymbol{\Omega}_t^{-1}\mathbf{X})^{-1}(\mathbf{X}'\boldsymbol{\Omega}_t^{-1}\boldsymbol{\varepsilon}_t)\\&=\boldsymbol{\beta}_t+(\mathbf{X}'\boldsymbol{\Omega}_t^{-1}\mathbf{X})^{-1}\mathbf{X}'\boldsymbol{\Omega}_t^{-1}(\mathbf{y}-\mathbf{X}\boldsymbol{\beta}_t)\\&=(\mathbf{X}'\boldsymbol{\Omega}_t^{-1}\mathbf{X})^{-1}\mathbf{X}'\boldsymbol{\Omega}_t^{-1}\mathbf{y}(\text{当然})\end{aligned} \tag{14-63}$$

因此，校正的系数向量 $\boldsymbol{\beta}_{t+1}$ 可以由 FGLS 使用先前为计算 $\boldsymbol{\Omega}$ 而得到的 $\boldsymbol{\gamma}$ 估计值计算得到。我们使用同样的方法计算 $\boldsymbol{\gamma}$：

$$\begin{aligned}\boldsymbol{\gamma}_{t+1}&=\boldsymbol{\gamma}_t+[2(\mathbf{Z}'\mathbf{Z})^{-1}]\left[\frac{1}{2}\sum_{i=1}^{n}\mathbf{z}_i\left(\frac{\varepsilon_{i(t)}^2}{\exp(\mathbf{z}_i'\boldsymbol{\gamma}_t)}-1\right)\right]\\&=\boldsymbol{\gamma}_t+(\mathbf{Z}'\mathbf{Z})^{-1}\mathbf{Z}'\mathbf{h}_t\end{aligned} \tag{14-64}$$

2 和 1/2 相互抵消。$\boldsymbol{\gamma}$ 的更新值可以通过在原有值上增加 $[\varepsilon_i^2/\exp(\mathbf{z}_i'\boldsymbol{\gamma})-1]$ 对 $\mathbf{z}_i$ 进行最小二乘回归的系数向量，从而计算出来。注意到，修正后的结果为 $2(\mathbf{Z}'\mathbf{Z})^{-1}\mathbf{Z}'(\partial\ln L/\partial\boldsymbol{\gamma})$，那么当导数为 0 时，整个过程为收敛的。

剩下的细节是确定迭代起始值的大小。因为任何一致的估计量都符合要求，最简单的方法是使用 OLS 对 $\boldsymbol{\beta}$ 进行回归，同时对于 $\boldsymbol{\gamma}$ 使用最小二乘残差的对数对 $\mathbf{z}_i$ 回归得到的斜率。Harvey（1976）指出，这种方法会得到 $\gamma_1=\ln\sigma^2$ 不一致的估计量，但是估计的不一致性可以通过把得到的值增加 1.270 4 来进行修正。这样，迭代就很简单了：

1. 使用 $\exp(\mathbf{z}_i'\boldsymbol{\gamma})$ 估计扰动项方差 σ_i^2。
2. 使用 FGLS 计算 $\boldsymbol{\beta}_{t+1}$。①
3. 通过使用前面描述的回归方法修正 $\boldsymbol{\gamma}_t$。
4. 计算 $\mathbf{d}_{t+1}=[\boldsymbol{\beta}_{t+1},\boldsymbol{\gamma}_{t+1}]-[\boldsymbol{\beta}_t,\boldsymbol{\gamma}_t]$。如果 $\mathbf{d}_{t+1}$ 的值非常大，那么回到第一步。

如果 $\mathbf{d}_{t+1}$ 在第 4 步中足够小，那么退出迭代。渐近协方差矩阵是简单的 $-\mathbf{H}^{-1}$，表示带有

① 如果 γ 的起始值是一致的，则至此为止得到的两步估计量是完全有效的，但不是极大似然估计量。

多个分块的分块对角矩阵

$$\begin{aligned}&\text{Asy. Var}[\hat{\boldsymbol{\beta}}_{\text{ML}}]=(\mathbf{X}'\boldsymbol{\Omega}^{-1}\mathbf{X})^{-1}\\&\text{Asy. Var}[\boldsymbol{\gamma}_{\text{ML}}]=2(\mathbf{Z}'\mathbf{Z})^{-1}\end{aligned}\tag{14-65}$$

如果需要，可以计算 $\hat{\sigma}^2=\exp(\hat{\gamma}_1)$。渐近的方差为$[\exp(\gamma_1)]^2(\text{Asy. Var}[\hat{\gamma}_{1,\text{ML}}])$。

对该模型的同方差的原假设进行检验，

$$H_0:\boldsymbol{\alpha}=\mathbf{0}$$

在式（14－58）中，这非常简单。沃尔德检验可以通过检验 γ 的最后 M 个因素是否均为 0 来实现。因此，统计量为

$$\lambda_{\text{MALD}}=\hat{\boldsymbol{\alpha}}'\left\{[\mathbf{0}\quad\mathbf{I}][2(\mathbf{Z}'\mathbf{Z})]^{-1}\begin{bmatrix}\mathbf{0}'\\\mathbf{I}\end{bmatrix}\right\}^{-1}\hat{\boldsymbol{\alpha}}$$

因为 $\mathbf{Z}$ 中的第一列是常数项，因此可简化为

$$\lambda_{\text{MALD}}=\frac{1}{2}\hat{\boldsymbol{\alpha}}'(\mathbf{Z}_1'\mathbf{M}^0\mathbf{Z}_1)^{-1}\hat{\boldsymbol{\alpha}}$$

式中，$\mathbf{Z}_1$ 为 $\mathbf{Z}$ 的最后 M 列，不包括为 1 的列，同时 $\mathbf{M}^0$ 产生了与均值的偏差。似然比统计量可以在式（14－59）的基础上进行计算。

在原假设（同方差——使用 OLS）和备择假设（异方差——使用 MLE）的情况下，$\ln L$ 的第三项将减少为$-n/2$。因此，统计量可以简化为

$$\lambda_{\text{LR}}=2(\ln L_1-\ln L_0)=\sum_{i=1}^{n}[\ln s^2-\ln\hat{\sigma}_i^2]=\sum_{i=1}^{n}\ln\left(\frac{s^2}{\hat{\sigma}_i^2}\right)$$

式中，$s^2=\mathbf{e}'\mathbf{e}/n$，使用 OLS 残差。为了计算 LM 统计量，我们使用式（14－62）中海塞矩阵的期望。在原假设下，导数向量在式（14－60）中与 $\boldsymbol{\beta}$ 相对应的部分为$(1/s^2)\mathbf{X}'\mathbf{e}=\mathbf{0}$。因此，使用式（14－60），LM 统计量为

$$\lambda_{\text{LM}}=\left[\frac{1}{2}\sum_{i=1}^{n}\left(\frac{e_i^2}{s^2}-1\right)\begin{pmatrix}1\\\mathbf{z}_{i1}\end{pmatrix}\right]'\left[\frac{1}{2}(\mathbf{Z}'\mathbf{Z})\right]^{-1}\left[\frac{1}{2}\sum_{i=1}^{n}\left(\frac{e_i^2}{s^2}-1\right)\begin{pmatrix}1\\\mathbf{z}_{i1}\end{pmatrix}\right]$$

导数向量中的第一项为 0，因为 $\Sigma_i e_i^2=ns^2$。所以，表达式简化为

$$\lambda_{\text{LM}}=\frac{1}{2}\left[\sum_{i=1}^{n}\left(\frac{e_i^2}{s^2}-1\right)\mathbf{z}_{i1}\right]'(\mathbf{Z}'_1\mathbf{M}^0\mathbf{Z}_1)^{-1}\left[\sum_{i=1}^{n}\left(\frac{e_i^2}{s^2}-1\right)\mathbf{z}_{i1}\right]$$

这是变量 $h_i=(e_i^2/s^2-1)$对 $\mathbf{Z}$ 的线性回归中的平方和乘以 1/2，也就是 9.5.2 小节中布鲁施-帕甘/戈德弗雷（Breusch-Pagan/Godfrey）LM 统计量的形式。

∵例 14.10　乘数异方差

在例 6.6 中，我们对美国航空业使用的成本函数形式为

$$\ln C_{it}=\beta_1+\beta_2\ln Q_{it}+\beta_3[\ln Q_{it}]^2+\beta_4\ln P_{fuel,i,t}+\beta_5 Loadfactor_{i,t}+\varepsilon_{i,t}$$

式中，C_{it} 为总成本；Q_{it} 为产量；$P_{fuel,i,t}$ 为燃油价格；数据组中的 90 个观测值为在 15 年中对 6 个公

司观测得到的（这个模型也包含关于公司和年份的虚拟变量，为了简化，我们省略其影响）。在例 9.3 中，我们使用一个修正后的模型，其中使用的变量 $Loadfactor$ 在 $\varepsilon_{i,t}$ 的方差中出现，而不是在回归函数中出现。模型为

$$\sigma_{i,t}^2=\sigma^2\exp(\alpha Loadfactor_{i,t})=\exp(\gamma_1+\gamma_1 Loadfactor_{i,t})$$

通过使用权重 $W_{i,t}=\exp(-c_1-c_2 Loadfactor_{i,t})$ 迭代加权最小二乘法可以得到估计值。γ_1 和 γ_2 的估计值是通过在每一次迭代中，使用残差平方的对数对一个常数项以及 $Loadfactor_{it}$ 进行回归获得的。例子的最后部分说明［同时，这在式（14-61）中非常明显］，如果我们打算计算 MLE，那么仅使用加权迭代会得到错误的权重。表 14.6 复制了例 9.3 的结果，并增加了使用哈维法得到的 MLE。γ_2 的 MLE 与前面的结果完全不一致。用来检验同方差限制条件（$\alpha=0$）的沃尔德统计量为$(9.780\ 76/2.839)^2=11.869$，比 3.84 大。因此，原假设会被拒绝。似然比统计量为$(-2)\times(54.274\ 7-57.312\ 2)=6.075$，可以得到一样的结果。然而，LM 统计量为 2.96，与之相矛盾。这是有限样本下的一般结果。图 14.5 展示了观测期内载荷系数的形式。成本对数的方差也会相应变化。在这段时期内增大的载荷系数将会有混合效益（mixed benefit）。

表 14.6　　乘数异方差模型

	常数项	$\ln Q$	$\ln^2 Q$	$\ln P_f$	R^{2a}	平方和
OLS[b]	9.138 23	0.926 15	0.029 15	0.410 06	0.986 167	1.577 48
标准误	(0.245 07)	(0.032 31)	(0.012 30)	(0.018 81)		
Het. 稳健标准误	(0.225 95)	(0.030 13)	(0.011 35)	(0.017 52)		
聚类稳健标准误	(0.334 93)	(0.102 35)	(0.040 84)	(0.024 77)		
两步法	9.246 3	0.921 36	0.024 45	0.403 52	0.986 118 7	1.612 938
标准误	(0.218 96)	(0.033 03)	(0.011 41)	(0.016 97)		
迭代法[c]	9.277 4	0.916 09	0.021 64	0.401 74	0.986 070 8	1.645 693
标准误	(0.209 77)	(0.032 99)	(0.011 02)	(0.016 33)		
MLE[d]	9.261 1	0.919 31	0.023 28	0.402 66	0.986 009 9	1.6263 01
标准误	(0.209 9)	(0.032 29)	(0.010 99)	(0.016 30)		

a. 实际值与拟合值之间的相关性的平方。

b. $\ln L_{OLS}=54.274\ 7$，$\ln L_{ML}=57.312\ 2$。

c. 通过迭代获得的 c_2：8.254 34，11.622 5，11.707 0，11.710 6，11.711 0。

d. γ_2 的估计值为 9.780 76（2.839 45）。

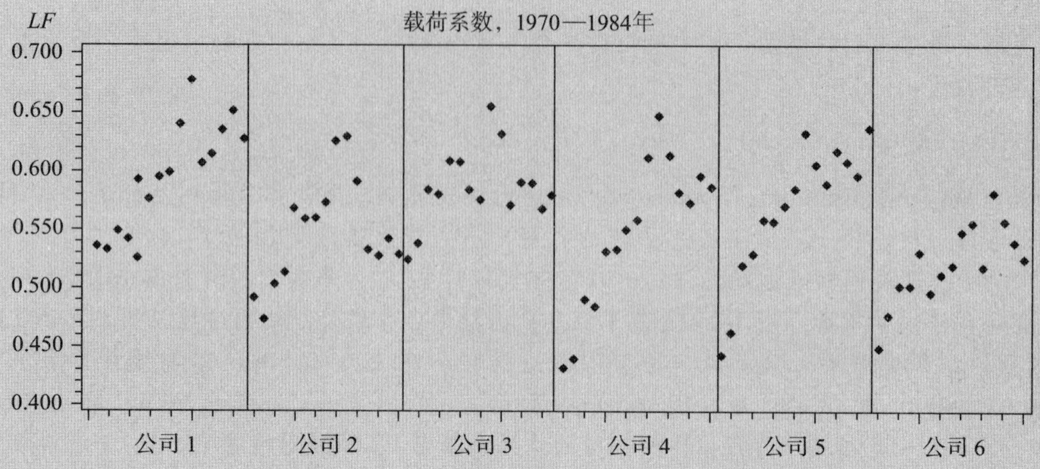

图 14.5　6 家航空公司的载荷系数，1970—1984 年

例 14.11　汽油需求的极大似然估计

在例 9.4 中，我们检验了 OECD 汽油需求的两步 FGLS 估计量。模型是分组异方差。在式（14-58）中，$\mathbf{z}_{it}$ 是一组国家的虚拟变量。例 9.4 的结果显示在表 14.7 的结果（1）和结果（2）中。极大似然估计显示在结果（3）中。正如我们所期待的，参数估计值是类似的。使用 MLE 估计的系数的标准误看起来比两步 FGLS 更小。然而在本质上两个估计量是相同的。正如所期待的，它们在数值上有差异。然而两个估计量的渐近性质是相同的。

表 14.7　估计的汽油消费方程

	（1）OLS		（2）FGLS		（3）MLE	
	系数	标准误	系数	标准误	系数	标准误
ln *Income*	0.662 25	0.072 77	0.575 07	0.029 27	0.454 04	0.022 11
ln *Price*	−0.321 70	0.072 77	−0.279 67	0.035 19	−0.304 61	0.025 78
ln *Cars/Cap*	−0.640 48	0.038 76	−0.565 40	0.016 13	−0.470 02	0.012 75

14.11　非线性回归模型与拟极大似然估计

在第 7 章我们考虑的非线性回归模型中，参数的非线性完全出现在方程的右边。极大似然估计在回归中的扰动项或者因变量（这种情况更为普遍）非正态分布时使用。如果分布不是正态的，以似然函数为基础的方法提供了一个处理估计和推断的有效方法。指数回归模型是其应用之一。

❖例 14.12 对数线性回归模型的识别

在例 7.6 中，我们估计了形如

$$E[Income|Age,Education,Female]=\exp(\boldsymbol{\gamma}_1^*+\boldsymbol{\gamma}_2 Age+\boldsymbol{\gamma}_3 Education+\boldsymbol{\gamma}_4 Female)$$

的指数回归模型。在几个不同的分布下，包括对数正态、威布尔、伽马（gamma）和指数模型，它的对数线性条件均值为常数。这些情况中的任何一种，条件均值函数都有如下形式：

$$\begin{aligned}E[Income|\mathbf{x}]&=g(\theta)\exp(\gamma_1+\mathbf{x}'\boldsymbol{\gamma}_2)\\&=\exp(\gamma_1^*+\mathbf{x}'\boldsymbol{\gamma}_2)\end{aligned}$$

式中，θ 是分布的一个附加的参数，并且有 $\gamma_1^*=\ln g(\theta)+\gamma_1$。两个含义如下：

1. 至少对于某些失败的分布假设，非线性最小二乘（NLS）是稳健的。$\boldsymbol{\gamma}_2$ 的非线性最小二乘估计量是一致的，并且在所有 $E[Income|\mathbf{x}]=\exp(\gamma_1^*+\mathbf{x}'\boldsymbol{\gamma}_2)$ 的情况下服从渐近正态分布。

2. 首先，NLS 估计方法不能产生 γ_1 的一致估计；plim $c_1=\boldsymbol{\gamma}_1^*$，该式随着正确分布而变动。在条件均值函数中，使得 $\gamma_1^*=\ln g(\theta)+\gamma_1$ 相同的（θ，γ_1）的任意值都会产生相同的平方和。这是多重共线性的一种形式；θ 的伪回归元是 $\partial E[Income|\mathbf{x}]/\partial\theta=\exp(\boldsymbol{\gamma}_1^*+\mathbf{x}'\boldsymbol{\gamma}_2)[g'(\theta)/g(\theta)]$，$\gamma_1$ 的伪回归元为 $\partial E[Income|\mathbf{x}]/\partial\boldsymbol{\gamma}_1=\exp(\boldsymbol{\gamma}_1^*+\mathbf{x}'\boldsymbol{\gamma}_2)$。第一个是常数乘上第二个。NLS 不能提供 θ 和 $\boldsymbol{\gamma}_1$ 的单独估计，然而 MLE 可以——见下面的例子。其次，NLS 可能比 MLE 更低效，因为它没有用到因变量的分布信息。第二点考虑是不确定的。对于 $\boldsymbol{\gamma}_2$ 的估计，NLS 估计由于没有使用分布信息而效率更低。然而，由于 NLS 估计不打算计算附加参数 θ 的一个独立估计量，该缺点可以被弥补。

为了阐明这一点，我们考虑例 7.6 中的估计。伽马回归模型为

$$f(y|\mathbf{x})=\frac{1}{\Gamma(\theta)\mu(\mathbf{x})^{\theta}}\exp[-y/\mu(\mathbf{x})]y^{\theta-1},y>0,\theta>0,\mu(\mathbf{x})=\exp(\gamma_1+\mathbf{x}'\boldsymbol{\gamma}_2)$$

该模型的条件均值函数为

$$E[y|\mathbf{x}]=\theta/\mu(\mathbf{x})=\theta\exp(\gamma_1+\mathbf{x}'\gamma_2)=\exp(\gamma_1^*+\mathbf{x}'\gamma_2)$$

表 14.8 显示了 θ 和（γ_1，$\boldsymbol{\gamma}_2$）的估计值。估计的标准误在括号中显示。第（1）、（2）和（4）列的估计值全部用非线性最小二乘计算。在第（1）列中，我们试图分别估计 θ 和 γ_1。估计值收敛于两个值。然而估计的标准误在本质上是无限的。收敛于某个值的原因是计算时的四舍五入。第（2）列中是 γ_1^* 和 γ_2 的结果。这两个估计值以及第（4）列的平方和都为 112.196 88，这表明三个结果仅仅表明三组具有相同 γ_1^* 的结果。完整的极大似然估计在第（3）列中显示。注意，θ 的估计值之所以能在这里得到，是因为假定的伽马分布为这个参数提供了另一个独立的矩条件等式；$\partial\ln L/\partial\theta=-n\ln\Psi(\theta)+\Sigma_i(\ln y_i-\ln\mu(\mathbf{x}))=0$，尽管平方和的正态方程为 θ 和 γ_1 提供了相同的方程。

□ 14.11.1 极大似然估计

建立事件计数模型的标准方法由泊松回归模型开始，

$$\text{Prob}[Y=y_i|\mathbf{x}_i]=\frac{\exp(-\lambda_i)\lambda_i^{y_i}}{y_i!},\ \lambda_i=\exp(\mathbf{x}_i'\boldsymbol{\beta}),y_i=0,1\cdots$$

其中包含**对数线性条件均值**（loglinear conditional mean）函数 $E[y_i|\mathbf{x}_i]=\lambda_i$。（我们将在第 18

章详细解释泊松回归模型和其他数据设定。我们在这里引入这个话题来开始对 MLE 在非常直接、典型的非线性框架下进行讨论。）

表 14.8　估计的伽马回归模型

	(1) NLS	(2) 约束下的 NLS	(3) MLE	(4) NLS/MLE
常数	1.224 68	−1.693 31	−3.368 26	−3.363 80
	(47 722.5)[a]	(0.044 08)	(0.050 48)	(0.044 08)
Age	0.002 07	0.002 07	0.001 53	0.002 07
	(0.000 61)[b]	(0.000 61)	(0.000 61)	(0.000 61)
Education	0.047 92	0.047 92	0.049 75	0.047 92
	(0.002 47)[b]	(0.002 47)	(0.002 86)	(0.002 47)
Female	−0.006 58	−0.006 58	0.006 96	−0.006 58
	(0.013 73)[b]	(0.013 73)	(0.013 22)	(0.086 77)
θ	0.626 99	—	5.314 74	5.314 74[c]
	(29 921.3)[a]	—	(0.108 94)	(0.000 00)

a. 报告的数值没有意义；存在四舍五入误差。见描述文档。

b. 标准误和第（2）列相同。

c. 在该值下为固定值。

在线附表 F7.1 展现了 Riphahn et al.（2003）的数据，我们可以用这些数据来分析计数变量 *DocVis*，即在观察年份看医生的次数。我们用 1988 年的 4 483 个观测值的面板数据。在如图 14.6 所示的柱状图中，可以很明显地看出在 0 值处，观测值呈峰值，随后快速递减。如果 $\lambda_i<1$，呈典型山丘状的泊松分布符合这个结构，形状有些不符合经典泊松分布。①

几何分布

$$f(y_i\,|\,\mathbf{x}_i)=\theta_i(1-\theta_i)^{y_i},\ \theta_i=1/(1+\lambda_i),\ \lambda_i=\exp(\mathbf{x}_i'\boldsymbol{\beta}),y_i=0,1,\cdots$$

是一种可以很容易产生图 14.4 所示结果的方式。（注意，在形式上，这种规则是用来在连续独立的实验第一次成功之后，模拟失败次数的，每一次成功的概率为 θ_i，因此事实上，对于计数来说，整个模型是错误的。然而该模型的确提供了一个方便并且有用的示例。此外，即使泊松是正确的模型，该模型的设定也能够得出我们感兴趣的参数的一个一致估计。）条件均值函数也是 $E[y_i\,|\,\mathbf{x}_i]=\lambda_i$。模型中的偏效应为 $\partial E[y_i\,|\,\mathbf{x}_i]/\partial\mathbf{x}_i=\lambda_i\boldsymbol{\beta}$，因此这是一个直接的非线性回归模型。我们要建立一个极大似然估计，然后将 MLE 与**非线性最小二乘**（nonlinear least squares）估计和（误设的）线性最小二乘估计进行比较。

对数似然函数为

$$\ln L=\sum_{i=1}^{n}\ln f(y_i\,|\,\mathbf{x}_i,\boldsymbol{\beta})=\sum_{i=1}^{n}\ln\theta_i+y_i\ln(1-\theta_i)$$

① 所以说这种情形经常被称为零变模型（我们将在第 18 章讨论）。

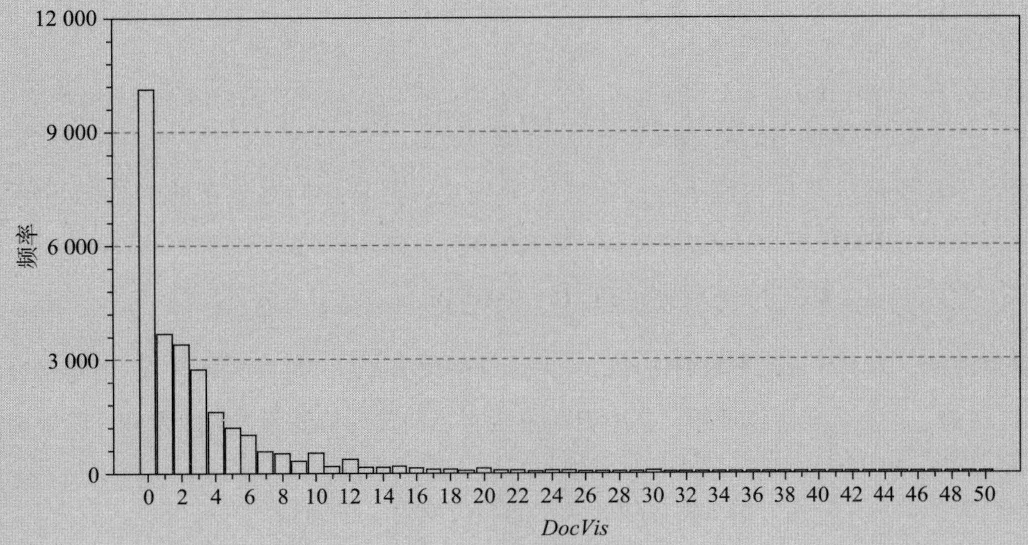

图 14.6　看医生次数柱状图

似然方程为

$$\frac{\partial \ln L}{\partial \boldsymbol{\beta}} = \sum_{i=1}^{n}\left(\frac{1}{\theta_i} - \frac{y_i}{1-\theta_i}\right)\frac{d\theta_i}{d\lambda_i}\frac{\partial \lambda_i}{\partial \boldsymbol{\beta}} = \mathbf{0}$$

因为

$$\frac{d\theta_i}{d\lambda_i}\frac{\partial \lambda_i}{\partial \boldsymbol{\beta}} = \left[\frac{-1}{(1+\lambda_i)^2}\right]\lambda_i \mathbf{x}_i = -\theta_i(1-\theta_i)\mathbf{x}_i$$

所以，似然方程可简化为

$$\frac{\partial \ln L}{\partial \boldsymbol{\beta}} = \sum_{i=1}^{n}[\theta_i y_i - (1-\theta_i)]\mathbf{x}_i = \sum_{i=1}^{n}[\theta_i(1+y_i) - 1]\mathbf{x}_i$$

为了估计渐近协方差矩阵，我们可以使用之前讨论的 Asy. Var $[\hat{\boldsymbol{\beta}}_{\text{MLE}}]$ 的估计量中的任何一种。BHHH 估计量可以写为

$$\text{Est. Asy. Var}_{\text{BHHH}}[\hat{\boldsymbol{\beta}}_{\text{MLE}}] = \left[\sum_{i=1}^{n}\left(\frac{\partial \ln f(y_i \mid \mathbf{x}_i, \hat{\boldsymbol{\beta}})}{\partial \hat{\boldsymbol{\beta}}}\right)\left(\frac{\partial \ln f(y_i, \mid \mathbf{x}_i, \hat{\boldsymbol{\beta}})}{\partial \hat{\boldsymbol{\beta}}}\right)'\right]^{-1} = \left[\sum_{i=1}^{n}(\hat{\theta}_i(1+y_i)-1)^2 \mathbf{x}_i \mathbf{x}_i'\right] = [\hat{\mathbf{G}}'\hat{\mathbf{G}}]^{-1}$$

二阶导数矩阵的负逆矩阵在 MLE 处求值，于是有

$$\left[-\frac{\partial^2 \ln L}{\partial \hat{\boldsymbol{\beta}} \partial \hat{\boldsymbol{\beta}}'}\right]^{-1} = \left[\sum_{i=1}^{n}(1+y_i)\hat{\theta}_i(1-\hat{\theta}_i)\mathbf{x}_i \mathbf{x}_i'\right]^{-1} = [-\hat{\mathbf{H}}]^{-1}$$

如前所述，由于 $E[y_i|\mathbf{x}_i]=\lambda_i=(1-\theta_i)/\theta_i$ 已知，所以我们也可以使用二阶导数矩阵的期望的负逆矩阵，

$$\left[-E\left(\frac{\partial^2 \ln L}{\partial\hat{\boldsymbol{\beta}}\partial\hat{\boldsymbol{\beta}}'}\right)\right]^{-1}=\left[\sum_{i=1}^{n}(1-\hat{\theta}_i)\mathbf{x}_i\mathbf{x}_i'\right]^{-1}=\{-E[\hat{\mathbf{H}}]\}^{-1}$$

最后，尽管我们对条件均值函数的形式十分确定，但是我们对分布的形式却不确定，使用式（14-36）中稳健的估计量

$$\text{Est. Asy. Var}[\hat{\boldsymbol{\beta}}]=[-\hat{\mathbf{H}}]^{-1}[\hat{\mathbf{G}}'\hat{\mathbf{G}}][-\hat{\mathbf{H}}]^{-1}$$

是有道理的。为了计算出参数的估计值，无论是牛顿法 $\hat{\boldsymbol{\beta}}^{t+1}=\hat{\boldsymbol{\beta}}^{t}-[\hat{\mathbf{H}}^{t}]^{-1}\hat{\mathbf{g}}^{t}$ 还是得分法 $\hat{\boldsymbol{\beta}}^{t+1}=\hat{\boldsymbol{\beta}}^{t}-\{E[\hat{\mathbf{H}}^{t}]\}^{-1}\hat{\mathbf{g}}^{t}$，都可以使用，其中 $\mathbf{H}$ 和 $\mathbf{g}$ 为在当前估计值处函数的二阶和一阶导函数。与大多数这类模型一样，假设模型含有常数项是对起始值方便的设定。因为 $E[y_i|\mathbf{x}_i]=\lambda_i$，如果我们令斜率参数从 0 开始，那么常数项的自然起始值就为 $\bar{y}$ 的对数。

□ 14.11.2 拟极大似然估计

如果我们对条件均值函数的形式比较确定（这是我们感兴趣的函数），但是对正确的分布却没有这么确定，我们可能寻找一个稳健的方法。这恰恰是下例中将要出现的情形。考虑到 *DocVis* 是非负的计数值，指数均值函数是合理的。但是我们认为几何模型、基于非线性最小二乘的半参数方法、泊松模型均具有相同的合理性。条件均值模型是正确设定的，但是这三个中的每一个都有明显的缺点。泊松模型施加了分散均衡（equidispersion）约束（方差等于均值），该约束很可能和数据不一致；几何模型是一个明显不合适的设定，非线性最小二乘估计忽视了样本中用于确定条件均值函数的所有信息。基于线性指数形式的**拟极大似然估计**（quasi-MLE，QMLE）方法提供了一个在这种情况下相对稳健的方法。

定义 13.1 界定了分布的指数族。对于密度函数为 $f(y|\boldsymbol{\theta})$的随机变量 y，分布的指数族为

$$\ln f(y|\boldsymbol{\theta})=a(y)+b(\boldsymbol{\theta})+\Sigma_k c_k(y)s_k(\boldsymbol{\theta})$$

很多熟悉的分布都属于这一族，包括正态、logistic、伯努利（Bernoulli）、泊松、伽马、指数、威布尔和其他。在这个框架下，Gourieroux，Monfort，and Trognon（1984）提出了条件线性指数族，

$$\ln f(y|\mu(\mathbf{x},\boldsymbol{\beta}))=a(y)+b(\mu(\mathbf{x},\boldsymbol{\beta}))+ys(\mu(\mathbf{x},\boldsymbol{\beta}))$$

式中，条件均值函数为 $E[y|\mathbf{x},\boldsymbol{\beta}]=\mu(\mathbf{x},\boldsymbol{\beta})$。这一族设置的用处在于，只要均值是正确设定的，在最大化隐含对数似然时就可以产生 $\boldsymbol{\beta}$ 的一致估计，即使 $y|\mathbf{x}$ 的正确分布不是 $f(y|\mu(\mathbf{x},\boldsymbol{\beta}))$。

例 14.13 检验了一个计数变量，即 *DocVis* = 看医生的次数。假定的条件均值函数是 $E[y_i|\mathbf{x}_i]=\lambda_i=\exp(\mathbf{x}_i'\boldsymbol{\beta})$，但是我们不确定分布的形式。考虑两个候选模型，$\theta_i=1/(1+\lambda_i)$的几何模型 $f(y_i|\mathbf{x}_i,\boldsymbol{\beta})=\theta_i(1-\theta_i)^{y_i}$，以及泊松模型 $f(y_i|\mathbf{x}_i,\boldsymbol{\beta})=\exp(-\lambda_i)\lambda_i^{y_i}/\Gamma(y_i+1)$。这些分布都在 LEF 族中；对于几何分布，$\ln f(y_i|\mathbf{x}_i,\boldsymbol{\beta})=\ln[\theta_i/(1-\theta_i)]+y_i\ln\theta_i$，对于泊松分布，$\ln f(y_i|\mathbf{x}_i,\boldsymbol{\beta})=-\lambda_i+y_i\ln\lambda_i-\ln\Gamma(y_i+1)$。因为这两个都是具有相同均值函数的 LEFs，它们的对数似然都会产生相同 $\boldsymbol{\beta}$ 的一致估计。

条件方差还没有设定。在我们考虑的两种情况下，方差是均值的简单函数。对于几何分布，$\text{Var}[y|\mathbf{x}]=\lambda(1+\lambda)$；对于泊松分布，$\text{Var}[y|\mathbf{x}]=E[y|\mathbf{x}]=\lambda$。对于线性指数族，这个关系在

一般情况下都成立。另一个例子，对于服从伯努利分布的二值变量或比例变量（fractional variable），$f(y|\mathbf{x})=P_i^{y_i}(1-P_i)^{1-y_i}$，式中 $P_i=\lambda_i/(1+\lambda_i)$有条件方差 $\lambda_i/[1+\lambda_i]^2=P_i(1-P_i)$。下面检验的其他模型——伽马、威布尔和非负二项式分布都有类似表现。基于信息矩阵式（14－16)或式（14－17）的渐近方差的传统估计量在 LEF 的分布是 y_i 的正确分布的情况下可以应用。然而，因为方差形式并没有被确立，该情况不成立。因此异方差性使得式（14－36)中的方差矩阵估计量是一个符合逻辑的选择。

为了能包括有额外一个参数的分布，需要一个明显的小扩展，该参数典型地为形状参数，如威布尔分布，

$$f(y_i|\mathbf{x}_i)=\frac{\theta}{\lambda_i}\left(\frac{y_i}{\lambda_i}\right)^{\theta-1}\exp\left[-\left(\frac{y_i}{\lambda_i}\right)^{\theta}\right]$$

其中有 $E[y_i|\mathbf{x}_i]=\lambda_i\Gamma(1+1/\theta)$，或者伽马分布，

$$f(y_i|\mathbf{x}_i)=\frac{y_i^{\theta-1}}{\lambda_i^{\theta}\Gamma(\theta)}\exp\left[-\frac{y_i}{\lambda_i}\right]$$

其中有 $E[y_i|\mathbf{x}_i]=\lambda_i\theta$。这些随机变量满足 LEF 模型的假设，但是一些更详细的设定使得估计和推断变得复杂。对于这些模型，均值 λ_i 不再是正确设定的。在示例中有一个规模参数。如果 $\lambda_i=\exp(\mathbf{x}_i'\boldsymbol{\beta})$是典型的，$\boldsymbol{\beta}$ 包含常数项，那么常数项可由规模项的对数抵消。对于威布尔模型，常数项由 $\ln\Gamma(1+1/\theta)$ 抵消，对于伽马模型，抵消项为 $\ln\theta$。这看起来并无不妥，然而如果条件均值自身或均值的偏效应是估计的对象，这是一个非常严重的潜在缺点。正如前面提到的候选模型，这里提到的两个模型同样具有异方差性；对于伽马分布，$\text{Var}[y|\mathbf{x}]=\theta\lambda^2$，对于威布尔，$\text{Var}[y|\mathbf{x}]=\lambda\{\Gamma(1+2/\theta)-\Gamma^2(1+1/\theta)\}$。对于式（14－36）中的 QMLEs，其渐近协方差矩阵的稳健估计量仍然是更优的选择。

上面提到的四个分布和其他下列分布都是 LEF，这表明它们中的任何一个都能成为（$y|\mathbf{x}$）的拟极大似然估计的基础。原则上，这里列出的分布适用于二值（伯努利）、计数（泊松、几何）、连续（伽马、威布尔和正态）变量。如果我们研究的变量自然就是上述分布的形式，或者至少接近于该形式，LEF 的效果最好。因此在下例中我们将用几何分布和泊松分布为计数变量建模。对于二值或比例变量，我们可以使用伯努利框架为它们建立拟极大似然估计的基础。考虑到目前的结果，伯努利 LEF 也可以用于连续变量，但伽马或威布尔分布可能是一个更好的选择。通常来说，观测到的变量数据应该和该变量隐含的候选分布相匹配，例如，例 14.13 中的非负整数。[连续性不是必需的；泊松（指数）LEF 适用于连续（离散）非负变量。]

如果我们的兴趣集中于估计 $\boldsymbol{\beta}$，我们的结果表明，这些分布中的几个就足够作为在给定情况下估计的工具。但是直觉表明（毫无疑问是正确的）一些选择应该比其他的更好。另外，如果只有条件均值的形式被设定，为什么不在所有情况下都使用非线性最小二乘（GMM）呢？目前的论述没有区分这些估计方法；它们都是一致的。选择的准则函数意味着观测值的加权，并且基于和广义最小二乘优于普通最小二乘的相同逻辑，一些加权方法看似比其他的更好（更有效率）。

前面关于效率的论证有些模糊。它遗留了一个问题，即为什么我们要使用这种方法而不是非线性最小二乘？这些方法的主要应用［和发展了这个方法的 Gourieroux et al.（1984）的主要关注点］是在形如看医生次数的计数变量上，同时这些变量存在无法衡量的异方差性。考虑计数变量的权威模型——泊松回归，其中并没有为未量化的异方差性进行明显的设定。整个模型

设定构建了条件均值 $\lambda_i = \exp(\mathbf{x}_i'\boldsymbol{\beta})$ 以及边际泊松分布。扩展泊松回归模型设定的一个自然的方法是 $\lambda_i | \varepsilon_i = \exp(\mathbf{x}_i'\boldsymbol{\beta} + \varepsilon_i)$。条件均值函数为 $\Lambda_i = E[\exp(\varepsilon_i)]\lambda_i$。如果模型包括常数项，那么假定 $E[\exp(\varepsilon_i)] = 1$ 并不会有什么损失，因此有 $\Lambda_i = \lambda_i$。剩下未设定的是 $y_i | \mathbf{x}_i$ 的方差和 ε_i 的分布。我们假定 ε_i 是传统的扰动项，和模型的其他部分是外生的。因此条件（基于 $\mathbf{x}$）均值是通过 λ_i 正确设定的，这表明泊松 QMLE 是该模型的稳健估计量，尽管它有模糊的异方差性设定问题——它是外生的并且均值为 1。

边际分布为 $f(y_i | \mathbf{x}_i) = \int_{\varepsilon_i} f(y_i | \mathbf{x}_i, \varepsilon_i) g(\varepsilon_i) d\varepsilon_i$。如果 $\exp(\varepsilon_i)$ 服从均值为 1 的伽马分布 $G(\theta|\theta)$，这就产生了类型 2 的负二项式分布回归模型。

$$f(y_i | \mathbf{x}_i) = \frac{\Gamma(y_i + \theta)}{\Gamma(y_i + 1)\Gamma(\theta)} \left(\frac{\lambda_i}{\lambda_i + \theta}\right)^{y_i} \left(\frac{\theta}{\lambda_i + \theta}\right)^{\theta}, y_i = 0, 1, \cdots$$

该随机变量的均值为 λ_i，方差为 $\lambda_i[1 + \lambda_i/\theta]$。负二项式分布密度也属于 LEF。该构建对于计数数据的优势在于，只要 ε_i 是外生的，关于 $\mathbf{x}_i$ 是同方差的，并且和 $\boldsymbol{\beta}$ 无关，不管其服从什么分布，泊松拟极大似然函数都会产生 $\boldsymbol{\beta}$ 的一致估计。

总而言之，对于特定几类模型，QMLE 看起来和 GMM 一样具有竞争力。在主要应用中，它是随机变量的稳健估计量而非线性最小二乘不是。

∴例 14.13　看医生次数的几何回归模型

在例 7.6 中，我们对图 14.6 中所示的看医生次数变量的对数线性模型进行了非线性最小二乘估计。（27 326 个观测值中 $DocVis > 50$ 的 41 个观测值在图中被省略了。）在线附表 F7.1 中的数据来自 Riphahn et al.（2003）。我们在这里将使用一个更详细的模型来计算计数变量 $DocVis$，以将分析进行下去。这里分析的条件均值为

$$\ln E[DocVis_{it} | \mathbf{x}_{it}] = \beta_1 + \beta_2 Age_{it} + \beta_3 Educ_{it} + \beta_4 Income_{it} + \beta_5 Kids_{it}$$

（这与例 11.16 中的模型有些不同。）在这个例子中，同时考虑了例 14.13 中的固定效应模型，我们已经建立了一个不含有任何非时变变量的模型，比如 $Female$。（同样，对于这个应用，我们将使用整个样本。）模型中变量的样本均值如表 14.9 所示。注意，这些数据是面板数据。但在这个例子中，我们忽略了这个事实，并且建立了一个整体模型。我们将在研究面板数据处理的章节中再回顾这个例子。

我们使用牛顿法对其进行最优化，起始值按照之前给出的方式。5 次迭代过程见表 14.9。

基于 LM 准则的收敛值 $\mathbf{g}'\mathbf{H}^{-1}\mathbf{g}$ 在第四次迭代后可以推导出。注意到这里的导数值相当小，但是不完全为 0。表 14.10 展示了参数的拟极大似然估计。几组标准误列在其中。基于不同信息矩阵的三组估计值列在最前面。第四组是基于 14.8.4 小节中讨论过的群修正协方差矩阵。因为这实际上是一组不平衡的面板数据，我们预期观测值间存在相关性。意料之中的是，标准误大规模地增大了。偏效应可以通过两种方式计算得到。“平均偏效应”可以通过样本中的个体平均计算 $\lambda_i\boldsymbol{\beta}$ 得到。“偏效应”通过用数据均值计算 λ 得到。倒数第二列包含普通最小二乘系数。在模型中，没有理由期望普通最小二乘估计可以提供一致的 $\boldsymbol{\beta}$ 估计。问题出现了，普通最小二乘估计的是什么？答案是，关于 $\mathbf{x}_{it}$ 的 $DocVis$ 的线性投射的斜率。OLS 系数和估计的偏效应结果相似并不仅仅是巧合，它为问题提供了答案。

表 14.9　牛顿法迭代结果

初始值：	0.115 80e+1	0.000 00	0.000 00	0.000 00	0.000 00
一阶导数：	0.000 00	−0.617 77e+5	0.732 02e+4	0.425 75e+4	0.164 64e+4
参数：	0.115 80e+1	0.000 00	0.000 00	0.000 00	0.000 00
迭代一次 F=	0.628 7e+5	$\mathbf{g}'\mathbf{H}^{-1}\mathbf{g}$=0.190 7e+4			
一阶导数	0.486 16e+3	−0.224 49e+5	0.571 62e+4	−0.171 12e+3	−0.165 21e+3
参数：	0.111 86e+1	0.176 2e−1	−0.502 63e−1	−0.462 74e−1	−0.156 09
迭代两次 F=	0.619 2e+5	$\mathbf{g}'\mathbf{H}^{-1}\mathbf{g}$=0.125 8e+2			
一阶导数	−0.312 84e+1	−0.155 95e+3	−0.371 97e+2	−0.106 30e+1	−0.771 86
参数：	0.109 22e+1	0.179 81e−1	−0.473 03e−1	−0.467 39e−1	−0.156 83
迭代三次 F=	0.619 2e+5	$\mathbf{g}'\mathbf{H}^{-1}\mathbf{g}$=0.675 9e−3			
一阶导数	−0.184 17e−3	−0.993 68e−2	−0.219 92e−2	−0.593 54e−4	−0.259 94e−4
参数：	0.109 18e+1	0.179 88e−1	−0.472 74e−1	−0.467 51e−1	−0.156 86
迭代四次 F=	0.619 2e+5	$\mathbf{g}'\mathbf{H}^{-1}\mathbf{g}$=0.183 1e−8			
一阶导数	−0.357 27e−11	0.867 45e−10	−0.263 02e−10	−0.610 06e−11	−0.156 20e−11
参数：	0.109 18e+1	0.179 88e−1	−0.472 74e−1	−0.467 51e−1	−0.156 86
迭代五次 F=	0.619 2e+5	$\mathbf{g}'\mathbf{H}^{-1}\mathbf{g}$=0.177e−12			

注：e±n 是指乘以 10^n 或 10^{-n}。

表 14.10　因变量几何分布回归模型的估计：*DocVis*：均值=3.183 52，标准误=5.689 69，*n*=27 326

变量	估计值	标准误 *H*	标准误 *E*[*H*]	标准误 *BHHH*	聚类标准误	*APE*	*PE* 均值	*OLS*	方差均值
常数	1.091 8	0.052 4	0.052 4	0.035 4	0.108 3	—	—	2.656	
Age	0.018 0	0.000 7	0.000 7	0.000 5	0.001 3	0.057 2	0.057	0.061	43.52
Education	−0.047 3	0.003 3	0.003 3	0.002 3	0.006 7	−0.150	−0.144	−0.121	11.32
Income	−0.468 4	0.041 1	0.042 3	0.027 8	0.072 7	−1.490	−1.424	−1.621	0.352
Kids	−0.156 9	0.015 6	0.015 5	0.010 3	0.030 6	−0.487	−0.477	−0.517	0.403

表 14.11 中的分析提供了三种可用来对 *DocVis* 建模的方法。几何分布回归模型的结果如表 14.10 所示。在本例子的最开始处，我们提到过，为 *DocVis* 建模的较有效的方法是建立泊松回归模型。拟对数似然函数及其导数比几何模型更简单。

$$\ln L=\sum_{i=1}^{n} y_i \ln \lambda_i-\lambda_i-\ln y_i!$$

$$\partial \ln L/\partial \boldsymbol{\beta}=\sum_{i=1}^{n}(y_i-\lambda_i)\mathbf{x}_i$$

$$\partial^2 \ln L/\partial \boldsymbol{\beta}\partial \boldsymbol{\beta}'=\sum_{i=1}^{n}-\lambda_i \mathbf{x}_i \mathbf{x}_i'$$

第三种途径是，应用半参数、非线性回归模型，即

$$y_{it}=\exp(\mathbf{x}_{it}'\boldsymbol{\beta})+\varepsilon_{it}$$

在没有假设分布形式的情况下，非线性最小二乘是稳健的，相比于QMLE却是无效的。但是，我们可以完全放弃分布假设，此时模型就符合指数回归的形式。注意到泊松拟极大似然和NLS估计的相似之处。对于QMLE，似然方程 $\Sigma_{i=1}^{n}(y_i-\lambda_i)\mathbf{x}_i=\mathbf{0}$ 表明，将解代入时，残差项（$y_i-\lambda_i$）和真实的回归元 $\mathbf{x}_i$ 是相互正交的。NLS正态方程 $\Sigma_{i=1}^{n}(y_i-\lambda_i)\lambda_i\mathbf{x}_i=\Sigma_{i=1}^{n}(y_i-\lambda_i)\mathbf{x}_i^0=\mathbf{0}$ 表明，将解代入时，残差和伪回归元 $\lambda_i\mathbf{x}_i$ 是正交的。

表 14.11　关于 *DocVis* 的三个模型估计

	几何模型			泊松模型			非线性回归		
变量	估计值	标准误	APE	估计值	标准误	APE	估计值	标准误	APE
常数	1.091 8	0.108 3		0.104 80	0.113 7		0.980 2	0.181 4	
Age	0.018 0	0.001 3	0.057	0.018 4	0.001 3	0.060	0.018 7	0.002 0	0.060
Education	−0.047 3	0.006 7	−0.150	−0.043 3	0.007 0	−0.138	−0.036 1	0.012 3	−0.115
Income	−0.468 4	0.072 7	−1.490	−0.520 7	0.082 2	−1.658	−0.591 9	0.128 3	−1.884
Kids	−0.156 9	0.030 6	−0.487	−0.160 9	0.031 2	−0.500	−0.169 3	0.048 8	−0.539

表14.11显示的是三种估计结果。如何在几种方法中选择并不是显而易见的事。在三种方法之中，泊松模型目前使用最广泛。泊松模型和几何分布模型都是非嵌套的，所以我们不能使用一个简单的参数检验在它们之间进行选择。然而，这两个模型一定符合14.6.6小节中描述的沃氏检验条件。为实现这个检验，我们首先计算

$$V_{it}=\ln f_{it}\mid 几何-\ln f_{it}\mid 泊松$$

分别使用参数的QMLE，14.6.6小节中给出的检验统计量为

$$V=\frac{(\sqrt{n})\bar{V}}{s_V}$$

统计量在潜在假设下收敛于标准正态分布。结果如果是一个很大的正值，我们就偏向于选择几何分布模型。计算出的样本值为37.885，因此我们偏向于选择几何分布模型而不是泊松模型。图14.6提供了这个发现的一个解释。当 *DocVis*=0 时，非常大的密度明显不是泊松分布。这将促使我们扩展至例如负二项式分布模型，或者更有可能扩展至两部模型，如在18.4.8小节中检验的栏式模型（hurdle model）。几何模型可能像这个例子一样提供数据集的更好的拟合。这三个方法差异较大。对于三种不同的模型设定，表14.11中的平均偏效应相差较大。

14.12 回归方程组

似不相关回归模型（seemingly unrelated regression，SUR）的一般形式在式（10－1）～式（10－3）中给出，即

$$\begin{aligned}&\mathbf{y}_i=\mathbf{X}_i\boldsymbol{\beta}_i+\boldsymbol{\varepsilon}_i,i=1,\cdots,M\\&E[\boldsymbol{\varepsilon}_i\mid\mathbf{X}_1,\cdots,\mathbf{X}_M]=0\\&E[\boldsymbol{\varepsilon}_i\boldsymbol{\varepsilon}_j'\mid\mathbf{X}_1,\cdots,\mathbf{X}_M]=\sigma_{ij}\mathbf{I}\end{aligned}\tag{14-66}$$

该模型中的 FGLS 估计在 10.2.3 小节中有详细证明。我们这里增加了模型中扰动项服从正态分布的假设，并且扩展了极大似然估计的结论。这是多方程组的一个通用方法。在式（14－66）中定义的协方差结构的情况下，联合正态分布假设可应用于在时间 t 观测的 M 个扰动项的向量，可以写作

$$\boldsymbol{\varepsilon}_t\mid\mathbf{X}_1,\cdots,\mathbf{X}_M\sim\mathbf{N}[\mathbf{0},\boldsymbol{\Sigma}],\ t=1,\cdots,T\tag{14-67}$$

□ 14.12.1 混合模型

在混合模型中，所有系数向量都相等，这为我们提供了一个很方便的起始点。在相同系数向量的假设下，回归模型变为

$$\begin{aligned}&y_{it}=\mathbf{x}_{it}'\boldsymbol{\beta}+\varepsilon_{it},\ i=1,\cdots,M,\ t=1,\cdots,T\\&E[\boldsymbol{\varepsilon}_{it}\mid\mathbf{X}_1,\cdots,\mathbf{X}_M]=0\\&\text{如果 } t=s,\ E[\varepsilon_{it}\varepsilon_{js}\mid\mathbf{X}_1,\cdots,\mathbf{X}_M]=\sigma_{ij};\text{如果 } t\neq s,\text{ 则为 }0\end{aligned}\tag{14-68}$$

这是一个异方差、横截面数据相关的模型。在多元正态分布下，对数似然函数为

$$\ln L=\sum_{t=1}^{T}\left[-\frac{M}{2}\ln 2\pi-\frac{1}{2}\ln|\boldsymbol{\Sigma}|-\frac{1}{2}\boldsymbol{\varepsilon}_t'\boldsymbol{\Sigma}^{-1}\boldsymbol{\varepsilon}_t\right]\tag{14-69}$$

正如我们前面所讨论的，这个模型的有效估计方法如同式（10－22）中指出的一样为 GLS。因为 $\boldsymbol{\Sigma}$ 的元素需要估计，我们这里使用基于式（10－23）和式（10－13）的 FGLS 估计。

与我们在几个应用中所论述的一样，在给定 $\boldsymbol{\Sigma}$ 下，$\boldsymbol{\beta}$ 的极大似然估计量为基于式（10－22）的 GLS。$\boldsymbol{\Sigma}$ 的极大似然估计量为

$$\hat{\sigma}_{ij}=\frac{(\mathbf{y}_i'-\mathbf{X}_i\hat{\hat{\boldsymbol{\beta}}}_{ML})'(\mathbf{y}_j-\mathbf{X}_j\hat{\hat{\boldsymbol{\beta}}}_{ML})}{T}=\frac{\hat{\boldsymbol{\varepsilon}}_i'\hat{\boldsymbol{\varepsilon}}_j}{T}\tag{14-70}$$

这基于 $\boldsymbol{\beta}$ 的 MLE。如果每个 MLE 都相互依赖，我们怎样才能同时获得所有结果呢？答案由 Oberhofer and Kmenta（1974）给出，他们指出，对于包括这个模型在内的一些模型，可以通过在这两个估计量之间进行前后反复迭代得出结果。因此，MLE 可以通过迭代式（14－70）和下式得到，即

$$\hat{\hat{\boldsymbol{\beta}}}=[\mathbf{X}'\hat{\boldsymbol{\Omega}}^{-1}\mathbf{X}]^{-1}[\mathbf{X}'\hat{\boldsymbol{\Omega}}^{-1}\mathbf{y}]\tag{14-71}$$

这个过程可以由（一致的）普通最小二乘估计量开始，然后由式（14－70），如此继续进行。计算过程很简单，使用基本的代数矩阵。关于 $\boldsymbol{\beta}$ 的假设检验可以通过相同的沃尔德检验来完成。渐近协方差矩阵的估计量是式（10－22）括号中表达式的逆矩阵。

为了检验 $\boldsymbol{\Sigma}$ 的非对角线元素为 0 这一假设（这一假设代表了公司之间没有相关关系），我们有三种方法。似然比检验基于统计量

$$\lambda_{\mathrm{LR}}=T(\ln|\hat{\boldsymbol{\Sigma}}_{heteroscedastic}|-\ln|\hat{\boldsymbol{\Sigma}}_{general}|)=T(\sum_{i=1}^{M}\ln\hat{\sigma}_i^2-\ln|\hat{\boldsymbol{\Sigma}}|) \tag{14－72}$$

式中，$\hat{\sigma}_i^2$ 为从群组协同异方差模型的极大似然函数中得到的 σ_i^2 的估计值；$\hat{\boldsymbol{\Sigma}}$ 为非约束模型中的极大似然估计。[①] 统计量的大样本分布为 $M(M-1)/2$ 个自由度下的卡方分布。由 Breusch and Pagan（1980）发展的拉格朗日乘数检验提供了另一种方法。该统计量的一般形式为

$$\lambda_{\mathrm{LM}}=T\sum_{i=2}^{m}\sum_{j=1}^{i-1}r_{ij}^2 \tag{14－73}$$

式中，r_{ij}^2 为第 ij 个残差相关系数。如果每个方程存在不同的参数向量，那么由普通最小二乘设立的方程就是有效的（以及 ML），同时我们可以通过 OLS 残差来计算 r_{ij}（假设有足够多的用于计算的观测值）。但是这里，我们假设只有一个参数向量。因此，计算相关性的基础为聚类协同异方差模型中迭代估计的残差，也就是用来计算 $\hat{\sigma}_i^2$ 的相同残差（检验的渐近有效近似值可以基于 FGLS 残差）。注意到这不是完全按照经典异方差回归模型进行的检验过程。那种情况包含基于聚类异方差的不同的 LM 和 LR 统计量。如果式（14－72）中的 LR 统计量或者式（14－73）中的 LM 统计量都比统计表中的临界值小，那么基于这个检验的结论是：聚类协同异方差模型是更合适的模型。

□ 14.12.2　SUR 模型

Oberhofer-Kmenta（1974）条件适用于似不相关回归模型，因此极大似然估计值可以通过迭代 FGLS 过程推导出。我们必须再次注意到这个过程假设式（10－11）在估计 σ_{ij} 的每次迭代中均被使用。极大似然方法在 FGLS 渐近性质方面并不具有优势。[②] 这种方法是否在小样本中更容易使用已成为一个开放性的问题，其答案取决于模型是否依赖特殊的数据集。

例 14.14　似不相关回归模型的 ML 估计

虽然第 11 章应用 2 中格伦费尔德的数据有些陈旧，但是它经受住了时间的考验，并且现在仍作为标准数据来论证 SUR 模型。在线附表 F10.4 中的数据为 10 个公司在 20 年间（1935—1954 年）的数据。为了便于说明，我们使用前四个公司的数据。[③]

模型是一个投资方程，即

$$I_{it}=\beta_{1i}+\beta_{2i}F_{it}+\beta_{3i}C_{it}+\varepsilon_{it},\ t=1,\cdots,20,\ i=1,\cdots,10$$

---

① 注意：约束模型产生的额外变化（excess variation）被用于构建检验。

② Jensen（1995）在计算估计量的渐近协方差矩阵时考虑了一些变动，这些估计量容许违背正态性假定的可能性存在。

③ 数据在 Baltagi（2005）的网站上下载，网址为 http：//www. wiley. com/legacy/wileychi/baltagi/supp/Grunfeld. fil。也可参见 Kleiber and Zeileis（2010）。

式中

I_{it}＝第 t 年，企业 i 的实际总投资

F_{it}＝企业发行在外的股票的实际价值

C_{it}＝资本存量的实际价值

方程的 OLS 估计如表 14.12 的左侧所示。四个 OLS 残差向量的相关系数矩阵为

$$\mathbf{R}_e=\begin{bmatrix}1 & -0.261 & 0.279 & -0.273\\ -0.261 & 1 & 0.428 & 0.338\\ 0.279 & 0.428 & 1 & -0.0679\\ -0.273 & 0.338 & -0.0679 & 1\end{bmatrix}$$

在论述 FGLS 和 MLE 估计之前，我们对"回归实际上不相关"这一原假设进行 LM 检验。我们把这作为练习留给大家，可以看到，式（14－73）中的 LM 统计量可以计算为

$$\lambda_{LM}=(T/2)[\text{trace}(\mathbf{R}_e'\mathbf{R}_e)-M]=10.451$$

卡方分布中 6 个自由度下 95%的临界值为 12.59，这就是说，我们无法拒绝原假设。如果可以得到这个结果，我们就继续分析。

表 14.12　投资方程估计

公司	变量	OLS 估计值	OLS 标准误	FGLS 估计值	FGLS 标准误	MLE 估计值	MLE 标准误
	常数	−149.78	97.58	−160.68	90.41	−179.41	86.66
1	F	0.119 2	0.023 82	0.120 5	0.021 87	0.124 8	0.020 86
	C	0.371 4	0.034 18	0.380 0	0.033 11	0.380 2	0.032 66
	常数	−49.19	136.52	21.16	116.18	36.46	106.18
2	F	0.174 9	0.068 41	0.130 4	0.057 37	0.124 4	0.051 91
	C	0.389 6	0.131 2	0.448 5	0.122 5	0.436 7	0.117 1
	常数	−9.956	28.92	−19.72	26.58	−24.10	25.80
3	F	0.026 55	0.014 35	0.034 64	0.012 79	0.038 08	0.012 17
	C	0.151 7	0.023 70	0.136 8	0.022 49	0.131 1	0.022 23
	常数	−6.190	12. 45	0.936 6	11.59	2.581	11.54
4	F	0.077 95	0.018 41	0.067 85	0.017 05	0.065 64	0.016 98
	C	0.315 7	0.026 56	0.314 6	0.026 06	0.313 7	0.026 17

下一步为计算 OLS 残差的协方差矩阵，我们使用

$$\mathbf{W}=(1/T)\mathbf{E}'\mathbf{E}=\begin{bmatrix}\mathbf{7160.29} & -1967.05 & 607.533 & -282.756\\ -1967.05 & \mathbf{7904.66} & 978.45 & 367.84\\ 607.533 & 978.45 & \mathbf{660.829} & -21.3757\\ -282.756 & 367.84 & -21.3757 & \mathbf{149.872}\end{bmatrix}$$

式中，$\mathbf{E}$ 为 20×4 的 OLS 残差矩阵。将这些数据放入分割后的矩阵中，我们有

$$\mathbf{X}=\begin{bmatrix}\mathbf{X}_1 & \mathbf{0} & \mathbf{0} & \mathbf{0}\\ \mathbf{0} & \mathbf{X}_2 & \mathbf{0} & \mathbf{0}\\ \mathbf{0} & \mathbf{0} & \mathbf{X}_3 & \mathbf{0}\\ \mathbf{0} & \mathbf{0} & \mathbf{0} & \mathbf{X}_4\end{bmatrix} \quad 且 \quad \mathbf{y}=\begin{bmatrix}\mathbf{y}_1\\ \mathbf{y}_2\\ \mathbf{y}_3\\ \mathbf{y}_4\end{bmatrix}$$

我们现在计算 $\hat{\mathbf{\Omega}}=\mathbf{W}\otimes\mathbf{I}_{20}$ 和 FGLS 估计值

$$\hat{\boldsymbol{\beta}}=[\mathbf{X}'\hat{\mathbf{\Omega}}^{-1}\mathbf{X}]^{-1}\mathbf{X}'\hat{\mathbf{\Omega}}^{-1}\mathbf{y}$$

FGLS 估计值的渐近协方差矩阵为括号中的逆矩阵。这些结果在表 14.12 的中间显示。为了计算 MLE，我们将使用 Oberhofer and Kmenta（1974）的结论以反复迭代 FGLS 估计值。使用 FGLS 系数向量，我们再次得到残差值，然后再次计算 $\mathbf{W}$，接着再估计 $\boldsymbol{\beta}$。迭代直到估计的参数向量收敛才停止。我们使用收敛值作为衡量基于迭代（$s-1$）到（$\mathbf{s}$）在估计的参数上变化的准则，即

$$\delta=[\hat{\boldsymbol{\beta}}(s)-\hat{\boldsymbol{\beta}}(s-1)]'[\mathbf{X}'[\hat{\mathbf{\Omega}}(s)]^{-1}\mathbf{X}][\hat{\boldsymbol{\beta}}(s)-\hat{\boldsymbol{\beta}}(s-1)]$$

这个准则函数的一系列值为：0.219 22，0.163 18，0.006 62，0.000 37，0.000 023 678 25，0.000 001 563 348，$0.104\,198\,0\times10^{-6}$。我们在第 7 步迭代之后退出迭代过程。表 14.12 展示了 ML 估计过程。我们现在对协方差对角矩阵的原假设进行似然比检验。$\mathbf{\Sigma}$ 的极大似然估计为

$$\hat{\mathbf{\Sigma}}=\begin{bmatrix}\mathbf{7\,235.46} & -2\,455.13 & 615.167 & -325.413\\ -2\,455.13 & \mathbf{8\,146.41} & 1\,288.66 & 427.011\\ 615.167 & 1\,288.66 & \mathbf{702.268} & 2.517\,86\\ -325.413 & 427.011 & 2.517\,86 & \mathbf{153.889}\end{bmatrix}$$

有限制条件模型的估计值是由前面给出的 OLS 结果的 $\mathbf{W}$ 对角线形成的对角矩阵（估计值我们在前面的矩阵中以黑体字形式 $\mathbf{W}$ 给出过）。检验统计量此时为

$$\mathrm{LR}=T(\ln|\mathrm{diag}(\mathbf{W})|-\ln|\hat{\mathbf{\Sigma}}|)=18.55$$

而前面我们已经提到临界值为 12.59。结果与 LM 检验相矛盾。协方差对角矩阵假设现在被拒绝了。

注意到除常数外，系数估计值的四个组合非常相似。由于常数的存在，看来整体限制条件将被拒绝是确定无疑的。为了证明这一结论，我们在 MLE 结果之上计算沃尔德统计量。为了检验

$$H_0:\boldsymbol{\beta}_1=\boldsymbol{\beta}_2=\boldsymbol{\beta}_3=\boldsymbol{\beta}_4$$

我们可以把假设变形为

$$H_0:\boldsymbol{\beta}_1-\boldsymbol{\beta}_4=\mathbf{0},\boldsymbol{\beta}_2-\boldsymbol{\beta}_4=\mathbf{0},\boldsymbol{\beta}_3-\boldsymbol{\beta}_4=\mathbf{0}$$

沃尔德统计量为

$$\lambda_W=(\mathbf{R}\hat{\boldsymbol{\beta}}-\mathbf{q})'[\mathbf{RVR}']^{-1}(\mathbf{R}\hat{\boldsymbol{\beta}}-\mathbf{q})=2\,190.96$$

式中，$\mathbf{R}=\begin{bmatrix}\mathbf{I}_3 & \mathbf{0} & \mathbf{0} & -\mathbf{I}_3\\ \mathbf{0} & \mathbf{I}_3 & \mathbf{0} & -\mathbf{I}_3\\ \mathbf{0} & \mathbf{0} & \mathbf{I}_3 & -\mathbf{I}_3\end{bmatrix}$，$\mathbf{q}=\begin{bmatrix}\mathbf{0}\\ \mathbf{0}\\ \mathbf{0}\end{bmatrix}$，以及 $\mathbf{V}=[\mathbf{X}'\hat{\mathbf{\Omega}}^{-1}\mathbf{X}]^{-1}$。在原假设下，沃尔德统计量服从自由度为 9 的卡方极限分布。其临界值为 16.92，因此，像我们所预计的一样，假设被拒绝。这一差别可

能是因为常数项不同。为了检验“四对斜率系数是相同的”这一假设，我们在 $\mathbf{R}$ 中用［$\mathbf{0}$，$\mathbf{I}_2$］替代 $\mathbf{I}_3$，用 2×3 的零矩阵替代 $\mathbf{0}$'s，用 6×1 的零向量替代 $\mathbf{q}$。卡方分布的结果为 229.005，临界值为 12.59，因此这个假设也会被拒绝。

14.13 联立方程模型

在第 10 章中，我们提到了两种用来进行极大似然估计的方法，即下面的方程组：

$$\mathbf{y}_t'\mathbf{\Gamma}+\mathbf{x}_t'\mathbf{B}=\boldsymbol{\varepsilon}_t'$$
$$\boldsymbol{\varepsilon}_t\mid\mathbf{X}\sim\mathbf{N}[\mathbf{0},\mathbf{\Sigma}] \tag{14-74}$$

完全信息极大似然（FIML）是在一步之内分析全部参数的方法。线性方程组的 FIML 估计在理论上和实际中都是非常复杂的。然而，它的渐近性质和三阶段最小二乘（3SLS）是相同的。三阶段最小二乘是简单直接的并且是现代计量软件的标准特征（见 10.4.5 小节）。因此，在这个方程组里对正态性的额外假设并不能带来理论上或实际的优点。

有限信息极大似然（LIML）是一种在一次估计中只估计出一个与参数有关的方程的单方程估计法。当方程为线性时，我们检验两个直接计算 LIML 估计量的方法。在 10.4.4 小节中展示的最小方差比方法是基于一些基本的矩阵代数运算——唯一非常规的计算是计算非对称矩阵的特征根（或者是对称矩阵的矩阵平方根）。8.4.3 小节中一个更加直接的方法提供了解释该模型的一些有用的结果。

LIML 估计的主要应用是包含一个内生变量的方程。（这是第 8 章中的主要应用。）假定那是式（14-74）中的第一个方程，

$$y_1\gamma_{11}+y_2\gamma_{21}+\mathbf{x}_1'\mathbf{b}_1=\varepsilon_1$$

标准化该方程，则 y_1 的系数为 1，其他变量出现在等号的右边。我们有

$$y_1=y_2\delta_1+\mathbf{x}_1'\boldsymbol{\beta}_1+w_1 \tag{14-75}$$

这是包含一个内生变量的第一个方程的结构式（structural form）。整个方程组的缩减式（reduced form）是 $\mathbf{y}'=\mathbf{x}'(-\mathbf{B}\mathbf{\Gamma}^{-1})+\mathbf{v}'$［见 10.4.2 小节和式（10-36）］。第二个方程的缩减式为

$$y_2=\mathbf{x}'\boldsymbol{\pi}_2+u_2 \tag{14-76}$$

注意到 y_1 的结构方程只包括整个方程组的一些外生变量，然而缩减式包括所有外生变量，其中包括至少一个不包含在 $\mathbf{x}_1$ 中的变量。正如我们在 10.4.3 小节中介绍的，方程组中一定有排除在 y_1 方程外的外生变量——这是可识别性的阶条件。两个方程中的扰动项是式（14-74）中扰动项的线性函数，因此在正态性的条件下，式（14-75）和式（14-76）中的扰动项服从联合正态分布。

两个方程的方程组［式（14-75）和式（14-76）］和我们在 8.4.3 小节中检验的方程组

$$y=\mathbf{x}_1'\boldsymbol{\beta}+x_2\lambda+\varepsilon \tag{14-77}$$
$$x_2=\mathbf{z}'\boldsymbol{\gamma}+u \tag{14-78}$$

完全相同。式（14-75）中的 y_2 是式（14-77）中的 x_1，且 $\mathbf{z}=(\mathbf{x}_1,\cdots)$。方程（14-78）是

y_2 的缩减式方程。这标准化了包含一个内生变量的联立方程模型中一个方程的结果。估计实质上是依赖于两个方程的，即我们感兴趣的结构方程和出现在方程中针对内生变量的缩减式。这个（实质上是）包含两个方程的方程组的 LIML 估计量的对数似然函数见式（8－17）。在典型的方程中，式（14－77）和式（14－78）很可能是递归结构。模型的这个形式强调了该模型包含一个内生变量，这里的第二个方程解释了内生性。

对于应用者，一个有用的结果是两阶段最小二乘（2SLS）估计量的渐近方差和 LIML 估计量的渐近方差相同。在额外的正态性的假设下，这通常会使得 LIML 估计量没有实际意义。一个例外是正态化方程（即哪个变量出现在等号左边）时 LIML 估计量的不变性。当我们用弱工具变量进行分析时，它是有用的（见 8.7 节）。更通常地说，LIML 和 FIML 估计量在文献中大多都会被简单的 GMM 估计量、2SLS、3SLS 及可容纳异方差的拓展所替代。这些估计量仍然具有影响力，但是在不断发展的理论中只是作为一个部分存在。

14.14 面板数据应用

我们论述过的线性面板数据模型中面板数据法的应用，是一个具有边缘延伸性的应用。对于我们将在 14.14.1 小节考虑的随机效应线性模型而言，$\boldsymbol{\beta}$ 的 MLE 同以往一样，在给定方差参数 MLE 的情况下，即为 FGLS。如同我们将论述的一样，后者产生了相当多的复杂性。扩展提供了一个方便、有趣的应用以观察 MLE 不变特性的影响——我们将再次参数化一个相当复杂的对数似然函数并将其简化。在分析非线性模型的固定效应和随机效应模型时，极大似然变成了必要的方法。我们将在 14.14.3 小节和 14.14.4 小节中论述使用通用术语来处理这些情况的两个一般方法，然后在随后的几个模型中应用它们。

□ 14.14.1 线性随机效应模型的 ML 估计

在带有正态分布扰动项的随机效应模型［式（11－28)～式(11－32)］中，第 i 个个体对对数似然函数的贡献值为

$$\ln L_i(\boldsymbol{\beta},\sigma_\varepsilon^2,\sigma_u^2)=-\frac{1}{2}[T_i\ln 2\pi+\ln|\boldsymbol{\Omega}_i|+(\mathbf{y}_i-\mathbf{X}_i\boldsymbol{\beta})'\boldsymbol{\Omega}_i^{-1}(\mathbf{y}_i-\mathbf{X}_i\boldsymbol{\beta})]$$

$$=-\frac{1}{2}[T_i\ln 2\pi+\ln|\boldsymbol{\Omega}_i|+\boldsymbol{\varepsilon}_i'\boldsymbol{\Omega}_i^{-1}\boldsymbol{\varepsilon}_i]\qquad(14-79)$$

式中

$$\boldsymbol{\Omega}_i=\sigma_\varepsilon^2\mathbf{I}_{T_i}+\sigma_u^2\mathbf{i}\mathbf{i}'$$

$\mathbf{i}$ 表示 $T_i\times1$ 的一列 1。注意到，由于 $\boldsymbol{\Omega}_i$ 是 $T_i\times T_i$，所以它会随着 i 的变化而变化。Baltagi（2013）提供了有关这个模型的一个方便而又简洁的估计量，它是一个反复迭代过程，包含以残差平方为基础的 $\phi^2=[\sigma_\varepsilon^2/(\sigma_\varepsilon^2+T\sigma_u^2)]$的估计量，以及使用 FGLS 得到的（$\alpha$，$\boldsymbol{\beta}$，$\sigma_\varepsilon^2$）（$\alpha$ 是常数项）。遗憾的是，这种方便和简洁在不平衡情况下是无法实现的。然而我们认为，该作者使用的是“强行计算”途径，也就是说，直接最大化式（14－79）中的对数似然函数（参见 Baltagi，pp. 169－170）。

使用式（A－66），我们发现

$$\boldsymbol{\Omega}_i^{-1}=\frac{1}{\sigma_\varepsilon^2}\left[\mathbf{I}_{T_i}-\frac{\sigma_u^2}{\sigma_\varepsilon^2+T_i\sigma_u^2}\mathbf{ii}'\right]$$

我们同样也需要 $\boldsymbol{\Omega}_i$ 的行列式。为了推导它，我们使用特征根的乘积。首先，写出

$$|\boldsymbol{\Omega}_i|=(\sigma_\varepsilon^2)^{T_i}|\mathbf{I}+\gamma\mathbf{ii}'|$$

式中，$\gamma=\sigma_u^2/\sigma_\varepsilon^2$。为了寻找矩阵的特征根，我们使用定义

$$[\mathbf{I}+\gamma\mathbf{ii}']\mathbf{c}=\lambda\mathbf{c}$$

式中，$\mathbf{c}$ 为特征向量；λ 为相关的特征根。等式意味着 $\gamma\mathbf{ii}'\mathbf{c}=(\lambda-1)\mathbf{c}$。两边同时乘以 $\mathbf{i}'$，于是有 $\gamma(\mathbf{i}'\mathbf{i})(\mathbf{i}'\mathbf{c})=(\lambda-1)(\mathbf{i}'\mathbf{c})$。任何一个带有和为 0 的元素的向量 $\mathbf{c}$ 都可以满足这个等式。共有 T_i-1 个向量并且其相关的特征根为 $\lambda-1=0$ 或 $\lambda=1$。对于剩余的根，除以非零的（$\mathbf{i}'\mathbf{c}$），同时注意到 $\mathbf{i}'\mathbf{i}=T_i$，因此最后一个根为 $T_i\gamma=\lambda-1$ 或 $\lambda=(1+T_i\gamma)$。[①] 行列式的对数形式为

$$\ln|\boldsymbol{\Omega}_i|=T_i\ln\sigma_\varepsilon^2+\ln(1+T_i\gamma)$$

扩展这一部分，并且将其与第三项相乘，就可以推导出对数似然函数

$$\begin{aligned}\ln L&=\sum_{i=1}^n\ln L_i\\&=-\frac{1}{2}\left[(\ln 2\pi+\ln\sigma_\varepsilon^2)\sum_{i=1}^n T_i+\sum_{i=1}^n\ln(1+T_i\gamma)\right]-\frac{1}{2\sigma_\varepsilon^2}\sum_{i=1}^n\left[\boldsymbol{\varepsilon}'_i\boldsymbol{\varepsilon}_i-\frac{\sigma_u^2(T_i\bar{\varepsilon}_i)^2}{\sigma_\varepsilon^2+T_i\sigma_u^2}\right]\end{aligned}$$

注意到，我们可以将第三项写为 $\sigma_\varepsilon^2+T_i\sigma_u^2=\sigma_\varepsilon^2(1+T_i\gamma)$ 和 $\sigma_\mu^2=\sigma_\varepsilon^2\gamma$。将这些代入公式以后，我们可以消掉方括号中出现的两项 σ_ε^2，于是有

$$\ln L=-\frac{1}{2}\sum_{i=1}^n\left(T_i(\ln 2\pi+\ln\sigma_\varepsilon^2)+\ln(1+T_i\gamma)+\frac{1}{\sigma_\varepsilon^2}\left[\boldsymbol{\varepsilon}'_i\boldsymbol{\varepsilon}_i-\frac{\gamma(T_i\bar{\varepsilon}_i)^2}{1+T_i\gamma}\right]\right)$$

现在，令 $\theta=1/\sigma_\varepsilon^2$、$R_i=1+T_i\gamma$ 和 $Q_i=\gamma/R_i$。对对数似然函数的个体贡献为

$$\ln L_i=-\frac{1}{2}[\theta(\boldsymbol{\varepsilon}'_i\boldsymbol{\varepsilon}_i-Q_i(T_i\bar{\varepsilon}_i)^2)+\ln R_i-T_i\ln\theta+T_i\ln 2\pi]$$

似然方程为

$$\begin{aligned}\frac{\partial\ln L_i}{\partial\boldsymbol{\beta}}&=\theta\left[\sum_{t=1}^{T_i}\mathbf{x}_{it}\varepsilon_{it}\right]-\theta\left[Q_i\left(\sum_{t=1}^{T_i}\mathbf{x}_{it}\right)\left(\sum_{t=1}^{T_i}\varepsilon_{it}\right)\right]\\\frac{\partial\ln L_i}{\partial\theta}&=-\frac{1}{2}\left[\left(\sum_{t=1}^{T_i}\varepsilon_{it}^2\right)-Q_i\left(\sum_{t=1}^{T_i}\varepsilon_{it}\right)^2-\frac{T_i}{\theta}\right]\\\frac{\partial\ln L_i}{\partial\gamma}&=\frac{1}{2}\left[\theta\left(\frac{1}{R_i^2}\left(\sum_{t=1}^{T_i}\varepsilon_{it}\right)^2\right)-\frac{T_i}{R_i}\right]\end{aligned}$$

这足以支持建立诸如 DFP 或 BFGS 等最优化运算（参见 E.3.3 小节）。我们可以继续从第二个推导中计算渐近协方差矩阵，但这并非必需的。对于 $\hat{\boldsymbol{\beta}}_{\text{MLE}}$，我们知道，因为这是一个广义回归模型，所以正确的渐近协方差矩阵为

---

① 借助这一推导，我们就证明了一个有用的一般性结论。形式为 $\mathbf{A}=(\mathbf{I}+a\mathbf{bb}')$ 的 $T\times T$ 矩阵的特征根为（$T-1$）个 1 和 1 个 $a\mathbf{b}'\mathbf{b}$。其证明严格遵循我们之前的推导。

$$\text{Asy. Var}[\hat{\boldsymbol{\beta}}_{\text{MLE}}]=\left[\sum_{i=1}^{n}\mathbf{X}_i'\hat{\boldsymbol{\Omega}}_i^{-1}\mathbf{X}_i\right]^{-1}$$

（见 11.5.2 小节。）我们也知道，方差成分估计量的 MLE 与 $\boldsymbol{\beta}$ 的 MLE 渐近不相关。原则上，我们可以继续估计 σ_ε^2 和 σ_u^2 的 MLE 的渐近方差。从估计 θ 和 γ 中推导它们是很有必要的，这可以在任何情况下进行。然而，我们对回归模型中扰动项方差 σ_ε^2 的统计推断不感兴趣。另外，可能需要检验 σ_u^2 是否为 0，或者 $\gamma=0$ 是否成立的假设。式（11－42）中，Breusch and Pagan（1979）的 LM 统计量扩展到这里考虑的非平衡面板数据将为

$$\begin{aligned}\text{LM}&=\frac{\left(\sum_{i=1}^{N}T_i\right)^2}{\left[2\sum_{i=1}^{N}T_i(T_i-1)\right]}\left[\frac{\sum_{i=1}^{N}(T_i\bar{e}_i)^2}{\sum_{i=1}^{N}\sum_{t=1}^{T_i}e_{it}^2}-1\right]^2\\&=\frac{\left(\sum_{i=1}^{N}T_i\right)^2}{\left[2\sum_{i=1}^{N}T_i(T_i-1)\right]}\left[\frac{\sum_{i=1}^{N}[(T_i\bar{e}_i)^2-\mathbf{e}_i'\mathbf{e}_i]}{\sum_{i=1}^{N}\mathbf{e}_i'\mathbf{e}_i}\right]^2\end{aligned}$$

❖例 14.15　工资方程的极大似然估计和 FGLS 估计

我们在例 11.11 中使用康韦尔和鲁珀特的面板数据推导出了工资方程的 FGLS 估计。我们还使用极大似然来代替 FGLS 对工资方程进行了再次估计。参数估计与 FGLS 和混合 OLS 估计如表 14.13 所示。方差成分估计值也如表 14.13 所示。考虑到大样本，MLE 和 FGLS 斜率估计的相似性是可预测到的。σ_u 的差异可能是令人惊讶的。然而，估计并不基于简单的平方和，因此这种程度的差异性是常见的。检验共同效应的 LM 统计量为 3 497.02，比临界值 3.84 大很多。通过 MLE，我们也可以使用 LR 检验来检验随机效应，而我们的原假设正是"模型中不存在随机效应"。基于两个对数似然函数的卡方统计量为 3 662.25，可以推导出相同的结果。

表 14.13　通过 FGLS 和 MLE 估计的工资方程

变量	最小二乘估计	聚类标准误	随机效应 FGLS	标准误	随机效应 MLE	标准误
常数	5.251 12	0.123 55	4.041 44	0.083 30	3.126 22	0.177 61
Exp	0.040 10	0.004 08	0.087 48	0.002 25	0.107 21	0.002 48
Exp^2	−0.000 67	0.000 09	−0.000 76	0.000 05	−0.000 51	0.000 05
Wks	0.004 22	0.001 54	0.000 96	0.000 59	0.000 84	0.000 60
Occ	−0.140 01	0.027 24	−0.043 22	0.012 99	−0.025 12	0.013 78
Ind	0.046 79	0.023 66	0.003 78	0.013 73	0.013 80	0.015 29
South	−0.055 64	0.026 16	−0.008 25	0.022 46	0.005 77	0.031 59
SMSA	0.151 67	0.024 10	−0.028 40	0.016 16	−0.047 48	0.018 96
MS	0.048 45	0.040 94	−0.070 90	0.017 93	−0.041 38	0.018 99
Union	0.092 63	0.023 67	0.058 35	0.013 50	0.038 73	0.014 81
Ed	0.056 70	0.005 56	0.107 07	0.005 11	0.135 62	0.012 67
Fem	−0.367 79	0.045 57	−0.309 38	0.045 54	−0.175 62	0.113 10
Blk	−0.166 94	0.044 33	−0.219 50	0.052 52	−0.261 21	0.137 47
θ					42.526 5	
γ					29.970 5	
σ_ε	0.349 36		0.152 06		0.153 35	
σ_u	0.000 00		0.314 53		0.839 49	

□ 14.14.2 嵌套随机效应

考虑一个州多个学区的学校测试分数的数据集。为了建立该复杂模型的符号表示，我们定义一个四维非平衡结构，

Z_{ijkt} = 位于学区 i 的学校 j，老师 k 所教出的学生 t 的测试分数

L = 学区，$i=1,\cdots,L$

M_i = 每个学区的学校，$j=1,\cdots,M_i$

N_{ij} = 每个学校的老师，$k=1,\cdots,N_{ij}$

T_{ijk} = 每个班级的学生，$t=1,\cdots,T_{ijk}$

因此，从一开始我们就允许模型存在不同层次的不平衡性，更一般形式的随机效应回归模型可以为

$$y_{ijkt}=\mathbf{x}'_{ijkt}\boldsymbol{\beta}+u_{ijk}+v_{ij}+w_i+\varepsilon_{ijkt}$$

我们假定模型的不同层次都服从严格外生性。同时假定扰动项的不同部分是不相关的。（正态性的假定随后也会补充。）从扰动项的结构出发，我们可以发现协方差矩阵 $\boldsymbol{\Omega}$ 整体在 i 的水平下是分块对角阵，每个对角块自身又是 j 层次的分块对角阵，这些分块又是 k 层次的分块对角阵，并且在最低的层次，这些对角块——例如我们例子中的班级——服从我们之前看到的随机效应模型的形式。

广义最小二乘在平衡样本的情况下应用得很好。[①] 定义方差成分 σ_ε^2，σ_u^2，σ_v^2 和 σ_w^2 构成了如下等式：

$$\sigma_1^2=T\sigma_u^2+\sigma_\varepsilon^2$$
$$\sigma_2^2=NT\sigma_v^2+T\sigma_u^2+\sigma_\varepsilon^2=\sigma_1^2+NT\sigma_v^2$$
$$\sigma_3^2=MNT\sigma_w^2+NT\sigma_v^2+T\sigma_u^2+\sigma_\varepsilon^2=\sigma_2^2+MNT\sigma_w^2$$

那么，基于 $\mathbf{x}_{ijkt}$ 相同的变换，完全广义最小二乘和 OLS 回归

$$\tilde{y}_{ijkt}=y_{ijkt}-\left(1-\frac{\sigma_\varepsilon}{\sigma_1}\right)\bar{y}_{ijk\cdot}-\left(\frac{\sigma_\varepsilon}{\sigma_1}-\frac{\sigma_\varepsilon}{\sigma_2}\right)\bar{y}_{ij\cdot\cdot}-\left(\frac{\sigma_\varepsilon}{\sigma_2}-\frac{\sigma_\varepsilon}{\sigma_3}\right)\bar{y}_{i\cdots}$$

是等价的。通过最内部分组的组间和组内的 3 个估计量，我们可以得到 FGLS 估计值。

非平衡样本情况下的对应物同样可以推导，但是复杂程度急速上升。[②] 然而，正如 Antwiler（2001）所指出的，如果愿意假定分布的正态性，那么对数似然则变得容易处理。（我们注意到了实用性和不稳健性的相互作用。）定义方差比

$$\rho_u=\frac{\sigma_\mu^2}{\sigma_\varepsilon^2},\ \rho_v=\frac{\sigma_v^2}{\sigma_\varepsilon^2},\ \rho_w=\frac{\sigma_w^2}{\sigma_\varepsilon^2}$$

建立如下的中间结果

$$\theta_{ijk}=1+T_{ijk}\rho_u,\ \phi_{ij}=\sum_{k=1}^{N_{ij}}\frac{T_{ijk}}{\theta_{ijk}},\ \theta_{ij}=1+\phi_{ij}\rho_v,\ \phi_i=\sum_{j=1}^{M_i}\frac{\phi_{ij}}{\theta_{ij}},\ \theta_i=1+\rho_w\phi_i$$

---

① 例如，Baltagi，Song，and Jung（2001）提供了三维非平衡样本的结果。

② 见 Baltagi et al.（2001）。

扰动项 $e_{ijkt}=y_{ijkt}-\mathbf{x}'_{ijkt}\boldsymbol{\beta}$ 的平方和是，

$$A_{ijk}=\sum_{t=1}^{T_{ijk}}e_{ijkt}^2$$

$$B_{ijk}=\sum_{t=1}^{T_{ijk}}e_{ijkt},\ B_{ij}=\sum_{k=1}^{N_{ij}}\frac{B_{ijk}}{\theta_{ijk}},\ B_i=\sum_{j=1}^{M_i}\frac{B_{ij}}{\theta_{ij}}$$

对数似然是

$$\ln L=-\frac{1}{2}H\ln(2\pi\sigma_\varepsilon^2)-\frac{1}{2}\times\left[\sum_{i=1}^{L}\left\{\ln\theta_i+\sum_{j=1}^{M_i}\left\{\ln\theta_{ij}+\sum_{k=1}^{N_{ij}}{}'\left\{\ln\theta_{ijk}+\frac{A_{ijk}}{\sigma_\varepsilon^2}-\frac{\rho_u}{\theta_{ijk}}\frac{B_{ijk}^2}{\sigma_\varepsilon^2}\right\}-\frac{\rho_v}{\theta_{ij}}\frac{B_{ij}^2}{\sigma_\varepsilon^2}\right\}-\frac{\rho_w}{\theta_i}\frac{B_i^2}{\sigma_\varepsilon^2}\right\}\right]$$

式中，H 是观测的总数量。(对于三维情况，$L=1$，$\rho_w=0$。) Antwiler (2001) 提供了最大化 $\ln L$ 的对数似然函数的一阶导数。然而，他提出，结果的复杂性可能产生数值微分的吸引力。另外，他发现函数的二阶导数易于处理，并且在他的应用中诉诸二阶数值微分。海塞矩阵复杂的部分是 $\boldsymbol{\beta}$、方差参数和方差参数自身右下部分的交叉矩阵。然而，它们都是非必需的。正如任何广义回归模型，方差估计量和斜率估计量是渐近不相关的。因此，只需对 $\boldsymbol{\beta}$ 求逆矩阵来获得正确的渐近协方差矩阵。相关的矩阵分块为

$$\begin{aligned}-\frac{\partial^2\ln L}{\partial\boldsymbol{\beta}\partial\boldsymbol{\beta}'}=&\frac{1}{\sigma_\varepsilon^2}\sum_{i=1}^{L}\sum_{j=1}^{M_i}\sum_{k=1}^{N_{ij}}\sum_{t=1}^{T_{ijk}}\mathbf{x}_{ijkt}\mathbf{x}'_{ijkt}-\frac{\rho_w}{\sigma_\varepsilon^2}\sum_{i=1}^{L}\sum_{j=1}^{M_i}\sum_{k=1}^{N_{ij}}\frac{1}{\theta_{ijk}}\left(\sum_{t=1}^{T_{ijk}}\mathbf{x}_{ijkt}\right)\left(\sum_{t=1}^{T_{ijk}}\mathbf{x}'_{ijkt}\right)\\&-\frac{\rho_v}{\sigma_\varepsilon^2}\sum_{i=1}^{L}\sum_{j=1}^{M_i}\frac{1}{\theta_{ij}}\left(\sum_{k=1}^{N_{ij}}\frac{1}{\theta_{ijk}}\left(\sum_{t=1}^{T_{ijk}}\mathbf{x}_{ijkt}\right)\right)\left(\sum_{k=1}^{N_{ij}}\frac{1}{\theta_{ijk}}\left(\sum_{t=1}^{T_{ijk}}\mathbf{x}'_{ijkt}\right)\right)\\&-\frac{\rho_u}{\sigma_\varepsilon^2}\sum_{i=1}^{L}\left(\sum_{j=1}^{M_i}\frac{1}{\theta_{ij}}\left(\sum_{k=1}^{N_{ij}}\frac{1}{\theta_{ijk}}\left(\sum_{t=1}^{T_{ijk}}\mathbf{x}_{ijkt}\right)\right)\right)\left(\sum_{j=1}^{M_i}\frac{1}{\theta_{ij}}\left(\sum_{k=1}^{N_{ij}}\frac{1}{\theta_{ijk}}\left(\sum_{t=1}^{T_{ijk}}\mathbf{x}'_{ijkt}\right)\right)\right)\end{aligned}\tag{14-80}$$

$\boldsymbol{\beta}$ 的极大似然估计量是基于方差参数的极大似然估计量的 FGLS。因此，式 (14-80) 为我们提供了 GLS 或极大似然估计量的正确的方差矩阵。区别在于矩阵的组成部分是如何被计算的。Baltagi et al. (2001) 提出了针对三维模型的许多方法。对于高于三维的模型，MLE 将会变得更有吸引力。

∴例 14.16 州际生产力

Munnell (1990) 使用柯布-道格拉斯生产函数分析了州层次的公共资本的生产力。我们将用该研究中的数据来估计三维对数线性回归模型：

$$\begin{aligned}\ln gsp_{jkt}=&\alpha+\beta_1\ln pc_{jkt}+\beta_2\ln hwy_{jkt}+\beta_3\ln water_{jkt}\\&+\beta_4\ln util_{jkt}+\beta_5\ln emp_{jkt}+\beta_6 unemp_{jkt}+\varepsilon_{jkt}+u_{jk}+v_j,\\&j=1,\cdots,9;\ t=1,\cdots,17,\ k=1,\cdots,N_j\end{aligned}$$

模型中的变量为

gsp＝州总生产量

p_cap＝公共资本＝hwy＋$water$＋$util$

hwy＝高速公路建设资本

$water$＝水公共设施资本

$util$＝公共设施资本

pc＝私人资本

emp＝就业(劳动)

$unemp$＝失业率

并且我们定义了 M＝9 个含有 48 个相邻州的区域

海湾各州＝AL，FL，LA，MS

中西部＝IL，IN，KY，MI，MN，OH，WI

中大西洋＝DE，MD，NJ，NY，PA，VA

山区＝CO，ID，MT，ND，SD，WY

新英格兰＝CT，ME，MA，NH，RI，VT

南部＝GA，NC，SC，TN，WV

西南部＝AZ，NV，NM，TX，UT

龙卷风走廊＝AR，IA，KS，MO，NE，OK

西部海岸＝CA，OR，WA

我们有每个州从 1970 年至 1986 年 17 年的数据。[①] 两维和三维的随机效应模型根据极大似然建立。使用 11.5.3 小节中介绍的方法，两维模型也可以用 FGLS 来拟合。

表 14.14 展示了使用混合 OLS、固定效应模型的 OLS、随机效应模型的 FGLS 和极大似然对生产函数的估计。尽管 OLS 估计有些不同，但总体而言，估计是相似的。这表明正如猜想的那样，混合模型中有被遗漏的效应。检验固定效应显著性的自由度为 47 和 762 的 F 统计量的值为 76.712。表中的临界值为 1.379，因此在这个基础上，我们会拒绝没有共同效应的原假设。同时注意到传统的 OLS 标准误和稳健的（聚类）修正值之间的巨大差异。三倍或四倍的差异强烈表明，至少在传统意义下存在潜在的效应。随机效应模型或固定效应模型哪个更优仍然值得思考。检验随机效应模型或固定效应模型的豪斯曼检验的卡方值为 18.987。临界值为 12.592。这表明固定效应模型是更优的模型设定。当我们用表 14.14 的最后一列的三维估计重复豪斯曼统计量的计算时，统计量轻微降至 15.327。最后注意到三组随机效应估计的相似性。事实上，在均值独立的假设下，这三个都是一致估计。在这种情况下进行两维模型和三维模型的一个似然比检验看起来是吸引人的。检验统计量为 2.46，是对数似然函数差的两倍。自由度为 1 时，卡方统计量的临界值为 3.84，因此在这个基础上，我们不拒绝两维模型的原假设。然而我们注意到该检验过程存在一个问题。对于似然比检验，方差为 0 的原假设并没有被定义好——原假设的参数在参数空间（$\sigma_v^2 \geqslant 0$）的边界值处。在这个例子中，我们熟悉的分布理论并没有得以应用。例 14.8 中的 Kodde and Palm（1988）的结果能够应用于此，而不是一个标准的检验。

① 数据从 Baltagi（2005）的网站上下载，网址为 www.wiley.com/legacy/wileychi/baltagi3e/。

表 14.14	估计的州际生产函数					
	OLS		固定效应	随机效应 FGLS	随机效应 ML	嵌套随机效应
	估计值	标准误[a]	估计值 (标准误)	估计值 (标准误)	估计值 (标准误)	估计值 (标准误)
α	1.926 0	0.052 50		2.160 8	2.175 9	2.134 8
		(0.214 3)		(0.138 0)	(0.147 7)	(0.151 4)
β_1	0.312 0	0.011 09	0.235 0	0.275 5	0.270 3	0.272 4
		(0.046 78)	(0.026 21)	(0.019 72)	(0.021 10)	(0.021 41)
β_2	0.058 88	0.015 41	0.076 75	0.061 67	0.062 68	0.066 45
		(0.050 78)	(0.031 24)	(0.021 68)	(0.022 69)	(0.022 87)
β_3	0.118 6	0.012 36	0.078 6	0.075 72	0.075 45	0.073 92
		(0.034 50)	(0.015 0)	(0.013 81)	(0.013 97)	(0.013 99)
β_4	0.008 56	0.012 35	−0.114 78	−0.096 72	−0.100 4	−0.100 4
		(0.040 62)	(0.018 14)	(0.016 83)	(0.017 30)	(0.016 98)
β_5	0.549 7	0.015 54	0.801 1	0.745 0	0.754 2	0.753 9
		(0.067 70)	(0.029 76)	(0.024 82)	(0.026 64)	(0.026 13)
β_6	−0.007 27	0.001 384	−0.005 179	−0.005 963	−0.005 809	−0.005 878
		(0.002 946)	(0.000 980)	(0.000 881 4)	(0.000 901 4)	(0.000 900 2)
σ_ε	0.085 422		0.036 764 93	0.036 764 9	0.036 697 4	0.036 696 4
σ_u				0.077 106 4	0.087 568 2	0.079 124 3
σ_v						0.038 629 9
$\ln L$	853.137 2		1 565.501		1 429.075	1 430.305 76

a. 括号中的数为稳健（聚类）标准误。修正为协方差矩阵乘以自由度，$nT/(nT-k)=816/810$。

□ 14.14.3 超过一维的聚类分布

考虑到式（14－80）的复杂性，我们可能更倾向于简单地应用 OLS，尽管它是无效的。正如所猜想的，由于观测值之间的相关性，标准误是有偏的。有证据表明是向下有偏的。[①] 在那种情况下，式（11－4）中的稳健估计量是一个自然的替代选择。在之前给出的例子中，嵌套结构是明显的。在其他情况下，如例 11.16，它可能是正确的。在例 14.16 和 Baltagi（2013）的应用中，州际观测值基于直觉被分成不同的组。不正确的分组的影响不明确。OLS 和 FGLS 将会保持一致性——这两个和具有错误权重的 GLS 是等价的，我们之前考虑过这一点。然而，估计量的渐近协方差矩阵的影响仍然需要进一步的分析。

数据的嵌套结构会使得式（11－4）中的聚类计算产生问题。如果分组只在最内部的维度进

① 见 Moulton（1986）。

行（在我们的例子中指相同学校的老师）。在这种情况下一个二维或更高维度的分组可能被联想到。对于二维而言，正如分层数据的不同聚类（如一个行业内不同公司的面板数据或某个社区内个体的面板数据），可以建立一个合理的简洁程序。［见 Cameron and Miller（2015）。］伪极大似然函数为

$$\ln L=\sum_{s=1}^{S}\sum_{c=1}^{C_s}\sum_{i=1}^{N_{cs}}\ln f(y_{ics}\mid \mathbf{x}_{ics},\boldsymbol{\theta}) \tag{14-81}$$

其中有 S 个层次，$s=1$，…，S，第 s 层中有 C_s 个聚类，$c=1$，…，C_s，在第 s 层和第 c 聚类中有 N_{cs} 个个体观测值。我们强调，这不是样本的正确的对数似然函数；我们假定数据的聚类和分层表明观测值是相关的。令

$$\mathbf{g}_{ics}=\frac{\partial \ln f(y_{ics}\mid \mathbf{x}_{ics},\boldsymbol{\theta})}{\partial\boldsymbol{\theta}},\ \mathbf{g}_{cs}=\sum_{i=1}^{N_{cs}}\mathbf{g}_{ics},\ \mathbf{g}_s=\sum_{c=1}^{C_s}\mathbf{g}_{cs}$$

$$\mathbf{G}_s=\left(\sum_{c=1}^{C_s}\mathbf{g}_{cs}\mathbf{g}_{cs}'\right)-\frac{1}{C_s}\mathbf{g}_s\mathbf{g}_s',\quad \mathbf{G}=\sum_{s=1}^{S}\mathbf{G}_s$$

$$\mathbf{H}=\sum_{s=1}^{S}\sum_{c=1}^{C_s}\sum_{i=1}^{N_{cs}}\frac{\partial^2\ln f(y_{ics}\mid \mathbf{x}_{ics},\boldsymbol{\theta})}{\partial\boldsymbol{\theta}\partial\boldsymbol{\theta}'}=\sum_{s=1}^{S}\sum_{c=1}^{C_s}\sum_{i=1}^{N_{cs}}\mathbf{H}_{ics} \tag{14-82}$$

那么，伪 MLE 的修正的协方差矩阵为

$$\text{Est. Asy. Var}[\hat{\boldsymbol{\theta}}]=[-\hat{\mathbf{H}}]^{-1}[\hat{\mathbf{G}}][-\hat{\mathbf{H}}]^{-1} \tag{14-83}$$

对于用最小二乘估计的线性模型，我们将用 $\mathbf{g}_{ics}=(e_{ics}/s^2)\mathbf{x}_{ics}$ 和 $\mathbf{H}_{ics}=(1/s^2)\mathbf{x}_{ics}\mathbf{x}_{ics}'$。$s^2$ 会在最终的结果中消失。最后一个担忧是关于有限的总体修正。$\mathbf{G}$ 中的项可能会被乘以权重因子 $w_s=(1-C_s/C^*)$，如果第 s 层包含有限的 C^* 个聚类，其中 C_s 占据重要比重，它乘以出现在式（11-4）的聚类内部的修正 $C_s/(C_s-1)$，最后乘以$(n-1)/(n-K)$，其中 n 是总样本大小，K 是待估计参数的个数。

□ 14.14.4 非线性模型的随机效应：使用积分的 MLE

我们在例 14.13 论述了面板数据的非线性模型——几何分布回归模型，即

$$\text{Prob}[Y_{it}=y_{it}\mid \mathbf{x}_{it}]=\theta_{it}(1-\theta_{it})^{y_{it}},\ y_{it}=0,1,\cdots,\ i=1,\cdots,\ n,t=1,\cdots,T_i$$
$$\theta_{it}=1/(1+\lambda_{it}),\ \lambda_{it}=\exp(\mathbf{x}_{it}'\boldsymbol{\beta})$$

虽然这是一个面板数据模型，但它没有我们在线性模型中用到过的面板数据模型的特征。这是一个回归模型，即

$$E[y_{it}\mid \mathbf{x}_{it}]=\lambda_{it}$$

这表明

$$y_{it}=\lambda_{it}+\varepsilon_{it}$$

这是一个简单的反复，从中定义了 y_i 与其条件均值的偏离。我们很自然地想到引入一个一般的共同效应或随机效应，正如我们在早期的线性模型中引入的一样，即

$$y_{it}=\lambda_{it}+\varepsilon_{it}+c_i$$

然而，这个结构的难点在于，虽然 ε_{it} 是在 y_{it} 和它的均值差异的残差中定义的，但是 c_i 是一个自由变化的随机变量。若不对 c_i 如何变化进行相当复杂的限制，开始的模型就不能阻止 y_{it} 为负值。当我们建立非线性模型时，我们需要更加注意保持与模型内部的一致性。在这类**指标函数模型**（index function models）中常用的途径是，在条件均值函数中引入共同效应。比如，随机效应几何回归模型可以写为

$$\text{Prob}[Y_{it}=y_{it}\mid\mathbf{x}_{it}]=\theta_{it}(1-\theta_{it})^{y_{it}},y_{it}=0,1,\cdots,i=1,\cdots,n,t=1,\cdots,T_i$$
$$\theta_{it}=1/(1+\lambda_{it}),\lambda_{it}=\exp(\mathbf{x}_{it}'\boldsymbol{\beta}+u_i)$$
$$f(u_i)=\text{个体随机效应的分布设定}$$

通过这种方式，现在适于建立模型

$$\text{Prob}[Y_{it}=y_{it}\mid\mathbf{x}_{it},u_i]=\theta_{it}(1-\theta_{it})^{y_{it}}$$

这意味着，我们对概率的观点现在由观测数据和非观测的随机效应共同决定。随机共同效应可以自由改变，而模型内部特性保持了下来。

现在出现了两个问题：

● 如何获得模型参数的极大似然估计？我们现在就来研究这个问题。

● 如果我们忽略个体异方差，且简单估计整体模型，我们能够得到模型参数的一致估计吗？答案是，有时可以，但通常不行。可行的例子是我们在本章中考虑的诸如几何分布以及泊松分布模型的对数线性模型。不可行的情况为文献中其他大多数一般的应用，尤其是二值选择模型、截尾回归模型、两部模型、样本选择模型以及最广泛的没有简单指数均值的非线性模型。①

我们现在可以为非线性随机效应模型推导一个极大似然函数。在后面的章节中，为了建立应用方法论，我们将使用一般的框架进行这个过程，然后再回顾例 14.13 中几何回归模型的特殊情况。我们现在假设，面板数据模型决定随机变量 y_{it} 的概率分布，由数据向量 $\mathbf{x}_{it}$ 和无法观测到的普通随机效应 u_i 决定其条件概率分布。与往常一样，样本中有 T_i 个观测数据，有关 $\mathbf{x}_{it}$ 的数据和 u_i 被假定为严格外生的。对于单个个体，我们的模型是

$$p[y_{it}\mid\mathbf{x}_{it},u_i]=f(y_{it}\mid\mathbf{x}_{it},u_i,\boldsymbol{\theta})$$

式中，$p(y_{it}\mid\mathbf{x}_{it},u_i)$表明，在 $f(y_{it}\mid\mathbf{x}_{it},u_i,\theta)$定义函数形式的同时，我们定义了一个条件密度函数，同时也强调了我们要估计的参数向量。我们还要进一步假定，对于普通的 u_i，组内的观测值是独立的，而组间观测值的依赖性却因普通 u_i 的存在而出现了。在这些假定下，给定 u_i，关于 y_{it} 的 T_i 个观测值的联合密度函数为

$$p(y_{i1},y_{i2},\cdots,y_{i,T_i}\mid\mathbf{X}_i,u_i)=\prod_{t=1}^{T_i}f(y_{it}\mid\mathbf{x}_{it},u_i,\boldsymbol{\theta})$$

这是因为对于 u_i，观测值是独立的。但是由于 u_i 实际上是观测值的一部分，为了构建对数似然函数，我们需要

$$p(y_{i1},y_{i2},\cdots,y_{i,T_i},u_i\mid\mathbf{X}_i)=\left[\prod_{t=1}^{T_i}f(y_{it}\mid\mathbf{x}_{it},u_i,\boldsymbol{\theta})\right]f(u_i)$$

① 注意，这就是 14.8 节中提到的在稳健的协方差估计中考察的重要结论。同样可以参见 Freedman（2006）。

似然函数是观测随机变量的联合密度函数。因为 u_i 是无法观测到的随机效应，为了构造似然函数，我们需要将它剔除出联合密度函数。因此

$$p(y_{i1}, y_{i2}, \cdots, y_{i,T_i} \mid \mathbf{X}_i) = \int_{u_i} \left[\prod_{t=1}^{T_i} f(y_{it} \mid \mathbf{x}_{it}, u_i, \boldsymbol{\theta}) \right] f(u_i) du_i$$

第 i 组对对数似然的贡献为

$$\ln L_i = \ln \int_{u_i} \left[\prod_{t=1}^{T_i} f(y_{it} \mid \mathbf{x}_{it}, u_i, \boldsymbol{\theta}) \right] f(u_i) du_i$$

为了实现这个估计，有两个问题需要解决。首先，在封闭形式中存在积分形式是很少见的（当 y_{it} 的密度函数服从具有线性条件均值的正态分布，且随机效应也服从正态分布时，积分形式的确存在，就像我们知道的一样，这是一个随机效应线性模型）。如果是这样，复杂之处在于如何计算积分。其次，仍然必须解释 u_i 的分布，在这个基础之上积分才能够进行。共同效应的分布是模型框架的一部分。针对这个模型的几种方法在文献中都已经出现过。我们这里要讨论的方法扩展了我们在前面章节中分析过的带有正态分布影响的随机效应模型。这就是**巴特勒-莫菲特法**（Butler-Moffitt method，1982）。这种想法最初是为将随机效应模型扩展至二值选择模型（参见第 17 章）而提出的，但是我们现在发现，它也可以直接扩展到其他更广泛的模型中。计算集中在用著名的**高斯-赫米特求积法**（Gauss-Hermite quadrature）来计算近似积分的技术上。

我们假设 u_i 服从均值为 0、方差为 σ_u^2 的正态分布。因此

$$f(u_i) = \frac{1}{\sqrt{2\pi\sigma_u^2}} \exp\left(-\frac{u_i^2}{2\sigma_u^2}\right)$$

在这个假设下，对数似然函数中的第 i 项为

$$\ln L_i = \ln \int_{-\infty}^{\infty} \left[\prod_{t=1}^{T_i} f(y_{it} \mid \mathbf{x}_{it}, u_i, \boldsymbol{\theta}) \right] \frac{1}{\sqrt{2\pi\sigma_u^2}} \exp\left(-\frac{u_i^2}{2\sigma_u^2}\right) du_i$$

为了把这个函数转化成有利于我们后面章节使用的形式，我们现在令 $w_i = u_i / (\sigma_u \sqrt{2})$，于是有 $u_i = \sigma_u \sqrt{2} w_i = \phi w_i$，同时从 u_i 到 w_i 的雅可比转换为 $du_i = \phi dw_i$。现在，我们对积分中的变量形式进行转化，于是有

$$\ln L_i = \ln \frac{1}{\sqrt{\pi}} \int_{-\infty}^{\infty} \left[\prod_{t=1}^{T_i} f(y_{it} \mid \mathbf{x}_{it}, \phi w_i, \boldsymbol{\theta}) \right] \exp(-w_i^2) dw_i$$

这时，令

$$g(w_i) = \prod_{t=1}^{T_i} f(y_{it} \mid \mathbf{x}_{it}, \phi w_i, \boldsymbol{\theta})$$

我们运算的函数为

$$\ln L_i = \ln \frac{1}{\sqrt{\pi}} \int_{-\infty}^{\infty} g(w_i) \exp(-w_i^2) dw_i$$

这个操作的好处在于这种形式的积分通过高斯-赫米特求积法可以很精确地计算出来。高斯-赫米特求积法可以取代在某些特殊点计算并带有加权和公式的积分方法。对于更一般的情况，我

们有

$$\int_{-\infty}^{\infty} g(w_i)\exp(-w_i^2)dw_i \approx \sum_{h=1}^{H} z_h g(v_h)$$

式中，z_h 为权重；v_h 为节点。权重和节点的表在诸如 Abramovitz and Stegun（1971）等资料中使用得非常多。比如，一个 4 点积分的节点和权重为

$$v_h = \pm 0.524\,647\,623\,275\,290\,02 \quad 和 \quad \pm 1.650\,680\,123\,885\,784\,9$$

$$z_h = 0.804\,914\,090\,005\,499\,96 \quad 和 \quad 0.081\,312\,835\,447\,250\,001$$

实践中，使用 8 点或更多点是非常普遍的，但是最高不超过 96 点这一上限。把所有部分集中在一起，我们就可以推导出对数似然函数的近似式：

$$\ln L_i = \ln \frac{1}{\sqrt{\pi}} \sum_{h=1}^{H} z_h \left[\prod_{t=1}^{T_i} f(y_{it} \mid \mathbf{x}_{it}, \phi v_h, \boldsymbol{\theta}) \right]$$

赫米特对数似然函数的近似式为

$$\ln L = \sum_{i=1}^{n} \ln \frac{1}{\sqrt{\pi}} \sum_{h=1}^{H} z_h \left[\prod_{t=1}^{T_i} f(y_{it} \mid \mathbf{x}_{it}, \phi v_h, \boldsymbol{\theta}) \right] \tag{14-84}$$

这个函数现在关于 $\boldsymbol{\theta}$ 和 ϕ 被最大化。最大化是一个非常复杂的问题。但是对一些模型，这个过程可以通过计算软件自动完成，特别是对我们前面提到过的二值选择模型。事实上，大多数其他模型在执行中也是非常简单的。对数似然函数的一阶和二阶导数非常复杂，但是仍然可以使用积分方法进行计算。使用 $\phi = \sigma_u \sqrt{2}$ 的结果，从 $\hat{\phi}$ 中就可以推导出 σ_u 的估计值和近似标准误。无序列相关性的假设可通过对数似然比检验进行检验。

❖例 14.17　随机效应几何分布回归模型

我们将使用上述结论来为我们在例 14.13 中分析过的 *DocVis* 计数变量建立一个随机效应模型。使用式（14-90），近似的对数似然函数为

$$\ln L_H = \sum_{i=1}^{n} \ln \frac{1}{\sqrt{\pi}} \sum_{h=1}^{H} z_h \left[\prod_{t=1}^{T_i} \theta_{it} (1-\theta_{it})^{y_{it}} \right]$$

$$\theta_{it} = 1/(1+\lambda_{it}),\ \lambda_{it} = \exp(\mathbf{x}_{it}'\boldsymbol{\beta} + \phi v_h)$$

对数似然函数的导数也被近似。以下是一般结果（进一步的推导留给读者作为练习），即

$$\frac{\partial \log L}{\partial \begin{pmatrix} \beta \\ \phi \end{pmatrix}} = \sum_{i=1}^{n} \frac{1}{L_i} \frac{\partial L_i}{\partial \begin{pmatrix} \beta \\ \phi \end{pmatrix}}$$

$$\approx \sum_{i=1}^{n} \frac{\left\{ \frac{1}{\sqrt{\pi}} \sum_{h=1}^{H} z_h \left[\prod_{t=1}^{T_i} f(y_{it} \mid \mathbf{x}_{it}, \phi v_h, \boldsymbol{\beta}) \right] \left[\sum_{t=1}^{T_i} \frac{\partial \ln f(y_{it} \mid \mathbf{x}_{it}, \phi v_h, \boldsymbol{\beta})}{\partial \begin{bmatrix} \beta \\ \phi \end{bmatrix}} \right] \right\}}{\left\{ \frac{1}{\sqrt{\pi}} \sum_{h=1}^{H} z_h \left[\prod_{t=1}^{T_i} f(y_{it} \mid \mathbf{x}_{it}, \phi v_h, \boldsymbol{\beta}) \right] \right\}}$$

剩下的只需要将这个模型与我们的几何分布回归模型相区分。在这个案例中，密度我们很早就推导过。推导过程中遗漏的部分是在 14.14.4 小节中关于 $\boldsymbol{\beta}$ 和 ϕ 的偏导数。必要的结果是

$$\frac{\partial \ln f(y_{it} \mid \mathbf{x}_{it}, \phi v_h, \boldsymbol{\beta})}{\partial \begin{pmatrix} \beta \\ \phi \end{pmatrix}} = [\theta_{it}(1+y_{it})-1]\begin{pmatrix} \mathbf{x}_{it} \\ v_h \end{pmatrix}$$

随机效应几何分布回归模型参数的极大似然估计值在例 14.13 中推导，同时推导出的还有此模型的固定效应下的估计值。

□ 14.14.5 非线性模型的固定效应：附带参数问题

使用我们在前面章节使用过的相同模型框架，我们现在定义固定效应模型为带有一组特殊常数项的指标函数模型。像之前一样，这个“模型”假设随机变量的密度函数为

$$p(y_{it} \mid d_{it}, \mathbf{x}_{it}) = f(y_{it} \mid \alpha_i d_{it} + \mathbf{x}_{it}'\boldsymbol{\beta})$$

式中，d_{it} 为一个虚拟变量，对于个体 i 的每个阶段，它的值为 1；其他情况为 0。（在第 19 章我们将证明在删失回归模型等更多相关模型中，可能存在其他参数，比如方差。现在，为了简便，我们暂时忽略它们，在后面的讨论中再将其加入模型中。）为了简便，我们在模型中重新定义 $\mathbf{x}_{it}$ 为非常量。①要估计的参数为 $\boldsymbol{\beta}$ 的 K 个因素以及 n 个常数项。固定效应模型的对数似然函数为

$$\ln L = \sum_{i=1}^{n}\sum_{t=1}^{T_i} \ln f(y_{it} \mid \alpha_i + \mathbf{x}_{it}'\boldsymbol{\beta})$$

式中，$f(.)$ 为观测结果的概率密度函数，比如，在我们前面使用的几何分布回归模型的例子中有相似的定义。令

$$z_{it} = \alpha_i + \mathbf{x}_{it}'\boldsymbol{\beta}, \text{使得 } p(y_{it} \mid d_{it}, \mathbf{x}_{it}) = f(y_{it} \mid z_{it})$$

将更加便利。在固定效应线性模型情况下，我们发现参数估计可以通过取与消除等式中个体特殊常量的组均值的偏差得出的数据转换进行（参见 11.4.1 小节）。在一些非线性模型情况下，似然函数的固定效应也是可消除的，虽然一般来说这一过程不是通过取与均值的偏差实现的。一个例子便是用于灯泡等电器元件和电器设备寿命的**指数分布回归模型**（exponential regression model），即

$$f(y_{it} \mid \alpha_i + \mathbf{x}_{it}'\boldsymbol{\beta}) = \theta_{it}\exp(-\theta_{it}y_{it}),\ \theta_{it} = \exp(\alpha_i + \mathbf{x}_{it}'\boldsymbol{\beta}),\ y_{it} \geqslant 0$$

很容易写出 $\theta_{it} = \gamma_i \exp(\mathbf{x}_{it}'\boldsymbol{\beta}) = \gamma_i \Delta_{it}$。我们使用 MLE 不变的性质——对 $\gamma_i = \exp(\alpha_i)$ 做估计与对 α_i 做估计推导出的结果是相同的。对数似然函数为

$$\begin{aligned}\ln L &= \sum_{i=1}^{n}\sum_{t=1}^{T_i} \ln \theta_{it} - \theta_{it}y_{it} \\ &= \sum_{i=1}^{n}\sum_{t=1}^{T_i} \ln(\gamma_i \Delta_{it}) - (\gamma_i \Delta_{it})y_{it} \qquad (14-85)\end{aligned}$$

---

① 在 11.4 节估计固定效应线性回归模型时，我们发现分析非时变变量模型不太可能。出于同样的原因，这一限制在非线性情形中也存在。非时变效应被吸纳于常数项中。在估计过程中，当我们计算对数似然函数的导数时，时变变量数据矩阵的列将被转换为元素为 0 的列。

通过计算关于 γ_i 和 $\boldsymbol{\beta}$ 的 $n+K$ 个偏导数等于 0 就可以推导出 MLE。对于每个常数项，我们有

$$\frac{\partial \ln L}{\partial_{\gamma i}}=\sum_{t=1}^{T_i}\left(\frac{1}{\gamma_i}-\Delta_{it}y_{it}\right)$$

令上式等于 0，再结合数据和 $\boldsymbol{\beta}$，就可以推导出 γ_i 的解

$$\gamma_i=\frac{T_i}{\sum_{t=1}^{T_i}\Delta_{it}y_{it}} \tag{14-86}$$

[注意，式（11－16b）中线性模型的相似结果。] 将这个解代回到式（14－85）的对数似然函数中，我们就可以推导出收敛的对数似然函数

$$\ln L_C=\sum_{i=1}^{n}\sum_{t=1}^{T_i}\left[\ln\left(\frac{T_i\Delta_{it}}{\sum_{s=1}^{T_i}\Delta_{is}y_{is}}\right)-\left(\frac{T_i\Delta_{it}}{\sum_{s=1}^{T_i}\Delta_{is}y_{is}}\right)y_{it}\right] \tag{14-87}$$

现在这只是关于 $\boldsymbol{\beta}$ 的函数。这个函数现在只需关于 $\boldsymbol{\beta}$ 最大化即可。α_i 的 MLE 就是式（14－93）结果的对数。再次注意，我们消掉了估计问题中的常数项，但不是通过计算与组均值的偏差。这对于线性模型来说是很特别的。

收敛的对数似然函数只在很少数模型中可以得到，包括线性模型、指数模型（刚刚推导出的）、泊松回归模型以及少数其他模型。Lancaster（2000）列出了其中的一些并且讨论了潜在的解决方式。在大多数情况下，如果想估计固定效应模型的参数，那么就有必要实际计算数量可能相当大的常数项 α_i，同时，也必须推导出主要参数 $\boldsymbol{\beta}$。这在估计模型的实践中会被认为是一个障碍，因为需要对潜在大量的二阶导矩阵求逆，但这是一种误解。① 广义固定效应、指数方程模型的似然方程为

$$\frac{\partial \ln L}{\partial\alpha_i}=\sum_{t=1}^{T_i}\frac{\partial \ln f(y_{it}|z_{it})}{\partial z_{it}}\frac{\partial z_{it}}{\partial\alpha_i}=\sum_{t=1}^{T_i}g_{it}=g_{i.}=0$$

以及

$$\frac{\partial \ln L}{\partial\boldsymbol{\beta}}=\sum_{i=1}^{n}\sum_{t=1}^{T_i}\frac{\partial \ln f(y_{it}|z_{it})}{\partial z_{it}}\frac{\partial z_{it}}{\partial\boldsymbol{\beta}}=\sum_{i=1}^{n}\sum_{t=1}^{T_i}g_{it}\mathbf{x}_{it}=\mathbf{0}$$

二阶导数矩阵为

$$\frac{\partial^2 \ln L}{\partial\alpha_i^2}=\sum_{t=1}^{T_i}\frac{\partial^2 \ln f(y_{it}|z_{it})}{\partial z_{it}^2}=\sum_{t=1}^{T_i}h_{it}=h_{i.}<0$$

$$\frac{\partial^2 \ln L}{\partial\boldsymbol{\beta}\partial\alpha_i}=\sum_{t=1}^{T_i}h_{it}\mathbf{x}_{it}$$

$$\frac{\partial^2 \ln L}{\partial\boldsymbol{\beta}\partial\boldsymbol{\beta}'}=\sum_{i=1}^{n}\sum_{t=1}^{T_i}h_{it}\mathbf{x}_{it}\mathbf{x}_{it}'=\mathbf{H}_{\boldsymbol{\beta}\boldsymbol{\beta}'}$$

式中，$\mathbf{H}_{\boldsymbol{\beta}\boldsymbol{\beta}'}$ 为负定矩阵。似然方程的体系极大，但是计算的方法却相当简单。②

使用分块逆阵公式，我们发现，与 $\boldsymbol{\beta}$ 相对应的海塞矩阵逆阵的 $K\times K$ 子矩阵（这提供了

① 参见 Maddala（1987，p. 317）。

② 参见 Greene（2004a）。

MLE 的渐近协方差矩阵）为

$$\mathbf{H}^{\beta\beta'}=\left\{\sum_{i=1}^{n}\left[\sum_{t=1}^{T_i}h_{it}\mathbf{x}_{it}\mathbf{x}'_{it}-\frac{1}{h_{i.}}\left(\sum_{t=1}^{T_i}h_{it}\mathbf{x}_{it}\right)\left(\sum_{t=1}^{T_i}h_{it}\mathbf{x}'_{it}\right)\right]\right\}^{-1}$$

$$=\left\{\sum_{i=1}^{n}\left[\sum_{t=1}^{T_i}h_{it}(\mathbf{x}_{it}-\bar{\mathbf{x}}_i)(\mathbf{x}_{it}-\bar{\mathbf{x}}_i)'\right]\right\}^{-1},\quad 其中\quad \bar{\mathbf{x}}_i=\frac{\sum_{t=1}^{T_i}h_{it}\mathbf{x}_{it}}{h_{i.}}$$

注意到，这与我们在式（11－4）中线性固定效应模型的结果十分相似。[①] 通过整合海塞矩阵作为 $\boldsymbol{\beta}$ 的分块矩阵以及常数项的整体向量，然后使用式（A－66b）和先前的定义来隔断对角线元素，我们于是有

$$\mathbf{H}^{\alpha_i\alpha_i}=\frac{1}{h_i}+\bar{\mathbf{x}}_i'\mathbf{H}^{\beta\beta'}\bar{\mathbf{x}}_i$$

再次证明，结论与线性模型的相应部分形式相同。原则上，这些负值可以作为极大似然估计量渐近方差的估计值（模型中的渐近性质是存在疑问的，在随后的章节中我们将对其进行分析）。

只要我们知道参数的估计值，所有这些都可以很容易计算出来，因此，实际上，模型的实际估计不存在障碍［但是这必须被证明。我们现在考虑几何分布回归模型中一个常量的似然方程，即

$$\sum_{t=1}^{T_i}[\theta_{it}(1+y_{it})-1]=0$$

假设 y_{it} 对个体 i 在每个阶段都等于 0。那么当 $\boldsymbol{\Sigma}_i(\theta_{it}-1)=0$ 时，可以求出解。但是 θ_{it} 介于 0 和 1 之间，所以和必须为负，且不能等于 0。似然方程对于有限系数无解。这类情形需要从样本中剔除，以与模型匹配。］

Greene（2004a）指出，在不考虑模型中潜在大量参数的情况下，我们可以在下面的迭代过程中使用牛顿法，这里只使用了前面计算的 $K\times K$ 矩阵和一些 $K\times 1$ 向量：

$$\hat{\boldsymbol{\beta}}^{(s+1)}=\hat{\boldsymbol{\beta}}^{(s)}-\left\{\sum_{i=1}^{n}\left[\sum_{t=1}^{T_i}h_{it}(\mathbf{x}_{it}-\bar{\mathbf{x}}_i)(\mathbf{x}_{it}-\bar{\mathbf{x}}_i)'\right]\right\}^{-1}\left\{\sum_{i=1}^{n}\left[\sum_{t=1}^{T_i}g_{it}(\mathbf{x}_{it}-\bar{\mathbf{x}}_i)\right]\right\}$$

$$=\hat{\boldsymbol{\beta}}^{(s)}+\boldsymbol{\Delta}_{\beta}^{(s)}$$

并且

$$\hat{\alpha}_l^{(s+1)}=\hat{\alpha}_l^{(s)}-[(g_{i.}/h_{i.})+\bar{\mathbf{x}}_i'\boldsymbol{\Delta}_{\boldsymbol{\beta}}^{(s)}]$$ [②]

这要求包括很多求和计算在内的巨大计算量，但是模型对于很多参数是线性的并且不包含 $n\times n$ 矩阵。

除了模型的理论效力和缺点（还未被提及）之外，我们解释了可能包括大量参数（$n+K$ 个）的估计在实践中的应用。在固定效应情形下，n 是无限的，并且在典型应用中其值可以达到上千。在例 14.15 和例 14.16 中，n 为 7 293。按照文献所述，Kingdon and Cassen（2007）

① 同样的结论在 Chamberlain（1984）中也曾简短地提及。

② 同样的结论还出现在 Prentice and Gloeckler(1978)，他们将其归功于 Rao(1973)与 Chamberlain(1980,1984)。

使用了包含多于140 000个虚拟变量系数的固定效应模型，Fernandez-Val（2009）的研究分析了包含500 000个分组的模型。

固定效应估计的问题是统计方面的，而不是实践方面的。[①] 估计实质上依赖于因常数项的存在而增大的 T_i，以此来保持一致性，事实上，每个 α_i 都可以使用 T_i 个观测值进行估计。在这些框架中，T_i 不仅固定，而且值也非常小。于是，常数项的估计不具有一致性（不是因为估计是有偏的，而是因为它们根本不收敛）。而且，小样本（小的 T_i）的斜率估计是有偏的。这就是**附带参数问题**（incidental parameters problem）。[②] 问题的根源在于用 n 个多元观测值去估计 $n+K$ 个参数——待估计参数的个数随样本大小而增长。附带参数问题的准确含义在不同模型上是不同的。一般而言，固定效应模型的斜率估计收敛于一个参数向量，而非 $\boldsymbol{\beta}$。在更为熟悉的例子中，诸如probit和logit等二值选择模型，参数估计的小的 T 偏差是按比例出现的（如当 $T=2$ 时是100%），并且远离零，随着 T 的增大是单调递减的，当 T 达到15或20时，该偏差在本质上不能被忽略。在其他涉及连续变量的情形中，斜率系数不再有偏，但是方差和参数的规模受到影响。在第11章提到的线性固定效应模型就是一个例子；随机前沿模型（19.2节）是另外一个例子。然而，对于截尾变量模型（见19.2节），附带参数偏差看似影响斜率（向零有偏）和方差参数（同样是衰减的）。我们将在15.5.2小节中进一步检验附带参数问题。

✣例14.18　固定效应和随机效应的几何分布回归

例14.13展现了几何分布回归模型的混合估计，

$$f(y_{it}\mid \mathbf{x}_{it})=\theta_{it}(1-\theta_{it})^{y_{it}},\ \theta_{it}=1/(1+\lambda_{it}),\ \lambda_{it}=\exp(c_i+\mathbf{x}_{it}'\boldsymbol{\beta}),\ y_{it}=0,1,\cdots$$

我们现在在随机和固定效应的特定条件下重新估计模型。前两节的方法是针对应用的——没有要求程序上的改进。表14.15展现了三组极大似然估计。这些估计有所差异。组平均样本量约为5。这说明固定效应估计可能存在小样本偏差。除了 *Kids* 的系数，固定效应和随机效应的估计是相似的。另外，两个面板模型除了 *Income* 的系数外，对混合模型的估计是类似的。仅通过结果，我们很难说出哪个模型更好。首先，模型是非线性的，因此尽管混合模型在计算上是轻松的，但在这种情况下并没有什么优点。三种模型对于误设均不是稳健的。不像线性模型，在这个非线性模型和其他非线性模型中，当 T 值较小时，固定效应估计在随机效应和固定效应情形中都不具有统计一致性。随机效应估计在随机效应模型中是一致的，但在固定效应模型中不是。混合估计在随机效应和固定效应情形中都是非一致的（这使得协方差矩阵的稳健性产生了问题）。这使我们尝试使用豪斯曼检验（在11.5.5小节）；然而，这个检验的条件并没有被满足——不像线性模型中固定效应估计在两种情况下都是一致的，在这里两种情况下都是不一致的。不论好坏，这使得研究员需要根据其背后的理论依据自行选择所使用的模型。

---

① 固定效应二值选择模型的参数和半参数形式的扩展见Vytlacil，Aakvik，and Heckman（2005）；Chamberlain（1980，1984）；Newey（1994）；Bover and Arellano（1997）与Chen（1998）。

② 参见Neyman and Scott（1984）以及Lancaster（2000）。

表 14.15 *DocVis* 的几何分布回归面板数据估计

	混合		随机效应[a]		固定效应	
变量	估计值	标准误[b]	估计值	标准误	估计值	标准误
常数项	1.091 89	0.108 28	0.399 36	0.095 30		
Age	0.017 99	0.001 30	0.022 09	0.001 22	0.048 45	0.003 51
Education	−0.047 25	0.006 71	−0.045 06	0.006 26	−0.054 34	0.037 21
Income	−0.468 36	0.072 65	−0.195 69	0.061 06	−0.187 60	0.091 34
Kids	−0.156 84	0.030 55	−0.124 34	0.023 36	−0.002 53	0.036 87

a. 估计的 σ_u=0.954 41。

b. 面板中对聚类进行修正的标准误。

14.15 潜在类别与有限混合模型

在极大似然估计的最后一个应用中，我们会研究一种应用于很多不同背景的技术，而不是一个具体的模型。潜在类别建模框架确定了观测到的数据的分布是总体的一个确定数量（样本）的混合。这个模型可以通过多种方式产生：

● 在经典的应用中，观测数据是从一些不同的总体得到的。例如，考虑两个总体的交集（或碰撞）的历史或悠久记录。[①] 人类学记录是由两个总体不完美但实质上有所区别的变量的度量值组成的。然而，研究员没有可以提取子样本和观测的明确标记。给定一个样本的观测值，他们对两个统计问题感兴趣：(1) 估计总体（模型）的参数；(2) 对手头的样本进行归类，明确来自哪个总体。这个方法在健康计量经济学中有很多应用。例如，在 Greene，Harris，Hollingsworth，and Maitra（2008）关于肥胖的研究中，他们观察到有序选择模型（ordered choice model）（见第 19 章）在一个（被认为是）包含少数有肥胖基因、多数没有肥胖基因的样本中可能产生系统性的差异。在另外的应用中，Lambert（1992）研究了生产过程产生的有缺陷的产品数量。当一个“零缺陷”情况出现时，它可能暗示了一种体制，“这个过程是受到控制的”，或者是另一种体制，“这个过程没有受到控制，但恰巧出现了一个零观测值”。

● 从一个更狭义的角度来说，我们可以把总体中参数的异方差性视为一种离散混合的形式。在 11.10 节，我们通过连续分布来刻画参数的异方差性。“有限混合”的方法把个体中参数的分布视为离散的（当然，这只是另一个解释第一点的角度）。

● 在有限混合方法中，一个分布（模型）可以由几个分布的混合构成。例 13.4 中，匡特和拉姆齐的正态分布混合模型是一个非正态分布由两个具有不同参数的正态分布混合成非正态分布的例子。

① 这些方法的第一个应用是 Pearson（1894）对 Naple 湾两种混合螃蟹额头宽度与身体长度之比的 1 000 个测量值的分析。

□ 14.15.1 有限混合模型

为了给稍后更为完善的模型奠定基础，我们再来看例 13.4 正态模型的混合。考虑一个由潜在的两个正态分布组成的混合总体，暂时忽视它对于一个给定个体来说是不确定的问题，对于一个个体 i，有以下等式之一成立：

$$f(y_i|class_i=1)=\mathrm{N}[\mu_1,\sigma_1^2]=\frac{\exp[-\frac{1}{2}(y_i-\mu_1)^2/\sigma_1^2]}{\sigma_1\sqrt{2\pi}}$$

$$f(y_i|class_i=2)=\mathrm{N}[\mu_2,\sigma_2^2]=\frac{\exp[-\frac{1}{2}(y_i-\mu_2)^2/\sigma_2^2]}{\sigma_2\sqrt{2\pi}} \tag{14-88}$$

对于属于类别 1 的个体来说，对似然函数的贡献是 $f(y_i|class_i=1)$，对于属于类别 2 的个体来说是 $f(y_i|class=2)$。假设真正的比例是有 $\lambda=\mathrm{Prob}(class_i=1)$ 的个体是属于类别 1，$(1-\lambda)$ 的个体是属于类别 2。对于个体 i 的无条件（边际）密度是

$$\begin{aligned}f(y_i)&=\lambda f(y_i|class_i=1)+(1-\lambda)f(y_i|class_i=2)\\&=E_{classes}f(y_i|class_i)\end{aligned} \tag{14-89}$$

需要估计的参数是 λ，μ_1，μ_2，σ_1，σ_2。合并同类项后，对一个含有 n 个观测值的样本来说，对数似然函数是

$$\ln L=\sum_{i=1}^{n}\ln\left(\frac{\lambda\exp[-\frac{1}{2}(y_i-\mu_1)^2/\sigma_1^2]}{\sigma_1\sqrt{2\pi}}+\frac{(1-\lambda)\exp[-\frac{1}{2}(y_i-\mu_2)^2/\sigma_2^2]}{\sigma_2\sqrt{2\pi}}\right) \tag{14-90}$$

这就是我们在例 13.4 中看到的混合密度。我们认为矩估计是本例中的五个参数的估计。然而，在极大似然估计中，这会成为一个问题。

例 14.19　学分积的正态混合模型

在线附表 F14.1 中涵盖了 Spector and Mazzeo (1980) 使用的 32 个观测数据，该数据用于研究新的经济学授课方法——个性化教学体系（Personalized System of Instruction，PSI）是否会影响在后续的经济学课程中的表现。数据包中的变量包括：

GPA＝学生学分积

GRADE＝代表“学生在中级宏观经济学的分数是否高于经济学原理课程分数”的虚拟变量

PSI＝代表“个体是否参加 PSI”的虚拟变量

TUCE＝学生在经济学预考中的成绩

我们将使用这些数据来为学分积分布建立一个混合正态模型。

我们通过计算式 (14-89) 中参数的极大似然估计值开始分析。为了使用迭代的方法计算参数的估计值，需要获得一系列起始值。很自然我们会使用一类模型的简单值 $\bar{y}$ 和 s_y，以及 1/2 作为 λ 的初值。然而，最优化过程在这些值上会很快停止，因为导数会等于 0。然而，可以使用接近这些值的数

值——对它们进行微小的扰动（约百分之几），以使得迭代进行下去。表 14.16 显示了这个两类混合模型的估计值。一类模型估计值为样本均值以及 GPA 的标准差。［因为这些都是 MLEs，$\hat{\sigma}^2=(1/n)\sum_{i=1}^{32}(GPA_i-\overline{GPA})^2$。］这两个类别的均值和标准误明显不同。这意味着模型看起来将数据分成了两类（两个类别是不是数据的近似分类数，我们将在 14.15.5 小节中分析）。我们试图用其他变量来定义两个类别，可以通过数据包或是其他方法，比如 PSI。然而，在这个层面上，这样做并没有根据，因为类数是潜在的。随着分析的进行，我们将研究是否任意的观测值都能帮助预测类别归属。

表 14.16　正态混合模型估计

	一类		潜在类别 1		潜在类别 2	
参数	估计值	标准误	估计值	标准误	估计值	标准误
μ	3.117 2	0.082 51	3.641 87	0.345 2	2.889 4	0.251 4
σ	0.459 4	0.040 70	0.252 4	0.262 5	0.321 8	0.109 5
概率	1.000 0	0.000 0	0.302 8	0.349 7	0.697 2	0.349 7
$\ln L$	−20.512 74		−19.636 54			

□ 14.15.2　类别概率建模

迄今为止，我们的说明假设在分析中对于类别的归属没有任何信息。“先验”概率的估计值（在前面例子中的 λ 值）为估计问题中的一部分。在样本中可能有一些不完美地反映了一些分类情况的信息。在我们前面学分积的例子中，我们也知道在经济学考试中每个人的成绩（$TUCE$）。使用这个信息可能会使得类别概率估计值更准确。比如，混合正态分布的问题可以用公式表达为

$$f(y_i\mid\mathbf{z}_i)=\left[\begin{array}{l}\dfrac{\text{Prob}(class=1\mid\mathbf{z}_i)\exp\left[-\dfrac{1}{2}(y_i-\mu_1)^2/\sigma_1^2\right]}{\sigma_1\sqrt{2\pi}}\\+\dfrac{\left[1-\text{Prob}(class=1\mid\mathbf{z}_i)\right]\exp\left[-\dfrac{1}{2}(y_i-\mu_2)^2/\sigma_2^2\right]}{\sigma_2\sqrt{2\pi}}\end{array}\right]$$

式中，$\mathbf{z}_i$ 为可以帮助解释类别概率的变量向量。为使得混合模型适合估计，有必要用参数表示概率。对数概率模型是通常采用的一种方法。［参见 17.2 节。关于应用方面，参见 Greene（2007d，Section 2.3.3）以及参考文献。］对于两类混合情形，可以得到如下形式：

$$\begin{aligned}&\text{Prob}(class=1\mid\mathbf{z}_i)=\frac{\exp(\mathbf{z}_i'\boldsymbol{\theta})}{1+\exp(\mathbf{z}_i'\boldsymbol{\theta})}\\&\text{Prob}(class=2\mid\mathbf{z}_i)=1-\text{Prob}(class=1\mid\mathbf{z}_i)\end{aligned}\qquad(14-91)$$

（更一般的 J 类情形，我们将在 14.15.6 小节论述。）我们的混合两正态分布例子的对数似然函数可以变成

$$\ln L=\sum_{i=1}^{n}\ln L_i=\sum_{i=1}^{n}\ln\left[\begin{array}{l}\left(\dfrac{\exp(\mathbf{z}_i'\boldsymbol{\theta})}{1+\exp(\mathbf{z}_i'\boldsymbol{\theta})}\right)\dfrac{\exp[-\frac{1}{2}(y_i-\mu_1)^2/\sigma_1^2]}{\sigma_1\sqrt{2\pi}}\\+\left(\dfrac{1}{1+\exp(\mathbf{z}_i'\boldsymbol{\theta})}\right)\dfrac{\exp[-\frac{1}{2}(y_i-\mu_2)^2/\sigma_2^2]}{\sigma_2\sqrt{2\pi}}\end{array}\right] \tag{14-92}$$

对数似然函数现在关于μ_1，σ_1，μ_2，σ_2和$\boldsymbol{\theta}$进行最大化。如果$\mathbf{z}_i$包含一个常数项和其他观测变量，那么当其他变量的系数都等于0时，就可以推导出我们在前面章节中提及的模型。在这种情况下，有$\lambda=\ln[\theta/(1-\theta)]$（这种策略通常是令之前模型中$0<\lambda<1$）。

□ 14.15.3 潜在类别回归模型

为了完成潜在类别模型的构建，我们特别指出，在初始模型中的均值（原理上为方差）也可以取决于观测数据。对于我们的正态混合模型，我们可以使边际均值μ_j等于条件均值，即

$$\mu_{ij}=\mathbf{x}_i'\boldsymbol{\beta}_j$$

在例14.19的数据中，我们也观测到一个代表“每个个体是否参加一个用来加强经济学项目（PSI）的特殊项目”的指标。我们可以改进模型：

$$f(y_i\,|\,class_i=1,PSI_i)=N[\mu_{i1},\sigma_1^2]=\frac{\exp[-\frac{1}{2}(y_i-\beta_{1,1}-\beta_{2,1}PSI_i)^2/\sigma_1^2]}{\sigma_1\sqrt{2\pi}}$$

$f(y_i\,|\,class_i=2,PSI_i)$与此类似。模型现在是一个**潜在类别线性回归模型**（latent class linear regression model）。

更普遍地，正如我们马上将论述的，对于变量y_i的潜在类别或者**有限混合模型**（finite mixture model），可以写成如下公式：

$$f(y_i\,|\,class_i=j,\mathbf{x}_i)=h_j(y_i,\mathbf{x}_i,\boldsymbol{\gamma}_j)$$

式中，h_j表示以类别j为条件的密度函数［以j为下标代表了第j个参数向量$\boldsymbol{\gamma}_j=(\boldsymbol{\beta}_j,\sigma_j)$］。类别边际概率为

$$\text{Prob}(class_i=j\,|\,\mathbf{z}_i)=p_j(j,\mathbf{z}_i,\boldsymbol{\theta})$$

这种方法论适用于任何有关y_i的模型。在14.15.6小节的例子中，我们可以使用概率模型建立一个二值因变量模型。这种方法论在很多其他情况下都使用过，比如随机前沿模型［Orea and Kumbhakar（2004），Greene（2004）］，泊松回归模型［Wedel et al.（1993）］，以及各种计数、离散选择和受限因变量模型［McLachlan and Peel（2007b）；Greene（2007b）］。

例 14.20　学分积的潜在类别回归模型

结合14.15.2小节和14.15.3小节，我们推导出了关于学分积的潜在类别模型，即

$$f(GPA_i\,|\,class_i=j,PSI_i)=\frac{\exp[-\frac{1}{2}(y_i-\beta_{1j}-\beta_{2j}PSI_i)^2/\sigma_j^2]}{\sigma_j\sqrt{2\pi}},j=1,2$$

$$\text{Prob}(class_i=1\mid TUCE_i)=\frac{\exp(\theta_1+\theta_2 TUCE_i)}{1+\exp(\theta_1+\theta_2 TUCE_i)}$$

$$\text{Prob}(class_i=2\mid TUCE_i)=1-\text{Prob}(class=1\mid TUCE_i)$$

对数似然函数现在为

$$\ln L=\sum_{i=1}^{n}\ln\left[\begin{array}{l}\dfrac{\exp(\theta_1+\theta_2 TUCE_i)}{1+\exp(\theta_1+\theta_2 TUCE_i)}\dfrac{\exp[-\frac{1}{2}(y_i-\beta_{1,1}-\beta_{2,1}PSI_i)^2/\sigma_1^2]}{\sigma_1\sqrt{2\pi}}\\+\dfrac{1}{1+\exp(\theta_1+\theta_2 TUCE_i)}\dfrac{\exp[-\frac{1}{2}(y_i-\beta_{1,2}-\beta_{2,2}PSI_i)^2/\sigma_2^2]}{\sigma_2\sqrt{2\pi}}\end{array}\right]$$

表 14.17 显示的是参数的极大似然估计。

表 14.17　对于学分积的潜在类别回归模型估计

	一类		潜在类别 1		潜在类别 2	
参数	估计值	标准误	估计值	标准误	估计值	标准误
β_1	3.101 1	0.111 7	3.392 8	0.173 3	2.792 6	0.049 88
β_2	0.036 75	0.168 9	−0.107 4	0.200 6	−0.570 3	0.075 53
σ	0.444 3	0.000 308 6	0.381 2	0.093 37	0.111 9	0.044 87
θ_1	0.000 0	0.000 0	−6.839 2	3.078 67	0.000 0	0.000 0
θ_2	0.000 0	0.000 0	0.351 8	0.160 1	0.000 0	0.000 0
$P(class\mid TUCE)$	1.000 0		0.706 3		0.293 7	
$\ln L$	−20.487 52		−13.399 66			

□ 14.15.4　预测类别归属和 $\boldsymbol{\beta}_i$

式（14－92）的模型刻画了两个随机变量：感兴趣的结果变量 y_i 和代表个体所属类别的变量 $class_i$。我们有通过式（14－88）中条件密度 $f(y_i\mid class)$ 刻画的联合正态分布 $f(y_i, class_i)$，$class_i$ 的边际密度在式（14－91）中。我们期初假设后者是有 $\text{Prob}(class_i=1)=\lambda$ 的伯努利分布，但在先前的章节中被改进为 $\text{Prob}(class_i=1\mid \mathbf{z}_i)=\Lambda(\mathbf{z}_i'\boldsymbol{\theta})$。这些可以被视作贝叶斯的先验概率。如果我们想基于我们拥有的关于样本的全部信息，并对个体来自哪一个类别做出预测，那么先验概率可能会浪费观察结果的信息。先验或者说条件（相对于剩余的数据）概率

$$\text{Prob}(class_i=1\mid \mathbf{z}_i y_i)=\frac{f(y_i, class=1\mid \mathbf{z}_i)}{f(y_i)}$$

将基于比边际概率更多的信息。我们有计算条件概率所需的数据，因此利用贝叶斯理论可以写为

$$\text{Prob}(class_i=1|\mathbf{z}_i,y_i)$$
$$=\frac{f(y_i|class_i=1,\mathbf{z}_i)\text{Prob}(class_i=1|\mathbf{z}_i)}{f(y_i|class_i=1,\mathbf{z}_i)\text{Prob}(class_i=1|\mathbf{z}_i)+f(y_i|class_i=2,\mathbf{z}_i)\text{Prob}(class_i=2|\mathbf{z}_i)}$$

分母是式（14－92）中的 L_i（而不是 $\ln L_i$）。分子是 L_i 中的第一项。为继续分析我们关于两个正态分布的混合，条件（先验）概率为

$$\text{Prob}(class_i=1|\mathbf{z}_i,y_i)=\frac{\dfrac{\exp(\mathbf{z}_i'\boldsymbol{\theta})}{1+\exp(\mathbf{z}_i'\boldsymbol{\theta})}\dfrac{\exp\left[-\dfrac{1}{2}(y_i-\mu_1)^2/\sigma_1^2\right]}{\sigma_1\sqrt{2\pi}}}{L_i}$$

无条件概率为式（14－91）中所表述的。对第二个类别来说，条件概率可以通过分子（或从1中减去）的另外两个边际密度来计算。注意条件概率是数据的函数，即使无条件概率并不是。那么回到最初提出的问题，$class_i$ 的自然预测是与最大的待估后验概率相关的类别。

在随机参数设置中，我们对预测 $E[\boldsymbol{\beta}_i|y_i,\mathbf{X}_i]$ 也很感兴趣。潜在类别模型有两个可能。在已经做出个体属于哪个类别的最佳估计后，一个对 β_i 的自然的估计就是与该类别相关的 β_j。一个使用更多信息的较好估计是后验期望值

$$\hat{E}[\boldsymbol{\beta}_i|y_i,\mathbf{X}_i,z_i]=\sum_{j=1}^{J}\hat{\pi}_{ij}(\hat{\boldsymbol{\Theta}},\mathbf{z}_i)\hat{\boldsymbol{\beta}}_j$$

例 14.21　预测类别概率

表 14.18 显示的是按学分积排序的数据。在系数表中，类别归属的预测值反映出了我们想从系数中推测出的东西。第二个类别成员的学分积低于第一个类别的。表 14.18 展示了这一聚类特征。它也暗示了潜在类别模型是如何使用样本信息的。如果表 14.16 的结果——估计均值、常数类别概率——被用来生成相同的表格，当排序时，最高的 10 个 GPA 出现在第一个类别中，剩余的会出现在第二个类别中。更为完善的模型将 *TUCE* 的信息也加入计算中。较低的 *TUCE* 分数可以把 GPA 较高的个体放到第二个类别中。（当然，多元线性回归也很可能会做同样的事。）

表 14.18　潜在类别概率估计

GPA	*TUCE*	*PSI*	*CLASS*	P_1	P_1^*	P_2	P_2^*
2.06	22	1	2	0.710 9	0.011 6	0.289 1	0.988 4
2.39	19	1	2	0.461 2	0.046 7	0.538 8	0.953 3
2.63	20	0	2	0.548 9	0.121 7	0.451 1	0.878 3
2.66	20	0	2	0.548 9	0.102 0	0.451 1	0.898 0
2.67	24	1	1	0.832 5	0.999 2	0.167 5	0.000 8
2.74	19	0	2	0.461 2	0.060 8	0.538 8	0.939 2
2.75	25	0	2	0.876 0	0.349 9	0.124 0	0.650 1
2.76	17	0	2	0.297 5	0.031 7	0.702 5	0.968 3

续前表

GPA	*TUCE*	*PSI*	*CLASS*	P_1	P_1^*	P_2	P_2^*
2.83	19	0	2	0.461 2	0.082 1	0.538 8	0.917 9
2.83	27	1	1	0.934 5	1.000 0	0.065 5	0.000 0
2.86	17	0	2	0.297 5	0.053 2	0.702 5	0.946 8
2.87	21	0	2	0.633 6	0.201 3	0.366 4	0.798 7
2.89	14	1	1	0.128 5	1.000 0	0.871 5	0.000 0
2.89	22	0	2	0.710 9	0.306 5	0.289 1	0.693 5
2.92	12	0	2	0.068 0	0.018 6	0.932 0	0.981 4
3.03	25	0	1	0.876 0	0.926 0	0.124 0	0.074 0
3.10	21	1	1	0.633 6	1.000 0	0.366 4	0.000 0
3.12	23	1	1	0.777 5	1.000 0	0.222 5	0.000 0
3.16	25	1	1	0.876 0	1.000 0	0.124 0	0.000 0
3.26	25	0	1	0.876 0	0.999 9	0.124 0	0.000 1
3.28	24	0	1	0.832 5	0.999 9	0.167 5	0.000 1
3.32	23	0	1	0.777 5	1.000 0	0.222 5	0.000 0
3.39	17	1	1	0.297 5	1.000 0	0.702 5	0.000 0
3.51	26	1	1	0.909 4	1.000 0	0.090 6	0.000 0
3.53	26	0	1	0.909 4	1.000 0	0.090 6	0.000 0
3.54	24	1	1	0.832 5	1.000 0	0.167 5	0.000 0
3.57	23	0	1	0.777 5	1.000 0	0.222 5	0.000 0
3.62	28	1	1	0.953 0	1.000 0	0.047 0	0.000 0
3.65	21	1	1	0.633 6	1.000 0	0.366 4	0.000 0
3.92	29	0	1	0.966 5	1.000 0	0.033 5	0.000 0
4.00	21	0	1	0.633 6	1.000 0	0.366 4	0.000 0
4.00	23	1	1	0.777 5	1.000 0	0.222 5	0.000 0

□ 14.15.5 决定类别的数目

在这个模型中还存在一个没有解决的推论。类别个数被认为是一个已知量——目前在我们讨论过的主要模型中为 2，在接下来的应用中为 3。在理想条件下，我们希望通过统计方式来决定类别数目的近似值。但是，J 不是模型中的参数。举个例子，似然函数模型不能推导出有效的结果。考虑例 14.17 中的模型。模型共有两个类别、5 个参数。很自然地需要检验仅包含使用 LR 检验的均值和方差的一类模型。然而，这里的限制条件个数是不确定的。如果 $\mu_1=\mu_2$ 且 $\sigma_1=\sigma_2$，那么混合概率是不相关的——两个类别的密度是一样的，并且这就是一类模型。因此，从两类模型到一类模型需要的限制条件个数是不确定的。它既不是 2，也不是 3。我们的一种策略是向上检验，增加类别的个数，直到边际类别对对数似然函数或诸如 AIC 或 BIC 信息准则（参见 14.6.5 小节）的变化不显著。遗憾的是，这种方式同样有问题，因为从任何太简短的设定中得到的估计都是不一致的。另一种方法是从一个类别数很大的模型开始，进行向下检验。Heckman and Singer（1984b）讨论了这种可能性，同时解释了当类别的数量变得过大时，估计值需要分解。在例 14.15 中，如果我们扩展为 4 个类别，则优化过程失效，且不能再计算估计值。5 个类别的模型可以计算出估计值，但是有些估计是无意义的。这至少可以给出寻找可行方法的方向。McLachlan and Peel（2000，Chapter 6）关于有限混合模型的权威论述涵盖了对这方面扩展的讨论。

□ 14.15.6 面板数据的应用

潜在类别模型对于面板数据的应用是一个有用的框架。类别概率起到了一般随机效应的部分作用，这正是我们将要研究的。潜在类别模型可以解释为带有参数的离散分布的随机参数模型。

假设 $\boldsymbol{\beta}_j$ 是从包含 J 个结果或类别的离散分布中得出的，所以 $\boldsymbol{\beta}_j$ 的分布与这些类别相关。因此，模型使得属于 J 个类别之一的个体可以由参数向量编号，但是从样本数据中不能明确地知道是哪一个。我们将使用这个样本数据来估计参数向量，以及潜在概率分布的参数和类别归属概率。相关模型的公式为

$$f(y_{it} \mid \mathbf{x}_{it}, \mathbf{z}_i, \boldsymbol{\Delta}, \boldsymbol{\beta}_1, \boldsymbol{\beta}_2, \cdots, \boldsymbol{\beta}_J) = \sum_{j=1}^{J} P_{ij}(\mathbf{z}_i, \boldsymbol{\Delta}) f(y_{it} \mid class = j, \mathbf{x}_{it}, \boldsymbol{\beta}_j) \tag{14-93}$$

式中，我们仍然参数化类别概率 p_{ij}，模型的结构为 $f(y_{it} \mid class = j, \mathbf{x}_{it}, \boldsymbol{\beta}_j)$。参数矩阵 $\boldsymbol{\Delta}$ 包含离散概率分布的参数。它有 J 行，每一行代表一个类别；M 列代表 $\mathbf{z}_i$ 中的 M 个变量。最小化的时候，如果类别概率如同例 14.17 中一样，则 $M=1$，同时 $\mathbf{z}_i$ 包含一个常数项。最后，为了适应面板数据抽样条件下的属性，我们假设以 $\boldsymbol{\beta}_j$ 为条件也就是以属于类别 j 为条件，这随着时间的推移是固定的，关于 y_i 的观测值是独立的。因此，对于包括 T_i 个观测值的一个组，联合密度函数为

$$f(y_{i1}, y_{i2} \cdots, y_{t,T_i} \mid class = j, \mathbf{x}_{i1}, \mathbf{x}_{i2}, \cdots, \mathbf{x}_{i,T_i}, \boldsymbol{\beta}_j) = \prod_{t=1}^{T_i} f(y_{it} \mid class = j, \mathbf{x}_{it}, \boldsymbol{\beta}_j)$$

面板数据的对数似然函数为

$$\ln L = \sum_{i=1}^{n} \ln \left[\sum_{j=1}^{J} P_{ij}(\boldsymbol{\Delta}, \mathbf{z}_i) \prod_{t=1}^{T_i} f(y_{it} \mid class = j, \mathbf{x}_{it}, \boldsymbol{\beta}_j) \right] \tag{14-94}$$

类别概率必须受到和为 1 的约束，而且介于 0 和 1 之间。这个方法通常用于将其作为一组 logit 概率来进行再次参数化，这正是我们在前面例子中的做法。于是有

$$p_{ij}(\mathbf{z}_i, \boldsymbol{\Delta}) = \frac{\exp(\theta_{ij})}{\sum_{j=1}^{J} \exp(\theta_{ij})}, j = 1, \cdots, J, \theta_{ij} = \mathbf{z}_i' \boldsymbol{\delta}_j, \theta_{iJ} = 0 (\boldsymbol{\delta}_J = \mathbf{0}) \tag{14-95}$$

（参见 18.2.2 小节对此一系列概率模型的扩展。）注意限制条件 θ_{ij}。这是一个识别约束条件。没有它，如果在每个 $\boldsymbol{\delta}_j$ 上增加任意向量，相同形式的概率可能就会出现。因此，对数似然函数是参数 $\boldsymbol{\beta}_1$，…，$\boldsymbol{\beta}_J$ 和 $\boldsymbol{\delta}_1$，…，$\boldsymbol{\delta}_J$ 的连续函数。相对于表面上的复杂形式，通过直接最大化对

数似然函数来估计模型并不是特别困难。[1] 可以确定的类别数目看起来相对较小（大约5个，最多10个），但是，这却被看作此种方法在实践中应用的缺陷。大体来说，y_{it} 的模型越复杂，扩展类别数量就越困难。另外，也可以预想到，数据集的组间差异越小，估计潜在类别模型就越困难。

估计过程产生了结构参数$(\boldsymbol{\beta}_j,\boldsymbol{\delta}_j)$，$j=1$，…，$J$ 的值。有了这些，我们就可以使用式（14－95）计算先验类别概率 p_{ij}。为了进行预测，我们同样对后验类别概率感兴趣，我们可以通过使用贝叶斯理论［参见式（14－94）］来计算后验类别概率。条件概率为

$$
\begin{aligned}
&\text{Prob}(\text{类别}=j\mid \text{观测值}\ i)\\
&=\frac{f(\text{观测值}\ i\mid \text{类别}=j)\text{Prob}(\text{类别}\ j)}{\sum_{j=1}^{J} f(\text{观测值}\ i\mid \text{类别}=j)\text{Prob}(\text{类别}\ j)}\\
&=\frac{f(y_{i1},y_{i2},\cdots,y_{i,T_i}\mid \mathbf{x}_{i1},\mathbf{x}_{i2},\cdots,\mathbf{x}_{i,T_i},\boldsymbol{\beta}_j)p_{ij}(\mathbf{z}_j,\boldsymbol{\Delta})}{\sum_{j=1}^{J} f(f_{i1},y_{i2},\cdots,y_{i,T_i}\mid \mathbf{x}_{i1},\mathbf{x}_{i2},\cdots,\mathbf{x}_{i,T_i},\boldsymbol{\beta}_j)P_{ij}(\mathbf{z}_j,\boldsymbol{\Delta})}\\
&=w_{ij}
\end{aligned}
\tag{14-96}
$$

一系列概率 $\mathbf{w}_i=(w_{i1},w_{i2},\cdots,w_{iJ})$ 在 $\boldsymbol{\beta}$ 值分布即［$\boldsymbol{\beta}_1$，$\boldsymbol{\beta}_2$，…，$\boldsymbol{\beta}_J$］的基础上给出了后验密度。对于一个具体模型和内部有分组的面板数据来说，类别 j 的后验概率为

$$
\begin{aligned}
\text{Prob}(class=j\mid \mathbf{y}_i,\mathbf{X}_i,\mathbf{z}_i)&=\frac{p_{ij}(\boldsymbol{\Delta},\mathbf{z}_i)\prod_{t=1}^{T_i} f(y_{it}\mid class=j,\mathbf{x}_{it},\boldsymbol{\beta}_j)}{\sum_{j=1}^{J} p_{ij}(\boldsymbol{\Delta},\mathbf{z}_i)\prod_{t=1}^{T_i} f(y_{it}\mid class=j,\mathbf{x}_{it},\boldsymbol{\beta}_j)}\\
&=\frac{\left(\dfrac{\exp(\mathbf{z}_i'\boldsymbol{\Delta}_j)}{\sum_{m=1}^{J}\exp(\mathbf{z}_i'\boldsymbol{\Delta}_m)}\right)\prod_{t=1}^{T_i} f(y_{it}\mid class=j,\mathbf{x}_{it},\boldsymbol{\beta}_j)}{\sum_{j=1}^{J}\left(\dfrac{\exp(\mathbf{z}_i'\boldsymbol{\Delta}_j)}{\sum_{m=1}^{J}\exp(\mathbf{z}_i'\boldsymbol{\Delta}_m)}\right)\prod_{t=1}^{T_i} f(y_{it}\mid class=m,\mathbf{x}_{it},\boldsymbol{\beta}_m)}
\end{aligned}
\tag{14-97}
$$

∴例 14.22　医疗使用的潜在类别两部模型

Jones and Bago D'Uva（2009）使用 ECHP 面板数据研究了欧洲的医疗使用情况。研究的变量是看医生的人数。他们检验了两个结果：去看普通医生和去看专家的人数。模型的框架是式（14－93）的潜在类别模型。这个特定类别模型对计数而言是一个两部负二项式分布“栏式”模型，

$$
\begin{aligned}
&\text{Prob}(y_{it}=0\mid \mathbf{x}_{it},\boldsymbol{\beta}_{1j})=\frac{1}{1+\lambda_{1it,j}},\lambda_{1it,j}=\exp(\mathbf{x}_{it}'\boldsymbol{\beta}_{1j})\\
&\text{Prob}(y_{it}\mid y_{it}>0,\mathbf{x}_{it},\boldsymbol{\beta}_{2j},\alpha_j)=\frac{(\alpha_j\lambda_{2it,j}+1)^{-1/\alpha_j}\Gamma(y_{it}+1/\alpha_j)[1+(\lambda_{2it,j}^{-1}/\alpha_j)]^{-y_{it}}}{\Gamma(1/\alpha_j)\Gamma(y_{it}+1)[1-(\alpha_j\lambda_{2it,j}+1)^{-1/\alpha_j}]}\\
&\lambda_{2it,j}=\exp(\mathbf{x}_{it}'\boldsymbol{\beta}_{2j}),\alpha_j>0
\end{aligned}
$$

［这是 $k=0$ 时他们研究中的方程（2）。］第一个方程是参与方程，看医生的人数是0或正值。第二个方

---

[1] 参见 E.3 节以及 Greene（2001，2007b）。在 E.3.7 小节中讨论的 EM 准则尤其适用于估计潜在类别模型的参数。参见 McLachlan and Peel（2000）。

程是强度方程，在看医生的人数是正值的情况下预测人数。计数模型是负二项式分布的。这是泊松回归模型的一个延伸。泊松模型是α_j趋于0的极限情况。栏式（hurdle）和计数方程使用了不同的系数向量，$\boldsymbol{\beta}_1$和$\boldsymbol{\beta}_2$，因此保健的决定因素在两个阶段有不同的影响。这个模型的解释是复杂的，因为变量出现在两个方程中，并且条件均值函数也是复杂的。如果没有栏式效应，将会是$E[y_{it}\mid\mathbf{x}_{it}]=\lambda_{2it}$。然而，在有栏式效应的情况下，

$$E[y_{it}\mid\mathbf{x}_{it}]=\text{Prob}(y_{it}>0\mid\mathbf{x}_{it})\times\text{E}[y_{it}\mid y_{it}>0,\mathbf{x}_{it}]$$

作者分别检验了导致这个结果的两个成因。（均值的弹性是两个弹性之和。）混合模型中包含两个类别（通常来说）。他们的研究结果的一个节选如表14.19所示。（结果摘自他们的表8。）注意，表中区分了“低频使用者”和“高频使用者”。14.15.4小节的结果被用来将个体归入类别1和类别2。后来发现，类别1中的个体的平均使用频率比类别2中的低很多。

表14.19　不同国家对看普通医生估计的收入系数和弹性

		低频使用者		高频使用者	
国家		系数	弹性	系数	弹性
澳大利亚	$P(y>0)$	−0.051	−0.012	−0.109	−0.005
	$E[y\mid y>0]$	0.012	0.009	0.039	0.035
丹麦	$P(y>0)$	0.083	0.033	0.261	0.023
	$E[y\mid y>0]$	0.042	0.021	−0.030	−0.024
荷兰	$P(y>0)$	0.082	0.035	0.094	0.009
	$E[y\mid y>0]$	−0.037	−0.019	−0.085	−0.068

例14.23　医疗使用的潜在类别模型

在例7.6和例11.20中，我们提出了指数回归模型

$$y_{it}=DocVis_{it}=\exp(\mathbf{x}_{it}'\boldsymbol{\beta})+\varepsilon_{it}$$

来估计德国医疗使用数据中的变量*DocVis*（看医生的次数）（详见例11.20）。对于这个函数，回归结果为

$$\mathbf{x}_{it}=(1,Age_{it},Education_{it},Income_{it},Kids_{it})$$

为方便起见，我们在表14.20（括号里）展示了这个结果。非线性最小二乘估计仅是半参数的；其中没有给出关于$DocVis_{it}$或ε_{it}的分布假设。当我们使用“聚类稳健”渐近协方差矩阵的时候，我们确实看到标准误明显增大了（估计值在括号中给出）。在这一点上的分析假设非线性最小二乘估计在序列相关性方面保持一致。给定模型建立的方式，也就是模型只能以条件均值函数的形式给出，这是有根据的。扩展可以得出“非线性广义回归与非线性普通回归模型存在差异”这一结论。

表 14.20　*DocVis* 的几何分布回归面板数据估计

	混合		随机效应[a]		固定效应	
变量	估计值	标准误	估计值	标准误	估计值	标准误
常数项	1.091 89	0.108 28	0.399 36	0.095 30		
	(0.980 17)[c]	(0.181 37)				
Age	0.017 99	0.001 30	0.022 09	0.001 22	0.048 45	0.003 51
	(0.018 73)	(0.001 98)				
Education	−0.047 25	0.006 71	−0.045 06	0.006 26	−0.054 34	0.037 21
	(−0.036 09)	(0.012 87)				
Income	−0.468 36	0.072 65	−0.195 69	0.061 06	−0.187 60	0.091 34
	(−0.591 89)	(0.128 27)				
Kids	−0.156 84	0.030 55	−0.124 34	0.023 36	−0.002 53	0.036 87
	(−0.169 30)	(0.048 82)				

a. 估计的 $\sigma_u=0.954\ 41$。

b. 标准误在面板数据的聚类中进行了修正。

c. 非线性最小二乘法的结果展示在括号中。

在例 14.13 中，我们假设 *DocVis* 观测值服从下面的几何分布，从而使模型得以简化，即

$$f(y_i\mid\mathbf{x}_i)=\theta_i(1-\theta_i)^{y_i},\theta_i=1/(1+\lambda_i),\lambda_i=\exp(\mathbf{x}_i'\boldsymbol{\beta}),y_i=0,1,\cdots$$

条件均值仍然是 $\exp(\mathbf{x}_{it}'\boldsymbol{\beta})$，但是这个形式会使得结果服从特定的分布。我们曾在例 14.13 中估计过总体模型。例 14.17 和例 14.18 往模型中增加了面板数据由随机效应到固定效应的假设。这个模型现在为

$$f(y_{it}\mid\mathbf{x}_{it})=\theta_{it}(1-\theta_{it})^{y_{it}},\theta_{it}=1/(1+\lambda_{it}),\lambda_{it}=\exp(c_i+\mathbf{x}_{it}'\boldsymbol{\beta}),y_{it}=0,1,\cdots$$

混合、随机效应以及固定效应估计如表 14.17 所示。我们将标准误由面板数据集进行修正过的混合估计与具有稳健标准误的非线性最小二乘估计进行比较。这两个参数估计很相似。它们是一致的，同时估计也是在大样本情况下进行的。可以在 MLE 中体现的小一些的标准误是更加详细设定的模型的产物。

我们现在将通过假设一个两类有限混合模型来放松条件限制。我们令所属类别的概率为性别和婚姻状况这两个因素的函数。对于潜在类别归属，

$$\text{Prob}(class_i=1\mid\mathbf{z}_i)=\Lambda(\theta_1+\theta_2 Female_i+\theta_3 Married_i)$$

模型结果和之前一样是几何回归形式。潜在类别模型参数的估计值如表 14.21 所示。E.3.7 小节讨论了估计方法。

Deb and Trivedi（2002）提出，在医疗系统使用群体之间一个有意义的区别是，经常和不经常使用者之间的区别。为了研究我们的潜在类别模型是否在这些数据中体现了这个区别，我们使用式（14－97）来预测类别归属（类别 1 或类别 2）。然后对于类别 2，我们将 $DocVis_{it}$ 对一个常数项和一个虚拟变量进行回归。结果为

$$DocVis_{it}=5.8034(0.0465)-4.7801(0.06282)\times Class2_i+e_{it}$$

式中，括号中是估计的标准误。线性回归结果说明，类别虚拟变量能很有效地将观测值分成经常和不经常使用者。回归中的信息在表 14.22 的描述统计量中进行总结。

表 14.21　对 *DocVis* 的潜在类别几何分布回归模型估计

参数	一类		潜在类别 1		潜在类别 2	
	估计值	标准误	估计值	标准误	估计值	标准误
β_1	1.091 8	0.108 2	1.642 3	0.053 51	−0.334 4	0.092 88
β_2	0.018 0	0.001 3	0.016 91	0.000 732 4	0.026 49	0.001 248
β_3	−0.047 3	0.006 7	−0.044 73	0.003 451	−0.065 02	0.005 739
β_4	−0.468 7	0.072 6	−0.456 7	0.046 88	0.013 95	0.069 64
β_5	−0.156 9	0.030 6	−0.117 7	0.016 11	−0.138 8	0.027 38
θ_1	0.000	0.000	−0.428 0	0.069 38	0.000 0	0.000 0
θ_2	0.000	0.000	0.825 5	0.063 22	0.000 0	0.000 0
θ_3	0.000	0.000	−0.078 29	0.071 43	0.000 0	0.000 0
Prob|z	1.000 0		0.476 97		0.523 03	
ln L	−61 917.97		−58 708.63			

最后，我们对类别的数量进行了研究。表 14.23 报告了模型在使用 1～8 个类别时的对数似然估计和 AIC 值。当分为 7 类时，AIC 值最低，尽管边际改进在 $J=4$ 时就停止了。右侧的 8 列展示了条件概率的均值，与非条件概率相等。当 $J=8$ 时，三个类别（类别 2、5 和 6）有最小的概率。这说明模型可能被过度设定。我们在下一小节中会对另一个指标进行研究。

表 14.22　*DocVis* 的描述性统计量

类别	均值	标准差
全部，$n=27\ 326$	3.183 52	5.689 79
类别 1，$n=12\ 349$	5.803 47	7.475 79
类别 2，$n=14\ 977$	1.023 30	1.630 76

表 14.23　对潜在类别数量的设定研究

J	ln L	AIC	P_1	P_2	P_3	P_4	P_5	P_6	P_7	P_8
1	−61 917.77	1.238 45	1.000 0							
2	−58 708.48	1.174 43	0.477 0	0.523 0						
3	−58 036.15	1.161 14	0.204 5	0.605 2	0.190 3					
4	−57 953.02	1.159 44	0.144 3	0.559 4	0.240 7	0.060 1				
5	−57 866.34	1.158 06	0.070 8	0.047 5	0.410 7	0.373 1	0.097 9			
6	−57 829.96	1.157 49	0.047 5	0.011 2	0.279 0	0.168 0	0.438 0	0.073 4		
7	−57 808.50	1.157 23	0.084 1	0.080 9	0.051 2	0.373 8	0.066 8	0.066 6	0.275 7	
8	−57 808.07	1.157 38	0.064 1	0.003 8	0.443 4	0.310 2	0.002 9	0.000 2	0.111 5	0.064 0

□ 14.15.7　半参数随机效应模型

Heckman and Singer（1984a，b）提出了半参数极大似然法来对失业期持续模型（19.5 节）中的潜在异方差性建模。该方法同样适用于其他情况，例如我们现在检验的模型。他们的方法可以被用在只有常数项随着不同类别变化的有限混合模型中。这种情况下的对数似然为

$$\ln L=\sum_{i=1}^{n}\ln\sum_{j=1}^{J}\pi_j\left(\prod_{t=1}^{T_i}f(y_{it}\mid\alpha_j+\mathbf{x}_{it}'\boldsymbol{\beta})\right)\tag{14-98}$$

这是式（14－94）的缩减形式。模型设定为随机效应模型，其中异方差性是无条件混合概率的离散多元分布。

例 14.24　　半参数随机效应模型

随机效应几何模型的估计在表 14.17 中给出。假设随机效应（随机常数项）是正态分布；估计的标准差是 0.954 41。表 14.24 和表 14.25 展示的是半参数随机效应模型的估计。估计的常数项和类别概率在表 14.24 中给出。我们对 2～7 个类别拟合模型。AIC 在 $J=7$ 时停止下降。$J=6$ 和 $J=7$ 的结果展示在表格中。注意在 7 个类别的模型中，类别 2 和类别 4 的常数项的估计标准误基本是无穷大——显示的结果是修正误差。正如赫克曼和辛格所说，这应被视为数据过度拟合的证据。模型参数部分的剩余系数在表 14.25 给出。随机效应模型的两种方法产生了相似的结果。自变量的系数和它们的估计标准误是相似的。正态模型的随机效应估计均值为 0.399 36，标准差为 0.954 41。混合模型的多项式分布的估计均值为 0.277 70，标准差为 1.233 3。图 14.7 展示了两种估计分布的比较。[①]

表 14.24　　赫克曼和辛格半参数随机效应模型

类别	α	标准误	P（class）	α	标准误	P（class）
1	−3.178 15	0.285 42	0.073 94	−0.729 48	0.168 86	0.168 25
2	−0.729 48	0.158 47	0.168 25	1.237 74	358 561.2	0.040 30
3	0.388 86	0.118 67	0.417 34	0.388 86	0.151 12	0.417 34
4	1.237 74	0.122 95	0.284 52	1.237 74	59 175.41	0.244 21
5	2.119 58	0.285 68	0.051 83	2.119 58	0.415 49	0.051 83
6	2.698 46	0.986 22	0.004 12	2.698 46	1.171 24	0.004 12
7				−3.178 15	0.288 63	0.073 94

① 多项式分布在所估计常数的中点具有内部边界。质点的高度与概率相等。矩形的和稍大于 1——约为 1.15。这个图只是参数模型的正态分布隐含近似的草图。

表 14.25 估计的随机效应指数计数数据模型

	有限混合模型		正态随机效应模型	
	估计值	标准误	估计值	标准误
常数	$\hat{\alpha}=0.277\ 697$		0.399 36	0.095 30
Age	0.021 36	0.001 15	0.022 09	0.001 22
Educ.	−0.038 77	0.006 07	−0.045 06	0.006 26
Income	−0.237 29	0.059 72	−0.195 69	0.061 06
Kids	−0.126 11	0.022 80	−0.124 34	0.023 36
	$s_{\alpha}=1.233\ 33$		$\sigma_u=0.954\ 41$	

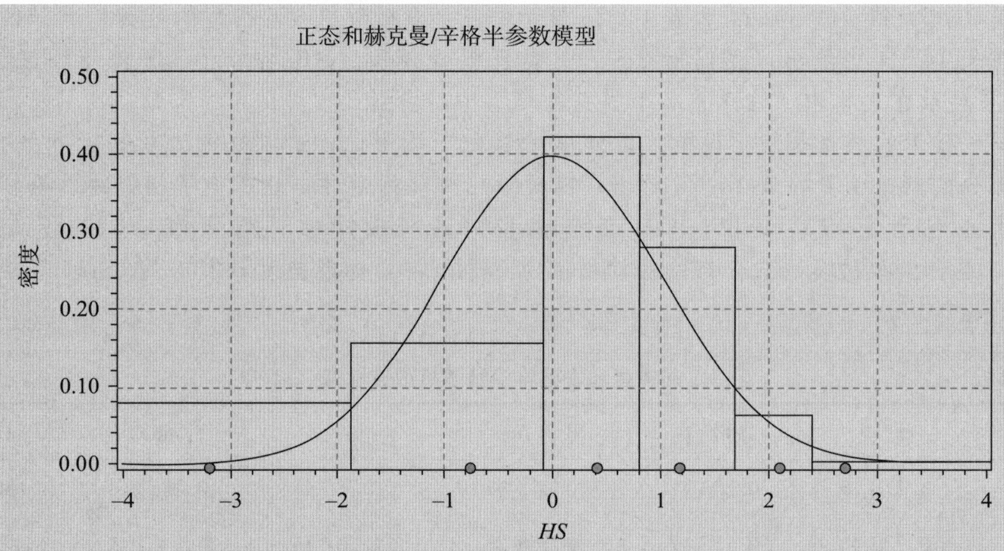

图 14.7 随机效应的估计分布

14.16 归纳与总结

我们在本章中论述了极大似然估计理论及其应用，它是计量经济学中使用频率仅次于最小二乘法的估计方法。极大似然估计是一致且渐近正态分布的，而且在所有具有这些性质的估计中又是有效的。这种方法的缺陷在于，它对数据生成过程要求完全参数化的详尽设定。因此，它在模型误设问题上容易受到冲击。第 13 章分析的 GMM 估计方法虽然不是那么参数化，但是对潜在数据生成过程的变化更加稳健。同时，ML 和 GMM 估计方法都考虑到了计量经济学中大多数的经验估计问题。

关键术语与概念

渐近方差	BHHH 估计量	巴特勒-莫菲特法
集中对数似然	有效得分	有限混合模型
高斯-赫米特求积法	广义平方和	附带参数问题
指标函数模型	信息矩阵等式	库尔贝克-莱布勒信息准则（KLIC）
拉格朗日乘数统计量	拉格朗日乘数检验	潜在类别线性回归模型
似然方程	似然比	似然比指数
似然比统计量	似然比检验	有限信息极大似然
logistic 概率模型	对数线性条件均值	极大似然
得分法	牛顿法	非中心卡方分布
非线性最小二乘	非嵌套模型	奥伯霍弗-卡门塔估计量
梯度外积（OPG）估计量	精度参数	伪对数似然函数
伪 MLE	拟 MLE	随机效应
正则性条件	得分检验	得分向量
沃氏检验		

练习

1. 假设 x 的分布为 $f(x)=1/\theta$，$0\leqslant x\leqslant\theta$。从此分布中随机抽样，证明样本极大值为 θ 的一致估计。注意：你可以证明极大值为 θ 的极大似然估计量，但是普通的性质在这里不适用。为什么？（提示：试着证明对数似然函数对 θ 的一阶导数期望为零。）

2. 从指数分布 $f(x)=(1/\theta)e^{-x/\theta}$，$x\geqslant 0$，$\theta>0$ 中随机抽样，找出 θ 的极大似然估计量并求其渐近分布。

3. 混合分布。假设两个随机变量 x 和 y 的联合分布为

$$f(x,y)=\frac{\theta e^{-(\beta+\theta)y}(\beta y)^x}{x!},\beta,\theta>0,y\geqslant 0,x=0,1,2,\cdots$$

a. 求 β 和 θ 的极大似然估计量，并求它们的渐近联合分布。

b. 求 $\theta/(\beta+\theta)$ 的极大似然估计量和它的渐近分布。

c. 证明 $f(x)$ 有如下形式

$$f(x)=\gamma(1-\gamma)^x,x=0,1,2,\cdots$$

并计算 γ 的极大似然估计量和它的渐近分布。

d. 证明 $f(y|x)$ 有如下形式

$$f(y|x)=\frac{\lambda e^{-\lambda y}(\lambda y)^x}{x!},y\geqslant 0,\lambda>0$$

证明 $f(y|x)$ 的积分为 1。求 λ 的极大似然估计量和它的渐近分布。（提示：在条件分布中，把 x 视为常数。）

e. 证明

$$f(y)=\theta e^{-\theta y}, y \geqslant 0, \theta>0$$

并求 θ 的极大似然估计量和它的渐近分布。

f. 证明

$$f(x \mid y)=\frac{e^{-\beta y}(\beta y)^{x}}{x!}, x=0,1,2,\cdots, \beta>0$$

基于这一分布，β 的极大似然估计量是什么？

4. 假设 x 服从威布尔分布

$$f(x)=\alpha \beta x^{\beta-1} e^{-\alpha x^{\beta}}, x \geqslant 0, \alpha, \beta>0$$

a. 求有 n 个观测值的随机样本的对数似然函数。

b. 求 α 和 β 极大似然估计的似然方程。注意第一个方程以数据和 β 的形式给出了 α 的显解。但是当将其代入第二个方程时，我们只得到 β 的隐解。你怎样才能得到极大似然估计量？

c. 求对数似然函数对 α 和 β 的二阶导数矩阵。包括 β 在内的元素的精确期望值包含了 γ 函数的导数，研究起来非常复杂。当然，你的确切结论给出了经验估计。请问你怎样估计 b 部分估计量的渐近协方差矩阵？

d. 证明 $\alpha\beta \operatorname{Cov}[\ln x, x^{\beta}]=1$。（提示：对数似然函数一阶导数的期望值为零。）

5. 下面的数据由练习 4 中的威布尔分布得到：

1.304 3	0.492 54	1.274 2	1.401 9	0.325 56	0.299 65	0.264 23
1.087 8	1.946 1	0.476 15	3.645 4	0.153 44	1.235 7	0.963 81
0.334 53	1.122 7	2.029 6	1.279 7	0.960 80	2.007 0	

a. 求 α 和 β 的极大似然估计值，并估计这些估计值的渐近协方差矩阵。

b. 进行原假设为 $\beta=1$ 的沃尔德检验。

c. 在 $\beta=1$ 的假设条件下求 α 的极大似然估计值。

d. 使用 a 和 c 部分的结论，进行原假设为 $\beta=1$ 的似然比检验。

e. 进行原假设为 $\beta=1$ 的拉格朗日乘数检验。

6. 有限信息极大似然估计。考虑 x 和 y 的一个双变量分布，这个分布是两个参数 α 和 β 的函数。联合密度函数为 $f(x, y \mid \alpha, \beta)$。我们考虑两个参数的极大似然估计。完全信息极大似然估计是目前大家熟悉的两个参数的极大似然估计。现在，假设我们能像练习 3 那样分解联合密度函数，在这一题中，我们有 $f(x, y \mid \alpha, \beta)=f(y \mid x, \alpha, \beta) f(x \mid \alpha)$，即 y 的条件密度函数为两个参数的函数，但 x 的边际分布只与 α 有关。

a. 使用联合密度写出对数似然函数的一般形式。

b. 因为联合密度等于条件分布与边际分布的乘积，对数似然函数可以等价写成分解的密度函数，将其一般形式写下来。

c. 参数 α 可以只借助 x 的数据和使用 x 的边际密度构成的对数似然函数来估计自身。α 和 β 也可以通过使用完全对数似然函数以及 y 和 x 的数据来估计。试着加以证明。

d. 证明 c 中的第一个估计量的渐近协方差大于第二个。这是有限信息极大似然估计和完全信息极大似然估计的区别。

e. 证明如果 $\partial^{2} \ln f(y \mid x, \alpha, \beta) / \partial \alpha \partial \beta=0$，则 d 中的结果不再正确。

7. 通过证明 $E[(1/n)\ln L(\theta\mid y)]$ 在 $\theta=\theta_0$ 处有唯一极大值，证明定理 14.3 中的似然不等式对 14.3 节中使用的泊松分布成立。（提示：先证明期望为 $-\theta+\theta_0\ln\theta-E_0[\ln y_i]$。）证明定理 14.3 中的似然不等式对正态分布成立。

8. 对式（14－3）中的经典回归进行随机抽样，以 $\eta=1/\sigma$ 和 $\boldsymbol{\delta}=(1/\sigma)\boldsymbol{\beta}$ 的形式再参数化似然函数。求 η 和 $\boldsymbol{\delta}$ 的极大似然估计量，并求这些参数估计量的渐近协方差矩阵。

9. 考虑从均值向量为 $\boldsymbol{\mu}=(\mu_1,\mu_2,\cdots,\mu_M)$，协方差矩阵为 $\sigma^2\mathbf{I}$ 的多元正态分布中抽样。对数似然函数为

$$\ln L=\frac{-nM}{2}\ln(2\pi)-\frac{nM}{2}\ln\sigma^2-\frac{1}{2\sigma^2}\sum_{i=1}^{n}(\mathbf{y}_i-\boldsymbol{\mu})'(\mathbf{y}_i-\boldsymbol{\mu})$$

证明参数的极大似然估计量为 $\hat{\mu}_m=\bar{y}_m$，并且

$$\hat{\sigma}^2_{\text{ML}}=\frac{\sum_{i=1}^{n}\sum_{m=1}^{M}(y_{im}-\bar{y}_m)^2}{nM}=\frac{1}{M}\sum_{m=1}^{M}\frac{1}{n}\sum_{i=1}^{n}(y_{im}-\bar{y}_m)^2=\frac{1}{M}\sum_{m=1}^{M}\hat{\sigma}^2_m$$

推导二阶导数矩阵并证明极大似然估计量的渐近协方差矩阵为

$$\left\{-E\left[\frac{\partial^2\ln L}{\partial\boldsymbol{\theta}\partial\boldsymbol{\theta}'}\right]\right\}^{-1}=\begin{bmatrix}\sigma^2\mathbf{I}/n & \mathbf{0}\\ \mathbf{0} & 2\sigma^4/(nM)\end{bmatrix}$$

假设我们希望检验的是 M 个分布的均值都等于特定值 μ_0。证明沃尔德统计量为

$$W=(\bar{\mathbf{y}}-\mu^0\mathbf{i})'\left(\frac{\hat{\sigma}^2}{n}\mathbf{I}\right)^{-1}(\bar{\mathbf{y}}-\mu^0\mathbf{i})=\left(\frac{n}{s^2}\right)(\bar{\mathbf{y}}-\mu^0\mathbf{i})'(\bar{\mathbf{y}}-\mu^0\mathbf{i})$$

式中，$\bar{\mathbf{y}}$ 是样本均值向量。

应用

1. 二值选择。这一应用基于例 14.13 以及其他几个例子中分析的医疗数据。关于得到这些数据的详情在在线附表 F7.1 中给出。我们考虑分析因变量 y_{it}，它取值为 1 和 0 的概率分别为 $F(\mathbf{x}_i'\boldsymbol{\beta})$ 和 $1-F(\mathbf{x}_i'\boldsymbol{\beta})$，其中 F 是定义概率的函数。因变量 y_{it} 由计数变量 $DocVis$ 构造而来，这一变量为给定年份看医生的次数。构造二值变量的方法为：

$y_{it}=1$，如果 $DocVis>0$；否则 $y_{it}=0$

对于 $y_{it}=1$ 的概率，我们将构造一个模型。有意义的自变量为

$\mathbf{x}_{it}=(1,age_{it},educ_{it},female_{it},married_{it},hsat_{it})$

a. 根据模型，y_{it} 的理论密度函数为

$f(y_{it}\mid\mathbf{x}_{it})=F(\mathbf{x}_{it}'\boldsymbol{\beta})$ 对 $y_{it}=1$，$1-F(\mathbf{x}_{it}'\boldsymbol{\beta})$ 对 $y_{it}=0$

我们假设“logit 模型”（见 17.2 节）正确，所以

$$F(\mathbf{x}_{it}'\boldsymbol{\beta})=\Lambda(\mathbf{x}_{it}'\boldsymbol{\beta})=\frac{\exp(\mathbf{x}_{it}'\boldsymbol{\beta})}{1-\exp(\mathbf{x}_{it}'\boldsymbol{\beta})}$$

证明对于两个结果，概率可以组成密度函数

$$f(y_{it} \mid \mathbf{x}_{it})=g(y_{it},\mathbf{x}_{it},\boldsymbol{\beta})=\Lambda[(2y_{it}-1)\mathbf{x}_{it}'\boldsymbol{\beta}]$$

现在，使用这一结论构造样本数据对（y_{it}，$\mathbf{x}_{it}$）的对数似然函数。（注意，我们将忽略数据集的面板特性。把它作为横截面情形来建模。）

b. 推导 $\boldsymbol{\beta}$ 估计的似然方程。

c. 推导对数似然函数的二阶导数矩阵。［提示：下面的式子在推导中将会很有用：$d\Lambda(t)/dt=\Lambda(t)[1-\Lambda(t)]$。］

d. 展示怎样用牛顿法估计模型参数。

e. 得分法与牛顿法有区别吗？推导二阶导数矩阵的期望值为负。

f. 求数据和变量的参数的极大似然估计值。报告你的结果：估计值、标准误以及对数似然值。

g. 检验假设：女性和婚姻状况的系数为零。展示如何使用沃尔德检验、LM 检验和 LR 检验，并给出结果。

h. 检验假设：模型中除了常数项，所有系数都为零。

2. 在例 14.13、例 14.17、例 14.18 和例 14.22 中使用的几何分布不是建立一个如 *DocVis* 般的计数模型的典型选择。14.11.1 小节开头建议的泊松模型是一个更常用的选择（至少在分析的第一步中）。用泊松模型而不是几何模型重新计算例 14.13 和例 14.17。结果有很大的变化吗？这很难通过相关性估计分辨。计算泊松模型的偏效应并与表 14.11 中的偏效应比较。

3.（这一应用要求一个优化器，可以使用 Stata，R，SAS，Eviews 或 NLOGIT 的指令来最大化一个用户提供的函数。）使用以下伪代码来从一个混合正态总体中生成一个关于 y 有 1 000 个观测值的随机样本：

> 将随机数生成器的种子设置为任意特定值。
>
> 从两组标准差为 1 的正态总体中分别随机取出 1 000 个数，得到两个序列 y_1 和 y_2。均值的设定为：y_1 的均值为 1，y_2 的均值为 5。
>
> 从（0，1）均匀分布总体中随机取出 1 000 个数，得到序列 c。
>
> 对每个观测值，如果 $c<0.3$，$y=y_1$；如果 $c\geqslant 0.3$，$y=y_2$。

两个正态分布混合的对数似然函数在式（14－89）中给出。（第一步设定种子为一个特定值，这样你可以复制你的关于数据集的计算。）

a. 计算出对数似然函数的最大值。对于 π，用 y 的样本均值和样本标准差和 0.5 作为初始值。

b. 你应该在 a 中观察到迭代没有开始。用 $0.9\bar{y}$，$0.9s_y$，$1.1\bar{y}$，$1.1s_y$ 和 0.5 再试一次。这应该更令人满意。

c. 进行将 y_1 和 y_2 的均值改成更为相近的估计实验。例如 1 和 3 或 1 和 2。

15 基于模拟的估计、推断与随机参数模型

15.1 引言

在计量经济学中，模拟方法变得越来越流行。这种方法对计算机性能要求较高，但近年来用于计算的软硬件的性能稳步提高，大大降低了这一成本。相应的回报，则是曾经以解析形式无法解决的估计和推断问题从此得以解决。模拟方法主要有两个用途。第一，通过从分布中抽样，模拟方法可以用来推断包括估计量、估计量的函数和检验统计量等在内的随机变量的性质。第二，模拟方法用于构建涉及不存在可计算的闭合解的复杂积分的估计量。对于这种情况，当积分可以被写成数学期望的形式时，通过用随机样本的均值估计期望，模拟方法能在可接受的近似度内计算出结果。极大模拟似然（maximum simulated likelihood，MSL）方法本质上是第16章讲解的分层贝叶斯估计量在经典抽样理论中的对应方法。自 Berry，Levinsohn，and Pakes（1995）的有名论文，以及 McFadden and Train（2000）的综述以来，极大模拟似然估计被许多研究采用，而且这样的研究数量在不断增长。

接下来将给出本书前面的章节依赖模拟方法的三个例子。

例 15.1　推断最小二乘估计量的抽样分布

在例 4.1 中，为了说明抽样分布的含义，我们从一个总体中抽取了几千个样本并用每个样本计算了最小二乘系数。我们随后考察了这一线性回归系数样本的分布。柱状图表明它好像是正态分布，且以真实的总体系数值为中心。

例 15.2　自助 LAD 估计量的方差

在例 4.3 中，我们比较了最小绝对离差（LAD）估计量和普通最小二乘（OLS）估计量的渐近方差。除了扰动项为正态分布这一特殊情形，LAD 估计量的渐近方差的形式是未知的。因此，我们依赖于一种随机抽样方法来近似 LAD 估计量抽样分布的性质。我们使用了一种工具（自助法），从产生估计量的总体中抽取一个观测的样本。通过计算该随机样本的样本统计量，我们可以推断该分布的统计

性质，如方差、2.5 和 97.5 分位数，并用其构造置信区间。

❖例 15.3　最小模拟平方和

如最小二乘和极大似然等我们熟悉的估计和推断方法，依赖于可以被准确计算出的闭合形式的表达式［至少在原则上如此——如似然方程（14-4）可能需要一个迭代解］。模型的建立和分析常常需要计算无法被直接计算的表达式。熟悉的例子包括涉及无闭合形式积分的数学期望，如 14.14.4 小节中提到的非线性随机效应模型。这里面临的问题涉及参数的非线性最小二乘估计

$$E[y_{it}\mid \mathbf{x}_{it},u_i]=h(\mathbf{x}_{it}'\boldsymbol{\beta}+u_i)$$

最小化平方和

$$S(\boldsymbol{\beta})=\sum_i\sum_t[y_{it}-h(\mathbf{x}_{it}'\boldsymbol{\beta}+u_i)]^2$$

是不可能的，因为 u_i 无法被观测到。在这一公式中，

$$E[y\mid \mathbf{x}_{it}]=E_uE[y_{it}\mid \mathbf{x}_{it},u_i]=\int_u E[y_{it}\mid \mathbf{x}_{it},u_i]f(u_i)du_i$$

所以可能的估计问题将涉及平方和，

$$S^*(\boldsymbol{\beta})=\sum_i\sum_t\left[y_{it}-\int_u h(\mathbf{x}_{it}'\boldsymbol{\beta}+u_i)f(u_i)du_i\right]^2$$

当函数是线性的且 u_i 为正态分布时，这个问题很简单——普通最小二乘。如果其中一个得不到满足，那么这个积分将保留在我们面临的估计难题中。虽然这个积分

$$E_u[h(\mathbf{x}_{it}'\boldsymbol{\beta}+u_i)]=\int_u h(\mathbf{x}_{it}'\boldsymbol{\beta}+u_i)f(u_i)du_i$$

无法计算，如果从 u_i 总体中我们有一个具有 R 个观测值的大样本，也就是 u_{ir}，$r=1$，…，R，那么凭借大数定律，我们可以依靠

$$\begin{aligned}\text{plim}(1/R)\sum_r h(\mathbf{x}_{it}'\boldsymbol{\beta}+u_{ir})&=E_uE[y_{it}\mid \mathbf{x}_{it},u_i]\\&=\int_u h(\mathbf{x}_{it}'\boldsymbol{\beta}+u_i)f(u_i)du_i\end{aligned}\tag{15-1}$$

我们要防止额外的参数 σ_u 也成为估计问题的一部分。一个简便的方法是表示为 $u_i=\sigma_u v_i$，其中 v_i 的均值为 0、方差为 1。使用这一工具，积分可以被替换为可以计算的和。我们的“模拟平方和”（simulated sum of squares）变为

$$S_{\text{simulated}}(\boldsymbol{\beta})=\sum_i\sum_t\left[y_{it}-(1/R)\sum_r h(\mathbf{x}_{it}'\boldsymbol{\beta}+\sigma_u v_{ir})\right]^2\tag{15-2}$$

上式可以用传统方法最小化。只要式（15-1）成立，那么有

$$\frac{1}{nT}\sum_i\sum_t\left[y_{it}-(1/R)\sum_r h(\mathbf{x}_{it}'\boldsymbol{\beta}+\sigma_u v_{ir})\right]^2\xrightarrow{p}\frac{1}{nT}\sum_i\sum_t\left[y_{it}-\int_v h(\mathbf{x}_{it}'\boldsymbol{\beta}+\sigma_u v_i)f(v_i)dv_i\right]^2\tag{15-3}$$

当 R 足够快地增大时，最小化左边项的 $\boldsymbol{\beta}$ 将（以 nT）收敛于最小化右边项概率极限的同一个参数向

量。因而我们能够用电脑模拟代替较为棘手的右边项表达式的计算。

我们在本章中将概述模拟法在计量经济学中的常见应用。15.2 节介绍在所有计算中都处于核心地位的基础工具，即随机数的生成。15.3 节介绍模拟推断，其中使用克里斯基和罗布的方法作为 δ 法的代替（见 4.4.4 小节）。15.4 节介绍用于推断估计量的分布性质的自助法。15.5 节采用蒙特卡洛研究方法来探究检验统计量的行为特征以及固定效应估计量在一些非线性模型中的行为特征。15.6～15.9 节介绍模拟估计的方法。所有结果中最基本的部分是积分的计算。15.6.1 小节介绍了一个模拟估计量的应用，即非线性随机效应模型。15.6.2 小节讨论了积分的方法。随后将这些方法应用于随机效应模型的估计。15.7 节至 15.9 节介绍了几种方法和应用，包括对于随机参数和分层模型的极大模拟似然估计。在目前的文献中，模拟估计第三个主要的（也可能是最主要的）应用是使用马尔可夫链蒙特卡洛方法（Markov Chain Monte Carlo，MCMC 或者 MC^2）的贝叶斯分析。贝叶斯法将在第 16 章单独介绍。15.10 节和 15.11 节考虑了对参数的异质性进行建模的两个主要方面，分别是个体的具体参数的估计，以及对以连续分布进行建模与以使用潜在类别模型的离散分布进行参数化程度更低的建模的比较。

15.2 随机数生成

我们这里考虑的所有方法都依赖于来自一个潜在的总体的观测样本。我们有时称之为随机样本，尽管我们很快就会知道它们并不是真正随机的。整个学术研究最重要的方面之一是要求能够重复某人的计算。如果用于任何一种模拟分析的抽样样本是真正随机的，这一点将无法做到。尽管这里我们考虑的样本看起来是随机的，但它们实际上是确定的——这些样本可以被复制。因此，本节介绍的抽样方法更经常地被称为伪随机数生成器。（这的确引出了一个有趣的问题：用计算机从总体中产生真正随机的抽样是可能的吗？对于现实目标，答案是否定的。）本节首先将介绍随机数生成器的几个技术方面的内容。随后将详述产生几种特殊的随机样本的方法。[①]

□ 15.2.1 生成伪随机数

数据是使用计算机**伪随机数生成器**（pseudo-random number generators）生成的。这些计算机程序生成的数值序列看起来就像是从一个特定的概率分布中抽样而来的。随机数生成器有很多种，但绝大多数都是利用实数在以电子化形式表达时的内在不精确性。生成方法通常包括以下几个步骤：

1. 设置一颗**种子**（seed）。
2. 通过种子$_j$ = 种子$_{j-1}$ × s 值来更新种子。
3. x_j = 种子$_j$ × x 值。
4. 需要的话，对 x_j 加以变换，然后将 x_j 移到存储器中的理想位置。
5. 回到第 2 步，或者在不需要其他值时退出。

随机数生成器生成类似从特定分布中随机抽样的一串数值序列。实际上，上述方法得到的

① 参见 Train（2009，Chapter 3）更深入的扩展讨论。

数值序列根本就不是真正随机的；它是一个确定的**马尔可夫（数值）链**（Markov chain）。这个32字节随机数值集只有在进行某种检验时看上去才是随机的。[①] 由于这个序列实际上是确定的，所以数据生成器在任何一点生成一个曾经生成的数值，此后都必须复制整个序列。由于现代数字计算机一般都使用32位双精度变量来表示数字，所以这种数据生成器所能生成的最长数值串是 $2^{32}-1$（约43亿）。这个长度就是随机数生成器的**周期**（period，周期更短的生成器是非有效的，因为通过相当简单的算法就能实现这个周期）。通过**洗牌法**（shuffling）便能实现生成器周期性的某些改进。根据这个方法，比方说将128个数值排成一列，用随机抽样的方法选择这128个位置之一，然后用数据生成器中抽样的数值取代这个位置上的数值。通过几个数字生成器的结合也能延长生成器的周期。[②] 目前最流行的随机数生成器是**默森·特威斯特（Mersenne Twister）算法**[③]，周期可达约 $2^{20\,000}$。

伪随机数生成器的确定性质既是一个缺点又是一个优点。由于许多蒙特卡洛研究都要求上亿次抽样，所以任何一个生成器的有限周期都代表慎重的考虑。另外，只需要将种子重新设定为原来的初始值就能复制数值序列，这使得研究者能够重复一项研究。[④] 种子本身可能也存在问题。我们已经知道在特定生成器中，某些种子将导致更短或者不能通过随机性检验的序列。比如，前面讨论的共轭生成器就应该从奇数种子开始。

□ 15.2.2 从一个标准均匀分布总体中抽样

15.2.1小节中提到的生成器输出的是一个来自 $U[0, 1]$ 总体的伪抽样。[原则上，这一抽样应来自闭区间 [0，1]。但是，生成器实际产生的抽样将会以略小于1的概率严格介于0和1之间。在提到的应用中，抽样构建自一个双精度变量的32字节序列。$2^{31}-1$ 个字节串中除了2个字节串之外，其余都会产生位于（0，1）内的数值。实际的结果与理论一致，即达到端点的概率也是0。] 当从一个标准均匀分布总体 $U[0, 1]$ 中抽样时，序列是一种差分方程，因为给定初始种子，x_j 最终是 x_{j-1} 的函数。在多数情形中，第三步的结果是从范围为0～1的连续均匀分布中进行的一次伪抽样，利用基本的概率变换，就可以把它变换成从另一个分布中的抽样。

□ 15.2.3 从连续分布中抽样

人们通常希望得到一个来自某个特定分布的抽样序列，$x_1, \cdots, x_R$，如均值为 μ、方差为 σ^2 的正态分布。由随机数生成器生成一个来自 $U[0, 1]$ 的抽样序列，$u_1, \cdots, u_R$，是一个中间步骤。它们将会被变换为来自所需要的总体的抽样。常用的方法就是使用**基本的概率变换**（fundamental probability transform）。对于连续分布，通过将抽样 $u_r = F_r$ 的 F_r 视为 $F(x_r)$ 即可，其中 $F(.)$ 是 x 的cdf。比如，我们若想从一个参数为 θ 的指数分布中抽样，则 $F(x)=1-\exp(-\theta x)$。逆变换是 $x=(-1/\theta)\ln(1-F)$。例如在 $\theta=5$ 时抽样为 $u=0.4$，相应的 x 值便是 $(-1/5)\ln(1-0.4)=0.102\,2$。对于cdf为 $F(x)=\Lambda(x)=\exp(x)/[1+\exp(x)]$ 的logistic总体，逆变换是 $x=\ln[F/(1-F)]$。有很多参考文献如Evans，Hastings，and Peacock（2010）

---

① 参见Press et al.（1986）。

② 参见L'Ecuyer（1998），Gentle（2002，2003）和Greene（2007b）。

③ 参见Matsumoto and Nishimura（1998）。

④ 实证文献的读者往往对复制计算结果感兴趣。在蒙特卡洛研究中，至少在原则上，仅需随机数生成器和种子就能有效地复制数据。

以及 Gentle (2003)，给出了可以被用来构造随机数生成器的逆变换的列表。

最常见的应用之一是从标准正态分布中的抽样，但由于 $\Phi^{-1}(F)$ 没有解析式，所以要复杂一些。有几种继续进行的办法，其中之一就是近似反函数。Abramovitz and Stegun (1971) 给出了如下众所周知的近似：

$$\Phi^{-1}(F)=x\approx T-\frac{c_0+c_1T+c_2T^2}{1+d_1T+d_2T^2+d_3T^3}$$

式中，$T=[\ln(1/H^2)]^{1/2}$，且若 $F>0.5$ 则 $H=F$；否则 $H=1-F$。于是，若 $F<0.5$，则符号会被颠倒。第二种方法是直接将 $U[0,1]$ 变换成标准正态值。Box-Muller (1958) 法是 $z=(-2\ln u_1)^{1/2}\cos(2\pi u_2)$，其中 u_1 和 u_2 是从 $U[0,1]$ 中得到的两次独立抽样。同样根据这两个值，将变换中的余弦换成正弦，还可以得到第二个 $N[0,1]$ 抽样。Marsagila-Bray (1964) 生成器也经常被使用：$z_i=x_i[-(2/v)\ln v]^{1/2}$，其中，$x_i=2u_i-1$，$u_i$ 是从 $U[0,1]$ 中得到的随机抽样，且有 $v=u_1^2+u_2^2$，$i=1,2$。若 $v\geqslant 1$，则必须拒绝这两个抽样并重新抽样。

利用 B.4 节中的结论，从标准正态分布中抽样的序列很容易变换成从其他分布中抽样的序列。比如，标准正态的平方式是 $\chi^2[1]$，而 K 个 $\chi^2[1]$ 是 $\chi^2[K]$。根据这一关系，能够得到从 $\chi^2[K]$、$t[n]$ 和 $F[K,n]$ 中抽样的样本。

一个相关的问题是，如何计算截尾正态分布的抽样？截尾正态分布的随机变量可以由一个正态分布随机变量去掉值 U 以上和值 L 以下的部分获得。所得到的随机变量的密度函数是一个被限制在 $[L,U]$ 范围内的正态分布。截尾正态分布的密度函数是

$$f(x\mid L\leqslant x\leqslant U)=\frac{f(x)}{\text{Prob}[L\leqslant x\leqslant U]}=\frac{(1/\sigma)\phi[(x-\mu)/\sigma]}{\Phi[(U-\mu)/\sigma]-\Phi[(L-\mu)/\sigma]}$$

式中，$\phi(t)=(2\pi)^{-1/2}\exp(-t^2/2)$，且 $\Phi(t)$ 是 cdf。从截尾正态 $[\mu,\sigma^2]$ 的区间 $[L,U]$ 中抽取数值，一个明显非有效（尽管可行）的方法是，从 $U[0,1]$ 分布中抽取 F，然后先按照前面讨论的方法把它变换成一个标准正态变量，再通过 $x=\mu+\sigma\Phi^{-1}(F)$ 将其变换成 $N[\mu,\sigma^2]$ 变量。最后，若 x 值落入区间 $[L,U]$，则保留，否则，便弃之不用。使用这个方法计算出每个观测值平均需要 $1/\{\Phi[(U-\mu)/\sigma]-\Phi[(L-\mu)/\sigma]\}$ 次抽样，这个数不可小觑。一个只需要一次抽样的直接变换如下：令 $P_j=\Phi[(j-\mu)/\sigma]$，$j=L,U$。于是有

$$x=\mu+\sigma\Phi^{-1}[P_L+F\times(P_U-P_L)] \tag{15-4}$$

□ 15.2.4 从一个多元正态分布中抽样

许多应用，包括 15.3 节中的克里斯基和罗布的方法，涉及从均值设定为 $\boldsymbol{\mu}$ 和协方差矩阵为 $\boldsymbol{\Sigma}$ 的多元正态分布中进行抽样。为了从这个 K 变量分布中抽样，我们从 K 变量标准正态分布中的一次抽样 $\mathbf{z}$ 开始。这需要使用前面小节中的方法先计算 K 个独立的标准正态分布抽样，$z_1,\cdots,z_K$，再把它们叠放为向量 $\mathbf{z}$。令 $\mathbf{C}$ 为 $\boldsymbol{\Sigma}$ 的平方根，满足 $\mathbf{CC}'=\boldsymbol{\Sigma}$。于是，所想要的抽样便是 $\mathbf{x}=\boldsymbol{\mu}+\mathbf{Cz}$，其协方差矩阵为 $E[(\mathbf{x}-\boldsymbol{\mu}),(\mathbf{x}-\boldsymbol{\mu})']=\mathbf{C}E[\mathbf{zz}']\mathbf{C}'=\mathbf{CIC}'=\boldsymbol{\Sigma}$。对于平方根矩阵，通常的选择是使用 $\mathbf{C}$ 为下三角阵的**乔利斯基分解**（Cholesky decomposition）（参见 A.6.11 小节）。比如，假设我们想从具有均值向量 $\boldsymbol{\mu}$、单位方差、相关系数 ρ 的二元正态分布中抽样。那么，

$$\mathbf{\Sigma}=\begin{bmatrix}1 & \rho \\ \rho & 1\end{bmatrix} \quad 且 \quad \mathbf{C}=\begin{bmatrix}1 & 0 \\ \rho & \sqrt{1-\rho^2}\end{bmatrix}$$

两个抽样 z_1 和 z_2 的变换是 $x_1=\mu_1+z_1$ 和 $x_2=\mu_2+[\rho z_1+(1-\rho^2)^{1/2}z_2]$。接下来的 15.3 节和例 15.4 展示了一个更贴切的应用。

□ 15.2.5 从离散总体中抽样

总体来说，不存在可用于离散分布如泊松分布的逆变换。对于某些分布，一个无效率、尽管通常难以避免的方法是，抽样 F，然后按照顺序搜索使得 cdf 等于或大于 F 的最小值。比如，一个针对泊松分布的生成器构造如下。pdf 是 $\text{Prob}[x=j]=p_j=\exp(-\mu)\mu^j/j!$，其中 μ 是随机变量的均值。

生成器将使用递归式 $p_j=p_{j-1}\times\mu/j$，$j=1$，…，始于 $p_0=\exp(-\mu)$。一个只需要一次随机抽样的算法如下：

> 初始化 $c=\exp(-\mu)$，$p=c$，$x=0$；
> 从 $U[0,1]$ 中抽样 F；
> 得到 x；* 如果 $c>F$，则带着得到的 x 退出算法；
> 重复：令 $x=x+1$，$p=p\times\mu/x$，$c=c+p$；
> 返回 *

这一方法明显是基于分布的 pdf 和 cdf。Knuth（1997）和 Press et al.（2007）还推荐了其他方法。

幸运的是，从离散分布中随机抽样最常见的应用也是最简单的。自助法以及数不清的其他应用均涉及从**离散均匀分布**（discrete uniform distribution）$\text{Prob}(x=j)=1/n$，$j=1,\cdots,n$ 中抽样得到的随机样本。在自助法中，我们将从整数 1，…，n 的序列中抽取观测的随机样本，其中每个值的概率必须相同。原则上，这一随机抽样可以通过把单位区间分割为 n 个长度相等的部分，$[0,a_1)$，$[a_1,a_2)$，…，$[a_{n-2},a_{n-1})$，$[a_{n-1},1]$；$a_j=j/n$，$j=1,\cdots,n-1$ 来得到。随后，若随机抽样 F 落在第 j 个区间，则由 F 得到 $x=j$。这需要进行一次搜索，将会耗费时间。然而，一个简单而快得多的方法是令 $x=(n\times F+1.0)$ 的整数部分。（我们再一次利用了这一实际结果——F 等于 1.0 或者 $x=n+1$ 的概率是可以忽略的。）

15.3 基于模拟的统计推断：克里斯基和罗布的方法

本书大多数的理论发展都与估计量的统计特性有关——抽样分布的性质，如均值（概率极限）、方差（渐近方差）、分位数（如置信区间的边界）。在无法明确得到这些特性的情况下，常常可以使用随机抽样方法从产生估计量的总体中抽样，并从该随机样本的特性中推断统计量的特性。在例 4.4 中，我们计算了一组最小二乘回归系数，b_1，…，b_K，然后使用 δ 法检验非线性函数 $c_k=b_k/(1-b_m)$ 的表现。但在一些情况中，如这样的非线性函数的渐近性质很难从参数的理论分布中直接得到。这里介绍的抽样方法可以被用于这一目的。第二种常见应用是了解检验统计量的表现。比如，在 5.3.3 小节和 14.6.3 小节［见式（14－53）］，我们定义了一个拉格朗日乘数统计量来检验在线性回归模型中特定参数为 0 的假设。在扰动项正态分布的假设下，该统计量为渐近卡方分布，这意味着分析者清楚，当他使用该统计量时应采取哪一临界值。当扰动项不是正态分布时，统计量是否还是这一分布是未知的。蒙特卡洛方法可以帮助我们判断卡方结果提供的指导是否在更一般的情况下有用。最后一点，在 14.7 节中，我们定义了一个两步极大似然估计量。计算这样一个估计量的渐近方差将很有挑战性。蒙特卡洛方法，尤其是自助法，可以有效地替代估计量的合适渐近分布的繁难推导。这一节和下面两节将详述这三种程序，并以应用来说明其使用方法。

克里斯基和罗布的方法被建议作为一种估计 $\mathbf{c}=\mathbf{f}(\mathbf{b})$ 的渐近协方差矩阵的方法，其中 $\mathbf{b}$ 是一个渐近协方差矩阵为 $\boldsymbol{\Sigma}$ 的估计参数向量，$\mathbf{f}(\mathbf{b})$ 定义了 $\mathbf{b}$ 的一组可能的非线性函数。我们假设 $\mathbf{f}(\mathbf{b})$ 是一组连续可微的不涉及样本量的函数，且导数在 $\boldsymbol{\beta}=\text{plim } \mathbf{b}$ 处不等于零。（这些是 D. 2. 3 小节中斯拉茨基定理下的条件。）在 4. 6 节中，我们使用 δ 法估计 $\mathbf{c}$ 的渐近协方差矩阵；Est. Asy. Var$[\mathbf{c}]=\mathbf{GSG}'$，其中 $\mathbf{S}$ 是 $\boldsymbol{\Sigma}$ 的估计，$\mathbf{G}$ 是偏导矩阵，$\mathbf{G}=\partial\mathbf{f}(\mathbf{b})/\partial\mathbf{b}'$。最近的文献不时对 δ 法的准确性表示怀疑。克里斯基和罗布的方法（Krinsky and Robb，1986，1990，1991）常被作为一种替代。一项研究基于超越对数模型探究估计弹性的表现，其作者（1986）提倡一种基于蒙特卡洛方法和大数定律的替代方法。我们已经一致地估计了 $\boldsymbol{\beta}$ 和 $(\sigma^2/n)\mathbf{Q}^{-1}$，估计量 $\mathbf{b}$ 的渐近正态分布的均值和方差，以及 $\mathbf{b}$ 和 $s^2(\mathbf{X}'\mathbf{X})^{-1}$。随后我们可以通过从产生 $\mathbf{b}$ 的渐近正态分布总体抽取一个观测的随机样本来估计 $\mathbf{b}$ 的函数的分布的均值和方差，并使用函数的样本的经验均值和方差来估计函数的分布的参数。抽样样本的分位数，比如 0.025 和 0.975 分位数，可以被用于估计函数的置信区间的边界值。多元正态分布样本使用 15.2.4 小节介绍的方法抽取。

Krinsky and Robb（1986）报告了 δ 法和模拟估计量所产生的标准误的巨大不同。在随后的论文中（1990），他们发现这一不同全部归咎于他们使用的一种软件的程序内部错误——在重复了他们的计算之后，这两种方法的估计本质是一样的。基于得到的结果，很难得出关于 δ 法有效性的结论——目前看起来，相比于需要多很多计算的克里斯基和罗布的方法（1986），δ 法仍是一个有效的工具，且可以用一个小计算器实现。不幸的是，任何比较的结果都依赖于数据、模型和待计算的函数。在函数复杂度意义上的非线性程度似乎并不是答案。克里斯基和罗布的案例是受一个超越对数模型中弹性的极端复杂性所启发。在另一项研究中，Hole（2006）研究了一个相似的复杂问题并发现 δ 法看起来仍更准确。

∵例 15.4　长期弹性

例 4.7 中估计了一个动态版本的汽油需求的模型。模型为

$$\begin{aligned}\ln(G/Pop)_t=&\beta_1+\beta_2\ln P_{G,t}+\beta_3\ln(Income/Pop)_t+\beta_4\ln P_{nc,t}\\&+\beta_5\ln P_{uc,t}+\gamma\ln(G/Pop)_{t-1}+\varepsilon_t\end{aligned}$$

在该模型中，短期价格弹性和收入弹性分别为 β_2 和 β_3。长期弹性分别为 $\phi_2=\beta_2/(1-\gamma)$ 和 $\phi_3=\beta_3/(1-\gamma)$。为了估计长期弹性，我们用最小二乘估计系数，然后计算估计结果的两个非线性函数。模型全部系数的估计和估计的渐近协方差矩阵在例 4.7 中给出。δ 法用来估计 ϕ_2 和 ϕ_3 的渐近标准误。三个特定参数的估计和估计的协方差矩阵的 3×3 子阵为

$$\text{Est.}\begin{bmatrix}\beta_2\\\beta_3\\\gamma\end{bmatrix}=\begin{bmatrix}b_2\\b_3\\c\end{bmatrix}=\begin{bmatrix}-0.069\,532\\0.164\,047\\0.830\,971\end{bmatrix}$$

$$\text{Est. Asy. Var}\begin{bmatrix} b_2 \\ b_3 \\ c \end{bmatrix} = \begin{bmatrix} 0.000\,217\,05 & 1.612\,65\times10^{-5} & -0.000\,110\,9 \\ 1.612\,65\times10^{-5} & 0.003\,027\,9 & -0.002\,188\,1 \\ -0.000\,110\,9 & -0.002\,188\,1 & 0.002\,094\,3 \end{bmatrix}$$

克里斯基和罗布建议的方法则使用一个随机数生成器，从均值向量和协方差矩阵如上所示的正态分布中抽取一个三元的大样本，$(b_2, b_3, c)_r$，$r=1$，…，R。然后计算关于 f_2、f_3 的观测的样本，从样本中得到经验均值、经验方差、0.025 和 0.975 分位数。抽取该样本的方法在 15.2.4 小节中介绍。我们需要得到协方差矩阵的平方根。乔利斯基矩阵为

$$\mathbf{C}=\begin{bmatrix} 0.014\,732\,6 & 0 & 0 \\ 0.001\,094\,61 & 0.055\,015\,5 & 0 \\ -0.007\,527\,5 & -0.039\,622\,7 & 0.021\,625\,9 \end{bmatrix}$$

该样本是由从标准正态分布总体中得到三个随机抽样的向量而来，$\mathbf{v}_r=(v_1, v_2, v_3)'_r$，$r=1$，…，$R$。估计所需要的抽样接着通过计算 $\mathbf{b}_r=\mathbf{b}+\mathbf{C}\mathbf{v}_r$ 得到，其中 $\mathbf{b}$ 是该组最小二乘估计。随后我们计算估计的长期弹性的样本，$f_{2r}=b_{2r}/(1-c_r)$ 和 $f_{3r}=b_{3r}/(1-c_r)$。样本观测的均值和标准差组成了其函数和渐近标准误的估计。

表 15.1 展示了基于从潜在分布中 1 000 次抽样的计算的结果。例 4.4 所使用的 δ 法的估计也被列出。两组估计在相当程度上一致。对于基于估计的 ϕ_2 的 95%置信区间，t 分布的自由度为 51−6=45，δ 法为 $-0.411\,358\pm2.014\times0.152\,296$。$\phi_3$ 的结果为 $0.970\,522\pm2.014\times0.162\,386$。用克里斯基和罗布的方法同样计算上述内容，结果见表 15.2。

表中也展示了用第 26 和第 975 个样本值计算的分位数的经验估计。估计在相当程度上一致，尽管

表 15.1　模拟结果

	回归估计		模拟值	
	估计值	标准误	均值	标准差
β_2	−0.069 532	0.014 732 7	−0.068 791	0.013 848 5
β_3	0.164 047	0.055 026 5	0.162 634	0.055 885 6
γ	0.830 971	0.045 763 5	0.831 083	0.046 051 4
ϕ_2	−0.411 358	0.152 296	−0.453 815	0.219 110
ϕ_3	0.970 522	0.162 386	0.950 042	0.199 458

表 15.2　估计置信区间

	ϕ_2		ϕ_3	
	下界	上界	下界	上界
δ 法	−0.718 098	−0.104 618	0.643 460	1.297 585
克里斯基和罗布	−0.895 125	−0.012 505	0.548 313	1.351 772
样本分位数	−0.983 866	−0.209 776	0.539 668	1.321 617

很明显样本相当大，即使样本量已大至 1 000。

最后在此指出，总体来说，比如当跨软件平台时，结果是不可能被重复的，因为它们使用了不同的随机数生成器。在一个给定的平台内，可通过为随机数生成器设定种子来获得可重复性。

15.4 自助标准误与置信区间

自助法（bootstrapping）技术被用于描述经验估计量的抽样性质，其使用的是样本数据本身，而非理论上的广泛结论。[①] 假定 $\hat{\boldsymbol{\theta}}_n$ 是基于样本 $\mathbf{Z}=[(y_1,\mathbf{x}_1),\cdots,(y_n,\mathbf{x}_n)]$参数向量 $\boldsymbol{\theta}$ 的估计量。$\hat{\boldsymbol{\theta}}_n$ 统计性质的一个近似值可以通过研究自助估计量 $\hat{\boldsymbol{\theta}}(b)_m$ 的一个样本来获得，其中，$b=1$，…，B 通过从 $\mathbf{Z}$ 中放回式地抽取 m 个观测值，对每一个样本重新计算 $\hat{\boldsymbol{\theta}}$ 来获得。在总共进行 B 次抽样后，理想的样本特征就可以从下式中计算：

$$\hat{\boldsymbol{\Theta}}=[\hat{\boldsymbol{\theta}}(1)_m,\hat{\boldsymbol{\theta}}(2)_m,\cdots,\hat{\boldsymbol{\theta}}(\boldsymbol{B})_m]$$

当 n 很大时，对于一致估计量，自助法最常见的应用是近似估计量 $\hat{\boldsymbol{\theta}}_n$ 的渐近协方差矩阵，即

$$\text{Est. Asy. Var}[\hat{\boldsymbol{\theta}}_n]=\frac{1}{B-1}\sum_{b=1}^{B}[\hat{\boldsymbol{\theta}}(b)_m-\bar{\hat{\boldsymbol{\theta}}}_B][\hat{\boldsymbol{\theta}}(b)_m-\bar{\hat{\boldsymbol{\theta}}}_B]' \tag{15-5}$$

式中，$\bar{\hat{\boldsymbol{\theta}}}_B$ 是 B 个自助得到的 $\boldsymbol{\theta}$ 的估计值的平均值。关于重复的次数 B 几乎没有理论解决办法。Andrews and Buchisky（2000）以及 Cameron and Trivedi（2005，pp. 361－362）就特定应用提出了一些建议；Davidson and MacKinnon（2006）建议最少为 399。准则为几百次；接下来的应用中我们使用了 1 000 次。[②] 接下来的例子以及第 4 章都展示了这种技术在线性回归模型最小绝对离差法中的一个应用。

□ 15.4.1 自助的种类

前面所述即是我们所熟悉的**配对自助法**（paired bootstrap）。配对指的是 y_i 和 $\mathbf{x}_i$ 的联合抽样。在回归中一个可作为替代的方法是抽取关于 $\mathbf{x}_i$ 的观测一次，然后对于每个抽样得到的 $\mathbf{x}_i$，通过随机产生扰动项来产生对应的 y_i，随后 $\hat{y}_i(b)=\mathbf{x}_i(b)'\hat{\boldsymbol{\theta}}_n+\hat{\varepsilon}_i(b)$。为了模拟扰动项，我们需要知道（或假设）产生 ε_i 的数据生成过程，此时这被称为**参数自助法**（parametric bootstrap）。在其他情况下，如第 17 章的离散选择模型，需要自助模型中外生数据的样本，随后使用这一方法和合适的潜在数据生成过程产生因变量。这一方法被使用于 15.2.2 小节，以及 Greene（2004b）研究几个受限因变量模型的附带参数问题。参数自助法的一个明显缺点是假定数据生成过程已知，则无法知道 ε 的未知数据生成过程的影响。比如，若自助法被用于捕捉模型中未知的异方差性，那么假设同方差的参数自助法将达不到目的。更自然的应用是**非参数自助法**（nonparametric bootstrap），其中关于 $\mathbf{x}_i$ 和 y_i，而且明显还有 ε_i，同时进行抽样。

---

① 参见 Efron（1979），Efron and Tibshirani（1994），Davidson and Hinkley（1997），Brownstone and Kazimi（1998），Horowitz（2001），MacKinnon（2002），以及 Davidson and MacKinnon（2006）。

② 应用参见如 Veall（1987，1992），Vinod（1993）以及 Vinod and Raj（1994）。在计量经济学中更多的关于使用和方法的调查见 Cameron and Trivedi（2005），Horowitz（2001）以及 Davidson and MacKinnon（2006）。

❖例 15.5 自助中位数的方差

几乎没有这样的案例，其中样本中位数方差的确切表达式是已知的。例 15.7 检验了从自由度为 10 的 t 分布中抽取 500 个观测值所组成样本的中位数。这就是其中一个中位数的渐近方差没有确切公式的例子。然而，我们可以使用自助法给出中位数的方差的经验估计。在一次试验中，我们拥有 500 个观测值组成的样本，并且由此计算出的中位数为−0.007 86。从这个样本中，我们有放回地抽取 100 个由 500 个观测值所组成的样本，并对每一个样本都重新计算中位数。围绕估计值−0.007 86 的均方差的经验平方根为 0.056。作为对比，考虑对均值采取同样的计算。样本的均值为−0.072 47，标准差为 1.084 69。于是样本均值的标准误为 0.046 57（用自助法估计的均值标准误为 0.052)。这与我们的预期是一致的，即样本均值一般是大样本分布中均值更有效的估计量。还有一种方法我们可以应用到同样的情形中。考虑回归模型 $y_i=\alpha+\varepsilon_i$，式中 ε_i 服从有限方差的对称分布。模型系数的最小绝对离差估计量是分布中位数（等于均值）的一个估计量。于是，这里出现了另一个估计量。再次说明，自助估计量必须被用来估计估计量的渐近方差。使用同样的数据，我们用 LAD 估计量来拟合该回归方程。系数估计值为−0.053 97，自助法估计的标准误为 0.058 72。估计的标准误与前面估计的一致。所估计系数的不同源于不同的计算——回归估计是线性规划问题的解，而之前估计的是真实样本均值。

□ 15.4.2 运用自助估计量减少偏差

有学者认为，使用自助法估计程序是减少偏差的一个方法。原则上，我们计算 $\hat{\boldsymbol{\theta}}_n-\text{bias}(\hat{\boldsymbol{\theta}}_n)=\hat{\boldsymbol{\theta}}_n-\{E[\hat{\boldsymbol{\theta}}_n]-\boldsymbol{\theta}\}$。因为 $\boldsymbol{\theta}$ 和 $\hat{\boldsymbol{\theta}}_n$ 的精确期望都无从得知，我们用自助的各次复制的均值估计前者，用估计量本身估计后者。修正后的估计量为

$$\begin{aligned}\hat{\boldsymbol{\theta}}_{n,B}&=\hat{\boldsymbol{\theta}}_n-\left[\frac{1}{B}\sum_{b=1}^{B}\hat{\boldsymbol{\theta}}(b)_m-\hat{\boldsymbol{\theta}}_n\right]\\&=2\hat{\boldsymbol{\theta}}_n-\bar{\hat{\boldsymbol{\theta}}}_B\end{aligned}\tag{15-6}$$

[Efron and Tibshirani（1994，p. 138）提供了论证，以判断校准时什么样的正负符号可能是错误的。] Davidson and MacKinnon（2006）认为，与非校正估计量相比，校正估计量的更小偏差会被一个逐渐增大的方差所抵消。① 作者提出了一些注意事项来帮助人们更谨慎地使用这一方法。首先，（这一点可能是很明显的）将这种方法扩展到非独立观测的样本时会出现一些障碍。此外，该技术对于时间序列数据没什么用——自助样本都不是一个时间序列，因此随之而来的估计量的性质并不能满足这种技术所需的恰当的基本假设。

□ 15.4.3 自助置信区间

自助法的第二种常见应用是计算参数的置信区间。当潜在的数据生成过程未知时，这种计算较为有效，此时自助法被用于得到被估计参数的较为合适的标准误。自助参数的置信区间的一种自然的做法是，使用式（15－5）计算被估计的协方差矩阵，然后用通常的方式得到置信区

① 同样参见 Cameron and Trivedi（2005）。

间。就估计量的误差这一方面，一种改进方法是**分位数法**（percentile method）。[①] 在自助法的每一次复制过程中，我们计算

$$t_k^*(b)=\frac{\hat{\theta}_k(b)-\hat{\theta}_{n,k}}{s.e.(\hat{\theta}_{n,k})} \tag{15-7}$$

式中，“k”指模型中第 k 个参数，而 $\hat{\theta}_{n,k}$，$s.e.(\hat{\theta}_{n,k})$ 和 $\hat{\theta}_k(b)$ 分别是从全体样本中得到的原始的估计量、估计标准误和从该自助重复中得到的估计标准误。随后，在我们手头有所有的 B 次重复的情况下，自助置信区间为

$$\hat{\theta}_{n,k}+t^*_{k[\alpha/2]}s.e.(\hat{\theta}_{n,k})\sim \hat{\theta}_{n,k}+t^*_{k[1-\alpha/2]}s.e.(\hat{\theta}_{n,k}) \tag{15-8}$$

（注意到 $t^*_{k[\alpha/2]}$ 是负的，这解释了左侧项符号为何为正。）比如，在下一个应用中，接着我们将使用全部样本计算估计量和渐近协方差矩阵。我们计算了 1 000 次自助重复，并对 1 000 次中的每一次以式（15-7）计算了教育系数的 t 值。在得到所有自助样本后，我们对式（15-7）得到的结果由小到大排序，其中第 25 和第 975 个提供了 t^* 的值。

□ 15.4.4 自助面板数据：分块自助法

例 15.6 解释了如何使用自助法计算系数的置信区间。这一应用使用了曾被例 11.4 和几个其后的应用所使用的康韦尔和鲁珀特面板数据集。在数据集中有 595 组 7 个观测。对面板数据应用自助法要求计算中有一个额外的元素。自助重复基于对下标 i 抽样而不是 t。因此自助样本由 n 个板块的 T 个（或 T_i 个）观测组成——第 i 组作为一个整体被抽样。这样就产生了一个**分块自助法**（block bootstrap）样本。

❖例 15.6　　分块自助面板中的标准误与置信区间

例 11.4 使用康韦尔和鲁珀特的面板数据集，给出了劳动供给方程的最小二乘估计和稳健标准误。在数据集中有 595 个个体和 7 期。如表 11.6 中的结果所示，对最小二乘估计量的稳健协方差矩阵使用聚类修正，会使被估计的标准误产生巨大的变化。表 15.3 复制了最小二乘系数和与传统的 $s^2(\mathbf{X}'\mathbf{X})^{-1}$ 相关的标准误，并且在列（3）中使用聚类修正复制了稳健标准误。列（4）展示了使用 1 000 次重复的分块自助法标准误。从列（3）和列（4）中可以看出自助法检测和模仿聚类效应的能力十分明显。同时，也应注意到列（5）中简单自助法的估计结果和列（2）中传统的、未修正的标准误的相似性。

我们也使用传统的对称方法 $b_{Ed}\pm 1.96s(b_{Ed})$，以及式（15-7）和式（15-8）中的分位数法计算 Ed 的系数的一个置信区间。对于传统的估计量，我们使用 $0.056\,70\pm 1.96\times 0.005\,56=[0.045\,80,\ 0.067\,60]$。对于自助法置信区间，我们先基于式（15-7）进行计算并对 1 000 个 t 统计量排序。第 25 个和第 975 个值分别为 -2.148 和 1.966。置信区间为 $[0.044\,76,\ 0.068\,02]$。

图 15.1 展示了使用式（15-7）及（近似）标准正态密度计算的 t 统计量的分布的一个核密度估计量。

---

① 见 Cameron and Trivedi（2005，p. 364）。

表 15.3　运用自助法估计工资方程的标准误

变量	(1) 最小二乘估计	(2) 最小二乘标准误	(3) 聚类稳健标准误	(4) 分块自助标准误	(5) 简单自助标准误
常数	5.251 12	0.071 29	0.123 55	0.124 21	0.077 61
Wks	0.004 22	0.001 08	0.001 54	0.001 59	0.001 15
South	−0.055 64	0.012 53	0.026 16	0.025 57	0.012 84
SMSA	0.151 67	0.012 07	0.024 10	0.023 83	0.012 00
MS	0.048 45	0.020 57	0.040 94	0.042 08	0.020 10
Exp	0.040 10	0.002 16	0.004 08	0.004 18	0.002 13
Exp^2	−0.000 67	0.000 05	0.000 09	0.000 09	0.000 05
Occ	−0.140 01	0.014 66	0.027 24	0.027 33	0.015 39
Ind	0.046 79	0.011 79	0.023 66	0.023 50	0.011 83
Union	0.092 63	0.012 80	0.023 67	0.023 90	0.012 03
Ed	0.056 70	0.002 61	0.005 56	0.005 76	0.002 73
Fem	−0.367 79	0.025 10	0.045 57	0.045 62	0.023 90
Blk	−0.166 94	0.022 04	0.044 33	0.046 63	0.021 03

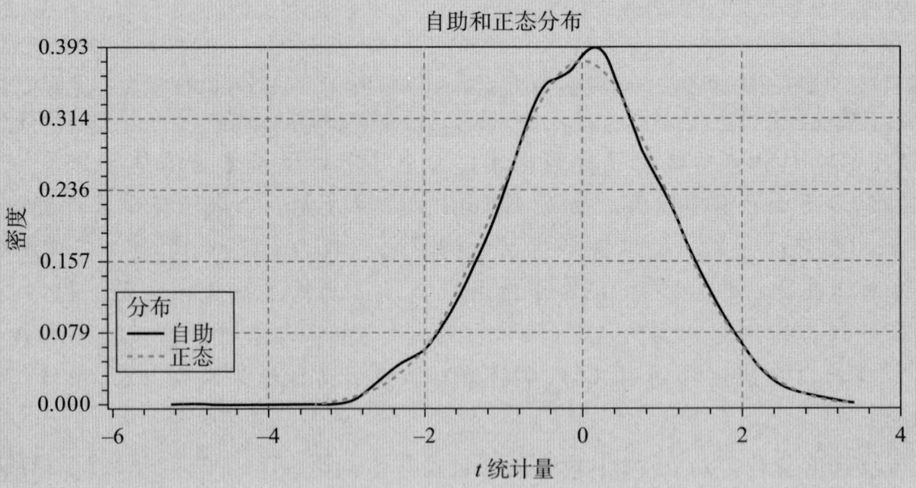

图 15.1　检验统计量的分布

15.5　蒙特卡洛研究

我们用上一节的方法生成的模拟数据在计量经济学中的运用很广泛。较常见的应用之一是分析或比较估计量的性质。比如，在时间序列背景中，刻画估计量抽样分布的绝大多数已知结论都是渐近的大样本结论。但典型的时间序列数据所涉及的时期都不是很长，而那些依赖于观测个数 T 趋于无限的描述可能就不是很准确。但精确的有限样本性质通常都很棘手，这就让分析者只能选择通过实验来了解估计量的表现。

在典型的应用中，要么是在保持抽样条件不变的情况下比较两个或两个以上的估计量，要么就是研究改变样本容量或潜在参数值等抽样条件对估计量性质的影响。

∴例 15.7　对均值与中位数的蒙特卡洛研究

在例 D.8 中，在从正态分布中随机抽样时，我们比较了样本均值与样本中位数的渐近分布。基本结论是：二者都是一致估计量，但均值更加渐近有效，其方差比例关系为

$$\frac{\text{Asy. Var}[\text{中位数}]}{\text{Asy. Var}[\text{均值}]}=\frac{\pi}{2}=1.570\,8$$

这个结论虽然有用，但它还是没有告诉我们在小样本中哪个估计量更好，也没有说明这些估计量在其他分布中将有何表现。我们知道，均值会受到异常观测的影响，而中位数却不会受到影响。这种影响在大样本中被平均掉了，但小样本表现可能极为不同。为了研究这个问题，我们构造如下实验：我们从自由度为 d 的 t 分布中抽取 500 个观测值，方法如下：先从标准正态分布中抽取 $d+1$ 个值，然后计算

$$t_{ir}=\frac{z_{ir,d+1}}{\sqrt{\frac{1}{d}\sum_{l=1}^{d}z_{ir,l}^{2}}},\quad i=1,\cdots,500,\quad r=1,\cdots,100$$

t 分布选择较小的 d 值是因为它的尾部很厚，且出现较大的异常值的概率很高。对于 d 的每个值，我们都复制 $R=100$ 次，对于 100 次复制中的每一次，我们都得到均值和中位数。由于它们都是无偏的，所以我们利用

$$M_d=\frac{(1/R)\sum_{r=1}^{R}(\text{中位数}_r-0)^2}{(1/R)\sum_{r=1}^{R}(\bar{x}_r-0)^2}$$

来比较它们围绕真实期望值的均方误差。对于 $d=3$，6 和 10，我们得到均方误差之比分别为 0.676 1，1.277 9 和 1.376 5。(你或许想用不同的自由度重复这个实验。) 这些结论与直觉相一致。随着自由度参数的提高，分布会越来越接近正态分布，样本均值会越来越有效，随着 d 值的提高，这个比率应该接近极限值 1.570 8。令人吃惊的是，当分布极其非正态，甚至样本量为 500 时，中位数的表现显然具有压倒性优势。

上例是对该方法的一个很小的直接应用。在一项典型的研究中，研究结论一般会依赖于更多的变化的参数和更多维数。这一背景下的实际问题之一是如何组织结论。蒙特卡洛研究存在一个不同青红皂白就增加表格的趋势。以有助于读者的方式收集结论，分析者责无旁贷。例如，这就要求对多么细微地改变所关注的参数有所判断。一个常能模仿读者思考过程的有用的可能性是，将双变量表格的结论集中在精心设计的等值线图中。

在许多情形中，蒙特卡洛模拟都提供了了解估计量有限样本性质的唯一方法。但蒙特卡洛研究也存在诸多问题。首先，为了实现某种一般性，必须变化的参数个数以及因而必须提取的

信息量可能都会变得很大。其次，它们可能会受到实验设计的局限。所以，所得到的结论极少能够推广。上述例子或许可以使得我们对 t 分布有所了解。但这些结论是否适用于其他分布则有待做出定论。遗憾的是，真实数据很少支持任何一个特定分布，所以无论我们分析了多少个其他分布，我们的结论只是提示性的。更一般地，这个**具体性**（specificity）问题［Hendry（1984）］把大多数蒙特卡洛研究都限制在相当狭窄的应用范围之内。几乎没有一项足够一般且能被广泛引用的研究。

□ 15.5.1 蒙特卡洛研究：检验统计量的性质

当检验统计量的性质不确定时，常常可以用蒙特卡洛方法研究它的表现。拉格朗日乘数统计量就常常存在这样的状况。例如，Baltagi（2005）报告了针对面板数据模型的新的检验统计量的发展，譬如序列相关的检验统计量。考察检验统计量的表现很简单。我们感兴趣的是两方面的性质：一是真实**检验水平**（size of the test），指当原假设为真时，拒绝原假设的概率（即第一类错误的概率）；二是**检验功效**（power of the test），指能正确地拒绝一个错误原假设的概率（即 1 减去第二类错误的概率）。正如我们将会论述的，检验功效是备择假设的一个函数。

为了阐明一个检验统计量的蒙特卡洛研究，我们考虑当模型假设不正确时，一个熟悉的程序如何表现。考虑以下线性回归模型：

$$y_i=\alpha+\beta x_i+\gamma z_i+\varepsilon_i,\quad \varepsilon_i\mid(x_i,z_i)\sim N[0,\sigma^2]$$

检验原假设为 $\gamma=0$ 的该模型的拉格朗日乘数统计量为

$$\mathrm{LM}=\mathbf{e}_0'\mathbf{X}(\mathbf{X}'\mathbf{X})^{-1}\mathbf{x}'\mathbf{e}_0/(\mathbf{e}_0'\mathbf{e}_0/n)$$

式中 $\mathbf{X}=(\mathbf{1},\mathbf{x},\mathbf{z})$；$\mathbf{e}_0$ 是 $\mathbf{y}$ 对常量和 $\mathbf{x}$（不是 $\mathbf{z}$）进行最小二乘回归所得到的残差的向量［参见式（14－53）］。在这些假设下，前述回归模型拉格朗日统计量的大样本分布就是自由度为 1 的 χ^2 分布。这样，我们的检验程序就是计算 LM（拉格朗日）统计量，然后，如果 LM 比临界值大，则拒绝原假设 $\gamma=0$。我们使用 0.05 的标准检验水平，于是临界值就是 3.84。当模型设定正确时，该统计理论很有效。[①]我们对两类特定误差感兴趣。第一类错误是，若正态假设得不到满足，LM 统计量如何表现？因为 LM 统计量建立在似然函数上，若其他分布而不是正态分布统治 ε_i，那么 LM 统计量就不能基于 OLS 估计。对此我们可以在真实设定为 ε_i 源于自由度为 5 的 t 分布时检验 LM 统计量的表现。第二类错误是，若同方差性得不到满足，LM 统计量会如何表现？如果分布存在异方差，则该统计量是完全错误的。对此我们可以在条件方差为 $\mathrm{Var}[\varepsilon_i\mid(x_i,z_i)]=\sigma^2[\exp(0.2x_i)]^2$ 的情形中进行检验。

对此，实验的设计如下：我们将使用有 50 个观测值的样本进行分析。首先，每轮的开始都从分布为 N[0，1] 的独立总体中抽取 50 个关于 x_i 和 z_i 的观测值。1 000 次重复中的每一次，我们根据假定的条件抽取 50 个 ε_i 的样本，然后计算 LM 统计量，并且记录计算出的统计量超过 3.84 的比例。当 $\gamma=0$ 时，重复实验，以确定真实检验水平；当 $\gamma=-1$，…，-0.2，-0.1，0，0.1，0.2，…，1.0 时，重复实验，以评估检验功效。在以下两种场景中重复以上一系列测试：$t[5]$ 分布和存在异方差性的模型。

---

① 例如，参见 Godfrey（1988）。

表 15.4 展示了该实验的结果。每一个面板的“正态”一列表示 LM 统计量在理想模型假设下的期望结果。检验水平呈现出理论上的结果。比较“正态”列和“异方差”列，可以看出异方差性的出现似乎并没有降低检验功效。但是不同的分布假设却会降低检验功效。图 15.2 勾画了该表中的数值，并且展示了一个检验统计量的功效函数的特征形式。

表 15.4　　LM 检验的功效函数

模型				模型			
γ	正态	$t[5]$	异方差	γ	正态	$t[5]$	异方差
−1.0	1.000	0.993	1.000	0.1	0.090	0.083	0.098
−0.9	1.000	0.984	1.000	0.2	0.235	0.169	0.249
−0.8	0.999	0.953	0.996	0.3	0.464	0.320	0.457
−0.7	0.989	0.921	0.985	0.4	0.691	0.508	0.666
−0.6	0.961	0.822	0.940	0.5	0.859	0.680	0.835
−0.5	0.863	0.677	0.832	0.6	0.957	0.816	0.944
−0.4	0.686	0.500	0.651	0.7	0.989	0.911	0.984
−0.3	0.451	0.312	0.442	0.8	0.998	0.956	0.995
−0.2	0.236	0.177	0.239	0.9	1.000	0.976	0.998
−0.1	0.103	0.080	0.107	1.0	1.000	0.994	1.000
0.0	0.059	0.052	0.071				

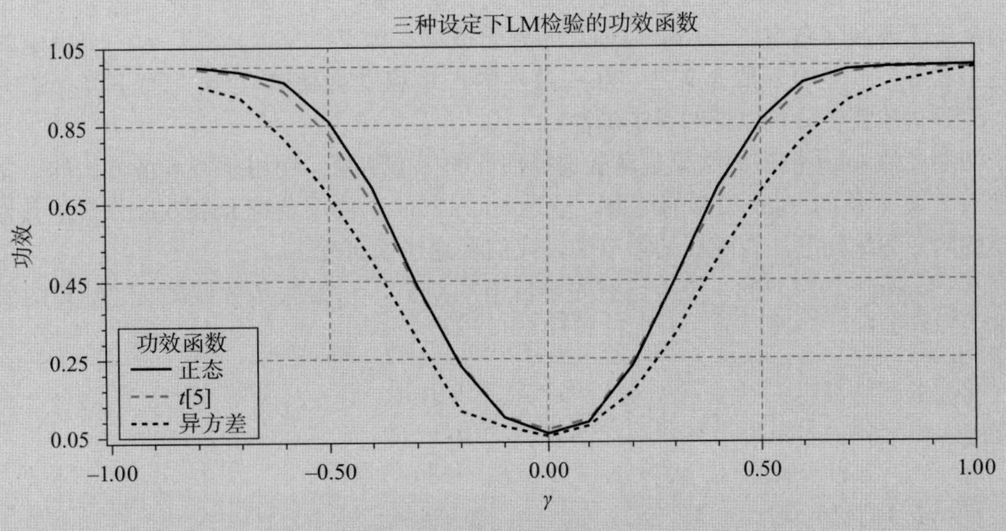

图 15.2　函数图

□ 15.5.2 蒙特卡洛研究：附带参数问题

我们在 14.14.5 小节检验了一个具有固定效应的面板数据模型的极大似然估计量，即

$$f(y_{it} \mid \mathbf{x}_{it}) = g(y_{it}, \mathbf{x}_{it}'\boldsymbol{\beta} + \alpha_i, \boldsymbol{\theta})$$

式中，个体效应可能与 x_{it} 相关。附加的参数向量 $\boldsymbol{\theta}$ 代表了可能出现在此模型中的 M 个其他参数，比如包含正态分布扰动项的线性回归模型中的扰动项方差 σ_ε^2。这里，考虑关于 $n+K+M$ 个参数（α_1，…，α_n，$\boldsymbol{\beta}$，$\boldsymbol{\theta}$）最大化对数似然

$$\ln L = \sum_{i=1}^{n}\sum_{t=1}^{T_i} \ln g(y_{it}, \mathbf{x}_{it}'\boldsymbol{\beta} + \alpha_i, \boldsymbol{\theta})$$

的技术问题。该估计量存在的一个问题是，它的**附带参数问题**（incidental parameters problem）很明显。[①] 除了极少数的特定模型（例如 18.4.1 小节的泊松回归模型）之外，用蛮力计算的方法，即模型中参数的无条件极大似然估计量，是不具有一致性的。若考虑到个体效应，这个结论则更加显而易见。假设 $\boldsymbol{\beta}$ 和 $\boldsymbol{\theta}$ 是已知的；每个 α_i 需要用 T_i 个观测量来估计。因为假设 T_i 是固定的（并且小），所以没有可以为 α_i 的极大似然估计提供一致性的渐近结果。但是，$\boldsymbol{\beta}$ 和 $\boldsymbol{\theta}$ 是用 $\Sigma_i T_i = N$ 个观测量来估计，因此它们大样本的表现并不是特别明显。有一个已知的与二值选择 logit 模型有关的结果（参见 17.2～17.4 节）。Kalbfleisch and Sprott（1970），Andersen（1973），Hsiao（1996）以及 Abrevaya（1997）已经确认，在二值 logit 模型中，若 $T_i=2$，那么 $\hat{\boldsymbol{\beta}}_{\text{MLE}} = 2\boldsymbol{\beta}$。我们对另外两个例子了解得比较确切。在固定效应和正态分布扰动项的线性回归模型中，斜率估计量 $\mathbf{b}_{\text{LSDV}}$ 是无偏的和一致的，然而方差 σ^2 的 MLE 收敛于$(T-1)\sigma^2/T$（自由度修正也要随之调整，但是对于自由度 MLE 并没有修正）。最后，在泊松回归模型中（参见 18.4.7.b 小节），无条件的 MLE 是一致的。[②] 此外，几乎没有其他的模型能够使具有固定效应的极大似然估计量的表现是已知且确定的，或者说能够作为牢固的理论结果。文献似乎不加怀疑地接受了萧和阿布韦亚（Abrevaya）的智力成果，即 FE/MLE 在 T 为一个固定的较小的数时是不具有一致性的（其含义是，非一致性的严重程度会随着 T 增大而下降。这一说法有道理，但是仍然需要分析以证明其正确性）。

两期二值 logit 模型的结果是离散选择估计的标准结果。使用蒙特卡洛方法的一些学者都追求拥有更大 T 值的 logit 模型的结果。[③] Greene（2004）使用蒙特卡洛方法分析了其他离散选择模型的附带参数问题。在随后的章节中，我们将论述该研究。

Heckman（1981）的一个小研究先于目前的研究，它检验了固定效应 MLE 的表现，方法如下：

$$z_{it} = 0.1t + 0.5z_{i,t-1} + u_{it},\ z_{i0} = 5 + 10.0u_{i0}$$
$$u_{it} \sim U[-0.5, 0.5],\ i = 1, \cdots, 100, t = 0, \cdots, 8$$
$$Y_{it} = \sigma_\tau \tau_i + \beta z_{it} + \varepsilon_{it},\ \tau_i \sim \mathrm{N}[0,1],\ \varepsilon_{it} \sim \mathrm{N}[0,1]$$
若 $Y_{it} > 0$，则 $y_{it} = 1$；若 $Y_{it} \leqslant 0$，则 $y_{it} = 0$

---

① 参见 Neyman and Scott（1948），Lancaster（2000）。

② 参见 Cameron and Trivedi（1988）。

③ 例如，参见 Katz（2001）。

赫克曼尝试研究了 MLE 法对于 $T=8$ 的 probit 模型的表现。他使用了 $\beta=-1.0$，-0.1 和 1.0 以及 $\sigma_\tau=0.5$，1.0 和 3.0。β 的极大似然估计在 9 种情况下的均值如下：

	$\beta=-1.0$	$\beta=-0.1$	$\beta=1.0$
$\sigma_\tau=0.5$	-0.96	-0.10	0.93
$\sigma_\tau=1.0$	-0.95	-0.09	0.91
$\sigma_\tau=3.0$	-0.96	-0.10	0.90

可以看出，这与公认的结论存在矛盾。这里出现了偏差（不包括中间那一列），虽然看起来很小、很接近零。

赫克曼的研究使用了一个非常小的样本，而且分析的是随机效应模型中的固定效应估计量（注意到，τ_i 与 z_{it} 二者是相互独立的）。Greene（2004a）使用同样的参数值、复制次数和样本设计，发现偏差与 0 相距 15%～20%。很多学者已经将 logit 模型的 T 值从 $T=2$ 扩展到了更大的值，并且同样发现偏差与 0 的距离会随着 T 值的增大而减小。Greene（2004a）重做了这个关于 logit 模型的实验，还在 probit 模型和有序 probit 模型上进行了重复。该实验步骤如下：所有的模型都是基于同样的指数函数

$$
\begin{aligned}
&w_{it}=\alpha_i+\beta x_{it}+\delta d_{it}, \quad \text{其中 } \beta=\delta=1\\
&x_{it}\sim \mathrm{N}[0,1], d_{it}=\mathbf{1}[x_{it}+h_{it}>0], \quad \text{其中 } h_{it}\sim \mathrm{N}[0,1]\\
&\alpha_i=\sqrt{T}\bar{x}_i+v_i, v_i\sim \mathrm{N}[0,1]
\end{aligned}
$$

自变量 d_{it} 和 x_{it} 被构建为二者相关。随机项 h_{it} 用来产生 d_{it} 中独立的变化。然而，x_{it} 或者 d_{it} 的组内相关性并没有在数据生成器中构建（其他实验表明，x_{it} 的边缘分布对实验的结果影响很小）。变量 x_{it} 和 d_{it} 间的相关性接近 0.7，α_i 和 x_{it} 间的相关性接近 0.4，α_i 和 d_{it} 的相关性接近 0.2。个体效应由 v_i 和组内均值 $\bar{x}_{it}$ 的独立变化生成。后者用 $\sqrt{T}$ 比例化，以保持两部分为单位方差。若没有比例化，那么 α_i 和 x_{it} 间的协方差会随着 T 的增大降为 0，并且 $\bar{x}_i$ 收敛于值为 0 的均值。这样，该指数函数的数据生成器就满足固定效应模型的假设。下面这个结果所用的样本包括 $n=1\,000$ 个个体。此离散因变量的数据生成过程如下：

$$
\begin{aligned}
&\text{probit：} && y_{it}=\mathbf{1}[w_{it}+\varepsilon_{it}>0],\ \varepsilon_{it}\sim \mathrm{N}[0,1]\\
&\text{有序 probit：} && y_{it}=\mathbf{1}[w_{it}+\varepsilon_{it}>0]+\mathbf{1}[w_{it}+\varepsilon_{it}>3],\ \varepsilon_{it}\sim \mathrm{N}[0,1]\\
&\text{logit：} && y_{it}=\mathbf{1}[w_{it}+v_{it}>0],\ v_{it}=\log[u_{it}/(1-u_{it})],\ u_{it}\sim \mathrm{U}[0,1]
\end{aligned}
$$

（这三个离散因变量我们将在第 17、18 章中论述。）

表 15.5 表明了用 200 次复制来计算 MLE 的结果。模型分别用了 $T=2$，3，5，8，10 和 20 进行拟合（注意：这里包含了赫克曼的实验）。每一个模型的设定和组大小（T）被拟合 200 次，同时伴有对 ε_{it} 或者 u_{it} 的随机抽样。在每一次实验（也就是对每一个 T）开始时抽取自变量的数据，在复制过程中保持不变。该表包含了系数的平均估计，以及二值选择模型的偏效应。probit 和 logit 模型的系数在 $T=2$ 时与得到的结果相一致，产生了 100%的偏差。和直觉一样，其余的数值表明，偏差会随着 T 值的增大而减小。$T=8$ 的基准情形比起赫克曼的结果稍差。该模型的另一个有意义的发现是，估计的边际效应的偏差比估计系数的偏差稍小。Greene（2004b）将此分析扩展至其他一些模型，包括第 19 章中讨论的 tobit 和截尾回归模型。他的结论意味着 tobit 模型的传统理解可能不正确——附带参数（incidental parameters，IP）问题似乎

出现在 tobit 模型的 σ^2 估计量中，而不是斜率估计量。[①] 这与线性回归模型的结论一致，但是与二值选择模型不一致。

表 15.5　基于 200 次复制，N=1 000 个个体的经验样本分布的均值

期数	Logit		Probit		有序 probit
	系数	偏效应	系数	偏效应[a]	系数
$T=2$					
β	2.020	1.676	2.083	1.474	2.328
δ	2.027	1.660	1.938	1.388	2.605
$T=3$					
β	1.698	1.523	1.821	1.392	1.592
δ	1.668	1.477	1.777	1.354	1.806
$T=5$					
β	1.379	1.319	1.589	1.406	1.305
δ	1.323	1.254	1.407	1.231	1.415
$T=8$					
β	1.217	1.191	1.328	1.241	1.166
δ	1.156	1.128	1.243	1.152	1.220
$T=10$					
β	1.161	1.140	1.247	1.190	1.131
δ	1.135	1.111	1.169	1.110	1.158
$T=20$					
β	1.069	1.034	1.108	1.088	1.058
δ	1.062	1.052	1.068	1.047	1.068

a. 估计偏效应与真实偏效应的平均比率。

15.6　基于模拟的估计

15.3～15.5 节介绍了以模拟方法推断模型参数的一系列工具。本节将介绍如何把模拟作为估计过程的一部分。当无法直接计算的积分出现在估计的准则函数（平方和函数、对数似然函数等）中时，便用到这一模型框架。在 15.6.1 小节中我们首先构建一个随机效应的非线性模型。15.6.2 小节将介绍如何使用模拟来计算极大似然估计的积分。15.6.3 小节将介绍一个应

① 关于离散选择模型中的附带参数问题的研究，如 Fernandez-Val（2009），聚焦于模型中的斜率。但是，在所有研究的案例中，附带参数问题都呈现为一定比例的偏差，这看起来与某种内在的比例化（implicit scaling）有关。线性回归模型中的附带参数问题只影响扰动项方差的估计量。

用，即随机效应回归模型。

□ 15.6.1 非线性模型中的随机效应

在例 11.20 中，我们考虑了德国社会经济面板中看医生次数的一个非线性回归模型。非线性模型的基本形式为

$$E[y_{it}\,|\,\mathbf{x}_{it}] = \exp(\mathbf{x}_{it}'\boldsymbol{\beta}),\ t=1,\cdots,T_i,\ i=1,\cdots,n$$

为了捕捉面板数据中不可观测的异质性，我们扩展了这一模型以纳入随机效应，

$$E[y_{it}\,|\,\mathbf{x}_{it},u_i]=\exp(\mathbf{x}_{it}'\boldsymbol{\beta}+u_i) \tag{15-9}$$

式中，u_i 是不可观测的随机效应，均值为 0，方差为常数，且可能是正态分布——我们马上将考察这一点。现在我们更深入一步，为 y_{it} 设定一个特定的概率分布。由于看医生次数是一个计数，泊松回归模型是一个自然而然的选择，

$$p(y_{it}\,|\,\mathbf{x}_{it},u_i)=\frac{\exp(-\mu_{it})\mu_{it}^{y_{it}}}{y_{it}!},\ \mu_{it}=\exp(\mathbf{x}_{it}'\boldsymbol{\beta}+u_i) \tag{15-10}$$

在以 $\mathbf{x}_{it}$ 和 u_i 为条件时，个体 i 的 T_i 个观测是独立的。即，在以 u_i 为条件时，我们视之为如同 $\mathbf{x}_{it}$ 一样的数据。因此，在以 $\mathbf{x}_{it}$ 和 u_i 为条件时，这 T_i 个观测是独立的。个体 i 的 T_i 个观测的联合密度为一个乘积，

$$p(y_{i1},y_{i2},\cdots,y_{i,T_i}\,|\,\mathbf{X}_i,u_i)=\prod_{t=1}^{T_i}\frac{\exp(-\mu_{it})\mu_{it}^{y_{it}}}{y_{it}!},\ \mu_{it}=\exp(\mathbf{x}_{it}'\boldsymbol{\beta}+u_i),\ t=1,\cdots,T_i \tag{15-11}$$

原则上，此时欲最大化的对数似然函数为

$$\ln L=\sum_{i=1}^{n}\ln\left[\prod_{t=1}^{T_i}\frac{\exp(-\mu_{it})\mu_{it}^{y_{it}}}{y_{it}!}\right],\ \mu_{it}=\exp(\mathbf{x}_{it}'\boldsymbol{\beta}+u_i) \tag{15-12}$$

但我们无法最大化这一对数似然函数，因为不可观测的 u_i，$i=1$，…，n，出现在该函数中。（y_{i1}，y_{i2}，…，y_{i,T_i}，u_i）的联合分布等于 u_i 的边际分布乘上给定 u_i 时 $\mathbf{y}_i=(y_{i1},\cdots,y_{i,T_i})$ 的条件分布：

$$p(y_{i1},y_{i2},\cdots,y_{i,T_i},u_i\,|\,\mathbf{X}_i)=p(y_{i1},y_{i2},\cdots,y_{i,T_i}\,|\,\mathbf{X}_i,u_i)f(u_i)$$

式中，$f(u_i)$ 为 u_i 的边际密度。现在我们可以得到不包含 u_i 的$(y_{i1},y_{i2},\cdots,y_{i,T_i})$的边际分布，通过

$$p(y_{i1},y_{i2},\cdots,y_{i,T_i}\,|\,\mathbf{X}_i)=\int_{u_i}p(y_{i1},y_{i2},\cdots,y_{i,T_i}\,|\,\mathbf{X}_i,u_i)f(u_i)du_i$$

对于特定的应用，在有了 $y_{it}|u_i$ 的泊松条件分布和随机效应的正态分布后，

$$p(y_{i1},y_{i2},\cdots,y_{i,T_i}\,|\,\mathbf{X}_i)=\int_{-\infty}^{\infty}\left[\prod_{t=1}^{T_i}\frac{\exp(-\mu_{it})\mu_{it}^{y_{it}}}{y_{it}!}\right]\frac{1}{\sigma}\phi\left(\frac{u_i}{\sigma}\right)du_i,\ \mu_{it}=\exp(\mathbf{x}_{it}'\boldsymbol{\beta}+u_i)$$

现在对数似然函数为

$$\ln L = \sum_{i=1}^{n} \ln \left\{ \int_{-\infty}^{\infty} \left[\prod_{t=1}^{T_i} \frac{\exp(-\mu_{it})\mu_{it}^{y_{it}}}{y_{it}!} \right] \frac{1}{\sigma}\phi\left(\frac{u_i}{\sigma}\right) du_i \right\},\ \mu_{it} = \exp(\mathbf{x}_{it}'\boldsymbol{\beta} + u_i) \quad (15-13)$$

现在最优化问题已经摆脱了不可观测的 u_i，但这一个困难被换成了另一个，即仍留在函数中的积分。

为了完成这一部分的推导，我们以一个能使其更自然地融入后面的推导的方式，略微简化对数似然函数。变换变量 $u_i = \sigma w_i$，其中 w_i 的均值为 0、标准差为 1。那么，雅可比阵为 $du_i = \sigma dw_i$，并且 w_i 的积分的极限与 u_i 的相同。完成替换并乘以雅可比阵，对数似然函数为

$$\ln L = \sum_{i=1}^{n} \ln \left\{ \int_{-\infty}^{\infty} \left[\prod_{t=1}^{T_i} \frac{\exp(-\mu_{it})\mu_{it}^{y_{it}}}{y_{it}!} \right] \phi(w_i) dw_i \right\},\ \mu_{it} = \exp(\mathbf{x}_{it}'\boldsymbol{\beta} + \sigma w_i) \quad (15-14)$$

随后，以（$\boldsymbol{\beta}$，σ）最大化对数似然函数。简化的目的是使模型参数化，使得被积分的变量的分布不含有它自己的参数。因此，在式（15－14）中，w_i 为均值为 0、方差为 1 的正态分布。

在下一小节，我们将转而讨论如何计算这一积分。14.14.4 小节分析了这一模型并建议使用**高斯-赫米特求积法**（Gauss-Hermite quadrature）计算积分。本节我们将推导基于模拟的方法，即**蒙特卡洛积分**（Monte Carlo integration）。[①]

□ 15.6.2 蒙特卡洛积分

在计量经济学中，积分常常以开放形式出现，即没有与它们等价的特定的闭合形式函数。比如，积分 $\int_o^t \theta\exp(-\theta w)dw = 1 - \exp(-\theta t)$ 是闭合形式的。式（15－14）中的积分是开放形式的。有多种可用的工具来近似积分的开放形式——14.14.4 小节和在线附录 E.2.4 提到的高斯-赫米特和高斯-拉盖尔（Gauss-Laguerre）求积法即是其中的两种。蒙特卡洛积分法常常可以应用于当积分的形式如下时：

$$h(y) = \int_w g(y \mid w) f(w) dw = E_w[g(y \mid w)]$$

式中，$f(w)$ 为 w 的密度，且 w 为可被模拟的随机变量。[②]

如果 w_1，w_2，…，w_n 为随机变量 w 的观测的随机样本，$g(w)$ 为 w 的函数且 w 的均值、方差有限，那么由大数定律［定理 D.4 以及（D－5）中的引理］，

$$\text{plim}\ \frac{1}{n}\sum_{i=1}^{n} g(w_i) = E[g(w)]$$

式（15－14）中的函数为如下形式：

$$\int_{-\infty}^{\infty} \left[\prod_{t=1}^{T_i} \frac{\exp[-\exp(\mathbf{x}_{it}'\boldsymbol{\beta} + \sigma w_i)][\exp(\mathbf{x}_{it}'\boldsymbol{\beta} + \sigma w_i)]^{y_{it}}}{y_{it}!} \right] \phi(w_i) dw_i$$
$$= E_{w_i}[g(y_{i1}, y_{i2}, \cdots, y_{iT_i} \mid w_i, \mathbf{X}_i, \boldsymbol{\beta}, \sigma)]$$

---

① “蒙特卡洛”一词源于城市蒙特卡洛的赌场，在那里随机数生成器是商业经营必不可少的元素。

② 在我们这里所感兴趣的应用中，w 和 $g(y \mid w)$ 需满足一些必要的条件。一些细节见 Cameron and Trivedi（2005）以及 Train（2009）。

其中

$$
\begin{aligned}
& g(y_{i1}, y_{i2}, \cdots, y_{iT_i} \mid w_i, \mathbf{X}_i, \boldsymbol{\beta}, \sigma) \\
= & \prod_{t=1}^{T_i} \frac{\exp[-\exp(\mathbf{x}_{it}'\boldsymbol{\beta} + \sigma w_i)][\exp(\mathbf{x}_{it}'\boldsymbol{\beta} + \sigma w_i)]^{y_{it}}}{y_{it}!}
\end{aligned}
$$

且 w_i 为标准正态分布的随机变量。那么接下来有

$$
\begin{aligned}
& \operatorname{plim} \frac{1}{R} \sum_{r=1}^{R} \prod_{t=1}^{T_i} \frac{\exp[-\exp(\mathbf{x}_{it}'\boldsymbol{\beta} + \sigma w_{ir})][\exp(\mathbf{x}_{it}'\boldsymbol{\beta} + \sigma w_{ir})]^{y_{it}}}{y_{it}!} \\
= & \int_{-\infty}^{\infty} \left[\prod_{t=1}^{T_i} \frac{\exp[-\exp(\mathbf{x}_{it}'\boldsymbol{\beta} + \sigma w_i)][\exp(\mathbf{x}_{it}'\boldsymbol{\beta} + \sigma w_i)]^{y_{it}}}{y_{it}!} \right] \phi(w_i) dw_i \qquad (15-15)
\end{aligned}
$$

这告诉了我们应如何计算该积分。我们可以用 15.2 节中介绍的方法来从标准正态分布中产生所需的 w_i 的随机抽样组数，随后根据式（15－15）计算积分的近似。

❖例 15.8　截尾正态分布的分数矩

Greene（1990）在对随机前沿模型的研究中发现了如下函数：

$$
h(M, \varepsilon) = \frac{\int_0^{\infty} z^M \frac{1}{\sigma} \phi\left[\frac{z - (-\varepsilon - \theta\sigma^2)}{\sigma}\right] dz}{\int_0^{\infty} \frac{1}{\sigma} \phi\left[\frac{z - (-\varepsilon - \theta\sigma^2)}{\sigma}\right] dz}
$$

这一积分仅当 M 为整数时存在闭合形式。但是，积分中出现的权重函数形式为

$$
\begin{aligned}
f(z \mid z > 0) &= \frac{f(z)}{\text{Prob}[z > 0]} \\
&= \frac{\frac{1}{\sigma} \phi\left(\frac{z-\mu}{\sigma}\right)}{\int_0^{\infty} \frac{1}{\sigma} \phi\left(\frac{z-\mu}{\sigma}\right) dz}
\end{aligned}
$$

这是一个截尾正态分布。它是均值为 μ、标准差为 σ 的正态分布变量 z，在 z 大于 0 的条件下的分布。当 z 为均值为 $\mu = -\varepsilon - \theta\sigma^2$、方差为 σ^2 的正态分布时，给定 z 大于 0，积分将等于 z^M 的期望值。

19.2 节研究了这一截尾正态分布。当 z 为均值为 μ、标准差为 σ 的正态随机变量的截尾时，函数 $h(M, \varepsilon)$ 为 z^M 的期望值。为了使用蒙特卡洛法计算积分，我们需要从这一分布中得到样本 z_1，…，z_R。我们在式（15－4）中有所需的结果，$L = 0$，因此有 $P_L = \Phi[0 - (-\varepsilon - \theta\sigma^2)/\sigma] = \Phi(\varepsilon/\sigma + \theta\sigma)$ 和 $U = +\infty$，所以 $P_U = 1$。随后，一个 z 的抽样可以由下式得到：

$$
z = \mu + \sigma\Phi^{-1}[P_L + F(1 - P_L)]
$$

其中，F 为 $U[0, 1]$ 的原始抽样。最后，积分由抽样的简单平均得到近似，

$$
h(M, \varepsilon) \approx \frac{1}{R} \sum_{r=1}^{R} z[\varepsilon, \theta, \sigma, F_r]^M
$$

这是蒙特卡洛积分的一次应用。在某些情形中，积分可通过计算一组函数值的样本平均来近似。这里所用的方法是把积分当作一个期望值来理解。样本均值表现的一个基本统计结果意味着，使用一个足够大的样本，我们可尽可能地近似积分。一般性的方法在贝叶斯计量经济学

以及经典统计学与计量经济学中广泛应用。[1]

15.6.2.a 霍尔顿（Halton）序列和基于模拟的积分的随机抽样

蒙特卡洛积分被用于估计以下期望：

$$E[g(x)]=\int_x g(x)f(x)dx$$

式中，$f(x)$ 是随机变量 x 的密度；$g(x)$ 是一个光滑函数。蒙特卡洛近似值是

$$E[g(x)]\approx\frac{1}{R}\sum_{r=1}^{R}g(x_r)$$

该近似值收敛于期望是基于大数定律——从 $g(x)$ 中抽取一个随机样本将会依概率收敛于它的期望。模拟积分的标准方法是从特定分布中进行随机抽样。常规的模拟估计是使用随机数生成器生成从特定分布中的抽样。这种方法的核心部分就是从标准连续均匀分布 $U[0,1]$ 中进行抽样。对这些抽样使用变换法就可以得到从其他分布中的抽样。尤其对于正态分布中的抽样，若 u_i 是从 $U[0,1]$ 中的一次抽样，则有 $v_i=\Phi^{-1}(u_i)$。在给定最初的抽样满足必要的假设的情况下，模拟的设定的核心问题就是抽样的次数。关于这一点，想要得到好的表现，就需要大量的抽样。在某一个特定的应用中，所需的抽样次数会不同。但是人们普遍发现，当模拟在这种方式下进行时，抽样次数是很多的（几百或几千）。其后果是对于大规模问题，模拟估计的计算时间将会极其漫长。人们设计了许多方法来减少得到令人满意的近似程度所需的抽样次数。这类方法的其中一种是在抽样中引入一定的自相关性——抽样间小幅的负相关性将减少模拟的变化性。**对照抽样**（antithetic draws），通过把序列中的每次抽样的镜像也包括进来（比如正态分布中的 w_i 和 $-w_i$，均匀分布中的 w_i 和 $1-w_i$），即是此类方法的一种。[2]

在数值分析的文献中，已经设计出从均匀分布中更巧妙地抽样而非随机抽样的步骤。[3]已有文献证明，通过使用少量的**霍尔顿抽样**（Halton draws）或者构造其他非随机的序列来代替大量的随机抽样，可以在模拟估计表现没有变差的情况下获得惊人的速度提升。这些步骤的出现极大地减少了估计时所需的抽样次数（有时可以减少90%或更多），并且可以减少与给定的抽样次数相关的模拟误差。在我们这里即将讨论的该种方法的一个应用中，Bhat（1999）发现，100次霍尔顿抽样比1 000个随机数据产生的模拟误差更小。

霍尔顿序列产生过程如下：令 r 为一个质数。依据基准数 r 按以下方法扩大整数序列 $g=1,2,\cdots$

$$g=\sum_{i=0}^{I}b_i r^i\text{，其中满足 }0\leqslant b_i\leqslant r-1\text{ 和 }r^I\leqslant g<r^{I+1}$$

与该序列相对应的数值的霍尔顿序列是

$$H(g)=\sum_{i=0}^{I}b_i r^{-i-1}$$

---

① 参见 Geweke（1986，1988，1989，2005）的讨论和应用。Poirier（1995，p. 654）和 Koop（2003）列出了许多其他文献。也可参见 Train（2009）。

② 参见 Geweke（1998）和 Train（2009，Chapter 9）。

③ 更广泛的讨论和参考资料参见 Train（1999，2009）和 Bhat（1999）。

例如，令 5 为基准数，对于整数 37，则有 $b_0=2$，$b_1=2$ 和 $b_2=1$。然后

$$H_5(37)=2\times5^{-1}+2\times5^{-2}+1\times5^{-3}=0.488$$

该霍尔顿值的序列有效地分散于单位区间。就像伪随机数是非随机的一样，这个序列是非随机的，并且是清楚界定的确定性序列。但是，随机性并不是准确逼近积分的关键。均匀地覆盖随机变量的支持才是核心要求。需要大量的随机抽样来平滑而密集地覆盖单位区间。图 15.3 和图 15.4 分别展示了 1 000 次霍尔顿抽样的两个序列和 1 000 次伪随机抽样的两个序列。该霍尔顿抽样是基于 $r=7$ 和 $r=9$。在第一幅图中，坐标点明显聚集的特点使我们选择大样本模拟。

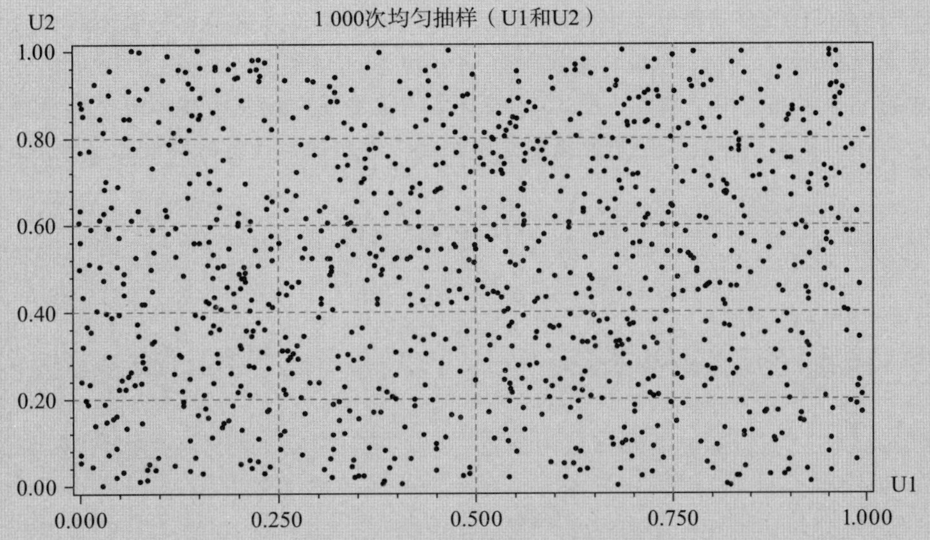

图 15.3　双变量分布的随机均匀抽样

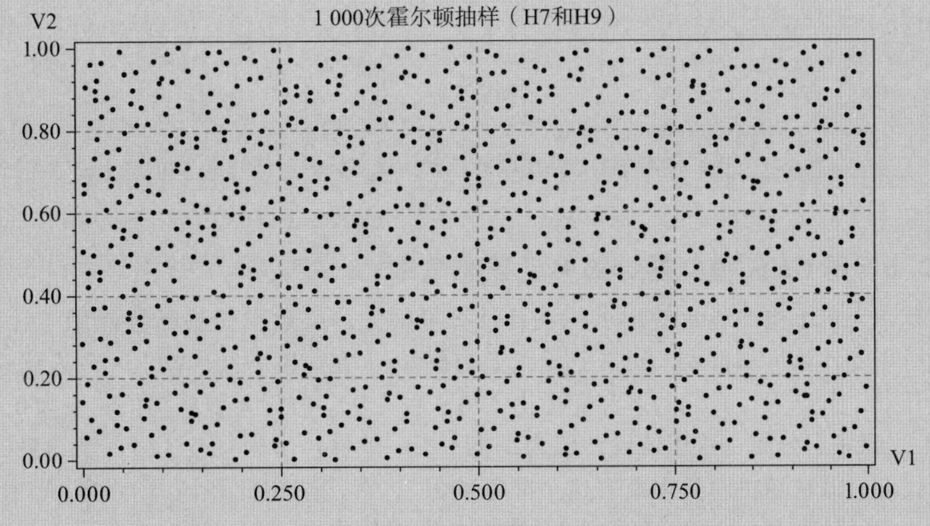

图 15.4　双变量分布的霍尔顿(7) 和霍尔顿(9)

❖例 15.9　估计对数正态均值

我们对估计标准对数正态分布变量的均值很感兴趣。形式上结果如下：

$$E[y]=\int_{-\infty}^{\infty} \exp(x)\ \frac{1}{\sqrt{2\pi}}\exp\left[-\frac{1}{2}x^2\right]dx=1.649$$

使用模拟法估计，我们需要计算 $y=\exp(x)$ 的 n 次抽样的平均数，其中 x 是从标准正态分布中抽样出来的。为了比较霍尔顿序列与随机抽样的表现，我们做了以下实验。令 $x_{i,t}$ 为一个标准正态分布变量的数值序列，我们进行 $t=1$，…，10 000 次抽样。当 $i=1$ 时，我们使用随机数生成器；当 $i=2$ 时，我们使用前 10 000 次霍尔顿抽样的序列，其中基准值 $r=7$。使用逆正态变换，将霍尔顿抽样转变为标准正态。在数据准备阶段的最后，我们将 $x_{i,t}$ 转变为 $y_{i,t}=\exp(x_{i,t})$。然后，当 $n=100$，110，…，10 000 时，我们计算样本中前 n 个观测值的平均值。图 15.5 将样本均值的演变绘制为样本大小的函数。下方曲线的轨迹展现了基于均值的霍尔顿序列。图中数据清楚地呈现了霍尔顿估计量的极好稳定性。

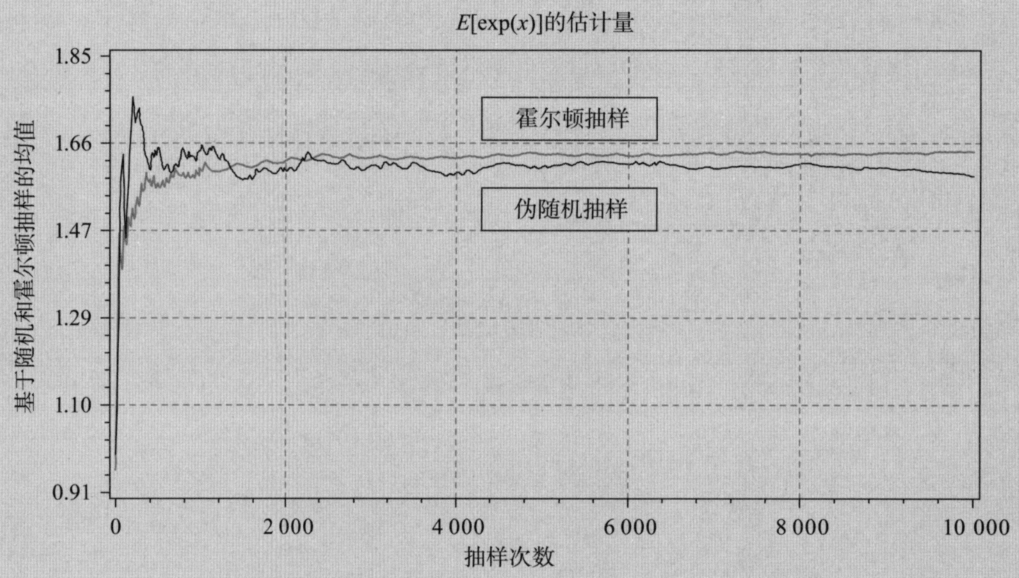

图 15.5　根据样本大小，基于随机抽样和霍尔顿序列估计 $E[\exp(x)]$

15.6.2.b　用 GHK 模拟器计算多元正态概率

计算二元正态概率通常使用求积法且计算量很大。虽然求积法已经能用于计算三元概率，但此时所需的计算量非常大。对于三元以上的积分，（在速度和准确性上）令人满意的直接近似法尤待开发。迄今为止我们的研究还提出了另一种方法。假设 $\mathbf{x}$ 服从均值向量为 $\mathbf{0}$、协方差矩阵为 $\boldsymbol{\Sigma}$ 的 K 元正态分布（这里假设均值为零仍不失一般性，因为一旦任何一个结果中出现了非零均值，我们只需从随机向量中减去这个非零均值）。我们期望计算该 K 元概率 $\text{Prob}[a_1<x_1<b_1,\ a_2<x_2<b_2,\ \cdots,\ a_K<x_K<b_K]$。蒙特卡洛积分法也适用于这一问题。作为第一种方法，考虑使用 15.2.4 小节描述的方法，即从这一多元正态分布中取样 R 次，观测 $\mathbf{x}_r$，$r=1$，…，R。现在，定义

$$d_r = \mathbf{1}[a_1 < x_{r1} < b_1, a_2 < x_{r2} < b_2, \cdots, a_K < x_{rK} < b_K]$$

（即如果括号中的条件成立，则 $d_r=1$；如果条件为假，则 $d_r=0$。）基于我们前面的结论，有

$$\text{plim}\ \bar{d} = \text{plim}\ \frac{1}{R}\sum_{r=1}^{R} d_r = \text{Prob}[a_1 < x_1 < b_1, a_2 < x_2 < b_2, \cdots, a_K < x_K < b_K]$$ ①

这个方法在原则上是有效的，但是在实践中，出于几个方面的原因，最终难以令人满意。对于一个高阶问题，欲保证合理的准确性，需要从分布中进行数量庞大的抽样。同样，即使已经进行了大量抽样，但是当目标尾部区域的面积非常小时，这种方法仍然问题重重。不过，这个想法是可行的，而且最近的基于这一思想的研究已经提出了一些相当精确而又有效的模拟计算方法。McFadden and Ruud（1994）对这些方法进行了概述。②

在这个概述所分析的模拟方法中，**GHK 平滑递归模拟器**（GHK smooth recursive simulator）看来是最准确的。③ 而且这个方法出奇地简单。一般的方法为，使用

$$\text{Prob}[a_1 < x_1 < b_1, a_2 < x_2 < b_2, \cdots, a_K < x_K < b_K] \approx \frac{1}{R}\sum_{r=1}^{R}\prod_{k=1}^{K} Q_{rk}$$

式中，Q_{rk} 为很容易计算的一元概率。概率 Q_{rk} 按照以下递归关系计算：我们首先利用**乔利斯基因式分解**（Cholesky factorization）$\mathbf{\Sigma}=\mathbf{CC}'$ 对 $\mathbf{\Sigma}$ 进行分解，其中 $\mathbf{C}$ 是一个下三角矩阵（见 A.6.11 小节）。$\mathbf{C}$ 的元素记作 l_{km}，其中，若 $m>k$，那么 $l_{km}=0$。然后从以下式子开始递归：

$$Q_{r1} = \Phi(b_1/l_{11}) - \Phi(a_1/l_{11})$$

注意到，$l_{11}=\sigma_{11}$，因此这只是边际概率 $\text{Prob}[a_1<x_1<b_1]$。现在，使用式（15-4），从范围为

$$A_{r1} \sim B_{r1} = a_1/l_{11} \sim b_1/l_{11}$$

的截尾标准正态分布中随机生成一个观测值 ε_{r1}。（再次注意到，这个范围因 $l_{11}=\sigma_{11}$ 而被标准化了。）至于第 $k=2$，…，K 步，计算

$$A_{rk} = \left[a_k - \sum_{m=1}^{k-1} l_{km}\varepsilon_{rm}\right] / l_{kk}$$

$$B_{rk} = \left[b_k - \sum_{m=1}^{k-1} l_{km}\varepsilon_{rm}\right] / l_{kk}$$

于是，

$$Q_{rk} = \Phi(B_{rk}) - \Phi(A_{rk})$$

最后，我们在 $A_{rk} \sim B_{rk}$ 范围内的截尾标准正态分布中生成一个随机抽样，准备在递归的下一步使用。将这个过程重复 R 次，所估计的概率就是模拟概率的样本均值。

对于一般程度的重复次数，GHK 模拟器极其快速而又准确。它主要应用于含多元正态积分模型的极大似然估计的函数与导数计算。我们在第 17 章中分析 probit 模型时会在模拟矩法的背

---

① 这种方法是 Lerman and Manski(1981)提出的。

② 模拟法的专题参见《经济统计评论》(*Review of Economic Statistics*，Vol. 76，November 1994)；尤其参见 McFadden and Ruud（1994）；Stern（1994）；Geweke，Keane，and Runkle（1994）；Breslaw（1994）；Gourieroux and Monfort（1996）。

③ 参见 Geweke（1989），Hajivassiliou（1990）和 Keane（1994）。Börsch-Supan and Hajivassiliou（1993）详细地介绍了模拟法性质。

景下再次分析这个方法。

□ 15.6.3 随机效应模型的模拟估计

在 15.6.2 小节、式（15 - 10）和式（15 - 14）中，我们给出了一个泊松回归模型的随机效应的设定。对于可能的估计和推断，我们把对数似然函数

$$\ln L=\sum_{i=1}^{n}\ln\left\{\int_{-\infty}^{\infty}\left[\prod_{t=1}^{T_i}\frac{\exp[-\exp(\mathbf{x}'_{it}\boldsymbol{\beta}+\sigma w_i)][\exp(\mathbf{x}'_{it}\boldsymbol{\beta}+\sigma w_i)]^{y_{it}}}{y_{it}!}\right]\phi(w_i)dw_i\right\}$$

替换为以下模拟对数似然函数，

$$\ln L_S=\sum_{i=1}^{n}\ln\left\{\frac{1}{R}\sum_{r=1}^{R}\prod_{t=1}^{T_i}\frac{\exp[-\exp(\mathbf{x}'_{it}\boldsymbol{\beta}+\sigma w_{ir})][\exp(\mathbf{x}'_{it}\boldsymbol{\beta}+\sigma w_{ir})]^{y_{it}}}{y_{it}!}\right\}\quad(15-16)$$

我们现在考虑如何通过极大模拟似然来估计参数。尽管其具有一定的复杂性，但模拟对数似然可以用与第 14 章中处理其他对数似然函数相同的方式处理。即我们视 $\ln L_S$ 为在已知数据的条件下未知参数的函数，$\ln L_S(\boldsymbol{\beta},\sigma)$，并使用附录 E 中的方法最大化该函数，如 DFP 或 BFGS 梯度法。完成这里的推导需要函数的导数的表达式。注意到函数是 n 项之和；渐近结果将在 n 的方向上获得；每一个观测可被视为 T_i 元观测。

为了得到一组具有一般性的结果，将每一个模拟函数中的密度写为

$$P_{itr}(\boldsymbol{\beta},\sigma)=f(y_{it}\mid\mathbf{x}_{it},w_{ir},\boldsymbol{\beta},\sigma)=P_{itr}(\boldsymbol{\theta})=P_{itr}$$

会比较方便。对于式（15 - 16）中的特定应用，

$$P_{itr}=\frac{\exp[-\exp(\mathbf{x}'_{it}\boldsymbol{\beta}+\sigma w_{ir})][\exp(\mathbf{x}'_{it}\boldsymbol{\beta}+\sigma w_{ir})]^{y_{it}}}{y_{it}!}$$

模拟对数似然为

$$\ln L_S=\sum_{i=1}^{n}\ln\left\{\frac{1}{R}\sum_{r=1}^{R}\prod_{t=1}^{T_i}P_{itr}(\boldsymbol{\theta})\right\}\quad(15-17)$$

沿用这一简写方式，我们也可定义

$$P_{ir}=P_{ir}(\boldsymbol{\theta})=\prod_{t=1}^{T_i}P_{itr}(\boldsymbol{\theta})$$

使得

$$\ln L_S=\sum_{i=1}^{n}\ln\left\{\frac{1}{R}\sum_{r=1}^{R}P_{ir}(\boldsymbol{\theta})\right\}$$

最后，

$$P_i=P_i(\boldsymbol{\theta})=\frac{1}{R}\sum_{r=1}^{R}P_{ir}$$

使得

$$\ln L_S=\sum_{i=1}^{n}\ln P_i(\boldsymbol{\theta})\quad(15-18)$$

有了这个具有一般性的模板，我们能将其用于更多的指数函数的设定、目前的 $\mathbf{x}_{it}'\boldsymbol{\beta}+\sigma w_i$ 以及其他模型如线性回归、二值选择模型等，仅仅改变 P_{itr} 的设定即可。

算法将使用通常的步骤，

$$\hat{\boldsymbol{\theta}}^{(k)}=\hat{\boldsymbol{\theta}}^{(k-1)}+\text{更新的向量}$$

从初始值 $\hat{\boldsymbol{\theta}}^{(0)}$ 开始，并在更新的向量足够小时退出。一种自然的初始值来源于没有随机效应的模型；即混合的线性或泊松或其他模型的估计量，且 $\sigma=0$。因此在迭代（更新）的开始，我们计算

$$\ln\hat{L}_S^{(k-1)}=\sum_{t=1}^{n}\ln\left\{\frac{1}{R}\sum_{r=1}^{R}\prod_{t=1}^{T_i}\frac{\exp[-\exp(\mathbf{x}_{it}'\hat{\boldsymbol{\beta}}^{(k-1)}+\hat{\sigma}^{(k-1)}w_{ir})][\exp(\mathbf{x}_{it}'\hat{\boldsymbol{\beta}}^{(k-1)}+\hat{\sigma}^{(k-1)}w_{ir})]^{y_{it}}}{y_{it}!}\right\}$$

为了使用梯度法进行更新，我们需要函数的一阶导数。在渐近协方差矩阵的计算中可能需要海塞矩阵，所以我们也需要它。

在继续之前，我们需指出计算中两个重要的方面。首先，使极大模拟似然估计量具有一致性所需的抽样次数 R 仍存在问题。被近似的函数

$$\hat{E}_w[f(y|\mathbf{x},w)]=\frac{1}{R}\sum_{r=1}^{R}f(y|\mathbf{x},w_r)$$

是 $E_w[f(y|\mathbf{x},w)]$的一个无偏估计量。但是，出现在模拟对数似然中的是 $E_w[f(y|\mathbf{x},w)]$，估计量的对数是其期望的对数的有偏估计量。为了保持 $\boldsymbol{\theta}$ 的 MSL 估计量与真实的 MLE（如果 w 被观测到）的渐近等价性，对数似然函数中的这些项的估计量收敛于它们的期望的速度必须比 $\ln L$ 收敛于它的期望的速度更快。这要求 $n^{1/2}/R\to 0$。① 若 $n^{1/2}$ 和 R 以相同的速率增长，则该估计量仍然是一致的；但是 MSL 估计量的渐近协方差矩阵将会比真实 MLE 的渐近协方差矩阵大。在实际中，这说明对于某些正的 δ，抽样次数应与 $n^{0.5+\delta}$ 同阶。[然而，这并不意味着，给出一个 n，相应就能设定 R，这仅仅表明 n 增长时 MSL 估计量的性能。不管是好是坏，考虑到 R 值的改变，研究者在研究一个拥有 n 个观测值的样本时常常依赖估计量的数值稳定。Hajivassiliou（2000）给出了一些建议。] 同样注意到，由于模拟中越来越普遍地使用霍尔顿序列或者其他自相关序列，以至干扰了这个结果。古尔里尔诺克斯（Gourieroux）和蒙福特（Monfort）的结果在随机抽样中的对应部分仍然有待推导。然而，有人可能怀疑结果仍会收敛。通常的标准是几百个。

其次，很重要的一点是，每次计算观测 i 的该函数或导数或任何涉及的函数需使用相同的（伪随机或霍尔顿）抽样。这一点可以通过在优化开始前为整个样本生成一个抽样池来实现，每次当观测 i 需要计算时，简单地使用池中的同一点即可。或者若电脑内存不足而需每次为每个个体重新抽样，则同样的结果可通过为个体 i 设定一个预先分配好的种子来实现，某个 i 的简单单调函数 $seed(i)=s(i)$，当需要对个体 i 抽样时重新设定种子。

为了得到导数，我们首先有

$$\frac{\partial\ln L_S}{\partial\boldsymbol{\theta}}=\sum_{i=1}^{n}\frac{(1/R)\sum_{r=1}^{R}\partial\left(\prod_{t=1}^{T_i}P_{itr}(\boldsymbol{\theta})\right)/\partial\boldsymbol{\theta}}{(1/R)\sum_{r=1}^{R}\prod_{t=1}^{T_i}P_{itr}(\boldsymbol{\theta})}\qquad(15-19)$$

① 见 Gourieroux and Monfort（1996）。

对于导数项，

$$\begin{aligned}\partial\prod_{t=1}^{T_i}P_{itr}(\boldsymbol{\theta})/\partial(\boldsymbol{\theta}) &= \Big(\prod_{t=1}^{T_i}P_{itr}(\boldsymbol{\theta})\Big)\partial\Big(\ln\prod_{t=1}^{T_i}P_{itr}(\boldsymbol{\theta})\Big)/\partial\boldsymbol{\theta}\\ &= \Big(\prod_{t=1}^{T_i}P_{itr}(\boldsymbol{\theta})\Big)\sum_{t=1}^{T_i}\partial\ \ln\ P_{itr}(\boldsymbol{\theta})/\partial\boldsymbol{\theta}\\ &= P_{ir}(\boldsymbol{\theta})\Big(\sum_{t=1}^{T_i}\partial\ \ln\ P_{itr}(\boldsymbol{\theta})/\partial\boldsymbol{\theta}\Big) = P_{ir}(\boldsymbol{\theta})\sum_{t=1}^{T_i}\mathbf{g}_{itr}(\boldsymbol{\theta}) \qquad (15-20)\\ &= P_{ir}(\boldsymbol{\theta})\mathbf{g}_{ir}(\boldsymbol{\theta})\end{aligned}$$

现在，将式（15－20）的结果代入式（15－19），得到

$$\frac{\partial\ \ln L_S(\boldsymbol{\theta})}{\partial\boldsymbol{\theta}} = \sum_{i=1}^{n}\frac{\sum_{r=1}^{R}P_{ir}(\boldsymbol{\theta})\mathbf{g}_{ir}(\boldsymbol{\theta})}{\sum_{r=1}^{R}P_{ir}(\boldsymbol{\theta})} \qquad (15-21)$$

定义权重 $Q_{ir}(\boldsymbol{\theta})=P_{ir}(\boldsymbol{\theta})/\Sigma_{r=1}^{R}P_{ir}(\boldsymbol{\theta})$使得 $0<Q_{ir}(\boldsymbol{\theta})<1$ 和 $\Sigma_{r=1}^{R}Q_{ir}(\boldsymbol{\theta})=1$。那么有，

$$\frac{\partial\ \ln L_S(\boldsymbol{\theta})}{\partial\boldsymbol{\theta}} = \sum_{i=1}^{n}\sum_{r=1}^{R}Q_{ir}(\boldsymbol{\theta})\mathbf{g}_{ir}(\boldsymbol{\theta}) = \sum_{i=1}^{n}\bar{\mathbf{g}}_i(\boldsymbol{\theta}) \qquad (15-22)$$

为了得到二阶导数，定义 $\mathbf{H}_{itr}(\boldsymbol{\theta})=\partial^2\ln P_{itr}(\boldsymbol{\theta})/\partial\boldsymbol{\theta}\partial\boldsymbol{\theta}'$并令

$$\mathbf{H}_{ir}(\boldsymbol{\theta}) = \sum_{t=1}^{T_i}\mathbf{H}_{itr}(\boldsymbol{\theta})$$

和

$$\overline{\mathbf{H}}_i(\boldsymbol{\theta}) = \sum_{r=1}^{R}Q_{ir}(\boldsymbol{\theta})\mathbf{H}_{ir}(\boldsymbol{\theta}) \qquad (15-23)$$

那么，从式（15－21）开始，二阶导数矩阵可分解为如下三部分：

$$\begin{aligned}&\frac{\partial^2\ln L_S(\boldsymbol{\theta})}{\partial\boldsymbol{\theta}\partial\boldsymbol{\theta}'}\\ &= \sum_{i=1}^{n}\left[\begin{aligned}&\frac{\sum_{r=1}^{R}P_{ir}(\boldsymbol{\theta})\mathbf{H}_{ir}(\boldsymbol{\theta})}{\sum_{r=1}^{R}P_{ir}(\boldsymbol{\theta})}\\ &+\frac{\sum_{r=1}^{R}P_{ir}(\boldsymbol{\theta})\mathbf{g}_{ir}(\boldsymbol{\theta})\mathbf{g}_{ir}(\boldsymbol{\theta})'}{\sum_{r=1}^{R}P_{ir}(\boldsymbol{\theta})} - \left[\frac{\sum_{r=1}^{R}P_{ir}(\boldsymbol{\theta})\mathbf{g}_{ir}(\boldsymbol{\theta})}{\sum_{r=1}^{R}P_{ir}(\boldsymbol{\theta})}\right]\left[\frac{\sum_{r=1}^{R}P_{ir}(\boldsymbol{\theta})\mathbf{g}_{ir}(\boldsymbol{\theta})}{\sum_{r=1}^{R}P_{ir}(\boldsymbol{\theta})}\right]'\end{aligned}\right]\end{aligned}$$

现在我们可以使用式（15－20）至式（15－23）来合并这些项；

$$\frac{\partial^2\ln L_S}{\partial\boldsymbol{\theta}\partial\boldsymbol{\theta}'} = \sum_{i=1}^{n}\left\{\overline{\mathbf{H}}_i(\boldsymbol{\theta}) + \sum_{r=1}^{R}Q_{ir}(\boldsymbol{\theta})[\mathbf{g}_{ir}(\boldsymbol{\theta}) - \bar{\mathbf{g}}_i(\boldsymbol{\theta})][\mathbf{g}_{ir}(\boldsymbol{\theta}) - \bar{\mathbf{g}}_i(\boldsymbol{\theta})]'\right\} \qquad (15-24)$$

MSLE 的渐近协方差矩阵的估计量可以通过计算该矩阵的逆再加负号得到。

❖例 15.10　随机效应泊松回归模型

对于泊松回归模型，有 $\boldsymbol{\theta}=(\boldsymbol{\beta}',\sigma)'$ 且

$$P_{itr}(\boldsymbol{\theta})=\frac{\exp[-\exp(\mathbf{x}_{it}'\boldsymbol{\beta}+\sigma w_{ir})][\exp(\mathbf{x}_{it}'\boldsymbol{\beta}+\sigma w_{ir})]^{y_{it}}}{y_{it}!}=\frac{\exp[-\mu_{itr}(\theta)]\mu_{itr}(\theta)^{y_{it}}}{y_{it}!}$$

$$\mathbf{g}_{itr}(\boldsymbol{\theta})=[y_{it}-\mu_{itr}(\boldsymbol{\theta})]\begin{pmatrix}\mathbf{x}_{it}\\ w_{ir}\end{pmatrix} \tag{15-25}$$

$$\mathbf{H}_{itr}(\boldsymbol{\theta})=-\mu_{itr}(\boldsymbol{\theta})\begin{pmatrix}\mathbf{x}_{it}\\ w_{ir}\end{pmatrix}\begin{pmatrix}\mathbf{x}_{it}\\ w_{ir}\end{pmatrix}'$$

随机效应模型参数的估计可以通过使用前面一般性模板中的表达式来得到。我们将在第 19 章的一个应用中使用这些结果，届时将详细地讲解泊松回归模型。

❖例 15.11　随机效应线性回归模型的极大模拟似然估计

前面的方法也可以用于估计随机效应的线性模型。我们已经见过估计该模型的两种方法：两步 FGLS 和（闭合形式）极大似然估计。为该模型构造第三种估计量看起来可能是多余的。但是当下一节我们将模型一般化以包含其他随机参数时，这第三种方法将会是唯一可用的方法。为了使用该模拟估计量，我们定义 $\boldsymbol{\theta}=(\boldsymbol{\beta},\sigma_u,\sigma_\varepsilon)$。我们将需要

$$P_{itr}(\boldsymbol{\theta})=\frac{1}{\sigma_\varepsilon\sqrt{2\pi}}\exp\left[-\frac{(y_{it}-\mathbf{x}_{it}'\boldsymbol{\beta}-\sigma_u w_{ir})^2}{2\sigma_\varepsilon^2}\right]$$

$$\mathbf{g}_{itr}(\boldsymbol{\theta})=\begin{bmatrix}\left(\dfrac{(y_{it}-\mathbf{x}_{it}'\boldsymbol{\beta}-\sigma_u w_{ir})}{\sigma_\varepsilon^2}\right)\begin{pmatrix}\mathbf{x}_{it}\\ w_{ir}\end{pmatrix}\\ \dfrac{(y_{it}-\mathbf{x}_{it}'\boldsymbol{\beta}-\sigma_u w_{ir})^2}{\sigma_\varepsilon^3}-\dfrac{1}{\sigma_\varepsilon}\end{bmatrix}=\begin{bmatrix}(\varepsilon_{itr}/\sigma_\varepsilon^2)\begin{pmatrix}\mathbf{x}_{it}\\ w_{ir}\end{pmatrix}\\ (1/\sigma_\varepsilon)[(\varepsilon_{itr}^2/\sigma_\varepsilon^2)-1]\end{bmatrix} \tag{15-26}$$

$$\mathbf{H}_{itr}(\boldsymbol{\theta})=\begin{bmatrix}-(1/\sigma_\varepsilon^2)\begin{pmatrix}\mathbf{x}_{it}\\ w_{ir}\end{pmatrix}\begin{pmatrix}\mathbf{x}_{it}\\ w_{ir}\end{pmatrix}' & -(2\varepsilon_{itr}/\sigma_\varepsilon^3)\begin{pmatrix}\mathbf{x}_{it}\\ w_{ir}\end{pmatrix}\\ -(2\varepsilon_{itr}/\sigma_\varepsilon^3)(\mathbf{x}_{it}'w_{ir}) & -(3\varepsilon_{itr}^2/\sigma_\varepsilon^4)+(1/\sigma_\varepsilon^2)\end{bmatrix}$$

注意到在扰动项方差 σ_ε^2 的计算中，我们使用了模拟残差的平方和。但是，异质性方差的估计量 σ_u 并未作为均值方差来计算。w_{ir} 的回归系数很重要。一个惊人的含义是，σ_u 的实际估计可能是负的。这是我们在其他情况下也遇到过的结果。没有一个 σ_u^2 的自然估计量是基于平方和的。但在这一情景中，该计算还有另一个令人吃惊的方面。在模拟对数似然函数中，如果每个个体的 w_{ir} 被改成 $-w_{ir}$ 且 σ_u 被改成 $-\sigma_u$，那么函数值和所有导数结果将完全一样。其含义是，σ_u 的符号在这一设定下无法被识别出来。为了不失一般性，我们以正号（+）为标准，以与标准差的相关理论一致。

15.7　随机参数线性回归模型

我们将随机效应模型重新解释为

$$y_{it}=\beta_{0i}+\mathbf{x}_{it1}'\boldsymbol{\beta}_1+\varepsilon_{it}$$

$$\beta_{0i}=\beta_0+u_i \tag{15-27}$$

这与随机效应模型等价，但在式（15－27）中，我们将其重新解读为一个具有随机分布常数项的回归模型。在 11.10.1 小节中，我们建立了一个为个体间参数异质性提供的线性回归模型，

$$\begin{aligned} y_{it} &= \mathbf{x}_{it}'\boldsymbol{\beta}_i+\varepsilon_{it} \\ \boldsymbol{\beta}_i &= \boldsymbol{\beta}+\mathbf{u}_i \end{aligned} \tag{15-28}$$

其中，$\mathbf{u}_i$ 的均值向量为 $\mathbf{0}$、协方差矩阵为 $\boldsymbol{\Gamma}$。在那里我们使用了固定效应方法，$\mathbf{u}_i$ 和 $\mathbf{x}_{it}$ 之间的协方差矩阵没有被施加限制。与这些假设一致，我们构造了一个包括 n 个 $\mathbf{y}_i$ 对 $\mathbf{X}_i$ 的回归的估计量，以一次一个单位地估计 $\boldsymbol{\beta}$。每个估计量在 T_i 上是具有一致性的。（这完全是固定效应模型所采用的方法，其中有 n 个单位特异的常数项和一个共同的 $\boldsymbol{\beta}$。那里的方法是先估计 $\boldsymbol{\beta}$，再进行 $\mathbf{y}_i-\mathbf{X}_i$、$\mathbf{b}_{\text{LSDV}}$ 对 $\mathbf{d}_i$ 的回归来估计 α_i。）与在固定效应模型中假定 $\mathbf{u}_i$ 与 $\mathbf{x}_{it}$ 无关的同样的方式，我们提供了使用 FGLS 来估计随机效应模型中的参数的途径。若我们假定式（15－28）中 $\mathbf{u}_i$ 和 $\mathbf{X}_i$ 无关，我们可以将 15.6.3 小节中的随机效应模型拓展为，不仅常数项为随机分布，而且模型部分或全部其他系数均为随机分布。其理论含义是，模型现在可以扩展至允许所有系数具有个体异质性。

为了实现这一扩展模型，我们从一个简单的形式开始，即 $\mathbf{u}_i$ 具有对角的协方差矩阵——这一设定在文献中十分常见。其含义是随机参数是不相关的；$\beta_{i,k}$ 具有均值 β_k 及方差 γ_k^2。式（15－26）中的模型可以被改进，以实现我们的案例，但需略微调整我们的记号。令

$$\boldsymbol{\beta}_i=\boldsymbol{\beta}+\boldsymbol{\Lambda}\mathbf{w}_i \tag{15-29}$$

其中 $\boldsymbol{\Lambda}$ 是一个对角阵，其对角线上是（u_{i1}，…，u_{iK}）的标准差（γ_1，γ_2，…，γ_K），$\mathbf{w}_i$ 是具有 0 均值和单位方差的随机向量。那么有 $\boldsymbol{\Gamma}=\boldsymbol{\Lambda}\boldsymbol{\Lambda}'$。现在模型中的参数向量为

$$\boldsymbol{\theta}=(\beta_1,\cdots,\beta_K,\gamma_1,\cdots,\gamma_K,\sigma_\varepsilon)'$$

（在某种应用中，部分 γ 可能被固定为 0，以使相应的参数非随机。）为了扩展该模型，式（15－26）中的扰动项 $\varepsilon_{itr}=(y_{it}-\mathbf{x}_{it}\boldsymbol{\beta}-\sigma_u w_{ir})$变为

$$\varepsilon_{itr}=y_{it}-\mathbf{x}_{it}'(\boldsymbol{\beta}+\boldsymbol{\Lambda}\mathbf{w}_{ir}) \tag{15-30}$$

现在，结合式（15－17）、式（15－29）和式（15－30）可得到

$$\ln L_S=\sum_{i=1}^{n}\ln\left\{\frac{1}{R}\sum_{r=1}^{R}\prod_{t=1}^{T_i}\frac{1}{\sigma_\varepsilon\sqrt{2\pi}}\exp\left[\frac{(y_{it}-\mathbf{x}_{it}'(\boldsymbol{\beta}+\boldsymbol{\Lambda}\mathbf{w}_{ir}))^2}{2\sigma_\varepsilon^2}\right]\right\} \tag{15-31}$$

为适应该扩展模型，式（15－26）中的导数唯一需要做的变动是把标量 w_{ir} 变为向量（$w_{ir,1}x_{it,1}$，$w_{ir,2}x_{it,2}$，…，$w_{ir,K}x_{it,K}$）。这是自变量 $\mathbf{x}_{it}$ 和随机抽样的向量 $\mathbf{w}_{ir}$ 对应元素相乘得到的乘积，即两个向量的**哈达马德积**（Hadamard product）、**直积**（direct product）或**舒尔积**（Schur product），通常表示为 $\mathbf{x}_{it}\circ\mathbf{w}_{ir}$。

尽管相比式（15－26）中的随机效应模板的符号表示仅发生了微小的改变，但这一形式对模型形式已进行了非常大的改变。$\ln L$ 中的积分现在是一个 K 维积分。极大模拟似然估计还像之前一样进行，但现在每一次抽样需要一个伪随机抽样的 K 元向量，故潜在地需要比原来多得多的计算。

如同在固定效应案例中所做的一样，随机参数模型现在可以被扩展为有完整协方差矩阵 $\boldsymbol{\Gamma}$ 的

模型。我们现在令式（15－29）中的 $\mathbf{\Lambda}$ 为 $\mathbf{\Gamma}$ 的乔利斯基分解，即 $\mathbf{\Gamma}=\mathbf{\Lambda\Lambda}'$。（对角 $\mathbf{\Gamma}$ 的简单例子中已是如此。）式（15－26）中的实施过程略微复杂。关于 $\boldsymbol{\beta}$ 的导数是不变的。目前关于 $\mathbf{\Lambda}$ 的导数，假定 $\mathbf{\Lambda}$ 是一个完整的矩阵而不是下三角矩阵将是有用的。随后，导数表达式中的标量 w_{ir} 变为一个 $K^2\times1$ 的向量，其中第$(k-1)\times K+l$ 个元素为 $x_{it,k}\times w_{ir,l}$。其整体是 $\mathbf{x}_{it}$ 和 $\mathbf{w}_{ir}$，$\mathbf{x}_{it}\otimes\mathbf{w}_{ir}$ 的**克罗内克积**（Kronecker product）。随后通过去掉 $\mathbf{\Lambda}_{kl}$ 中已知为 0 的元素——满足 $l>k$ 的，来获得最大化对数自然函数的必要元素。

在式（15－26）中，对于完整的模型以及对于计算 MSL 估计量，关于（$\boldsymbol{\beta}$，$\mathbf{\Lambda}$）的导数需要等于 0。经过变形得到的结果为

$$\frac{\partial \ln L_S}{\partial(\boldsymbol{\beta},\mathbf{\Lambda})}=\sum_{i=1}^{n}\frac{1}{R}\sum_{r=1}^{R}\sum_{t=1}^{T_i}\frac{y_{it}-\mathbf{x}_{it}'(\boldsymbol{\beta}+\mathbf{\Lambda}\mathbf{w}_{ir})}{\sigma_\varepsilon^2}\begin{bmatrix}\mathbf{x}_{it}\\ \mathbf{x}_{it}\otimes\mathbf{w}_{ir}\end{bmatrix}=\mathbf{0}$$

令其乘以 σ_ε^2，我们发现如同往常一样，σ_ε^2 在估计（$\boldsymbol{\beta}$，$\mathbf{\Lambda}$）的计算中并不是必要的。因此，我们可以将这一解视为最小二乘的对应，从而或许可以被称为最小模拟二乘估计量。在关于 $\boldsymbol{\beta}$ 和 $\mathbf{\Lambda}$ 最小化了模拟平方和后，通过似然方程可以得到 σ_ε^2 的解，

$$\frac{\partial \ln L_S}{\partial\sigma_\varepsilon^2}=\sum_{i=1}^{n}\left\{\frac{1}{R}\sum_{r=1}^{R}\left[\frac{-T_i}{2\sigma_\varepsilon^2}+\frac{\sum_{t=1}^{T_i}(y_{it}-\mathbf{x}_{it}'(\boldsymbol{\beta}+\mathbf{\Lambda}\mathbf{w}_{i,r}))^2}{2\sigma_\varepsilon^4}\right]\right\}=0$$

等式两边同时乘以$-2\sigma_\varepsilon^4$ 得到等价条件

$$\frac{\partial \ln L_S}{\partial\sigma_\varepsilon^2}=\sum_{i=1}^{n}\left\{\frac{1}{R}\sum_{r=1}^{R}T_i\left[-\sigma_\varepsilon^2+\frac{\sum_{t=1}^{T_i}(y_{it}-\mathbf{x}_{it}'(\boldsymbol{\beta}+\mathbf{\Lambda}\mathbf{w}_{i,r}))^2}{T_i}\right]\right\}=0$$

展开并稍加变形，得到 σ_ε^2 的解为

$$\hat{\sigma}_\varepsilon^2=\sum_{i=1}^{n}F_i\frac{1}{R}\sum_{r=1}^{R}\hat{\sigma}_{\varepsilon,ir}^2\text{，其中 }\hat{\sigma}_{\varepsilon,ir}^2=\frac{\sum_{t=1}^{T_i}(y_{it}-\mathbf{x}_{it}'(\boldsymbol{\beta}+\mathbf{\Lambda}\mathbf{w}_{i,r}))^2}{T_i}$$

以及 $F_i=T_i/\sum_i T_i$ 是每一组的权重，若 T_i 对于所有 i 都相同，则该权重等于 $1/n$。

∴例 15.12　　随机参数工资方程

表 15.6 展示了例 11.7 和例 15.6 中，来自康韦尔和鲁珀特研究的随机效应工资对数方程的估计。该表展示了基于几个假设的估计。包络模型是

$$\ln Wage_{it}=\beta_{1,i}+\beta_{2,i}Wks_{i,t}+\cdots+\beta_{12,i}Fem_i+\beta_{13,i}Blk_i+\varepsilon_{it} \tag{15-32}$$

$$\beta_{k,i}=\beta_k+\lambda_k w_{ik}\text{，}w_{ik}\sim\mathrm{N}[0,1]\text{，}k=1,\cdots,13 \tag{15-33}$$

在同质性的假设下，即 $\lambda_k=0$，混合最小二乘估计量具有一致性和有效性。如在第 11 章中所见，在随机效应假设下，即当 $k=2$，…，13 时 $\lambda_k=0$，但 $\lambda_1\neq0$，OLS 估计量是一致的，接下来的三个明显考虑了异质性的估计量亦是如此。为了考虑完整的设定，将模型写为等价形式

$$\begin{aligned}\ln Wage_{it}&=\mathbf{x}_{it}'\boldsymbol{\beta}+\left(\lambda_1 w_{i,1}+\sum_{k=2}^{13}\lambda_k w_{i,k}x_{it,k}\right)+\varepsilon_{it}\\&=\mathbf{x}_{it}'\boldsymbol{\beta}+W_{it}+\varepsilon_{it}\end{aligned}$$

表 15.6　被估计的工资方程（括号中为标准误）

变量	混合 OLS	可行两步 GLS	极大似然	极大模拟似然[a]	随机参数极大模拟似然[a]	
					β	λ
Wks	0.004 22	0.000 96	0.000 84	0.000 86	−0.000 29	0.006 14
	(0.001 08)	(0.000 59)	(0.000 60)	(0.000 47)	(0.000 82)	(0.000 42)
South	−0.055 64	−0.008 25	0.005 77	0.009 35	0.049 41	0.209 97
	(0.012 53)	(0.022 46)	(0.031 59)	(0.005 08)	(0.020 02)	(0.017 02)
SMSA	0.151 67	−0.028 40	−0.047 48	−0.049 13	−0.054 86	0.011 65
	(0.012 07)	(0.016 16)	(0.018 96)	(0.005 07)	(0.017 47)	(0.027 38)
MS	0.048 45	−0.070 90	−0.041 38	−0.041 42	−0.063 58	0.025 24
	(0.020 57)	(0.017 93)	(0.018 99)	(0.008 24)	(0.018 96)	(0.031 90)
Exp	0.040 10	0.087 48	0.107 21	0.106 68	0.092 91	0.018 03
	(0.002 16)	(0.002 25)	(0.002 48)	(0.000 96)	(0.002 16)	(0.000 92)
Exp^2	−0.000 67	−0.000 76	−0.000 51	−0.000 50	−0.000 19	0.000 08
	(0.000 05)	(0.000 05)	(0.000 05)	(0.000 02)	(0.000 07)	(0.000 02)
Occ	−0.140 01	−0.043 22	−0.025 12	−0.024 37	−0.009 63	0.025 65
	(0.014 66)	(0.012 99)	(0.013 78)	(0.005 93)	(0.013 31)	(0.010 19)
Ind	0.046 79	0.003 78	0.013 80	0.016 10	0.002 07	0.025 75
	(0.011 79)	(0.013 73)	(0.015 29)	(0.004 90)	(0.013 57)	(0.024 20)
Union	0.092 63	0.058 35	0.038 73	0.037 24	0.057 49	0.152 60
	(0.012 80)	(0.013 50)	(0.014 81)	(0.005 09)	(0.014 69)	(0.020 22)
Ed	0.056 70	0.107 07	0.135 62	0.139 52	0.093 56	0.004 09
	(0.002 61)	(0.005 11)	(0.012 67)	(0.011 70)	(0.003 59)	(0.001 60)
Fem	−0.367 79	−0.309 38	−0.175 62	−0.116 94	−0.038 64	0.283 10
	(0.025 10)	(0.045 54)	(0.113 10)	(0.010 60)	(0.024 67)	(0.007 60)
Blk	−0.166 94	−0.219 50	−0.261 21	−0.151 84	−0.268 64	0.029 30
	(0.022 04)	(0.052 52)	(0.137 47)	(0.009 79)	(0.031 56)	(0.038 41)
常数	5.251 12	4.041 44	3.126 22	3.083 62	3.816 80	0.263 47
	(0.071 29)	(0.083 30)	(0.177 61)	(0.032 76)	(0.069 05)	(0.016 28)
σ_u	0.000 00	0.314 53	0.839 32	0.809 26		
σ_ε	0.349 36	0.152 06	0.153 34	0.153 26	0.143 54	
	LM=3 497.02				(0.002 08)	
ln *L*	−1 523.254		307.873	309.173	365.313	

a. 基于 500 次霍尔顿抽样。

这仍是一个回归：$E[W_{it}+\varepsilon_{it}|\mathbf{X}]=0$。（对于乘积项，$E[\lambda_k w_{i,k} x_{it,k}|\mathbf{X}]=\lambda_k x_{it,k} E[w_{i,k}|x_{itk}]=0$。）因此，即使是 OLS，仍然保持一致性。异质性引出了 W_{it} 中的异方差性，所以 OLS 估计量是非有效的，传统协方差矩阵将不再合适。运用类似的逻辑，在表 15.6 中间三列的 β 的随机效应估计量也是一致的。但是，它们同样也非有效。在实际工作中，具体到线性回归模型的结果是，我们分别估计均值参数 β、方差参数 λ_k 与 σ_ε。特定地，若当 $k=2$，…，13 时 λ_k 非零，那么假设它们为 0 的混合和 RE 估计量均是非一致的。在另外一个设定错误的模型中一致地估计 β，我们称 MLE 和 MSLE 为**伪极大似然估计量**（pseudo-maximum likelihood estimators）。见 14.8 节。

将随机效应模型的 ML 和 MSL 估计量进行比较，我们发现估计是相似的，尽管在个别例子里有明显的不同。较大的不同容易出现在当估计的标准误较大（t 值较小）时。这部分缘于对一个具有 595 个观测的有限样本的估计方法不同。也有一部分的不同至少可归结为相比于 MLE 中精确计算的（闭合形式）积分，模拟具有近似误差。完整的随机参数模型在后两列中展示。基于似然比统计量 $2\times(365.313-309.173)=112.28$ 且自由度为 12，我们将拒绝 $\lambda_2=\lambda_3=\cdots=\lambda_{13}=0$ 的假设。具有 12 个自由度的 95%临界值为 21.03。模型的该随机参数形式说明我们需要重新考虑关于被估计参数的统计显著性的定义。基于式（15－33），均值参数可能显著不为 0，同时标准差 λ 也可能很大，说明总体的一大部分仍保持在统计上接近于 0。考虑 $\beta_{3,i}$ 的估计值，即 $South_{it}$ 的系数。均值的估计值 β_3 是 0.049 41，估计标准误为 0.020 02。这说明参数的置信区间为 $0.049\,41\pm1.96\times0.020\,02=[0.010\,17, 0.088\,65]$。但这描述的仅仅是分布中心所在的位置。在 λ_k 的估计值为 0.209 97 的情况下，随机参数模型告诉我们，总体中 95%的个体在区间 $0.049\,41\pm1.96\times0.209\,97=[-0.362\,13, 0.460\,95]$ 有 *South* 的效应。这仍然以接近 0 的某处为中心，但与 β 本身的简单置信区间解释不同。总体中的大多数与 0 的距离在 2 个标准差之内。这一分析说明估计 β_i 而不仅仅估计分布的参数可能是一项有趣的实践。我们将在 15.10 节中考虑该估计问题。

下一个例子研究随机参数的协方差矩阵可为无约束正定矩阵的随机参数模型。即

$$
\begin{aligned}
y_{it} &= \mathbf{x}_{it}'\boldsymbol{\beta}_i+\varepsilon_{it} \\
\boldsymbol{\beta}_i &= \boldsymbol{\beta}+\mathbf{u}_i,\ E[\mathbf{u}_i|\mathbf{X}]=\mathbf{0},\ \mathrm{Var}[\mathbf{u}_i|\mathbf{X}]=\mathbf{\Gamma}
\end{aligned}
\tag{15-34}
$$

这是 11.10.1 小节中的固定效应模型在随机效应中的对应物。注意，设定上的差异是随机效应假设，$E[\mathbf{u}_i|\mathbf{X}]=\mathbf{0}$。我们在重新参数化的模型中继续使用 $\mathbf{\Gamma}$ 的乔利斯基分解

$$\boldsymbol{\beta}_i=\boldsymbol{\beta}+\mathbf{\Lambda}\mathbf{w}_i,\ E[\mathbf{w}_i|\mathbf{X}]=\mathbf{0},\ \mathrm{Var}[\mathbf{w}_i|\mathbf{X}]=\mathrm{I}$$

❖例 15.13　生产函数模型的最小模拟平方和估计

在例 11.22 中，我们研究了芒内尔有关州生产总量的生产模型。

$$
\begin{aligned}
\ln gsp_{it} = {} & \beta_1+\beta_2\ln pc_{it}+\beta_3\ln hwy_{it}+\beta_4\ln water_{it} \\
& +\beta_5\ln util_{it}+\beta_6\ln emp_{it}+\beta_7 unemp_{it}+\varepsilon_{it},\ i=1,\cdots,48;\ t=1,\cdots,17
\end{aligned}
$$

这一面板由长达 17 年的州级数据组成。例 11.19 的（以及芒内尔的）模型无法实现参数的异质性，除了常数项的。我们已使用希尔德雷思和霍克的方法重新估计该模型。OLS，FGLS 和 MLE 结果在表 15.7 中给出。（OLS 和 FGLS 的结果复制于表 11.21 中。）检验参数同质性的原假设的卡方统计量为 25 556.26，自由度为 $7\times47=329$。表中的临界值为 372.299，因此原假设被拒绝。不像本章研究的其他例子，在这里 FGLS 的估计结果完全不同于 OLS。FGLS 估计与固定效应的观点一致，因为其不假

设系数的变化与外生变量无关。潜在的标准差使用作为协方差矩阵的 **G** 计算出。[对于这些数据，减去第二个矩阵将使 **G** 不再正定，因此表中的标准差基于仅使用式（11-88）中第一项的估计结果。] 标准误的增大是令人吃惊的。这说明不同州的参数有相当大的变化。我们使用式（11-89）来计算具体至州的系数。

表 15.7　被估计的随机参数模型

	最小二乘		固定 GLS		极大模拟似然	
变量	估计	标准误	估计	标准误	估计	标准误
常数	1.926 0	0.052 50	1.653 3	1.083 31	2.023 19	0.038 01
					(0.532 28)	
ln*pc*	0.312 0	0.011 09	0.094 09	0.051 52	0.320 49	0.006 21
					(0.158 71)	
ln *hwy*	0.058 88	0.015 41	0.105 0	0.173 6	0.012 15	0.009 09
					(0.192 12)	
ln *water*	0.118 6	0.012 36	0.076 72	0.067 43	0.076 12	0.006 00
					(0.174 84)	
ln *util*	0.008 56	0.012 35	−0.014 89	0.098 86	−0.046 65	0.008 50
					(0.781 96)	
ln *emp*	0.549 7	0.015 54	0.919 0	0.104 4	0.675 68	0.009 84
					(0.821 33)	
unemp	−0.007 27	0.001 384	−0.004 706	0.002 067	−0.007 91	0.000 93
					(0.021 71)	
σ_ε	0.085 42		0.212 9		0.023 60	
ln *L*	853.137 2				1 527.196	

表 15.7 中最右边的两列展示了随机参数生产函数模型的极大模拟似然估计。它在一定程度上相对于 FGLS 估计结果更类似于 OLS 估计结果，而后者的计算方法完全不同。估计结果下方括号中的值为 $\mathbf{u}_i$ 的分布的标准差的估计，$\mathbf{u}_i$ 是 $\mathbf{\Gamma}$ 对角线元素的平方根。这通过计算 $\mathbf{\Lambda\Lambda}'$ 的对角线元素的平方根得到。$\mathbf{\Lambda}$ 的估计展示如下：

$$\hat{\mathbf{\Lambda}}=\begin{bmatrix} 0.532\,28 & 0 & 0 & 0 & 0 & 0 & 0 \\ -0.125\,11 & 0.097\,66 & 0 & 0 & 0 & 0 & 0 \\ 0.175\,29 & -0.071\,96 & 0.031\,69 & 0 & 0 & 0 & 0 \\ 0.034\,67 & 0.033\,06 & 0.154\,98 & 0.065\,22 & 0 & 0 & 0 \\ 0.164\,13 & -0.030\,30 & -0.088\,89 & 0.597\,45 & 0.467\,72 & 0 & 0 \\ 0.147\,50 & -0.020\,49 & 0.052\,48 & 0.674\,29 & 0.441\,58 & 0.001\,67 & 0 \\ 0.004\,27 & -0.003\,37 & 0.001\,81 & 0.016\,40 & 0.012\,77 & 0.002\,39 & 0.000\,83 \end{bmatrix}$$

参数的相关系数矩阵的估计结果可能包含很大的信息量。这由 $\hat{\mathbf{\Lambda}}$ 推导出，通过计算 $\hat{\mathbf{\Gamma}}=\hat{\mathbf{\Lambda}}\hat{\mathbf{\Lambda}}'$，并将乘积除以各自的标准差（表 15.7 括号中的值）来将协方差转换为相关系数。结果为

$$\mathbf{R}=\begin{bmatrix} 1 &&&&&& \\ -0.7883 & 1 &&&&& \\ 0.9124 & -0.9497 & 1 &&&& \\ 0.1983 & -0.0400 & 0.2563 & 1 &&& \\ 0.2099 & -0.1893 & 0.1873 & 0.2186 & 1 && \\ 0.1796 & -0.1569 & 0.1837 & 0.3938 & 0.9802 & 1 & \\ 0.1966 & -0.2504 & 0.2512 & 0.3654 & 0.9669 & 0.9812 & 1 \end{bmatrix}$$

15.8 分层线性模型

例 11.23 研究了一个两层模型或者说分层模型的使用。对于抵押贷款利率，

$$RM_{it}=\beta_{1i}+\beta_{2,i}J_{it}+\text{与抵押贷款有关的各项}+\varepsilon_{it}$$

第二层方程为

$$\beta_{2,i}=\alpha_1+\alpha_2\text{GFA}_i+\alpha_3\times 1\text{ 年期国债利率}+\alpha_4\times 10\text{ 年期国债利率}$$
$$+\alpha_5\times\text{信用风险}+\alpha_6\times\text{提前付款风险}+\cdots+u_i$$

最近很多领域的研究都把分层模型的思想拓展到了模型的全部参数中。[依研究领域的不同，读者可能会发现它们都贴着“分层模型”、“**混合模型**”（mixed models）、“随机参数模型”或“随机效应模型”的标签。最后一种说法将我们对随机效应的定义一般化了。] 式（15－34）中模型的两层方程为

$$y_{it}=\mathbf{x}_{it}'\boldsymbol{\beta}_i+\varepsilon_{it}$$
$$\boldsymbol{\beta}_i=\boldsymbol{\beta}+\boldsymbol{\Delta}\mathbf{z}_i+\mathbf{u}_i$$

（例 15.14 展示了一个三层模型。）该模型保留了早先的随机设定，但是将测量方程加入了随机参数的生成中。模型现在变为

$$y_{it}=\mathbf{x}_{it}'(\boldsymbol{\beta}+\boldsymbol{\Delta}\mathbf{z}_i+\boldsymbol{\Lambda}\mathbf{w}_i)+\varepsilon_{it}$$

它与我们早先在式（15－28）～式(15－31）中的模型基本一样，只是加入了 $\delta_{kl}x_{itk}z_{il}$ 形式的乘积（交叉）项，这说明了它可能是如何被估计的（仅通过在前面所述的形式中增加交叉项即可)。在式（15－26）的模板中，$\sigma_u w_{ir}$ 项变为 $\mathbf{x}_{it}'(\boldsymbol{\Delta}\mathbf{z}_i+\boldsymbol{\Lambda}\mathbf{w}_i)$，$\boldsymbol{\theta}=(\boldsymbol{\beta}',\boldsymbol{\delta}',\boldsymbol{\lambda}',\sigma_\varepsilon)'$，其中 $\boldsymbol{\delta}'$ 是 $\boldsymbol{\Delta}$ 的行组成的行向量，$\boldsymbol{\lambda}'$ 是 $\boldsymbol{\Lambda}$ 的行组成的行向量。导数中的标量项 w_{ir} 由包含在（$\mathbf{x}_{it}\otimes\mathbf{z}_i$，$\mathbf{x}_{it}\otimes\mathbf{w}_{ir}$）中的项的列向量所取代。

分层模型可以在几种有用的方向上扩展。最近的分析将模型扩展至解决数据集多层分解问题，就像我们处理嵌套随机效应时考虑的一样。在下一个和房价有关的例子中将出现一个三层模型：

$$y_{ijt}=\mathbf{x}_{ijt}'\boldsymbol{\beta}_{ij}+\varepsilon_{it},t=(\text{销售})\text{地点},j=\text{周边},j=\text{社区}$$
$$\boldsymbol{\beta}_{ij}=\boldsymbol{\phi}_i+\boldsymbol{\Delta}\mathbf{z}_{ij}+\mathbf{u}_{ij} \tag{15－35}$$
$$\boldsymbol{\phi}_i=\boldsymbol{\pi}+\boldsymbol{\Phi}\mathbf{r}_i+\mathbf{v}_i$$

我们在本节中分析的**分层线性模型**（hierarchical linear model）也称"混合模型"和"随机参数"模型。尽管这三种叫法经常互相替代，但每种叫法强调的都是式（15－35）中结构模型的不同方面。模型的"分层"特征指的是在分层的面板数据结构内建立的系数分层，正如例15.14所示。随机参数特征是与样本个体间异质性模型化相关的显著特征。注意式（15－35）或贝隆（Beron）等人的应用，模型可以不使用下层模型中的随机项而建立。这为在线性回归模型中引入变量之间的交互项提供了一条便捷道路。随机成分的加入与 u_i 出现在11.5节和式（15－39）的随机效应模型中是基于同样的原因。我们还必须记住，在所有这样的结构中，$\mathbf{u}_i$ 与模型中的其他所有变量始终保持着严格均值独立性。在大多数处理方法中，我们还更进一步假设 u_i 服从特定的分布，通常是联合正态分布。最后，"混合"模型设定的特征与去除异质性［如，式（15－13）］的潜在的整合相关。无条件估计模型是基础模型的混合，其中混合的权重取决于随机成分的基础分布密度。

∵例 15.14　　房价的分层线性模型

Beron，Murdoch，and Thayer（1999）使用了赫德尼克（Hedonic）定价模型来分析加利福尼亚州四县：洛杉矶、圣贝纳迪诺、里弗塞德和奥兰治 76 343 套房屋的销售价格。数据集被分解为 2 185 个普查地段和 131 个学区。房屋价格是用三层随机参数定价模型来刻画的（为了使模型成分的角色更加明确，我们会对参数的定义做少许改动）。令 *site* 代表（销售）地点；*nei* 代表周边；*com* 代表社区，社区是总体的最高层次。定价方程可以表示为

$$\ln Price_{site,nei,com} = \pi^0_{nei,com} + \sum_{k=1}^{K} \pi^k_{nei,com} \mathbf{x}_{k,site,nei,com} + \varepsilon_{site,nei,com}$$

$$\pi^k_{nei,com} = \beta^{0,k}_{com} + \sum_{l=1}^{L} \beta^{l,k}_{com} z_{k,nei,com} + r^k_{nei,com}, \ k = 0,\cdots,K$$

$$\beta^{l,k}_{com} = \gamma^{0,l,k} + \sum_{m=1}^{M} \gamma^{m,l,k} e_{m,com} + u^{l,k}_{com}, \ l = 1,\cdots,L$$

主方程中有 K 个一层变量 x_k 和一个常数；二层方程中有 L 个二层变量 z_l 和一个常数；三层方程中有 M 个三层变量 e_m 和一个常数。模型中的变量如下。一层变量定义了赫德尼克定价模型，即

x＝房屋面积、卫生间个数、宅基地面积、是否有集中供暖、是否有空调、是否有游泳池、景观质量、房龄、距海滩距离

二层和三层衡量周边和社区的水平：

z＝周边处于贫困线以下人口的比例、周边种族构成、65岁以上居民比例、平均通勤时间
e＝FBI犯罪指数、学区平均测验成绩、空气质量检测、能见度指数

该模型是用极大模拟似然法估计的。

15.9　非线性随机参数模型

前面大多数的应用使用了线性回归模型来说明和解释相关步骤。但是，用于建模的模板并没有某种内在特性将其局限于线性回归。模型的最初描述和第一个例子即应用于一个非线性模

型——泊松回归。在下一节，我们也将研究一个随机参数二值选择模型。这一随机参数模型在多种设定中得到使用。最常见的一种是我们在第 18 章即将讨论的多项选择模型。

模拟随机参数估计量/模型非常灵活。[①] 模拟方法除了扩展很多模型类别的适用范围之外，也允许模型本身具有非常大的灵活性。比如，限定一个参数只能有一种符号是一个长期存在的问题。对参数使用对数正态设定，$\beta_i=\exp(\beta+\sigma w_i)$，提供了一种约束随机参数使其与理论约束一致的方法。

研究者常常发现对数正态分布会产生不切实际的较大的参数值。参数在约束的范围内变动的模型是服从关于 0 对称的三角分布的随机变量，

$$f(w)=\mathbf{1}[-a\leqslant w\leqslant 0](a+w)/a^2+\mathbf{1}[0<w\leqslant a](a-w)/a^2$$

当 $a=1$ 时，从该分布中进行一次抽样可计算得到

$$w=\mathbf{1}[u\leqslant 0.5][(2u)^{1/2}-1]+\mathbf{1}[u>0.5][1-(2(1-u))^{1/2}]$$

其中 u 是 $U[0,1]$ 的抽样。随后，被限制在范围 $\beta\pm\lambda$ 内的参数将由 $\beta+\lambda w$ 得到。令 $\lambda=\beta$，则 β_i 的范围为 $0\sim 2\lambda$，从而进一步限制了随机系数的符号。[②] 在模拟领域，有大量方法使模型扩展至线性模型，以及随机参数的正态分布之外。

随机参数模型已经能够在几种现代电脑程序包中实现。SAS 中的 PROC MIXED 程序包对线性、泊松和二值选择模型使用了一类 GLS。GLAMM 程序——Rabe-Hesketh，Skrondal，and Pickles（2005）——为 Stata 而编写，对包括线性、泊松和二值选择在内的几类模型使用求积法。LIMDEP/NLOGIT 中的 RPM 和 RPL 程序使用了这里介绍的方法，应用于线性、二值选择、截尾数据、多项、有序选择和其他几种情形。最后，MLWin 程序包（www.bristol.ac.uk/cmm/software/mlwin/）是这里所讨论的一部分模型的大规模实施。MLWin 使用无信息先验分布的 MCMC 方法来实现极大模拟似然估计。

15.10 个体参数估计

我们在分析不同的随机参数设定时，曾将注意力集中于模型

$$\boldsymbol{\beta}_i=\boldsymbol{\beta}+\boldsymbol{\Delta}\mathbf{z}_i+\boldsymbol{\Lambda}\mathbf{w}_i$$

中总体参数 $\boldsymbol{\beta}$，$\boldsymbol{\Delta}$ 和 $\boldsymbol{\Lambda}$ 的估计，比如，在例 15.13 中我们估计了一个生产模型。有几处我们指出，估计个别具体的 $\boldsymbol{\beta}_i$ 可能是有用的。在分析 11.10.1 小节例 11.22 中的希尔德雷思/霍克/斯沃普模型时，我们做了类似的练习。模型为

$$\mathbf{y}_i=\mathbf{X}_i\boldsymbol{\beta}_i+\boldsymbol{\varepsilon}_i$$
$$\boldsymbol{\beta}_i=\boldsymbol{\beta}+\mathbf{u}_i$$

其中没有限制 $\mathbf{u}_i$ 和 $\mathbf{X}_i$ 的相关性。在这一固定效应案例中，我们得到了总体均值 $\boldsymbol{\beta}$ 的一个 FGLS 估计量

① 见 Train and McFadden（2000）的讨论。

② 关于此类模型构建的讨论在 Train and Sonnier（2003）和 Train（2009）中给出。

$$\hat{\boldsymbol{\beta}} = \sum_{i=1}^{n} \hat{\mathbf{W}}_i \mathbf{b}_i$$

其中

$$\hat{\mathbf{W}}_i = \left\{ \sum_{i=1}^{n} [\hat{\boldsymbol{\Gamma}} + \hat{\sigma}_\varepsilon^2 (\mathbf{X}'_i \mathbf{X}_i)^{-1}]^{-1} \right\}^{-1} [\hat{\boldsymbol{\Gamma}} + \hat{\sigma}_\varepsilon^2 (\mathbf{X}'_i \mathbf{X}_i)^{-1}]^{-1}$$

以及

$$\mathbf{b}_i = (\mathbf{X}'_i \mathbf{X}_i)^{-1} \mathbf{X}'_i \mathbf{y}_i$$

对于每一组，我们随之给出 $E[\boldsymbol{\beta}_i \mid$ 关于第 i 组的已知信息$]$ 的估计量

$$\text{Est. } E[\boldsymbol{\beta}_i \mid \mathbf{y}_i, \mathbf{X}_i] = \mathbf{b}_i + \hat{\mathbf{Q}}_i (\hat{\boldsymbol{\beta}} - \mathbf{b}_i)$$

其中

$$\hat{\mathbf{Q}}_i = \{[s_i^2 (\mathbf{X}'_i \mathbf{X}_i)]^{-1} + \hat{\boldsymbol{\Gamma}}^{-1}\}^{-1} \hat{\boldsymbol{\Gamma}}^{-1} \tag{15-36}$$

$E[\boldsymbol{\beta}_i \mid \mathbf{y}_i, \mathbf{X}_i]$的估计量等于最小二乘估计量加上一定比例的 $\hat{\boldsymbol{\beta}}$ 与 $\mathbf{b}_i$ 之差。(矩阵 $\hat{\mathbf{Q}}_i$ 处于零矩阵 $\mathbf{0}$ 和单位矩阵 $\mathbf{I}$ 之间。如果 $\mathbf{X}_i$ 有单独的一列，那么 $\hat{q}_i$ 将等于$(1/\hat{\gamma})/\{(1/\hat{\gamma}) + [1/(s_i^2/\mathbf{x}'_i \mathbf{x}_i)]\}$。)

我们可以为本章已经研究的混合模型提供一个类比的结果。① 从最初的模型假设中，我们能得到

$$f(y_{it} \mid \mathbf{x}_{it}, \boldsymbol{\beta}_i, \boldsymbol{\theta})$$

其中

$$\boldsymbol{\beta}_i = \boldsymbol{\beta} + \boldsymbol{\Delta} \mathbf{z}_i + \boldsymbol{\Lambda} \mathbf{w}_i \tag{15-37}$$

且 $\boldsymbol{\theta}$ 是模型中的任何其他参数，比如线性回归模型中的 σ_ε。对于一个面板，由于我们以 $\boldsymbol{\beta}_i$（即以 $\mathbf{w}_i$）为条件，那么 T_i 个观测是独立的，并且有

$$f(y_{i1}, y_{i2}, \cdots, y_{iT_i} \mid \mathbf{X}_i, \boldsymbol{\beta}_i, \boldsymbol{\theta}) = f(\mathbf{y}_i \mid \mathbf{X}_i, \boldsymbol{\beta}_i, \boldsymbol{\theta}) = \prod_t f(y_{it} \mid \mathbf{x}_{it}, \boldsymbol{\beta}_i, \boldsymbol{\theta}) \tag{15-38}$$

这是在给定 $\boldsymbol{\beta}_i$ 时，第 i 组对样本的似然函数（并非其对数）的贡献；即，注意到该项的对数是出现在式（15－31）中的正态线性模型以及式（15－16）中的泊松模型的模拟对数似然函数。$\boldsymbol{\beta}_i$ 的边际密度由式（15－37）中的 $\mathbf{w}_i$ 的密度导出。比如，若 $\mathbf{w}_i$ 是联合正态分布，那么 $f(\boldsymbol{\beta}_i) = N[\boldsymbol{\beta} + \boldsymbol{\Delta}\mathbf{z}_i, \boldsymbol{\Lambda}\boldsymbol{\Lambda}']$。正如我们早前在 15.9 节中提到的，一些其他的分布可能适用。将其一般地写为 $\boldsymbol{\beta}_i$ 的边际密度，$f(\boldsymbol{\beta}_i \mid \mathbf{z}_i, \boldsymbol{\Omega})$，其中 $\boldsymbol{\Omega}$ 为 $\boldsymbol{\beta}_i$ 的潜在分布的参数，比如式（15－37）中的（$\boldsymbol{\beta}$，$\boldsymbol{\Delta}$，$\boldsymbol{\Lambda}$）。那么 $\mathbf{y}_i$ 和 $\boldsymbol{\beta}_i$ 的联合分布为

$$f(\mathbf{y}_i, \boldsymbol{\beta}_i \mid \mathbf{X}_i, \mathbf{z}_i, \boldsymbol{\theta}, \boldsymbol{\Omega}) = f(\mathbf{y}_i \mid \mathbf{X}_i, \boldsymbol{\beta}_i, \boldsymbol{\theta}) f(\boldsymbol{\beta}_i \mid \mathbf{z}_i, \boldsymbol{\Omega})$$

我们现在使用贝叶斯定理来得到 $f(\boldsymbol{\beta}_i \mid \mathbf{y}_i, \mathbf{X}_i, \mathbf{z}_i, \boldsymbol{\theta}, \boldsymbol{\Omega})$

$$f(\boldsymbol{\beta}_i \mid \mathbf{y}_i, \mathbf{X}_i, \mathbf{z}_i, \boldsymbol{\theta}, \boldsymbol{\Omega}) = \frac{f(\mathbf{y}_i \mid \mathbf{X}_i, \boldsymbol{\beta}_i, \boldsymbol{\theta}) f(\boldsymbol{\beta}_i \mid \mathbf{z}_i, \boldsymbol{\Omega})}{f(\mathbf{y}_i \mid \mathbf{X}_i, \mathbf{z}_i, \boldsymbol{\theta}, \boldsymbol{\Omega})}$$

① 见 Revelt and Train（2000）以及 Train（2009）。

$$=\frac{f(\mathbf{y}_i \mid \mathbf{X}_i,\boldsymbol{\beta}_i,\boldsymbol{\theta})f(\boldsymbol{\beta}_i \mid \mathbf{z}_i,\boldsymbol{\Omega})}{\int_{\boldsymbol{\beta}_i} f(\mathbf{y}_i,\boldsymbol{\beta}_i \mid \mathbf{X}_i,\mathbf{z}_i,\boldsymbol{\theta},\boldsymbol{\Omega})d\boldsymbol{\beta}_i}$$

$$=\frac{f(\mathbf{y}_i \mid \mathbf{X}_i,\boldsymbol{\beta}_i,\boldsymbol{\theta})f(\boldsymbol{\beta}_i \mid \mathbf{z}_i,\boldsymbol{\Omega})}{\int_{\boldsymbol{\beta}_i} f(\mathbf{y}_i \mid \mathbf{X}_i,\boldsymbol{\beta}_i,\boldsymbol{\theta})f(\boldsymbol{\beta}_i \mid \mathbf{z}_i,\boldsymbol{\Omega})d\boldsymbol{\beta}_i}$$

比率的分母，是出现在以 $\boldsymbol{\beta}_i$ 为条件的对数似然中的项的积分。我们稍后将回到积分的计算上。我们现在有 $\boldsymbol{\beta}_i \mid \mathbf{y}_i$，$\mathbf{X}_i$，$\mathbf{z}_i$，$\boldsymbol{\theta}$，$\boldsymbol{\Omega}$ 的条件分布。$\boldsymbol{\beta}_i \mid \mathbf{y}_i$，$\mathbf{X}_i$，$\mathbf{z}_i$，$\boldsymbol{\theta}$，$\boldsymbol{\Omega}$ 的条件期望是

$$E[\boldsymbol{\beta}_i \mid \mathbf{y}_i,\mathbf{X}_i,\mathbf{z}_i,\boldsymbol{\theta},\boldsymbol{\Omega}]=\frac{\int_{\boldsymbol{\beta}_i}\boldsymbol{\beta}_i f(\mathbf{y}_i \mid \mathbf{X}_i,\boldsymbol{\beta}_i,\boldsymbol{\theta})f(\boldsymbol{\beta}_i \mid \mathbf{z}_i,\boldsymbol{\Omega})}{\int_{\boldsymbol{\beta}_i} f(\mathbf{y}_i \mid \mathbf{X}_i,\boldsymbol{\beta}_i,\boldsymbol{\theta})f(\boldsymbol{\beta}_i \mid \mathbf{z}_i,\boldsymbol{\Omega})d\boldsymbol{\beta}_i}$$

上式中的积分都不存在闭合形式。但使用本章已经得到的方法，我们可以通过模拟方法计算它们。模拟估计量为

$$\begin{aligned}\text{Est. }E[\boldsymbol{\beta}_i \mid \mathbf{y}_i,\mathbf{X}_i,\mathbf{z}_i,\boldsymbol{\theta},\boldsymbol{\Omega}]&=\frac{(1/R)\sum_{r=1}^{R}\hat{\boldsymbol{\beta}}_{ir}\prod_{t=1}^{T_i}f(y_{it} \mid \mathbf{x}_{it},\hat{\boldsymbol{\beta}}_{ir},\hat{\boldsymbol{\theta}})}{(1/R)\sum_{r=1}^{R}\prod_{t=1}^{T_i}f(y_{it} \mid \mathbf{x}_{it},\hat{\boldsymbol{\beta}}_{ir},\hat{\boldsymbol{\theta}})}\\&=\sum_{r=1}^{R}\hat{Q}_{ir}\hat{\boldsymbol{\beta}}_{ir}\end{aligned} \tag{15-39}$$

式中，$\hat{Q}_{ir}$ 定义于式（15－20）、式（15－21）中，且

$$\hat{\boldsymbol{\beta}}_{ir}=\hat{\boldsymbol{\beta}}+\hat{\boldsymbol{\Delta}}\mathbf{z}_i+\hat{\boldsymbol{\Lambda}}\mathbf{w}_{ir}$$

在估计总体参数后，这些可以被计算出来。（在进行迭代的同时做这些计算可能更有效率，因为在进行迭代时，计算所需的所有东西都准备就绪并可用。）比如，对于随机参数线性模型，我们将使用

$$f(y_{it} \mid \mathbf{x}_{it},\hat{\boldsymbol{\beta}}_{ir},\hat{\boldsymbol{\theta}})=\frac{1}{\hat{\sigma}_\varepsilon\sqrt{2\pi}}\exp\left[-\frac{(y_{it}-\mathbf{x}_{it}'(\hat{\boldsymbol{\beta}}+\hat{\boldsymbol{\Delta}}\mathbf{z}_i+\hat{\boldsymbol{\Lambda}}\mathbf{w}_{ir}))^2}{2\hat{\sigma}_\varepsilon^2}\right] \tag{15-40}$$

我们也可以估计 $\boldsymbol{\beta}_i$ 的条件方差，首先一次估计一个元素 $E[\beta_{i,k}^2 \mid \mathbf{y}_i,\mathbf{X}_i,\mathbf{z}_i,\boldsymbol{\theta},\boldsymbol{\Omega}]$，接着再次一次估计一个元素，

$$\text{Est. Var}[\beta_{i,k} \mid \mathbf{y}_i,\mathbf{X}_i,\mathbf{z}_i,\boldsymbol{\theta},\boldsymbol{\Omega}]=\begin{array}{l}\{\text{Est. }E[\beta_{i,k}^2 \mid \mathbf{y}_i,\mathbf{X}_i,\mathbf{z}_i,\boldsymbol{\theta},\boldsymbol{\Omega}]\}\\-\{\text{Est. }E[\beta_{i,k} \mid \mathbf{y}_i,\mathbf{X}_i,\mathbf{z}_i,\boldsymbol{\theta},\boldsymbol{\Omega}]\}^2\end{array} \tag{15-41}$$

有条件均值和条件方差的估计结果在手，我们便可以计算类似于置信区间的一个区间的极限，即均值加减两倍的标准差。这就构建了至少包含 95％的 $\boldsymbol{\beta}_i$ 的条件分布的区间。

关于计算，一些值得注意的方面如下：

● 前面给出的区间是为分层贝叶斯估计量的 $\boldsymbol{\beta}_i$ 计算的最高后验密度区间的经典（基于样本理论的）对应。

● 用于 $\boldsymbol{\beta}_i$ 的抽样的条件分布可能不是对称或正态的，因此均值加减两倍标准差的对称区间的覆盖范围可能比实际分布的 95％大一点或小一点。这一影响可能并不大。在任何情况下，对

于任何总体，无论是否对称，均值加减两倍标准差通常会包括至少 95%的分布区域。

● 人们通常认为经典的区间过窄，因为这一区间没有考虑用来构造区间的参数估计量的抽样变异性。但我们构造的区间应被视为区间的点估计而不是区间估计。考虑了估计量的样本变异性后，很可能区间的两端应在一定程度上离得更远。一个产生相同估计结果的贝叶斯区间则可能更窄，因为估计量是后验的，即只适用于样本数据。

● 这或许令人惊讶：即使分析背离了正态边际分布 $\boldsymbol{\beta}_i$，n 个被估计的条件均值的样本分布并不一定是正态的。比如，基于 n 个估计量的核估计量可以有多种形态。

● 在贝叶斯和经典估计文献中，一个相似的常见误解是我们在前面的步骤产生了 $\boldsymbol{\beta}_i$ 的估计量。事实上，所产生的只是一个分布的条件均值，而 $\boldsymbol{\beta}_i$ 是该分布的一个观测。比如，通过构造，每一个有相同（$\mathbf{y}_i$. $\mathbf{X}_i$，$\mathbf{z}_i$）的个体都会有相同的预期，即使有 $\mathbf{w}_i$ 和其他任何的随机元素，比如 ε_i 在个体之间不同。

∵例 15.15　各个州的私人资本系数的估计

例 15.13 展示了芒内尔的州生产函数的 FGLS 和极大模拟似然估计。我们已经估计了样本中 48 个州的 $E[\beta_{2i} | \mathbf{y}_i, \mathbf{X}_i]$。其中，固定效应估计使用式（15－36），随机效应估计使用式（15－39）。图 15.6 研究了私人资本的估计系数。图 15.6 展示了总体分布的核密度估计，基于由式（15－36）和式（15－39）计算的固定和随机效应估计值。比较窄的分布属于随机效应估计。对于两个分布，可以看到总体上有很大的不同，可能这在很大程度上归因于固定效应和随机效应假设的不同。基于此，有人可能会怀疑随机效应假设是具有限制性的。

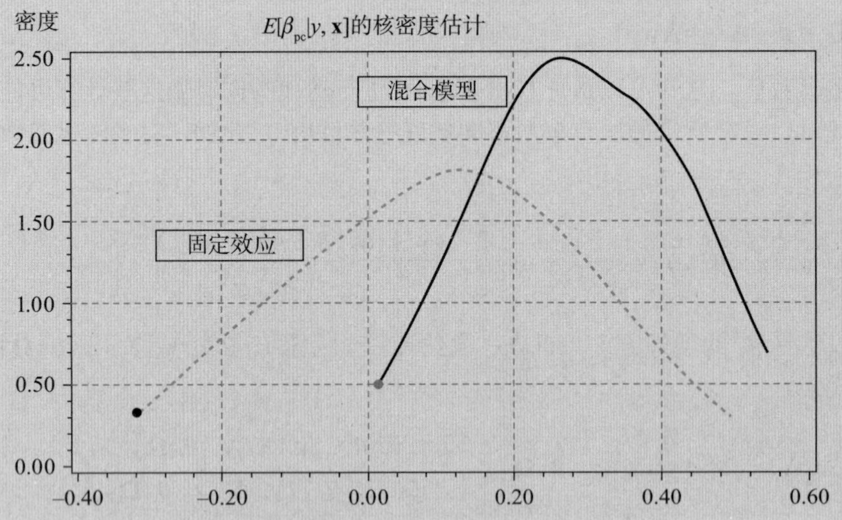

图 15.6　参数分布的核密度估计

∵例 15.16　工资的混合线性模型

Koop and Tobias（2004）在他们关于工资、教育、能力和家庭特征之间关系的研究中，分析了一个包含 17 919 个观测的面板。（关于数据的位置的细节见第 3、5、11 章的章末应用和在线附表 F3.2。）

分析中用到的变量为：

		均值	报告的均值
Person id	（非时变的）		
Education	（时变的）	12.68	12.68
Log of hourly wage	（时变的）	2.297	2.30
Potential experience	（时变的）	8.363	8.36
Time trend	（时变的）		
Ability	（非时变的）	0.052 4	0.239
Mother's education	（非时变的）	11.47	12. 56
Father's education	（非时变的）	11.71	13.17
Broken home dummy	（非时变的）	0.153	0.157
Number of siblings	（非时变的）	3.156	2.83

这是一个有 2 178 个个体的非平衡面板。列表中的均值由样本数据计算而来。作者报告了第二组均值，基于包括 14 170 个观测的子样本，其中父母至少有 9 年教育经历。图 15.7 展示了样本中的观测数的频率统计。

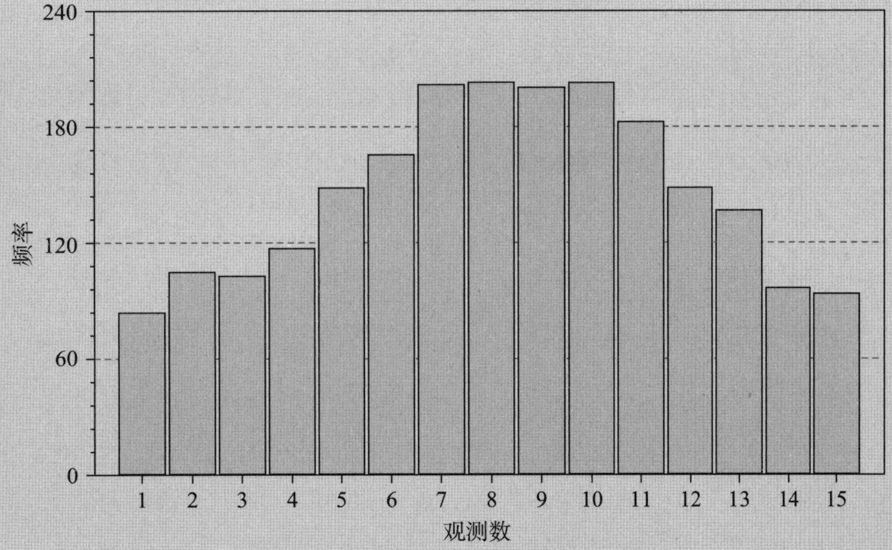

图 15.7　工资数据面板中分组的大小

我们将估计以下分层工资模型：

$$\begin{aligned} \ln Wage_{it} = & \beta_{1,i} + \beta_{2,i}\, Education_{it} + \beta_3\, Experience_{it} + \beta_4\, Experience_{it}^2 \\ & + \beta_5\, Broken\ home_i + \beta_6\, Siblings_i + \varepsilon_{it} \end{aligned}$$

$$\beta_{1,i} = \alpha_{1,1} + \alpha_{1,2}\, Ability_i + \alpha_{1,3}\, Mother's\ education_i + \alpha_{1,4}\, Father's\ education_i + u_{1,i}$$

$$\beta_{2,i} = \exp(\alpha_{2,1} + \alpha_{2,2}\, Ability_i + \alpha_{2,3}\, Mother's\ education_i + \alpha_{2,4}\, Father's\ education_i + u_{2,i})$$

我们预计对总体中的每个人，教育的影响都应是非负的，所以对于它的系数，我们使用对数正态设定来将其纳入模型之中。使用 15.6.3 小节和 15.7 节中介绍的极大模拟似然方法计算估计结果。模型参数的估计见表 15.8。表 15.8 中的模型是混合 OLS 估计、随机效应模型、随机参数模型，先假设随机参数不相关（$\Gamma_{21}=0$），然后允许相关性存在（$\Gamma_{21}=$ 非零）。混合模型中传统标准误与稳健标准误的区别相当大，这说明存在潜在的共同效应。随机效应模型的正式估计证实了这一点。随机效应模型的 FGLS 与 ML 估计差别很小。但混合模型的假设被似然比检验决定性地拒绝了。LM 统计量［11.5.5 小节与式（11-42）］为 19 353.51，远远大于临界值 3.84。所以混合模型假设毫无疑问被拒绝了。基于 MLEs 的似然比统计量为 $2\times(12\,300.51-8\,013.43)=8\,574.16$，得出的结论相同。一种可用来替代的方法是使用沃尔德统计量检验假设 $\sigma_u^2=0$——标准 t 检验。此处用到的软件将基于 $\theta_1=\sigma_u^2/\sigma_\varepsilon^2$ 和 $\theta_2=1/\sigma_\varepsilon^2$ 重新参数化对数似然函数。一种基于 δ 法的途径是以 θ_1/θ_2 的 MLE 估计 σ_u^2。

我们可以使用定理 4.4 来估计估计量的渐近方差。我们或许可以指出在模型中 σ_ε^2 必须是正的，所

表 15.8　被估计的随机参数模型

变量	混合 OLS	RE/FGLS	RE/MLE	RE/MSL	随机参数
Exp	0.090 89	0.102 72	0.102 89	0.102 77	0.105 31
	(0.004 31)	(0.002 60)	(0.002 61)	(0.001 65)	(0.001 65)
Exp^2	−0.003 05	−0.003 63	−0.003 64	−0.003 64	−0.003 75
	(0.000 25)	(0.000 14)	(0.000 14)	(0.000 093)	(0.000 093)
Broken home	−0.056 03	−0.063 28	−0.063 60	−0.056 75	−0.048 16
	(0.021 78)	(0.021 71)	(0.022 52)	(0.006 67)	(0.006 65)
Siblings	−0.002 02	−0.006 64	−0.006 75	−0.008 41	−0.001 25
	(0.004 07)	(0.003 84)	(0.003 98)	(0.001 16)	(0.001 21)
常数	0.692 71	0.609 95	0.612 23	0.603 46	*
	(0.058 76)	(0.046 65)	(0.047 81)	(0.017 44)	*
Education	0.088 69	0.089 54	0.089 29	0.089 82	*
	(0.004 33)	(0.003 37)	(0.003 46)	(0.001 23)	*
σ_ε	0.480 79	0.328 699	0.329 13	0.329 79	0.329 49
σ_u	0.000 00	0.350 882	0.036 580	0.379 22	*
LM	19 353.51				
ln *L*	−12 300.514 46		−8 013.430 44	−8 042.977 34	−7 983.573 55

* 随机参数

$\hat{\beta}_{1,i}=0.834\,17+0.028\,70\times Ability_i-0.013\,55\times Mother's\ Ed_i+0.008\,78\times Father's\ Ed_i+0.308\,57\times u_{1,i}$

(0.049 52)　(0.013 04)　(0.004 63)　(0.003 72)

$\hat{\beta}_{2,i}=\exp[-2.784\,12+0.056\,80\times Ability_i+0.019\,60\times Mother's\ Ed_i-0.003\,70\times Father's\ Ed_i+0.101\,78\times u_{2,i}]$

(0.055 82)　(0.015 05)　(0.005 03)　(0.003 88)

以简单地检验假设 $\theta_1=0$ 就足够了。σ_ε^2 的 *MLE* 是 9.231 37，估计的渐近标准误是 0.104 27。按照这一逻辑，检验统计量为 88.57。这远大于临界值 1.96，因此再一次拒绝了假设。我们确实注意到了 *LR* 和沃尔德检验的一个问题：假设 $\sigma_u^2=0$ 产生了一个原假设下的非标准检验，因为 $\sigma_u^2=0$ 在参数空间的边界上。我们关于似然比检验的标准理论（见第 14 章）要求被约束参数应在参数空间内部而不是边界。原假设下的检验统计量分布并非我们所熟悉的卡方分布。① 在这一复杂情境下，简单有效的办法是使用 LM 统计量，根据早前的结论，其仍将保持一致。

表 15.8 中的随机参数模型展示了混合模型的估计结果。混合模型允许 Λ_{21} 为自由参数。这意味着 σ_{u1}、σ_{u2} 和 $\sigma_{u,21}$ 的估计量为 $\hat{\mathbf{\Lambda}}\hat{\mathbf{\Lambda}}'$ 的元素，其中 $\hat{\mathbf{\Lambda}}=\begin{bmatrix}0.308\ 57 & 0.000\ 00\\ -0.062\ 21 & 0.080\ 56\end{bmatrix}$。那么有 $\hat{\sigma}_{u1}=\sqrt{\hat{\Lambda}_{11}^2}=0.308\ 57$ 和 $\hat{\sigma}_{u2}=\sqrt{\hat{\Lambda}_{21}^2+\hat{\Lambda}_{22}^2}=0.101\ 78$。

注意到对于两种随机参数模型，相对来说 σ_ε 的估计是不变的。模型在各组之间用不同的方法分解了参数的变化，但因变量的总体变化大致上是一致的。

在模型中我们感兴趣的参数是 $\beta_{2,i}$。模型中教育的系数为 $\beta_{2,i}=\exp(\alpha_{2,1}+\alpha_{2,2}Ability+\alpha_{2,3}\ Mother's\ education+\alpha_{2,4}Father's\ education+u_{2,i})$。原始系数较难解释。$\beta_{2,i}$ 的期望值等于$(\boldsymbol{\alpha}'_2\mathbf{z}_i+\sigma_{u2}^2/2)$。三个变量的样本均值分别为 0.052 374，11.471 9 和 11.709 2。有了这些值，以及 $\sigma_{u2}=0.101\ 78$，教育系数的总体均值约为 0.072 7，与预期一致。尽管在一定程度上更小，但这与混合模型和随机效应模型的估计结果具有可比性。当然，样本中个体间该参数的变化是这一设定的目标。图 15.8 展示了 2 178 个样本个体的被估计的条件均值的核密度估计。该图展示了样本估计的变化范围。

该研究的作者使用了贝叶斯方法，但采取了与我们非常相似的设定来研究教育回报的异质性。他

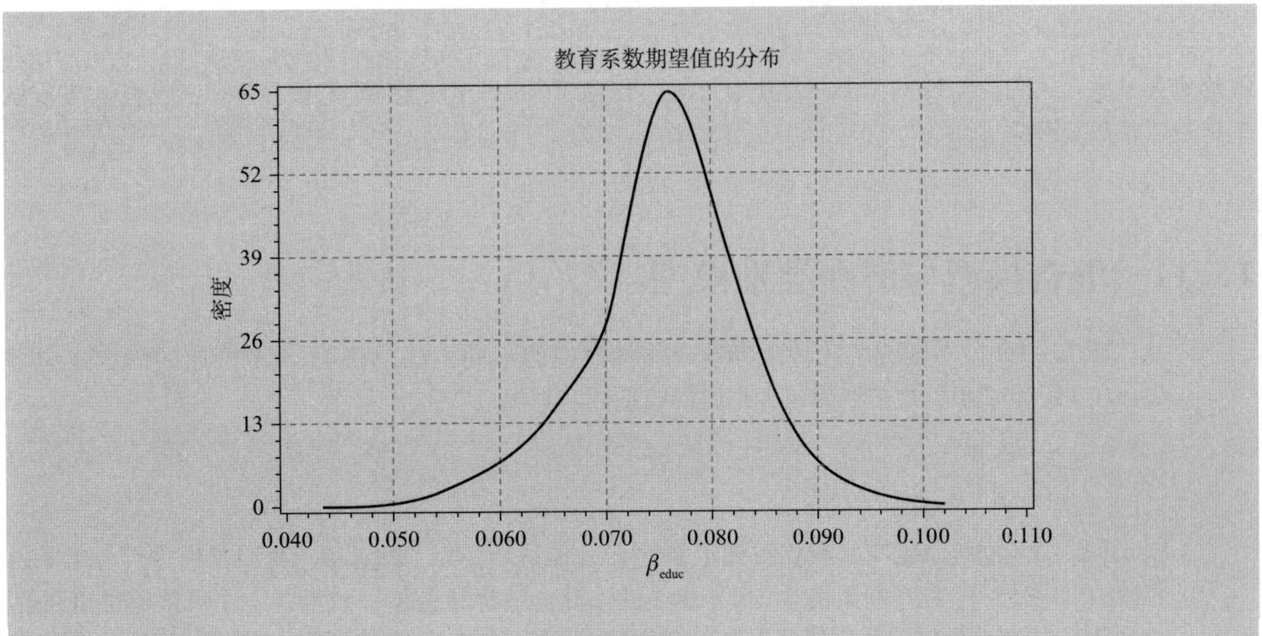

图 15.8 教育系数的核密度估计

① 这一问题出现在 Breusch and Pagan (1980) 和 Godfrey (1988)。Andrews (1998，1999，2000，2001，2002) 和 Andrews and Ploberger (1994，1995) 做了（大量的）详尽分析。

们提出了几种设定，包括我们马上要考察的潜在类别模型。他们最倾向的设定[①]与我们在随机参数设定中所使用的是相似的，

$$\ln Wage_{it}=\theta_{1,i}+\theta_{2,i}Education_{it}+\gamma'\mathbf{z}_{it}+\varepsilon_{it}$$
$$\theta_{1,i}=\theta_{1,0}+u_{1,i}$$
$$\theta_{2,i}=\theta_{2,0}+u_{2,i}$$

在他们倾向的备选设定中，有一种是 Heckman and Singer（1984）风格（14.15.7 小节）的潜在类别模型，包含 10 个类别。该设定为

$$\ln(Wage_{it}\mid class=j)=\theta_{1,j}+\theta_{2,j}Education_{it}+\gamma'\mathbf{z}_{it}+\varepsilon_{it}$$
$$\text{Prob}(class=j)=\pi_j\,,\ j=1,\cdots,10$$

我们拟合这一备选模型来探究回报系数对设定的敏感性。在有 10 个类别的情况下，频率主义方法将收敛，但几个类别的估计极小——在总体的 0.1%这一水平，而且这些部分产生了无意义的 θ_2 值如 −5.0。有 5 个类别的有限混合模型的结果如下（其他的模型系数省略）：

Class	θ_{Ed}	π
1	0.094 47	0.322 11
2	0.053 54	0.036 44
3	0.099 88	0.096 19
4	0.071 55	0.332 85
5	0.056 77	0.212 41

这些结果的加权平均为 0.077 89。本例中计算的教育回报的多个估计结果与本节、本书其他章节和其他的研究一致。我们这里的发现是：估计的回报，比如表 15.8 中通过 OLS 得到的，当模型考虑总体中的异质性时会略低。

15.11 混合模型与潜在类别模型

15.7～15.10 节研究了几种为参数异质性建模的不同方法。从 11.4 节开始的固定效应方法，在 11.10.1 小节被扩展为包含整组回归系数，其中

$$\mathbf{y}_i=\mathbf{X}_i\boldsymbol{\beta}_i+\boldsymbol{\varepsilon}_i$$
$$\boldsymbol{\beta}_i=\boldsymbol{\beta}+\mathbf{u}_i$$

$E[\mathbf{u}_i\mid\mathbf{X}_i]$没有被施加约束。我们得到了 $\boldsymbol{\beta}$ 的 FGLS 估计。为了估计 $\boldsymbol{\beta}$，我们首先进行各组 i 内的最小二乘估计——因为 $\mathbf{u}_i$ 和 $\mathbf{x}_{it}$ 具有相关性，混合估计量是不一致的。一个有效率的 $\boldsymbol{\beta}$ 的估计量是 $\mathbf{b}_i$ 的估计量的混合。使用来自条件分布式（15-39）的最优预测，我们也考察了 $\boldsymbol{\beta}_i$ 的一

① 所使用的模型选择准则是贝叶斯信息准则，$2\ln f(\textbf{data}\mid\textbf{parameters}-K\ln n)$，其中第一项是数据的后验分布，$K$ 是模型参数的数量，n 是样本大小。对于频率主义（frequentist）方法，就比如我们这里使用的，第一项将会是对数似然的两倍。作者报告其倾向的模型的 BIC 为−16 528。对于 5 个类别，下面报告的潜在类别模型的对数似然为−8 053.676。在有 22 个自由参数的情况下［回归中的 8 个共同参数+5（θ_1 和 θ_2）+4 个自由类别概率］，我们模型的 BIC 为−16 275.45。

个估计量。在分析背后，至关重要的假设是 $\mathbf{X}_i$ 和 $\mathbf{u}_i$ 可能具有相关性。我们也考虑了这一随机系数模型的两种改进。首先，一个有用的简化是限制模型中的一些系数非随机。在 11.4 节中我们所熟悉的固定效应模型即是一个例子，其中个体间仅有常数项不同。其次，我们考虑模型的一个分层形式

$$\boldsymbol{\beta}_i = \boldsymbol{\beta} + \boldsymbol{\Delta}\mathbf{z}_i + \mathbf{u}_i \tag{15-42}$$

这一方法被应用于例 11.23 中关于抵押贷款利率的一个分析。

随机参数建模的第二种方法来自被施加于式（15-42）的重要假设，即 $\mathbf{u}_i$ 和 $\mathbf{X}_i$ 不相关。一般的模型是依据随机变量的条件密度 $f(y_{it}|\mathbf{x}_{it}, \boldsymbol{\beta}_i, \boldsymbol{\theta})$ 以及随机系数的边际密度 $f(\boldsymbol{\beta}_i|\mathbf{z}_i, \boldsymbol{\Omega})$ 定义的，其中 $\boldsymbol{\Omega}$ 是该分布的几个单独的参数。这就引出了本章研究的混合模型。在 11.5 节以及其他几个地方研究的随机效应模型是一个只有常数项具有随机性的特殊案例（就像固定效应模型）。我们也考虑了 u_i 服从方差为 σ_u^2 的正态分布的特定案例。

为参数模型的异质性建模的第三种方法是使用离散分布，作为潜在的连续分布的近似，抑或是作为数据生成过程的模型本身（见 14.15 节）。这一模型为之前的模型增加了一个关于 $\boldsymbol{\beta}_i$ 的变化的非参数设定，

$$\text{Prob}(\boldsymbol{\beta}_i = \boldsymbol{\beta}_j | \mathbf{z}_i) = \pi_{ij}, \ j = 1, \cdots, J$$

一个更丰富的模仿式（15-42）的半参数形式是

$$\text{Prob}(\boldsymbol{\beta}_i = \boldsymbol{\beta}_j | \mathbf{z}_i) = \pi_j(\mathbf{z}_i, \boldsymbol{\Omega}), j = 1, \cdots, J$$

我们继续假设产生个体间 $\boldsymbol{\beta}_i$ 差异的过程独立于产生 $\mathbf{X}_i$ 的过程——在一个更广泛的意义上，我们沿用了随机效应方法。在本章最后一个例子中，我们将比较一个非线性模型的混合模型与有限混合模型。

❖例 15.17　二值选择模型的极大模拟似然估计

Bertschek and Lechner（1998）用德国制造企业的一个样本对产品创新进行了分析。他们使用一个 probit 模型（17.2～17.4 节）来研究此创新。在 $\text{Prob}[y_{it}=1|\mathbf{x}_{it}, \boldsymbol{\beta}_i]$ 的模型中，

$y_{it}=1$，若企业 i 在第 t 年实现了产品创新

$y_{it}=0$，若企业 i 在第 t 年未实现产品创新

模型中的自变量为

$x_{it,1}$ = 常数

$x_{it,2}$ = 销售额的对数

$x_{it,3}$ = 相对规模 = 企业雇员与行业雇员之比

$x_{it,4}$ = 行业进口率（进口额与行业销售额和进口额之和之比）

$x_{it,5}$ = 行业外商直接投资率（外商直接投资与行业销售额与进口额之和之比）

$x_{it,6}$ = 生产率 = 行业增加值与行业雇员总数之比

$x_{it,7}$ = 标志企业是否属于原材料部门的虚拟变量

$x_{it,8}$ = 标志企业是否属于投资品部门的虚拟变量

样本由 1 270 家德国制造企业 1984—1988 年 5 年间的观测构成（见在线附表 F15.1）。进入了对数似然

函数的密度为

$$f(y_{it} \mid \mathbf{x}_{it}, \boldsymbol{\beta}_i) = \text{Prob}[y_{it} \mid \mathbf{x}_{it}'\boldsymbol{\beta}_i] = \boldsymbol{\Phi}[(2y_{it}-1)\mathbf{x}_{it}'\boldsymbol{\beta}_i], \ y_{it}=0,1$$

式中

$$\boldsymbol{\beta}_i = \boldsymbol{\beta} + \mathbf{v}_i, \mathbf{v}_i \sim N[\mathbf{0}, \boldsymbol{\Sigma}]$$

为了与 Bertschek and Lechner (1998) 保持一致，我们在 $\boldsymbol{\beta}_i$ 的主要方程中没有拟合任何非时变的企业特性项。表 15.9 的第一列数值显示的是基本 probit 模型的系数估计值。1998 年的研究公布了这些值。第二列数值显示的是均值 $\boldsymbol{\beta}$ 的估计值。看上去参数估计值的差别很大，但这可能是一个具有误导性的结论，因为在企业间后验估计值的变化很大。第三列数值显示的是 $\boldsymbol{\Sigma}$ 中被推导出的主对角线元素（用 $\mathbf{CC}'$ 的主对角线元素计算）的平方根。这些估计出的标准差是这个模型参数潜在分布的标准差估计值，而非估计量抽样分布的标准差估计值。对于均值参数，该标准差在第二列数值的括号中给出。第四列数值给出了 1 270 家企业的系数条件估计值的样本均值和标准差。

表 15.9　被估计的随机参数模型

	probit	RP 均值	RP 标准差	经验分布
常数	−1.960 31	−3.432 37	0.449 47	−3.427 68
	(0.372 98)	(0.281 87)	(0.021 21)	(0.151 51)
ln *Sales*	0.177 11	0.310 54	0.090 14	0.311 13
	(0.035 80)	(0.027 57)	(0.002 42)	(0.062 06)
Relative Size	1.072 74	4.364 56	3.919 86	4.375 32
	(0.268 71)	(0.270 58)	(0.238 81)	(1.034 31)
Import	1.133 84	1.699 75	0.939 27	1.704 13
	(0.243 31)	(0.184 40)	(0.072 87)	(0.202 89)
FDI	2.853 18	2.910 42	0.934 68	2.916 00
	(0.642 33)	(0.471 61)	(0.326 10)	(0.151 82)
Productivity	−2.341 16	−4.053 20	2.525 42	−4.027 47
	(1.115 75)	(1.046 83)	(0.216 65)	(0.544 92)
Raw Materials	−0.278 58	−0.420 55	0.349 62	−0.419 66
	(0.126 56)	(0.106 94)	(0.069 26)	(0.059 48)
Investment	0.187 96	0.304 91	0.046 72	0.304 77
	(0.062 87)	(0.047 56)	(0.028 12)	(0.008 12)
ln *L*	−4 114.05		−3 524.66	

我们在14.15节论述的潜在类别模型提供了模型化潜在参数异质性的另一种方法。[①] 为了说明这个设定，我们将使用一个三类别的潜在类别模型重新估计随机参数创新模型。模型参数的估计值如表15.10所示。

表 15.10　被估计的潜在类别模型

	类别 1	类别 2	类别 3	后验
常数	−2.320 73	−2.705 46	−8.967 73	−3.775 82
	(0.658 98)	(0.733 35)	(2.460 99)	(2.142 53)
ln *Sales*	0.322 65	0.233 37	0.571 48	0.342 83
	(0.065 16)	(0.067 90)	(0.194 48)	(0.089 19)
Relative Size	4.378 02	0.719 74	1.419 97	2.577 19
	(0.870 99)	(0.291 63)	(0.717 65)	(1.294 54)
Import	0.935 72	2.257 70	3.121 77	1.809 64
	(0.411 40)	(0.507 26)	(1.333 20)	(0.743 48)
FDI	2.197 47	2.804 87	8.370 73	3.631 57
	(1.587 29)	(1.028 24)	(2.090 91)	(1.981 76)
Productivity	−5.862 38	−7.703 85	−0.910 43	−5.482 19
	(1.530 51)	(4.101 34)	(1.463 14)	(1.783 48)
Raw Materials	−0.109 78	−0.598 66	0.856 08	−0.078 25
	(0.174 59)	(0.379 42)	(0.404 07)	(0.366 66)
Investment	0.130 72	0.413 53	0.469 04	0.291 84
	(0.118 51)	(0.123 88)	(0.238 76)	(0.124 62)
$\ln L = -3\,503.55$				
类别概率（先验）	0.469 50	0.330 73	0.199 77	
	(0.037 62)	(0.034 07)	(0.026 29)	
类别概率（后验）	0.469 50	0.330 73	0.199 76	
	(0.394 07)	(0.289 06)	(0.324 92)	
预计的数目	649	366	255	

所估计的条件均值与表15.9最右边一列的随机参数模型经验均值具有可比性，且是1 270个具体至企业的后验均值参数向量的样本平均和标准差。使用 $\hat{\boldsymbol{\beta}}_i = \sum_{j=1}^{3} \hat{\boldsymbol{\pi}}_{ij} \hat{\boldsymbol{\beta}}_i$ 来计算估计量，其中 $\hat{\pi}_{ij}$ 是式（14－97）中类别概率的条件估计量。虽然这些估计量与probit模型估计量存在明显的不同，但是与表15.9的经验均值十分相似。在每一种情形中，围绕着后验均值的置信区间总是会包含单类别混合probit估计量。最后，表的末尾给出了（相同的）先验类别概率和样本后验类别概率的平均值。后者的经验标准差较大，这意味着，后验估计值基于样本数据的加总，而且还涉及所有模型参数的一些复

① 参见Greene（2001）的概述。有两个例子，Nagin and Land（1993）使用该模型研究了犯罪生涯中不同阶段的年龄变化；Wang et al.（1998）和Wedel et al.（1993）使用泊松回归模型研究了专利的计数数据。

杂函数。通过将每个企业分配至具有最高后验类别概率的所预测的类别，即可计算各类别成员的数量。

15.12 归纳与总结

本章列出了几种借助模拟手段进行估计和推断的应用。这些应用中最基本的部分是随机数生成器。我们考察了从总体中产生看起来随机的抽样样本的最常见的方法——实际上，它们是看似随机的确定性的马尔可夫链。随机数生成器被直接用来获得来自标准均匀分布的抽样。然后，逆概率变换可以把这些抽样转变为其他分布中的抽样。我们分析了关于随机抽样的一些主要的应用。

● 自助法方式的随机抽样让我们推断出估计量样本分布的特点，尤其是它的渐近方差。我们使用这个结论分析了从非正态总体中随机抽取的中位数的样本方差。自助法也是一种有用的、稳健的构建参数置信区间的方法。

● 当不能推导出统计量的精确样本分布时，就可以用蒙特卡洛研究分析统计量的表现。我们分析了一个特定的检验统计量的表现，以及固定效应模型中极大似然估计量的表现。

● 很多没有近似形式的积分可以转变为可以使用随机数生成器抽取的随机变量的期望。这产生了蒙特卡洛积分技术。极大模拟似然估计技术可以让研究者们构建出似然函数（以及其他标准，例如矩方程），该似然函数包含的期望可以使用蒙特卡洛技术在函数之外求积分。我们使用这种方法拟合了随机参数模型。

对于贝叶斯统计量，以及在计量经济学中后验分布的特性由该分布的随机样本推断而来（而非暴力地推导解析式）时，本章介绍的方法为它们开启了广阔的应用范围。我们将在第 16 章中讨论基于这种原理的贝叶斯法。

关键术语与概念

对照抽样	分块自助法	乔利斯基分解
乔利斯基因式分解	直积	离散均匀分布
基本概率变换	高斯-赫米特求积法	GHK 平滑递归模拟器
哈达马德积	霍尔顿抽样	分层线性模型
附带参数问题	克罗内克积	马尔可夫链
默森・斯威斯特算法	混合模型	蒙特卡洛积分
非参数自助法	配对自助法	参数自助法
分位数法	周期	检验功效
伪极大似然估计量	伪随机数生成器	舒尔积
种子	模拟	检验水平
洗牌法	具体性	

练习

1. 指数分布的密度为 $f(x)=\theta\exp(-\theta x)$。你如何从一个指数分布总体中获得一个随机观测值样本？

2. 威布尔的总体存活函数为 $S(x)=\lambda p\ \exp(-(\lambda x)p)$。你如何从一个威布尔总体中获得随机观测值样本？（存活函数等于 1－cdf。）

3. 推导式（15－2）中参数的非线性最小二乘估计的一阶条件。你如何估计出 $\boldsymbol{\theta}=(\boldsymbol{\beta},\sigma)$ 的估计量的渐近协方差矩阵？

应用

1. 沃尔德统计量过于频繁拒绝原假设吗？构建关于沃尔德统计量表现的一个蒙特卡洛研究，以检验 15.5.1 小节模型中 γ 等于 0 的假设。回忆一下，沃尔德统计量是问题中参数 t 值的平方。假设检验程序是——如果沃尔德统计量比 3.84 大，则拒绝原假设。3.84 是自由度为 1 的 χ^2 分布的临界值。重复 15.5.1 小节中关于这些数据的所有三个假设的研究。

2. 将收入刻画为经验的函数的回归模型为

$$\ln Income_i=\beta_1+\beta_2\ Experience_i+\beta_3\ Experience_i^2+\varepsilon_i$$

3. 此模型意味着 ln *Income* 在 $\partial \ln Income/\partial Experience$ 等于 0 时达到最大值。而此时 *Experience* 的值满足 $\beta_4+2\beta_5 Experience=0$ 或者 $Experience^*=-\beta_2/\beta_3$。请说明如何使用 δ 法得到 $Experience^*$ 的置信区间。说明如何用自助法进行该计算。一个使用康韦尔和鲁珀特的数据的此类模型出现在例 15.6 中。在此根据你的想法，使用康韦尔和鲁珀特的数据完成该模型的计算。

16 贝叶斯估计与推断

16.1 引言

上一章（和本章后面各章节）主要论述参数设定和经典估计方法。研究人员在研究计量经济学的这些部分时感觉存在一些方法论上的困难。它们好像会束缚研究者，使得研究者只能采用固定不变的模型设定。但在任何一个分析中，系数的大小，有时候是符号，甚至极端情况下参数的含义都存在不确定性。给出一组经验结果之前没有相关的探索性分析是很少见的。贝叶斯方法论的支持者认为，"估计"的过程不是推导固定的参数值的过程，而是根据科学方法不断更新和优化我们对世界状态的主观信念。当然，坚持遵循某种主观的建模方法并不一定是好习惯。如果人们认为"模型"和"参数"代表研究者努力找寻的客观事实，那么贝叶斯法的主观性可能不尽理想。

贝叶斯法的当代应用不比理论争议先进多少。而贝叶斯计量经济学的现代实践更多的是实用主义的。正如我们在随后的几个例子中将分析的，贝叶斯法创造了解决估计难题的非常有效的技术。研究者们常常会根据实际情况选择研究方法，而非遵循自己的研究哲学；对一些研究人员来说，贝叶斯估计量仅仅是一种算法。[①]

虽然自 Zellner（1971）向经济学家经典地论述贝叶斯法后，计量经济学家已经开始使用这种方法，但是直到最近，贝叶斯法还只是位于计量经济学领域的边缘。近来的技术（值得一提的是吉布斯抽样法）以及计算机软件和硬件的进步使得模拟估计成为普通的流程，密切依赖这二者的贝叶斯法逐渐在社会科学领域中广泛应用，并且出现了大量针对贝叶斯计量经济学的研究，相关的应用文献也在快速增加。[②] 本章将介绍贝叶斯计量经济学的术语和技术。16.2 节分

---

① 比如 WLWin 的网站，一个被广泛使用的用于随机参数建模的程序，www. bristol. ac. uk/cmm/software/mlwin/features/mcmc. html，称它们对贝叶斯模型使用扩散先验得到了极大似然估计量的近似。与随机参数模型的贝叶斯和经典估计量相比，Train（2001）是一个有趣的应用。另一项比较见后面的例 16.7。

② 最近研究该主题的专著新增的有 Gelman et al.（2004），Geweke（2005），Gill（2002），Koop（2003），Lancaster（2004），Congdon（2005），以及 Rossi et al.（2005）。爱好历史的读者会发现 Zellner（1971）和 Leamer（1978）的书值得一读。还有其他很多关于方法论的概论。Poirier and Tobias（2006）以及 Poirier（1988，1995）主要着重于经典（频率主义的）和贝叶斯法之间的区别的实质。

析这种方法的重要基础；16.3 节分析线性回归模型这一经典应用；16.4 节继续分析这种方法；16.5 节讲述当代贝叶斯计量经济学的基础工具——吉布斯抽样法；16.6 节、16.7 节和 16.8 节分析三大应用和几个更有限的例子。16.6 节展示如何使用吉布斯抽样法在不用最大化似然函数的情况下估计 probit 模型参数。该应用还介绍了扩大数据的技术。16.7 节介绍与面板数据随机和固定效应模型相对应的贝叶斯随机和固定效应模型。16.8 节介绍随机参数模型的贝叶斯分层处理，以及与相同模型的经典处理的比较。16.9 节给出一些结论。本章的分析是基于非技术层面的。更多的入门级水平的讲解参见 Lancaster（2004）。中级水平的分析参见 Cameron and Trivedi（2005，Chapter 13）以及 Koop（2003）。更具挑战性的处理参见 Geweke（2005）。上一页脚注②中列举的其他资料是面向应用的。

16.2 贝叶斯定理与后验密度

贝叶斯法的核心是**贝叶斯定理**（Bayes theorem）：对事件 A 和 B，给定事件 B 已经发生的情况下，事件 A 发生的条件概率为

$$P(A|B)=\frac{P(B|A)P(A)}{P(B)} \tag{16-1}$$

套用到我们这里的应用上，于是有

$$P(\text{参数}|\text{数据})=\frac{P(\text{数据}|\text{参数})P(\text{参数})}{P(\text{数据})}$$

在这个设定中，数据被视为一些常数，其分布不涉及我们所关心的参数。为便于研究，我们仅把数据处理成额外信息的一个固定集合，用于更新我们对参数的信念。注意此处与式（12-1）的相似性。因此，我们有

$$\begin{aligned}P(\text{参数}|\text{数据})&\propto P(\text{数据}|\text{参数})P(\text{参数})\\&=\text{似然函数}\times\text{先验密度}\end{aligned} \tag{16-2}$$

符号∝表示“成比例”。在上述方程中，我们去掉了数据的边际密度，所以，除非将它乘以一个无关紧要的比例常数，否则它就不是一个适当的密度。右边第一项是在给定参数下观测的随机变量 $\mathbf{y}$ 的联合分布。如同我们这里将分析的那样，这个分布是我们在前面的分析中使用过的正态分布——见式（12-1）。第二项是分析者的**先验信念**（prior beliefs）。左边是给定当前数据下参数的**后验密度**（posterior density），或者说，它是我们在“看到”数据后对参数分布的修正信念。后验是先验信息与“当前信息”（即数据）的混合物。一旦获得后验密度，那么在有新的数据或其他有用信息可用时，它又可以用作**先验密度**（prior density）函数。相应的原理（在经典分析中未出现过）就是参数信息不断增加。

传统的贝叶斯估计是高度参数化的。先验密度和**似然函数**（likelihood function）是分析的关键要素，而且为了估计，二者都必须充分设定。贝叶斯估计量是参数后验密度的均值，它通常通过积分（如果存在解析式）、数值方法近似积分或者我们在 15.6.2 小节讨论的蒙特卡洛方法即可获得。

❖例 16.1　　概率的贝叶斯估计

我们现在考虑估计生产过程中将会生产一件次品的概率。在情形 1 中，假设将样本设计为从生产线抽取 $N=25$ 件产品，并计算次品的数目。如果任何一件产品是次品的概率为一个（在 0 和 1 之间的）常数 θ，那么对应的样本数据似然方程为

$$L(\theta \mid \mathbf{data})=\theta^{D}(1-\theta)^{25-D}$$

式中，D 为次品的数目，比如为 8。θ 的极大似然估计量为 $p=D/25=0.32$；极大似然估计量的渐近方差为 $p(1-p)/25=0.008\ 704$。

现在，考虑用贝叶斯法做同样的分析。后验密度通过以下推导得到：

$$p(\theta \mid \mathbf{data})=\frac{P(\theta,\mathbf{data})}{p(\mathbf{data})}=\frac{p(\theta,\mathbf{data})}{\int_{\theta} p(\theta,\mathbf{data})d\theta}=\frac{p(\mathbf{data} \mid \theta)p(\theta)}{p(\mathbf{data})}$$

$$=\frac{Likelihood(\mathbf{data} \mid \theta)\times p(\theta)}{p(\mathbf{data})}$$

式中，$p(\theta)$ 假设为 θ 的先验密度［我们是有术语方面的依据的，因为似然函数按惯例被定义为 $L(\theta \mid \mathbf{data})$］。代入先前的样本结果，后验密度就可以表示为

$$p(\theta \mid \mathbf{data})=\frac{\theta^{D}(1-\theta)^{N-D}p(\theta)}{\int_{\theta}\theta^{D}(1-\theta)^{N-D}p(\theta)d\theta}$$

该式同样依赖 θ 先验的假设。假定我们从一个无信息的先验函数开始，且此先验函数所有可能的 θ 值的概率相同。这意味着它是（0，1）的一个均匀分布。因此，$p(\theta)=1$，$0\leqslant\theta\leqslant1$。该假设下的分母是一个参数为 $a=D+1$ 和 $b=N-D+1$ 的贝塔积分（见 E.2.3 小节），因此，后验密度为

$$p(\theta \mid \mathbf{data})=\frac{\theta^{D}(1-\theta)^{N-D}}{\dfrac{\Gamma(D+1)\Gamma(N-D+1)}{\Gamma(D+1+N-D+1)}}=\frac{\Gamma(N+2)\theta^{D}(1-\theta)^{N-D}}{\Gamma(D+1)\Gamma(N-D+1)}$$

这是服从参数$(\alpha,\beta)=(D+1,N-D+1)$的贝塔分布的随机变量密度（见 B.4.6 小节）。随机变量的均值为$(D+1)/(N+2)=9/27=0.333\ 3$（与 MLE 法算出的 0.32 对比）。后验方差为$[(D+1)/(N-D+1)]/[(N+3)(N+2)^2]=0.007\ 936$（与 MLE 法算出的 0.008 704 对比）。

此例还有一个未了结的地方。如果均匀的先验分布是不含信息的，那么意味着我们拥有的唯一信息就包含在这个似然函数中。为什么贝叶斯估计和 MLE 估计的结果不一致？原因是［0，1］上的均匀先验分布并非真的不含信息。它引入了 θ 必须落在单位区间这个信息。先验均值为 0.5，方差为 1/12。后验均值是 MLE 均值与先验均值的平均数。这个结果不明显的另一方面是，贝叶斯估计量的方差比较小。这背后的原理是（除了先验分布确实将某种确定性引入了估计量中这个事实），贝叶斯估计量是基于特定样本数据的。经典 MLE 的理论告诉我们：它是对生成数据的整个总体求取平均值。与贝叶斯估计量相比，这总会将更大程度的“不确定性”引入经典估计量中。

16.3　经典回归模型的贝叶斯分析

贝叶斯分析涉及的代数计算一般都非常复杂，但对于线性回归模型，则已经得出了许多相

当简明的结论。为了让读者体会到这些方法的特点，我们对某些简单情形进行完整推导。为节省篇幅，并避免太大的数学负担，我们建议读者参照其他资料来源，它们都对更复杂的情形进行了完整推导。[①]

我们迄今为止所分析的经典正态回归模型都是围绕着条件多元正态分布 $N[\mathbf{X}\boldsymbol{\beta},\sigma^2\mathbf{I}]$而构建的。这里的解释有所不同。在抽样理论背景中，在给定假定的分布和固定的模型参数（尽管未知）的情况下，这个分布包含了所观测到的样本数据信息。在贝叶斯背景下，这个函数总结了数据的一个特定实现结果所提供的有关模型参数假定分布方面的信息。为强调这个思想，我们将这个联合密度重新命名为给定数据下 $\boldsymbol{\beta}$ 和 σ^2 的似然函数，于是有

$$L(\boldsymbol{\beta},\sigma^2\mid\mathbf{y},\mathbf{X})=[2\pi\sigma^2]^{-n/2}e^{-[(1/(2\sigma^2))(\mathbf{y}-\mathbf{X}\boldsymbol{\beta})'(\mathbf{y}-\mathbf{X}\boldsymbol{\beta})]} \tag{16-3}$$

出于以下结论的需要，有必要重新进行表述。令 $d=n-K$（自由度参数），并将

$$\mathbf{y}-\mathbf{X}\boldsymbol{\beta}=\mathbf{y}-\mathbf{X}\mathbf{b}-\mathbf{X}(\boldsymbol{\beta}-\mathbf{b})=\mathbf{e}-\mathbf{X}(\boldsymbol{\beta}-\mathbf{b})$$

代入指数。然后展开，于是有

$$\left(-\frac{1}{2\sigma^2}\right)(\mathbf{y}-\mathbf{X}\boldsymbol{\beta})'(\mathbf{y}-\mathbf{X}\boldsymbol{\beta})=\left(-\frac{1}{2}ds^2\right)\left(\frac{1}{\sigma^2}\right)-\frac{1}{2}(\boldsymbol{\beta}-\mathbf{b})'\left(\frac{1}{\sigma^2}\mathbf{X}'\mathbf{X}\right)(\boldsymbol{\beta}-\mathbf{b})$$

经适当运算（注意到 $n/2=d/2+K/2$），似然函数可写为

$$L(\boldsymbol{\beta},\sigma^2\mid\mathbf{y},\mathbf{X})=[2\pi]^{-d/2}[\sigma^2]^{-d/2}e^{-(d/2)(s^2/\sigma^2)}[2\pi]^{-K/2}[\sigma^2]^{-K/2}e^{-(1/2)(\boldsymbol{\beta}-\mathbf{b})'[\sigma^2(\mathbf{X}'\mathbf{X})^{-1}]^{-1}(\boldsymbol{\beta}-\mathbf{b})}$$

这个密度函数包含了我们从观测数据中所能了解到的全部参数信息。在联合密度中，由于数据被认为是常数，所以我们可以将这个联合密度函数乘以（经过悉心挑选的）非核心的（因为它不包含 $\boldsymbol{\beta}$ 或 σ^2）观测值的常函数，即

$$A=\frac{\left(\frac{d}{2}s^2\right)^{(d/2)+1}}{\Gamma\left(\frac{d}{2}+1\right)}[2\pi]^{(d/2)}\,|\mathbf{X}'\mathbf{X}|^{-1/2}$$

为方便起见，令 $v=d/2$，且将 $L(\boldsymbol{\beta},\sigma^2\mid\mathbf{y},\mathbf{X})$乘以 A，于是有

$$L(\boldsymbol{\beta},\sigma^2\mid\mathbf{y},\mathbf{X})\propto\frac{[vs^2]^{v+1}}{\Gamma(v+1)}\left(\frac{1}{\sigma^2}\right)^{v}e^{-vs^2(1/\sigma^2)}[2\pi]^{-K/2}\,|\sigma^2(\mathbf{X}'\mathbf{X})^{-1}|^{-1/2}$$
$$\times e^{-(1/2)(\boldsymbol{\beta}-\mathbf{b})'[\sigma^2(\mathbf{X}'\mathbf{X})^{-1}]^{-1}(\boldsymbol{\beta}-\mathbf{b})} \tag{16-4}$$

这个似然函数正比于 $z=1/\sigma^2$ 的伽马密度函数［见式（B－39），这是一个**倒伽马分布**（inverted gamma distribution），其中参数为 $\lambda=vs^2$ 和 $P=v+1$］与 $\boldsymbol{\beta}|\sigma^2$ 的 K 元正态密度函数［均值向量为 $\mathbf{b}$，协方差矩阵为 $\sigma^2(\mathbf{X}'\mathbf{X})^{-1}$］之积。原因我们在随后的章节中解释。

□ 16.3.1 无信息先验分布分析

模型贝叶斯分析的出发点是对**先验分布**（prior distribution）的设定。这个分布给予分析者

① 这些资料包括 Judge et al.（1982，1985），Maddala（1977a），Mittelhammer et al.（2000）以及对计量经济学家而言的权威参考文献 Zellner（1971）。现代文献的一个显著特点是当应用逐渐变得更加复杂时，分析部分会变得更加简单。这一点在 16.5～16.7 节显而易见。

有关模型参数的先验信念。通常采用以下两种方法之一进行处理。若不知道参数的先验信息，则可以设定一个**无信息先验**（noninformative prior）分布。我们通过设定所讨论参数的一个“扁平”先验分布来做到这一点[1]：

$$g(\text{参数}) \propto \text{常数}$$

有不同的方法可用来刻画先验信息的缺乏情况，扁平先验分布的含义是：在参数的有效值范围内，所有等长的区间（因此原则上所有值）很可能相同。我们将在下一小节中探讨**信息先验**（informative prior）这第二种可能性。后验密度是似然函数与先验密度相结合的结果。由于后验密度集中了分析者可用的整个信息集，所以一旦完成了数据抽样，对它的解释与获得数据前的先验密度相同。

首先，我们分析 σ^2 被假定为已知的情形。这个假定显然不太现实，我们这么做只是为了构造一个出发点。利用贝叶斯定理，我们构建后验密度

$$f(\boldsymbol{\beta}\mid\mathbf{y},\mathbf{X},\sigma^2)=\frac{L(\boldsymbol{\beta}\mid\sigma^2,\mathbf{y},\mathbf{X})g(\boldsymbol{\beta}\mid\sigma^2)}{f(\mathbf{y})}\propto L(\boldsymbol{\beta}\mid\sigma^2,\mathbf{y},\mathbf{X})g(\boldsymbol{\beta}\mid\sigma^2)$$

假设 $\mathbf{X}$ 的分布不依赖于 $\boldsymbol{\beta}$ 和 σ^2。由于 $g(\boldsymbol{\beta}\mid\sigma^2)\propto$一个常数，所以这个密度就是式（16－4）中的密度。我们暂时将其写成

$$f(\boldsymbol{\beta}\mid\sigma^2,\mathbf{y},\mathbf{X})\propto h(\sigma^2)[2\pi]^{-K/2}\left|\sigma^2(\mathbf{X}'\mathbf{X})^{-1}\right|^{-1/2}e^{-(1/2)(\boldsymbol{\beta}-\mathbf{b})'[\sigma^2(\mathbf{X}'\mathbf{X})^{-1}]^{-1}(\boldsymbol{\beta}-\mathbf{b})} \qquad (16-5)$$

式中

$$h(\sigma^2)=\frac{[vs^2]^{v+1}}{\Gamma(v+1)}\left[\frac{1}{\sigma^2}\right]^{v}e^{-vs^2(1/\sigma^2)} \qquad (16-6)$$

目前，我们把 $h(\sigma^2)$ 简单地看成一个只涉及 σ^2 的常数，而非一个概率密度函数；式（16－5）以 σ^2 为条件。因此，后验密度 $f(\boldsymbol{\beta}\mid\sigma^2,\mathbf{y},\mathbf{X})$ 与一个均值为 $\mathbf{b}$、协方差矩阵为 $\sigma^2(\mathbf{X}'\mathbf{X})^{-1}$ 的多元正态分布成正比。

这个结论似曾相识，但在这个背景下的解释却完全不同。首先，我们结合有关 $\boldsymbol{\beta}$ 的先验信息（这里是无信息）和样本信息可以推导出一个后验分布。因此，基于手中的样本数据，我们可以推导出 $\boldsymbol{\beta}$ 的一个均值为 $\mathbf{b}$、协方差矩阵为 $\sigma^2(\mathbf{X}'\mathbf{X})^{-1}$ 的分布。如同没有先验信息时的情况，结果受样本信息的支配。在没有任何先验信息的情况下，后验分布的均值（是一类贝叶斯点估计）便是抽样理论估计量 $\mathbf{b}$。

为了推广到 σ^2 未知的情形，我们为 $\ln\sigma$ 设定一个在整个实数轴上的无信息先验分布。[2] 根据换元法，若 $g(\ln\sigma)$ 是常数，则 $g(\sigma^2)$ 正比于 $1/\sigma^2$。[3] 假设 $\boldsymbol{\beta}$ 和 σ^2 独立，我们现在就可以推导出无信息联合先验分布，即

$$g(\boldsymbol{\beta},\sigma^2)=g_{\boldsymbol{\beta}}(\boldsymbol{\beta})g_{\sigma^2}(\sigma^2)\propto\frac{1}{\sigma^2}$$

---

① 这个“不适当”密度的积分可能不等于 1，这只是一个小麻烦。任何一个积分常数在最后结论中都将消失。对无信息先验分布的讨论，参见 Zellner（1971，pp. 41－53）。

② 对这个先验分布的合理性的解释，参见 Zellner（1971）。

③ 对这个模型的许多分析都使用 σ 而不是 σ^2 作为参数，最后的结果都相同。我们选择这种参数化，因为它使得对含伽马先验分布的似然函数的处理变得特别方便。参见 Zellner（1971，pp. 44－45）的讨论。

利用

$$f(\boldsymbol{\beta},\sigma^2\,|\,\mathbf{y},\mathbf{X})=L(\boldsymbol{\beta}\,|\,\sigma^2,\mathbf{y},\mathbf{X})g_{\sigma^2}(\sigma^2)\propto L(\boldsymbol{\beta}\,|\,\sigma^2,\mathbf{y},\mathbf{X})\times\frac{1}{\sigma^2} \tag{16-7}$$

就可以推导出 $\boldsymbol{\beta}$ 和 σ^2 的**联合后验分布**（joint posterior distribution）。出于和前面一样的原因，我们将 $g_{\sigma^2}(\sigma^2)$ 乘以一个经过悉心挑选的常数，这次是 $vs^2\Gamma(v+1)/\Gamma(v+2)=vs^2/(v+1)$。将式（16-5）的两边同时乘以这个常数项以及 $g_{\sigma^2}(\sigma^2)$ 并代入 $h(\sigma^2)$，就可以得出给定 $\mathbf{y}$ 和 $\mathbf{X}$ 时，$\boldsymbol{\beta}$ 和 σ^2 的联合后验分布

$$\begin{aligned} f(\boldsymbol{\beta},\sigma^2\,|\,\mathbf{y},\mathbf{X})\propto&\frac{[vs^2]^{v+2}}{\Gamma(v+2)}\left[\frac{1}{\sigma^2}\right]^{v+1}e^{-vs^2(1/\sigma^2)}[2\pi]^{-K/2}\,|\,\sigma^2(\mathbf{X}'\mathbf{X})^{-1}\,|^{-1/2}\\ &\times e^{-(1/2)(\boldsymbol{\beta}-\mathbf{b})'[\sigma^2(\mathbf{X}'\mathbf{X})^{-1}]^{-1}(\boldsymbol{\beta}-\mathbf{b})} \end{aligned}$$

为了得到 $\boldsymbol{\beta}$ 的边缘后验分布，现在有必要对 σ^2 求积分以将其从联合分布中去除（计算 σ^2 的边缘分布时亦然）。通过整理，$f(\boldsymbol{\beta},\sigma^2\,|\,\mathbf{y},\mathbf{X})$ 可写成

$$f(\boldsymbol{\beta},\sigma^2\,|\,\mathbf{y},\mathbf{X})\propto A\times\left(\frac{1}{\sigma^2}\right)^{P-1}e^{-\lambda(1/\sigma^2)}$$

式中

$$\begin{aligned} A&=\frac{[vs^2]^{v+2}}{\Gamma(v+2)}[2\pi]^{-K/2}\,|\,(\mathbf{X}'\mathbf{X})^{-1}\,|^{-1/2}\\ P&=v+2+K/2=(n-K)/2+2+K/2=(n+4)/2 \end{aligned}$$

和

$$\lambda=vs^2+\frac{1}{2}(\boldsymbol{\beta}-\mathbf{b})'\mathbf{X}'\mathbf{X}(\boldsymbol{\beta}-\mathbf{b})$$

所以 $\boldsymbol{\beta}$ 的边缘后验分布为

$$\int_0^\infty f(\boldsymbol{\beta},\sigma^2\,|\,\mathbf{y},\mathbf{X})d\sigma^2\propto A\int_0^\infty\left(\frac{1}{\sigma^2}\right)^{P-1}e^{-\lambda(1/\sigma^2)}d\sigma^2$$

为了求积分，我们必须做一次换元。由于 $d(1/\sigma^2)=-(1/\sigma^2)^2d\sigma^2$，所以 $d\sigma^2=-(1/\sigma^2)^{-2}d(1/\sigma^2)$。代入［积分符号改变了两次，一次是雅可比，一次是因为 $\sigma^2=0$ 到 ∞ 的积分是从 $(1/\sigma^2)=0$ 到 ∞ 的积分的相反数］上式，于是有

$$\begin{aligned} \int_0^\infty f(\boldsymbol{\beta},\sigma^2\,|\,\mathbf{y},\mathbf{X})d\sigma^2&\propto A\int_0^\infty\left(\frac{1}{\sigma^2}\right)^{P-3}e^{-\lambda(1/\sigma^2)}d\left(\frac{1}{\sigma^2}\right)\\ &=A\times\frac{\Gamma(P-2)}{\lambda^{P-2}} \end{aligned}$$

重新代入 A，P 和 λ 的表达式，于是有

$$f(\boldsymbol{\beta}\,|\,\mathbf{y},\mathbf{X})\propto\frac{\dfrac{[vs^2]^{v+2}\Gamma(v+K/2)}{\Gamma(v+2)}[2\pi]^{-K/2}\,|\,\mathbf{X}'\mathbf{X}\,|^{-1/2}}{[vs^2+\frac{1}{2}(\boldsymbol{\beta}-\mathbf{b})'\mathbf{X}'\mathbf{X}(\boldsymbol{\beta}-\mathbf{b})]^{v+K/2}} \tag{16-8}$$

这个密度正比于一个**多元 t 分布**（multivariate t distribution）①，它是我们曾多次使用过的一元分布的一个推广。这个分布的自由度参数 $d=n-K$，均值为 $\mathbf{b}$，协方差矩阵为$[d/(d-2)]\times[s^2(\mathbf{X}'\mathbf{X})^{-1}]$。$K$ 元向量$\boldsymbol{\beta}$ 中每个元素的边缘分布都是自由度为$n-K$、均值为 b_k 和方差等于上述协方差矩阵中第 k 个主对角线元素的一元 t 分布。这再次与我们的抽样理论相同，区别仍在于理解的问题。在当前背景下，所估计的是 $\boldsymbol{\beta}$ 的分布，而且以 $\mathbf{b}$ 为中心。

□ 16.3.2 先验密度含信息时的估计

一旦我们离开无信息先验密度的简单情形，仅就先验密度从何而来，问题在实践层面和方法论上就都变得相当复杂。在式（16-7）后验密度之外对 σ^2 求积分本身就很麻烦。如果 $\boldsymbol{\beta}$ 和 σ^2 的先验分布原本就错综复杂，则问题就会更加严重。

为了部分消除这些困难，研究者通常使用所谓的**共轭先验**（conjugate prior），即形式相同的条件密度，并因此能够进行推导边缘分布所需的积分计算。②

例 16.2　估计共轭先验

继续例 16.1，但现在我们假设一个共轭先验。对于含比例的似然方程，通常使用的方法是 β 先验。β 先验为

$$p(\theta)=\frac{\Gamma(\alpha+\beta)\theta^{\alpha-1}(1-\theta)^{\beta-1}}{\Gamma(\alpha)\Gamma(\beta)}$$

因此，后验密度为

$$\frac{\theta^D(1-\theta)^{N-D}\dfrac{\Gamma(\alpha+\beta)\theta^{\alpha-1}(1-\theta)^{\beta-1}}{\Gamma(\alpha)\Gamma(\beta)}}{\displaystyle\int_0^1\theta^D(1-\theta)^{N-D}\frac{\Gamma(\alpha+\beta)\theta^{\alpha-1}(1-\theta)^{\beta-1}}{\Gamma(\alpha)\Gamma(\beta)}d\theta}=\frac{\theta^{D+\alpha-1}(1-\theta)^{N-D+\beta-1}}{\displaystyle\int_0^1\theta^{D+\alpha-1}(1-\theta)^{N-D+\beta-1}d\theta}$$

该后验密度再次为一个 β 分布，参数为（$D+\alpha$，$N-D+\beta$）。后验均值为

$$E[\theta\,|\,\mathbf{data}]=\frac{D+\alpha}{N+\alpha+\beta}$$

（我们先前对均匀密度的选择等价于 $\alpha=\beta=1$ 的情况。）假设我们选择一个服从先验均值为 0.5，但与 0 或 1 相比更集中于中心的先验分布，例如 $\alpha=\beta=2$。因此，后验均值为$(8+2)/(25+3)=0.335\ 71$。[这比先前的估计值大。因为现在的先验方差比 1/12 小，所以先验均值（仍然为 0.5）获得了比前一个例子更大的权重。]

假设我们假定 $\boldsymbol{\beta}$ 的先验信念可以用一个具有均值 $\boldsymbol{\beta}_0$ 和方差矩阵 $\boldsymbol{\Sigma}_0$ 的 K 元正态分布来概

① 详细情况参见 Judge et al.（1985）。Zellner（1971，p. 67）也出现了这个表达式。注意分母中的指数为 $v+K/2=n/2$。

② 我们在推导 $\boldsymbol{\beta}$ 的后验密度时选择无信息先验的 $\ln\sigma$，从而得到了一个较为便捷的 σ^2 的先验。先验密度可设定成在数学上比较方便的任意形式，这种思想很有问题；它本应代表参数的累积先验信念。另外，可以认为，共轭先验密度是前一分析的后验密度，这就说明了这种形式的合理性。如何设定先验密度，是方法论之争的焦点之一。“非贝叶斯者”认为，口口声声说方法高人一等，但模型中关键的先验密度却完全基于数学上的方便性，这种做法不够地道。在小样本中，所假定的这种先验密度将支配着结果，而在大样本中，抽样理论估计值无论如何都不会更差。

括。同样为了便于说明，我们从假定 σ^2 已知的情形开始分析。按照与前面一样的方式，我们可以推导出如下结论：$\boldsymbol{\beta}$ 基于 σ^2 和数据的后验密度将是正态的，并有

$$E[\boldsymbol{\beta}|\sigma^2,\mathbf{y},\mathbf{X}]=\{\boldsymbol{\Sigma}_0^{-1}+[\sigma^2(\mathbf{X}'\mathbf{X})^{-1}]^{-1}\}^{-1}\{\boldsymbol{\Sigma}_0^{-1}\boldsymbol{\beta}_0+[\sigma^2(\mathbf{X}'\mathbf{X})^{-1}]^{-1}\mathbf{b}\}$$
$$=\mathbf{F}\boldsymbol{\beta}_0+(\mathbf{I}-\mathbf{F})\mathbf{b} \tag{16-9}$$

式中

$$\mathbf{F}=\{\boldsymbol{\Sigma}_0^{-1}+[\sigma^2(\mathbf{X}'\mathbf{X})^{-1}]^{-1}\}^{-1}\boldsymbol{\Sigma}_0^{-1}$$
$$=\{[\text{先验方差}]^{-1}+[\text{条件方差}]^{-1}\}^{-1}[\text{先验方差}]^{-1} \tag{16-10}$$

这个向量是先验和最小二乘（样本）系数估计值的矩阵加权平均，其中权重分别是先验和条件方差矩阵的逆。[①] 估计量的方差越小，其权重越大，这是讲得通的。此外，仍令 σ^2 已知，我们就可以将后验正态分布的方差写成

$$\text{Var}[\boldsymbol{\beta}|\mathbf{y},\mathbf{X},\sigma^2]=\{\boldsymbol{\Sigma}_0^{-1}+[\sigma^2(\mathbf{X}'\mathbf{X})^{-1}]^{-1}\}^{-1} \tag{16-11}$$

注意，后验方差是基于先验和条件方差的逆而将它们结合在一起的。[②] 我们或许可以把无信息先验解释为 $\boldsymbol{\Sigma}_0$ 中含有无限多的元素。这个假定把这一情形简化成了前面的情形。

再一次，我们需要考虑 σ^2 未知的情形。若我们有 σ^2 的先验信息，则所得到的分布可能极难处理。$\boldsymbol{\beta}$ 和 σ^2 的一个可以使用的共轭先验分布为

$$g(\boldsymbol{\beta},\sigma^2)=g_{\boldsymbol{\beta}|\sigma^2}(\boldsymbol{\beta}|\sigma^2)g_{\sigma^2}(\sigma^2) \tag{16-12}$$

式中，$g_{\boldsymbol{\beta}|\sigma^2}(\boldsymbol{\beta}|\sigma^2)$是正态的，且均值为 $\boldsymbol{\beta}^0$，方差为 $\sigma^2\mathbf{A}$，而且

$$g_{\sigma^2}(\sigma^2)=\frac{[m\sigma_0^2]^{m+1}}{\Gamma(m+1)}\left(\frac{1}{\sigma^2}\right)^m e^{-m\sigma_0^2(1/\sigma^2)} \tag{16-13}$$

这是一个倒伽马分布。它意味着 $1/\sigma^2$ 服从伽马分布。σ^2 的先验均值为 σ_0^2，先验方差为 $\sigma_0^4/(m-1)$。[③] 式（16－12）中的积就是所谓的**正态-伽马先验**（normal-gamma prior）密度，它是这种模型形式的一个自然的共轭先验密度。通过整合 σ^2，我们仅得到 $\boldsymbol{\beta}$ 的先验边缘密度，它将是一个多元 t 分布。[④] 将式（16－12）与式（16－13）合并，就可以推导出 $\boldsymbol{\beta}$ 和 σ^2 的联合后验分布。最后，通过整合 σ^2，就可以推导出 $\boldsymbol{\beta}$ 的边缘后验分布。前面已经证明这个后验分布是多元 t 分布，而且

$$E[\boldsymbol{\beta}|\mathbf{y},\mathbf{X}]=\{[\bar{\sigma}^2\mathbf{A}]^{-1}+[\bar{\sigma}^2(\mathbf{X}'\mathbf{X})^{-1}]^{-1}\}^{-1}\{[\bar{\sigma}^2\mathbf{A}]^{-1}\boldsymbol{\beta}_0+[\bar{\sigma}^2(\mathbf{X}'\mathbf{X})^{-1}]^{-1}\mathbf{b}\} \tag{16-14}$$

和

$$\text{Var}[\boldsymbol{\beta}|\mathbf{y},\mathbf{X}]=\left(\frac{j}{j-2}\right)\{[\bar{\sigma}^2\mathbf{A}]^{-1}+[\bar{\sigma}^2(\mathbf{X}'\mathbf{X})^{-1}]^{-1}\}^{-1} \tag{16-15}$$

式中，j 为自由度参数；$\bar{\sigma}^2$ 为 σ^2 的贝叶斯估计值。先验自由度 m 是 σ^2 的先验分布的一个参数，

① 注意，不要得出以下结论：后验均值向量的某个元素介于 $\boldsymbol{\beta}_0$ 和 $\mathbf{b}$ 的相应元素之间。参见 Jugde et al.（1985，pp. 109－110）和 Chamberlain and Leamer（1976）。

② 严格地讲，Theil and Goldberger（1961）提出这个估计量，是为了将之前得到的参数估计值与当前的新数据相结合。他们把其结果称为一个“混合估计量”。我们在第 15 章看到，在当代文献中，术语“混合估计量”与这里的含义完全不同。

③ 你可以利用伽马积分证明这个结论。注意，在式（B－39）中，密度是 $1/\sigma^2=1/x$ 的一个函数，所以为了得到 $E[\sigma^2]$，我们利用 $E[1/x]=\lambda/(P-1)$和 $E[(1/x)^2]=\lambda^2/[(P-1)(P-2)]$。在$(1/\sigma^2)$的密度函数中，$\lambda$ 和 P 的对应值分别是 $m\sigma_0^2$ 和 $m+1$。

④ 这个（冗长）推导的详尽细节可参见 Judge et al.（1985，pp. 106－110）和 Zellner（1971）。

且一开始就确定了（见下例）。同样，随着数据量的增加，后验密度及其估计值显然都收敛于抽样理论结果。

例 16.3　边际消费倾向的贝叶斯估计

在例 3.2 中，我们使用 1940—1950 年的 11 次观测推导出了边际消费倾向的一个估计值，结果如表 16.1 第一行数值所示。[参考例 3.2，方差是 (6 848.975/9)/12 300.182。] 基于这些估计值，β 的一个 95%经典置信区间为（0.122 1，1.247 5）。（这个置信区间很宽，可能是因为模型明显糟糕的设定。）基于 β 和 σ^2 的无信息先验分布，我们可以估计出 β 的后验密度为自由度为 9 的一元 t 分布，其均值为 0.684 801 4，方差为(11/9)×0.061 878=0.075 628。β 的一个 HPD 区间与这个置信区间一致。我们使用在例 5.3 中曾使用过的 1950—2000 年数据（每年）第四季度的数据值，就可以计算出表 16.1 中第二行数值所示的新估计值。

我们把第一个估计值及其估计分布作为 β 的先验，基于这个含信息的先验分布，就可以得到 β 的后验密度。我们在这个练习中假定 σ 为已知的样本值 24.954。于是，

$$\bar{b}=\left[\frac{1}{0.061\,878}+\frac{1}{0.000\,065\,865}\right]^{-1}\times\left[\frac{0.684\,801\,4}{0.061\,878}+\frac{0.924\,81}{0.000\,065\,865}\right]=0.924\,55$$

较大样本中更为精确的样本估计值压倒性地支配着这个加权平均值。后验方差就是方括号中的逆，等于 0.000 065 795。它与较大样本中的估计值的方差很接近。以我们熟知的方式可构建出一个 HPD 区间。由于后验分布的方差比抽样估计量的方差略小，所以 HPD 区间通常也比置信区间略窄。这种方差的减小就是先验信息的价值（如同我们在这里看到的一样，先验分布也不是特别有信息含量）。

表 16.1　MPC 估计值

年份	估计的 MPC	b 的方差	自由度	估计的 σ
1940—1950	0.684 801 4	0.061 878	9	24.954
1950—2000	0.924 81	0.000 065 865	49	92.244

16.4　贝叶斯推断

后验密度是似然函数在贝叶斯领域内的对应物。它包含了对推导计量经济学模型有用的信息。正如我们所论述过的，虽然解释不同，但是后验分布的均值和方差分别与经典（抽样理论）点估计量和渐近方差一致。在我们分析贝叶斯推断更错综复杂的应用之前，先对该方法的其他概念（点估计、区间估计和假设检验的贝叶斯等价物）进行介绍是有益的。①

□ 16.4.1　点估计

后验密度函数涵盖了先验信息和似然函数，因此涵盖了研究者所掌握的所有参数信息。但

① 在这里，我们并没有涵盖预测部分。贝叶斯法把预测问题作为与“参数”估计具有同样形式的估计之一。被预测的数值存在于模型未知元素中，这些未知元素将通过一个先验来描述特征，并且以与其他参数对称的形式进入后验密度中。

为了推导出结果，密度多少会有些不太精确，而且人们通常更喜欢使用点估计或区间估计。一个自然的方法就是使用后验分布的均值作为估计量。对无信息的先验分布，我们使用**抽样理论**（sampling theory）估计量 $\mathbf{b}$。

此时读者不禁会问，为何要自寻烦恼呢？贝叶斯点估计值与抽样理论估计值相同。所有的变化仅在于我们对结果的理解。这种情形恰如其分。我们从 $\boldsymbol{\beta}$ 和 σ^2 的无信息先验分布开始分析。因此，用于估计的唯一信息就是样本数据，最后得到抽样理论估计值才是正常的。我们下面将会论述，当先验信息将样本外信息带进估计值时，结果就会有所变化。

如果我们改变估计 $\boldsymbol{\beta}$ 的动机，结果也会变化。迄今为止，参数估计值都被视为最终结果。但在某些情形下，得到参数估计值是为了让分析者能够做出决策。于是，考虑一个**损失函数**（loss function），$H(\hat{\boldsymbol{\beta}}, \boldsymbol{\beta})$，它量化了参数为 $\boldsymbol{\beta}$ 时基于估计值 $\hat{\boldsymbol{\beta}}$ 而进行决策的成本。预期或平均损失为

$$E_{\boldsymbol{\beta}}[H(\hat{\boldsymbol{\beta}},\boldsymbol{\beta})]=\int_{\boldsymbol{\beta}} H(\hat{\boldsymbol{\beta}},\boldsymbol{\beta})f(\boldsymbol{\beta}\mid\mathbf{y},\mathbf{X})d\boldsymbol{\beta} \tag{16-16}$$

式中，加权函数 f 为边缘后验密度函数（如果损失函数是对 $\boldsymbol{\beta}$ 和 σ^2 定义的，那么就使用 $\boldsymbol{\beta}$ 和 σ^2 的联合密度函数）。贝叶斯点估计值就是最小化期望损失的参数向量。若损失函数是（$\hat{\boldsymbol{\beta}}-\boldsymbol{\beta}$）的一个二次形，则后验分布的均值便是“最小期望损失”（minimum expected loss，MELO）估计量。证明很简单。此时

$$E[H(\hat{\boldsymbol{\beta}},\boldsymbol{\beta})\mid\mathbf{y},\mathbf{X}]=E\left[\frac{1}{2}(\hat{\boldsymbol{\beta}}-\boldsymbol{\beta})'\mathbf{W}(\hat{\boldsymbol{\beta}}-\boldsymbol{\beta})\mid\mathbf{y},\mathbf{X}\right]$$

为了使之最小化，我们可以利用如下结果：

$$\begin{aligned}\partial E[H(\hat{\boldsymbol{\beta}},\boldsymbol{\beta})\mid\mathbf{y},\mathbf{X}]/\partial\hat{\boldsymbol{\beta}} &=E[\partial H(\hat{\boldsymbol{\beta}},\boldsymbol{\beta})/\partial\hat{\boldsymbol{\beta}}\mid\mathbf{y},\mathbf{X}]\\ &=E[-\mathbf{W}(\hat{\boldsymbol{\beta}}-\boldsymbol{\beta})\mid\mathbf{y},\mathbf{X}]\end{aligned}$$

通过令这个导数等于 $\mathbf{0}$，即可计算出最小值，由此可以得到（因为 $-\mathbf{W}$ 与所讨论的问题没有关系）$\hat{\boldsymbol{\beta}}=E[\boldsymbol{\beta}\mid\mathbf{y},\mathbf{X}]$。这种损失函数说明，正负方向的误差同样糟糕，大误差比小误差要糟糕得多。若损失函数是一个线性函数，则 MELO 估计量将是后验分布的中位数。在我们刚分析过的无信息先验分布的情形下，这些结论都相同。

□ 16.4.2 区间估计

在此背景下与置信区间相对应的是包含一个特定概率的后验分布区间。显然，这个区间越窄越好。对一个单峰密度函数，这就对应于一个区间，其中密度函数值大于任何区间外的点，这就是为什么称之为**最高后验密度区间**［highest posterior density（HPD）interval］。对于我们分析过的对称分布情形，我们可以围绕最小二乘估计值 $\mathbf{b}$ 构造 $\boldsymbol{\beta}$ 的 HPD 区间，其终值取自标准的 t 分布表。4.8.3 小节展示了某渐近分布的一个 HPD 区间的（经典）推导。在这个预测 y 的例子中，回归是对 $\ln y$ 建模。

□ 16.4.3 假设检验

贝叶斯方法论对假设检验的经典方法持怀疑态度。有两点需要特别引起注意。第一，只需仔细考察我们在第 5 章所做的分析就可以发现，由于我们使用的是一致估计量，所以在样本足

够大时，除非我们随着样本容量的增大而不断下调检验的显著性水平，否则我们将拒绝任何一个（被嵌套的）假设。第二，这种要么全部接受要么全部拒绝的极端方法并不是一种能够优化我们对世界的认知的方法。即使是最尽责的分析者，恐怕也不愿意为了一个数据样本而放弃曾一贯持有的先验信念，而这正是抽样方法论所要求的。就此看来，用于假设检验的贝叶斯法的吸引力更大。实际上，这种方法可能更适合被称为“比较假设”，因为它本质上只是对两个假设中哪一个是正确假设的概率更高加以评判。

用于假设检验的贝叶斯法与贝叶斯估计的相似性很大。[①] 我们已经描述了两个假设检验：一个是“原”假设 H_0，另一个是“备择”假设 H_1。由于这个检验程序的目的不是拒绝一个假设而支持另一个，所以这两个假设不必像 H_0：“命题 A 正确”和 H_1：“命题 A 不正确”那样互补。但为了简单起见，我们仍把注意力集中在回归模型的参数假设上（通常是互补的）。假定在开始我们的实验（数据收集、统计分析）之前，我们能赋予两个假设**先验概率**（prior probability）$P(H_0)$和 $P(H_1)$。**先验优势比**（prior odds ratio）无非就是比率

$$\text{Odds}_{\text{先验}}=\frac{P(H_0)}{P(H_1)} \tag{16-17}$$

比如，一个人对参数符号的不确定性，可由 H_0：$\beta\geqslant 0$ 对 H_1：$\beta<0$ 的先验优势比 0.5/0.5＝1 来概括。在收集了样本证据之后，这个先验概率可能会被修正，所以通常后验优势比为

$$\text{Odds}_{\text{后验}}=B_{01}\times\text{Odds}_{\text{先验}}$$

数值 B_{01} 被称为比较两个假设的**贝叶斯因子**（Bayes factor），它概括了样本数据对先验优势的影响。最后结论是，一个新的优势比 $\text{Odds}_{\text{后验}}$可转而用作下一次分析中的先验优势比。

贝叶斯因子可通过确定在两个假设下所观测数据的可能性来计算。我们回到最初的出发点，即在给定参数下，数据发生的可能性为

$$f(\mathbf{y}\mid\boldsymbol{\beta},\sigma^2,\mathbf{X})=[2\pi\sigma^2]^{-n/2}e^{(-1/(2\sigma^2))(\mathbf{y}-\mathbf{X}\boldsymbol{\beta})'(\mathbf{y}-\mathbf{X}\boldsymbol{\beta})} \tag{16-18}$$

基于我们对参数的先验信念，假定假设 j 正确（$j=0$，1），数据发生的期望或平均可能性为

$$\begin{aligned}f(\mathbf{y}\mid\mathbf{X},H_j)&=E_{\boldsymbol{\beta},\sigma^2}[f(\mathbf{y}\mid\boldsymbol{\beta},\sigma^2,\mathbf{X},H_j)]\\&=\int_{\sigma^2}\int_{\boldsymbol{\beta}}f(\mathbf{y}\mid\boldsymbol{\beta},\sigma^2,\mathbf{X},H_j)g(\boldsymbol{\beta},\sigma^2)d\boldsymbol{\beta}d\sigma^2\end{aligned}$$

[这个条件密度也是 $\mathbf{y}$ 的**预测密度**（predictive density）。] 因此，基于所有观测数据，我们利用贝叶斯定理重新确定 H_j 的概率，则后验概率是

$$P(H_j\mid\mathbf{y},\mathbf{X})=\frac{f(\mathbf{y}\mid\mathbf{X},H_j)P(H_j)}{f(\mathbf{y})}$$

后验优势比为 $P(H_0\mid\mathbf{y},\mathbf{X})/P(H_1\mid\mathbf{y},\mathbf{X})$，于是贝叶斯因子为

$$B_{01}=\frac{f(\mathbf{y}\mid\mathbf{X},H_0)}{f(\mathbf{y}\mid\mathbf{X},H_1)}$$

① 更广泛的讨论，参见 Zellner and Siow（1980）以及 Zellner（1985，pp. 275－305）。

∵例 16.4　经典回归模型的后验优势比

在 Zellner (1971) 分析的背景中，对因变量 y 的变化存在两种可能的解释：

模型 0：$y=\mathbf{x}_0'\boldsymbol{\beta}_0+\boldsymbol{\varepsilon}_0$

和

模型 1：$y=\mathbf{x}_1'\boldsymbol{\beta}_1+\boldsymbol{\varepsilon}_1$

我们将简要地勾勒一下他的结论。我们像式 (16-12) 和式 (16-13) 中的设定那样（即分别为多元正态分布和倒伽马分布）构造 $[\boldsymbol{\beta},\sigma^2]_j$，$j=0$，1 的信息先验。泽尔纳 (Zellner) 推导出了后验优势比的贝叶斯因子。虽然推导冗长而又复杂，但对于很大的 n，根据一些简化的假定，一个有用的表达式便诞生了。首先，假定 σ_0^2 和 σ_1^2 的先验分布相同。其次，假定$[|\mathbf{A}_0^{-1}|/|\mathbf{A}_0^{-1}+\mathbf{X}_0'\mathbf{X}_0|]/[|\mathbf{A}_1^{-1}|/|\mathbf{A}_1^{-1}+\mathbf{X}_1'\mathbf{X}_1|]\to 1$。第一个假定是通常的情形，不确定性只涉及 y_i 和 x_i 之间的协方差而非残差变异（缺乏拟合）的程度。第二个假定则考虑了先验 ($\mathbf{A}$) 与似然 ($\mathbf{X}'\mathbf{X}$) 分布中信息量的相对大小。这些矩阵都是协方差矩阵的逆，或称**精度矩阵** (precision matrix)。[注意这两个矩阵如何形成计算式 (16-9) 中后验均值所需的矩阵权重]。Zellner (p. 310) 较详细地讨论了这个假定。根据这两个假定，他证明了，随着 n 逐渐变大①，于是有

$$B_{01}\approx\left(\frac{s_0^2}{s_1^2}\right)^{-(n+m)/2}=\left(\frac{1-R_0^2}{1-R_1^2}\right)^{-(n+m)/2}$$

因此，利用 R^2 作为拟合度量标准，结果会支持拟合度更高的模型。如果我们略微引申泽尔纳的分析，把模型 1 看成“模型”，而把模型 0 看成“无模型”（即 $\boldsymbol{\beta}_0=\mathbf{0}$ 的相关部分，所以 $R_0^2=0$），于是这个比率可以简化成

$$B_{01}=(1-R_1^2)^{(n+m)/2}$$

因此，回归拟合得越好，这个支持模型 0（无模型）的贝叶斯因子就越小，这在直觉上也讲得通。

Zellner and Siow (1980) 根据 $\boldsymbol{\beta}$ 和 σ_j^2 的无信息先验分布继续这一分析。具体而言，他们使用了 $\ln\sigma$ 的扁平先验分布 [见式 (16-7)] 和 $\boldsymbol{\beta}$ 的多元考希 (Cauchy) 先验分布（具有无限方差）。他们主要的结论 (3.10) 为

$$B_{01}=\frac{\frac{1}{2}\sqrt{\pi}}{\Gamma[(k+1)/2]}\left(\frac{n-K}{2}\right)^{k/2}(1-R^2)^{(n-K-1)/2}$$

这个结论与前面那个结论非常相似，细微的差别源于前面的结论使用了自由度修正和一些近似。

□ 16.4.4 大样本结论

虽然贝叶斯估计量的所有统计结论都要求“有限样本”（以样本数据为条件），但是考虑该

① 这里省略了泽尔纳的结论 [他的方程 (10.50)] 中出现的指数比。根据结论中近似的阶数，这个比率在最终结论中会变为零。（参见泽尔纳写给作者的私人信件。）

估计量在大样本中如何表现仍然十分有趣。[①] 贝叶斯估计量是否收敛于某个值？为了完成这个练习，假想一个包含整个总体的样本是有帮助的。于是，后验分布将会刻画整个总体，而非其中一个样本。至少在直觉上，这种情形下合理的结果是后验分布与似然函数相一致。由于先验的影响，后验分布（通常）会被保留。但是随着样本规模增大，人们期望似然函数压倒先验函数。除非先验函数的能力会随着样本规模增大而逐渐增长（例如，当先验方差的阶数为 $1/n$ 时），否则似然函数便会压倒先验函数。一个含信息的先验函数对后验函数的影响会逐渐消退，除非先验函数随着规模增大变得更富含信息。

前面的分析表明，后验均值会收敛于极大似然估计量（MLE）。MLE 是似然函数的众数的参数向量。贝叶斯估计量是**后验均值**（posterior mean），而不是众数（mode），因此，考察这两种特征之间的关系仍然是一个问题。**伯恩斯坦-冯·米塞斯定理**［Bernstein-von Mises theorem，参见 Cameron and Trivedi（2005，p. 433）以及 Train（2003，Chapter 12）］阐述了后验均值和极大似然估计量将会收敛于同样的概率极限，并且服从同样的极限正态分布。中心极限定理（central limit theorem）的一种形式在这里发挥了作用。

除了仍然存在的一些哲学问题，这个结论表明：对于大样本，在贝叶斯和常见方法中如何选择的问题，就是一个计算效率的问题。（这是 16.8 节中的应用的延伸。也可参见本章引言的脚注①。在一个无限样本中，贝叶斯估计构架仍存在的“不确定性”来自模型更深层次的问题。例如，整个总体的均值就是其本身的均值；关于“参数”不存在不确定性。）

16.5 后验分布和吉布斯抽样法

我们在前面的章节中讲解了一系列步骤，包括构建似然函数（模型）、估计对象的先验密度以及后验密度。为了完成推断步骤，我们接下来分析和推导所感兴趣的后验密度的性质，比如均值或众数，以及方差。

得到后验密度的矩是任何一个分析的复杂部分，例如，均值

$$\hat{\theta}=E[\theta\mid \text{data}]=\int_{\theta}\theta\, p(\theta\mid \textbf{data})d\theta \tag{16-19}$$

相对来说，例如上式，积分能以解析形式推导出来的应用是很少的。（这是共轭先验的一个动机。）贝叶斯推断的现代方法使用了不同的策略。式（16－19）的结果是一个期望。假设从 $p(\theta\mid \textbf{data})$定义的总体中获得一个随机样本是可能的，而且需要多大就有多大。于是，利用在第 15 章模拟估计中我们使用的同样的策略，我们就能够使用样本的特征——比如均值、方差、分位数等等，以推断后验分布的特征。实际上，使用一个（本质上）无限的样本，我们就可以不将我们的注意力局限于一些简单的特征（比如均值和方差）上，我们也就可以考察我们想考察的后验分布的任何特征。分析中（不太）复杂的部分是构造后验密度。

我们仍然需要决定如何从后验密度中抽取样本。可以借助一个著名（而且非常有效）的方法——**吉布斯抽样法**（Gibbs sampler）来抽取。[②] 吉布斯抽样法的核心结论是：我们希望从联

① 在分析是“精确”的而不是近似或“大样本”的计量经济学研究中，其标准导言会提到这一方面——分析是以手中的样本数据为条件，并且只适用于手中的样本数据。样本之外的任何推断，比如关于假设的随机样本（类似于其在抽样理论中的对应），都是近似的。

② 参见 Casella and George（1992）。

合总体（x，y）中进行随机抽样。x 和 y 的联合分布要么未知，要么难以处理，并且从联合分布中进行抽样是不可能的。然而，假设条件分布 $f(x|y)$和 $f(y|x)$是已知的且足够简单，从二者中抽取一元随机样本是可能的。以下迭代会得到一个来自联合分布的二元随机样本：

吉布斯抽样法：

1. 从 $x|y$ 右区间的值 x_0 开始循环；
2. 从已知总体 $y|x$ 抽取一个观测值 $y_0|x_0$；
3. 从已知总体 $x|y$ 抽取一个观测值 $x_t|y_{t-1}$；
4. 从已知总体 $y|x$ 抽取一个观测值 $y_t|x_t$。

经过几千次重复步骤 3 和步骤 4 的迭代，最终将会产生联合分布的一个随机样本［为了避免初始条件的影响，必须抛弃第一轮几千次的抽样——这被称为**预烧**（burn in）］。［这个过程一些技术上的细节参见 Cameron and Trivedi（Section 13.5）。］

例 16.5　从正态分布中进行吉布斯抽样

为了阐明吉布斯抽样法，我们考虑从联合正态分布中随机抽样。我们首先考虑二元正态分布。假设我们期望从总体

$$\begin{pmatrix}x_1\\x_2\end{pmatrix}\sim N\left[\begin{pmatrix}0\\0\end{pmatrix},\begin{pmatrix}1&\rho\\\rho&1\end{pmatrix}\right]$$

中抽取一个随机样本。正如我们在第 15 章中所论述的，一个直接的方法就是利用正态分布变量的线性函数服从正态分布［见式（B-80）］这个事实。这样我们就可以通过协方差矩阵的乔利斯基分解来变换一系列的独立正态抽样（u_1，u_2）′

$$\begin{pmatrix}x_1\\x_2\end{pmatrix}_i=\begin{bmatrix}1&0\\\theta_1&\theta_2\end{bmatrix}\begin{pmatrix}u_1\\u_2\end{pmatrix}_i=\mathbf{Lu}_i$$

其中 $\theta_1=\rho$ 和 $\theta_2=\sqrt{1-\rho^2}$。吉布斯抽样法利用了以下结论：

$$x_1|x_2\sim N[\rho x_2,(1-\rho^2)]$$

和

$$x_2|x_1\sim N[\rho x_1,(1-\rho^2)]$$

为了从一个三元或者多元总体中抽样，我们可以用自然的方式扩展吉布斯序列。例如，我们可以使用吉布斯序列

$$\begin{aligned}x_1|x_2,x_3&\sim N[\beta_{1,2}x_2+\beta_{1,3}x_3,\mathbf{\Sigma}_{1|2,3}]\\x_2|x_1,x_3&\sim N[\beta_{2,1}x_1+\beta_{2,3}x_3,\mathbf{\Sigma}_{2|1,3}]\\x_3|x_1,x_2&\sim N[\beta_{3,1}x_1+\beta_{3,2}x_2,\mathbf{\Sigma}_{3|1,2}]\end{aligned}$$

从三元总体中抽样，定理 B.7 给出了其中的条件均值和方差。我们在这里定义了一个三步循环。

吉布斯抽样法的可用性使得研究者们不必推导完整的联合后验分布的解析性质。因为用公式表示条件先验是很简单的，而条件后验的推导也相当简单，所以吉布斯抽样法使之前许多难以处理的应用变得容易。例如，再次考虑经典正态回归模型。在式（16-7）中，（$\boldsymbol{\beta}$，σ^2）的联

合后验分布为

$$p(\boldsymbol{\beta},\sigma^2\mid\mathbf{y},\mathbf{X})\propto\frac{[vs^2]^{v+2}}{\Gamma(v+2)}\left[\frac{1}{\sigma^2}\right]^{v+1}\exp(-vs^2/\sigma^2)[2\pi]^{-K/2}\mid\sigma^2(\mathbf{X}'\mathbf{X})^{-1}\mid^{-1/2}$$
$$\times\exp(-(1/2)(\boldsymbol{\beta}-\mathbf{b})'[\sigma^2(\mathbf{X}'\mathbf{X})^{-1}]^{-1}(\boldsymbol{\beta}-\mathbf{b}))$$

如果我们期望使用模拟法描述这个后验分布的特征，我们就需要从这个难以处理的分布中抽取一个 $K+1$ 元样本。不过，使用假定的先验，我们找到了式（16－5）中 $\boldsymbol{\beta}$ 的条件后验：

$$p(\boldsymbol{\beta}\mid\sigma^2,\mathbf{y},\mathbf{X})=N[\mathbf{b},\sigma^2(\mathbf{X}'\mathbf{X})^{-1}]$$

从式（16－6），我们能推测 $\sigma^2\mid\boldsymbol{\beta}$，$\mathbf{y}$，$\mathbf{X}$ 的条件后验是式（16－13）中参数为 $m\sigma_0^2=v\hat{\sigma}^2$ 和 $m=v$ 的倒伽马分布：

$$p(\sigma^2\mid\boldsymbol{\beta},\mathbf{y},\mathbf{X})=\frac{[v\hat{\sigma}^2]^{v+1}}{\Gamma(v+1)}\left[\frac{1}{\sigma^2}\right]^{v}\exp(-v\hat{\sigma}^2/\sigma^2),\quad \hat{\sigma}^2=\frac{\Sigma_{i=1}(y_i-\mathbf{x}_i'\boldsymbol{\beta})^2}{n-K}$$

这里建立了一个从 $\boldsymbol{\beta}$ 和 σ^2 的联合后验分布中抽样的吉布斯抽样。我们通过在 $\boldsymbol{\beta}$ 的多元正态分布和 σ^2 的倒伽马分布中循环随机抽样，获得了（$\boldsymbol{\beta}$，σ^2）的一个 $K+1$ 元样本［当然，对于这个应用，我们知道 $\boldsymbol{\beta}$ 的边缘后验分布，见式（16－8）］。

吉布斯抽样法并不真的是一个随机抽样法。它是一个马尔可夫链，即每一次从分布中的抽样是前一次抽样的一个函数。每次循环的随机输入提供了随机性，这个随机性产生了这种策略的俗称——**马尔可夫链蒙特卡洛**（Markov chain Monte Carlo，MCMC 或 MC^2）估计。它最简单的形式提供了研究极其复杂模型中后验分布的一个显著有效的工具。下一节的例子是一个引人注目的例子，它展现了如何找到 probit 模型的 MLE 而不必计算似然函数及其导数。在 16.8 节中，我们将分析这个策略的扩展和改良——梅特罗波利斯-黑斯廷（Metropolis-Hasting）算法。

在接下来的几节中我们将分析贝叶斯推断的一些应用。在 16.9 节中，我们将回顾经典以及贝叶斯估计和推断的若干常见问题。在本章的最后，我们将研究 Koop and Tobias（2003）的贝叶斯法，其被用来分析基于面板数据的工资方程中的异质性。我们使用经典方法来分析例 15.16 中的数据。

16.6 应用：二项式 probit 模型

考虑因变量生成过程如下的一个二项式 probit 模型的推断（见 17.2～17.4 节）：

$$y_i^*=\mathbf{x}_i'\boldsymbol{\beta}+\varepsilon_i,\varepsilon_i\sim N[0,1] \tag{16-20}$$
$$\text{若 } y_i^*>0,y_i=1;\ \text{若 } y_i^*\leqslant 0,y_i=0 \tag{16-21}$$

（模型的理论动机参见 17.3 节。）数据由$(\mathbf{y},\mathbf{X})=(y_i,\mathbf{x}_i)$，$i=1$，…，$n$ 组成。随机变量 y_i 服从一个伯努利分布，其概率为

$$\text{Prob}[y_i=1\mid\mathbf{x}_i]=\Phi(\mathbf{x}_i'\boldsymbol{\beta})$$
$$\text{Prob}[y_i=0\mid\mathbf{x}_i]=1-\Phi(\mathbf{x}_i'\boldsymbol{\beta})$$

被观测数据的似然函数为

$$L(\mathbf{y}\mid\mathbf{X},\boldsymbol{\beta})=\prod_{i=1}^{n}[\Phi(\mathbf{x}_i'\boldsymbol{\beta})]^{y_i}[1-\Phi(\mathbf{x}_i'\boldsymbol{\beta})]^{1-y_i}$$

（同样，我们在表示方法上走了点捷径。似然函数其实是给定 $\mathbf{X}$ 和 $\boldsymbol{\beta}$ 时数据的联合密度。）我们将在 17.3 节中分析 $\boldsymbol{\beta}$ 的经典极大似然估计。为了获得后验均值（贝叶斯估计量），我们假定 $\boldsymbol{\beta}$ 的无信息、扁平（不适当）先验

$$p(\boldsymbol{\beta})\propto 1$$

则后验密度为

$$p(\boldsymbol{\beta}\mid\mathbf{y},\mathbf{X})=\frac{\prod_{i=1}^{n}[\Phi(\mathbf{x}_i'\boldsymbol{\beta})]^{y_i}[1-\Phi(\mathbf{x}_i'\boldsymbol{\beta})]^{1-y_i}(1)}{\int_{\boldsymbol{\beta}}\prod_{i=1}^{n}[\Phi(\mathbf{x}_i'\boldsymbol{\beta})]^{y_i}[1-\Phi(\mathbf{x}_i'\boldsymbol{\beta})]^{1-y_i}(1)d\boldsymbol{\beta}}$$

并且，估计量将会成为后验均值，即

$$\hat{\boldsymbol{\beta}}=E[\boldsymbol{\beta}\mid\mathbf{y},\mathbf{X}]=\frac{\int_{\boldsymbol{\beta}}\boldsymbol{\beta}\prod_{i=1}^{n}[\Phi(\mathbf{x}_i'\boldsymbol{\beta})]^{y_i}[1-\Phi(\mathbf{x}_i'\boldsymbol{\beta})]^{1-y_i}d\boldsymbol{\beta}}{\int_{\boldsymbol{\beta}}\prod_{i=1}^{n}[\Phi(\mathbf{x}_i'\boldsymbol{\beta})]^{y_i}[1-\Phi(\mathbf{x}_i'\boldsymbol{\beta})]^{1-y_i}d\boldsymbol{\beta}} \tag{16-22}$$

计算式（16－22）中的积分是极其复杂的，但是 Albert and Chib（1993a）首先提出了一个非常简单的解决方法，即使用吉布斯抽样和已知的**数据增广**（data augmentation）技术。我们通过把未观测到的 y_i^* 连同 $\boldsymbol{\beta}$ 一起作为要估计的未知数值来开始我们的实验。于是，$(K+n)\times 1$ 参数向量就是 $\boldsymbol{\theta}=(\boldsymbol{\beta},\mathbf{y}^*)$。我们现在构建一个吉布斯抽样。首先，考虑 $p(\boldsymbol{\beta}\mid\mathbf{y}^*,\mathbf{y},\mathbf{X})$。如果 y_i^* 是已知的，那么 y_i 也是已知的［见式（16－21）］。它满足

$$p(\boldsymbol{\beta}\mid\mathbf{y}^*,\mathbf{y},\mathbf{X})=p(\boldsymbol{\beta}\mid\mathbf{y}^*,\mathbf{X})$$

这个后验定义了一个存在正态分布扰动项和已知 $\sigma^2=1$ 的线性回归模型。它恰好就是我们在 16.3.1 小节分析的模型，而且我们所需的后验就在式（16－5）中，其中 $\sigma^2=1$。因此，基于我们先前的结果，它满足

$$p(\boldsymbol{\beta}\mid\mathbf{y}^*,\mathbf{y},\mathbf{X})=N[\mathbf{b}^*,(\mathbf{X}'\mathbf{X})^{-1}] \tag{16-23}$$

式中

$$\mathbf{b}^*=(\mathbf{X}'\mathbf{X})^{-1}\mathbf{X}'\mathbf{y}^*$$

对于 y_i^*（暂时忽略 y_i），我们可以基于式（16－20）直接得到它，即

$$p(y_i^*\mid\boldsymbol{\beta},\mathbf{X})=\mathrm{N}[\mathbf{x}_i'\boldsymbol{\beta},1]$$

然而，y_i 关于 y_i^* 是富含信息的。若 $y_i=1$，则我们知道 $y_i^*>0$；若 $y_i=0$，则 $y_i^*\leqslant 0$。含义是以 $\boldsymbol{\beta}$，$\mathbf{X}$ 和 $\mathbf{y}$ 为条件，y_i^* 满足 19.2.1 小节和 19.2.2 小节的截尾（大于 0 或小于 0）正态分布。它的标准表达式是

$$\begin{aligned}p(y_i^*\mid y_i=1,\boldsymbol{\beta},\mathbf{x}_i)&=\mathrm{N}^+[\mathbf{x}_i'\boldsymbol{\beta},1]\\p(y_i^*\mid y_i=0,\boldsymbol{\beta},\mathbf{x}_i)&=\mathrm{N}^-[\mathbf{x}_i'\boldsymbol{\beta},1]\end{aligned} \tag{16-24}$$

式（16－23）和式（16－24）的结论建立了吉布斯抽样的各个组成部分，我们能用它来估计后

验均值 $E[\boldsymbol{\beta}|\mathbf{y},\mathbf{X}]$和 $E[\mathbf{y}^*|\mathbf{y},\mathbf{X}]$。下面是我们的运算法则：

二项式 probit 模型的吉布斯抽样法：

1. 一开始计算 $\mathbf{X}'\mathbf{X}$ 一次，且得到 $\mathbf{L}'$，从而使 $\mathbf{LL}'=(\mathbf{X}'\mathbf{X})^{-1}$（乔利斯基分解）。

2. 从任何大小（比如 $\mathbf{0}$）的 $\boldsymbol{\beta}$ 开始。

3. 式（15-4）的结论展示了如何把从 U[0，1] 的一次抽样转换成从潜在均值为 μ、标准差为 σ 的截尾正态中的一次抽样。应用这个结论，所需的抽样为

$$\text{若 } y_i=1\text{，则 } y_{i,r}^*(r)=\mathbf{x}_i'\boldsymbol{\beta}_{r-1}+\Phi^{-1}[1-(1-U)\Phi(\mathbf{x}_i'\boldsymbol{\beta}_{r-1})]$$
$$\text{若 } y_i=0\text{，则 } y_{i,r}^*(r)=\mathbf{x}_i'\boldsymbol{\beta}_{r-1}+\Phi^{-1}[U\Phi(-\mathbf{x}_i'\boldsymbol{\beta}_{r-1})]$$

这一步是用来抽取 $y_{i,r}^*(r)$ 的 n 个观测值。

4. 我们在 15.2.4 小节中展示了如何从多元正态总体中抽取一个观测值。对于这一应用，我们使用步骤 3 的结果计算 $\mathbf{b}^*=(\mathbf{X}'\mathbf{X})^{-1}\mathbf{X}'\mathbf{y}^*(r)$。于是，我们就可以得到从总体 N[0，1] 中 K 次抽取的一个向量 $\mathbf{v}$，于是 $\boldsymbol{\beta}(r)=\mathbf{b}^*+\mathbf{Lv}$。

迭代在步骤 3 和步骤 4 间循环。这将被重复几千次，并抛弃预烧抽取。于是，$\boldsymbol{\beta}$ 的估计值就是所保留的抽样的样本均值。利用所保留的抽样的方差就可以计算出后验方差。但 y_i^* 的后验估计通常并不十分有用。

❖例 16.6　Probit 模型的吉布斯抽样

在例 14.19 到例 14.21 中，我们分析了 Spector and Mazzeo（1980）关于二值选择结果的广为使用的数据（我们在那几个例子中将数据应用于另一个不同的模型）。他们研究的二值 probit 模型为

$$\text{Prob}(GRADE_i=1|\boldsymbol{\beta},\mathbf{x}_i)=\Phi(\beta_1+\beta_2 GPA_i+\beta_3 TUCE_i+\beta_4 PSI_i)$$

例 14.19 定义了这些变量。例 17.3 研究了 probit 模型。这个样本包含了 32 个观测值。表 16.2 展示了这个 probit 模型的极大似然估计和后验均值以及标准差。对于吉布斯抽样，我们使用了 5 000 次抽取，并且抛弃了前 1 000 次抽取。

表 16.2 的结果表明，使用吉布斯抽样法估计的后验均值和极大似然估计值具有相似之处。然而，这个样本太小了，并且系数之间仍然存在实质性的不同。为了找到一个更好的例子来展示该程序的表现，我们现在重新分析例 14.23 以及本书其他一些例子中出现的德国医疗数据。将要估计的 probit 模型为

$$\text{Prob}(Doctor\ visits_{it}>0)=\Phi(\beta_1+\beta_2 Age_{it}+\beta_3 Education_{it}+\beta_4 Income_{it}$$
$$+\beta_5 Kids_{it}+\beta_6 Married_{it}+\beta_7 Female_{it})$$

这个样本包含了 7 239 个家庭，总共 27 326 个观测值。我们合并这些数据来分析本例。表 16.3 展示了使用与前面相同的程序得出的此模型的 probit 结果（我们仅仅使用了 500 次抽取，且抛弃了前 100 次抽取）。

这个相似性正是在给定大样本下人们所期望的。在前往其他应用之前，我们注意到尽管吉布斯抽样法存在与 MLE 显著的相似性，但这并不是一个估计 probit 模型参数的有效方法。这个估计方法需要对潜在的成千上万个观测值生成数千个样本。而我们仅仅使用 500 次重复就得到了表 16.3 的结果。此处的计算共花了 5 分钟。而使用牛顿法最大化对数似然函数所需时间不足 5 秒钟。除非是执意要使用贝叶斯范式，否则从严格的实践角度出发，MLE 将会是首选的估计量。

表 16.2　分数方程的 probit 估计

	极大似然		后验均值和标准差	
变量	估计值	标准误	后验均值	后验标准差
常数项	−7.452 3	2.542 5	−8.628 6	2.799 5
GPA	1.625 8	0.693 9	1.875 4	0.766 8
TUCE	0.051 7	0.083 9	0.062 8	0.086 9
PSI	1.426 3	0.595 0	1.607 2	0.625 7

表 16.3　就诊方程的 probit 估计

	极大似然		后验均值和标准差	
变量	估计值	标准误	后验均值	后验标准差
常数项	−0.124 332	0.058 146	−0.126 287	0.054 759
Age	0.011 892	0.000 796	0.011 979	0.000 801
Education	−0.014 959	0.003 575	−0.015 142	0.003 625
Income	−0.132 595	0.046 552	−0.126 693	0.047 979
Kids	−0.152 114	0.018 327	−0.151 492	0.018 400
Married	0.073 518	0.020 644	0.071 977	0.020 852
Female	0.355 906	0.016 017	0.355 828	0.015 913

吉布斯抽样法的这个应用以一个不太复杂的例子说明了某种算法是如何提供最大化对数似然函数的一种方法的。我们注意到，吉布斯抽样法与 E.3.7 小节中的 EM 算法存在相似之处并不是巧合。两种方法的步骤都估计了未观测到的截尾数据，而且都使用了预测数据以及 OLS 法以估计 $\boldsymbol{\beta}$。

16.7　面板数据应用：个体效应模型

我们考虑一个存在共同个体效应的面板数据模型，即

$$y_{it}=\alpha_i+\mathbf{x}_{it}'\boldsymbol{\beta}+\varepsilon_{it},\quad \varepsilon_{it}\sim\mathrm{N}[0,\sigma_\varepsilon^2]$$

在贝叶斯框架中，没有必要区分固定效应和随机效应。古典区别源于数据和参数的不对称处理。因此，我们暂时不对其进行设定。随后当我们设定模型参数的先验密度时，便能理解其含义。

在 ε_{it} 服从正态分布下，样本的似然函数为

$$p(\mathbf{y}\mid\alpha_1,\cdots,\alpha_n,\boldsymbol{\beta},\sigma_\varepsilon^2,\mathbf{X})=\prod_{i=1}^{n}\prod_{t=1}^{T_i}\frac{1}{\sigma_\varepsilon\sqrt{2\pi}}\exp\left(-\frac{(y_{it}-\alpha_i-\mathbf{x}_{it}'\boldsymbol{\beta})^2}{2\sigma_\varepsilon^2}\right)$$

接下来的分析取决于先验分布的设定。我们将考虑三种情形。每一种情形都阐明了这种方法的一个方面。

首先，将全部位置（回归）参数编组为一个$(n+K)\times1$斜率向量 $\boldsymbol{\gamma}$。然后，加入扰动项的方差，$\boldsymbol{\theta}=(\boldsymbol{\alpha},\boldsymbol{\beta},\sigma_\varepsilon^2)=(\boldsymbol{\gamma},\sigma_\varepsilon^2)$。定义一个合适的数据矩阵 $\mathbf{Z}=(\mathbf{D},\mathbf{X})$，其中 $\mathbf{D}$ 包含 n 个虚拟变量，于是我们可以把模型

$$\mathbf{y}=\mathbf{Z}\boldsymbol{\gamma}+\boldsymbol{\varepsilon}$$

写成在共同效应线性回归中更熟悉的形式（见第 11 章）。现在假定使用我们先前用来处理线性模型的**均匀-逆伽马先验**（uniform-inverse gamma prior）

$$p(\boldsymbol{\gamma},\sigma_\varepsilon^2)\propto1/\sigma_\varepsilon^2$$

得到的 $\boldsymbol{\gamma}$ 的（边缘）后验密度确实就是式（16－8）中的后验密度（而现在在这里的斜率向量包含了 $\boldsymbol{\alpha}$ 的元素）。这个后验密度是均值与 OLS 估计量相等，协方差矩阵为$[(\Sigma_iT_i-n-K)/(\Sigma_iT_i-n-K-2)]s^2(\mathbf{Z}'\mathbf{Z})^{-1}$ 的一个（$n+K$）元 t 统计量。

由于模型的 OLS 如上所述表示的是内部估计量，因此，这意味着利用（$\boldsymbol{\alpha}$，$\boldsymbol{\beta}$）的无信息先验，该模型等价于固定效应模型。再次注意到，这并不是关于效应和内含变量间相关性的任何一个假定的结果。但还有一点我们没有明确说明，即我们允许 $\mathbf{D}$ 和 $\mathbf{X}$ 之间存在相关性。

有些研究者对于整个实数域上的**均匀先验**（uniform prior）的思想不太认同。[①]我们所假设的整个实数域上的均匀先验是一个**不恰当先验**（improper prior），因为它没有一个正密度且不能在整个实数域上求积分得到 1。正因为这样，该后验密度看来似乎被错误定义了。然而，必须注意到，这个“不恰当”均匀先验实际上不在后验密度中，因为它同时出现在分子和分母中。对于位置参数（比如回归斜率向量）来说，实际的解决方法是假设一个接近平坦的、几乎无信息的先验。通常选择的是一个具有任意大方差的共轭正态先验。（当然，这里应该注意，只要这个方差是有限的，即使它很大，先验也是含信息的。我们将在 16.9 节再次回顾这一点。）

接下来我们分析传统的（$\boldsymbol{\gamma}$，σ_ε^2）的正态-伽马先验，它的斜率参数的（以 σ_ε^2 为条件的）条件先验正态密度的均值为 $\boldsymbol{\gamma}_0$、协方差矩阵为 $\sigma_\varepsilon^2\mathbf{A}$，其中这个$(n+K)\times(n+K)$矩阵 $\mathbf{A}$ 是有待设定的［参见式（16－13）后的讨论］。式（16－14）和式（16－15）分别给出了该假定中 $\boldsymbol{\gamma}$ 的边缘后验均值和方差。我们目前到了一个节点，研究者面临两个极其严峻的问题。第一个问题是，由于均匀无信息先验的存在，后验是很简单的。现在，有必要着手设定 $\mathbf{A}$，它可能很大（在本书主要的应用之一中，我们分析了具有 $n=7\ 293$ 个常数项和大约 $K=7$ 个自变量的模型）。除非我们确实已经拥有先前研究（在这种情况下，我们也有 $\boldsymbol{\gamma}$ 的先验估计）的结果，否则期望能够设定如此大的矩阵中的所有方差和协方差是不可能的。通常选择的一个实际的解决方案是，把 $\mathbf{A}$ 设定为拥有极大的对角线元素的对角矩阵，这样，就可以仿效一个不必要求整个实数域积分为 1 的一致先验。第二个实际问题是如何处理式（16－14）和式（16－15）中（$n+K$）阶逆矩阵的实际计算。然而，在我们选定的策略下，为了使 $\mathbf{A}$ 数倍于单位矩阵，有某些形式的分块逆矩阵能使实际计算得到解。

迄今为止，我们假设每一个 α_i 都是由一个不同的正态分布—$\boldsymbol{\gamma}_0$ 和（然而是设定的）$\mathbf{A}$ 生成的，其中 $\boldsymbol{\alpha}$ 的元素具有（潜在的）不同的均值和方差。我们的第三个设定为——模型中所有的

① 参见如 Koop（2003，pp. 22－23），Zellner（1971，p. 20）和 Cameron and Trivedi（2005，pp. 425－427）。

α_i 都被假定为从相同总体中抽取。为了生成这个设定，我们使用个体效应的一个**层级先验**（hierarchical prior）。完整的模型可以表示为

$$y_{it}=\alpha_i+\mathbf{x}_{it}'\boldsymbol{\beta}+\varepsilon_{it},\varepsilon_{it}\sim N[0,\sigma_\varepsilon^2]$$
$$p(\boldsymbol{\beta}|\sigma_\varepsilon^2)=N[\boldsymbol{\beta}_0,\sigma_\varepsilon^2\mathbf{A}]$$
$$p(\sigma_\varepsilon^2)=\text{Gamma}(\sigma_0^2,m)$$
$$p(\alpha_i)=N[\mu_\alpha,\tau_\alpha^2]$$
$$p(\mu_\alpha)=N[a,Q]$$
$$p(\tau_\alpha^2)=\text{Gamma}(\tau_0^2,v)$$

我们无法推导出模型参数的（联合或边缘）后验密度。不过，建立一个吉布斯抽样以推断后验密度的统计特征是可能的。位置参数$[\boldsymbol{\beta}|\boldsymbol{\alpha},\sigma_\varepsilon^2,\mu_\alpha,\tau_\alpha^2]$，$[\alpha_i|\boldsymbol{\beta},\sigma_\varepsilon^2,\mu_\alpha,\tau_\alpha^2]$和$[\mu_\alpha|\boldsymbol{\beta},\boldsymbol{\alpha},\sigma_\varepsilon^2,\tau_\alpha^2]$的条件正态后验，以及尺度(方差)参数$[\sigma_\varepsilon^2|\boldsymbol{\alpha},\boldsymbol{\beta},\mu_\alpha,\tau_\alpha^2]$和$[\tau_\alpha^2|\boldsymbol{\alpha},\boldsymbol{\beta},\sigma_\varepsilon^2,\mu_\alpha]$的条件伽马密度将会主导吉布斯抽样法。① 对个体效应共同分布以及 $\boldsymbol{\beta}$ 独立先验的假定产生了一个随机效应模型的贝叶斯对应模型。

16.8 随机参数模型的层级贝叶斯估计

我们现在考虑用贝叶斯法估计随机参数模型。② 对于第 i 个个体，在时期 t，因变量的条件密度为 $f(y_{it}|\mathbf{x}_{it},\boldsymbol{\beta}_i)$，其中 $\boldsymbol{\beta}_i$ 为因人而异的 $K\times1$ 参数向量，$\mathbf{x}_{it}$ 为进入概率密度函数的因人而异的数据。③ 对于 T 次观测序列（假定以 β_i 为条件是独立的），第 i 个个体对样本似然函数的贡献为

$$f(\mathbf{y}_i|\mathbf{X}_i,\boldsymbol{\beta}_i)=\prod_{t=1}^{T}f(y_{it}|\mathbf{x}_{it},\boldsymbol{\beta}_i) \tag{16-25}$$

式中，$\mathbf{y}_i=(y_{i1},\cdots,y_{iT})$；$\mathbf{X}_i=[\mathbf{x}_{i1},\cdots,\mathbf{x}_{iT}]$。我们将假设正态分布的 $\boldsymbol{\beta}_i$ 具有均值$\boldsymbol{\beta}$ 和协方差矩阵 $\boldsymbol{\Sigma}$（这是该模型的“层级”性质所在）。无条件密度将是在所有可能的 $\boldsymbol{\beta}_i$ 值上的期望：

$$f(\mathbf{y}_i|\mathbf{X}_i,\boldsymbol{\beta},\boldsymbol{\Sigma})=\int_{\boldsymbol{\beta}_i}\prod_{t=1}^{T}f(y_{it}|\mathbf{x}_{it},\boldsymbol{\beta}_i)\phi_K[\boldsymbol{\beta}_i|\boldsymbol{\beta},\boldsymbol{\Sigma}]d\boldsymbol{\beta}_i \tag{16-26}$$

式中，$\phi_K[\boldsymbol{\beta}_i|\boldsymbol{\beta},\boldsymbol{\Sigma}]$为在给定 $\boldsymbol{\beta}$ 和 $\boldsymbol{\Sigma}$ 下 $\boldsymbol{\beta}_i$ 的 K 元正态先验密度。我们在 15.7～15.11 节考虑了这个模型的极大似然估计，它需要先估计“深层”参数 $\boldsymbol{\beta}$ 和 $\boldsymbol{\Sigma}$，然后再估计个人特定参数 $\boldsymbol{\beta}_i$。现在，我们考虑估计这个模型参数的贝叶斯法。

为了从贝叶斯视角分析这个问题，我们将为 $\boldsymbol{\beta}$ 和 $\boldsymbol{\Sigma}$ 指定无信息先验密度。照常，我们为 $\boldsymbol{\beta}$ 指定一个平坦（无信息）的先验分布。方差参数更复杂。若假定 $\boldsymbol{\beta}_i$ 的元素都条件独立，则或许

---

① Koop（2003，pp. 152－153）详尽地讲解了这个步骤。

② 注意到，偶尔存在这样的困惑：在随机参数（random parameters，RP）模型中究竟何谓“随机参数”？在我们本章讨论的贝叶斯框架下，模型中随机参数的“随机性”产生于研究者的“不确定性”。正如本书（和文献）中一些相关知识点介绍的那样，RP 模型中参数的随机性是个体间参数异质性的一个刻画。例如，考虑在本节的贝叶斯框架下，在 RP 模型中，每一个 $\boldsymbol{\beta}_i$ 是一个服从某个（定义为层级的）分布的随机向量。而在古典框架下，每一个 $\boldsymbol{\beta}_i$ 代表从母总体中的一次抽取。

③ 为了避免多一层复杂性，我们将非时变效应 $\Delta\mathbf{z}_i$ 放入 $\mathbf{x}_{it}'\boldsymbol{\beta}$ 中。在此背景下，以与潜在类别模型相同的方式进行完整处理将明显更为复杂（尽管在 15.11 节讨论的极大模拟似然法中极为简单）。

可指定对角矩阵 $\mathbf{\Sigma}$ 的每个元素都是我们在式（16－13）中所用的倒伽马先验分布。通过赋予 $\mathbf{\Sigma}$ 一个含参数标量 K 和矩阵 $K\times\mathbf{I}$ 的**倒维希特**（inverted Wishart）先验密度，可以处理完整的矩阵 $\mathbf{\Sigma}$。① 这就给出了联合后验密度

$$\Lambda(\boldsymbol{\beta}_1,\cdots,\boldsymbol{\beta}_n,\boldsymbol{\beta},\mathbf{\Sigma}\mid \text{all data})=\left\{\prod_{i=1}^{n}\prod_{t=1}^{T}f(y_{it}\mid\mathbf{x}_{it},\boldsymbol{\beta}_i)\phi_K[\boldsymbol{\beta}_i\mid\boldsymbol{\beta},\mathbf{\Sigma}]\right\}\times p(\boldsymbol{\beta},\mathbf{\Sigma}) \tag{16－27}$$

这也就给出了在观测数据条件下所有未知参数的联合密度。参数的贝叶斯估计量将是所有这 $(n+1)K+K(K+1)/2$ 个参数的后验均值。原则上，这就要求将式（16－27）对其要素积分。如同所料，这种积分复杂得令人绝望而且远看不到可行性。

然而，正是由于马尔可夫链蒙特卡洛（MCMC）模拟估计（吉布斯抽样法）和**梅特罗波利斯-黑斯廷算法**（Metropolis-Hastings algorithm）的出现，才使我们能够使用非常简单的方式从（只是看起来复杂得令人绝望的）联合密度 $\Lambda(\boldsymbol{\beta}_1,\cdots,\boldsymbol{\beta}_n,\boldsymbol{\beta},\mathbf{\Sigma}\mid \textbf{all data})$ 中抽样。Train（2001 and 2002, Chapter 12）描述了在该随机参数模型中如何使用这些结论。② 这一结论对我们当前问题的有用性在于，它实际上可能可以划分联合密度，从而使我们能轻松地从条件分布中进行抽样。我们首先把参数划分成 $\boldsymbol{\gamma}=(\boldsymbol{\beta},\mathbf{\Sigma})$ 和 $\boldsymbol{\delta}=(\boldsymbol{\beta}_1,\cdots,\boldsymbol{\beta}_n)$。特雷恩（Train）提出了如下策略：为了得到来自 $\boldsymbol{\gamma}\mid\boldsymbol{\delta}$ 中的一个抽样，我们将使用吉布斯抽样法从分布（$\boldsymbol{\beta}\mid\mathbf{\Sigma}$，$\boldsymbol{\delta}$）中得到一个抽样，然后再从分布（$\mathbf{\Sigma}\mid\boldsymbol{\beta}$，$\boldsymbol{\delta}$）中得到一个抽样。我们首先准备好这些，然后再从 $\boldsymbol{\delta}\mid\boldsymbol{\beta},\mathbf{\Sigma}$ 中抽样。

以 $\boldsymbol{\delta}$ 和 $\mathbf{\Sigma}$ 为条件，$\boldsymbol{\beta}$ 将服从一个均值为 $\bar{\boldsymbol{\beta}}=(1/n)\mid\sum_{i=1}^{n}\boldsymbol{\beta}_i$、协方差矩阵为 $(1/n)\mathbf{\Sigma}$ 的 K 元正态分布。为了能从这个分布中抽样，我们首先得到 $\mathbf{\Sigma}=\mathbf{LL}'$ 的乔利斯基分解，其中 $\mathbf{L}$ 是一个下三角阵（见 A. 6. 11 小节）。令 v 为从标准正态分布中 K 次抽样组成的一个向量。于是 $\bar{\boldsymbol{\beta}}+\mathbf{Lv}$ 的均值为 $\bar{\boldsymbol{\beta}}+\boldsymbol{L}\times\mathbf{0}=\bar{\boldsymbol{\beta}}$，协方差矩阵为 $\mathbf{LIL}'=\mathbf{\Sigma}$，这正是我们所需要的。所以，这就说明了如何从 $\boldsymbol{\beta}$ 的条件分布中抽样。

为了从 $\mathbf{\Sigma}\mid\boldsymbol{\beta}$，$\boldsymbol{\delta}$ 的分布中得到一个随机抽样，我们需要从倒维希特分布中进行一次随机抽样。$\mathbf{\Sigma}\mid\boldsymbol{\beta}$，$\boldsymbol{\delta}$ 的边缘后验分布是含参数标量 $K+n$ 和矩阵 $\mathbf{W}=(K\mathbf{I}+n\mathbf{V})$ 的倒维希特分布，其中 $\mathbf{V}=(1/n)\sum_{i=1}^{n}(\boldsymbol{\beta}_i-\bar{\boldsymbol{\beta}})(\boldsymbol{\beta}_i-\bar{\boldsymbol{\beta}})'$。如何从这个分布中抽取一个矩阵，Train（2001）给出了如下策略：令 $\mathbf{M}$ 为 $\mathbf{W}^{-1}$ 的下三角乔利斯基因子，所以 $\mathbf{MM}'=\mathbf{W}^{-1}$。得到 $\mathbf{v}_k=K$ 个标准正态变量的 $K+n$ 次抽样。然后得到 $\mathbf{S}=\mathbf{M}(\sum_{k=1}^{K+n}\mathbf{v}_k\mathbf{v}_k')\mathbf{M}'$。于是，$\mathbf{\Sigma}^j=\mathbf{S}^{-1}$ 便是从倒维希特分布中的一个抽样。[这相当简明，因为它只涉及从标准正态分布中的随机抽样。对于一个对角 $\mathbf{\Sigma}$ 矩阵，即 $\boldsymbol{\beta}_i$ 中互不相关的参数，它可以进一步简化。非零的第 k 个主对角线元素的一次抽样可通过 $(1+n\mathbf{V}_{kk})/\sum_{r=1}^{K+n}v_{rk}^2$ 得到。]

困难的一步是如何对 $\boldsymbol{\beta}_i$ 进行抽样。对于这一步，我们使用 Chib and Greenberg（1995，1996）以及 Gelman et al.（2004）提出的梅特罗波利斯-黑斯廷（M－H）算法。该流程包括以下步骤：

1. 给定 $\boldsymbol{\beta}$ 和 $\mathbf{\Sigma}$ 以及（下面将要描述的）“调谐常数”τ，计算 $\mathbf{d}=\tau\mathbf{Lv}$，其中 $\mathbf{L}$ 为 $\mathbf{\Sigma}$ 的乔利斯基因式分解，而 $\mathbf{v}$ 则是从一个标准正态中独立抽取 K 次所得到的向量。

2. 创造一个试算值 $\boldsymbol{\beta}_{i1}=\boldsymbol{\beta}_{i0}+\mathbf{d}$，其中 $\boldsymbol{\beta}_{i0}$ 为上一次的试算值。

---

① 维希特密度是与 χ^2 分布对应的多元情形。有关讨论可参见 Zellner（1971，pp. 389－394）和 Gelman（2003）。

② 特雷恩描述了这一方法在混合（随机参数）多项式 logit 模型中的使用，通过把密度写成一般形式，我们已经把他的结论推广到任何包含上述形式的参数向量的一般的设定。15. 11 节出现了二项式 probit 模型的经典形式；18. 2. 7 小节出现了混合 logit 模型的经典形式。

3. $\boldsymbol{\beta}_i$ 的后验分布就是式（16-26）中出现的似然函数乘以联合正态先验密度 $\phi_K[\boldsymbol{\beta}_i|\boldsymbol{\beta},\boldsymbol{\Sigma}]$。在试算值 $\boldsymbol{\beta}_{i1}$ 和上一次试算值 $\boldsymbol{\beta}_{i0}$ 处分别计算这个后验密度。令

$$R_{10}=\frac{f(\mathbf{y}_i|\mathbf{X}_i,\boldsymbol{\beta}_{i1})\phi_K(\boldsymbol{\beta}_{i1}|\boldsymbol{\beta},\boldsymbol{\Sigma})}{f(\mathbf{y}_i|\mathbf{X}_i,\boldsymbol{\beta}_{i0})\phi_K(\boldsymbol{\beta}_{i0}|\boldsymbol{\beta},\boldsymbol{\Sigma})}$$

4. 从标准均匀分布 $U[0,1]$ 中抽取一个观测 u。

5. 若 $u<R_{10}$，则接受（新）试算值。否则使用原来的试算值。

这个 M-H 迭代收敛于从所需的密度中抽取的一个序列。于是，总的来说，这个算法使用吉布斯抽样法和 M-H 算法，就可以计算出模型所有参数的抽取序列。重复这个序列多次，就可以得到从联合后验分布中的每次抽取。于是，整个序列必须重复 N 次，就可以得到 N 次抽取的样本，然后便可通过比如计算后验均值来加以分析。

仍存在一些需要考虑的实际问题。调谐常数 τ 被用于控制迭代。较小的 τ 会增大接受概率。但与此同时，较小的 τ 会使得新的抽取更像原有的抽取，从而使得该过程变慢。Gelman et al.（2004）建议对 $K=1$ 使用 $\tau=0.4$，对更常见的更高维情形使用小至 0.23 的 τ 值。每个多元抽取都必须经过多轮 MCMC 抽样。这个过程必须从某个地方开始，尽管从哪里开始并不是很重要。不过，为了消除起始值的影响，一个“预烧”阶段是必要的。在典型的应用中，每一轮抽样都要经历数次抽取的预烧期。虽然精确估计需要多少样本观测不是很确定，但最起码必须几百次。这就意味着，这个估计量需要进行巨量计算。不过计算相当简单。唯一复杂的步骤是在 M-H 迭代的第 3 步对接受准则的计算。根据这个模型，这可能与其他计算一样相当容易。

∵例 16.7　　教育回报异质性的贝叶斯与古典估计

Koop and Tobias（2004）研究了教育回报的个体异质性，使用来自全国青年纵向调查（National Longitudinal Survey of Youth，NLSY）的面板数据集。在工资方程如

$$\ln Wage_{it}=\theta_{1,i}+\theta_{2,i}\,Education_{it}+\gamma_1\,Experience_{it}+\gamma_2\,Experience_{it}^2+\gamma_3\,Time_{it}+\gamma_4\,Unemp_{it}+\varepsilon_{it} \quad (16-28)$$

中，个体异质性出现于截距和教育回报中。因为方程中变量 $Education$ 具有内生性，所以使用 OLS 计算出的教育回报的估计值，即这里的 θ_2，是有偏的。缺失的变量包括能力和动机。工具变量法可以缓解这一问题（且 IV 估计量通常比 OLS 估计量大），但作者担心得出的结果可能会局限于使用的工具变量。他们引用了一个例子，其中将虚拟变量“所在郡是否有大学”作为工具变量，借此 IV 估计量将把教育回报给予给定所在郡中有大学且本身上过大学的人，其他人则没有（本地平均处理效应而不是平均处理效应）。他们提出了一个基于直接对异质性建模的结构化方法。他们研究了几个包括随机参数（连续变量）和潜在类别（离散变量）设定在内的模型。通过向异质性模型中引入协变量（见例 15.16），以及通过利用教育的时间变异性作为识别策略的一部分，他们提出了熟悉的模型的扩展。贝叶斯法被用于估计和推断。①

① 作者强调，“尽管我们的面板长度比较短，但由于我们使用的贝叶斯法提供了精确的有限样本结果，所以未出现明显的问题”。目前我们并不清楚短面板会造成什么问题——实际上，对于大部分的样本来说该面板是比较长的（见图 15.7）——或者推断能多大程度上缓解该问题。类似地，“从我们分层模型中得到的个体水平参数的估计，不仅包含了从该个体的结果中得到的信息，也包含了从样本其他个体中得到的信息”。如作者后面认真强调的，他们实际上并没有计算具体至个体的估计，而是为具有特定特征的个体计算了条件均值。

我们考虑了几个模型。最倾向的一种是例 15.16 中研究的分层线性模型：

$$
\begin{aligned}
\theta_{1,i}=&\theta_{1,0}+\lambda_{1,1}Ability_i+\lambda_{1,2}Mother's\ Education_i+\lambda_{1,3}Father's\ Education_i\\
&+\lambda_{1,4}Broken\ Home_i+\lambda_{1,5}Siblings_i+u_{1,i}\\
\theta_{2,i}=&\theta_{2,0}+\lambda_{2,1}Ability_i+\lambda_{2,2}Mother's\ Education_i+\lambda_{2,3}Father's\ Education_i\\
&+\lambda_{2,4}Broken\ Home_i+\lambda_{2,5}Siblings_i+u_{2,i}
\end{aligned}
\tag{16-29}
$$

候选模型构建如下：

$$
\begin{array}{lll}
y_{it}\mid \mathbf{x}_{it},\mathbf{z}_{it},\boldsymbol{\theta}_i,\boldsymbol{\gamma},\boldsymbol{\sigma}_\varepsilon^2 & \sim N[\mathbf{x}_{it}'\boldsymbol{\theta}_i+\mathbf{z}_{it}'\boldsymbol{\gamma},\boldsymbol{\sigma}_\varepsilon^2] & \text{(主回归模型)}\\
\boldsymbol{\gamma}\mid\boldsymbol{\mu}_\gamma,\mathbf{V}_\gamma & \sim N[\boldsymbol{\mu}_\gamma,\mathbf{V}_\gamma] & \text{(位置参数的正态分布)}\\
\sigma_\varepsilon^{-2}\mid s_\varepsilon^{-2},\eta_\varepsilon & \sim G(s_\varepsilon^{-2},\eta_\varepsilon) & (1/\sigma_\varepsilon^2\ \text{的伽马分布})\\
\boldsymbol{\theta}_i\mid\boldsymbol{\lambda},\mathbf{w}_i & \sim f(\boldsymbol{\theta}_i\mid\boldsymbol{\lambda},\mathbf{w}_i) & \text{(随模型变化，离散或连续)}\\
\boldsymbol{\lambda}\mid\underline{\boldsymbol{\lambda}} & \sim g(\underline{\boldsymbol{\lambda}}) & \text{(随模型变化)}
\end{array}
$$

$\boldsymbol{\theta}_i\mid\boldsymbol{\lambda},\mathbf{w}_i$ 的模型是离散或连续分布，根据一个由参数构成的向量 $\boldsymbol{\lambda}$ 和一个非时变变量构成的向量 $\mathbf{w}_i$ 进行参数化。[注意，例如式（16-29）。] 具有回归斜率 $\underline{\boldsymbol{\gamma}}$，以及回归方差 σ_ε^2 的模型，对于所有设定是共同的。异质性 $\boldsymbol{\theta}_i\mid\boldsymbol{\lambda},\mathbf{w}_i$ 和 $\boldsymbol{\lambda}\mid\underline{\boldsymbol{\lambda}}$ 的模型因不同设定而异。这里考虑的模型是：

1. $\theta_{1,i}=\theta_{1,0}$ 且 $\theta_{2,i}=\theta_{2,0}$， 没有异质性(—24,212)
2. $\boldsymbol{\theta}_i\sim N[\boldsymbol{\theta}_0,\boldsymbol{\Sigma}_u]$， 一个简单的随机参数模型(—15 886)
3. $\theta_{1,i}\sim N[\theta_1,\sigma_{u_1}^2],\theta_{2,i}=\theta_{2,0}$， 一个随机效应模型(—16 501)
4. $\boldsymbol{\theta}_i=\boldsymbol{\theta}_g^0$，概率为 π_g， 一个潜在类别模型(—16 528)
5. $f(\boldsymbol{\theta}_i)=\Sigma_g\pi_g\phi(\boldsymbol{\theta}_i\mid\boldsymbol{\theta}_g^0,\Sigma_g)$， 正态的一个有限混合(—15 898)

（括号中报告的是该研究在选择模型时得到的 BIC 值。下面会对其深入讨论。）这里最倾向的模型是模型 2，均值函数为 $\boldsymbol{\theta}_0+\boldsymbol{\Lambda}\mathbf{w}_i$。这是式（16-28）和式（16-29）。模型 4 也可以用 $\mathbf{w}_i$ 增广。这会是一个潜在类别模型，其中 $\text{Prob}(\theta_i=\theta_g^0)=\exp(\mathbf{w}_i'\boldsymbol{\lambda}_g)/\Sigma_{g=1}^G\exp(\mathbf{w}_i'\boldsymbol{\lambda}_g)$。这个模型建立于 14.15.2 小节。基于该潜在类别形式的估计展示如下。

该数据集是 2 178 个个体的一个不平衡面板，总共 17 917 个人/年的观测，T_i 的取值范围为 1～15（见图 15.7）。数据的均值在例 15.16 中给出。① 但是，涉及非时变变量的模型是使用 1 694 个个体（14 190 个人/年观测）进行估计的，这些个体的父母有至少 9 年的教育经历。这里使用了 11 000 次重复的吉布斯抽样法；其中前 1 000 次重复作为预烧被丢弃。（吉布斯抽样法、先验以及其他计算上的细节见论文中的一个附录。）我们有两项工具来完成从各模型中进行选择这一任务。首先，计算 16.4.3 小节中的后验优势比。在模型的先验相同的情况下，后验优势等于似然比，对两个模型（A 和 B）进行计算，即 $\exp(\ln L^A-\ln L^B)$。模型 1、2、3 的对数似然值为—12 413，—8 046 和—8 153。对数似然值的微小差异会导致后验优势的巨大差异。对于这些案例，相对于模型 3 支持模型 2 的后验优势为 exp(107)，可以说是压倒性的（大）。（例 15.16 版本的模型 2 的对数似然值为—7 983，根据这一准则也远比这里的模型 2 好。）第二种判断准则是贝叶斯信息准则，即 $2\ln L-K\ln n$，其中 K 是待估计参数的数量，n 是个体的数量（2 170 或者 1 694）。五个模型的 BIC 与模型的设定一起在上面列出。没有异质性的模型被明确拒绝。在其他几个模型中，模型 2，即随机参数设定，大幅优于其他模型。模型

① 式（16-28）中的失业率变量并未包括在 JAE 档案数据集中。我们在例 15.16 和本处使用该数据集，用来部分复制该研究。

5，即具有相异均值的两个正态分布的混合，次于模型 2。再后面是模型 3。模型 4，即潜在类别模型，明显是我们最不倾向的。

异质性的连续分布

研究的主要结果基于子样本和模型 2。所报告的式（16－29）中系数分布的后验均值展示于表 16.4 的右半边。（结果摘自原论文的表 IV 和表 V。）我们使用 15.7 节和 15.8 节中的方法重新估计式（16－28）和式（16－29）。

表 16.4　被估计的工资方程

	随机参数模型		库普-托拜厄斯后验均值	
变量	常数项	教育	常数项	教育
Exp	0.126 21		0.126	
Exp^2	−0.003 88		−0.004	
Time	−0.017 87		−0.024	
Unemployment			−0.004	
常数项	0.392 77	0.095 78	0.797	0.070
Ability	−0.131 77	0.015 68	−0.073	0.012 5
Mother's Educ	0.028 64	−0.001 67	0.021	−0.001
Father's Educ	0.002 42	−0.000 22	−0.022	0.002
Broken Home	0.129 63	−0.016 40	0.115	−0.015
Number Siblings	−0.083 23	0.006 59	−0.079	0.007

模型参数的估计展示在表 16.4 的左半边。总体上，平均回报大约是 11%（0.11）。基于 15.10 节，我们用经典结果做了同样的分析。具体至个体的估计汇总于图 16.1 中（几乎与作者的图 3 相同）。结果基本与库普和托拜厄斯的相同。差异主要缘于方法的不同——先验分布至少会对结果产生一些影响——也缘于省略了主方程中的失业率变量。作者报告的结果说明失业率对结果的影响是微小的，这也进而说明估计结果的差异主要反映了分析所用的方法不同。最终结果的相似性是可以被伯恩斯坦-冯·米塞斯定理预测到的（见 16.4.4 小节）。

异质性的离散分布

研究中模型 4 是一个潜在类别模型。作者拟合了 $G=10$ 个类别的模型。该模型具有赫克曼和辛格风格（14.15.7 小节）的设定，因其时变变量的系数在所有 10 个类别中是相同的。类别概率被设定为固定常数。这为 θ_i 中的异质性提供了一个离散分布。模型 4 是候选模型中最不倾向的一个模型。

基于式（16－28）和式（16－29），我们拟合了一个 5 部分潜在类别模型。式（16－28）中时变变量的参数在所有类别中相同——仅常数项和教育系数在类别间不同。类别概率是基于非时变效应、能力和父母教育经历等构建的。（作者没有报告具有该形式异质性的模型。）模型的这一扩展的对数似然函数为

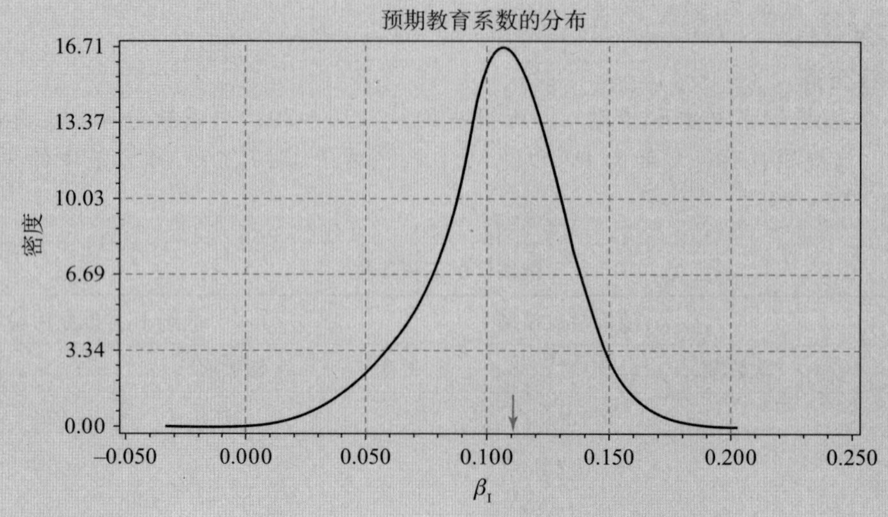

图 16.1　预期回报的随机参数估计

$$\ln L=\sum_{i=1}^{n}\ln\sum_{g=1}^{G}\pi_{ig}(\mathbf{w}_i)\left(\prod_{t=1}^{T_i}f(y_{it}\mid\theta_{0,g}+\theta_{1,g}\,Education_{it}+\mathbf{z}_{it}'\boldsymbol{\gamma})\right)$$

$$\pi_{ig}(\mathbf{w}_i)=\frac{\exp(\mathbf{w}_i'\boldsymbol{\lambda}_g)}{\sum_{g=1}^{G}\exp(\mathbf{w}_i'\boldsymbol{\lambda}_g)}\tag{16-30}$$

使用建议的子样本，式（16－30）中模型的对数似然值为 6 235.02。当非时变变量未被包含在类别概率中时，对数似然值跌至 6 192.66。经过标准似然比检验，卡方值为 84.72，自由度为 20（类别概率的$G-1$中另外的 5 个系数）。卡方临界值为 31.02。我们为每个个体计算 $E[\theta_{1,i}\mid\mathbf{data}]$，基于被估计的后验类别概率

$$\hat{E}[\theta_{1,i}]=\sum_{g=1}^{G}\hat{\boldsymbol{\pi}}_{ig}(\theta_{1,g}\mid\mathbf{w}_i,\mathbf{data}_i)\hat{\theta}_{1,g}\tag{16-31}$$

（见 14.15.4 小节）。教育回报的总估计是这些值的样本均值，0.107。图 16.2 展示了对于 1 694 个个体的该计算的结果。我们随后使用了 14.15.4 小节中的方法来估计类别分配，并计算分配给 5 个类别的个体的预期回报的均值。结果展示于表 16.5 中。最后，因为对个体的（被估计的）分配已经完毕，我们在图 16.3 中构建了 5 个类别的预期系数的分布的比较。

表 16.5　教育的预期回报估计，按类别划分

类别	均值	n_g
1	0.147	167
2	0.092	608
3	0.080	189
4	0.123	640
5	0.083	90
全部样本	0.107	1 694

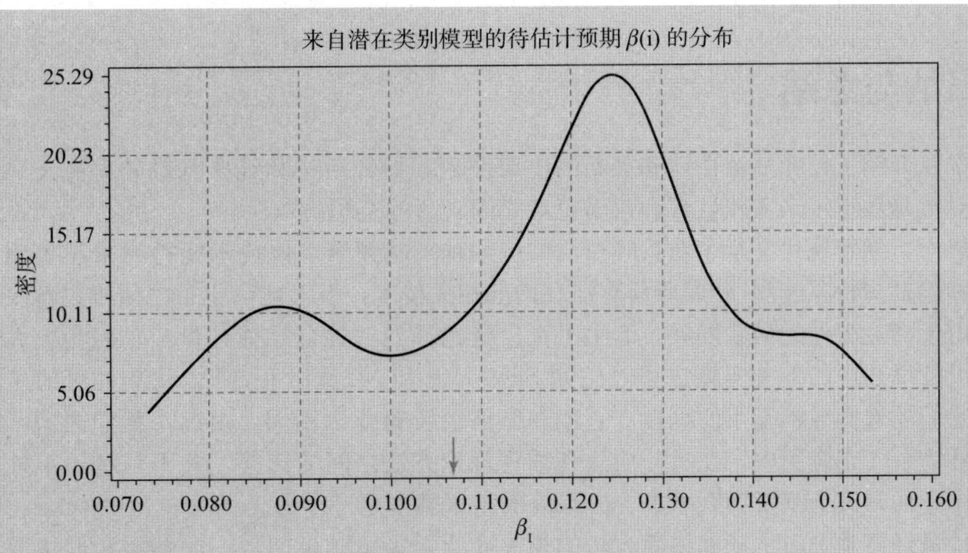

图 16.2　基于潜在类别模型的预期回报的待估计分布

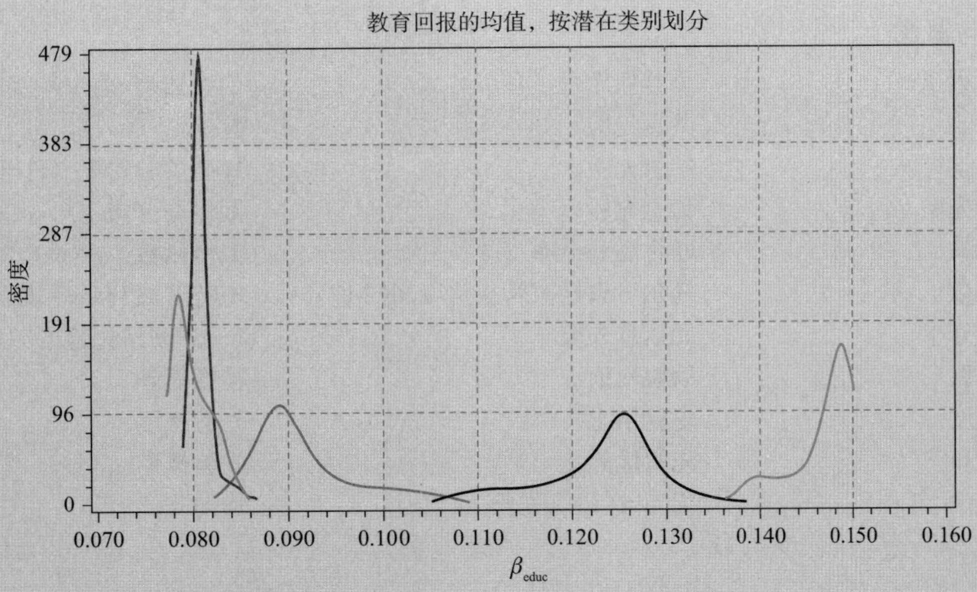

图 16.3　预期回报的核密度估计，按类别划分

上述分析已经通过多种模型设定研究了教育回报的异质性。最后发现，不同模型之间的结果十分一致，基于两种方法的结果亦十分一致。

16.9 归纳与总结

本章介绍了贝叶斯法估计和推断的主要原理。贝叶斯法和经典（或频率主义）分析方法之间的对比是数十年来实践论者和哲学论者之间对话的主题。

然而，随着现代文献中对贝叶斯法的应用越来越频繁，该技术变得越来越实用。吉布斯抽样法和包括梅特罗波利斯-黑斯廷算法在内的相关技术，极大地简化了之前难以解决的问题。例如，由于商业软件的最新发展，产生了可广泛选择的“混合”估计量，它们是极大似然程序和层级贝叶斯程序的各种实施过程（比如 Sawtooth 和 MLWin 程序）。除非处理的是小样本，否则对它们的选择纯粹基于便利性。它们在方法上没有什么不同。由此，我们回到了之前提到过的实际情景。在应用中，在贝叶斯法和抽样理论方法之间的选择，并不是基于某种基本的方法论准则，而是完全基于实践考虑——最终的结果基本是一样的。

计量经济学中对估计和推断方法的相关介绍至本章结束而告一段落。我们接下来将分析两大领域的应用——第 17～19 章的微观计量经济学，主要导向横截面数据和面板数据应用，以及第 20 和 21 章中时间序列和（广义）宏观计量经济学。

关键术语与概念

贝叶斯因子	贝叶斯定理	伯恩斯坦-冯·米塞斯定理
预烧	共轭先验	数据增广
吉布斯抽样法	层级先验	最高后验密度（HPD）区间
不恰当先验	信息先验	倒伽马分布
倒维希特	联合后验分布	似然函数
损失函数	马尔可夫链蒙特卡洛（MCMC）	梅特罗波利斯-黑斯廷算法
多元 t 分布	无信息先验	正态-伽马先验
后验密度	后验均值	精度矩阵
预测密度	先验信念	先验密度
先验分布	先验优势比	先验概率
抽样理论	均匀-逆伽马先验	均匀先验

练习

1. 假设 $y_i|\lambda$ 的分布为泊松分布，即

$$f(y_i|\lambda)=\frac{\exp(-\lambda)\lambda^{y_i}}{y_i!}=\frac{\exp(-\lambda)\lambda^{y_i}}{\Gamma(y_i+1)},\quad y_i=0,1,\cdots,\lambda>0$$

我们将得到观测值的一个样本，y_i，…，y_n。假定 λ 的先验是倒伽马，即

$$p(\lambda)\propto\frac{1}{\lambda}$$

a. 构建似然函数，$p(y_1,\cdots,y_n|\lambda)$；

b. 构建后验密度，

$$p(\lambda \mid y_1,\cdots,y_n)=\frac{p(y_1,\cdots,y_n \mid \lambda)p(\lambda)}{\int_0^{\infty} p(y_1,\cdots,y_n \mid \lambda)p(\lambda)d\lambda}$$

c. 证明 λ 的贝叶斯估计量是后验均值，即 $E[\lambda \mid y_1,\cdots,y_n]=\bar{y}$；

d. 证明该后验方差为 $\mathrm{Var}[\lambda \mid y_l,\cdots,y_n]=\bar{y}/n$。

（提示：你在解决这个问题的过程中将多次用到伽马积分。你还将发现使用 $\Sigma_i y_i=n\bar{y}$ 很方便。）

应用

1. 考虑一个关于家庭中男孩和女孩混合的模型。令 K_i 表示家庭规模（小孩数目），$K_i=1$，…。令 F_i 表示女孩数目，$F_i=0$，…，K_i。假定在一个有 K_i 个小孩的家庭中女孩数目的密度是成功概率为常数 θ 的二项分布，即

$$p(F_i \mid K_i,\theta)=\binom{K_i}{F_i}\theta^{F_i}(1-\theta)^{K_i-F_i}$$

我们感兴趣的是分析这个“概率” θ。假定 θ 的（共轭）先验是具有参数 a 和 b 的 β 分布，即

$$p(\theta)=\frac{\Gamma(a+b)}{\Gamma(a)\Gamma(b)}\theta^{a-1}(1-\theta)^{b-1}$$

你的 25 个观测值构成的样本如下：

K_i	2	1	1	5	5	4	4	5	1	2	4	4	2	4	3	2	3	2	3	5	3	2	5	4	1
F_i	1	1	1	3	2	3	2	4	0	2	3	1	1	3	2	1	3	1	2	4	2	1	1	4	1

a. 计算 θ 的经典极大似然估计值；

b. 以 a，b 为条件，给定（K_i，F_i），$i=1$，…，25，构建 θ 的后验密度；

c. 假定 $a=b=1$，使用你的样本数据，计算后验均值；

d. 假定 $a=b=2$，使用你的样本数据，计算后验均值；

e. 假定 $a=1$ 和 $b=2$，使用你的样本数据，计算后验均值。

第4部分

横截面、面板数据与微观计量经济学

17 二值与离散选择模型

17.1 引言

这是研究**微观计量经济学**（microeconometrics）模型的三章中的第一章。个体选择分析是这一为离散结果建模的领域的关注点，例如购买决定、是否参保、投票行为、在备选品牌中做出选择、出行方式和住处、对偏好程度类调查问题的回答、健康或幸福状况的自我评估等。在这些情形或其他事例中，因变量不是经济结果的定量度量，而是一些结果是否发生的指标。我们曾使用的回归方法在此很大程度上不适用。我们转而为概率建模，用计量工具做出对事件发生情况的可能性陈述。我们同样检验了有关事件发生计数的模型。这些模型接近我们熟悉的回归模型，但是是离散结果下的行为选择。在这一背景下，我们建立有关事件概率的模型而非条件均值模型。

这一领域研究所用的模型是固有非线性的。我们已在第 7 章和第 14 章讨论了非线性模型的一些元素。这些元素在离散选择研究中结合在一起。这一章将关注二值选择，所研究的模型是一个事件发生的概率。微观计量经济学中很多非线性模型的处理效应事实上只关注这一领域。这是合理的。广泛应用于模型设定、估计、推断、分析的几乎全部结果都可以在这一应用中得出并得到理解。我们将采用这一途径。这一章将详细讨论非线性模型的部分内容，然后在后续章节中直接使用和拓展。

这一章和第 18 章所分析的模型建立在决策者偏好的基础上。我们采用可观测选择的**随机效用**（random utility）视角。决策者面对某一情景或一些备选项，通过他或她做出的选择揭示了一些关于他或她隐含偏好的某些事。做出的决定将会被可见的因素影响——也就是说，例如，广告的最终目标——或者被决策者的不可观测的特征影响。个体选择的这些基础的混合是我们所检验的一大类模型的核心。[①]

这一章和第 18 章将描述并分析四类宽泛的框架。第一类是最简单的一类。

二值选择：个体面临两种选择，并将在两者中选取能够提供更高效用的一种。更多这类设定包括采取某项行动和不行动的选择，例如是否购买健康保险的决定。其他情形下，决定是在两个明显不同的选择中做出，例如上班通勤是采取公共交通方式还是私人交通方式。在二值选

① 参见 Greene and Hensher（2010，Chapter 4）对这一类模型设定形式的历史回顾。

择情形下，结果中的 0 和 1 仅仅是“否与是”的标签——数值只是一个数学上的巧合。这一章将会展现关于二值选择模型和方法的漫长研究。

二值选择的情况可以很自然地拓展到多于两种结果的情形。举例而言，在我们的出行方式的例子中，个人选择私人交通方式可以从作为司机或作为乘客中选择，或者选择公共交通方式可以选择乘坐火车或乘坐公共汽车。这种多重选择（很多人这样命名）是无序的。另一种情况是常见的在线体验的主题。不同于被询问“您是否喜爱我们的服务?”，倒霉的上网者将会被询问一个多重选择问题：“从 1 到 5 进行打分，您在何种程度上喜爱我们的服务?”。

多重选择：个人在多于两个选项中进行选择，以使效用最大化。在某种层次上，这是二值选择情景上的一个微小变化——二值选择显然是多重选择的一个特例。但是，更多多重选择的缜密模型允许对消费者偏好进行更丰富的设定。在多重选择情景中，可观测的响应依旧是一个已选选项的标签，它可能是一个品牌、一个地名，或者一种出行方式。数字的分配在这一设定中没有意义。

有序选择：个人表露其对单个结果的偏好程度。熟悉的例子包括调查问卷中对某一特定商品的感受，例如一部电影，或者对社会结果的自我评估，例如一般健康状态或幸福水平的自我评估。在有序选择背景下，以有意义的数值给出看法，通常是 0，1，…，J，上限为某数 J。举例而言，通常用 0，1，2，3，4 来为看法标号，以表示对某产品、某电影、某候选人或者某项法律的偏好程度。但是此处数值只是排序，而非定量度量。因此，“1”只是比“0”在定性的意义上更强，而非强一个单位，且“2”和“1”之间的差距与“1”和“0”之间的差距也不尽相同。

在上述三种情形中，尽管数字标示的结果只是一些非定量结果的标签，依旧有回归式的动机对其进行分析。这些模型始终建立在这一想法之上：观测到的协变量是与解释观测到的选择相关，也与那些属性的变化如何解释选择的变化相关。举例而言，在二值结果“是否购买健康保险”中一个条件模型表明，协变量诸如年龄、收入、家庭状况对解释选择起到作用。第 18 章将会描述一类围绕这些思考构建的模型。

我们同样也将对离散选择模型的第四种应用产生兴趣。

事件计数：可观测到的结果是一个事件发生数量的计数。在很多情景中，这类似于前三类模型，因变量度量了个体选择，例如医师或医院的求诊者数量，某人信用历史中的负面记录，家庭资产中的车辆数量，或者是某旅游胜地的旅游者数量。在其他情境中，事件计数将是一些自然过程的结果，例如在人群中某疾病的发病率，或者生产过程中单位时间内残次品的数量。在这些背景下，我们致力于构造更熟悉的回归模型。无论如何，为容纳可观测到的响应变量的离散（非负）本质和事件发生的可能性而非事件本身，也应建立这类模型。

我们将顺次考虑这四种案例。这四个广泛领域有诸多共同点，然而各个特定模型和所用分析技术之间有实质性的差异。这一章将讨论第一个主题——二值选择模型。在每一节中，我们将总结几种应用，展现作为核心方法的单个基础模型，最后检验一些最近提出的模型扩展。这一章包含对二值选择模型的大篇幅讨论。分析篇幅很长的原因首先在于，微观计量经济学中始终使用的模型——二值选择模型的核心内容在这一领域中如线性回归一般普及。其次，所有其他微观领域的计量经济学问题和特点都将在二值选择模型的分析中显现，据此我们可以相当直接地讨论它们。

第 17 章和第 18 章包含估计**定性响应**（qualitative response，QR）模型这类主题的大篇幅（但远非完整）探究。总之，因为四种情景的前三种中结果变量仅仅是事件的名称而非事件本身，线性回归是一种不合适的方法。在大多数情况下，所采用的估计方法是极大似然法。[①] 因此，对估计原理感兴趣的读者可以在继续阅读之前复习在线附录 D 和在线附录 E 中的材料。第 14 章中讨论了极大似然估计的各种特性。我们将假设在所有章节中极大似然估计作为最优估计所需的条件都得以满足，因此我们将不会为定性响应模型特别地导出或设立这些条件。大多数模型在 Amemiya（1981），McFadden（1984），Maddala（1983）和 Dhrymes（1984）的研究中有更详细的证明。有些有趣议题的更多评论在 Manski and McFadden（1981）和 Maddala and Flores-Lagunes（2001）的现代文献中有讨论。Agresti（2002）和 Cameron and Trivedi（2005）的研究包含很多理论发展和应用。Greene（2008）和 Greene and Hensher（2010）及其他诸多文献提供了离散选择模型和方法的一般化研究。[②]

17.2 二值模型

为研究个体行为，我们构建将决定或结果与一众因素相关联的模型，至少是在回归的思维之下。我们的方法将有能力分析在概率模型的一般框架中模型的每个因素。

$$\begin{aligned}&\text{Prob}(\text{事件 } j \text{ 发生} \mid \mathbf{x}) = \text{Prob}(Y=j \mid \mathbf{x})\\&\quad = F(\text{相关效应,参数，} \mathbf{x})\end{aligned} \tag{17-1}$$

关于定性选择的研究关注有关事件发生概率的合适的模型设定、估计和使用。在大多数情境下，事件是在两个或多个备选选项中的个体选择。今后，我们将使用速记的简易表达：

$$\text{Prob}(Y=1 \mid \mathbf{x}) = \text{感兴趣的事件发生的概率} \mid \mathbf{x}$$

自然地，$\text{Prob}(Y=0 \mid \mathbf{x}) = [1-\text{Prob}(Y=1 \mid \mathbf{x})]$是事件不发生的概率。

例 17.1　劳动力参与模型

在例 5.2 中，我们从包含 753 个观测值的完整样本中选取了 428 个正式进入劳动力市场的已婚妇女作为子样本，以估计一个收入方程。半对数工资方程可以表示为

$$\ln earnings = \beta_1 + \beta_2\, age + \beta_3\, age^2 + \beta_4\, education + \beta_5\, kids + \varepsilon$$

式中，*earnings* 表示每小时工资乘以工作的小时数；*education* 表示受教育的年限；*kids* 是一个二值变量，若家中有 18 岁以下子女则取值为 1。如何分析其余未被选取的 325 个人呢？其背后的劳动供给模型描述了这样一个市场：在这个市场中，劳动服务的需求方愿意根据期望边际产品提供工资，而劳动者通过比较这份工资是否超过自己的现有工资来决定是否接受这份合约，作为这个市场运行的结果，劳动力参与可以由此产生。在其他条件不变的情况下，劳动需求取决于劳动者的受教育程度；而个人决策（我们假设）则取决于年龄、家庭子女数、其他来源的（丈夫的）收入和劳动收入的边际税率等

---

① 在二值选择情况下，可能选定任意的两个数值作为结果，有代表性的是 0 和 1，并关于协变量"线性地回归"所构建的变量。我们将在某种程度上关注这样的信息并检验这一策略。在多重选择情况下，这无意义。事实上，因为数据计数情况是一种定量的回归设定，相比于线性回归方法，非线性回归更值得研究。

② 有诸多几近著作篇幅的研究离散选择模型的文献。关于这些模型应用很重要的另外两篇文献分别是 Train（2009）和 Hensher, Rose, and Greene（2015）。

变量。我们用来拟合工资方程的样本中包含所有这些变量的相关数据。本章中的模型适用于模型化结果 $y_i=1$（参与劳动）和 $y_i=0$（不参与劳动）。例如，我们感兴趣的是，家庭中儿童的存在如何影响劳动力参与，影响程度如何。

能够解释二值因变量的模型通常基于以下两种背景。例 17.1 中的劳动力参与模型描述了在两个备选选项之间的个体选择，这里的选择被可观测到的效应（有无儿童，税率）和不可观测的个人偏好影响。投票行为与收入之间的关系就是典型的例子。另外，当观测数据的性质要求对一个**二值选择模型**（binary choice model）进行特殊处理时，这个模型就会显得尤为重要。在此类情况下，分析者感兴趣的是我们在第 2～7 章中论述的回归模型。有了关于所考虑的变量及一组协变量的数据，分析者就会对（可以参照我们已经研究的模型）研究前者与后者之间的关系产生兴趣。例如，在一个体育赛事门票需求模型中，我们关心的变量是门票数量，且我们只能观察到体育场馆是否满员（需求量大于或等于满员时的容量时，$Y=1$；反之，$Y=0$）。此处的事件依旧是定性的，但作为刚刚提到的连续变量——本例中是观测不到的真实需求——删失的指示符而被构建。事实上，在这两种情形中所用的模型和方法是一样的。但是，对二者继续进行分析对我们的研究会有所帮助。

□ 17.2.1 随机效用

随机效用模型给出了对个体选择数据的解释。令 U_a 和 U_b 代表两种选择的个体效用。例如，U_a 可能是租房效用，U_b 是拥有住房的效用。在二者间做出的可观测到的选择显示哪一个选择能带来更高的效用，但不能显示不可观测的效用值。于是，如果 $U_a>U_b$，可观测到的指示符等于 1；如果 $U_a\leqslant U_b$，可观测到的指示符等于 0。如果我们定义 $U=U_a-U_b$，然后 $Y=\mathbf{1}(U>0)$，此处 **1**（条件）意味着条件为真时等于 1，条件为假时等于 0。这恰恰与之前提及的删失的例子相同。

线性随机效用模型的一般形式是：

$$U_a=\mathbf{w}'\boldsymbol{\beta}_a+\mathbf{z}_a'\boldsymbol{\gamma}_a+\varepsilon_a \text{ 和 } U_b=\mathbf{w}'\boldsymbol{\beta}_b+\mathbf{z}_b'\boldsymbol{\gamma}_b+\varepsilon_b \tag{17-2}$$

在式（17－2）中，可观测到的（可测的）**个体特征**（characteristics）向量记作 $\mathbf{w}$；这可能包括性别、年龄、收入和其他人口统计学变量。向量 $\mathbf{z}_a$ 和 $\mathbf{z}_b$ 表示两种选择的特点或**属性**（attributes），可能经过特别的选择。例如投票情形中，属性可能是在重要议题中候选人竞争位次的指示符。随机项 ε_a 和 ε_b 代表个体特质性的随机成分，个人自己了解但无法被他人观测。继续考虑投票情形，ε_a 代表对候选人 a 的不可见的普遍偏好，如政党之见。

可见可观测结果（选择）的决策模型的完成是偏好排序通过个体选择的体现。因此，如果我们将消费者选择 a 这一事件记作 $Y=1$，我们从 $Y=1$ 中推测 $U_a>U_b$。因为结果受到效用函数随机成分的严重影响，我们有：

$$\begin{aligned}\text{Prob}[Y=1\mid\mathbf{w},\mathbf{z}_a,\mathbf{z}_b]&=\text{Prob}[U_a>U_b]\\&=\text{Prob}[(\mathbf{w}'\boldsymbol{\beta}_a+\mathbf{z}_a'\boldsymbol{\gamma}_a+\varepsilon_a)-(\mathbf{w}'\boldsymbol{\beta}_b+\mathbf{z}_b'\boldsymbol{\gamma}_b+\varepsilon_b)>0\mid\mathbf{w},\mathbf{z}_a,\mathbf{z}_b]\\&=\text{Prob}[\{\mathbf{w}'(\boldsymbol{\beta}_a-\boldsymbol{\beta}_b)+(\mathbf{z}_a'\boldsymbol{\gamma}_a-\mathbf{z}_b'\boldsymbol{\gamma}_b)\}+(\varepsilon_a-\varepsilon_b)>0\mid\mathbf{w},\mathbf{z}_a,\mathbf{z}_b]\\&=\text{Prob}[\mathbf{x}'\boldsymbol{\beta}+\varepsilon>0\mid\mathbf{x}]\end{aligned}$$

其中 $\mathbf{x}'\boldsymbol{\beta}$ 包含两个效用函数中所有可观测元素的差异，ε 代表两种随机成分的差异。

❖例 17.2　　二值选择模型的结构方程

Nakosteen and Zimmer（1980）基于如下结构分析了人口流动模型[①]：个人 i 在现居住地能够挣到的市场工资为

$$y_p^* = \mathbf{w}_p' \boldsymbol{\beta}_p + \varepsilon_p$$

方程中的变量包括年龄、性别、种族、就业增长和人均收入增长等。如果此人移居到一个新的地方，则他的市场工资将为

$$y_m^* = \mathbf{w}_m' \boldsymbol{\beta}_m + \varepsilon_m$$

但是，迁移还要承担与个人和劳动力市场有关的成本：

$$C^* = \mathbf{z}' \boldsymbol{\alpha} + u$$

迁移成本与此人是不是自我雇佣者以及是否改变了就业行业相关。如果收益 $y_m^* - y_p^*$ 大于成本 C^*，他就会迁移。迁移的净收益为

$$\begin{aligned} M^* &= y_m^* - y_p^* - C^* \\ &= \mathbf{w}_m' \boldsymbol{\beta}_m - \mathbf{w}_p' \boldsymbol{\beta}_p - \mathbf{z}' \boldsymbol{\alpha} + (\varepsilon_m - \varepsilon_p - u) \\ &= \mathbf{x}' \boldsymbol{\beta} + \varepsilon \end{aligned}$$

由于 M^* 无法观测，所以我们不能把这个方程视作一个普通回归。此人要么迁移，要么不迁移。我们只能在他迁移后观察到 y_m^*；没有迁移时观察到 y_p^*。但是，我们确实观察到了迁移时，$M=1$，不迁移时，$M=0$。

□ 17.2.2　潜在回归模型

离散因变量模型通常都会被构造成**指标函数模型**（index function models）的形式。我们认为，离散选择的结果反映了潜在的回归。作为一个经常被引用的例子，考虑购买某大宗商品的决策。理论指出，根据购买、不购买和将钱用于其他用途所实现的效用，消费者会计算边际收益减去边际成本的结果。我们把收益与成本之差模型化为一个无法观测的变量 y^*，于是有

$$y^* = \mathbf{x}' \boldsymbol{\beta} + \varepsilon$$

注意到这是在前一小节例 17.2 中净收益计算得到的结果。我们假设 ε 的均值为零，其方差或者是 logistic 分布（已知）的方差 $\pi^2/3$，或者是标准正态分布的方差 1，或者是其他特定分布的已知方差。我们无法观测到购买商品的净收益（以净效用为例），只能观察到是否购买。因此，我们发现

$$\begin{aligned} &\text{若 } y^* > 0, \; y = 1 \\ &\text{若 } y^* \leqslant 0, \; y = 0 \end{aligned}$$

---

① 许多其他的研究都用到了这个基本表达式的变形。一些重要的例子是 Wills and Rosen（1979）与 Robinson and Tomes（1982）。例 17.13 中 Tunali（1986）的研究是另外一个例子。现在，标准方法［在这种方法中，如果提供的工资（$\mathbf{x}_w' \boldsymbol{\beta}_w + \varepsilon_w$）高于已有工资（$\mathbf{x}_r' \boldsymbol{\beta}_r + \varepsilon_r$），则“劳动力参与”值为 1］也被用于 Fernandez and Rodriguez-Poo（1997）中。Brock and Durlauf（2000）描述了许多包含个体行为的模型和情形，这些可以应用二值选择模型。

为简便起见，将式（17－3）中的表达式标记为 $y=\mathbf{1}(y^*>0)$。在这个表达式中，$\mathbf{x}'\boldsymbol{\beta}$ 被称为指标函数。ε 的方差已知的假设是一个无关的标准化假设。再次强调，此处的结果 0 和 1 仅仅是事件的表示。假设 ε 的方差是一个无约束的参数 σ^2。**潜在回归**（latent regression）将是 $y^*=\mathbf{x}'\boldsymbol{\beta}+\sigma\varepsilon^*$，而现在 ε^* 的方差为 1。但是，$(y^*/\sigma)=\mathbf{x}'(\boldsymbol{\beta}/\sigma)+\varepsilon$ 是一个与之具有相同数据的相同模型。假设观测数据不变；y 仍是 0 或 1，它仅取决于 y^* 的符号而非大小。这就意味着，数据中没有 σ 的信息，估计无法进行。在这个模型中向量参数 $\boldsymbol{\beta}$ 只是“量的确定”。[①] 如果模型包含一个常数项，那么式（17－4）中零门槛的假设同样天真（若非如此即罢了）。[②] 令 a 为假设的非零门槛；α 为一个未知的常数项；$\mathbf{x}$ 和 $\boldsymbol{\beta}$ 暂时包含除常数项外其他所有指标。于是，$y=1$ 的概率为

$$\text{Prob}(y^*>a\,|\,\mathbf{x})=\text{Prob}(\alpha+\mathbf{x}'\boldsymbol{\beta}+\varepsilon>a\,|\,\mathbf{x})=\text{Prob}[(\alpha-a)+\mathbf{x}'\boldsymbol{\beta}+\varepsilon>0\,|\,\mathbf{x}] \qquad (17-3)$$

由于 α 是未知数，所以差（$\alpha-a$）仍是一个未知数。最后的结果是，如果模型包含一个常数项，式（17－4）中对门槛的选择不会改变。进行两次标准化，于是有

$$\text{Prob}(y^*>0\,|\,\mathbf{x})=\text{Prob}(\varepsilon>-\mathbf{x}'\boldsymbol{\beta}\,|\,\mathbf{x}) \qquad (17-4)$$

模型中一个细节是对 ε 特定分布的选择。我们将会详述几类。基于正态或 logistic 分布的应用呈现压倒性的数量优势。若分布如正态分布和 logistic 分布那样是对称的，则

$$\text{Prob}(y^*>0\,|\,\mathbf{x})=\text{Prob}(\varepsilon<\mathbf{x}'\boldsymbol{\beta}\,|\,\mathbf{x})=F(\mathbf{x}'\boldsymbol{\beta}) \qquad (17-5)$$

式中，$F(t)$ 是随机变量 ε 的累积分布函数。这就为概率提供了一个基本的结构模型。

□ 17.2.3　函数形式与概率

回顾我们在例 17.1 中提及的劳动力参与模型。在进行调查时，被调查者要么回答正在工作或是想工作（$Y=1$），要么回答不工作（$Y=0$）。同时，我们相信，一些诸如年龄、婚姻状况、受教育程度和工作经历等因素（集中在向量 $\mathbf{x}$ 中）能够解释决策结果，于是有

$$\begin{aligned}&\text{Prob}(Y=1\,|\,\mathbf{x})=F(\mathbf{x},\boldsymbol{\beta})\\&\text{Prob}(Y=0\,|\,\mathbf{x})=1-F(\mathbf{x},\boldsymbol{\beta})\end{aligned} \qquad (17-6)$$

参数集 $\boldsymbol{\beta}$ 反映了 $\mathbf{x}$ 的变化对概率的影响。例如，在所有因素中，我们感兴趣的是家中有儿童存在的偏效应对劳动力参与的影响。此时，问题就转化为，如何为方程的右边变量构造恰当的模型？

于是，我们需要一个可以使得模型的预测值与式（17－5）和式（17－6）中基本理论一致的模型。对于一个给定的回归元向量，我们预期

$$0\leqslant\text{Prob}(Y=1\,|\,\mathbf{x})\leqslant 1 \qquad (17-7)$$

$$\lim_{\mathbf{x}'\boldsymbol{\beta}\to-\infty}\text{Prob}(Y=1\,|\,\mathbf{x})=0$$

$$\lim_{\mathbf{x}'\boldsymbol{\beta}\to+\infty}\text{Prob}(Y=1\,|\,\mathbf{x})=1 \qquad (17-8)$$

如图 17.1 所示。原则上，任何一个定义在实数轴上的连续概率分布都满足这些要求。许多分析

---

① 在部分处理中［例如 Horowitz（1990）和 Lewbel（2000）］可以很方便地正态化 $\boldsymbol{\beta}$ 中的一个元素，使之等于 1，留下 σ 自由变动。最终，只有 $\boldsymbol{\beta}/\sigma$ 被估计，所以这是无关紧要的。

② 如果没有什么强制性的外部原因，不应在不含常数项的情况下估计二值选择模型。

使用了正态分布，这就产生了 **probit 模型**（probit model）。[①]

$$\text{Prob}(Y=1\mid \mathbf{x})=\int_{-\infty}^{\mathbf{x}'\boldsymbol{\beta}}\phi(t)dt=\Phi(\mathbf{x}'\boldsymbol{\beta}) \tag{17-9}$$

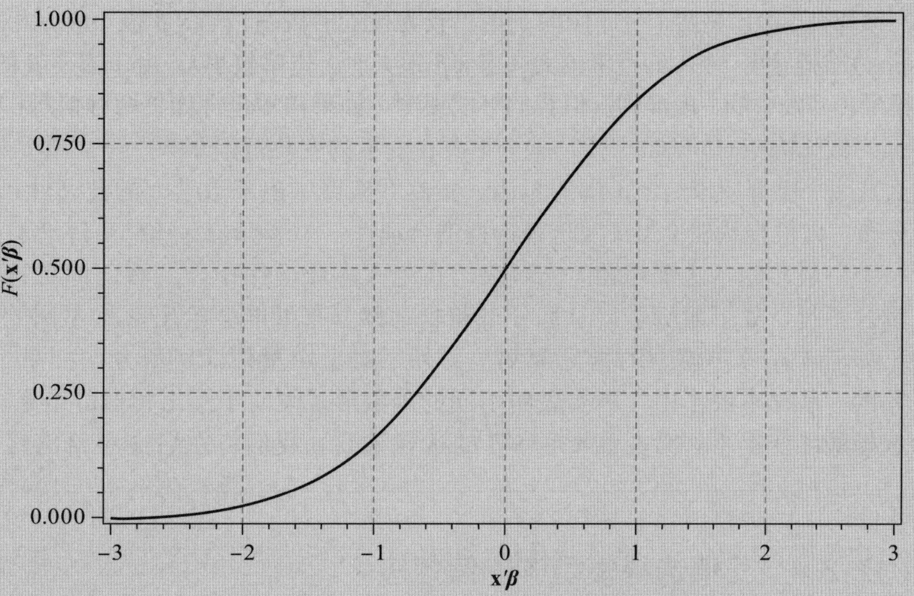

图 17.1　一个概率模型

函数 $\phi(t)$ 常用于表示标准正态分布，而且 $\Phi(t)$ 是累积分布函数。在某种程度上，由于数学上的简便性，许多应用研究也会采用 logistic 分布：

$$\text{Prob}(Y=1\mid \mathbf{x})=\frac{\exp(\mathbf{x}'\boldsymbol{\beta})}{1+\exp(\mathbf{x}'\boldsymbol{\beta})}=\Lambda(\mathbf{x}'\boldsymbol{\beta}) \tag{17-10}$$

我们将用符号 $\Lambda(.)$ 表示 logistic 分布函数，这里的密度函数是 $\Lambda(t)[1-\Lambda(t)]$。为了方便后面的讨论，我们称之为 **logit 模型**（logit model）。这两个分布函数都具有我们熟悉的钟形对称分布，类似于图 17.1 中的分布。还有一些没有假设对称性的模型，如**冈贝尔模型**（Gumbel model）或者可称之为第一类极值模型：

$$\text{Prob}(Y=1\mid \mathbf{x})=\exp[-\exp(-\mathbf{x}'\boldsymbol{\beta})]$$

互补双对数模型（complementary log log model）

$$\text{Prob}(Y=1\mid \mathbf{x})=1-\exp[\exp(\mathbf{x}'\boldsymbol{\beta})]$$

和伯尔（Burr）模型[②]

$$\text{Prob}(Y=1\mid \mathbf{x})=\left[\frac{\exp(\mathbf{x}'\boldsymbol{\beta})}{1+\exp(\mathbf{x}'\boldsymbol{\beta})}\right]^{\gamma}=[\Lambda(\mathbf{x}'\boldsymbol{\beta})]^{\gamma}$$

---

① “probit”单词源自“probability unit”，在生物测定中使用逆正态概率单位。详见 Finney（1971）和 Greene and Hensher（2010，Chapter 4）。

② Scobit 模型刻画了一个有偏的 logit 模型；见 Nagler（1994）。

也有人使用。虽然还有人提出了其他分布①，但 probit 模型和 logit 模型仍是计量经济学应用研究中最常见的分析框架。

人们很自然地就会产生这样的疑问：应该使用哪一个分布呢？logistic 分布除了尾部明显更厚之外，其他方面类似于正态分布（它与自由度为 7 的分布更接近）。因此，对于 $\mathbf{x}'\boldsymbol{\beta}$ 的中间值（比方说$-1.2\sim1.2$），这两个分布倾向于给出较为接近的概率。当 $\mathbf{x}'\boldsymbol{\beta}$ 极小时，相较于正态分布，由 logistic 分布推导出 $Y=1$ 的概率较大（当 $\mathbf{x}'\boldsymbol{\beta}$ 很大时，概率较小）。由于需要 $\boldsymbol{\beta}$ 的信息，因而据此很难推导出实践中的一般准则。但我们可以预测，如果样本包含如下两种信息：（1）极少有响应（$Y=1$）或无响应（$Y=0$）；（2）某个重要自变量的变化范围很大——尤其是如果（1）也成立，那么这两个模型应该给出不同的预测。虽然在实践中出于数学上的便利性，我们有理由支持某个分布，但很难从理论上证明这种选择的合理性。Amemiya（1981）讨论了大量相关问题，但作为一个一般命题，这个问题尚未解决。在绝大多数应用中，二者之间的选择看上去没有多大区别。不过，如下面所示，对称分布和非对称分布可能会给出截然不同的结论，而我们明显缺乏如何选择分布模型的指导原则。另外，对于定量估计所研究的变量（偏效应），在现代研究的一般样本大小中，事实表明不同的函数形式倾向于给出相似的结果。对方程 $F(.)$ 使用的选择最终变得不如对变量 $\mathbf{x}$ 和 $\mathbf{x}'\boldsymbol{\beta}$ 的选择重要。我们将在后文中给出对这一命题的详细检验。

□ 17.2.4 二值选择模型中的偏效应

大多数分析将会被引导着检验协变量 $\mathbf{x}$ 和事件发生概率之间的关系，即 $\text{Prob}(Y=1|\mathbf{x})=F(y|\mathbf{x})=F(\mathbf{x}'\boldsymbol{\beta})$，一般是偏效应。无论使用什么分布，关键必须注意，模型参数($\boldsymbol{\beta}$)，与任何一个非线性回归模型的参数一样，并非总是我们一贯分析的偏效应。通常，通过链式法则：

$$\frac{\partial \mathrm{F}(\mathrm{y}|\mathbf{x})}{\partial \mathbf{x}}=\left[\frac{dF(\mathbf{x}'\boldsymbol{\beta})}{d(\mathbf{x}'\boldsymbol{\beta})}\right]\times\boldsymbol{\beta}=f(\mathbf{x}'\boldsymbol{\beta})\times\boldsymbol{\beta} \tag{17-11}$$

式中，$f(.)$为对应于分布函数 $F(.)$的密度函数。对于正态分布，这个结果是

$$\frac{\partial F[y|\mathbf{x}]}{\partial \mathbf{x}}=\phi(\mathbf{x}'\boldsymbol{\beta}_{probit})\times\boldsymbol{\beta}_{probit}$$

对于 logistic 分布，有

$$\frac{d\Lambda(\mathbf{x}'\boldsymbol{\beta}_{logit})}{d(\mathbf{x}'\boldsymbol{\beta}_{logit})}=\frac{\exp(\mathbf{x}'\boldsymbol{\beta}_{logit})}{[1+\exp(\mathbf{x}'\boldsymbol{\beta}_{logit})]^2}=\Lambda(\mathbf{x}'\boldsymbol{\beta}_{logit})[1-\Lambda(\mathbf{x}'\boldsymbol{\beta}_{logit})]$$

因此，在 logit 模型中，

$$\frac{\partial F[y|\mathbf{x}]}{\partial \mathbf{x}}=\Lambda(\mathbf{x}'\boldsymbol{\beta}_{logit})[1-\Lambda(\mathbf{x}'\boldsymbol{\beta}_{logit})]\boldsymbol{\beta}_{logit}$$

显然这些值会随着 $\mathbf{x}$ 值的变化而变化。在解释估计模型时，在回归元的均值处或必要的相关值处计算这个结果将有所帮助。为方便起见，模型中所有斜率使用的度量因子都相同。

正如我们将在下面几个应用中看到的，一个关于 probit 和 logit 估计的常用实证法则是

① 参见 Maddala（1983，pp. 27－32），Aldrich and Nelson（1984）与 Stata（2014）。

$\hat{\boldsymbol{\beta}}_{logit} \approx 1.6\hat{\boldsymbol{\beta}}_{probit}$。这可能暗示着两个模型有很多不同之处，但这是具有误导性的。就像普遍的结果，两个模型得出的偏效应将是几乎相同的。在接近概率范围的中部，即 $F(\mathbf{x}'\boldsymbol{\beta})$接近 0.5 处，logistic 偏效应接近 $0.5\times(1-0.5)\boldsymbol{\beta}_{logit}$ 而 probit 偏效应接近 $0.4\boldsymbol{\beta}_{probit}$（此处 0.4 是累积分布函数等于 0.5 处的正态密度）。如果两者的偏效应是相同的，那么 $0.25\boldsymbol{\beta}_{logit}=0.4\boldsymbol{\beta}_{probit}$ 或者$\boldsymbol{\beta}_{logit}=1.6\boldsymbol{\beta}_{probit}$。观测到的估计值将围绕这一普遍结果变动。表 17.1 中有一示例。

为了计算偏效应，可以评估数据的样本均值的表达式，得出均值处的偏效应（PEA），

$$\text{PEA}=\hat{\boldsymbol{\gamma}}(\bar{\mathbf{x}})=f(\bar{\mathbf{x}}'\hat{\boldsymbol{\beta}})\hat{\boldsymbol{\beta}}$$

数据的均值不总为计算提供一个现实的范本。例如，性别的均值 0.5 不对应着样本中的任何个体。更常见的是，评估每个实际观测值处的偏效应，使用样本中个体偏效应的平均，得出**平均偏效应**（APE，average partial effects）。要使用的计算式是

$$\text{APE}=\hat{\bar{\boldsymbol{\gamma}}}=\frac{1}{n}\sum_{i=1}^{n}f(\mathbf{x}_i'\hat{\boldsymbol{\beta}})\hat{\boldsymbol{\beta}} \tag{17-12}$$

平均偏效应，即偏效应的期望值，是真正被关注的。令 $\boldsymbol{\gamma}^0$ 表示总体参数，然后

$$\text{APE}^0=\boldsymbol{\gamma}^0=E_x\left[\frac{\partial E[y\mid\mathbf{x}]}{\partial\mathbf{x}}\right] \tag{17-13}$$

读者可能好奇平均偏效应是否产生不同于均值处偏效应的答案。研究尝试说明，区别在于小样本效应，但结果显示不是，至少不完全是。假设参数已知，令变量 x_k 的平均偏效应为

$$\bar{\gamma}_k=\text{APE}_k=\frac{1}{n}\sum_{i=1}^{n}\frac{\partial F(\mathbf{x}_i'\boldsymbol{\beta})}{\partial x_{ik}}=\frac{1}{n}\sum_{i=1}^{n}F'(\mathbf{x}_i'\boldsymbol{\beta})\beta_k=\frac{1}{n}\sum_{i=1}^{n}\gamma_k(\mathbf{x}_i)$$

我们将使用极大似然估计法计算 $\hat{\boldsymbol{\beta}}$。现在对这一方程围绕样本均值点 $\bar{\mathbf{x}}$ 泰勒展开至二阶，获得

$$\begin{aligned}\bar{\gamma}_k&=\frac{1}{n}\sum_{i=1}^{n}\left[r_k(\bar{\mathbf{x}})+\sum_{m=1}^{k}\frac{\partial\gamma_k(\bar{\mathbf{x}})}{\partial\bar{x}_m}(x_{im}-\bar{x}_m)+\frac{1}{2}\sum_{l=1}^{K}\sum_{m=1}^{K}\frac{\partial^2\gamma_k(\bar{\mathbf{x}})}{\partial\bar{x}_l\partial\bar{x}_m}(x_{il}-\bar{x}_l)(x_{im}-\bar{x}_m)+\Delta_i(\bar{\mathbf{x}})\right]\\&=\gamma_k(\bar{\mathbf{x}})+\frac{1}{2}\sum_{l=1}^{K}\sum_{m=1}^{K}g_{lm}S_{lm}+\bar{\Delta}(\bar{\mathbf{x}})\end{aligned}$$

此处 $\Delta(\bar{\mathbf{x}})$ 是高阶余项。四项中的第一项是样本均值处的偏效应。第二项是 0。第三项是样本数据的方差和协方差函数和概率函数在均值处的曲率的平均。最后一项是余项。在特殊样本中关于描述这两项没有什么可说的，在应用中，差异通常相当小。

由于 $\mathbf{x}$ 时常包含虚拟变量，例如劳动力参与方程常包含婚姻状况这个虚拟变量，所以在一个二值选择模型中，偏效应的计算还存在另外一个难题。用式（17-12）衡量虚拟变量变化或状态变化的影响就不太适当。一个二值自变量（比方说 d）的适当偏效应为

$$\text{PEA}=\text{Prob}[Y=1\mid\bar{\mathbf{x}}_{(d)},d=1]-\text{Prob}[Y=1\mid\bar{\mathbf{x}}_{(d)},d=0] \tag{17-14}$$

或者

$$\text{APE}=\frac{1}{n}\sum_{i=1}^{n}[\text{Prob}(Y=1\mid\mathbf{x}_{i,(d)},d_i=1)-\text{Prob}(Y=1\mid\mathbf{x}_{i,(d)},d_i=0)]$$

式中，d 代表模型中除虚拟变量外的其他变量。像连续函数那样对二值变量直接求导数所得到

的近似出人意料地精确。在例 17.3 中，对于二值变量 PSI，probit 模型的两个概率之差为 0.374，而导数近似值为 0.317。在更大的样本中，差异常常是很小的。尽管如此，概率的差异体现于对计算式的偏好，以及在标准化软件中计算是自动的。

如果选择模型中的虚拟变量是一个像下例中 PSI 一样的处理效应，然后平均偏效应将会为总体估计出平均处理效应（average treatment effect，ATE）。但是处理组平均处理效应（ATET）将需要计算式中的一个改变。如果处理效应是外生的（例如，如果学生是被小心地随机指定为 PSI 的），然后用 $d_i=1$ 计算子样本中的平均偏效应，将会是一个合适的估计量。[①] 平均处理效应和处理组平均处理效应之间的任何差异都会被归因于 $\mathbf{x}|d=1$ 和 $\mathbf{x}|(d=0$ 或 $d=1)$之间的系统差异。如果处理效应是内生的，无论是平均处理效应还是处理组平均处理效应，都是合适的估计量——实际上这时模型本身必须被扩展。我们将在 17.6 节处理此类案例。

□ 17.2.5 Logit 模型中的优势比

倾向于事件可能发生的比值可表示为 $\text{Prob}(Y=1)/\text{Prob}(Y=0)$。对于 logit 模型——结果对于我们考虑的其他模型没有意义——优势值“倾向于 $Y=1$”是

$$\text{优势值}=\frac{\text{Prob}(Y=1\,|\,\mathbf{x})}{\text{Prob}(Y=0\,|\,\mathbf{x})}=\frac{\exp(\mathbf{x}'\boldsymbol{\beta})/[1+\exp(\mathbf{x}'\boldsymbol{\beta})]}{1/[1+\exp(\mathbf{x}'\boldsymbol{\beta})]}=\exp(\mathbf{x}'\boldsymbol{\beta})$$

考虑一个虚拟变量 d 改变对优势值的影响，

$$\text{优势比}=\frac{Odds(\mathbf{x},d=1)}{Odds(\mathbf{x},d=0)}=\frac{\left[\dfrac{\exp(\mathbf{x}'\boldsymbol{\beta}+\delta\times 1)/[1+\exp(\mathbf{x}'\boldsymbol{\beta}+\delta\times 1)]}{1/[1+\exp(\mathbf{x}'\boldsymbol{\beta}+\delta\times 1)]}\right]}{\left[\dfrac{\exp(\mathbf{x}'\boldsymbol{\beta}+\delta\times 0)/[1+\exp(\mathbf{x}'\boldsymbol{\beta}+\delta\times 0)]}{1/[1+\exp(\mathbf{x}'\boldsymbol{\beta}+\delta\times 0)]}\right]}$$

$$=\exp(\delta)$$

因此，某变量改变一个单位时优势值的改变与偏效应相似，尽管事实上它不是导数的概念。很多基于 logit 模型的研究报告“优势比”。当改变问题中的变量 x_k 一个单位是有意义的时，对于相应的系数，$\exp(\beta_k)$ 报告了比值的多重改变。成比例的变化将会是 $\exp(\delta)-1$。[现有研究经常报告 $\exp(\delta)$而非 $\exp(\delta)-1$。] 如果改变一个单位的实验是无实际意义的，优势比就像简单的偏效应一样，可能是有误导性的。在后文中的例 17.8（表 17.5）中，我们计算出收入的偏效应约为-0.03。但是，在这些数据中将收入改变一整个单位不是一个有意义的实验——该变量取值范围为 1.0～3.0。更多对于变量 x_k 有用的计算是$\partial\text{Prob}(Y=1\,|\,\mathbf{x})/\partial x_k\times dx_k$。在例 17.8 中，对于收入这一变量，$dx_k=0.1$ 将会提供更多有效信息。优势比的类似的计算将会更合适，尽管如何独立地构造特定变量的特定变化并不清楚。此处偏效应（或弹性）可能是更直接的。无论如何，优势比对于一个虚拟变量更有意义。我们在例 17.11 中检验了一个应用。

① 在随机试验中估计处理效应的带有二值因变量的线性回归在健康与人类服务、青少年健康中心、技术评估援助处（Department of Health and Human Services，Office of Adolescent Health，Evaluation Technical Assistance）有讨论。见 www.hhs.gov/ash/oah-initiatives/assets/lpm－tabrief.pdf（2016 年 6 月登录）。

❖例 17.3　概率模型

在线附表 F14.1 列出的数据取自 Spector and Mazzeo (1980) 的一项研究，这项研究分析了一种新的经济学教学方法——个性化教学体系 (PSI) 是否会显著影响学生在经济学课程中的表现。研究所中所用的"因变量"是分数 (*GRADE*)，它表明一个学生的中级宏观经济学课程成绩是否高于经济学原理课程成绩。其他变量为学分积 *GPA*、代表着学生一开始对经济学内容了解程度的模拟考试成绩 (*TUCE*)、学生是否参与新教学法的二值变量 *PSI* (斯佩克特 (Spector) 和马佐 (Mazzeo) 所设定的模型与这里的稍有不同)。

表 17.1 列出了五组参数估计值。对 probit、logit 和冈伯茨和互补双对数四个概率模型都计算了斜率参数和偏效应，并计算了对分数回归的线性概率模型的协变量的斜率参数和偏效应。最后四组估计值是通过最大化合适的对数似然函数计算出来的。估计过程我们将在下一节中讨论，所以这里没有给出标准误。最后一行列出的度量因子是在变量均值处计算得到的密度函数。若只看参数估计值，则很自然地会认为五个模型得到的估计值极为不同。但比较平均偏效应一列便会发现，这个结论显然不对。模型结论十分相似；实际上，logit 模型和 probit 模型的结论几乎完全一样。

表 17.1　概率模型估计值

变量	线性		logit		probit		Comp. Log Log		冈伯茨	
	系数	平均偏效应	系数	平均偏效应	系数	平均偏效应	系数	平均偏效应	系数	平均偏效应
常数	−1.498	—	−13.021	—	−7.452	—	−10.361	—	−7.141	—
GPA	0.464	0.464	2.826	0.363	1.626	0.361	2.293	0.413	1.584	0.319
TUCE	0.010	0.010	0.095	0.012	0.052	0.011	0.041	0.007	0.060	0.012
PSI[a]	0.379	0.379	2.379	0.358	1.426	0.374	1.562	0.312	1.616	0.411
均值 $f(\mathbf{x}'\hat{\boldsymbol{\beta}})$		1.000		0.128		0.222		0.180		0.201

a. *PSI* 的偏效应作为$[\text{Prob}(Grade=1\mid \mathbf{x}_{(PSI)}, PSI=1)-\text{Prob}(Grade=1\mid \mathbf{x}_{(PSI)}, PSI=0)]$的平均计算得到。

本例所用数据只是在因变量取 0 和 1 时存在适度失衡 (21 和 11)。由此，我们预期 probit 模型和 logit 模型得出的结果相似。① 其中一个指标就是系数比较。鉴于各分布方差不同：正态分布为 1，logistic 分布为 $\pi^2/3$，所以我们预期，将 probit 模型例子的系数乘以 $\pi/\sqrt{3}\approx1.8$，就可以计算出类似的估计值。Amemiya (1981) 发现，通过反复试错，乘以 1.6 得到的结果更好。该比例被频繁引用。式 (17-11) 中的结论有助于解释该发现。指标 $\mathbf{x}'\boldsymbol{\beta}$ 不是随机变量。probit 模型中 x_k 的偏效应为 $\phi(\mathbf{x}'\boldsymbol{\beta}_p)\beta_{pk}$，而 logit 模型中则为 $\Lambda(1-\Lambda)\beta_{lk}$ (下标 p 和 l 分别表示 probit 模型和 logit 模型)。阿米米亚指出，他的近似在分布的中心，即在 $F=0.5$ 或 $\mathbf{x}'\boldsymbol{\beta}=0$ 两个分布处最有效。假设真是这样，则 $\phi(0)=0.3989$，且 $\Lambda(0)[1-\Lambda(0)]=0.25$。若偏效应相同，则 $0.3989\beta_{pk}=0.25\beta_{lk}$，或 $\beta_{lk}=1.6\beta_{pk}$，这就是阿米米亚观察到的规律。但注意，随着我们逐渐偏离分布的中心，该比率也将偏离 1.6。由于 logistic 密度比正态密度下降得更慢，所以对于我们这里所用的这种非平衡样本，logit 系数与 probit 系数之比倾向于大于 1.6。表 17.1 中的比率更接近 1.7，而非 1.6。

---

① 有人可能尝试在此模型中使用诸如冈贝尔分布这样的非对称分布。但是，正如它表现的那样，模型的非对称性涉及的是 ε 的值，而不是因变量的观测样本值。

当所考虑的变量连续且经常可以推导出虚拟变量的一个合理近似时，计算条件均值函数的导数便很有用处。分析虚拟变量对整个分布影响的另一种方法是，在 $\mathbf{x}'\boldsymbol{\beta}$ 的取值范围内（利用样本估计值）利用二值变量的两个值计算 Prob(Y=1)。利用表 17.1 中 probit 模型的系数，我们在 *TUCE* 均值处（21.938）就可以推导出以下概率作为 *GPA* 的函数：

$$PSI=0：\text{Prob}(GRADE=1)=\Phi[-7.452+1.626GPA+0.052\times21.938]$$
$$PSI=1：\text{Prob}(GRADE=1)=\Phi[-7.452+1.626GPA+0.052\times21.938+1.426]$$

图 17.2 显示的是这两个函数在样本中 *GPA* 的观测范围 2.0～4.0 内的描点图。*PSI* 的偏效应就是这两个函数之差，其范围为从 *GPA*=2 时的约 0.06 到 *GPA*=3.5 时的约 0.50。这个效应表明，*GPA* 高的学生参与 *PSI* 后成绩提高的概率远大于 *GPA* 低的学生。当 *GPA* 的样本均值为 3.117 时，*PSI* 对概率的影响为 0.465。在均值处对偏效应的简单估计是 0.468。但这个计算还不足以说明图 17.2 中表现出的大幅差异。平均偏效应对整个分布平均，且等于 0.374。图 17.2 对关注的效应可能更有代表性。（在典型的使用更大样本的应用中，这些结果的区别通常会变得更小。）

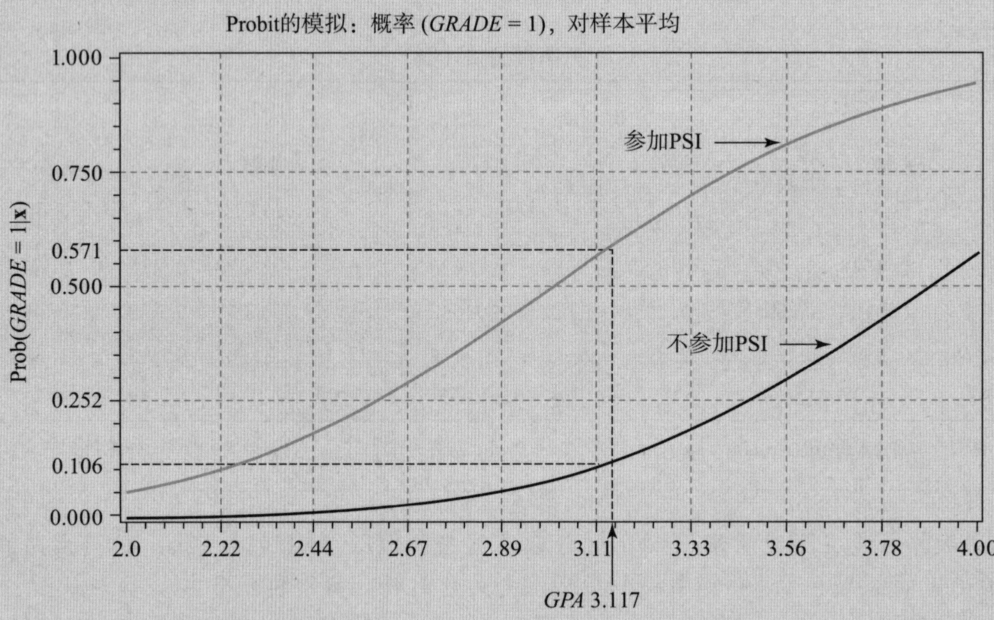

图 17.2　*GPA* 对概率预测值的效应

PSI 变量的优势比是 exp(2.379)=10.6。这显示出那些参加 *PSI* 多于 10 次的学生成绩提升的优势是没有参加的学生的 10 倍以上。从图 17.2 中可以看出，对于水平一般的学生，优势比体现为 (0.571/0.429)/(0.106/0.894)=11.1，结果相同。对那个学生来说 *PSI* 的偏效应为 0.571−0.106=0.465，根据图 17.2，这很清楚，然而 *PSI* 的偏效应会因为 *GPA* 发生巨大变化。优势比变成一个常数，将掩盖某一方面的结果。图 17.2 中的图线有暗示意味，但是不精确。一个更直接的分析将会检验当 *GPA* 变化时，*PSI* 对概率的效应。图 17.3 展示了这一效应。不令人惊讶的结论是，*PSI* 对学生的影响在分数分布的中部最大，而不是在可能被期望的最低端。我们同样看到，*PSI* 的边际收益对于具有最大 *GPA* 的学生开始降低，可能是因为他们更可能拥有 *GRADE*=1。[图 17.3 同样展示了从线性概率模型估计的效应（17.2.6 小节），就像优势比一样，将关系过于简单化了。]

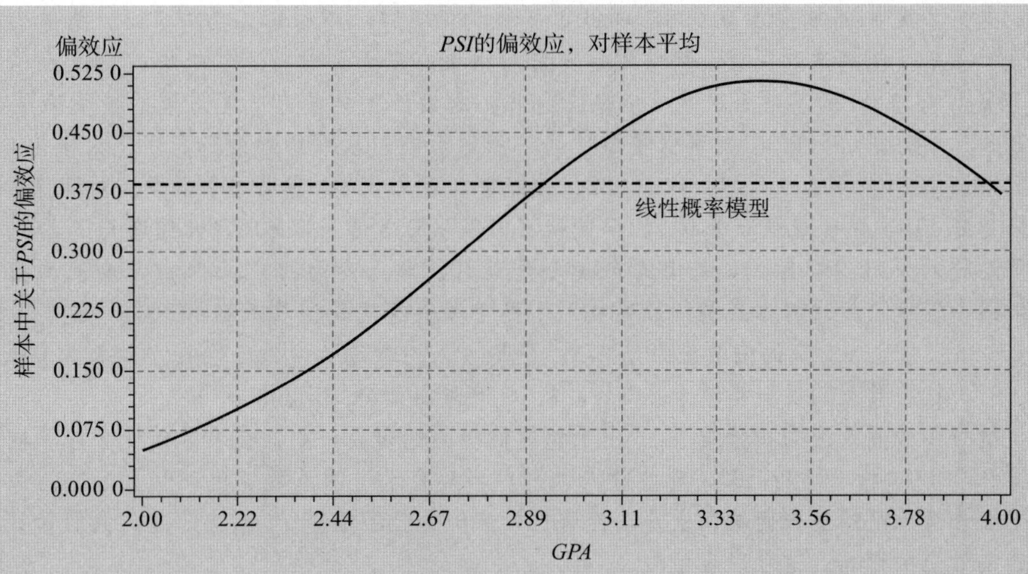

图 17.3　按照 *GPA* 分类的 *PSI* 对分数的效应

∵例 17.4　灯泡谜题：检验偏效应

灯泡谜题指的是尽管节能灯泡比老式灯泡成本更低、更环保，但消费者对其却反应迟缓的现象。Di Maria，Ferreira，and Lazarova（2010）对爱尔兰消费者进行了调查以了解导致这个谜题形成的隐含偏好。作者建立了一个模型，在该模型中消费者消费老式灯泡或节能灯泡以求实现效用最大化。消费者的效用由两方面决定，一是消费者在光照上的消费（即消费者消费的总光照量，以流明为单位），二是环境影响。消费决定只有购买节能灯泡和购买老式灯泡两种。消费决定，如“购买节能灯泡”是建立在购买成本（包括消耗的精力）从两方面影响消费者的效用最大化结果之上。由于个体在对环境的偏好、可见成本、对科技的理解，以及购买活动花费的精力和个体折旧率的不同，在计算效用时存在个体间的异方差性。

实例分析是建立在 2001 年爱尔兰国家城区生活质量调查中对 1 500 个爱尔兰灯具消费者所做的调查之上。采购模型的输入变量主要分为以下三个方面。

环境收益[①]：

对《京都议定书》的支持力度，环保重要性，环保知识

人口统计特征：

年龄，性别，是否为军人，家庭规模，教育(分 4 档)，收入

房屋属性：

是否为乡下，自有房屋/租赁，是否为独栋住宅，房屋是否在 20 世纪 60 年代之前建成

作者报告了 probit 模型的系数和残差以及通过数据方法算出的偏效应。以下变量在统计上显著：《对京

① 作者在一种模型设定中针对一个成分使用三种测度方式，但是更好的模型设定是分别使用三种环境变量。

都议定书》支持力度的偏效应为 0.098，环保重要性为 0.044，环保知识为 0.115。总体而言，大约 30%的受访对象是节能灯泡购买者。环境收益变量对结果有很大影响。这些变量的均值为 3.05，2.51 和 0.85。因此，在 3.05 的基础上，对《京都议定书》的额外支持使对节能灯泡的接受率从大概 0.30 增长到 0.398，大概增长了 1/3。对环保重要性这一变量而言，从平均到最高，变化大概为 0.5，偏效应为 0.44，因此概率会从约 0.3 增大约 0.022，大概变动了 7.3%，变动要小得多。对环保知识这一变量，偏效应是 0.115，该变量从 0 变到 1，会使购买概率从 0.3 增长 0.115，大约增长了 1/3。

样本平均收入为 22 987 欧元，均值的对数大概为 10。收入变为约 62 500 欧元会使均值的对数增加 1，变为 11，但这已超过样本人群的最大收入。更合理的想法是让收入增加 10%，这样其均值对数大概增加 0.095。对收入对数的偏效应为 0.073。平均收入对数增大 0.095 会使平均概率增大 0.095×0.073=0.007。这将导致购买概率增大 2.3%，从 0.30 增加到 0.307。

作者也报告了边际效应的实验结果："出于稳健性检验的需要，我们在表 5 估计了在不同收入水平（位于 1%，25%，50%，75%，99%时的收入水平）下教育水平的系数变化。以上讨论的边际效应随着收入水平和教育水平的提升而单调上升，但增长效应统计上不显著。"也就是说，他们估计了收入变化对教育的偏效应的影响。这可以表示为

$$\partial\left[\frac{\partial \text{Prob}(Adopt=1)}{\partial Education}\right]/\partial Income$$

这是图 17.3 中的分析。

□ 17.2.6　线性概率模型

二值结果适用于如下回归模型：

$$F(\mathbf{x},\boldsymbol{\beta})=\mathbf{x}'\boldsymbol{\beta}$$

且

$$E[y\mid\mathbf{x}]=\{0\times[1-F(\mathbf{x},\boldsymbol{\beta})]\}+\{1\times[F(\mathbf{x},\boldsymbol{\beta})]\}=F(\mathbf{x},\boldsymbol{\beta})$$

这暗示着回归模型

$$\begin{aligned} y &=E[y\mid\mathbf{x}]+(y-E[y\mid\mathbf{x}]) \\ &=\mathbf{x}'\boldsymbol{\beta}+\varepsilon \end{aligned}$$

线性概率模型（linear probability model，LPM）有一些缺点。ε 的异方差性导致的复杂性在某种意义上取决于 $\boldsymbol{\beta}$。因为 $\mathbf{x}'\boldsymbol{\beta}+\varepsilon$ 应该等于 0 或 1，ε 等于 $-\mathbf{x}'\boldsymbol{\beta}$ 或 $1-\mathbf{x}'\boldsymbol{\beta}$，概率分别是 $1-F$ 和 F。因此，你可以清楚地在这个模型中看到：

$$\text{Var}[\varepsilon\mid\mathbf{x}]=\mathbf{x}'\boldsymbol{\beta}(1-\mathbf{x}'\boldsymbol{\beta})$$

我们可以用第 9 章中介绍的 FGLS 估计解决这个问题，尽管这只能解决估计上的问题而非理论上的解释。[①] 一个更加严重的缺陷在于，如果不对扰动项刻意修正，我们不能确信模型的预测

---

① 这个形式有一个更深刻的特点。在回归模型中我们检验这一点，扰动项 ε 被假设为体现产生于模型之外的影响（其他变量）的独立变化。因为这个模型中的扰动项产生需要 y 在 RHS 和 LHS 上相等，只是同义反复。在线性概率模型中没有遗漏变量能解释 y 变化的空间。对于一个给定的 $\mathbf{x}$，ε 不能独立于 $\mathbf{x}$ 而变化。尽管最小二乘残差 e_i 是与 $\mathbf{x}_i$ 在算术上正交，但很难建立一个关于 ε_i 与 $\mathbf{x}_i$ 独立或不相关的统计上的理解。

值看起来是概率的大小。我们不能将 $\mathbf{x}'\boldsymbol{\beta}$ 限制到 0～1 区间内。这样的模型既会产生无意义的概率大小，又会有负的方差。例 17.3 的 32 个观测值中有 5 个对概率的预测值是负数。(模型的这一谬误源于理论的基础假设，有时被称为“不连续”。)

尽管有一系列缺点，线性概率模型依旧被用于大量的近期研究之中。主要动机在于其显示出能可靠地从正式的模型如 probit 和 logit 模型中复制偏效应，而在 probit 和 logit 模型中常常只有符号和统计显著性被重视。线性概率模型的支持者声称它能产生非线性模型中的偏效应的良好近似。例 17.5 的研究的作者表示，他们从 logit 模型中获得了相似的结果（本例是 2002 年的版本，而 probit 模型在 2003 年的版本中）。如果实际情况总是如此，且给定了线性设定的限制性和不连续性，那么线性概率模型的优点表现在哪里？支持者们指出了两点：

1. 简洁。当然，这是可疑的，因为现代软件估计非线性模型只需要按下一两个不同的按键。这一论调在模型包含内生变量时会获得更多支持。我们将在之后转至这种情况。

2. 稳健。正态分布或者 logistic 分布的假设都是脆弱的，但线性假设无须预设分布。这有待切实地被校验，研究者不认为线性模型是适当的，更详尽的讨论见 Lewbel，Dong，and Yang（2012）和 Angrist and Pischke（2009）。

例 17.5　芝加哥学校系统中的作弊现象：一个线性概率模型

Jacob and Levitt（2002，2003）用一个二值选择模型检测芝加哥学校系统中老师为了学生的利益作弊的现象。这一研究发展出了一种检测测验结果是否被改动过的方法。这一研究用于产生最终结果的模型是考虑“班级作弊的指示变量”的线性概率模型。对于论文中的一个主要结果，作者写道（2002，p. 41）：“相对于排名在后面的学生，老师们约有 6%的可能性倾向于为在前一年得分排在前 25%～50%学生修改分数。”在线性概率模型中相关变量的系数是 0.057，或者约 6%。这看起来像个温和的结果。但是，他们的样本中总体上仅 1%的观测值是被认定为有作弊现象。如果 1%是基准线，“6 个百分点”就已经是 600%的增加量！这个温和的结果实际上是很极端的，但结果并不惊人。线性概率模型强行使概率方程从 0 到 1 全程有相同的斜率。在图 17.1 中很显然，在极靠近尾部的地方，例如 $F(.)=0.01$，方程曲线将会比在分布的中部更为平坦。[①] 除非数据的整个分布受限于分布的极为尾部的范围，否则将分布的中部纳入考虑将会使线性概率模型在尾部高度不精确。[②] 关于这一限制的一个意义在图 17.3 中有所展现。

17.3　二值选择模型中的估计与推断

除线性概率模型外，二值选择模型的估计通常都基于极大似然法。每次观测都被视为对伯努利分布的一次简单抽样（每次抽样都服从二项分布）。成功概率为 $F(\mathbf{x}'\boldsymbol{\beta})$ 且存在独立观测值的模型具有联合概率或似然函数

$$\operatorname{Prob}(Y_1=y_1,Y_2=y_2,\cdots,Y_n=y_n\mid\mathbf{X})=\prod_{y_i=0}[1-F(\mathbf{x}_i'\boldsymbol{\beta})]\prod_{y_i=1}F(\mathbf{x}_i'\boldsymbol{\beta})$$

① 这个结果在论文中的 2002 年（NBER）版本中有所展示，但是在 2003 年版本中没有。

② 见 Wooldridge（2010，pp. 562 - 564）。

式中，$\mathbf{X}$ 表示 $[\mathbf{x}_i]_{i=1,\cdots,n}$。一个有 n 个观测值的样本的似然函数可简记为

$$L(\boldsymbol{\beta} \mid \text{data}) = \prod_{i=1}^{n} [F(\mathbf{x}_i'\boldsymbol{\beta})]^{y_i} [1 - F(\mathbf{x}_i'\boldsymbol{\beta})]^{1-y_i} \tag{17-15}$$

取对数，于是有

$$\ln L = \sum_{i=1}^{n} \{ y_i \ln F(\mathbf{x}_i'\boldsymbol{\beta}) + (1 - y_i) \ln [1 - F(\mathbf{x}_i'\boldsymbol{\beta})] \} \text{①} \tag{17-16}$$

似然方程（likelihood equation）为

$$\frac{\partial \ln L}{\partial \boldsymbol{\beta}} = \sum_{i=1}^{n} \left[y_i \frac{f_i}{F_i} + (1 - y_i) \frac{-f_i}{(1 - F_i)} \right] \mathbf{x}_i = \mathbf{0} \tag{17-17}$$

式中，f_i 为密度 $dF_i / d(\mathbf{x}_i'\boldsymbol{\beta})$ [在式（17 - 17）及以后，我们将用下标 i 表示函数有一个自变量 $\mathbf{x}_i'\boldsymbol{\beta}$]。选择 F_i 的特殊形式便得到了实证模型。

除非使用线性概率模型，否则式（17 - 17）中的似然方程就是非线性的，并要求迭代求解。迄今为止我们见过的所有模型都相当容易分析。通过将式（17 - 10）代入式（17 - 17）并进行适当运算，我们就可以将 logit 模型的似然方程写为

$$\frac{\partial \ln L}{\partial \boldsymbol{\beta}} = \sum_{i=1}^{n} (y_i - \Lambda_i) \mathbf{x}_i = \mathbf{0} \tag{17-18}$$

注意，若 $\mathbf{x}_i$ 包含常数项，则一阶条件意味着，预测概率的平均值一定等于样本中 1 所占的比例。② 如果我们把 $y_i - \Lambda_i$ 看成残差，则这个推论与最小二乘正规方程就存在某种相似之处。③对于 probit 模型，对数似然函数为

$$\ln L = \sum_{y_i=0} \ln [1 - \Phi(\mathbf{x}_i'\boldsymbol{\beta})] + \sum_{y_i=1} \ln \Phi(\mathbf{x}_i'\boldsymbol{\beta}) \tag{17-19}$$

最大化 $\ln L$ 的一阶条件为

$$\frac{\partial \ln L}{\partial \boldsymbol{\beta}} = \sum_{y_i=0} \frac{-\phi_i}{1 - \Phi_i} \mathbf{x}_i + \sum_{y_i=1} \frac{\phi_i}{\Phi_i} \mathbf{x}_i = \sum_{y_i=0} \lambda_{0i} x_i + \sum_{y_i=1} \lambda_{1i} \mathbf{x}_i$$

使用本页脚注①中给出的方法，我们可以将其化简为

$$\frac{\partial \log L}{\partial \boldsymbol{\beta}} = \sum_{i=1}^{n} \left[\frac{q_i \phi(q_i \mathbf{x}_i'\boldsymbol{\beta})}{\Phi(q_i \mathbf{x}_i'\boldsymbol{\beta})} \right] \mathbf{x}_i = \sum_{i=1}^{n} \lambda_i \mathbf{x}_i = \mathbf{0} \tag{17-20}$$

式中，$q_i = 2y_i - 1$。

logit 模型的实际二阶导数非常简单：

$$\mathbf{H} = \frac{\partial^2 \ln L}{\partial \boldsymbol{\beta} \partial \boldsymbol{\beta}'} = -\sum_{i} \Lambda_i (1 - \Lambda_i) \mathbf{x}_i \mathbf{x}_i' \tag{17-21}$$

---

① 如果分布像正态分布和 logistic 分布一样是对称的，则 $1 - F(\mathbf{x}'\boldsymbol{\beta}) = F(-\mathbf{x}'\boldsymbol{\beta})$。还有进一步的简化形式，令 $q = 2y - 1$，则 $\ln L = \sum_i \ln F(q_i\, \mathbf{x}_i'\boldsymbol{\beta})$。

② 相同的结论对线性概率模型同样成立。虽然实际中经常可观察到，但是此结论尚未在 probit 模型中证实。

③ 这种架构在很多模型中都出现过。在许多情形中，对数似然函数对常数项求一阶导数便得到**广义残差**（generalized residual）。比如见 Chesher，Lancaster，and Irish（1985），并且同样的结论也可参见 19.3.2 小节的 tobit 模型。

由于二阶导数不包含随机变量 y_i，所以对于 logit 模型来说，牛顿法也就是**得分法**（method of scoring）。注意到海塞矩阵总是负定的，所以对数似然函数在整个定义域上为凹。除非数据条件特别糟糕，否则只需几次迭代，牛顿法就收敛于对数似然函数的极大值。probit 模型的计算略微复杂。利用式（17-20）中定义的变量 $\lambda(y_i,\mathbf{x}_i'\boldsymbol{\beta})=\lambda_i$ 可以推导出一个有用的简化。利用对任何 z 都有 $d\phi(z)/dz=-z\phi(z)$的结论，可以推导出二阶导数。于是，对 probit 模型，有

$$\mathbf{H}=\frac{\partial^2 \ln L}{\partial\boldsymbol{\beta}\partial\boldsymbol{\beta}'}=\sum_{i=1}^{n}-\lambda_i[\lambda_i+(q_i\mathbf{x}_i'\boldsymbol{\beta})]\mathbf{x}_i\mathbf{x}_i' \tag{17-22}$$

而且对所有 $\boldsymbol{\beta}$ 值，这个矩阵都是负定的。其证明不如 logit 模型那么明显。[①] 值得注意的是，这个和的标量部分在 $y=1$ 时为 $\text{Var}[\varepsilon|\varepsilon\leqslant\boldsymbol{\beta}'\mathbf{x}]-1$；在 $y=0$ 时为 $\text{Var}[\varepsilon|\varepsilon\geqslant-\boldsymbol{\beta}'\mathbf{x}]-1$。无条件方差为 1。由于将分布截尾总是会减小方差（见定理 18.2），所以在这两种情形中，方差都介于 0 和 1 之间，因此这两个量都为负值。[②]

极大似然估计量的渐近协方差矩阵可以用在极大似然估计值处计算出的海塞矩阵的逆来估计。另外两个估计量也可供选择。伯恩特、霍尔和豪斯曼估计量［见式（14-18）和例 14.4］将为 $(\mathbf{B})^{-1}$，其中

$$\mathbf{B}=\sum_{i=1}^{n}g_i^2\mathbf{x}_i\mathbf{x}_i'$$

式中，在 logit 模型中［见式（17-18）］，$g_i=(y_i-\boldsymbol{\Lambda}_i)$；在 probit 模型中［见式（17-20）］，$g_i=\lambda_i$。第三个估计量则基于海塞矩阵的期望值。我们前面论述过，logit 模型的海塞矩阵不包含 y_i，所以 $\mathbf{H}=E[\mathbf{H}]$。但由于 λ_i 是 y_i 的函数［见式（17-20）］，所以这个结论对 probit 模型而言就不成立。Amemiya（1981）证明了，对于 probit 模型，有

$$E\left[\frac{\partial^2 \ln L}{\partial\boldsymbol{\beta}\partial\boldsymbol{\beta}'}\right]_{\text{probit}}=\sum_{i=1}^{n}\lambda_{0i}\lambda_{1i}\mathbf{x}_i\mathbf{x}_i' \tag{17-23}$$

这个表达式中的标量部分同样总是负值［见式（17-20），且 λ_{0i} 总为负，λ_{1i} 总为正］。于是，极大似然估计量的渐近协方差矩阵估计量，就是用于估计期望的海塞矩阵的矩阵的负逆。由于真实海塞矩阵通常被用于迭代，所以经常会用到这个选择。但在随后的章节中我们将会论述，对特定的假设检验，BHHH 估计量会更为便利。

□ 17.3.1 稳健协方差矩阵估计

鉴于正态概率模型可能会被错误设定，所以 probit 极大似然估计量时常被称为拟极大似然估计量（quasi-maximum likelihood estimator，QMLE）。White（1982a）为 QMLE 的渐近协方差矩阵提供的稳健的“三明治”式估计量（见 14.11 节的讨论）

$$\text{Est. Asy. Var}[\hat{\boldsymbol{\beta}}]=[-\hat{\mathbf{H}}]^{-1}[\hat{\mathbf{B}}][-\hat{\mathbf{H}}]^{-1}$$

近来被大量用在基于 probit 模型的研究中。[③] 若 probit 模型被正确设定，则 $\text{plim}(1/n)(\hat{\mathbf{B}})=$

① 比如，参见 Amemiya（1985，pp. 273-274）与 Maddala（1983，p. 63）。

② 参见 Johnson and Kotz（1993）与 Heckman（1979）。在第 19 章中我们会反复用到这一结论。

③ 例如 Fernandez and Rodriguez-Poo（1997），Horowitz（1993）与 Blundell，Laisney，and Lechner（1993）。

$\text{plim}(1/n)(-\hat{\mathbf{H}})$，这两个矩阵只选其一就足够了，所以稳健性问题就没有实际意义。另外，一旦出现任何形式的异方差、不可测量的异质性、遗漏变量（即使它们与所包含变量正交）、某个指标函数形式的非线性或者分布假设中的错误，probit（拟）极大似然估计量就不是一致的［极少数例外参见 Ruud（1986）］。因此，几乎在任何情形中，“三明治”式估计量都为偏倚方向不明确的估计量提供了一个合适的渐近协方差矩阵。① 尽管在文献中很少受到关注，但 White（1982a，p.4）还是明确地给出了如下结论：“正是 QMLE 对大量情形中所考虑参数的一致性，保证了它作为稳健估计方法基础的有用性。”他的一个很有用的结论是：若 QMLE 收敛于一个概率极限，则在特定条件下，“三明治”式估计量可用于估计该估计量的渐近协方差矩阵，但无法保证 QMLE 会收敛于一个有意义或有用的极限。简单地计算一个不一致估计量的稳健协方差矩阵并不能提供补救。所以，在这种情形下，稳健协方差矩阵的优越性还不是很明确。这是真的，但是，稳健估计量不能很好地估计最大化对数似然函数时参数向量的渐近协方差，无论是 $\boldsymbol{\beta}$ 还是其他。实际上，因为模型总体上是合理设定的，修正总是会造成一些差别。

相似的考虑也应用于 14.8.2 小节描述的极大似然法的协方差矩阵的聚类修正中。对于带有聚类结构的数据，估计量是

$$\mathbf{V}=\frac{C}{C-1}\left(-\sum_{c=1}^{C}\sum_{t=1}^{N_c}\frac{\partial^2\ln f_{ct}(\hat{\boldsymbol{\theta}})}{\partial\hat{\boldsymbol{\theta}}\partial\hat{\boldsymbol{\theta}}'}\right)^{-1}\left[\sum_{c=1}^{C}\left(\sum_{t=1}^{N_c}\frac{\partial\ln f_{ct}(\hat{\boldsymbol{\theta}})}{\partial\hat{\boldsymbol{\theta}}}\right)\left(\sum_{t=1}^{N_c}\frac{\partial\ln f_{ct}(\hat{\boldsymbol{\theta}})}{\partial\hat{\boldsymbol{\theta}}'}\right)\right]$$
$$\times\left(-\sum_{c=1}^{C}\sum_{t=1}^{N_c}\frac{\partial^2\ln f_{ct}(\hat{\boldsymbol{\theta}})}{\partial\hat{\boldsymbol{\theta}}\partial\hat{\boldsymbol{\theta}}'}\right)^{-1} \qquad (17-24)$$

（类似的形式将应用于具有 n 个组和第 i 组有 T_i 个观测值的面板数据。）矩阵为极大似然法提供了渐近方差的合适估计量。当观测之间是相关的（聚类的）时，估计重要参数向量是否使用极大似然估计就是另外一个议题。

❖例 17.6　用于 probit 模型和线性概率模型估计量的稳健协方差矩阵

在例 7.6 中，我们考虑了刻画就诊数量的对数线性模型的非线性最小二乘估计，见图 14.6。数据从在线附表 F7.1 Riphahn et al.（2003）的数据集中得到。我们将通过对二值变量 $Doctor=1$ $(DocVis>0)$ 拟合一个更详尽的模型继续那一分析。模型的指标函数是

$$\text{Prob}(Doctor=1\mid\mathbf{x}_{it})=F(\beta_1+\beta_2 Age_{it}+\beta_3 Educ_{it}+\beta_4 Income_{it}+\beta_5 Kids_{it}$$
$$+\beta_6 Health\ Satisfaction_{it}+\beta_7 Marital\ Status_{it})$$

所用数据是分为 7 293 组的 27 326 个家庭/年的非平衡面板数据。我们将要检验 1994 年数据中的 3 377 个观测值，然后是全面板集。关于变量的描述性统计在表 17.2 中给出。（我们将要使用几个样本中的这些数据继续跟进。）表 17.3 展示了两组数据每一个 probit 模型和线性概率模型的估计量。表 17.3 上半部分是面板中 1994 年数据的结果。可以比较传统标准误和稳健标准误的差异。这些是线性概率模型的怀特估计量和极大似然法的稳健估计量［在式（14－36）中］。在两种情形下，估计标准误的两种方法都没有太大区别，这是典型的结果。下半部分展现了在面板中修正混合估计量标准误的影响。稳健标准误是基于式（17－24）的。在此情形下，差异是可见的，尽管比有些人期望的小一些。对聚类效应的修正使标准误提高了 20％～50％。

① 见 14.11 节和 Freedman（2006）。

表 17.2　　二值选择模型的描述性统计

变量	全面板：n=27 326				1994 年：n=3 377	
	均值	标准差	最小值	最大值	均值	标准差
Doctor	0.629	0.483	0	1	0.658	0.474
Age	43.526	11.330	25	64	42.627	11.586
Education	11.321	2.325	7	18	11.506	2.403
Income	0.352	0.177	0.001 5	3.067 1	0.445	0.217
Kids	0.403	0.490	0	1	0.388	0.487
Health Sat.	6.786	2.294	0	10	6.643	2.215
Married	0.759	0.428	0	1	0.710	0.454

表 17.3　　二值选择模型的估计

	横截面估计，1994 年					
	Probit 模型			线性概率模型		
变量	系数	标准误	稳健标准误	系数	标准误	稳健标准误
常数	1.693 84	0.181 99	0.180 63	1.050 62	0.059 86	0.058 40
Age	0.004 48	0.002 40	0.002 38	0.001 47	0.000 80	0.000 79
Education	−0.012 05	0.010 02	0.010 02	−0.004 48	0.003 43	0.003 51
Income	−0.091 49	0.111 87	0.114 73	−0.026 71	0.038 42	0.040 16
Kids	−0.245 57	0.055 14	0.055 41	−0.083 98	0.018 74	0.019 07
Health Sat.	−0.185 03	0.012 01	0.011 87	−0.058 00	0.003 63	0.003 19
Married	0.105 71	0.061 34	0.061 31	0.036 66	0.020 55	0.020 40
	全面板数据混合估计					
变量	系数	标准误	聚类标准误	系数	标准误	聚类标准误
常数	1.469 73	0.065 38	0.086 87	0.994 72	0.022 46	0.029 88
Age	0.006 17	0.000 82	0.001 07	0.002 13	0.000 29	0.000 37
Education	−0.015 27	0.003 60	0.004 99	−0.005 87	0.001 27	0.001 80
Income	−0.028 38	0.047 46	0.057 27	−0.002 85	0.016 67	0.020 31
Kids	−0.129 93	0.018 68	0.023 54	−0.045 08	0.006 56	0.008 37
Health Sat.	−0.174 66	0.003 96	0.004 90	−0.057 57	0.001 26	0.001 41
Married	0.065 91	0.021 03	0.027 62	0.023 63	0.007 30	0.009 58

□ 17.3.2 假设检验

用于系数假设检验的整个过程都很容易获得。对于单个约束，最简单的方法是基于常规 t 检验（利用 MLE 渐近协方差矩阵的标准误）。在估计量服从渐近正态分布的条件下，我们将使用标准正态表而非 t 分布表来确定临界值（见前几个例子）。对于更复杂的约束，可能要使用沃尔德检验。对一组约束 $\mathbf{R}\boldsymbol{\beta}=\mathbf{q}$，统计量为

$$W=(\mathbf{R}\hat{\boldsymbol{\beta}}-\mathbf{q})'\{\mathbf{R}(\text{Est. Asy. Var}[\hat{\boldsymbol{\beta}}])\mathbf{R}'\}^{-1}(\mathbf{R}\hat{\boldsymbol{\beta}}-\mathbf{q})$$

例如，要检验一个系数子集（比方说最后 M 个系数）为零，沃尔德统计量就必须使用 $\mathbf{R}=[\mathbf{0}\,|\,\mathbf{I}_M]$ 和 $\mathbf{q}=\mathbf{0}$。经整理，我们发现此假设的检验统计量为

$$W=\hat{\boldsymbol{\beta}}_M'\mathbf{V}_M^{-1}\hat{\boldsymbol{\beta}}_M \tag{17-25}$$

式中，下标 M 对应于 M 个变量的子向量或子矩阵；$\mathbf{V}$ 为 $\hat{\boldsymbol{\beta}}$ 的估计渐近协方差矩阵。

我们还可以计算似然比和拉格朗日乘数统计量。似然比统计量为

$$\text{LR}=-2[\ln\hat{L}_R-\ln\hat{L}_U]$$

式中，$\hat{L}_R$ 和 $\hat{L}_U$ 分别为对数似然函数在有约束和无约束估计值处的取值。

与回归中所有斜率都为零的 F 检验类似，probit 模型或 logit 模型中所有斜率都为零的一个常见检验就是似然比检验（likelihood ratio test）。对于这个检验，常数项仍是无约束的。此时，probit 模型和 logit 模型都具有相同的约束对数似然函数

$$\ln L_0=n[P\ln P+(1-P)\ln(1-P)] \tag{17-26}$$

式中，P 为因变量等于 1 的观测值所占的比例。模型 ML1 和模型 ML2 的这些检验在例 17.14 的表 17.9 中给出。

读者可能很想用似然比检验在 probit 模型和 logit 模型之间进行选择。但这里不涉及约束条件，所以这个检验不能使用。为了强调这一点，注意在构造过程中无法保证这个“检验”的卡方统计量不为负。

拉格朗日乘数检验（Lagrange multiplier test）统计量为 $\text{LM}=\mathbf{g}'\mathbf{V}\mathbf{g}$，其中，$\mathbf{g}$ 为无约束模型的一阶导数在约束参数向量处的取值；$\mathbf{V}$ 为极大似然估计量渐近协方差矩阵三个估计量中的任何一个（同样是在约束估计值处的计算结果）。Davidson and MacKinnon（1984）的证据显示，$E[\mathbf{H}]$ 是三个估计量中最好用的一个，于是有

$$\text{LM}=\left(\sum_{i=1}^{n}g_i\mathbf{x}_i\right)'\left[\sum_{i=1}^{n}E[-h_i]\mathbf{x}_i\mathbf{x}_i'\right]^{-1}\left(\sum_{i=1}^{n}g_i\mathbf{x}_i\right) \tag{17-27}$$

式中，logit 模型和 probit 模型的 $E[-h_i]$ 分别在式（17-21）和式（17-23）中定义。

对于 logit 模型，在假设所有斜率都为零时，有

$$\text{LM}=nR^2$$

式中，R^2 为 $(y_i-\bar{y})$ 对 x_i 进行回归时非中心化的判定系数；$\bar{y}$ 为样本中 1 出现的比例。另一种方便表述基于 BHHH 估计量，我们在 14.4.6 小节中曾讨论过。对任何一个模型（probit、 logit、冈贝尔等)，一阶导数向量都可写成

$$\frac{\partial \ln L}{\partial \boldsymbol{\beta}}=\sum_{i=1}^{n} g_i \mathbf{x}_i=\mathbf{X}'\mathbf{G}\mathbf{i}$$

式中，$\mathbf{G}(n\times n)=\text{diag}[g_1, g_2, \cdots, g_n]$；$\mathbf{i}$ 是一个 $n\times 1$ 且所有元素都为 1 的列向量。由于海塞矩阵的 BHHH 估计量是（$\mathbf{X}'\mathbf{G}'\mathbf{G}\mathbf{X}$），所以基于这个估计量的 LM 统计量为

$$\text{LM}=n\left[\frac{1}{n}\mathbf{i}'(\mathbf{G}\mathbf{X})(\mathbf{X}'\mathbf{G}'\mathbf{G}\mathbf{X})^{-1}(\mathbf{X}'\mathbf{G}')\mathbf{i}\right]=nR_{\mathbf{i}}^2 \tag{17-28}$$

式中，$R_{\mathbf{i}}^2$ 为一列 1 对各个概率对数的一阶导数回归时非中心化的判定系数。

这里所列出的所有统计量都是渐近等价的，且在约束模型的原假设下都服从自由度等于待检验约束个数的极限卡方分布。我们将在下一节列举一些例子。

❖例 17.7　Logit 模型中的结构突变检验

在例 17.6 中，基于 Riphahn，Wambach，and Million（2003）的 probit 模型是

$$\begin{aligned}\text{Prob}(DocVis_{it}>0)=\Phi(&\beta_1+\beta_2 Age_{it}+\beta_3 Education_{it}+\beta_4 Income_{it}\\&+\beta_5 Kids_{it}+\beta_6 HealthSat_{it}+\beta_7 Married_{it})\end{aligned}$$

在原研究中，作者将样本按照性别分开，并将男性占主导地位和女性占主导地位的家庭分别使用模型拟合。我们将使用上述结果去检验样本分割是否合适。这一混合假设的检验是在 6.6.2 小节提及的线性模型中针对结构突变的**邹氏检验**（Chow test）的效仿。因为我们不使用最小二乘法（在线性模型中使用)，所以我们使用基于似然法的程序而非之前做的 F 检验。三个模型的估计在表 17.4 中给出（基于 1994 年数据集）。似然比检验的卡方检验统计量是

$$\text{LR}=-2\times[-1\,990.534-(-1\,117.587-840.246)]=65.402$$

7 个自由度下 95%置信水平的临界值为 14.067。为了对此假设进行沃尔德检验，这里有两种数值上

表 17.4　检验混合假设的估计模型

	混合样本		男性		女性	
变量	估计	标准误	估计	标准误	估计	标准误
常数	1.693 84	0.181 99	1.518 50	0.233 88	1.805 70	0.303 41
Age	0.004 48	0.002 40	0.005 09	0.003 31	0.000 31	0.003 74
Education	0.012 05	0.010 02	−0.013 51	0.013 09	0.008 42	0.016 45
Income	0.091 49	0.111 87	0.093 50	0.156 27	−0.303 74	0.164 47
Kids	0.245 57	0.055 14	−0.280 68	0.076 76	−0.265 67	0.083 57
Health Sat.	0.185 03	0.012 01	−0.195 14	0.016 35	−0.162 89	0.017 97
Married	0.105 71	0.061 34	0.130 27	0.088 62	0.082 12	0.088 62
ln *L*	−1 990.534		−1 117.587		−840.246	
样本大小	3 377		1 812		1 565	

相同的方法可采用。一种方法是，对男性和女性样本分别得到估计量，我们可以计算出一个卡方统计量以检验两个系数之差为 0 的假设。这将会是

$$W=[\hat{\boldsymbol{\beta}}_{Male}-\hat{\boldsymbol{\beta}}_{Female}]'[\text{Est. Asy. Var}(\hat{\boldsymbol{\beta}}_{Male})+\text{Est. Asy. Var}(\hat{\boldsymbol{\beta}}_{Female})]^{-1}[\hat{\boldsymbol{\beta}}_{Male}-\hat{\boldsymbol{\beta}}_{Female}]=64.694\ 2$$

另一种方法能得到相同的结果：向混合模型中添加 7 个原有变量乘上女性虚拟变量的结果。我们使用增广的 $\mathbf{X}$ 矩阵 $\mathbf{X}^*=[\mathbf{X}, female\times\mathbf{X}]$。这个有着 14 个变量的模型可以被估计，然后通过检验 7 个新加入变量的系数为 0 这一联合假设去检验混合假设。通过这个增广模型也可以进行拉格朗日乘数检验。为了应用式（17－28），衍生式出现在式（17－18）中。对于 probit 模型来说，衍生矩阵可以从式（17－20）中简单得到 $\mathbf{G}^*=\text{diag}[\lambda_i]$。对于 LM 检验，所使用的向量 $\boldsymbol{\beta}$ 是约束模型中所用的。因此 $\hat{\boldsymbol{\beta}}^*=(\hat{\boldsymbol{\beta}}'_{Pooled},0,0,0,0,0,0,0)'$。$\mathbf{G}^*$ 中的估计值可以从混合模型中得到。于是

$$\text{LM}=\mathbf{i}'\mathbf{G}^*\mathbf{X}^*[(\mathbf{X}^{*\prime}\mathbf{G}^{*\prime})(\mathbf{G}^*\mathbf{X}^*)]^{-1}\mathbf{X}^{*\prime}\mathbf{G}^{*\prime}\mathbf{i}=65.968\ 6$$

所有三种程序都拒绝混合假设。

□ 17.3.3 偏效应推断

概率的预测值 $F(\mathbf{x}'\hat{\boldsymbol{\beta}})=\hat{F}$ 和估计出的偏效应 $f(\mathbf{x}'\hat{\boldsymbol{\beta}})\times\hat{\boldsymbol{\beta}}=\hat{f}\hat{\boldsymbol{\beta}}$ 是参数估计值的非线性函数。我们有三种方法可用于计算渐近标准误：δ 法，克里斯基和罗布的方法以及自助法。所有三种方法都可以在既往的文献中找到应用。对于不同方法的讨论和一些相关的议题详见 Dowd，Greene，and Norton（2014）。

17.3.3.a δ 法

为了计算标准误，我们可以使用 4.6 节中讨论过的线性近似法。对于所预测的概率，有

$$\text{Est. Asy. Var}[\hat{F}]=[\partial\hat{F}/\partial\hat{\boldsymbol{\beta}}]'\mathbf{V}[\partial\hat{F}/\partial\hat{\boldsymbol{\beta}}]$$

式中

$$\mathbf{V}=\text{Est. Asy. Var}[\hat{\boldsymbol{\beta}}]$$

$\hat{\boldsymbol{\beta}}$ 的估计渐近协方差矩阵可以是我们前面描述的三者中的任一个。令 $z=\mathbf{x}'\hat{\boldsymbol{\beta}}$，则导数向量为

$$[\partial\hat{F}/\partial\hat{\boldsymbol{\beta}}]=[d\hat{F}/dz][\partial z/\partial\hat{\boldsymbol{\beta}}]=\hat{f}\mathbf{x}$$

经合并整理，有

$$\text{Est. Asy. Var}[\hat{F}]=\hat{f}^2\mathbf{x}'\mathbf{V}\mathbf{x}$$

当然，它取决于所用的具体 $\mathbf{x}$ 向量。这个结论在计算一个虚拟变量的偏效应时非常有用。此时，估计的效应为

$$\Delta\hat{F}=[\hat{F}\mid(d=1)]-[\hat{F}\mid(d=0)]$$

渐近方差的估计量为

$$\text{Est. Asy. Var}[\Delta\hat{F}]=[\partial\Delta\hat{F}/\partial\hat{\boldsymbol{\beta}}]'\mathbf{V}[\partial\Delta\hat{F}/\partial\hat{\boldsymbol{\beta}}] \tag{17-29}$$

式中

$$[\partial\Delta\hat{F}/\partial\hat{\boldsymbol{\beta}}]=\hat{f}_1\begin{pmatrix}\bar{\mathbf{x}}_{(d)}\\1\end{pmatrix}-\hat{f}_0\times\begin{pmatrix}\bar{\mathbf{x}}_{(d)}\\0\end{pmatrix}$$

对其他的偏效应，令 $\hat{\boldsymbol{\gamma}}(\mathbf{x})=\hat{f}(\mathbf{x}'\hat{\boldsymbol{\beta}})\hat{\boldsymbol{\beta}}$。于是有

$$\text{Est. Asy. Var}[\hat{\boldsymbol{\gamma}}(\mathbf{x})]=\left[\frac{\partial\hat{\boldsymbol{\gamma}}(\mathbf{x})}{\partial\hat{\boldsymbol{\beta}}'}\right]\mathbf{V}\left[\frac{\partial\hat{\boldsymbol{\gamma}}(\mathbf{x})}{\partial\hat{\boldsymbol{\beta}}'}\right]'$$

导数矩阵为

$$\hat{f}(\mathbf{x}'\hat{\boldsymbol{\beta}})\left(\frac{\partial\hat{\boldsymbol{\beta}}}{\partial\hat{\boldsymbol{\beta}}'}\right)+\hat{\boldsymbol{\beta}}\left(\frac{d\hat{f}(\mathbf{x})}{dz}\right)\left(\frac{\partial z}{\partial\hat{\boldsymbol{\beta}}'}\right)=\hat{f}(\mathbf{x})\mathbf{I}+\left(\frac{d\hat{f}(\mathbf{x})}{dz}\right)\hat{\boldsymbol{\beta}}\mathbf{x}'$$

对于 probit 模型，$df(z)/dz=-z\phi(z)$，则有

$$\text{Est. Asy. Var}[\hat{\boldsymbol{\gamma}}(\mathbf{x})]=\{\phi(\mathbf{x}'\hat{\boldsymbol{\beta}})\}^2\times[\mathbf{I}-(\mathbf{x}'\hat{\boldsymbol{\beta}})\hat{\boldsymbol{\beta}}\mathbf{x}']\mathbf{V}[\mathbf{I}-(\mathbf{x}'\hat{\boldsymbol{\beta}})\mathbf{x}\hat{\boldsymbol{\beta}}']$$

对于 logit 模型，$\hat{f}(\mathbf{x}'\hat{\beta})=\hat{\Lambda}(\mathbf{x})[1-\hat{\Lambda}(\mathbf{x})]$，则有

$$\frac{d\hat{f}(\mathbf{x}'\hat{\boldsymbol{\beta}})}{dz}=[1-2\hat{\Lambda}(\mathbf{x})]\left(\frac{d\hat{\Lambda}(\mathbf{x})}{dz}\right)=[1-2\hat{\Lambda}(\mathbf{x})]\hat{\Lambda}(\mathbf{x})[1-\hat{\Lambda}(\mathbf{x})]$$

经合并整理，于是有

$$\text{Est. Asy. Var}[\hat{\boldsymbol{\gamma}}(\mathbf{x})]=\{\hat{\Lambda}(\mathbf{x})[1-\hat{\Lambda}(\mathbf{x})]\}^2[\mathbf{I}+[1-2\hat{\Lambda}(\mathbf{x})]\hat{\boldsymbol{\beta}}\mathbf{x}']\hat{\mathbf{V}}[\mathbf{I}+[1-2\Lambda(\mathbf{x})]\mathbf{x}\hat{\boldsymbol{\beta}}']$$

与前面一样，推导的结果取决于所使用的 $\mathbf{x}$ 向量。常用的应用是将 $\mathbf{x}$ 设置为 $\bar{\mathbf{x}}$——数据的均值。

平均偏效应可以用下式计算：

$$\bar{\hat{\boldsymbol{\gamma}}}=\frac{1}{n}\sum_{i=1}^{n}\frac{\partial F(\mathbf{x}_i'\hat{\boldsymbol{\beta}})}{\partial\mathbf{x}_i}=\left[\frac{1}{n}\sum_{i=1}^{n}f(\mathbf{x}_i'\hat{\boldsymbol{\beta}})\right]\hat{\boldsymbol{\beta}}$$

前述估计量看似是随机样本的均值。如果基于实际的 $\boldsymbol{\beta}$，确实如此。但是基于同样的 $\hat{\boldsymbol{\beta}}$ 的 n 项是相关的。δ 法必须考虑在 $\hat{\boldsymbol{\beta}}$ 的方程中对各项的渐近（协）变差求和。为使用 δ 法估计平均偏效应的渐近标准误，$\widehat{APE}_k$，我们将使用

$$\begin{aligned}\text{Est. Asy. Var}[\bar{\hat{\boldsymbol{\gamma}}}]&=\frac{1}{n^2}\text{Est. Asy. Var}\left[\sum_{i=1}^{n}\hat{\boldsymbol{\gamma}}_i\right]\\&=\frac{1}{n^2}\sum_{i=1}^{n}\sum_{j=1}^{n}\text{Est. Asy. Cov}[\hat{\boldsymbol{\gamma}}_i,\hat{\boldsymbol{\gamma}}_j]\\&=\frac{1}{n^2}\sum_{i=1}^{n}\sum_{j=1}^{n}\mathbf{G}_i(\hat{\boldsymbol{\beta}})\hat{\mathbf{V}}\mathbf{G}_j'(\hat{\boldsymbol{\beta}})\\&=\left[\frac{1}{n}\sum_{i=1}^{n}\mathbf{G}_i(\hat{\boldsymbol{\beta}})\right]\hat{\mathbf{V}}\left[\frac{1}{n}\sum_{j=1}^{n}\mathbf{G}_j'(\hat{\boldsymbol{\beta}})\right]\end{aligned}$$

其中

$$\mathbf{G}_i(\hat{\boldsymbol{\beta}})=\frac{\partial f(\mathbf{x}_i'\hat{\boldsymbol{\beta}})\hat{\boldsymbol{\beta}}}{\partial\hat{\boldsymbol{\beta}}'}=f(\mathbf{x}_i'\hat{\boldsymbol{\beta}})\mathbf{I}+f'(\mathbf{x}_i'\hat{\boldsymbol{\beta}})\hat{\boldsymbol{\beta}}\mathbf{x}_i'$$

平均偏效应的渐近协方差矩阵的估计量很简单：

$$\text{Est. Asy. Var}[\bar{\hat{\boldsymbol{\gamma}}}]=\overline{\mathbf{G}(\hat{\boldsymbol{\beta}})}\ \hat{\mathbf{V}}\overline{\mathbf{G}'(\hat{\boldsymbol{\beta}})}$$

合适的协方差矩阵是与偏效应一样使用了相同的调整——衍生矩阵是在全观测点上取均值而非直接使用均值计算出来的。

17.3.3.b 调整 δ 法

δ 法将数据视为在重复样本中的固定值。如果平均偏效应被视为待估参数——也就是说，总体的一个特点是，(y_i，$\mathbf{x}_i$) 是随机抽取的——则渐近方差将会同样考虑 $\mathbf{x}_i$ 中的变化。[①] 在实际应用中，这一变化有两种来源：第一是对 $\boldsymbol{\beta}$ 估计量的取样导致的变化，第二是 $\mathbf{x}$ 本身变化导致的取样变化。[②] 平均偏效应的合适的渐近方差将是两者的加总。[③]

假设这里 $\boldsymbol{\beta}$ 已知。所以，平均偏效应是

$$\bar{\boldsymbol{\gamma}}=\frac{1}{n}\sum_{i=1}^{n}\frac{\partial F(\mathbf{x}_i'\boldsymbol{\beta})}{\partial \mathbf{x}_i}=\left[\frac{1}{n}\sum_{i=1}^{n}f(\mathbf{x}_i'\boldsymbol{\beta})\right]\boldsymbol{\beta}=\frac{1}{n}\sum_{i=1}^{n}\boldsymbol{\gamma}_i$$

基于观测样本的偏效应，对估计的 K 个偏效应的每个方差的自然估计将是：

$$\hat{\sigma}_{\gamma,k}^2=\frac{1}{n}\left[\frac{1}{n-1}\sum_{i=1}^{n}(\gamma_k(\mathbf{x}_i)-\bar{\gamma}_k)\right]^2=\frac{1}{n}\left[\frac{1}{n-1}\sum_{i=1}^{n}(PE_{i,k}-APE_k)\right]^2 \text{④}$$

偏效应的估计量的渐近方差反映出参数估计量 $\hat{\boldsymbol{\beta}}$ 的变化，而前述估计量在参数固定于 $\hat{\boldsymbol{\beta}}$ 时因样本数据异方差而产生变化。例如，对于一个 logit 模型，$\hat{\gamma}_k(\mathbf{x}_i)=\hat{\beta}_k\Lambda(\mathbf{x}_i'\hat{\boldsymbol{\beta}})[1-\Lambda(\mathbf{x}_i'\hat{\boldsymbol{\beta}})]=\hat{\boldsymbol{\beta}}_k\hat{\delta}_i$，所以 $\hat{\delta}_i$ 对于所有 k 而言都是一样的。它遵循下式：

$$\hat{\sigma}_{\gamma,k}=\hat{\beta}_k^2\left[\frac{1}{n}\frac{1}{n-1}\sum_{i=1}^{n}(\hat{\delta}_i-\bar{\hat{\delta}})^2\right]=\hat{\beta}_k^2 s_{\hat{\delta}}^2$$

相反，δ 法将使用下式第 k 个对角线元素

$$\begin{aligned}&\text{Est. Asy. Var}[\hat{\boldsymbol{\gamma}}(\mathbf{x})]\\&=\{\hat{\Lambda}(\mathbf{x})[1-\hat{\Lambda}(\mathbf{x})]\}^2[\mathbf{I}+[1-2\hat{\Lambda}(\mathbf{x})]\hat{\boldsymbol{\beta}}\mathbf{x}']\hat{\mathbf{V}}[\mathbf{I}+[1-2\Lambda(\mathbf{x})]\mathbf{x}\hat{\boldsymbol{\beta}}']\end{aligned}$$

为同时考虑数据的变化，方差估计量将是两项的加总。

这一调整带来的影响在于数据依赖。在我们的经验中，这经常是不重要的。(这在下例中是不重要的。) 我们不关心平均偏效应有时是用特定的 $\mathbf{x}$ 的构造，或特定的值，还是用观测值的特定子集计算出来的。在这些情景下，合适的调整是不明朗的。

17.3.3.c 克里斯基-罗布的方法

克里斯基-罗布的方法在 15.3 节中有讨论。出于现在的目的，我们将用如下方式使用该方

---

① 例如，见式 (17-13)。

② 变化的两个来源是扰动项（随机效用模型的随机部分）和可观测的 $\mathbf{x}_i$ 样本的变化。这对线性概率模型标准误的意义、稳健性和其他都提出了问题。

③ 见 Wooldridge (2010，p.467；2011，pp.184-816) 对这个结果的正式推导。

④ 例如，见 Contoyannis et al. (2004，p.498)，他报告了计算“偏效应的样本标准差”。

法。模型参数的极大似然估计是 $\hat{\boldsymbol{\beta}}$ 和 $\mathbf{V}$。我们将会从多元正态的总体中获得 R 次抽样的一个随机样本及其均值和方差。这可以通过计算乔利斯基分解式 $\mathbf{V}=\mathbf{CC}'$得到，此处 $\mathbf{C}$ 是一个下三角矩阵。完成这一步骤，我们得到 R 个标准多元正态向量 $\mathbf{w}_r$，然后有 $\hat{\boldsymbol{\beta}}(r)=\hat{\boldsymbol{\beta}}+\mathbf{C}\mathbf{w}_r$。对于每个 $\hat{\boldsymbol{\beta}}(r)$，我们计算其偏效应，可以是 APE、PEA，或者 $\hat{\boldsymbol{\gamma}}(r)$。渐近方差的估计量是 R 个观测值样本的经验方差：

$$\text{Est. Asy. Var}[\hat{\boldsymbol{\gamma}}]=\frac{1}{R}\sum_{r=1}^{R}(\hat{\boldsymbol{\gamma}}(r)-\bar{\hat{\boldsymbol{\gamma}}})^2$$

克里斯基-罗布的方法将会容纳 $\hat{\boldsymbol{\beta}}$ 的样本变化，但不会考虑在前述的 δ 法调整中 $\mathbf{x}_i$ 的样本变化。

17.3.3.d　自助法

自助法在 15.4 节有讨论。像克里斯基-罗布的方法一样很重要的是，$\hat{\boldsymbol{\beta}}(r)$ 的取样是通过重复地在样本取 n 个观测值和对每一个样本重新估计模型得到的。原则上讲，自助法将会自动考虑在 17.3.3.b 小节中讨论的额外的变化。

例 17.8　偏效应的标准误

表 17.5 展示了一个简单 probit 模型的估计结果：

$$\text{Prob}(DocVis_{it}>0)=\Phi(\beta_1+\beta_2 Age_{it}+\beta_3 Education_{it}+\beta_4 Income_{it}$$
$$+\beta_5 Kids_{it}+\beta_6 Health\ Sat_{it}+\beta_7 Married_{it})$$

我们报告了平均偏效应（APE，average partial effects）和均值处的偏效应（PEA，partial effects at the means），这些结果建立了例 17.7 中面板数据在 1994 年一期的结果。样本量为 3 377。正如之前我们所讨论的那样，APE 和 PAE 有些微区别，但不足以使两者得出截然不同的结果。在计算 APE 的标准误时，我们采用了 17.3.3.b 小节处无调整的 δ 法。当我们对其做出调整时，结果几乎相同。唯一的区别是健康满意度系数的标准误从 0.003 61 变为 0.003 62。

表 17.5　偏效应的估计量的比较

	Probit 模型		平均偏效应		均值处的偏效应	
变量	系数	标准误	平均偏效应	标准误	均值处的偏效应	标准误
常数	1.693 84	0.181 99				
Age	0.004 48	0.002 40	0.001 50	0.000 80	0.001 61	0.000 86
Education	−0.012 05	0.010 02	−0.004 04	0.003 36	−0.004 33	0.003 60
Income	−0.091 49	0.111 87	−0.030 67	0.037 49	−0.032 90	0.040 22
Kids	−0.245 57	0.055 14	−0.083 58	0.018 90	−0.088 30	0.019 82
Health Sat.	−0.185 03	0.012 01	−0.062 02	0.003 62	−0.066 53	0.004 26
Married	0.105 71	0.061 34	0.020 86	0.020 86	0.048 01	0.022 06

表 17.6 比较了计算 APE 标准误的三种方法。作为一个典型的应用实例，小样本数据集条件下的结果与三种方法都可行的理论观点一致。对方法的选择应该基于应用的便利性。

表 17.6　不同方法计算平均偏效应的标准误的比较

变量	平均偏效应	δ 法标准误	克里斯基-罗布的方法标准误*	自助法标准误*
Age	0.001 50	0.000 80	0.000 81	0.000 80
Education	−0.004 04	0.003 36	0.003 36	0.003 72
Income	−0.030 67	0.037 49	0.036 80	0.040 65
Kids	−0.083 58	0.018 90	0.018 39	0.020 32
Health Sat.	−0.062 02	0.003 61	0.003 84	0.003 72
Married	0.020 86	0.020 86	0.019 71	0.022 48

* 重复 100 次。

例 17.9　偏效应的假设检验

表 17.7 展示了 probit 模型的极大似然估计结果：

$$\text{Prob}(DocVis_{it}>0)=\Phi(\beta_1+\beta_2 Age_{it}+\beta_3 Education_{it}+\beta_4 Income_{it}+\beta_5 Kids_{it}+\beta_6 Health_{it}+\beta_7 Married_{it})$$

（标为“交互模型”的列是例 17.14 中模型的估计值。）

表 17.7　二值选择模型的估计，横截面估计，1994 年

	Probit 模型				平均偏效应		
变量	系数	标准误	t 值	（交互模型）	估计	标准误	t 值
常数	1.693 84	0.181 99	9.31	1.985 42	—	—	—
Age	0.004 48	0.002 40	1.86	−0.001 77	0.001 50	0.000 80	−1.86
Education	−0.012 05	0.010 02	−1.20	−0.034 66	−0.004 04	0.003 36	−1.20
Income	−0.091 49	0.111 87	−0.82	−0.099 03	−0.030 67	0.037 49	−0.82
Kids	−0.245 57	0.055 14	−4.45	−0.249 76	−0.083 58	0.018 90	−4.42
Health Sat.	−0.185 03	0.012 01	−15.40	−0.185 27	−0.062 02	0.003 62	−17.15
Married	0.105 71	0.061 34	1.72	−0.105 98	0.035 71	0.020 86	1.71
Age×*Educ*				0.000 55			

t 值是用于检验偏效应或系数是否为 0。系数的 t 统计量和偏效应之间具有相似性是很典型的，但两者的含义不同。考虑变量 *Kids* 的系数为 0 的假设。t 值为 −4.45 使我们可以拒绝原假设。相同情况

下我们也会拒绝 APE 的原假设。问题在于，如果两者的结论相矛盾，哪个更适合作为结论？比如，如果对于 *Kids*，APE 的 t 值是 0.45，那么两个检验将会相互矛盾。

$$\text{APE}(Kids)=\beta_{kids}\times E[density\mid \mathbf{x}]$$

这个矛盾非常基础。我们已经拒绝了 β_{kids} 为 0 的假设，则只有在第二项为 0 时 APE 为 0。但第二项必然是正的——密度必然为正。更糟糕的是，如果期望密度为 0，则其他所有的 APE 都应该为 0。摆脱这一困境的一个自然的方法是基于变量间相关性的结构模型构建检验，而不是基于 APE。我们应基于模型结构来确定偏效应，而非相反。这就留下了一个问题：偏效应的标准误能否起一些作用？也许不是用于假设检验，而是用于探究下一个案例中的置信区间。

∵例 17.10　偏效应的置信区间

继续我们在 17.3.3 小节中的探究，我们可以用最常用的方法来估计 APE 的置信区间。比如说，基于表 17.7 的结果，我们得到 *Kids* 的 APE 应该处于 $-0.083\ 58\pm1.96\times0.018\ 9=[-0.120\ 62,-0.046\ 5]$。正如我们在例 17.3 中所标注的那样，APE 的简单估计量也许并没有包含其他变量改变时偏效应的有趣变化。图 17.4 重新估计了在经济学课程的表现的案例中，随着 GPA 的改变，PSI 的 APE 也随之改变的结果。我们已经在图 17.3 中加入了 PSI 的 APE 的一组值，当 GPA 从 2 变到 4 时，我们得到了一个置信区间。

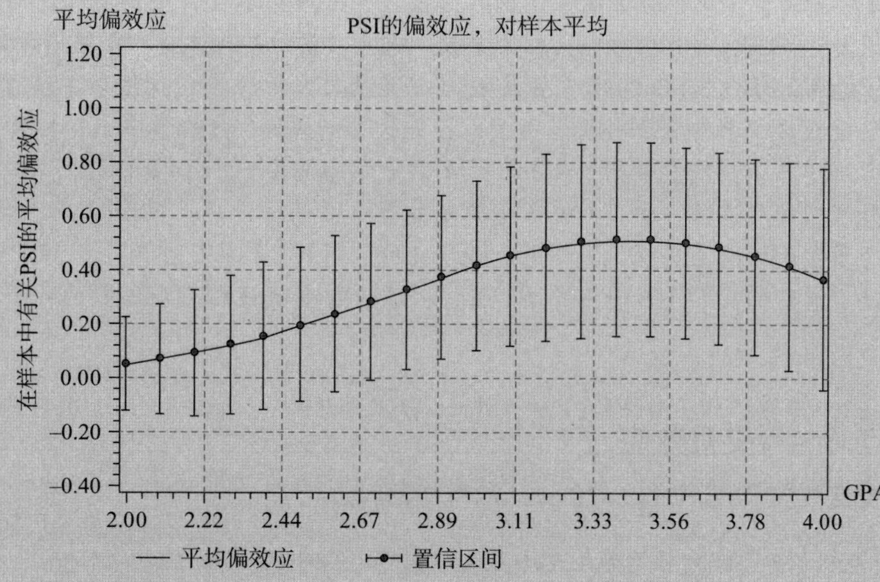

图 17.4　平均偏效应的置信区间

∵例 17.11　关于优势比的推断

表 17.8 的结果为例 17.3 中关于分数（*GRADE*）的一个 logit 模型。（系数估计在表 17.1 中给出。）

我们对这个模型的优势比很感兴趣，正如我们在 17.2.5 小节中所了解的，优势比可以作为每个估计值的 $\exp(\hat{\beta}_k)$。Williams（2015）报告了用 Stata 11 版算出的该模型的结果。（有些细节已经遗漏。）

表 17.8 估计的 logit 模型

变量	系数	标准误	t 值	P 值	95%置信区间下限	95%置信区间上限
常数	−13.021 3	4.931 32	−2.64	0.008 3	−22.686 6	−3.356 1
GPA	2.826 11	1.262 94	2.24	0.025 2	0.350 79	5.301 4
TUCE	0.095 16	0.141 55	0.67	0.501 4	−0.182 28	0.372 60
PSI	2.378 69	1.064 56	2.23	0.025 5	0.292 18	4.465 20
	优势比	标准误	z	$P>\mid z\mid$	95%置信区间下限	95%置信区间上限
gpa |	16.879 72	21.318 09	2.24	0.035	1.420 194	200.623 9
tuce |	1.098 832	0.155 685 9	0.67	0.501	0.833 365 1	1.451 502
psi |	10.790 73	11.487 43	2.23	0.025	1.339 344	86.938 02

来自一些广泛应用的软件包的结果提供了内容，便于我们考虑报告什么，以及如何对报告进行解释。优势比的估计值在第二列给出。为了获得标准误的信息，我们将采用 δ 法。每个系数的雅可比是 $d[\exp(\hat{\beta}_k)]/d\hat{\beta}_k=\exp(\hat{\beta}_k)$，因此标准误应该是优势比乘以原标准误，即 $21.318\ 09=16.879\ 72\times 1.262\ 94$。但是 z 值不是优势比与标准误估计值的比值，它是原系数估计值的 z 值。另外，检验优势比是否为 0 的假设是毫无意义的，因为它必然为正数。有意义的检验应该是和 1 做比较，但 2.24 也不等于$(16.879\ 72-1)/21.318\ 98$。2.24 和它旁边的 P 值是直接从原系数估计结果中获得的。这是符合逻辑的——我们已经获得了 β 的 95%的置信区间，因此这些结果确实提供了一个在指数条件下 95%的置信区间。在 4.8.3 小节中，我们考虑了从 $\ln y$ 得到的 y 的最短的 95%的置信区间，这也是我们在此处所做的，在此处我们发现这种方法获得的不是最短的置信区间。最后，正如我们之前所提及的，对于将变量改变一个单位的概念性实验，优势比是有意义的。对 *GPA* 从 2 变到 4 和对 *PSI* 这种虚拟变量，这些看起来还是合适的。*TUCE* 是一个在 30 左右浮动的测试分数，*TUCE* 的一个单位的改变就没那么有趣了。

□ 17.3.4 交互效应

带有**交互效应**（interaction effects）的模型，例如：

$$\text{Prob}(DocVis_{it}>0)=\Lambda(\beta_1+\beta_2 Age_{it}+\beta_3 Education_{it}+\beta_4 Income_{it}+\beta_5 Kids_{it}+\beta_6 Health_{it}+\beta_7 Married_{it}+\beta_8 Age_{it}\times Education_{it})$$

已经在近来的二值选择模型的应用中获得了诸多关注。[①]一类实际议题关注电脑软件包中偏效应的计算。将模型写成：

$$\text{Prob}(DocVis_{it}>0)=\Lambda(\beta_1 x_{1it}+\beta_2 x_{2it}+\beta_3 x_{3it}+\beta_4 x_{4it}+\beta_5 x_{5it}+\beta_6 x_{6it}+\beta_7 x_{7it}+\beta_8 x_{8it})$$

模型参数的估计是常规的。应用式（17－11）对偏效应的刻板的计算方法将是：

① 比如，见 Ai and Norton（2004）和 Greene（2010）。

$$PE_8 = \partial \text{Prob}(DocVis > 0)/\partial x_8 = \beta_8 \Lambda(\mathbf{x}'\boldsymbol{\beta})[1 - \Lambda(\mathbf{x}'\boldsymbol{\beta})]$$

电脑常常忠实地报出上述结果。问题在于 $x_8 = x_2 x_3$，且 PE_8 在前述等式中不是 x_8 的偏效应——x_8 的偏效应没有意义，因为 $x_8 = x_2 x_3$。更严重的是，x_2 和 x_3 的偏效应同样会被死板的计算结果所影响而误报。重回我们原始的模型设定，

$$\partial \text{Prob}(DocVis > 0 \mid \mathbf{x})/\partial Age = \Lambda(\mathbf{x}'\boldsymbol{\beta})[1 - \Lambda(\mathbf{x}'\boldsymbol{\beta})](\beta_2 + \beta_8 Education)$$
$$\partial \text{Prob}(DocVis > 0 \mid \mathbf{x})/\partial Education = \Lambda(\mathbf{x}'\boldsymbol{\beta})[1 - \Lambda(\mathbf{x}'\boldsymbol{\beta})](\beta_3 + \beta_8 Age)$$

而且$\partial \text{Prob}(DocVis > 0 \mid \mathbf{x})/\partial(Age \times Education)$是无意义的。驱使 Ai and Norton（2004）研究的实际问题是电脑软件包不知道 $x_8 = x_2 x_3$，所以它计算出 x_8 的偏效应，好像它随其他变量部分地变化。现在分析者所拥有的明显的解决方法是强行修正所使用的软件的相关偏效应的计算式，也许是通过自己编程。①

实际计算式提出了一个理论问题，之前鲜有人对其进行解答。什么是模型中的交互效应呢？在前面的一个线性模型中，有：

$$\partial^2 E[y \mid \mathbf{x}]/\partial x_2 \partial x_3 = \beta_8$$

这是不含混的。但是，在非线性的二值选择模型中，正确的结果是

$$\begin{aligned}\partial^2 E[y \mid \mathbf{x}]/\partial x_2 \partial x_3 = &\{\Lambda(\mathbf{x}'\boldsymbol{\beta})[1 - \Lambda(\mathbf{x}'\boldsymbol{\beta})]\}\beta_8 \\ &+ \{\Lambda(\mathbf{x}'\boldsymbol{\beta})[1 - \Lambda(\mathbf{x}'\boldsymbol{\beta})][1 - 2\Lambda(\mathbf{x}'\boldsymbol{\beta})]\}(\beta_2 + \beta_8 Education) \\ &\times (\beta_3 + \beta_8 Age)\end{aligned}$$

β_8 不仅不是我们所关注的效应，而且也是一个复杂的附加项。不严格地讲，我们可以将第一部分视作直接效应——注意到它是来自先前的原始项 PE_8。第二部分归因于我们正在区分非线性模型的事实——很重要的是，第二部分偏效应来自方程的非线性。模型中交互效应的存在是不可避免的——考虑到第二部分一般是非零的，即使 β_8 为 0。这是否代表某些经济学意义上的交互效应并不明确。乘积项缺失时，很可能不是。我们在图 17.1 中可以看到关于此的暗示。在 $\mathbf{x}'\boldsymbol{\beta} = 0$ 的点处，若概率等于 0.5，概率方程是线性的。在这个点，$(1 - 2\Lambda)$ 将等于 0，方程形式效应也会等于 0。当 $\mathbf{x}'\boldsymbol{\beta}$ 异于 0 时，概率会变成非线性的。[这些相同的效应可以在 probit 模型中体现出来——在 $\mathbf{x}'\boldsymbol{\beta} = 0$ 时，probit 模型的概率的二阶导是 $-\mathbf{x}'\boldsymbol{\beta}\phi(\mathbf{x}'\boldsymbol{\beta}) = 0$。]

在例 7.6 中，我们发展了非线性模型中交互效应的一个拓展应用。在这个应用中，使用同样的数据做数值测试，我们分析了一个非线性回归 $E[y \mid \mathbf{x}] = \exp(\mathbf{x}'\boldsymbol{\beta})$。从那个研究中得到的结果是普遍的，并用于此处的应用：非线性回归是 $E[y \mid \mathbf{x}] = \Lambda(\mathbf{x}'\boldsymbol{\beta})$或 $\Phi(\mathbf{x}'\boldsymbol{\beta})$。

❖例 17.12　交互效应

我们向例 17.9 的模型中增加了一项交互项，$Age \times Education$。模型现在是：

$$\begin{aligned}\text{Prob}(DocVis_{it} > 0) = \Phi(&\beta_1 + \beta_2 Age_{it} + \beta_3 Education_{it} + \beta_4 Income_{it} + \beta_5 Kids_{it} \\ &+ \beta_6 Health_{it} + \beta_7 Married_{it} + \beta_8 Age_{it} \times Education_{it})\end{aligned}$$

① 这一实际情况被广泛理解。现代电脑软件包有能力理解结构式的模型设定。在我们的例子中，使用者按照字面在软件中输入 x_1，x_2，x_3，x_4，x_5，x_6，x_7，$x_2 \times x_3$（而非计算 x_8），偏效应将据此计算。

模型参数的估计在表 17.6 中给出。Probit 模型的估计得出 β_8 的估计值是 0.000 55。在这个方法下不清楚这测度了什么。在正确设定和估计的模型中（带有明确的交互项），教育的偏效应的估计值是 $\phi(\mathbf{x}'\boldsymbol{\beta})(\beta_3+\beta_8 Age)=-0.003\,92$。通过拟合带有 x_8 而非 x_2x_3 的模型，我们获得第一项作为教育的（错误的）偏效应，$-0.011\,62$。这暗示了第二项 $\phi(\mathbf{x}'\boldsymbol{\beta})\ \beta_8 Age$，它是 $-0.00\,392+0.011\,62=0.007\,70$。正如前文指出的，直接的计算会得出一个值，该值与预期的结果不符。

17.4 二值选择模型拟合优度的度量

离散响应模型有许多拟合度量指标。① 一般的意图是设计一种与线性模型中 R^2 相似的度量指标。线性模型中 R^2 提供了两种有用的方法。首先，当用 $1-\mathbf{e}'\mathbf{e}/\mathbf{y}'\mathbf{M}^0\mathbf{y}$ 计算时，它度量了估计量是否最大化（或最小化）拟合准则 $\mathbf{e}'\mathbf{e}$。这是 R^2 作为 y 变量的变化被模型解释程度的度量。其次，当用 $\text{Corr}^2(y,\mathbf{x}'\mathbf{b})$ 计算时，它度量了预测值模拟真实值的程度。离散选择模型的拟合度量指标同样基于这两种思想。我们将讨论几种。

□ 17.4.1 基于拟合准则的拟合度量

大多数二值选择模型的应用使用极大似然估计量。对数似然函数本身就是拟合信息准则，所以作为考虑估计量表现的起始点，$\ln L_{\text{MLE}}=\sum_{i=1}^{n}[(1-y_i)\ln(1-\hat{P}_i)+y_i\ln\hat{P}_i]$ 用于计算参数的极大似然估计量。遵循使用 R^2 的第一个动机，假设模型的所有斜率都是 0 经常是很有趣的。只使用常数项计算的对数似然函数将是 $\ln L_0=n[P_0\ln P_0+P_1\ln P_1]$，此处 n 是样本规模，P_j 是 0 或 1 的样本比例。（注意：$\ln L_0$ 仅仅基于样本比例，所以它将是一样的，与模型无关。）McFadden（1974）的“伪 R^2”或“似然比指数”是：

$$R^2_{Pseudo}=LRI=1-\frac{\ln L_{\text{MLE}}}{\ln L_0}$$

这一度量方法有一个直观的吸引力，以 0 和 1 为界，当变量加入模型时它会提高。② 如果所有斜率系数（而非常数项）都为 0，则它也等于 0。不像 R^2，我们没有办法使得 R^2_{Pseudo} 达到 1。但遗憾的是，0 和 1 之间的值没有一个自然的解释。如果 $P(\mathbf{x}_i'\boldsymbol{\beta})$ 是一个合适的 cdf，那么除非 $\mathbf{x}_i'\boldsymbol{\beta}$ 趋于 $+\infty$ 或 $-\infty$，否则即便有很多回归元，模型也不能做到完美拟合。作为一个实践中的问题，它确实有可能发生，但它的发生代表着模型的缺陷，而不是一个好的拟合。如果一个自变量的取值范围包含了一个值，比如 x^*，使得 $(x-x^*)$ 的符号很好地预测了 y，且反之亦然，那么这个模型就能做到完美预测。如果 $\mathbf{x}'\boldsymbol{\beta}$ 的符号给出了某个向量 $\boldsymbol{\beta}$ 的完美预测，那么这个结论一般都成立。例如，有人可能错误地将一个等同于（或几乎等同于）因变量的虚拟变量用作回归

---

① 比如，见 Cragg and Uhler（1970），Amemiya（1981），Maddala（1983），McFadden（1974），Ben-Akiva and Lerman（1985），Kay and Little（1986），Veall and Zimmermann（1992），Zavoina and McKelvey（1975），Efron（1978）与 Cramer（1999）。相关技巧的分析见 Windmeijer（1995）。同样可见的是，Long and Freese（2006，Sec. 3.5）为离散因变量模型提供了一个有关拟合优度的总结。

② 二值选择模型的对数似然函数肯定是负的，因为它是概率的对数之和。有更少变量的模型是有更多变量的模型的约束版本，所以它肯定有更小的对数似然函数值。因此，当向模型加入变量时对数似然函数变大，LRI 肯定介于 0 和 1 之间。对于连续变量模型，对数似然函数可能是正的，所以这些结果不确定。

元，那么最大化程序便会仅因为 $\mathbf{x}'\boldsymbol{\beta}$ 在迭代过程中发散而崩溃。[①]

虽然过程如此，但是这个统计量一般经常在实证结果中报告，作为“拟合”的参考甚至是“已解释的变化的比例”。一个“自由度的修正”，$\overline{R}^2_{Pseudo}=1-\dfrac{\ln L_{\mathrm{MLE}}-K}{\ln L_0}$，进行了一些相似的特别“调整”，就像考克斯(Cox)和斯内尔(Snell)的 $R^2_{CS}=1-\exp(-(\ln \mathrm{L}_M-\ln L_0)/n)$。我们不认为这是相似意义下的度量方式，这不是 R^2 式的已解释的变化的度量。这些度量方式的另一个缺点是它们基于一个特定的估计准则。一些其他的二值选择模型的估计量在例 17.14 中给出。

伪 R^2 在比较两个模型时最为有用。如果模型是嵌套的，对数似然函数就是一个自然的选择。在下一小节中会详细展开。对于更普遍的情况，研究者常使用一种信息准则，典型的是赤池信息准则：

$$AIC=-2\ln L+2K \quad 或 \quad AIC/n$$

或者施瓦茨的贝叶斯信息准则：

$$BIC=-2\ln L+K\ \ln n \quad 或 \quad BIC/n$$

一般情况下，一个更小的信息准则值意味着这是更好的模型。无论如何，在比较非嵌套模型时，要注意对结果的解释。

□ 17.4.2 基于预测值的拟合度量

基于预测可能性而非对数似然比的拟合度量方式也被提出。例如，Efron（1978）提出了一个直接对应于 R^2 的

$$R^2_{Efron}=1-\frac{\sum_{i=1}^n(y_i-\hat{P}_i)^2}{\sum_{i=1}^n(y_i-\bar{y})^2}$$

这一度量方式的问题来自将（$y_i-\hat{P}_i$）视为定量的残差，然而 y_i 实际上只是结果的一个标签而已。Ben-Akiva and Lerman（1985）和 Kay and Little（1986）提出了一种拟合度量方法，这对于预测规则是关键：

$$R^2_{BL}=\frac{1}{n}\sum_{i=1}^n[y_i\hat{P}_i+(1-y_i)(1-\hat{P}_i)]$$

可以被写作两个结果均值预测概率的简单加权平均，$R^2_{BL}=P_0\hat{P}_0+P_1\hat{P}_1$。一个计算时的难处在于非平衡的样本，出现频率不够高的结果将会被标准化的过程预测得非常差，这一度量方法无法解决这一点。Cramér（1999）和 Tjur（2009）提出了一种替代方法，对犯罪行为的系数，直接考虑了这一问题，

$$\begin{aligned}\lambda &=(\text{average}\ \hat{P}\,|\,y_i=1)-(\text{average}\ \hat{P}\,|\,y_i=0)\\ &=(\text{average}(1-\hat{P})\,|\,y_i=0)-(\text{average}(1-\hat{P})\,|\,y_i=1)\end{aligned}$$

这一度量方式着重惩罚了不正确的预测值，因为每一个比例在子样本中都有取到，大比例的更高频率结果组不会对其造成过分影响。

---

① 见 McFadden（1984）的应用和讨论。

预测规则的 2×2 预测成败表总结了模型的预测能力，例如

$$\hat{y}=1，如果\ \hat{F}>F^*$$
$$\hat{y}=0，如果\ \hat{F}\leqslant F^* \qquad (17-30)$$

如果模型认为 1 比 0 更有可能，那么我们便应该预测它等于 1，基于此，通常的门槛为 0.5。但重要的是，不能过分强调拟合优度的度量。例如，我们考虑一个简单的预测

$$\hat{y}=1，如果\ P>0.5$$
$$\hat{y}=0，如果\ P\leqslant 0.5 \qquad (17-31)$$

式中，P 为样本中 1 所占的简单比例。这个规则总能正确预测 $100P\%$的观测值，这就意味着这个简单模型不是零拟合。实际上，如果样本中 1 所占的比例很高，则可能构造出一个使得这个模型比第一个预测更为准确的例子！同样，这个缺陷不在于模型；它是拟合优度指标存在的问题。[①] 必须时刻牢记的重要原则是，待估计模型系数的选择，不是像在线性回归模型中 **b** 最大化 R^2那样，试图最大化这个（或任何一个）拟合度量指标。

另一种考虑就是 0.5，尽管这是通常的选择，但用作门槛可能并不那么好。如果样本是**非平衡的**（unbalanced）（即 1 比 0 多或 0 比 1 多），那么这个预测规则可能就无法预测一个 1（或 0）的情况。举例而言，假设存在一个 10 000 次观测的样本，只有 1 000 个 $Y=1$。我们知道样本中的平均预测概率为 0.10。由此，为得到 $F=0.2$（而不是 0.5），可能需要极端的回归元构造。在这种情形下，预测规则在每次 $Y=1$ 时都会预测失败。明显的调整是，必须降低 F^*。当然，这个调整也有代价。如果我们为了更频繁地预测到 $y=1$ 而降低门槛，那么我们虽然提高了 $y=1$ 时观测分类正确的个数，但也提高了 $y=0$ 时把它错误地划分到 $y=1$ 中的次数。[②] 通常，任何一个形如式（17-30）的预测规则都会引发两类错误：不正确地把 0 划分到 1 和把 1 划分到 0。在实践中，这些错误所导致的成本不一定是对称的。例如，在一个信用评分模型［参见 Boyes et al.（1989）］中，不正确地把一个无风险型申请者归为风险型，与不正确地把风险型申请者归为无风险型不尽相同。[③] 改变 F^* 总是会在降低一类错误概率的同时，提高另一类错误的概率。对于最优选择值，不存在正确的答案。答案取决于设定和预测准则所基于的准则函数。

□ 17.4.3 拟合度量总结

似然比指数及其多种修正显然与检验系数向量为零的假设检验的似然比统计量相关。克拉默的度量更趋向于拟合概率和实际值之间的关系。克拉默的统计量通常与标准预测规则 $\hat{y}=\mathbf{1}[\hat{P}>0.5]$相关。它们与我们熟悉的拟合类型是否密切相关，仍是一个有待研究的问题。在某些情形中似乎如此。但极大似然估计量（所有拟合指标都以它为基础），不是为了像经典回归中（最大化 R^2）那样最大化基于 y 的预测值的拟合准则，而是为了最大化所观测因变量的联合密度。较好地拟合 y 或得到较好的参数估计值是不是一个更可取的估计准则，仍是一个有价值的研究。显然它们不是一回事。

---

① 见 Amemiya（1981）。

② 关于该考虑，差别分析（discriminant analysis）的技巧常被用来建立一个程序。在这种背景下，我们就不能只考虑正确或错误的分类了，还应考虑每种错误分类的成本。

③ 见 Boyes，Hoffman，and Low（1989）。

∵例 17.13　Probit 模型预测

Tunali (1986) 估计了一个 probit 模型，用于研究土耳其家庭男性成员的一个大型观测样本中移民、再移民和收入的关系。他报告了他对 probit 模型的预测：基于拥有 16 个自由度的卡方值 69，对 (16 个) 系数为零的假设进行似然比检验，所估计的模型都是高度显著的。[①] 尽管似然比指数只有 0.083，但模型正确地预测了 690 个观测中的 491 个即 71.2%。由于 $P<0.5$，一个总是预测 $y=0$ 的简单模型也正确地预测了 690 个观测中的 487 个即 70.6%。根据这个结论很难说拟合得不好。极大似然估计量得到了几个会显著影响概率的因素，但却只比简单预测值多 4 个正确预测。[②]

		预测		
		D=0	**D=1**	总计
实际	**D=0**	471	16	487
	D=1	183	20	203
	总计	654	36	690

∵例 17.14　Logit 模型的拟合度量方法

表 17.9 以例 17.12 中的模型设定呈现了 logit 模型的估计。结果 ML1 是完备模型下的极大似然估计。ML2 是一个未将年龄、教育水平和健康纳入考量的受限版本。被排除的变量非常显著；4 个约束的卡方统计量为 2×(2 137.06−1 991.13)=291.86。卡方统计表中有 4 个自由度的 95%置信水平的临界值为 9.49，因此那些被排除在外的变量可对数据似然造成极大的影响。我们的拟合是基于先前提出的度量方法。表 17.9 中标注着非线性估计的数据结果是以非线性最小二乘法计算出的，而非极大似然估计。准则函数为 $SS(\mathbf{b}_{NLS})=\Sigma_i[y_i-\Lambda(\boldsymbol{\beta}'\mathbf{x}_i)]^2$。我们关心以这种替代的估计量做出的拟合如何与应用极大似然估计量拟合出的结果进行比较。表 17.10 展示了多种标量拟合度量方法。我们注意到，首先，对数似然函数与 ML1 极其相似。非线性最小二乘法的估计结果展现出了与极大似然估计的极大不同，但二者得出了近乎相同的对数似然比指数。然而，有关子女、健康和婚姻的统计系数则几乎完全一致，这也就解释了这一发现。信息准则更偏向于 ML1，这是可以预料的。预计在 ML2 中被排除的变量所能够造成的影响在标量度量方法中清晰地展现出来了，大致由 0.01 上升至 0.10。本-阿基瓦 (Ben-Akiva) 和勒曼 (Lerman) 的度量方法并没有在这两种设定中做出区分。克拉默和其他人本质上也是如此。基于混合矩阵，R^2 强调了将模型的拟合结果汇总到数据中的难度。然而，本质上这两种模型在预测不同结果方面表现得同等完美。ML1 比起 ML2 来能够更好地预测 0 值，但以不少将 y 与 1 等同的错误预测为代价。总体上来讲，这种模型的预测结果更具有典型性。大体图景的模糊不清表明了构造的困难性。由克拉默所提供的，或是基于其他度量方法的关于 ML1 和 ML2 的比较似乎十分恰当。然而，我们尚未明确如何解释拟合度量方法中出现的 0.1 值。它显然不会反映出“已解释的变化的比例”。并且，它也不会与模型对结果变量的预测能力有任何关联——而标准预测方式有 67.3%的成功率。但是这种天真的预测方式，*Doctor*=1，将成功预测 2 222/3 377 或 67.3%的事件，因而完备模型将成功率由 65.8%提升至 67.3%。

① 这种观点实际上稍微弱化了该模型的重要性，因为之前的预测都是建立在双变量模型基础上的。然而，似然比检验不能拒绝单变量模型的相关假设。

② 同样值得注意的是几乎所有极大似然估计量的正确预测都为零的情况。样本中只有 10%的 1 为这种情况。

表 17.9　Prob（Doctor=1）的 logit 模型的参数估计（括号中为模型 ML1 的 z 统计量的绝对值）

	极大似然 ML1	极大似然 ML2	非线性最小二乘法 NLS
常数	3.184 30（4.00）	0.853 60	2.983 28
Age	−0.000 97（0.05）	0.000 00	0.002 94
Education	−0.050 54（0.18）	0.000 00	−0.037 07
Income	−0.150 76（0.81）	−0.522 35	−0.094 37
Kids	−0.413 58（4.50）	−0.576 08	−0.420 14
Health	−0.309 57（14.9）	0.000 00	−0.300 32
Married	0.174 15（1.71）	0.379 95	0.173 01
Age×*Education*	0.000 72（0.47）	0.000 00	0.000 28

表 17.10　logit 模型估计的拟合度量方法

	ML1	ML2	NLS
基于对数似然函数			
$\ln L_0$	−2 169.27	−2 169.27	−2 169.27
$\ln L_M$	−1 991.13	−2 137.06	−1 991.41
卡方［自由度］	356.28［7］	64.41［3］	
伪 R^2	0.082 12	0.014 84	0.081 992 3
调整后的伪 R^2	0.078 89	0.011 62	0.078 765 4
AIC	3 998.27	4 290.13	3 998.81
AIC/*n*	1.183 97	1.270 40	1.184 13
BIC	4 047.26	4 339.12	4 047.81
BIC/*n*	1.198 48	1.284 91	1.198 64
基于预测的结果			
克拉默 R^2	0.098 40	0.018 67	0.096 44
考克斯-斯内尔 R^2	0.100 13	0.018 89	0.099 98
埃弗龙 R^2	0.097 36	0.018 27	0.097 50
本-阿基瓦-勒曼 R^2	0.549 92	0.549 92	0.549 54
计数 R^2	0.673 38	0.655 91	0.675 16
混淆矩阵	$\begin{bmatrix} 289 & 866 & 1\,155 \\ 237 & 1\,985 & 2\,222 \\ 526 & 2\,851 & 3\,377 \end{bmatrix}$	$\begin{bmatrix} 17 & 1\,138 & 1\,155 \\ 24 & 2\,198 & 2\,222 \\ 41 & 3\,336 & 3\,377 \end{bmatrix}$	$\begin{bmatrix} 285 & 870 & 1\,155 \\ 227 & 1\,995 & 2\,222 \\ 512 & 2\,865 & 3\,377 \end{bmatrix}$

17.5 设定分析

在线性回归模型中，我们考虑了两个重要的设定问题：变量遗漏和异方差性造成的影响。在经典模型 $\mathbf{y}=\mathbf{X}_1\boldsymbol{\beta}_1+\mathbf{X}_2\boldsymbol{\beta}_2+\boldsymbol{\varepsilon}$ 中，在遗漏了变量 $\mathbf{X}_2$ 而计算最小二乘估计值 $\mathbf{b}_1$ 时，有

$$E[\mathbf{b}_1]=\boldsymbol{\beta}_1+[\mathbf{X}_1'\mathbf{X}_1]^{-1}\mathbf{X}_1'\mathbf{X}_2\boldsymbol{\beta}_2$$

除非 $\mathbf{X}_1$ 和 $\mathbf{X}_2$ 正交或 $\boldsymbol{\beta}_2=\mathbf{0}$，否则 $\mathbf{b}_1$ 就存在偏倚。如果我们忽略异方差性，那么尽管最小二乘估计量仍是无偏且一致的，但却不是有效的，而且对其抽样协方差矩阵常用的估计不再适合。Yatchew and Griliches（1984）在 probit 模型和 logit 模型中分析了这些问题。他们得出的一般结论甚至更为悲观。在一个二值选择模型背景中，他们发现：

1. 若一个包含 x_1 和 x_2 的模型漏掉了 x_2（即 $\boldsymbol{\beta}_2\neq 0$），则

$$\text{plim}\hat{\boldsymbol{\beta}}_1=c_1\boldsymbol{\beta}_1+c_2\boldsymbol{\beta}_2$$

式中，c_1 和 c_2 都为未知参数的复杂函数，其含义是，即使遗漏的变量与所包含变量无关，所包含变量的系数也是不一致的。

2. 如果基本回归中的扰动项是异方差的，$y=\mathbf{1}[(\mathbf{x}_i'\boldsymbol{\beta}+\varepsilon)>0]$，则极大似然估计量是不一致的，协方差矩阵也不再适合。这里与线性回归的情况相反，线性回归中异方差只影响所得的估计量的渐近方差。

在上述两种情况（或其他情况）下，模型误设对偏效应的估计和预测的影响不明晰，但是广受关注。

所讨论的三种假设检验方法都可用于分析这些设定问题。拉格朗日乘数检验的计算具有可以使用约束模型估计值的优势，这有时可以大大减轻计算量。异方差检验尤其如此。[①]重申一遍，拉格朗日乘数统计量可计算如下。令原假设 H_0 作为模型的一种假设，H_1 作为另一种。例如，H_0 可能会设定模型中只出现变量 $\mathbf{x}_1$，而 H_1 可能会设定模型中还会出现 $\mathbf{x}_2$。该统计量可以表示为

$$\text{LM}=\mathbf{g}_0'\mathbf{V}_0^{-1}\mathbf{g}_0$$

式中，$\mathbf{g}_0$ 是由 H_1 设定的对数似然函数的一阶导数向量，它是在假设 H_0 正确时，在参数的极大似然估计量处的取值；$\mathbf{V}_0^{-1}$ 是在 H_1 下极大似然估计量的渐近协方差矩阵的三个估计量之一，也是由基于 H_0 的极大似然估计量计算而来。该统计量渐近服从自由度等于约束个数的卡方分布。

□ 17.5.1 遗漏变量

待检验的假设是

$$H_0: y^*=\mathbf{x}_1'\boldsymbol{\beta}_1+\varepsilon$$
$$H_1: y^*=\mathbf{x}_1'\boldsymbol{\beta}+\mathbf{x}_2'\boldsymbol{\beta}_2+\varepsilon$$

---

① 本节的结论都基于 Davidson and MacKinnon（1984）与 Engle（1984）。一个关于离散选择模型设定检验的论题专题报告见 Blundell（1987）。

所以检验的原假设为 $\boldsymbol{\beta}_2=\mathbf{0}$。拉格朗日乘数检验的步骤为：

1. 用极大似然法估计 H_0 下的模型。约束系数向量为 $[\hat{\boldsymbol{\beta}}_1, \mathbf{0}]$。

2. 令 $\mathbf{x}$ 为复合向量 $[\mathbf{x}_1, \mathbf{x}_2]$。

然后该统计量即可根据式（17-27）或式（17-28）计算。例如，对于 logit 模型，这一检验可以按如下步骤进行：(1) 用极大似然法拟合原模型；(2) 使用原模型和“残差” $e_i=y_i-P_{i,0}$（在对角矩阵 $\mathbf{E}$ 中所列）来计算拟合的可能性；(3) LM 统计量是 $\mathbf{1}'\mathbf{EX}(\mathbf{X}'\mathbf{E}^2\mathbf{X})^{-1}\mathbf{X}'\mathbf{E}'\mathbf{1}$。如前所述，这可以用 n 乘以非中心化的 R^2 计算得出，在此处是将单位向量对变量 $e_i\mathbf{x}_i$ 回归得到。在这里似然比检验同样简单、有效。利用两个模型的估计值，统计量为 $2(\ln L_1-\ln L_0)$。沃尔德检验将基于备择模型估计，并用式（17-25）计算。

□ 17.5.2 异方差

我们使用 Harvey（1976）分析的标准化公式（见 14.10.3 小节）[①] 即 $\text{Var}[\varepsilon\mid\mathbf{z}]=[\exp(\mathbf{z}'\boldsymbol{\gamma})]^2$。这个模型同样适用于 probit 模型和 logit 模型。我们将专门推导关于 probit 模型的结论；logit 模型的结论基本与之相同。出发点是二值选择模型的扩展：

$$y^*=\mathbf{x}'\boldsymbol{\beta}+\varepsilon,\ y=\mathbf{1}(y^*>0)$$
$$E[\varepsilon\mid\mathbf{x},\mathbf{z}]=0,\ \text{Var}[\varepsilon\mid\mathbf{x},\mathbf{z}]=[\exp(\mathbf{z}'\boldsymbol{\gamma})]^2$$

在该模型的公式中存在一个问题。一个非线性指标函数，probit 模型（没有异方差的迹象）：

$$y^{**}=\frac{\mathbf{x}'\boldsymbol{\beta}}{\exp(\mathbf{z}'\boldsymbol{\gamma})}+\varepsilon,\quad y=\mathbf{1}(y^{**}>0),\varepsilon\sim N[0,1]$$

引向同样的对数似然和同样的待估计参数。消除条件均值模型中非线性异方差问题是不可能的。[②]不像线性回归模型，在二值选择模型内容中，数据所包括的关于因变量的数值和方差的信息是不明确的。(因此，两种模型设定是观测等价的。) y^* 和 y^{**} 的符号（相同）是不受方差函数影响的。扩展而言，二值选择模型使得在隐含回归的均值中异方差和方差的区别含混不清。

异方差的出现使得在解释系数时需格外小心。对于一个变量 w_k，可能出现在 $\mathbf{x}$ 或 $\mathbf{z}$ 或两者之中，

$$\frac{\partial\text{Prob}(y=1\mid\mathbf{x},\mathbf{z})}{\partial w_k}=\left\{\phi\left[\frac{\mathbf{x}'\boldsymbol{\beta}}{\exp(\mathbf{z}'\boldsymbol{\gamma})}\right]\frac{1}{\exp(\mathbf{z}'\boldsymbol{\gamma})}\right\}(\beta_k-(\mathbf{x}'\boldsymbol{\beta})\gamma_k) \tag{17-32}$$

若 w_k 只出现在 $\mathbf{x}(\mathbf{z})$ 中，则只有第一（二）项适用。这就意味着，简单系数可能明显有别于待估计模型中所考虑的效应。这个影响在如下例子中可以明显地看出来。[③]

对数似然函数为

---

① 具体应用参见 Knapp and Seaks（1992）。Fisher and Nagin（1981），Hausman and Wise（1978）与 Horowitz（1993）和 Khan（2013）给出了其他形式的表达。

② 见 Khan（2013）对观测等价性的拓展讨论。Manski（1988）同样指出了这一点。

③ Wooldridge（2010，pp. 602-603）发展了考虑平均结构函数的设定［Blundell and Powell（2004）］；$\text{ASF}(\mathbf{x})=E_{\mathbf{z}}[\Phi(\exp(-\mathbf{z}'\boldsymbol{\gamma})\mathbf{x}'\boldsymbol{\beta})]$。在这一解释下，偏效应是 $\partial\text{ASF}(\mathbf{x})/\partial\mathbf{x}=E_{\mathbf{z}}[\phi(\exp(-\mathbf{z}'\boldsymbol{\gamma})\mathbf{x}'\boldsymbol{\beta})\boldsymbol{\beta}]$。平均结构函数区别对待 $\mathbf{z}$ 和 $\mathbf{x}$（尽管它们都是变量）。这样就用一个固定的 $\mathbf{x}$ 计算了函数，在样本中使得 $\mathbf{z}$ 取平均值。实证估计量将是 $\partial\widehat{ASF}(\mathbf{x})/\partial\mathbf{x}=(1/n)\sum_{i=1}^{n}\phi[\exp(-\mathbf{z}_i'\hat{\boldsymbol{\gamma}})\mathbf{x}'\hat{\boldsymbol{\beta}}]\hat{\boldsymbol{\beta}}$。作者暗示在式（17-32）和这一备选结果中“令人不适的结论是：我们没有可信的方法可以选择”。近来的研究一般报告式（17-32）和这一备选结果。式（17-32）的一个解释上的优势是，它明确地讨论了 $\mathbf{z}$ 的变化对响应可能性的影响效果，特别是在 $\mathbf{z}$ 和 $\mathbf{x}$ 拥有共同变量的典型案例中。

$$\ln L=\sum_{i=1}^{n}\left\{y_i\ln F\left(\frac{\mathbf{x}_i'\boldsymbol{\beta}}{\exp(\mathbf{z}_i'\boldsymbol{\gamma})}\right)+(1-y_i)\ln\left[1-F\left(\frac{\mathbf{x}_i'\boldsymbol{\beta}}{\exp(\mathbf{z}_i'\boldsymbol{\gamma})}\right)\right]\right\} \tag{17-33}$$

为了能够估计所有参数，$\mathbf{z}$ 不能包含常数项。上式的导数为

$$\frac{\partial\ln L}{\partial\boldsymbol{\beta}}=\sum_{i=1}^{n}\left[\frac{f_i(y_i-F_i)}{F_i(1-F_i)}\right]\exp(-\mathbf{z}_i'\boldsymbol{\gamma})\mathbf{x}_i$$

$$\frac{\partial\ln L}{\partial\boldsymbol{\gamma}}=\sum_{i=1}^{n}\left[\frac{f_i(y_i-F_i)}{F_i(1-F_i)}\right]\exp(-\mathbf{z}_i'\boldsymbol{\gamma})\mathbf{z}_i(-\mathbf{x}_i'\boldsymbol{\beta}) \tag{17-34}$$

若在假设 $\boldsymbol{\gamma}=\mathbf{0}$ 时对模型进行估计，我们就很容易检验同方差性。令 g_i 等于式（17－34）中括号中的函数，$\mathbf{G}=\text{diag}(g_i)$，且

$$\mathbf{w}_i=\begin{bmatrix}\mathbf{x}_i\\(-\mathbf{x}_i'\hat{\boldsymbol{\beta}})\mathbf{z}_i\end{bmatrix} \tag{17-35}$$

在极大似然估计量处计算出，假设 $\boldsymbol{\gamma}=\mathbf{0}$。然后，LM 统计量是

$$\text{LM}=\mathbf{i}'\mathbf{GW}[(\mathbf{W}'\mathbf{G})(\mathbf{GW})]^{-1}\mathbf{W}'\mathbf{Gi}=nR^2$$

此处 R^2 是将单位向量对 $g_i\mathbf{w}_i$ 回归所得。$\boldsymbol{\gamma}=\mathbf{0}$ 的沃尔德检验和极大似然比检验直接基于完备模型的极大似然估计。

Davidson and MacKinnon（1981）使用蒙特卡洛试验分析了这些检验的真实大小和功效函数。如同他们所预测的，这对遗漏变量的检验相对有效。但对异方差性检验，则可能会引发其他形式的误设问题，包括可能简单地从指数函数中漏掉了 $\mathbf{z}$，所以它的功效存在问题。我们前面在线性回归模型中检验异方差性时也曾出现过同样的问题，所以也就不足为奇了。出现在二值选择模型内容中的问题部分地来源于在之前讨论过的模型中 $\mathbf{z}$ 的角色的含混解释。

❖例 17.15　劳动力参与模型中的设定检验

利用例 17.1 中列举的数据，我们基于以下设定拟合了一个劳动力参与的 probit 模型，即［见 Wooldridge（2010，p. 580）］[①]

$$\text{Prob}[LFP=1]=F(\text{常数}, \textit{Other Income}, \textit{Education}, \textit{Experience}, \textit{Experience}^2, \textit{Age}, \textit{Kids Under } 6, \textit{Kids } 6 \textit{ to } 18)$$

对于这些数据，$P=428/753=0.568\,393$。约束（所有斜率系数都为零，只有常数项自由变动）对数似然函数值为 $325\times\ln(325/753)+428\times\ln(428/753)=-514.873\,2$。而 probit 模型的无约束对数似然函数值为 $-401.302\,2$。因此，卡方统计量为 227.142。7 个自由度的卡方分布临界值为 14.07，所以拒绝 *Other Income* 等变量的系数都为零的联合假设。

考虑另一种假设，无论个人在城市与否，即 CITY＝1 或 CITY＝0，常数项与 *Other Income* 等变量的系数都不变。备择假设是，对于 CITY＝1 和 CITY＝0 的两组女性，应该使用不同的方程。为了检验这个假设，我们应该使用 6.4.1 小节和例 6.9 中的邹氏检验。此时，约束模型将基于所有 753 个观测构成的混合数据集。混合模型的对数似然函数值（包含常数项和上文列出的 7 个变量）为 -401.302。基于 484 个

① 其他收入是用家庭收入减去妻子的工作时间乘以妻子获得的薪酬，再除以 1 000 计得得出的。这产生了几个小的负值。为了保持该应用的可比性，我们完整地留下这些值。

CITY=1 的观测值和 269 个 CITY=0 的观测值的模型的极大似然函数值分别为−255.552 和−142.727。因此，具有分离系数向量的无约束模型的对数似然函数值为二者之和−398.279。检验混合模型中这 8 个约束的卡方统计量为对数似然函数值之差的两倍，6.046。置信度为 95%，自由度为 8 的卡方分布临界值为 15.51，所以在这个显著性水平下，常数项与其他系数都相同的假设会被拒绝。

表 17.11 列举了 probit 模型对异方差性进行如下形式修正后的估计值，即 $\mathrm{Var}[\varepsilon_i]=[\exp(\gamma CITY)]^2$。三个异方差性检验给出

$$LR=2\times[-400.641-(-401.302)]=1.322$$

LM=1.362(基于 BHHH 估计量)

$$沃尔德=(-1.13)^2=1.276$$

一个约束条件对应的 95%的临界值为 3.84，所以三个统计量一致地不拒绝 r 等于 0 的假设。

表 17.11　系数估计值

		同方差		异方差	
		估计值（标准误）	偏效应*	估计值（标准误）	偏效应*
常数	β_1	0.270 08（0.508 6）	—	0.251 40（0.454 8）	—
Other Inc.	β_2	−0.012 02（0.004 8）	−0.003 62（0.001 4）	−0.010 75（0.004 4）	−0.003 62（0.001 4）
Education	β_3	0.130 90（0.025 3）	0.393 70（0.007 2）	0.117 34（0.025 5）	0.039 49（0.007 2）
Exper	β_4	0.123 35（0.018 7）	0.025 58（0.002 2）	0.111 90（0.019 7）	0.025 99（0.002 2）
$Exper^2$	β_5	−0.001 89（0.000 6）		−0.001 71（0.000 6）	
Age	β_6	−0.052 85（0.008 5）	−0.015 90（0.002 4）	−0.0477 4（0.008 9）	−0.016 07（0.002 4）
Kids<6	β_7	−0.868 33（0.118 5）	−0.261 15（0.013 1）	−0.771 51（0.135 6）	−0.259 68（0.031 8）
Kids 6-18	β_8	0.036 00（0.043 8）	0.010 83（0.031 9）	0.028 00（0.039 0）	0.009 43（0.013 0）
City	γ	0.000 00		−0.174 46（0.154 1）	0.008 43（0.007 5）
ln *L*		−401.302		−400.641	

* 平均偏效应与估计标准误包含了均值（$\boldsymbol{\beta}$）和方差（$\boldsymbol{\gamma}$）效应。

□ 17.5.3　分布假设

有人注意到，特定分布的选择对模型设定错误是脆弱的。例如，如果分析使用 probit 模型，但 logit 模型更合适时，问题便产生了。①可能检验模型的其他设定的假设看起来是符合逻辑的。作为替代，一个更稳健、不太参数化的模型设定可能是更有吸引力的。在前例中（如例 17.3），probit 和 logit 模型系数估计的实质性区别是具有误导性的。这些区别掩盖了分布的隐含内容。模型得出的偏效应几乎是相同的。这是一个被广泛观测到的结果，说明认为错误的分布导致参数有偏的想法是错位的。分析的另外元素是预测的可能性。另外，不同模型的系数的大小掩盖了不同参数模型预测的概率的典型相似性。一个更广泛的问题关注特定分布，相比于一个半参

① 例子见 Ruud（1986）。

数或者非参数的备选方法。Manski（1988）的极大得分估计量［和 Horowitz（1992）的平滑版本］，Klein and Spady（1993）的半参数估计法（基于核函数），以及 Khan（2013）的异方差 probit 模型，是一部分用于二值选择模型的参数化不太严重的模型设定。Frolich（2006）提供了一种对二值选择模型的非参数估计法的理解，以葡萄牙女性劳动力供给为应用。

对于选择模型，线性概率模型没有作为稳健的可供选择的设定给出。线性概率模型的拥护者认为，只有线性回归传达了对刚刚提到的真实概率模型的偏效应的可靠逼近。[①]稳健性方面是不确定的。这一逼近在很多情况下未体现出能够模拟非线性结果。考虑到相关的计算，偏效应和预测的概率，不同的候选模型看起来表现相似。一个重要的成分是，尾部的凸性使得预测概率可模拟非平衡样本的特性。在这一立足点上，线性模型看起来是不稳健的模型设定（见例 17.5）。这恰恰是因为线性概率模型（和参数模型）的死板催生了非参数模型，例如 Frolich（2006）的局部似然 logit 近似模型。

例 17.16　分布假设

表 17.12 展现了例 17.36 基于线性概率模型和其他四类备选模型形式的估计，但只展现了估计出的偏效应。Probit 模型估计与作者的估计结果相同。不同结果的对应与前面的观测值相一致。一般地，模型得出了相似的结果。线性概率模型确实在七个结果中的两个——市场份额和生产率变量上，与其他模型结果不同。

表 17.12　创新模型的偏效应估计

	线性	Probit	Logit	互补双对数	冈伯茨
Log *Sales*	0.051 98	0.065 73	0.067 66	0.064 57	0.066 39
Share	0.094 92	0.398 12	0.439 93	0.330 11	0.498 26
Imports	0.452 84	0.420 80	0.411 01	0.437 34	0.403 04
FDI	1.077 87	1.058 90	1.087 53	0.995 56	1.129 29
Productivity	−0.550 12	−0.868 87	−1.010 60	−0.850 39	−0.874 71
Raw Material	−0.098 61	−0.105 69	−0.096 35	−0.106 26	−0.106 15
Investment	0.078 79	0.070 45	0.067 58	0.077 04	0.063 56

□ 17.5.4　择基抽样

一些研究对因变量观测样本里 0 和 1 的混合其实是故意曲解，因为基于此推导出的结果可以产生比随机抽样更为平衡的样本。[②] 这种抽样方法称为**择基抽样**（choice-based sampling）。在

① Chung and Goldberger（1984），Stocker（1986，1992）和 Powell（1994）（还有其他著作）考虑了使用线性最小二乘法时 $\boldsymbol{\beta}$ 能够被一致地估计的一般情况。例如，Stocker（1986）表明，如果 $\mathbf{x}$ 是多元正态分布的，线性概率模型将会在非常普遍的设定下，为概率函数的斜率提供一个一致的估计量。

② 例如，Boyes，Hoffman，and Low（1989）；Greene（1992）。

我们曾经论述过的一项研究中，我们用因变量衡量了贷款违约发生的可能性——这并不经常发生。为了丰富样本，$y=1$（违约）的观测常常会被过度抽样。直觉（正确地）告诉我们，样本的偏倚应该被转移到参数估计值中（其作用是模拟样本），而非明知不尽相同的总体。Manski and Lerman（1977）针对这种情形推导出了加权内生抽样极大似然（weighted exogenous sampling maximum likelihood，WESML）估计量。这个估计量要求真实总体比例 ω_1 和 ω_0 是已知的。令 p_1 和 p_0 分别表示 0 和 1 的样本比例。然后通过最大化加权对数似然函数就可以得到这个估计量，即

$$\ln L=\sum_{i=1}^{n} w_i \ln F(q_i \mathbf{x}_i' \boldsymbol{\beta})$$

式中，$w_i=y_i(\omega_1/p_1)+(1-y_i)(\omega_0/p_0)$。注意，$w_i$ 只取两个值。导数和海塞矩阵也可用类似方法加权。推导出估计量后还需要一个最后的修正；渐近协方差矩阵的合适估计量是 17.3.1 小节中讨论过的“三明治”式估计量$(-\mathbf{H})^{-1}(\mathbf{B})(-\mathbf{H})^{-1}$（有加权的 $\mathbf{B}$ 和 $\mathbf{H}$），而不是仅仅是 $\mathbf{B}$ 或 $\mathbf{H}$（计算 $\mathbf{B}$ 时权数不用平方）。WESML 和择基抽样估计量并非如它们看起来那样是“免费的午餐”。有偏抽样所肯定的，正是加权法所否定的。最后结果有很大的标准误，这可能被认为很不幸，但其实却很普遍，有偏抽样的目的是尽量平衡数据以避免这一问题。

✧例 17.17　信用评级

在例 7.12 中，我们调查了样本容量为 10 499 的持卡人的消费模式，他们的信用卡来源于主流的信用卡供应商。这 10 499 名持卡人是 13 444 名信用卡申请者的一个子样本。信用卡申请自当年（1992 年）至今由一个全国性代理机构—— Fair Isaacs，Inc. 公司受理。该公司所使用的是自己的专利算法。然而，传统经验则认为一些变量在这个过程中不可忽视，例如年龄、收入水平、住宅所有权（申请人是否有自有住房）、是否为自我雇佣者，以及申请人居住在现住址的时间长短。此外，较轻或较重的负面征信记录（30 天和 60 天有不法或违规借贷行为）对信用评级也有极其重要的影响。我们将运用 probit 模型来“使模型规范化”，形式如下：

$$\begin{aligned}\text{Prob}(Cardholder=1)&=\text{Prob}(C=1\mid \mathbf{x})\\&=\Phi(\beta_1+\beta_2 Age+\beta_3 Income+\beta_4 OwnRent\\&\quad+\beta_5 Months\ Living\ at\ Current\ Address\\&\quad+\beta_6 Self\text{-}Employed\\&\quad+\beta_7 Number\ of\ major\ derogatory\ reports\\&\quad+\beta_8 Number\ of\ minor\ derogatory\ reports)\end{aligned}$$

在数据集中，78.1%的申请者是持卡人。在当时，总体中的真实比例大概是 23.2%，因此，样本是一个基于此变量的大体选择。由于早先研究（格林在 1992 年所做的）的初始目的，样本被向着持卡人一方有意歪曲了。WESML 估计量对 $C=1$ 观测值应用的赋权是 0.232/0.781=0.297，对 $C=0$ 观测值的赋权是 0.768/0.219=3.507。表 17.13 展现了对于信用卡申请未加权以及加权的预估值。加权所带来的预估值的改变极其有限，但这种现象不包含常数项。结果显示，收入水平与住宅所有权对于信用卡申请来讲是两大重要指标，而是否为自我雇佣者这一点则在实质上所占权重较小，这些与传统观念相一致。但正如所料，对持卡人身份造成最重大影响的是重大负面征信记录一项。由于贷方会着重关注申请人的违约可能，有关过去的违约行为的迹象会被纳入主要考量。

表 17.13　信用卡申请方程估计（括号中为 t 值）

变量	未加权 估计值	标准误		加权 估计值	标准误	
常数	0.317 83	0.050 94	(6.24)	−1.130 89	0.047 25	(−23.94)
Age	0.001 84	0.001 54	(1.20)	0.001 56	0.001 45	(1.07)
Income	0.000 95	0.000 25	(3.86)	0.000 94	0.000 24	(3.92)
Own Rent	0.182 33	0.030 61	(5.96)	0.239 67	0.029 68	(8.08)
Current Address	0.022 37	0.001 20	(18.67)	0.021 06	0.001 09	(19.40)
Self-Employed	−0.436 25	0.055 85	(−7.81)	−0.476 50	0.058 51	(−8.14)
Major Derogs	−0.699 12	0.019 20	(−36.42)	−0.647 92	0.025 25	(−25.66)
Minor Derogs	−0.041 26	0.018 65	(−2.21)	−0.042 85	0.017 78	(−2.41)

17.6　二值选择模型中的处理效应与内生变量

考虑有右侧内生变量 T 的二值选择模型，

$$y^* = \mathbf{x}'\boldsymbol{\beta} + T\gamma + \varepsilon,\ y = \mathbf{1}(y^* > 0),\ \mathrm{Cov}(T,\varepsilon) \neq 0$$

我们先讨论这两种情况：

1. T 是一个内生虚拟变量，代表某种处理效应或者项目参与情况，例如从高中或大学毕业、接受某类工作培训、购买健康保险等。[①]

2. T 是一个内生连续变量。因为模型不是线性的，传统的工具变量估计量如两阶段最小二乘（2SLS）是不合适的。我们考虑基于极大似然估计量的备选估计量。

□ 17.6.1　内生处理效应

处理效应与不可观测量相关的结构模型如下：

$$\begin{aligned}
T_i^* &= \mathbf{z}_i'\boldsymbol{\alpha} + u_i, T_i = \mathbf{1}[T_i^* > 0] \\
y_i^* &= \mathbf{x}_i'\boldsymbol{\beta} + \gamma T_i + \varepsilon_i, y_i = \mathbf{1}[y_i^* > 0] \\
\begin{pmatrix}\varepsilon_i \\ u_i\end{pmatrix} &\sim N\left[\begin{pmatrix}0 \\ 0\end{pmatrix}, \begin{pmatrix}1 & \rho \\ \rho & 1\end{pmatrix}\right]
\end{aligned}$$

u 和 ε 之间的相关性导致了在 y 方程中 T 的内生性。我们对两种效应感兴趣：（1）影响 $\mathrm{Prob}(y=1\mid\mathbf{x},T)$ 的 T 的处理效应；（2）在内生处理效应存在时 $\mathbf{x}$ 和 $\mathbf{z}$ 对 $\mathrm{Prob}(\mathbf{y}=1\mid\mathbf{x},\mathbf{z},T)$ 的偏效应。

这一**递归模型**（recursive model）是二元 probit 模型（17.9.5 小节）。对数似然函数是根据观测到的结果的联合概率构造的。四个可能的结果和相关的概率来自 T 乘以 $y\mid T$ 的条件概率得

① 在 Angrist（2001）和 Angrist and Pischke（2009，2010）中有讨论。

到的边际概率。因此，$P(y=1,T=1)=P(y=1|T=1)P(T=1)$。$T=1$ 的边际概率只是 $\Phi(\mathbf{z}_i'\boldsymbol{\alpha})$，而条件概率是用二元正态除以边际概率，即 $\Phi_2(\mathbf{x}_i'\boldsymbol{\beta}+\gamma,\mathbf{z}_i'\boldsymbol{\alpha},\rho)/\Phi(\mathbf{z}_i'\boldsymbol{\alpha})$。乘积返回二元正态概率。对数似然函数中的另外三项用相似的方法得到。这四项分别是：

$$\begin{aligned}
P(y=1,T=1|\mathbf{x},\mathbf{z})&=\Phi_2(\mathbf{x}'\boldsymbol{\beta}+\gamma,\mathbf{z}'\boldsymbol{\alpha},\rho)\\
P(y=1,T=0|\mathbf{x},\mathbf{z})&=\Phi_2(\mathbf{x}'\boldsymbol{\beta}+\gamma,-\mathbf{z}'\boldsymbol{\alpha},-\rho)\\
P(y=0,T=1|\mathbf{x},\mathbf{z})&=\Phi_2[-(\mathbf{x}'\boldsymbol{\beta}+\gamma),\mathbf{z}'\boldsymbol{\alpha},-\rho]\\
P(y=0,T=0|\mathbf{x},\mathbf{z})&=\Phi_2[-(\mathbf{x}'\boldsymbol{\beta}+\gamma),-\mathbf{z}'\boldsymbol{\alpha},\rho]
\end{aligned}$$

对数似然函数是

$$\ln L(\boldsymbol{\beta},\boldsymbol{\alpha},\rho)=\sum_{i=1}^{n}\ln \text{Prob}(y=y_i,T=T_i|\mathbf{x},\mathbf{z})$$

估计在 17.9.5 小节中有讨论。模型看起来像一个传统的联立方程模型。区别产生于（y^*，T^*）的非线性转换，产生了可见的（y，T）的结果。一种意义是对于这一线性模型的识别，至少有一个变量在 $\mathbf{z}$ 中而不在 $\mathbf{x}$ 中，这不是此处的情况。模型可以通过函数形式的非线性部分地识别。

处理效应（treatment effect，TE）可以通过 y 的边际分布得到：

$$\begin{aligned}
\text{TE}&=\text{Prob}(y=1|\mathbf{x},T=1)-\text{Prob}(y=1|\mathbf{x},T=0)\\
&=\Phi(\mathbf{x}'\boldsymbol{\beta}+\gamma)-\Phi(\mathbf{x}'\boldsymbol{\beta})
\end{aligned}$$

平均处理效应（average treatment effect，ATE）可以通过关于样本观测值对 TE 的估计值求均值得到。处理组处理效应（treatment effect on the treated，TET）基于条件概率，$\text{Prob}(y=1|T=1)$，

$$\text{TET}=\Phi\left[\frac{(\mathbf{x}'\boldsymbol{\beta}+\gamma)-\rho(\mathbf{z}'\boldsymbol{\alpha})}{\sqrt{1-\rho^2}}\right]-\Phi\left[\frac{(\mathbf{x}'\boldsymbol{\beta})-\rho(\mathbf{z}'\boldsymbol{\alpha})}{\sqrt{1-\rho^2}}\right]$$

处理组处理效应可以通过对于 $T_i=1$ 关于样本观测值对这个量取平均计算得到。①

为计算内生变量的平均偏效应，我们需要

$$\begin{aligned}
&\text{Prob}(y=1|\mathbf{x},\mathbf{z},T=0)\text{Prob}(T=0|\mathbf{z})\\
&\quad+\text{Prob}(y=1|\mathbf{x},\mathbf{z},T=1)\text{Prob}(T=1|\mathbf{z})\\
&\quad=\Phi_2(\mathbf{x}'\boldsymbol{\beta}+\gamma,\mathbf{z}'\boldsymbol{\alpha},\rho)+\Phi_2(\mathbf{x}'\boldsymbol{\beta},-\mathbf{z}'\boldsymbol{\alpha},-\rho)
\end{aligned}$$

$\mathbf{x}$ 和 $\mathbf{z}$ 的偏效应是

$$\frac{\partial\,\text{Prob}(y=1|\mathbf{x},\mathbf{z})}{\partial\begin{pmatrix}\mathbf{x}\\ \mathbf{z}\end{pmatrix}}=\frac{\partial[\Phi_2(\mathbf{x}'\boldsymbol{\beta}+\gamma,\mathbf{z}'\boldsymbol{\alpha},\rho)+\Phi_2(\mathbf{x}'\boldsymbol{\beta},-\mathbf{z}'\boldsymbol{\alpha},-\rho)]}{\partial\begin{pmatrix}\mathbf{x}\\ \mathbf{z}\end{pmatrix}}$$

导数的表达式见 17.9 节。这是一个相当复杂的计算，但是它可以在现代计算机软件中自动或方便地计算出来。我们可以将 $\partial\text{Prob}(y=1|\mathbf{x},\mathbf{z})/\partial\mathbf{x}$ 解释为直接效应，把 $\partial\text{Prob}(y=1|\mathbf{x},\mathbf{z})/\partial\mathbf{z}$ 解释为通过 T 传导的对 y 的间接效应。对于在 $\mathbf{x}$ 和 $\mathbf{z}$ 中都出现的变量，总效应是两者的加总。计算过程在后面的例 17.19 中阐明。

---

① 见 Jones (2007)。

∵例 17.18　优质医疗奖励计划

Scott，Schurer，Jensen，and Sivey (2009) 检验了意图为糖尿病患者提供高质量医疗的澳大利亚从业者的奖励计划。所关注的特定结果是预约糖尿病诊断中的 HbA1c 检查，所关注的处理效应是参与奖励计划所带来的效果。

一个给表现付费的项目，即事实奖励计划（Practice Incentive Program，PIP）被加入澳大利亚 1999 年的服务收费系统，这是为了鼓励慢性病包括糖尿病的高质量医疗。对于一般从业者（GPs），项目参与是自愿的。医疗结果是 HbA1c 检查是否被使用。研究是基于一般从业者就诊这一独特数据集进行的。作者在控制了不可观测异方差性的主要来源之后，将参与与未参与奖励计划的一般从业者的 HbA1c 检查的总体比例进行比较。此处的核心假设是 HbA1c 检查在 PIP 计划不存在时供给不足，因此更频繁的 HbA1c 检查与高质量医疗相关。一般从业者是否加入 PIP 这一内生的本质可以采用一个二元 probit 模型解决，使用其他约束确定因果参数。

如果加入的效用为正，一般从业者会加入事实奖励计划。效用正向取决于加入 PIP、因签约金获得的额外收入，负向取决于认证花销和建立必要的 IT 系统所支付的成本。一般从业者将会提高医疗的质量，如果这样做的效用是正向的，这部分取决于 PIP 成员资格。所用的二元 probit 模型是

$$Y_{ij}^{*}=\alpha_1+\boldsymbol{\beta}_1'\mathbf{X}_{ij}+\beta_{PIP}PIP_{ij}+u_{1ij}$$
$$PIP_{ij}^{*}=\alpha_2+\boldsymbol{\beta}_2'\mathbf{X}_{ij}+\boldsymbol{\pi}'\mathbf{I}_{ij}+u_{2ij}$$

其中

$Y_{ij}=\mathbf{1}$（在诊断记录 i 中一般从业者 j 使用了 HbA1c 检查）

$PIP_{ij}=\mathbf{1}$（第 j 个一般从业者加入了 PIP 项目）

作者使用公式 $ME_{PIP}=\beta_{PIP}\phi(\hat{\boldsymbol{\beta}}_1'\bar{\mathbf{x}})$ 来计算 PIP 的边际处理效应。① 关于这一规范，他们做出了以下注解："尽管这个模型是由它的非线性函数形式来正式定义的，但只要确保了数据矩阵的满秩条件，我们便可以引入排除限制来确定因果参数 β_{PIP} (Maddala，1983)；Monfardini and Radice (2008)。行向量 $\boldsymbol{I}_{ij}$ 收纳了 PIP 参与方程中的变量，但被排除在结果方程之外。"

两个处理组的事实奖励计划身份的边际效应被报告在表 2 中。在第一组中，估计的边际效应大约是 0.2。在数据组中的第一年里，该奖励计划被推广前，HbA1c 检查的平均执行比例是 13%。经过这一改革的推广，平均来看，在加入奖励计划后，糖尿病人面临着 32%接受 HbA1c 检查的可能性。单变量 probit 模型（将 PIP 作为外生因素）的结果仅产生了 0.028 的相应数值。

∵例 17.19　德国医疗中的道德风险

Riphahn，Wambach，and Million (2003) 通过数据调查了医疗在德国家庭中的使用情况。此次研究的主要目的是探究道德风险的有关迹象。作者应用一个二元计数模型将去医院与看医生的共同决定作用纳入考量。这一模型评估了对附加保险的消费是否与医疗系统的大力度使用相关。所有的德国家庭都拥有某种形式的医疗保险。在我们的数据中，约 89%的家庭持有的是公共强制保险。但一些家

① ME_{PIP} 的计算将 PIP 视为连续的，并对概率求微分。如前所示，这是近似的 $\Phi(\hat{\boldsymbol{\beta}}_1'\bar{\mathbf{x}}+\beta_{PIP})-\Phi(\hat{\boldsymbol{\beta}}_1'\bar{\mathbf{x}})$。作者标注道："一个备选方案是计算参与 PIP 时会诊中接受 HbAlc 检查的概率与没有参与时的概率的差值。我们的方法假定处理指示符是连续的，能够使用 δ 法。我们比较了两种方法，其边际效应的程度是一样的。"［事实上，不影响使用 δ 法对概率求差分，见式 (17-29)。］作者计算了数据均值处的处理效应，而非对全部观测值的处理效应求均值。

庭，较为典型的是高收入家庭，会选择私人健康保险。而面向持有公共强制保险人群的“附加保险”，覆盖了许多额外福利，例如特定的疾病预防或是额外的牙科保障。我们会构建一个小模型来展现如何在一个二元 probit 模型中计算边际影响。以下是两个计数变量之一的结构形式：

$$Hospital^* = \beta_1 + \beta_2 Age + \beta_3 Working + \beta_4 Health + \gamma Addon + \varepsilon$$
$$Addon^* = \alpha_1 + \alpha_2 Age + \alpha_3 Education + \alpha_4 Income + \alpha_5 Married + \alpha_6 Kids + \alpha_7 Health + u$$

当 $Addon=\mathbf{1}$（家庭持有附加保险）时，“*Hospital*”被赋值为 **1**（去医院次数>0）。这里的估计再一次被构建在 1994 年的数据之上。

估计结果展示在表 17.14 中。我们发现去医院次数的唯一决定性因素是健康水平（用自述的健康满意度来衡量）。关键参数是 *Addon* 的系数 γ。APE（*Addon*）的估算值 0.041 31 是预估的平均处理效应。正如 Riphahn 那样，我们发现数据似乎不能支持道德风险的假说。*Addon* 在回归中的 t 值仅为 0.16，与有效值水平相差甚远。另外，估计值 0.041 31 并非无关紧要。“医院”的平均值是 0.091；样本的 9.1%在 1994 年都有至少一次求医记录。平均来讲，如果附加保险持有人的小群体以高出 0.04 的概率求医，这代表了 44%的增长比例，且以 0.091 作为基底。这其实是相当可观的。为了进行对比，在最后一列展示了这一模型的 2SLS 估算结果。(例 17.6 中应用的作者使用 2SLS 来估算他们的递归二元 probit 模型。) 正如所料，2SLS 估计值提供了对外生变量平均偏效应的良好近似。然而，这种方式造成了 3 倍于应用 FIML 时所产生的 *Addon* 效应的估计值，并且有着错误的符号。

表 17.14　递归二元 probit 模型的估计

	附加保险			医院				
变量	系数	标准误	t 值	系数	标准误	t 值	平均偏效应	2SLS
常数	−3.645 43	0.422 25	−8.63	−0.560 09	0.183 42	−3.05		0.243 52
Health	0.004 52	0.025 52	0.18	−0.142 58	0.014 12	−10.10	−0.021 95	−0.025 05
Working				0.007 28	0.072 23	0.10	0.001 12	0.001 21
Addon				0.233 89	1.436 18	0.16	0.041 31	−0.118 26
Age	0.008 84	0.005 68	1.56	0.002 10	0.002 92	0.72	0.000 34*	0.000 35
Education	0.078 96	0.020 30	3.89					
Income	0.484 28	0.231 42	2.09					
Married	−0.098 85	0.135 84	−0.73					
Kids	0.210 25	0.131 42	1.60					
ρ				−0.013 63	0.604 32	−0.02		
对数似然函数	−1 296.404 33							
估计基于 $N=3\ 377$，$K=13$								

* 平均处理效应。估计的处理组处理效应为 0.038 61。

□ 17.6.2　内生连续变量

如果迭代模型中的内生变量是连续的，模型结构是：

$$T_i = \mathbf{z}_i'\boldsymbol{\alpha} + u_i$$
$$y_i^* = \mathbf{x}_i'\boldsymbol{\beta} + \gamma T_i + \varepsilon_i, y_i = \mathbf{1}[y_i^* > 0]$$
$$\begin{pmatrix}\varepsilon_i \\ u_i\end{pmatrix} \sim N\left[\begin{pmatrix}0 \\ 0\end{pmatrix}, \begin{pmatrix}1 & \rho\sigma_u \\ \rho\sigma_u & \sigma_u^2\end{pmatrix}\right]$$

在例 17.15 的劳动力参与模型中，家庭收入是内生的。

17.6.2.a　工具变量和广义矩估计

我们在第 8 章中描述的工具变量估计量是基于数据、方差和协方差的矩。在二值选择背景下，我们没有使用任何形式的最小二乘法来估计参数，所以 IV 法看似并不适用。广义矩法是一种备选可能。考虑模型

$$E[\varepsilon_i \mid \mathbf{z}_i, \mathbf{x}_i] = 0$$
$$E[T_i\ \mathbf{z}_i] \neq \mathbf{0}$$

一个自然的工具变量估计量将基于以下矩条件，即

$$E\left[(y_i^* - \mathbf{x}_i'\boldsymbol{\beta} - \gamma T_i)\begin{pmatrix}\mathbf{x}_i \\ \mathbf{z}_i^*\end{pmatrix}\right] = \mathbf{0}$$

（在这一形式下 $\mathbf{z}_i^*$ 只包含 $\mathbf{z}_i$ 中有而 $\mathbf{x}$ 中没有的变量。）无论如何，y_i^* 无法被观测到，而 y_i 可以。使用 Avery et al.（1983），Butler and Chatterjee（1997）和 Bertschek and Lechner（1998）的研究中所用的方法，假设工具变量与残差$[y - \Phi(\mathbf{x}_i'\boldsymbol{\beta} + \gamma T_i)]$正交，即为

$$E\left[[y_i - \Phi(\mathbf{x}_i'\boldsymbol{\beta} + \gamma T_i)]\begin{pmatrix}\mathbf{x}_i \\ \mathbf{z}_i^*\end{pmatrix}\right] = \mathbf{0}$$

这一基于可观测变量的矩方程的形式可以形成一种直接两步广义矩估计量的基础。（详见第 13 章。）

17.6.2.b　部分极大似然估计

基于 y_i 和（$\mathbf{x}_i$，T_i）的简单 probit 估计不能一致地估计（$\boldsymbol{\beta}$，γ），因为 u_i 和 ε_i 的相关性导致了 T_i 和 ε_i 的相关性。极大似然估计量基于完备模型，包括隐含 T 的内生性的二元正态分布假设。一个可能的解决方法是使用将第一个方程插入第二个方程的部分缩减式。这会变成一个 probit 模型，概率是 $\text{Prob}(y_i = 1 \mid \mathbf{x}_i, \mathbf{z}_i) = \Phi(\mathbf{x}_i'\boldsymbol{\beta}^* + \mathbf{z}_i^{*\prime}\boldsymbol{\alpha}^*)$。这将会得到一致估计量：$\boldsymbol{\beta}^* = \boldsymbol{\beta}/(1 + \gamma^2\sigma_u^2 + 2\gamma\sigma_u\rho)^{1/2}$ 和 $\boldsymbol{\alpha}^* = \gamma\boldsymbol{\alpha}/(1 + \gamma^2\sigma_u^2 + 2\gamma\sigma_u\rho)^{1/2}$，分别是 $\mathbf{x}_i$ 和 $\mathbf{z}_i$ 的系数。（这一过程为同时出现于 $\mathbf{x}_i$ 和 $\mathbf{z}_i$ 中的任何变量估计出 $\boldsymbol{\beta}^*$ 和 $\boldsymbol{\alpha}^*$ 的一个混合结果。）Newey（1987）提出了一个估计所有参数的最小卡方估计量。T_i 对 $\mathbf{z}_i$ 的线性回归得出了 $\boldsymbol{\alpha}$ 和 σ_u^2 的估计值，暗示了可能存在基于两步极大似然估计的第三个估计量。但是这一过程没有产生 ρ 或者 γ 的矩估计量，所以这个估计量是不完整的。

17.6.2.c　完全信息极大似然估计

一种更简单和直接的方法就是使用完全信息极大似然。似然函数是建立在 y_i 和 T_i 的联合密

度的基础上的，我们把这一联合密度写成条件密度函数和边际密度函数乘积的形式，即

$$f(y_i,T_i)=f(y_i|T_i)f(T_i)$$

为推导出条件分布，我们使用二元正态分布的结论，并写为

$$\varepsilon_i|u_i=[(\rho\sigma_u)/\sigma_u^2]u_i+v_i$$

式中，v_i 是方差为 $\text{Var}[v_i]=(1-\rho^2)$ 的正态分布。将其代入第二个方程，我们有

$$y_i^*|T_i=\mathbf{x}_i'\boldsymbol{\beta}+\gamma T_i+(\rho/\sigma_u)u_i+v_i$$

因此

$$\text{Prob}[y_i=1|\mathbf{x}_i,T_i]=\Phi\left[\frac{\mathbf{x}_i'\boldsymbol{\beta}+\gamma T_i+(\rho/\sigma_u)u_i}{\sqrt{1-\rho^2}}\right] \tag{17-36}$$

我们将上式代入 $u_i=(T_i-\mathbf{z}_i'\boldsymbol{\alpha})$ 的表达式中，并将第一个方程中 T_i 的边际分布设为正态密度形式，于是，我们就可以推导出这个样本的似然函数，即

$$\ln L=\sum_{i=1}^{n}\left\{\ln\Phi\left[(2y_i-1)\left(\frac{\mathbf{x}_i'\boldsymbol{\beta}+\gamma T_i+(\rho/\sigma_u)(T_i-\mathbf{z}_i'\boldsymbol{\alpha})}{\sqrt{1-\rho^2}}\right)\right]+\ln\left[\frac{1}{\sigma_u}\phi\left(\frac{T_i-\mathbf{z}_i'\boldsymbol{\alpha}}{\sigma_u}\right)\right]\right\} \tag{17-37}$$

可以通过整理对数似然函数得到简易形式：

$$\ln L=\sum_{i=1}^{n}\ln\Phi[(2y_i-1)(\mathbf{x}_i'\tilde{\boldsymbol{\beta}}+\tilde{\gamma}T_i+\tau[(T_i-\mathbf{z}_i'\boldsymbol{\alpha})/\sigma_u])]+\sum_{i=1}^{n}\ln\left[\frac{1}{\sigma_u}\phi[(T_i-\mathbf{z}_i'\boldsymbol{\alpha})/\sigma_u]\right]$$

这里的 $\tilde{\boldsymbol{\beta}}=(1/\sqrt{1-\rho^2})\boldsymbol{\beta}$，$\tilde{\gamma}=(1/\sqrt{1-\rho^2})\gamma$ 且 $\tau=(\rho/\sqrt{1-\rho^2})$。δ 法可以用于在进行估计之后得到原来的参数和合适的标准误。①

偏效应可以从式（17－37）中得到，

$$\frac{\partial\text{Prob}(y=1|\mathbf{x},T,\mathbf{z})}{\partial\begin{pmatrix}\mathbf{x}\\T\\\mathbf{z}\end{pmatrix}}=\frac{\partial\Phi\left(\dfrac{\mathbf{x}_i'\boldsymbol{\beta}+\gamma T_i+(\rho/\sigma_u)(T_i-\mathbf{z}_i'\boldsymbol{\alpha})}{\sqrt{1-\rho^2}}\right)}{\partial\begin{pmatrix}\mathbf{x}\\T\\\mathbf{z}\end{pmatrix}}$$

$$=\phi\left(\frac{\mathbf{x}_i'\boldsymbol{\beta}+\gamma T_i+(\rho/\sigma_u)(T_i-\mathbf{z}_i'\boldsymbol{\alpha})}{\sqrt{1-\rho^2}}\right)\frac{1}{\sqrt{1-\rho^2}}\begin{pmatrix}\boldsymbol{\beta}\\\gamma+\rho/\sigma_u\\-(\rho/\sigma_u)\boldsymbol{\alpha}\end{pmatrix}$$

17.6.2.d 残差包含与控制函数

对数似然函数的更简单形式如下：

$$\ln L=\sum_{i=1}^{n}\ln\Phi[(2y_i-1)(\mathbf{x}_i'\tilde{\boldsymbol{\beta}}+\tilde{\gamma}T_i+\tau\tilde{u}_i)]+\sum_{i=1}^{n}\ln\left[\frac{1}{\sigma_u}\phi(\tilde{u}_i)\right]$$

---

① 近来对这一估计量的应用将其视为工具变量 probit 估计。估计量是一个完全信息极大似然估计量。

$\tilde{u}_i=(T_i-\mathbf{z}_i'\boldsymbol{\alpha})/\sigma_u$。这一“残差包含”的形式暗示了一种两步估计法。线性回归中的参数 $\boldsymbol{\alpha}$ 和 σ_u 可以由 T 对 $\mathbf{z}$ 的线性回归得到一致估计量。延展的残差 $\hat{\tilde{u}}_i=(T_i-\mathbf{z}_i'\boldsymbol{\alpha})/s_u$ 现在可以被计算，并插入对数似然函数中。对数似然的第二项包括了第一步已经估计出的参数，所以它可以被忽略。第二步的对数似然函数是：

$$\ln L=\sum_{i=1}^{n}\ln\Phi[(2y_i-1)(\mathbf{x}_i'\tilde{\boldsymbol{\beta}}+\tilde{\gamma}w_i+\tau\hat{\tilde{u}}_i)]$$

这可以使用在 17.3 节中讨论的方法来最大化。ρ 的估计量可以从 $\rho=\tau/(1+\tau^2)^{1/2}$ 中得到。$\boldsymbol{\beta}$ 和 γ 的估计量同理。δ 法可以用于构建标准误。因为这是一个两步估计法，最终的渐近协方差矩阵的估计量将用 14.7 节中 Murphy and Topel（2002）的结果来调整。对整个构架（例如，每一步——见 15.4 节）使用自助法将是估计渐近协方差矩阵的一种备选方法。原先的（一步）对数似然函数不是非常复杂，这样的完全信息估计是很直接的。前文表明了备选的两步法如何进行，而且表明了残差包含法如何进行。一般的含有内生变量的非线性模型的残差包含法在 Terza, Basu, and Rathouz（2008）的文献中有详细探索。

17.6.2.e 控制函数估计量

在上面提到的残差包含估计量中，probit 模型中 T 的内生性因向方程中加入了估计出的残差而得到缓解——因为残差的加入，T 不再与 ε 相关了。我们通过估计 8.4.2 小节中的线性模型去近似。Blundell and Powell（2004）使用前述控制函数去解决内生性问题。Rivers and Vuong（1988）提出了前述残差包含估计量。这种估计量是全参数的。他们也提出了一种半参数的方法，保留了大部分函数形式设定，但是避开了特定的分布假设。将他们的模型调整为适合我们前面注释的内容，他们的出发点为对于普遍的模型设定，也都得到控制函数：

$$E[y_i\mid\mathbf{x}_i,T_i,u_i]=F(\mathbf{x}_i'\boldsymbol{\beta}+\gamma T_i,u_i)$$

注意到式（17-36）满足假设。但是，他们达到这一点不需要联合或边际正态。作者提出了一个三步半参数方法去估计结构参数。在一个类似于例 17.8 的应用中，他们将这项技术用于英国男性劳动力参与模型中，教育年限是否超过 16 年的虚拟变量、参与模型中的内生变量——伴侣的收入都受到关注，一个工具变量是福利收益权。他们的发现比我们的更本质；他们发现当方程中存在其他收入的内生性时，教育的系数提高了 40%且保持显著，但是其他收入的系数提高超过 10 倍。

例 17.20　劳动力供给模型

在例 5.2、例 17.1 和例 17.15 中，我们使用 Mroz（1987）关于劳动力供给的数据分析了已婚妇女的劳动力供给模型。例 17.15 中提出的妇女劳动力参与方程为

$$\text{Prob}(LFP=1)=F(\text{常数},Other\ Income,Education,Experience,Experience^2,Age,Kids\ Under\ 6,Kids\ 6\ to\ 18)$$

其他收入（不是妻子的）将会联合地被劳动力参与决策决定，即

$$Other\ Income=\alpha_1+\alpha_2\,Husband's\ Age+\alpha_3\,Husband's\ Education+\alpha_4\,City+\alpha_5\,Kids\ Under\ 6+\alpha_6\,Kids\ 6\ to\ 18+u$$

跟之前一样，我们使用例 5.2 中论述的 Mroz (1987) 劳动供给数据进行分析。表 17.15 给出了两个方程参数的单方程和信息极大似然估计值。第三组结果是两步估计量，方法详见 17.6.2.d 小节。极大似然估计量的标准误建立在对数似然函数的导数上。两步估计量的标准误使用 50 次自助来计算。(每一步都是依靠自助重复计算的。)

表 17.15　劳动供给模型估计

	Probit		完全信息极大似然			两步控制函数	
变量	估计值	标准误	估计值	标准误	平均偏效应	估计值	标准误
妻子的劳动力市场参与方程							
常数	0.270 08	0.508 59	0.212 77	0.517 36		0.218 11	0.507 19
Education	0.130 90	0.025 25	0.145 71	0.026 89	0.056 93	0.148 16	0.029 00
Experience	0.123 35	0.018 72	0.122 99	0.018 51	0.048 05	0.125 21	0.018 68
$Experience^2$	−0.001 89	0.000 60	−0.001 92	0.000 60	−0.000 75	−0.001 96	0.000 53
Age	−0.052 85	0.008 48	−0.048 78	0.009 51	−0.019 06	−0.049 70	0.009 14
Kids Under 6	−0.868 33	0.118 52	−0.830 49	0.126 84	−0.324 47	−0.845 68	0.136 93
Kids 6－18	0.036 00	0.043 48	0.047 81	0.042 14	0.018 68	0.048 55	0.052 40
Non-wife Inc.	−0.012 02	0.004 84	−0.027 61	0.012 54	−0.010 79	−0.027 98	0.015 00
残差						0.017 95	0.015 72
非妻子收入方程							
常数			−10.681 6	4.344 81		−10.549 2	
Hus. Age			0.230 09	0.070 89		0.228 18	
Hus. Education			1.353 61	0.129 78		1.346 13	
City			3.542 02	0.913 38		3.623 19	
Kids Under 6			1.367 55	0.670 56		1.364 03	
Kids 6－18			0.678 56	0.361 60		0.675 73	
σ			10.570 8	0.159 66		10.613 12	
ρ			0.187 77	0.136 25			
$\ln L$	−401.302		−3 244.556			−2 844.103	

比较两组 probit 估计值，我们可以看到，其他收入这一变量的（假设）内生性在本质上并不会影响估计值。两个结果几乎一样。有两种简单的方法可以用来检验 ρ 等于零的假设。第一种方法，由 FIML 估计量，我们可以与 ρ 的估计值一起推导出估计的渐近标准误，所以沃尔德检验可行。对于前面的结论，沃尔德统计量为 $(0.187\,77/0.136\,25)^2=1.378^2=1.899$。从卡方分布表中查得自由度为 1 的临界值为 3.84，所以不能拒绝原假设。第二种方法则使用了似然比检验。在内生性原假设下，probit 模型和回归方程可以分别独立估计。完备模型的似然估计值为两个似然估计值的和，这个值为 $-401.302+(-2\,844.103)=-3\,245.405$。联合对数似然估计值为 $-3\,244.556$。二者之差的两倍为

0.849×2=1.698，小于临界值3.84，所以基于此，我们仍不能拒绝 $\rho=0$ 的原假设。正如现在所期望的，三个估计集合几乎相同。其他收入的系数估计值为−0.027 61，暗示增加1 000美元使劳动力参与率降低了约0.028。因为劳动参与率约为0.57，增加1 000美元暗示劳动力参与率降低4.9%。其他收入的均值约为20 000美元，所以其他收入5%的提高导致劳动力参与率5%的下降，或者说弹性接近1。

□ 17.6.3 内生抽样

我们遇到过二值选择设定中一些非随机抽样的例子。在例17.17中，我们检验了信用评级应用，样本的结果变量 $C=1$ 为接受申请而 $C=0$ 为拒绝申请的响应的比例与总体已知的比例不同。样本是偏斜的，考虑到 $C=1$ 的观测值丰富了数据集。第二种非随机抽样是后文例17.29对GSOEP中无响应或损耗的分析。此处，考虑到不同年份中样本的个体表现，观测到的样本不是随机的。第一种情况代表了对可观测的结果的特定选择——观测到的因变量。我们依靠选择确定可观测变量进入概率权重的假设，为第二种情况构建了模型。我们现在要检验样本选择的第三种形式，重点基于二元probit模型的两个方程中的不可观测的变量。

我们返回例17.17的银行业案例。在这一应用中，我们检验了一个二值选择模型：

$$
\begin{aligned}
\text{Prob}(Cardholder=1\,|\,\mathbf{x}) &= \text{Prob}(C=1\,|\,\mathbf{x}) \\
&= \Phi(\beta_1+\beta_2\, Age+\beta_3\, Income+\beta_4\, OwnRent \\
&\quad +\beta_5\, Months\ at\ Current\ Address \\
&\quad +\beta_6\, Self\text{-}Employed \\
&\quad +\beta_7\, Number\ of\ Major\ Derogatory\ Reports \\
&\quad +\beta_8\, Number\ of\ Minor\ Derogatory\ Reports)
\end{aligned}
$$

从贷款人的视角来看，信用卡持有者身份不是在信用历史中引人感兴趣的结果，违约情况才是。更有趣的方程描述了 $\text{Prob}(Default=1\,|\,\mathbf{z},C=1)$。自然的方法将是使用有关信用卡持有者样本的历史数据，为关注的违约变量构建一个二值选择模型。这个方法的问题在于信用卡持有者的样本不是从总体中随机取得——申请者被特别筛选，以使他们看起来不会违约。在这一应用的普遍情况下，有三种经济意义上的代理人：信用评分者，借款人和贷款人。每一个代理人在方程中都有潜在的个体特征，该特征决定他们的行为。这些潜在特征部分地驱动了申请和评分的过程，最终影响了消费者行为。

一个包含这些特点的模型是：

$$
\begin{aligned}
&S^*=\mathbf{x}_1'\boldsymbol{\beta}_1+\varepsilon_1,\ S=\mathbf{1}(S^*>0) \\
&y^*=\mathbf{x}_1'\boldsymbol{\beta}_2+\varepsilon_2,\ y=\mathbf{1}(y^*>0) \\
&\begin{pmatrix}\varepsilon_1 \\ \varepsilon_2\end{pmatrix}\Big|\,\mathbf{x}_1,\mathbf{x}_2 \sim N\left[\begin{pmatrix}0\\0\end{pmatrix},\begin{pmatrix}1 & \rho \\ \rho & 1\end{pmatrix}\right] \\
&\text{仅当 } S=1 \text{ 时，}(y,\mathbf{x}_2)\text{ 可观测}
\end{aligned}
$$

这包括了一个观测规则 $S=1$ 和一个行为结果，$y=0$ 或 $y=1$。抽样规则的内生性暗示

$$\text{Prob}(y=1\,|\,S=1,\mathbf{x}_2)\neq\Phi(\mathbf{x}_2'\boldsymbol{\beta})$$

从二元正态分布的属性来看，正确的概率函数是

$$\text{Prob}(y=1 \mid S=1,\mathbf{x}_1,\mathbf{x}_2)=\Phi\left[\frac{\mathbf{x}_2'\boldsymbol{\beta}_2+\rho\mathbf{x}_1'\boldsymbol{\beta}_1}{\sqrt{1-\rho^2}}\right]$$

如果 ρ 不为 0，那么使用简单的单元 probit 模型，我们在模型中省略了在 $\mathbf{x}_1$ 但不在 $\mathbf{x}_2$ 中的变量，且在任何情况下，估计量由于因子$(1-\rho^2)^{-1/2}$ 而不一致。为了阐明偏离的来源，如果 ρ 等于 0，模型的条件概率使用选择过的样本估计。因此，因为（对不可观测变量 ε_1 和 ε_2 的选择导致的）ε_1 和 ε_2 的相关性，估计有偏。这个模型被 Wynand and van Pragg（1981）用于 Boyes，Hoffman，and Lowe（1989）研究过的保险购买的非线性设定，Greene（1992）所研究的银行借贷背景下的信用卡申请，是 Heckman（1979）样本选择模型的第一次应用。这一模型在例 17.17 和例 17.21，以及随后成百上千的应用中被使用。

在已知概率形式的情况下，可以很容易得到适用于估计 $\boldsymbol{\beta}_1$、$\boldsymbol{\beta}_2$ 和 ρ 的对数似然函数。对数似然函数必须由边际概率或联合概率构造而成，而非条件概率。对于所选择的观测值，即$(y=0,S=1)$或$(y=1,S=1)$，其相关概率便很容易得出：

$$\text{Prob}=(y=0 \text{ 或 } S=1)\times\text{Prob}(S=1)=\Phi_2[(2y-1)\mathbf{x}_2'\boldsymbol{\beta}_2,\mathbf{x}_1'\boldsymbol{\beta}_1,(2y-1)\rho]$$

当观测值 $S=0$ 的时候，通过似然函数估计所得的概率为 Prob（$S=0\mid\mathbf{x}_1$）$=\Phi(-\mathbf{x}_1'\boldsymbol{\beta}_1)$。之后我们便基于双变量 probit 对数似然函数——一种更为简单的形式进行估算，相关内容也在 17.6.1 小节中提到。偏效应和事后估计分析将遵循双变量 probit 模型的分析。期望的偏效应会在实际应用中有所不同，无论期望的偏效应是由条件、联合还是边际概率计算得出，所得结果都会有所不同。重要的数据报告结果可查看 17.9.3 小节。

例 17.21 持卡人身份和违约行为

在前文，我们为持卡人身份估计了一个 logit 模型：

$$\begin{aligned}\text{Prob}(Cardholder=1)&=\text{Prob}(C=1\mid\mathbf{x})\\&=\Phi(\beta_1+\beta_2 Age+\beta_3 Income+\beta_4 OwnRent\\&\quad+\beta_5 Current\ Address+\beta_6 Self\text{-}Employed\\&\quad+\beta_7 Major\ Derogatory\ Reports\\&\quad+\beta_8 Minor\ Derogatory\ Reports)\end{aligned}$$

我们使用了有 13 444 位信用卡申请者的样本。这个样本的问题在于这个样本是有偏抽取的。在数据集中，78.1%的申请者是持卡人。同时在总体中，真正的比例是约 23.2%，所以样本是严重有偏抽取的。在原研究中为了研究持卡人，样本故意偏向于更多的持卡人。[①] WESML 估计量对 $C=1$ 观测值应用的赋权是 0.232/0.781=0.297，对 $C=0$ 观测值的赋权是 0.768/0.219=3.507。在样本的 13 444 位申请者中，10 499 位的申请被接受（发放信用卡）。样本中的“违约率”是 996/10 499=9.48%。这比总体中的违约率 10.3%低一些。为了获取不那么复杂的数值样本，我们将会忽略这里数据集的择基抽样本质。对选择问题和择基抽样的正统处理方法留作练习。[也可见 Greene（1992）。]

我们构建了持卡人方程，它可能与信用评估者过去和现在的政策都一致。较重的负面征信记录当信用账户被评级机构检测到已经逾期 60 日未偿付时产生。较轻的负面征信记录产生于一个账户 30 日

① 见 Greene（1992）。

的拖欠。负面评价是信用方面决策的主要参考。现在的信用处理者如 Fair Issacs 在“信用评分”这个总结信用历史和个人信贷承载能力的单一变量上赋权很重。我们在这一研究中无法获得当下的信用评分。选择方程之前已经给出。违约方程是一个行为模型，这一部分没有明显的标准。我们使用三个变量，依赖他人者数量（家庭中依赖别人的人的数量）、收入、支出收入比（等于信用卡发放后 12 个月平均信用卡花费与平均月收入之比）。违约状况用信用卡发放后前 12 个月衡量。

估计结果见表 17.16。这与前文中的结果大部分一致——与例 17.17 无关的模型在表 17.16 中重复。我们可以用两种检验来检验选样的内生性。ρ 的系数估计值是 0.419 47，标准误是 0.117 62。对原假设 ρ 为 0 进行检验的 t 值是 3.57，我们可以拒绝原假设。或者，基于表 17.16 中的值的似然比统计量是2×(8 670.788 31−8 660.906 50)＝19.763 62。这比临界值 3.84 更大，所以零相关性假设被拒绝。正如所料，结果有悖常理，更大的信用负担和支出收入比显示出与更低的违约可能性相关，虽然不那么显著。

表 17.16　估计持卡人和违约可能性方程

变量	内生样本模型			不相关模型		
	估计值	标准误	(t)	估计值	标准误	(t)
持卡人方程						
常数	0.305 16	0.047 81	(6.38)	0.317 83	0.047 90	(6.63)
Age	0.002 26	0.001 45	(1.56)	0.001 84	0.001 46	(1.26)
Current Add	0.000 91	0.000 24	(3.80)	0.000 95	0.000 24	(3.94)
Own Rent	0.187 58	0.030 30	(6.19)	0.182 33	0.030 48	(5.98)
Income	0.022 31	0.000 93	(23.87)	0.022 37	0.000 93	(23.95)
Self Employed	−0.430 15	0.053 57	(−8.03)	−0.436 25	0.054 13	(−8.06)
Major Derogatory	−0.695 98	0.018 71	(−37.20)	−0.699 12	0.018 39	(−38.01)
Minor Derogatory	−0.047 17	0.018 25	(−2.58)	−0.041 26	0.018 29	(−2.26)
违约方程						
常数	−0.960 43	0.047 28	(−20.32)	−0.815 28	0.041 04	(−19.86)
Dependents	−0.049 95	0.014 15	(3.53)	0.049 93	0.014 42	(3.46)
Income	−0.016 42	0.001 22	(−13.41)	−0.018 37	0.001 19	(−15.41)
Expend/Income	−0.169 18	0.144 74	(−1.17)	−0.141 72	0.149 13	(−0.95)
相关性	0.419 47	0.117 62	(3.57)	0.000 00		
对数似然函数值		−8 660.906 50			−8 670.788 31	

17.7　面板数据模型

定性响应模型已经成为计量经济学中一个飞速发展的研究领域。近来的文献，特别是面板数据分析领域的文献，已经推导出了大量新颖的方法。微观经济行为领域内高质量面板数据集的可得性使得理论界将第 11 章中的模型扩展至二值模型（和其他离散选择模型）的兴趣不减。在本节，我们将概述有关这个迅速发展的领域的几个结论。

潜在非平衡面板数据的结构模型可以写成

$$y_{it}^* = \mathbf{x}_{it}'\boldsymbol{\beta} + \varepsilon_{it},\ i=1,\cdots,n,\ t=1,\cdots,T_i$$
$$\text{若 } y_{it}^* > 0,\ y_{it} = \mathbf{1} \tag{17-38}$$

大多数我们感兴趣的案例可以从我们熟悉的共同效应模型开始分析：

$$y_{it}^* = \mathbf{x}_{it}'\boldsymbol{\beta} + v_{it} + u_i,\ i=1,\cdots,n,\ t=1,\cdots,T_i$$
$$\text{若 } y_{it}^* > 0,\ \text{则 } y_{it} = 1;\ \text{若 } y_{it}^* \leqslant 0,\ \text{则 } y_{it} = 0 \tag{17-39}$$

这里如前，u_i 是无法观测的个体特有的异质性（见 11.4 节和 11.5 节）。同样，我们可以通过分析 u_i 和 $\mathbf{x}_{it}$ 之间的关系来辨别“随机”效应和“固定”效应。假设 u_i 与 $\mathbf{x}_{it}$ 无关，所以条件分布 $f(u_i \mid \mathbf{X}_i)$ 并不依赖于 $\mathbf{X}_i$，这就可以推导出**随机效应模型**（random effects model）。注意，这里对异质性的分布施加了限定。如果其分布是无约束的，则 u_i 和 $\mathbf{x}_{it}$ 有可能相关，那么我们就可以推导出**固定效应模型**（fixed effects model）。这种区别与效应本身固有的特征无关。

我们稍后会论述，这是一个充满困难和非常规估计问题的模型构建框架。下列问题均包含其中：随机效应模型的估计需要很强的异质性假设；固定效应模型放松了这些假设，但是自然的估计量即使在模型正确设定时也会面临使得极大似然估计量不一致的**附带参数问题**（incidental parameters problem）。

□ 17.7.1 混合估计量

首先，如果我们简单地考虑式（17－39）中的异质性 u_i，并且像横截面设定一样拟合模型，这将是有用的，就像 17.2.2 小节这样应用。[①]如果固定效应模型是合适的，那么遗漏变量的结果，包括 Yatchew and Griliches（1984）的结果，可以使用。混合极大似然估计忽略了固定效应是不一致的——可能是极为不一致的。（注意：因为估计方法是极大似然，而不是最小二乘，将数据减去组内均值的做法不是解决问题的方法——将二值因变量作差将会产生含义不明的新变量。）

随机效应案例更为简单。从式（17－39）中，模型得出的边际概率是：

$$\begin{aligned}\text{Prob}(y_{it}=1 \mid \mathbf{x}_{it}) &= \text{Prob}(v_{it}+u_i > -\mathbf{x}_{it}'\boldsymbol{\beta}) \\ &= F[\mathbf{x}_{it}'\boldsymbol{\beta}/(1+\sigma_u^2)^{1/2}] \\ &= F(\mathbf{x}_{it}'\boldsymbol{\delta})\end{aligned}$$

复杂性是基于边际分布的，我们可以通过混合极大似然估计一致地估计 $\boldsymbol{\delta}$（但是不能分别估计 $\boldsymbol{\beta}$ 或者 σ_u）。[②]这将是一个伪极大似然估计量，因为对数似然函数不是真正关于全观测数据的对数似然函数，它是 $y_{it} \mid \mathbf{x}_{it}$ 的边际分布的修正结果。（这将在二值选择情况下对应于线性随机效应模型中混合普通二乘法得到的 $\boldsymbol{\beta}$ 的一致估计量。）问题在线性状况下不存在，在此处是忽略混合模型中的随机效应产生了 $\boldsymbol{\beta}$ 的估计值的衰减（不一致，向下偏）；得到 $\boldsymbol{\delta}$ 的因子

① 我们可以从建立假设——我们可以通过将面板数据视为长横截面数据估计所关注的参数（$\boldsymbol{\beta}$）——来开始分析。但这一尝试的重点问题在于那些假设在任何真实应用中都不可能出现。

② 这一结果最后在 Wooldridge（2010）中有展现。

$1/(1+\sigma_u^2)^{1/2}$ 介于 0 和 1 之间。偏效应的问题不太明确。在模型设定中，偏效应是

$$PE(\mathbf{x}_{it}, u_i) = \partial \text{Prob}[y_{it}=1 \mid \mathbf{x}_{it}, u_i]/\partial \mathbf{x}_{it} = \boldsymbol{\beta} \times f(\mathbf{x}_{it}'\boldsymbol{\beta} + u_i)$$

这无法计算出来。有用的结果是

$$E_u[PE(\mathbf{x}_{it}, u_i)] = \boldsymbol{\beta}\, E_u[f(\mathbf{x}_{it}'\boldsymbol{\beta} + u_i)]$$

Wooldridge（2010）展示了最终结果，假设 v_{it} 和 u_i 的正态性，得到 $E_u[PE(\mathbf{x}_{it}, u_i)] = \boldsymbol{\delta}\phi(\mathbf{x}_{it}'\boldsymbol{\delta})$。令人惊讶的是，看起来简单地混合数据并使用简单极大似然估计是奏效的。估计得到的标准误是不正确的，所以如 14.8.2 小节所示的聚类估计量的修正是合适的。尽管有这些结果，但三个考虑暗示着有人可能想要继续使用完全信息极大似然法：(1) 混合估计量相对于完全信息极大似然法不是有效的；(2) 混合估计量不产生 σ_u 的估计，而这本身可能正是研究者感兴趣的；(3) 完全信息极大似然估计量在现代计算机软件中是可得的，不比计算混合估计量难。注意，当考虑稳健性时，混合估计量相对于完全信息极大似然估计是不好的，因为用于获得混合估计量的正态性和随机效应假设也同样在完全信息极大似然估计中使用。

□ 17.7.2 随机效应

Butler and Moffitt（1982）的研究使用的是与 11.5 节中随机效应模型具有相同结构的设定。我们将描述推导过程，以说明在离散和受限因变量模型（例如本小节）中如何处理随机效应。估计和推断的细节可参见 Burtler and Moffitt（1982）以及 Greene（1995a）。随后，我们还将分析巴特勒-莫菲特模型的某些扩展形式。

随机效应模型设定

$$\varepsilon_{it} = v_{it} + u_i$$

式中，v_{it} 和 u_i 为独立随机变量，并具有

$$E[v_{it} \mid \mathbf{X}] = 0；\text{Cov}[v_{it}, v_{js} \mid \mathbf{X}] = \text{Var}[v_{it} \mid \mathbf{X}] = 1，当\ i=j\ 且\ t=s\ 时，否则为\ 0$$
$$E[u_i \mid \mathbf{X}] = 0；\text{Cov}[u_i, u_j \mid \mathbf{X}] = \text{Var}[u_i \mid \mathbf{X}] = \sigma_u^2，当\ i=j\ 时，否则为\ 0$$
$$\text{Cov}[v_{it}, u_j \mid \mathbf{X}] = 0，对所有的\ i,t,j$$

式中，$\mathbf{X}$ 表示样本中所有的外生变量 $\mathbf{x}_{it}$（对所有的 i 和 t）。[①] 于是有

$$E[\varepsilon_{it} \mid \mathbf{X}] = 0$$
$$\text{Var}[\varepsilon_{it} \mid \mathbf{X}] = \sigma_v^2 + \sigma_u^2 = 1 + \sigma_u^2$$

和

$$\text{Corr}[\varepsilon_{it}, \varepsilon_{is} \mid \mathbf{X}] = \rho = \frac{\sigma_u^2}{1+\sigma_u^2}$$

新的自由参数是 $\sigma_u^2 = \rho/(1-\rho)$。

回顾在横截面情形中，与一个观测值相关的边际概率为

$$P(y_i \mid \mathbf{x}_i) = \int_{L_i}^{U_i} f(\varepsilon_i)\,d\varepsilon_i，若\ y_i = 0，则\ (L_i, U_i) = (-\infty, -\mathbf{x}_i'\boldsymbol{\beta})$$

① 见 Wooldridge（2010）关于此假设的讨论。

$$若\ y_i=1,\ 则(L_i,U_i)=(-\mathbf{x}_i'\boldsymbol{\beta},+\infty)$$

对于正态分布，它可简化成 $\Phi[(2y_i-1)\mathbf{x}_i'\boldsymbol{\beta}]$；对于 logit 模型，则可简化成 $\Lambda[(2y_i-1)\mathbf{x}_i'\boldsymbol{\beta}]$。在无约束协方差矩阵的充分一般情形中，第 i 组对似然函数的贡献是推导出了所有 T_i 个观测值的联合概率

$$L_i=P(y_{i1},\cdots,y_{iT_i}\mid\mathbf{X})=\int_{L_{iT_i}}^{U_{iT_i}}\cdots\int_{L_{i1}}^{U_{i1}}f(\varepsilon_{i1},\varepsilon_{i2},\cdots,\varepsilon_{iT_i})d\varepsilon_{i1}d\varepsilon_{i2}\cdots d\varepsilon_{iT_i}\qquad(17-40)$$

对联合密度求积分在多数情形中都不太可行。但随机效应模型的特殊性质使之可以简化。我们可以在联合密度（ε_{i1}，$\cdots$，ε_{iT_i}，u_i）之外计算 v_{it} 的积分以获得 v_{it} 的联合密度，即

$$f(\varepsilon_{i1},\cdots,\varepsilon_{iT_i},u_i)=f(\varepsilon_{i1},\cdots,\varepsilon_{iT_i}\mid u_i)f(u_i)$$

所以，有

$$f(\varepsilon_{i1},\varepsilon_{i2},\cdots,\varepsilon_{iT_i})=\int_{-\infty}^{+\infty}f(\varepsilon_{i1},\varepsilon_{i2},\cdots,\varepsilon_{iT_i}\mid u_i)f(u_i)du_i$$

这个形式的优点在于，以 u_i 为条件，ε_{it} 是独立的，于是有

$$f(\varepsilon_{i1},\varepsilon_{i2},\cdots,\varepsilon_{iT_i})=\int_{-\infty}^{+\infty}\prod_{t=1}^{T_i}f(\varepsilon_{it}\mid u_i)f(u_i)du_i$$

把这个结论代入式（17－40），于是有

$$L_i=P(y_{i1},\cdots,y_{iT_i}\mid\mathbf{X})=\int_{L_{iT_i}}^{U_{iT_i}}\cdots\int_{L_{i1}}^{U_{i1}}\prod_{t=1}^{T_i}f(\varepsilon_{it}\mid u_i)f(u_i)du_i\,d\varepsilon_{i1}\,d\varepsilon_{i2}\cdots d\varepsilon_{iT_i}$$

这看上去没怎么简化，但实际上简化了很多。由于积分限相互独立，所以我们可以改变积分顺序

$$L_i=P(y_{i1},\cdots,y_{iT_i}\mid\mathbf{X})=\int_{-\infty}^{+\infty}\left[\int_{L_{iT_i}}^{U_{iT_i}}\cdots\int_{L_{i1}}^{U_{i1}}\prod_{t=1}^{T_i}f(\varepsilon_{it}\mid u_i)d\varepsilon_{i1}d\varepsilon_{i2}\cdots d\varepsilon_{iT_i}\right]f(u_i)du_i$$

基于共同的 u_i，ε 是独立的，所以方括号中的项正好是各个概率之积。我们可以把它写成

$$L_i=P(y_{i1},\cdots,y_{iT_i}\mid\mathbf{X})=\int_{-\infty}^{+\infty}\left[\prod_{t=1}^{T_i}\left(\int_{L_{it}}^{U_{it}}f(\varepsilon_{it}\mid u_i)d\varepsilon_{it}\right)\right]f(u_i)du_i\qquad(17-41)$$

现在考虑乘积中的各个密度。基于共同的 u_i，这些密度现在都是我们熟悉的各个观测值的概率在 $\mathbf{x}_{it}'\boldsymbol{\beta}+u_i$ 处计算的结果。这就推导出了二值选择模型随机效应的一般形式。通过合并整理，我们把它简化成

$$L_i=P(y_{i1},\cdots,y_{iT_i}\mid\mathbf{X})=\int_{-\infty}^{+\infty}\left[\prod_{t=1}^{T_i}\text{Prob}(Y_{it}=y_{it}\mid\mathbf{x}_{it}'\boldsymbol{\beta}+u_i)\right]f(u_i)du_i\qquad(17-42)$$

虽然还需要对分布加以设定，但到目前为止，重要的结论是：整个计算只需要一维积分。内部概率可以是我们考虑过的 probit、logit、冈贝尔等模型中的任何一个。复杂部分仍在于如何计算外部积分。14.14.4 小节中详细介绍了假设 u_i 服从正态分布的**巴特勒-莫菲特求积法**（Butler and Moffitt's quadrature method）。

许多研究者都发现，巴特勒和莫菲特的表述是完全无约束模型与完全不理会任何相关关系

的横截面变体之间的令人满意的折中。最近同时包含群组和时间效应的一个应用是 Tauchen, Witte, and Griesinger（1994）对抓捕与犯罪行为的研究。巴特勒和莫菲特的方法也因不同时期之间相关系数相等这个约束而受到批评。但它有一个令人信服的优点：即使 T_i 相当大，这个模型也能用常规方法有效地进行估计。[①]

巴特勒和莫菲特设定还存在一个正态性假设问题。通常，其他分布是存在问题的，因为很难得到其积分的封闭解或令人满意的近似方法。另一种有一定灵活性的方法是我们在 15.6 节曾讨论过的**极大模拟似然**（maximum simulated likelihood，MSL）。在式（17－42）的推导过程中，变换后的似然函数是一个期望，即

$$
\begin{aligned}
L_i &= \int_{-\infty}^{+\infty}\left[\prod_{t=1}^{T_i}\text{Prob}(Y_{it}=y_{it}\,|\,\mathbf{x}_{it}'\boldsymbol{\beta}+u_i)\right]f(u_i)du_i \\
&= E_{u_i}\left[\prod_{t=1}^{T_i}\text{Prob}(Y_{it}=y_{it}\,|\,\mathbf{x}_{it}'\boldsymbol{\beta}+u_i)\right]
\end{aligned}
$$

这个期望可通过模拟而非**求积**（quadrature）来近似。首先，令 θ 表示 u_i 分布中的尺度参数。例如，对于正态分布、logistic 分布或均匀分布，这个参数就是 σ_u。于是，可以将似然函数中的项写成

$$
L_i = E_{u_i}\left[\prod_{t=1}^{T_i}F(y_{it}\,|\,\mathbf{x}_{it}'\boldsymbol{\beta}+\theta u_i)\right] = E_u[h(u_i)]
$$

这里的 u_i 是与任何未知参数无关的。例如，对于服从正态分布的 u，通过这一变换，θ 是 σ_u 且 $u \sim N[0,1]$。这个函数是光滑、连续和连续可微的。若这个期望是有限的，则应该满足大数定律的条件，这就意味着对观测样本 u_{i1}，…，u_{iR}，有

$$
\text{plim}\,\frac{1}{R}\sum_{r=1}^{R}h(u_{ir}) = E_u[h(u_i)]
$$

基于第 15 章中的结论，这就提出了另一种最大化随机效应模型对数似然函数的方法。从总体 u_i 中根据个人情况抽取的样本可由一个随机数生成器生成。对具有正态分布 u_i 的巴特勒和莫菲特模型，模拟的对数似然函数为

$$
\ln L_{Simulated} = \sum_{i=1}^{n}\ln\left\{\frac{1}{R}\sum_{r=1}^{R}\left[\prod_{t=1}^{T_i}F[(2y_{it}-1)(\mathbf{x}_{it}'\boldsymbol{\beta}+\sigma_u u_{ir})]\right]\right\} \tag{17－43}
$$

这个函数针对 $\boldsymbol{\beta}$ 和 σ_u 进行了最大化。注意，在上述分析中，与求积近似的对数似然函数一样，模型可基于 probit、logit 或其他任何一种理想的函数形式。

为检验受约束的混合模型的假设，不需要完全随机效应模型的估计量的拉格朗日乘数法很有吸引力。Greene and McKenzie（2015）专门为随机效应模型给出了 LM 检验。令 λ_{it} 等于定义于式（17－20）中原假设下关于常数项的导数，令 $\tau_{it} = -(q_{it}\mathbf{x}_{it}'\boldsymbol{\beta})\lambda_{it} - \lambda_{it}^2$。有

$$
\mathbf{g}_i = \begin{bmatrix} \sum_{t=1}^{T_i}\lambda_{it}\mathbf{x}_{it} \\ \frac{1}{2}\left(\sum_{t=1}^{T_i}\tau_{it}\right) + \frac{1}{2}\left(\sum_{t=1}^{T_i}\lambda_{it}\right)^2 \end{bmatrix}
$$

① 参见 Greene（2007b）。

最后，$\mathbf{g}_i$ 是 $n\times(K+1)$矩阵 $\mathbf{G}$ 的第 i 行。LM 统计量是 $\mathrm{LM}=\mathbf{i}'\mathbf{G}(\mathbf{G}'\mathbf{G})^{-1}\mathbf{G}'\mathbf{i}=nR^2$，这是来自单位向量对 $\mathbf{g}_i$ 进行的回归。$\mathbf{i}'\mathbf{G}$ 的前 K 个元素等于 0，它们得出原假设成立时对数似然函数的值。因此，LM 统计量是 $\mathbf{i}'\mathbf{G}$ 矩阵的（$K+1$）个元素的平方乘以矩阵（$\mathbf{G}'\mathbf{G}$）$^{-1}$ 的最后对角线元素。Wooldridge（2010）提出了一个以混合模型为原假设、更一般模型为备择假设的综合检验，包括了 $\mathbf{x}_{it}$ 或者 y_{it} 的滞后值。检验的两个步骤是：（1）原模型的混合 probit 估计；（2）增广模型的混合 probit 估计，$\mathrm{Prob}(y_{it}=1)=\Phi(\mathbf{x}_{it}'\boldsymbol{\beta}+\gamma u_{i,t-1})$，这基于 $t=2$，…，T_i 的观测值，此处 $u_{it}=(y_{it}-\mathbf{x}_{it}'\boldsymbol{\beta})$。检验是简单的沃尔德检验、LM 检验或者 LR 检验，原假设为 $\gamma=0$。

我们已经分析了两种估计随机效应 probit 模型的方法。GMM 估计是另一种方法。Avery-et，Hansen，and Hotz（1983）和 Bertschek and Lechner（1998），以及 Inkmann（2000）都分析了这一方法；后面两个文献还将这里考虑的求积与模拟估计量进行了比较（我们在例 17.36 中使用了伯奇克（Bertschek）和莱奇勒（Lechner）的数据。

□ 17.7.3 固定效应

固定效应模型可以写成

$$y_{it}^*=\alpha_i d_{it}+\mathbf{x}_{it}'\boldsymbol{\beta}+\varepsilon_{it},\ i=1,\cdots,n,t=1,\cdots,T_i$$
$$\text{若 } y_{it}^*>0\text{，则 } y_{it}=\mathbf{1} \tag{17-44}$$

式中，d_{it} 为一个对个体 i 取 1 而对其他个体都取 0 的虚拟变量。为方便起见，我们重新定义 $\mathbf{x}_{it}$ 是模型中除常数以外的变量。要估计的参数是 $\boldsymbol{\beta}$ 中的 K 个元素和 n 个常数项。在我们考虑这个模型的一些优缺点之前，先考虑估计的实际问题，即参数数量可能相当庞大，$n+K$；这里对 n 没有限制，在实际应用中可能有成千上万个参数。固定效应模型的对数似然函数为

$$\ln L=\sum_{i=1}^{n}\sum_{t=1}^{T_i}\ln P(y_{it}\,|\,\alpha_i+\mathbf{x}_{it}'\boldsymbol{\beta}) \tag{17-45}$$

式中，$P(.)$ 为观测结果的概率，例如 probit 模型为 $\Phi[q_{it}(\alpha_i+\mathbf{x}_{it}'\boldsymbol{\beta})]$；而 logit 模型为 $\Lambda[q_{it}(\alpha_i+\mathbf{x}_{it}'\boldsymbol{\beta})]$。虽然可推广至任何一个指标函数模型，但这里我们暂时只考虑诸如正态和 logistic 等对称分布，所以概率可以方便地写成 $\mathrm{Prob}(Y_{it}=y_{it}\,|\,\mathbf{x}_{it})=P[q_{it}(\alpha_i+\mathbf{x}_{it}'\boldsymbol{\beta})]$。为方便起见，令 $z_{it}=\alpha_i+\mathbf{x}_{it}'\boldsymbol{\beta}$，则有 $\mathrm{Prob}(Y_{it}=y_{it}\,|\,\mathbf{x}_{it})=P(q_{it}z_{it})$。

在我们前面关于这个模型的线性回归应用中，我们发现，通过将数据变换成到组均值离差的形式，从而在估计量中消除因人而异的常数项，便有可能估计参数（见 11.4.1 小节）。除了下面讨论的特殊情形（在这里不太可能）之外，估计模型参数时，实际上必须同时计算可能为数众多的常数项。由于需要对一个巨大的二阶矩阵求逆，所以普遍认为这就是估计这个模型的实际障碍，但这是一种误解。① 我们将详细阐述估计非线性固定效应模型（例如 probit 和 logit 模型）的方法。②

固定效应估计量的问题是统计意义上的而非实际层面的。估计量依赖于 T_i 与常数项的一致增长——本质上，每一个 α_i 都是由 T_i 个观测值估计而来。但是，在这一条件下，不仅 T_i 是固定的，而且其值可能很小。如果这样，则常数项的估计量便不是一致的（不是因为除了它们试

① 参见 Maddala（1987，p. 317）。

② Fernandez-Val（2009）报告了使用这一方法对 5 000 个组拟合 probit 模型。

图估计的值之外它们还收敛于某值，而是因为它们根本就不收敛)。$\boldsymbol{\beta}$ 的估计量是 α 的估计量的函数，这就意味着 $\boldsymbol{\beta}$ 的 MLE 也非一致。这是一个附带参数问题［见 Neyman and Scott（1948）与 Lancaster（2000）］。这个偏倚有多严重仍是一个有待讨论的问题。两个已有的解决办法是 Hsiao（1986）关于二值 logit 模型的结论［补充结论见 Abrevava（1997）］与 Heckman and MaCurdy（1980）关于 probit 模型的结论。萧发现，对于 $T_i=2$，在 $\boldsymbol{\beta}$ 的 MLE 中偏倚为 100%，这是最为消极的结果。赫克曼和麦柯迪（MaCurdy）在蒙特卡洛研究中发现在 $n=100$ 的样本中，当 $T=8$ 时，样本偏倚近似为 10%，虽然是实质性的，但远不如萧的结论那么严重。尽管在少数情形中，可以证明没有附带参数问题（相关章节的泊松模型就是这种特例之一)，但对于其他模型，暂时还没有相应的理论研究结论。可得的理论结果的混合和蒙特卡洛方法得到的证据都显示，对于静态模型的二值选择估计，$\text{plim}\hat{\boldsymbol{\beta}}_{FE}=S(T)\boldsymbol{\beta}$，此处 $S(2)=2$，$S(T+1)<S(T)$，且 $\lim_{T->\infty}S(T)=1$。①对于动态模型，这一问题更不清楚——这里有取更小 T 的巧妙方法，但较大 T 的结果也适用。

固定效应方法对自变量的正交性和异质性假设不做要求，所以它的确具有一定的吸引力。分析这些优点与附带参数问题之间权衡的严重性是当下研究追逐的焦点。Arellano（2001）对这一论题进行了评论。我们自己研究得到的结论则可参见 15.5.2 小节和 Greene（2004)。

17.7.3.a 条件固定效应估计量

为什么附带参数问题在这里出现，而不在线性回归模型中出现呢?② 回顾回归模型中的估计基于组均值离差，而不是像这里一样使用原始数据。我们在那里使用的结论是，尽管 $f(y_{it}\mid\mathbf{X}_i)$ 是 α_i 的函数，但 $f(y_{it}\mid\mathbf{X}_i,\bar{y}_i)$ 不是 α_i 的函数，而我们在估计 $\boldsymbol{\beta}$ 时使用的是后者。此时，$\bar{y}_i$ 是 α_i 的**最小充分统计量**（minimal sufficient statistic)。充分统计量可用于我们将要分析的一些分布，但不适用于 probit 模型。下面我们分析充分统计量在 logit 模型中的应用。

一个固定效应二值 logit 模型为

$$\text{Prob}(y_{it}=1\mid\mathbf{x}_{it})=\frac{e^{\alpha_i+\mathbf{x}_{it}'\boldsymbol{\beta}}}{1+e^{\alpha_i+\mathbf{x}_{it}'\boldsymbol{\beta}}}$$

nT 个独立观测值的无条件似然函数为

$$L=\prod_i\prod_t(F_{it})^{y_{it}}(1-F_{it})^{1-y_{it}}$$

Chamberlain（1980）［追随 Rasch（1960）和 Anderson（1970）］观察到，**条件似然函数**（conditional likelihood function)

$$L^c=\prod_{i=1}^n\text{Prob}\left(Y_{i1}=y_{i1},Y_{i2}=y_{i2},\cdots,Y_{iT_i}=y_{iT_i}\;\middle|\;\sum_{t=1}^{T_i}y_{it}\right)$$

与附带参数 α_i 无关。基于集合中 1 的个数，每组 T_i 次观测的联合似然函数为

① 例如，参见 Hahn and Newey（2002)，Fernandez-Val（2009)，Greene（2004)，Katz（2001)，Han（2002）和其他。

② 在固定效应模型极大似然估计量中确实存在附带参数问题，其中 Neyman and Scott（1948）在 σ_ε^2 的估计值中发现了该问题。σ_ε^2 的极大似然估计量是 $\boldsymbol{e}'\boldsymbol{e}/nT$，收敛于 $[(T-1)/T]\sigma_\varepsilon^2<\sigma_\varepsilon^2$。

$$\text{Prob}\left(Y_{i1}=y_{i1},Y_{i2}=y_{i2},\cdots,Y_{iT_i}=y_{iT_i}\,\middle|\,\sum_{t=1}^{T_i}y_{it},\mathbf{x}_i\right)$$
$$=\frac{\exp\left(\sum_{t=1}^{T_i}y_{it}\mathbf{x}_{it}'\beta\right)}{\sum_{\sum_i d_{it}=S_i}\exp\left(\sum_{t=1}^{T_i}d_{it}\mathbf{x}_{it}'\beta\right)} \tag{17-46}$$

分母中的函数是对所有$\binom{T_i}{S_i}$个不同序列（T_i 个 0 和 1 的序列，且这些序列都具有相同的和 $S_i=\sum_{t=1}^{T_i}y_{it}$）构成的集合求和。[①]

考虑 $T_i=2$ 的例子。无条件似然函数为

$$L=\prod_i \text{Prob}(Y_{i1}=y_{i1})\text{Prob}(Y_{i2}=y_{i2})$$

对于每对观测值，有如下概率：

1. $y_{i1}=0$，$y_{i2}=0$，$\text{Prob}(0,0\mid 和=0)=1$
2. $y_{i1}=1$，$y_{i2}=1$，$\text{Prob}(1,1\mid 和=2)=1$

L^c 中的第 i 项在这两种情况下都等于 1，所以它们对条件似然函数都没有影响。[②] 当我们取对数时，这些项（和这些观测值）都将为零。假设 $y_{i1}=0$ 和 $y_{i2}=1$。则

$$\text{Prob}(0,1\mid 和=1)=\frac{\text{Prob}(0,1\ 且和=1)}{\text{Prob}(和=1)}=\frac{\text{Prob}(0,1)}{\text{Prob}(0,1)+\text{Prob}(1,0)}$$

因此，对于这对观测值，条件概率为

$$\frac{\dfrac{1}{1+e^{\alpha_i+\mathbf{x}_{i1}'\boldsymbol{\beta}}}\dfrac{e^{\alpha_i+\mathbf{x}_{i2}'\boldsymbol{\beta}}}{1+e^{\alpha_i+\mathbf{x}_{i2}'\boldsymbol{\beta}}}}{\dfrac{1}{1+e^{\alpha_i+\mathbf{x}_{i1}'\boldsymbol{\beta}}}\dfrac{e^{\alpha_i+\mathbf{x}_{i2}'\boldsymbol{\beta}}}{1+e^{\alpha_i+\mathbf{x}_{i2}'\boldsymbol{\beta}}}+\dfrac{e^{\alpha_i+\mathbf{x}_{i1}'\boldsymbol{\beta}}}{1+e^{\alpha_i+\mathbf{x}_{i1}'\boldsymbol{\beta}}}\dfrac{1}{1+e^{\alpha_i+\mathbf{x}_{i2}'\boldsymbol{\beta}}}}=\frac{e^{\mathbf{x}_{i2}'\boldsymbol{\beta}}}{e^{\mathbf{x}_{i1}'\boldsymbol{\beta}}+e^{\mathbf{x}_{i2}'\boldsymbol{\beta}}}$$

根据这两个观测值的和，我们消除了异质性。因此，当两个观测值是（0，1）时，我们可以把条件似然函数构造成这些项的积。含有（1，0）观测值对也可类似计算。对于那些和不等于 0 或 1 的观测集，与上述各项类似的乘积便构成了条件似然函数。最大化由此得到的函数很简单，并可用常规方法计算。

如同在线性回归模型中一样，检验是否确实存在异质性具有某些意义。具有同质性（$\alpha_i=\alpha$）并没有什么异常，模型可照常按照一个 logit 模型估计。但由于两个似然函数不可比较（条件似然函数基于一个受约束的数据集），所以不可能用似然比检验来检验这个假设。由于个体效应实际上无法估计，所以没有一个常见的约束检验可用。[③] 但这里使用 Hausman（1978）设定检验是很自然的选择。在同质性的原假设下，张伯论的条件极大似然估计量（conditional

① 列举所有这些计算是一个沉重的负担——见 Arellano（2000，p. 47）或 Baltagi（2005，p. 235）。事实上，如果使用 Kreilo and Pike（1984）提出的递归式，T_i 值高达 100 的计算司空见惯。

② 回顾在 probit 模型中当我们遇到类似的情况时，无法估计单个常数项并且那组将被移除出样本。这里也是同样的效果。

③ 这就为下一小节要讨论的半参数估计量同样使用的估计量提出了难题。由于固定效应没有被估计，所以不能使用这些估计系数计算概率或边际效应，并且它们对计算的作用有些模糊不清。实际计算了个体效应的强力估计量也许更可取。

maximum likelihood estimator，CMLE）和通常的极大似然估计量都是一致的，但张伯伦的估计量却不是有效的（它没有使用信息 $\alpha_i=\alpha$，且没有用到所有的数据）。在备择假设下，无条件极大似然估计量不是一致的①，然而张伯伦的估计量是一致且有效的。豪斯曼检验可以基于卡方统计量

$$\chi^2=(\hat{\boldsymbol{\beta}}_{\mathrm{CML}}-\hat{\boldsymbol{\beta}}_{\mathrm{ML}})'(\mathrm{Var}[\mathrm{CML}]-\mathrm{Var}[\mathrm{ML}])^{-1}(\hat{\boldsymbol{\beta}}_{\mathrm{CML}}-\hat{\boldsymbol{\beta}}_{\mathrm{ML}}) \quad (17-47)$$

估计的协方差矩阵就是计算这两个极大似然估计量的协方差矩阵。对于无条件极大似然估计量，去掉与常数项对应的行和列即可。较大的值将导致对同质性假设产生怀疑（检验的自由度为 K）。极大似然估计量的协方差矩阵有可能大于条件极大似然估计量的协方差矩阵。如果是这样，则可以将方括号中的矩阵差假设为一个零矩阵，因此卡方统计量等于 0。

例 17.22 面板数据的二值选择模型

在例 17.6 中，我们使用在在线附表 F7.1 中分析过的德国医疗利用数据拟合了一个混合二值 logit 模型 y=**1**（$DocVis>0$）。模型为

$$\begin{aligned}\mathrm{Prob}(DocVis_{it}>0)=\Lambda(&\beta_1+\beta_2 Age_{it}+\beta_3 Income_{it}+\beta_4 Kids_{it}\\&+\beta_5 Education_{it}+\beta_6 Married_{it})\end{aligned}$$

分析中没有考虑数据集的面板特性。这个样本总共包含 7 293 个家庭 27 326 个估计值，T_i 的取值范围为 1～7。表 17.17 给出了 probit 和 logit 随机与固定效应模型的参数估计值和估计的标准误。估计量之间存在令人吃惊的差异。为方便阅读，我们用黑体标出系数。在三种设定中的任何一个情形下，这三个估计量都会得到差别很大的估计值——例如，我们回顾混合估计量就可以看到，其与固定效应或随机效应不一致。logit 对应的结论涵盖两个固定效应估计量。标有“*U*”的那一行即是无条件（不一致）估计量，而标有“*C*”的那一行则是张伯伦的一致估计量。注意，对于所有三个固定效应估计量而言，有必要从样本中取出任何一个每期都有 $DocVis_{it}$ 等于 0 或 1 的组。一共有 3 046 个这样的组，占样本数的 42%。我们还使用了两种方法来计算 probit 随机效应模型，即先用巴特勒和莫菲特的方法，然后用极大模拟似然估计。在这种情况下，估计量如预期的那样，非常相似。估计的相关系数 ρ 的计算表达式为 $\sigma_u^2/(\sigma_\varepsilon^2+\sigma_u^2)$。对于 probit 模型，$\sigma_\varepsilon^2=1$。MSL 估计量计算出 $s_u=0.908\,837\,6$，这可由 ρ 的表达式计算出。表 17.18 显示了模型的估计偏效应。无条件固定效应情形中的常数项可由固定效应常数项的平均得到。同样，不同的估计量间有相当程度的差异。平均来说，与混合或随机效应模型相比，固定效应模型推导出的值更大。

表 17.17　面板数据二值选择模型的估计参数

			变量					
模型	估计值	ln *L*	常数	*Age*	*Income*	*Kids*	*Education*	*Married*
Logit	$\boldsymbol{\beta}$		**0.251 12**	**0.020 71**	**−0.186 30**	**−0.229 47**	**−0.045 57**	**0.085 30**
聚类	标准误	−17 673.09	0.091 14	0.001 29	0.075 09	0.029 54	0.005 65	0.033 28
	稳健标准误[a]		0.128 27	0.001 74	0.091 60	0.038 31	0.008 08	0.045 31

① Hsiao（2003）对一些特殊情形的结论进行了详细的推导。

续前表

模型	估计值	ln *L*	变量					
			常数	*Age*	*Income*	*Kids*	*Education*	*Married*
Logit R.E.	$\boldsymbol{\beta}$	−16 277.04	**0.064 47**	**0.034 16**	**0.002 37**	**−0.261 27**	**−0.057 86**	**0.027 07**
ρ=0.415 03	标准误		0.163 91	0.002 25	0.112 99	0.045 89	0.010 71	0.053 28
Logit	$\boldsymbol{\beta}$	−9 452.55		**0.104 69**	**−0.057 12**	**−0.088 28**	**−0.116 73**	**−0.057 61**
F.E.(U)[b]	标准误			0.007 26	0.178 44	0.074 47	0.068 80	0.106 19
Logit	$\boldsymbol{\beta}$	−6 299.02		**0.084 71**	**−0.047 32**	**−0.077 67**	**−0.090 84**	**−0.052 29**
F.E.(C)[c]	标准误			0.006 50	0.158 91	0.062 28	0.056 68	0.093 04
Probit	$\boldsymbol{\beta}$	−17 670.93	**0.155 01**	**0.012 83**	**−0.116 66**	**−0.141 18**	**−0.028 11**	**0.052 26**
聚类	标准误		0.056 52	0.000 79	0.046 35	0.018 22	0.003 50	0.020 46
	稳健标准误		0.079 59	0.001 07	0.056 47	0.023 61	0.005 01	0.027 90
Probit：*RE*[d]	$\boldsymbol{\beta}$	−16 273.96	**0.034 10**	**0.020 14**	**−0.002 67**	**−0.153 77**	**−0.033 71**	**0.016 29**
ρ=0.447 88[e]	标准误		0.096 35	0.001 32	0.066 70	0.027 04	0.006 29	0.031 35
Probit：*RE*[f]	$\boldsymbol{\beta}$	−16 274.06	**0.034 47**	**0.020 13**	**−0.002 61**	**−0.153 59**	**−0.033 79**	**0.017 49**
ρ=0.447 68	标准误		0.063 37	0.000 90	0.052 12	0.020 30	0.003 94	0.022 80
Probit	$\boldsymbol{\beta}$	−9 453.47		**0.062 49**	**−0.031 55**	**−0.048 18**	**−0.072 22**	**−0.032 98**
F.E.(U)	标准误			0.004 32	0.107 49	0.044 57	0.040 74	0.063 64

a. 稳健，聚类修正标准误。
b. 无条件固定效应估计量。
c. 条件固定效应估计量。
d. 巴特勒-莫菲特估计量。
e. Probit LM 统计量等于 1 011.43。
f. 极大模拟似然估计量。

表 17.18　面板数据二值选择模型的偏效应估计值

模型	*Age*	*Income*	*Kids*	*Education*	*Married*
Logit，*P*[a]	0.004 72	−0.042 38	−0.052 72	−0.010 37	0.019 51
Logit：*RE*，*Q*[b]	0.007 05	0.000 49	−0.054 61	−0.011 93	0.005 60
Logit：*F*，*U*[c]	0.025 70	−0.014 02	−0.021 67	−0.028 65	−0.014 04
Logit：*F*，*C*[d]	—	—	—	—	—
Probit，*P*[a]	0.004 75	−0.043 15	−0.052 67	−0.010 40	0.019 42
Probit：*RE*，*Q*[b]	0.005 50	−0.000 73	−0.042 26	−0.009 20	0.004 45

续前表

模型	*Age*	*Income*	*Kids*	*Education*	*Married*
Probit：*RE*，S^e	0.006 94	−0.000 90	−0.053 62	−0.011 66	0.006 05
Probit：*F*，U^c	0.013 12	−0.006 62	−0.010 12	−0.015 16	−0.006 88

a. 混合估计量。
b. 巴特勒-莫菲特估计量。
c. 无条件固定效应估计量。
d. 条件固定效应估计量。
e. 极大模拟似然估计量。

❖例 17.23　固定效应 logit 模型：再次分析杂志价格问题

固定效应模型确实有吸引力，但附带参数问题是无条件 probit 和 logit 模型一个明显的缺点。固定效应 logit 模型的条件 MLE 是一个相当常见的方法。模型广为引用的一个应用是 Cecchetti（1986）关于杂志零售价格的研究。切凯蒂（Cecchetti）的模型为

$$\text{Prob}(\text{杂志 } i \text{ 在第 } t \text{ 年的价格变化}) = \Lambda(\alpha_j + \mathbf{x}_{it}'\boldsymbol{\beta})$$

式中，$\mathbf{x}_{it}$ 中的变量为：(1) 上次价格变化至今的时间；(2) 上次变化时的通货膨胀情况；(3) 以前的固定价格变化；(4) 当前通货膨胀情况；(5) 行业销售增长；(6) 销售波动率。模型中的固定效应标以“j”而不是像在三年期的杂志 i 那样标以“i”。因此，在报刊亭已销售九年的杂志含有三个常数，而不是一个。除了估计价格变化模型的一些具体特点之外，切凯蒂还使用了式（17－47）中豪斯曼检验来检验共同效应的存在。他的一些结论如表 17.19 所示。

Willis（2006）声称切凯蒂的估计是不一致的，而且由于模型等号右边变量（1）、（2）和（6）都是滞后因变量的函数，所以豪斯曼检验是无效的。这种状态依赖性使得组观测值之和作为张伯伦估计量和豪斯曼检验的充分统计量也失去了效用。作为替代，他指出，Heckman and Singer（1984b）提出的一种方法包含了无条件似然函数无法观测的异质性。赫克曼和辛格的模型可以通过潜在类别模型（见 14.15.7 小节）表述，其中类别是根据不同的常数项定义的——限定模型中余下的参数在不同类别间是相等的。威利斯（Willis）使用两类模型来拟合赫克曼和辛格（H-S）模型，使用变量（1）、（2）和（5）将原始模型转化成有约束条件的切凯蒂模型。表 17.19 中的一些结论源自威利斯的表 1。（由于某些数据缺失，威利斯称他无法得到切凯蒂的结论——切凯蒂表中第二列即为对应项。事实上，威利斯的结论与切凯蒂相去甚远，所以比较它们很困难。两者在这里都有表述。）

威利斯报告的两个“密度点”如表 17.19 所示。他称这两个值（−1.94 和−29.15）与类别概率 0.88 和 0.12 相对应，尽管基于报告值很难解释。他指出，随着一个密度点（混合 logit 模型）变为两个，对数似然函数的改变并不明显，仅从−500.45 变为−499.65。结论中的一处异常与这一发现不谋而合。第二个“密度点”报告的标准误是 1.1×10^{11}，基本上是$+\infty$。这一发现与过度拟合潜在类别模型的情况是一致的。于是，结论指出，只有一种类别的混合模型是更好的选择。

表 17.19　杂志价格变化模型（括号中是标准误）

	混合	无条件 FE	条件 FE 切凯蒂	条件 FE 威利斯	赫克曼和辛格
β_1	−1.10 (0.03)	−0.07 (0.03)	1.12 (3.66)	1.02 (0.28)	−0.09 (0.04)
β_2	6.93 (1.12)	8.83 (1.25)	11.57 (1.68)	19.20 (7.51)	8.23 (1.53)
β_5	−0.36 (0.98)	−1.14 (1.06)	5.85 (1.76)	7.60 (3.46)	−0.13 (1.14)
常数 1	−1.90 (0.14)				−1.94 (0.20)
常数 2					−29.15 (1.1×10^{11})
ln L	−500.45	−473.18	−82.91	−83.72	−499.65
样本大小	1 026	1 026		543	1 026

17.7.3.b　芒德拉克的方法、变量加和以及偏差缩减

更深入地考量，固定效应和随机效应设定说明了面板数据二值选择模型的问题。固定效应模型的极大似然估计量是不一致的，即使该模型是设定合适的——这是附带参数问题。（和线性模型一样，固定效应 probit 和 logit 模型并不能应对非时变自变量的情况。）随机效应模型有一个很强、常常得不到满足的假设：效应和模型回归变量不相关。在这两者中，固定效应模型看起来更吸引人，尽管随着现代的包含很多人口统计学数据的数据集的出现，非时变变量的问题看起来有意思了。这将会使得推荐传统估计量要更好，省去了一堆麻烦。没有对常数项的估计，也就无法从结果中得到概率或者偏效应的信息。我们只能对系数比率做一些推导。有两种方法已被提出来以寻找一个折中的方案：Mundlak（1978）的方法包括构建时变变量的群体均值效应和最近的发展比如 Fernandez-Val（2009）修正 FE 的极大似然估计量偏差的方法。

Mundlak（1978）的方法①如下：

$$y_{it}^{*}=\alpha_i+\mathbf{x}_{it}'\boldsymbol{\beta}+\varepsilon_{it}$$
$$\text{Prob}(y_{it}=1\,|\,\mathbf{x}_{it})=F(\alpha_i+\mathbf{x}_{it}'\boldsymbol{\beta})$$
$$\alpha_i=\alpha+\overline{\mathbf{x}}_i'\boldsymbol{\delta}+u_i$$

我们一般采用 $\overline{\mathbf{x}}_i$ 作为时变变量 $\mathbf{x}_{it}$ 的群体均值。模型的简化形式是：

$$\text{Prob}(y_{it}=1\,|\,\mathbf{X}_i)=F(\alpha+\overline{\mathbf{x}}_i'\boldsymbol{\delta}+\mathbf{x}_{it}'\boldsymbol{\beta}+u_i)$$

（伍德里奇和张伯伦也建议采用所有年份的 $\mathbf{x}_{it}$ 而非群体均值。这就提出了一个非平衡面板的问题。然而我们将忽视这个可能性。）将 α_i 映射到 $\overline{\mathbf{x}}_i$ 上将产生一个随机效应公式。正如在线性模型中一样（参见 11.5.6 小节和 11.5.7 小节），建议对固定效应模型和随机效应模型进行一次均值检验。因为 $\boldsymbol{\delta}=\mathbf{0}$ 将产生纯粹的随机效应模型，一个原假设为 $\boldsymbol{\delta}=\mathbf{0}$ 的联合沃尔德检验将起作用。

① 也可见 Chamberlain（1984）和 Wooldridge（2010）。

❖例 17.24 面板数据随机效应估计量

例 17.22 展示了几组面板数据的 probit 和 logit 模型估计量。混合模型、随机效应模型和固定效应模型都有对应的 probit 模型估计量

$$\text{Prob}(DocVis_{it} > 0) = \Phi(\beta_1 + \beta_2 Age_{it} + \beta_3 Income_{it} + \beta_4 Kids_{it} + \beta_5 Education_{it} + \beta_6 Married_{it})$$

我们继续采用芒德拉克的共同效应模型分析方法来分析这个问题。表 17.20 展示了早期的随机效应模型，以及采用变量的组均值修正过的估计量，这些都是时变变量。群体均值加入回归模型使得参数估计量发生了很大变化，说明了固定效应模型的合适性。一个公式化的检验方法是：构建一个原假设为修正模型中的最后五个系数均为 0 的沃尔德统计量。卡方统计量为 113.35，自由度为 5。卡方分布表中显著性水平为 95%时的临界值为 11.07，因此 $\boldsymbol{\delta}$ 等于零的原假设被拒绝，即随机效应模型的原假设被拒绝。两个对数极大似然值对随机效应模型为−16 273.96，对修正随机效应模型为−16 222.04。似然比估计量将会是差值的两倍，为 103.84。固定效应模型看起来是更好的模型。

表 17.20 随机效应模型估计

	基础随机效应		芒德拉克形式			
变量	系数	标准误	系数	标准误	均值	标准误
常数	0.034 10	(0.096 35)	0.374 96	(0.105 01)		
Age	0.020 14	(0.001 32)	0.050 32	(0.003 57)	−0.036 56	(0.003 84)
Income	−0.002 67	(0.067 70)	−0.028 63	(0.093 25)	−0.353 65	(0.139 91)
Kids	−0.153 77	(0.027 04)	−0.041 95	(0.037 52)	−0.225 16	(0.054 99)
Education	−0.033 71	(0.006 29)	−0.054 50	(0.033 07)	0.023 91	(0.033 74)
Married	0.016 29	(0.031 35)	−0.026 61	(0.051 80)	0.146 89	(0.066 06)

最近的一系列研究在修正由附带参数问题导致的偏差时已经能够维持固定效应设定。有两种方案。Hahn and Kuersteiner（2004），Hahn and Newey（2005），以及 Fernandez-Val（2009）已经提出了一个近似方案，$\text{plim}(\hat{\boldsymbol{\beta}}_{\text{FE,MLE}} - \boldsymbol{\beta})$的“$T$”结果能够直接产生一个对估计量本身的修正。Fernandez-Val（2009）发展了对常数项估计量的修正模型。Arellano and Hahn（2006，2007）提出了对对数似然函数的修正，同时，估计一阶差分模型得到了对 $\boldsymbol{\beta}$ 的近似无偏估计。第二个流行方案的大趋势是，Carro（2007）修正了原对数似然函数的（估计方程的）一阶条件，以求得到 $\boldsymbol{\beta}$ 的一个近似无偏估计量。[总体而言，给定所有采用“T”近似的估计方法，这些估计量的优势都是将 FE 和 MLE 的偏差从 $O(1/T)$ 减小到 $O(1/T^2)$，这个减小幅度是可观的。] 这些估计量还没有得到广泛使用。已知的证据表明，对我们在此考虑的问题而言，附带参数问题在 T 达到 10 左右时是一个比较次要的问题。对一些现代的公共数据集而言，比如 BHPS 和 GSOEP 都有超过 15 期的数据，这个附带参数问题还不是很严重。但是有些我们提及的研究涉及动态模型的，它们的问题就会比静态案例的更严重。这个领域的研究还在继续。

□ 17.7.4 动态二值选择模型

允许滞后效应存在的随机或固定效应模型可以表示为

$$y_{it} = \mathbf{1}(\mathbf{x}_{it}'\boldsymbol{\beta} + \alpha_i + \gamma\, y_{i,t-1} + \varepsilon_{it} > 0)$$

二值选择背景中的滞后效应或**持久性**（persistence）有三个来源：ε_{it} 中的序列相关性；异质性 α_i；包含 $\gamma\, y_{i,t-1}$ 项的**状态依赖性**（state dependence）。Chiappori（1998）和 Arellano（2001）分析了法国汽车保险市场中的一个应用，这个市场定价体系的激励机制是：在某一期出现事故会降低下一期出现事故的概率（状态依赖性），但是，每一期仍有一些司机比其他人更容易发生事故，这又反映出异质性。在每个个体仅有少数观测值的典型面板中，状态依赖性显得尤其重要。Heckman（1981a）详尽地检验了这一事例。他发现，在 $T=8$ 的固定效应模型中，一些较弱的小样本偏倚比存在状态依赖性时的情况更糟。一个相关问题是，使用一个相对较小的面板，则**初始条件**（initial condition）y_{i0} 会对结果的整个产生路径有重要影响。与线性模型相比，在二值选择模型中构造动态效应和初始条件更为复杂，并且经过比较可知，在应用文献中较牢固的结论较少。①

在动态二值选择模型中，α_i 和 $y_{i,t-1}$ 之间的相关性使得 $y_{i,t-1}$ 内生。因此，我们之前检验的估计量将是不一致的。在近来的应用中常出现的两个熟悉的替代方法是 Heckman（1981）和 Wooldridge（2005）的方法，两者均基于随机效应设定。赫克曼的方法为初始条件分别提供了方程：

$$\text{Prob}(y_{it}=1 \mid \mathbf{x}_{i1}, \mathbf{z}_i, \alpha_i) = \Phi(\mathbf{x}_{i1}'\boldsymbol{\delta} + \mathbf{z}_i'\boldsymbol{\tau} + \theta\alpha_i)$$
$$\text{Prob}(y_{it}=1 \mid \mathbf{x}_{it}, y_{i,t-1}, \alpha_i) = \Phi(\mathbf{x}_{it}'\boldsymbol{\beta} + \gamma y_{i,t-1} + \alpha_i),\ t=2,\cdots,T_i$$

式中，$\mathbf{z}_i$ 是第 1 期中可观测到的而不包含于 $\mathbf{x}_{it}$ 的工具变量的集合。条件对数似然函数是

$$\begin{aligned}\ln L \mid \boldsymbol{\alpha} &= \sum_{i=1}^{n} \ln\left\{\Phi[(2y_{i1}-1)(\mathbf{x}_{it}'\boldsymbol{\delta} + \mathbf{z}_i'\boldsymbol{\tau} + \theta\alpha_i)]\prod_{t=2}^{T_i}\Phi[(2y_{it}-1)(\mathbf{x}_{i1}'\boldsymbol{\beta} + \gamma y_{i,t-1} + \alpha_i)]\right\}\\ &= \sum_{i=1}^{n} \ln L_i \mid \alpha_i\end{aligned}$$

我们现在采用随机效应方法，进一步假设 α_i 服从正态分布，均值为 0，方差为 σ_α^2。关于（$\boldsymbol{\delta}$，$\boldsymbol{\tau}$，θ，$\boldsymbol{\beta}$，γ，σ_α），随机效应对数似然函数可以使用 17.4.2 小节中介绍的巴特勒-莫菲特求积法或者极大模拟似然法最大化。Stewart and Arulampalam（2007）为赫克曼模型的设定提供了有用的捷径。令在第 1 期 $D_{it}=1$ 和 $\gamma=\theta-1$，而在其他每一期都为 0，且 $C_{it}=1-D_{it}$。然后两个部分能整合为

$$\ln L \mid \boldsymbol{\alpha} = \sum_{i=1}^{n} \ln\prod_{t=1}^{T_i}\{\Phi[(2y_{it}-1)\langle C_{it}(\mathbf{x}_{i1}'\boldsymbol{\beta} + \gamma y_{i,t-1}) + D_{it}(\mathbf{x}_{it}'\boldsymbol{\delta} + \mathbf{z}_i'\boldsymbol{\tau}) + (1+\lambda D_{it})\alpha_i\rangle]\}$$

在这一形式中，模型可以被视为一个随机参数（随机常数项）模型，其中常数项的随机部分存在异方差性。

---

① Hsiao（2003）给出了对某些此种结论的检验，其中绝大部分内容针对线性回归模型。近期出现了一大批有关离散选择模型和面板数据的研究，包括 Beck，Epstein，Jackman，and O'Halloran（2001），Arellano（2001）与 Greene（2001）。Vella and Verbeek（1998）给出了一个工资决定因素和工会会员关系的具体应用。

伍德里奇的方法建立在前一章芒德拉克的方法上。从这一点出发，他提出了条件初值的随机效应模型。因此，

$$\alpha_i \mid y_{i1}, \mathbf{z}_i \sim N[\alpha_0 + \eta y_{i1} + \mathbf{z}_i'\boldsymbol{\tau}, \sigma_\alpha^2]$$

与这一部分相似，伍德里奇的模型比赫克曼的更简单，

$$\begin{aligned}&\text{Prob}(Y_{it} = y_{it} \mid \mathbf{x}_{it}, y_i, u_i)\\&= \Phi[(2y_{it} - 1)(\alpha_0 + \mathbf{x}_{it}'\boldsymbol{\beta} + \gamma y_{i,t-1} + \eta y_{i1} + \mathbf{z}_i'\boldsymbol{\tau} + u_i)], t = 2, \cdots, T_i\end{aligned}$$

工具变量 $\mathbf{z}_i$ 的来源并不清楚。Wooldridge（2005）使用替代的芒德拉克方法来简化模型，使用组内均值的时变变量 $\mathbf{z}$。最终的随机效应模型是：

$$\begin{aligned}&\text{Prob}(Y_{it} = y_{it} \mid \mathbf{x}_{i1}, y_{i1}, y_{i,t-1}, u_i)\\&= \Phi[(2y_{it} - 1)(\alpha_0 + \mathbf{x}_{it}'\boldsymbol{\beta} + \gamma y_{i,t-1} + \eta y_{i1} + \overline{\mathbf{x}}_i'\boldsymbol{\tau} + u_i)],\ t = 2, \cdots, T_i\end{aligned}$$

当下很多文献都专注于寻找如何避免在 probit 和 logit 模型中使用很强的参数假设的方法。Manski（1987）与 Honore and Kyriazidou（2000）证明了 Manski（1986）的极大得分估计量可以用于计算存在固定效应的两阶段面板中不相等的一对观测值的差。但是，极大得分估计量存在的局限性也促进了关于其他方法的研究。参数模型滞后效应的扩展形式可参见 Chamberlain（1985），Jones and Landwehr（1988）与 Magnac（1997），他们把状态依赖性添加到了张伯伦的固定效应 logit 估计量中。遗憾的是，一旦相关设定得以完成，如果模型中没有其他外生变量，那么模型就只是一种运行过程，这样就限制了其有效性和实际应用。Lewbel（2000）也将他的固定效应估计量扩展到了动态模型。

Dong and Lewbel（2010）将勒贝尔的特别回归元方法扩展至动态二元选择模型，得到了基于工具变量线性回归的估计量。Honore and Kyriazidou（2000）综合考虑了条件 logit 模型（conditional logit model）和曼斯基（Manski）的极大得分估计量的推理逻辑。他们设定

$$\text{Prob}(y_{i0} = 1 \mid \mathbf{x}_i, \alpha_i) = p_0(\mathbf{x}_i, \alpha_i),\ \text{其中}\ \mathbf{x}_i = (\mathbf{x}_{i1}, \mathbf{x}_{i2}, \cdots, \mathbf{x}_{iT})$$
$$\text{Prob}(y_{it} = 1 \mid \mathbf{x}_i, \alpha_i, y_{i0}, y_{i1}, \cdots, y_{i,t-1}) = F(\mathbf{x}_{it}'\boldsymbol{\beta} + \alpha_i + \gamma\, y_{i,t-1}),\ t = 1, \cdots, T$$

这个分析假设单一回归元，并集中研究 $T = 3$ 的情形。其结论得到的估计量与张伯伦的类似，但依赖于 $\mathbf{x}_{it} = \mathbf{x}_{i,t-1}$ 的观测值，这就排除了直接时间效应和所有连续变量（出于实际应用考虑）。单一回归元的设定也限制了这种技巧的一般性。对 $\mathbf{x}_{it}$ 等值观测值的需要是一个合理的限定，作者针对差分项 $\mathbf{x}_{it} - \mathbf{x}_{i,t-1}$ 推导出了一个核密度估计量，这就将限定稍微放松了。他们推测，最后会推导出一个收敛的估计量，但会以慢于 $n^{-1/3}$ 的速率收敛于一个非正态分布。

尚在发展中的动态模型的半参数估计量依然引发了理论界的关注。将自身参数表达式扩展到包含状态依赖性的模型的历史已经很长了，可参见 Heckman（1978，1981a，1981b），Heckman and MaCurdy（1980），Jakubson（1988），Keane（1993）与 Beck et al.（2001）。[①] 一般来说，即使没有异质性，动态模型最终仍需要将联合结果（y_{i0}，…，y_{iT}）模型化，这就需要对包含多个变量的协整问题进行某种处理。例 17.14 描述了一个近期的应用。还可参见 Stewart（2006）。

---

① Beck et al.（2001）与以上提到的文献在“状态失效”研究上有些许不同，他们在一个相当长的时期内（40 年）观察了一个以国家为观测值的大样本（147 个）。由此，他们在构造模型时，能够使模型关于 T 的渐近性相对合理。他们可以重点在时间序列框架下分析数据。Sepanski（2000）是另一个将状态依赖性与 Akin，Guilkey，and Sickles（1979）随机系数设定综合考虑的应用。

❖例 17.25 劳动力参与和失能动态模型

Gannon (2005) 对爱尔兰的劳动力参与情况和失能的关系的面板数据集——爱尔兰生活调查 1995—2000 建模。样本从 1995 年开始，有 7 254 个观测值，因为损耗，在 2000 年降至 3 670。动态 probit 模型是

$$y_{it}^* = b_0 + b_1 y_{i,t-1} + b_2 D_{it} + b_3 D_{i,t-1} + b_4 \mathbf{z}_{it} + \alpha_i + \varepsilon_{it}, y_{it} = \mathbf{1}(y_{it}^* > 0)$$

式中，y_{it} 是劳动力参与的指示符号，D_{it} 是一个失能的指示符号。相关的协变量都在 $\mathbf{z}_{it}$ 中。D_{it} 的滞后值可帮助区分长期失能与短期失能。不能观测的非时变的个体异质性被共同效应 α_i 所捕捉。滞后的因变量可帮助厘清个体异质性的影响和过去劳动力参与的惯性。$\mathbf{z}_{it}$ 包括年龄、居住地、教育、婚姻状况、孩子和未获得的收入。

研究的出发点是一个没有共同效应（在个体水平下的聚类效应的标准误修正）的混合 probit 模型。混合模型留下了两个有趣的问题：

1. 控制变量是否充分考虑了个体异质性？
2. 模型中过去的失能是否直接影响了劳动力参与，或者通过一些不同的渠道影响了过去的劳动力参与？

作者采取我们在 17.7.3.b 小节和例 17.24 检验的随机效应模型的 Wooldridge (2005) 的芒德拉克形式，以处理不可观测的个体异质性和初始条件问题。因此 y_{it} 的初值和时变变量的组内均值被加入随机效应模型。

$$y_{it}^* = b_1 y_{i,t-1} + b_2 D_{it} + b_3 D_{i,t-1} + b_4 \mathbf{z}_{it} + \alpha_0 + \alpha_1 y_{i0} + \boldsymbol{\alpha}'_2 \bar{\mathbf{x}}_i + a_i + \varepsilon_{it}, y_{it} = \mathbf{1}(y_{it}^* > 0)$$

最终的模型现在使用巴特勒-莫菲特方法处理随机效应。

❖例 17.26 跨期劳动力参与方程

Hyslop (1999) 给出了一个已婚妇女劳动力参与模型。他的研究主要关注的是参与决策的高度持久性。所用数据来自家庭收入动态研究 1979—1985 年的数据，且使用一个包含 1 812 对婚龄很长夫妇的样本。模型中的外生变量为对永久和临时收入以及生育率（通过每年记录一次年龄在 0～2 岁、3～5 岁、6～17 岁的子女数）的度量。希斯洛普 (Hyslop) 表达式的一般形式是

$$
\begin{aligned}
&(\text{初始条件})\, y_{i0} = \mathbf{1}(\mathbf{x}'_{i0}\boldsymbol{\beta}_0 + v_{i0} > 0)\\
&(\text{动态模型})\, y_{it} = \mathbf{1}(\mathbf{x}'_{it}\boldsymbol{\beta} + \gamma y_{i,t-1} + \alpha_i + v_{it} > 0)\\
&(\text{与参与相关的异质性})\, \alpha_i = \mathbf{z}'_i\boldsymbol{\delta} + \eta_i\\
&(\text{随机设定})\, \eta_i \mid \mathbf{X}_i \sim N[0, \sigma_\eta^2]\\
&\qquad v_{i0} \mid \mathbf{X} \sim N[0, \sigma_0^2]\\
&\qquad w_{it} \mid \mathbf{X}_i \sim N[0, \sigma_w^2]\\
&\qquad v_{it} = \rho v_{i,t-1} + w_{it}, \ \sigma_\eta^2 + \sigma_w^2 = 1\\
&\qquad \text{Corr}[v_{i0}, v_{it}] = \rho^t, \ t = 1, \cdots, T-1
\end{aligned}
$$

模型中自相关与状态依赖性的存在会使得我们之前研究的简单极大似然法失效。能够较合适地表述概率的似然函数可以构造为以下形式：

$$\text{Prob}(y_{i0}, y_{i1}, \cdots) = \text{Prob}(y_{i0}) \times \text{Prob}(y_{i1} \mid y_{i0}) \times \cdots \times \text{Prob}(y_{iT} \mid y_{i,T-1})$$

这里仍然涉及 $T=7$ 阶正态单整过程（通过使用一个与 15.6.2.b 小节中 GHK 模拟器类似的模拟器近似得出）。希斯洛普对由多元正态概率模拟器拟合的模型与由 15.6 节中描述的极大模拟似然技术拟合

的同一个模型进行了对比。

□ 17.7.5 个体异质性的半参数模型

迄今为止，我们考虑的面板数据分析主要集中在构造有固定和随机效应设定的异质性模型上。两者都假设异质性在个体间是连续分布的；随机效应模型是全参数的，要求对估计似然函数进行完整的设定；固定效应模型基本上是半参数的，它不要求具体的分布假设，但是，它要求把潜在异质性的发现视为参数，在可能的情况下以无条件固定效应估计量估计出来，或被限定在似然函数以外。正如我们在例 17.23 中所分析的，Heckman and Singer（1984b）的模型在潜在异质性离散分布的基础上给出了不那么严格的模型设定。对于这个模型，一个较简单的方法是将其视作一个潜在类别模型，其中的类别通过不同的常数项以及相关联的概率加以区分。每种类别的概率将被视作参数，并使用模型参数加以估计。

例 17.27　异质性的半参数模型

在例 17.22 中，通过拟合 Heckman and Singer（1984b）模型，我们扩展了随机和固定效应 logit 模型。表 17.21 显示的是不同设定下的设定搜索和结果。结论的第一列是例 17.22 中的固定效应模型估计值。条件估计值在括号中给出。在样本的 7 293 个组中，有 3 056 个组由于 $Doctor_{it}$ 的和为 0 或 T_i 而没有被用在固定效应模型的估计中。估计的异质性基本分布的均值和标准差可以使用剩余 4 237 个组的 α_i 估计值来计算。表中余下的五列给出了 H-S 模型中当潜在类别取不同数值时的结论。列出的常数项是基本分布的“密度点”。相关的类别概率在它们下面的括号中给出。分布的均值和标准差由所示的 2～5 点离散分布推导而来。值得注意的是，分布的均值相对稳定，而标准差是单调递增的。对最优模型的探寻应建立在 AIC 基础上。正如我们在 14.15.5 小节中所论述的，由于自由度个数模棱两可，所以在这种情形中使用似然比检验是有问题的。基于 AIC，四类别模型的设定更为可取。

表 17.21　异质性模型的估计

		类别数量				
	固定效应	1	2	3	4	5
β_1	0.104 75	0.020 71	0.030 33	0.033 68	0.034 08	0.034 16
	(0.084 76)					
β_2	−0.060 97	−0.185 92	0.025 55	−0.005 80	−0.006 35	−0.013 63
	(−0.050 38)					
β_3	−0.088 41	−0.229 47	−0.247 08	−0.263 88	−0.265 90	−0.266 26
	(−0.077 76)					
β_4	−0.116 71	−0.045 59	−0.050 92	−0.058 02	−0.059 75	−0.059 18
	(−0.090 82)					
β_5	−0.057 32	0.085 29	0.042 97	0.037 94	0.029 23	0.030 70
	(−0.520 72)					
α_1	−2.623 34	0.251 11	0.917 64	1.716 69	1.945 36	2.766 70
		(1.000 00)	(0.626 81)	(0.348 38)	(0.293 09)	(0.116 33)

续前表

	固定效应	类别数量				
		1	2	3	4	5
α_2			−1.478 00	−2.234 91	−1.763 71	1.183 23
			(0.373 19)	(0.184 12)	(0.217 14)	(0.264 68)
α_3				−0.281 33	−0.036 74	−1.967 50
				(0.467 49)	(0.463 41)	(0.195 73)
α_4					−4.039 70	−0.255 88
					(0.026 36)	(0.409 30)
α_5						−6.481 91
						(0.013 96)
均值	−2.623 34	0.251 11	0.023 61	0.055 06	0.063 69	0.054 71
标准差	3.134 15	0.000 00	1.158 66	1.407 23	1.487 07	1.621 43
$\ln L$	−9 458.638	−17 673.10	−16 353.14	−16 278.56	−16 276.07	−16 275.85
	(−6 299.02)					
AIC/N	1.003 49	1.293 94	1.197 48	1.192 17	1.192 13	1.192 26

□ 17.7.6 参数异质性建模

我们在 11.10 节中分析了将基本的异质性延伸至所有模型参数的设定，且主要考虑了两种方法。随机参数或第 15 章讨论过的混合模型都允许参数在个体间的分布是连续的，而 14.15 节的潜在类别模型却设定为离散分布（之前章节中的 H-S 模型将这一方法用于常数项）。所有对这一主题（例 14.17 对其进行了专门讨论）的讨论都集中在线性模型。然而，我们接下来介绍的模型可以证明，相同的方法也适用于离散选择模型等非线性模型。

随机效应模型可以被设立为带有随机常数项的模型。

$$y_{it}^* = \alpha_i + \mathbf{x}_{it}'\boldsymbol{\beta} + \varepsilon_{it}, i = 1, \cdots, n, t = 1, \cdots, T_i$$
$$y_{it} = \mathbf{1}(y_{it}^* > 0)$$

其中 $\alpha_i = \alpha + \sigma_u u_i$。这是我们刚刚分析过的模型的重新解释。但是，我们现在可能将这一形式扩展至全参数向量。得到的结果是：

$$y_{it}^* = \mathbf{x}_{it}'\boldsymbol{\beta} + \varepsilon_{it},\ i = 1, \cdots, n, t = 1, \cdots, T_i$$
$$y_{it} = \mathbf{1}(y_{it}^* > 0)$$

其中 $\boldsymbol{\beta}_i = \boldsymbol{\beta} + \boldsymbol{\Gamma}\boldsymbol{u}_i$，$\boldsymbol{\Gamma}$ 是一个非负定的对角矩阵——对于非随机参数，它的一些对角线元素可能是 0。估计方法是极大模拟似然。模拟的对数似然函数是：

$$\ln L_{Simulated} = \sum_{i=1}^{n} \ln\left\{\frac{1}{R}\sum_{r=1}^{R}\left[\prod_{t=1}^{T_i} F[q_{it}[\mathbf{x}_{it}'(\boldsymbol{\beta} + \boldsymbol{\Gamma}\mathbf{u}_{ir})]]\right]\right\}$$

这一模拟现在包括从 u 的多元分布中取样 R 次。因为取样互不相关——$\boldsymbol{\Gamma}$ 是对角矩阵——这与前述的随机效应模型考虑的是同样的估计问题。这个模型在例 17.28 中有估计。例 17.28 同样展现了一个相似的模型，它假设 $\boldsymbol{\beta}_i$ 的分布是离散的而非连续的。

❖例 17.28　二值选择模型中的参数异质性

我们已经检验了例 17.14 中的 logit 模型，且允许参数在个体间随机变化。随机参数 logit 模型为

$$\text{Prob}\ (Doctor_{it}=1)$$
$$=\Lambda(\beta_{1i}+\beta_{2i}Age_{it}+\beta_{3i}Income_{it}+\beta_{4i}Kids_{it}+\beta_{5i}Educ_{it}+\beta_{6i}Married_{it})$$

式中，我们使用的关于参数变异的模型有以下两个：

连续：$\beta_{ki}=\beta_k+\sigma_k u_{ki},\ u_{ki}\sim N[0,1],\ k=1,\cdots,6,\ \text{Cov}[u_{ki},u_{mi}]=0$

离散：$\beta_{ki}=\beta_k^1$（概率为 π_1）

$=\beta_k^2$（概率为 π_2）

$=\beta_k^3$（概率为 π_3）

我们选择了一个三类别的潜在类别模型来进行分析。在一个应用中，有人进行了一项系统研究（例如在例 17.27 中）以寻找一个更可取的设定。表 17.22 显示的是固定参数（混合）logit 模型和两个随机参数版本的估计结果。（这项研究设定的变异是多种多样的——具体讨论参见第 15 章——我们只使用最简单的来对模型进行说明。[①]）

表 17.22　异质性参数模型估计

	混合模型		随机参数模型		潜在类别模型	
变量	估计值：β	估计值：β	估计值：σ	估计值：β	估计值：β	估计值：β
常数	0.251 11	−0.034 96	0.816 51	0.966 05	−0.185 79	−1.525 95
	(0.091 14)	(0.075 53)	(0.016 54)	(0.437 57)	(0.239 07)	(0.434 98)
Age	0.020 71	0.026 31	0.025 33	0.049 06	0.032 25	0.019 98
	(0.001 29)	(0.001 10)	(0.000 42)	(0.006 95)	(0.003 15)	(0.006 26)
Income	−0.185 92	−0.004 36	0.107 37	−0.279 17	−0.068 63	0.454 87
	(0.075 06)	(0.062 45)	(0.038 28)	(0.371 49)	(0.167 48)	(0.311 53)
Kids	−0.229 47	−0.174 61	0.555 20	−0.283 85	−0.283 36	−0.117 08
	(0.029 54)	(0.024 52)	(0.023 87)	(0.142 79)	(0.066 40)	(0.123 63)
Education	−0.045 59	−0.040 51	0.037 92	−0.025 30	−0.057 34	−0.093 85
	(0.005 65)	(0.004 75)	(0.001 34)	(0.027 77)	(0.012 47)	(0.027 97)
Married	0.085 29	0.014 62	0.070 70	−0.108 75	0.025 33	0.235 71
	(0.033 29)	(0.027 417)	(0.017 36)	(0.172 28)	(0.075 93)	(0.143 69)
Class	1.000 00	1.000 00		0.348 33	0.461 81	0.189 86
概率	(0.000 00)	(0.000 00)		(0.038 50)	(0.028 06)	(0.022 34)
ln *L*	−17 673.10		−16 271.72		−16 265.59	

① 我们又一次遇到了非复现性问题。非复现性是当今经济学实证研究中一个既存的难题（比如，见例 17.14）。这一问题在包括诸如蒙特卡洛研究和随机参数模型等模拟方法研究中尤为严重。有关复现性，我们需要注意表 17.22 中的随机参数估计值是在 50 次霍尔顿抽样基础上由 NLOGIT［Econometrics Software（2007）］计算而来的。我们使用前六个序列（质数 2、3、5、7、11、13）并去掉每个序列的前十次抽取。

图 17.5 显示的是年龄系数隐含的分布。对于连续分布，我们只简单标出了正态密度。而对于离散分布，我们首先计算出了均值（0.035 8）和标准差（0.010 7）。注意这个分布比估计的连续正态分布（均值为 0.026，标准差为 0.025 3）更紧凑。为展示参数的变异程度（单纯为显示它，因为分布是离散的），我们将中心区间的众数 0.461 放在中心质点与两个端点形成的区间的中点。于是计算出的宽度为 0.014 5，密度为 0.461/0.014 5=31.8。然后我们把相同的区间宽度用于外层部分。这一变异程度涵盖了分布的 5 倍标准差。

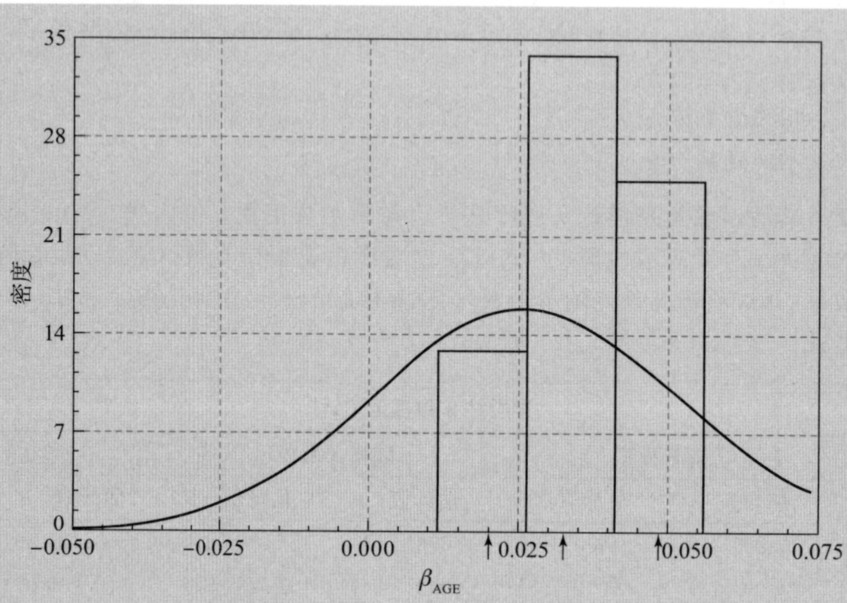

图 17.5　年龄系数分布

□ 17.7.7　无响应、损耗和逆概率赋权

观测值遗失是分析面板数据时常见的问题。Nicoletti and Peracchi（2005）提出，在以下几种情况下，面板数据会变得不平衡：

- 人口统计学事件，如死亡
- 移动到调查范围外，如制度化和移民
- 在后续，受访者拒绝回答
- 受访者住址改变
- 其他无法联系到受访者的情况

我们在本书中广泛使用的 GSOEP［来自 Riphahn，Wambach，and Million（2003）］正是这样一个数据集。Jones，Koolman，and Rice（2006）（JKR）列出了其他应用，包括英国家庭面板调查（BHPS）和欧洲共同体家庭面板（ECHP）以及收入动态面板研究（PSID）。

如果观测值是完全随机缺失（miss completely at random，MCAR，参见 4.7.4 小节），则无响应的问题就可以忽略，尽管在进行动态模型估计时，我们要么将分析限定在无间断样本序列中，要么根据一些很强的假设和一些插值方法来补充缺失的数据。（参见 4.7.4 小节中对术语用法和处理缺失数据问题的讨论。）但当数据缺失的原因和估计结果有关时，问题就出现了。当样本由于某种与结果变量有关的原因而出现或消失时，如果用传统估计方法如最小二乘法和probit 极大似然法对其进行估计，则会使结果出现**无响应偏差**（nonresponse bias）及与之相关的问题：损耗偏差（个体在研究期间永久离开了样本集）。这是我们将在第 19 章中讨论的样本选择偏差问题。

Verbeek and Nijman（1992）已经提出了样本响应模式内生性的一种检验方法。（我们将采用 JKR 的标记和术语。）记 h 为我们感兴趣的结果，$\mathbf{x}$ 为相关协变量的集合。记 R 为响应模式，如果无响应是随机发生的，则 $E[h\mid\mathbf{x},R]=E[h\mid\mathbf{x}]$；这就产生了一个变量加和检验（忽略其他面板数据效应）；一个除了包含 $\mathbf{x}$ 还包含 R 的混合模型能提供简单的内生性检验的方法。JKR（以及 Verbeek 和 Nijman）建议采用个体存在的期数作为 R 的测度。因此，将 R 加到混合模型中，我们就能对假设进行简单 t 检验。

给定（无）响应是不可忽略的，设计一个估计量需要我们对响应模式的产生过程有一个更深刻的理解。关键点在于样本选择是建立在可观测值上还是不可观测值上。**基于不可观测值的样本选择**（selection on unobservables）将导致，即使基于相关变量 $\mathbf{x}$ 和其他信息 $\mathbf{z}$，取样机制仍然随着模型扰动项表现出非随机性。基于不可观测值的样本选择是由 Heckman（1979）开创的选择方法的核心，我们将在第 19 章中学习。（有些由于不可观测值应用导致的有偏估计在我们学习回归模型的内生性的产生原因时已在第 8 章中做了讨论。）如果选择是基于可观测值，且建立在一个合适的包含了样本信息（$\mathbf{x}$，$\mathbf{z}$）的假设下，在消除取样机制的内生性估计量的影响后，我们将得到一个一致估计量。

JKR 采用了 Robins，Rotnitsky，and Zhao（1995）；Fitzgerald，GottsHalk，and Moffitt（1998）；Moffitt，Fitzgerald，and Gottshalk（1999）以及 Wooldridge（2002）提出的**逆概率赋权**（inverse probability weighted，IPW）估计量。该估计量是建立在广义 MCAR 假设即 $P(R=1\mid h,\mathbf{x},\mathbf{z})=P(R=1\mid\mathbf{x},\mathbf{z})$上。即可观察到的协关系传递了所有决定响应模式的信息——只要外生信息被解释，不响应概率因结果变量而系统性变化。在一个估计量中贯彻这个想法要求当 $R=0$ 时 $\mathbf{x}$ 和 $\mathbf{z}$ 可观测，即从非响应者中可以获得外生数据。这并不是常见的情况；在一个非平衡面板数据中，整个观测都遗失。Wooldridge（2002）提出了一个更强的假设使得检验可行：$P(R=1\mid h,\mathbf{x},\mathbf{z})=P(R=1\mid\mathbf{z})$，$\mathbf{z}$ 是在第 1 期可获得的样本协变量集合。为了算出伍德里奇的 IPW 估计量，我们将从研究第 1 期中所有个体的样本开始。（在我们的例 17.17 中，基于 GSOEP 数据，不是所有个体都在第 1 期有观测值。）在第 1 期，$(\mathbf{x}_{i1},\mathbf{z}_{i1})$对所有研究个体可观测。$\mathbf{z}_{i1}$ 包含了所有不在结果方程中体现的信息，能够预测接下来几期的响应模式，包括在第 1 期的响应变量。在第 1 期，$P(R_{i1}=1\mid\mathbf{x}_{i1},\mathbf{z}_{i1})=1$。伍德里奇建议对 $P(R_{it}=1\mid\mathbf{x}_{i1},\mathbf{z}_{i1})$，$t=2,\cdots,T$ 采用一个 probit 模型来获得接下来几期响应的预测概率，$\hat{p}_{it}$。IPW 估计量将最大化赋权对数似然函数

$$\ln L_{\text{IPW}}=\sum_{i=1}^{n}\sum_{t=1}^{T}\frac{R_{it}}{\hat{p}_{it}}\ln L_{it}$$

对赋权对数似然函数的推导可以参见 17.3 节。一个需要关注的细节是在赋权对数似然函数中预测概率的使用是否使得有必要修正两步估计的标准误。这里的案例不是一个我们在 14.7 节中讨论的两步估计量的应用，因为第一步不被用于产生第二步中的待估计的参数向量。Wooldridge（2002）展示了计算出的不调整的标准误是“保守的”，因为它们比调整后的结果大。

❖例 17.29　GSOEP 样本中的无响应

我们在早前几个样本中使用 GSOEP 样本中的 7 293 个体的数据，3 874 个个体出现在样本的时点 1 上（1984 年）。这 3 874 个个体的时点数情况在图 17.6 中展现。时点分别是 1984—1988 年、1991 年和 1994 年。一个动态模型将基于在时点 1 出现且在后面 4 个时点中均出现的 1 600 个个体。在这些数据中有明显的无响应的问题。不是所有的个体都因第一次无响应而从样本中脱离，因此最终的面板数据是非平衡的。图 17.6 给人的印象有些误导性——无响应情况与简单的损耗大为不同。例如，3 874 个个体中的 364 个个体在时点 1 中响应了，在时点 2 中没有响应，但是在时点 3 时又返回了样本。

为了使用 Verbeek 和 Nijman 的检验，我们使用整个包含 27 326 个家庭/年数据的样本。*DosVis*> 0 的混合 probit 模型产生了表 17.23 左边的结果。出现时点数的系数为 0 的假设的 t 检验（沃尔德检验）被强烈拒绝，所以我们继续使用逆概率赋权估计量。为计算逆概率赋权，我们使用如下设定：

$x_{i1}=$ 常数, age, $income$, $educ$, $kids$, $married$

$z_{i1}=$ $female$, $handicapped\ dummy$, $percentage\ handicapped$, $university$, $working$, $blue\ collar$, $white\ collar$, $public\ servant$, y_{i1}

$y_{i1}=$ 第 1 期中 $DoctorVisits>0$

表 17.23　逆概率赋权估计量

	混合模型			随机效应模型-芒德拉克		固定效应模型	
变量	内生性检验	无赋权	*IPW*	无赋权	*IPW*	无赋权	*IPW*
常数	0.264 11	0.033 69	−0.023 73	0.098 38	0.132 37		
	(0.058 93)	(0.076 84)	(0.063 85)	(0.160 81)	(0.170 19)		
Age	0.013 69	0.016 67	0.018 31	0.051 41	0.056 56	0.062 10	0.068 41
	(0.000 80)	(0.001 07)	(0.000 88)	(0.004 22)	(0.003 88)	(0.005 06)	(0.004 65)
Income	−0.124 46	−0.170 97	−0.222 63	0.057 94	0.016 99	0.078 80	0.036 03
	(0.046 36)	(0.059 81)	(0.048 01)	(0.112 56)	(0.105 80)	(0.128 91)	(0.121 93)
Education	−0.029 25	−0.036 14	−0.035 13	−0.064 56	−0.070 58	−0.077 52	−0.085 74
	(0.003 51)	(0.004 49)	(0.003 65)	(0.061 04)	(0.057 92)	(0.065 82)	(0.061 49)
Kids	−0.131 30	−0.130 77	−0.132 77	−0.049 61	−0.034 27	−0.057 76	−0.035 46
	(0.018 28)	(0.023 03)	(0.019 50)	(0.045 00)	(0.043 56)	(0.052 96)	(0.051 66)
Married	0.067 59	0.062 37	0.070 15	−0.065 82	−0.092 35	−0.079 39	−0.112 83
	(0.020 60)	(0.026 16)	(0.020 97)	(0.065 96)	(0.063 30)	(0.081 46)	(0.078 38)
Mean Age				−0.030 56	−0.034 01		
				(0.004 79)	(0.004 55)		
Mean Income				−0.663 88	−0.780 77		
				(0.186 46)	(0.188 66)		
Mean Education				0.026 56	0.028 99		
Mean Kids				(0.061 60)	(0.058 48)		
				−0.175 24	−0.206 15		

续前表

变量	混合模型			随机效应模型-芒德拉克		固定效应模型	
	内生性检验	无赋权	*IPW*	无赋权	*IPW*	无赋权	*IPW*
				(0.072 66)	(0.074 64)		
Mean Married				0.223 46	0.257 63		
				(0.087 19)	(0.084 33)		
Number of Waves	−0.029 77						
	(0.004 50)						
ρ				0.465 38	0.486 16		

第一年的数据向量作为可观测的自变量被用于在时点 1 出现的 3 874 个个体的时点 2～时点 7 的 probit 模型。每个 probit 模型都有 3 874 个观测值，因为所有个体都在时点 1 出现。当 $R_{i1}=1$，计算出 R_{it} 的拟合概率用于时点 2～时点 7。这些概率的样本均值等于 3 874 个个体中在每一个时点响应的比例，分别是 1.000，0.730，0.672，0.626，0.682，0.568 和 0.386。表 17.23 展现了几种模型设定，在每种情形中，它体现出赋权带来了参数的一些适度的改变，以及标准误均匀地减少。

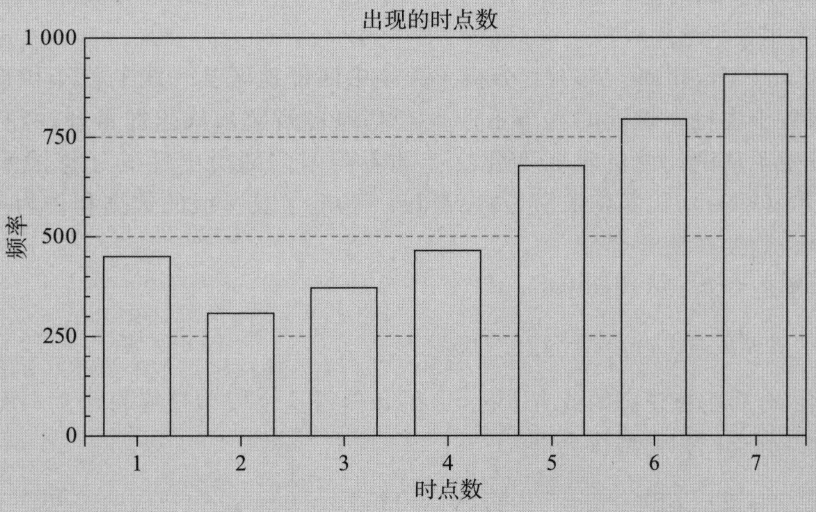

图 17.6　响应在时点 1 出现的个体的时点数

17.8　空间二值选择模型

11.7 节展示了样本观测值在空间维度的联系。在一个应用实例中，Bell and Bockstael (2000) 构建了一个基于房价受属性和社区效应影响的空间回归模型。我们考虑了回归模型的两种框架，得到空间自回归（spatial autoregression，SAR），

$$y_i=\mathbf{x}_i'\boldsymbol{\beta}+\rho\Sigma_{j=1}^{n}w_{ij}y_j+\varepsilon_i\text{，或者对所有 } n \text{ 个观测值，}\mathbf{y}=\boldsymbol{X\beta}+\rho\mathbf{Wy}+\boldsymbol{\varepsilon}$$

和空间自相关性（spatial autocorrelation，SAC），

$$y_i = \mathbf{x}_i'\boldsymbol{\beta} + \varepsilon_i，此时\ \varepsilon_i = \rho\Sigma_{j=1}^{n} w_{ij}\varepsilon_j + u_i，或者\ \mathbf{y} = \boldsymbol{X\beta} + \boldsymbol{\varepsilon}，\boldsymbol{\varepsilon} = \rho\mathbf{W}\boldsymbol{\varepsilon} + \mathbf{u}$$

两种情形都产生了一个有 $n \times n$ 协方差矩阵的广义回归模型，y 是一个连续随机变量，模型框架的关键点在于空间相关性参数 ρ 和邻接矩阵 $\mathbf{W}$ 的具体形式，这两者决定了空间相关性形式。在贝尔（Bell）和博克斯泰尔（Bockstael）的应用中，对 1 000 个家庭销售的样本，$\mathbf{W}$ 的元素（作为 $\mathbf{W}$ 的一种具体形式）是

$$W_{ij} = \frac{\mathbf{1}(\text{家庭 } i \text{ 和家庭 } j \text{ 相隔 600 米以内})}{\text{家庭 } i \text{ 和家庭 } j \text{ 间的距离}}; W_{ii} = 0$$

（$\mathbf{W}$ 的行已经标准化。）基于 ρ 的值，这产生了一个可用 GMM 或者极大似然估计的广义回归模型。

我们对将空间关联性拓展到一个二值结果很感兴趣。[①] 有现成的案例如下：

- Garrett，Wagner，and Wheelock（2005）检验了银行支行设立的选择。
- McMillen（1992）检验了与俄亥俄州哥伦布市犯罪率高低相关的因子。
- Pinske and Slade（2006）检验了对一系列铜矿的运营决定（开或关）。
- Flores-Lagunes and Schnier（2012）拓展了 Heckman（1979）的两步估计量以包含选择（probit）和回归步骤的空间效应。他们应用了包含 320 个拖网渔船观测值的样本，其中只有 207 个被完全报告（选择）；
- Klier and McMillen（2008）分析了美国中西部地区县一级的汽车供应商选址的决策数据。一个服务于底特律附近的汽车工业生产基地自西向东从芝加哥迁往纽约。在 20 世纪中叶，入口发生了从南向北的轴向变化（伴随着美国内部历史性的迁移浪潮和煤矿工业的衰落）。克利尔（Klier）和麦克米伦（McMillen）检验了县一级的数据和作为一个二值变量的是否有汽车供应商要在该县选址。

模型框架是一个二值选择模型，

$$y_i^* = \mathbf{x}_i'\boldsymbol{\beta} + \varepsilon_i, y_i = \mathbf{1}(y_i^* > 0)$$

大部分应用的分布都是正态的或者 logistic 的，使得这个模型最终将成为一个 probit 或者 logit 模型。一个空间自回归模型将会是

$$y_i^* = \mathbf{x}_i'\boldsymbol{\beta} + \rho\Sigma_{j=1}^{n} w_{ij} y_j^* + \varepsilon_i, y_i = \mathbf{1}(y_i^* > 0)$$

基于随机效用的解释，在刚提到的效用函数上建立空间交互项是困难的。[②]基于可观测结果的空间自回归模型将是

$$y_i^* = \mathbf{x}_i'\boldsymbol{\beta} + \rho\Sigma_{j=1}^{n} w_{ij} y_j^* + \varepsilon_i, y_i = \mathbf{1}(y_i^* > 0)$$

这个可能看起来更合理，但是，这个模型是不合逻辑的——$\text{Prob}(y_i = 1 \mid \mathbf{x}_i)$ 不可能在 0 和 1 之间取值，一个在几个案例中用过的空间误差模型为：

---

① Smirnov（2010）提供了非线性背景下空间模型的应用研究。

② 但是 Klier and McMillen（2008，p. 42）写道："假设潜变量在空间上依赖潜变量的滞后值可能在某些设定中有争议。在我们的例子中，我们假设新供应商工厂在某县选址的倾向取决于在邻县选址的倾向，不仅仅取决于新工厂是否已在附近建成。这一假设在本文中更为合理，因为选址本身就应具有前瞻性。"

$$y_i^* = \mathbf{x}_i'\boldsymbol{\beta} + \varepsilon_i; \varepsilon_i = \rho\Sigma_{j=1}^n w_{ij}\varepsilon_j + u_i, \ u_i \sim N[0,1], y_i = \mathbf{1}(y_i^* > 0)$$

Pinske and Slade（1998，2006）以及 McMillen（1992）采用了这个框架来构建一个基于广义残差 λ_i 的 GMM 估计量，像在式（17－20）中定义的那样。解缩减式，

$$\boldsymbol{\varepsilon} = (\mathbf{I} - \rho\mathbf{W})^{-1}\mathbf{u}$$

对于 n 个观测值，完整的协方差矩阵是

$$\text{Var}[\boldsymbol{\varepsilon}] = \sigma_u^2[(\mathbf{I} - \rho\mathbf{W})'(\mathbf{I} - \rho\mathbf{W})]^{-1} = \sigma_u^2\mathbf{D}(\rho)$$

注意 $\sigma_u^2=1$。于是

$$y_i^* = \mathbf{x}_i'\boldsymbol{\beta} + \Sigma_{j=1}^n \mathbf{D}_{ij}(\rho)u_j, y_i = \mathbf{1}(y_i^* > 0)$$

边际概率是

$$\begin{aligned}\text{Prob}(y_i = 1 \mid \mathbf{x}_i) &= \text{Prob}(\mathbf{x}_i'\boldsymbol{\beta} + \Sigma_{j=1}^n \mathbf{D}_{ij}(\rho)u_j > 0) \\ &= F\left(\frac{\mathbf{x}_i'\boldsymbol{\beta}}{\Sigma_{j=1}^n[\mathbf{D}_{ij}(\rho)]^2}\right) = F[\mathbf{x}_i^*(\mathbf{D},\rho)']\end{aligned}$$

这响应了 17.5.2 小节中的异方差 probit 模型（不同之处在于所有观测值都是相关的）。我们已经见过了两种有关估计的 GMM 方法。和 Bertschuk and Lechner（1998）基于简单回归残差的模型一致，GMM 估计量采用 $E\{\mathbf{z}_i \times [y_i - \Phi(\mathbf{x}_i^*(\mathbf{D},\rho)'\boldsymbol{\beta})]\} = \mathbf{0}, \mathbf{z}_i$ 是工具变量集合。McMillen（1992）以及 Pinske and Slade（2006）采用了广义残差方法，$\lambda_i^*(\mathbf{D},\rho)$定义于式（17－20）。

$$\begin{aligned}&E\left[\mathbf{z}_i \times \left\{\frac{(y_i - \Phi[\mathbf{x}_i^*(\mathbf{D},\rho)'\boldsymbol{\beta}])\phi[\mathbf{x}_i^*(\mathbf{D},\rho)'\boldsymbol{\beta}]}{\Phi[\mathbf{x}_i^*(\mathbf{D},\rho)'\boldsymbol{\beta}](1 - \Phi[\mathbf{x}_i^*(\mathbf{D},\rho)'\boldsymbol{\beta}])}\right\}\right] \\ &= E[\mathbf{z}_i \times \lambda(\mathbf{x}_i^*(\mathbf{D},\rho)'\boldsymbol{\beta})] = \mathbf{0}\end{aligned}$$

当克利尔和麦克米伦提出一个 logit 模型时，Pinske and Slade（2006）采用了一个 probit 模型。估计方法在两个案例中很大程度上是相同的。

接下来的估计量采用了一种基于边际概率的估计方法去估计一个可行的 GMM 估计量。Case（1992）提出，如果邻近模式被压缩，使得数据集由有限社区组成，每个社区都有少但足量的成员，那么这个模型可以直接采用极大似然估计法。这看起来和这个例子中的面板 probit 模型很相似。克利尔和麦克米伦采用这个方法简化他们的估计过程。Wang，Iglesias，and Wooldridge（2013）采用了一种相似的方法解决基于部分似然估计思想的非约束问题。通过采用 ε 的一个空间移动平均数，他们展示了怎样利用观测值配对去构建一个识别空间参数的二值异方差 probit 模型。

例 17.30　一个汽车供应商选址的空间 logit 模型

Klier and McMillen（2008）阐释了一个有空间误差相关性的二值 logit 模型对一个县是否在 1991—2003 年间接纳了新的供应商建模。数据由 3 107 个县的样本组成。权重矩阵初始设定为 $1/n_i$，n_i＝与县 i 相邻的县的数量。为了加速计算，权重矩阵被进一步简化为在同一个人口统计区中相邻的县。这就产生了一个分块矩阵 **W**，可以极大地简化估计过程。图 17.7［基于 Klier and

McMillen（2008）］阐释了有新的供应商入驻的美国县。东西向的线显示了已有的工业重心。南北线（大致和历史上的美国 23 号公路一致）展示了在研究年限内新工厂的建立。将这个空间相关性模型的结果和一个混合 logit 模型比较。空间自相关系数 ρ 要略微大一点（0.425，标准误为 0.180），然而，两个模型的结果是相似的。比如说，一个核心结论是：制造业就业比例的系数在混合模型中是 6.877（1.039），在空间模型中是 5.307（1.224）。系数大小的含义很难解释，偏效应也没有被计算出来。[①] 符号和期望一致。

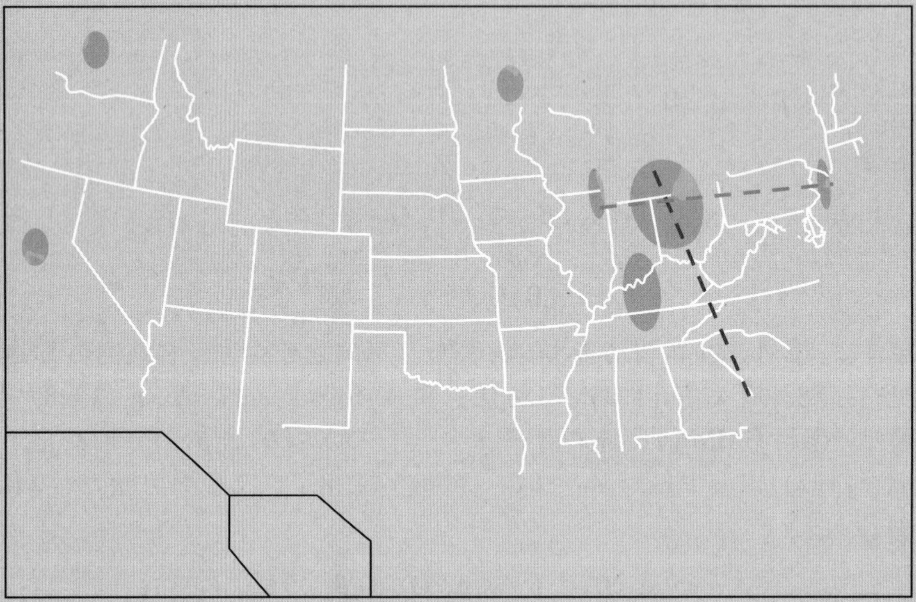

图 17.7　有新工厂的县

17.9　二元 probit 模型

在第 10 章中，我们分析了诸多经典和广义回归模型各种不同的多方程扩展。对概率模型的一个自然推广，就是利用似不相关回归模型的思想，容许不止一个方程带有相关的扰动项。一个两方程模型的一般设定为

$$y_1^* = \mathbf{x}_1'\boldsymbol{\beta}_1 + \varepsilon_1,\ y_1 = \mathbf{1}(y_1^* > 0)$$
$$y_2^* = \mathbf{x}_2'\boldsymbol{\beta}_2 + \varepsilon_2,\ y_2 = \mathbf{1}(y_2^* > 0)$$
$$\begin{pmatrix}\varepsilon_1 \\ \varepsilon_2\end{pmatrix} \Big| \mathbf{x}_1, \mathbf{x}_2 \sim \mathrm{N}\left[\begin{pmatrix}0 \\ 0\end{pmatrix}, \begin{pmatrix}1 & \rho \\ \rho & 1\end{pmatrix}\right] \tag{17-48}$$

这个二元 probit 模型对两个变量的联合决策建模，比如下例中看医生和去医院的人数，本身就

① Wooldridge（2010）和 Wang，Iglesias，and Wooldridge（2013）推荐对这里考虑的异方差 probit（logit）模型分析平均结构方程（Average Structural Functions，ASFs）。因为赋权矩阵 **W** 不包括任何外生变量，ASFs 的导数将和平均偏效应相同。

很有趣。它也提供了对两个常见应用建模的框架。在大多数情况下，一种处理效应，或者内生影响，发生在一个二值选择背景下。**二元 probit 模型**（bivariate probit model）提供了分析案例一个 probit 模型包含一个方程中有内生二值选择变量的模型形式。在 17.6.1 小节（例 17.18 和例 17.19）中，我们将式（17－48）拓展为

$$
\begin{aligned}
&T^* = \mathbf{x}_1'\boldsymbol{\beta}_1 + \varepsilon_1, \quad T = \mathbf{1}(T^* > 0) \\
&y^* = \mathbf{x}_2'\boldsymbol{\beta}_2 + \gamma T + \varepsilon_2, \quad y = \mathbf{1}(y^* > 0) \\
&\begin{pmatrix}\varepsilon_1 \\ \varepsilon_2\end{pmatrix} \Big| \mathbf{x}_1, \mathbf{x}_2 \sim N\left[\begin{pmatrix}0\\0\end{pmatrix}, \begin{pmatrix}1 & \rho \\ \rho & 1\end{pmatrix}\right]
\end{aligned} \tag{17-49}
$$

这一模型扩展了 17.6.2 小节的案例，其中 T^* 而非 T 出现在第二个方程的右侧。在例 17.35 中，T 代表文科学院是否支持女性研究项目，y 是经济学部是否开设性别经济学课程的一个二值指示符。当第一个方程是内生抽样规则时，第二个常见的应用是二元 probit 模型的另一个变种。

$$
\begin{aligned}
&S^* = \mathbf{x}_1'\boldsymbol{\beta}_1 + \varepsilon_1, S^* > 0 \text{ 时 } S = 1, \text{否则 } S = 0 \\
&y^* = \mathbf{x}_2'\boldsymbol{\beta}_2 + \varepsilon_2, y^* > 0 \text{ 时 } y = 1, \text{否则 } y = 0 \\
&\begin{pmatrix}\varepsilon_1 \\ \varepsilon_2\end{pmatrix} \Big| \mathbf{x}_1, \mathbf{x}_2 \sim N\left[\begin{pmatrix}0\\0\end{pmatrix}, \begin{pmatrix}1 & \rho \\ \rho & 1\end{pmatrix}\right] \\
&(y, \mathbf{x}_2) \text{ 仅当 } S = 1 \text{ 时被观测到}
\end{aligned} \tag{17-50}
$$

在例 17.21 中，我们研究了 S 是信用卡申请（或其他借贷申请）结果的应用，而 y_2 是一个借款人是否存在信用账户（贷款）违约的二值指示符。这是内生抽样（在本例中是按照不可观测值抽样）的一种形式，与我们在 17.7.7 小节中遇到的损耗问题具有共性。

在 17.10 节中，我们将式（17－48）拓展到多于两个方程。这将允许对多元二值结果进行直接处理。它也允许更一般的随机效应设定下的 T 期面板数据模型。

□ 17.9.1 极大似然估计

二元正态累积分布函数（cdf）为

$$
\text{Prob}(X_1 < x_1, X_2 < x_2) = \int_{-\infty}^{x_2}\int_{-\infty}^{x_1} \phi_2(z_1, z_2, \rho)\,dz_1 dz_2
$$

我们将其记为 $\Phi_2(x_1, x_2, \rho)$。密度为[①]

$$
\phi_2(x_1, x_2, \rho) = \frac{e^{-(1/2)(x_1^2 + x_2^2 - 2\rho x_1 x_2)/(1-\rho^2)}}{2\pi(1-\rho^2)^{1/2}}
$$

为了构造对数似然函数，令 $q_{i1} = 2y_{i1} - 1$，$q_{i2} = 2y_{i2} - 1$。因此，对于 $j = 1, 2$，若 $y_{ij} = 1$，则 $q_{ij} = 1$；若 $y_{ij} = 0$，则 $q_{ij} = -1$。现在令

$$
z_{ij} = \mathbf{x}_{ij}'\boldsymbol{\beta}_j \text{ 和 } w_{ij} = q_{ij} z_{ij}, \ j = 1, 2
$$

以及

$$
\rho_{i*} = q_{i1} q_{i2} \rho
$$

① 见 B.9 节。

注意符号惯例，下标 2 用来表示密度 ϕ_2 及累积分布函数 Φ_2 中的二元正态分布，而所有其他情形中的下标 2 都表示上述第二个方程中的变量。没有下标的 $\phi(.)$ 和 $\Phi(.)$ 照常表示一元标准正态密度及累积分布函数。

似然函数中的概率为

$$\operatorname{Prob}(Y_1 = y_{i1}, Y_2 = y_{i2} \mid \mathbf{x}_1, \mathbf{x}_2) = \Phi_2(w_{i1}, w_{i2}, \rho_{i*})$$

这就说明了计算 y 等于 0 和 1 的概率所需要的所有符号变化。因此[①]，我们有

$$\ln L = \sum_{i=1}^{n} \ln \Phi_2(w_{i1}, w_{i2}, \rho_{i*})$$

于是对数似然函数的导数可以简化为

$$\frac{\partial \ln L}{\partial \boldsymbol{\beta}_j} = \sum_{i=1}^{n} \left(\frac{q_{ij} g_{ij}}{\Phi_2}\right) \mathbf{x}_{ij}, \ j = 1, 2$$

$$\frac{\partial \ln L}{\partial \rho} = \sum_{i=1}^{n} \frac{q_{i1} q_{i2} \phi_2}{\Phi_2} \tag{17-51}$$

式中

$$g_{i1} = \phi(w_{i1}) \Phi\left[\frac{w_{i2} - \rho_{i*} w_{i1}}{\sqrt{1 - \rho_{i*}^2}}\right] \tag{17-52}$$

将 g_{i1} 中的下标 1 和下标 2 对换就可以推导出 g_{i2}。在考虑海塞矩阵之前，最好先考虑 $\rho=0$ 时前面的结论会发生什么变化。对于 $\partial \ln L / \partial \boldsymbol{\beta}_1$，若 $\rho = \rho_{i*} = 0$，则 g_{i1} 可以简化成 $\phi(w_{i1})\Phi(w_{i2})$，而 ϕ_2 可以表示为 $\phi(w_{i1})\phi(w_{i2})$。将这些结论与 q_{i1} 和 q_{i2} 一起代入式（17-51）便得到式（17-20）。因为 $\partial \ln L / \partial \rho$ 中的两个函数可以分解成一元函数乘积，所以 $\partial \ln L / \partial \rho$ 可以简化成 $\sum_{i=1}^{n} \lambda_{i1} \lambda_{i2}$，其中 $\lambda_{ij}, j=1,2$ 我们已经在式（17-20）中定义过（我们在接下来论述 LM 统计量时将再次提及这个结论）。

使得这三个导数同时等于零，就可以推导出极大似然估计量。二阶导数相对简单，但较烦琐。使用某些简化会有助于我们的研究。令

$$\delta_i = \frac{1}{\sqrt{1 - \rho_{i*}^2}}$$

因为 $v_{i1} = \delta_i(w_{i2} - \rho_{i*} w_{i1})$，所以 $g_{i1} = \phi(w_{i1})\Phi(v_{i1})$

因为 $v_{i2} = \delta_i(w_{i1} - \rho_{i*} w_{i2})$，所以 $g_{i2} = \phi(w_{i2})\Phi(v_{i2})$

通过将它展开相乘，可以证明

$$\delta_i \phi(w_{i1}) \phi(v_{i1}) = \delta_i \phi(w_{i2}) \phi(v_{i2}) = \phi_2$$

于是，有

$$\frac{\partial^2 \ln L}{\partial \boldsymbol{\beta}_1 \partial \boldsymbol{\beta}_1'} = \sum_{i=1}^{n} \mathbf{x}_{i1} \mathbf{x}_{i1}' \left[\frac{-w_{i1} g_{i1}}{\Phi_2} - \frac{\rho_{i*} \phi_2}{\Phi_2} - \frac{g_{i1}^2}{\Phi_2^2}\right]$$

---

① 为避免产生更多歧义以及方便起见，$\Phi_2 = \Phi_2(w_{i1}, w_{i2}, \rho_{i*})$ 和 $\phi_2 = \phi_2(w_{i1}, w_{i2}, \rho_{i*})$ 中的观测下标将被省略。

$$\frac{\partial^2 \ln L}{\partial \boldsymbol{\beta}_1 \partial \boldsymbol{\beta}_2'} = \sum_{i=1}^{n} q_{i1} q_{i2} \mathbf{x}_{i1} \mathbf{x}_{i2}' \left[\frac{\phi_2}{\Phi_2} - \frac{g_{i1} g_{i2}}{\Phi_2^2} \right]$$

$$\frac{\partial^2 \ln L}{\partial \boldsymbol{\beta}_1 \partial \rho} = \sum_{i=1}^{n} q_{i2} \mathbf{x}_{i1} \frac{\phi_2}{\Phi_2} \left[\rho_{i*} \delta_i v_{i1} - w_{i1} - \frac{g_{i1}}{\Phi_2} \right]$$

$$\frac{\partial^2 \ln L}{\partial \rho^2} = \sum_{i=1}^{n} \frac{\phi_2}{\Phi_2} \left[\delta_i^2 \rho_{i*} (1 - \mathbf{w}_i' \mathbf{R}_i^{-1} \mathbf{w}_i) + \delta_i^2 w_{i1} w_{i2} - \frac{\phi_2}{\Phi_2} \right] \tag{17-53}$$

式中，$\mathbf{w}_i'\mathbf{R}_i^{-1}\mathbf{w}_i = \delta_i^2 (w_{i1}^2 + w_{i2}^2 - 2\rho_{i*} w_{i1} w_{i2})$。(对于 $\boldsymbol{\beta}_2$，可以相应改变$\partial^2 \ln L / \partial \boldsymbol{\beta}_1 \partial \boldsymbol{\beta}_1'$和$\partial^2 \ln L / \partial \boldsymbol{\beta}_1 \partial \rho$中的下标。）这个模型中二阶导数的复杂性使得伯恩特等人提出的极大似然估计量的方差矩阵估计量成为一个极好的选择。

❖例 17.31　四元相关

我们再次回顾例 17.6 等案例中的医疗应用。现在考虑另一个二值变量：

若 $HospVis_{it} > 0$，则 $Hospital_{it} = \mathbf{1}$

我们之前的分析集中在

若 $DocVis_{it} > 0$，则 $Doctor_{it} = \mathbf{1}$

对这两个变量而言，一个简单的二元频率统计为

	Hospital		
Doctor	0	1	总计
0	9 715	420	10 135
1	15 216	1 975	17 191
总计	24 931	2 395	27 326

观察左下角单元中的较大值，有人可能由此推测这两个二值变量（以及它们代表的潜在现象）是负相关的。由于只适用于连续变量，通常的皮尔逊积矩相关性作为相关程度的度量在这里不再适用。作为替代，考虑一个二元 probit“模型”

$$H_{it}^* = \mu_1 + \varepsilon_{1,it}, \; Hospital_{it} = \mathbf{1}(H_{it}^* > 0)$$
$$D_{it}^* = \mu_2 + \varepsilon_{2,it}, \; Doctor_{it} = \mathbf{1}(D_{it}^* > 0)$$

式中，$(\varepsilon_1, \varepsilon_2)$ 服从均值为 (0，0)，方差为 (1，1)，相关系数为 ρ 的二元正态分布。这是式 (17-48) 中不含自变量的模型形式。在这个表达式中，作为一对二值变量相关程度度量的**四元相关**（tetrachoric correlation）即模型中的 ρ——它是基本的连续变量（在它们可观测时）之间相关程度的度量。这就给出了对二元 probit 模型中相关系数的一个诠释——作为条件四元相关（的度量）。它同时给出的还有一种较容易估计四元相关系数的方法，这种方法使用了一种几乎可以被嵌入所有商业软件包的程序。

运用之前定义的医院/医生的数据，我们可以计算出 ρ 的估计值为 0.311 06，估计的渐近标准误为 0.013 57。显然，我们先前的直觉是不正确的。

□ 17.9.2 零相关检验

拉格朗日乘数统计量是一个较方便的检验二元 probit 模型中是否存在相关性的工具。在 $\rho=0$ 的原假设下，模型由独立的 probit 方程构成，这些方程可以分别估计。此外，在多元模型中，若相关系数为零，则所有二元（或多元）密度和概率都可以分解成边缘密度和概率之积，这就使得检验统计量的构造成为简单地处理独立 probit 结果的问题。在一个二元 probit 模型中，检验 $\rho=0$ 的拉格朗日乘数统计量为[①]

$$\mathrm{LM}=\frac{\left[\sum_{i=1}^{n} q_{i1}q_{i2}\dfrac{\phi(w_{i1})\phi(w_{i2})}{\Phi(w_{i1})\Phi(w_{i2})}\right]^2}{\sum_{i=1}^{n}\dfrac{[\phi(w_{i1})\phi(w_{i2})]^2}{\Phi(w_{i1})\Phi(-w_{i1})\Phi(w_{i2})\Phi(-w_{i2})}}$$

LM 统计量的优势仍然是可以避免计算二元 probit 模型。但在现有的商业软件中，完全无约束模型相当常见，所以这个优势是次要的。通常我们也可以同样轻松地使用似然比或沃尔德检验。为执行似然比检验，我们首先令 $\rho=0$，则二元 probit 模型就变成了两个独立的一元 probit 模型。在这种情形下，似然函数只是两个独立似然函数的简单加总。检验统计量为

$$\lambda_{\mathrm{LR}}=2[\ln L_{\mathrm{BIVARIATE}}-(\ln L_1+\ln L_2)]$$

上式将收敛于一个自由度为 1 的卡方分布。执行沃尔德检验可将

$$\lambda_{\mathrm{WALD}}=\left[\hat{\rho}_{\mathrm{MLE}}/\sqrt{\text{Est. Asy. Var}[\hat{\rho}_{\mathrm{MLE}}]}\right]^2$$

作为服从自由度为 1 的卡方分布处理。对于 95%的置信水平，临界值为 3.84（或者可以把正的平方根作为服从临界值为 1.96 的标准正态分布处理）。我们在例 17.32 中对其进行了证明。

□ 17.9.3 偏效应

有的研究人员可能想估计二元 probit 模型中的几个“偏效应”。[②] 很自然地，第一步往往是推导 $\mathrm{Prob}[y_1=1,y_2=1\mid\mathbf{x}_1,\mathbf{x}_2]$的导数。在式（17-51）中乘以 Φ_2，移除有符号的项 q_{ij}，并对 $\mathbf{x}_j$ 而不是 $\boldsymbol{\beta}_j$ 求微分，就可以推导出上述导数。结果为

$$\frac{\partial\,\Phi_2(\mathbf{x}_1'\boldsymbol{\beta}_1,\mathbf{x}_2'\boldsymbol{\beta}_2,\rho)}{\partial\mathbf{x}_1}=\phi(\mathbf{x}_1'\boldsymbol{\beta}_1)\Phi\left(\frac{\mathbf{x}_2'\boldsymbol{\beta}_2-\rho\mathbf{x}_1'\boldsymbol{\beta}_1}{\sqrt{1-\rho^2}}\right)\boldsymbol{\beta}_1$$

但需要注意的是，尽管二元概率（函数）自身有其应用价值，但并不是一个条件均值函数。于是，前面的结论便不能与回归系数或条件期望的斜率相对应。

为方便地估计条件均值和偏效应，我们定义向量 $\mathbf{x}=\mathbf{x}_1\cup\mathbf{x}_2$，并令 $\mathbf{x}_1'\boldsymbol{\beta}_1=\mathbf{x}'\boldsymbol{\gamma}_1$。因此，$\boldsymbol{\gamma}_1$ 包含了 $\boldsymbol{\beta}_1$ 中的所有非零元素，而且可能还包含一些只出现在另一个方程的 $\mathbf{x}$ 变量中的零；$\boldsymbol{\gamma}_2$ 的定义类似。则二元概率为

$$\mathrm{Prob}[y_1=1,\ y_2=1\mid\mathbf{x}]=\Phi_2[\mathbf{x}'\boldsymbol{\gamma}_1,\mathbf{x}'\boldsymbol{\gamma}_2,\rho]$$

---

① 本式由 Kiefer（1982）推导而来。

② 见 Greene（1996b）与 Christofides et al.（1997，2000）。

如果在任一情况下，零结果出现的概率还算理想，那么只需要适当改变符号即可［见式（17-48)］。$\mathbf{x}$ 的变化对这个概率的偏效应为

$$\frac{\partial\Phi_2}{\partial\mathbf{x}}=g_1\boldsymbol{\gamma}_1+g_2\boldsymbol{\gamma}_2$$

式中，g_1 和 g_2 由式（17-52）定义。若 $\rho=0$，就可以推导出我们熟悉的一元情形，而且其对一个（或其他）方程的特定效应，可以由一个（或其他）参数向量对应位置中的零推导出。这里还有某些条件均值函数需要考虑。无条件均值函数可以由一元概率表示，即

$$\text{Prob}[y_j=1\mid\mathbf{x}]=\Phi(\mathbf{x}'\boldsymbol{\gamma}_j),\ j=1,\ 2$$

所以式（17-11）和式（17-12）中的分析在这里仍适用。一对有价值的概率为

$$\begin{aligned}&\text{Prob}[y_1=1\mid y_2=1,\mathbf{x}]\\=&\frac{\text{Prob}[y_1=1,y_2=1\mid\mathbf{x}]}{\text{Prob}[y_2=1\mid\mathbf{x}]}\\=&\frac{\Phi_2(\mathbf{x}'\boldsymbol{\gamma}_1,\mathbf{x}'\boldsymbol{\gamma}_2,\rho)}{\Phi(\mathbf{x}'\boldsymbol{\gamma}_2)}\end{aligned}$$

类似地，可以推导出 $\text{Prob}[y_2=1\mid y_1=1,\ \mathbf{x}]$。这个函数的偏效应由下式给出：

$$\frac{\partial\text{Prob}[y_1=1\mid y_2=1,\mathbf{x}]}{\partial\mathbf{x}}=\left(\frac{1}{\Phi(\mathbf{x}'\boldsymbol{\gamma}_2)}\right)\left[g_1\boldsymbol{\gamma}_1+\left(g_2-\Phi_2\frac{\phi(\mathbf{x}'\boldsymbol{\gamma}_2)}{\Phi(\mathbf{x}'\boldsymbol{\gamma}_2)}\right)\boldsymbol{\gamma}_2\right]$$

最后，可以构造概率函数

$$\text{Prob}(y_1=1\mid y_2,\mathbf{x})=\frac{\Phi_2[\mathbf{x}'\boldsymbol{\gamma}_1,(2y_2-1)\mathbf{x}'\boldsymbol{\gamma}_2,(2y_2-1)\rho]}{\Phi[(2\boldsymbol{\gamma}_2-1)\mathbf{x}'\boldsymbol{\gamma}_2]}$$

这个函数的导数和上面一样，只是在中心问题为 $y_2=0$ 时，有几个地方的符号需要变化一下。

❖例 17.32　医疗使用的二元 probit 模型

通过设定一个自变量集合，我们已经将前面例子中的二元 probit 模型进行了扩展，即

$$\mathbf{x}_i=Constant,\ Female_i,\ Age_{it},\ Income_{it},\ Kids_{it},\ Education_{it},\ Married_{it}$$

我们设定两个方程中存在相同的内生变量（没有要求方程中存在不同的变量以及某变量被排除在任一方程之外）。这里应该与似不相关回归模型相比，而不是与线性联立方程模型相比。与第 10 章的 SUR 模型不同，两个方程中包含同样的变量并不意味着模型可以被一个方程接一个方程地拟合（一次一个）。那个结论只适用于线性回归方程集的估计。

表 17.24 列出了一元与二元 probit 模型参数的估计值。零相关假设检验的结论强力地拒绝了原假设 $\rho=0$。基于完整模型的 ρ 的 t 统计量为 0.298 1/0.013 9=21.446，远大于临界值 1.96。对于似然比检验，我们计算出

$$\begin{aligned}\lambda_{\text{LR}}&=2\times\{-25\ 285.07-[-17\ 422.72+(-8\ 073.604)]\}\\&=422.508\end{aligned}$$

同样应拒绝原假设。(沃尔德统计量为 $21.446^2=459.957$。)LM 统计量为 383.953。系数估计值与预期相同。收入的系数在医生方程中统计显著，但在医院方程中不显著，这就可能意味着看外科医生在某种程度上是自由决定的，而去医院则是发生在突发事件的基础上，较少与收入相关。表中还包含了 $\text{Prob}[y_1=1 \mid y_2=1]$ 的偏效应的分解。在早期的定义中直接效应为 $[g_1/\Phi(\mathbf{x}'\gamma_2)]\gamma_1$。$\text{Prob}[y_1=1 \mid y_2=1]$ 的均值估计值为 0.821 285。在例 17.31 的表中，这与原始比例 $P(D=1, H=1)/P(H=1)=(1\,975/27\,326)/(2\,395/27\,326)=0.824\,6$ 相对应。

表 17.24　　二元 probit 模型估计[a]

	医生					医院	
	模型估计值		偏效应			模型估计值	
变量	单变量	两变量	直接	间接	总计	单变量	两变量
常数	−0.124 3	−0.124 3				−1.332 8	−1.338 5
	(0.058 15)	(0.058 14)				(0.083 20)	(0.079 57)
Female	0.355 9	0.355 1	0.096 50	−0.007 24	0.089 26	0.102 3	0.105 0
	(0.016 02)	(0.016 04)	(0.005 00)	(0.001 52)	(0.005 13)	(0.021 95)	(0.021 74)
Age	0.011 89	0.011 88	0.003 23	−0.000 32	0.002 91	0.004 61	0.004 61
	(0.000 80)	(0.000 80)	(0.000 23)	(0.000 07)	(0.000 24)	(0.001 08)	(0.001 06)
Income	−0.132 4	−0.133 7	−0.036 32	−0.003 06	−0.039 39	0.037 39	0.044 41
	(0.046 55)	(0.046 28)	(0.012 60)	(0.004 11)	(0.012 54)	(0.063 29)	(0.059 46)
Kids	−0.152 1	−0.152 3	−0.041 40	0.001 05	−0.040 36	−0.017 14	−0.015 17
	(0.018 33)	(0.018 25)	(0.005 05)	(0.001 77)	(0.005 17)	(0.025 62)	(0.025 70)
Education	−0.014 97	−0.014 84	−0.004 03	0.001 51	−0.002 52	−0.021 96	−0.021 91
	(0.003 58)	(0.003 58)	(0.000 10)	(0.000 35)	(0.001 00)	(0.005 22)	(0.005 11)
Married	0.073 52	0.073 51	0.019 98	0.003 30	0.023 28	−0.048 24	−0.047 89
	(0.020 64)	(0.020 63)	(0.005 63)	(0.001 92)	(0.005 74)	(0.027 88)	(0.027 77)
ln *L*	−17 422.72	−25 285.07				−8 073.604	−25 285.07

a. 估计的相关系数=0.298 1 (0.013 9)。

□ 17.9.4　二元二值响应的面板数据模型

拓展多方程模型以使其容纳面板数据背景中不可观测的共同效应在理论上很直接，但是在实践中很复杂。对于二元 probit 情形，例如，式（17－48）的自然拓展将是

$$y_{1,it}^*=\mathbf{x}_{1,it}'\boldsymbol{\beta}_1+\varepsilon_{1,it}+\alpha_{1,i}\text{，}y_{1,it}=1\text{，如果 } y_{1,it}^*>0\text{；否则 } y_{1,it}=0$$
$$y_{2,it}^*=\mathbf{x}_{2,it}'\boldsymbol{\beta}_2+\varepsilon_{2,it}+\alpha_{2,i}\text{，}y_{2,it}=1\text{，如果 } y_{2,it}^*>0\text{；否则 } y_{2,it}=0$$
$$\left(\begin{matrix}\varepsilon_1\\ \varepsilon_2\end{matrix}\,\middle|\,\mathbf{x}_1,\mathbf{x}_2\right)\sim N\left[\begin{pmatrix}0\\0\end{pmatrix},\begin{pmatrix}1&\rho\\ \rho&1\end{pmatrix}\right]$$

问题在于如何处理 (α_1, α_2)。固定效应处理将需要估计两个集合中所有虚拟变量的系数，将遇到两倍程度的附带参数问题，在实践中会变得很复杂。如前述情况，固定效应案例同样抢占了任何包含非时变变量的设定。在固定效应模型中，α_1 和 α_2 的关系如何处理也不清晰。要注意的

是，立足于一致性的出发点，这些考虑没有实际意义。两个方程将被独立估计，只有一些效率损失。类似的情况出现在第 10 章的似不相关回归模型中。随机效应处理（也许容纳了 17.7.3.b 小节的向方程加入组内均值的芒德拉克方法）提供了更大的保障。如果$(\alpha_1,\alpha_2)=(u_1,u_2)$是正态分布随机效应，则有

$$\begin{pmatrix}u_{1,i}\\u_{2,i}\end{pmatrix}\mid\mathbf{X}_{1,i},\mathbf{X}_{2,i}\sim N\left[\begin{pmatrix}0\\0\end{pmatrix},\begin{pmatrix}\sigma_1^2&\rho\sigma_1\sigma_2\\\rho\sigma_1\sigma_2&\sigma_2^2\end{pmatrix}\right]$$

然后，二元 probit 模型的非条件对数似然函数

$$\ln L=\sum_{i=1}^{n}\ln\int_{u_1,u_2}\prod_{t=1}^{T_i}\Phi_2[(w_{1,it}\mid u_{1,i}),(w_{2,it}\mid u_{2,i}),\rho_{it}^*]f(u_{1,i},u_{2,i})du_{1,i}du_{2,i}$$

可以使用模拟或者正交法最大化，正如我们在前面的应用中所使用的。关于模型设定，一个可能的变化是相同的共同效应进入每个方程。在这个例子中，积分是在单一维度上的。在这一情况下，只有一个新的待估参数——$\rho=1$ 时共同随机效应的方差 σ^2。这一模型形式的重新定义通过把 u_i 放在第一个方程，并把 θu_i 放在第二个方程允许两个方程中的缩放比例不同。这将引入添加的缩放比例参数，但是 ρ 依旧等于 1。这是共同随机效应的形式，应用于 17.7.4 小节中动态面板数据模型的赫克曼形式。

❖例 17.33　看医生和去医院的二元随机效应模型

我们将引入一般的随机效应形式，以拓展例 17.32 中的混合二元 probit 模型，放松时变成分$(\varepsilon_1,\varepsilon_2)$的相关性，以及非时变效应$(u_1,u_2)$的相关性。我们使用模拟法拟合模型。表 17.25 表明了混合和随机效应估计结果。混合和随机效应的对数似然函数值分别是−25 285.07 和−23 769.67。差值乘以 2 等于 3 030.80。这是具有 3 个自由度的卡方（对于 u_1 和 u_2 的协方差矩阵中的 3 个自由元素）。95%置信水平的临界值是 7.81，所以混合假设被拒绝。相关系数从 0.298 1 变到 0.1501，表明我们分解模型中的扰动项得到一个时变部分和一个非时变部分。后者看起来更小。尽管非时变元素是高度相关的，但它们的方差只有 $0.223\,3^2=0.049\,9$ 和 $0.633\,8^2=0.401\,7$，相比于 ε_1 和 ε_2 的均为 1。

表 17.25　随机效应二元 probit 模型估计

	医生		医院	
	混合	随机效应	混合	随机效应
常数	−0.124 3	−0.297 6	−1.338 5	−1.585 5
	(0.058 1)	(0.096 5)	(0.079 6)	(0.108 5)
Female	0.355 1	0.454 8	0.105 0	0.128 0
	(0.016 0)	(0.028 6)	(0.021 7)	(0.029 5)
Age	0.011 9	0.019 9	0.004 6	0.005 0
	(0.000 8)	(0.001 3)	(0.001 1)	(0.001 4)
Income	−0.133 7	−0.010 6	0.044 4	0.133 6
	(0.046 3)	(0.064 0)	(0.059 5)	(0.077 3)
Kids	−0.152 3	−0.154 4	−0.015 2	0.021 6

续前表

	医生		医院	
	混合	随机效应	混合	随机效应
	(0.018 3)	(0.026 9)	(0.025 7)	(0.032 1)
Education	−0.014 8	−0.025 7	−0.021 9	−0.024 4
	(0.003 6)	(0.006 1)	(0.005 1)	(0.006 8)
Married	0.073 5	0.028 8	−0.047 9	−0.105 0
	(0.020 6)	(0.031 7)	(0.027 8)	(0.035 5)
$\mathrm{Corr}(\varepsilon_1,\varepsilon_2)$	0.298 1	0.150 1	0.298 1	0.150 1
$\mathrm{Corr}(u_1,u_2)$	0.000 0	0.538 2	0.000 0	0.538 2
u 的标准差	0.000 0	0.223 3	0.000 0	0.633 8
ε 的标准差	1.000 0	1.000 0	1.000 0	1.000 0

□ 17.9.5 递归二元 probit 模型

17.6.2 小节讨论了内生连续变量存在于二值选择（probit）模型时的情形。模型如下：

$$T=\mathbf{x}_T'\boldsymbol{\beta}_T+\varepsilon_T$$
$$y^*=\mathbf{x}_y'\boldsymbol{\beta}_y+\gamma T+\varepsilon_y, y=\mathbf{1}(y^*>0)$$
$$\begin{pmatrix}\varepsilon_T\\ \varepsilon_y\end{pmatrix}\Big| \mathbf{x}_T,\mathbf{x}_y \sim N\left[\begin{pmatrix}0\\0\end{pmatrix},\begin{pmatrix}\sigma^2 & \rho\sigma\\ \rho\sigma & 1\end{pmatrix}\right]$$

这一应用检验了劳动力参与模型，该模型基于一个内生变量——除妻子收入以外的家庭收入。在很多情况下，方程中的内生变量也是二值的。在这一应用中，我们将检验如下情况：文科学院的经济学部是否开设性别经济学课程的条件在于是否有女性研究项目。这一情况下的模型是：

$$T^*=\mathbf{x}_T'\boldsymbol{\beta}_T+\varepsilon_T,\qquad T=\mathbf{1}(T^*>0)$$
$$y^*=\mathbf{x}_y'\boldsymbol{\beta}_y+\gamma T+\varepsilon_y,\quad y=\mathbf{1}(y^*>0)$$
$$\begin{pmatrix}\varepsilon_T\\ \varepsilon_y\end{pmatrix}\Big| \mathbf{x}_T,\mathbf{x}_y \sim N\left[\begin{pmatrix}0\\0\end{pmatrix},\begin{pmatrix}1 & \rho\\ \rho & 1\end{pmatrix}\right]$$

这一模型与式（17－48）的二元选择模型有本质的区别。第一个因变量 T 出现在第二个方程的右侧。[①]这个模型是**递归的**（recursive）联立方程模型。令人惊讶的是，第二个方程右侧变量之一的内生性不需要在构建对数似然函数时特别考虑。[②]我们可以从下列思考中得到这一事实：进入对数似然函数的项是 $P(y=1,T=1)=P(y=1|T=1)P(T=1)$。给定模型，$T=1$ 的边际概

① Eisenberg and Rowe（2006）是这一模型的另一个应用。在他们的研究中，他们分析 T=退伍军人身份对 y 的联合（递归）效应。他们所用的估计量是两阶段最小二乘和 GMM。下面讨论的 Evans and Schwarb（1995）用极大似然估计和两阶段最小二乘法两相比较，以拟合模型。

② 模型在 Maddala（1983，p. 123）中有提及。

率是 $\Phi(\mathbf{x}_T'\boldsymbol{\beta}_T)$，条件概率是 $\Phi_2(\cdots)/\Phi(\mathbf{x}_T'\boldsymbol{\beta}_T)$。结果是二元正态概率。对数似然函数的其他三项可以用相似的方法得到，这产生了：

$$P(y=1,T=1)=\Phi(\mathbf{x}_y'\boldsymbol{\beta}_y+\gamma,\mathbf{x}_T'\boldsymbol{\beta}_T,\rho)$$
$$P(y=1,T=0)=\Phi(\mathbf{x}_y'\boldsymbol{\beta}_y,-\mathbf{x}_T'\boldsymbol{\beta}_T,-\rho)$$
$$P(y=0,T=1)=\Phi[-(\mathbf{x}_y'\boldsymbol{\beta}_y+\gamma),\mathbf{x}_T'\boldsymbol{\beta}_T,-\rho]$$
$$P(y=0,T=0)=\Phi(-\mathbf{x}_y'\boldsymbol{\beta}_y,-\mathbf{x}_T'\boldsymbol{\beta}_T,\rho)$$

这些项是式（17-48）中我们仅对第二个方程的 T 加以考虑，而不特别关注内生性得到的项。我们可以忽略该模型中的联立性，但是在线性回归模型中不可以。在这个例子中，我们将完全信息对数似然函数最大化，就像线性回归的情况，因为联立性的存在，我们所处理的确定的样本矩不收敛于总体的参数。这一模型的对数似然函数是：

$$\ln L=\sum_{i=1}^{n}\ln\Phi[q_{y,i}(\mathbf{x}_{yi}'\boldsymbol{\beta}_y+\gamma T_i),q_{T,i}(\mathbf{x}_{T,i}'\boldsymbol{\beta}_T),q_{y,i}q_{T,i}\rho]$$

式中，$q_{y,i}=(2y_i-1)$ 和 $q_{T,i}=2(T_i-1)$。①

❖例 17.34　进入天主教学校对高中表现的影响

Evans and Schwab（1995）考虑进入天主教学校在两个方面的成功测度的效应：从高中毕业和升入大学。他们的模型是

$$C^*=\mathbf{x}'\boldsymbol{\beta}_C+\varepsilon_C,\qquad C=\mathbf{1}(C^*>0)$$
$$G^*=\mathbf{x}'\boldsymbol{\beta}_G+\delta R+\gamma C+\varepsilon_G,\qquad G=\mathbf{1}(G^*>0)$$
$$\begin{pmatrix}\varepsilon_C\\ \varepsilon_G\end{pmatrix}\Big|\,\mathbf{x}_C,\mathbf{x}_G\sim N\left[\begin{pmatrix}0\\0\end{pmatrix},\begin{pmatrix}1&\rho\\ \rho&1\end{pmatrix}\right]$$

二值变量包括 $C=\mathbf{1}$（进入天主教学校），$G=\mathbf{1}$（从高中毕业）。在第二个方程中，$G=\mathbf{1}$（毕业后进入四年制大学）。协变量包括种族、性别、家庭收入、父母的受教育水平、家庭结构、宗教信仰和十年级考试分数。模型的参数都是可识别的（可以估计），无论是否出现变量存在于第二个方程而不存在于第一个方程的情况（例如是否有额外约束），这是因为结构中的非线性因素。无论如何，模型的可疑之处在于只被非线性识别。作者加入了变量 $R=\mathbf{1}$（学生是天主教徒）以有助于识别。方程中有超过 30 个变量，但只有两个变量，考试分数和“本县中天主教徒比例”不是虚拟变量，这看起来很重要。（收入水平被分类了。）

❖例 17.35　文科学院中的性别经济学课程

Burnett（1997）对一所文科学院开设的性别经济学课程建立了如下二元 probit 模型：

$$\text{Prob}[G=1,\ W=1\,|\,\mathbf{x}_G,\mathbf{x}_W]=\Phi_2(\mathbf{x}_G'\boldsymbol{\beta}_G+\gamma W,\mathbf{x}_W'\beta_W,\rho)$$

---

① 如果有人只用单变量 probit 估计量，可能尝试模拟 2SLS 以估计这一模型：(1) 将 T 回归至 $\mathbf{x}_T$ 来估计 $\boldsymbol{\beta}_T$；(2) 通过将 y 回归至 $[\mathbf{x}_y,\Phi(\mathbf{x}_T'\hat{\boldsymbol{\beta}}_T)]$ 来估计（$\boldsymbol{\beta}_y$，γ）。这将是一个被禁止的回归的例子。[见 Wooldridge（2010，p. 267，594）。] 第一步有效，但是第二步不能产生重要参数的一致的估计量。在第二步估计方程是不合适的，条件概率基于 T，而不是 $T=1$ 的概率。这一尝试很容易被拒绝，递归二元 probit 模型在现代软件中已经有良好的程序。

模型中的因变量为：

G＝性别经济学课程的开设

W＝校园里女性研究项目的存在

模型中的自变量为：

z_1＝常数项

z_2＝学院的学术声誉，标以 1(最优)，2，…，141

z_3＝全职经济学教师人数

z_4＝经济学教师中女性所占百分比，比例(0～1)

z_5＝学院的宗教信仰，0＝否，1＝是

z_6＝学院教师中女性所占的百分比，比例(0～1)

z_7－z_{10}＝地区虚拟变量，南部、中西部、东北部、西部

回归元向量为：

$\mathbf{x}_G = z_1, z_2, z_3, z_4, z_5$(性别经济学课程方程)

$\mathbf{x}_W = z_2, z_5, z_6, z_7 - z_{10}$(女性研究项目方程)

Greene（1998）使用包含 132 所文科学院的样本计算了伯内特（Burnett）模型参数的极大似然估计值；31 所学院开设了性别经济学课程，58 所学院有女性研究项目，29 所学院二者兼有（见在线附表 F17.1）。表 17.26 给出了参数估计值，既有二元 probit 估计值，又有单方程估计值。ρ 的估计值只有 0.135 9，标准误为 1.253 9。检验 ρ 等于 0 假设的沃尔德统计量为$(0.135\,9/1.253\,9)^2=0.011\,753$。对于单个约束，卡方表中的临界值为 3.84，所以不能拒绝假设。同一假设的似然比检验结论为 $2\times[-85.631\,7-(-85.645\,8)]=0.028\,2$，得到的结论相同。拉格朗日乘数统计量为 0.003 807，保持了一致性。根据设定，这个结果看似违背直觉。虽然“性别经济学”和“女性研究项目”肯定高度相关，但这里的结论并不违背这个命题。相关系数度量了方程中扰动项（遗漏因素）之间的相关性，即 ρ（大致）度量了在解释了所包含因素的影响之后，结果之间的相关性。因此，数值 0.135 9 度量的是在解释了女性研究项目的影响之后的效应。通过下面的讨论可知，这个命题确实是正确的。是否开设性别经济学课程的单个最重要的影响因素（至少在这个模型中）实际上是，学院是否开设女性研究项目。

表 17.26　一个递归联立二元 probit 模型的估计（估计的标准误在括号中给出）

	单方程		二元 probit	
变量	系数	标准误	系数	标准误
性别经济学课程方程				
常数	−1.417 6	(0.876 8)	−1.191 1	(2.215 5)
AcRep	−0.011 4	(0.003 6)	−0.012 3	(0.007 9)
WomStud	1.109 5	(0.469 9)	0.883 5	(2.260 3)
ElonFac	0.067 3	(0.056 9)	0.067 7	(0.069 5)
PctWEcon	2.539 1	(0.899 7)	2.563 6	(1.014 4)
Relig	−0.348 2	(0.421 2)	−0.374 1	(0.526 4)
女性研究项目方程				

续前表

	单方程		二元 probit	
变量	系数	标准误	系数	标准误
AcRep	−0.019 6	(0.004 2)	−0.019 4	(0.005 7)
PctWFac	1.942 9	(0.900 1)	1.891 4	(0.871 4)
Relig	−0.449 4	(0.307 2)	−0.458 4	(0.340 3)
South	1.359 7	(0.594 8)	1.347 1	(0.689 7)
West	2.338 6	(0.644 9)	2.337 6	(0.861 1)
North	1.886 7	(0.592 7)	1.900 9	(0.849 5)
Midwest	1.824 8	(0.659 5)	1.807 0	(0.895 2)
ρ	0.000 0	(0.000 0)	0.135 9	(1.253 9)
ln *L*	−85.645 8		−85.631 7	

这个模型中的偏效应相当复杂，和前面一样，我们考虑几种不同的类型。例如考虑学术声誉 z_2。第一个方程给出了它的直接效应，但其还有间接效应。学术声誉被包括在女性研究项目方程中，因此会影响 W 等于 1 的概率。因为 W 出现在第一个方程中，这种影响又会传递到 G。学术声誉（类似地，还有宗教信仰）的总效应便是这两部分之和。我们首先分析性别经济学变量 G。其条件概率为

$$\begin{aligned}\text{Prob}[G=1\mid\mathbf{x}_G,\mathbf{x}_W]&=\text{Prob}[G=1\mid W=1,\mathbf{x}_G,\mathbf{x}_W]\ \text{Prob}[W=1]\\&\quad+\text{Prob}[G=1\mid W=0,\mathbf{x}_G,\mathbf{x}_W]\ \text{Prob}[W=0]\\&=\Phi_2(\mathbf{x}_G'\boldsymbol{\beta}_G+\gamma,\mathbf{x}_W'\boldsymbol{\beta}_W,\rho)+\Phi_2(\mathbf{x}_G'\boldsymbol{\beta}_G,-\mathbf{x}_W'\boldsymbol{\beta}_W,-\rho)\end{aligned}$$

使用前面的结论可以推导出其导数。我们还对宗教信仰的影响感兴趣。由于这个变量是二值变量，所以简单地对条件均值函数求微分无法得到精确结果。相反，我们应该在这个变量等于 1 和 0 的情况下分别计算条件均值函数，并求差。最后，我们分析女性研究项目的出现对学院提供性别经济学课程的概率会有什么影响。为了计算这个影响，我们将计算平均处理效应（见 17.6.1 小节），通过对学院全样本平均

$$\text{TE}=\Phi(\mathbf{x}_G'\boldsymbol{\beta}_G+\gamma)-\Phi(\mathbf{x}_G'\boldsymbol{\beta}_G)$$

有女性研究项目的学院平均处理效应将是

$$\text{TET}=\Phi\left[\frac{(\mathbf{x}_G'\boldsymbol{\beta}_G+\gamma)-\rho(\mathbf{x}_W'\boldsymbol{\beta}_W)}{\sqrt{1-\rho^2}}\right]-\Phi\left[\frac{(\mathbf{x}_G'\boldsymbol{\beta}_G)-\rho(\mathbf{x}_W'\boldsymbol{\beta}_W)}{\sqrt{1-\rho^2}}\right]$$

并将其对有女性研究项目（$W=1$）的学院求均值。

表 17.27 显示了偏效应和数据的某些描述性统计量的估计值。数值上，最强的影响来自经济学教师中的女性比例；其系数 0.360 2 到目前为止是最大的。但这个变量无法按一个完整的单位变化，因为它只是一个比例。经济学女教师的比例提高 1%，将导致概率提高 0.003 6，其影响与学术声誉的影响相当。学院女教师比例的影响同样也相当小，其提高 1%的影响只有 0.001 3。如同我们所预计的，单个最重要的影响因素是女性研究项目的设置。估计的平均处理效应为 0.145 2（0.389 1）。有女性研究项目的学院平均处理效应为 0.229 3（0.516 5）。当然，原始数据足以预料到这个结果；在 31 个开

设了性别经济学课程的学院中，29个有女性研究项目，只有2个学院没有。注意，宗教信仰（无论是什么）的影响主要是直接影响。

表 17.27	性别经济学模型中的偏效应			
	直接	间接	总计	（变量种类，均值）
AcRep	−0.001 7	−0.000 5	−0.002 2	（连续，119.242）
PctWEcon	0.360 2		0.360 2	（连续，0.247 87）
EconFac	0.009 5		0.009 5	（连续，6.742 42）
Relig			−0.071 6[a]	（二值，0.575 76）
PctWFac		0.050 8	0.050 8	（连续，0.357 72）

a. 二值变量的直接和间接效应是相同的。

17.10 多元 probit 模型

原则上，多元 probit 模型只是通过增加方程从而将式（17－48）简单地扩展到多于两个结果变量的情形。同样，与似不相关回归模型相似的方程组为

$$
\begin{aligned}
&y_m^* = \mathbf{x}_m'\boldsymbol{\beta}_m + \varepsilon_m,\ y_m = \mathbf{1}(y_m^* > 0),\ m = 1,\cdots,M\\
&E[\varepsilon_m \mid \mathbf{x}_1,\cdots,\mathbf{x}_M] = 0\\
&\text{Var}[\varepsilon_m \mid \mathbf{x}_1,\cdots,\mathbf{x}_M] = 1\\
&\text{Cov}[\varepsilon_j,\varepsilon_m \mid \mathbf{x}_1,\cdots,\mathbf{x}_M] = \rho_{jm}\\
&(\varepsilon_1,\cdots,\varepsilon_M) \sim N_M[\mathbf{0},\mathbf{R}]
\end{aligned}
$$

形成对数似然函数基础的观测事件的联合概率$[y_{i1}, y_{i2},\cdots, y_{iM} \mid \mathbf{x}_{i1},\mathbf{x}_{i2},\cdots,\mathbf{x}_{iM}]$，$i=1,\cdots,n$ 为 M 元正态概率，即

$$L_i = \Phi_M(q_{i1}\mathbf{x}_{i1}'\beta_1,\cdots, q_{iM}\mathbf{x}_{iM}'\beta_M, \mathbf{R}^*)$$

式中，

$$
\begin{aligned}
&q_{im} = 2y_{im} - 1\\
&R_{jm}^* = q_{ij}q_{im}\rho_{jm}
\end{aligned}
$$

在这一扩展的实际应用中存在的障碍是如何估计 M 个变量的正态积分和导数。使用 GHK 模拟器或模拟似然法（见第15章）的基于模拟的积分就可以对相对较大的样本进行估计。我们在例17.36中将分析一个应用。[①]

另一种形式的**多元 probit 模型**（multivariate probit model）给出了面板数据随机效应 probit 模型（见17.7.2小节）的一个有用扩展。如果限定所有方程中的参数向量都相等，我们就可

① 一些研究给出了改进的模拟概率方法，这包括 Packes and Pollard（1989），尤其是 Börsch-Supan and Hajivassiliou（1990），Geweke（1989）与 Keane（1994）。1994年11月的一个研讨会出版的《经济学与统计学评论》（*The Review of Economics and Statistics*）阐述了对基于概率模拟的设定和模型估计中许多问题的讨论。现在使用模拟方法估计多元正态积分的应用为数众多。比如，见 Hyslop（1999）（例17.26），它将这种方法应用到 $T=7$ 的面板数据中。例17.23研究出了一种五变量应用。

以推导出 Bertschek and Lechner (1998) 所称的“面板 probit 模型”，即

$$y_{it}^* = \mathbf{x}_{it}'\boldsymbol{\beta} + \varepsilon_{it},\ y_{it} = \mathbf{1}(y_{it}^* > 0),\ i = 1, \cdots, n,\ t = 1, \cdots, T$$
$$(\varepsilon_{i1}, \cdots, \varepsilon_{iT}) \sim N[\mathbf{0}, \mathbf{R}]$$

对于这个模型，Butler and Moffitt (1982)（见 17.4.2 小节）在很多应用中都证明了其有用性。但是，其基本假设 $\text{Cov}[\varepsilon_{it}, \varepsilon_{is}] = \rho$ 是一个实质性的限定。把这个结构视为一个限定每期系数向量都相等的多元 probit 模型，就可以推导出一个跨期非相关模型。① 相关应用参见 Hyslop (1999)，Bertschek and Lechner (1998)，Greene (2004，以及例 17.26) 以及 Cappellari and Jenkins (2006)。

例 17.36 产品创新的多元 probit 模型

伯奇克和莱奇勒将面板 probit 模型应用到了产品创新的活动中。这项研究观测了 1984—1988 年 5 年间 1 270 家德国公司应对进口和外商直接投资所进行的产品创新活动。② 欲估计的 probit 模型基于潜在回归

$$y_{it}^* = \beta_1 + \sum_{k=2}^{8} \mathbf{x}_{k,it}\beta_k + \varepsilon_{it}, y_{it} = \mathbf{1}(y_{it}^* > 0),\ i = 1, \cdots, 1\,270,\ t = 1984, \cdots, 1988$$

式中

$y_{it} = 1$，如果公司 i 在第 t 年实现了产品创新；否则为 0

$x_{2,it}$ = DM 行业销售额的对数

$x_{3,it}$ = 进口份额 = 行业进口额与行业销售额和进口额之和的比率

$x_{4,it}$ = 相对规模 = 营业单位就业人数与行业就业人数的比率(乘以 30)

$x_{5,it}$ = FDI 份额 = 行业外商直接投资与行业销售额和进口额之和的比率

$x_{6,it}$ = 生产率 = 行业增加值与行业就业人数的比率

$x_{7,it}$ = 原材料部门 = 1，如果公司位于原材料部门

$x_{8,it}$ = 投资品部门 = 1，如果公司位于投资品部门

我们对进口份额 (β_3) 与 FDI 份额 (β_5) 的系数尤其感兴趣。这项研究的目的在于产品创新的实证调查以及所用估计量的方法论进展，这里的估计量不必计算模型的完全极大似然估计必须计算的五变量正态概率。

表 17.28 显示了单方程混合 probit 模型的估计值。③ 给定模型的结构，则任意单期数据均可较一致地估计参数向量。因此，将观测值混合在一起，由此得到的混合估计量也是一致的。但是，给定数据集的面板特性，混合估计量的常规标准误却是不可靠的。由于边缘分布会得出参数向量的一个一致估计量，所以这时聚类估计量（见 14.8.2 小节）可以推导出一个合适的渐近协方差矩阵。注意，表中 SE(4) 列的标准误比 SE(1)～SE(3) 列中的未修正项大很多。

---

① 假定每期系数向量都相等，我们实际上也同时排除了 **R** 中所有对角线元素都为 1 的标准化情况。这个限定确认了 $T-1$ 个相关方差 $\rho_{tt} = \sigma_t^2 / \sigma_T^2$。这方面的研究见 Greene (2004)。

② 见 Bertschek (1995)。

③ 我们对该研究的作者慷慨地把他们的数据给予我们做分析表示感谢。与我们例子使用的其他数据集不同，这些数据是私有的，无法通过公共渠道获得。

表 17.28	混合 probit 模型估计							
		标准误估计值			偏效应			
变量	估计值[a]	SE(1)[b]	SE(2)[c]	SE(3)[d]	SE(4)[e]	偏效应	标准误	t 值
常数	−1.960	0.239	0.377	0.230	0.373	—	—	—
ln *Sales*	0.177	0.025 0	0.037 5	0.022 2	0.035 8	0.068 3[f]	0.013 8	4.96
Rel Size	1.072	0.206	0.306	0.142	0.269	0.413[f]	0.103	4.01
Imports	1.134	0.153	0.246	0.151	0.243	0.437[f]	0.093 8	4.66
FDI	2.853	0.467	0.679	0.402	0.642	1.099[f]	0.247	4.44
Prod	−2.341	1.114	1.300	0.715	1.115	−0.902[f]	0.429	−2.10
Raw Mtl	−0.279	0.096 6	0.133	0.080 7	0.126	−0.110[g]	0.050 3	−2.18
Inv Good	0.188	0.040 4	0.063 0	0.039 2	0.062 8	0.072 3[g]	0.024 1	3.00

a. 重新计算得到。早期文献只保留了两位小数。
b. 从伯奇克和莱奇勒的表 9 的结论中获取。
c. 基于 Avery et al.（1983）GMM 估计量。
d. 海塞矩阵负逆的对角线元素的平方根。
e. 基于聚类估计量。
f. 系数由在样本均值处计算的密度缩放。
g. 值为 1，然后是 0 的虚拟变量拟合概率之间的差。

由于混合估计量是一致的，所以对于估计量接下来需要做的是：（1）获取 $\boldsymbol{\beta}$ 的一个更有效的估计量；（2）计算跨期相关系数的估计值。可以通过使用 GHK 模拟器来估计模型的 FIML 估计值。FIML 估计值和随机效应模型使用 Butler and Moffitt（1982）正交法的结果在表 17.29 中报告。基于 FIML 估计值的相关性在表中报告。值得一提的是，表 17.29 展示的是随机效应估计和 FIML 估计的区别。随机效应模型的对数似然函数是−3 535.55，无约束模型的是−3 522.85。对于同相关模型的 9 个约束条件，卡方统计量是 25.4。95%置信度下 9 个自由度的卡方统计量的临界值是 16.9，99%下是 21.7。所以随机效应模型的假设被拒绝，更倾向于更一般的面板数据模型。

表 17.29	有约束的多元 probit 模型估计（估计标准误在括号中给出）	
系数	使用 GHK 模拟器的完全极大似然	随机效应 ρ=0.578(0.018 9)
常数	−1.797** (0.341)	−2.839 (0.534)
ln *Sales*	0.154** (0.033 4)	0.245 (0.052)
Relative Size	0.953** (0.160)	1.522 (0.259)
Imports	1.155** (0.228)	1.779 (0.360)
FDI	2.426** (0.573)	3.652 (0.870)
Productivity	−1.578 (1.216)	−2.307 (1.911)
Raw material	−0.292** (0.130)	−0.477 (0.202)
Investment goods	0.224** (0.060 5)	0.331 (0.095)

续前表

系数	使用 GHK 模拟器的完全极大似然	随机效应 ρ=0.578(0.018 9)
对数似然值	−3 522.85	−3 535.55
相关系数估计		
1984，1985	0.460** (0.030 1)	
1984，1986	0.599** (0.032 3)	
1985，1986	0.643** (0.030 8)	
1984，1987	0.540** (0.030 8)	
1985，1987	0.546** (0.034 8)	
1986，1987	0.610** (0.032 2)	
1984，1988	0.483** (0.036 4)	
1985，1988	0.446** (0.038 0)	
1986，1988	0.524** (0.035 5)	
1987，1988	0.605** (0.032 5)	

* 表示 95%的置信度，** 表示 99%的置信度（基于双尾检验）。

17.11　归纳与总结

这一章纵览了对二值选择变量建模的一大类技术。在两个备选选项中进行选择的模型为大部分的微观数据分析提供了框架，因此这一模型本身就值得我们用大量篇幅讨论。况且，更多关于模型设定和估计的问题会出现在更复杂的背景中，正如我们在下一章将要讨论的，可以用本章中二值选择模型的扩展模型所阐释。二值选择模型为研究非线性模型中的内生性问题、面板数据集的无响应问题和纵向数据估计与推断的一般问题都给出了方便的切入点。特别地，二元 probit 模型为理论经济学家提供了实验室案例，例如那些发展了减少动态非线性模型中固定效应估计量偏差的方法的经济学家。

我们从基础的参数 probit 模型和 logit 模型开始分析二值选择。估计和推断内容在这一章中考虑，例如计算估计量和偏效应的适当的协方差矩阵。然后我们讨论了建模时熟悉的议题，包括拟合优度和模型设定内容，例如分布假设、异方差和遗漏变量。正如其他模型的设置，右侧变量的内生性带来了非线性模型如 probit 模型的估计和使用中的很多困难。我们检验了具有内生右侧变量的模型，并在两个应用中讨论了内生抽样的问题。对面板数据的二值选择分析提供了研究诸多议题的背景，这些内容在其他应用中再次出现。我们重新考虑熟悉的混合效应、固定效应和随机效应估计量，发现很多线性模型中遵守的规律都不能推广至非线性模型。附带参数问题尤其推动了为重构二值选择模型估计量做出的大量努力。最后我们讨论了 probit 模型的多元扩展。如前述模型，这类模型自身就很有用。它们同样提供了方便的背景以检验分析更广泛的议题，诸如内生非随机抽样和需要模拟的计算等更多详细的模型。

第 18 章将继续分析离散选择模型的三类框架：无序多项选择、有序选择和计数模型。这一章讨论过的大部分估计和设定问题将在下一章中继续出现。

关键术语与概念

属性	平均偏效应	二值选择模型
二元 probit	巴特勒-莫菲特法	个人特征
择基抽样	互补双对数模型	条件似然函数
控制函数	事件计数	固定效应模型
广义残差	冈贝尔模型	附带参数问题
指数函数模型	初始条件	交互效应
潜在回归	线性概率模型	logit 模型
边际效应	极大模拟似然	得分法
微观计量经济学	最小充分统计量	多项选择
多元 probit 模型	无响应偏差	有序选择模型
持久性	求积法	定性响应
随机效应模型	递归模型	基于不可观测值的样本选择
状态依赖性	四元相关	非平衡样本

练习

1. 一个二项式概率模型基于以下指数函数模型：

$$y^* = \alpha + \boldsymbol{\beta} d + \varepsilon$$
$$y = 1，当 y^* > 0 时$$
$$y = 0，当 y^* \leqslant 0 时$$

唯一的回归元 d 是一个虚拟变量。数据包含 100 个观测值，如下所示：

		y = 0	y = 1
d	0	24	28
	1	32	16

求 α 和 β 的极大似然估计量，并根据你的估计值来估计渐近标准误。使用沃尔德检验（渐近 t 检验）和似然比检验来检验假设 β 等于 0。分别运用 probit 模型和 logit 模型，观察你的结论是否发生了变化。（提示：将对数似然函数表述成 α 和 $\delta = \alpha + \beta$ 的形式。）

2. 假设使用一组观测值拟合一个线性概率模型，其中因变量 y 取 0 和 1，单一回归元 x 在不同观测值之间连续变化。以 x 的均值和方差的形式求回归中最小二乘斜率的精确表达式，并解释所得的结论。

3. 给定如下数据集：

y	1	0	0	1	1	0	0	1	1	1
x	9	2	5	4	6	7	3	5	2	6

估计一个 probit 模型，并且检验假设：x 对 y 等于 1 的概率没有影响。

4. 构造拉格朗日乘数统计量检验假设：二项式 logit 模型中所有斜率系数（不包含常数项）都等于零。证明在（y_i-p）对 x 的回归中拉格朗日乘数统计量为 nR^2，其中 p 为 1 的样本比例。

5. 以下假设数据给出了中大西洋州 10 个小镇参与某一特别循环利用项目的参与率以及为收集废料所购买的卡车数量：

城镇	1	2	3	4	5	6	7	8	9	10
卡车	160	250	170	365	210	206	203	305	270	340
参与率（%）	11	74	8	87	62	83	48	84	71	79

这 10 个小镇之外的某一个镇打算发起一个循环利用项目，但希望可以达到 95%的参与率。使用 probit 模型分析：

a. 这个小镇预期要购买多少辆卡车以达到这一目标？［提示：你可以用参与率（例如，观测值 1 的参与率 11%）替代式（17－16）中的 y_i，并用（1－参与率）替代（$1-y_i$）来构造对数似然函数。］

b. 如果每辆卡车值 20 000 美元，那么 6 500 000 美元的预算能够完成目标的 90%吗？（即他们能否预期完成这一目标？）

c. 根据你的模型，第 301 辆卡车的边际价值是多少？以参与率增长的形式表示。

6. 一个数据集包含 y 和 x 的 $n=n_1+n_2+n_3$ 个观测值。对于前 n_1 个观测值，$y=1$ 且 $x=1$；对接下来的 n_2 个观测值，$y=0$ 且 $x=1$；对最后 n_3 个观测值，$y=0$ 且 $x=0$。证明式（17－18）与式（17－20）都无解。

7. 推导式（17－26）。

8. 在 17.7 节估计的面板数据模型中，logit 和 probit 模型都没能给出一个应用豪斯曼检验来决定固定效应和随机效应哪个更优的框架。对其做出解释。（提示：与我们在线性模型中的应用不同，附带参数问题在这里仍存在。）

应用

1. 在线附表 F17.2 给出了 Fair（1978）在《红皮书》（*Red book*）中关于婚外情的调查。相关数据的描述见第 18 章末的应用 1 及在线附录 F。数据集中的变量如下所示：

id＝身份号码
C＝常数，值等于 1
yrb＝构造的度量婚外情时间的变量
$v1$＝婚姻等级排序，标以 1～4
$v2$＝年龄，用年数表示
$v3$＝结婚年数
$v4$＝子女数，最多标为 5
$v5$＝是否笃信宗教，标以 1～4，1＝不，4＝非常
$v6$＝受教育程度，标以 9,12,14,16,17,20
$v7$＝职业
$v8$＝丈夫的职业

其中还包括其他三个没有用到的变量。样本包括 6 366 个已婚女性（由《红皮书》杂志提供）。在这个练习中，我们首先分析二值变量

如果 $yrb>0$，$A=1$；否则为 0

有意义的回归元为 $v1\sim v8$；但并不是所有都必须包含在你的模型中。使用这些数据构造一个关于 A 的二值选择模型并报告模型的所有计算结果；计算你所选择的变量的偏效应；比较使用 probit 模型和 logit 模型得到的结论。使用这两个模型得到的结论是否存在明显区别？

18 多项选择与事件计数

18.1 引言

第 17 章向读者展示了绝大多数源自对离散自变量进行分析的计量经济学主题——包括设定、估计、推断以及基本模型的种种变式。上述主题的提出都离不开二值选择——在两个选项之间的选择。本章将运用这些结果将选择模型扩展到三种特定的情形中：

多项选择（multinomial choice）：指个体在两个以上选项中进行选择，目标同样是实现效用的最大化。多项选择的应用包括选择政治候选人，选择出行方式，选择能源供应商，选择医疗服务计划，选择居住地，以及选择汽车、电器、食品的品牌等等。

有序选择（ordered choice）：指个体对于某一结果所显示的偏好程度。熟悉的情形包括对于某种特定商品如电影、图书或日用品的偏好程度，或者对某些社会性指标的自我评估，例如总体健康程度、幸福感自评等。尽管偏好很可能是在个人效用空间中连续变化的，但是在用作分析的量表上，对偏好的表述往往只是离散的有限个选项。一个典型的例子是五点量表，此种量表经常用于市场调研。

事件计数（event counts）：指观察到的结果是对事件的计数，这与之前用“自变量”来衡量个体选择的情形有些类似，譬如一个人就诊或去医院的次数，不良信用记录的条数，或者光顾某个娱乐场所的次数等。在其他情形中，事件计数可能是一些受关注较少的自然过程的结果，比如疾病在人群中的流行，某一生产过程在单位时间内的差错次数，某地每月交通事故的发生次数，单位时间内到达某服务点的顾客人数，或者一天内到达中转站的信息数目等。对于此情形，我们将进行一种更为熟悉的回归建模。

绝大多数用于分析上述情形的方法论基础已经在第 17 章中展示过了。本章提出基础模型的一些变式以适应不同的选择情况。与第 17 章一样，离散的结果仍是关注的重点，所以分析将建立于与上述结果对应的概率模型上。

18.2 无序多项选择模型

对多项选择背景的一些研究包括：

1. Hensher（1986，1991），McFadden（1974）以及许多其他人分析了城际交通工具的选择。Hensher and Greene（2007b）以一众把飞机、火车、公共汽车和小汽车作为出行方式的个体作为样本，分析了悉尼和墨尔本之间的出行方式；

2. Schmidt and Strauss（1975a，b）以及 Boskin（1974）分析了在不同职业之间的选择；

3. Rossi and Allenby（1999，2003）分析了在重复选择（面板数据）模型中顾客的品牌选择行为；

4. Train（2003）基于加利福尼亚电力客户样本研究了电力供应商的选择行为；

5. Michelsen and Madlener（2012）研究了房主们对在新家中安装的热水器种类的选择；

6. Hensher，Rose，and Greene（2015）通过具有一系列假设特征的客户样本分析了汽车选择模型；

7. Lagarde（2013）以加纳的一些个体作为样本，调查了对预防疟疾的不同指导方针的选择。

在上述每种情形中，都存在一个基于两个或更多选项的决策。本节及下一节中将分析**无序选择模型**（unordered choice model）和**有序选择模型**（ordered choice model）这两类宽泛的多项选择集。上面所列举的所有选择集都是无序的。与此相反，根据设计，债券评级或偏好量表是有序的；这正是其目的。这两类模型使用的方法相当不同。18.3 节将分析有序选择模型，本节将考虑无序选项集的模型。关于所讨论的这一主题的概述性参考资料可参见 Hensher，Louviere，and Swait（2000）；Train（2009）；Hensher，Rose，and Greene（2015）。

□ 18.2.1 多项式 logit 模型的随机效用基础

无序选择模型可由随机效用模型驱动。对于面临 J 种选择的第 i 个消费者而言，假设选项 j 的效用为

$$U_{ij}=\mathbf{z}_{ij}'\boldsymbol{\theta}+\varepsilon_{ij}$$

如果消费者选择了 j，则假设 U_{ij} 是 J 个效用中最大的。因此，统计模型可由选项 j 的概率推导出，即

$$\text{Prob}(U_{ij}>U_{ik})，对于其他所有\ k\neq j$$

只要再选择扰动项的特定分布就能将此模型用于实际操作。与二值选择模型一样，常常考虑 probit 和 logit 两个模型。由于需要计算正态分布的多重积分，所以 probit 模型在此情形下的用处相当有限。相比之下，logit 模型却应用于包括经济学、市场研究、政治、金融和运输工程学等广泛的领域中。令 Y_i 为表示所做选择的随机变量。McFadden（1974a）证明了，当（且仅当）J 个扰动项互相独立且都服从冈贝尔（第一类极值）分布时，

$$F(\varepsilon_{ij})=\exp(-\exp(-\varepsilon_{ij})) \tag{18-1}$$

于是有

$$\text{Prob}(Y_i=j)=\frac{\exp(\mathbf{z}_{ij}'\boldsymbol{\theta})}{\sum_{i=1}^{J}\exp(\mathbf{z}_{ij}'\boldsymbol{\theta})} \tag{18-2}$$

这就推导出了所谓的**条件 logit 模型**（conditional logit model）。[该模型常常被称为**多项式 logit 模型**（multinomial logit model），但是这一命名与下一节将要讨论的模型的名称冲突，这两个模型之间存在一些差别。虽然后来证明这些差别完全是人为造成的，但是本书现在仍将维持这

种区分。]

效用取决于 $\mathbf{z}_{ij}$，其中包括个人特征和选择两个方面，对二者加以区别是很有必要的。令 $\mathbf{z}_{ij}=[\mathbf{x}_{ij},\mathbf{w}_i]$并将 $\boldsymbol{\theta}$ 一致地划分为 $[\boldsymbol{\beta}',\boldsymbol{\alpha}']'$。于是，$\mathbf{x}_{ij}$ 随不同的选项和个人而变化，$\mathbf{x}_{ij}$ 的组成成分可被称为选择的**属性**（attributes）。但 $\mathbf{w}_i$ 包含**个人特征**（characteristics），所以该变量对所有选择都保持不变。

因此，如果在模型中体现上述事实，则式（18－2）可以写为

$$\text{Prob}(Y_i=j)=\frac{\exp(\mathbf{x}'_{ij}\boldsymbol{\beta}+\mathbf{w}'_i\boldsymbol{\alpha})}{\sum_{j=1}^{J}\exp(\mathbf{x}'_{ij}\boldsymbol{\beta}+\mathbf{w}'_i\boldsymbol{\alpha})}=\frac{\exp(\mathbf{x}'_{ij}\boldsymbol{\beta})\exp(\mathbf{w}'_i\boldsymbol{\alpha})}{\left[\sum_{j=1}^{J}\exp(\mathbf{x}'_{ij}\boldsymbol{\beta})\right]\exp(\mathbf{w}'_i\boldsymbol{\alpha})} \tag{18-3}$$

那些不随选项而变化的项（即个人特征项）会从概率中消失。这正是一个用以比较各个选项效用的模型所期望的。

考虑一个不同城市的个人选择购物中心的模型，其选择取决于购物中心的属性：商店数量 S_{ij}，与中心商业区的距离 D_{ij}，以及消费者的收入 I_i。三个选项的效用分别为

$$U_{i1}=D_{i1}\beta_1+S_{i1}\beta_2+a+\gamma I_i+\varepsilon_{i1}$$
$$U_{i2}=D_{i2}\beta_1+S_{i2}\beta_2+a+\gamma I_i+\varepsilon_{i2}$$
$$U_{i3}=D_{i3}\beta_1+S_{i3}\beta_2+a+\gamma I_i+\varepsilon_{i3}$$

例如，如果将选项 1 作为选择结果，则同时有

$$U_{i1}-U_{i2}=(D_{i1}-D_{i2})\beta_1+(S_{i1}-S_{i2})\beta_2+(\varepsilon_{i1}-\varepsilon_{i2})>0$$
$$U_{i1}-U_{i3}=(D_{i1}-D_{i3})\beta_1+(S_{i1}-S_{i3})\beta_2+(\varepsilon_{i1}-\varepsilon_{i3})>0$$

常数项和收入项已经从比较中排除了，该结果也印证了随机效用模型根本上是基于成对选项间的比较而不是选项本身这一事实。显然，如果个体可以对模型施加特定的影响，那么必须对模型进行修改。一个方法是为所有选项建立一个虚拟变量（与选项相对应的常数）集合 A_j，然后用一个共同的 $\mathbf{w}$ 来乘以它们中的每一个。然后就可以令这些不随选项变化的特征的系数随选项变化而不是随特征变化。与线性模型类似，完整的交互项的集合将产生一个奇点，所以其中的一项必须被舍去。在本例中，属性与特征构成的矩阵如下：

$$\mathbf{Z}_i=\begin{bmatrix}S_{i1} & D_{i1} & 1 & 0 & I_i & 0\\ S_{i2} & D_{i2} & 0 & 1 & 0 & I_i\\ S_{i3} & D_{i3} & 0 & 0 & 0 & 0\end{bmatrix}$$

这个模型的概率为

$$\text{Prob}(Y_i=j\mid\mathbf{Z}_i)=\frac{\exp\begin{pmatrix}\text{商店}_{ij}\beta_1+\text{距离}_{ij}\beta_2\\+A_j\alpha_j+A_j\ \text{收入}_i\gamma_j\end{pmatrix}}{\sum_{j=1}^{3}\exp\begin{pmatrix}\text{商店}_{ij}\beta_1+\text{距离}_{ij}\beta_2\\+A_j\alpha_j+A_j\ \text{收入}_i\gamma_j\end{pmatrix}},\alpha_3=\gamma_3=0$$

□ 18.2.2 多项式 logit 模型

在构造适用于具有个人特征的数据的模型之前，首先考虑一个有用的例子。Schmidt and Strauss（1975a，b）基于从 1960 年、1967 年和 1970 年三年的公用样本中抽取的 1 000 个观测

值所构成的样本，估计了一个职业选择模型。每个样本中个人的数据构成为：

1. 职业：0＝佣人，1＝蓝领，2＝技工，3＝白领，4＝专业人员。（注意，编号习惯有些不同，按标准从 0 开始。）

2. 特征：常数项、受教育程度、工作经历、种族、性别。

职业选择的多项式 logit 模型[①]为

$$\text{Prob}(Y_i=j\mid \mathbf{w}_i)=\frac{\exp(\mathbf{w}_i'\boldsymbol{\alpha}_j)}{\sum_{j=0}^{4}\exp(\mathbf{w}_i'\boldsymbol{\alpha}_j)},\ j=0,1,\cdots,4 \tag{18-4}$$

（17.3 节所分析的二项式 logit 模型为 $J=1$ 的特例。）所估计的方程为具有特征 $\mathbf{w}_i$ 的决策者提供了一组进行 $J+1$ 种选择的概率。在继续进行分析之前，首先必须消除模型中的一种不确定性。如果对任意非零向量 $\mathbf{q}$，定义 $\boldsymbol{\alpha}_j^*=\boldsymbol{\alpha}_j+\mathbf{q}$，然后利用 $\boldsymbol{\alpha}_j^*$ 而非 $\boldsymbol{\alpha}_j$ 重新计算式（18－4）中的概率，就可以推导出完全相同的结果，这是因为含有 $\mathbf{q}$ 的项都被消掉了。解决这个问题的一种方便的标准化形式是令 $\boldsymbol{\alpha}_0=\mathbf{0}$。（这是因为概率和为 1，所以确定 $J+1$ 个概率只需要 J 个参数向量。）因此，概率为

$$\text{Prob}(Y_i=j\mid \mathbf{w}_i)=P_{ij}=\frac{\exp(\mathbf{w}_i'\boldsymbol{\alpha}_j)}{1+\sum_{k=1}^{J}\exp(\mathbf{w}_j'\boldsymbol{\alpha}_k)},\ j=0,1,\cdots,J \tag{18-5}$$

若令 $J=1$，就可以得到 17.2 节中分析的二值选择模型。这个模型意味着可以计算 J 个**对数优势比**（log-odds ratios），即

$$\ln\left[\frac{P_{ij}}{P_{ik}}\right]=\mathbf{w}_i'(\boldsymbol{\alpha}_j-\boldsymbol{\alpha}_k)=\mathbf{w}_i'\boldsymbol{\alpha}_j\text{，如果 } k=0$$

从估计角度看，优势比 P_{ij}/P_{ik} 最好不要取决于其他选择，从而与原模型随机项的独立同分布特性相吻合。从表现角度看，这一事实并不是很有吸引力。18.2.4 小节将再次分析这个问题。

对于 $J+1$ 个可能的结果，若第 i 个人选择了选项 j，则定义 $d_{ij}=1$，反之则为 0，借此便可推导出对数似然函数。于是，对于每一个 i，有且仅有一个 d_{ij} 为 1。对数似然函数是对二项式 probit 或 logit 模型的推广，即

$$\ln L=\sum_{i=1}^{n}\sum_{j=0}^{J}d_{ij}\ln \text{Prob}(Y_i=j\mid \mathbf{w}_i)$$

导数具有特别的简单形式

$$\frac{\partial \ln L}{\partial \boldsymbol{\alpha}_j}=\sum_{i=1}^{n}(d_{ij}-P_{ij})\mathbf{w}_i\text{，对于 } j=1,\cdots,J$$

精确的二阶导数矩阵具有 J^2 个 $K\times K$ 块[②]，即

$$\frac{\partial^2\ln L}{\partial \boldsymbol{\alpha}_j\partial \boldsymbol{\alpha}_l'}=-\sum_{i=1}^{n}P_{ij}[\mathbf{1}(j=l)-P_{il}]\mathbf{w}_i\mathbf{w}_i'$$

---

① Nerlove and Press（1973）是该领域文献的先驱研究，其研究也是关于劳动力市场选择的。

② 如果数据是以比例形式存在，比如市场份额，则合适的对数似然函数及其导数分别为 $\Sigma_i\Sigma_j n_i\ln p_{ij}$ 和 $\Sigma_i\Sigma_j n_i(p_{ij}-P_{ij})\mathbf{w}_i$。海塞矩阵的项都乘以 n_i。

式中，$\mathbf{1}(j=l)$在 $j=l$ 时等于 1，否则等于 0。由于海塞矩阵不含 d_{ij}，所以这些就是期望值，而且牛顿法与得分法（method of scoring）在这里是等价的。值得注意的是，这个模型中的参数个数会随着选择数量的增加而激增，这十分不方便，因为典型横截面数据通常都包含大量特征。

这个模型中的系数难以解释。我们不禁想将 $\boldsymbol{\alpha}_j$ 与第 j 个结果联系起来，但这可能会产生误导。注意所有出现在 P_{ij} 分母中的$\boldsymbol{\alpha}_j$。通过对式（18－5）求微分，可以发现个人特征对概率的偏效应为

$$\boldsymbol{\delta}_{ij}=\frac{\partial P_{ij}}{\partial \mathbf{w}_i}=P_{ij}\left[\boldsymbol{\alpha}_j-\sum_{k=0}^{J}P_{ik}\boldsymbol{\alpha}_k\right]=P_{ij}[\boldsymbol{\alpha}_j-\overline{\boldsymbol{\alpha}}] \tag{18-6}$$

因此，$\boldsymbol{\alpha}$ 的每个子向量都通过概率和在 $\boldsymbol{\delta}_{ij}$ 中出现的加权平均两种方式进入每个偏效应。这些值可以通过参数估计值计算出来。尽管所关注的通常是系数估计值，但式（18－6）意味着，至少存在一些容易混淆的地方。例如注意到，对任意特定的 w_{ik}，$\partial P_{ij}/\partial w_{ik}$ 不一定与 α_{jk} 的符号相同。标准误可用 δ 法估计（见 4.6 节）。为了便于计算，令 $\boldsymbol{\alpha}=[\mathbf{0},\boldsymbol{\alpha}_1',\boldsymbol{\alpha}_2',\cdots,\boldsymbol{\alpha}_J']'$。这里为了结果 0 而包含了固定的 $\mathbf{0}$ 向量，因为尽管 $\boldsymbol{\alpha}_0=\mathbf{0}$，但 $\boldsymbol{\delta}_{i0}=-P_{i0}\overline{\boldsymbol{\alpha}}$，而不是 $\mathbf{0}$。同样注意到，对 $j=1,\cdots,J$，有 $\text{Asy. Cov}[\hat{\boldsymbol{\alpha}}_0,\hat{\boldsymbol{\alpha}}_j]=\mathbf{0}$。于是有

$$\text{Asy. Var}[\hat{\boldsymbol{\delta}}_{ij}]=\sum_{l=0}^{J}\sum_{m=0}^{J}\left(\frac{\partial \boldsymbol{\delta}_{ij}}{\partial \boldsymbol{\alpha}_l'}\right)\quad \text{Asy. Cov}[\hat{\boldsymbol{\alpha}}_l',\hat{\boldsymbol{\alpha}}_m']\left(\frac{\partial \boldsymbol{\delta}_{ij}'}{\partial \boldsymbol{\alpha}_m}\right)$$

$$\frac{\partial \boldsymbol{\delta}_{ij}}{\partial \boldsymbol{\alpha}_l'}=[\mathbf{1}(j=l)-P_{il}][P_{ij}\mathbf{I}+\boldsymbol{\delta}_{ij}\mathbf{w}_i']-P_{ij}[\boldsymbol{\delta}_{il}\mathbf{w}_i']$$

在这种情形中，要找到适当的拟合度量指标，会遇到与二项式模型中同样的困难。和前面一样，最好给出对数似然值。如果模型不包括协变量和常数项，则对数似然值为

$$\ln L_c=\sum_{j=0}^{J}n_j\ln\left(\frac{1}{J+1}\right)$$

式中，n_j 为选择结果 j 的人数。如果特征向量只包括一个常数项，则约束对数似然值为

$$\ln L_0=\sum_{j=0}^{J}n_j\ln\left(\frac{n_j}{n}\right)=\sum_{j=0}^{J}n_j\ \ln p_j$$

式中，p_j 为样本中选择 j 的观测值比例。预测规则为“若 $\hat{P}_{ij}$ 是最大的预测概率，则预测 $Y_i=j$ 的概率”的成败列表对分析的帮助会很大。①

❖例 18.1　　霍林斯黑德（Hollingshead）职业量表

Fair（1977）关于婚外情的研究是以《今日心理学》(*Psychology Today*) 杂志发起的调查的横截面数据为基础的，该调查共收到 601 份回复。研究中的一个协变量是一个七点量表上的职业种类，该量表就是 Hollingshead（1975）量表②，霍林斯黑德量表倾向于成为声望规模的一个度量，这是一个现

① 在非平衡样本或没什么说服力的模型中，用这一规则预测所有等值观测值非常普遍。这并非估计的模型与许多“显著”系数的矛盾，因为估计系数并非为了最大化正确预测数量。

② 也可参见 Bornstein and Bradley（2003）。

在我们将忽略（或者说不同意）的事实。量表上的七个等级可以概括为：

1. 高级执行官；
2. 中型企业的经理和所有者；
3. 小型企业的行政人员和所有者；
4. 文书职员，售货员和技术员；
5. 技术熟练的工人；
6. 机器操作员和欠熟练的工人；
7. 不熟练的工人。

数据集中的其他变量还有年龄、性别和受教育程度，数据在在线附表 F18.1 中给出。表 18.1 列出了多项式 logit 模型的估计。（需要强调的是，上面所用的数据是 1976 年《今日心理学》读者的一个自选样本，所以这些数据能代表当今的哪类人群是不清楚的。以下数据只是一个整齐的数字样例，读者也可以自己复制一个。同样需要注意的是，至少从某些角度来看，该实验的结果是有序的，所以 18.3 节的模型也许更合适。）

表 18.1　职业的多项式 logit 模型的估计（括号中为 t 值）

	$\boldsymbol{\alpha}_0$	$\boldsymbol{\alpha}_1$	$\boldsymbol{\alpha}_2$	$\boldsymbol{\alpha}_3$	$\boldsymbol{\alpha}_4$	$\boldsymbol{\alpha}_5$	$\boldsymbol{\alpha}_6$
				参数			
常数	0.0	3.150 6	2.015 6	−1.984 9	−6.653 9	−15.077 9	−12.891 9
		(1.14)	(1.28)	(−1.38)	(−5.49)	(−9.18)	(−4.61)
Age	0.0	−0.024 4	−0.036 1	−0.012 3	0.003 8	0.022 5	0.058 8
		(−0.73)	(−1.64)	(−0.63)	(0.25)	(1.22)	(1.92)
Sex	0.0	6.236 1	4.629 4	4.997 6	4.058 6	5.208 6	5.845 7
		(5.08)	(4.39)	(4.82)	(3.98)	(5.02)	(4.57)
Education	0.0	−0.439 1	−0.166 1	0.068 4	0.428 8	0.814 9	0.450 6
		(−2.62)	(−1.75)	(0.79)	(5.92)	(8.56)	(2.92)
				偏效应			
Age	−0.000 1	−0.000 2	−0.002 8	−0.002 2	0.000 6	0.003 6	0.001 1
	(−0.19)	(−0.92)	(−2.23)	(−1.15)	(0.23)	(1.89)	(1.90)
Sex	−0.214 9	0.016 4	0.023 3	0.104 1	−0.126 4	0.166 7	0.030 8
	(−4.24)	(1.98)	(1.00)	(2.87)	(−2.15)	(4.20)	(2.35)
Education	−0.018 7	−0.006 9	−0.038 7	−0.046 0	0.027 8	0.081 0	0.001 5
	(−2.22)	(−2.31)	(−6.29)	(−5.1)	(2.12)	(8.61)	(0.56)

该模型的对数似然值是 −770.281 41，与此同时，只有常数项的模型的对数似然值是 −982.205 33。基于假设“模型的全部 18 个系数均为 0”的似然比统计量是 423.85，这远大于门槛 28.87。在估计的参数中，只有性别是一致统计上显著的。但是，在这里并不清楚如何解释 *Education* 在一些参数向量中显著而在其他一些中不显著。偏效应也给出了类似的不清楚的结果，尽管在这种情

形下，效应可以与特定的结果联系起来。但需要注意的是，该模型中偏效应的显著性检验的含义本身是模糊不清的。例如，尽管在 $\boldsymbol{\alpha}_6$ 中 *Education* 的系数是显著的，但是它在结果 6 中的偏效应是不显著的，这方面需要建模者在运用多项选择模型建模时进行仔细的解释。注意到偏效应的行求和为 0。对该结果的解释是：当个人特征譬如 *Age* 变化时，各概率也将依次变化，但是变化前后各概率之和均为 1。

∵例 18.2　家庭热水器

Michelsen and Madlener（2012）研究了房主在采用新式家用热水器时的偏好。分析基于一份针对 2 240 位德国房主的调查，他们中的每一个都安装了以下四种新式家用热水器之一：GAS-ST，OIL-ST，HEAT-P 以及 PELLET。模型中的变量包括一些社会人口特征比如年龄、收入和性别；房屋的特征比如大小、房龄以及之前使用的家用热水器种类；还有房屋位置以及一些特定的特征，包括对节能的偏好（在五点量表上体现），对减少使用化石燃料的偏好以及对环境保护的偏好，这些同样体现在五点量表上。对于大多数变量（不是待估计的系数），作者仅仅给出了其平均偏效应。尤其是环境保护和能源独立性这两个变量的调查数据，作者所给出的这两个变量的平均偏效应如下。

	GAS-ST	OIL-ST	HEAT-P	PELLET
环境	0.002	−0.003	−0.022	0.024
独立性	−0.150	−0.043	0.100	0.093

虽然它们被反映在五点量表上，就好像是连续变化的一样，但这两个变量变化的确切含义是不清楚的。尽管如此，从能源独立性的结果可以看出，告别化石燃料的技术替代是受欢迎的，而从环境保护的结果来看，减少二氧化碳排放的欲望就没有那么明显了。[①]

□ 18.2.3　条件 logit 模型

如果数据由选择属性而非个人特征构成，则自然的模型构建就是

$$\text{Prob}(Y_i=j\mid \mathbf{x}_{i1},\mathbf{x}_{i2},\cdots,\mathbf{x}_{iJ})=\text{Prob}(Y_i=j\mid \mathbf{X}_i)=P_{ij}=\frac{\exp(\mathbf{x}_{ij}'\boldsymbol{\beta})}{\sum_{j=1}^{J}\exp(\mathbf{x}_{ij}'\boldsymbol{\beta})} \tag{18-7}$$

这里，为了与文献保持一致，对总共 J 个选项，令 $j=1,2,\cdots,J$。否则，这个模型本质上就与多项式 logit 模型一样了。但是，对参数的解释必须更加小心。同样，这里列举一个例子以说明其中的思想。

该模型中系数与边际效应并非直接相联系。连续变量的边际效应可以通过计算式（18－7）对特定的 $\mathbf{x}_m$ 的微分得到：

$$\frac{\partial P_{ij}}{\partial \mathbf{x}_{im}}=[P_{ij}\mathbf{1}(j=m)-P_{im}]\boldsymbol{\beta},\quad m=1,\cdots,J$$

显然每个属性集 $\mathbf{x}_m$ 都因为存在于 P_{ij} 和 P_{im} 中而会影响到所有概率。Hensher（1991）建议最

① 该结果摘自原文献第 1279 页表 6。

好给出概率的弹性。选项 m 的第 k 个属性对 P_{ij} 的影响为

$$\frac{\partial \ln P_{ij}}{\partial \ln x_{mk}}=\frac{x_{mk}}{P_{ij}}\frac{\partial P_{ij}}{\partial x_{mk}}=x_{mk}[\mathbf{1}(j=m)-P_{im}]\beta_k$$

由于概率尺度本身没有什么模糊性，所以是给出导数还是弹性，基本上是个人喜好的问题。关于弹性有一个惊人的结论：$\partial \ln P_{ij}/\partial \ln x_{mk}$ 不是 P_{ij} 的函数，这强烈暗示了开始时所假设的特别的函数形式。这意味着一个相当奇怪的替代模式，该模式可见于接下来的表 18.8 的表头。18.2.4 小节将探究这个结果。在过去的数十年里，许多关于多项选择模型的研究都专注于更加一般的形式（这里将检验其中的几个），这些形式能够提供更多现实中行为的结果。模型的一些应用将在例 18.3 中给出。

使用牛顿法或得分法估计条件 logit 模型最为简单。对数似然函数与多项式 logit 模型相同。同样定义若 $Y_i=j$，则 $d_{ij}=1$，否则为 0。于是有

$$\ln L=\sum_{i=1}^{n}\sum_{j=1}^{J}d_{ij}\ln \operatorname{Prob}(Y_i=j)$$

此情形下的市场份额和频率数据很常见。若数据是这种形式，则所需要的变化同样只是把 d_{ij} 定义为比例或频率。

由于 $\ln L$ 的形式较简单，所以梯度和海塞矩阵都具有特别简便的形式：令 $\bar{\mathbf{x}}_i=\Sigma_{j=1}^{J}P_{ij}\mathbf{x}_{ij}$，于是有

$$\frac{\partial \ln L}{\partial \boldsymbol{\beta}}=\sum_{i=1}^{n}\sum_{j=1}^{J}d_{ij}(\mathbf{x}_{ij}-\bar{\mathbf{x}}_i)$$

$$\frac{\partial^2 \ln L}{\partial \boldsymbol{\beta}\partial \boldsymbol{\beta}'}=-\sum_{i=1}^{n}\sum_{j=1}^{J}P_{ij}(\mathbf{x}_{ij}-\bar{\mathbf{x}}_i)(\mathbf{x}_{ij}-\bar{\mathbf{x}}_i)' \tag{18-8}$$

通常的拟合度量问题在这里也存在。对数似然比和实际-预测选择表对分析会有所帮助。一共存在两个可能的约束对数似然值。由于模型中不包含常数项，所以约束 $\boldsymbol{\beta}=\mathbf{0}$ 会使得所有概率都等于 $1/J$。于是，这一约束的约束对数似然值为 $L_c=-n\ln J$。当然，这个假设可能会被拒绝。另一种方法是，只用 $J-1$ 个与选项相关的常数拟合模型，这就会使得约束对数似然值与多项式 logit 模型中的相同，即 $\ln L_0^*=\Sigma_j n_j \ln p_j$，其中 n_j 依旧是选择选项 j 的人数。

现在我们已经对基于个体特征的多项式 logit 模型和基于选项属性的条件 logit 模型做了区分。其区分完全是人为的。多项选择建模的应用通常混合了两种形式——接下来关于出行方式选择的例子包含了模式的属性和家庭收入两个方面。出现在应用中的、基于式（18-3）的多项式 logit 模型的一般形式是

$$\operatorname{Prob}(Y_i=j)=\frac{\exp(\mathbf{x}_{ij}'\boldsymbol{\beta}+\mathbf{w}_i'\boldsymbol{\alpha}_j)}{\sum_{m=1}^{J}\exp(\mathbf{x}_{im}'\boldsymbol{\beta}+\mathbf{w}_i'\boldsymbol{\alpha}_m)}$$

□ 18.2.4 独立于无关选项假设

前面强调过，多项式 logit 或条件 logit 模型中的优势比独立于其他选项。虽然这个性质对模型估计很方便，但作为对消费行为施加的约束，并非特别具有吸引力。另一个不具有吸引力的结果是，多项式 logit 模型所暗含的替代弹性的样式是奇怪的。logit 模型中 P_{ij}/P_{im} 独立于其

余概率，以及 $\partial \ln P_{ij} / \partial \ln x_{im}$ 不是 P_{ij} 的函数的特性被称为**独立于无关选项**（independence from irrelevant alternatives，IIA）。

这个独立性假设来自最初的效用函数随机项独立性和方差齐性假设。接下来会考虑几个放宽这一假设的模型。但是首先要考虑这个假设的有效性检验。在 MNL 模型中，选项 j 的无条件概率是

$$\text{Prob}(Y_i = j) = \frac{\exp(\mathbf{x}'_{ij}\boldsymbol{\beta})}{\sum_{m=1}^{J}\exp(\mathbf{x}'_{im}\boldsymbol{\beta}_m)}$$

在选项 j 属于选项 1，…，$J-1$ 的条件下，选项 j 的概率是

$$\begin{aligned}\frac{\text{Prob}[Y=j \text{ 且 } j \in (1,\cdots,J-1)]}{\text{Prob}(j \in (1,\cdots,J-1))} &= \frac{\exp(\mathbf{x}'_{ij}\boldsymbol{\beta})}{\sum_{m=1}^{J}\exp(\mathbf{x}'_{im}\boldsymbol{\beta}_m)} \Big/ \frac{\sum_{j=1}^{J-1}\exp(\mathbf{x}'_{ij}\boldsymbol{\beta})}{\sum_{m=1}^{J}\exp(\mathbf{x}'_{im}\boldsymbol{\beta}_m)} \\ &= \frac{\exp(\mathbf{x}'_{ij}\boldsymbol{\beta})}{\sum_{m=1}^{J-1}\exp(\mathbf{x}'_{im}\boldsymbol{\beta}_m)}\end{aligned}$$

这是同一个模型，只不过分母变成了从 1 到 $J-1$ 的求和。MNL 模型在选项集的约束下保持不变——这就是说模型的参数是相同的。Hausman and McFadden（1984）指出，如果选项集的一个子集确实是无关的，那么从模型中去掉它们应该不会系统性地改变参数估计值。排除这些选项（以及选择这些选项的观测值）是无效率的，但并不会导致不一致性。而如果剩余的优势比并非真正独立于这些选项，那么排除这些选项所得到的参数估计值将是不一致的。这一发现成为豪斯曼设定检验常用的基础。这个统计量为

$$\chi^2 = (\hat{\boldsymbol{\beta}}_s - \hat{\boldsymbol{\beta}}_f)'[\hat{\mathbf{V}}_s - \hat{\mathbf{V}}_f]^{-1}(\hat{\boldsymbol{\beta}}_s - \hat{\boldsymbol{\beta}}_f)$$

式中，s 为基于约束子集的估计量；f 为基于整个选项集的估计量；$\hat{\mathbf{V}}_s$ 和 $\hat{\mathbf{V}}_f$ 为渐近协方差矩阵的相应估计值。这个统计量的极限分布为自由度为 K 的卡方分布。例 18.3 将考察其应用。

□ 18.2.5 备择的选择模型

在选择过程中，多项式 logit 模型对行为的模式施加了一些并不那么吸引人的约束。在长期的研究中，研究者提出了各种各样的放松 MNL 模型约束的选择模型。[①] 两个特别的约束分别是效用函数的选项之间和个体之间的方差齐性，以及选项之间的无关性。下面考虑 MNL 模型的三种可选择形式。值得注意的是，并不仅仅是分布在发挥作用。将模型转变为基于正态分布的多项式 probit 模型。但独立性和方差齐性仍然是存在的，问题仍没有得到解决。

18.2.5.a 异方差极值模型

式（18－1）中 ε_{ij} 的方差等于 $\pi^2/6$。Bhat（1995）提出的异方差极值（heteroscedastic extreme value，HEV）设定允许式（18－1）中的每个 ε_{ij} 有分离的方差：

---

① 对该领域最早的贡献是 Gaudry and Dagenais（1979）的“DOGIT”模型，“避免研究者的一种困境，即先验地在接受和排除 IIA 约束两种模式之间择其一……”（p. 105）DOGIT 模型的函数形式是 $P_j = (V_j + \lambda_j \Sigma_m V_m)/[(1+\Sigma_m \lambda_m)\Sigma_m V_m]$，其中 $V_j = \exp(\mathbf{x}'_{ij}\boldsymbol{\beta})$ 且 $\lambda_j \geqslant 0$。

$$\sigma_j^2 = \pi^2/(6\theta_j^2) \tag{18-9}$$

因为只能比较方差之比，所以其中一个 θ 必须标准化为 1.0。可以通过如下设定来使个体以及选项之间有不同的方差：

$$\theta_{ij} = \theta_j \times \exp(\boldsymbol{\phi}'\mathbf{h}_i) \tag{18-10}$$

［见 Salisbury and Feinberg（2010）关于这种 HEV 模型的应用。］异方差性单独打破了 IIA 假设。

18.2.5.b　多项式 probit 模型

要放宽多项式 logit（MNL）模型的独立性约束，一个很自然的选择就是使用**多项式 probit 模型**（multinomial probit model，MNP）。MNP 模型的结构方程为

$$U_{ij} = \mathbf{x}_{ij}'\boldsymbol{\beta} + \varepsilon_{ij},\ j=1,\cdots,J,\ [\varepsilon_{i1},\varepsilon_{i2},\cdots,\varepsilon_{iJ}] \sim N[\mathbf{0},\boldsymbol{\Sigma}]$$

对数似然函数中，对应于选择了选项 q 的项为

$$\text{Prob}[\text{choice}_{iq}] = \text{Prob}[U_{iq} > U_{ij},j=1,\cdots,J,j\neq q]$$

对于其他 $J-1$ 个备选项，其发生概率为

$$\text{Prob}[\text{choice}_{iq}] = \text{Prob}[\varepsilon_{i1}-\varepsilon_{iq} < (\mathbf{x}_{iq}-\mathbf{x}_{i1})'\boldsymbol{\beta},\cdots,\varepsilon_{iJ}-\varepsilon_{iq} < (\mathbf{x}_{iq}-\mathbf{x}_{iJ})'\boldsymbol{\beta}]$$

这就是 $J-1$ 元正态分布的累积概率函数。由于要做的只是进行比较，所以这 $J-1$ 元结构中的一个方差（即简化后的 $\boldsymbol{\Sigma}$ 中的一个主对角线元素）必须标准化为 1.0。由于模型中只能观测到比较关系，所以为了确定参数，$J-1$ 个协方差也必须标准化为 0。MNP 模型容许一个无约束的$(J-1)\times(J-1)$相关性结构，以及模型扰动项的 $J-2$ 个自由标准差。（因此，两选项模型便又回到 17.2.3 节所分析的一元 probit 模型。）若多于两个选项，这个设定就远比 MNL 模型具有一般性，因为假设 $\boldsymbol{\Sigma}=(\pi^2/6)\mathbf{I}$ 就可以推导出后者。［MNL 模型中的尺度（scaling）包含在系数向量中。］这就意味着，该模型在前面章节的异方差模型中加入了无约束的相关性。

多项式 probit 模型更强的普适性来源于选项之间的相关性（狭义上来源于可能的异方差性）。该模型对分布进行了一点扩展，简单地将 MNP 模型中的分布替换为带有 $\boldsymbol{\Sigma}=\mathbf{I}$ 的正态分布即可产生与 MNL 模型实质上相同的结果（在概率和弹性方面）。使用 MNP 模型的一个障碍是，为了求解一些包含多个选项的模型而计算多元正态概率是很困难的。[①]

利用 GHK 模拟器来精确模拟多元正态积分使得 MNP 模型的估计变得可行［见 15.6.2.b 小节和 1994 年 11 月《经济学与统计学评论》中的专题讨论］。然而计算极其消耗时间，而且还必须确保 $\boldsymbol{\Sigma}$ 是一个正定矩阵。常用的方法是构造 $\boldsymbol{\Sigma}$ 的乔利斯基分解 $\mathbf{LL}'$（其中 $\mathbf{L}$ 是一个下三角矩阵）并估计 $\mathbf{L}$ 的元素。通过令 $J\times J$ 矩阵 $\boldsymbol{\Sigma}$ 的最后一行为（0，0，…，1），并使用 $\mathbf{LL}'$生成 $(J-1)\times(J-1)$ 上三角矩阵，就可以进行标准化并施加零约束。使得 $\mathbf{L}_{11}=1$ 则可以推导出附加的标准化约束。

确定模型所需的对 $\boldsymbol{\Sigma}$ 的约束可以在不同地方出现。例如，可以把任意的选项作为基准，然后 $\boldsymbol{\Sigma}$ 的其他行就可以进行标准化。导致的一个结果就是在 MNP 和 MNL 模型中，不可能直接比

---

① Hausman and Wise（1978）指出，probit 模型的实际应用可能不像看起来那样困难。对于 J 个选项，$U_{ij}>U_{im}(m\neq j)$暗含的比较涉及 $J-1$ 个差值，$\varepsilon_j-\varepsilon_m$。因此，为了求解一个 J 维的问题，只需考虑 $J-1$ 阶概率的导数。从而对于一个有四个选项的模型，只需要计算三维正态积分的值，如果只需要对数似然函数的导数，计算二维的积分就可以了。

较估计的系数向量 $\boldsymbol{\beta}$。预测的概率和估计的弹性揭示了估计模型之间的本质区别。

18.2.5.c 嵌套 logit 模型

在条件 logit 模型中放宽方差齐性假设的方法之一是将选项分成若干组，不同组之间的方差有所变化，但在同一组之内则保持 IIA 假设不变，这种方法也提供了一个在直觉上具有吸引力的结构。这个设定定义的是**嵌套 logit 模型**（nested logit model）。为说明其思想，把这个设定设想成一个两（或多）层选择问题会有所帮助（尽管这个模型的产生只是为了对原条件 logit 模型中的随机设定加以修正，而不是为了模型化消费者行为）。于是，假设 J 个选项可分成 B 个组，且选项集可被写成

$$[c_1\cdots,c_J]=[(c_{1|1},\cdots,c_{J1|1}),(c_{1|2},\cdots,c_{J2|2}),\cdots,(c_{1|B},\cdots,c_{JB|B})]$$

从逻辑上讲，可以把选择过程设想为：先从 B 个选项集中选择，然后在所确定的选项集中进行具体选择。用这个方法可以推导出一个选择树结构——主干先分出两个分支，例如包含 5 个选项（末梢）的选择树结构如下：

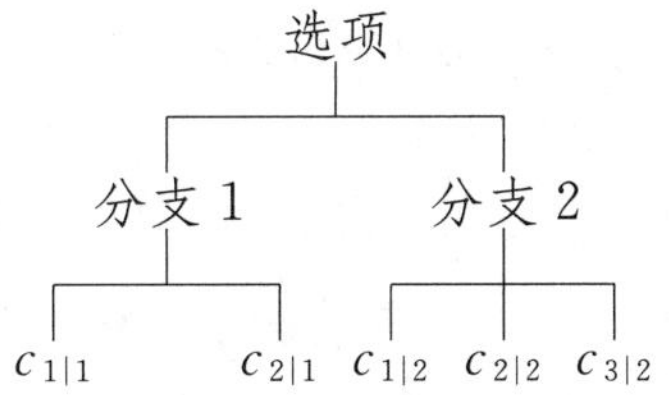

同时假设数据由选项 $\mathbf{x}_{ij}|b$ 属性和选项集 $\mathbf{z}_{ib}$ 属性的观测值共同构成。

为了推导模型的数学形式，首先从如下无条件概率开始：

$$\text{Prob}[\text{末梢 } j,\text{分支 } b]=P_{ijb}=\frac{\exp(\mathbf{x}'_{ij|b}\boldsymbol{\beta}+\mathbf{z}'_{ib}\boldsymbol{\gamma})}{\sum_{b=1}^{B}\sum_{j=1}^{J_b}\exp(\mathbf{x}'_{ij|b}\boldsymbol{\beta}+\mathbf{z}'_{ib}\boldsymbol{\gamma})}$$

现在把这个概率写成

$$\begin{aligned}P_{ijb}&=P_{ij|b}P_b\\&=\left(\frac{\exp(\mathbf{x}'_{ij|b}\boldsymbol{\beta})}{\sum_{j=1}^{J_b}\exp(\mathbf{x}'_{ij|b}\boldsymbol{\beta})}\right)\left(\frac{\exp(\mathbf{z}'_{ib}\boldsymbol{\gamma})}{\sum_{l=1}^{L}\exp(\mathbf{z}'_{ib}\boldsymbol{\gamma})}\right)\frac{\left(\sum_{j=1}^{J_b}\exp(\mathbf{x}'_{ij|b}\boldsymbol{\beta})\right)\left(\sum_{l=1}^{L}\exp(\mathbf{z}'_{ib}\boldsymbol{\gamma})\right)}{\left(\sum_{l=1}^{L}\sum_{j=1}^{J_l}\exp(\mathbf{x}'_{ij|b}\boldsymbol{\beta}+\mathbf{z}'_{ib}\boldsymbol{\gamma})\right)}\end{aligned}$$

定义第 l 个分支的**包容值**（inclusive value）为

$$\text{IV}_{ib}=\ln\left(\sum_{j=1}^{J_b}\exp(\mathbf{x}'_{ij|b}\boldsymbol{\beta})\right)$$

然后，经过消项并利用这个结论，可以发现

$$P_{ij|b}=\frac{\exp(\mathbf{x}'_{ij|b}\boldsymbol{\beta})}{\sum_{j=1}^{J_b}\exp(\mathbf{x}'_{ij|b}\boldsymbol{\beta})}\quad\text{以及}\quad P_b=\frac{\exp[\tau_b(\mathbf{z}'_{ib}\boldsymbol{\gamma}+IV_{ib})]}{\sum_{b=1}^{B}\exp[\tau_b(\mathbf{z}'_{ib}\boldsymbol{\gamma}+IV_{ib})]}\tag{18-11}$$

式中，新参数 τ_l 必须等于 1 才能推导出原 MNL 模型。因此，利用约束 $\tau_l=1$ 可以重新推导出

条件 logit 模型，而上述方程只是把这个模型写成另一种形式。如果放宽这个约束，就可以推导出嵌套 logit 模型。这种形式的无约束包容值系数会使得模型能容纳一定程度的异方差性以及选项之间的相关性。在每个分支内，IIA 约束继续成立。第 j 个分支内扰动项的等方差现在为①

$$\sigma_b^2 = \frac{\pi^2}{6\tau_b} \tag{18-12}$$

当 $\tau_j = 1$ 时，该公式就退化为多项式 logit 模型的基本结论。嵌套 logit 模型等价于具有分块对角协方差矩阵的随机效用模型。例如，例 18.3 所检验的四选项模型等价于具有如下协方差矩阵的随机效用模型

$$\boldsymbol{\Sigma} = \begin{bmatrix} \sigma_F^2 & 0 & 0 & 0 \\ 0 & \sigma_G^2 & \sigma_G^2\rho & \sigma_G^2\rho \\ 0 & \sigma_G^2\rho & \sigma_G^2 & \sigma_G^2\rho \\ 0 & \sigma_G^2\rho & \sigma_G^2\rho & \sigma_G^2 \end{bmatrix}$$

模型中的系数仍无法直接解释。描述属性与概率共变性的导数为

$$\frac{\partial \ln \text{Prob}[\text{选项}=m，\text{分支}=b]}{\text{选项}\,M\,\text{和分支}\,B\,\text{中的}\,\partial x_k}$$
$$=\{\mathbf{1}(b=B)[\mathbf{1}(m=M)-P_{M|B}]+\tau_B[\mathbf{1}(b=B)-P_B]P_M|B\}\beta_k$$

嵌套 logit 模型已经扩展到三层及三层以上。模型的复杂程度会随层数增加而迅速增大。但这种模型最终被证明是极为灵活的，并被广泛用于对营销中的消费者选择行为建模以及交通运输等相关文献中。

嵌套 logit 模型参数的估计有两种方法。其中，**有限信息**（limited information）的两步极大似然法可以按以下步骤进行：

1. 通过将分支内的选项作为一个简单的条件 logit 模型来估计参数 $\boldsymbol{\beta}$。

2. 计算模型中所有分支的包容值。通过将不同分支之间的选项作为一个具有属性 $\mathbf{z}_{ib}$ 和 I_{ib} 的条件 logit 模型来估计参数 $\boldsymbol{\gamma}$ 和 $\boldsymbol{\tau}$。

由于这个方法得到的是两步估计量，所以第二步估计值的渐近协方差矩阵的估计值必须加以修正。② 至于模型的完全信息极大似然（full information maximum likelihood，FIML）估计，对数似然函数为③

$$\ln L = \sum_{i=1}^{n} \ln[\text{Prob}(\text{末梢}\mid\text{分支})_i \times \text{Prob}(\text{分支})_i]$$

由于信息矩阵不是 $\boldsymbol{\beta}$ 和（$\boldsymbol{\gamma}$，$\boldsymbol{\tau}$）中的分块对角阵，所以 FIML 估计比两步估计更加有效。现在，很多商业软件中都包含 FIML 估计量（如果能有效地混合由每个分支的重新估计产生的 $\boldsymbol{\beta}$ 的总共 B 个不同的估计量，FIML 估计量也可以解决问题）。

为了设定嵌套 logit 模型，必须将选项划分成若干分支。有时候存在自然的划分，例如在 Maddala（1983）分析的例子中，住处的选择首先是选择社区，然后在社区内选择住所类型。但

① 见 Hensher，Louviere，and Swait（2000）。关于嵌套 logit 模型的另一种建构见 Greene and Hensher（2002）。

② 见 McFadden（1984）。

③ 见 Hensher（1986，1991）以及 Greene（2007b）。

在其他情形中，选项集的划分是临时的，且可能会导致模型结论依赖于分支划分的问题。（文献中许多研究都基于对树结构的不同设定而给出几个结果。）没有一个明确的检验程序能够辨别不同的树结构，这正是该模型的问题所在。

❖例 18.3 出行方式的多项选择模型

亨舍（Hensher）和格林[①]给出了一个往返于澳大利亚悉尼和墨尔本之间的出行方式选择模型的估计值。数据集包括在飞机、火车、公共汽车和小汽车四种出行方式之间进行选择的 210 个观测值（见在线附表 F18.2）。其样本所用的属性为：与选项相关的常数；两个代表不同选择的连续度量指标；度量广义旅行成本的 GC，它等于交通工具上发生的成本 $INVC$ 与一个类似工资率的指标乘以出行耗费时间 $INVT$ 之和；站台等待时间 $TTME$（小汽车为 0）；对于飞机与其他方式之间的选择所涉及的属性——家庭收入 $HINC$。表 18.2 列出了样本数据的摘要信息。

所设定的模型为

$$U_{ij}=\alpha_{air}d_{i,air}+\alpha_{train}d_{i,train}+\alpha_{bus}d_{i,bus}+\beta_G GC_{ij}+\beta_T TTME_{ij}+\gamma_H d_{i,air}HINC_i+\varepsilon_{ij}$$

表 18.2　出行方式选择数据统计量摘要

	GC	$TTME$	$INVC$	$INVT$	$HINC$	选择的人数	p	真实概率
飞机	102.648	61.010	85.522	133.710	34.548	58	0.28	0.14
	113.522	46.534	97.569	124.828	41.274			
火车	130.200	35.690	51.338	608.286	34.548	63	0.30	0.13
	106.619	28.524	37.460	532.667	23.063			
公共汽车	115.257	41.657	33.457	629.462	34.548	30	0.14	0.09
	108.133	25.200	33.733	618.833	29.700			
小汽车	94.414	0	20.995	573.205	34.548	59	0.28	0.64
	89.095	0	15.694	527.373	42.22			

注：每一单元上面的数字是所有 210 个观测值的平均值，而下面则是做出该选择的观测值的平均值。

式中，对每个 j，ε_{ij} 都独立地服从同样的第一类极值分布，即

$$F_{\varepsilon}(\varepsilon_{ij})=\exp(-\exp(-\varepsilon_{ij}))$$

其方差为 $\pi^2/6$。均值−0.577 2 包含在常数项中。表 18.3 显示的是条件 logit 模型的估计值。模型分别是在对择基抽样进行修正和不修正的情况下进行拟合的（见 17.5.4 小节）。由于样本份额与总体比例没有根本性差异，因此所估计参数的影响非常适度。不过很明显，择基抽样也并非毫无瑕疵。表 18.4 显示的是预测结果与实际结果的交叉表。将 $m_{jk}=\sum_{i=1}^{210}\hat{p}_{ij}d_{ik}$（$j$，$k$ = 飞机，火车，公共汽车或小汽车）的整数部分（其中 $\hat{p}_{ij}$ 为观测值 i 选择结果 j 的预测概率，d_{ik} 则为表示个体 i 是否选择选项 k 的二值变量）列成表格以得到有关的预测值。

---

① 见 Greene（2016）。

优势比“火车/公共汽车”和“小汽车/公共汽车”真的独立于备择选项“飞机”吗？为使用豪斯曼检验，首先应当从选项集中删除选项“飞机”，并估计一个三选项模型。由于 58 个被调查者选择了这个方式，所以要失去 58 个观测值。

表 18.3　多项式 logit 模型的参数估计

	无权重样本		择基抽样权重	
	估计值	t 值	估计值	t 值
β_G	−0.015 50	−3.517	−0.013 33	−2.711
β_T	−0.096 12	−9.207	−0.134 05	−5.216
γ_H	0.013 29	1.295	−0.001 08	−0.097
α_{air}	5.207 4	6.684	6.594 0	4.075
α_{train}	3.869 0	8.731	3.619 0	4.317
α_{bus}	3.163 2	7.025	3.321 8	3.822
$\boldsymbol{\beta}=0$ 时的对数似然值	−291.121 8		−291.121 8	
对数似然值（样本份额）	−283.758 8		−218.992 9	
收敛处的对数似然值	−199.128 4		−147.589 6	

表 18.4　基于 MNL 模型概率得到的选择预测值（择基抽样得到的预测值在括号中给出）

	飞机	火车	公共汽车	小汽车	总计（实际的）
飞机	32（30）	8（3）	5（3）	13（23）	58
火车	7（3）	37（30）	5（3）	14（27）	63
公共汽车	3（1）	5（2）	15（14）	6（12）	30
小汽车	16（5）	13（5）	6（3）	25（45）	59
总计（预测的）	58（39）	63（40）	30（23）	59（108）	210

此外，对于留在样本中的每个数据向量，与“飞机”相对应的常数项和交互项 $d_{i,air}\times HINC_i$ 对剩下的其他人而言都是 0。因此，在约束模型中这些系数难以估计，所以我们放弃这些变量。检验将基于模型中其余四个系数 $[\beta_G,\ \beta_T,\ \alpha_{train},\ \alpha_{bus}]$ 的两个估计量，表 18.5 给出了检验结果。上述检验得出的结论可以拒绝其他三个选项的优势比独立于“飞机”选项的假设，因为卡方统计量超过了其门槛。

拒绝了 IIA 约束之后，作者估计了如下类型的嵌套 logit 模型：

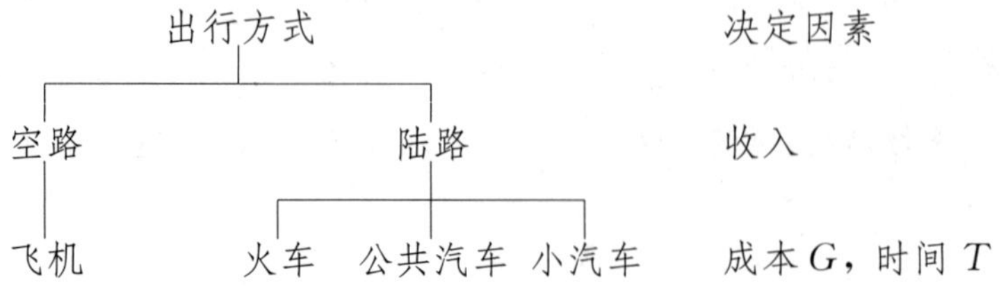

注意，其中一个分支只有一个选项（这种分支被称为退化的分支），所以条件概率 $P_{j|fly}=P_{air|fly}=1$。表 18.6 中的估计值是在之前所述四个选项之间选择的简单条件（多项式）logit（MNL）模型的估计值。两个包容值参数（根据构造）都被限定为 1.000 0。通过最大化嵌套 logit 模型的完全信息对数似然函数，就可以推导出 FIML 估计值。在这个模型中，

$$\text{Prob(选项| 分支)}=P(\alpha_{air}d_{air}+\alpha_{train}d_{train}+\alpha_{bus}d_{bus}+\beta_G GC+\beta_T TTME)$$
$$\text{Prob(分支)}=P(\gamma d_{air}HINC+\tau_{fly}IV_{fly}+\tau_{ground}IV_{ground})$$
$$\text{Prob(选项，分支)}=\text{Prob(选项分支)}\times\text{Prob(分支)}$$

表 18.5　IIA 检验的结果

	完全选择集				约束选择集			
	β_G	β_T	α_{train}	α_{bus}	β_G	β_T	α_{train}	α_{bus}
估计值	−0.015 5	−0.096 1	3.869	3.163	−0.063 9	−0.069 9	4.464	3.105
	估计的渐近协方差矩阵				估计的渐近协方差矩阵			
β_G	0.000 019 4				0.000 101			
β_T	−0.000 000 5	0.000 109			−0.000 013	0.000 221		
α_{train}	−0.000 60	−0.003 8	0.196		−0.002 44	−0.007 59	0.410	
α_{bus}	−0.000 26	−0.003 8	0.161	0.203	−0.001 13	−0.007 53	0.336	0.371

H=33.336 7。临界 χ^2 [4] =9.488。

表 18.6　嵌套 logit 模型的估计（括号内是标准误）

参数	嵌套 logit 模型		多项式 logit 模型	
α_{air}	6.042 3	(1.198 9)	5.207 4	(0.779 1)
α_{bus}	4.096 3	(0.615 2)	3.163 2	(0.450 3)
α_{train}	5.064 6	(0.662 0)	3.869 0	(0.443 1)
β_{GC}	−0.031 6	(0.008 2)	−0.155 0	(0.004 4)
β_{TTME}	−0.112 6	(0.014 1)	−0.096 1	(0.010 4)
γ_H	0.015 3	(0.009 4)	0.013 3	(0.010 3)
τ_{fly}	0.586 0	(0.140 6)	1.000 0	(0.000 0)
τ_{ground}	0.389 0	(0.123 7)	1.000 0	(0.000 0)
σ_{fly}	2.188 6	(0.525 5)	1.282 5	(0.000 0)
σ_{ground}	3.297 4	(1.048 7)	1.282 5	(0.000 0)
$\ln L$	−193.656 1		−199.128 4	

相对于同方差假设的嵌套似然比统计量为 $-2\times[-199.1284-(-193.6561)]=10.945$。自由度为 2 的卡方分布在置信水平为 95%时对应的临界值为 5.99，所以拒绝原假设。我们也可进行沃尔德检验。两个包容值参数的渐近协方差矩阵为［0.019 77/0.009 621，0.015 29］。假设联合检验 $\tau_{fly}=$

$\tau_{ground}=1$ 的沃尔德统计量为

$$W=(0.586-1.0,\ 0.389-1.0)\begin{bmatrix}0.1977 & 0.009621\\ 0.009621 & 0.01529\end{bmatrix}^{-1}\begin{pmatrix}0.586-1.0\\ 0.389-1.0\end{pmatrix}=24.475$$

同样拒绝了原假设。

下面在异方差极值（HEV）模型假设下重新估计了嵌套 logit 模型。这是允许不同方差的最简单的形式。对式（18－1）中的每个 ε_{ij}，有 $\sigma_j^2=\pi^2/(6\theta_j^2)$。结论如表 18.7 所示。这个模型的约束性没有嵌套 logit 模型那么强。为了使它们可比较，注意到，$\sigma_{air}=\pi/(\tau_{fly}\sqrt{6})=2.1886$，$\sigma_{train}=\sigma_{bus}=\sigma_{car}=\pi/(\tau_{ground}\sqrt{6})=3.2974$。因此，异方差极值模型放宽了附加的约束，因为它有三个自由方差而嵌套 logit 模型有两个。但这里一个重要的自由度是，HEV 模型没有在选项集的任何地方做出 IIA 假设，而嵌套 logit 模型则在每个分支内都有这个假设。表 18.7 展示了 HEV 设定附加的一些结果。在“约束 HEV 模型”一列，$\varepsilon_{i,air}$ 的方差可以与其他的不同。

HEV 模型和嵌套 logit 模型等模型的一个基本优点是，它们都放宽了 IIA 假设。这个假设对不同概率中属性之间的交叉弹性有一定的意义。表 18.8 列出了估计的概率对广义成本变量变化的弹性估计值。弹性不是在样本均值处一次计算得到，而是通过对个体样本值求平均来计算。从表中可以看出 IIA 的含义。因此，在多项式 logit（MNL）模型估计中，每个属性的交叉弹性都相同。在嵌套 logit 模型中，IIA 性质只在分支内成立，因此，在第一列中，飞行的广义成本效应对所有地面交通方式的影响程度相同，而乘火车的广义成本效应对公共汽车和小汽车的影响相同，但不同于对飞机的影响。在 HEV 模型中，所有这些弹性都是自由变化的。

表 18.9 列出了多项式 probit 模型和随机参数 logit 模型的估计。在多项式 probit 模型中，选项之间是任意相关的，这就意味着 3×3 相关矩阵是无约束的，且两个标准差是自由变化的。

表 18.7　异方差极值模型的估计（括号内是标准误）

参数	HEV 模型		约束 HEV 模型	
α_{air}	2.228	(1.047)	1.622	(1.247)
α_{train}	3.412	(0.895)	3.942	(0.489)
α_{bus}	3.286	(0.836)	2.866	(0.418)
β_{GC}	−0.026	(0.009)	−0.033	(0.006)
β_{TTME}	−0.071	(0.024)	−0.075	(0.005)
γ	0.028	(0.019)	0.039	(0.021)
θ_{air}	0.472	(0.199)	0.380	(0.095)
θ_{train}	0.886	(0.460)	1.000	(0.000)
θ_{bus}	3.143	(3.551)	1.000	(0.000)
θ_{car}	1.000	(0.000)	1.000	(0.000)
	暗含的标准差			
σ_{air}	2.720	(1.149)		
σ_{train}	1.448	(0.752)		
σ_{bus}	0.408	(0.461)		
σ_{car}	1.283	(0.000)		
$\ln L$	−199.0306		−203.2679	

表 18.8 关于广义成本的弹性估计值

对以下选项的效应	该选项的成本变化：飞机	火车	公共汽车	小汽车
多项式 logit 模型				
飞机	−1.136	0.498	0.238	0.418
火车	0.456	−1.520	0.238	0.418
公共汽车	0.456	0.498	−1.549	0.418
小汽车	0.456	0.498	0.238	−1.061
嵌套 logit 模型				
飞机	−1.377	0.523	0.523	0.523
火车	0.377	−2.955	1.168	1.168
公共汽车	0.196	0.604	−3.037	0.604
小汽车	0.337	1.142	1.142	−1.872
异方差极值模型				
飞机	−1.019	0.410	0.954	0.429
火车	0.395	−3.026	3.184	0.898
公共汽车	0.282	0.999	−8.161	1.326
小汽车	0.314	0.708	2.733	−2.589
多项式 probit 模型				
飞机	−1.092	0.606	0.530	0.290
火车	0.591	−4.078	3.187	1.043
公共汽车	0.245	1.294	−7.694	1.218
小汽车	0.255	1.009	2.942	−2.364

表 18.9 基于正态分布的多项选择模型的参数估计

参数	多项式 probit 模型	随机参数模型
α_{air}	1.799 (1.705)	4.393 (1.698)
σ_{air}	4.638 (2.251)	4.267 (2.224) [4.455][a]
α_{train}	4.347 (1.789)	5.649 (1.383)
σ_{train}	1.877 (1.222)	1.097 (1.388) [1.688][a]
α_{bus}	3.652 (1.421)	4.587 (1.260)
σ_{bus}	1.000[b]	0.677 (0.958) [1.450][a]
α_{car}	0.000[b]	0.000[b]

续前表

参数	多项式 probit 模型	随机参数模型	
σ_{car}	1.000[b]	0.000[b]	[1.283][a]
β_G	−0.035 (0.134)	−0.036 (0.014)	
β_T	−0.081 (0.039)	−0.118 (0.022)	
γ_H	0.056 (0.038)	0.047 (0.035)	
ρ_{AT}	0.507 (0.491)	−0.707 (1.268)[c]	
ρ_{AB}	0.457 (0.853)	−0.696 (1.619)[c]	
ρ_{BT}	0.653 (0.346)	−0.014 (2.923)[c]	
ρ_{AC}	0.000[b]	0.000[b]	
ρ_{BC}	0.000[b]	0.000[b]	
ρ_{TC}	0.000[b]	0.000[b]	
$\ln L$	−196.927	−195.646	

a. 当作（$\pi^2/6+\sigma_j^2$）的平方根计算。

b. 限定于这个固定值。

c. 使用 δ 法计算。

表 18.9 展现了随机参数 logit 模型的一种变形，其中，与选项相对应的常数是随机的而且是自由相关的。每个效用函数的方差都是 $\sigma_j^2+\theta_j^2$，其中 σ_j^2 为 logit 模型的贡献，其数值是 $\pi^2/6=1.645$，θ_j^2 为在随机参数模型中方差的估计（它会因估计的常数的不同而不同）。具体参数 θ_j 的估计值在表中给出。所估计的模型允许存在无约束的变异以及三个截距参数之间的相关，这与多项式 probit 模型的一般设定相同。多项式 probit 模型的标准差和相关系数正是模型中唯一的随机因素 ε_{ij} 分布的参数。相应地，随机参数模型中的标准差和相关系数也适用于参数的分布。因此，在一个只有常数项随机的模型中，“飞机”选项的全部扰动项是 $\varepsilon_{iair}+u_{air}$，“火车”和“公共汽车”选项也是类似的。需要强调的是，在随机参数模型中，扰动项服从一个极值与一个正态变量和的分布；而在 probit 模型中，扰动项服从正态分布。基于这些考虑，每种情形下的模型都是可以比较的，而且实际上是相当类似的。

所有这些讨论都没有提及对某个模型的偏好。由于似然值不可比较，所以不能直接进行检验。这两个模型都放松了 IIA 假设，这是很关键的一点。与我们在前面的分析一样，随机参数模型在实践中具有明显的优越性，而且还容许对效用函数本身进行更丰富的设定。但这个问题仍需进行进一步的研究。这两个模型在应用文献中各有其用武之地。

□ 18.2.6 异质性建模

选择模型最近的发展大多着眼于如何容纳个体之间的差异。接下来将对这方面做一些考察，包括近期研究中颇为引人注目的混合 logit 模型。混合 logit 模型是 15.6～15.10 节提到的随机参数模型向多项选择情形的延伸。此外本小节还将检验潜在类别 MNL 模型。

18.2.6.a 混合 logit 模型

随机参数 logit 模型（random parameters logit model，RPL model）也称**混合 logit 模型**

(mixed logit model)。[见 Revelt and Train (1996); Bhat (1996); Berry, Levinsohn, and Pakes (1995); Jain, Vilcassim, and Chintagunta (1994); Hensher and Greene (2010a); Hensher, Rose, and Greene (2015)。] Train (2009) 构建的 RPL 模型(包含了其他形式)是对 MNL 模型的修正。模型是一个**随机系数**(random coefficients)表达式。其相对于基本 MNL 模型的变化之处在于个体 i 的参数分布中的参数设定,即

$$\beta_{ik}=\beta_k+\mathbf{z}_i'\boldsymbol{\theta}_k+\sigma_k u_{ik} \tag{18-13}$$

式中,u_{ik}(其中 $k=1$,…,K)服从相关性矩阵为 $\mathbf{R}$ 的多元正态分布;σ_k 为第 k 个分布的标准差;$\beta_k+\mathbf{z}_i'\boldsymbol{\theta}_k$ 为分布的均值;$\mathbf{z}_i$ 为不依选择而改变的个人具体特征向量(例如年龄和收入)。这一表达式包含了之前所有的模型。例如,如果对于所有系数,有 $\boldsymbol{\theta}_k=\mathbf{0}$,且对于除与选择相关的常数之外的所有系数有 $\sigma_k=0$,则对于 MNL 模型的随机部分,带有正态与 logistic 分布混合的初始 MNL 模型产生(混合 logit 模型因此得名)。(该模型的绝大多数应用均有 $\boldsymbol{\theta}_k=\mathbf{0}$,也就是说,各随机参数有着相同的均值。)

模型的估计主要是通过模拟对数似然函数,而非直接积分以计算概率来进行的。这是因为由原来的 ε_{ij} 与系数的随机部分构成的联合分布是未知的,所以无法直接计算积分。对任何个体,有

$$\text{Prob}[\text{选项 } j\,|\,\mathbf{u}_i]=\text{MNL 概率}\,|\,\beta_i(\mathbf{u}_i)$$

对系数施加了所有约束。适当的概率为

$$E_{\mathbf{u}}[\text{Prob}(\text{选项 } j\,|\,\mathbf{u})]=\int_{u_1,\cdots,u_k}\text{Prob}[\text{选项 } j\,|\,\mathbf{u}]f(\mathbf{u})d\mathbf{u}$$

它可通过如下模拟法来估计:

$$\text{Est. } E_{\mathbf{u}}[\text{Prob}(\text{选项 } j\,|\,\mathbf{u})]=\frac{1}{R}\sum_{r=1}^{R}\text{Prob}[\text{选项 } j\,|\,\boldsymbol{\beta}_i(\mathbf{u}_{ir})]$$

式中,$\mathbf{u}_{ir}$ 为观测值 i 的 R 次抽取中的第 r 次(共有 nkR 次抽取。观测值 i 的抽取在每次计算中必须保持相同,这可以通过在随机数生成器中对每个个体分配种子,并且在每次计算概率时重新开始来实现)。通过这个方法,可以模拟对数似然函数及其对(β_k, $\boldsymbol{\theta}_k$, σ_k),$k=1,\cdots,K$ 的导数以及 $\mathbf{R}$ 来求出使得模拟对数似然函数最大化的值。

混合模型具有两个其他所有模型都不具有的明显优势。在面板数据或重复抽样背景下(见 18.2.8 小节),只要令系数变动不随时间的推移而改变,便可得到一个随机效应模型。因此,模型变成

$$U_{ijt}=\mathbf{x}_{ijt}'\boldsymbol{\beta}_i+\varepsilon_{ijt},\ i=1,\cdots,n,\ j=1,\cdots,J,\ t=1,\cdots,T$$
$$\beta_{i,k}=\beta_k+\mathbf{z}_i'\boldsymbol{\theta}_k+\sigma_k u_{i,k}$$

不随时间的推移而变动的随机效应 u_{ik} 保持着一贯的持久性。如果只有常数项在变化,并假设它们是无关的,则这在逻辑上就等价于熟悉的随机效应模型。但是,容许其他系数在不同个体之间随机变化,并容许这些效应相关,就可以推导出更大程度的一般性。① 式(18-13)显示了另一个灵活度。对随机部分 u_i,我们没有约束其正态性。当必须对与消费者行为一致的参数变

① 一个消费者在机动车的一系列特征中做选择的陈述性选择实验见 Hensher, Rose, and Greene (2015)。

动范围加以约束时——例如，限定小范围或限定其为正值（比如对数正态分布），其他可以模拟的分布也是合适的。例 18.8 中的应用将运用这些性质。

18.2.6.b　广义混合 logit 模型

多项选择模型函数形式的发展始于 18.2.3 小节所探讨的条件 logit 模型（现在常称多项式 logit 模型）。为了使模型不拘泥于 IIA 假设，人们后来又提出了多项式 probit 模型、嵌套 logit 模型，以及它们的多种变式。通过允许效用函数之间相关以及允许存在异方差性即可达到这一目的，例如式（18－10）所示的异方差极值模型。当代的多项选择模型已经解决了这一问题，混合 logit 模型提供了摆脱 IIA 假设所需的一切灵活性［对该想法的一个强有力的支持见 McFadden and Train（2000）］。

近期关于选择建模的研究致力于丰富模型以适应选项设定中的个人异质性。在模型中包括可观测的特征，如家庭收入，在一定程度上为实现该目的提供了帮助。在这种情况下，可观测的异质性成为效用函数的一个决定因素。式（18－10）所示的 HEV 模型使可观测的异质性成为效用函数的尺度而不是均值；式（18－13）所示的混合 logit 模型将可观测和不可观测的异质性同时纳入了偏好参数当中。近期的研究思路［包括 Keane（2006），Feibig et al.（2009），以及 Greene and Hensher（2010a）］考虑了同时在偏好参数（边际效用）和偏好结构的总体尺度中容纳个体异质性的函数形式。Feibig et al.（2009）的**广义混合 logit 模型**（generalized mixed logit model）具有如下形式：

$$U_{i,j}=\mathbf{x}_{ij}'\boldsymbol{\beta}_i+\varepsilon_{ij}$$
$$\boldsymbol{\beta}_i=\sigma_i\boldsymbol{\beta}+[\gamma+\sigma_i(1-\gamma)]\mathbf{u}_i$$
$$\sigma_i=\exp[\bar{\sigma}+\tau w_i]$$

式中 $0\leqslant\gamma\leqslant1$，$w_i$ 是偏好中不可观测的随机变化的另一个来源（还有一个是 $\mathbf{u}_i$）。在此公式中，权重参数 γ 将个体异质性分配到偏好权重 $\mathbf{u}_i$ 和总体尺度参数 σ_i 中。偏好结构的总体尺度中的个体异质性用一个非零的 τ 来体现，同时选择 $\bar{\sigma}$ 使得 $E_w[\sigma_i]=1$。Greene and Hensher（2010a）提出，可观测的异质性已经包括在混合 logit 模型中，也应该将其包括在尺度参数中。同时允许随机参数之间相关（通过 $\boldsymbol{\Gamma}$ 中的非零元素），从而创造出了一个多层次的广义混合 logit 模型，

$$\boldsymbol{\beta}_i=\sigma_i[\boldsymbol{\beta}+\boldsymbol{\Delta}\mathbf{z}_i]+[\gamma+\sigma_i(1-\gamma)]\boldsymbol{\Gamma}\mathbf{u}_i$$
$$\sigma_i=\exp[\bar{\sigma}+\boldsymbol{\delta}'\mathbf{h}_i+\tau w_i]$$

进行中的研究正不断对模型进行打磨以将现实的个体异质性纳入基本的多项式 logit 模型当中。

❖例 18.4　　利用混合 logit 模型来评估折扣项目

在 2005 年，澳大利亚人均温室气体排放量高居 OECD 国家首位，世界前列。新南威尔士州居民区的热水器折扣项目是国家和各州的众多致力于提升能量利用效率的项目之一。Wasi and Carson（2013）想要评估该项目对悉尼地区的房主对高效热水器需求的影响。研究通过使用环保高科技的电热水器存量来反映折扣项目的效果。本课题共开展了两项研究：对近期的新型热水器买主所做选择的“显示性偏好”（revealed preference，RP）分析，以及对近十年没有更换过热水器（并且在不久的将来可能进入市场）的家庭的“陈述性偏好”（stated preference，SP）进行研究。研究得到了显著的结论，包括：

研究结果表明，没有天然气接口的家庭对折扣项目反响更热烈。在没有其他激励的情况下，这些家庭更有可能用其他电热水器来代替原来的电热水器。对于许多有天然气接口的家庭，即使没有折扣项目，他们也会选择用燃气热水器来代替电热水器。上述结果在事前和事后评估中保持一致。从实际支付数据中同样发现，折扣项目似乎对主动打算更换热水器的家庭而非因紧急情况而更换热水器的家庭更有效。

研究所用的数据来源于一个大型调查研究公司的基于网络的调查小组。9 400 名受邀者中有 3 322 人有兴趣参与调查。是否有天然气接口是影响家庭所做选择的关键因素。显示性偏好（事前）样本中有 408 个家庭有天然气接口，504 个没有；陈述性偏好（事后）样本中有 547 个家庭有天然气接口，354 个没有。

对显示性偏好回答者建模比较困难，因为许多人记不清所有可行的选项，或者记不清设备的安装和运行费用。作者选择了一个基于简单 logit 模型的双重差分方法，如表 18.10 所示（摘自原文献表 3[①]，结果基于没有天然气接口的家庭的二项式 logit 模型和有天然气接口的家庭的三项式 logit 模型）。

陈述性偏好选择模型以混合 logit 模型为基础：选项的属性包括打折后的安装费用、运行费用，以及一个与邮寄折扣相关的虚拟变量。

表 18.10　　原文献表 3 中的结果

折扣政策对有天然气接口的家庭换掉电热水器概率影响的估计

换成以下品种的概率	政策出台之前	政策出台之后	份额的变化
电热水器	0.28**	0.19**	−0.09
燃气热水器	0.69**	0.55**	−0.14**
太阳能热水器/热泵	0.03**	0.26**	0.23**
换成以下品种的概率	政策出台之前的 2004 年至 2005 年	2006 年至 2007 年 9 月	份额的变化
电热水器	0.39**	0.22**	−0.17*
燃气热水器	0.61**	0.74**	0.13
太阳能热水器/热泵	0.00	0.04*	0.04*
政策出台对换成以下品种概率的影响			份额变化的差分
电热水器			0.08
燃气热水器			−0.27**
太阳能热水器/热泵			0.19**

**，* 分别表示在 1%和 5%的水平上统计显著。

选择实验共重复 16 次，新设备的选项包括电热水器、储气式燃气热水器、即用式燃气热水器、太阳能热水器以及热泵。所考虑的模型包括多项式 logit 模型（MNL）、混合 logit 模型（MXL）、广义混合 logit 模型（GMXL）、潜在类别 logit 模型（LCM）以及两种一般模型的混合（MM）——一个每个类别都通过混合 logit 模型加以定义的潜在类别 logit 模型。由贝叶斯信息准则（BIC）值可知，GMXL 和 MM 模型更受欢迎。一些结果如表 18.11 所示（摘自原文献表 6）。

① Wasi and Carson (2013).

表 18.11 **原文献表 6 中的结果**

陈述性偏好选择模型的估计

	MNL	GMXL		MM-MNL			
				类别 1		类别 2	
		均值	标准差	均值	标准差	均值	标准差
折扣后费用/10 000	-8.62^{**}	-27.13^{**}	12.53^{**}	-27.3^{**}	14.66^{**}	-16.93^{**}	12.9^{**}
如果是邮寄折扣则为 1	0.002	0.01	0.61^{**}	0.01	0.07	-0.28	1.33^{**}
年度运行费用/1 000	-3.99^{**}	-17.66^{**}	9.21^{**}	-22.02^{**}	15.42^{**}	-9.35^{**}	6.94^{**}
类别概率				0.66^{**}		0.34^{**}	
τ		0.75^{**}					
γ		-0.81					

**，*分别表示在 1%和 5%的水平上统计显著。

表 18.11 的第一列结果显示了对有天然气接口家庭样本的 MNL 模型的估计。[①] 同预计的一样，两个费用变量具有负的系数，表示折扣的虚拟变量系数是正的，但是在统计上不显著。在其中一个类别上，系数是很大的负数，这意味着该折扣的申请实际上带来了负效用。每年每节省 1 美元的平均支付意愿（willingness to pay，WTP）是 $(-3.99)\times 10\div(-8.62)=4.62$。假设设备寿命为 15 年，即可推出贴现率为 20%。接下来展示了利用了完整协方差矩阵的广义混合 logit 模型（GMXL）的结果。每年每节省 1 美元的平均支付意愿是 6.55 美元，意味着贴现率为 12.8%。开展政策评估需要模拟不同种类热水器的市场份额并且评估它们对温室气体排放的影响。对于有天然气接口的家庭，电热水器和燃气热水器的份额分别下降了 8%和 11%。太阳能热水器/热泵的份额上升了 19%。没有天然气接口的家庭更多使用电热水器，这些家庭对折扣政策的反响更为热烈（电热水器的份额下降了 38%）。最后一步是评估为减少温室气体排放在折扣上所花费的成本。从陈述性偏好样本来看，对于有天然气接口的家庭减少碳排放的平均成本是 254 美元/吨，而对于没有天然气接口的家庭，这一数字是 105 美元/吨。该结果明显高于美国（47 美元/吨），但与墨西哥接近。此外，该结果显著高于 NSW 气候变化基金所提供的数字（26 美元/吨）。

18.2.6.c 潜在类别

14.15 节和 17.7.6 小节考察了潜在类别模型，该模型在许多选择实验的半参数异质性建模中发挥作用。模型的基本框架为

$$\text{Prob}(\text{选项}_{it}=j\mid \mathbf{X}_{it},\text{类别}=c)=\frac{\exp(\mathbf{x}'_{ijt}\boldsymbol{\beta}_c)}{\sum_{m=1}^{J}\exp(\mathbf{x}'_{imt}\boldsymbol{\beta}_c)}$$

$$\text{Prob}(\text{类别}=c)=\pi_c,\ c=1,\cdots,C$$

潜在类别模型可以像随机参数设定（要求参数空间的支撑集是一个有限的点集）那样计算。这种分层的结构使得参数向量 $\boldsymbol{\beta}$ 具有离散的分布，即

① Wasi and Carson (2013).

$$\text{Prob}(\boldsymbol{\beta}_i=\boldsymbol{\beta}_c)=\pi_c,\ 0\leqslant\pi_c\leqslant 1,\ \Sigma_c\pi_c=1$$

无条件选择概率为

$$\text{Prob}(\text{选项}_{it}=j\mid\mathbf{X}_{it})=\sum_{c=1}^{C}\pi_c\frac{\exp(\mathbf{x}'_{ijt}\beta_c)}{\Sigma_{m=1}^{J}\exp(\mathbf{x}'_{imt}\beta_c)}$$

Wasi and Carson（2013）于例 18.4 中选定了一个潜在类别设定，其中每个类别都是由一个混合 logit 模型定义的［在瓦西（Wasi）和卡森（Carson）的设定中，$\boldsymbol{\beta}_{i|c}\sim N[\boldsymbol{\beta}_c,\boldsymbol{\Sigma}_c]$］。

例 18.5　绿色能源需求的潜在类别分析

Ndebele and Marsh（2014）检验了新西兰的电力消费者对绿色能源的偏好。该课题受新西兰电力委员会于 2008 年所做的一项研究启发，该研究称有 50%的受访者表示在选择电力供应商时会考虑环境因素，同时 17%的受访者表示会“非常严肃”地考虑转而选择一家积极推动可再生能源使用的电力供应商。

恩迪贝勒（Ndebele）和马什（Marsh）运用潜在类别模型来构建分析框架，其中，包含陈述性选项的环保意识（environmental attitude，EA）的综合既不是直接通过效用函数来实现，如同包含选项属性等级的交互作用；又不与类别归属概率模型中的变量相似。恩迪贝勒和马什确定了三个包含对电力供应商的各种属性有不同偏好的潜在类别。相比于在新生态范式（New Ecological Paradigm，NEP）量表中获得低分的受访者，一个典型的高分受访者乐意每月在能源上多付 12.80 美元来保证来自可再生能源的电力增长 10%。

为了获得研究所需的数据，研究者发布了一份在线调查问卷。其中第一部分的内容是一些社会人口信息以及 EA，问卷用 NEP 量表中的 15 个项目来衡量 EA。NEP 量表是一份五点李克特式量表，它通过受访者的 15 个关于人类与环境关系的陈述来衡量受访者的环保意识。[①] 表 18.12 展示了陈述性偏好实验的设计，该表摘自原文献的表 2。[②]

一家市场调研公司于 2014 年 1 月发布了这项样本为 224 名新西兰电力消费居民的网络调查问卷。分层的依据是年龄、性别以及收入，而 NEP 得分则来自在线访谈。访谈的一个部分是让受访者陈述在选择供应商的过程中忽视了哪些因素。观点态度类问题还包括对转而选择一家绝大部分用可再生能源发电的电力公司的结果的意识（awareness of the consequences，AC），以及受访者认为自己在多大程度上有责任为了减少二氧化碳排放转而选择一家绝大部分用可再生能源发电的电力公司——这被称为责任的归属感（ascription of responsibility，AR）。作者称，为了解释模型估计中的属性缺失，研究中对数据进行了编码来反映特定属性的连续陈述性缺失（stated serial nonattendance to specific attributes）。属性缺失在 18.2.6.d 小节和例 18.6 中进行了检测。

表 18.13（摘自原文献中表 13）展示了模型的估计。根据 MNL 模型，相比于在 NEP 量表中获得低分，或者具有较低的 EA 的消费者，NEP 量表得分中等的消费者愿意每月在能源上多付(10×0.006 6÷0.025 5)≈2.60 美元来保证来自可再生能源的电力增长 10%，对于 NEP 量表得分高（具有较高 EA）的消费者而言，这一数字则是(10×0.010 5÷0.025 5)≈4.10 美元。如果其他条件不变，一个提供 10%即时付款折扣的供应商每月比其他供应商要价高 3.80 美元，并且不会发生客户流失。

---

① 见 Dunlap（2008）以及 Hawcroft and Milfont（2010）。

② 来自 Ndebele and Marsh（2014）。

表 18.12	实验设计：陈述性选择实验中的属性
属性	描述
时间	＝消费者服务热线的平均等待时间（分钟）
固定期限	＝保证价格不变的时间长度（月）
折扣	＝按时付款的折扣百分比
忠诚奖励	＝是否有忠诚计划（是/否）
可再生能源	＝来自绿色能源的电力比例
所有权	＝新西兰所属的供应商比例
供应商类别	＝新公司或老牌公司（是/否）
账单	＝平均每月应付账单

表 18.13 **模型估计**

MNL 模型和潜在类别模型的参数估计节选

变量	MNL 模型	潜在类别模型		
		类别 1	类别 2	类别 3
ASC_{QC}	0.576 6***	0.521 3***	0.095 3	3.254 4***
时间（分钟）	−0.043 0***	−0.037 8***	−0.034 0***	−0.042 0
固定期限（月）	0.004 6**	0.005 7	0.010 3**	−0.003 3
折扣	0.009 6***	0.005 4	0.015 7***	0.051 6***
忠诚奖励	0.369 1***	0.269 8*	0.360 7***	0.489 1
可再生能源（%）	0.003 1	0.001 9	0.007 9	−0.004 2
中等 NEP 得分×可再生能源	0.006 6**	0.007 5	0.005 6	0.023 0*
高 NEP 得分×可再生能源	0.010 5***	0.014 5*	0.009 9**	−0.000 3
新西兰所有权（%）	0.008 2***	0.013 5***	0.012 2***	0.005 7
月度能源账单	−0.025 5***	−0.057 2***	−0.013 9***	−0.014 7***
类别概率		0.537 4***	0.347 9***	0.114 7***
对数似然值	−2 153.4	−1 748.41		

*，**，*** 分别表示在 10%、5%和 1%的水平上统计显著。

18.2.6.d 属性缺失

在选择模型

$$U_{ijt}=\alpha_j+\beta_1 x_{ijt,1}+\beta_2 x_{ijt,2}+\cdots+\varepsilon_{ijt}$$

和熟悉的多项式 logit 概率中，属性 k 具有非零的分值（β）意味着对于个体 i 而言，属性 k 具有非零的边际效用（或负效用）。模型的一个可能的错误设定是假设属性无差异地出现。在给定的群体中，一种可能的差异便是一些（或所有）属性的缺失。[①] **属性缺失**（attribute nonattendance，ANA）可能是零边际效用的随机结果，或者也可能是由一种简化选择过程的策略造成的结果。这些结果在一些选择实验中可以直接观察到，在上述实验中，受访者对这些结果产生了特别的疑问。

在例 18.5 中，注意到恩迪贝勒和马什是在事后解说中获得这些信息的。属性缺失也可能只可以从反映其存在的一些行为中间接地观察到。例如考虑一个陈述性选择实验，在该实验中某属性（例如价格）的大幅度改变并不改变受访者的选择行为。

属性缺失代表一种个体差异。考虑上面提到的效用函数，它假设全部两个属性都出现。在一个差异化的群体中，（至少）有四种类型的个体

（类型 1，2） $U_{ijt}=\alpha_j+\beta_1 x_{ijt,1}+\beta_2 x_{ijt,2}+\cdots+\varepsilon_{ijt}$

（类型 0，2） $U_{ijt}=\alpha_j+0+\beta_2 x_{ijt,2}+\cdots+\varepsilon_{ijt}$

（类型 1，0） $U_{ijt}=\alpha_j+\beta_1 x_{ijt,1}+0+\cdots+\varepsilon_{ijt}$

（类型 0，0） $U_{ijt}=\alpha_j+0+0+\cdots+\varepsilon_{ijt}$

如果群体的划分是可观测的——恩迪贝勒和马什表示，研究中对数据进行了编码以反映特定属性的连续陈述性缺失。然后，合适的估计策略就是对观测值逐一进行选择，并对选中的观测值的 $\boldsymbol{\beta}$ 施加隐含的零约束。d_{Type} 作为反映每个个体属性缺失情况的变量，成了数据“编码”的一部分。有待最大化的对数似然函数为

$$\ln L(\boldsymbol{\beta})=\sum_{i=1}^{n}\left[d_{i,Type1,2}\ln L_i\begin{pmatrix}\beta_1\\ \beta_2\end{pmatrix}+d_{i,Type0,2}\ln L_i\begin{pmatrix}0\\ \beta_2\end{pmatrix}+d_{i,Type1,0}\ln L_i\begin{pmatrix}\beta_1\\ 0\end{pmatrix}\right.$$
$$\left.+d_{i,Type0,0}\ln L_i\begin{pmatrix}0\\ 0\end{pmatrix}\right]$$

（只有一个 $d_{i,\,Type}$ 等于 1。）

当属性缺失只能间接观测到时，潜在类别模型可以用来分析属性缺失。如果研究者没有直接观察到类型，这就意味着需要用潜在类别的方法来对属性缺失进行建模。在上述模型中，这种情形只是缺失数据的一种简单应用。由于 d_{Type} 是不可观测的，在对数似然函数中它就被概率 π_{Type}（同样有待估计）取代了，从而模型就变成了我们熟悉的潜在类别模型

$$\ln L(\boldsymbol{\beta},\boldsymbol{\pi})=\sum_{i=1}^{n}\left[\pi_{Type1,2}\ln L_i\begin{pmatrix}\beta_1\\ \beta_2\end{pmatrix}+\pi_{Type0,2}\ln L_i\begin{pmatrix}0\\ \beta_2\end{pmatrix}+\pi_{Type1,0}\ln L_i\begin{pmatrix}\beta_1\\ 0\end{pmatrix}\right.$$
$$\left.+\pi_{Type0,0}\ln L_i\begin{pmatrix}0\\ 0\end{pmatrix}\right]$$

仍然考虑上例，潜在类别结构包含四个类别。基于前述明显的理由，Hensher and Greene (2010) 称其为“2^K 模型”。值得注意的是，暗含的潜在类别模型具有两种约束：模型中只有一个参数向量——参数存在跨类别的约束——并且在参数向量的不同位置上有固定的零约束。[②]下

① 例如 Alemu et al.（2013）；Hensher，Rose，and Greene（2005，2012）；Hensher and Greene（2010）；Hess and Hensher（2012）；Hole（2011）；Scarpa，Thiene，and Hensher（2010）。这些例子的第一个是对该主题的广泛调查。

② 一个自然的扩展是放松类别间系数相等的约束，这是可检验的。

面的例 18.6 是该模型的一个应用。

❖例 18.6 孕期疟疾防治

Lagarde（2013）利用 2^K 模型来对选择实验中的属性缺失进行建模，该实验研究的是关于孕期疟疾防治的指导方针的采纳情况。这项离散选择实验由加纳卫生当局主持，目的是评估改变临床指导方针的潜在阻力大小。选择实验包括是否接受一系列新的临床指导方针，结果显示，只有不到3%的受访者在是与否之间做选择的时候考虑了全部 6 个属性，事实上，大多数受访者都只考虑了 1～2 个属性。属性缺失的策略甚至影响到了一些参数的数量级，以及支付愿望的估计。

指导方针包括 6 个属性，因此属性的出现有 64 种组合，这些属性分别是：

1. 途径：预防或治疗
2. 抗疟疾药物：SP（凡西达）或 SS-AQ 青蒿琥酯-阿莫地喹片
3. 贫血在已按方案接受治疗的母亲中的发生率：1%或 15%
4. 出生体重过轻在已接受治疗母亲的孩子中的发生率：10%或 15%
5. SN 诊所的雇员水平：雇员不足或雇员充足
6. 方案中的薪水补贴：GH. C10，GH. C20

作者在估计策略中做出了逐步简化，以允许对具有超大类别数（64）的基础事件模型进行分析。属性缺失使模型的估计和支付意愿的估计产生了相当大的变化。比如，“贫血风险”以及“治疗”的估计系数分别从－0.127（0.086）和－0.096（0.077）变成了－0.214（0.016）和－0.184（0.540）。主要结果显示，支付意愿对属性缺失非常敏感，当考虑了属性缺失时，WTP 的估计值从 8.75 攀升到了 24.59.①

□ 18.2.7 估计支付意愿

选择模型的一个经典应用就是估计消费者心中选项各属性的价值。之前提到过，选择模型中效用函数的尺度是不可观测的。然而，可以利用收入的边际效用——同样是以不可观测的方式缩放效用函数——来影响消费者的价值评估。大体上可以做出如下估计：

$$\begin{aligned}WTP &= (\text{属性的边际效用}/\sigma)/(\text{收入的边际效用}/\sigma)\\ &= \beta_{attribute}/\gamma_{Income}\end{aligned}$$

其中 σ 是效用函数未知的尺度。注意到 σ 已经从比率中消去了。在应用中，例如要估计消费者愿意为在公共交通的站点等待更短时间而支付多少钱，可以用

$$\widehat{WTP}_{time} = -\hat{\beta}_{TIME}/\hat{\gamma}_{Income}$$

（这里使用了负值是因为在站点等待额外的时间会带来负效用，负的系数也印证了这一点。）在收入不可观测的设定中，研究人员常常通过为成本变量设定负系数来代替收入的边际效用。WTP 估计的标准误可以用 δ 法或者克里斯基-罗布的方法来计算（见 4.6 节和 15.3 节）。

在基本的多项式 logit 模型中，WTP 的估计量就是简单的参数比，表 18.3 显示了模型的估计，例如，用家庭收入的系数作为基准，在站点等待更短时间的支付意愿估计值是

① 数据来自 Lagarde（2013）的表Ⅳ和表Ⅴ。

$-(-0.09612)/0.01329=7.23$。由于在站点等待时间的单位是分钟而收入的单位是 1 000 美元/年，所以必须在计算中消去单位。将该结果乘以 60 分钟/小时，并且除以等效的每小时收入 8 760/1 000 美元，就得到 49.25 美元/等待的每小时。为了更方便地计算渐近标准误，先通过乘以 60 把站点等待时间转化成小时，然后把收入变量乘以 1 000/8 760 转化成美元/小时。估计量渐近分布的估计结果是

$$\begin{pmatrix}\hat{\beta}_{TIME}\\ \hat{\gamma}_{HINC}\end{pmatrix}\sim N\left[\begin{pmatrix}-5.76749\\ 0.11639\end{pmatrix},\begin{pmatrix}0.392365 & 0.00193095\\ 0.00193095 & 0.00808177\end{pmatrix}\right]$$

$\widehat{\text{WTP}}_{TIME}=-\hat{\beta}_{TIME}/\hat{\gamma}_{HINC}$ 对 $\hat{\beta}_{TIME}$ 的导数是 $-1/\hat{\gamma}_{HINC}$，对 $\hat{\gamma}_{HINC}$ 的导数是 $-\widehat{\text{WTP}}/\hat{\gamma}_{HINC}$。由此可得估计的标准误是 38.830 4，参数的置信区间是 [−26.55，125.66]。该区间看起来太宽了，这个问题留待后面讨论。

在混合 logit 模型中，如果计算中任何一个系数都是随机的，则先前的简单计算并不能揭示结果中的异质性。在许多运用混合 logit 模型的 WTP 的研究中，常常允许属性（分子）的效用参数随机变化，并且令基准（收入或支出系数）为非随机的（见例 18.8）。利用之前讨论的出行方式选择的应用，可以用 $\hat{\beta}_{TIME,i}=\hat{\beta}_{TIME}+\hat{\sigma}_{TIME}v_i$ 来修正模型，并且令其他所有参数为非随机的。然后可以用 15.10 节所述的方法估计混合 logit 模型以及 $E[\hat{\beta}_{TIME,i}\mid \mathbf{X}_i, choice_i]/\hat{\gamma}_H$ 来估计样本中每个个体期望的 WTP。收入和在站点等待时间如前所述般进行缩放，图 18.1 展示了通过此法对 WTP_i 估计值的核估计量。密度估计法揭示了该参数在群体中的差异。

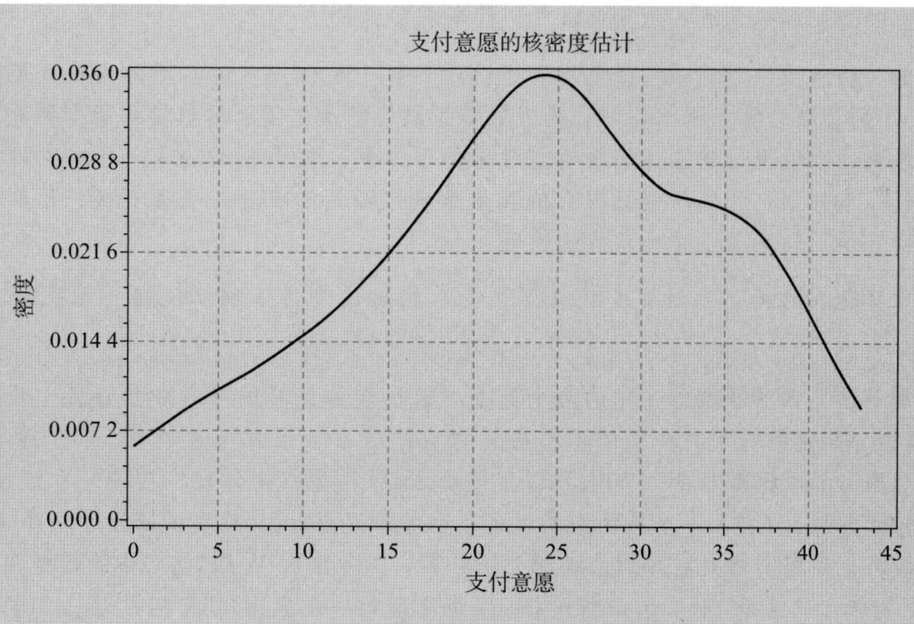

图 18.1　缩短在站点等待时间的支付意愿的估计

上述计算支付意愿的方法根本上是基于两个渐近正态分布的参数估计量的比。一般地，两个正态分布的随机变量的比不具有有限方差，如前所述，这一点用 δ 法很容易验证。许多研究者，尤其是 Daly，Hess，and Train（2009）记录了 WTP 计算的极端值问题以及为什么该问题值得期待。由 Train and Weeks（2005）；Sonnier，Ainsle，and Otter（2007）；Scarpa，Thiene， and Train (2008) 提出的该问题的一个解决方法是将原始模型改写至**支付意愿空间** (willingness to pay space) 上。对于多项式 logit 模型的情形，这个方法相当于一次平凡的再参数化。以之前的应用为例，模型可写为

$$\begin{aligned} U_{ij} &= \alpha_j + \beta_{GC}GC_i + \gamma_{HINC}[(\beta_{TIME}/\gamma_{HINC})TIME_i + (A_{AIR}HINC_i)] + \varepsilon_{ij} \\ &= \alpha_j + \beta_{GC}GC_i + \gamma_{HINC}[\lambda_{TIME}TTME_i + (A_{AIR}HINC_i)] + \varepsilon_{ij} \end{aligned}$$

显然这样就变回了原模型，尽管在此过程中，模型的估计从一个线性问题变成了非线性的。但是由于进行了模型在 WTP 空间的再参数化，如此就回避了之前强调的问题。$-\hat{\lambda}_{TIME}$ 是 WTP 的估计量，且不需要进行进一步的参数变换了。就像之前所强调的那样，估计将得到一个和混合 logit 模型——该模型中有 $\hat{\lambda}_{TIME,i} = \hat{\lambda}_{TIME} + \hat{\theta}_{TIME}v_{TIME,i}$——在数值上相等的结果。在 18.2.8 小节中，Greene and Hensher (2010b) 将该方法用于广义混合 logit 模型中。

❖例 18.7　对可再生能源的支付意愿

Scarpa and Wills (2010) 利用陈述性选择实验检测了英国家庭对可再生能源的支付意愿。调查对由 1 279 个英国家庭组成的样本进行了采访，询问了这些家庭对加热系统的偏好。研究中的一部分分析考虑了以下问题的答案：

> **请想象你现在需要更换加热系统，并设想有一些可供选择的选项，所有的备选加热系统都能完全取代现有的系统。比如说，你有一个燃气锅炉，那么现在就需要把它移除并换一个新系统，但是你拥有的其他加热系统，例如电暖气，就不需要更换。**

这一基本的实验所提供的选项包括生物质锅炉和带有一些相关属性的辅助热泵（需要储存燃料和热水的空间），不同于联合燃气锅炉，联合燃气锅炉可以传输集中供暖的热量和所需要的热水，而不需要储存热水或燃料，也没有维护固体燃料锅炉带来的不方便。值得强调的是，在本实验中，作者并没有提供“不更换”的选项，该实验假设原有的加热系统已经无法工作，必须更换。而第二个实验——正是下面将要讨论的——则基于自由决定的情形：

> **请想象你现在的加热系统完全能正常工作，然后设想为了辅助现在的系统而添加一个新的系统。**

实验要求受访者从四种不同方案中的两个选项里选出较为偏好的一种加热系统。表 18.14 显示了多项式 logit 模型分别在偏好空间和支付意愿空间的估计结果（摘自原文献表 5①）。除了多项式 logit 模型，斯卡帕（Scarpa）和威尔斯（Wills）还用嵌套 logit 模型（未体现在表中）和混合 logit 模型在 WTP 空间中进行了估计（在下一个应用中将讨论一个基于混合 logit 模型的陈述性选择实验）。注意到两个 MNL 模型产生了相同的对数似然值和相关统计量，这是因为 WTP 空间中的模型实际上是偏好空间中模型 1∶1 的转化（这是 14.4.5.d 小节中不变性原理的一个应用），可以从第一个模型中推导出第二个。例如，作为基准的系数是资金支出的系数，等于−0.328 8，从而 WTP 空间中“太阳能”的系数就是 0.931 2/0.328 8=2.831 6，“能源节约”的系数就是 0.097 3/0.328 8=0.295 7（加上一些四舍五入误差），WTP 空间中模型的其他系数也是如此。（这里有一个未解决的小问题，资金支出的系数应该是 1.000 0，作者并没有说清楚 1.112 2 是怎么来的。）通过调整计量单位，“太阳能”的系数从

① Scarpa and Wills (2009).

2.381 6 变成了 2 381.6。2008 年 2 千瓦时的太阳能光伏的平均安装费用为 10 638 英镑，对于 2 千瓦时的太阳能热水器，这个数字是 3 904 英镑，对于 1 千瓦时的微型风力涡轮机则是 4 998 英镑。从原文献表 5 中，模型推导出的支付意愿分别是 2 381 英镑、2 903 英镑和 1 288 英镑。从横截面数据做出的估计同样允许评估消费者心中与能源节约相关的资金的相对重要性。消费者在减少 1 英镑年度燃料支出上的支付意愿是 2.91±0.30 英镑。作者由此得出结论："尽管可再生能源的采用在家庭中有明显的价值，但是对于绝大多数家庭而言，该价值并不够大以至能比得上微型发电科技的资金支出以及每年在能源消耗上的节省。"

表 18.14　　模型的估计

估计的多项式 logit 模型（1 241 个个体，7 280 个观测值）

	偏好空间中的 MNL 模型		WTP 空间中的 MNL 模型	
	系数	$\lvert t \rvert$	系数	标准误
太阳能	0.931 2	11.01	2.831 6	0.244 1
太阳能热水器	0.954 7	10.84	2.903 22	0.255 5
风力涡轮机	0.423 6	5.15	1.288 2	0.240 8
资金支出/均值 ln(λ)	−0.328 8	24.13	−1.112 2	0.041 5
朋友的选择	−0.069 8	1.31	−0.212 0	0.162 7
是不是热力工程师	0.086 4	1.43	0.262 6	0.183 4
二者均可	0.182 0	3.52	0.553 4	0.157 5
维护费用	−0.030 3	5.08	−0.092 2	0.018 4
能源节约	0.097 3	5.20	0.295 7	0.059 0
对数似然值	−7 328.88		−7 328.88	
R^2	0.080 91		0.080 91	

□ 18.2.8　面板数据和陈述性选择实验

在有关多项选择模型的文献中，与面板数据相对应的往往是"陈述性选择实验"，例如在例 18.7 所讨论的研究。在陈述性选择模型中，分析人员（典型地）假设关于一般情形的几种变化，然后要求受访者每次在几个选项中做出选择。在例 18.8 中，有四家电力供应商以备作为样本的个体选择，每一家供应商都是一系列费率结构、合同期限、熟悉度和其他属性的组合。受访者会被置于 8～12 个这样的情形中，然后做出选择。面板数据的这种设定是每次均为同一个人在做选择。所有选择者的特征，包括潜在偏好，在每一种情形中都是不变的。MNL 模型（不管是在偏好空间中还是在 WTP 空间中分析）并没有明确对个体在不同情形中共同的潜在特征做出解释。在回归和二值选择模型中曾检验过类似的情形（混合模型）。研究者已经运用了一些建模方法来适应选择模型中潜在的个体差异，其中混合 logit 模型是最常用的一个。注意到图 18.2 中的第三组结果就是基于混合 logit 模型，

$$\text{Prob}(\text{选项}_{it}=j\,|\,\mathbf{X}_{it})=\frac{\exp(\mathbf{x}'_{ijt}\boldsymbol{\beta}_i)}{\sum_{m=1}^{J}\exp(\mathbf{x}'_{imt}=\boldsymbol{\beta}_i)},\ \boldsymbol{\beta}_i=\boldsymbol{\beta}+\mathbf{u}_i;\ i=1,\cdots,n;\ t=1,\cdots,T_i$$

系数中的随机因素与之前探讨过的随机效应设定相似。

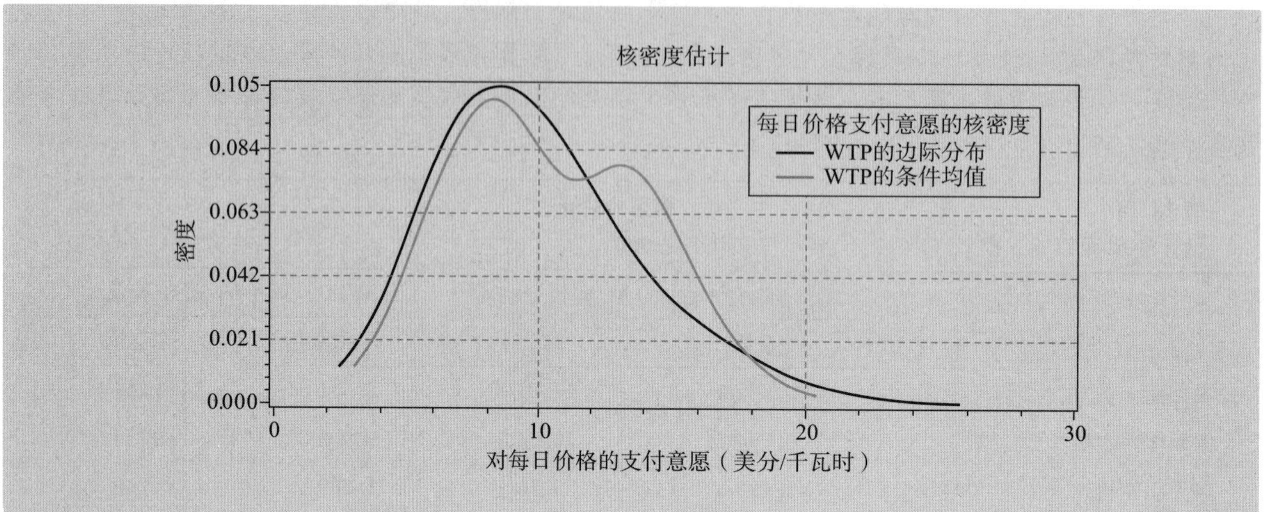

图 18.2　对每日价格的支付意愿

18.2.8.a　混合 logit 模型

无序离散选择设定中的面板数据一般是以系列选择项的形式出现。Train（2003，Chapter 6）公布了关于 258 个垂钓者地点选择的分析结果，这些垂钓者有 59 个可选的垂钓地点，这些地点总共被选择了 962 次。Rossi and Allenby（1999）通过建模分析了一个多次光临商场的购物者样本对品牌的选择。混合 logit 模型提供了与随机效应模型相关的另外一种模型形式。随机效用模型可以写成

$$U_{ij,t}=\mathbf{x}'_{ij,t}\boldsymbol{\beta}_i+\varepsilon_{ij,t}$$

式中，以 $\boldsymbol{\beta}_i$ 为条件，一个多项式 logit 模型适用于分析此例。随机系数代表了选择情形间的共同效应。例如，如果随机系数包括与选择相关的常数项，那么随机效用模型实质上就变成了一个随机效应模型。对这一模型做出类似于芒德拉克对随机效应模型做出的修正，于是有

$$\boldsymbol{\beta}_i=\boldsymbol{\beta}^0+\boldsymbol{\Delta}\,\mathbf{z}_i+\boldsymbol{\Gamma}\mathbf{u}_i$$

式中，$\mathbf{z}_i$ 一般会含有人口统计学和社会经济学信息。尺度矩阵 $\boldsymbol{\Gamma}$ 允许 $\boldsymbol{\beta}$ 的随机因素相关；对角形的 $\boldsymbol{\Gamma}$ 则回到了更为熟悉的情形。

陈述性选择实验（stated choice experiment）与重复选择情形类似，但存在一个本质上的区别。对于一个陈述性选择调查来说，被调查者会被询问关于他对一系列假设选择的偏好，这些选择中的一个或多个是现实存在的，而其他一些则是纯假设的。Hensher，Rose，and Greene（2006）对澳大利亚的乘客进行了调查，这些乘客的备选交通方式中有一个是他们目前所采取的，其他一些则是提议的选项。Revelt and Train（2000）分析了一个陈述性选择实验。该实验要求加利福尼亚的电力消费者在一系列假设的能源供应商中做出选择。陈述性选择实验的优点是，允许分析人员针对一系列不同特性或选择的情形进行研究，其中有些选择在现实中可能并

不存在。因此，麦克法登等人最初针对 MNL 的研究考虑了在旧金山湾地区，乘客是否会选乘（假设的）地铁线路上班的调查数据。**陈述性选择数据**（stated choice data）的缺点是，这些选择都是假设的。特别是当这些数据与显示性偏好数据（revealed preference data）相混合的时候，研究人员必须假定两类结果都服从同样的偏好形式。这种假设可能并不真实。容许这两种偏好混合的一种方法是，在模型中对陈述性和显示性偏好组成构建不同的尺度系数。Greene and Hensher（2007）建议使用一种嵌套 logit 模型，将假设的选项分至选项树的一个分支，同时把观测的选项分到另一个分支。

18.2.8.b 随机效应与嵌套 logit 模型

在陈述性选择实验的情形中，可以对混合 logit 模型加以约束以获得随机效应模型。下面考虑一个四选项样本，相应的表达式为

$$\begin{aligned}
U_{i1,t} &= (\alpha_1 + u_{i1}) + \mathbf{x}'_{i1,t}\beta + \varepsilon_{i1,t} \\
U_{i2,t} &= (\alpha_2 + u_{i2}) + \mathbf{x}'_{i2,t}\beta + \varepsilon_{i2,t} \\
U_{i3,t} &= (\alpha_3 + u_{i3}) + \mathbf{x}'_{i3,t}\beta + \varepsilon_{i3,t} \\
U_{i4,t} &= \mathbf{x}'_{i4,t}\beta + \varepsilon_{i4,t}
\end{aligned}$$

这是随机参数模型的简单约束版本，只要把随机参数模型中的常数项变成随机参数就能得到该模型。此外该模型也可以通过施加进一步的约束来获得嵌套 logit 模型。例如，例 18.3 中关于出行方式选择的嵌套 logit 模型就来自一个误差成分模型。

$$\begin{aligned}
U_{i,air} &= u_{i,fly} + \mathbf{x}'_{i,air}\boldsymbol{\beta} + \varepsilon_{i,air} \\
U_{i,train} &= (\alpha_{train} + u_{i,ground}) + \mathbf{x}'_{i,train}\boldsymbol{\beta} + \varepsilon_{i,train} \\
U_{i,bus} &= (\alpha_{bus} + u_{i,ground}) + \mathbf{x}'_{i,bus}\boldsymbol{\beta} + \varepsilon_{i,bus} \\
U_{i,car} &= (\alpha_{car} + u_{i,ground}) + \mathbf{x}'_{i,car}\boldsymbol{\beta} + \varepsilon_{i,car}
\end{aligned}$$

这是在式（18 - 12）之后提出的模型，四个效用函数隐含的协方差矩阵是

$$\Sigma = \begin{bmatrix} \sigma_F^2 & 0 & 0 & 0 \\ 0 & \sigma_G^2 & \sigma_G^2\rho & \sigma_G^2\rho \\ 0 & \sigma_G^2\rho & \sigma_G^2 & \sigma_G^2\rho \\ 0 & \sigma_G^2\rho & \sigma_G^2\rho & \sigma_G^2 \end{bmatrix}$$

例 18.3 中的表 18.6 所示的嵌套 logit 模型的 FIML（完全信息极大似然）估计在表 18.15 中给出。现在已经把模型修正为一个有如上所示的两个成分的误差成分模型，有着随机的常数项。表 18.15 所示的参数的估计与所期待的结果相似。由 FIML 估计法得到的“空路”（fly）和“陆路”（ground）估计标准差分别为 2.188 6 和 3.297 4。对于随机参数模型，可以利用 $v=(\pi^2/6+\sigma_b^2)^{1/2}$ 来计算上述参数，其中，对于“空路”，$v=3.48$，对于“陆路”，$v=1.389\,9$。弹性的估计也表现出了同样的相似性，表 18.16 展示了弹性估计的部分结果。

18.2.8.c 固定效应多项式 logit 模型

固定效应多项式 logit 模型可写为

$$\mathrm{Prob}(y_{it}=j)=\frac{\exp(\alpha_{ij}+\mathbf{x}'_{it,j}\boldsymbol{\beta})}{\sum_{m=1}^{J}\exp(\alpha_{im}+\mathbf{x}'_{it,m}\boldsymbol{\beta})}$$

因为是基于比较得出的概率，所以其中一个效用函数必须标准化为 0。令其为最后一个（第 J 个）选项，从而标准化后的模型为

$$\mathrm{Prob}(y_{it}=j)=\frac{\exp(\alpha_{ij}+\mathbf{x}'_{it,j}\boldsymbol{\beta})}{1+\sum_{m=1}^{J-1}\exp(\alpha_{im}+\mathbf{x}'_{it,m}\boldsymbol{\beta})},\ j=1,\cdots,J-1$$

我们在 17.7.3 小节中已经讨论过固定效应的二值选择模型。这个模型是之前讨论过的模型的直接扩展。固定效应 logit 模型的拉希（Rasch）/张伯伦方法原则上适用于这个多项式 logit 模型的情形［Chamberlain（1980）简要提到了这种可能性］。然而，模型的计算量随 J 的增大而快速增长。部分复杂性来源于构建条件概率分母的困难。

表 18.15　嵌套 logit 模型的估计

	FIML 嵌套 logit 模型		混合 logit 模型	
	估计值	标准误	估计值	标准误
飞机	6.042 34	(1.198 88)	4.651 34	(1.264 75)
火车	5.064 60	(0.662 02)	5.134 27	(0.670 43)
公共汽车	4.096 32	(0.615 16)	4.157 90	(0.626 31)
GC	−0.031 59	(0.008 16)	−0.032 28	(0.006 89)
TTME	−0.112 62	(0.014 13)	−0.114 23	(0.011 83)
HINC	0.026 16	(0.017 61)	0.035 71	(0.024 68)
空路	0.586 01	(0.140 62)	3.240 32	(1.7167 9)
陆路	0.388 96	(0.123 67)	0.535 80	(10.658 87)
ln *L*	−193.656 15		−195.727 11	

表 18.16　关于广义成本的弹性

	飞机		火车		公共汽车		小汽车	
	NL	MXL	NL	MXL	NL	MXL	NL	MXL
飞机	−1.377 2	−1.155 1	0.522 8	0.435 8	0.522 8	0.435 8	0.522 8	0.435 8
火车	0.377 5	0.490 6	−2.945 2	−3.046 7	1.167 5	1.156 2	1.167 5	1.156 2
公共汽车	0.195 8	0.250 2	0.603 9	0.598 2	−3.036 8	−3.122 3	0.603 9	0.598 2
小汽车	0.337 2	0.387 9	1.142 4	1.123 6	1.142 4	1.123 6	−1.871 5	−1.956 4

这些项求和的方式有些不同，$J\times T$ 个结果可以加和为 T 个——包括 J 项中每一项上的约束，然后再把这些结果加和为一个。计算量大到无法计算。在下面的例子中，$J=4$，$T=12$，项的数目大概是 6×10^{10}。由于需要施加每一期只能做出一次选择的约束，在这里克赖罗-派克

(Krailo-Pike) 算法的作用并不大。然而，有一个简单得多的方法，该方法基于最小距离原则，并且运用了同样的信息（见 13.3 节）。[①] 对于从第 1 个结果到第 $J-1$ 个结果，在第 j 个观测值和作为基准的选项 J 之间的选择构成了一个固定效应二值 logit 模型。然后，针对 $J-1$ 个结果中的每一个，从选项 j 和选项 J 之间选择的 $\sum_{i=1}^{n} T_i$ 个观测值就可以用来拟合二值 logit 模型，从而估计 $\boldsymbol{\beta}$。这样就产生了 $J-1$ 个估计值 $\hat{\boldsymbol{\beta}}_j$，每一个都有相应的渐近协方差矩阵 $\mathbf{V}_j$，从而 $\boldsymbol{\beta}$ 的最小距离估计量即为

$$\hat{\boldsymbol{\beta}} = \left[\sum_{j=1}^{J-1} \mathbf{V}_j^{-1}\right]^{-1} \sum_{j=1}^{J-1} (\mathbf{V}_j^{-1} \hat{\boldsymbol{\beta}}_j)$$

估计的渐近协方差矩阵是第一项。每一次估计二值 logit 模型以及最后一步计算平均值的计算量都不是很大。

在这里仍然成立的是，二值选择估计和事后估计分析具有严重的局限性，因为实际上没有估计固定效应，不可能计算概率和偏效应，等等。

∴例 18.8　陈述性选择实验：对电力供应商的偏好

Revelt and Train (2000) 研究了一个加利福尼亚州电力消费者的样本对不同价格的偏好。[②] 作者特别关注个体之间的差异，并运用了混合 logit 模型。选择实验检验了在不同电力供应商之间做出的选择，其中电力供应商通过一系列属性来定义，即

$$U_{ijt} = \beta_1 PRICE_{ijt} + \beta_2 TOD_{ijt} + \beta_3 SEAS_{ijt} + \beta_4 CNTL_{ijt} + \beta_5 LOCAL_{ijt} + \beta_6 KNOWN_{ijt} + \varepsilon_{ijt}$$

式中

$PRICE$ ＝固定费率（美分／千瓦时）等于 7 或 9，如果是季节或每日费率则为 0
TOD＝ 每日费率的时间虚拟变量，上午 8 点至晚上 8 点为 11 美分，晚上 8 点至次日上午 8 点为 5 美分
$SEAS$ ＝季节费率的虚拟变量，夏季为 10，冬季为 8，春秋为 6
$CNTL$ ＝有退出惩罚的固定期限合同，期限长度为 0，1 年，5 年
$LOCAL$，$KNOWN$ ＝熟悉程度的虚拟变量，当地的、了解但不在当地的、不了解的

数据由研究三角所（Research Triangle Institute）于 1997 年收集整理以供电力研究协会（Electric Power Research Institute）使用。[③]

样本共包含 361 人，调查要求每一个受访者从 4 家候选公司中针对 12 种情形做出选择[④]，研究共分析了 4 308 种选择情形。

本实验是一个**未标记的选择**（unlabeled choice）实验，除了属性上的不同以外，供选择的公司没有本质上的差别。选项集中的公司 1 被称为公司 1 仅仅是因为它是列表里的第一个。本章之前讨论的选择实验在是否标记方面有所不同：

---

① Pforr (2011) 披露了一个中等规模问题的研究结果，该问题包含 4 344 个受访者，6 期，只有两种结果，结果共有四个属性。利用蛮力解法解决该问题用时超过 100 秒，但是用最小距离估计量仅仅花费 0.2 秒就得出了同样的结果，其时间优势要远远大于例 18.8 中分析的四选项模型。

② 也可参见 Train (2009, Chapter 11)。

③ 特雷恩（Train）教授向我们（和读者）慷慨地提供了该实验的数据来复制、分析以及拓展该例中的模型。

④ 一个棘手的问题是，361 个受访者中有人回答了不到 12 个问题：有两人分别回答了 8 个和 9 个，1 人回答了 10 个，8 人回答了 11 个。

例 18.2 加热系统类型	标记的
例 18.3 出行方式	标记的
例 18.4 热水器类型	标记的
例 18.5 绿色能源	未标记的
例 18.6 疟疾指导方针	未标记的
例 18.7 加热系统	标记的
例 18.8 电力价格	未标记的

选择模型的一个应用就是分析替代模式。例 18.3 中分析了出行方式的替代弹性。未标记的选择实验基本上都没有提供选项之间替代关系方面的信息，这样的实验提供的是支付意愿的信息。支付意愿是本例研究的重点。当效用函数是基于价格而不是收入时，价格上涨带来的边际负效用就用来代替收入上涨的边际效用以便计算支付意愿。一般来说，对于 WTP 符号的解释要依上下文而定。在下文，研究人员关心的是用 *TOD* 和 *PRICE* 系数来衡量的每日费率的感知价值，这两个系数在 MNL 模型中都是负的，但是价格的负向变动相当于收入的正向变动。本例中将大约 10 美分/千瓦时的支付意愿解释为如果消费者不愿意接受每日费率，他/她可能会接受固定费率的价格。然而，“本地”公司具有正的品牌价值，所以正的 WTP 可以解释为相比于不熟悉的公司，消费者愿意为本地的公司多付多少钱。

表 18.17 显示了关于费率结构和公用事业公司的选择模型的估计。MNL 模型显示了合同期限的边际价值、时间的边际价值、季节费率相对于固定费率的边际价值，以及公司的品牌价值。WTP 的结果则体现在表 18.18 中，合同期限的负系数意味着普通消费者愿意每年支付额外的费用（0.17 美分/千瓦时）来规避固定期限合同。实验中可供选择的合同有一年期的和五年期的，所以消费者愿意支付最多 0.85 美分/千瓦时来规避长期合同。相对于新进的和不熟悉的公司，本地公司的品牌价值为 2.3 美分/千瓦时，由于不同情形的平均费率为 9 美分，所以该价值相当突出。消费者知晓，但并不在本地的公司价值要小一点。每日费率和季节费率的系数将这两种费率转化为等价的固定费率。根据 MNL 模型，在消费者心目中，与每日费率等价的固定费率的平均价值为 8.74 美分。固定费率的价值范围为 7～9 美分，所以 8.74 美分属于比较高的水平。

混合 logit 模型允许价值评估中的异质性。合同期限和品牌价值的系数用正态分布来刻画，这样做的好处是允许分布向零的两边延伸，比如一些消费者偏好本地公司同时另一些消费者态度相反。估计的均值为 2.161 17，标准差为 1.500 97，这些结果显示有$[1-\Phi(2.161\,17/1.500\,97)]=7.5\%$的消费者实际上更偏好不熟悉的外地公司。特殊地，每日费率和季节费率的系数具有对数正态分布。因为已经假设这两个系数是非负的，特殊的系数是$-\exp(\beta+\sigma v)$。（负号来自变量本身，加负号后，$-TOD$ 就服从正的对数正态分布了。）总体分布中该系数的均值为 $E[\beta_{TOD}]=-\exp(2.113\,04+0.386\,51^2/2)=8.915$。这意味着平均来看消费者对采取每日费率还是固定费率持基本不关心的态度。图 18.2 显示了每日费率边际价值的总体分布的核估计量。

双峰分布展示了 $E[-\beta_{TOD}|$做出的选择$]$ 估计值的一个样本。注意，如果模型设定正确且估计方法无误，这两个分布的均值应该是相同的。估计的条件均值的样本均值为 10.4 美分/千瓦时，而估计的总体均值是 9.9 美分/千瓦时。总体分布的估计标准差为 $8.915\times[\exp(0.386\,51^2)-1]^{1/2}=3.578$。因此，总体的大约 95%对 TOD 费率价值的评估在 9.9±7.156 之间。需要强调的是，对 TOD 费率的估值越高表示对其厌恶程度越高。对数正态分布常常会产生大到令人难以置信的数值，比如本例中处于分布尾部的那些值。用有固定宽度 $\beta\pm\sigma$ 的三角形分布来重新拟合模型，依据估计的分布得到 TOD 费率价值的范围为 7.839±5.907，季节费率价值的范围为 8.197±4.152。关于 95%置信水平的置信区间（基于正态分布的估计，均值±1.96 标准差）的计算见表 18.18。

表 18.17　电力供应商选择模型的估计（括号内为标准误）

变量	MNL 模型[a]	混合 logit[b] 均值 β	混合 logit[b] 标准差 σ	FEM	REM[c]	ANA[d]
固定费率	−0.625 23	−0.868 14	0.000 00	−0.388 41	−0.637 62	−0.547 13
	(0.033 49)	(0.022 73)	(0.000 00)	(0.020 39)	(0.074 32)	(0.039 62)
合同期限	−0.108 30	−0.218 31	0.363 79	−0.055 86	−0.109 40	−0.109 37
	(0.014 02)	(0.016 59)	(0.017 36)	(0.006 82)	(0.009 64)	(0.008 62)
每日费率[e]	−5.462 76	2.113 04[e]	0.386 51	−3.461 45	−5.579 17	−5.110 61
	(0.278 15)	(0.026 93)	(0.018 47)	(0.166 22)	(0.596 80)	(0.304 46)
季节费率[e]	−5.840 03	2.135 64[e]	0.276 07	−3.597 27	−5.955 63	−5.340 35
	(0.272 72)	(0.025 71)	(0.015 89)	(0.165 96)	(0.610 04)	(0.308 11)
是否为本地公司	1.442 24	2.161 17	1.500 97	0.832 66	1.475 22	1.440 16
	(0.078 87)	(0.089 15)	(0.089 85)	(0.041 06)	(0.091 03)	(0.055 10)
是否知晓该公司	0.995 50	1.461 73	0.977 05	0.476 49	1.021 53	0.974 19
	(0.063 87)	(0.065 38)	(0.072 72)	(0.033 19)	(0.079 62)	(0.049 44)
ln L	−4 958.65	−3 959.73		−4 586.93	−4 945.98	−4 882.34

a. 稳健标准误基于个体聚类，MNL 模型的传统标准误分别为 0.023 22，0.008 24，0.183 71，0.186 68，0.050 56，0.044 78。

b. Train（2009）显示固定费率、合同期限、每日费率、季节费率、是否为本地公司、是否知晓该公司的点估计（b，s）分别为（−0.882 7，0），（−0.212 5，0.386 5），(2.132 8，0.411 3)，(2.157 7，0.281 2)，(2.229 7，1.751 4)，(1.590 6，0.962 1)。

c. RE 模型中估计的标准差为 0.006 55（0.022 45），0.474 63（0.060 49），0.016 062（0.042 59）。

d. 类别概率为 0.937 39 和 0.062 61。

e. 混合 logit 模型中的对数正态系数为 $\exp(\beta+\sigma\nu)$。

表 18.18　不同模型下 WTP 的估计

	合同期限	是否为本地公司	是否知晓该公司	每日费率	季节费率
多项式 logit 模型（固定参数）					
估计值	0.173 22	2.306 75	1.592 23	8.737 23	9.340 65
标准误	0.023 64	0.188 94	0.138 70	0.151 26	0.152 22
置信下界	0.126 89	1.936 43	1.32 038	8.440 76	9.042 30
置信上界	0.219 55	2.67 707	1.864 07	9.033 70	9.638 99
混合 logit 模型（费率的支付意愿）					
对数正态分布					
估计的均值$=\exp(\beta+\sigma^2/2)$				8.915 00	8.791 16
估计的标准差=均值$\times[\exp(\sigma^2)-1]^{1/2}$				3.578 52	2.473 96

续前表

	合同期限	是否为本地公司	是否知晓该公司	每日费率	季节费率
5%下分位点				1.901 10	3.942 20
95%上分位点				15.929 00	13.640 12
三角形分布					
估计的均值 $=\beta$				7.839 37	8.196 76
估计的范围 $=\beta\pm\sigma$				5.907 44	4.152 95
估计的标准差 $=[\sigma^2/6]^{1/2}$				2.411 70	1.695 43
5%下分位点				3.112 44	4.873 70
95%上分位点				12.566 30	11.519 81

本例同样给出了固定效应和随机效应模型的估计。随机效应模型的结果本质上和 MNL 模型的结果是一样的，而固定效应模型的结果实质上与 MNL 模型和混合 logit 模型的结果都不同。属性缺失（ANA）模型描述的是除了之前的发现以外，是否有消费者在选择供应商时没有考虑供应商的品牌价值。属性缺失模型把所有样本划分成了两个类别：一个中所有属性都出现了，而另一个中 *LOCAL* 和 *KNOWN* 的系数均为 0。结果表明有 6.26%的消费者在选择供应商时没有考虑其品牌价值。

□ 18.2.9 总市场份额数据——BLP 随机参数模型

Berry，Levinsohn，and Pakes（BLP）（1995）的结构需求模型是混合 logit 模型的一个重要应用。关于差异化产品——例如机动车［BLP（1995），Goldberg（1995）］、即食谷物类［Nevo（2001）］，以及家用电器［Das，Olley，and Pakes（1996）］——的需求模型的构建利用了代入市场份额数据的混合 logit 模型。[①] 其基本框架为

市场：记为 $t=1,\cdots,T$
市场中的消费者：记为 $i=1,\cdots,n_t$
产品：记为 $j=1,\cdots,J$

对市场的定义具体要根据应用情况而定：BLP 分析了跨度长达 20 年的机动车市场；Nevo 研究了一组跨度为 20 个季度的城市样例，所以每季度的一个城市即为一个市场；Das 等人将市场定义为对特定收入阶层消费者的年度销售额。

对于市场 t，分析的基础在于平均价格 p_{jt}，（产品）总量 q_{jt}，消费者收入 y_i，可观测的产品属性 $\mathbf{x}_{jt}$，以及（对于研究人员）不可观测的产品属性 Δ_{jt}。对位于市场 t，产品 j 的消费者 i 而言，其间接效用函数为

$$u_{ijt}=\alpha_i(y_i-p_{jt})+\mathbf{x}'_{it}\boldsymbol{\beta}_i+\Delta_{jt}+\varepsilon_{ijt} \tag{18-14}$$

其中，α_i 是收入的边际效用，$\boldsymbol{\beta}_i$ 是产品可观测属性的边际效用。产品的某些不可观测属性 Δ_{jt}

① 关于此讨论，我们采用 Nevo（2000）。

会反映在价格之中这一事实暗示价格在只基于可观测属性的需求模型中是内生的。偏好上的差异反映在（如同之前那样）随机参数模型的公式中：

$$\begin{pmatrix}\alpha_i\\ \boldsymbol{\beta}_i\end{pmatrix}=\begin{pmatrix}\alpha\\ \boldsymbol{\beta}\end{pmatrix}+\begin{pmatrix}\boldsymbol{\pi}'\\ \prod\end{pmatrix}\mathbf{d}_i+\begin{pmatrix}\gamma w_i\\ \boldsymbol{\Gamma}\mathbf{v}_i\end{pmatrix} \tag{18-15}$$

其中 $\mathbf{d}_i$ 是关于社会人口数据——比如性别和年龄——的向量，而 α，$\boldsymbol{\beta}$，$\boldsymbol{\pi}$，$\boldsymbol{\Pi}$，γ 以及 $\boldsymbol{\Gamma}$ 是待估的结构性参数（假设这些参数已经被确定了）。模型同样定义了一个“外部物品”的效用函数，（大概是）用于消费者没有选择产品 1，…，J 中任何一个的情形：

$$u_{i0t}=\alpha_i y_i+\Delta_{0t}+\boldsymbol{\pi}'_0\mathbf{d}_i+\varepsilon_{i0t}$$

由于消费者收入在选项之间没有发生变化，所以如同之前所看到的那样，$\alpha_i y_i$ 将被移出 logit 概率。取而代之的是标准化，$u_{i0t}=\varepsilon_{i0t}$，从而使效用之间的比较可以排除外部物品。将式（18－15）插入式（18－14）即可将模型重建为：

$$u_{ijt}=\alpha_i y_i+\delta_{it}(\mathbf{x}_{jt},p_{jt},\Delta_{jt}:\alpha,\boldsymbol{\beta})+\tau_{ijt}(\mathbf{x}_{jt},p_{jt},\mathbf{v}_i,w_i:\boldsymbol{\pi},\prod,\gamma,\boldsymbol{\Gamma})+\varepsilon_{ijt}$$

$$\delta_{jt}=\mathbf{x}'_{jt}\boldsymbol{\beta}-\alpha p_{jt}+\Delta_{jt}$$

$$\tau_{jt}=[-p_{jt},\mathbf{x}'_{jt}]\left[\begin{pmatrix}\boldsymbol{\pi}'\\ \prod\end{pmatrix}d_i+\begin{pmatrix}\gamma w_i\\ \boldsymbol{\Gamma}\mathbf{v}_i\end{pmatrix}\right]$$

上述模型定义了市场 t 中消费者 i 的随机效用模型。假设每一个消费者都购买为其带来最大效用的商品，则统计市场中选择第 j 种产品的消费者并加和就可以得到该产品的市场份额。假设消费者具有同样的品位（$\boldsymbol{\Gamma}=\mathbf{0}$ 且 $\gamma=0$）并独立同分布，ε_{ij} 服从第一类极值分布，则产品 j 的市场份额为

$$s_{jt}=\frac{\exp(\mathbf{x}'_{jt}\boldsymbol{\beta}-\alpha p_{jt}+\Delta_{jt})}{1+\sum_{k=1}^{J}\exp(\mathbf{x}'_{kt}\boldsymbol{\beta}-\alpha p_{kt}+\Delta_{kt})}$$

IIA 假设产生了一个熟悉的问题，即产品之间具有奇怪而不现实的替代模式。之前所考虑的嵌套 logit 模型、“一般极值”模型以及混合 logit 模型，现在可以用于综合数据了。

估计不能沿 18.2.7 小节的思路进行下去，因为 Δ_{jt} 是不可观测的，而且 p_{jt} 是内生的。所以，根据下列矩方程，BLP 选择用 GMM 估计量作为替代的方法

$$E\{[S_{jt}-s_{jt}(\mathbf{x}_{jt},p_{jt}|\alpha,\boldsymbol{\beta})]\mathbf{z}_{jt}\}=\mathbf{0}$$

在随机参数设定中分层，就能得到不同于极大似然估计的**模拟矩估计法**（method of simulated moments）的估计。模拟矩是基于

$$E_{w,\mathbf{v}}[\mathbf{s_{jt}}(\mathbf{x}_{jt},p_{jt}|\alpha_i,\boldsymbol{\beta}_i)]=\int_{w,\mathbf{v}}\{s_{jt}[\mathbf{x}_{jt},p_{jt}|\alpha_i(w),\boldsymbol{\beta}_i(\mathbf{v})]\}dF(w)dF(\mathbf{v})$$

上式可以用 18.2.7 小节提到的方法来估计。BLP 提出的该模型的估计算法错综复杂。一些作者提出了更加简单快捷的估计方法。例如 Lee and Seo（2011）就提出了一个运用起来十分简便的方法。

❖例 18.9　健康保险市场

Tamm，Tauchmann，Wasem，and Greb（2007）在该框架下分析了德国健康保险市场。该研究的动力源自关于 1996 年德国社会健康保险系统中竞争的介绍。作者利用了 2001—2004 年大量的面板数据来估计该市场中各公司的市场份额对价格的弹性，以期找到市场竞争的证据。研究的起始点是一个关于市场份额的模型

$$s_{it}=\frac{\exp(\boldsymbol{\beta}'\mathbf{x}_{it}+\gamma_i+\varepsilon_{it})}{\sum_{i=1}^{N}\exp(\boldsymbol{\beta}'\mathbf{x}_{it}+\gamma_i+\varepsilon_{it})},\ i=1,\cdots,N$$

取对数，得到

$$\ln(s_{it})=\boldsymbol{\beta}'\mathbf{x}_{it}+\delta_t+\gamma_i+\varepsilon_{it}$$

其中，δ_t 是分母的对数值，对于所有公司来说都是相同的，γ_i 是内生的公司效应。由于消费者在每个时期内不改变其保险商，所以需要对该模型进行扩展以适应长期情形：

$$\ln(s_{it})=\alpha\ln(s_{i,t-1})+\boldsymbol{\beta}'\mathbf{x}_{it}+\delta_t+\gamma_i+\varepsilon_{it}$$

研究在检测一般情形的同时，也考虑了一些极端情形，包括 $\alpha=0$（静止情形）和 $\alpha=1$（随机游走）。GMM 估计法对上述三种情形都进行了估计。保费弹性的择优估计（摘自原文献表Ⅶ）是-1.09，其置信区间为［-1.43，-0.75］，这也揭示了市场中价格竞争的影响。

18.3　有序选择的随机效用模型

债券评级机构，例如穆迪和标准普尔在其分析中对债券质量的评估实际上就是对债券连续变化的潜在属性离散的列举，评级量表如下：

描述	标准普尔评级	穆迪评级
优等	AAA	Aaa
高级	AA	Aa
中上级	A	A
中级	BBB	Baa
略有投机性	BB	Ba
劣等，投机性	B	B
劣等，可能违约	CCC	Caa
劣等，可能部分恢复	CC	Ca
违约，不可能恢复	C	C

再举另外一个例子，Netflix（www.netflix.com）是一家互联网公司，其一项业务是为用户提供电影下载服务。当一个用户下载了一部电影之后，下一次他登录该网站时，就会被邀请对之前所下载的电影进行评分。评分是通过五点量表进行的，5 分代表最喜欢。成千上万个下载电影的用户的平均评分形成了向未来用户推荐电影的依据。在 2009 年 4 月 5 日，2007 年问世

的电影《国家宝藏：夺宝秘籍》（*National Treasure*：*Books of Secrets*）经该网站的约 12 900 名用户评分后的平均得分为 3.8 分。许多其他互联网产品和服务的销售商——例如 Barnes& Noble、亚马逊、惠普（Hewlett Packard），以及百思买（Best Buy）——也采用了这样的评分模式。许多近期更新的国家调查数据集——例如英国家庭面板调查（BHPS）（www. iser. essex. ac. uk/bhps）、澳大利亚 HILDA（www. melbourneinstitute. com/hilda/），以及德国社会经济面板（GSOEP）（www. diw. de/en/soep）——全部包含涉及健康、健康满意度或者总体幸福感自我评分的问题。正如前例所提到的，这些调查要求受访者填写一个离散的量表，例如 GSOEP 关于健康满意度问题的十点量表。① 这样的评分正好要用到本节感兴趣的模型和方法。②

对于每一个受访者，假设他所做出的评分暗含着连续变化的偏好程度。出于便捷性和一致性考虑，下面把偏好的程度称为“效用”，记为 U^*。回到 Netflix 的例子，效用在整个实数轴上变化：

$$-\infty < U_{im}^* < +\infty$$

其中，i 表示个体的序号，m 表示电影的序号。网站邀请用户用五点量表来对电影做出评分。从逻辑上讲，从潜在的效用到评分的转化过程可以视为对潜在效用的一种审视：

$$R_{im}=1，\text{如果} -\infty < U_{im}^* \leqslant \mu_1$$
$$R_{im}=2，\text{如果} \mu_1 < U_{im}^* \leqslant \mu_2$$
$$R_{im}=3，\text{如果} \mu_2 < U_{im}^* \leqslant \mu_3$$
$$R_{im}=4，\text{如果} \mu_3 < U_{im}^* \leqslant \mu_4$$
$$R_{im}=5，\text{如果} \mu_4 < U_{im}^* < \infty$$

这样的对应关系同样刻画了债券评级的特征，债券的质量——其评级的决定因素，也是连续变化的。面板数据集中对健康状况和幸福程度的自评同样基于潜在的效用或偏好结构。到目前为止，这样的刻画方法最关键的特征就是在离散的回答下隐藏着连续变化的偏好，因此，可观测的评分就代表了真正潜在的偏好。一个 1～5 分的评分可以代表从一般的享受到狂热的热情之间的任何结果。值得注意的是门槛 μ_j，一共 $J-1$ 个，J 是可能评分的总数（在这里为 5），这 $J-1$ 个值的作用是将效用的范围划分为 J 个小区间。门槛是模型中的重要因素；它们将效用的范围划分为 J 个区间，再用可观测的结果（评分）来代表这些区间。重要的是，两个评分等级之间的差异（如 1 相对于 2，2 相对于 3）与所代表的效用之间的差异是不对等的，因此，通过门槛得到的是一种严格非线性的转化。这些在有序选择模型中是可以估计的参数。

到目前为止，上述模型提供了对可观测的评分背后机制的一种粗略描述。每个人都会将自己的一套特征代入效用函数中，比如年龄、收入、受教育程度、性别、住所、家庭情况等等，记为 x_{i1}，x_{i2}，…，x_{iK}。并且个体也会将（对统计学家而言）不可测量的个人偏好整合代入效用函数中，记为 ε_{im}。这些特征进入效用函数的方式是不确定的，但是传统上会使用线性函数来模拟，这样就产生了熟悉的随机效用函数，即

$$U_{im}^* = \beta_0 + \beta_1 x_{i1} + \beta_2 x_{i2} + \cdots + \beta_K x_{iK} + \varepsilon_{im}$$

---

① 原调查中健康自评采用的是十点量表，目前已经改为五点量表。

② Greene and Hensher（2010a）提供了一份关于有序选择建模的调查。其他教材与专著包括 DeMaris（2004），Long（1997），Johnson and Albert（1999），以及 Long and Freese（2006）。对该模型的介绍同样见于期刊文章，如 Winship and Mare（1984），Becker and Kennedy（1992），Daykin and Moffatt（2002），以及 Winkelmann（2006）。

❖例 18.10 电影评分

网站 www. IMDb. com 邀请用户对所看过的电影进行评分。该网站的评分运用的是十点量表。图 18.3 展示了共 41 771 名用户对电影《国家宝藏：夺宝秘籍》的评分情况。[1] 该图的左半部分是评分的总体分布情况，右半部分的表格展示了不同类别用户的平均评分，分类因素包括年龄、性别，以及是否为美国观众。所构建的效用与评分的对应结构如下：

$$R_{im}=1,\ \text{如果}\ -\infty<\mathbf{x}_i'\boldsymbol{\beta}+\varepsilon_{im}\leqslant\mu_1$$
$$R_{im}=2,\ \text{如果}\ \mu_1<\mathbf{x}_i'\boldsymbol{\beta}+\varepsilon_{im}\leqslant\mu_2$$
$$\cdots$$
$$R_{im}=9,\ \text{如果}\ \mu_8<\mathbf{x}_i'\boldsymbol{\beta}+\varepsilon_{im}\leqslant\mu_9$$
$$R_{im}=10,\ \text{如果}\ \mu_9<\mathbf{x}_i'\boldsymbol{\beta}+\varepsilon_{im}<\infty$$

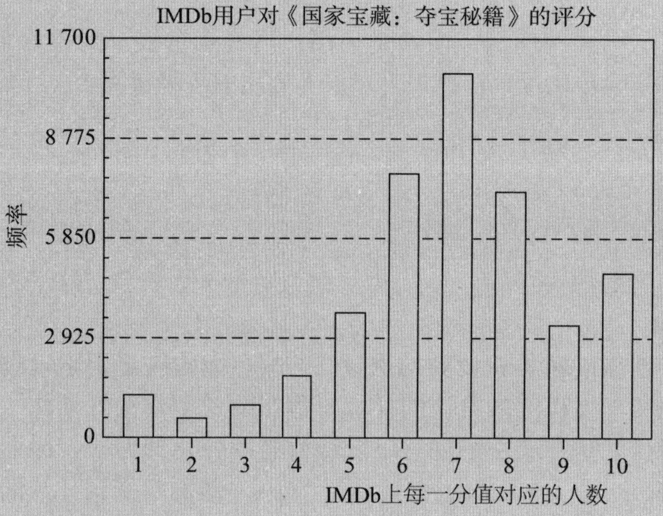

	人数	平均评分
男性	33 644	6.5
女性	5 464	6.8
18岁以下	2 492	6.6
18岁以下男性	1 795	6.5
18岁以下女性	695	7.2
18~29岁	26 045	6.6
18~29岁男性	22 603	6.6
18~29岁女性	3 372	6.8
30~44岁	8 210	6.4
30~44岁男性	7 216	6.4
30~44岁女性	936	6.7
45岁及以上	2 258	6.5
45岁及以上男性	1 814	6.4
45岁及以上女性	420	6.9
美国观众	14 792	6.6
非美国观众	24 283	6.5

图 18.3 IMDb. com 上的评分

依靠中心极限定理，可以对最终形成个人喜好和电影吸引力的无数微小影响因素进行加总。假设随机成分 ε_{im} 服从均值为 0、(目前) 方差固定的正态分布。正态性的假设就允许研究者计算评分的概率。特别地，可能最有意思的一点是

$$\text{Prob}(R_{im}=10\mid\mathbf{x}_i)=\text{Prob}[\varepsilon_{im}>\mu_9-\mathbf{x}_i'\boldsymbol{\beta}]$$

这一结构为研究个人如何对（他们从 Netflix 下载的）电影进行评分的计量经济学模型提供了框架。该模型与熟悉的二值选择模型具有本质上的相似之处。比如，通过关注以下变量，可以直接把该模型转换为一个简单的 probit 模型

$$E_{im}=1\ ,\ \text{如果}\ R_{im}=10$$
$$E_{im}=0\ ,\ \text{如果}\ R_{im}<10$$

---

① 该数据的时间是 2008 年 12 月 1 日。截至 2016 年 8 月 1 日总共 182 780 名用户对该电影的评分呈现出基本相同的分布（见 www. imdb. com/title/tt0465234/rating? ref _ =tt _ ov _ rt）。

因此，该模型是二值选择模型对多于两个选项的情形的扩展。然而，这个模型的关键特征是可观测的结果与潜在的偏好程度背后天然的有序本质。

此处所描述的模型被称为有序选择模型（由于假定了随机项的正态性，该模型实际上还是一个有序 probit 模型）。有序选择模型适用于社会科学和生物科学中的许多情形。其本质的要素在于潜在的、自然的有序偏好程度与离散的、同样有序的可观测结果之间的对应关系，例如刚刚所描述的评分模式。有序选择模型最先由 Aitcheson and Silvey（1957），Snell（1964），以及 Walker and Duncan（1967）提出，Zavoina and McElvey（1975）将其清楚地表示为现代的形式。该模型已经被广泛应用于各个领域。现在，应用有序选择模型的文献数目巨大，并且仍然在快速地增长，包括：

- 债券评级［Terza（1985a）］
- 国会对医疗草案的投票［McElvey and Zavoina（1975）］
- 信用评级［Cheung（1996），Metz and Cantor（2006）］
- 交通事故伤害评级［Eluru，Bhat，and Hensher（2008）］
- 药物反应［Fu，Gordon，Liu，Dale，and Christensen（2004）］
- 教育［Machin and Vignoles（2005）；Carneiro，Hansen，and Heckman（2003）；Cunha，Heckman，and Navarro（2007）］
- 公司的财务危机［Hensher and Jones（2007）］
- 幸福感［Winkelmann（2005），Zigante（2007）］
- 健康状态［Jones，Koolman，and Rice（2003）］
- 职业技能评级［Marcus and Greene（1985）］
- 生活满意度［Clark，Georgellis，and Sanfey（2001）；Groot and ven den Brink（2003）；Winkelmann（2002）］
- 货币政策［Eichengreen，Watson，and Grossman（1985）］
- 护士劳动供给［Brewer，Kovner，Greene，and Cheng（2008）］
- 肥胖［Greene，Harris，Hollingsworth，and Maitra（2008）］
- 政治效用［King，Murray，Salomon，and Tandon（2004）］
- 污染［Wang and Kockelman（2009）］
- 护士的晋升和排名［Pudney and Shields（2000）］
- 股票价格走势［Tsay（2005）］
- 烟草的使用［Harris and Zhao（2007）；Kasteridis，Munkin，and Yen（2008）］
- 工作失能［Kapteyn et al.（2007）］

□ 18.3.1 有序 probit 模型

与二项式 probit 模型相同，有序 probit 模型围绕潜在回归进行构造。首先分析下面的模型：

$$y^* = \mathbf{x}'\boldsymbol{\beta} + \varepsilon$$

与之前一样，y^* 是无法观测的。可观测的是如下等级：

$$y = 0，如果\ y^* \leqslant 0$$
$$y = 1，如果\ 0 < y^* \leqslant u_1$$

$y=2$，如果 $\mu_1 < y^* \leqslant \mu_2$

$\vdots$

$y=J$，如果 $\mu_{J-1} \leqslant y^*$

这是一种形式的删失，μ 是未知参数，可用 $\boldsymbol{\beta}$ 进行估计。

假设 ε 在观测值之间服从正态分布。① 出于与二项式 probit 模型（$J=1$ 时的特殊情形）同样的原因，需要将 ε 的均值和方差标准化为 0 和 1，从而可以推导出如下概率：

$$\text{Prob}(y=0 \mid \mathbf{x}) = \Phi(-\mathbf{x}'\boldsymbol{\beta})$$
$$\text{Prob}(y=1 \mid \mathbf{x}) = \Phi(\mu_1 - \mathbf{x}'\boldsymbol{\beta}) - \Phi(-\mathbf{x}'\boldsymbol{\beta})$$
$$\text{Prob}(y=2 \mid \mathbf{x}) = \Phi(\mu_2 - \mathbf{x}'\boldsymbol{\beta}) - \Phi(\mu_1 - \mathbf{x}'\boldsymbol{\beta})$$
$$\vdots$$
$$\text{Prob}(y=J \mid \mathbf{x}) = 1 - \Phi(\mu_{J-1} - \mathbf{x}'\boldsymbol{\beta})$$

由于所有概率都是正数，所以必须有

$$0 < \mu_1 < \mu_2 < \cdots < \mu_{J-1}$$

图 18.4 描述了这一结构的含义。这是第 17 章所分析的多元 probit 模型的一个扩展。对数似然函数及其导数是容易得到的，而且其最优化可以在常规意义上进行。

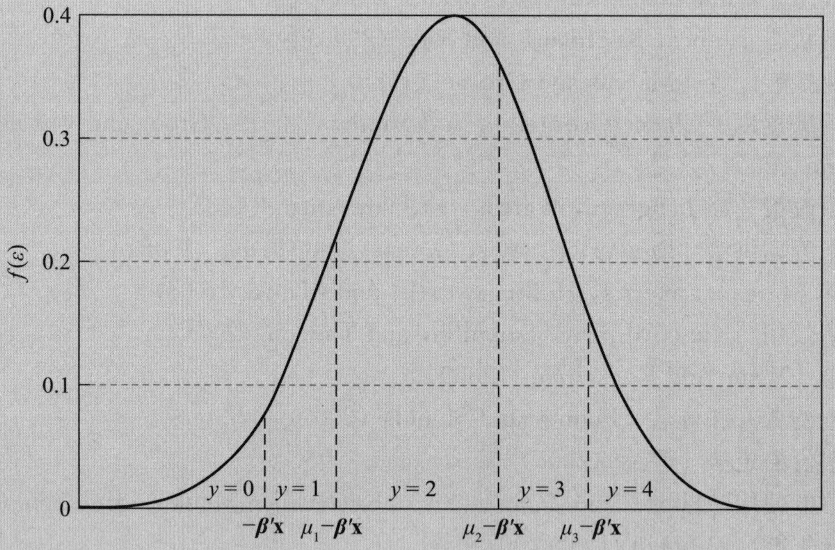

图 18.4　有序 probit 模型中的概率

与通常一样，在这里回归元 **x** 对概率的偏效应同样不等于其系数。考虑一个简单的例子或许会有所帮助。假设有三个类别，所以模型只有一个未知的门槛参数。三个概率分别为

$$\text{Prob}(y=0 \mid \mathbf{x}) = -\Phi(\mathbf{x}'\boldsymbol{\beta})$$

① 其他分布，尤其是 logistic 分布，也可以很简单地使用。这里的正态性假设纯粹是出于方便。实践中 logistic 分布与正态分布大体上呈现出同样的结果。

$$\text{Prob}(y=1|\mathbf{x})=\Phi(\mu-\mathbf{x}'\boldsymbol{\beta})-\Phi(-\mathbf{x}'\boldsymbol{\beta})$$
$$\text{Prob}(y=2|\mathbf{x})=1-\Phi(\mu-\mathbf{x}'\boldsymbol{\beta})$$

对于这三个概率，回归元变化的偏效应分别为

$$\frac{\partial\ \text{Prob}(y=0|\mathbf{x})}{\partial\mathbf{x}}=-\phi(\mathbf{x}'\boldsymbol{\beta})\boldsymbol{\beta}$$
$$\frac{\partial\ \text{Prob}(y=1|\mathbf{x})}{\partial\mathbf{x}}=[\phi(-\mathbf{x}')\boldsymbol{\beta}-\phi(\mu-\mathbf{x}'\boldsymbol{\beta})]\boldsymbol{\beta}$$
$$\frac{\partial\ \text{Prob}(y=2|\mathbf{x})}{\partial\mathbf{x}}=\phi(\mu-\mathbf{x}'\boldsymbol{\beta})\boldsymbol{\beta}$$

图 18.5 诠释了这一效应。y 和 y^* 的概率分布如实线所示。保持 $\boldsymbol{\beta}$ 和 μ 不变，同时增大其中一个 x，等同于将分布稍微右移（如虚线所示）。移动的效应很明显，即将部分区域移出最左边的区间。假设 $\boldsymbol{\beta}$ 为正（对于这个 x），则 $\text{Prob}(y=0|\mathbf{x})$必然会下降。或者，从之前的叙述中可以明显看出，$\text{Prob}(y=0|\mathbf{x})$的导数与 $\boldsymbol{\beta}$ 的符号相反。基于同样的逻辑，$\text{Prob}(y=2|\mathbf{x})$［或一般地，$\text{Prob}(y=J|\mathbf{x})$］的改变必然与 $\boldsymbol{\beta}$ 的符号相同。假设特定的 $\boldsymbol{\beta}$ 为正，则一些概率将被移到最右边区间，但是中间部分究竟怎样却不得而知。这取决于两个密度。在一般情况下，凡涉及系数的符号时，只有 $\text{Prob}(y=0|\mathbf{x})$和 $\text{Prob}(y=J|\mathbf{x})$的变化的符号是明确的！所以在解释这个模型的系数时必须非常小心。确实，在存在相当多附加计算的情况下，很难清楚地解释有序 probit 模型的系数。

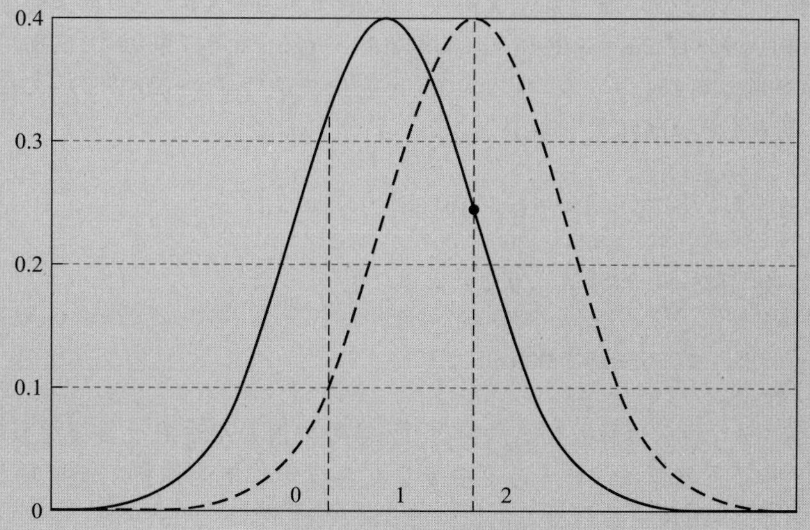

图 18.5　x 的变化对预测概率的效应

∵例 18.11　评级分配

Marcus and Greene（1985）估计了海军新兵工作分配的一个有序 probit 模型。海军希望将新兵们分派到使他们能达到最高生产率的工种中去。作者所分析的工作所属大类为科技类，这些工作的技术

含量被分为三个明确的等级："技术含量中等"、"技术含量高"与"核合格/技术含量高"。因为工作的分配部分取决于海军自身的评定和需要，部分取决于个人特定因素，因此使用的有序 probit 模型具有以下决定因素：(1) ENSPA＝表示参加海军的个人是否拥有"学校"担保（指经过技术培训）的虚拟变量；(2) EDMA＝新兵母亲的受教育程度；(3) AFQT＝在武装部队鉴定检验中的得分；(4) EDYRS＝受训人的受教育年限；(5) MARR＝表示新兵入伍时是否已婚的虚拟变量；(6) AGEAT＝新兵入伍时的年龄（这项研究中无法得到有关分布的数据）。样本容量为 5 641。相关结论如表 18.19 所示。作为任务分配的主要依据，AFQT 得分所对应的 t 值非常之大也在意料之中。

表 18.19　估计的评级分配方程

变量	估计值	t 值	变量的均值
常数	−4.34	—	—
ENSPA	0.057	1.7	0.66
EDMA	0.007	0.8	12.1
AFQT	0.039	39.9	71.2
EDYRS	0.190	8.7	12.1
MARR	−0.48	−9.0	0.08
AGEAT	0.001 5	0.1	18.8
μ	1.79	80.8	—

为得到连续变量的边际效应，需要在 $-\bar{\mathbf{x}}'\hat{\boldsymbol{\beta}}=-0.847\,9$ 和 $\hat{\mu}-\bar{\mathbf{x}}'\hat{\boldsymbol{\beta}}=0.942\,1$ 处估计标准正态密度。预测的概率分别为 $\Phi(-0.847\,9)=0.198$，$\Phi(0.942\,1)-\Phi(-0.847\,9)=0.628$，$1-\Phi(0.942\,1)=0.174$（实际的频率分别为 0.25、0.52 和 0.23）。两个密度分别为 $\phi(-0.847\,9)=0.278$，$\phi(0.942\,1)=0.255$。因此，三个概率关于 AFQT 的导数分别为

$$\frac{\partial P_0}{\partial \text{AFQT}}=(-0.278)\times 0.039=-0.010\,84$$

$$\frac{\partial P_1}{\partial \text{AFQT}}=(0.278-0.255)\times 0.039=0.000\,9$$

$$\frac{\partial P_2}{\partial \text{AFQT}}=0.255\times 0.039=0.009\,95$$

注意，由于概率之和为 1，所以边际效应之和应为 0。这种方法并不适用于估计虚拟变量的效应。我们可以通过把变量取两个不同的值时的概率与那些变量在其样本均值处保持不变时的概率做比较来分析虚拟变量。例如，对于 MARR 变量，相关结论如表 18.20 所示。

表 18.20　二值变量的偏效应

	$-\hat{\boldsymbol{\beta}}'\mathbf{x}$	$\hat{\mu}-\hat{\boldsymbol{\beta}}'\mathbf{x}$	Prob[$y=0$]	Prob[$y=1$]	Prob[$y=2$]
MARR＝0	−0.886 3	0.903 7	0.187	0.629	0.184
MARR＝1	−0.406 3	1.383 7	0.342	0.574	0.084
变化			0.155	−0.055	−0.100

□ 18.3.2 有序选择模型的设定检验

有序选择模型的基本形式是为二值变量的情形而构建的：

$$w_{ij}=1，\text{如果 } y_i\leqslant j，\text{否则为 } 0，j=1,2,\cdots,J-1 \qquad (18-16)$$
$$\text{Prob}(w_{ij}=1\mid \mathbf{x}_i)=F(\mathbf{x}_i'\boldsymbol{\beta}-\mu_j)$$

当 $J=1$ 时，该模型即为 17.2 节所讨论的二值选择模型。对于以二值 probit 或 logit 模型为框架，且只运用 w_{i1} 和 $\mathbf{x}_i$ 的有序选择模型，一个隐含的结论是（效用函数的）：斜率参数（$\boldsymbol{\beta}$）是可以估计的，但是门槛参数不行。（值得强调的是，这个结论同时意味着在有序选择模型中，对相邻区间的混合是有效的。）然而，式（18－16）同样用不同的常数定义了 $J-1$ 个不同的二值选择模型，但是这些模型具有相同的斜率向量 $\boldsymbol{\beta}$。式（18－16）中这一参数向量相等的现象被称为**平行回归假设**（parallel regression assumption）。尽管这仅仅是模型设定隐藏的含义，而实际上该假设已经被视为模型的一项隐含的约束了。[①] Brant（1990）提出了一个基于式（18－16）的对平行回归假设的检验。原则上可以分别拟合 $J-1$ 个这样的二值选择模型，而后其中的每一个都将产生特有的常数项和对 $\boldsymbol{\beta}$ 共同的估计。布兰特（Brant）的沃尔德检验检测了线性约束 $\boldsymbol{\beta}_1=\boldsymbol{\beta}_2=\cdots=\boldsymbol{\beta}_{J-1}$，或者写成原假设的形式 H_0：$\boldsymbol{\beta}_q-\boldsymbol{\beta}_1=\mathbf{0}$，$q=2$，…，$J-1$。沃尔德统计量为

$$\chi^2[(J-2)K]=(\boldsymbol{R}\hat{\boldsymbol{\beta}}^*)'[\mathbf{R}\times \text{Asy. Var}[\hat{\boldsymbol{\beta}}^*]\times \mathbf{R}']^{-1}(\mathbf{R}\hat{\boldsymbol{\beta}}^*)$$

其中，$\hat{\boldsymbol{\beta}}^*$ 是由 $\boldsymbol{\beta}$ 的个人二值 logit 或 probit 估计（没有常数项）整合而成。[②]

对原假设的拒绝使得模型的设定产生了问题。如果用使 y 的每个值对应着不同 $\boldsymbol{\beta}$ 的模型作为替代，则仍然存在两个问题：首先，该模型没有要求概率为正，而且具有内部矛盾。其次，考虑所提出的潜在回归 $y^*=\mathbf{x}'\boldsymbol{\beta}_j+\varepsilon$，如果对每个 j 而言 $\boldsymbol{\beta}$ 是不同的，则不可能为 y^* 构建一个数据生成机制（比如模拟 y^*）；如果不知道 y（换言之，实现了的 j），就不可能定义 y^* 的实现值，这是因为合适的 $\boldsymbol{\beta}$ 取决于 j，但是 y 应该通过如式（18－16）的公式由 y^* 来决定。除了研究者力图避免的，用以保持概率对数据所有值的有序性以及模型的一致性的约束以外，模型没有任何参数上的约束。什么设定失效会在逻辑上解释这一发现仍然是一个留待解决的问题。Brant（1990）所提出的一些可能为：(1) 对 $\mathbf{x}'\boldsymbol{\beta}$ 潜在回归的错误设定；(2) ε 的异方差性设定；(3) 对潜在变量分布形式的错误设定，即"非 logistic 联系函数"。

∵例 18.12　健康满意度的有序 probit 模型的布兰特检验

在例 17.6 到例 17.10 以及其他几个例子中，研究者通过德国社会经济面板（GSOEP）中的一组家庭样本研究了医疗服务的使用情况。数据包括对健康满意度（HSAT）的自评（从 0 分到 10 分）。这一变量提供了本章所讨论的有序选择模型的一个自然的应用。上述数据是不平衡的面板数据。出于练习的目的，本例使用了数据库中的第一波（1984 年）数据，包括 4 483 个观测值的横截面。然后，在本例中原本的 11 个区间被混合成了 5 个[(0～2)，(3～5)，(6～8)，(9)，(10)]。效用函数为

---

① 例如见 Long（1997，p. 141）。

② 该统计量的计算细节见 Brant（1990），Long（1997），或 Greene and Hensher（2010a，p. 187）。

$$
\begin{aligned}
HSAT_i^* = &\beta_1 + \beta_2 AGE_i + \beta_3 INCOME_i + \beta_4 KIDS_i \\
&+ \beta_5 EDUC_i + \beta_6 MARRIED_i + \beta_7 WORKING_i + \varepsilon_i
\end{aligned}
$$

变量 $KIDS$，$MARRIED$，以及 $WORKING$ 表示一系列二值选择：家中是否有儿童，婚姻状况，受访者在接受采访时是否有工作（在例 18.14 中将进一步检测这些数据）。该模型包含 6 个变量，并且有 4 个二值选择模型的拟合，所以一共有$(J-2)\times K=3\times 6=18$ 条约束。probit 模型的 χ^2 值为 87.836，置信度 95%的临界值为 28.87，所以就拒绝了（β 的）同质性假设。对于 logit 模型而言，相应的值为 77.84，也可以得出同样的结论。

□ 18.3.3 二元有序 probit 模型

与 17.9 节中分析二元 probit 模型的逻辑一样，可以对有序 probit 模型可以进行大量扩展。例 18.13 中的研究所使用的模型直接模仿了基本的两方程模型。

∵例 18.13 微积分和中级经济学课程

Butler et al.（1994）针对一个范德比尔特大学学生的样本分析了微积分水平与中级经济学课程成绩的关系。两步估计包含了以下策略（为缩减描述过程，本例对精确表述稍做了简化）：第一步将 18.3.1 小节中的有序 probit 模型直接应用到微积分水平中，对微积分水平以 0，1，…，6 进行编号，于是有

$$
\begin{aligned}
&m_i^* = \mathbf{x}_i'\boldsymbol{\beta} + \varepsilon_i, \varepsilon_i \mid \mathbf{x}_i \sim N[0,1] \\
&m_i = 0，\text{如果} -\infty < m_i^* \leqslant 0 \\
&m_i = 1，\text{如果 } 0 < m_i^* \leqslant \mu_1 \\
&\quad \cdots \\
&m_i = 6，\text{如果 } \mu_5 < m_i^* < +\infty
\end{aligned}
$$

作者称，尽管多种微积分课程可以依据其教学内容离散地排序，但是不同水平之间的差异却不能直接度量。所以，这里应使用有序 probit 模型。第一步中的自变量包括 SAT 分数、外语熟练程度、意向专业指标以及其他几个有关研究领域的变量。

估计的第二步包括对中级微观或宏观经济学成绩的回归分析。这些课程的成绩被转换为学分积（A=4.0，A−=3.7，等等），线性回归模型设定为

$$
Grade_i = \mathbf{z}_i'\delta + u_i, \quad \text{其中} \quad \mu_i \mid \mathbf{z}_i \sim N[0, \sigma_u^2]
$$

这个回归中的自变量包括：(1) 表示有序 probit 模型的哪个结果适用于学生的虚拟变量（已经排除了为 0 的情形）；(2) 最近一次微积分考试成绩；(3) 与之前课程相关的其他几个变量；(4) 班级规模；(5) 大一的 GPA 等。成绩方程中的不可观测值明显与数学成绩有关，追加的假设$(\varepsilon_i, u_i \mid \mathbf{x}_i, \mathbf{z}_i) \sim N_2[(0,0), (1,\sigma_u^2), \rho\sigma_u]$包含了这一特点。非零的 ρ 捕捉到了这一“选择”效应。此时，(1) 中的虚拟变量变为内生变量。其解决方法是选择校正，这一点将在第 19 章中详细讨论。修正后的方程为

$$
\begin{aligned}
Grade_i \mid m_i &= \mathbf{z}_i'\delta + E[u_i \mid m_i] + v_i \\
&= \mathbf{z}_i'\delta + (\rho\sigma_u)[\lambda(\mathbf{x}'_i\boldsymbol{\beta}, \mu_1, \cdots, \mu_5)] + v_i
\end{aligned}
$$

研究者采用了“控制函数”法来容纳数学成绩虚拟变量的内生性［这种方法的另一个应用见 17.6.2.d 与 17.6.2.e 小节］。$\lambda(\mathbf{x}_i'\boldsymbol{\beta},\mu_1,\cdots,\mu_5)$项是用第一步有序 probit 模型的估计值构造的一个一般意义上的残差。[①] 第二步计算了课程成绩对 $\mathbf{z}_i$ 和这一构造回归元的线性回归。因为使用了估计回归元，所以这一步的标准误必须进行校正［利用 Murphy and Topel（2002）的校正法，见 14.7 节］。

在 Butler et al.（1994）的一份副本和评论中，Li and Tobias（2006）使用贝叶斯估计量粗略地复制了经典的回归结论后，观察到上面的成绩方程也可以被视作有序 probit 模型。最终得到的**二元有序 probit**（bivariate ordered probit）模型为

$$
\begin{aligned}
&m_i^* = \mathbf{x}_i'\boldsymbol{\beta} + \varepsilon_i \quad \text{且} \quad g_i^* = \mathbf{z}_i'\boldsymbol{\delta} + u_i \\
&m_i = 0,\text{如果} -\infty < m_i^* \leqslant 0 \quad \text{且} \quad g_i = 0,\text{如果} -\infty < g_i^* \leqslant 0 \\
&m_i = 1,\text{如果 } 0 < m_i^* \leqslant \mu_1 \quad \text{且} \quad g_i = 1,\text{如果 } 0 < g_i^* \leqslant \mu_1 \\
&\quad\cdots \\
&m_i = 6,\text{如果 } \mu_5 < m_i^* < +\infty \quad \text{且} \quad g_i = 11,\text{如果 } \mu_9 < g_i^* < +\infty
\end{aligned}
$$

其中

$$
(\varepsilon_i, u_i \mid \mathbf{x}_i, \mathbf{z}_i) \sim \mathbf{N}_2[(0,0),(1,\sigma_u^2)\rho\sigma_u]
$$

通过对巴特勒等人的第二个方程的自变量进行变形，李（Li）和托拜厄斯将他们的结论扩展到这一情形。对于二元有序 probit 模型，使用二元正态概率计算似然值非常简单。[②] 然而，使用二元有序方法分析这些数据的经典研究尚未完成，所以无法得到可以与李和托拜厄斯的贝叶斯备选估计量做比较的估计量。(1) 中微积分虚拟变量的内生性仍是方程的一个特点，所以 MLE 估计和后来的贝叶斯估计并不像看起来那样简单。17.9.5 小节中有关递归二元 probit 模型的结论能否扩展到这一情形还有待讨论。

最近，实证研究中的许多情形都用到了二元有序 probit 模型，包括夫妻的受教育程度［Magee et al.（2000）］、家庭规模［Calhoun（1991）］以及其他情况。在对宠物经济学的两个早期贡献中，Butler 和 Chatterjee 分析了对猫和狗的拥有情况（1995）以及对狗和电视机的拥有情况（1997）等方面的内容。

□ 18.3.4 面板数据应用

有序 probit 模型可以为表示连续基本变量（诸如偏好强弱、表现以及成绩水平等）的离散指标建模。近期许多从全国收集的面板数据集都包含涉及健康主观评价、满意度与幸福感等的问题调查，这些调查都符合上面的情形。相关例子包括：

- 欧洲共同体家庭面板（ECHP）包含工作满意度的问题。[③]
- 英国家庭面板调查（BHPS）包含健康状况的问题。[④]

---

① 对该变量形式的详细描述见 Li and Tobias（2006）。

② 见 Greene（2007b）。

③ 见 D'Addio（2004）。

④ 见 Contoyannis et al.（2004）。

● 德国社会经济面板（GSOEP）包含主观幸福感问题[①]和健康满意情况的主观评价。[②]

表面上，这些应用很适合之前描述的有序 probit 模型。但是，由于给定数据的面板特性，有必要扩展模型使之能够适应可能出现的个体异质性。两种标准模型——固定效应和随机效应模型都可应用到这些调查数据的分析中。

18.3.4.a 固定效应的有序 probit 模型

D'Addio et al.（2003）运用 Frijters et al.（2004）与 Ferre-i-Carbonel et al.（2004）提出的方法体系，利用欧洲共同体家庭面板中的丹麦部分对有关工作满意度的调查数据进行了分析。

研究者围绕张伯伦估计二值 logit 模型的逻辑构造了有序 logit 模型的估计量［见 17.7.3 小节］。因为这种方法对个人具体门槛参数的估计相当稳健，并且容许非时变变量的存在，所以该模型与迄今为止考虑的固定效应模型和 18.3.1 小节中分析的有序 probit 模型有很大的不同。[③] 但是，与张伯伦二值 logit 模型估计量不同，本例中的条件估计量不是最小充分统计量的函数。因此，附带参数问题仍有待解决。

Das and van Soest（2000）提出了一个稍微简单一些的方法。[④] 现在考虑基本情形，即固定效应的有序 logit 模型

$$y^*_{it}=\alpha_i+\mathbf{x}'_{it}\boldsymbol{\beta}+\varepsilon_{it},\varepsilon_{it}\mid\mathbf{X}_i\sim\text{logistic}[0,\pi^2/3],$$
$$y_{it}=j,\text{ 如果 }\mu_{j-1}<y^*_{it}<\mu_j,\ j=0,1,\cdots,J\text{ 且 }\mu_{-1}=-\infty,\ \mu_0=0,\ \mu_J=+\infty$$

由模型的假设可得

$$\text{Prob}(y_{it}=j\mid\mathbf{X}_i)=\Lambda(\mu_j-\alpha_j-\mathbf{x}'_{it}\boldsymbol{\beta})-\Lambda(\mu_{j-1}-\alpha_i-\mathbf{x}'_{it}\boldsymbol{\beta})$$

式中，$\Lambda(t)$ 是 logistic 分布的累积分布函数。现在定义一个二值变量

$$w_{it,j}=1,\text{ 如果 }y_{it}>j,j=0,\cdots,J-1$$

从而可以得到

$$\begin{aligned}\text{Prob}[w_{it,j}=1\mid\mathbf{X}_i]&=\Lambda(\alpha_i-\mu_j+\mathbf{x}'_{it}\boldsymbol{\beta})\\&=\Lambda(\theta_i+\mathbf{x}'_{it}\boldsymbol{\beta})\end{aligned}$$

θ_i 中包含了对于每个个体都相等的与 j 相关的常数，所以固定效应二值 logit 模型对 $J-1$ 个二值随机变量 $w_{it,j}$ 中的任何一个都适用。17.7.3 小节中的方法现在可以应用在这 $J-1$ 个随机样本中的任何一个了。这就为参数向量 $\boldsymbol{\beta}$ 提供了 $J-1$ 个估计量（但是没有门槛参数估计量）。作者提出可以使用真实 $\boldsymbol{\beta}$ 的一个最小距离估计量来协调这些不同的估计量（见 13.3 节与 18.2.8.c 小节）。在第二步中选择的最小距离估计量用于最小化下式：

$$q=\sum_{j=0}^{J-1}\sum_{m=0}^{J-1}(\hat{\boldsymbol{\beta}}_j-\boldsymbol{\beta})'[\mathbf{V}_{jm}^{-1}](\hat{\boldsymbol{\beta}}_m-\boldsymbol{\beta})$$

---

① 见 Winkelmann（2004）。

② 见 Riphahn et al.（2003）和例 18.4。

③ 个人具体家庭情况的有序 probit 模型的横截面分析见 Terza（1985a），Pudney and Shields（2000）与 Greene（2009a）。

④ 也可参见 Long（1997）关于“平行回归假设”的讨论，其在一个横截面分析框架中应用了这一方法。

式中，$[\mathbf{V}_{jm}^{-1}]$ 是$(J-1)K\times(J-1)K$ 阶分块矩阵 $\mathbf{V}$ 的逆矩阵（包含 Asy. Cov$[\hat{\boldsymbol{\beta}}_j, \hat{\boldsymbol{\beta}}_m]$）的第 j，m 块。对于一组横截面估计量，这种矩阵的合适形式由 Brant（1990）进行了分析。Das and van Soest（2000）使用了张伯伦固定效应估计量的对应部分，但是没有给出计算 $\mathbf{V}$ 非对角块的细节。

使用无条件极大似然法以及相关结论，就可以估计出有固定效应的完全有序 probit 模型以及与个体相关的常数。由于似然函数是凹函数，所以尽管它看似很复杂，但实际上估计起来非常简单。[①]（在接下来的应用中，尽管有超过 27 000 个观测值和 7 293 个个体效应，但整个模型的计算却只需大约五秒钟。）对于有序 probit 模型，还没有对应的理论能解释 Hsiao（1986，2003）和 Abrevaya（1997）结论中关于固定效应存在时，MLE 有较小 T 偏倚（附带参数问题）的问题。Greene（2004）中的蒙特卡洛结论（也可见 15.5.2 小节）指出，较之二值选择模型，有偏在有序 probit 模型中也持续存在［也可参见 Bester and Hansen（2009）以及 Carro（2007）］。在二值选择情形中，固定效应模型的难题在于较小样本有偏而非计算本身。达斯（Das）和范泽斯特（van Soest）解决了这一问题，其估计量是一致的，代价却是丢失了用于计算偏效应或预测概率的信息。

18.3.4.b 随机效应的有序 probit 模型

与固定效应模型相比，随机效应 probit 模型的应用更为广泛，例如，Groot and van den Brink（2003）研究了存在公司效应时的雇员培训水平，Winkelmann（2003b）分析了存在个人与家庭效应时幸福感的主观测评，Contoyannis et al.（2004）研究了健康状况的自评法，以及许多其他的应用。在最简单的情形中，Butler and Moffitt（1982）求积法可以扩展至此模型。

Winkelmann（2005）利用随机效应方法分析了德国社会经济面板（GSOEP）中有关主观幸福感（subjective well-being，SWB，同样从 0 分到 10 分）的问题。本研究中的有序 probit 模型基于潜在回归

$$y_{imt}^{*}=\mathbf{x}'_{imt}\boldsymbol{\beta}+\varepsilon_{imt}+u_{im}+v_i$$

自变量包括年龄、性别、工作状态、收入、家庭规模以及表示是否健康的变量。该模型不寻常的一个特点是嵌套的随机效应（见 14.14.2 小节），嵌套的随机效应包含了家庭效应 v_i 以及家庭成员（家庭 m 中的成员 i）效应。对于这种非线性的情形，适用于线性回归模型的 GLS/MLE 方法在这里不再适用。温克尔曼（Winkelmann）利用赫米特求积法来最大化对数似然函数。

例 18.14　健康满意度的例子

例 11.16、例 17.14 等例子中使用的 GSOEP 德国医疗数据包含了健康满意度的自评（$HSAT$，取值为 0，1，…，10）。[②] 这是反映隐含的连续变量“健康”的尺度变量的典型应用。文献所述数据的频率和样本比例如下所示：

---

① 见 Pratt（1981）。

② 在原始数据中，这个变量有 40 个观测值（共 27 326 个）被标以 6～7 之间的非整数值。为了不影响本例，在这里把这 40 个观测值记为 7。

HSAT	频率	比例（%）
0	447	1.6
1	255	0.9
2	642	2.3
3	1 173	4.2
4	1 390	5.0
5	4 233	15.4
6	2 530	9.2
7	4 231	15.4
8	6 172	22.5
9	3 061	11.2
10	3 192	11.6

下面利用这些数据拟合了混合数据与面板数据的有序 probit 模型。模型形式为

$$y_{it}^* = \beta_1 + \beta_2 Age_{it} + \beta_3 Income_{it} + \beta_4 Kids_{it} + \beta_5 Education_{it} + \beta_6 Married_{it} + \beta_7 Working_{it} + \varepsilon_{it} + c_i$$

式中，c_i 为共同的固定效应或随机效应（这里感兴趣的是固定效应与随机效应估计量之间的比较，所以在方程中不包含任何诸如性别之类的非时变变量）。表 18.21 列出了五个估计模型（门槛参数估计值的标准误没有列在表中）。第二部分给出了得到的无条件固定效应估计值。第三部分则给出了达斯和范泽斯特估计量。对于最小距离估计量，这里使用了一个低效的加权矩阵，它是一个分块对角矩阵，其第 j 块为个体 logit 估计量的第 j 个渐近协方差矩阵的逆。有了此加权矩阵，就可得到估计量为

$$\hat{\boldsymbol{\beta}}_{MDE} = \Big[\sum_{j=0}^{9} \mathbf{V}_j^{-1}\Big]^{-1} \sum_{j=0}^{9} \mathbf{V}_j^{-1} \hat{\boldsymbol{\beta}}_j$$

渐近协方差矩阵估计量近似等于方括号中的逆矩阵。结论中的第四部分是用极大模拟似然法计算得到的随机效应估计量。这个模型可以使用巴特勒-莫菲特求积法来估计。但是，在这里可以发现，即使节点众多，求积估计量仍收敛于一点，在这一点上对数似然值远远小于 MSL 估计量，并且得到的参数值与其他估计量迥然不同。使用不同的起始值和求积点数仍不能改变这一结果。随机常数项的 MSL 估计量（见 15.6.3 小节）浅显得多，但得出的结论更合理。结论的第五部分为随机效应模型的芒德拉克形式，是以模型中的组均值作为控制手段，以兼容潜在的异质性与模型变量之间可能存在的相关性。如例 18.3 所示，在解释有序选择模型各部分时必须格外小心。经过构造，变量对结果概率的偏效应必须改变符号，所以简单的系数并不能完全勾画估计模型的内涵。表 18.22 列出了混合模型的偏效应以说明计算过程。

表 18.21　　健康满意度的有序 probit 模型的估计

变量	(1) 混合模型	(2) 无条件固定效应	(3) 条件固定效应	(4) 随机效应	(5) 随机效应（芒德拉克）	
					变量	均值
常数	2.473 9			3.857 7	3.260 3	
	(0.046 69)			(0.050 72)	(0.053 23)	
Age	−0.019 13	−0.071 62	−0.101 1	−0.033 19	−0.062 82	0.039 40
	(0.000 64)	(0.002 743)	(0.002 878)	(0.000 65)	(0.002 34)	(0.002 44)
Income	0.181 1	0.299 2	0.435 3	0.094 36	0.261 8	0.146 1
	(0.037 74)	(0.070 58)	(0.074 62)	(0.036 32)	(0.061 56)	(0.076 95)
Kids	0.060 81	−0.063 85	−0.117 0	0.014 10	−0.054 58	0.185 4
	(0.014 59)	(0.028 37)	(0.030 41)	(0.014 21)	(0.025 66)	(0.031 29)
Education	0.034 21	0.025 90	0.060 13	0.047 28	0.022 96	0.022 57
	(0.002 828)	(0.026 77)	(0.028 19)	(0.002 863)	(0.027 93)	(0.028 07)
Married	0.025 74	0.051 57	0.085 05	0.073 27	0.046 05	−0.048 29
	(0.016 23)	(0.040 30)	(0.041 81)	(0.015 75)	(0.035 06)	(0.039 63)
Working	0.129 2	−0.026 59	−0.007 97	0.071 08	−0.023 83	0.270 2
	(0.014 03)	(0.027 58)	(0.028 30)	(0.013 38)	(0.023 11)	(0.028 56)
μ_1	0.194 9	0.324 9		0.272 6	0.275 2	
μ_2	0.502 9	0.844 9		0.706 0	0.711 9	
μ_3	0.841 1	1.394 0		1.177 8	1.186 7	
μ_4	1.111	1.823 0		1.551 2	1.562 3	
μ_5	1.670 0	2.699 2		2.324 4	2.337 9	
μ_6	1.935 0	3.127 2		2.695 7	2.709 7	
μ_7	2.346 8	3.792 3		3.275 7	3.291 1	
μ_8	3.002 3	4.843 6		4.196 7	4.216 8	
μ_9	3.461 5	5.572 7		4.830 8	4.856 9	
σ_u	0.000 0	0.000 0		1.007 8	0.993 6	
$\ln L$	−56 813.52	−41 875.63		−53 215.54	−53 070.43	

表 18.22 估计的偏效应：混合模型						
HSAT	*Age*	*Income*	*Kids*	*Education*	*Married*	*Working*
0	0.000 6	−0.006 1	−0.002 0	−0.001 2	−0.000 9	−0.004 6
1	0.000 3	−0.003 1	−0.001 0	−0.000 6	−0.000 4	−0.002 3
2	0.000 8	−0.007 2	−0.002 4	−0.001 4	−0.001 0	−0.005 3
3	0.001 2	−0.011 3	−0.003 8	−0.002 1	−0.001 6	−0.008 3
4	0.001 2	−0.011 1	−0.003 7	−0.002 1	−0.001 6	−0.008 0
5	0.002 4	−0.023 1	−0.007 8	−0.004 4	−0.003 3	−0.016 3
6	0.000 8	−0.007 3	−0.002 5	−0.001 4	−0.001 0	−0.005 0
7	0.000 3	−0.002 4	−0.000 9	−0.000 5	−0.000 3	−0.001 2
8	−0.001 9	0.018 4	0.006 1	0.003 5	0.002 6	0.013 6
9	−0.002 1	0.019 8	0.006 6	0.003 7	0.002 8	0.014 1
10	−0.003 5	0.033 6	0.011 4	0.006 3	0.004 7	0.023 3

∴例 18.15 动态有序选择模型

Contoyannis，Jones，and Rice（2004）在英国家庭面板调查中研究了一个范围为 1（很差）到 5（很好）的健康自我评估量表。该研究考察了数据集中的前八组数据，即从 1991 年到 1999 年，总共大约 5 000 个家庭。该模型兼容了调查数据中的一系列难题。有序 probit 模型的潜在回归为

$$h_{it}^{*}=\mathbf{x}_{it}'\boldsymbol{\beta}+\mathbf{H}_{i,t-1}'\boldsymbol{\gamma}+\alpha_i+\varepsilon_{it}$$

式中，$\mathbf{x}_{it}$ 包括婚姻状况、种族、受教育程度、家庭规模、年龄、收入和家中子女数。滞后值 $\mathbf{H}_{i,t-1}$ 是一组反映前一期可观测健康状况的二值变量。[①] 在这一情形中，滞后值就可以捕捉到状态依赖性——健康状况在每一期随机刷新的假设与数据呈现出的结果明显不一致。回归的初始表达式是一个固定效应模型。为控制效应 α_i 和回归元之间可能的相关性，以及控制有助于解释状态依赖性的初始条件问题，研究同时采用了 Mundlak（1978）的修正和 Wooldridge（2010）对于初始条件的构造，即

$$\alpha_i=\alpha_0+\bar{\mathbf{x}}\boldsymbol{\alpha}_1+\mathbf{H}_{i,1}'\boldsymbol{\delta}+u_i$$

式中，u_i 是外生的。将第二个方程代入第一个就可以推导出一个随机效应模型，这个模型可以使用之前分析过的求积法拟合。

作者对所评价的健康状况的变化——尤其是涉及最高等级健康状况的变化——十分感兴趣。利用女性样本的平衡面板数据，作者估计，健康状况的评价从（很好，好，一般，差，很差）变为非常好的无条件概率分别为（0.572，0.150，0.040，0.021，0.014）。[②]

损耗的出现使分析变得更加复杂，作者在一系列检验中检测了该问题，而后发现有证据表明男性

① 这一方法与 Butler et al.（1994）在例 18.13 中的分析相同。Van Ooijen，Alessie，and Knoef（2015）运用荷兰社会科学纵向网络研究同样在动态有序选择模型的背景下分析了健康自评的例子。

② 数据来自 Contoyannis，Jones，and Rice（2004）。

样本存在非随机的损耗，但是女性样本却没有（见 11.2.5 小节中的例 11.2，此例探讨了该研究）。表 18.23（摘自原文献表 XII）展示了最令人感兴趣的部分——在健康自评中选择最高评价的概率[1]——的偏效应。一些设定已经被纳入了考虑范围。对于可能的损耗，结果中的模型（4）包含了 IPW 处理（见 17.7.7 小节）。模型（6）则是所考虑的最一般的设定。令人感到惊奇的是，收入效应非常小。但是，改变选择的概率具有相当的惯性，这就导致人们可能会期望协变量具有较大的变化，从而引起由最高评价向较低评价的转变。数据中收入对数的均值约为 0.5，而做出最高评价的受访者比例约为 4 884/23 408=0.208 6。如果收入对数提升 0.1，也就是 20%，受访者做出最高评价的概率仅仅提升 0.1×0.008=0.000 8，这是微不足道的。比起前一期选择"好"的受访者，前一期选择"很好"的受访者本期选择"很好"的概率要高 0.074（被略去的区间是第二个），这才是主要的因素。

表 18.23　选择健康状况"很好"的概率的平均偏效应

	混合模型（4）	随机效应模型（6）
收入对数	0.004（0.002）	0.008（0.004）
之前选择"很好"($t-1$)	0.208（0.092）	0.074（0.035）
之前选择"一般"($t-1$)	−0.127（0.074）	−0.061（0.033）

□ 18.3.5　有序 probit 模型的扩展

有序 probit 模型的基本设定可以延伸，延伸的方向与第 17 章构建二值选择模型时相同。包括随机效用函数中的异方差性[2]以及偏好的个体异质性（例如随机参数和潜在类别）。[3] 这两个关于有序选择模型的设定使得门槛参数可以容纳个体异质性，并且调和不同人群之间偏好等级含义的差异。本小节将对模型的延伸做简要讨论，更多的细节见 Greene and Hensher（2010a）的第 6、7 章。

18.3.5.a　门槛模型——广义有序选择模型

迄今为止，所分析的模型均假设门槛参数 μ_j 对于样本中的每一个人都是相同的。Terza（1985a）；Pudney and Shields（2000）；King，Murray，Salomon，and Tandon（KMST，2004）；Boes and Winkelmann（2006a）；Greene，Harris，Holingsworth，and Maitra（2008）；Greene and Hensher（2010a）都展示了存在门槛个体差异的有序选择模型的应用。

在他所分析的债券评级中，Terza（1985a）提出了如下一般化的模型：

$$\mu_{ij}=\mu_j+\mathbf{x}_i'\boldsymbol{\delta}$$

该模型有三种结果，其概率基于下式：

$$y_i^*=\boldsymbol{\alpha}+\mathbf{x}_i'\boldsymbol{\beta}+\varepsilon_i$$

---

① Contoyannis et al.（2004）。

② 其应用见 17.5.2 小节以及 Keele and Park（2005）和 Wang and Kockelman（2005）。

③ Jones and Schurer（2010）利用 GSOEP 数据集中的 22 组数据对健康满意度评价中的异质性做出了进一步研究。

并且

$$y_i = 0,\text{ 如果 } y_i^* \leqslant 0$$
$$y_i = 1,\text{ 如果 } 0 < y_i^* \leqslant \mu + \mathbf{x}_i'\boldsymbol{\delta}$$
$$y_i = 2,\text{ 如果 } y_i^* > \mu + \mathbf{x}_i'\boldsymbol{\delta}$$

模型有三种结果意味着有两个门槛，$\mu_0=0$ 和 $\mu_1=\mu+\mathbf{x}_i'\boldsymbol{\delta}$。三种结果的概率可写为

$$P_0 = \text{Prob}(y_i = 0 \mid \mathbf{x}_i) = \Phi[-(\alpha + \mathbf{x}_i'\boldsymbol{\beta})]$$
$$P_1 = \text{Prob}(y_i = 1 \mid \mathbf{x}_i) = \Phi[(\mu + \mathbf{x}_i'\boldsymbol{\delta}) - (\alpha + \mathbf{x}_i'\boldsymbol{\beta})] - \Phi[-(\alpha + \mathbf{x}_i'\boldsymbol{\beta})]$$
$$P_2 = \text{Prob}(y_i = 2 \mid \mathbf{x}_i) = 1 - \Phi[(\mu + \mathbf{x}_i'\boldsymbol{\delta}) - (\alpha + \mathbf{x}_i'\boldsymbol{\beta})]$$

这种方法的应用见 Kerkhofs and Lindeboom（1995），Groot and van den Brink（2003），以及 Lindeboom and van Doorslayer（2003）。注意到如果不对 $\boldsymbol{\delta}$ 加以约束，则 $\text{Prob}(y_i=1 \mid \mathbf{x}_i)$就可以是负的，这是该形式的模型的一大缺陷。对广义选择模型后续的改进包括用以避免这种内部矛盾的设定。同样注意到，如果通过 $\mu\boldsymbol{\gamma}=[\alpha,(\boldsymbol{\beta}-\boldsymbol{\delta})]$对模型进行彻底的改变，则该模型就与之前门槛参数固定的模型没有本质上的区别了。这一模型的识别问题在 Pudney and Shield's（2000）中浮现出来，并促进了该模型的进一步发展。

Pudney and Shield's（2000）的“广义有序 probit 模型”同样容纳了门槛参数中可观察的个体差异。该文献应用模型研究了英国护士的工作晋升，其中晋升阶梯是存在个体差异的。其设定与 Terza 的相反，一些变量在门槛方程中与在回归中是有明显差异的，通过定义 $\mathbf{q}_i$——该变量包含常数项，以及仅在门槛模型中出现的变量——作者构建了一个广义模型和对门槛一致性的检验。同时在门槛模型和回归中出现的变量则包含在 $\mathbf{x}_i$ 当中，从而模型被重新参数化为

$$\Pr(y_i = g \mid \mathbf{x}_i, \mathbf{q}_i) = \Phi[\mathbf{q}_i'\boldsymbol{\delta}_g - \mathbf{x}_i'(\boldsymbol{\beta} - \boldsymbol{\delta}_g)] - \Phi[\mathbf{q}_i'\boldsymbol{\delta}_{g-1} - \mathbf{x}_i'(\boldsymbol{\beta} - \boldsymbol{\delta}_{g-1})]$$

作者特别强调，将那些共同的变量放在门槛模型当中得出的结果是相同的，得出该结果需要一点代数知识。但是，这个结果暴露出在模型的解释中存在模糊不清的地方——特定的参数影响的是回归还是门槛，这是原始模型中所讨论的一个问题。

门槛参数的设定是有序选择模型的一个关键特征，这一点在下一小节会更加明显。KMST（2004）；Greene（2007b）；Eluru，Bhat，and Hensher（2008）以及 Greene and Hensher（2010a）采用了分层有序 probit（HOPIT）模型，即

$$y_i^* = \mathbf{x}_i'\boldsymbol{\beta} + \varepsilon_i$$
$$y_i = j,\text{ 如果 } \mu_{i,j-1} \leqslant y_i^* < \mu_{ij}$$
$$\mu_0 = 0$$
$$\mu_{i,j} = \exp(\lambda_j + \mathbf{z}_i'\boldsymbol{\gamma})\text{（情形 1）}$$
$$\mu_{i,j} = \exp(\lambda_j + \mathbf{z}_i'\boldsymbol{\gamma}_j)\text{（情形 2）}$$

Terza（1985a）和 Pudney and Shield's（2000）的模型采用了情形 2，即在门槛参数模型中采用指数函数而不是线性函数。这种形式强调了两个问题：（1）门槛在数学上和回归中是不同的；（2）通过这种构建方式，门槛参数必定是正的。通过做一点修改，门槛的排序同样可以体现出来。在情形 1 中，

$$\mu_{i,j} = [\exp(\lambda_1) + \exp(\lambda_2) + \cdots + \exp(\lambda_j)] \times \exp(\mathbf{z}_i'\boldsymbol{\gamma})$$

而在情形 2 中，

$$\mu_{i,j}=\mu_{i,j-1}+\exp(\lambda_j+\mathbf{z}_i'\boldsymbol{\gamma}_j)$$

在实践中，模型现在可以在所有预测概率均为正的约束下进行拟合了。这是对所有数据向量进行门槛排序问题的一个数值上的解决方案。

这个对有序选择模型的延伸展示了一种**通过函数形式确定**（identification through functional form）的情形。如之前两个模型所示，如果所有函数都是线性的，则参数（λ_j，$\boldsymbol{\gamma}_j$，$\boldsymbol{\beta}$）就不是分开确定的。目前的文献对于函数形式上没有变化的未确定模型持怀疑的态度。然而，相关理论并没有坚持门槛（或效用函数）的线性，但的确坚持了门槛的有序性，同时会对原模型因建模者坚持使用线性形式而导致模型未确定这一点加以批评。这就是说，没有明显的理由支持门槛参数或效用函数必须是变量的线性函数。这是一个此处不能解决的方法论问题。先前的非线性设定以及其他类似设定的好处是，这些设定提供了一种获得其他基本结果（比如模型的一致性，即所有概率均为正）的简单方式。

18.3.5.b 门槛和异质性——虚拟情景锚定法

在门槛参数中，可观测个体异质性的引入试图处理有序选择模型的一个基本约束性假设。然而，调查的受访者却不这样看这个问题，这一点在关于健康满意度和幸福感自评的调查中尤为明显。[①] KMST（2004）指出了调查数据的两个引起该问题的基本特征。第一，受访者往往只有通过一些例子才能对一些可定义的概念进行衡量，例如自由、健康、满意度等等。第二，事实上，不同的受访者对调查问题的理解差异相当大，尤其是对极端答案的理解。这种个体之间的不可比性常常用**项目功能差异**（differential item functioning，DIF）来描述。Kapteyn，Smith，and van Soest（KSV，2007）和 van Soest et al.（2007）利用图 18.6 的结果来描述 DIF。该图显示了两个假设的国家中健康（在之后的研究中为饮酒行为）的分布。A 国（上图）的分布密度较 B 国靠左，这意味着从平均看 A 国的人比 B 国的人更不健康。然而，基于文化的原因，如果在这两个国家进行关于健康的五点量表调查，得到的结果将与预期完全不同。如该图所示，对于给定的客观的健康状况，A 国的受访者比 B 国的要乐观得多。对于虚线代表的健康状况，A 国的受访者会做出“很好”的评价，而 B 国的受访者仅仅会做出“一般”的评价。如果仅仅比较两个国家健康自评调查结果的分布频率，会得出 A 国的居民比 B 国的居民要健康得多的结论，而事实恰恰相反。修正这种情形下 DIF 的影响是对两个国家的调查结果进行有意义的比较的根本要求。DIF 的影响在同一群体中是可以接受的，然而在不同的群体之间，例如两个国家之间，DIF 可能会强烈扭曲调查结果。例如 KMST（政治群体）；Murray，Tandon，Mathers，and Sudana（2002）（健康调查结果）；Tandon et al.（2004）和 KSV（工作失能）；Sirven Santos-Egglmann，and Spagnoli（2008）和 Gupta，Kristensens，and Possoli（2008）（健康）；Angelini et al.（2008）（生活满意度）；Kristensen and Johansson（2008）和 Bago d'Uva et al.（2008），所有这些文献都在进行跨群体比较时运用了有序 probit 模型。[②]

---

① 见 Boes and Winkelmann（2006b）以及 Ferrer-i-Carbonell and Frijters（2004）。

② 也可参见 Kristensen and Johansson（2008）。

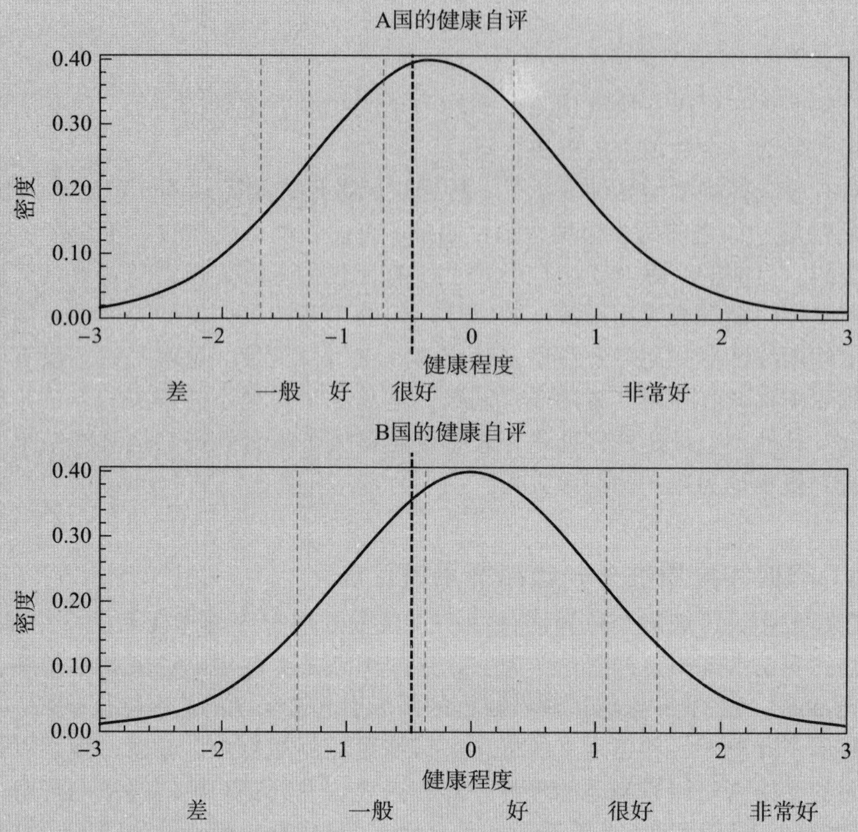

图 18.6　有序选择中的项目功能差异

KMST 提出利用虚拟情景锚定法来解决不同群体之间观念的差异。[①] 其本质在于利用一系列所有受访者都能达成共识的例子来估计受访者的 DIF 并且加以修正。在调查问题中利用解说来消除观念差异本身不是新的方法，KMST 引用了许多之前的应用。其创新之处在于他们的方法融合了正式的有序选择模型。他们提出的二项式和多项式 probit 模型融合了从 18.3.1 小节到 18.3.3 小节提到的基本元素和 18.3.5 小节中的 HOPIT 模型。

18.4　事件计数模型

在之间的章节中，已经出现过几次包含事件计数的行为变量。例 14.13 和例 17.33 利用 GSOEP 数据，研究了一个人看医生的次数。例 17.21 中所使用的信用违约数据也包含了一个行为变量，即个人信用历史中不良记录的数目。最后，例 17.36 分析了公司创新方面的数据，对创新的分析往往着眼于公司获得（或申请）专利的数目。[②] 在上述每一个例子中，研究者感兴趣的变量都是对事件的计数。这与前两节所讨论的离散自变量有明显的不同。计数是一个数量

① 也可参见 Kristensen and Johansson（2008）。

② 例如，见 Hausman，Hall，and Griliches（1984）和其他研究。

上的衡量，它（至少原则上）是经得起多元线性回归分析的检验的。然而，零值和较小的值往往占绝大多数的事实以及结果变量的离散本质意味着，通过对这些方面进行明确的考虑，回归的方法是可以进行优化的。

如同18.2节中基本多项式logit模型之于无序数据，以及17.2节和18.3节中简单probit和logit模型之于二值数据和有序数据一样，泊松回归模型是计数数据分析的基本起点。18.4.1小节至18.4.3小节将在此框架下讨论计数数据建模的基本要素，然后在接下来的几个小节中讨论更为精准和灵活的设定。18.4.4小节和18.4.5小节将展示负二项式分布以及其他一系列可用于泊松函数模型的分布。18.4.6小节将描述模型设定的含义，模型设定包括对观测到的数据的一些复杂特征——包括截尾和删失——的设定。当特定的值，比如零，没有出现在观测到的数据中——且其原因在于取样的机制（与数据生成过程功能不同）——的时候，截尾就出现了。例如，关于光顾娱乐场所（即聚集于该场所）次数的数据，出于其构建方式的原因，就不可能包含零。而删失则出现于特定范围的结果全部被赋予相同的值时。在所分析的例子中，反应变量于12处删失，尽管在这里其值有可能大于12。同之前几个小节的分析一样，在18.4.7小节将对计数数据模型进行扩展，使之能进行基于面板数据的研究。18.4.8小节将讨论一些包含不止一个方程的行为模型。例如，如果数据中包含许多零，那么关于看医生的计数就要分为两个步骤进行，第一步先判断所考虑的个体到底有没有看过医生，然后再进行第二步，在第一步的基础上判断他看过多少次医生。这里所应用的栏式模型以及相关的变式将在18.4.8小节和18.4.9小节中进行讨论。

□ 18.4.1 泊松回归模型

泊松回归模型设定每个 y_i 都是从参数为 λ_i 的泊松分布中抽取的，且每个 y_i 都与回归元 $\mathbf{x}_i$ 相关。模型的基本方程为

$$\text{Prob}(Y=y_i\mid\mathbf{x}_i)=\frac{e^{-\lambda_i}\lambda_i^{y_i}}{y_i!},\ y_i=0,1,2,\cdots \tag{18-17}$$

λ_i 最常见的表达式为对数线性模型（loglinear model），即

$$\ln\lambda_i=\mathbf{x}_i'\boldsymbol{\beta}$$

容易证明，每一期或每一单位空间内期望的事件数目由以下等式给出，即

$$E[y_i\mid\mathbf{x}_i]=\text{Var}[y_i\mid\mathbf{x}_i]=\lambda_i=e^{\mathbf{x}_i'\boldsymbol{\beta}}$$

所以

$$\frac{\partial E[y_i\mid\mathbf{x}_i]}{\partial\mathbf{x}_i}=\lambda_i\boldsymbol{\beta}$$

有了参数估计值，利用任何一个所需的数据向量都可以计算这个向量，或者也可以对样本求该向量的平均值来估计平均偏效应。因为模型在这一点是直接回归，所以（在这一点）计算处理效应也很容易。对于表示外生处理的变量 T，有

$$E[y\mid\mathbf{x},T]=\exp(\mathbf{x}'\boldsymbol{\beta}+\gamma T)$$

所以，平均处理效应（average treatment effects，ATE）可以用下式来估计

$$\text{ATE}=\frac{1}{n}\sum_{i=1}^{n}[\exp(\mathbf{x}_i'\hat{\boldsymbol{\beta}}+\hat{\gamma})-\exp(\mathbf{x}_i'\hat{\boldsymbol{\beta}})]$$

ATET 的计算仅仅是将 $T=1$ 时的观测值求平均。处理是内生时的情形更为复杂，按照惯例，这种情形将在 18.4.9 小节中讨论。

原则上，泊松模型无非就是一个非线性回归。但用极大似然法更容易估计参数。对数似然函数为

$$\ln L=\sum_{i=1}^{n}[-\lambda_i+y_i\mathbf{x}_i'\boldsymbol{\beta}-\ln y_i!]$$

似然方程为

$$\frac{\partial \ln L}{\partial \boldsymbol{\beta}}=\sum_{i=1}^{n}(y_i-\lambda_i)\mathbf{x}_i=\mathbf{0}$$

海塞矩阵为

$$\frac{\partial^2 \ln L}{\partial \boldsymbol{\beta}\partial \boldsymbol{\beta}'}=-\sum_{i=1}^{n}\lambda_i\mathbf{x}_i\mathbf{x}_i'$$

海塞矩阵对所有 $\mathbf{x}$ 和 $\boldsymbol{\beta}$ 都是负定的。用牛顿法求该模型似然函数的极值是比较简单的，而且算法通常可以实现快速收敛。在收敛时，$\left[\sum_{i=1}^{n}\hat{\lambda}_i\mathbf{x}_i\mathbf{x}'_i\right]^{-1}$ 表示的是参数估计量的渐近协方差矩阵估计量。

泊松模型具有许多延伸——18.4.5 小节将考察一部分，这些延伸引入了异质性，或者放松了等散布（equidispersion）假设。总之，这些延伸无不是在随机变量的（异）方差上做文章。条件均值函数仍保持相同，即 $E[y\,|\,\mathbf{x}]=\lambda(\mathbf{x})=\exp(\mathbf{x}'\boldsymbol{\beta})$。这导致的一个结果是，无论泊松模型的假设如何失灵，泊松似然函数得出的 $\boldsymbol{\beta}$ 的极大似然（maximum likelihood，ML）估计量总是相同的。因此，泊松模型的极大似然估计量（maximum likelihood estimator，MLE）是拟极大似然估计量（quasi-maximum likelihood estimator，QMLE）的一个基本例子。在这种设定中，往往要对估计的渐近协方差矩阵进行调整，对于本模型的情形，通过下式来计算稳健的协方差矩阵：

$$[-\mathbf{H}]^{-1}(\mathbf{G}'\mathbf{G})[-\mathbf{H}]^{-1}=\left[\sum_{i=1}^{n}\hat{\lambda}_i\mathbf{x}_i\mathbf{x}_i'\right]^{-1}\left[\sum_{i=1}^{n}(y_i-\hat{\lambda}_i)^2\mathbf{x}_i\mathbf{x}_i'\right]\left[\sum_{i=1}^{n}\hat{\lambda}_i\mathbf{x}_i\mathbf{x}_i'\right]^{-1}$$

给定这些估计值，观测值 i 的预测值为 $\hat{\lambda}_i=\exp(\mathbf{x}'\hat{\boldsymbol{\beta}})$。预测区间的标准误可通过 δ 法（见 4.6 节）来计算。预测值的估计的方差为 $\hat{\lambda}_i^2\mathbf{x}_i'\mathbf{V}\mathbf{x}_i$，其中 $\mathbf{V}$ 为 $\hat{\boldsymbol{\beta}}$ 的估计渐近协方差矩阵。

至于假设检验，三个标准检验在这个模型中都很方便。沃尔德统计量照常计算。与在任何一个离散选择模型中一样，似然比检验具有如下直观形式：

$$\text{LR}=2\sum_{i=1}^{n}\ln\left(\frac{\hat{P}_i}{\hat{P}_{restricted,i}}\right)$$

式中，分母中的概率用约束模型计算。利用渐近协方差矩阵的 BHHH 估计量，LM 统计量无非是

$$\text{LM}=\left[\sum_{i=1}^{n}\mathbf{x}_i(y_i-\hat{\lambda}_i)\right]'\left[\sum_{i=1}^{n}\mathbf{x}_i\mathbf{x}_i'(y_i-\hat{\lambda}_i)^2\right]^{-1}\left[\sum_{i=1}^{n}\mathbf{x}_i(y_i-\hat{\lambda}_i)\right]=\mathbf{i}'\mathbf{G}(\mathbf{G}'\mathbf{G})^{-1}\mathbf{G}'\mathbf{i} \tag{18-18}$$

式中，$\mathbf{G}$ 的每一行无非是 $\mathbf{X}$ 的对应行乘以 $e_i=(y_i-\hat{\lambda}_i)$，$\hat{\lambda}_i$ 是使用约束系数向量计算的；$\mathbf{i}$ 为一列 1。特别地，LM 统计量可以像计算一列 1 对 $\mathbf{g}_i=e_i\mathbf{x}_i$ 进行回归时的 nR^2 那样计算。

□ 18.4.2 拟合优度的度量

由于泊松模型的条件均值函数是非线性的，而且回归是异方差的，所以它无法得到线性回归模型中与 R^2 自然对应的值。但仍有许多其他度量指标。[①] 一个基于标准化残差的指标为

$$R_p^2=1-\frac{\sum_{i=1}^{n}\left[\frac{y_i-\hat{\lambda}_i}{\sqrt{\hat{\lambda}_i}}\right]^2}{\sum_{i=1}^{n}\left[\frac{y_i-\bar{y}}{\sqrt{\bar{y}}}\right]^2}$$

这个指标的优点是，它将模型的拟合效果与一个只有常数项的模型的拟合效果相比较。但该指标可能为负，而且从模型中去掉第一个变量时可能会上升。对于一个观测来说，**离差**（deviance）为

$$d_i=2[y_i\ln(y_i/\hat{\lambda}_i)-(y_i-\hat{\lambda}_i)]=2[y_i\ln(y_i/\hat{\lambda}_i)-e_i]$$

式中，根据惯例有 0ln（0）=0。若模型包含一个常数项，则 $\sum_{i=1}^{n}e_i=0$。离差之和

$$G^2=\sum_{i=1}^{n}d_i=2\sum_{i=1}^{n}y_i\ln(y_i/\hat{\lambda}_i)$$

会被某些计算软件作为另一个拟合指标。这个统计量在完美拟合模型中将等于 0.0（注意，由于 y_i 是一个整数，而预测是连续的，所以不可能发生完美预测的情形）。Cameron and Windmeijer（1993）基于离差提出了如下拟合指标：

$$R_d^2=1-\frac{\sum_{i=1}^{n}\left[y_i\log\left(\frac{y_i}{\hat{\lambda}_i}\right)-(y_i-\hat{\lambda}_i)\right]}{\sum_{i=1}^{n}\left[y_i\log\left(\frac{y_i}{\bar{y}}\right)\right]}$$

这个指标具有许多理想性质。首先，对于使用 ψ_i（如均值）作为对 y_i 的预测的模型，将其对数似然函数记为 $\ell(\psi_i,y_i)$。于是，用 MLE 拟合的泊松模型为 $\ell(\hat{\lambda}_i,y_i)$；只含有一个常数项的模型为 $\ell(\bar{y},y_i)$；能够得到完美拟合的模型（用 y_i 来预测其自身）为 $\ell(y_i,y_i)$。于是有

$$R_d^2=\frac{\ell(\hat{\lambda},y_i)-\ell(\bar{y},y_i)}{\ell(y_i,y_i)-\ell(\bar{y},y_i)}$$

分子和分母都可以度量模型对只含有一个常数项模型的改善。由于不可能对完美拟合加以改善，

① 见 Cameron and Windmeijer（1993），Grumu and Trivedi（1994）以及 Greene（2005）的调查。

所以分母度量了可能的最大改善。因此，这个指标介于 0 和 1 之间，而且会随着模型中回归元的增加而提高。[①] 最后需要注意的是，R_d^2 与有些统计软件（比如 Stata）所用的“伪 R^2”或“似然比指数”

$$R_{\mathrm{LRI}}^2=1-\frac{\ell(\hat{\lambda}_i,y_i)}{\ell(\bar{y},y_i)}$$

有很少的相似之处。经济学家还分析了对泊松模型的许多改进。接下来的几个小节将简要分析其中的几个模型。

□ 18.4.3 过度散布检验

泊松模型因暗含假定 y_i 的方差等于其均值而备受批评。泊松模型的许多扩展都放松了这个假定，比如 Hausman，Hall，and Griliches（1984）；McCullagh and Nelder（1983）以及 Cameron and Trivedi（1986），在此不一一列举。

扩展分析的第一步，通常是在简单模型背景下对过度散布（overdispersion）进行检验。许多作者都在泊松模型的背景中设计出对“过度散布”的检验［参见 Cameron and Trivedi（1990）；Gurmu（1991）与 Lee（1986）］。本小节将考虑三个常见的检验：第一个基于回归方法；第二个是条件矩检验；第三个是基于一个替代模型的拉格朗日乘数检验（Lagrange multiplier test）。

Cameron and Trivedi（1990）提出了对过度散布的几个不同检验。检验假设

$$H_0:\mathrm{Var}[y_i]=E[y_i]$$
$$H_1:\mathrm{Var}[y_i]=E[y_i]+\alpha g(E[y_i])$$

需要一个基于回归的简单流程，它可通过将

$$z_i=\frac{(y_i-\hat{\lambda}_i)^2-y_i}{\hat{\lambda}_i\sqrt{2}}$$

对一个常数项，或不含常数项的 $\hat{\lambda}_i$ 进行回归而推导出来，其中 $\hat{\lambda}_i$ 是回归预测值。对系数是否显著异于零进行 t 检验就可以检验 H_0 与 H_1。

下一小节将介绍**负二项式模型**（negative binomial model）。这个模型放松了均值等于方差的泊松假定。由于泊松模型是通过约束负二项式模型的参数而推导出来的，所以可以进行拉格朗日乘数（Lagrange multiplier，LM）检验。通常，若能设定另一个分布（比如负二项式分布），通过约束其参数就可以推导出泊松分布，那么就可以计算拉格朗日乘数统计量。[②] 一般的 LM 统计量为

$$\mathrm{LM}=\left[\frac{\sum_{i=1}^{n}\hat{w}_i[(y_i-\hat{\lambda}_i)^2-y_i]}{\sqrt{2}\sum_{i=1}^{n}\hat{w}_i\hat{\lambda}_i^2}\right]^2 \tag{18-19}$$

权重 $\hat{w}_i$ 取决于所假定的另一种分布。对于后面将讨论的负二项式分布而言有 $\hat{w}_i=1.0$。因此，

① 注意，分子和分母同时乘以 2 便得到两个似然比统计量（都服从卡方分布）之比。

② 参见 Cameron and Trivedi（1986，p. 41）。

在这个假设下，统计量比较容易计算，即

$$\mathrm{LM}=\frac{(\mathbf{e}'\mathbf{e}-n\bar{y})^2}{2-\hat{\boldsymbol{\lambda}}'\hat{\boldsymbol{\lambda}}} \tag{18-20}$$

这个检验统计量的主要优点是，只需要估计泊松模型就可以进行计算。在泊松模型的假设下，LM 统计量的极限分布是自由度为 1 的卡方分布。

□ 18.4.4 异质性和负二项式回归模型

条件均值函数与方差函数的等同性，通常被视为泊松回归模型的主要缺点。研究者相继提出了许多替代的模型。[①] 其中负二项式模型最为常见，它源自对横截面异质性的自然表述［参见 Hilbe（2007）］。通过在条件均值中引入一个未观测到的个体效应来推广泊松模型，于是有

$$\ln\mu_i=\mathbf{x}_i'\boldsymbol{\beta}+\varepsilon_i=\ln\lambda_i+\ln\mu_i$$

式中，扰动项 ε_i 一方面和在经典回归模型中一样，反映了设定误差，另一方面也通常用来刻画微观经济数据的横截面异质性。于是，y_i 基于 $\mathbf{x}_i$ 和 u_i（亦即 ε_i）的条件分布仍是条件均值和方差均为 μ_i 的泊松分布，即

$$f(y_i\mid\mathbf{x}_i,\mu_i)=\frac{e^{(-\lambda_iu_i)}(\lambda_iu_i)^{y_i}}{y_i!}$$

无条件分布 $f(y_i\mid\mathbf{x}_i)$是 $f(y_i\mid\mathbf{x}_i,u_i)$关于 u_i 的期望值，即

$$f(y_i\mid\mathbf{x}_i)=\int_0^\infty\frac{e^{-(\lambda_iu_i)}(\lambda_iu_i)^{y_i}}{y_i!}g(u_i)du_i$$

无条件分布由 u_i 的分布密度定义。为了数学上的方便，通常假设 $u_i=\exp(\varepsilon_i)$服从伽马分布。[②] 与其他异质性模型一样，若模型包含一个常数项，则分布均值就无法确定（因为扰动项会以乘积的形式进入模型），所以假定 $E[\exp(\varepsilon_i)]=1.0$。根据这一标准化的结果有

$$g(u_i)=\frac{\theta^\theta}{\Gamma(\theta)}e^{-\theta u_i}u_i^{\theta-1}$$

于是，y_i 的分布密度为

$$\begin{aligned}f(y_i\mid\mathbf{x}_i)&=\int_0^\infty\frac{e^{-(\lambda_iu_i)}(\lambda_iu_i)^{y_i}}{y_i!}\frac{\theta^\theta u_i^{\theta-1}e^{-\theta u_i}}{\Gamma(\theta)}du_i\\&=\frac{\theta^\theta\lambda_i^{y_i}}{\Gamma(y_i+1)\Gamma(\theta)}\int_0^\infty e^{-(\lambda_i+\theta)u_i}u_i^{\theta+y_i-1}du_i\\&=\frac{\theta^\theta\lambda_i^{y_i}\Gamma(\theta+y_i)}{\Gamma(y_i+1)\Gamma(\theta)(\lambda_i+\theta)^{\theta+y_i}}\end{aligned}$$

---

① 关于此的讨论参见 Hausman，Hall，and Griliches（1984）；Cameron and Trivedi（1986，1998）；Gurmu and Trivedi（1994）；Johnson and Kotz（1993）与 Winkelmann（2005）。

② Terza（1998），Greene（1995b，1997，2005），Winkelmann（2003）和 Riphahn，Wambach，and Million（2003）给出了另一种基于正态分布的方法。正态和泊松的混合也很容易扩展到后文将讨论的随机效应模型，虽然正态-泊松混合模型没有解析形式，但利用赫米特求积法很容易近似。参见 14.14.4 小节和 17.7.2 小节。

$$=\frac{\Gamma(\theta+y_i)}{\Gamma(y_i+1)\Gamma(\theta)}r_i^{y_i}(1-r_i)^{\theta}，其中\ r_i=\frac{\lambda_i}{\lambda_i+\theta}$$

它是**负二项式分布**（negative binomial distribution）的形式之一。这个分布的条件均值为 λ_i，条件方差为 $\lambda_i[1+(1/\theta)\lambda_i]$。[①] 负二项式模型不难用极大似然法进行估计。通常通过 Wald 检验或似然比检验来检验假设 $\alpha=1/\theta=0$，就可以检验泊松分布。

□ 18.4.5 计数数据模型的函数形式

泊松回归模型存在的一个主要缺陷是对泊松回归模型的等散布的假设，即 $E[y_i\mid\mathbf{x}_i]=\text{Var}[y_i\mid\mathbf{x}_i]$。观测到的数据很少表现出这样的特征。但是，对计数数据模型函数形式的大量研究主要关注的是对等散布的检验和建立放松上述假设的函数形式。事实上，泊松模型是对设定形式进行扩展研究的起点。

不难修正一个关于测量数据的单位的小问题。在泊松和负二项式模型中，参数 λ_i 为单位时间或空间内发生事件的期望数量，所以，在这个公式中就有了一个假设，比如说，泊松模型中，观测每一个 i 所用的时间相等。在空间的情形下，比如测量一种疾病在每组 N_i 人之中的发病率，或者是每平方英里的弹坑数量（伦敦，1940 年），那么假设就是，在调查中空间面积相同，或者人口数量相同。当出现个体异质性的时候，就会在模型中引入一种异方差性。简单的修正方法是，使得模型能够考虑观察时的**环境风险**（exposure）T_i，形式如下：

$$\text{Prob}(y_i=j\mid\mathbf{x}_i,T_i)=\frac{\exp(-T_i\phi_i)(T_i\phi_i)^j}{j!},\phi_i=\exp(\mathbf{x}_i'\boldsymbol{\beta}),j=0,1,\cdots$$

如果记 $\lambda_i=\exp(\mathbf{x}_i'\boldsymbol{\beta}+\ln T_i)$，上述模型就变回了初始的模型。所以在环境风险不同的条件下，合适的处理方法是在模型的回归中考虑环境风险的对数，并赋系数为 1.0（由于一些不明显的原因，"抵消变量"这一用词常常被视为与环境风险变量 T_i 相关）。注意，如果 T_i 对于所有的 i 都一样，则 $\ln T_i$ 会消失在模型的常数项中（假设 $\mathbf{x}_i$ 中包括 1）。

最近的研究——大部分与 Cameron and Trivedi（1986，1998）的研究相关——定义了两种常见的负二项式模型的形式。概率的 **Negbin 2 形式**［Negbin 2（NB2）form］为

$$\begin{aligned}&\text{Prob}(Y=y_i\mid\mathbf{x}_i)=\frac{\Gamma(\theta+y_i)}{\Gamma(y_i+1)\Gamma(\theta)}r_i^{y_i}(1-r_i)^{\theta}\\&\lambda_i=\exp(\mathbf{x}_i'\boldsymbol{\beta})\\&r_i=\lambda_i/(\theta+\lambda_i)\end{aligned}\tag{18-21}$$

这是标准计量经济学软件包估计该模型的默认公式。如果以上形式中的 θ 用 $\theta_i=\theta\lambda_i$ 代替，就可以得到该模型的 **Negbin 1 形式**［Negbin 1（NB1）form］。那么，r_i 就会减小到 $r=1/(1+\theta)$，分布密度就变为

$$\text{Prob}(Y=y_i\mid\mathbf{x}_i)=\frac{\Gamma(\theta\lambda_i+y_i)}{\Gamma(y_i+1)\Gamma(\theta\lambda_i)}r^{y_i}(1-r)^{\theta\lambda_i}\tag{18-22}$$

这不是对模型的一个简单的再参数化。例 18.15 的结果证明了二者对数似然函数的极大值并不相同，参数也不是两个模型之间的简单转换。目前尚未发现有理论利用上述两种模型之一来证

① 这个模型是 Cameron and Trivedi（1986）论述中的 Negbin 2 分布。

明负二项式模型。由于上述两种模型中没有哪一种是另一种的约束版本，所以不能在二者之间进行似然比检验。更具普遍性的 **Negbin *P***（**NBP**）族将以上两种形式联系了起来，所以它能够为找到一种正确的设定形式提供更为普遍和范围更广的方法。将 Negbin 2 形式中的 θ 替换成 $\theta\lambda_i^{2-P}$ 就可以推导出 Negbin P 模型。式（18-21）和式（18-22）已经讨论过 $P=1$ 和 $P=2$ 的情况。完整的模型为

$$\text{Prob}(Y=y_i\mid\mathbf{x}_i)=\frac{\Gamma(\theta\lambda_i^Q+y_i)}{\Gamma(y_i+1)\Gamma(\theta\lambda_i^Q)}\left(\frac{\lambda_i}{\theta\lambda_i^Q+\lambda_i}\right)^{y_i}\left(\frac{\theta\lambda_i^Q}{\theta\lambda_i^Q+\lambda_i}\right)^{\theta\lambda_i Q},Q=2-P$$

所考虑的三个例子中的条件均值函数为

$$E[y_i\mid\mathbf{x}_i]=\exp(\mathbf{x}_i'\boldsymbol{\beta})=\lambda_i$$

参数 P 会影响模型的尺度。对于模型的三个变式，一个一般的结果为

$$\text{Var}[y_i\mid\mathbf{x}_i]=\lambda_i(1+\alpha\lambda_i^{P-1})\text{，其中 }\alpha=1/\theta$$

因此，NB2 形式的方差是关于均值的二次函数，而 NB1 形式的方差则仅仅是均值的倍数。此外还有很多关于计数数据模型的函数形式，包括广义泊松模型、伽马模型以及由 Winkelmann（2003）和 Greene（2016）分析的波利亚-艾佩利（Polya-Aeppli）模型。

计数模型中的异方差性源于方差和均值的关系。由于单一变量 θ 是一个隐含的总体尺度，所以它不会影响到模型的异方差性。与线性模型中一样，微观经济数据在反映变量的均值和方差中可能会引发异质性。允许均值和方差独立变动的设定很有意义，其结果为

$$\text{Var}[y_i\mid\mathbf{x}_i]=\lambda_i[1+(1/\theta)\lambda_i^{P-1}]$$

这说明了独立对异方差性建模的一个便捷途径就是散布参数 θ，现在将其参数化为

$$\theta_i=\theta\ \exp(\mathbf{z}_i'\boldsymbol{\delta})$$

从实际操作来看，这是对模型相对小的扩展。然而这一扩展会使设定的灵活性显著增加。事实上，一个差异化的 Negbin P 模型很可能会被充分参数化以适应大多数的数据形式。（当然，在 18.4.8 小节中提及的特定的模型——比如零变模型——也许对于给定的情形是更合适的选择。）

❖例 18.16　看医生的计数数据模型

Riphahn et al.（2003）研究了两个计数变量：*DocVis*（看医生）和 *HospVis*（去医院），该研究为之前反复提到的关于看医生的例子提供了数据。作者感兴趣的是这两个计数变量的共同作用。该研究考虑的一个问题是，数据是否包含道德风险的证据？也就是说，上述两个变量所反映的医疗服务的利用情况是否会受到购买健康保险的影响。[①] 数据包含了表示保险覆盖率的指标，保险覆盖率有两个等级，一是 *PUBLIC*，这是最主要的保险类型；二是 *ADDON*，这是次级可选的保险。在包含 27 326 个观测值（家庭/年）的样本中，24 203 个家庭拥有公共保险（组内变化很大，每个家庭在各期不会按某一规律购买保险）。在这 24 203 个家庭中，23 689 个只购买了公共保险，514 个同时购买了两种保险（一个家庭不能只购买 *ADDON* 保险）。为了深入研究这个例子，本例利用本节所展示的计数数据模型分析了 *DocVis* 变量。这个模型的外生变量为

---

① Munkin and Trivedi（2007）关于牙科保险的应用与之相似。

$$\mathbf{x}_{it} = (1, Age, Education, Income, Kids, AddOn)$$

（变量的解释参见在线附表 F7.1。）

表 18.24 显示的是计数模型的一些估计值。在所有的设定中，*ADDON* 的系数都是正的，但是在统计上不显著，这和作者研究的结果一致。作者在一个简单的模型中发现了道德风险的证据，但是当对模型加以扩展后，证据却消失了。各项检验的数据明显与等散布的假设相矛盾。Cameron and Trivedi（1990）根据泊松模型的半参数检验（见 18.4.3 小节），对 $g_i = \mu_i$，有 $t = 22.151$；对 $g_i = \mu_i^2$，有 $t = 22.440$。这两者都比临界值 1.96 大很多。与 NB 模型相比，似然比（LR）检验统计量超过了 80 000，这也大于（任何）临界值。在此基础上，本例有理由拒绝等散布的假设。建立在负二项式模型基础上的沃尔德检验和似然比检验也得出了同样的结论。为了比较不同的负二项式模型，注意到 NB2 模型的似然函数是四个中最差的一个，尽管 NB1 和 NB2 不具有直接可比性。另外，注意到在 NBP 模型中，P 的估计值与 1.000 0 或 2.000 0 的偏差都大于 10 个标准误，所以在采用无约束 NBP 模型的情况下，NB1 模型和 NB2 模型都被拒绝。NBP 与异质性 NB2 模型不具有嵌套关系，但是比较二者的对数似然值时，确实得出了异质性模型本质上更为优越的结果。

若以个体对对数似然值的贡献为基础来计算沃统计量，令 $v_i = \ln L_i(\text{NBP}) - \ln L_i(\text{NB2-H})$（见 14.6.6 小节）。所推导出的值为 −3.27。在此基础上有理由反对 NBP 而支持 NB2-H。最后，回到最初的问题，在使用泊松模型和 NB 模型的情况下，*ADDON* 的 ATE 和 ATET 值太小了——*DocVis* 的均值约为 3.2，而处理效应约为 0.2，缺乏显著性。处理效应在约束较为宽松的 NBP 模型和正态混合模型中更大。此处的证据如同在 RWM 中的证据一样是混合的。

表 18.24　看医生模型的估计（括号内为标准误）

变量	泊松模型	NB2 模型	异质性 NB2 模型	NB1 模型	NBP 模型	泊松正态模型
常数项	1.052 66	1.100 83	1.141 29	0.931 84	0.971 64	0.093 02
	(0.113 95)	(0.059 70)	(0.061 75)	(0.056 30)	(0.063 89)	(0.043 64)
Age	0.018 38	0.017 89	0.016 89	0.015 71	0.018 88	0.022 67
	(0.001 34)	(0.000 79)	(0.000 81)	(0.000 70)	(0.000 81)	(0.000 51)
Education	−0.043 55	−0.047 97	−0.044 50	−0.031 27	−0.042 82	−0.045 95
	(0.006 99)	(0.003 78)	(0.003 86)	(0.003 55)	(0.004 14)	(0.002 76)
Income	−0.525 02	−0.462 85	−0.454 43	−0.231 98	−0.377 74	−0.458 04
	(0.082 40)	(0.046 00)	(0.046 54)	(0.044 51)	(0.051 22)	(0.032 35)
Kids	−0.161 09	−0.156 56	−0.162 66	−0.136 58	−0.165 21	−0.184 50
	(0.031 18)	(0.017 35)	(0.017 69)	(0.016 48)	(0.018 55)	(0.012 17)
Addon	0.072 82	0.071 34	0.068 39	0.178 79	0.161 07	0.270 67
	(0.078 01)	(0.072 05)	(0.071 42)	(0.054 93)	(0.069 69)	(0.040 68)
	[0.065 48]					
	{0.025 34}					
P	0.000 0	2.000 0	2.000 0	1.000 0	1.523 77	
	—	—	—	—	(0.034 85)	
α	0.000 0	1.929 71	2.612 17	6.195 85	3.345 12	

续前表

变量	泊松模型	NB2 模型	异质性 NB2 模型	NB1 模型	NBP 模型	泊松 正态模型
	—	(0.020 09)	(0.059 65)	(0.068 67)	(0.139 95)	
σ	—	—	—	—	—	1.314 84
	—	—	—	—	—	(0.004 25)
δ（女性）	—	—	−0.381 57	—	—	
	—	—	(0.020 40)	—	—	
δ（已婚）	—	—	−0.136 61	—	—	
	—	—	(0.023 05)	—	—	
ATE	0.240 18	0.234 91	0.220 70	0.621 05	0.554 60	0.429 61
	(0.266 37)	(0.245 61)	(0.238 50)	(0.207 82)	(0.259 29)	(0.073 99)
ATET	0.219 45	0.214 82	0.217 81	0.593 04	0.515 28	0.399 14
	(0.243 17)	(0.224 54)	(0.250 55)	(0.198 13)	(0.240 66)	(0.068 10)
$\ln L$	−104 603.0	−60 291.50	−60 149.00	−60 274.94	−60 219.19	−60 619.11

□ 18.4.6 计数模型中的截尾和删失

在使用计数模型时，删失和截尾的情况相对比较常见。截尾产生于对似乎无用的数据（例如对娱乐设施使用次数的调查数据中的零值）的舍弃。[①] 在此设定下，现场取样也是造成截尾的一种普遍情况。如果研究者感兴趣的是总体的访问情况，则数据就自然会包含零；但是如果研究者进行现场取样，则访问次数的分布从构建上就是在零处截尾的。每个访问者都至少访问了一次。Shaw（1988），Englin and Herriges（2006）以及 Martínez-Espinera and Amoako-Tuffour（2008）研究了环境或娱乐场所应用中现场取样造成的截尾。对数据进行修整以去除不正常的值也会造成截尾。图 18.7 利用柱状图展示了 1998 年 GSOEP 数据集中关于人们看医生次数的数据（这一数据已经在之前的几个例子中使用过了）。图中表示零次的柱形高得令人怀疑，而数据的右尾——表示一些非典型的观测值——又非常长。出于建模的目的，将尾部不符合泊松分布的观测值移除的想法是很吸引人的。（事实上其他模型可能是更优的解。）移除后数据的分布称为截尾分布。然而，截尾并不是完美无缺的。如果所感兴趣的是整个总体，则对截尾数据进行的传统统计推断（如估计）会产生系统性的偏差，称为（当然是）截尾偏差。例如，如果用本来用于研究整个总体的泊松模型来拟合来自截尾总体的样本，就会出现这种偏差。

与截尾相反，删失是抽样设计的普遍特征。在例 18.18 的应用中，自变量是《今日心理学》杂志开展的调查中自述的婚外情次数。可能的答案为 0，1，2，3，“4～10”（记为 7）以及“每月、每周或每天”（记为 12），上面的两个范畴都进行了删失。与之类似，在前面看医生的数据中，由于意识到去掉部分数据可能会导致截尾偏差，所以可能的处理方式是在值为 15 处对分布进行删失。处理的结果是变量的取值变为 0，…，14 以及“15 次或更多”。在上述两种情形下，应用传统方法估计模型都会出现预测偏差。然而，重新构造估计量，从而把数据截尾和删失的

① Shaw（1988）以及 Bockstael et al.（1990）。

情形都考虑进去，并不是不可能。

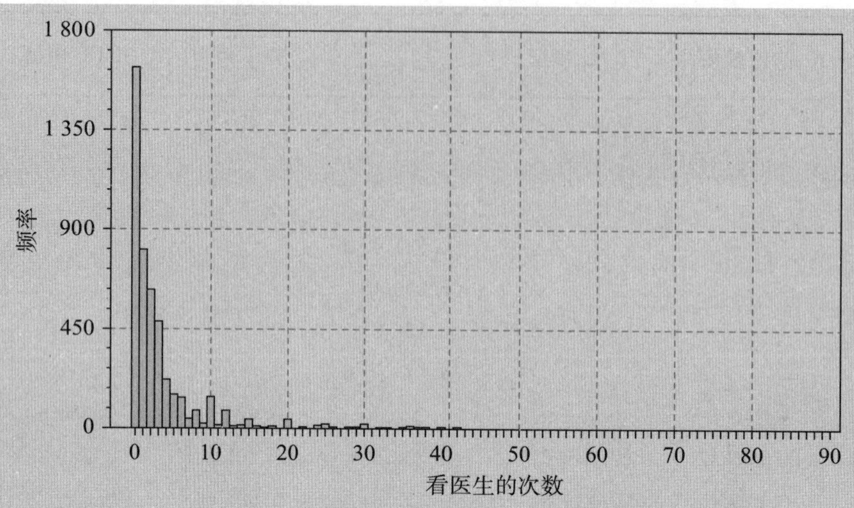

图 18.7　看医生的次数：1998 年 GSOEP 数据

截尾和删失对随机变量的分布以及群体特征（例如均值）产生的效果类似。对于截尾的情形，假设原随机变量服从泊松分布——下面的所有结果都能直接扩展到负二项式模型以及之前考虑的任何模型上——则

$$P(y_i=j\mid \mathbf{x}_i)=[\exp(-\lambda_i)\lambda_i^j/j!\ ]=P_{i,j}$$

如果分布在值为 C 处截尾——也就是说，只有大于或等于 $C+1$ 的值才被观测到——则截尾后的随机变量具有如下概率分布：

$$P(y_i=j\mid \mathbf{x}_i,y_i>C)=\frac{P(y_i=j\mid \mathbf{x}_i)}{P(y_i>C\mid \mathbf{x}_i)}=\frac{P(y_i=j\mid \mathbf{x}_i)}{1-P(y_i\leqslant C\mid \mathbf{x}_i)}$$

为了满足概率之和为 1 的要求，原始分布中未被截尾的区间的概率必须按比例提高。主要的情形为在 0 处截断，也就是“左截尾”（left truncation）。对于泊松模型而言，结果为①

$$P(y_i=j\mid \mathbf{x}_i,y_i>0)=\frac{\exp(-\lambda_i)\lambda_i^j}{j!\ [1-\exp(-\lambda_i)]}=\frac{P_{i,j}}{1-P_{i,0}},\ j=1,\cdots$$

条件均值的函数为

$$E(y_i\mid \mathbf{x}_i,y_i>0)=\frac{1}{[1-\exp(-\lambda_i)]}\sum_{j=1}^{\infty}\frac{j\ \exp(-\lambda_i)\lambda_i^j}{j!}=\frac{\lambda_i}{[1-\exp(-\lambda_i)]}>\lambda_i$$

第二个等号之所以成立是因为求和可以从 0 开始——首项为 0——这就产生了原变量的期望值。与预期一样，“从下方”进行的截尾有促使期望值上升的效应。可以看到，这种截尾降低了条件方差。然而，偏效应为

$$\delta_i=\frac{\partial E[y_i\mid \mathbf{x}_i,y_i>0]}{\partial \mathbf{x}_i}=\left[\frac{1-P_{i,0}-\lambda_i P_{i,0}}{(1-P_{i,0})^2}\right]\lambda_i\boldsymbol{\beta} \qquad (18-23)$$

① 其例子可见 Mullahy（1986），Shaw（1988），Grogger and Carson（1991），Greene（1995a，b）以及 Winkelmann（2003）。

方括号外的项是没有截尾时的偏效应，方括号内的项随 λ_i 从略大于 0 处上升而从稍稍大于 0.5 处上升至 1.0。

对删失的处理方式类似。通常的情形为右删失（right censoring），即大于或等于 C 的值都

例 18.17 较重负面征信记录

例 17.17 和例 17.21 检测了关于主要的信用卡申请者样本接受/拒绝决定的二值选择模型。在模型的诸变量中有一变量为较重负面征信记录（Major Derogatory Reports，MDRs）。这个行为变量就其本身而言相当有趣，它可以应用本章的计数数据设定进行适当的建模。在由 13 444 个受访者构成的样本中，10 833 人的 MDRs 值为 0，其余 2 561 人的 MDRs 值从 1 到 22 不等。零值所占比例之高远超泊松模型的预期，也就是说，其余受访者的 MDRs 值的分布没有分散到能够在考虑零值的情况下构建一个合理的泊松模型。之后的例 18.18 所追求的是一个自然的想法，即在扩展的模型中精确地处理数据中如此多的零值。出于本例的目的，在这里将考虑把非零的观测值与零值分离开来，并在估计的模型中计算在零处进行左截尾后的效应。表 18.25 展示了估计的结果。相比于第二部分的结果，第一部分的结果展示了不当地包含零值所造成的可疑结果。在估计中考虑了零值时，虽然系数仅仅变化了一点，然而偏效应会大幅度下降。利用此数据不可能拟合一个截尾负二项式模型。

表 18.25 截尾泊松回归模型的估计（括号内为 t 值）

	完整样本的泊松模型		泊松模型		截尾样本的泊松模型	
常数	0.875 6	(17.10)	0.869 8	(16.78)	0.740 0	(11.99)
Age	0.003 6	(2.38)	0.003 5	(2.32)	0.004 9	(2.75)
Income	−0.003 9	(−4.78)	−0.003 6	(−3.83)	−0.005 1	(−4.51)
OwnRent	−0.100 5	(−3.52)	−0.102 0	(−3.56)	−0.141 5	(−4.18)
Self-Employed	−0.032 5	(−0.62)	−0.034 5	(−0.66)	−0.051 5	(−0.82)
Dependents	0.044 5	(4.69)	0.044 0	(4.62)	0.060 6	(5.48)
MthscurAdr	0.000 04	(0.23)	0.000 1	(0.25)	0.000 1	(0.30)
ln L	−5 379.30		−5 378.79		−5 097.08	
			平均偏效应			
Age	0.001 7		0.008 5		0.008 4	
Income	−0.001 8		−0.008 7		−0.008 9	
OwnRent	−0.046 5		−0.247 7		−0.246 0	
Self-Employed	−0.015 0		−0.083 7		−0.089 5	
Dependents	0.020 6		0.106 8		0.105 4	
MthscurAdr	0.000 02		0.000 1		0.000 1	
条件均值	0.462 8		2.429 5		2.429 5	
尺度因子	0.462 8		2.429 5		1.738 1	

被赋值为 C。在这种情形下，分布就被分为了两部分。[①] 观测到的随机变量 y_i 由潜在的随机变量 y^* 所构建，即 $y_i = \text{Min}(y^*, C)$。Wang and Zhou（2015）应用带有这一设定的负二项式计数模型研究了网上购物的送货情况。因变量配送次数从 0 到 200 不等，在此处的分析中全部在次数等于 10 处进行删失。

存在删失时概率的构建运用了概率的规范性公理，其结果为

$$\text{Prob}(y_i = j \mid \mathbf{x}_i) = P_{i,j},\ j = 0, 1, \cdots, C-1$$

$$\text{Prob}(y_i = C \mid \mathbf{x}_i) = \sum_{j=0}^{\infty} P_{i,j} = 1 - \sum_{j=C}^{C-1} P_{i,j}$$

在此情形下，条件均值函数为

$$\begin{aligned} E[y_i \mid \mathbf{x}_i] &= \sum_{j=0}^{C-1} j\, P_{i,j} + \sum_{j=C}^{\infty} C P_{i,j} \\ &= \sum_{j=0}^{\infty} j P_{i,j} - \sum_{j=C}^{\infty} (j - C) P_{i,j} \\ &= \lambda_i - \sum_{j=C}^{\infty} (j - C) P_{i,j} < \lambda_i \end{aligned}$$

式中的无限求和可以用以下方法来计算：

$$\begin{aligned} E[y_i \mid \mathbf{x}_i] &= \lambda_i - \left(\sum_{j=0}^{\infty} (j - C) P_{i,j} - \sum_{j=0}^{C-1} (j - C) P_{i,j} \right) \\ &= \lambda_i - (\lambda_i - C) + \sum_{j=0}^{C-1} (j - C) P_{i,j} \\ &= C - \sum_{j=0}^{C-1} (C - j) P_{i,j} \end{aligned}$$

❖例 18.18　婚外情

1969 年，畅销杂志《今日心理学》发布了一份含有 101 个关于性的问题的调查问卷，要求读者以邮件形式回答。调查结果在 1970 年 7 月出版的杂志上进行了讨论。基于以邮件形式收集到的约 2 000 份答案（共收到约 20 000 份），Fair（1978）抽取了其中的 601 个作为样本，这些男性/女性当时都是初婚。Fair 分析了他们对婚外情问题的回答。在这个频繁被引用的研究中，费尔（Fair）的分析揭示了一些有趣的计量经济学问题。[②]

费尔应用第 19 章所讨论的 tobit 模型作为分析的基本框架。数据（可以从网上下载，网址为 http://fairmodel. econ. yale. edu/rayfair/work. ss. htm，也可参见在线附表 F18. 1）的非试验性本质提供了一个实验背景，该数据可用来考察 tobit 模型、截尾回归和 probit 模型之间的关系。尽管 tobit 模型看似是对这些数据建模的自然选择（因为数据中有很多 0），但事实上，行为结果变量是一个典型的取值较小的计数变量，这意味着本章所讨论的计数模型可能是更好的选择。最后，数据中大量的 0（正是当初促使作者使用 tobit 模型的原因）表明，即使应用标准（甚至经过改进）的泊松模型，也不

---

① 见 Terza（1985b）。

② 此外，他于 1997 年在《计量经济学刊》上又发表了一篇有关 tobit 模型估计的论文，并发展了 EM 算法。EM 算法公开发表于 Dempster，Laird，and Rubin（1977）。

能完全解决问题。稍后将对数据的这个方面加以考虑。这个例子将只关注删失的问题，模型和数据的其他特征将在练习中再进行考虑。

这项研究基于如下变量的 601 个观测值（详细的数据编码可参见数据文件和在线附表 F18.1）：

y＝在过去一年中婚外情的次数：0，1，2，3，4～10（记为 7）以及“每月、每周或每天”（记为 12）。样本均值＝1.46。频率＝（451，34，17，19，42，38）。

z_1＝性别：0＝女性；1＝男性。样本均值＝0.476。

z_2＝年龄。样本均值＝32.5。

z_3＝结婚年数。样本均值＝8.18。

z_4＝有无子女：0＝没有；1＝有。样本均值＝0.715。

z_5＝宗教信仰：1 表示反对；…；5 表示强烈信仰。样本均值＝3.12。

z_6＝受教育年数：9＝初中；12＝高中，…，20＝博士及其他。样本均值＝16.2。

z_7＝职业：采用“Hollingshead 量表”，1～7。样本均值＝4.19。

z_8＝婚姻质量自我评价：1＝很不幸；…；5＝很幸福。样本均值＝3.93。

研究利用一个常数项和上述 8 个变量对 y 拟合了 tobit 模型。模型中 z_1、z_4 和 z_6 都不显著，排除它们就可以拟合一个约束模型。在这两个方程中，费尔的结论都能得到很好的匹配。tobit 模型应该仅仅被视为这些数据的一个估计。因变量是一个计数变量，而不是连续的度量。泊松模型或者其变式可能更适用于这一情形的建模。表 18.26 展示了泊松模型以及负二项式模型的估计。有充足的证据证明数据中存在过度散布；估计的过度散布参数的 t 值为 7.015/0.945＝7.42，这一结果强烈支持存在过度散布的结论。系数的较大绝对值也在一定程度上证明了这一点。

答案 7 和 12 并不代表实际的次数。目前尚不清楚用 7 来表示“4～10”具有什么样的效应，因为 7 很有可能是“4～10”这组数据的均值。但是用 12 来代替“每月、每周或每天”明显是对观测值的删失。为了消除这些效应，这里将 7 和 12 重新记为 4，并将 4 记为“4 或更多”，从而将所有观测值视为在值等于 4 处进行了删失。从表 18.26 所示的结果可以看出，数据的处理效应显著降低了观测到的效应。尽管这一步骤弥补了数据的缺失，然而过度散布却没有去除；从这个角度来说，负二项式模型仍然是更好的设定。

□ 18.4.7 面板数据模型

之前讨论的在面板数据中容纳异质性的方法可以直接扩展到计数数据的设定中来。[①] 本小节将针对泊松模型分析这些方法。Hausman，Hall，and Griliches（1984）以及 Allison（2000）还推导出了负二项式模型的一些结论。

18.4.7.a 混合估计量的稳健协方差矩阵

泊松模型的标准渐近协方差矩阵估计量为

$$\text{Est. Asy. Var}[\hat{\boldsymbol{\beta}}]=\left[-\frac{\partial^2 \ln L}{\partial\hat{\boldsymbol{\beta}}\partial\hat{\boldsymbol{\beta}}'}\right]^{-1}=\left[\sum_{i=1}^{n}\hat{\lambda}_i\mathbf{x}_i\mathbf{x}_i'\right]^{-1}=[\mathbf{X}'\hat{\boldsymbol{\Lambda}}\mathbf{X}]^{-1}$$

① Hausman，Hall，and Griliches（1984）详细讨论了这些模型。

其中，$\hat{\mathbf{\Lambda}}$ 是预测值的对角矩阵。BHHH 估计量为

$$\text{Est. Asy. Var}[\hat{\boldsymbol{\beta}}]=\left[\sum_{i=1}^{n}\left(\frac{\partial \ln P_i}{\partial \hat{\boldsymbol{\beta}}}\right)\left(\frac{\partial \ln P_i}{\partial \hat{\boldsymbol{\beta}}}\right)'\right]^{-1}=\left[\sum_{i=1}^{n}(y_i-\hat{\lambda}_i)^2\mathbf{x}_i\mathbf{x}_i'\right]^{-1}$$
$$=[\mathbf{X}'\hat{\mathbf{E}}^2\mathbf{X}]^{-1}$$

式中，$\hat{\mathbf{E}}$ 为残差项的一个对角矩阵。泊松模型是 MLE 对模型的一种误设形式（如不能在均值中加入潜在的异质性）仍然稳健的模型（也就是说，一个适合负二项式模型的情形也适合泊松模型）。在这样的例子中，稳健协方差矩阵是“三明治”式的估计量，即

$$稳健\ \text{Est. Asy. Var}[\hat{\boldsymbol{\beta}}]=[\mathbf{X}'\hat{\mathbf{\Lambda}}\mathbf{X}]^{-1}[\mathbf{X}'\hat{\mathbf{E}}^2\mathbf{X}][\mathbf{X}'\hat{\mathbf{\Lambda}}\mathbf{X}]^{-1}$$

上述估计量就可以适应模型中的类似失效。在所有的设定形式中应用这样的估计量已经成为一种常见的方法，包括负二项式。也许有人会质疑它的价值。因为负二项式模型已经解释了潜在的异质性，那么，模型估计量假设的附加失效对于什么来说是稳健的就不确定了。14.8 节针对稳健协方差矩阵所论述的问题和这里相关。然而，如果模型实际上是完整的，那么稳健估计量也不会造成什么损失。

表 18.26　删失泊松和负二项式分布

	泊松模型回归			负二项式模型回归		
变量	估计值	标准误	偏效应	估计值	标准误	偏效应
			基于未删失的泊松分布			
常数项	2.53	0.197	—	2.19	0.859	—
z_2	−0.032 2	0.005 9	−0.047	−0.026 2	0.018 0	−0.003 9
z_3	0.116	0.009 9	0.168	0.084 8	0.040 1	0.127
z_5	−0.354	0.030 9	−0.515	−0.422	0.171	−0.632
z_7	0.079 8	0.019 4	0.116	0.060 4	0.090 9	0.090 6
z_8	−0.409	0.027 4	−0.596	−0.431	0.167	−0.646
α				7.015	0.945	
$\ln L$	−1 427.037			−728.244 1		
			基于在 $y=4$ 处删失的泊松分布			
常数项	1.90	0.283	—	4.79	1.16	—
z_2	−0.032 8	0.008 4	−0.023 5	−0.016 6	0.025 0	−0.004 3
z_3	0.105	0.014 0	0.075 5	0.174	0.056 8	0.045
z_5	−0.323	0.043 7	−0.232	−0.723	0.198	−0.186
z_7	0.079 8	0.027 5	0.057 2	0.090 0	0.116	0.023 2
z_8	−0.390	0.039 1	−0.279	−0.854	0.216	−0.220
α				9.40	1.35	
$\ln L$	−747.754 1			−482.050 5		

当组间的观测值可能相关时，就会用到一个相关的计算。其中可能包括面板数据中的随机效应设定，上述面板数据中存在一种常见的潜在异质性和更为一般的、分层的和成簇的数据集。参数估计量在该情形下是不变的（而且，假设估计量具有一致性），但是估计的渐近协方差矩阵要做一个修正。计算方法如下：假设 n 个观测组合成 G 组观测，其中第 i 组中观测值的个数是 n_i。所以 $\sum_{i=1}^{G} n_i = n$。用 $\boldsymbol{\beta}$ 表示一套模型参数，不论估计模型的哪种变式，均令与观测值相关的成分以及海塞矩阵分别为 $\mathbf{g}_{ij} = \partial \ln L_{ij} / \partial \boldsymbol{\beta} = (y_{ij} - \lambda_{ij}) \mathbf{x}_{ij}$ 和 $\mathbf{H}_{ij} = \partial^2 \ln L_{ij} / \partial \boldsymbol{\beta} \partial \boldsymbol{\beta}' = -\lambda_{ij} \mathbf{x}_{ij} \mathbf{x}_{ij}'$。基于海塞矩阵的渐近协方差矩阵的未修正的估计量是

$$\mathbf{V}_H = -\mathbf{H}^{-1} = \left(-\sum_{i=1}^{G} \sum_{j=1}^{n_i} H_{ij} \right)^{-1}$$

修正的渐近协方差矩阵是

$$\text{Est. Asy. Var}[\hat{\boldsymbol{\beta}}] = \mathbf{V}_H \left(\frac{G}{G-1} \right) \left[\sum_{i=1}^{G} \left(\sum_{j=1}^{n_i} \mathbf{g}_{ij} \right) \left(\sum_{j=1}^{n_i} \mathbf{g}_{ij} \right)' \right] \mathbf{V}_H$$

注意，如果一组中只有一个观测值，那么就是 $G/(G-1)$ 倍的“三明治”式的（稳健）估计量。

18.4.7.b 固定效应

具有固定效应的泊松分布的条件均值为

$$\log \lambda_{it} = \boldsymbol{\beta}' \mathbf{x}_{it} + \alpha_i \tag{18-24}$$

其中重新定义的 $\mathbf{x}_{it}$ 不含常数项。线性模型中将 y_{it} 变换为组均值离差的方法没有消除异质性，变换后的变量也不再服从泊松分布。但是，用 17.7.3 小节中分析 probit 模型的方法可以拟合具有固定效应的泊松模型。该方法扩展到泊松模型只需要略加修改：$g_{it} = (y_{it} - \lambda_{it})$ 和 $h_{it} = -\lambda_{it}$。除一些简单的符号变化之外，其余的一切推导仍都适用。最大化泊松模型对数似然函数的一阶条件为

$$\frac{\partial \ln L}{\partial \alpha_i} = \sum_{t=1}^{T_i} (y_{it} - e^{\alpha_i} \mu_{it}) = 0 \text{，其中 } \mu_{it} = e^{\mathbf{x}_{it}' \boldsymbol{\beta}}$$

这就意味着，依据 $\boldsymbol{\beta}$ 在该模型中存在着 α_i 的明确解，即

$$\hat{\alpha}_i = \ln \left[\frac{(1/T_i) \sum_{t=1}^{T_i} y_{it}}{(1/T_i) \sum_{t=1}^{T_i} \hat{\mu}_{it}} \right] = \ln \left(\frac{\bar{y}_i}{\hat{\bar{\mu}}_i} \right) \tag{18-25}$$

与回归或 probit 模型不同，这里不要求 y_{it} 中存在组内变异（即所有值都可以相等）。但它要求第 i 个个体至少有一个非零观测值。求解固定效应估计量的其余部分与 probit 模型的思路相同。另一种方法（尽管没有什么实际好处）是通过将 α_i 的上述解代入原来的对数似然函数以集中对数似然函数，然后最大化 $\boldsymbol{\beta}$ 的函数。尽管这符合逻辑，但我们前面提到的 probit 模型方法实施起来更简单。

通过计算（y_{i1}，…，y_{iT_i}）以其和为条件的联合分布，可以推导出一个估计量，它不是固定效应的函数。对于泊松模型，则可以推导出与先前所讨论的多项式 logit 模型极其类似的模型，即

$$P\left(y_{i1},y_{i2},\cdots,y_{iT_i} \mid \sum_{i=1}^{T_i} y_{it}\right)=\frac{\left(\sum_{t=1}^{T_i} y_{it}\right)!}{\left(\prod_{t=1}^{T_i} y_{it}!\right)}\prod_{t=1}^{T_i} P_{it}^{y_{it}} \tag{18-26}$$

其中

$$P_{it}=\frac{e^{\mathbf{x}_{it}'\boldsymbol{\beta}}+\alpha_i}{\sum_{t=1}^{T_i} e^{\mathbf{x}_{it}'\boldsymbol{\beta}}+\alpha_i}=\frac{e^{\mathbf{x}_{it}'\boldsymbol{\beta}}}{\sum_{t=1}^{T_i} e^{\mathbf{x}_{it}'\boldsymbol{\beta}}} \tag{18-27}$$

第 i 组对条件对数似然函数的贡献为

$$\ln L_i=\sum_{t=1}^{T_i} y_{it}\ln P_{it}$$

需要再次强调的是，其中每一期都有满足 $y_{it}=0$ 的组对 $\ln L$ 的贡献为零。Cameron and Trivedi（1998）证明了这两个方法得到的结果相同。

Hausman，Hall，and Griliches（HHG，1984）所示的固定效应负二项式（fixed effects negative binomial，FENB）模型的条件密度为

$$p\left(y_{i1},y_{i2},\cdots,y_{iT_i} \,\middle|\, \sum_{t=1}^{T_i} y_{it}\right)=\frac{\Gamma\left(1+\sum_{t=1}^{T_i} y_{it}\right)\Gamma\left(\sum_{t=1}^{T_i}\lambda_{it}\right)}{\Gamma\left(\sum_{t=1}^{T_i} y_{it}+\sum_{t=1}^{T_i}\lambda_{it}\right)}\prod_{t=1}^{T_i}\frac{\Gamma(y_{it}+\lambda_{it})}{\Gamma(1+y_{it})\Gamma(\lambda_{it})}$$

该模型不受固定效应的影响。上述公式是 SAS 和 Stata 这样的常用软件包使用的默认 FENB 模型公式。那些习惯了固定效应模型中不可能同时包含常数项和非时变协变量这种说法的研究者有时会（有可能是偶然）惊奇地发现，这种固定效应模型允许二者同时存在。[①] 这一明显矛盾的解决办法是不通过用固定效应 $\ln\lambda_{it}=\mathbf{x}_{it}'\boldsymbol{\beta}+\alpha_i$ 改变条件均值函数的方法来获得 HHG FENB 模型，就像在泊松模型中一样。而是通过把固定效应加入模型中来获得 HHG 模型，就像把随个体变化的 θ_i 建立在如式（18-22）所示的 Negbin 1 模型中一样。模型中的条件均值函数如下（变量的记号稍做了改变以和先前的公式保持一致）：

$$\text{NB1(HHG)}：E[y_{it}\mid\mathbf{x}_{it}]=\theta_i\phi_{it}=\theta_i\exp(\mathbf{x}_{it}'\boldsymbol{\beta})$$
$$\text{NB2}：E[y_{it}\mid\mathbf{x}_{it}]=\exp(\alpha_i)\phi_{it}=\lambda_{it}=\exp(\mathbf{x}_{it}'\boldsymbol{\beta}+\alpha_i)$$

条件方差为

$$\text{NB1(HHG)}：\text{Var}[y_{it}\mid\mathbf{x}_{it}]=\theta_i\phi_{it}[1+\theta_i]$$
$$\text{NB2}：\text{Var}[y_{it}\mid\mathbf{x}_{it}]=\lambda_{it}[1+\theta\lambda_{it}]$$

令 $\mu_i=\ln\theta_i$。HHG 公式就会在均值中产生固定效应，现在有 $E[y_{it}\mid\mathbf{x}_{it}]=\exp(\mathbf{x}_{it}'\boldsymbol{\beta}+\mu_i)$。事实上，通过这种建构，（就像作者所说的）在均值和方差中就会显示出一些不同的效应。作者通过令 $\theta_i=\exp(\mu_i)\gamma_i$ 来使这个特性变得明确，因此，在作者的模型中有

$$E[y_{it}\mid\mathbf{x}_{it}]=\gamma_i\exp(\mathbf{x}_{it}'\boldsymbol{\beta}+\mu_i)$$
$$\text{Var}[y_{it}\mid\mathbf{x}_{it}]=\gamma_i\exp(\mathbf{x}_{it}'\boldsymbol{\beta}+\mu_i)/[1+\gamma_i\exp(\mu_i)]$$

---

① Allison（2000）与 Allison and Waterman（2002）深入研究过这一问题。

矛盾的产生是因为作者断言 μ_i 和 γ_i 是独立的参数。事实上，二者并不是彼此独立地变化，只有 θ_i 可以独立地变化。HHG 模型中特定企业效应（被移除出条件密度函数之外）和尺度参数是相互独立的。均值是同质的，这就解释了为什么一个独立的常量或者一个非时变的回归元（或另一组特定企业效应）可以在此存在。[①]

18.4.7.c 随机效应

本节的固定效应方法与 probit 情形具有相同的优缺点。不必假定异质性与所包含的外生变量无关。如果继续保持回归元与异质性的无关性，那么随机效应模型便是一个有吸引力的选择。另外，在线性回归模型中所使用的方法（考虑观测值与组均值的偏差，并利用广义最小二乘法，见 11.5 节）在这里无法使用。这里所使用的方法是，基于异质性写出联合条件概率密度的表达式，然后通过联合分布密度的积分得到概率。因此构造

$$p(y_{i1},\cdots,y_{iT_i}\mid u_i)=\prod_{t=1}^{T_i}p(y_{it}\mid u_i)$$

然后，通过如下计算来消除随机效应

$$\begin{aligned}p(y_{i1},\cdots,y_{iT_i})&=\int_{u_i}p(y_{i1},\cdots,y_{iT_i},u_i)du_i\\&=\int_{u_i}p(y_{i1},\cdots,y_{iT_i}\mid u_i)g(u_i)du_i\\&=E_{u_i}[p(y_{i1},\cdots,y_{iT_i}\mid u_i)]\end{aligned}$$

这正是前面从泊松模型中清除异质性以得到负二项式模型所用的方法。和前面一样，如果认为 $p(y_{it}\mid u_i)$是具有均值 $\lambda_{it}=\exp(\mathbf{x}_{it}'\boldsymbol{\beta}+u_i)$的泊松分布，其中 $\exp(u_i)$ 服从均值为 1.0，方差为 $1/\alpha$ 的伽马分布，那么上述运算就可以推导出一个负二项式分布，即

$$p(y_{i1},\cdots,y_{iT_i})=\frac{\left[\prod_{t=1}^{T_i}\lambda_{it}^{y_{it}}\right]\Gamma\left[\theta+\sum_{t=}^{T_i}y_{it}\right]}{\left[\Gamma(\theta)\prod_{t=1}^{T_i}y_{it}!\right]\left[\left(\sum_{t=1}^{T_i}\lambda_{it}\right)^{\sum_{t=1}^{T_i}y_{it}}\right]}Q_i^{\theta}(1-Q_i)^{\sum_{t=1}^{T_i}y_{it}}\quad(18-28)$$

其中

$$Q_i=\frac{\theta}{\theta+\sum_{t=1}^{T_i}\lambda_{it}}$$

为了进行估计，可以证明 $Y_i=\Sigma_t y_{it}$ 服从负二项式分布，其均值为 $\Lambda_i=\Sigma_t\lambda_{it}$。

与固定效应模型一样，在负二项式模型中引入随机效应也会引发一些额外的复杂性。必须注意到，因为负二项式模型是通过在泊松模型的条件均值中加入潜在的异质性而推导出的，在负二项式模型中引入随机效应就相当于再次引入异质性——随机效应负二项式模型就是满足 $E[y_{it}\mid\mathbf{x}_{it},\varepsilon_i,w_{it}]=\exp(\mathbf{x}_{it}'\boldsymbol{\beta}+w_{it}+\varepsilon_i)$的泊松回归模型。但是，有人或许更倾向于把负二项式视为 y_{it} 的密度，用熟悉的方式来考察共同效应。Hausman et al.（1984）的随机效应负二项式（random effects negative binomial，RENB）模型是分层的模型，它是按照以下方式建构的。假

① 进一步的讨论见 Greene（2005）和 Allison and Waterman（2002）。

设附加的异质性包含在 λ_{it} 中，且服从均值为 1 的伽马分布［亦即 $G(\theta_i, \theta_i)$］。接着假设 $\theta_i/(1+\theta_i)$ 服从一个参数为 a 和 b 的贝塔分布（见在线附录 B. 4. 6）。综合了异质性的无条件密度为

$$p(y_{i1}, y_{i2}, \cdots, y_{iT_i}) = \frac{\Gamma(a+b)\Gamma\left(a+\sum_{t=1}^{T_i}\lambda_{it}\right)\Gamma\left(b+\sum_{t=1}^{T_i}y_{it}\right)}{\Gamma(a)\Gamma(b)\Gamma\left(a+\sum_{t=1}^{T_i}\lambda_{it}+b+\sum_{t=1}^{T_i}y_{it}\right)}$$

和前面一样，异质性和条件均值函数的关系是不明确的，因为随机效应会影响方差函数的参数。一个能够保持泊松模型（和其他随机效应模型）基本性质的方法是增加具有随机效应的 NB2 形式，即

$$\text{Prob}(Y = y_{it} \mid \mathbf{x}_{it}, \varepsilon_i) = \frac{\Gamma(\theta + y_{it})}{\Gamma(y_{it}+1)\Gamma(\theta)} r_{it}^{y_{it}} (1 - r_{it})^{\theta}$$
$$\lambda_{it} = \exp(\mathbf{x}_{it}'\boldsymbol{\beta} + \varepsilon_i)$$
$$r_{it} = \lambda_{it}/(\theta + \lambda_{it})$$

接下来就可以通过建立（对 ε_i 的）条件对数似然函数并使用求积分或模拟的方法积分得到 ε_i，从而估计参数。使用这种建构方法推导出的参数解释起来比较简单。这两种对随机效应模型的估计形式在例 18. 19 中进行了对比。

从广为接受的文献来看，与随机效应估计量相比，研究者更偏好固定效应估计量，其本质原因是固定效应估计量无须假设回归元与组别效应之间的无关性。另外，这个假定也有代价。为了计算概率或者边际效应，必须估计常数 α_i。由于条件均值函数是非线性的，所以这些模型中未经测定的系数用处有限。

随机效应模型还有其他估计方法。Greene（1994，1995a，1995b，1997），Riphahn et al.（2003）以及 Terza（1995）设定了正态分布的异质性，其假设为，正态分布是一种对微小独立效应加总的更加自然的描述。Brannas and Johanssen（1994）通过向泊松模型添加一个形式非常一般的异质性，提出了一个基于 GMM 估计量的半参数方法。这一方法假定，以随机效应 ε_{it} 为条件，y_{it} 服从均值为 $\varepsilon_{it}\lambda_{it}$ 的泊松分布，并且容许 ε_{it} 具有充分一般的协方差结构。对 t，$s=1$，…，T，有 $\text{Var}[\varepsilon_{it}]=\sigma_i^2$，$\text{Cov}[\varepsilon_{it}, \varepsilon_{js}]=\gamma_{ij}(|t-s|)$。对于较长的时间序列，若没有进一步的约束，比如一阶同质性（$\boldsymbol{\beta}_i=\boldsymbol{\beta}\ \forall i$）、不同组之间的无关性［$\gamma_{ij}(.)=0$，对 $i \neq j$］、不同组之间的同方差性（$\sigma_i^2=\sigma^2\ \forall i$）和无自相关性［$\gamma(r)=0\ \forall r \neq 0$］等，则这个模型可能会因为参数过多而无法一一确定。

有了这些假定，所提出的估计步骤就类似于前面给出的步骤。若对模型施加的约束足够多，则参数就可以用矩法进行估计。作者在充分一般的意义下讨论了模型的估计。最后，14. 15. 4 小节中讨论的潜在类别模型和 15. 9 节中的随机参数模型可以很自然地扩展到泊松模型。实际上，潜在类别结构的多数广为接受的应用，都是在泊松或负二项式回归的框架下进行的。[①]

∵例 18. 19　　看医生的面板数据模型

德国医疗面板数据集涵盖了 7 293 个个体，每一组由 1～7 个个体组成。表 18. 27 显示的是方程的固定效应和随机效应的估计值，表中同样展示了混合估计值以作为对比。从整体上看，与混合估计值

① 参见 Greene（2001）对此问题的概述。

相比，面板数据的处理使得估计值产生了更大的变化。不同的设定之间也存在相当大的变异。我们观察感兴趣的次级可选保险的参数，可以发现，所有面板数据处理都会导致系数明显下降，在泊松模型中，系数变成了负数，无论使用固定效应、随机效应还是混合设定，结果都如此。检验统计量（沃尔德、LR）都拒绝了泊松模型而支持负二项式模型。类似地，两种常用的效应设定都胜过混合估计量。没有一个简单的依据来判断固定和随机效应模型哪个更优，而且，在为二者分别引入了两个公式后，二者之间的区别就进一步模糊了。需要特别注意的是，两个随机效应估计量会如人们所期望的，产生相似的结果。但是，两个固定效应估计量推导出的两个结果非常不同。收入和受教育程度的系数在 NB1 估计中都是正的，但是在其他情况下是负的。此外，次级可选保险的系数的符号在各种设定下各不相同，而且在几乎所有情形下都是不显著的。与之前提到的一样，至少在这种处理方式下，数据并不暗示道德风险的存在。

表 18.27　看医生的面板数据模型估计（括号内为标准误）

	泊松模型				负二项式模型			
					固定效应		随机效应	
变量	混合稳健标准误	固定效应	随机效应	混合 NB2	FE NB1	FE NB2	HHG 伽马	正态
常数	1.052 66	—	0.695 53	1.100 83	−1.145 43	—	−0.410 87	0.377 64
	(0.113 95)		(0.052 66)	(0.059 70)	(0.093 92)		(0.060 62)	(0.054 99)
Age	0.018 38	0.031 27	0.023 31	0.017 89	0.023 83	0.044 76	0.018 86	0.022 30
	(0.001 34)	(0.001 44)	(0.000 45)	(0.000 79)	(0.001 19)	(0.002 77)	(0.000 78)	(0.000 70)
Educ	−0.043 55	−0.039 34	−0.039 38	−0.047 97	0.013 38	−0.047 88	−0.024 69	−0.045 36
	(0.006 99)	(0.017 34)	(0.004 34)	(0.003 78)	(0.006 30)	(0.029 63)	(0.003 86)	(0.003 45)
Income	−0.525 02	−0.306 74	−0.272 82	−0.462 85	0.016 35	−0.200 85	−0.107 85	−0.186 50
	(0.082 40)	(0.041 03)	(0.015 19)	(0.046 00)	(0.055 41)	(0.073 21)	(0.045 77)	(0.042 67)
Kids	−0.161 09	0.001 53	−0.039 74	−0.156 56	−0.033 36	−0.001 31	−0.111 81	−0.120 13
	(0.031 18)	(0.015 34)	(0.005 26)	(0.017 35)	(0.021 17)	(0.029 21)	(0.016 77)	(0.015 83)
Addon	0.072 82	−0.079 46	−0.056 54	0.071 34	0.112 24	−0.021 58	0.150 86	0.056 37
	(0.078 01)	(0.035 68)	(0.016 05)	(0.072 05)	(0.066 22)	(0.067 39)	(0.058 36)	(0.056 99)
α	—	—	1.169 59	1.929 71	—	1.919 53	—	1.084 33
			(0.019 49)	(0.020 09)		(0.029 93)		(0.012 10)
a	—	—	—	—	—	—	2.139 48	—
							(0.059 28)	
b	—	—	—	—	—	—	3.782 52	—
							(0.113 77)	
σ	—	—	—	—	—	—	—	0.968 60
								(0.008 28)
ln L	−104 603.0	−60 327.8	−71 779.6	−60 291.5	34 015.4	−49 478.0	−58 189.5	−58 170.5

此外，同样可以为这些数据拟合一个具有三个类别的潜在类别模型（见 14.10 节）。三个类别的概率被建模为婚姻状况（*Married*）和女性（*Female*）的函数，这两个要素是划分类别的决定性因素。三个类别的平均先验概率分别为 0.090 27，0.493 32 和 0.416 51。三个类别中 *AddOn* 的系数以及相关的 t 值分别为 −0.219 1（0.45），0.368 25（5.60）和 0.011 17（0.26）。关于道德风险证据的定性结果暗示，对于部分人群，有一些关于道德风险存在的证据，然而总体而言证据相对较少。

□ 18.4.8 两部模型：零变模型和栏式模型

Mullahy（1986），Heilbron（1989），Lambert（1992），Johnson and Kotz（1993）以及 Greene（1994）分析了栏式模型的一个推广，其中零结果可能来源于两种模式。[①] 在一种模式中，结果总是零。在另一种模式中，结果服从通常的泊松过程，从而可能会产生零或其他结果。Lambert 在其应用中分析了给定时间区间内一个制造过程生产的次品数量。如果这个过程受到控制，那么结果总是为零（根据定义）。如果失去控制，则次品数服从泊松分布，在任何一期都可能为零或某个正数。因此，所用模型为

$$\text{Prob}(y_i=0\mid\mathbf{x}_i)=\text{Prob}(\text{模式 }1)+\text{Prob}(y_i=0\mid\mathbf{x}_i,\text{模式 }2)+\text{Prob}(\text{模式 }2)$$
$$\text{Prob}(y_i=j\mid\mathbf{x}_i)=\text{Prob}(y_i=j\mid\mathbf{x}_i,\text{模式 }2)\text{Prob}(\text{模式 }2),j=1,2,\cdots$$

令 z 为一个表示模式 1（$z=0$）或模式 2（$z=1$）的二值指标变量；y^* 表示模式 2 中泊松过程的结果。于是所观测到的 $y=z\times y^*$。对这个分离模型的一个自然扩展是，容许 z 由一组协变量决定。这些协变量不一定等同于确定泊松过程中条件概率的变量。因此，模型为

$$\text{Prob}(z_i=0\mid\mathbf{w}_i)=F(\mathbf{w}_i,\boldsymbol{\gamma}),(\text{模式 }1\text{：}y\text{ 恒等于 }0)$$
$$\text{Prob}(y_i=j\mid\mathbf{x}_i,z_i=1)$$
$$=\frac{\exp(-\lambda_i)\lambda_i^j}{j!},(\text{模式 }2\text{：}y\text{ 是一个计数结果})$$

零变模型也可以视为一种潜在类别模型，两类的概率分别为 $F(\mathbf{w}_i,\boldsymbol{\gamma})$ 和 $1-F(\mathbf{w}_i,\boldsymbol{\gamma})$，两种模式分别为 $y=0$ 或泊松或负二项式的数据生成过程。[②] ZIP 公式向负二项式模型的扩展通常被称为 ZINB 模型。[③] [见 Zaninotti and Falischetti（2010）对此模型的一个应用。]

结果服从泊松过程的情形（模式 2）中随机变量的均值为

$$E[y_i\mid\mathbf{x}_i,\mathbf{w}_i]=F_i\times 0+(1-F_i)\times E[y_i^*\mid\mathbf{x}_i,z_i=1]$$
$$=(1-F_i)\lambda_i$$

Lambert（1992）与 Greene（1994）还考虑了两种模式概率的许多其他表述方式，包括在 17.2 节和 17.3 节中讨论的 logit 模型和 probit 模型。单纯地检验一下是否存在模式分离机制在起作用可能是出于兴趣。遗憾的是，基本模型与零变模型并非嵌套关系。比如，令分离模型的参数

---

① 这个模型有各种名称，如“含零”（with zeros）或 WZ 模型 [Mullahy（1986）]、零胀泊松（zero-inflated Poisson）模型或 ZIP 模型 [Lambert（1992）]，以及“零变泊松（zero-altered Poisson）”或 ZAP 模型 [Greene（1994）]。

② Harris and Zhao（2007）应用这一方法调查了澳大利亚青少年的吸烟情况，研究运用了有序 probit 模型（见 18.3 节）。

③ Greene（2005）阐述了两部模型的概况，其中包括零变模型。

等于 0 并不能推导出 Prob$[z=0]=0$。在 probit 模型的情形中，这个概率就变成 0.5，从而支持了模式分离。上述对过度散布或散布不足的检验是相当间接的。一个理想的检验是对非泊松性的检验；另一个分布推导出的 0 的比例可能（但并不必须）与泊松分布存在系统性差异。检验一个不同的分布，作为反对一组不同的参数的依据，其流程是十分复杂的。由于假设必须是非嵌套的，所以任何一个检验的效力都是可选假设的函数，而且在一些假设下，检验的效力很小。在可以设定可选分布的情况下，使用 Vuong（1989）提出的非嵌套模型检验统计量就很合适（见 14.6.6 小节）。令 $f_j(y_i \mid \mathbf{x}_i)$表示在假设分布为 $f_j(y_i \mid \mathbf{x}_i)(j=1,2)$时，随机变量 Y 等于 y_i 的预测概率，并令

$$m_i=\ln\left[\frac{f_1(y_i \mid \mathbf{x}_i)}{f_2(y_i \mid \mathbf{x}_i)}\right]$$

于是，检验模型 1 对模型 2 的非嵌套假设的沃统计量为

$$v=\frac{\sqrt{n}\left[\dfrac{1}{n}\Sigma_{i=1}^{n} m_i\right]}{\sqrt{\dfrac{1}{n}\Sigma_{i=1}^{n}(m_i-\bar{m})^2}}=\frac{\sqrt{n}\bar{m}}{s_m}$$

这是用以检验假设 $E[m_i]=0$ 的标准统计量。沃证明了 v 的极限分布为标准正态分布。他指出，这个统计量是双向的。若 $|v|<2$，则该检验不支持任何模型。否则，其值越大，就越支持模型 1；其值越小（负），就越支持模型 2。进行这个检验需要估计两个模型，并且必须计算这两种情形下的各个预测概率。Greene（1994）证明了，沃氏检验在识别零变现象上有些效力。沃氏检验流程的逻辑是：通过设定一个负二项式计数数据过程来容许过度散布，然后检验即便容许过度散布，是否仍出现了过多的零。从其应用来看，其原理确实如此。

❖例 18.20 较重负面征信记录的零变模型

例 18.17 检测了 13 444 名信用卡申请者构成的一个样本的较重负面征信记录的数目。需要注意的是，这个样本中有超过 10 800 个零值。某个人可能会猜测，在所有的信用卡使用者中，有一定（很可能很高）比例的使用者永远不会产生较重负面征信记录，而其他的使用者可能产生也可能不产生，这要依情况而定。本例对例 18.17 中的计数模型进行了扩展以容纳过多的零值。表 18.28 展示了对 ZIP 和 ZINB 模型的扩展。出于比较的目的，表中只展示了系数。沃的对角线统计量（值为 20.698 1）似乎印证了泊松模型不能充分描述该数据的直觉；通过利用模型参数来计算零值数目的预测值，就可以清晰地看出，分离模型比基本的泊松回归表现得更好。对于简单的泊松模型，产生零值的概率与样本规模的乘积给出的零值数目的预测值为 8 609；而对于 ZIP 模型，这一预测值为 10 914.8，相比于简单泊松模型有了相当程度的提升。根据似然比检验的结果，负二项式模型明显更优；两种设定下零变模型的对数似然函数差值超过了 1 000。而且，在负二项式的设定下，沃统计量如同所期待的那样有了相当大的下降，降至 4.594 3。然而，在此设定下，没有零变的简单模型仍然没有通过检验。

表 18.28　零变计数模型的估计

	泊松			负二项式		
		零变			零变	
	泊松回归	回归	零模式	负二项式回归	回归	零模式
常数	−1.332 76	0.754 83	2.069 19	−1.545 36	−0.396 28	4.189 10
Age	0.012 86	0.003 58	−0.017 41	0.018 07	−0.002 80	−0.143 39
Income	−0.025 77	−0.051 27	−0.030 23	−0.024 82	−0.055 02	−0.339 03
OwnRent	−0.178 01	−0.155 93	−0.017 38	−0.189 85	−0.285 91	−0.500 26
Self Employment	0.046 91	−0.012 57		0.079 20	0.068 17	
Dependents	0.137 60	0.060 38	−0.090 98	0.140 54	0.085 99	−0.328 97
Cur Add.	0.001 95	0.000 46		0.002 45	0.002 57	
α				6.414 35	4.856 53	
ln *L*	−15 467.71	−11 569.74		−10 582.88	−10 516.46	
沃		20.698 1			4.594 3	

在某些设定中，数据生成过程中产生的零值与正值是有本质区别的。产生零值或非零值的根源在于对是否参与某活动的不同决定。当决定参与之后，再决定参与多少，即参与程度如何。Mullahy (1986) 认为，这一事实揭示了泊松（或负二项式）模型的一个缺陷，并据此提出了**栏式模型**（hurdle model）作为替代。① 在马拉希（Mullahy）的模型中，首先由一个二值概率模型决定结果是零值还是非零值，然后，在后一种情形中，利用（截尾）泊松分布来描述正值的结果。该模型为

$$\text{Prob}(y_i=0\mid \mathbf{x}_i)=e^{-\theta}$$

$$\text{Prob}(y_i=j\mid \mathbf{x}_i)=(1-e^{-\theta})\frac{\exp(-\lambda_i)\lambda_i^j}{j!\,[1-\exp(-\lambda_i)]},j=1,2,\cdots$$

上述公式改变了零结果的概率以及非零结果概率的尺度从而保持各概率之和为 1。马拉希提出了一些公式并将模型运用于关于每日饮料消费的样本。其公式增加了一个新的约束，即 $\text{Prob}(y_i=0\mid \mathbf{x}_i)$ 不再基于协变量，然而，下一步的自然想法是对这一概率进行参数化。这种对栏式模型的扩展将 17.2 节与 17.3 节的二值选择模型与 18.4.6 小节的截尾计数模型结合起来，从而产生 logit 参与方程和泊松密度方程如下：

$$\text{Prob}(y_i=0\mid \mathbf{w}_i)=\Lambda(\mathbf{w}_i'\boldsymbol{\gamma})$$

$$\text{Prob}(y_i=j\mid \mathbf{x}_i,\mathbf{w}_i,y_i>0)=\frac{[1-\Lambda(\mathbf{w}_i'\boldsymbol{\gamma})]\exp(-\lambda_i)\lambda_i^j}{j!\,[1-\exp(-\lambda_i)]}$$

① 关于对连续数据类似处理的应用，见 Cragg (1971)。

栏式模型中的条件均值函数为

$$E[y_i \mid \mathbf{x}_i, \mathbf{w}_i] = \frac{[1-F(\mathbf{w}_i'\boldsymbol{\gamma})]\lambda_i}{[1-\exp(-\lambda_i)]}, \lambda_i = \exp(\mathbf{x}_i'\boldsymbol{\beta})$$

其中，$F(.)$ 是参与方程（probit 或 logit）所使用的概率模型。通过分别对两套变量取偏导数，即可得到偏效应，

$$\frac{\partial E[y_i \mid \mathbf{x}_i, \mathbf{w}_i]}{\partial \mathbf{x}_i} = [1-F(\mathbf{w}_i'\boldsymbol{\gamma})]\boldsymbol{\delta}_i$$

$$\frac{\partial E[y_i \mid \mathbf{x}_i, \mathbf{w}_i]}{\partial \mathbf{w}_i} = \left\{\frac{-f(\mathbf{w}_i'\boldsymbol{\gamma})\lambda_i}{[1-\exp(-\lambda_i)]}\right\}\boldsymbol{\gamma}$$

其中，$\boldsymbol{\delta}_i$ 通过式（18－23）来定义，$f(.)$是 $F(.)$对应的密度函数。对于 $\mathbf{x}_i$ 与 $\mathbf{w}_i$ 中共有的变量，其效应需要把两个偏效应相加得到。对于虚拟变量，之前的结果只是一个估计，确切的结果应该通过取条件均值与 0/1 变量之间的差值而定。

人们可能对栏式效应的检验产生兴趣。不含栏式效应的模型不可能嵌套在栏式模型当中，这一点栏式模型与零变模型是相似的。令 $\boldsymbol{\gamma}=\mathbf{0}$，得到的是 $F=\alpha$，α 为常数；或者，如果常数项也为 0，就有 $F=1/2$。这既非服务于目标，又不是在一个设定为 $\mathbf{w}_i=\mathbf{x}_i$，$F=\Lambda$（带有泊松密度方程）的模型中令 $\boldsymbol{\gamma}=\boldsymbol{\beta}$（这看起来十分诱人）。互补双对数模型为

$$\text{Prob}(y_i=0 \mid \mathbf{w}_i) = \exp[-\exp(\mathbf{w}_i'\boldsymbol{\gamma})]$$

若 $\mathbf{w}_i=\mathbf{x}_i$，则上述模型会产生所期待的结果。在这种情形下，如果 $\boldsymbol{\gamma}=\boldsymbol{\beta}$，则“栏式效应”是缺失的。该情形中的策略是对约束做检验。然而，这一公式在其他方面是有约束的，首先是在变量选择方面，其次是在其非同寻常的函数形式方面。这一检验更一般的方法是沃氏检验，此方法在之前检验零变模型相对于简单泊松和负二项式模型时曾使用过。

栏式模型与零变模型有一些相似之处，然而二者在行为上的含义是不同的。零变模型可以有效地被视为潜在类别模型。分离概率定义了一种模式决定方式。而在栏式模型中，分离方程与参与程度（计数）方程表示的是同等级别的行为结果。[①] 零变模型和栏式模型这两种修正都从本质上改变了泊松模型。首先，注意到分布的均值与方差不再保持相等；这两种修正都引入了过度散布。另外，过度散布并不产生于异质性，而是产生于产生零的过程的本质。就其而言，模型中产生了一个有趣的识别问题：如果数据本身具有过度散布的特征，那么就不能确定其过度散布的特征是应该归结于异质性还是模式分离机制。Mullahy（1986）更强烈地主张这一观点。他表示过度散布总是引起过多的零，就这个观点而言，过多的零是由于分离过程而不是异质性这一观点可能是一种误解。

✧例 18.21　看医生的栏式模型

Jones and Schurer（2009）基于 ECHP 面板数据集，应用栏式模型的框架研究了几个国家中看医生的情况。该模型的基础是负二项式回归，并且具有 logit 栏式方程。研究主要感兴趣的问题是不同国家间医疗服务利用率的收入弹性的区别。表 18.29 展示了文献中关于一般从业者（general practitioner,

---

① 其例子见 Jones（1989），该文献运用此模型研究了烟草消费问题。

GP）的一些结果（摘自原文献表 8[①]，与一般从业者对应的概念是专家）。注意到，受调查的个体被分类为高频使用者和低频使用者。划分这两种潜在类别的依据是对医疗系统使用频率的高低，这种分类依据使得这两个类别看起来并不是那么“潜在”。作者运用了 14.15.4 小节所描述的方法进行分类。研究计算了对样本中每一个个体的后验（条件）类别概率：$\hat{\pi}_{i1}$ 和 $\hat{\pi}_{i2}$。如果对某一个体有 $\hat{\pi}_{i1} \geqslant 0.5$，则该个体就归为类别 1；若 $\hat{\pi}_{i1} < 0.5$，则该个体就归为类别 2。有了这种分类后，就可以计算每组内的平均利用率。组内均值较高的组被称为“高频使用者”。

例 18.16 和例 18.19 拟合了该问题的泊松回归，其均值为

$$E[DocVis \mid \mathbf{x}] = \exp(\beta_1 + \beta_2 Age + \beta_3 Education + \beta_4 Income + \beta_5 Kids + \beta_6 AddOn)$$

表 18.29　　收入弹性

一般从业者与专家的收入系数和收入弹性的估计——各国的潜在类别栏式模型（括号内为渐近 t 值）

		一般从业者			
		低频使用者		高频使用者	
国家		估计系数	估计弹性	估计系数	估计弹性
奥地利	$P(Y>0)$	−0.051（−1.467）	−0.012	−0.109（−0.872）	−0.005
	$E(Y \mid Y>0)$	0.012（0.693）	0.009	0.039（2.167）	0.035
比利时	$P(Y>0)$	0.035（1.002）	0.008	0.292（4.004）	0.010
	$E(Y \mid Y>0)$	−0.052（−3.125）	−0.037	−0.055（−4.030）	−0.050
丹麦	$P(Y>0)$	0.083（1.746）	0.033	0.261（2.302）	0.023
	$E(Y \mid Y>0)$	0.042（0.992）	0.021	−0.030（−1.009）	−0.024
芬兰	$P(Y>0)$	0.054（1.358）	0.024	−0.030（−0.263）	−0.003
	$E(Y \mid Y>0)$	0.007（0.237）	0.004	−0.048（−1.706）	−0.037

表 18.30 展示了利用 1994 年共 3 377 个观测值的面板数据并基于上述设定的两类别潜在类别模型的结果。估计的先验类别概率分别为 0.232 98 和 0.767 02。对于样本中的每一个观测值，运用下式来计算后验概率：

$$\hat{\pi}_{i1} = \frac{\hat{\pi}_1 \hat{L}_{i1}}{\hat{\pi}_1 \hat{L}_{i1} + \hat{\pi}_2 \hat{L}_{i2}},\ \hat{L}_{ic} = \frac{\exp(-\hat{\lambda}_{ic})(\hat{\lambda}_{ic})^{DocVis_i}}{DocVis_i!},\ \hat{\lambda}_{ic} = \exp(\mathbf{x}_i'\hat{\boldsymbol{\beta}}_c),\ c = 1,2$$

然后利用 $\hat{\pi}_{i2} = 1 - \hat{\pi}_{i1}$ 可以计算出 $\hat{\pi}_{i2}$。样本中这两个后验概率的均值分别为 0.228 309 和 0.771 691，这两个数值在排除一些小误差后，与先验概率是对等的（理论上它们应当是严格对等的）。然后对分类同前定义（如果 $\hat{\pi}_{i1} \geqslant 0.5$，则归为类别 1；否则归为类别 2）。计算可得两种类别的观测值数目分别为 771 和 2 606。两组中 *DocVis* 的平均值分别为 11.380 和 1.535，这一结果也印证了高频使用者和低频使用者的分类。图 18.8 展示了两组数据的柱状图（样本已经将类别 1 中大于 30 的观测值去除了）。

---

① Jone and Schurer (2009).

表 18.30　看医生的潜在类别模型的估计

	潜在类别模型				泊松回归	
	类别 1		类别 2			
变量	估计值	标准误	估计值	标准误	估计值	标准误
常数	2.673 81	0.118 76	0.666 90	0.175 91	1.233 58	0.067 06
Age	0.013 94	0.001 49	0.018 67	0.002 13	0.018 66	0.000 82
Income	−0.398 59	0.080 96	−0.518 61	0.120 12	−0.402 31	0.046 32
Education	−0.057 60	0.006 99	−0.065 16	0.011 40	−0.044 57	0.004 35
Kids	−0.132 59	0.035 39	−0.320 98	0.052 70	−0.144 77	0.020 65
AddOn	0.007 86	0.087 95	0.068 83	0.150 84	0.122 70	0.061 29
类别概率	0.232 98	0.009 59	0.767 02	0.009 59	1.000 00	0.000 00
ln *L*	−9 263.76				−13 653.41	

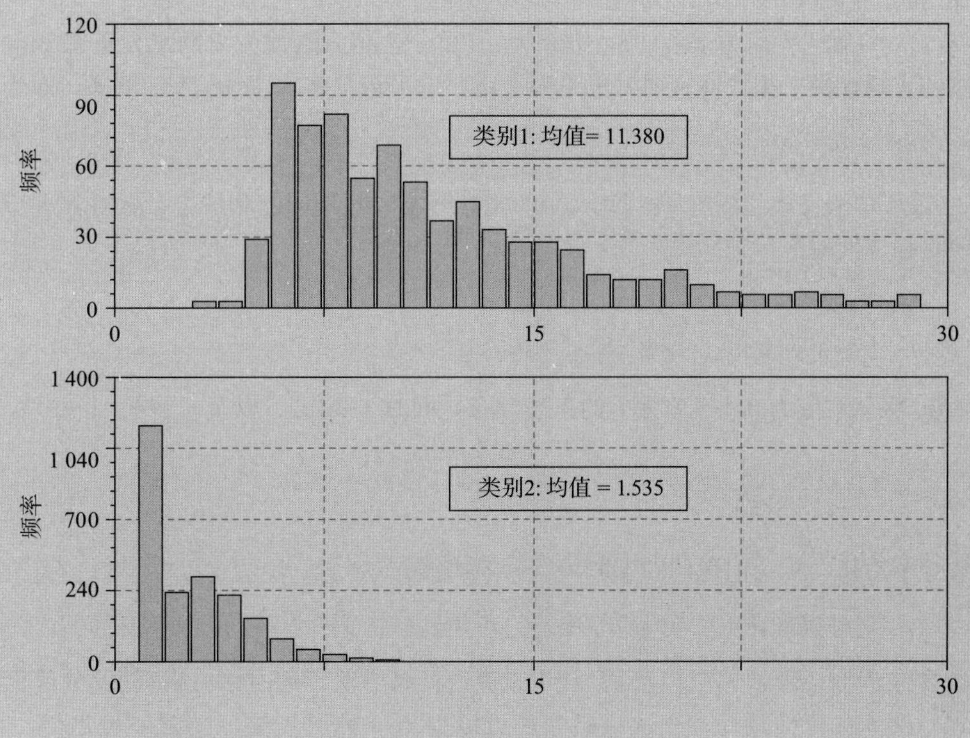

图 18.8　各类别看医生次数的分布

□ 18.4.9　内生变量与内源性参与

正如其他情形，人们希望在模型中找到有关计数的内生变量。例如，在研究医疗服务利用状况的例子中，Riphahn，Wambach，and Million（RWM，2003）感兴趣的是次级可选保险在利用变量（usage variable）中的作用。人们可能会相信，至少有一些因素同时影响了购买保险和利用医疗服务系统两个决定。保险购买在模型（例如例 18.21 的栏式模型）中很可能是内生的。

在泊松模型中构建内生性所面临的复杂程度不亚于其他模型。出于简化的目的，考虑一个连续变量，例如 *Income* 来继续此例。一个看医生次数的收入决定模型为

$$Income = \mathbf{z}_i'\boldsymbol{\gamma} + u_i$$
$$\text{Prob}(DocVis_i = j \mid \mathbf{x}_i, Income_i) = \exp(-\lambda_i), \lambda_i^j/j!, \lambda = \exp(\mathbf{x}_i'\boldsymbol{\beta} + \delta\ Income_i)$$

内生性——如同先前（例如，在第 8 章）所分析的一样——来源于主方程中内生变量与未观测到的遗漏因素之间的相关性。但是，泊松模型中并不包含任何不可观测的因素，这是泊松设定作为回归模型最主要的缺陷；回归中自变量的全部变化都来源于可观测因素的变化。未观测到的异质性与遗漏因素没有容身之处。这一原因迫使研究者使用负二项式模型——或者，在 RWM 的研究中是泊松-正态混合模型。① 如果对模型进行改写以容纳异质性，则有

$$\lambda_i = \exp(\mathbf{x}_i'\boldsymbol{\beta} + \delta\ Income_i + \varepsilon_i)$$

如果 u_i 和 ε_i 是相关的，则 $Income_i$ 就会是内生的。

（u_i，ε_i）服从均值为（0，0），方差为 σ_u^2 和 σ_ε^2，相关系数为 ρ 的二元正态分布，这一分布为想法的实现提供了很方便（同时也是很常用）的平台。将 ε_i 用 u_i 表示出来，即为

$$\varepsilon_i = (\rho\sigma_\varepsilon/\sigma_u)u_i + v_i$$

其中 v_i 服从均值为 0，方差为 $\sigma_\varepsilon^2(1-\rho^2)$ 的正态分布。利用回归和特定参数对其进行如下参数化被证明是很方便的：

$$\begin{aligned}\varepsilon_i &= \rho\sigma_\varepsilon(Income_i - \mathbf{z}_i'\boldsymbol{\gamma})/\sigma_u + v_i \\ &= \tau[(Income_i - \mathbf{z}_i'\boldsymbol{\gamma})/\sigma_u] + \theta w_i\end{aligned}$$

其中，w_i 服从均值为 0，方差为 1 的正态分布，同时 $\tau = \rho\sigma_\varepsilon$，以及 $\theta^2 = \sigma_\varepsilon^2(1-\rho^2)$。整理各项，就有

$$\varepsilon_i = \tau u_i^* + \theta w_i$$

根据这种参数化方式，泊松回归中的条件均值函数就是

$$\lambda_i = \exp(\mathbf{x}'_i\boldsymbol{\beta} + \delta\ Income_i + \tau u_i^* + \theta w_i)$$

待估参数有 $\boldsymbol{\beta}$，$\boldsymbol{\gamma}$，δ，σ_ε，σ_u 以及 ρ。接下来就有两种方法。通过 *Income* 对 $\mathbf{z}$ 的线性回归，$\boldsymbol{\gamma}$ 和 σ_u 可以一致地进行估计。基于这一事实，可以提出一种两步法。在第一步之后，就可以计算 u_i^* 的值，然后根据下式构建泊松回归模型：

$$\hat{\lambda}_i(w_i) = \exp[\mathbf{x}_i'\boldsymbol{\beta} + \delta\ Income_i + \tau\hat{u}_i + \theta w_i]$$

第二步中有待最大化的对数似然函数为

① 见 Terza（2009，pp. 555－556）对此问题的讨论。

$$\ln L(\boldsymbol{\beta},\delta,\tau,\theta\mid\mathbf{w})=\sum_{i=1}^{n}-\hat{\lambda}_i(w_i)+y_i\ln\hat{\lambda}_i(w_i)-\ln y_i!$$

模型中仍存在的复杂之处在于未观测到的异质性 w_i 仍然存在于方程之中，所以必须通过对对数似然函数的积分将其消除。w_i 服从标准正态分布，对其积分后可得到无条件对数似然函数

$$\ln L(\boldsymbol{\beta},\boldsymbol{\gamma},\tau,\theta)=\sum_{i=1}^{n}\ln\left\{\int_{-\infty}^{\infty}\left[\frac{\exp(-\hat{\lambda}_i(w_i))(\hat{\lambda}_i(w_i))^{y_i}}{y_i!}\right]\phi(w_i)dw_i\right\}$$

17.4.2 小节用以拟合 probit 模型的巴特勒和莫菲特所使用的方法（亦即极大模拟似然）可以用于估计此处的$\boldsymbol{\beta}$，δ，τ 以及 θ。对 ρ 和 σ_ε 的估计可以由后两个导出，即 $\sigma_\varepsilon^2=\theta^2+\tau^2$ 以及 $\rho=\tau/\sigma_\varepsilon$。这是 17.6.2 小节所讨论的控制函数法，同时也是 Terza，Basu，and Rathouz（2008）所讨论的"残差包含"（residual inclusion）法。

利用完全信息极大似然可以一步就估计出全部参数。为了同时有效地估计出所有参数，可以利用 $P(DocVis\mid Income)f(Income)$ 求得 $DocVis$ 与 $Income$ 的联合密度，并据此构建对数似然函数，即

$$f(DocVis,Income)=\frac{\exp[-\lambda_i(w_i)][\lambda_i(w_i)]^{y_i}}{y_i!}\frac{1}{\sigma_u}\phi\left(\frac{Income-\mathbf{z}_i'\boldsymbol{\gamma}}{\sigma_u}\right)$$

$$\lambda_i(w_i)=\exp[\mathbf{x}_i'\boldsymbol{\beta}+\delta\ Income_i+\tau(Income_i-\mathbf{z}_i'\boldsymbol{\gamma})/\sigma_u+\theta w_i]$$

与之前一样，未观测到的 w_i 必须通过积分来移出对数似然函数。利用求积法或模拟法均可。通过最大化对数似然函数估计的参数为（$\boldsymbol{\beta}$，$\boldsymbol{\gamma}$，δ，σ_u，σ_ε，ρ）。利用不变性法则，将对数似然函数进行关于 τ 和 θ 的参数化，可以对估计稍做简化。此外，利用 Olsen（1978）[以及 Tobin（1958）] 提到的变换 $\eta=1/\sigma_u$ 和 $\boldsymbol{\alpha}=(1/\sigma_u)\boldsymbol{\gamma}$ 也可对估计做出一定的简化。

对内生二元变量（如看医生例子中的 *Public* 和 *AddOn*）的处理方式类似，但是略微简单一些。模型的结构方程为

$$T^*=\mathbf{z}'\boldsymbol{\gamma}+u,\ u\sim N[0,1]$$

$$T=\mathbf{1}(T^*>0)$$

$$\lambda=\exp(\mathbf{x}'\boldsymbol{\beta}+\delta T+\varepsilon),\ \varepsilon\sim N[0,\sigma_\varepsilon^2]$$

且有 $\mathrm{Cov}(u,\varepsilon)=\rho\sigma_\varepsilon$。非零的 ρ 揭示了 T 的内生性。利用如下二元正态结果

$$u=(\rho/\sigma_\varepsilon)\varepsilon+v$$

其中 v 服从均值为 0，方差为 $1-\rho^2$ 的正态分布。然后运用先前用于 probit 模型的结果（17.3 节）

$$P(T/\varepsilon)=\Phi\left[(2T-1)\left(\frac{\mathbf{z}'\boldsymbol{\gamma}+(\rho/\sigma_\varepsilon)\varepsilon}{\sqrt{1-\rho^2}}\right)\right],T=0,1$$

再次做代换 $\varepsilon=\sigma_\varepsilon w$，$w\sim N[0,1]$会使分析比较方便，代换后上式变为

$$P(T\mid w)=\Phi\left[(2T-1)\left(\frac{\mathbf{z}'\boldsymbol{\gamma}+\rho w}{\sqrt{1-\rho^2}}\right)\right],\ T=0,1$$

$y\mid T$，w 的概率密度函数为泊松密度函数，有 $\lambda(w)=\exp(\mathbf{x}'\boldsymbol{\beta}+\delta T+\sigma_\varepsilon w)$。整理各项即有

$$P(y,T|w)=\frac{\exp[-\lambda(w)][\lambda(w)]^y}{y!}\Phi\left[(2T-1)\left(\frac{\mathbf{z}'\boldsymbol{\gamma}+\rho w}{\sqrt{1-\rho^2}}\right)\right]$$

最后的结果即是进入用以估计（$\boldsymbol{\beta}$，$\boldsymbol{\gamma}$，δ，ρ，σ_ε）的对数似然函数中的项。同之前一样，未观测到的 w 必须通过积分来移出对数似然函数。通过求积法或第 17 章所讨论的模拟法都可以得到参数的估计值。需要注意的是，这个模型必须分两步来估计，在第一步的 probit 中先得到 $\boldsymbol{\gamma}$。两步法不会明显简化求解过程，因为密度函数中的第二项必须保留以确定 ρ。由于 T^* 是未观测到的，所以残差包含法不适用于这里的情形。

在 18.4.8 小节所讨论的栏式模型中容纳参与方程异质性用的是一系列相同的方法。机械地来看，具有内源性参与的栏式模型在本质上与内生二元变量是相同的。①

例 18.22　医疗服务利用状况的内生处理

表 18.31 展示了对医疗服务利用状况数据的处理效应模型的估计。主要的结果是次级可选保险的因果参数（表中方框内）。本例分别利用全部面板数据（混合）以及最后一年（1994）的面板数据拟合了该模型。两组结果几乎是相同的。较大的负值显然与任何道德风险的出现都不相符，并且该结果已经足够有力到能使人们消除对一些模型设定的怀疑。这里如同 Riphahn et al.（2003）以及他们所讨论的例子那样，没有在数据中发现任何能够证明在看医生的需求上存在道德风险的证据（作者确实在去医院方面发现了更多相关的结果）。

表 18.31　处理效应模型的估计（括号内为标准误）

	全部面板数据		1994 年数据	
	处理	结果	处理	结果
变量	probit 模型：次级可选保险	泊松模型：看医生	probit 模型：次级可选保险	泊松模型：看医生
Health Sat.	0.108 24		0.132 02	
	(0.006 77)		(0.009 03)	
Married	0.123 25		0.148 27	
	(0.035 64)		(0.073 14)	
Income	0.618 12		0.314 12	
	(0.058 73)		(0.146 64)	
Working	−0.058 64		0.194 07	
	(0.032 97)		(0.123 75)	
Education	0.052 33		0.047 55	
	(0.005 88)		(0.010 20)	
Kids	−0.108 72	−0.170 63	−0.000 65	−0.233 49

① 见 Greene（2005，2007d）。

续前表

变量	全部面板数据		1994 年数据	
	处理	结果	处理	结果
	probit 模型：次级可选保险	泊松模型：看医生	probit 模型：次级可选保险	泊松模型：看医生
	(0.033 06)	(0.018 79)	(0.075 19)	(0.049 33)
常数	−3.563 68	−0.740 06	−3.704 07	−0.206 58
	(0.083 64)	(0.040 94)	(0.165 09)	(0.104 40)
Age		0.020 99		0.014 31
		(0.000 79)		(0.002 14)
Female		0.425 99		0.509 18
		(0.016 19)		(0.044 00)
AddOn		−2.738 47		−2.864 28
		(0.049 78)		(0.092 89)
σ		1.430 70		1.421 12
		(0.006 53)		(0.018 66)
ρ		0.932 99		0.996 44
		(0.007 54)		(0.003 76)
$\ln L$	−62 366.61		−8 313.88	
N	27 326		3 377	

18.5 归纳与总结

微观计量经济学中对个体决策的分析大部分都是关于离散决定的，例如是否参加某活动，是否做出某项支付，选择购买哪个品牌。本章和第 17 章提出了四个用于分析该问题的基本模型。第 17 章所提出的随机效用、二值选择模型与回归式建模是离散选择建模的三大基石。本章将这些基本工具扩展到了选择建模的三个基本领域：无序选择模型、有序选择模型和计数模型。在每一种情形中均提出了一个为讨论提供平台的核心建模框架，此后又提出了基本框架的种种扩展形式。

在对无序选择——例如对品牌和位置的选择——模型的分析中，多项式 logit 模型为分析提供了出发点。多项式 logit（MNL）模型在提供基本框架方面十分出色，然而作为一个行为模型，它也具有一些明显的缺点。该领域近期许多研究的关注点都在对其行为假设的放松上。而最前沿的关于混合 logit 模型的研究已经产生了足够灵活，且能够满足实证设定和估计建模要求的函数形式。

有序选择模型是对二值选择情形的自然扩展，也是沟通两个选项之间的选择模型与多个选项之间的复杂选择模型的便捷桥梁。对其分析的出发点是由 Zavoina and Mckelvey（1975）提出的有序 probit 和 logit 模型。近期对此模型的改进主要在于对面板数据的各种扩展和对异质性的建模，正如对第 17 章二值选择的改进。本章同样考察了一些多方程设定。对于各种各样的应用而言，所熟悉的有序选择模型具有一个明显的缺点，即假设评分量表背后潜在偏好的一致性。目前关于项目功能差异的研究，如 King et al.(2004)，显著地填补了这一理论空白。

最后，本章讨论了事件计数的概率模型。在这里，泊松回归模型提供了分析的基本框架。泊松回归模型有两个主要的缺陷：其一为其函数形式中随机变量的均值和方差是相等的，这一设定与现实情况存在偏差；其二为基本模型并未容纳潜在的异质性。(第二点是第一点产生的原因。) 这些缺陷推动了对该模型的研究不断前进。目前的研究提出了计数模型的种种变式，例如考虑了决策过程的不同方面以及观测数据产生机制的两部行为模型。

关键术语与概念

属性缺失
个人特征
计数数据
环境风险
通过函数形式确定
有限信息
混合 logit 模型
多项式 probit 模型（MNP）
Negbin 2（NB2）形式
有序选择模型
随机系数
设定误差
主观幸福感（SWB）
支付意愿空间
二元有序 probit 模型
择基抽样
离差
广义混合 logit 模型
包容值
对数优势比
多项选择
负二项式分布
Negbin P（NBP）形式
过度散布
随机参数 logit 模型（RPL）
陈述性选择数据
未标记的选择
删失
条件 logit 模型
项目功能差异（DIF）
栏式模型
独立于无关选项（IIA）
模拟矩估计法
多项式 logit 模型
Negbin 1（NB1）形式
嵌套 logit 模型
平行回归假设
显示性偏好数据
陈述性选择实验
无序选择模型

练习

1. 考虑有序 probit 模型，数据包含 250 个观测值，其具体组成为

y	0	1	2	3	4
n	50	40	45	80	35

利用上面的数据，计算模型中未知参数的极大似然估计值。(提示：将概率考虑为未知参数。)

2. 18.4.8 小节导出了零变模型（ZIP）的条件均值函数：$E[y_i \mid \mathbf{x}_i, \mathbf{w}_i]=(1-F_i)\lambda_i$。

a. 计算该模型的 $\text{Var}[y_i \mid \mathbf{x}_i, \mathbf{w}_i]$，然后计算 $\tau_i=\text{Var}[y_i \mid \mathbf{x}_i, \mathbf{w}_i]/E[y_i \mid \mathbf{x}_i, \mathbf{w}_i]$。零变模型中存在过度散布吗?(也就是说，计算得到的比率大于 1 吗?)

b. 计算 $\mathbf{w}_i$ 和 $\mathbf{x}_i$ 中共有的变量 z_i 的偏效应。

3. 考虑泊松回归模型对 $y_i \mid x_i$ 的估计。数据是左截尾的——观测值通过在娱乐场所现场观察得到，所以数据集中不包含 0。同时数据是右删失的——大于 5 的观测值均记为 5。在该抽样方案下构建数据的对数似然函数。

应用

1. 在线附表 F17.2 提供了 Fair（1978）所研究的《红皮书》杂志对婚外情的调查数据。数据集中的变量如下：

id＝识别编码
C＝常数，值为 1
yrb＝构建的对婚外情时间的衡量
v_1＝婚姻评级，从 1 到 5
v_2＝年龄，以年计，实足年龄
v_3＝结婚时长，以年计
v_4＝子女数量，最多为 5
v_5＝宗教信仰虔诚度，从 1 到 4，1＝不信仰，4＝非常信仰
v_6＝受教育程度，取 9,12,14,16,17,20
v_7＝职业
v_8＝丈夫的职业

还有三个其他变量未被使用。调查的样本包含 6 366 名已婚女性。在本练习中，首先考虑一个二值变量 A：如果 $yrb>0$，则 $A=1$，否则 $A=0$。所感兴趣的回归元为 $v_1 \sim v_8$，然而不必将这些回归元都包含在模型中。利用这些数据构建一个关于 A 的二值选择模型。计算该模型的全部估计结果，并计算你所选择的变量的偏效应。将利用 logit 模型和 probit 模型得到的结果进行对比，这两种模型得到的结果有本质上的区别吗？

2. 继续上一应用题的分析。现在考虑婚姻自我评级 v_1。该变量天然适合构建有序选择模型，因为这一简单的五点变量是连续变化的主观婚姻满意度的删减版本。用有序 probit 模型分析这一变量。哪些变量看上去解释了对这一调查问题（即 v_1）的回答？（注意，变量取值为 1，2，3，4，5。有些软件能在进行有序选择的建模时接受这种形式的数据，如 Stata；同时其他软件要求数据必须为 0，1，2，3，4 的形式，如 NLOGIT。事先确认你所使用的软件接受哪种形式并在必要时对数据形式做转换。）你能计算模型的偏效应吗？计算偏效应，从这些偏效应来看，各个自变量对 v_1 评级的影响如何？

3. 先前章节的一些应用利用德国医疗服务数据考察了变量 $DocVis$，即所报告的看医生的次数。数据如在线附表 F7.1 所示。数据集中的第二个计数变量是之前没有考察过的 $HospVis$，表示去医院的次数。此应用将考察这一变量。首先将全样本（27 326）的观测值作为横截面。

a. 首先拟合该变量的泊松回归模型，外生变量已经列于在线附表 F7.1 中。确定适合模型等号右边的设定，计算回归结果和偏效应。

b. 利用普通最小二乘法估计这一模型，并将所计算的最小二乘结果与 a 中的偏效应做比较，你发现了什么？

c. 是否有证据证明数据中存在过度散布？检验过度散布。现在利用负二项式设定重新估计模型，结果如何？是否发生了改变？利用似然比检验法检验负二项式设定（相对于泊松设定）。

4. GSOEP 数据是非平衡面板数据，共有 7 293 组。继续上一题的分析，分别在固定效应和随机效应的设定下拟合泊松模型，并比较得出的结果。（回忆之前的内容，同线性模型一样，固定效应泊松模型不含任何非时变变量。）面板数据得到的结果较混合结果如何？

5. 在线附表 F18.3 包含 McCullagh and Nelder（1983）所分析的船只失事数据。数据包含 40 个关于海

船遭遇海浪破坏的次数观测值，回归元包括船只服役总时长以及三组虚拟变量，即船只种类（1，…，5），出航年代（1960—1974 年或 1975—1979 年）以及建造年代（1960—1964 年，1965—1969 年或 1970—1974 年）。自变量有 6 个缺失值，故可用的观测值共 34 个。

a. 为上述数据拟合泊松模型，使用服役总时长的对数值、四个船只种类变量、两个修造年代虚拟变量以及一个出航年代虚拟变量，给出你的结果。

b. 作者注意到，事故率本该按年代阶段记，然而不同船只的服役总时长不同，在服役总时长对数的系数为 1 的约束下重新估计你的模型。

c. 作者假定数据中存在过度散布，你是否发现了过度散布的证据？给出你的结果。

19 受限因变量：截尾、删失与样本选择

19.1 引言

我们在本章中将分析**截尾**（truncation）和删失。我们在 18.4.6 小节中可以看到，这些特征会使得本来可能适用于诸如回归的传统估计方法的数据分析复杂化。当试图对来自不同子总体的大样本进行有关一个大总体的推论时，截尾效应就会出现。例如，当关于收入的一项研究是基于高于或者低于某个贫困线的收入数据时，则其对推断整个总体情况的作用便非常有限。本质上，截尾是分布的一个特征，而样本数据是从分布中抽取的。删失是当前研究中更为常见的一个问题。上个例子中，设想贫困线以下的收入数据都处于贫困线水平。对变量取值的范围进行删失，会导致常规统计结论出现类似截尾的扭曲。与截尾不同，删失是样本数据的一个特征。若没有被删失，数据应该是总体的一个有代表性的样本。我们在本章中也会研究被称为**样本选择**（sample selection）问题的截尾形式。尽管这个领域的大多数经验研究都涉及删失而非截尾，但我们还是先研究更简单的截尾模型。它为我们分析删失和样本选择模型提供了所需的大多数理论工具。

讨论将会研究截尾、删失和样本选择的一般特征，并且在每种情况下，开发出经验模型分布应用的主要领域。随机前沿模型是经验模型中截尾分布结果的一个主要应用。[①] 在劳动供给的分析和持续时间数据建模方面，删失表现得尤为突出。如今样本选择模型已经出现在社会科学的各个领域，并且在治疗效果评估和项目评估中发挥着重要作用。

19.2 截尾

我们在本节中将分析如何从来自总体的一个有限部分的样本推断整个总体的某些特征。

19.2.1 截尾分布

一个**截尾分布**（truncated distribution）就是一个未截尾分布在某个特定值之上或之下的部

① 参见 Aigner，Lovell，and Schmidt（1977）和 Fried，Lovell，and Schmidt（2008）。

分。例如，例 19.2 列举了收入在 10 万美元以上的美国人的分布特征。这个子集是范围从零到（基本上）无穷的完整收入分布的一部分。

定理 19.1　截尾随机变量的密度

若一个连续随机变量 x 的概率密度函数为 $f(x)$，且 a 是一个常数，则①

$$f(x\mid x>a)=\frac{f(x)}{\text{Prob}(x>a)}$$

定理得证于条件概率的定义，仅仅是对密度函数进行缩放，就可以使得 a 以上的密度的积分等于 1。注意，截尾分布是一个条件分布。

当前基于连续随机变量的大多数应用研究都使用**截尾正态分布**（truncated normal distribution）。若 x 服从均值为 μ，标准差为 σ 的正态分布，则

$$\text{Prob}(x>a)=1-\Phi\left(\frac{a-\mu}{\sigma}\right)=1-\Phi(\alpha)$$

式中，$\alpha=(a-\mu)/\sigma$，$\Phi(.)$为标准正态累积分布函数。于是，截尾正态分布的密度为

$$f(x\mid x>a)=\frac{f(x)}{1-\Phi(\alpha)}=\frac{(2\pi\sigma^2)^{-1/2}e^{-(x-\mu)^2/(2\sigma^2)}}{1-\Phi(\alpha)}=\frac{\frac{1}{\sigma}\phi\left(\frac{x-\mu}{\sigma}\right)}{1-\Phi(\alpha)}$$

式中，$\phi(.)$ 为标准正态概率密度函数。图 19.1 以 $a=-0.5$，0 和 0.5 为例说明了 $\mu=0$ 和 $\sigma=1$ 的**截尾标准正态分布**（truncated standard normal distribution）。当前文献中还有用于离散随机变量的另一个截尾分布，也就是在零处截尾的泊松分布，即

$$\text{Prob}[Y=y\mid y>0]=\frac{(e^{-\lambda}\lambda^y)/y!}{\text{Prob}[Y>0]}=\frac{(e^{-\lambda}\lambda^y)/y!}{1-\text{Prob}[Y=0]}$$
$$=\frac{(e^{-\lambda}\lambda^y)/y!}{1-e^{-\lambda}},\ \lambda>0,\ y=1,\cdots$$

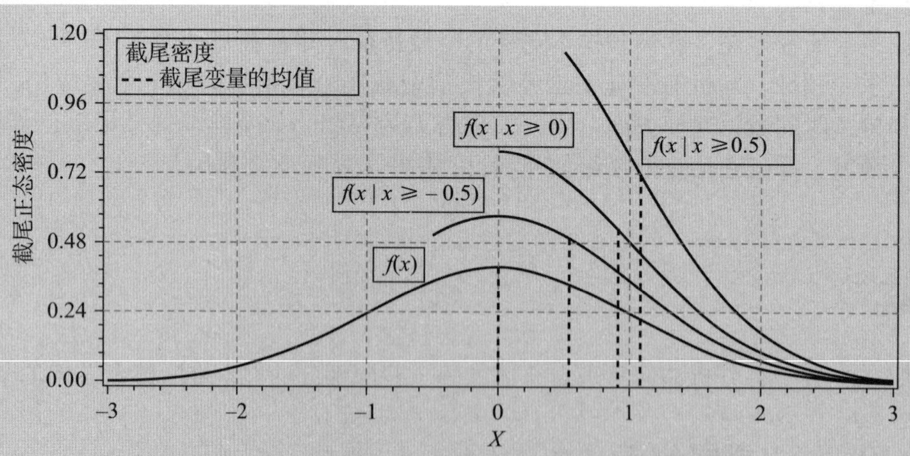

图 19.1　截尾正态分布

① 从上面截尾的情况可用类似的方法处理，且不会得出任何新结论。

这个分布广泛运用于有关娱乐设施和其他一些设施的模型中，在这些模型中，零观测值的使用被忽略了。[①]

为便于后面的分析，我们把分布被截尾的随机变量称为**截尾随机变量**（truncated random variable）。

□ 19.2.2 截尾分布的矩

我们通常对截尾随机变量的均值和方差感兴趣。通过下面的一般公式就可以推导出均值（方差也类似）：

$$E[x\,|\,x>a]=\int_a^{\infty}xf(x\,|\,x>a)dx$$

❖例 19.1　　截尾均匀分布

若 x 服从标准均匀分布，记为 $U(0,1)$，则有

$$f(x)=1,\ 0\leqslant x\leqslant 1$$

在 $x=\frac{1}{3}$ 处截尾的分布也是均匀分布，即

$$f(x\,|\,x>\frac{1}{3})=\frac{f(x)}{\text{Prob}\left(x>\frac{1}{3}\right)}=\frac{1}{\frac{2}{3}}=\frac{3}{2},\frac{1}{3}\leqslant x\leqslant 1$$

期望值为

$$E\left[x\,|\,x>\frac{1}{3}\right]=\int_{1/3}^{1}x\left(\frac{3}{2}\right)dx=\frac{2}{3}$$

对一个在 L 和 U 之间均匀分布的变量，方差是 $(U-L)^2/12$。于是有

$$\text{Var}[x\,|\,x>\frac{1}{3}]=\frac{1}{27}$$

未截尾分布的均值与方差分别为 1/2 和 1/12。

例 19.1 说明了以下两个结论：

1. 若从下面截尾，则截尾变量的均值大于原均值；若从上面截尾，则截尾变量的均值小于原均值。

2. 截尾会使得方差比原分布的方差更小。

在随后的章节中，我们将使用术语**截尾均值**（truncated mean）和**截尾方差**（truncated variance）表示具有截尾分布的随机变量的均值和方差。

对于截尾正态分布，我们有如下定理。[②]

---

① 参见 Shaw（1988）和 Smith（1988）。该模型的一种应用可见 18.4.6 小节和例 18.18。

② 详细情况参见 Johnson，Kotz，and Balakrishnan（1994，pp. 156－158）。证明见 Canmeron and Trivedi（2005）。

定理 19.2　截尾正态分布的矩

若 $x \sim N[\mu, \sigma^2]$，且 a 是一个常数，则

$$E[x \mid 截尾] = \mu + \sigma\lambda(\alpha) \tag{19-1}$$

$$\text{Var}[x \mid 截尾] = \sigma^2[1 - \delta(\alpha)] \tag{19-2}$$

式中，$\alpha = (a - \mu)/\sigma$，$\phi(\alpha)$ 为标准正态密度，且

$$若截尾是 x > a，则 \lambda(\alpha) = \phi(\alpha)/[1 - \Phi(\alpha)] \tag{19-3a}$$

$$若截尾是 x < a，则 \lambda(\alpha) = -\phi(\alpha)/\Phi(\alpha) \tag{19-3b}$$

并且

$$\delta(\alpha) = \lambda(\alpha)[\lambda(\alpha) - \alpha] \tag{19-4}$$

一个重要的结论是：

$$0 < \delta(\alpha) < 1，对所有 \alpha$$

这就意味着，例 19.1 下面的第二个结论成立。我们在随后的章节中将多次使用的一个结论是 $d\phi(\alpha)/d\alpha = -\alpha\phi(\alpha)$。函数 $\lambda(\alpha)$ 被称为**逆米尔斯比率**（inverse Mills ratio），式（19-3a）中的函数也被称为标准正态分布的**风险函数**（hazard function）。

∴例 19.2　一个截尾的对数正态收入分布

《纽约邮报》（*New York Post*）1987 年的一篇文章称，典型的“富裕的美国人”每年赚取 142 000 美元……被调查的人的家庭收入至少为 100 000 美元。这个统计量告诉我们“典型美国人”的什么信息了吗？事实上，它可能没有告诉我们什么信息（尽管印证了一种流行的看法）。1987 年发表的这篇文章指出：“你如果进入了这类人群，就值得骄傲——根据调查，只有 2%的美国家庭才能拥有这样的成功。”由于样本的**截尾程度**（degree of truncation）为 98%，14.2 万美元可能与整个总体的均值相去甚远。

假设总体中的收入 x 服从对数正态分布——参见 B.4.4 小节。令 $y = \ln x$。那么，y 服从均值为 μ，标准差为 σ 的正态分布。设想调查范围大到足以让我们把样本均值当作真实均值。假设如此，那么我们将推导 μ 和 σ 以确定总体收入的均值。

这个例子中两个有用的数字是 $\ln 100 = 4.605$ 和 $\ln 142 = 4.956$。于是文章指出

$$\text{Prob}[x \geqslant 100] = \text{Prob}[\exp(y) \geqslant 100] = 0.02$$

或者

$$\text{Prob}(y < 4.605) = 0.98$$

这意味着

$$\text{Prob}[(y - \mu)/\sigma < (4.605 - \mu)/\sigma] = 0.98$$

由于 $\Phi[(4.605 - \mu)/\sigma] = 0.98$，于是有

$$\Phi^{-1}(0.98) = 2.054 = (4.605 - \mu)/\sigma$$

或者

$$4.605=\mu+2.054\sigma$$

文章还指出

$$E[x|x>100]=E[\exp(y)|\exp(y)>100]=142$$

或者

$$E[\exp(y)|y>4.645]=142$$

为了推导出结果，我们需要关于对数正态分布的另一个结论①：

$$\text{若 } y\sim N[\mu,\sigma^2]\text{，则 } E[\exp(y)|y>a]=\exp(\mu+\sigma^2/2)\times\frac{\Phi(\sigma-(a-\mu)/\sigma)}{1-\Phi((a-\mu)/\sigma)}$$

对于我们的应用，我们使得表达式等于 142，$a=\ln 100=4.605$，则我们就推导出了第二个方程。为了估计这两个参数，我们使用矩法。我们解最小化问题

$$\begin{aligned}&\text{Minimize}_{\mu,\sigma}[4.605-(\mu+2.054\sigma)]^2\\&\quad+[142\Phi((\mu-4.605)/\sigma)-\exp(\mu+\sigma^2/2)\Phi(\sigma-(4.605-\mu)/\sigma)]^2\end{aligned}$$

两个解 μ 和 σ 分别为 2.893 72 和 0.833 14。为了得到收入均值，我们现在使用以下结论：若 $y\sim N[\mu,\sigma^2]$和 $x=\exp(y)$，则 $E[x]=\exp(\mu+\sigma^2/2)$。代入 μ 与 σ 的值，就可以计算出 $E(x)=25\ 554$ 美元。《1987 年美国统计摘要》(*1987 Statistical Abstract of the United States*) 列出了美国各阶层家庭平均收入约为 25 000 美元。所以，基于如此少的信息获得的估计值相对来说非常好。这少量的信息的确告知了我们美国人的平均收入信息。概括来说，我们可以根据截尾的均值和方差的估计值与截尾和未截尾的理论关系推断总体均值。

□ 19.2.3 截尾回归模型

对于上例中的模型，我们现在假定

$$\mu=\mathbf{x}'\boldsymbol{\beta}$$

是经典回归模型的确定性部分。于是有

$$y=\mathbf{x}'\boldsymbol{\beta}+\varepsilon$$

式中

$$\varepsilon|\mathbf{x}\sim N[0,\sigma^2]$$

使得

$$y=\mathbf{x}|\sim N[\mathbf{x}'\boldsymbol{\beta},\sigma^2] \tag{19-5}$$

给定 y 大于截尾点 a，我们对 y 的分布感兴趣。这是定理 19.2 中描述的结论。于是有

$$E[y|y>a]=\mathbf{x}'\boldsymbol{\beta}+\sigma\frac{\phi[(a-\mathbf{x}'\boldsymbol{\beta})/\sigma]}{1-\Phi[(a-\mathbf{x}'\boldsymbol{\beta})/\sigma]} \tag{19-6}$$

① 参见 Johnson，Kotz，and Balakrishnan (1995，p. 241)。

因此，这个条件均值是 a，σ，$\mathbf{x}$ 和 $\boldsymbol{\beta}$ 的非线性函数。

该模型在子总体中的偏效应可以通过如下表达式推导出，即

$$E[y|y>a]=\mathbf{x}'\boldsymbol{\beta}+\sigma\lambda(\alpha) \tag{19-7}$$

式中，$\alpha=(a-\mathbf{x}'\boldsymbol{\beta})/\sigma$。为方便起见，令 $\lambda=\lambda(\alpha)$ 和 $\delta=\delta(\alpha)$。于是有

$$\begin{aligned}\frac{\partial E[y|y>a]}{\partial \mathbf{x}}&=\boldsymbol{\beta}+\sigma(d\lambda/d\alpha)\frac{\partial\alpha}{\partial\mathbf{x}}\\&=\boldsymbol{\beta}+\sigma(\lambda^2-\alpha\lambda)(-\boldsymbol{\beta}/\sigma)\\&=\boldsymbol{\beta}(1-\lambda^2+\alpha\lambda)\\&=\boldsymbol{\beta}(1-\delta)\end{aligned} \tag{19-8}$$

注意，由于截尾方差比例因子 $1-\delta$ 介于 0 和 1 之间，所以我们断定，对 $\mathbf{x}$ 的每个元素，偏效应都小于相应的系数。这就类似于方差**衰减**（attenuation）。在子总体 $y>a$ 中，回归方差不是 σ^2，而是

$$\text{Var}[y|y>a]=\sigma^2(1-\delta) \tag{19-9}$$

式（19-7）中的偏效应和系数 $\boldsymbol{\beta}$ 本身哪个更有意义，取决于研究意图。如果仅限于分析子总体，则式（19-7）更重要。但若打算把研究扩展到整个总体，则系数 $\boldsymbol{\beta}$ 实际上更重要。

你可能首先倾向于使用普通最小二乘法（OLS）估计这个回归模型的参数。对于样本从中抽取的子总体，我们可以将式（19-6）写成如下形式：

$$y|y>a=E[y|y>a]+u=\mathbf{x}'\boldsymbol{\beta}+\sigma\lambda+u \tag{19-10}$$

式中，u 为 y 与其条件期望之差。根据构造，u 的均值为零，但它是异方差的，即

$$\text{Var}[u]=\sigma^2(1-\lambda^2+\lambda\alpha)=\sigma^2(1-\delta)$$

它是 $\mathbf{x}$ 的函数。如果我们用 $\mathbf{y}$ 对 $\mathbf{X}$ 的最小二乘回归估计式（19-10），那么我们便漏掉了一个变量，即非线性项 λ。预计遗漏变量所导致的所有偏误都可能出现。[①]

缺乏 $\mathbf{x}$ 分布的信息，就不可能确定这种偏误的严重性。Chung and Goldberger（1984）所得到的一个结论更具启发性。若整个总体中的 $E[\mathbf{x}|y]$ 是 y 的一个线性函数，则对某个比例常数 τ，有 $\text{plim}\mathbf{b}=\boldsymbol{\beta}\tau$。这个结论与如下观测相一致：该模型的最小二乘估计值与其极大似然估计值成比例（尽管相当粗略）。[②] 这个关于比例的结论看似相当具有一般性。在应用中常常可以发现，与一致的极大似然估计值相比，OLS 估计值存在趋向零的偏误（参见例 19.5）。

□ 19.2.4 随机前沿模型

Knight（1993），Debreu（1951）和 Farrell（1957）的理论研究开启了这个冗长的过程，同时由 Aigner，Lovell，and Schmidt（1977）进行的经验主义研究提出了一种生产模型，这个模型解释了教科书式的命题，即生产函数是一个经验主义的理想化函数。[③] 如果 $y=f(\mathbf{x})$ 定义

① 参见 Heckman（1979），他将这种误差称为“设定误差”。

② 参见 Hausman and Wise（1977）的附录，以及 Greene（1983），Stoker（1986，1992），Powell（1994）。

③ Fried，Lovell，and Schmidt（2007）中有 Greene（2007a）的一份调查。Kumbhakar and Lovell（2000）是关于这一主题的综合性参考。

了投入 $\mathbf{x}$ 与产出 y 之间的生产关系，且给定 $\mathbf{x}$，则 y 的观测值一定小于或等于 $f(\mathbf{x})$。经验主义回归模型意味着在诸如 $y=h(\mathbf{x},\boldsymbol{\beta})+u$ 这样的公式中，u 一定为负值。因为理论生产函数为理想化的——有效生产前沿——任何非零的扰动项都会由于无效率而受到影响。根据柯布-道格拉斯生产模型中给出的传统而严格的解释，可以得出如下经验主义前沿生产函数

$$\ln y=\beta_1+\sum_k \beta_k \ln x_k-u,\quad u\geqslant 0$$ ①

这种单边扰动项提出了一个相当困难的估计问题。原始的理论问题为：任何在 $\ln y$ 中的测度误差都必须在扰动项中反映出来。实践中的问题是，整个估计函数会受到每个单独的错误测量数据点的影响。

相反，艾格纳（Aigner）、洛弗尔（Lovell）和施密特（Schmidt）提出了另外一种模型，其中偏离生产函数情况的出现源自两种渠道：（1）生产力无效率，如同我们在前面定义的、需要为负值的情况；（2）因公司不同而不同的特殊影响因素，这可以通过任何符号加入模型中。最终结果就是他们所说的**随机前沿**（stochastic frontier），即

$$\begin{aligned}\ln y&=\beta_1+\sum_k \beta_k \ln x_k-u+v,\quad u\geqslant 0,\quad v\sim N[0,\sigma_v^2]\\&=\beta_1+\sum_k \beta_k \ln x_k+\varepsilon\end{aligned}$$

任何一个公司的前沿为 $h(\mathbf{x},\boldsymbol{\beta})+v$，因此称为随机前沿。无效率的项为 u，它是该设定中特别令人感兴趣的随机变量。因为数据都是长期的，u 为衡量特殊观测值不能达到有效前沿——理想生产率的百分比。

为了完成这个特例，他们为无效率的项提出了两种分类：图 19.1 中显示的在零分布处截尾的正态分布变量的绝对值和指数分布变量。这两种复合变量的密度函数由艾格纳、洛弗尔和施密特给出。令 $\varepsilon=v-u$，$\lambda=\sigma_u/\sigma_v$，$\sigma=(\sigma_u^2+\sigma_v^2)^{1/2}$，并且 $\Phi(z)$为标准正态分布中落在 z 左边的概率（参见 B.4.1 小节）。若 u 和 v 分别为正态和半正态，则由此生成的随机变量 $u-v$ 有偏斜正态密度，

$$f(\varepsilon)=\frac{2}{\sigma}\phi\left(\frac{\varepsilon}{\sigma}\right)\Phi\left(\frac{-\lambda\varepsilon}{\sigma}\right)$$

这表明半正态模型具有对数似然的性质，

$$\sum_{i=1}^{n}\ln h(\varepsilon_i\mid\boldsymbol{\beta},\lambda,\sigma)=\sum_{i=1}^{n}\left[-\ln\sigma+\left(\frac{1}{2}\right)\ln\frac{2}{\pi}-\frac{1}{2}\left(\frac{\varepsilon_i}{\sigma}\right)^2+\ln\Phi\left(\frac{-\varepsilon_i\lambda}{\sigma}\right)\right]$$

对于具有参数 θ 的正态指数模型，对数似然是

$$\sum_{i=1}^{n}\ln h(\varepsilon_i\mid\boldsymbol{\beta},\theta,\sigma_v)=\sum_{i=1}^{n}\left[\ln\theta+\left(\frac{1}{2}\right)\theta^2\sigma_v^2+\theta\varepsilon_i+\ln\Phi\left(-\frac{\varepsilon_i}{\sigma_v}-\theta\sigma_v\right)\right]$$

这两种分布都是渐近的。我们因此可以推导出一个按照扰动项分类属于非正态分布的回归模型。扰动项 ε 同样也有非零均值；对于半正态模型，有 $E[\varepsilon]=-\sigma_u(2/\pi)^{1/2}$，同时对于指数模型有 $-1/\theta$。图 19.2 描述了 $\sigma=1$，且 $\lambda=2$ 的情况下半正态模型的密度函数。通过 $\beta_0=\beta_1+E[\varepsilon]$和

---

① 例如，Greene(1990)。

$\varepsilon^*=\varepsilon-E[\varepsilon]$，我们可以推导出一个更一般的公式

$$\ln y=\beta_0+\sum_k \beta_k \ln x_k+\varepsilon^*$$

其中，存在具有零均值但是不对称、非正态分布的扰动项。ε^* 分布的不对称性不能否定我们关于经典回归模型中最小二乘的基本结论。这个模型满足高斯-马尔可夫理论假设，因此最小二乘估计量是无偏的，同时（除了常量的形式）在线性无偏估计中一致且有效。但是在这个模型中，极大似然估计量不具有线性的性质，并且比最小二乘更有效。

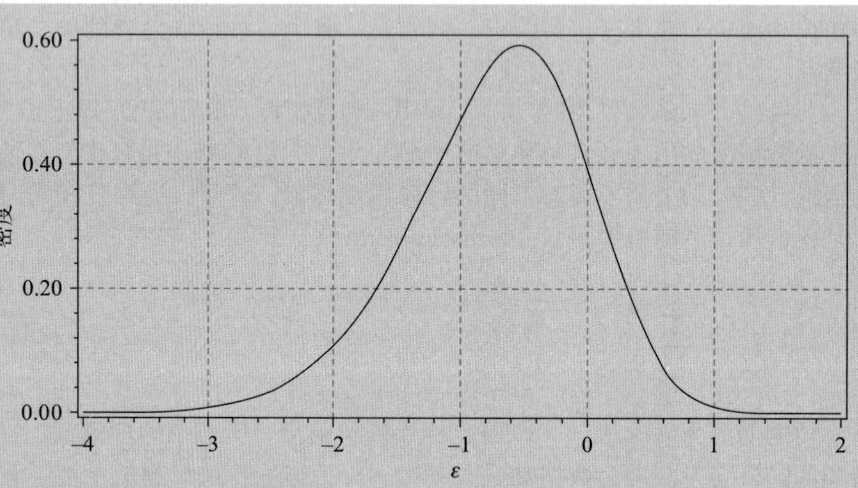

图 19.2　在随机前沿模型中的扰动项密度函数

半正态模型的对数似然函数在 Aigner，Lovell，and Schmidt（1977）中给出，

$$\ln L=-n\ \ln\sigma+\frac{n}{2}\ln\frac{2}{\pi}-\frac{1}{2}\sum_{i=1}^{n}\left(\frac{\varepsilon_i}{\sigma}\right)^2+\sum_{i=1}^{n}\ln\Phi\left(\frac{-\varepsilon_i\lambda}{\sigma}\right) \tag{19-11}$$

该模型的最大化程序内置于 Stata，SAS 和 NLOGIT 等现代软件包中。对数似然足够简单，它也可以很容易地适用于例如高斯的通用优化程序。文献中的一些处理方法使用了 Battese and Coelli（1992）以及 Coelli（1996）采用的参数化方法，$\gamma=\sigma_u^2/\sigma^2$。它是对 λ 的一对一的转化，$\lambda=[\gamma/(1-\gamma)]^{1/2}$。应用参数化方法是比较方便的，实证结果也将会是一样的。指数模型的对数似然函数可以由先前给出的密度来构建。对于半正态模型，我们还将依赖极大似然估计量的不变性来估计结构方差参数 $\sigma_v^2=\sigma^2/(1+\lambda^2)$ 和 $\sigma_u^2=\sigma^2\lambda^2/(1+\lambda^2)$。① 注意，截尾变量的方差 u 不是σ_u^2；式（19-2）中，它减小为$(1-2/\pi)\sigma_u^2$。另外，感兴趣的结构参数是由无效率项导致的 ε 总方差的比例。对于半正态模型，$\text{Var}[\varepsilon]=\text{Var}[u]+\text{Var}[v]=(1-2/\pi)\sigma_u^2+\sigma_v^2$，而对于指数模型，相应地，为 $1/\theta^2+\sigma_v^2$。

在随机前沿设置中的模型与我们目前习惯的不同，因为扰动项的无效性，尤其 u 是分析的焦点，而不是模型参数。这是因为在这种情况下，扰动项 u 具有特定的解释——这是公司特有

① 模型估计的一个令人担忧的问题是，如果最小二乘残差在正（负）方向上偏斜（见图 19.2），则 $\hat{\lambda}=0$ 的最小二乘估计将会是极大似然估计。具有正偏差的最小二乘残差显然与理论上应该具有负偏差的模型不一致。[关于这个结果的理论发展，参见 Waldman（1982）。] 关于这个问题有很多文献，例如 Hafner，Manner，and Simar（2013）。

的无效性，而方程中忽略的未知和不可知因素没有这种特定解释。在理想化的情形中，我们想对样本中每个公司的 u_i 进行估计——基于其生产效率进行比较（生产力函数的参数在这些研究中通常都是占次要位置）。遗憾的是，这些数据无法直接估计，因为具有 $\boldsymbol{\beta}$ 的估计值，我们只能计算 $\varepsilon_i = y_i - \mathbf{x}_i'\boldsymbol{\beta}$ 的直接估计值。然而 Jondrow et al.（1982）提出了一个现在在这个框架中作为标准测度方式的有用近似值，对于半正态模型，我们有

$$E[u_i|\varepsilon_i] = \frac{\sigma\lambda}{1+\lambda^2}\left[\frac{\phi(z_i)}{1-\Phi(z_i)} - z_i\right],\ z_i = \frac{\varepsilon_i\lambda}{\sigma}$$

同时对于指数模型，我们有

$$E[u_i|\varepsilon_i] = z_i + \sigma_v\frac{\phi(z_i/\sigma_v)}{\Phi(z_i/\sigma_v)},\ z_i = -(\varepsilon_i + \theta\sigma_v^2)$$

这些值可以通过使用模型中结构参数的极大似然估计值计算得到。在某些情况下，研究人员更加致力于发现最好的实验，那些估计值会被分类，样本中的个人排名变得更加重要。[①]

自 20 世纪 30 年代开始的方法论发展以及 1977 年和 1982 年的实证基础建立以来，该领域的研究已经朝几个方向发展。设想的大多数无效率的理论上的处理归因于公司的管理。在企业行为理论与随机前沿模型之间建立稳固的理论联系是管理无效率情况的一种手段。

在模型的背景下，许多研究已经开发了可替代的且更加灵活的函数形式，希望可以为无效率的情况提供更加现实的模型。本章与此相关的两个是 Stevenson（1980）的截尾正态模型和正态伽马边界。截尾正态模型的一个直观的吸引人的形式是

$$U_i \sim N[\mu + \mathbf{z}_i'\boldsymbol{\alpha}, \sigma_u^2],\ u_i = |U_i|$$

如果 μ 等于 0 且 $\boldsymbol{\alpha}$ 等于 0，那么就会产生原始的半正态模型。这是后文提到的环境变量可以进入无效率模型的一种手段。截尾正态模型将在例 19.3 中给出。半正态、截尾正态和指数模型都采用了图 19.1 所示的分布形式。

$$f(u) = [\theta^P/\Gamma(P)]\exp(-\theta u)u^{P-1}$$

伽马模型是一个灵活的模型，其优点是无效率的分布可以从零开始。如果 P 大于 1，则 $\mu=0$ 时的密度为 0，并且整个分布会远离原点。这意味着企业的无效率分布可以从 0 开始。伽马模型通过模拟方法估计，即贝叶斯 MCMC[②] 或极大似然法[③]。由此提出了许多其他的函数形式。[④]

通常情况下，企业经营环境中的元素会影响企业的产出或成本，但这些元素不是产出、投入或投入价格。在例 19.3 中，瑞士铁路的成本受轨道宽度、长隧道和曲率这三个变量的影响。尚未规定如何将这些因素纳入模型中；四种考虑的情况为放在均值中、方差 u_i 中、直接放在函数中或者方差 v_i 中。[⑤] 所有这些都可以在标准的研究中找到。该模型的这个方面在世界卫生组织（World Health Organization，WHO）对世界卫生系统效能的研究中表现突出。[⑥] 在例 19.3 中，我们将环境因素置于无效率分布的均值中。对于无效率的 JLMS 估计，这产生了相当极端

① 例如，World Health Organization（2000）和 Tandon et al.（2000）。

② Huang（2003）和 Tsionas（2002）。

③ Greene（2003）.

④ 参见 Greene（2007a）的研究。

⑤ 参见 Hadri，Guermat，and Whittaker（2003）和 Kumbhakar（1997a）。

⑥ WHO（2000），Tandon et al.（2000），和 Greene（2004b）。

的结果——许多铁路的估计是无效的。另一种方案是“异方差”模型，其中 $\sigma_{u,i}=\sigma_u\exp(\mathbf{z}_i'\boldsymbol{\delta})$ 或 $\sigma_{v,i}=\sigma_v\exp(\mathbf{z}_i'\boldsymbol{\eta})$ 或者两者皆可。我们可以从 JLMS 公式中看出，异方差这个术语实际上有些误导，因为两个标准差都进入 λ_i，反过来，这又是一个意味着无效率的关键参数。

如何在像上述例子这样的面板数据中对无效率建模？这可能更加吸引我们将其视为非时变的效应。[①] 一系列的研究，包括 Battese and Coelli（1992，1995），Cuesta（2000），Kumbhakar（1997a），Kumbhakar and Orea（2004）在内的很多人都提出将无效率的核心随机部分作为非时变的企业特定效应的混合形式，其会随着确定性的因素而修改。

$$u_{it}=\exp[-\eta(t-T)]\,|U_i|\text{，其中 } U_i\sim N[0,\sigma_u^2]$$

上述巴蒂斯-科利（Battese-Coelli）形式已经被用于很多应用。Cuesta（2000）建议允许 η 随着情况的不同而变化，从而产生与固定效应指标有一定关系的模型。Greene（2004b）认为，一个优选的方法是让无效率在一个小组中随着时间的推移自由变化，并且在某种程度上在模型中存在共同的非时变效应，应被视为不可观测的异质性，而不是无效性。这产生了“真随机效应模型”，

$$\ln y_{it}=\alpha+w_i+\mathbf{x}_{it}'\boldsymbol{\beta}+v_{it}-u_{it}$$

与第 10 章分析的随机效应线性回归相反，这只是一个随机效应随机前沿模型。乍一看，它似乎是带有三个扰动项的设定。估计和推断的关键是要注意，它只是一个两部扰动项，即时变偏差正态变量 $\varepsilon_{it}=v_{it}-u_{it}$ 和非时变正态变量 w_i 之和。该模型的极大模拟似然估计是在 Greene（2004b）中建立的。[②]

使用限制性参数化方法模拟无效率情况是否合理？Sickles（2005）和 Kumbhakar et al.（2007）都探索了用参数化方法进行效率分析的研究。**数据包络分析**（data envelopment analysis）的支持者开发了不对生产函数添加参数化结构的方法。[③] 这种高度灵活性的代价是，很难将环境影响包括在分析中的每个地方，且任何不确定异质性必然包括在无效率的测度中。也就是说，数据包络分析返回到本节开始的确定性前沿方法。

∵例 19.3　瑞士铁路随机成本前沿

Farsi，Filippini，and Greene（2005）分析了瑞士铁路的成本-收益。为了使用随机前沿方法分析生产成本，他们依赖于生产和成本的基本二元性。[④] 一个公司的合适的成本前沿模型是不止生产一种产品——瑞士铁路既传送货物也传送乘客——显示如下：

$$\ln(C/P_k)=\alpha+\sum_{k=1}^{K-1}\beta_k\ln(P_k/P_K)+\sum_{m=1}^{M}\gamma_m\ln Q_m+v+u$$

通过按照第 K 个投入价格对总成本 C 和前 $K-1$ 个价格进行正态化，添加了投入价格中的成本函数是一致的要求。在这个应用中，三个因素是劳动力、资本和电力——第三个因素用作成本函数中的基准。

① 如两篇开创性的论文 Schmidt and Sickles（1984）和 Pitt and Lee（1984）。

② Colombi et al.（2014）和 Filippini and Greene（2016）将此方法扩展到“广义真实随机效应模型” $y_{it}=\alpha+\mathbf{x}_{it}'\boldsymbol{\beta}+w_i-h_i+v_{it}-u_{it}$。在这种情况下，随机效应模型的两个分量都具有偏斜正态分布，而不是正态分布。我们使用 MSL 进行估计。

③ 例如，参见 Simar and Wilson（2000，2007）。

④ 参见 Samuelson（1938），Shephard（1953）和 Kumbhakar and Lovell（2000）。

注意到无效率项 u 进入成本函数，实际成本高于前沿成本。[MLE 被简单修改，在式（19－11）中用 $-\varepsilon_i$ 替换 ε_i。] 在对生产成本的分析中，我们认识到，当我们分析生产时，缺乏无效率的来源。在生产方面，低效率衡量产出与前沿产出之间的差异，这种差异因技术效率低下而产生。如果产出不能达到给定投入使用的有效水平，则成本必须高于前沿成本。然而，如果在"分配效率低"的情况下，企业成本可能过高，即使企业在技术上是有效率的。也就是说当不是在成本最小化组合中使用投入比（等于边际产品与投入价格的比率）时企业在技术上是有效率的。因此，在成本方面，"u"可以包含低效率的两个因素，而在生产方面，我们期望仅测量技术低效率。[①]

这项研究的数据是一个不均匀的数据组：50 条铁路，T_i 的取值范围为 1～13。(37 个公司被观测 13 次，8 个被观测 12 次，剩下的 5 个分别被观测 10，7，7，3，1 次。) 这里我们使用的变量为：

CT：经通货膨胀调整的总成本(1 000 瑞士法郎)

QP：客运总量

QF：货运总量

PL：按通货膨胀调整的劳动力价格(以每人每年的瑞士法郎计算)

PK：与由总席位数代表的资本存量相关的资本价格

PE：电价(瑞士法郎每千瓦时)

成本和价格的对数（$\ln CT$，$\ln PK$，$\ln PL$）由 PE 进行正态化。我们也会使用以下环境变量：

NARROW_T：具有窄轨道(1 米宽)的虚拟变量。通常宽度为 1.435 米。

TUNNEL：具有平均长度超过 300 米隧道的虚拟变量。

VIRAGE：最小曲率半径为 100 米及以下的虚拟变量。

完整的数据集在在线附表 F19.1 中给出。未使用的其他几个变量也在在线附表中给出。在下文中，我们将忽略数据集的面板数据方面，这将是更加广泛的研究的焦点。

迄今为止已经有数十种为随机前沿模型的无效率情况而提出的模型。表 19.1 呈现了几种不同的形式。第二列给出了基本的半正态模型。不同形式的成本函数中被估计的参数都大致相同，如（α，$\boldsymbol{\beta}$）在所有情况下的估计值都一致。然而，对于 ε 的组成部分的影响，有相当明显的差异。模型的问题在于改变 u_i 的分布是否会改变分布的均值、方差或者两者均改变。以下结果表明，对这些数据均适用。从数据来看，伽马和指数模型似乎消除了大部分无效率的情况。我们注意到，在这种情况下，σ_u 的估计值会相当小，而 σ_v 会相当大。第二行到最后一行表明了琼德劳（Jondrow）估计量的样本值——它估计 $E_\varepsilon E[u|\varepsilon]=E[u]$。不同情况有很大的差异。

最右边两列的估计显示了所测量异质性的两个不同安置：在 u_i 的方差中和直接在成本函数中。对数似然函数更符合第一种情况。然而，模型不是嵌套的，且模型涉及相同数量的参数。我们使用沃氏检验（见 14.6.6 小节），并获得了支持异方差模型的值－2.65。图 19.3 描述了对于半正态、异方差和异质性模型，为样本观测所估计的 $E[u_i|\varepsilon_i]$ 的值。其中对于三个值中的第三个，较小的 σ_u 的估计值在图中是显而易见的，这表明与其他两个值相比，该值的集中程度更紧密。

① 参见 Kumbhakar (1997b)。

表 19.1	估计随机前沿成本函数[a]					
	模型					
变量	半正态	截尾正态	指数	伽马	异方差	异质性
常数	−10.079 9	−9.806 24	−10.183 8	−10.194 4	−9.821 89	−10.289 1
lnQP	0.642 20	0.625 73	0.644 03	0.644 01	0.619 76	0.635 76
lnQF	0.069 04	0.077 08	0.068 03	0.068 10	0.079 70	0.075 26
lnPK	0.260 05	0.266 25	0.258 83	0.258 86	0.254 64	0.258 93
lnPL	0.538 45	0.504 74	0.561 38	0.560 47	0.539 53	0.560 36
常数		0.441 16			−2.482 18[b]	
Narrow		0.298 81			2.162 64[b]	0.143 55
Virage		−0.207 38			−1.529 64[b]	−0.104 83
Tunnel		0.011 18			0.357 48[b]	−0.019 14
σ	0.442 40	0.385 47	(0.343 25)	(0.342 88)	0.453 92[c]	0.405 97
λ	1.279 44	2.350 55				0.917 63
P			1.000 0	1.229 20		
θ			13.292 2	12.691 5		
σ_u	(0.348 57)	(0.354 71)	(0.075 23)	(0.096 85)	0.374 80[c]	0.274 48
σ_v	(0.272 44)	(0.150 90)	0.334 90	0.331 97	0.256 06	0.299 12
均值 $E[u\|\varepsilon]$	0.279 08	0.528 58	0.075 232	0.0966 16	0.294 99	0.219 26
ln L	−210.495	−200.67	−211.42	−211.091	−201.731	−208.349

a. 括号中的估计值推导自其他 MLE。

b. 该估计值用于 σ_u 的计算。

c. 通过对观测值求 $\lambda=\sigma_{u,i}/\sigma_v$ 的平均数获得。

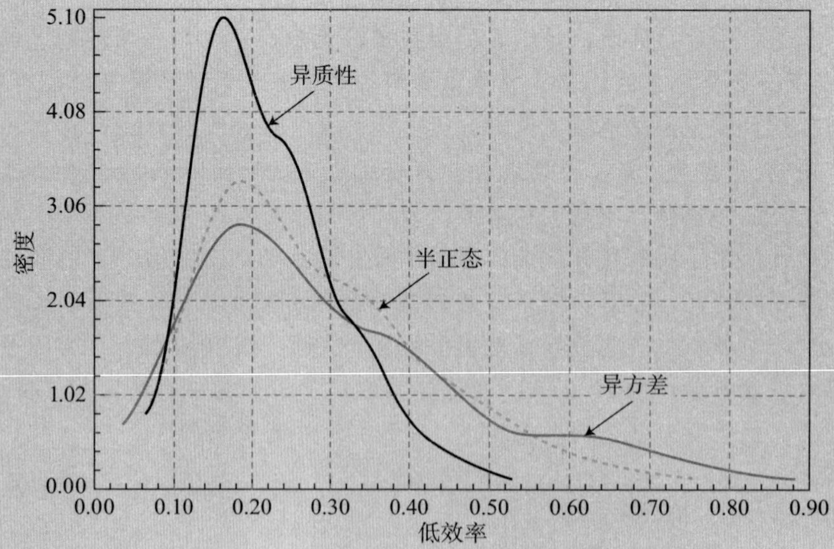

图 19.3 JLMS 估计值的核密度估计量

19.3 删失数据

微观经济数据中很常见的一个问题是对因变量的删失（censoring）。当因变量被删失时，所有特定范围内的值全被变换成（或被报告为）一个单一值。在实证文献中出现的一些例子如下[①]：

1. 耐用品的家庭购买量［Tobin（1958）］；
2. 婚外情的数量［Fair（1977，1978）］；
3. 劳动力中妇女劳动的小时数［Quester and Greene（1982）］；
4. 从监狱获释后又被捕的数量［Witte（1980）］；
5. 各种商品组上的家庭支出［Jarque（1987）］；
6. 度假支出［Melenberg and van Soest（1996）］；
7. 慈善捐款［Brown，Harris，and Taylor（2009）］。

所有这些研究都分析了当因变量中存在相当大比例的零时的情形。常规的回归方法不能解释极限（零）观测值和非极限（连续的）观测值之间的性质差异。

□ 19.3.1 删失正态分布

删失变量（censored variable）的相关分布理论与截尾变量的理论类似。因为大多数标准的研究都基于正态性假定，所以我们再次从正态分布开始分析。我们还假定删失点是零，不过这仅是出于方便。在一个截尾分布中，只有 $y=0$ 以上的部分才与我们的计算相关。为了使分布的积分为 1，我们使用一个源自未截尾总体的观测值落入我们所感兴趣范围的概率来放大分布。当数据被删失时，适用于样本数据的分布是离散分布和连续分布的混合，如图 19.4 所示。

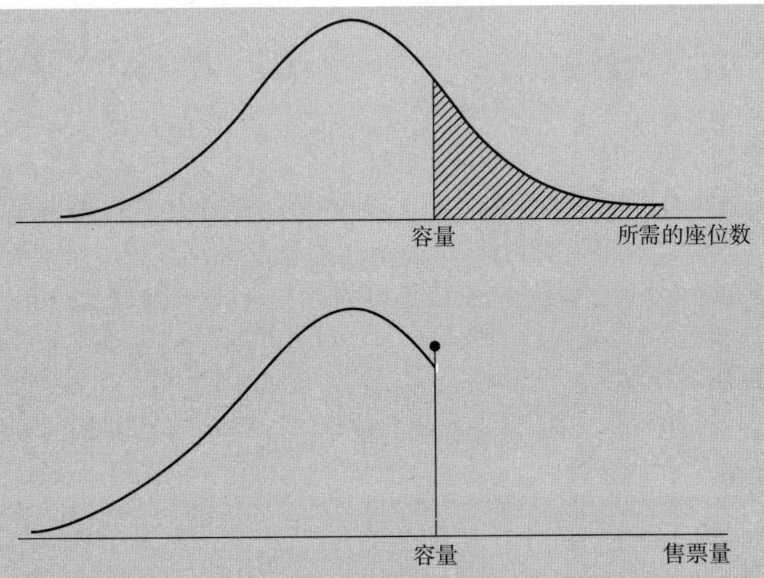

图 19.4 局部删失分布

① 更详细的列表参见 Amemiya（1984）与 Maddala（1983）。

为了分析这个分布，我们将从原始随机变量 y^* 变换而来的一个新随机变量 y 定义为

若 $y^* \leqslant 0$，则 $y=0$
若 $y^* > 0$，则 $y=y^*$

若 $y^* \sim N[\mu,\sigma^2]$，则其**两部分布**（two-part distribution）为

$\text{Prob}(y=0)=\text{Prob}(y^* \leqslant 0)=\Phi(-\mu/\sigma)=1-\Phi(-\mu/\sigma)$
若 $y^* > 0$，则 y 具有 y^* 的密度

这个分布是离散部分和连续部分的混合。虽然满足总概率等于 1 的要求，但没有放大第二部分的概率，而是简单地把删失区域的全部概率指派到删失点——在此例中是零点。

对于 $a=0$ 的特殊情形，均值简化为

$$E[y|a=0]=\Phi(\mu/\sigma)(\mu+\sigma\lambda)，\text{其中 } \lambda=\frac{\phi(\mu/\sigma)}{\Phi(\mu/\sigma)}$$

对于从上面删失而非从下面删失的分布，只需交换 Φ 和 $1-\Phi$ 的位置并根据定理 19.2 重新定义 λ 即可。

定理 19.3　删失正态变量的矩

若 $y^* \sim N[\mu,\sigma^2]$，且在 $y^* \leqslant a$ 时，有 $y=a$，否则 $y=y^*$，于是有

$$E[y]=\Phi a+(1-\Phi)(\mu+\sigma\lambda)$$

和

$$\text{Var}[y]=\sigma^2(1-\Phi)[(1-\delta)+(\alpha-\lambda)^2\Phi]$$

式中

$$\Phi[(a-\mu)/\sigma]=\Phi(\alpha)=\text{Prob}(y^* \leqslant a)=\Phi,\ \lambda=\phi/(1-\Phi)$$

且

$$\delta=\lambda^2-\lambda\alpha$$

证明：对于均值，利用定理 19.2，我们有

$$\begin{aligned}E[y]&=\text{Prob}(y=a)\times E[y|y=a]+\text{Prob}(y>a)\times E[y|y>a]\\&=\text{Prob}(y^* \leqslant a)\times a+\text{Prob}(y^*>a)\times E[y^*|y^*>a]\\&=\Phi a+(1-\Phi)(\mu+\sigma\lambda)\end{aligned}$$

对于方差，我们利用式（B-69）中的方差分解，即 $\text{Var}[y]=E[\text{条件方差}]+\text{Var}[\text{条件均值}]$，以及定理 19.2 即可推导。

❖例 19.4　删失随机变量

我们对某些赛事的门票需求量很感兴趣，但是我们唯一可以获得的数字是实际售出的门票数量。一旦某项赛事的门票售完，我们就知道实际需求大于售出的数量。而当门票需求量被转化为售出数量

时就被删失。假设体育场有 20 000 个座位，而在最近一个赛季，赛事的门票已售出 25%。如果平均入座人数（包括门票卖完）为 18 000，那么座位需求的均值和标准差等于多少呢？根据定理 19.3，18 000 是下式的估计值，即

$$E[\text{门票销售数量}]=20\,000\times(1-\Phi)+(\mu+\sigma\lambda)\Phi$$

由于这是从上面进行的删失而非从下面，所以 $\lambda=-\phi(\alpha)/\Phi(\alpha)$。$\Phi$、$\phi$ 和 λ 的自变量是 $\alpha=(2\,000-\mu)/\sigma$。若 25% 的赛事门票全部售出，则 $\Phi=0.75$。计算标准正态分布在 0.75 处的反函数可知，$\alpha=0.675$。同时，若 $\alpha=0.675$，则 $-\phi(0.675)/0.75=\lambda=-0.424$。这个结果就推导出了 μ 和 σ 的两个方程：(1) $18\,000=0.25\times20\,000+0.75\times(\mu-0.424\sigma)$；(2) $0.675\sigma=20\,000-\mu$。其解为 $\sigma=2\,426$，$\mu=18\,362$。

为便于比较，假设我们知道 18 000 仅适用于门票没有卖完的赛事，而平均有 25% 的赛事门票全部售出。现在我们的估计值将从方程 $18\,000=\mu-0.424\sigma$ 和 $0.675\sigma=20\,000-\mu$ 中得出。其解为 $\sigma=1\,820$，$\mu=18\,772$。

□ 19.3.2 删失回归（tobit）模型

基于上述讨论的回归模型被称为**删失回归模型**（censored regression model）或 **tobit 模型** [tobit model，根据模型的最早提出者 Tobin（1958）命名]。通过将上述分析中的均值对应于经典回归模型就可以推导出这个模型。一般的表述通常是用指标函数表示的，即

$$y_i^*=\mathbf{x}'\boldsymbol{\beta}+\varepsilon$$
$$\text{若 } y^*\leqslant 0,\ y=0$$
$$\text{若 } y_i^*>0,\ y_i=y_i^*$$

出于研究目的，需要考虑三个条件均值函数。对于指标变量（有时也被称为潜在变量），$E[y^*\mid\mathbf{x}]=\mathbf{x}'\boldsymbol{\beta}$。但若数据总是被删失，则这个结论通常没多大用处。与定理 19.3 一致，对于从总体中随机抽取的一个观测值（可能会被删失，也可能不会），有

$$E[y\mid\mathbf{x}]=\Phi\left(\frac{\mathbf{x}'\boldsymbol{\beta}}{\sigma}\right)(\mathbf{x}'\boldsymbol{\beta}+\sigma\lambda)$$

式中

$$\lambda=\frac{\phi[(0-\mathbf{x}'\boldsymbol{\beta})/\sigma]}{1-\Phi[(0-\mathbf{x}'\boldsymbol{\beta})/\sigma]}=\frac{\phi(\mathbf{x}'\boldsymbol{\beta}/\sigma)}{\Phi(\mathbf{x}'\boldsymbol{\beta}/\sigma)}\tag{19-12}$$

最后，我们若打算考虑未被删失的观测值，那么我们可运用截尾回归模型中的结论。但由于截尾回归模型比删失数据更不适用于最小二乘法，所以不应该丢弃其极限观测值。在这些函数中，应该用哪一个计算模型预测值，仍是一个悬而未决的问题。直觉上似乎 $E[y\mid\mathbf{x}]$ 是正确的，但经济学家对此观点各异。例如在例 19.4 中，为预测即将到来的赛事门票的售出数量，删失均值显然是一个很重要的量。另外，如果目标是研究对新设施的需求，那么潜变量 y^* 的均值将更为关键。

偏效应也存在差别。对于指标变量，我们有 $\dfrac{\partial E[y^*\mid\mathbf{x}]}{\partial\mathbf{x}}=\boldsymbol{\beta}$。但这个结论不是通常所需要的

结论，因为观测不到 y_i^*。对于能够观测到的数据 y_i，以下结论比较有用。[①]

定理 19.4　删失回归模型中的偏效应

在一个具有潜在回归 $y^*=\mathbf{x}'\boldsymbol{\beta}+\varepsilon$ 的删失回归模型中，所观测到的因变量在 $y^*\leqslant a$ 时，有 $y=a$，在 $y^*\geqslant b$ 时，有 $y=b$，否则 $y=y^*$，其中 a 和 b 是满足 $b>a$ 的常数。令 $f(\varepsilon)$ 和 $F(\varepsilon)$ 表示标准化变量 ε/σ 的密度和累积分布函数。其中 ε 是一个均值为 0，方差为 σ^2 的连续随机变量，且 $f(\varepsilon\,|\,\mathbf{x})=f(\varepsilon)$。于是有

$$\frac{\partial E[y\,|\,\mathbf{x}]}{\partial\mathbf{x}}=\boldsymbol{\beta}\times\text{Prob}[a<y^*<b]$$

证明： 根据定义，我们有

$$\begin{aligned}E[y\,|\,\mathbf{x}]=&\ a\ \text{Prob}[y^*\leqslant a\,|\,\mathbf{x}]+b\ \text{Prob}[y^*\geqslant b\,|\,\mathbf{x}]\\&+\text{Prob}[a<y^*<b\,|\,\mathbf{x}]E[y^*\,|\,a<y^*<b\,|\,\mathbf{x}]\end{aligned}$$

令 $\alpha_j=(j-\mathbf{x}'\boldsymbol{\beta})/\sigma$，$F_j=F(\alpha_j)$，$f_j=f(\alpha_j)$，$j=a,b$，那么

$$E[y\,|\,\mathbf{x}]=aF_a+b(1-F_b)+(F_b-F_a)E[y^*\,|\,a<y^*<b,\mathbf{x}]$$

因为 $y^*=\mathbf{x}'\boldsymbol{\beta}+\sigma[(y^*-\mathbf{x}'\boldsymbol{\beta})/\sigma]$，所以条件均值可写成

$$\begin{aligned}E[y^*\,|\,a<y^*<b,\mathbf{x}]&=\mathbf{x}'\boldsymbol{\beta}+\sigma E\left[\frac{y^*-\mathbf{x}'\boldsymbol{\beta}}{\sigma}\,\middle|\,\frac{a-\mathbf{x}'\boldsymbol{\beta}}{\sigma}<\frac{y^*-\mathbf{x}'\boldsymbol{\beta}}{\sigma}<\frac{b-\mathbf{x}'\boldsymbol{\beta}}{\sigma}\right]\\&=\mathbf{x}'\boldsymbol{\beta}+\sigma\int_{\alpha_a}^{\alpha_b}\frac{(\varepsilon/\sigma)f(\varepsilon/\sigma)}{F_b-F_a}d\left(\frac{\varepsilon}{\sigma}\right)\end{aligned}$$

经合并整理，我们有

$$E[y\,|\,\mathbf{x}]=aF_a+b(1-F_b)+(F_b-F_a)\mathbf{x}'\boldsymbol{\beta}+\sigma\int_{\alpha_a}^{\alpha_b}\left(\frac{\varepsilon}{\sigma}\right)f\left(\frac{\varepsilon}{\sigma}\right)d\left(\frac{\varepsilon}{\sigma}\right)$$

现在将它对 x 求微分。唯一的困难来自最后一项，它涉及对积分上下限的微分。我们使用莱布尼茨定理并假定 $f(\varepsilon)$ 不含 x。于是有

$$\begin{aligned}\frac{\partial E[y\,|\,\mathbf{x}]}{\partial\mathbf{x}}=&\left(\frac{-\boldsymbol{\beta}}{\sigma}\right)af_a-\left(\frac{-\boldsymbol{\beta}}{\sigma}\right)bf_b+(F_b-F_a)\boldsymbol{\beta}+\left(\mathbf{x}'\boldsymbol{\beta}\right)\left(f_b-f_a\right)\left(\frac{-\boldsymbol{\beta}}{\sigma}\right)\\&+\sigma[\alpha_bf_b-\alpha_af_a](\frac{-\boldsymbol{\beta}}{\sigma})\end{aligned}$$

代入 α_a 和 α_b 的定义并整理，我们发现，除了所需要的结论外，其余项都可以相互抵消，即

$$\frac{\partial E[y\,|\,\mathbf{x}]}{\partial\mathbf{x}}=(F_b-F_a)\boldsymbol{\beta}=\boldsymbol{\beta}\times\text{Prob}[a<y_i^*<b]$$

注意，这个一般结论包括对分布的一两个尾部的任意删失，而且它还没有假定 ε 的正态分布性。对于在零处删失并带有正态分布扰动项的标准情形，这个结论可以具体化为

① 参见 Greene (1999) 中的一般性结果以及 Rosett and Nelson (1975) 和 Nakamura and Nakamura (1983) 中基于正态分布的应用。

$$\frac{\partial E[y \mid \mathbf{x}]}{\partial \mathbf{x}}=\boldsymbol{\beta}\Phi\left(\frac{\mathbf{x}'\boldsymbol{\beta}}{\sigma}\right)$$

尽管不是一个规范结论，但它却暗示我们，为什么 tobit 模型的最小二乘系数估计值通常类似于 MLE 乘以样本中非极限观测的比例。

McDonald and Moffitt（1980）给出了对$\partial E[y_i \mid \mathbf{x}_i]/\partial \mathbf{x}_i$ 的一个有用的分解

$$\frac{\partial E[y \mid \mathbf{x}]}{\partial \mathbf{x}}=\boldsymbol{\beta}\times\{\Phi[1-\lambda(\alpha+\lambda)]+\phi(\alpha+\lambda)\}$$

式中，$\alpha=\mathbf{x}'\boldsymbol{\beta}/\sigma$，$\Phi=\Phi(\alpha)$和 $\lambda=\phi/\Phi$。将这两部分分开来看，这个结论把斜率向量分解成

$$\frac{\partial E[y \mid \mathbf{x}]}{\partial \mathbf{x}}=\text{Prob}[y>0]\frac{\partial E[y \mid \mathbf{x}, y>0]}{\partial \mathbf{x}}+E[y \mid \mathbf{x}, y>0]\frac{\partial \text{Prob}[y>0]}{\partial \mathbf{x}}$$

因此，$\mathbf{x}$ 的变化有两种影响：既会影响分布正值部分 y^* 的条件均值，又会影响观测值落入分布正值部分的概率。

□ 19.3.3 估计

尽管过去曾经困难重重，但现在 tobit 模型已经相当常见，并且包含于许多计算机软件中，其估计基本上与普通线性回归属同一个层次。删失回归模型的对数似然函数为

$$\ln L=\sum_{y_i>0}-\frac{1}{2}\left[\ln(2\pi)+\ln\sigma^2+\frac{(y_i-\mathbf{x}_i'\boldsymbol{\beta})^2}{\sigma^2}\right]+\sum_{y_i=0}\ln\left[1-\Phi\left(\frac{\mathbf{x}_i'\boldsymbol{\beta}}{\sigma}\right)\right] \qquad (19-13)$$

这两部分分别对应于非极限观测值的线性回归以及极限观测值的相应概率。这是一个非标准的似然函数，因为它是离散分布和连续分布的混合。在一篇研讨论文中，Amemiya（1973）证明了，以一般方式来最大化 ln *L* 尽管比较复杂，但所得到的估计量具有 MLEs 的所有理想特性。

虽然对数似然函数相当复杂，但用**奥尔森的再参数化**（Olsen's reparameterization）可以使问题大大简化。令 $\boldsymbol{\gamma}=\boldsymbol{\beta}/\sigma$，$\theta=1/\sigma$，则对数似然为

$$\ln L=\sum_{y_i>0}-\frac{1}{2}[\ln(2\pi)-\ln\theta^2+(\theta y_i-\mathbf{x}_i'\boldsymbol{\gamma})^2]+\sum_{y_i=0}\ln[1-\Phi(\mathbf{x}_i'\boldsymbol{\gamma})] \qquad (19-14)$$

现在这个设定下的结论与截尾回归模型的结论非常相似。海塞矩阵总是负定的，所以牛顿法更简单，而且通常快速收敛。收敛后，可用$\sigma=1/\theta$ 和$\beta=\boldsymbol{\gamma}/\theta$ 来重新推导出原参数。利用 δ 法，这个估计量的渐近协方差矩阵可以从［$\boldsymbol{\gamma}$，θ］的估计量的渐近协方差得到，即

$$\text{Est. Asy. Var}[\hat{\boldsymbol{\beta}},\hat{\sigma}]=\hat{\mathbf{J}}\ \text{Asy. Var}[\hat{\boldsymbol{\gamma}},\hat{\boldsymbol{\theta}}]\hat{\mathbf{J}}'$$

其中

$$\mathbf{J}=\begin{bmatrix}\partial\boldsymbol{\beta}/\partial\boldsymbol{\gamma}' & \partial\beta/\partial\theta\\ \partial\sigma/\partial\boldsymbol{\gamma}' & \partial\sigma/\partial\theta\end{bmatrix}=\begin{bmatrix}(1/\theta)\mathbf{I} & (-1/\theta^2)\gamma\\ \mathbf{0}' & (-1/\theta^2)\end{bmatrix}$$

尽管普通最小二乘估计具有非一致性，研究者还是经常计算它。几乎毫无例外地，OLS 估计值

的绝对值比 MLEs 的小。一个惊人的经验规律是，极大似然估计值可以用 OLS 估计值除以样本中非极限观测值所占的比例来近似。[①] 表 19.2 的最后两列说明了这种效应。另一种办法是忽略极限观测，但是我们现在知道，这只是将删失问题变成了截尾问题而已。

例 19.5 估计工作小时数的 tobit 模型

Quester and Greene (1982) 在某个调查年度对一个包含了大量已婚妇女样本的工作小时数进行了研究，他们想知道那些在统计上婚姻关系更有可能解除的妇女是否会通过花更多时间在工作上来避免这种可能性。表 19.2 给出了他们报告中的 tobit 估计值。表中最后一行数字意味着报告中工作零小时的妇女的比例极高，所以最小二乘回归不太适用。

表 19.2 工作小时数方程的 tobit 估计

	白人妻子		黑人妻子		最小二乘	缩放后的 OLS
	系数	斜率	系数	斜率		
常数	−1 803.13		−2 753.87			
	(−8.64)		(−9.68)			
Kids	−1 324.84	−385.89	−824.19	−376.53	−352.63	−766.56
	(−19.78)		(−10.14)			
Education difference	−48.08	−14.00	22.59	10.32	11.47	24.93
	(−4.77)		(1.96)			
Relative wage	312.07	90.90	286.39	130.93	123.95	269.46
	(5.71)		(3.32)			
Second marriage	175.85	51.51	25.33	11.57	13.14	28.57
	(3.47)		(0.41)			
Mean divorce probability	417.39	121.58	481.02	219.75	219.22	476.57
	(6.52)		(5.28)			
High divorce probability	670.22	195.22	578.66	264.36	244.17	530.80
	(8.40)		(5.33)			
σ	1 559	618	1 511	826		
样本大小	7 459		2 798			
工作比例	0.29		0.46			

括号中的数字是系数估计值与估计的渐近标准误之比。因变量是调查年度的工作小时数。"*Kids*"是表示家中是否有儿童的虚拟变量；"*Education difference*"和"*Relative wage*"变量是在夫妻之间进行的比较；妻子们所用的工资率是利用前面估计的回归模型预测出来的，因此无论她们工作与否都

① 在 Greene (1980b)，Goldberger (1981) 以及 Chung and Goldberger (1984) 中可以见到对此结论的深入探讨。

适用；"*Second Marriage*"是一个虚拟变量；离婚概率由另一研究中提出的一个大型微观模拟模型给出。[①] 这里使用的这个变量是虚拟变量，若预测出的概率在0.01和0.03之间则定义为"中等"水平，若高于0.03则认为是"高"水平。"斜率"是前面描述的偏效应。

注意偏效应与tobit系数的比较。σ的估计值作为工作小时数的标准差估计值同样相当具有误导性。正如我们所预料的，离婚概率变量的影响很大。与这项研究相关的一个问题是，把离婚概率作为自变量是否合理？对这些人而言，工作小时数可能是离婚概率的重要决定因素。

□ 19.3.4 两部模型和角点解

Tobit模型包含一个在经济背景下可能不合理的限制。考虑一个行为结果，y=慈善捐款。tobit模型有以下两个含义：

$$\text{Prob}(y>0\,|\,\mathbf{x})=\text{Prob}(\mathbf{x}'\boldsymbol{\beta}+\varepsilon>0\,|\,\mathbf{x})=\Phi(\mathbf{x}'\boldsymbol{\beta}/\sigma)$$

和［依据式（19-7）］

$$E[y\,|\,y>0,\mathbf{x}]=\mathbf{x}'\boldsymbol{\beta}+\sigma\phi(\mathbf{x}'\boldsymbol{\beta}/\sigma)/\Phi(\mathbf{x}'\boldsymbol{\beta}/\sigma)$$

不同于上面的公式，我们从式（17-11）和式（19-8）得出

$$\partial\text{Prob}(y>0\,|\,\mathbf{x})/\partial\mathbf{x}=[\phi(\mathbf{x}'\boldsymbol{\beta}/\sigma)/\sigma]\boldsymbol{\beta}=\boldsymbol{\beta}\text{ 的正倍数}$$
$$\partial E[y\,|\,y>0,\mathbf{x}]/\partial\mathbf{x}=\{[1-\delta(\mathbf{x}'\boldsymbol{\beta}/\sigma)]/\sigma\}\boldsymbol{\beta}=\boldsymbol{\beta}\text{ 的正倍数}$$

由此可知，模型中的任何变量都会影响参与概率，并且这些强度方程都具有相同的符号。例如在这种情况下，我们可以想象到年龄可能会影响参与概率，并且在不同方向上影响强度。Fin and Schmidt（1984）提出了另一种由于火灾造成的建筑物损失的应用，较旧的建筑更有可能发生火灾，但是，因为新建筑物的价值更高，其实际所受损失可能会更大。这一事实要求两个函数中代表房龄的系数符号是不同的，但因为在tobit模型中它们是同一个系数，所以这不可能成立。

在该领域文献的早期研究中，Cragg（1971）提出了一个更具一般性的模型，其中极限观测值的概率独立于非极限观测值的回归模型。例如，可以设想，是否买车的决策不同于确定买车后打算花费多少的决策。

实现这个目标的一个更一般的两部模型为：

1. 参与方程：

$$\begin{aligned}&\text{Prob}[y^*>0]=\Phi(\mathbf{x}'\boldsymbol{\gamma}),\ d=1,\text{ 如果 } y^*>0\\&\text{Prob}[y^*\leqslant 0]=1-\Phi(\mathbf{x}'\boldsymbol{\gamma}),\ d=0,\text{ 如果 } y^*\leqslant 0\end{aligned}\qquad(19-15)$$

2. 非极限观测值的强度方程：

$$E[y\,|\,d=1]=\mathbf{x}'\boldsymbol{\beta}+\sigma\lambda$$

根据定理19.2，这个两部模型是19.2节的截尾回归模型与17.3节的一元probit模型的结合，它给出了分析这个问题的方法。注意到这恰恰与我们在18.4.8小节与例18.21中使用栏式模型构建有关看医生的模型时使用的方法相同。如果$\boldsymbol{\gamma}=\boldsymbol{\beta}/\sigma$，tobit模型就会有一个返回值。回归

① Orcutt, Caldwell, and Wertheimer (1976).

(强度) 方程的参数使用 19.2 节中的截尾回归模型就可以独立估计。Melenberg and van Soest (1996) 列举了一个应用。

仅基于 tobit 模型，Fin and Schmidt (1984) 设计出了一个拉格朗日乘数检验，以检验 tobit 模型的约束，尽管计算较为烦琐，但困难不是太大。如果能分别估计截尾回归模型、tobit 模型和 probit 模型，则存在检验这个假设的更简单的办法。Tobit 模型对数似然函数为截尾回归模型和 probit 模型的对数似然函数之和。[为了证明这个结论，在式 (19-13) 中加上并减去 $\sum_{y_i=1}\ln\Phi(\mathbf{x}'_i\boldsymbol{\beta})$，结果为截尾回归模型 (在练习中有考虑到) 中的对数似然函数加上 probit 模型的式 (17-19)。] 因此，似然比统计量可用下式推导出，即

$$\lambda=-2[\ln LT-(\ln LP+\ln LTR)]$$

式中

LT = 式(19-13)中具有相同系数的 tobit 模型的似然函数

LP = 单独拟合式(17-16)中 probit 模型的似然函数

LTR = 单独拟合的截尾回归模型的似然函数

刚刚考虑的两部模型扩展了 tobit 模型，但是它使得一般性无法实现。在栏式模型中，我们假定两个方程中有相同的回归元。尽管这样除去了 tobit 模型中的参数限制，但是使得这两个决策方程的结合显得不合理。在我们的例子中，在对婚外情事件进行模拟的情况下，是否花时间和花多少时间是两个完全不同的决策。而一个更明确的方法就是将栏式模型重新定为：

1. 参与方程：

$$\begin{aligned}&\text{Prob}[d^*>0]=\Phi(\mathbf{z}'\boldsymbol{\gamma}),\ d=1,\ \text{如果}\ d^*>0\\&\text{Prob}[d^*\leqslant 0]=1-\Phi(\mathbf{z}'\boldsymbol{\gamma}),\ d=0,\ \text{如果}\ d^*\leqslant 0\end{aligned}\qquad(19-16)$$

2. 非极限观测值的强度方程：

$$E[y\mid d=1]=\mathbf{x}'\boldsymbol{\beta}+\sigma\lambda$$

然而，这一扩展忽略了一个重要的因素：这两个决策不相关似乎是不可能的；也就是说，方程式中隐含的扰动项应该相关。这些组合产生了标记为**第二类 tobit 模型** (type Ⅱ tobit model) 的内容。[Amemiya (1985) 确定了模型设定和观测机制的五个可能的排列。我们所熟悉的 tobit 模型是第一类 tobit 模型，这是第二类。] 完整的模型为：

1. 参与方程：

$$\begin{aligned}&d^*=\mathbf{z}'\boldsymbol{\gamma}+u,\ u\sim N[0,1]\\&d=1,\ \text{如果}\ d^*>0,\ \text{否则}\ d=0\end{aligned}$$

2. 强度方程：

$$y^*=\mathbf{x}'\boldsymbol{\beta}+\varepsilon,\varepsilon\sim N[0,\sigma^2]$$

3. 观测机制：

(1) $y^*=0$，如果 $d=0$ 和 $y=y^*$，如果 $d=1$

(2) $y=y^*$，如果 $d=1$ 和 y 无法观测，如果 $d=0$

4. 内生性：

$(u,\varepsilon) \sim$ 相关系数为 ρ 的二元正态

机制（1）产生阿米米亚的第二类模型。Amemiya（1984）将这两种解释相结合。在模型的陈述中，他展示了机制（1），但在随后的讨论中，又会假定机制（2）。如果在机制（2）这种情况下观察到 $\mathbf{x}$，则差异是巨大的。反之则是相同的，且 $y=0$ 实际上意义不大。阿米米亚指出，"$y^*=0$ 仅仅表示事件 $d^* \leqslant 0$"。如果在 $d=0$ 时观测到 $\mathbf{x}$，那么这些观测将会对全样本的似然系数做出贡献。反之就不会。随后我们将会考虑赫克曼的选择模型。[这是当 $d=0$ 时没有观测到 $\mathbf{x}$ 的情形（1）。]

现有两种可以用于拟合第二类模型的估计策略。第一种是两步法，两步法可以这样进行：如 17.3 节所示，可以使用极大似然估计 d 的 probit 模型。第二步，我们利用截尾定理（和稍后出现的定理 19.5）写出

$$
\begin{aligned}
E[y \mid d=1,\mathbf{x},\mathbf{z}] &= \mathbf{x}'\boldsymbol{\beta} + E[\varepsilon \mid d=1,\mathbf{x},\mathbf{z}] \\
&= \mathbf{x}'\boldsymbol{\beta} + \rho\sigma \frac{\phi(\mathbf{z}'\boldsymbol{\gamma})}{\Phi(\mathbf{z}'\boldsymbol{\gamma})} \\
&= \mathbf{x}'\boldsymbol{\beta} + \rho\sigma\lambda
\end{aligned} \tag{19-17}
$$

由于我们已经在第一步中估计出 $\boldsymbol{\gamma}$，我们可以使用第一步的估计来计算 $\hat{\lambda}=\phi(\mathbf{z}'\hat{\boldsymbol{\gamma}})/\Phi(\mathbf{z}'\hat{\boldsymbol{\gamma}})$，并且也可以通过 y 对 $\mathbf{x}$ 和 $\hat{\lambda}$ 的最小二乘回归估计出 $\boldsymbol{\beta}$ 和 $\theta=\rho\sigma$。同时也有必要纠正为（$\hat{\boldsymbol{\beta}}$，$\hat{\theta}$）计算出的渐近协方差矩阵。Murphy and Tople（2002）结果的应用见 14.7 节。第二种方法是完全信息极大似然，对两个方程中的参数估计同时进行。我们将前往 19.4 节中第二类 tobit 模型的估计，在那里我们对赫克曼的"样本选择"模型（即第二类 tobit 模型）进行了检验。

现有文献中 tobit 模型大多数的应用都不是为了对其中的数据进行删失而构建的，而是为了大群零值的出现而构建的。克拉格（Cragg）的应用明显与这个现象有关。考虑例如耐用消费品的购买、企业在研发上的支出或者消费者储蓄等变量的调查数据，观测到的数据都包括零值或者正值。可以证明的是，在这些情形下，有两个决定因素：首先，是否参与这种行动；其次，在给定上一个答案为"是"时，在多大程度上参与这种行动，例如花多少钱。这恰恰是前面小节中的栏式模型的动机。这类设定被称为**"角点解模型"**（corner solution model），参见 Wooldridge（2002a，pp. 518－519）。

实际上，栏式模型与 tobit 模型的区别应该在数据中有明显的体现。在 tobit 分析中常常被忽视的是，这个模型不但预测了一些零值（或极限观测值），还预测了一组接近零（或极限点）的观测值。举例来说，图 19.5 所示的是（假设的）包含了 1 000 个观测值的支出数据样本，对于这种类型的数据，tobit 模型肯定是被误设的。我们暂时忽略之前关于潜在的决策过程的观点，图 19.6 展示了一个（真正的）删失变量典型的样子。

以上分析对建模者的启示是，一个恰当的设定会包含两个方程，一个表示"参与决定"，另一个表示具有正值的因变量的分布。正式地说，继续发展克拉格的设定，使用一个二值选择（例如 probit 或 logit 模型）来为第一个决策构建模型。第二个方程是一个表示 $y \mid y>0$ 的模型，那么 19.2.3 小节中的截尾回归模型就成为自然而然的选择。正如我们将论述的，这本质上就是 19.4 节中探讨的样本选择处理背后的模型。

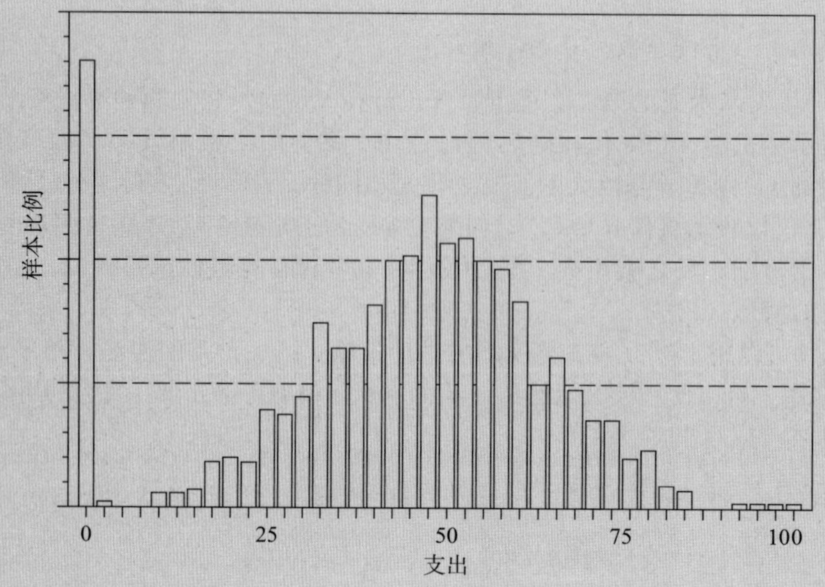

图 19.5　假设的支出数据；纵轴为样本比例

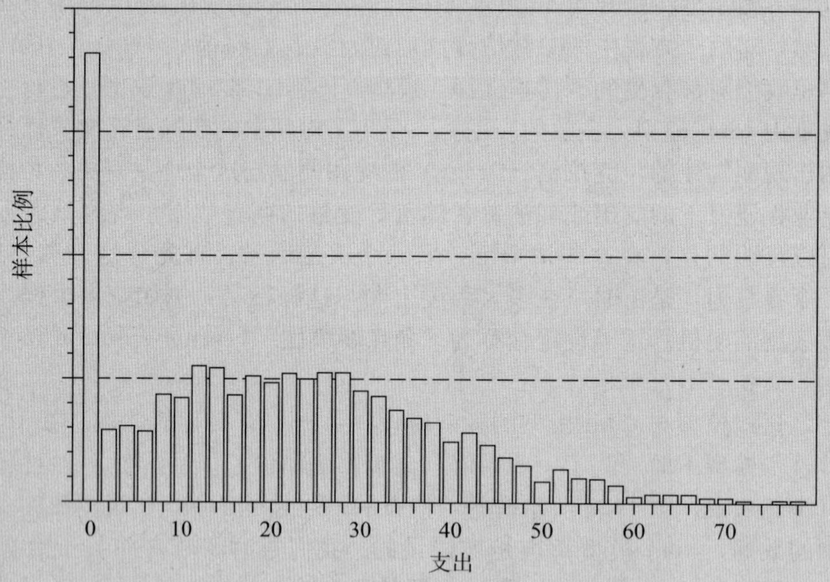

图 19.6　假设的删失数据；纵轴为样本比例

这里常常会出现两个现实问题。首先，一个人也许可以很顺利地为强度（回归）方程构想出模型，但却无法构造出参与方程的模型。这是使用 tobit 模型时一种常见的情形，这会引发前面章节中所分析过的问题。其次，对于图 19.6 中这类数据，需要考虑截尾或删失回归模型的适用性问题。如果我们只考虑图 19.5 中的非极限观测值，那么其分布就完全不会呈现为截尾分布。19.2.3 小节中适用于这些数据的截尾回归模型与通过最小二乘法拟合的线性模型没有显著的区别［因为式（19－6）分母中的概率等于 1，而分子等于 0］。但当对相同的这些数据使用 tobit 模型时，情况并非如此。对这样的数据使用式（19－13）中的模型会使估计量明显扭曲：其他条件不变，系数会显著地衰减。衰减的程度越高，极限观测值在样本中所占的比例越大。这个结论再次警示了建模者：对于图 19.5 中的这类数据，使用 tobit 模型明显是错误的。

∵例 19.6　有关婚外情的两部模型

在例 18.18 中，我们检验了 Fair（1977）在《今日心理学》中有关婚外情的调查数据。601 个观测值中大多数是 0，共有 451 个零值。依据数据的这一特征，作者使用了 tobit 模型来分析这些数据。在我们的例子中，我们重新考虑了模型，因为非零观测值是离散数据，而不是连续变量。费尔的研究中另一组数据是《红皮书》对 6 366 名已婚妇女的调查。然而，在这次调查中，结果数据被转换成连续的时间变量，这更适合我们正在研究的 tobit 模型。数据集中的变量如下（包括三个未明确的和未被使用的）：

Id：身份号码

C：常量，值为 1

yrb：衡量婚外情时间

v_1：婚姻评级，评级为 1 到 5

v_2：年龄，累计年数

v_3：已婚年数

v_4：孩子的数量，最高等级为 5

v_5：宗教信仰，评级为 1～4，1 为无宗教信仰，4 为信仰强烈

v_6：教育，评级为 9，12，14，16，17，20

v_7：妻子的职业——霍林斯黑德量表

v_8：丈夫的职业——霍林斯黑德量表

6 366 个观测值中有 4 313 个零和 2 053 个正值。

表 19.3 显示了 yrb 的各种模型的估计。第二列显示了最小二乘估计。该模型中最小二乘估计量不一致。经验规律是：最小二乘估计似乎更偏向于零，且越接近于零，极限观测值的比例就越大。根据第三列中的 tobit 估计，这个比率大约是 4∶1 或 5∶1。同样，σ 的最小二乘估计也被大大地低估了。但是由于最小二乘估计在处理无变化的因变量的极限观测值时与处理非极限观测值相同，所以这样的结果也是可以预料到的。第三组结果是截尾回归估计。原则上截尾回归估计也是一致的。然而，因为它基于的信息较少，因此有效性也会较低。在我们的例子中，与 tobit 模型估计相比，这个估计量是非常不稳定的。需要注意的是，例如已婚年数的系数在这两种情况下都显著，也会改变符号。在截尾模型中，宗教信仰的 t 值从-11.11 变为-1.29。接下来，基于 $yrb>0$ 的 probit 估计出现。作为对我们模型的角点解的粗略检验，我们期望正态化的 tobit 系数（$\boldsymbol{\beta}/\sigma$）近似于其系数。然而，基于三个估计模型的内部一致性检验的似然比统计量为 $2\times[7\ 804.38-3\ 463.71-3\ 469.58]=1\ 742.18$，其中自由度为 9。由 tobit 模型暗示的参数不变性假设被拒绝。最后两组结果用于通过两步法拟合强度方程的栏式模型。

图 19.3　估计删失回归模型（括号中为 t 值）

	模型						
	线性 OLS	tobit	截尾回归	probit	tobit/σ	栏式参与方程	栏式强度方程
常数	3.623 46	7.836 53	8.894 49	2.210 10	1.741 89	1.564 19	4.846 02
	(13.63)	(10.98)	(2.90)	(12.60)		(17.75)	(5.87)
RateMarr	−0.420 53	−1.530 71	−0.443 03	−0.428 74	−0.340 24	−0.425 82	−0.246 03
	(−14.79)	(−20.85)	(−1.45)	(−23.40)		(−23.61)	(−0.46)
Age	−0.014 57	−0.105 14	−0.223 94	−0.035 42	−0.023 37		−0.019 03
	(−1.59)	(−4.24)	(−1.83)	(−5.87)			(−0.77)
YrsMarr	−0.015 99	0.128 29	−0.944 37	0.065 63	0.028 52		−0.168 22
	(−1.62)	(4.86)	(−7.27)	(10.18)			(−6.52)
NumKids	−0.017 05	−0.027 77	−0.022 80	−0.003 94	−0.006 17	0.140 24	−0.283 65
	(−0.57)	(−0.36)	(−0.06)	(−0.21)		(11.55)	(−1.49)
Religious	−0.243 74	−0.943 50	−0.504 90	−0.222 81	−0.209 72	−0.214 66	−0.054 52
	(−7.83)	(−11.11)	(−1.29)	(−10.88)		(−10.64)	(−0.19)
Education	−0.017 43	−0.085 98	−0.064 06	−0.023 73	−0.019 11		0.003 38
	(−1.24)	(−2.28)	(−0.38)	(−2.60)			(0.09)
Wife Occ.	0.065 77	0.312 84	0.008 05	0.095 39	0.069 54		0.015 05
	(2.10)	(3.82)	(0.02)	(4.75)			(0.19)
Hus. Occ.	0.004 05	0.014 21	−0.099 46	0.006 59	0.003 16		−0.029 11
	(0.19)	(0.26)	(−0.41)	(0.49)			(−0.53)
σ	2.143 51	4.498 87	5.468 46				3.437 48
$\ln L$	R^2=0.054 79	−7 804.38	−3 463.71	−3 469.58			

□ 19.3.5　设定问题

在微观经济数据中，还存在内生性、异方差性和非正态性这三个经常出现的问题。研究人员已经在 tobit 模型的设定下详细地分析了它们。①

① Blundell（1987）和 Duncan（1986b）中有大量的研究结果。详细探讨其中两个问题的应用是 Melenberg and Can Soest（1996）。为 tobit 模型开发设定检验一直是受欢迎的。收到的文献的抽样包括 Nelson（1981）；Bera，Jarque，and Lee（1982）；Chesher and Irish（1987）；Chesher，Lancaster，and Irish（1985）；Gourieroux et al.（1984，1987）；Newey（1985a，1985b，1986）；Rivers and Vuong（1988）；Horowitz and Neumann（1989）；Pagan and Vella（1989），这些都是对条件矩检验的一般主题的有用参考。设定检验的更一般的处理方法是 Godfrey（1988）和 Ruud（1982）。

19.3.5.a 内生的右侧变量

我们考虑在 tobit 模型右侧的内生变量的情况。其结构为

$$(\text{潜在变量})y^* = \mathbf{x}'\boldsymbol{\beta} + \gamma T + \varepsilon,\ (\text{观测到的变量})y = \text{Max}(0, y^*)$$
$$(\text{潜在变量})T^* = \mathbf{z}'\boldsymbol{\alpha} + u,\ (\text{观测到的变量})T = h(T^*)$$
$$(u, \varepsilon) \sim \text{二元}[(0,1),(\sigma_u^2, \sigma_{u\varepsilon}, \sigma_\varepsilon^2)],\ \rho = \sigma_{u\varepsilon}/(\sigma_u \sigma_\varepsilon)$$

通常情况下，我们要考虑两种情形：连续变量 $h(T^*) = T^*$ 和内生虚拟变量 $h(T^*) = \mathbf{1}(T^* > 0)$。（一个控制 T 的观测值的 probit 模型。）

对于连续的情形，像一般的情况一样，有两步法和 FIML 估计。我们可以使用简化形式来设置两步估计。如果（u，ε）是二元正态分布，则 $\varepsilon = \delta u + w$，其中 w 与 u 相互独立，且有 $\text{Var}[w] = \sigma_\varepsilon^2(1-\rho^2)$ 和 $\delta = \sigma_{u\varepsilon}/\sigma_u^2 = \rho\sigma_\varepsilon/\sigma_u$。将下列式子插入 tobit 方程中，

$$y^* = \mathbf{x}'\boldsymbol{\beta} + \gamma T + \delta u + w,\ y = \text{Max}(0, y^*)$$

又因为有 $u = T - \mathbf{z}'\boldsymbol{\alpha}$，所以有

$$y^* = \mathbf{x}'\boldsymbol{\beta} + \gamma T + \delta(T - \mathbf{z}'\boldsymbol{\alpha}) + w,\ y = \text{Max}(0, y^*)$$

现在该模型可以分两步进行估计：（1）T 对 $\mathbf{z}$ 的最小二乘回归一致地估计 $\boldsymbol{\alpha}$。使用最小二乘估计来为每个观测值构建残差（控制函数）$\hat{u}_i$。（2）通过 y 对（$\mathbf{x}$，T，$\hat{u}$）的极大似然 tobit 估计来对 $\boldsymbol{\beta}$，γ 和 δ 进行极大似然估计。使用 $\delta = \rho\sigma_\varepsilon/\sigma_u$ 和极大似然估计量 σ_w^2，两步估计法可将原始参数推导出来，其估计 $\sigma_\varepsilon^2(1-\rho^2)$ 和 $\hat{\sigma}_u^2 = (1/n)\sum_{i=1}^n \hat{u}_i^2$。[①] 出于推断的目的，我们必须对 $\hat{\boldsymbol{\alpha}}$ 的存在校正第二步的协方差矩阵。墨菲（Murphy）和托佩尔（Tople）修正会相当复杂；自助法似乎是一个更好的选择。[②]

通过重新参数化二元正态 $f(u,\varepsilon) = f(\varepsilon|u)f(u)$ 并将对数似然函数集中在 $\hat{\sigma}_u^2 = (1/n)\sum_{i=1}^n (T_i - \mathbf{z}_i'\boldsymbol{\alpha})^2 = (1/n)\sum_{i=1}^n u_i^2$ 上，Blundell and Smith（1986）设计了 FIML 估计量。然而 $\boldsymbol{\alpha}$ 是被估计的，这也将是 σ_u^2 的估计量。为了将 σ_u 集中到估计步骤之外，这将会被插入对数似然中。然后，我们定义 $e_i = (y_i - \mathbf{x}_i'\boldsymbol{\beta} - \gamma T_i - \psi u_i)$，其中 $\psi = \sigma_{u\varepsilon}/\sigma_u^2$ 和 $\omega = [\sigma_\varepsilon^2(1-\rho^2)]^{1/2}$。整合各个部分，有

$$\ln L_c(\boldsymbol{\beta}, \gamma, \boldsymbol{\alpha}, \psi, \omega) = \frac{-n}{2}\ln\frac{1}{n}\sum_{i=1}^n (T_i - \mathbf{z}_i'\boldsymbol{\alpha})^2 + \sum_{y_i>0}\ln\left[\frac{1}{\psi}\phi\left(\frac{e_i}{\psi}\right)\right] + \sum_{y_i=0}\ln\Phi\left[\frac{e_i - y_i}{\omega}\right]$$

关于 $\boldsymbol{\beta}$，γ，$\boldsymbol{\alpha}$，ψ 和 ω 最大化该函数；σ_u 根据 T_i 的均方残差估计。ρ 和 σ_ε 的估计可以通过矩法来修正。

在内生处理的情形中，当 $h(T^*) = \mathbf{1}(T^* > 0)$ 时就不存在简单的两步法，但是会存在一个直接的 FIML 估计量。在（y_i，T_i）的对数似然中有四项。对于 $y=0$ 时的两个“限制”情况，这些项恰恰是 17.6.1 小节的对数似然中具有内生处理效应的多元 probit。因此，对于这两种情

---

① 例如，$\hat{\tau}^2 = \hat{\delta}^2\hat{\sigma}_u^2/\hat{\sigma}_w^2$，则 $\hat{\rho} = \text{sgn}(\hat{\delta})\hat{\tau}/\sqrt{1+\hat{\tau}^2}$。

② 我们可以在 tobit 模型中进行内生性检验，而不用对 $\delta = 0$ 的假设进行 t 检验来校正协方差矩阵。

况，即（$y=0$，$T=0$）和（$y=0$，$T=1$），有

$$\ln L_i=\ln \Phi_2\left[\frac{-\mathbf{x}_i'\boldsymbol{\beta}-\gamma T_i}{\sigma_\varepsilon},(2T_i-1)\mathbf{z}_i'\boldsymbol{\alpha},-(2T_i-1)\rho\right]$$

对于观测到的 y^* 的情况，对数似然中的项正好是式（19－25）样本选择模型的 FIML 估计量中的项（见 19.4.3 小节）。对于这些（y，$T=0$）和（y，$T=1$）的情形，

$$\ln L_i$$
$$=\ln\left[\frac{\exp(-(y_i-\mathbf{x}_i'\boldsymbol{\beta}-\gamma T_i)^2/(2\sigma_\varepsilon^2))}{\sigma_\varepsilon\sqrt{2\pi}}\Phi\left(\frac{\rho(y_i-\mathbf{x}_i'\boldsymbol{\beta}-\gamma T_i)/\sigma_\varepsilon+(2T-1)\mathbf{z}_i'\boldsymbol{\alpha}}{\sqrt{1-\rho^2}}\right)\right]$$

当拥有任何一个一致估计量时，平均偏效应的估计可以基于$\partial E[y\mid\mathbf{x},T]/\partial T=\gamma\Phi[(\mathbf{x}'\boldsymbol{\beta}+\gamma T)/\sigma_\varepsilon]$并且也可以估计 $\mathbf{x}$ 中的变量。对于处理效应情形，我们将使用

$$\Delta E[y\mid\mathbf{x},T]$$
$$=\left[(\mathbf{x}'\boldsymbol{\beta}+\gamma)\Phi\left(\frac{\mathbf{x}'\boldsymbol{\beta}+\gamma}{\sigma_\varepsilon}\right)+\sigma_\varepsilon\phi\left(\frac{\mathbf{x}'\boldsymbol{\beta}+\gamma}{\sigma_\varepsilon}\right)\right]-\left[(\mathbf{x}'\boldsymbol{\beta})\Phi\left(\frac{\mathbf{x}'\boldsymbol{\beta}}{\sigma_\varepsilon}\right)+\sigma_\varepsilon\phi\left(\frac{\mathbf{x}'\boldsymbol{\beta}}{\sigma_\varepsilon}\right)\right]$$

19.3.5.b 异方差性

对于极大似然估计量在出现异方差性时的不一致问题上，Maddala and Nelson（1975），Hurd（1979），Arabmazar and Schmidt（1982a，b）以及 Brown and Moffitt（1982）都不同程度地持悲观态度。毫无疑问，删失的程度是主要决定因素。遗憾的是，所有分析全都是在极特殊的模型中进行的，例如仅包含了一个虚拟变量或者只有组间异方差性，所以，首要的教训就是非常一般化的结论，即异方差性作为潜在的严重问题出现。

我们也可以直接解决异方差性的问题。Petersen and Waldman（1981）给出了估计含有几种形式异方差性的 tobit 模型所需的计算。在对数似然函数中用 σ_i 取代 σ，并在求和时包含 σ_i^2，就可以推导出所需要的一般结论。设定 σ_i 的一个特定模型，就可以为估计提供经验模型。

例 19.7　Tobit 模型中的积性异方差

Petersen and Waldman（1981）在普通股的一个横截面中分析了短期利率。回归元包括企业的 β 系数（度量了市场组合中个股预期收益的成分）；因公司而异的不同收益预期，*NONMARKET*；对该公司做盈利预测的分析师人数，*NUMBER*；并购另一家公司所要发行的普通股股数，*MERGER*；是否存在期权的虚拟变量，*OPTION*。在他们估计的模型中，假定方差的形式为 $\sigma_i^2=\exp(\mathbf{x}_i'\boldsymbol{\alpha})$，他们的研究结果如表 19.4 所示。括号中的值是系数与渐近标准误估计值之比。

异方差性对估计值的影响极大，但文献中确实存在一个常见的误解。系数的变化通常具有误导性。异方差模型中的平均偏效应通常与从假定了同方差的模型中计算出来的偏效应极其相似（我们在练习中探讨了这个计算）。

对假设 $\boldsymbol{\alpha}=\mathbf{0}$（除了常数项）的检验可基于似然比统计量而进行。对于这些结论，统计量是$-2\times[-547.3-(-466.27)]=162.06$。这个统计量服从 5 个自由度的 χ^2 分布。样本值超过了表中的临界值 11.07，所以拒绝假设。

表 19.4	一个 tobit 模型的估计（括号中为标准误）		
	同方差	异方差	
	β	β	α
常数	−18.28 (5.10)	−4.11 (3.28)	−0.47 (0.60)
β	10.97 (3.61)	2.22 (2.00)	1.20 (1.81)
Nonmarket	0.65 (7.41)	0.12 (1.90)	0.08 (7.55)
Number	0.75 (5.74)	0.33 (4.50)	0.15 (4.58)
Merger	0.50 (5.90)	0.24 (3.00)	0.06 (4.17)
Option	2.56 (1.51)	2.96 (2.99)	0.83 (1.70)
ln *L*	−547.30	−466.27	
样本大小	200	200	

在上面的例子中，我们进行了对同方差假设的似然比检验。若不必估计无约束模型就能进行检验是我们所期望的，**拉格朗日乘数检验**（Lagrange multiplier test）可以满足这个愿望。考虑我们做出了如下设定的异方差 tobit 模型，即

$$\sigma_i^2=\sigma^2[\exp(\mathbf{w}_i'\boldsymbol{\alpha})]^2 \tag{19-18}$$

这是一个相当一般的模型，许多我们所熟悉的模型都是它的特殊情形。同方差性的原假设是 $\boldsymbol{\alpha}=\mathbf{0}$。（我们在 17.5.2 小节的 probit 模型和 9.7.1 小节的线性回归模型中都使用过这个设定。）使用海塞矩阵的 BHHH 估计量，我们就可以推导出如下拉格朗日乘数统计量：当 y_i 为正时，令 $z_i=1$；当 y_i 不为正时，$z_i=0$。于是有

$$\begin{aligned}a_i&=z_i\left(\frac{\varepsilon_i}{\sigma^2}\right)+(1-z_i)\frac{(-1)\lambda_i}{\sigma}\\ b_i&=z_i\frac{(\varepsilon_i^2/\sigma^2-1)}{2\sigma^2}+(1-z_i)\frac{(\mathbf{x}_i'\boldsymbol{\beta})\lambda_i}{2\sigma^3}\\ \varepsilon_i&=y_i-\mathbf{x}_i'\boldsymbol{\beta},\quad \lambda_i=\frac{\phi(\mathbf{x}_i'\boldsymbol{\beta}/\sigma)}{1-\Phi(\mathbf{x}_i'\boldsymbol{\beta}/\sigma)}\end{aligned} \tag{19-19}$$

数据向量为 $\mathbf{g}_i=[a_i\mathbf{x}_i',b_i,b_i\mathbf{w}_i']'$。求和是针对所有的观测值，并且所有涉及未知参数（$\varepsilon_i,\phi_i,\Phi_i,\mathbf{x}_i'\boldsymbol{\beta},\sigma,\lambda_i$）的函数都在约束（同方差）极大似然估计值处计算。于是，在一列 1 对积性异方差模型对数似然函数的 $K+1+P$ 个导数的回归中，我们有

$$\text{LM}=\mathbf{i}'\mathbf{G}[\mathbf{G}'\mathbf{G}]^{-1}\mathbf{G}'\mathbf{i}=nR^2 \tag{19-20}$$

这个统计量在约束模型估计值处计算。（若没有极限观测，则可以简化成 9.6.2 小节中讨论过的布鲁施-帕甘统计量。）给定 tobit 模型系数的极大似然估计值，其计算相当简单。这个统计量服从自由度为 $\mathbf{w}_i$ 中变量个数的极限 χ^2 分布。

19.3.5.c 非正态性

非正态性是一个特别难以分析的问题。已经证明，若潜在扰动项不是正态分布，则基于式

(19-13) 的估计量便不一致。当然，相关问题就是当假设错误时，所感兴趣的量的估计将会受到怎样的影响，通常是指偏效应。与 17.2.4 小节中的二值选择模型相同，这种效应没有那么清楚。对其他估计量以及这种模型误设类型进行检验的研究都仍在继续。[①]

一种估计的方法是，使用可供选择的一个分布。Kalbfleisch and Prentice (2002) 提出了一个统一的分析，包括指数分布、对数正态分布和威布尔分布等。(他们主要关注医药统计背景中的存活分析，这是不同学科所用方法的一个有趣的共同点。) 当然，我们假定其他某个具体的分布不一定能解决问题，甚至会更糟。一个可取的选择是，设计一个对分布变化保持稳健的估计值。Powell (1981, 1984) 的最小绝对离差 (LAD) 估计量提供了一些希望。[②] 它的主要缺点是计算复杂。Melenberg and van Soest (1996) 广泛使用了 LAD 估计量。尽管非正态情况下的估计相对困难，但是为了评判使用常规方法所计算出的估计值，有必要检验模型的非正态性。检验方法有豪斯曼检验、拉格朗日乘数检验 [Bera and Jarque (1981, 1982), Bera et al. (1982)] 和条件矩检验 (conditional moment tests) [Nelson (1981)]。

□ 19.3.6 面板数据的应用

我们对熟悉的 tobit 模型的面板数据结论的扩展，可以推导出 tobit 模型与 probit 模型相似的结论，以及随之而来的问题。利用模拟或者求积法，我们在第 17 章中讨论的随机效应或者随机参数模型可以被调整为删失回归模型。对于正交性的影响和回归元，在这里适用相同的保留，Mundlak (1987) 的修正也适用于此。

关于 tobit 模型中面板数据方法的理论文献很多都把注意力集中在固定效应上。出发点应是静态固定效应模型中的极大似然估计量 (MLE)，即

$$y_{it}^* = \alpha_i + x'_{it}\beta + \varepsilon_{it}, \varepsilon_{it} \sim N[0, \sigma^2]$$
$$y_{it} = \mathrm{Max}(0, y_{it})$$

然而，对于 MLE 在模型中的性质，研究人员还没有推导出明确的理论上的结论。直观上，基于对二元 probit 模型的研究结果，MLE 会以同样的方式引发偏误，且远离零。惊人的是，Greene (2004a) 频繁地发现，在某些模型设定下并不是这样的情况。更确切地说，附带参数对 σ 的估计量表现出向下的偏误，而不是对 β 的 MLE 表现出向上 (或向下) 的偏误。然而，当把 tobit 估计量与具有固定效应的线性回归模型中的 MLE 并列的时候，这个结论就不再那么奇怪了。在这个模型中，MLE 是一个无偏且一致的组内估计量 (虚拟变量法)。但是，在线性回归模型中，MLE 的扰动项方差为 $e'_{\mathrm{LSDV}}e_{\mathrm{LSDV}}/(nT)$，它由于$(T-1)/T$ 这个因子是向下偏误的 [在关于附带参数问题的原始资料中可以找到这个结论，参见 Neyman and Scott (1948)]。所以，证据显示，无条件估计在 tobit 模型中的性质基本上与其在线性回归模型中的一样。然而，这并没有解决问题，如果这些证据是正确的，则表示尽管 $\boldsymbol{\beta}$ 的估计量有可能一致，但适当的数据推论是不可能成立的。估计 σ 的偏误在偏效应的计算中都会显现出来。

对 tobit (或者截尾回归) 模型中 $\boldsymbol{\beta}$ 的估计，不存在条件估计量。一阶差分或取组均值离差并不能改进模型。由于潜在的变量在观测前就被删失了，所以这些变换没有任何意义。对于这

---

① 参见 Duncan (1986a, b), Goldberger (1983), Pagan and Vella (1989), Lee (1996), 以及 Fernandez (1986)。

② 参见 Duncan (1986a, b) 关于这个主题的专题论文以及 Amemiya (1984)。其他参考文献为 Newey, Powell, and Walker (1990); Lee (1996); Robinson (1988)。

个模型中的**半参数估计量**（semiparametric estimators），在理论上已经有了一些进展。参见 Honorè and Kyriazidou（2000）中的一个调查。我们前面论述的理想的结论在动态模型中无法实现，这为大多数理论上的发展提供了方向。Arellano（2001）分析了一些具有一般性的结论。Hahn and Kuersteiner（2004）定义了 MLE 的一些偏误的特征，并提出了在动态二值选择和删失回归模型中减少估计量的偏误的方法。

19.4 样本选择与偶发截尾

样本选择或者**偶发截尾**（incidental truncation）已经成为近来大量理论和应用文献的主题。[①] 这一分析综合了前面两个主题。

例 19.8　偶发截尾

在例 19.2 所讨论的高收入调查中，也包括了除房屋之外的净资产至少达到了 50 万美元的被调查者。假设收入调查仅基于那些净资产至少达到 50 万美元的人，这个选择便是一种截尾，但与 19.2 节中论述的不完全一样。这个选择的准则不一定排除了那些当时收入可能相当低的人。但应该预想到，净资产较高的人通常收入也较高。因此，用这个子总体中的平均收入代表典型美国人的收入很可能存在误导性。所以，在这样的一个调查中的数据就不应该是被随机选择的，或者说是被偶发截尾的。

有关非随机抽样的计量经济学研究，已经分析了样本选择对诸如最小二乘等常规估计量性质的有害影响，并推导出了其他各种估计方法，而且在这个过程中，在经验模型方面的收获很大。在某些情形中，这个分析已经可以对我们在前面的章节中所得到的结论重新进行解释。

19.4.1　二元分布中的偶发截尾

假设 y 和 z 服从相关系数为 ρ 的二元分布。给定 z 超过某一特定值，我们对 y 的分布，尤其是 y 的均值感兴趣。直觉告诉我们，若 y 与 z 正相关，则 z 的这种截尾应该把 y 的分布以及 y 的均值向右推。和之前一样，我们感兴趣的是：(1) 偶发截尾分布的形式；(2) 偶发截尾随机变量的均值和方差。我们会做一些具有一般性的研究，由于二元正态分布在经验文献中占支配地位，所以我们先考虑它。

y 和 z 的截尾联合密度为

$$f(y,z\mid z>a)=\frac{f(y,z)}{\text{Prob}(z>a)}$$

为了得到 y 的偶发截尾边际密度，我们要把 z 从这个表达式中积分出来。定理 19.5 给出了偶发截尾正态分布的矩。[②]

① 这个框架下的分析大部分都属于劳动经济学的领域。参见 Vella（1998）的述评文献。但其结论已经被应用于许多其他的领域，比如金融经济学家对股票市场回报的长期序列（“存活偏误”）研究，以及临床研究者长期研究的医药治疗与反应（“磨损偏误”）。一些对方法论问题进行评论的研究为 Barnow，Cain，and Goldberger（1981）；Heckman（1990）；Manski（1989，1990，1992）；Newey，Powell，and Walker（1990）以及 Wooldridge（1995）。

② 许多适用于多元分布的更一般的结论在 Kotz，Balakrishnan，and Johnson（2000）中给出。

定理 19.5　偶发截尾二元正态分布的矩

若 y 和 z 服从一个均值为 μ_y 和 μ_z，标准差为 σ_y 和 σ_z，相关系数为 ρ 的二元正态分布，则

$$E[y|z>a]=\mu_y+\rho\sigma_y\lambda(\alpha_z)$$
$$\text{Var}[y|z>a]=\sigma_y^2[1-\rho^2\delta(\alpha_z)]$$

式中

$$\alpha_z=(a-\mu_z)/\sigma_z,\lambda(\alpha_z)=\phi(\alpha_z)/[1-\Phi(\alpha_z)],\text{且}\ \delta(\alpha_z)=\lambda(\alpha_z)[\lambda(\alpha_z)-\alpha_z]$$

注意，涉及 z 的表达式类似于定理 19.2 中 x 截尾分布的矩。若截尾为 $z<a$，则可以置换成 $\lambda(\alpha_z)=-\phi(\alpha_z)/\Phi(\alpha_z)$。显然，假如 $\rho>0$，则 $E[y|z>a]>E[y]$，因为 σ_y 和 $\lambda(\alpha_z)$ 均为正。正如我们在前面的章节中所预料的，若从下面截尾，则截尾均值会沿着相关系数的方向推移；若从上面截尾，则沿着相反方向推移。此外，由于 $\delta(\alpha)$ 和 ρ^2 都介于 0 和 1 之间，所以偶发截尾会使得方差减小。第二个结果没有那么明显，但实质上是从减小方差的原则出发得到的。

□ 19.4.2　选择模型中的回归

为了得到与定理 19.5 中的结论相对应的一个回归模型，我们考虑如下例子。

∵例 19.9　一个劳动力供给模型

妇女劳动力供给的一个简单模型由以下两个方程构成①：

1. 工资方程。一个人的市场工资（在劳动力市场上能够要求的工资）与其保留工资（使她参与劳动力市场所必需的工资）之差，是诸如年龄、受教育程度、未成年子女数以及居住地等个人特征的函数。

2. 工作小时数方程。理想的劳动力供给小时数取决于工资和目前是否有婴幼儿以及婚姻状况等家庭特征。

当我们考虑描述预期工作小时数的第二个方程时，由于实际数字只有在这个人参加工作时才能观测到，所以截尾问题便浮现出来（在大多数这种研究中，都只能观测到一个参与方程，即小时数为 0 还是大于 0）。我们由此推断，市场工资超过了保留工资。因此，基于（提供的工资一保留工资），第二个方程中的小时数变量被偶发截尾。

为了将上例置于一个一般框架中，我们假设决定样本选择的方程为

$$z^*=\mathbf{w}'\boldsymbol{\gamma}+u$$

此处 $\mathbf{w}$ 为外生变量（即 $\mathbf{w}$ 与 μ 和 σ 独立），并假设我们主要关心的方程为

$$y=\mathbf{x}'\boldsymbol{\beta}+\varepsilon$$

抽样规则是，只有在 z^* 远大于 0 时才能观测到 y。适用于“被选择”观测值的条件均值为

$$\begin{aligned}E[y|\mathbf{x},z^*>0]&=\mathbf{x}'\boldsymbol{\beta}+E[\varepsilon|\mathbf{w}'\boldsymbol{\gamma}+u>0]\\&=\mathbf{x}'\boldsymbol{\beta}+E[\varepsilon|u>-\mathbf{w}'\boldsymbol{\gamma}]\end{aligned}$$

---

① 比如参见 Heckman（1976）。文献中这个分支始于 Gronau（1974）与 Lewis（1974）的交流。

如果 ε 和 u 不相关，则 $E[\varepsilon|u>a]=E[\varepsilon]=0$。但是，如果它们是相关的，那么如定理 19.5 中的二元正态分布，我们将期望 $E[\varepsilon|u>a]$ 是 a 的函数。在这种情况下，如果 $E[\varepsilon|u>-\mathbf{w}'\boldsymbol{\gamma}]=h(\mathbf{w}'\boldsymbol{\gamma},\sigma_u)$，那么相关的回归为

$$E[y|\mathbf{x},z^*>0]=\mathbf{x}'\boldsymbol{\beta}+h(\mathbf{w}'\boldsymbol{\gamma},\rho,\sigma_u,\sigma_\varepsilon)+v$$

其中，$E[v|\mathbf{x},h(\mathbf{w}'\boldsymbol{\gamma},\rho,\sigma_u,\sigma_\varepsilon)]=0$。直接含义就是，因为 $h(\mathbf{w}'\boldsymbol{\gamma},\rho,\sigma_u,\sigma_\varepsilon)$ 中的遗漏变量，y 对 $\mathbf{x}$ 的简单线性回归不会一致地估计 $\boldsymbol{\beta}$。在我们的例子中，提出的工资方程中包含年龄和受教育程度。但是，在被孩子和婚姻状况决定的正小时数条件下，以正小时数为条件的简单回归缺失了这两个变量。这些被遗漏的变量在这个设置中的最小二乘偏差是“选择偏差”。[①]

为了在这一点上取得进展，我们有必要更具体地说明在相关回归中的被遗漏项。若 ε 和 u 服从均值为零、相关系数为 ρ 的二元正态分布，则我们把这些代入定理 19.5，以得到适用于我们样本中观测值的特定模型，即

$$\begin{aligned}E[y|\text{观测到的 }y]&=E[y|z^*>0]\\&=E[y|u>-\mathbf{w}'\boldsymbol{\gamma}]\\&=\mathbf{x}'\boldsymbol{\beta}+E[\varepsilon|u>-\mathbf{w}'\boldsymbol{\gamma}]\\&=\mathbf{x}'\boldsymbol{\beta}+\rho\sigma_\varepsilon\lambda_i(\alpha_u)\\&=\mathbf{x}'\boldsymbol{\beta}+\beta_\lambda\lambda(\alpha_u)\end{aligned}$$

式中，$\alpha_u=(-\mathbf{w}'\boldsymbol{\gamma}-0)/\sigma_u$，且

$$\lambda(\alpha_u)=\phi(-\mathbf{w}'\boldsymbol{\gamma}/\sigma_u)/[1-\Phi(-\mathbf{w}'\boldsymbol{\gamma}/\sigma_u)]=\phi(\mathbf{w}'\boldsymbol{\gamma}/\sigma_u)/\Phi(\mathbf{w}'\boldsymbol{\gamma}/\sigma_u) \tag{19-21}$$

[我们使用了正态分布的对称性，$\phi(-b)=\phi(b)$ 和 $[1-\Phi(-b)]=\Phi(b)$。]所以，

$$\begin{aligned}y|z^*>0&=E[y|z^*>0]+v_i\\&=\mathbf{x}'\boldsymbol{\beta}+\beta_\lambda\lambda(\mathbf{w}'\boldsymbol{\gamma}/\sigma_u)+v\end{aligned}$$

利用观测数据的最小二乘回归（例如只使用那些参与工作的妇女的数据，将工作小时数对其决定因素进行 OLS 回归），将推导出 $\boldsymbol{\beta}$ 的不一致估计量。我们把这个问题同样视为遗漏变量问题。虽然 y 对 $\mathbf{x}$ 和 λ 的最小二乘回归将是一个一致估计量，但若遗漏 λ，则遗漏变量的**设定误差**（specification error）便不可避免。最后，注意到，定理 19.5 的第二部分意味着，即便 $\lambda\mathbf{w}'\boldsymbol{\gamma}/\sigma_u$ 可观测到并且包含在回归中，最小二乘法也不是有效的。扰动项 v 是异方差的。

在我们所观测的样本中，回归元对 $E[y|\mathbf{x},\mathbf{w}]$ 的偏效应由两部分构成。对 y 均值的直接效应，即 $\boldsymbol{\beta}$。此外，对一个特定的自变量，如果它出现在 z^* 为正的概率中，那么通过出现在 $\lambda\mathbf{w}'\boldsymbol{\gamma}/\sigma_u$ 中又会影响 $E[y|\mathbf{x},\mathbf{w}]$。同时出现在 $\mathbf{x}_i$ 和 $\mathbf{w}_i$ 中的一个回归元，其变化对 y 的全部影响为

$$\begin{aligned}&\frac{\partial E[y|z^*>0]}{\partial x_k}=\beta_k-\gamma_k\left\{\left(\frac{\rho\sigma_\varepsilon}{\sigma_u}\right)[\delta(\mathbf{w}'\boldsymbol{\gamma}/\sigma_u)]\right\}\\&\delta(\mathbf{w}\boldsymbol{\gamma}'/\sigma_u)=\lambda^2-\alpha\lambda\end{aligned}$$

其中，λ 在式（19-21）中定义，且 $\alpha=-\mathbf{w}\boldsymbol{\gamma}'/\sigma_u$。假设 ρ 为正，且 $E[y|\mathbf{x},\mathbf{w}]$ 在 z^* 为正时的值比 z^* 为负时更大一些。由于 $0<\delta<1$，所以额外的项就可以起到减小偏效应的作用。概率变化

① 一些评论家在给定的上下文中都提出“数据受到选择偏差的影响”。正如我们在前面所看到的，OLS 估计量是有偏的，而不是数据。我们很快就会发现，在适当的假设下，依据相同的数据，存在不同的估计量，这是无偏的（或至少是一致的）。

会影响 y 的均值，因为在 $z^*>0$ 的组内，均值更高。导数中的第二项补偿了这个效应，现在便只剩下给定 $z_i^*>0$ 条件下改变的偏效应。考虑例 19.11，并假设受教育程度无论如何都可以同时影响迁移概率和收入水平。如果我们假设迁移者的收入高于其他条件相同但未迁移者的收入，那么受教育程度的偏效应就有两个部分：一是，提高个人进入高收入群体的概率；二是，在这一个群体内影响个人收入。因此，回归中受教育程度变量的系数高估了对迁移者的偏效应，低估了对未迁移者的偏效应。各部分的大小都取决于模型的设定。这种效应的大小、符号和统计显著性很可能都与 $\boldsymbol{\beta}$ 的估计值完全不同，这一点在经验研究中常常会被忽略。

在大多数情形中，选择变量 z^* 都观测不到。更准确地说，我们只能观测到它的符号。在我们的两个例子中，我们只能观测到一个人是否在外工作和一个人是否迁移过。虽然我们根据这些信息能够判断出 z^* 的符号，但是我们不知道其大小。由于缺乏 z^* 大小的信息，就无法估计决策方程中的扰动项方差（我们在第 17 章分析二值选择 probit 模型时也遇到过这个问题）。

因此（仍保持联合正态分布的假设），我们把模型重新表述如下：

$$
\begin{aligned}
&\text{选择机制：} z^* = \mathbf{w}'\boldsymbol{\gamma} + u, z = \mathbf{1}(z^*>0) \\
&\qquad \text{Prob}(z=1 \mid \mathbf{w}) = \Phi(\mathbf{w}'\boldsymbol{\gamma}) \\
&\qquad \text{Prob}(z=0 \mid \mathbf{w}) = 1-\Phi(\mathbf{w}'\boldsymbol{\gamma}) \qquad (19-22) \\
&\text{回归模型：如果 } z=1\text{，则 } y=\mathbf{x}'\boldsymbol{\beta}+\varepsilon \text{ 可观测到} \\
&\qquad (\varepsilon, u) \sim \text{二元正态}[0,0,\sigma_\varepsilon,1,\rho]^{①}
\end{aligned}
$$

我们假定可以观测到一个随机样本的 z_i 和 $\mathbf{w}_i$，但 y_i 只有在 $z_i=1$ 时才能观测到。这个模型正是我们前面分析的模型，即

$$E[y_i \mid z_i=1, \mathbf{x}_i, \mathbf{w}_i] = \mathbf{x}_i'\boldsymbol{\beta} + \rho\sigma_\varepsilon\lambda(\mathbf{w}_i'\boldsymbol{\gamma})$$

□ 19.4.3 两步估计与极大似然估计

我们可以使用式（19－22）中的极大似然估计样本选择模型的参数。[②] 不过 Heckman（1979）的**两步估计**（two-step estimation）方法反而经常被使用。赫克曼的方法如下[③]：

1. 用极大似然法估计 probit 方程，以得到 $\boldsymbol{\gamma}$ 的估计值。对所选择样本中的每个观测值，计算 $\hat{\lambda}_i=\phi(\mathbf{w}_i'\hat{\boldsymbol{\gamma}})/\Phi(\mathbf{w}_i'\hat{\boldsymbol{\gamma}})$ 和 $\hat{\delta}_i=\hat{\lambda}_i(\hat{\lambda}_i+\mathbf{w}_i'\hat{\boldsymbol{\gamma}})$。

2. 通过 y 对 $\mathbf{x}$ 和 $\hat{\lambda}$ 的最小二乘回归估计 $\boldsymbol{\beta}$ 和 $\beta_\lambda=\rho\sigma_\varepsilon$。[④]

还有可能构造出单个参数 ρ 和 σ_ε 的一致估计量。（同样地，假设为二元正态。）在每次观测中，扰动项的真实条件方差为

$$\sigma_i^2=\sigma_\varepsilon^2(1-\rho^2\delta_i)$$

---

① 在这种模式的一些处理中，注意到，该设定实际上只依赖于 u 和 $E[\varepsilon \mid u>-\mathbf{w}'\boldsymbol{\gamma}]=\theta\lambda(\mathbf{w}'\boldsymbol{\gamma})$。$\varepsilon$ 的联合正态甚至边际正态都不是至关重要的。有争议的一点是，有关 $E[\varepsilon \mid u>-\mathbf{w}'\boldsymbol{\gamma}]$ 的具体假设给出了二元正态性假设的狭义程度。

② 参见 Greene（1995a）。MLE 仅在二元正态性的具体假设下适用。没有这个假设，我们将在所有情况下使用两步最小二乘法或工具变量。细节另见 Newey（1991）。

③ 可能是模仿前面“tobit”估计量的命名方式，这个方法逐渐被称为“Heckit”估计量。

④ 作为适度的第一步，我们可以进行“选择检验”，即 β_λ 等于零的原假设，简单地通过使用所选样本将 y 对 $(\mathbf{x},\lambda)$ 进行回归，并使用基于渐近协方差矩阵的普通估计量。在原假设下，这相当于线性回归设定的普通检验。在拒绝原假设的情况下，有待进行额外的计算。

样本的平均条件方差将收敛于

$$\text{plim}\ \frac{1}{n}\sum_{i=1}^{n}\sigma_i^2=\sigma_\varepsilon^2(1-\rho^2\bar{\delta})$$

它是最小二乘残差方差 $\mathbf{e}'\mathbf{e}/n$ 所估计的内容。对于 $\hat{\lambda}$ 系数的平方，我们有

$$\text{plim}\ b_\lambda^2=\rho^2\sigma_\varepsilon^2$$

而基于 probit 结果，我们有

$$\text{plim}\ \frac{1}{n}\sum_{i=1}^{n}\hat{\delta}_i=\bar{\delta}$$

于是，我们便能得到 σ_ε^2 的一个一致估计量，即

$$\hat{\sigma}_\varepsilon^2=\frac{\mathbf{e}'\mathbf{e}}{n}+\hat{\bar{\delta}}b_\lambda^2$$

ρ^2 的估计量为

$$\hat{\rho}=\text{sgn}(b_\lambda)\sqrt{\frac{b_\lambda^2}{\hat{\sigma}_\varepsilon^2}} \tag{19-23}$$

这就是模型参数的一套完整的估计量。①

为了进行假设检验，需要推导 $[\mathbf{b}', b_\lambda]$ 渐近协方差的一个估计值。我们必须解决两个问题。首先，我们在定理 19.5 中论述过：

$$(y_i\,|\,z_i=1,\mathbf{x}_i,\mathbf{w}_i)=\mathbf{x}_i'\boldsymbol{\beta}+\rho\,\sigma_\varepsilon\lambda_i+v_i \tag{19-24}$$

中的扰动项是异方差的，

$$\text{Var}[v_i\,|\,z_i=1,\mathbf{x}_i,\mathbf{w}_i]=\sigma_\varepsilon^2(1-\rho^2\delta_i)$$

其次，$\hat{\lambda}_i$ 中存在被估计的参数。假设我们暂时假定 λ_i 和 δ_i 都已知（即我们不必估计 $\boldsymbol{\gamma}$）。为了方便起见，令 $\mathbf{x}_i^*=[\mathbf{x}_i,\lambda_i]$，并令 $\mathbf{b}^*$ 为 y 对所选择数据中 $\mathbf{x}^*$ 的回归中的最小二乘系数向量。于是，在使用第 9 章异方差模型中普通最小二乘方差的适当形式时，我们必须估计

$$\begin{aligned}\text{Var}[\mathbf{b}^*\,|\,\mathbf{X}_*]&=\sigma_\varepsilon^2[\mathbf{X}_*'\mathbf{X}_*]^{-1}\left[\sum_{i=1}^{n}(1-\rho^2\delta_i)\mathbf{x}_i^*\mathbf{x}_i^{*\prime}\right][\mathbf{X}_*'\mathbf{X}_*]^{-1}\\&=\sigma_\varepsilon^2[\mathbf{X}_*'\mathbf{X}_*]^{-1}[\mathbf{X}_*'(\mathbf{I}-\rho^2\boldsymbol{\Delta})\mathbf{X}_*][\mathbf{X}_*'\mathbf{X}_*]^{-1}\end{aligned}$$

式中，$\mathbf{I}-\rho^2\boldsymbol{\Delta}$ 是主对角线元素为 $1-\rho^2\delta_i$ 的对角矩阵。(需要注意的是，如果 $\rho=0$，这将会简化为最简单的最小二乘结果）使用 $\mathbf{X}$，σ_ε^2 和 ρ^2 的样本估计值以及假定已知的 λ_i 和 δ_i 值，很容易计算出这个结论，没有任何复杂之处。

$\boldsymbol{\gamma}$ 中的参数必须使用 probit 方程估计。我们将式（19-24）重新写成

$$(y_i\,|\,z_i=1,\mathbf{x}_i,\mathbf{w}_i)=\mathbf{x}_i'\boldsymbol{\beta}+\beta_\lambda\hat{\lambda}_i+v_i-\beta_\lambda(\hat{\lambda}_i-\lambda_i)$$

① 提出的估计量在 Heckman（1979）中有提到。注意 $\hat{\rho}$ 不是样本相关系数，因此也不限于 [0，1]。相关讨论参见 Greene（1981）。

从这个形式中我们看出，在之前的表达式中，我们忽略了复合扰动项中一个额外的变异源和观测值之间的相关性；对每个观测值计算 $\hat{\lambda}_i$ 都使用 $\boldsymbol{\gamma}$ 的相同估计值。赫克曼证明了，通过在前面的协方差矩阵中间的那个方括号中增加

$$\mathbf{Q}=\hat{\rho}^2(\mathbf{X}_*'\ \hat{\boldsymbol{\Delta}}\mathbf{W})\text{Est. Asy. Var}[\hat{\boldsymbol{\gamma}}](\mathbf{W}'\hat{\boldsymbol{\Delta}}\mathbf{X}_*)=\hat{\rho}^2\hat{\mathbf{F}}\hat{\mathbf{V}}\hat{\mathbf{F}}'$$

一项，就可以对它进行适当修正，其中 $\hat{\mathbf{V}}=\text{Est. Asy. Var}[\hat{\boldsymbol{\gamma}}]$是 probit 估计系数的渐近协方差估计量。式（17－22）～（17－24）中的任何一个估计量都可用于计算 $\hat{\mathbf{V}}$。完整的表达式为

$$\text{Est. Asy. Var}[\mathbf{b},b_\lambda]=\hat{\sigma}_\varepsilon^2[\mathbf{X}_*'\mathbf{X}_*]^{-1}[\mathbf{X}_*'(\mathbf{I}-\hat{\rho}^2\hat{\Delta})\mathbf{X}_*+\mathbf{Q}][\mathbf{X}_*'\mathbf{X}_*]^{-1}$$

这是嵌入在现代软件（如 Stata）中的估计量。我们注意到两步估计法的三个有进步的方面：

1. 这是我们在 8.4.1 小节和 14.7 节中开发的两步程序的应用，并由 Murphy and Topel（1985）将其形式化。①

2. 两步估计量是一个控制函数估计量（见 14.7 节）。控制函数是广义残差［见 Chesher，Lancaster，and Irishi（1985）］，所以这个估计量是 Terza，Basu，and Rathuoz（2008）残差包含法的一个例子。

3. 除去二元正态假设，我们可以通过引导两步最小二乘估计量来估计适当的渐近协方差矩阵。

样本选择模型也可以通过极大似然来估计。数据的完全对数似然函数是建立在观测数据的两个组成部分之上的：

Prob(选择)×密度|选择，对于 $z_i=1$ 的观测

且

Prob(非选择)，对于 $z_i=0$ 的观测

合并各个部分可得到完全对数似然函数，

$$\ln L=\sum_{z=1}\ln\left[\frac{\exp(-(1/2)\varepsilon_i^2/\sigma_\varepsilon^2)}{\sigma_\varepsilon\sqrt{2\pi}}\Phi\left(\frac{\rho\varepsilon_i/\sigma_\varepsilon+\mathbf{w}_i'\boldsymbol{\gamma}}{\sqrt{1-\rho^2}}\right)\right]+\sum_{z=1}\ln[1-\Phi(\mathbf{w}_i'\boldsymbol{\gamma})] \quad (19-25)$$

其中 $\varepsilon_i=y_i-\mathbf{x}_i'\boldsymbol{\beta}$。②

FIML 估计法的两个优点包括：首先，使用完全似然函数而不是矩法能够带来更高的效率。其次，在 $-1<\rho<1$ 的限制下估计 ρ。［这通常通过根据单调反双曲正切重新参数化模型来完成，$\tau=(1/2)\ln[(1+\rho)/(1-\rho)]=\text{atanh}(\rho)$。参数 τ 的变化不受限制。逆变换是 $\rho=[\exp(2\tau)-1]/[\exp(2\tau)+1]$，其被界定在 0 到 1 之间。］一个可能的缺点（可能有争议）是似然函数的复杂性，这使得估计比两步估计量更加困难。然而，选择模型的 MLE 在现代软件（如 Stata 和 NLOGIT）中显示为内置程序，并且直接在 Gauss 中实现，因此这可能是一个模糊点。意外的是，在公认的应用中，MLE 远不如两步估计量那么常见。ρ 的估计是估计过程中的困难部分

① Greene（1981）推导了这个矩阵表达式。注意，定理 14.8 中两步估计量的 Murphy and Topel（1985）的结论在这里也适用。渐近地看，这个方法将给出相同的答案。赫克曼表达式已经成为文献中的标准形式。

② 注意，FIML 估计量暗示了一个替代的两步估计量。因为在第一步可以通过 probit 估计量来估计 $\boldsymbol{\gamma}$，所以可以将指标 $\mathbf{w}_i'\hat{\boldsymbol{\gamma}}$ 插入对数似然中，则可以通过仅使第一个求和项最大化（对所选观测值）来估计 $\boldsymbol{\beta}$，ρ 和 σ_ε。第三种方法的有用性仍有待考量。

(通常是这种情况)。对于矩估计量和 FIML 估计量来说，很常见的是我们在例 19.10 中的应用。值得注意的是，式 (19－23) 中 ρ 的基于矩阵的估计量不受 0 到 1 的限制。① 比较来看，我们似乎更青睐于 MLE。

该模型的完全参数二元正态假设被视为一个潜在的缺点。然而，在设计信息半参数估计量和非参数估计量方面取得的进展相对较少，例如，Gallant and Nychka (1987)。这里的难点是，这个模型在两个方程中的不可观测值的校正参数化上悬而未决。因此，矩估计量、IV 或基于内核的估计量仍然必须包含二元分布的一些特征。我们使用 copula 函数的方法获得了一些结果。② Martins (2001) 考虑了其他半参数方法。

例 19.10　女性劳动力供给

例 17.15 在 Mroz (1987) 分析的样本中，针对 753 个已婚妇女的样本，提出了一个劳动力参与模型。数据集包含了 428 个参与规范劳动力市场 (LFP＝1) 妇女的工资和工作小时数信息。根据姆罗茨 (Mroz) 的分析，我们假设对这 428 个人，所提供的工资超过了其保留工资，而且两个工资方程中观测不到的效应彼此相关。因此，基于市场数据的工资方程应该可以解释样本选择问题。我们现在设定一个简单的工资模型

$$\ln Wage = \beta_1 + \beta_2 Exper + \beta_3 Exper^2 + \beta_4 Education + \varepsilon$$ ③

式中，*Exper* 为劳动力市场经历。表 19.5 显示的是工资方程的极大似然、赫克曼两步和普通最小二乘估计值。极大似然估计值是 FIML 估计值——同时重新估计劳动力参与方程。以下只给出了工资方程的参数。还要注意到，两步估计量估计 λ_i 的单个系数、结构参数 σ 且 ρ 是通过矩法推导出来的。极大似然估计量则直接计算了这些参数的估计值。

两步估计量和 ML 估计量都提供了“选择性”的直接检验，即 $\rho=0$。在这两种情况下，估计值很

表 19.5　选择修正工资方程的估计

	两步法		极大似然法		最小二乘法	
	估计值	标准误	估计值	标准误	估计值	标准误
常数	−0.578 10	(0.305 02)	−0.552 70	(0.324 95)	−0.522 04	(0.198 63)
Expertience	0.043 89	(0.016 26)	0.042 84	(0.017 29)	0.041 57	(0.013 18)
$Experience^2$	−0.000 86	(0.000 44)	−0.000 84	(0.000 48)	−0.000 81	(0.000 39)
Education	0.109 07	(0.015 52)	0.108 35	(0.016 74)	0.107 49	(0.014 15)
$(\rho\sigma)$	0.032 26	(0.133 62)				
ρ	0.048 61		0.026 61	(0.182 27)	0.000 00	
σ	0.663 63		0.663 40	(0.014 45)	0.666 42	

① 参见 Greene (1981)。
② 参见 Smith (2003, 2005) 和 Trivedi and Zimmer (2007)。扩展性的讨论参见 Wooldridge (2010)。
③ 如例 17.15 所示，为了比较，我们在 Wooldridge(2010, p. 807)中重复了该设定。

小，但标准误很大。两个检验都不能拒绝该假设。对两步估计量中的标准误的校正也很小。这也是可以预料到的。调整中的两项都涉及 ρ^2，在这里这一项很小——与两步估计量的未经调整的 OLS 标准误基本相同，为 0.134 39。（代数上不调整将会增大估计的标准误。）因为在该模型中样本选择校正的影响不大，OLS 估计值将为平均偏效应提供合理的数值。特别是 OLS 估计中 *Education* 的系数为 0.107 49。两步法和 ML 结果的平均偏效应分别为 0.106 68 和 0.108 21。

❖例 19.11　迁移的去留模型

我们使用 Nakosteen and Zimmer（1980）分析的迁移模型拟合本小节的框架。模型方程为

迁移的净收益：$M^* = \mathbf{w}'\boldsymbol{\gamma} + u$

迁移的收入：$\boldsymbol{I}_1 = \mathbf{x}_1'\boldsymbol{\beta}_1 + \varepsilon_1$

留下的收入：$\boldsymbol{I}_0 = \mathbf{x}_0'\boldsymbol{\beta}_0 + \varepsilon_0$

净收益的构成之一，便是与留下来所能得到的工资相比，迁移所能实现的市场工资。因此，在净收益的决定因素中，有些因素会影响去或留所得到的收入。迁移者样本的收入分析，必须解释迁移者收入在净收益为正时的偶发截尾。同样，留下者的收入在净收益为非正时是偶发截尾的。这个模型意味着所有观测的收入都是迁移后的收入，我们只在有人真正迁移之后才能观测它。Nakosteen and Zimmer（1980）对 9 223 人的两年的数据（1971 年和 1973 年）样本应用了选择模型，这些数据取样自美国社会保障总署（Social Security Administration）的连续工作历史样本（Continuous Work History Sample）。在样本期内，1 078 人迁移过，而余下 8 145 人则没有。迁移方程的自变量如下：

SE＝自我雇佣虚拟变量，1 表示“是”

ΔEMP＝州就业增长率

ΔPCI＝州人均收入增长率

$\mathbf{x}$＝年龄、种族（不是白人便取 1）和性别（女性＝1）

ΔSIC＝1，若个人改变了工作行业

收入方程包括 ΔSIC 和 SE。表 19.6 显示的是作者报告的结果。

表 19.6　收入方程的估计（括号中为渐近 t 值）

	迁移	移民收入	非移民收入
常数	−1.509	9.041	8.593
SE	−0.708（−5.72）	−4.104（−9.54）	−4.161（−57.71）
ΔEMP	−1.488（−2.60）	—	—
ΔPCI	1.455（3.14）	—	—
Age	−0.008（−5.29）	—	—
Race	−0.065（−1.17）	—	—
Sex	−0.082（−2.14）	—	—
ΔSIC	0.948（24.15）	−0.790（−2.24）	−0.927（−9.35）
λ	—	0.212（0.50）	0.863（2.84）

□ 19.4.4 非线性模型中的样本选择

我们前面的分析主要针对线性回归的拓展（或者对数据简单平均的估计）。对于非线性模型，分析的方法有所差异。首先，样本选择对反应变量的影响以及如何适应模型不一定要显著。考虑 Boyes et al.（1989）分析的模型：

如果个体 i 拖欠贷款，则 $y_{i1}=1$，否则为 0

如果个体获得贷款，则 $y_{i2}=1$，否则为 0

Wynand and van Praag（1981）在非线性模型中首次使用选择方法时，就应用这个框架分析了消费者购买保险的情况。Greene（1992）对 y_1＝信用卡贷款违约运用了同样的模型，其中，y_{i2} 表示信用卡的申请被接受与否。[Mohanty（2002）也是用这个模型来分析加利福尼亚州的少年工雇用情况。] 对一个给定的个体，除非 $y_2=1$，否则 y_1 观测不到。回顾 19.4.3 小节中线性回归的例子，一个很自然的处理方法应该是用单变量 probit 模型拟合第二个（选择）方程，计算逆米尔斯比率 λ_i，把它作为一个额外的“控制”变量加到第一个方程以适应选择效应［这个方法曾被 Wynand and van Praag（1981）和 Greene（1994）使用］。这个控制函数方法存在几个问题：一是在模型中被控制的对象不是很明确；二是假设第一个模型正确，在样本选择的条件下合适的模型中不可能包含逆米尔斯比率。[具体讨论可见 Terza（2009）。] 这个结果只适用于线性模型，表示为 $E[\varepsilon_i\mid 选择]$，即

$$\text{Prob}(y_{i1}=1\mid 选择\ y_{i2}=1)=\Phi(\mathbf{x}_{i1}'\boldsymbol{\beta}_1+\theta\lambda_i)$$

这个模型虽然看起来好像明显是 probit 模型的另一种表达形式，但实际上却不是，它是合理的条件概率。① 对于这个特殊的应用，合理的条件概率（扩展 17.9 节中的二元 probit 模型）为

$$\text{Prob}[y_{i1}=1\mid y_{i2}=1]=\frac{\Phi_2(\mathbf{x}_{i1}'\boldsymbol{\beta}_1,\mathbf{x}_{i2}'\boldsymbol{\beta}_2,\rho)}{\Phi(\mathbf{x}_{i2}'\boldsymbol{\beta}_2)}$$

我们将用这个结果对以下三个观测结果建立似然函数：样本的这三个观测值以及它们的无条件概率为

$$\begin{aligned}
&y_{i2}=0:\ \text{Prob}(y_{i2}=0\mid\mathbf{x}_{i1},\mathbf{x}_{i2})=1-\Phi(\mathbf{x}_{i2}'\boldsymbol{\beta}_2)\\
&y_{i1}=0,\ y_{i2}=1:\ \text{Prob}(y_{i1}=0,y_{i2}=1\mid\mathbf{x}_{i1},\mathbf{x}_{i2})=\Phi_2(-\mathbf{x}_{i1}'\boldsymbol{\beta}_1,\mathbf{x}_{i2}'\boldsymbol{\beta}_2,-\rho) \qquad (19-26)\\
&y_{i1}=1,\ y_{i2}=1:\ \text{Prob}(y_{i1}=1,y_{i2}=1\mid\mathbf{x}_{i1},\mathbf{x}_{i2})=\Phi_2(\mathbf{x}_{i1}'\boldsymbol{\beta}_1,\mathbf{x}_{i2}'\boldsymbol{\beta}_2,\rho)
\end{aligned}$$

对数似然函数就是基于这些概率建立的。② 一个具体的应用可见 17.6 节。

∵例 19.12 看医生与保险

我们继续分析德国医疗保障制度的使用，可以看到数据集中包括一个代表是否预定“公共”医疗保险的指示器。样本中大约 87%的观察者都预定了。我们不禁要问，对公共保险的选择是否揭露了看医生问题的本质差异？我们对例 17.19 中的模型采用一个对数设定。我们使用式（19-26）作为基本

① 正如在线性情况下，增广的单方程模型确实为 θ 等于零的原假设的简单 t 检验提供了有效的框架，但是如果检验拒绝原假设，则需要完全不同的方法。

② Poirier（1980）与 Abowd and Farber（1982）探讨了从二元 probit 模型到其他类型的删失的引申。

框架，假设 y_{i2} 表示存在保险；y_{i1} 为二值变量，若个体在调查期间至少去看过一次医生，取值为 1。

估计结果如表 19.7 所示，这些结果表现出的联系较强。在条件模型中，协方差确实有所变化。在原假设 $\rho=0$ 的条件下，对选择效应做沃尔德检验，可以计算出检验统计量为 $(-7.188)^2=51.667$，大于临界值 3.84。所以，原假设被拒绝。似然比统计量等于全模型的对数似然值与 $\rho=0$ 情况下两个独立的 probit 模型的对数似然值之和的差。结果为

$$\lambda_{\mathrm{LR}}=2\times\{-23\,969.58-[-15\,536.39+(-8\,471.508)]\}=77.796$$

假设再次被拒绝。偏效应使用 17.6 节中的结果进行计算。

较大的相关系数容易令人误解。估计得到的 −0.929 9 并不能表明拥有保险后，看医生的可能性会降低。这是在每个方程中无法观测的因素之间的相关性。这些因素会使人们购买保险的可能性增大、看医生的可能性减小。（在这个体系中，每个人都拥有保险。我们事实上正在检验拥有公共保险的人与拥有私人保险的人之间的差异。）为得到两个变量之间的相关关系，我们使用例 17.31 中定义的四元相关。在不存在其他变量的情况下，这可以通过调整二元 probit 模型使其适用于两个二值变量来计算。估计值为 0.120。

表 19.7　看医生的 probit 方程的估计

	自变量：无选择			样本选择模型		
变量	估计值	标准误	偏效应	估计值	标准误	偏效应
常数	0.055 88	0.065 6		−9.436 6	0.067 6	
Age	0.013 31	0.000 8	0.005 0	0.012 8	0.000 8	0.005 0
Income	−0.103 4	0.050 9	−0.038 6	−0.103 0	0.045 8	−0.040 6
Kids	−0.134 9	0.019 5	−0.050 6	−0.126 4	0.017 9	−0.049 8
Education	−0.019 2	0.004 3	−0.007 2	0.036 6	0.004 7	0.002 7
Married	0.035 86	0.021 7	0.013 4	0.035 6	0.020 2	0.014 0
ln *L*	−15 536.39					
常数	3.358 5	0.070 0		3.269 9	0.069 2	
Age	0.000 2	0.001 0		−0.000 3	0.001 0	
Education	−0.185 4	0.003 9		−0.180 7	0.003 9	
Female	0.115 0	0.021 9	0.000 0[a]	0.223 0	0.021 0	0.014 5[a]
ln *L*	−8 471.51					
ρ	0.000 0	0.000 0		−0.929 9	0.129 4	
ln *L*	−24 007.91			−23 969.58		

a. 第二个方程的间接效应。

更普通的案例一般都不是很易懂。Greene（2005，2007d）与 Terza（1998，2010）发展了针对非线性模型的样本选择方法，他们就是基于 19.4.3 小节中赫克曼模型的潜在逻辑，即附带的截尾对模型中无法观测的变量会产生影响（那是常规估计量中的“选择偏差”的来源）。拓展建模可以以一种平行于回归模型的很自然的方式把无法观测的变量引入模型。Terza（1985b，

2009）提出了结果更加普遍的一个研究。

一般的模型具有以下形式：

1. probit 选择方程：

$$z^* = \mathbf{w}'\boldsymbol{\alpha} + u\text{，其中 } u \sim \text{N}[0,1]$$
$$z = \mathbf{1}(z^* > 0)$$

2. 含有未观测到的异质性（heterogeneity）以及样本选择的非线性指标函数模型：

$$\begin{aligned}&\mu \mid \varepsilon = \mathbf{x}'\boldsymbol{\beta} + \sigma\varepsilon, \varepsilon \sim \text{N}[0, 1]\\&y \mid \mathbf{x},\varepsilon \sim \text{密度 } g(y \mid \mathbf{x},\varepsilon) = f(y \mid \mathbf{x}'\boldsymbol{\beta} + \sigma\varepsilon)\\&y,\mathbf{x} \text{ 被观测到当且仅当 } z = 1\\&[u,\varepsilon] \sim \text{N}[(0,1),(1,\rho,1)]\end{aligned} \tag{19-27}$$

例如，对于泊松回归模型，条件均值函数会变成 $E(y \mid \mathbf{x}) = \lambda = \exp(\mathbf{x}'\boldsymbol{\beta} + \sigma\varepsilon) = \exp(\mu)$。（我们在第 18 章中运用这个设定分析泊松回归模型对面板数据的随机效应。）

完全模型的对数似然函数是所观察数据的联合密度函数。当 $z = 1$ 时，$(y, \mathbf{x}, z, \mathbf{w})$ 都可以被观测到。按以下步骤，就可以推导出联合密度 $p(y, z = 1 \mid \mathbf{x}, \mathbf{w})$，即

$$p(y, z = 1 \mid \mathbf{x}, \mathbf{w}) = \int_{-\infty}^{\infty} p(y, z = 1 \mid \mathbf{x}, \mathbf{w}, \varepsilon) f(\varepsilon) d\varepsilon$$

式中，ε，y，z 相互独立。所以，联合密度函数的表达式为

$$p(y, z = 1 \mid \mathbf{x}, \mathbf{w}, \varepsilon) = f(y \mid \mathbf{x}'\boldsymbol{\beta} + \sigma\varepsilon)\text{Prob}(z = 1 \mid \mathbf{w}, \varepsilon)$$

第一部分 $f(y \mid \mathbf{x}'\boldsymbol{\beta} + \sigma\varepsilon)$ 是式（19－27）中的条件指标函数模型。由联合正态分布可知，$f(u \mid \varepsilon) = N[\rho\varepsilon, (1-\rho^2)]$，所以 $u \mid \varepsilon = \rho\varepsilon + (u - \rho\varepsilon) = \rho\varepsilon + v_i$，其中 $E[v] = 0$ 且 $\text{Var}[v] = (1-\rho^2)$。于是有

$$\text{Prob}(z = 1 \mid \mathbf{w}, \varepsilon) = \Phi\left(\frac{\mathbf{w}'\boldsymbol{\alpha} + \rho\varepsilon}{\sqrt{1-\rho^2}}\right)$$

合并各项并结合前面的结果，则无条件联合密度函数表达式为

$$p(y, z = 1 \mid \mathbf{x}, \mathbf{w}) = \int_{-\infty}^{\infty} f(y \mid \mathbf{x}'\boldsymbol{\beta} + \sigma\varepsilon)\Phi\left(\frac{\mathbf{w}'\boldsymbol{\alpha} + \rho\varepsilon}{\sqrt{1-\rho^2}}\right)\frac{\exp(-\varepsilon^2/2)}{\sqrt{2\pi}} d\varepsilon \tag{19-28}$$

$z_i = 0$ 时，观测结果的似然函数的其他部分为

$$\begin{aligned}\text{Prob}(z = 0 \mid \mathbf{w}) &= \int_{-\infty}^{\infty} \text{Prob}(z = 0 \mid \mathbf{w}, \varepsilon) f(\varepsilon) d\varepsilon\\&= \int_{-\infty}^{\infty} \left[1 - \Phi\left(\frac{\mathbf{w}'\boldsymbol{\alpha} + \rho\varepsilon}{\sqrt{1-\rho^2}}\right)\right] f(\varepsilon) d\varepsilon\\&= \int_{-\infty}^{\infty} \Phi\left(\frac{-(\mathbf{w}'\boldsymbol{\alpha} + \rho\varepsilon)}{\sqrt{1-\rho^2}}\right)\frac{\exp(-\varepsilon^2/2)}{\sqrt{2\pi}} d\varepsilon\end{aligned} \tag{19-29}$$

为方便起见，我们可以根据不变性原理，用 $\boldsymbol{\gamma} = \boldsymbol{\alpha}/\sqrt{1-\rho^2}$ 和 $\tau = \rho/\sqrt{1-\rho^2}$ 对似然函数重新参数化。综上所述，将被最大化的对数似然函数为

$$\ln L = \sum_{i=1}^{n} \ln \int_{-\infty}^{\infty} [(1-z_i) + z_i f(y_i \mid \mathbf{x}_i'\boldsymbol{\beta} + \sigma\varepsilon_i)] \Phi[(2z_i - 1)(\mathbf{w}_i'\boldsymbol{\gamma} + \tau\,\varepsilon_i)] \phi(\varepsilon_i) d\varepsilon_i \tag{19-30}$$

可以用积分或模拟的方法关于参数（$\boldsymbol{\beta}$，σ，$\boldsymbol{\gamma}$，$\boldsymbol{\tau}$）最大化上述函数。然后，由 $\rho=\tau/(1+\tau^2)^{1/2}$ 和 $\boldsymbol{\alpha}=(1-\rho^2)^{1/2}\boldsymbol{\gamma}$ 推导出 ρ。与其他模型不同的地方在于 $f(y_i \mid \mathbf{x}_i'\boldsymbol{\beta}+\sigma\varepsilon_i)$ 这样的设定。这个式子曾被 Terza（1995），Terza and Kenkel（2001）使用过。（在这两篇文献中，作者对 $E[y \mid z=1]$ 做了分析。他们的估计量是基于非线性最小二乘法，但与之前一样，必须在条件均值函数中综合考虑未观测到的异质性。）Greene（2010a）将这种方法应用到了随机前沿模型中。

□ 19.4.5 样本选择模型的面板数据应用

从样本选择模型方法到面板数据集方法的发展与横截面方法的发展基本平行。它开始于 Hausman and Wise（1977，1979），他们提出了两期模型中的极大似然估计量，其中“选择方程”是样本的形式模型。后来的一系列研究，例如 Keane et al.（1988），Verbeek and Nijman（1992）对磨损与样本选择做了类比，并取得了理论上的进展，其中包括 Wooldridge（1995，2010，Section 19.9）。我们在 11.2.5 小节中探讨过其中几个问题。

把面板数据方法直接拓展到样本选择给建模者带来了新的问题。当考虑选择自身的属性时，就会引发一个直接的问题。虽然许多理论文献［例如 Kyriazidou（1997，2001）和 Honore and Kyrizadou（1997，2000）］认为面板数据在每个阶段都必须重新进行选择，但实际上，选择过程通常是两种非常不同的形式。首先，选择可能是对观测值的整体进行选择，然后将选择出的组成面板数据集。这样的话，选择机制只运行了一次，也许甚至在观测窗打开之前。考虑工作培训项目的合格候选者进入（或退出）的例子。在这个模型中，建立允许进入、退出、再进入的机制是不恰当的。其次，对大多数应用而言，选择是以退出或保留的方式进行的。一旦观测对象没有入选，那么他就不能返回参加选择过程。主要范例包括：研究公司运行的时间序列横截面模型中的“生存”、临床试验中的“退出”，以及基于全国普查数据库的平板数据应用，例如 Contoyannis et al.（2004）。每个案例都能体现出对选择机制采取更具结构性的方法的效用。

19.4.5.a 样本选择模型的一般效应

样本选择的正式的“效应”处理是由 Verbeek（1990）第一次完整地提出，他用公式表示了 probit 方程的随机效应模型和主要回归的固定效应。Zabel（1992）对此提出批判，因为这两个方程的效应处理不对称。同时他也指出，忽略 probit 模型中效应与回归元相关关系的似然函数会致使 FIML 估计量不一致。他建议两个方程都应该含有固定效应。鉴于拟合的难度，Zabel 提议采用芒德拉克调整（见 11.5.7 小节）来调整。完全模型如下：

$$\begin{aligned} y_{it}^* &= \eta_i + \mathbf{x}_{it}'\boldsymbol{\beta} + \varepsilon_{it}, \quad \eta_i = \bar{\mathbf{x}}_i'\boldsymbol{\pi} + \tau w_i, w_i \sim N[0,1] \\ d_{it}^* &= \theta_i + \mathbf{z}_{it}'\alpha + u_{it}, \theta_i = \mathbf{z}_i'\boldsymbol{\delta} + \omega v_i, v_i \sim N[0,1] \\ (\varepsilon_{it}, u_{it}) &\sim N_2[(0,0),(\sigma^2,1,\rho\sigma)] \end{aligned} \tag{19-31}$$

模型中的“选择性”体现为 ε_{it} 和 u_{it} 之间的相关性。之后的对数似然函数是建立在个体 i 的贡献的基础上，即

$$L_i=\int_{-\infty}^{\infty}\prod_{d_{it}=0}\Phi[-\mathbf{z}_{it}'\boldsymbol{\alpha}-\bar{\mathbf{z}}_i'\boldsymbol{\delta}-\omega v_i]\phi(v_i)dv_i$$
$$\times\int_{-\infty}^{\infty}\int_{-\infty}^{\infty}\prod_{d_{it}=1}\Phi\left[\frac{\mathbf{z}_{it}'\boldsymbol{\alpha}+\bar{\mathbf{z}}_i'\boldsymbol{\delta}+\omega v_i+(\rho/\sigma)\varepsilon_{it}}{\sqrt{1-\rho^2}}\right]$$
$$\times\frac{1}{\sigma}\phi\left(\frac{\varepsilon_{it}}{\sigma}\right)\phi_2(v_i,w_i)dv_i dw_i \tag{19-32}$$
$$\varepsilon_{it}=y_{it}-\mathbf{x}_{it}'\boldsymbol{\beta}-\bar{\mathbf{x}}_i'\boldsymbol{\pi}-\tau w_i$$

对数似然函数则为 $\ln L=\sum_i \ln L_i$。

对数似然函数对任何所选择的观察对象都必须求二元积分。Vella（1998）提出了两步法以避免积分。然而，二元正态积分实际上是两个单变量正态积分的乘积，因为在前面的设定中，我们假设 v_i 和 w_i 是不相关的。于是，式（19－32）中的似然函数就可以很容易地用熟悉的模拟或求积的方法估计出来。[1] 注意到，对数似然函数的第一行是 $E_v\left[\prod_{d=0}\Phi(\cdots)\right]$ 的形式，第二行是 $E_w[E_v[\Phi(\cdots)\phi(\cdots)/\sigma]]$ 的形式。在产生 v_i 和 w_i 的标准正态分布总体中抽取足量的数据，然后加以平均，就可以很好地近似任何一个期望。遵循这种方法的模拟似然函数为

$$L_i^S=\frac{1}{R}\sum_{r=1}^{R}\prod_{d_{it}=0}[\Phi-\mathbf{z}_{it}'\boldsymbol{\alpha}-\bar{\mathbf{z}}_i'\boldsymbol{\delta}-\omega v_{i,r}]$$
$$\times\frac{1}{R}\sum_{r=1}^{R}\prod_{d_{it}=1}\Phi\left[\frac{\mathbf{z}_{it}'\boldsymbol{\alpha}+\bar{\mathbf{z}}_i'\boldsymbol{\delta}+\omega v_{i,r}+(\rho/\sigma)\varepsilon_{it,r}}{\sqrt{1-\rho^2}}\right]\frac{1}{\sigma}\phi\left(\frac{\varepsilon_{it,r}}{\sigma}\right) \tag{19-33}$$
$$\varepsilon_{it,r}=y_{it}-\mathbf{x}_{it}'\boldsymbol{\beta}-\bar{\mathbf{x}}_i'\boldsymbol{\pi}-\boldsymbol{\tau} w_{i,r}$$

可以用常规梯度的方法来最大化以（$\boldsymbol{\beta}$，σ，ρ，$\boldsymbol{\alpha}$，$\boldsymbol{\delta}$，$\boldsymbol{\pi}$，τ，ω）为参数的对数似然函数。实际上，这个公式提供了一种能调节模型中 v_i 和 w_i 的相关性的方式。假设 w_i 和 v_i 满足二元标准正态分布，相关系数为 ρ_{vw}。于是，我们就可以用 v_i 表示 w_i，记为

$$w_i=\rho_{vw}v_i+(1-\rho_{vw}^2)^{1/2}h_i$$

式中，h_i 满足标准正态分布。为了体现相关系数，我们用这个表达式替换模拟（或原始）对数似然函数中的 w_i，并且把 ρ_{vw} 添加到要估计的参数列表中。模拟仍然控制独立正态变量 v_i 和 h_i。

有了前面的推导，我们现在关注更简单的两步估计量。Vella and Verbeek（1999）在 Ridder and Wansbeek（1990）与 Verbeek and Nijman（1992）的基础上[2]，提出了一种包含类似式（19－31）中随机效应框架的两步法。正如他们所述，不用 FIML 估计量会降低有效性。但是，对典型的现代面板数据集的样本大小而言，这种有效性的损失并不会很大。同时，他们的两步法模板包含多种模型，像前面提及的 tobit 模型和迁移者-留下者模型等。

Vella 和 Verbeek 的模型需要一些难以理解的极大似然步骤。Wooldridge（1995）提出了一种基于常见方法直接应用的估计量，可能需要一些天真的假设，但也不一定天真。我们先分析

① 见 14.14.4 小节和 15.6.2.b 小节。Vella and Verbeek（1999）在脚注中提出了这一问题，不过没有过多地探讨它。

② 其他参考参见 Vella（1998）。

固定效应的例子，即

$$y_{it}^{*}=\eta_i+\mathbf{x}_{iT}'\boldsymbol{\beta}+\varepsilon_{it}$$
$$d_{it}^{*}=\theta_i+\mathbf{z}_{iT}'\boldsymbol{\alpha}+u_{it}$$
$$(\varepsilon_{it},u_{it})\sim N_2[(0,0),(\sigma^2,1,\rho\sigma)]$$

在**均值独立性假设**（mean independence assumption）下，

$$E[\varepsilon_{it}\mid\eta_i,\theta_i,\mathbf{z}_{i1},\cdots,\mathbf{z}_{iT},v_{i1},\cdots,v_{iT},d_{i1},\cdots,d_{iT}]=\rho u_{it}$$

于是有

$$E[y_{it}\mid\mathbf{x}_{i1},\cdots,\mathbf{x}_{iT},\eta_i,\theta_i,\mathbf{z}_{i1},\cdots,\mathbf{z}_{iT},v_{i1},\cdots,v_{iT},d_{i1},\cdots,d_{iT}]=\eta_i+\mathbf{x}_{it}'\boldsymbol{\beta}+\rho u_{it}$$

它给出了一种估计模型参数的方法，但是需要计算 u_{it}。计算 u_{it} 时，我们需要估计 θ_i，但这没办法做到，至少不能一致地估计。这样就排除了估计 u_{it}。为解决这个困难，Wooldridge（2002c）提出用张伯伦的方法来分析固定效应模型，即

$$\theta_i=f_0+\mathbf{z}_{i1}'\mathbf{f}_1+\mathbf{z}_{i2}'\mathbf{f}_2+\cdots+\mathbf{z}_{iT}'\mathbf{f}_T+h_i$$

经过替换， 于是有

$$\begin{aligned}d_{it}^{*}&=\mathbf{z}_{iT}'\boldsymbol{\alpha}+f_0+\mathbf{z}_{i1}'\mathbf{f}_1+\mathbf{z}_{i2}'\mathbf{f}_2+\cdots+\mathbf{z}_{iT}'\mathbf{f}_T+h_i+u_{it}\\&=\mathbf{z}_{it}'\boldsymbol{\alpha}+f_0+\mathbf{z}_{i1}'\mathbf{f}_1+\mathbf{z}_{i2}'\mathbf{f}_2+\cdots+\mathbf{z}_{iT}'\mathbf{f}_T+w_{it}\end{aligned}$$

式中，w_{it} 与 $\mathbf{z}_{iT}$ 相互独立，$t=1$，…，T。这就意味着

$$\begin{aligned}E[y_{it}\mid\mathbf{x}_{i1},\cdots,\mathbf{x}_{iT},\eta_i,\theta_i,\mathbf{z}_{i1},\cdots,\mathbf{z}_{iT},v_{i1},\cdots,v_{iT},d_{i1},\cdots,d_{iT}]&=\eta_i+\mathbf{x}_{it}\boldsymbol{\beta}+\rho(w_{it}-h_i)\\&=(\eta_i-\rho h_i)+\mathbf{x}_{it}'\boldsymbol{\beta}+\rho w_{it}\end{aligned}$$

要完成估计，我们需要计算 T 个横截面 probit 模型（每一次都必须重新估计 f_0，$\mathbf{f}_1$，…）和每一个模型的 $\hat{\lambda}_{it}$。最后得到的方程为

$$y_{it}=a_i+\mathbf{x}_{it}'\boldsymbol{\beta}+\rho\hat{\lambda}_{it}+v_{it}$$

以此为基础，我们就可以用已观测数据的常规固定效应模型来估计 $\boldsymbol{\beta}$ 和 ρ。

19.4.5.b 磨损

近来关于样本选择的资料中包含对两期模型的很多分析，例如 Kyriazidou（1997，2001）。他们一般关注非参数和半参数分析。Hausman and Wise（1979）早期对参数化做出的一个贡献也是磨损的两期模型，这也代表了现代文献中的很多研究。模型的公式是一个两期随机效应的设定，即

$$y_{i1}=\mathbf{x}_{i1}'\boldsymbol{\beta}+\varepsilon_{i1}+u_i\text{（第一期回归）}$$
$$y_{i2}=\mathbf{x}_{i2}'\boldsymbol{\beta}+\varepsilon_{i2}+u_i\text{（第二期回归）}$$

磨损很可能出现在第二期（开始研究的大前提是，个体必须在第一期被观测到）。作者认为，个体在第二期被观测到的概率会随着 y_{i2} 的值和其他变量不同而不同，即

$$z_{i2}^{*}=\delta y_{i2}+\mathbf{x}_{i2}'\boldsymbol{\theta}+\mathbf{w}_{i2}'\boldsymbol{\alpha}+v_{i2}$$

如果 $z_{i2}^{*}\leqslant 0$，则磨损发生，于是就可以推导出一个 probit 模型，即

$$z_{i2}=\mathbf{1}(z_{i2}^{*}>0)(\text{磨损指标在第二期可以观测到})$$

如果 $z_{i2}=1$，则在第二期进行一次观测，这就形成了常见的样本选择模型的早期版本。简化的观测方程缩减式为

$$\begin{aligned} z_{i2}^{*} &= \mathbf{x}_{i2}'(\delta\boldsymbol{\beta}+\boldsymbol{\theta})+\mathbf{w}_{i2}'\boldsymbol{\alpha}+\delta\varepsilon_{i2}+v_{i2} \\ &= \mathbf{x}_{i2}'\boldsymbol{\pi}+\mathbf{w}_{i2}'\boldsymbol{\alpha}+h_{i2} \\ &= \mathbf{r}_{i2}'\boldsymbol{\gamma}+h_{i2} \end{aligned}$$

Probit 模型中的变量是第二期回归的所有变量加上应用中规定的附加变量。此模型中可估计的参数为 $\boldsymbol{\beta},\gamma,\sigma^2=\text{Var}[\varepsilon_{it}+u_i]$和两个相关系数，以及

$$\rho_{12}=\text{Corr}[\varepsilon_{i1}+u_i,\varepsilon_{i2}+u_i]=\text{Var}[u_i]/\sigma^2$$

假设所有的扰动项都是正态分布的（读者可以在作者的论文中查找这种设定的动机和细节）。

作者提出了一个完全信息极大似然估计量。估计过程可以用两步进行一定程度的简化。Probit 模型的参数可以先由极大似然估计出。剩下的参数可以在第一步估计结果的基础上，通过极大似然估计出。在第二步之后，实行墨菲和托佩尔的调整［见 Greene（2007d)］。

豪斯曼和怀斯的模型覆盖了两期回归的案例，其中，模型中有正式的机制用于第二期的保留。但我们目前还不清楚如何把上述程序拓展以应用于多个时期，例如 Contoyannis et al.（2004）分析的 8 期的面板数据集的问题。另外，在上述问题中，主方程中的变量是去医院的次数和看医生的次数，这会使得线性回归的应用变得复杂。多期面板数据中磨损问题的可行解为**逆概率加权估计量**（inverse probability weighted estimator）［Wooldridge（2010，2006b)，Rotnitzky and Robins（2005)］。在 Contoyannis 的应用中，面板中存在 8 期。磨损被认为是可忽略的，所以磨损方程和主方程中的不可观测的变量是不相关的（注意：豪斯曼和怀斯的模型没有此假设）。于是，Contoyannis 等人就可以对第 1 期的每一个观测值拟合一个“保留”probit 模型，对第 2～8 期则使用进入面板时观察到的特征。［这里定义了可观测个体的“选择”（保留）。见 Moffitt，Fitzgerald，and Gottschalk（1999）对这一部分的讨论。］定义 d_{it} 为在第 7 期第 i 个观测个体是否出现的指示器，其中 $d_{it}=1$ 表示在场，$d_{it}=0$ 表示缺席。它会按照观测个体的顺序，以 1 开始，随着剩余期变化或保持为 1，或变为 0。令 $\hat{p}_{it}$ 为由第 7 期 probit 估计量获得的预测概率。于是，他们推导的完全对数似然为

$$\ln L=\sum_{i=1}^{n}\sum_{t=1}^{T}\frac{d_{it}}{\hat{p}_{it}}\ln L_{it}$$

Wooldridge（2010）对加权极大似然估计量的属性做了理论陈述。［更多关于逆概率加权估计量的细节可参见 Jones et al.（2006）中的 Contoyannis et al.（2004）和 17.7.7 小节的研究。］

19.5　持续期模型

我们在 19.3 节中讨论的模型的主要应用是持续期和事件模型。我们考虑到一段时间为持续时间，而过渡本身就是事件。失业的时间长短（直到再次进入或退出劳动力市场）、罢工的持续

时间、直到患者结束与疾病或手术相关的治疗时间长短，以及抵押的起始或终止（通过预付款、违约或其他机制）都是持续时间和过渡的示例。删失在这些情况下发挥的作用是：在我们作为分析人员研究持续期数据模型的情况下，我们观察到的某些甚至许多情形不会在过渡中结束。例如，在研究失业率的高低时，当研究结束时，样本中的许多个体可能仍然处于失业状态——分析师观察到在我们的观察结束后，他们的失业状态仍会持续一段时间。那么这些时间长度数据就会被删失。持续期模型通常会明确地解释持续期数据的删失。

本节我们研究持续期模型。在某些方面，我们研究的似然回归模型是很好的工具，如离散选择模型。在前两章中，模型是非线性的，我们熟悉的回归方法不适用。大部分的分析集中于极大似然估计。在建立持续期模型时，虽然实际的基本回归模型在起作用，但其通常不是有意义的条件均值函数。就像我们下面将要讨论的情况，更可能的情况是要估计的对象是某个事件的概率，例如在给定时间间隔内过渡的条件概率。这些被称为风险模型——概率被标记为风险函数，且是这类分析的中心焦点。

□ 19.5.1 持续期数据模型①

直觉可能会告诉我们，罢工持续时间越长，下一个星期结束罢工的可能性就越大，是这样吗？如果罢工持续时间越长，则导致罢工的问题就越难以解决，因此它在下一个短时间区间之内就越不可能结束，这个逻辑看起来同样也合理。类似的逻辑也适用于失业持续期或者两个创意的时间间隔期。在这些情形中，不仅事件持续期本身有趣，而且给定它已经持续了这么长的时间，在“下一期”结束的可能性也很有趣。

数十年来，工程师们都对正常工作持续时间长度（time until failure）的分析颇感兴趣。比如本节所讨论的模型，在经济学家发现其有用之前，早就被用于分析电气和电子元件的耐用性。同样，存活时间分析（比如疾病发作或心脏移植手术后存活的时间长度）早已成为生物医学研究的主要内容。社会科学家近来把这种方法用于分析罢工持续期、失业持续期、两次创意之间的时间间隔、企业倒闭前持续期、两次被捕之间的时间间隔、产品从购买到要求保修之间的时间间隔、两次购买之间的时间间隔，等等。

我们在本节中将简要介绍对持续期数据的计量经济学分析。我们将注意力局限于考虑一些简单的、相对不复杂的方法和应用，主要介绍一些术语和概念。我们主要考虑参数模型（parametric models)，该模型适用于我们熟悉的推断方法，并提供了一个方便的出发点。在讨论结束时，我们会顺带提及其他一些方法。

□ 19.5.2 持续期数据

在持续期分析中我们所关注的变量是，从某个事件开始，到它终止或在终止前进行某种测量时所持续的时间长度。观测值典型地由期限 t_1，t_2，…，t_n 的一个横截面构成。在样本中，不同个体被观测的过程可能始于不同的时间点。比如例 19.14 中分析的罢工持续期数据就取自 9 个不同的年份。

删失是持续期数据分析中普遍而又不可避免的问题。普遍的原因是，度量是在过程正在进

---

① 有大量关于这个话题的技术性较强的文章，但是对于未启发的话题来源却相对较少。一个特别有用的介绍性调查是 Kiefer（1985，1988），我们已经为此做出了大量的努力。其他有用的来源是 Kalbfleisch and Prentice（2002）；Heckman and Singer（1984a）；Lancaster（1990）；Florens，Fougere，and Mouchart（1996）；Cameron and Trivedi（2005，Chapter 17－19）。

行时做出的。一个明显的例子来自医学研究。我们现在分析心脏移植病人的存活时间。尽管确切地知道开始的时间（移植的时间），但对仍活着的人的观测值肯定被删失了。同样，调查得到的失业持续期样本可能也包含了在进行调查时已经失业的人。对于这些人，失业期或存活时间至少为观测到的 t_i，但不一定等于它。与我们在 19.3 节中考虑的原因一样，估计时必须解释数据的这种删失性质。忽略持续期数据中的删失会造成回归分析中出现类似的问题。

在刻画了分布条件均值和方差的一个常规回归分析中，回归元可被视为测量发生时点或个人的固定特征。在度量持续期时，观测值暗含地处在 $0\sim t$ 的时间区间中。如果分析基于一组协变量（回归元对应物）$\mathbf{x}_t$，那么持续期便暗含地是变量 $\mathbf{x}(t), t=(0,t)$ 的时间路径的函数，但它在时间区间内可能已经发生了变化。比如，所观测到的一个人在某个企业的就业持续期可能是他在企业中职位的函数。但他的职位在他被雇用的时间与我们观测开始的时间之间可能发生了几次变化。因此，最后观测到的一个人的职位不一定能全面描述他自被雇用以来的职位。同样，婚姻状况、家庭规模和受教育程度都是在失业期内可能会发生变化的变量，而且需要在持续期模型中加以解释。可想而知，对**时变协变量**（time-varying covariates）的分析相当复杂。[①]

□ 19.5.3 类似回归方法：持续期的参数模型

我们用术语时间（spell）作为一个包罗万象的词汇来概括我们测量的不同的持续期数据。我们用随机变量 T 表示时间长度。一个用来分析持续时间的简单方法是应用回归方法来分析观测到的时间的样本。使用这种方法，我们可以以一组在一段时间结束后其值可测度的协变量为条件，表征预期持续时间的属性。我们也可以假定在一个从 $T=0$ 到 $T=t$ 间恒定的 $\mathbf{x}$ 条件下，t 服从正态分布，就像我们在回归中经常假设的那样。于是，我们就可以刻画被观察时间的概率分布的特征。但是，正态性在这种情况下会因为很多原因不再那么吸引人。其中之一是持续时间通过建构是正向的，但是正态分布变量可以有负值（对数正态可能是一个不错的选择，但它只是候选选择之一）。

19.5.3.a 理论背景

假设随机变量 T 具有一个连续的概率分布 $f(t)$，其中 t 是 T 的一个实现。累积密度为

$$F(t)=\int_0^t f(s)ds=\text{Prob}(T\leqslant t)$$

我们通常对时间长度至少为 t 的概率更感兴趣，它由如下**存活函数**（survival function）给出：

$$S(t)=1-F(t)=\text{Prob}(T\geqslant t)$$

考虑我们在本章引言中提出的问题：给定时间已经持续到时间 t，它在下一个较短的时间区间 Δt 内将结束的概率是多大？这个概率为

$$l(t,\Delta t)=\text{Prob}(t\leqslant T\leqslant t+\Delta t\mid T\geqslant t)$$

刻画分布这个特征的一个有用函数是**风险率**（hazard rate），即

$$\lambda(t)=\lim_{\Delta t\to 0}\frac{\text{Prob}(t\leqslant T\leqslant t+\Delta t\mid T\geqslant t)}{\Delta t}=\lim_{\Delta t\to 0}\frac{F(t+\Delta t)-F(t)}{\Delta t S(t)}=\frac{f(t)}{S(t)}$$

① 这个问题的一种方法参见 Petersen（1986）。

大体上说，风险率就是持续时间在至少持续了 t 的情况下，在持续期 t 后结束的概率。因此，风险函数回答了我们在前面的章节中所提出的问题。

风险函数、密度、累积分布函数和存活函数都相关，风险函数可以表示为

$$\lambda(t)=\frac{-d\ln S(t)}{dt}$$

所以

$$f(t)=S(t)\lambda(t)$$

另一个有用的函数是**整体风险函数**（integrated hazard function），即

$$\Lambda(t)=\int_0^t \lambda(s)ds$$

由于

$$S(t)=e^{-\Lambda(t)}$$

所以

$$\Lambda(t)=-\ln S(t)$$

整体风险函数就是这个背景中的**广义残差**（generalized residual）。[①]

19.5.3.b　风险函数模型

根据当前的需要，风险函数比存活率或密度更有趣。基于我们前面的结论，应该考虑模型化风险函数本身，而不是先模型化存活函数，然后再推导密度和风险函数。比如，许多分析的基准情形是一个不随时间的推移而变化的风险率，即 $\lambda(t)$ 是一个常数 λ。这是一个没有记忆的过程的特征；在给定的一个很短的时间区间内“失败”的条件概率，无论在什么时候进行观测都保持相同。因此

$$\lambda(t)=\lambda$$

根据前面的定义，我们可以推导出简单的微分方程

$$\frac{-d\ln S(t)}{dt}=\lambda$$

其解为

$$\ln S(t)=k-\lambda t$$

或者

$$S(t)=Ke^{-\lambda t}$$

式中，K 为积分常数。其边界条件 $S(0)=1$ 意味着 $K=1$，于是这个解

$$S(t)=e^{-\lambda t}$$

① 参见 Chesher and Irish（1987）和例 19.13。

为**指数**（exponential）分布，被用于模型化电子元件的正常使用时间。估计 λ 很简单，因为根据指数分布，$E[t]=1/\lambda$。λ 的极大似然估计量就是样本均值的倒数。

一个自然的扩展可能是，把风险率模型化为一个线性函数，即 $\lambda(t)=\alpha+\beta t$。于是，$\Lambda(t)=\alpha t+\frac{1}{2}\beta t^2, f(t)=\lambda(t)S(t)=\lambda(t)\exp[-\Lambda(t)]$。为了避免风险函数为负，应该从 $\lambda(t)=\exp[g(t,\boldsymbol{\theta})]$ 出发，其中 $\boldsymbol{\theta}$ 是一个待估的参数向量。根据持续期的一个观测样本，对 α 和 β 的估计至少原则上是在最大化似然函数时存在的一个直观的问题。[①]

风险函数斜率向上的分布被称为具有**正向持续期依赖**（positive duration dependence）。对这种分布，在时刻 t 失败的可能性（基于持续期已经达到 t）在时刻 t 是上升的。相反情形便是风险递减或者**负向持续期依赖**（negative duration dependence）。我们在引言中，假定罢工已经持续到时刻 t，它在时刻 t 更可能还是更不可能结束的问题，就可以构造成用正向或负向持续期依赖加以说明的问题。所假定的分布直接关系到这个问题的答案。如果在开始分析时尚不确定数据能否用正向或负向持续期依赖来刻画，那么假定在整个 t 的范围内表现出一种或另一种特征的一个分布便只能起到相反的作用。因此，指数分布和我们所建议的扩展可能就存在问题。文献中包含持续期模型的丰富选择：正态、反正态[②]、对数正态、F、伽马、威布尔（一个比较常见的选择）以及许多其他设定。[③] 为了说明其差别，我们分析其中一些较简单的设定。表 19.8 列出了四个常用分布的风险函数和存活函数。每个分布都有两个参数：一个位置参数 λ 和一个尺度参数 p。[④]

表 19.8 存活分布

分布	风险函数，$\lambda(t)$	存活函数，$S(t)$
指数分布	$\lambda(t)=\lambda$	$S(t)=e^{-\lambda t}$
威布尔分布	$\lambda(t)=\lambda p(\lambda t)^{p-1}$	$S(t)=e^{-(\lambda t)^p}$
对数正态分布	$f(t)=(p/t)\phi[p\ln(\lambda t)]$	$S(t)=\Phi[-p\ln(\lambda t)]$
	$\ln t$ 是均值为 $-\ln\lambda$、标准差为 $1/p$ 的正态分布	
对数 logistic 分布	$\lambda(t)=\lambda p(\lambda t)^{p-1}/[1+(\lambda t)^p]$	$S(t)=1/[1+(\lambda t)^p]$
	$\ln t$ 是均值为 $-\ln\lambda$、方差为 $\pi^2/(3p^2)$ 的 logistic 分布	

所有这些分布都是针对一个非负随机变量。如图 19.7 所示，它们的风险函数都表现出极为不同的行为。指数分布的风险函数是常数；威布尔分布的风险函数则视 p 值不同而单调递增或递减；对数正态和对数 logistic 分布的风险函数都是先增后减。在实际应用中，这些或其他模型哪个可能最好是不确定的。

---

① Kennan（1985）使用了类似的方法。

② 逆高斯；参见 Lancaster（1990）。

③ 包含多种设定的三个来源是 Kalbfleisch and Prentice（2002），Cox and Oakes（1985），以及 Lancaster（1990）。

④ 注意，在指数分布的基准情形中，λ 是风险函数。在所有其他情形中，风险函数都是 λ，p 和 t 的（存在持续期依赖）的函数。不同的作者［比如 Kiefer（1988）］会使用这些模型的不同参数化；我们遵循 Kalbfleisch and Prentice（2002）的做法。

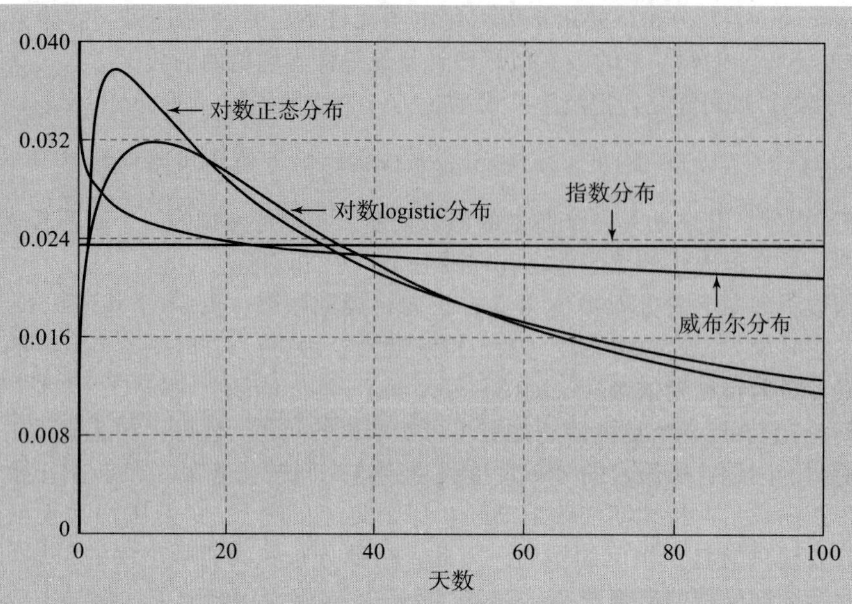

图 19.7　参数化风险函数

19.5.3.c　极大似然估计

表 19.8 中模型的参数 λ 和 p 可用极大似然估计得到。对于所观测到的持续期数据 t_1，t_2，…，t_n，可以像我们在前面章节中熟悉的做法那样，写出对数似然函数表达式并最大化。删失观测可以类似我们在 19.3 节 tobit 模型那样合并起来［参见式（19－13)］。于是有

$$\ln L(\boldsymbol{\theta}) = \sum_{\text{未删失观测}} \ln f(t\,|\,\boldsymbol{\theta}) + \sum_{\text{删失观测}} \ln S(t\,|\,\boldsymbol{\theta})$$

式中，$\boldsymbol{\theta}=(\lambda,p)$。对于某些分布，用公式 $f(t)=\lambda(t)S(t)$构建对数似然函数较为便利，于是有

$$\ln L(\boldsymbol{\theta}) = \sum_{\text{未删失观测}} \ln\lambda(t\,|\,\boldsymbol{\theta}) + \sum_{\text{所有观测}} \ln S(t\,|\,\boldsymbol{\theta})$$

对参数的推断可照常进行。BHHH 估计量或实际二阶导数矩阵都可用于估计估计值的渐近标准误。① 利用 $w=p(\ln t+\ln\lambda)$对这些分布做变换，将大大方便极大似然估计。例如对于威布尔模型，通过定义 $w=p(\ln t+\ln\lambda)$，我们就可以推导出很简单的密度函数 $f(w)=\exp[w-\exp(w)]$和存活函数 $S(w)=\exp(-\exp(w))$。② 因此，通过用 $\ln t$ 代替 t，我们大大简化了对数似然函数。这些推导及其他分布的详细情况可参见 Kalbfleisch and Prentice（2002，pp. 68－70)。我们在后文将详细分析威布尔分布。

19.5.3.d　外生变量

上述模型的局限之一是，存活分布中没有外部因素。在持续期模型中添加“协变量”相当

---

① 可以计算第 14 章中考虑的稳健协方差矩阵。在这种情况下，模型假设的失败是否被考虑并不清楚。

② 这一转换是 $\exp(w)=(\lambda t)^p$，那么 $t=(1/\lambda)[\exp(w)]^{1/p}$。雅可比转换为 $dt/dw=[\exp(w)]^{1/p}/(\lambda p)$。表 19.8 中的密度是 $\lambda p[\exp(w)]^{-(1/p)-1}[\exp(-\exp(w))]$。乘以雅可比得到结果 $f(w)=\exp[w-\exp(w)]$。存活函数为不定积分$[\exp(-\exp(w))]$。

简单，不过对模型系数的解释就不是那么简单了。比如考虑威布尔分布（向其他分布的引申与此类似）。令

$$\lambda_i = e^{-\mathbf{x}_i'\boldsymbol{\beta}}$$

式中，$\mathbf{x}_i$ 包含一个常数项和一组在 $T=0$ 到“失败时间” $T=t_i$ 都保持不变的变量。令 λ_i 是一组协变量的函数，这就相当于改变了时间轴的度量单位。为此，这些模型有时也被称为**加速失败时间模型**（accelerated failure time models）。还注意到，在列出的所有模型中（且一般地），回归元都不涉及持续期依赖性问题（当它变化时，它是 p 的函数）。

令 $\sigma=1/p$，并在持续期数据未被删失时令 $\delta_i=1$，在被删失时令 $\delta_i=0$。和前面一样，令

$$w_i = p\ \ln(\lambda_i t_i) = \frac{(\ln t_i - \mathbf{x}_i'\boldsymbol{\beta})}{\sigma}$$

并分别用 $f(w_i)$ 和 $S(w_i)$ 表示密度和存活函数，则所观测的随机变量为

$$\ln t_i = \sigma w_i + \mathbf{x}_i'\boldsymbol{\beta}$$

实现从 w_i 到 $\ln t_i$ 变换的雅可比转换为 $dw_i/d\ \ln t_i = 1/\sigma$，所以 $\ln t_i$ 的密度和存活函数为

$$f(\ln t_i \mid \mathbf{x}_i, \boldsymbol{\beta}, \sigma) = \frac{1}{\sigma} f\left(\frac{\ln t_i - \mathbf{x}_i'\boldsymbol{\beta}}{\sigma}\right) \text{和}\ S(\ln t_i \mid \mathbf{x}_i, \boldsymbol{\beta}, \sigma) = S\left(\frac{\ln t_i - \mathbf{x}_i'\boldsymbol{\beta}}{\sigma}\right)$$

观测数据的对数似然函数为

$$\ln L(\boldsymbol{\beta}, \sigma \mid \text{data}) = \sum_{i=1}^{n} [\delta_i \ln f(\ln t_i \mid \mathbf{x}_i, \boldsymbol{\beta}, \sigma) + (1-\delta_i) \ln S(\ln t_i \mid \mathbf{x}_i, \boldsymbol{\beta}, \sigma)]$$

比如，对于**威布尔模型**（Weibull model），我们有

$$f(w_i) = \exp(w_i - e^{w_i})$$

和

$$S(w_i) = \exp(-e^{w_i})$$

转化到 $\ln t_i$ 的形式，经合并整理就可以将对数似然函数简化为

$$\ln L(\boldsymbol{\beta}, \sigma \mid \text{data}) = \sum_i \left[\delta_i \left(\frac{\ln t_i - \mathbf{x}_i'\boldsymbol{\beta}}{\sigma} - \ln \sigma \right) - \exp\left(\frac{\ln t_i - \mathbf{x}_i'\boldsymbol{\beta}}{\sigma} \right) \right]$$

（包括表 19.8 中分布在内的许多其他分布都做同样的简化。令 $\sigma=1$ 就可以推导出指数模型。）利用在线附录 E.3 节中的方法可以让其导数等于零。每一项都还可用于构造估计量的渐近协方差矩阵的 BHHH 估计量。① 海塞矩阵的推导也很简单，所以可以使用牛顿法。②

注意到，风险函数通常取决于 t、p 和 $\mathbf{x}$。在风险函数单调时，估计系数的符号意味着变量对风险函数影响的方向。但在那些风险函数不单调的情形中（比如对数 logistic 分布），该情形也是模棱两可的。影响的大小也难以用风险函数解释。在少数情形中，我们确实可以推导出类似

① 注意，对数似然函数具有与 19.3.2 小节中 tobit 模型相同的形式。仅通过在 tobit 背景下重新解释非极限观测，我们因而可以将这个框架用于 tobit 模型的各种分布。[参见 Greene（1995a）以及那里给出的参考文献。]

② 大量其他例子可参见 Kalbfleisch and Prentice（2002）。

回归模型的一个解释。在威布尔模型和指数模型中，我们有 $E[t|\mathbf{x}_i]=\exp(\mathbf{x}'_i\boldsymbol{\beta})\Gamma[(1/p)+1]$，而在对数正态和对数 logistic 模型中 $E[\ln t|\mathbf{x}_i]=\mathbf{x}'_i\boldsymbol{\beta}$。在这些情形中，$\beta_k$ 是这个条件均值的导数（或导数的倍数）。对某些其他分布，很容易推导 t 的条件中位数。Kiefer（1985，1988）、Kalbfleisch and Prentice（2002）和 Lancaster（1990）进行了大量分析。

19.5.3.e 异质性

本质上，持续期模型中观测不到的异质性问题可以被视为设定不完善的结果。与个人相关的协变量可能包含了与观测相关的效应。但如果模型设定不完善，而且在解释了观测效应之后，分布中仍存在系统的个人差异，那么基于设定不适当的模型进行推断，可能就会存在问题。我们已经遇到过几个这样的情形——异质性的概率会导致模型设定发生变化；固定和随机效应回归、logit 和 probit 模型都包括了特殊观测效应。实际上，我们在前面所有章节讨论的线性回归的各种失败，都可以被看成源自不完善设定的异质性的后果之一。

有许多方法可以用来扩展持续期模型，使之能够解释异质性。卡普兰-迈耶（Kaplan-Meier，1958）估计量（见 19.5.4 小节）的严格非参数方法虽然基本上不受这个问题的影响，但就能够从中得到多少信息而言，它也是相当有限的。一个直接方法就是在参数模型中模型化异质性。假设我们基于与个人有关的效应 v_i 而建立一个存活函数。我们把存活函数看成 $S(t_i|v_i)$。然后把它引入不可观测异质性 $f(v_i)$的一个模型中。（注意，这类似于在一个回归模型中引入一个扰动项，然后遵循我们在含随机效应的泊松模型中的同样做法。）于是有

$$S(t)=E_v[S(t|v)]=\int_v S(t|v)f(v)dv$$

这里通常使用伽马分布。[①] 比如，考虑使用这个方法在我们论述过的威布尔模型中引入异质性。作为一个典型，我们假定 v 服从均值为 1、方差为 $\theta=1/k$ 的伽马分布。于是有

$$f(v)=\frac{k^k}{\Gamma(k)}e^{-kv}v^{k-1}$$

和

$$S(t|v)=e^{-(v\lambda t)^p}$$

经适当运算，我们就可以推导出无条件分布

$$S(t)=\int_0^\infty S(t|v)f(v)dv=[1+\theta(\lambda t)^p]^{-1/\theta}$$

极限值是**威布尔存活模型**（Weibull survival model），所以 $\theta=0$ 对应于 $\mathrm{Var}[v]=0$ 或者无异质性。[②] 这个模型的风险函数为

$$\lambda(t)=\lambda p(\lambda t)^{p-1}[S(t)]^\theta$$

这就证明了它与威布尔模型的关系。

在异质性的参数化模型中，这个方法很常见。在关于这方面的一篇重要论文中，Heckman

① 比如参见 Hausman，Hall，and Griliches（1984），他们用它在泊松回归模型中引入异质性。18.4.7.c 小节中给出了应用。

② 对于图 19.7 分析的罢工数据，θ 的极大似然估计值是 0.000 4，这就意味着至少在威布尔模型背景中，异质性不成问题。

and Singer（1984b）认为，这个方法有过度参数化存活分布的倾向，而且可能会导致推断中相当严重的误差。他们列举了一些有力的例子加以说明。对于研究者在选择异质性分布时总是基于数学上的方便而非经济学意义上的判断，他们同样表示担忧。（我们在例 17.27 的一个 probit 模型中检验了赫克曼和辛格的方法。）

□ 19.5.4 非参数和半参数方法

参数模型因其简洁性而颇具吸引力。但当对数据施加如此多的结构约束时，模型可能就会扭曲估计的风险率。通过少施加一些约束，或许能够推导出更准确的表述。

Kaplan and Meier（1958）的**乘积极限估计量**（product limit estimator），纯粹是用于存活函数和风险函数估计的一个非参数经验方法。假设持续期按照递增的顺序排列，使得 $t_1 \leqslant t_2$ 等，而且暂时假定没有观测值被删失。还假设数据中有 K 个不同的存活时间，记为 T_k；除非有一定的约束，否则 $K=n$。令 n_k 表示所观测到的持续期至少为 T_k 的个体的数量。持续期至少为 T_k 的个体集被称为这个持续期的**风险集**（risk set）。（我们再次借用生物统计学中的概念。在生物统计学中，风险集表示在时刻 T_k 仍处在风险中的那些个体。）因此，n_k 是在时刻 T_k 风险集的大小。令 h_k 表示在时刻 T_k 结束的观测期间个数。存活函数的一个严格经验估计值就是

$$\hat{S}(T_k)=\prod_{i=1}^{k}\frac{n_i-h_i}{n_i}=\frac{n_i-h_i}{n_1}$$

风险率估计量为

$$\hat{\lambda}(T_k)=\frac{h_k}{n_k} \tag{19-34}$$

有必要对被删失的观测进行修正。Lawless（1982），Kalbfleisch and Prentice（2002），Greene（1995a）和 Kiefer（1988）的研究对此均有详细说明。Susin（2001）指出，这个计算中存在一个基本的模糊之处（他声称，源自 1958 年的资料）。式（19-34）所给出的估计量不是“比率”，因为没有定义时间窗的宽度，而且在一系列计算中，在不同时点可能存在很大的不同。由于许多时间区间中可能有零值（特别是在观测后期），所以认知这些区间的失败会导致估计量存在向上的偏误。他在如下定义的区间网格上提出了另一个计算式（19-34）中对应估计量的方法：

$$\hat{\lambda}(I_a^b)=\frac{\sum_{j=a}^{b}h_j}{\sum_{j=a}^{b}n_j b_j}$$

式中，区间为从 $t=a$ 到 $t=b$；h_j 为这个区间内每个时期的失败数；n_j 为同期仍处在风险中的个体数；b_j 为时期的宽度。因此区间（a，b）可能包括几个“时期”。

Cox（1972）建立的**比例风险**（proportional hazard）模型方法是分析协变量对风险率的影响的另一个常见的半参数（semiparametric）方法。模型设定

$$\lambda(t_i)=\exp(\mathbf{x}_i'\boldsymbol{\beta})\lambda_0(t_i)$$

函数 λ_0 为“基准”风险，它是个体异质性。原则上，这个风险率是对于每个观测都必须估计的参数。考克斯的**偏似然**（partial likelihood）估计量给出了无须估计 λ_0 就可以进行估计的方法。

这个估计量多少有些类似于面板数据 logit 模型的张伯伦估计量，因为它们都是通过条件运算消除异质性的（见 17.7.3.a 小节）。假定样本包含 K 个不同的退出时间 T_1，…，T_K。对任何一个时间 T_k，记为 R_k 的风险集都是退出时间至少在 T_k 的个体构成的集合。风险集在时间 T 的任何一刻都定义为此前还没有退出的个体集。对于风险集 R_k 中的个体 i，都有 $t_i \geqslant T_k$。如果在时间 T_k 恰好只有一个个体退出（对应于第 17 章二值 logit 模型中的条件作用），一个个体此时退出的概率为

$$\text{Prob}[t_i = T_k \mid \text{风险集 } k] = \frac{e^{\mathbf{x}_i'\boldsymbol{\beta}}}{\sum_{j \in R_k} e^{\mathbf{x}_j'\boldsymbol{\beta}}}$$

因此，这个条件作用可以清除基准的风险函数。对于每个退出时间恰好有一个个体要退出和没有删失观测值的最简单情形，偏对数似然函数为

$$\ln L = \sum_{k=1}^{K} \left[\mathbf{x}_k'\boldsymbol{\beta} - \ln \sum_{j \in R_k} e^{\mathbf{x}_j'\boldsymbol{\beta}}\right]$$

如果在时间 T_k 有 m_k 个个体退出，那么此时这 m_k 个个体对对数似然函数的贡献，就是其中每个个体的贡献之和。

由于比例风险模型是卡普兰-迈耶估计量与可能过度结构化的参数模型的一个合理折中，所以它是模型化持续期数据的一个常见选择。Hausman and Han（1990）与 Meyer（1988）等经济学家还提出了风险模型的其他“半参数”设定。

❖例 19.13　罢工持续期的存活模型

Kennan（1985，pp. 14－16）所给出的罢工持续期数据，已经成为阐释风险模型的标准数据。在线附表 F19.2 中列出了 1968—1976 年每年 6 月期间的 62 次罢工的天数。每次罢工都至少涉及 1 000 人，并在劳动合约到期且准备续约时开始。凯南（Kennan）报告了实际持续期。Kiefer（1985）在他的分析中使用同样的观测值，在 80 天处删失数据以说明删失的影响。我们使用数据的原始形式；感兴趣的读者可参见 Kiefer 对删失问题的进一步分析。①

表 19.9 显示的是四个持续期模型的参数估计值。通过解方程 S(t) ＝0.5，就可以计算出存活分布中位数的估计值。比如，对于威布尔模型，我们有

$$S(M) = 0.5 = \exp[-(\lambda M)^p]$$

或

$$M = [(\ln 2)^{1/p}]/\lambda$$

对于指数模型，有 $p=1$。对于对数正态和对数 logistic 模型，有 $M=1/\lambda$。于是，可用 δ 法估计参数估计值函数的标准误（见 4.6 节）。所有这些分布都向右偏斜。由此，$E[t]$ 大于中位数。对于指数模型和威布尔模型，$E[t]=[1/\lambda]\Gamma[(1/p)+1]$；对于正态模型，$E[t]=(1/\lambda)[\exp(1/p^2)]^{1/2}$。这暗含的风险函数如图 19.7 所示。

① 尽管存在删失，我们的统计结论与凯弗（Keifer）的几乎一样。

表 19.9　估计持续期模型（括号中的数字为标准误估计值）

	λ	p	持续期中位数
指数	0.023 44（0.002 98）	1.000 00（0.000 00）	29.571（3.522）
威布尔	0.024 39（0.003 54）	0.920 83（0.110 86）	27.543（3.997）
对数 logistic	0.041 53（0.007 07）	1.331 48（0.172 01）	24.079（4.102）
对数正态	0.045 14（0.008 06）	0.772 06（0.088 65）	22.152（3.954）

与罢工持续期数据一起报告的变量 x，是对意料之外的工业总产出（除去季节和趋势成分后）的度量。它可计算为工业产出的对数对时间、时间的平方和月度虚拟变量的回归残差。通过将工业产出作为一个协变量涵盖于其中，所估计的威布尔模型为

$$-\ln\lambda = \underset{(0.139\,4)}{3.777\,2} - \underset{(2.973)}{9.351\,5}x, \quad p = \underset{(0.121\,7)}{1.002\,88}$$

$$\text{罢工时间长度中位数} = 27.35(3.667)\text{ 天}, E[t] = 39.83\text{ 天}$$

注意，威布尔模型现在几乎等同于指数模型（$p=1$）。由于基于 x 的风险近似等于 λ_i，所以风险函数是“非预期”产出的增函数。x 提高 1%会导致 λ 提高 9.35%，这是由于 $p\approx1$，所以转化成罢工时间长度中位数会下降 9.35%或约 2.6 天（注意到，$M=\ln 2/\lambda$）。

比例风险模型不含常数项（基本风险是一个因个体而异的常数）。β 的估计值为 $-9.072\,6$，其标准误估计值为 3.225。这与我们在威布尔模型中所得到的估计值非常类似。

❖例 19.14　退休时间

Chiristensen and Kallestrup-Lamb（2012）研究了丹麦工人一个大样本中退休之前参与劳动力市场的持续时间。这些观测值是于 1985 年为 50 岁的 9 329 个个体组成的样本。这些数据追踪到 2001 年。持续时间被定义为 1985 年至退休后的年数。这是一个存量样本——所有个体在同一时间点（1985 年）进入初始状态，1985 年时 $T=0$，2001 年时 $T=17$，我们观察相同的绝对时间间隔。在流量样本中，个体在不同时间进入被观测状态，时间 $T=0$ 随着个体进入观测而变化。有关劳动力市场经验的数据会随着健康指数以及包括财富和家庭收入在内的社会经济和财务信息而增强。作者更有兴趣控制初始参与计划所暗含的样本选择效应，以及其他形式的不可观测的异质性。对于后者，他们考虑了基于 Heckman and Singer（1984a，1984b）（见 17.7.6 小节）离散的半参数法和 19.5.3.e 小节中的连续形式。初始方法会涉及单一“风险”，其被认为是出于一些原因而退出劳动力市场。然而，我们也更有兴趣探究竞争性风险框架。他们指出，退出可能是出于五种动机：提前退休，残疾，由于失业而提前退休，失业后其他形式的退出及其他形式的退出。大量的模型被探究。卡普兰-迈耶方法提出了整体退休模式，但是其不允许随时间的推移进行相关的校正，特别是健康状况的影响。我们还考虑了基于指数（无持续时间依赖性）和威布尔模型（具有可变持续时间依赖性）的正式模型。在校正中增加了两种异质性形式。本研究提供了本节讨论的大多数方法的应用。

19.6　归纳与总结

本章考察了原则上适用于第 2 章线性回归模型的设置，但数据生成机制产生了一种非线性

形式：截尾、删失、样本选择或内生抽样。对于每种情况，我们探讨了效应的基本理论，然后将结果用于计量经济学的主要研究领域。

在截尾回归模型中，因变量的范围被重新定义。所有经济数据在某些方面都会受到限制——例如总收入不能是负数。但是当数据被截尾时，因变量的合理值被排除，例如，零值被丢弃时，我们可以使用截尾模型来分析剩余的数据。随机前沿模型则是基于复合扰动，其中一部分遵循我们所熟知的回归模型的假设，而另一部分则建立在截尾回归的基础上。

当数据被删失时，原则上可以观测到的因变量的值被掩盖。被研究的真实变量的值的范围被观测为一个单一值。对于模型建构而言，基本问题是在这种情况下，我们提出了自变量的变化，但不考虑可能被预期的因变量的相应变化。估计结果的一致性和估计结果的有效解释是基于极大似然法或其他能够明确说明删失机制的方法。在观察数据中删失最常见的情形是在持续时间分析或存活函数（其借用了形成该种模式的医学统计术语）的背景下产生的。将持续时间或存活数据视为过渡时间或状态变化之间的时间测量是有用的。我们研究了与第 12 章中非参数、半参数（比例风险模型）和参数（诸如威布尔模型等各种形式）描述相对应的三种建模方法。

最后，当观测的数据不是从感兴趣的总体中随机抽取的时候，就出现了样本选择的问题。不考虑这种非随机抽样，会产生一个仅描述非随机子样本而不是较大总体的模型。在每种情况下，我们检验了适用于这些变化的回归的模型设定和估计方法。我们通常会选择极大似然法，但对于第三种情况，两步估计量会更加普遍。选择法和内生抽样的当前主要应用为第 6 章中处理效应的度量。

关键术语与概念

- 加速失败时间模型
- 删失变量
- 数据包络分析
- 广义残差
- 偶发截尾
- 均值独立性假设
- 偏似然
- 比例风险
- 半参数估计量
- 时变协变量
- 截尾均值
- 截尾标准正态分布
- 两部分布
- 威布尔存活模型
- 衰减
- 条件矩检验
- 截尾程度
- 风险函数
- 整体风险函数
- 负向持续期依赖
- 正向持续期依赖
- 风险集
- 随机前沿模型
- tobit 模型
- 截尾正态分布
- 截尾方差
- 两步估计
- 删失回归模型
- 角点解模型
- 指数
- 风险率
- 逆米尔斯比率
- 奥尔森的重新参数化
- 乘积极限估计量
- 样本选择
- 存活函数
- 截尾分布
- 截尾随机变量
- 截尾
- 威布尔模型

练习

1. 下面是从删失正态分布中获取的 20 个观测值：

3.839 6	7.204 0	0.000 00	0.000 00	4.413 2	8.023 0
5.797 1	7.082 8	0.000 00	0.802 60	13.067 0	4.321 1
0.000 00	8.680 1	5.457 1	0.000 00	8.102 1	0.000 00
1.252 6	5.601 6				

适用模型为：

$$y_i^* = \mu + \varepsilon_i$$
$$y_i = y_i^*，如果 \mu + \varepsilon_i > 0，否则 y_i = 0$$
$$\varepsilon_i \sim N[0, \sigma^2]$$

本章练习 1 到练习 4 基于上述信息。在这个 tobit 模型的内容中，μ 的 OLS 估计量是简单的样本均值。计算所有 20 个观测值的平均值。你认为这个估计值会高估或低估 μ 吗？如果我们仅考虑非零观测值，则应用截尾回归模型。非极限观测值的样本平均值是本章中的最小二乘估计量。先计算，然后评论这个样本平均值是高估还是低估真实的平均值。

2. 我们现在考虑适用于完整数据集的 tobit 模型。

a. 构建这个非常简单的 tobit 模型的对数似然。

b. 根据 $\theta = 1/\sigma$ 和 $\gamma = \mu/\sigma$ 重新构建对数似然。然后得出关于 θ 和 γ 最大化对数似然的必要条件。

c. 讨论如何获得 θ 和 γ 的值来解决 b 中的问题。

d. 计算 μ 和 σ 的极大似然估计值。

3. 仅使用非极限观测值，在截尾回归模型的内容中重复练习 2。使用例 19.2 中概述的矩估计量估计 μ 和 σ。比较你的结果与以前的练习得出的结果。

4. 继续使用练习 2 中的数据，在这里只考虑非零的观测值。假设抽样机制如下：y^* 和另一个正态分布随机变量 z 的总体相关性为 0.7。两个变量，y^* 和 z 被联合抽样。当 z 大于零时，报告 y。当 z 小于零时，z 和 y 都被丢弃。需要 35 次抽样才能获得上述样本。估计 μ 和 σ。（提示：使用定理 19.5。）

5. 导出具有异方差性的 tobit 模型的偏效应，这在 19.3.5.b 小节中描述过。

6. 证明在式（19－14）中，对于 tobit 模型，在将奥尔森变换应用于参数之后海塞矩阵是负定的。

应用

1. 我们使用泊松回归模型检验费尔的著名分析（*Journal of Political Economy*，1978）即例 18.18 中《今日心理学》对婚外情的调查。尽管该研究中的因变量是一个计数变量，Fair（1978）使用 tobit 模型作为他研究的基本框架。你可以使用任何包含 tobit 估计量的软件包（大多数软件都有）轻松地复制出这一 tobit 估计值。数据在在线附表 F18.1 中。请复制费尔的最小二乘估计和 tobit 估计。计算该模型的偏效应，并解释所有的结果。

2. 在例 19.10 中所使用的 Morz（1975）的数据也描述了一种 tobit 模型经常使用的设定。样本包括 753 个关于已婚女性劳动力市场结果的观测，包含下述变量：

lfp＝是否在正式劳动力市场的指示符（是时 $lfp=1$，否则 $lfp=0$）

$whrs$＝妻子的工作时长

$kl6$＝家庭中小于 6 岁的小孩的数量

$k618$＝家庭中 6～18 岁的小孩的数量

wa＝妻子的年龄

we＝妻子的受教育水平

ww＝妻子的时薪

$hhrs$＝丈夫的工作时长

ha＝丈夫的年龄

hw＝丈夫的工资

$faminc$＝其他来源的家庭收入

$wmed$＝妻子母亲的受教育水平

$wfed$＝妻子父亲的受教育水平

cit＝是否居住在市区的虚拟变量

ax＝劳动力市场经验＝$wa-we-5$

还有其他这里用不上的一些变量。使用这些数据，估计一个关于妻子工作时长的 tobit 模型。报告包括偏效应和相关检验统计量的所有结果。报告对妻子工作收入（$ww \times whrs$）的分析。哪一个是看起来更为可信的模型？

3. 继续前一应用的分析，注意到这些数据完全符合 19.3.4 小节中对角点解的描述。因变量没有像 tobit 通常所假设的那样截尾。为了研究因变量是否取决于一个两步决定过程（是或否；如果是，是多少），设定并估计一个两方程模型。该模型的第一个方程分析二值决策：如果 $whrs>0$，$lfp=1$，否则为 0。第二个方程分析 $whrs \mid whrs>0$。什么模型合适？你发现了什么？报告所有的结果。

4. 随机前沿模型。10.3.1 小节使用纳洛夫的美国电力工业 1955 年的数据，给出了柯布-道格拉斯成本函数的估计。克里斯滕森和格林在 1976 年对这项研究的更新中使用了 1970 年该行业的数据。克里斯滕森和格林的数据见在线附表 F4.4。这些数据提供了一个标准的测试数据集，用于估计不同形式的生产函数和成本函数，包括 19.2.4 小节讨论的随机前沿模型。这些暗示了，对从这些数据中明显发现的规模经济现象的一种解释是，较小的公司由于其他原因而效率低下。随机前沿可能会使人们解开这些效应的谜团。利用这些数据拟合前沿成本函数，而该函数除了线性项和要素价格外还包括产出对数的二次项。然后看琼德劳等估计的残差是否确实如结果暗示的一样与产出负向变化。（这需要你编写一些程序或使用专门的软件。在 Stata 和 NLOGIT 中，随机前沿模型作为一个选项提供。又或者，似然函数可以使用 R 或 GAUSS 程序轻松地进行编程。）（注：对于成本前沿而非产量前沿，需要颠倒对数似然函数中 Φ 函数的自变量的符号。）

第5部分

时间序列与宏观计量经济学

20 序列相关

20.1 引言

时间序列数据通常在不同时期的扰动项之间表现出自相关（autocorrelation）或序列相关性。比如考虑例 20.1 中的最小二乘残差图。

例 20.1　　货币需求方程

在线附表 F5.2 显示的是美国 1950 年第 1 季度至 2004 年第 4 季度的货币供给（M1）、产出（真实 GDP）和价格（CPI _ U）的季度数据。考虑一个极简单的货币需求模型①

$$\ln M1_t = \beta_1 + \beta_2 \ln \mathrm{GDP}_t + \beta_3 \ln \mathrm{CPI}_t + \varepsilon_t$$

图 20.1 显示的是其最小二乘残差。该图表明，一期残差的符号是预测下一期残差符号的一个很好的指标。这就说明，一个给定扰动项的影响至少会跨期存在。扰动项的这种“记忆”性导致残差值从正值到负值的变化需要一个长期缓慢的过程，这由图 20.1 可明显看出。或许有人认为这种残差形式是过于简单的模型所导致的，但这正是我们所要讨论的要点之一。这种形式的残差通常不是自然产生的；在很大程度上，它们实际上是模型设定不完善或有缺陷的产物。

对自相关现象产生原因的一种解释是，我们在时间序列回归中漏掉了一些相关的因素，而这些因素像模型中已经包含的因素一样在不同的时期彼此相关。这可能是因为原本应该包含在回归模型中的因素之间存在序列相关。很容易观察到为什么会出现这种情况，例 20.2 解释了一种明显的情形。

① 因为本章专门论述时间序列数据，所以我们用下标 t 表示观测值，用 T 表示整个样本。

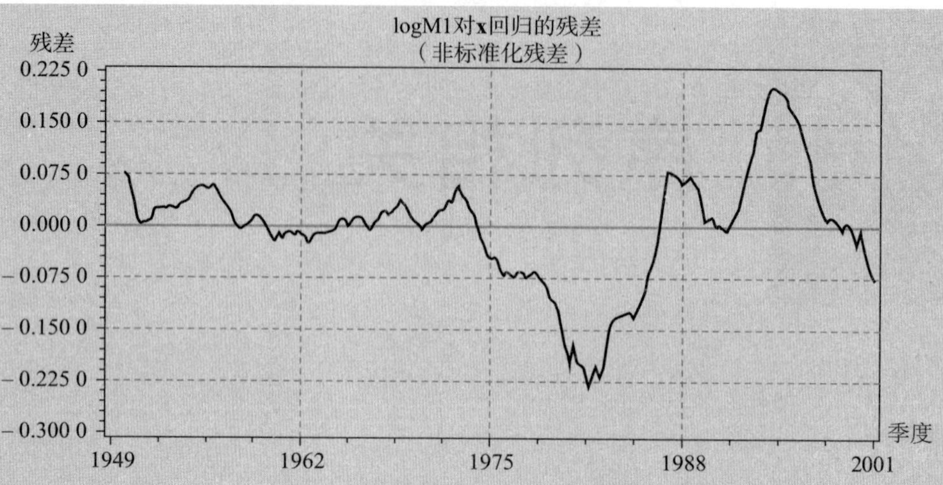

图 20.1 自相关的最小二乘残差

❖例 20.2 模型误设所导致的自相关

在例 2.3、例 4.2、例 4.7 和例 4.8 中，我们考察了美国汽油市场 1953—2004 年间的年度时间序列数据。这些例子充分说明，一个解释 $\ln G/Pop$ 的变异的回归模型至少要包括一个常数、$\ln P_G$ 和 $\ln Income/Pop$ 这三项。其他价格变量和时间趋势变量也存在显著的解释力，但这两个变量更不可缺少。此外，我们还基于结构变化的邹氏检验发现，这个市场 1974 年后明显发生了结构性的变化。图 20.2 展示了四个最小二乘残差图。从图 20.2（a）到图 20.2（c）可以清楚地看出，随着回归模型设定形式的不断扩展，"残差"中的自相关现象会减弱。图 20.2（c）显示的是要求方程系数在结构变化前保持不变的影响。图 20.2（d）中的残差则是通过对 1953—1974 年和 1975—2004 年两个子期间分别进行无约束回归得到的。后者的残差几乎就没有自相关现象（我们还注意到，随着模型的改进以及拟合的改善，残差的变化范围也在缩小）。完整的方程可以表示为

$$\ln\frac{G_t}{Pop_t}=\beta_1+\beta_2\ln P_{Gt}+\beta_3\ln\frac{l_t}{Pop_t}+\beta_4\ln P_{NCt}+\beta_5\ln P_{UCt}$$
$$+\beta_6\ln P_{PTt}+\beta_7\ln P_{Nt}+\beta_8\ln P_{Dt}+\beta_9\ln P_{St}+\beta_{10}t+\varepsilon_t$$

最后，我们考虑这样一个例子，其中的序列相关是模型的一个可预知的部分。

❖例 20.3 菲利普斯曲线中的负自相关

菲利普斯曲线［Phillips（1957）］是宏观经济学文献中研究最多的命题之一。根据作者最初的想法，这个模型明确地说明了英国 100 年来在工资通货膨胀和失业率之间存在着一种负相关的关系。近期的研究则证明了失业率和价格通货膨胀之间也存在着类似的关系。在一个简单层次上的分析很难说明这个模型的正当性。这一关系的劳动力市场理论依赖于一个不确定的命题，即市场一直都是货币幻觉的牺牲品，即便能够预期到通货膨胀的发生，这种情况依然存在。对这一关系的现代研究① 则利用

① 例如，Staiger et al.（1996）。

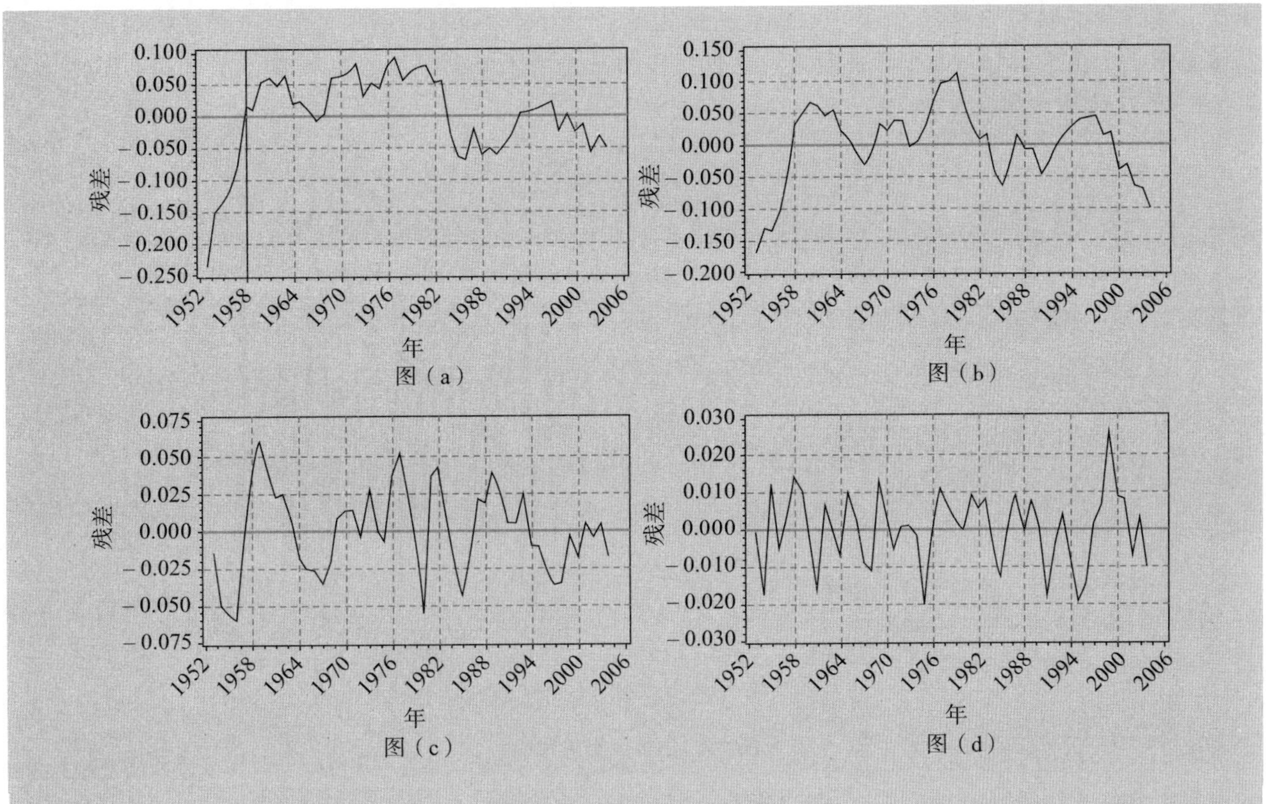

图 20.2　回归模型残差图

从长期均衡或“自然失业率”推导出来的非预期通货膨胀和失业率，重新表述了短期（非均衡）的**附加预期的菲利普斯曲线**（expectations-augmented Phillips curve）。附加预期的菲利普斯曲线可写成

$$\Delta p_t - E[\Delta p_t \mid \Psi_{t-1}] = \beta[u_t - u^*] + \varepsilon_t$$

式中，Δp_t 为第 t 年的通货膨胀率；$E[\Delta p_t \mid \Psi_{t-1}]$为第 $t-1$ 年基于当时可利用的信息 Ψ_{t-1} 对 Δp_t 做出的预测；u_t 为失业率；u^* 为自然或均衡失业率（对于是否可把 u^* 视为一个不变的参数是有争议的，我们这里准备把它看成一个不变的参数）。根据我们构造的函数，$[u_t - u^*]$ 是非均衡或周期性失业。在上述表达式中，ε_t 是供给冲击（即导致非均衡状态的刺激因素）。为了使模型完整，还要求有关预期通货膨胀的模型。目前，我们还将假定所有经济人都是地道的经验论者，他们对下一年通货膨胀率的预期就是今年的通货膨胀率。这就可以得到如下估计方程：

$$\Delta p_t - \Delta p_{t-1} = \beta_1 + \beta_2 u_t + \varepsilon_t$$

式中，$\beta_2 = \beta$ 和 $\beta_1 = -\beta u^*$。注意，方程中嵌入了自然失业率的一个隐含估计值。在估计之后，可用 $-b_1/b_2$ 来估计 u^*。用例 20.1 曾用过的在线附表 F5.2 中 1950 年第 1 季度至 2004 年第 4 季度的数据估计这个方程（为计算通货膨胀率的变化，要减去两个季度）。最小二乘估计值（标准误在括号中给出）如下：

$$\Delta p_t - \Delta p_{t-1} = 2.235\,67(0.492\,13) - 0.041\,55(0.083\,60)u_t + e_t,\ R^2 = 0.001\,23, T = 202$$

隐含的自然失业率估计值为 5.67%，这与近来其他研究的估计值一致。b_1 和 b_2 的渐近协方差估计值为 $-0.039\,64$。利用 δ 法，可得到这个估计值的标准误为 3.175 24，所以自然失业率的一个置信区间是 $5.67\% \pm 1.96 \times 3.17\% = [-0.55\%, 11.89\%]$（虽然这个区间看起来相当宽，但把它视为一个参数是否合理至少是值得怀疑的)。最小二乘残差对其过去值的回归得到的斜率是−0.518 43，并具有一个高度显著的 t 值−8.48，我们因此断定，该模型中的残差(及扰动项)存在高度负自相关，这也与图 20.3 中的残差图形明显一致。

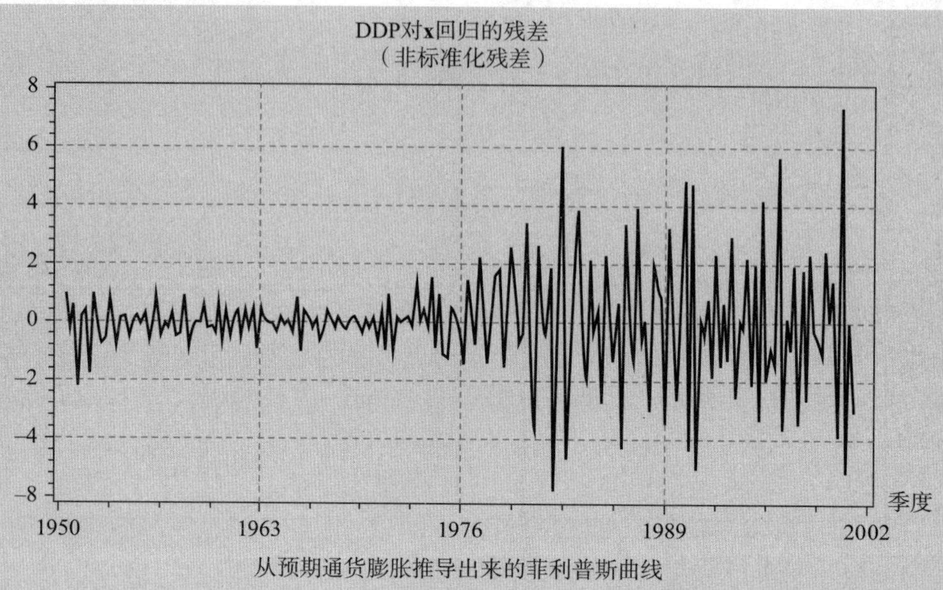

图 20.3 负自相关残差

自相关所导致的估计和推断问题(尽管更复杂)与异方差所导致的问题相似。和之前一样，最小二乘不是有效的，因此基于最小二乘估计值的推断也会受到消极影响。但根据其估计过程，可通过 GLS 和 FGLS 估计来解决这些问题。有一个定性的差别值得注意。在 20.10 节我们将分析的模型中，广义回归模型可被视为将回归模型向因变量条件二阶矩的推广。而在自相关情形中，这种现象几乎都来自对模型的错误设定。对经典假定的这种失灵该做出怎样的反应，实用主义者把它看成另一种数据问题，而传统方法论者则视之为重大的设定问题。①

应该强调的是，我们在接下来的章节中将分析的模型与经典回归相去甚远。估计量的精确性质或小样本性质几乎无从知晓，我们只能推导出它们的一些渐近性质。

20.2 时间序列数据分析

我们在本章中将对时间序列数据进行第一次系统分析。时间序列分析要求我们对迄今为止一直坚持的数据生成和抽样解释进行某些修正。

典型的时间序列模型总是用同期(可能还有滞后)因素 $\mathbf{x}_t$、扰动项[即**创新项**(innovations)]ε_t 及 y_t 自身的过去值 y_{t-1} 等等来刻画变量 y_t 的路径。比如，

$$y_t=\beta_1+\beta_2 x_t+\beta_3 y_{t-1}+\varepsilon_t$$

时间序列是一个随机事件的一次单独发生。比如我们在例 20.1 中分析的美国 1950—2000 年真

① 比如参见《自相关校正器的一个简单信息：不要》(A Simple Message to Autocorrelation Correctors: Don't)(Mizon，1995)。

实产出的季度序列就是 GDP_t 过程的一次单独实现。这个期间的整个历史便构成该过程的一次实现。至少在经济学中，这个过程是不能重复的，这里不存在物理学或工程学中的时间序列过程所涉及的那种横截面重复抽样或重复试验。尽管如此，如果第二次世界大战结束后的情况有所不同，所观察到的历史也应该有所不同。原则上，整个序列可能会产生一个完全不同的实现。观测序列 $\{y_t\}_{t=-\infty}^{t=\infty}$ 是一个由时间编号和序列内观测之间的系统相关性来刻画的**时间序列过程**（time-series process）。时间序列过程的一个鲜明特征是：经验上讲，数据生成机制恰好生成了序列的一个实现。基于抽样特征的统计结论虽然没有涉及从一个总体中的随机抽样，但却涉及利用从一个**时间窗**（time window），$t=1, \cdots, T$ 的这一实现中抽取的观测集所构造出来的统计量的分布。在这种情况下，渐近分布理论则考虑从该序列的一个逐渐变长的时间窗中构造出来的统计量的表现。

横截面中一个随机变量 y_t 的性质很简单，通常我们可以用一个有关其均值、方差或生成 y_t 的概率分布的命题来概括其性质。这里的命题并非是显而易见的。通常我们假定不同时期的扰动项是独立生成的，并有如下熟悉的假定：

$$E[\varepsilon_t]=0$$
$$\text{Var}[\varepsilon_t]=\sigma_\varepsilon^2$$

并且

$$\text{Cov}[\varepsilon_t,\varepsilon_s]=0, \quad t\neq s$$

在目前的背景下，ε_t 的这个分布被称为**协方差平稳**（covariance stationary）或**弱平稳**（weakly stationary）的。于是，尽管随机抽样这一本质概念对时间序列 ε_t 必须加以拓展，但基于这一概念的数学结论在这里依然适用。比如可以说，ε_t 是由一个均值与方差都不随时间变化的时间序列过程生成的。由此，利用本章将要讨论的方法，我们至少能在原则上得到样本信息，并用于刻画 ε_t 的分布。对 y_t 而言，这一结论也成立吗？ε_t 和 y_t 的序列之间有一个明显的区别：不同时点 y_t 的观测值肯定相关。假设序列是弱平稳的，并暂时假设 $\beta_2=0$，于是我们可以说

$$E[y_t]=\beta_1+\beta_3 E[y_{t-1}]+E[\varepsilon_t]=\beta_1/(1-\beta_3)$$

和

$$\text{Var}[y_t]=\beta_3^2\text{Var}[y_{t-1}]+\text{Var}[\varepsilon_t]$$

或者

$$\gamma_0=\beta_3^2\gamma_0+\sigma_\varepsilon^2$$

于是有

$$\gamma_0=\frac{\sigma_\varepsilon^2}{1-\beta_3^2}$$

因此，y_t 的方差 γ_0 是 y_t 生成过程的一个固定特征。注意，其中明显包括了 $|\beta_3|<1$ 的平稳性假定是如何被使用的。我们需要 $|\beta_3|<1$ 的假设来确定有限并且为正的方差。[①] 最后，若进一步

① 目前的宏观计量经济学和时间序列分析文献主要分析 $\beta_3=1$ 的情形（或者在不同模型中的类似情形）。我们在第 21 章中将再次探讨这个问题。

假定 x_t 是一个弱平稳序列，则对于非零的 β_2，可得到同样的结论。[①]

换一个角度，考虑简单地把滞后值重复迭代进入 y_t 的表达式：

$$y_t=\beta_1+\beta_3(\beta_1+\beta_3 y_{t-2}+\varepsilon_{t-1})+\varepsilon_t \tag{20-1}$$

如此等等。我们看到，当前的 y_t 实际上是扰动项ε_t 的整个历史的积累。于是，如果我们想刻画 y_t 的分布，那么用随机变量的和即可做到。通过在式（20－1）中继续迭代 y_{t-2}, y_{t-3}，…，我们便得到这一思想的确切表述，即

$$y_t=\sum_{i=0}^{\infty}\beta_3^i(\beta_1+\varepsilon_{t-i})$$

直至无限过去的求和有意义吗？第一种可能，我们可以把这个过程看成从一个遥远而又有效的“无限”过去开始生成数据。只要远距离观测的重要性递减，延伸至无限过去只是为了数学上的方便而已。$|\beta_3|<1$ 便蕴含着观测过去的重要性递减的意义。注意到这个要求与上面求解 γ_0 所需要的条件相同，这绝非偶然。第二种可能是，假定这个时间序列的观测始于时刻 0，（x_0，ε_0）被称为初始条件（initial conditions），直至潜在过程达到 y_t 的均值和方差都不再变化的状态。虽然数学处理上有所不同，但我们所得到的生成 y_t 的随机过程特征却完全相同。事实上，同样的弱平稳假定可以同时满足二者。

除了极其特殊的情形外，我们都可以预期 T 要素随机向量（y_1，…，y_T）中所有元素都相关。此时所谓的相关就是“自相关”。由此，我们在前面章节所用的适用于独立或无关观测的估计结论就不再可用。事实上，我们仅有多元随机变量 $[y_t, t=1, \cdots, T]$ 的一次观测。虽然也有横截面数据中参数估计的对应概念，但只有在能够确保存在通常意义上的参数假定（比如弱平稳性）的情况下，对应概念才值得探讨。即便有了平稳性，我们前面的有限样本结论也不能用于估计和推断。由于在时间序列背景下，要求独立观测的一些结论都不再可用，比如中心极限定理，所以证明估计量的一致性和渐近正态性多少会更困难一些。尽管如此，对于我们在这里所考虑的大多数估计问题而言，我们还是证明了与前面的结论相对应的一些结论。

20.3 扰动项过程

我们在上一节中介绍了时间序列设定的部分术语和性质。为了推导出理论上的结论，我们还需要推导出自相关的某些结论，并丰富我们的结论。

□ 20.3.1 扰动项过程的特征

在通常的时间序列背景下，我们都假定扰动项是同方差且彼此相关的，所以

$$E[\boldsymbol{\varepsilon\varepsilon}'|\mathbf{X}]=\sigma^2\boldsymbol{\Omega}$$

式中，$\sigma^2\boldsymbol{\Omega}$ 为满秩的正定矩阵，对角线上有一个常数 $\sigma^2=\text{Var}[\varepsilon_t|\mathbf{X}]$。正如下面的讨论所清晰展示的，我们将假定 $\boldsymbol{\Omega}_{ts}$ 是 $|t-s|$ 的函数而非单独 t 或 s 的函数，此即**平稳性**（stationarity）假定（见上一节）。这就意味着观测 t 和 s 之间的协方差只是两次观测的时间间隔 $|t-s|$ 的函数，即观

① 见 20.4.1 小节的平稳性假设。

测值在时间上的距离。由于 σ^2 是不受限制的，我们可标准化 $\boldsymbol{\Omega}_{tt}=1$。我们将**自协方差**（autocovariances）定义为

$$\text{Cov}[\varepsilon_t,\varepsilon_{t-s}|\mathbf{X}]=\text{Cov}[\varepsilon_{t+s},\varepsilon_t|\mathbf{X}]=\sigma^2\boldsymbol{\Omega}_{t,t-s}=\gamma_s=\gamma_{-s}$$

注意到 $\sigma^2\boldsymbol{\Omega}_{tt}=\gamma_0$。$\varepsilon_t$ 和 ε_{t-s} 之间的相关系数便是它们的自相关系数，

$$\text{Corr}[\varepsilon_t,\varepsilon_{t-s}|\mathbf{X}]=\frac{\text{Cov}[\varepsilon_t,\varepsilon_{t-s}|\mathbf{X}]}{\sqrt{\text{Var}[\varepsilon_t|\mathbf{X}]\text{Var}[\varepsilon_{t-s}|\mathbf{X}]}}=\frac{\gamma_s}{\gamma_0}=\rho_s=\rho_{-s}$$

于是，我们有

$$E[\boldsymbol{\varepsilon\varepsilon}'|\mathbf{X}]=\boldsymbol{\Gamma}=\gamma_0\mathbf{R}$$

式中，$\boldsymbol{\Gamma}$ 为**自协方差矩阵**（autocovariance matrix）；$\mathbf{R}$ 为**自相关矩阵**（autocorrelation matrix）——其第 ts 个元素便是**自相关系数**（autocorrelation coefficient）

$$\rho_{ts}=\frac{\gamma_{|t-s|}}{\gamma_0}$$

（注意，矩阵 $\boldsymbol{\Gamma}=\gamma_0\mathbf{R}$ 等同于 $\sigma^2\boldsymbol{\Omega}$。）我们通常使用缩写 ρ_s 表示间隔 s 期的观测值之间的相关系数。

不同类型的过程就意味着 $\mathbf{R}$ 的不同形式。比如最经常分析的过程是**一阶自回归**［first-order autoregression，AR(1)］过程，即

$$\varepsilon_t=\rho\varepsilon_{t-1}+u_t$$

式中，u_t 为一个平稳的、无自相关的［**白噪音**（white noise）］过程；ρ 为参数。我们在随后的章节中将会验证，对这个过程有 $\rho_s=\rho^s$。如下形式的更高阶**自回归过程**（autoregression processes）

$$\varepsilon_t=\theta_1\varepsilon_{t-1}+\theta_2\varepsilon_{t-2}+\cdots+\theta_p\varepsilon_{t-p}+u_t$$

意味着更复杂的形式，包括某些参数自相关的周期性行为。[①] 构筑平稳的自回归，是为了使得给定扰动项的影响随着时间的推移逐渐削弱，但只是近乎于消失。比如，对 AR(1)，虽然 $\text{Cov}[\varepsilon_t,\varepsilon_{t-s}]$永远也不等于零，但如果$|\rho|<1$，那么它会变得越来越不重要。相反，**移动平均过程**（moving-average processes，MA processes）却存在短期记忆。对 MA(1) 过程，有

$$\varepsilon_t=u_t-\lambda u_{t-1}$$

这个过程中的记忆只有一期：$\gamma_0=\sigma_u^2(1+\lambda^2)$，$\gamma_1=-\lambda\sigma_u^2$，但若 $s>1$，则 $\gamma_s=0$。

∵例 20.4　通货膨胀率的自相关函数

时间序列的自相关函数是一个可以有效描述上述过程本质的统计量。该函数可以表述成如下形式：

$$ACF(s)=r_s=\frac{c_s}{c_0}=\frac{[1/(T-S)]\sum_{t=s+1}^{T}(z_t-\bar{z})(z_{t-s}-\bar{z})}{(1/T)\sum_{t=s+1}^{T}(z_t-\bar{z})^2},s=1,\cdots$$

① 20.9.2 小节中有关于这个模型的更多详细内容。

ACF 函数值的模式可以帮助我们揭示时间序列过程的形式。对于一个 AR(1) 过程，自相关 r_s 通常表现为等比级数 r^s。而对于例如 MA(1) 的移动平均序列，r_s 会有一个或数个显著值，然后迅速下降到(接近于) 零的位置。MA(1) 过程的标志性特征是：当 $s=1$ 时，$r_s=r$；当 $s>1$ 时，$r_s=0$。

图 20.4 展示了从 1950 年到 2000 年，美国消费者价格指数的季度百分比变化。(我们将在第 21 章较详细地检验这些数据。) 该序列的前 10 个自相关值如下所示：

滞后期数	1	2	3	4	5	6	7	8	9	10
自相关值	0.657	0.602	0.624	0.599	0.469	0.418	0.390	0.360	0.302	0.260

这些自相关值的持续性暗示了某种较强的自回归过程的存在。

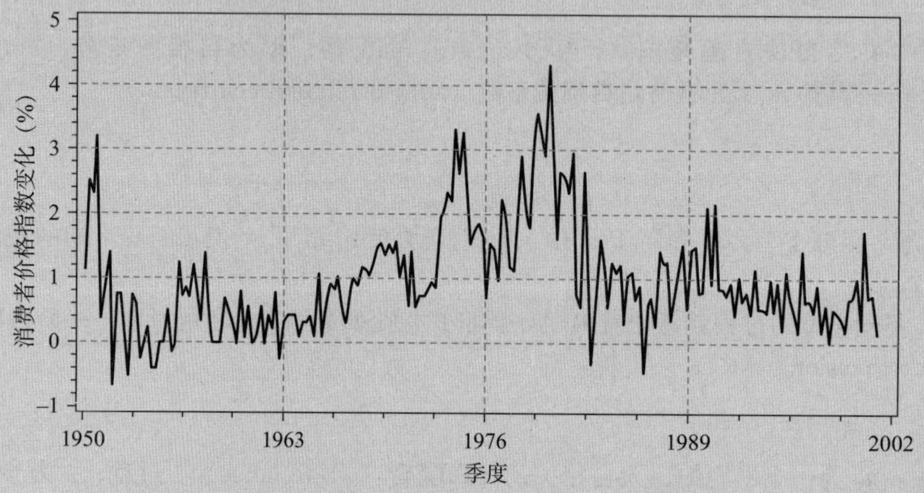

图 20.4 消费者价格指数中的通货膨胀率

□ 20.3.2 一阶自回归扰动项

诸如以上所列的时间序列过程，我们都可以用它们的阶数、参数值及其自相关行为来刻画。[①] 我们在不同的地方将考虑不同的形式。AR(1) 模型以压倒性的优势支配着普遍为大众所接受的经验文献，部分原因可能源于它的方便性。比这个模型更复杂的过程通常都极难分析。但还有一个更实际的原因。在任何给定的情形下，想要精确地知道扰动项模型的正确形式都是不太可能的。AR(1) 已经经受住了时间的检验和各种试验，的确是潜在过程的一个合理模型，尽管这个模型有时是极端复杂的。我们通常把 AR(1) 作为第一方法，通常只把构建更高阶模型看作一种精练形式。

一阶自回归扰动项或 AR(1) 过程用**自回归形式** (autoregressive form) 可以表示为

$$\varepsilon_t=\rho\varepsilon_{t-1}+u_t \tag{20-2}$$

式中

$$E[u_t|\mathbf{X}]=0$$

① 参见 Box and Jenkins (1984) 的一份权威研究。

$$E[u_t^2 \mid \mathbf{X}] = \sigma_u^2$$

和

$$\mathrm{Cov}[u_t, u_s \mid \mathbf{X}] = 0, \quad \text{如果 } t \neq s$$

由于 u_t 是白噪音，条件矩等于无条件矩。从而 $E[\varepsilon_t \mid \mathbf{X}] = E[\varepsilon_t]$，并依此类推。通过反复迭代，我们有

$$\varepsilon_t = u_t + \rho u_{t-1} + \rho^2 u_{t-2} + \cdots \tag{20-3}$$

根据上述**移动平均形式**（moving-average form），显然每个扰动项 ε_t 都包含了此前 u 的整个历史，与久远的观测值相比，较近的观测值的权重更大。根据 ρ 的符号，这个序列表现为一系列先正后负的观测值（ρ 为正），或是表现出规则的符号振动（ρ 为负，和例 20.3 中一样）。

由于相邻的 u_t 的值之间是不相关的，所以 ε_t 的方差是式（20－3）等号右边的方差：

$$\mathrm{Var}[\varepsilon_t] = \sigma_u^2 + \rho^2 \sigma_u^2 + \rho^4 \sigma_u^2 + \cdots \tag{20-4}$$

为了继续分析，必须对 ρ 施加一个限制

$$|\rho| < 1 \tag{20-5}$$

否则，式（20－4）等号右边就会变成无穷大。这个结论就是前面讨论过的平稳性假定。根据式（20－5），这就意味着 $\lim_{s \to \infty} \rho^s = 0$，$E[\varepsilon_t] = 0$ 和

$$\mathrm{Var}[\varepsilon_t] = \frac{\sigma_u^2}{1 - \rho^2} = \sigma_\varepsilon^2 \tag{20-6}$$

有了平稳性假定，求方差就有一种更简单的方法：因为若 $t > s$，则 $\mathrm{Cov}[u_t, \varepsilon_s] = 0$，于是有

$$\mathrm{Var}[\varepsilon_t] = \rho^2 \mathrm{Var}[\varepsilon_{t-1}] + \sigma_u^2$$

根据平稳性假定，有 $\mathrm{Var}[\varepsilon_{t-1}] = \mathrm{Var}[\varepsilon_t]$，这就意味着式（20－6）。依此类推，于是有

$$\mathrm{Cov}[\varepsilon_t, \varepsilon_{t-1}] = E[\varepsilon_t \varepsilon_{t-1}] = E[\varepsilon_{t-1}(\rho \varepsilon_{t-1} + u_t)] = \rho \mathrm{Var}[\varepsilon_{t-1}] = \frac{\rho \sigma_u^2}{1 - \rho^2} \tag{20-7}$$

通过反复代入式（20－2），我们看到，对任意 s 都有

$$\varepsilon_t = \rho^s \varepsilon_{t-s} + \sum_{i=0}^{s-1} \rho^i u_{t-i}$$

（比如，$\varepsilon_t = \rho^3 \varepsilon_{t-3} + \rho^2 u_{t-2} + \rho u_{t-1} + u_t$。）因此，既然对 $t > s$，ε_s 与任何一个 u_t（即随后任意一个 u_t）都无关，于是有

$$\mathrm{Cov}[\varepsilon_t, \varepsilon_{t-s}] = E[\varepsilon_t \varepsilon_{t-s}] = \frac{\rho^s \sigma_u^2}{1 - \rho^2} \tag{20-8}$$

两边同时除以 $\gamma_0 = \sigma_u^2 / (1 - \rho^2)$，就可以推导出自相关系数

$$\mathrm{Corr}[\varepsilon_t, \varepsilon_{t-s}] = \rho_s = \rho^s \tag{20-9}$$

根据平稳性假定，自相关性会逐渐减弱。取决于 ρ 的符号，它们要么等比递减，要么正负号交替出现。经整理，于是有

$$\sigma^2\boldsymbol{\Omega}=\frac{\sigma_u^2}{1-\rho^2}\begin{bmatrix}1 & \rho & \rho^2 & \rho^3 & \cdots & \rho^{T-1}\\ \rho & 1 & \rho & \rho^2 & \cdots & \rho^{T-2}\\ \rho^2 & \rho & 1 & \rho & \cdots & \rho^{T-3}\\ \vdots & \vdots & \vdots & \vdots & \cdots & \rho\\ \rho^{T-1} & \rho^{T-2} & \rho^{T-3} & \cdots & \rho & 1\end{bmatrix} \tag{20-10}$$

20.4 分析时间序列数据的一些渐近结论

既然 $\boldsymbol{\Omega}$ 不等于 $\mathbf{I}$，所以在证明估计量（特别是最小二乘估计量）的性质时，那些似曾熟悉的复杂因素现在又都出现了。OLS 和 GLS 估计量的有限样本性质研究领域仍然无人涉及。最小二乘仍是无偏的。前面一般性的证明对自相关扰动项也适用。艾特肯定理（定理 9.4）和正态分布扰动项的分布结论仍能基于 $\mathbf{X}$ 得到证明。（不过，在 $\mathbf{X}$ 包含因变量滞后值的情况下，所有这些都会变得复杂起来。）但有限样本性质在时间序列背景下的作用十分有限。对于有关时间序列的估计量，几乎所有我们能讨论的内容都基于其渐近性质。

正如我们在分析异方差性时所论述的，最小二乘一致与否，取决于矩阵

$$\mathbf{Q}_T=(1/T)\mathbf{X}'\mathbf{X}$$

和

$$\mathbf{Q}_T^*=(1/T)\mathbf{X}'\boldsymbol{\Omega}\mathbf{X}$$

在我们前面的分析中，通过援引大数定律，我们能够证明 $\mathbf{Q}_T$ 收敛于一个常正定矩阵 $\mathbf{Q}$。但这些定理都假定求和式中的观测值彼此独立，而这里肯定不是这种情况。我们在 19.2 节中已经论述过。因此，我们要推导出这个结论，还需要一个不同的工具。我们可以把 $\mathbf{Q}_T^*$ 展开成

$$\mathbf{Q}_T^*=\frac{1}{T}\sum_{t=1}^{T}\sum_{s=1}^{T}\rho_{ts}\mathbf{x}_t\mathbf{x}_s' \tag{20-11}$$

式中，$\mathbf{x}_t'$ 和 $\mathbf{x}_s'$ 为 $\mathbf{X}$ 的行；ρ_{ts} 为 ε_t 和 ε_s 之间的自相关系数。这个矩阵收敛的充分条件是 $\mathbf{Q}_T$ 收敛，且扰动项之间的相关性会随着观测时间间隔的扩大而足够迅速地衰减。比如，如果扰动项服从前面描述的 AR(1) 过程，则有 $\rho_{ts}=\rho^{|t-s|}$；如果 $\mathbf{x}_t$ 的表现又足够好，那么 $\mathbf{Q}_T^*$ 将随着 $T\rightarrow\infty$ 而收敛于一个正定矩阵 $\mathbf{Q}^*$。最小二乘和 GLS 估计量的**渐近正态性**（asymptotic normality）取决于如下和式的表现：

$$\sqrt{T}\,\bar{\mathbf{w}}_T=\sqrt{T}\left(\frac{1}{T}\sum_{t=1}^{T}\mathbf{x}_t\varepsilon_t\right)=\sqrt{T}\left(\frac{1}{T}\mathbf{X}'\boldsymbol{\varepsilon}\right)$$

对于这个一般性模型，很难证明最小二乘的正态性。我们迄今所仰赖的中心极限定理不能扩展到非独立观测值的和。而 Amemiya（1985），Mann and Wald（1943）及 Anderson（1971）等人的结论，则能够应用于我们熟悉的大多数自相关扰动项类型，包括我们在这里所感兴趣的那些类型。所以我们最终得到的结论是：普通最小二乘、GLS 和工具变量都继续是一致且服从渐近正态分布的，而在 OLS 情形下，则是非有效的。我们在本节中将简要介绍为推导出这些结论所用到的一些基本定理。

□ 20.4.1 矩的收敛——遍历定理

迄今为止的讨论都适当地表明，平稳性（或缺乏平稳性）是一个过程的重要特征。当我们遇到这个概念时，都考虑了某个特定的和收敛于有限值的要求。特别是，对于 AR(1) 模型，$\varepsilon_t=\rho\,\varepsilon_{t-1}+u_t$，为了让这个过程的方差有限，我们要求$|\rho|<1$这个充分条件。不过，这个结论只是一个副产品。平稳性（至少我们分析的弱平稳性）只是一个序列分布的矩特征之一。

定义 20.1　强平稳性

在一个时间序列过程$\{z_t\}_{t=-\infty}^{t=\infty}$中，如果任意 k 个观测 $[z_t, z_{t+1}, \cdots, z_{t+k-1}]$ 的联合概率分布都是相同的，与时标中的起始点 t 无关，那么这个过程就是强平稳的或称为“平稳的”。

比如在式（20－2）中，若我们增加 $u_t\sim N[0,\sigma_u^2]$，则很容易证明由此推导出的过程$\{\varepsilon_t\}_{t=-\infty}^{t=\infty}$是强平稳的。

定义 20.2　弱平稳性

在一个时间序列过程$\{z_t\}_{t=-\infty}^{t=\infty}$中，如果 $E[z_t]$ 有限且对所有的 t 都相同，而且任意两次观测的协方差（记为自协方差）$\text{Cov}[z_t, z_{t-k}]$ 都只是其模型参数和时间间隔 k（而不是每次观测在时标中的绝对位置）的有限函数，那么它就是弱平稳的（或协方差平稳的）。

强平稳的序列一定是宽平稳的，尽管宽平稳要求更低（因为其分布至少原则上可以在时间轴上变化）。在应用研究中几乎不需要对二者加以区分。通常，除了极其特殊的理论例子外，很难找到一个强平稳而非宽平稳的过程。区分二者的原因在于，在我们的大量研究中，只需要宽平稳，而且和通常一样，只要可能，经济学家总会省去不必要的假定。

我们稍后将发现，平稳性是这里分析的关键特征。如果我们继续在这个环境中进行参数估计，那么我们还要求时间序列的另一个特征：**遍历性**（ergodicity）。虽然描述这一特征的方法很多，但没有一种方法特别符合直觉。我们借用 Davidson and MacKinnon（1993，p.132）的定义：

定义 20.3　遍历性

在一个时间序列过程 $\{z_t\}_{t=-\infty}^{t=\infty}$中，如果对于任意两个将 a 和 b 维实向量空间中的向量分别映射到实数的有界函数 f：$\boldsymbol{R}^a\to\boldsymbol{R}^1$，$g$：$\boldsymbol{R}^b\to\boldsymbol{R}^1$ 都有

$$\begin{aligned}&\lim_{k\to\infty}|E[f(z_t,z_{t+1},\cdots,z_{t+a-1})g(z_{t+k},z_{t+k+1},\cdots,z_{t+k+b-1})]|\\&=|E[f(z_t,z_{t+1},\cdots,z_{t+a-1})]||E[g(z_{t+k},z_{t+k+1},\cdots,z_{t+k+b-1})]|\end{aligned}$$

那么这个过程就是遍历的。

这个定义本质上说的是，如果两个事件在时间上间隔得足够远，那么它们就是“渐近独立的”。其含义之一是，在一个时间序列中，每个观测值至少都包含某些独特的信息。遍历性是我们的估计理论的关键要素。如果一个时间序列具有这个性质（及平稳性），我们便能有意义地考

虑其参数估计。[①] 后面的分析严重依赖于如下定理：

定理 20.1　遍历性定理

如果一个时间序列过程 $\{z_t\}_{t=-\infty}^{t=\infty}$ 是平稳的和遍历的，$E[|z_t|]$是一个有限的常数，而且 $\bar{z}_T=(1/T)\sum_{t=1}^{T}z_t$，那么 $\bar{z}_T\xrightarrow{a.s.}\mu$，其中 $\mu=E[z_t]$。注意，这里并非依概率收敛（暗含其中）或均方收敛（暗含其中）[参见 White（2001，p. 44）；Davidson and MacKinnon（1993，p. 133）]。

在遍历性定理中，对于非独立观测值之和，我们推导出了前面章节中曾多次使用的大数定律的对应定理。同样注意，之所以需要这个推广，是因为我们曾使用过的大数定律都需要独立观测，但在这个背景下，根据设计，观测显然不是独立的。

为了让这个结论有用，我们仍然需要一个推广。

定理 20.2　函数的遍历性

如果$\{z_t\}_{t=-\infty}^{t=\infty}$是一个平稳和遍历的时间序列过程，而且 $y_t=f\{z_t\}$ 是定义 z_t 的概率空间上的一个可测度函数，那么 y_t 也是平稳和遍历的。令$\{\mathbf{z}_t\}_{t=-\infty}^{t=\infty}$定义了一个 $K\times 1$ 向量值随机过程——该向量的每个元素都是一个遍历平稳序列，而且遍历和平稳的特征适用于$\{\mathbf{z}_t\}_{t=-\infty}^{t=\infty}$中元素的联合分布。那么，遍历定理也适用于$\{\mathbf{z}_t\}_{t=-\infty}^{t=\infty}$的函数。[②]

定理 20.2 给出了我们刻画最小二乘（以及其他）估计量所需要的结论。特别是，将定理 20.2 的假设应用到序列$[\mathbf{x}_t,\varepsilon_t]_{t=-\infty}^{t=\infty}$时，我们得出 $y_t=\mathbf{x}_t'\boldsymbol{\beta}+\varepsilon_t$ 平稳和遍历的过程。

通过逐个元素地进行分析，我们可以直接利用这些结论，得到如下断言：$\mathbf{w}_t=\mathbf{x}_t\varepsilon_t$，$\mathbf{Q}_{tt}=\mathbf{x}_t\mathbf{x}_t'$和 $\mathbf{Q}_{tt}^*=\varepsilon_t^2\mathbf{x}_t\mathbf{x}_t'$的均值分别收敛于它们的总体对应值 $\mathbf{0}$，$\mathbf{Q}$ 和 $\mathbf{Q}^*$。

□ 20.4.2　向正态性的收敛——一个中心极限定理

为了构造最小二乘、GLS、ML、GMM 的分布理论，我们还需要中心极限定理的对应物。特别是，我们需要构建量

$$\sqrt{T}\left(\frac{1}{T}\sum_{t=1}^{T}\mathbf{x}_t\varepsilon_t\right)=\sqrt{T}\,\bar{\mathbf{w}}$$

的一个大样本分布理论。我们在前面曾指出，由于和式中的观测并非独立，所以我们不能援引熟悉的中心极限定理[林德伯格-利维、林德伯格-费勒和李雅普诺夫等]。但根据所设定的假设，我们确实会用到另一个结论。下面先给出一些必要的预备知识：

定义 20.4　鞅序列

若 $E[\mathbf{z}_t|\mathbf{z}_{t-1},\mathbf{z}_{t-2},\cdots]=\mathbf{z}_{t-1}$，则称向量序列 $\mathbf{z}_t$ 为一个**鞅序列**（martingale sequence）。

---

① 随后的大部分分析使用的都是非平稳序列，这是目前很多文献所关注的（时间序列分析近年来主要研究非平稳序列的检验）。遍历性是一个难以理解的概念。对于很多过程我们认为遍历性是已知的，至少在某种水平上。关于这个问题的一篇经典文献参见 Doob（1953）。另一篇权威的文献参见 Billngsley（1995）。随着这些概念在计量经济学中的使用，White（2001）提出了对这些概念简单的分析和一些有用的评论。

② 参见 White（2001，pp. 44－45）的讨论。

鞅序列的一个重要例子便是**随机游走**（random walk），即

$$z_t = z_{t-1} + u_t$$

式中，对任意 $t \neq s$，都有 $\mathrm{Cov}[u_t, u_s] = 0$，于是

$$\begin{aligned} E[z_t \mid z_{t-1}, z_{t-2}, \cdots] &= E[z_{t-1} \mid z_{t-1}, z_{t-2}, \cdots] + E[u_t \mid z_{t-1}, z_{t-2}, \cdots] \\ &= z_{t-1} + 0 = z_{t-1} \end{aligned}$$

定义 20.5　鞅差分序列

若 $E[\mathbf{z}_t \mid \mathbf{z}_{t-1}, \mathbf{z}_{t-2}, \cdots] = \mathbf{0}$，则称向量序列 $\mathbf{z}_t$ 为一个**鞅差分序列**（martingale difference sequence）。

根据定义 20.5，我们就可以得到如下广为接受的结论[①]：

定理 20.3　鞅差分中心极限定理

如果 $\mathbf{z}_t$ 是一个向量值的平稳和遍历鞅差分序列，并满足 $E[\mathbf{z}_t\mathbf{z}_t'] = \boldsymbol{\Sigma}$，式中，$\boldsymbol{\Sigma}$ 为一个有限正定矩阵，而且 $\bar{\mathbf{z}}_T = (1/T)\boldsymbol{\Sigma}_{t=1}^{T}\mathbf{z}_t$，则 $\sqrt{T}\,\bar{\mathbf{z}}_T \xrightarrow{d} N[\mathbf{0}, \boldsymbol{\Sigma}]$［参见 Davidson and MacKinnon（1993，Sections 4.7 and 4.8）］。

定理 20.3 是对林德伯格-利维中心极限定理的推广。它还没有宽泛到足以包含自相关情形，但确实超越了林德伯格-利维中心极限定理，比如可推广到后文的 GARCH 模型。[②] 展望未来，这个结论包含了一个极为重要的应用。假设在经典线性回归模型中，$\{\mathbf{x}_t\}_{t=-\infty}^{t=\infty}$ 是一个平稳而又遍历的多元随机过程，而 $\{\varepsilon_t\}_{t=-\infty}^{t=\infty}$ 是一个独立同分布（i. i. d.）过程，即不存在自相关和异方差性。于是，这就是保持第 2 章对 ε_t 所做假定的情况下最具一般性的经典回归模型。此时，过程 $\{\mathbf{w}_t\}_{t=-\infty}^{t=\infty} = \{\mathbf{x}_t\varepsilon_t\}_{t=-\infty}^{t=\infty}$ 是一个鞅差分析，所以在对 $\mathbf{x}_t$ 的矩做了充分的假定后，我们便能利用这个结论来证明最小二乘估计量的一致性和渐近正态性。[③]

我们现在考虑一个中心极限定理，使之足以包含我们一开始就感兴趣的情形，即 $\mathbf{x}_t$ 的观测随机相关，而且 ε_t 中存在自相关。[④] 继续假设 $\{\mathbf{z}_t\}_{t=-\infty}^{t=\infty}$ 是一个平稳而又遍历的随机过程。我们考虑 $\sqrt{T}\,\bar{\mathbf{z}}_T$。假定如下条件成立[⑤]：

1. 渐近无关性：随着 $k \to \infty$，$E[\mathbf{z}_t \mid \mathbf{z}_{t-k}, \mathbf{z}_{t-k-1}, \cdots]$ 的均方收敛于零。注意，这个条件类似于遍历性条件。White（2001）证实了这个假定有一个不太明显的含义：$E[\mathbf{z}_t] = \mathbf{0}$。

---

① 出于简便性，我们避开了在这个讨论中的一个步骤——建立多元正态性要求先对每一个部分建立边缘正态分布，然后要求变量的每一个线性组合是正态分布的（参见定理 D.17 和 D.18A）。在这里我们关注的仅仅是获得有用的最终结果。有兴趣的读者可以在 White（2001）以及 Davidson and MacKinnon（1993，Chapter 4）中找到对这个细微而又狭小的问题更加详细的讨论。

② Ruud（2000，p.479）和 White（2001，p.113）通过容许每一时间 t 存在不同的方差，给出了超越林德伯格-费勒定理（D.19）和李雅普诺夫定理（D.20）的一些定理形式。这些变形超出了我们这里的分析所要求的程度。

③ 比如参见 Hamilton（1994，pp.208－212）。

④ 这种情形的详细分析极其复杂，大大超出了本书的范围。一些很精练的分析可以参见 White（2001，pp.122－133）以及 Hayashi（2000）。

⑤ 见 Hayashi（2000，p.405），他把这个结论归功于 Gordin（1969）。

2. 自协方差的可求和性：根据非独立观测

$$\lim_{T\to\infty}\text{Var}[\sqrt{T}\bar{\mathbf{z}}_T]=\sum_{t=0}^{\infty}\sum_{s=0}^{\infty}\text{Cov}[\mathbf{z}_t,\mathbf{z}_s']=\sum_{k=-\infty}^{\infty}\mathbf{\Gamma}_k=\mathbf{\Gamma}^*$$

首先，我们需要假定这个矩阵是有限的，即被称为**可求和性**（summability）条件。注意，这就是式（20－11）中 $\mathbf{Q}_T^*$ 收敛所需要的条件。若和有限，则 $k=0$ 的项必定有限，这就给出了一个必要条件：

$$E[\mathbf{z}_t\mathbf{z}_t']=\Gamma_0\text{，为有限矩阵}$$

3. 扰动项的渐近可忽略性：令

$$\mathbf{r}_{tk}=E[\mathbf{z}_t|\mathbf{z}_{t-k},\mathbf{z}_{t-k-1},\cdots]-E[\mathbf{z}_t|\mathbf{z}_{t-k-1},\mathbf{z}_{t-k-2},\cdots]$$

观测值 $\mathbf{z}_t$ 可被视为从开始到时间 t 进入该过程的所有累积信息。因此它可被表述为

$$\mathbf{z}_t=\sum_{s=0}^{\infty}\mathbf{r}_{ts}$$

向量 $\mathbf{r}_{tk}$ 可被视为在上述累积和中，在时间 $t-k$ 进入这个过程的信息。对该过程施加的条件是 $\sum_{s=0}^{\infty}\sqrt{E[\mathbf{r}_{ts}'\mathbf{r}_{ts}]}$ 的有限性。总而言之，条件 3 表明，随着时间不断回溯，信息会逐渐衰弱，且最终会变得微不足道。AR(1) 模型（和往常一样）有助于说明这一点。若 $z_t=\rho z_{t-1}+\mu_t$，则有

$$\begin{aligned}r_{t0}&=E[z_t|z_t,z_{t-1},\cdots]-E[z_t|z_{t-1},z_{t-2},\cdots]=z_t-\rho z_{t-1}=u_t\\r_{t1}&=E[z_t|z_{t-1},z_{t-2},\cdots]-E[z_t|z_{t-2},z_{t-3},\cdots]\\&=E[\rho z_{t-1}+u_t|z_{t-1},z_{t-2},\cdots]-E[\rho(\rho z_{t-2}+u_{t-1})+u_t|z_{t-2},z_{t-3},\cdots]\\&=\rho(z_{t-1}-\rho z_{t-2})\\&=p u_{t-1}\end{aligned}$$

同理可得 $r_{tk}=\rho^k u_{t-k}$，于是就可以得到我们在式（20－3）中看到的 $z_t=\sum_{s=0}^{\infty}\rho^s u_{t-s}$，可以证明，若 $|\rho|<1$，则满足这个可忽略性的条件。

定理 20.4　戈丁（Gordin）中心极限定理

若 $\mathbf{z}_t$ 除满足遍历性和平稳性条件之外，还满足以上所列条件 1～条件 3，则 $\sqrt{T}\bar{\mathbf{z}}_T\xrightarrow{d}N[\mathbf{0},\mathbf{\Gamma}^*]$。

有了这些工具，我们现在便得到所需要的定理。在接下来的讨论中，当我们分析最小二乘、IV 和 GLS 估计量时，就可以使用这些工具了。

20.5　最小二乘估计

最小二乘估计量可以表示为

$$\mathbf{b}=(\mathbf{X}'\mathbf{X})^{-1}\mathbf{X}'\mathbf{y}=\boldsymbol{\beta}+\left(\frac{\mathbf{X}'\mathbf{X}}{T}\right)^{-1}\left(\frac{\mathbf{X}'\boldsymbol{\varepsilon}}{T}\right)$$

根据第 4 章的结论就可以推导出无偏性——无须做任何修改。我们从第 8 章得知，高斯-马尔可夫定理不复存在，假设它存在（仍有待证明），则 GLS 估计量是有效的，但 OLS 却不是。使用最小二乘而非 GLS 会丧失多少信息取决于数据。泛泛地说，在那些长期而又很少周期性波动的数据中，最小二乘进展顺利，比如在总产出序列中。不出所料，ε 中的自相关性越明显，使用 GLS 的好处可能就越大。即便扰动项服从正态分布，通常的 F 和 t 统计量也不具有相应的分布。所以，我们在第 4 章中得到的有限样本性质所剩无几；渐近性质也有待证明。

□ 20.5.1　最小二乘的渐近性质

给定我们前面的结论，$\mathbf{b}$ 的渐近性质就容易证明。如果我们假定生成 $\mathbf{x}_t$ 的过程是平稳而又遍历的，那么根据定理 20.1 和定理 20.2，$(1/T)(\mathbf{X}'\mathbf{X})$ 收敛于 $\mathbf{Q}$，我们就可以将斯拉茨基定理应用于逆函数。若 ε_t 不存在序列相关，则 $\mathbf{w}_t=\mathbf{x}_t\varepsilon_t$ 是一个鞅差分序列，所以 $(1/T)(\mathbf{X}'\boldsymbol{\varepsilon})$ 收敛于零。这就在简单情形下证明了一致性。另外，若 $[\mathbf{x}_t, \varepsilon_t]$ 是联合平稳且遍历的，则我们就可以对两个矩矩阵援引遍历定理 20.1 和定理 20.2 并证明其一致性。渐近正态性更加微妙。对于 ε_t 中无自相关的情形，我们可以对 $\sqrt{T}\,\overline{\mathbf{w}}$ 应用定理 20.3。复杂的情况是我们在讨论之初感兴趣的情形，即 ε_t 中存在自相关，而且 $\mathbf{x}_t$ 中不存在相关关系。定理 20.4 适逢所需。同样，上一小节中所描述的条件必须使用，此外还必须确定对 $\mathbf{x}_t$ 和 ε_t 所需要的假定。对这些情形的说明可参见 Davidson and MacKinnon（1993），Hamilton（1994），White（2001）以及 Hayashi（2000）。规范的表述超出了本书的范围，所以我们这里将继续分析，并假定满足了定理 20.4 暗含的条件。这里所给出的结论尽管只是对一般情形的简单勾勒，但却相当具有一般性。至于余下的分析，至少在本章中，我们将仅关注一些相当简单的过程，其中渐近分布理论的必要条件都相当明显。

上面分析的结论有一个重要的例外。如果回归包含因变量的滞后值，那么最小二乘估计量就不再是无偏或一致的了。（我们将在 20.9.3 小节检验这些例外。）举一个最简单的例子，假设

$$y_t=\beta y_{t-1}+\varepsilon_t$$
$$\varepsilon_t=\rho\varepsilon_{t-1}+u_t \tag{20-12}$$

并假定 $|\beta|<1$，$|\rho|<1$。在这个模型中，回归元和扰动项相关。我们有各种不同的分析方法。一种有用的方法是从 y_t 中减去 ρy_{t-1} 并重新整理，于是有

$$y_t=(\beta+\rho)y_{t-1}-\beta\rho y_{t-2}+u_t \tag{20-13}$$

这是一个含有随机回归元的经典回归。由于 u_t 是第 t 期的创新项，所以它与两个回归元都无关，而 y_t 对 (y_{t-1}, y_{t-2}) 的最小二乘回归估计 $\rho_1=(\beta+\rho)$，$\rho_2=-\beta\rho$。那么 y_t 仅对 y_{t-1} 的回归估计了什么呢？令 $\gamma_k=\text{Cov}[y_t, y_{t-k}]=\text{Cov}[y_t, y_{t+k}]$。根据平稳性，我们有 $\text{Var}[y_t]=\text{Var}[y_{t-1}]$ 和 $\text{Cov}[y_t, y_{t-1}]=\text{Cov}[y_{t-1}, y_{t-2}]$，等等。这些与式（20-13）意味着如下关系

$$\gamma_0=\rho_1\gamma_1+\rho_2\gamma_2+\sigma_u^2$$
$$\gamma_1=\rho_1\gamma_0+\rho_2\gamma_1$$
$$\gamma_2=\rho_1\gamma_1+\rho_2\gamma_0 \tag{20-14}$$

［这就是该模型的**于勒-沃克方程**（Yule-Walker equations）。］简单回归中的斜率估计了 γ_1/γ_0，这可以通过三个方程的解计算出（另一种方法是使用省却变量的表达式，它对该估计量的理解

很有帮助)。此时,我们可以观察到,短回归中的斜率是 $(\beta+\rho)-\beta\rho(\gamma_1/\gamma_0)$ 的一个估计量。无论在哪种情况下,求解式(20-14)中的三个方程,用 ρ_1,ρ_2 和 σ_u^2 表示 γ_0,γ_1 和 γ_2,于是有

$$\text{plim}b=\frac{\beta+\rho}{1+\beta\rho} \tag{20-15}$$

这个结论介于 β(当 $\rho=0$)和 1(当 $\beta=\rho=1$)之间。因此,除非 $\rho=0$,否则最小二乘估计量就不是一致的。虽然包含回归元 $\mathbf{x}_t$ 的更一般情形会涉及更复杂的运算,但所得到的结论本质上是一样的。这是一个一般性结论;当方程包含存在自相关的滞后变量时,OLS 和 GLS 都是不一致的。这个问题可能是由遗漏变量所造成的。

□ 20.5.2 估计最小二乘估计量的方差

和通常一样,$s^2(\mathbf{X}'\mathbf{X})^{-1}$ 不再是 $\sigma^2(\mathbf{X}'\mathbf{X})^{-1}(\mathbf{X}'\Omega\mathbf{X})(\mathbf{X}'\mathbf{X})^{-1}$ 的一个适当估计量,一方面,因为 s^2 是 σ^2 的一个有偏估计量;另一方面,因为这个矩阵是不正确的。虽然这并不是定律,但对与其过去值正相关的经济时间序列而言,使用最小二乘估计出来的标准误可能太小。对诸如产出和消费之类变化缓慢且趋势明显的总量数据,这可能是一种范式。但对诸如通货膨胀、汇率和市场回报等变化强烈的数据,状况就不那么明了。但是,作为一个一般建议,我们在正常情况下不应该将 $s^2(\mathbf{X}'\mathbf{X})^{-1}$ 视作最小二乘估计量的一个渐近协方差矩阵的估计量。

鉴于这种情况,如果你继续使用最小二乘法,那么最好先为最小二乘估计量的协方差矩阵找到一个合适的估计量。这里有两种方法。如果已知自相关的形式,那么你就可以直接估计 $\mathbf{\Omega}$ 的参数,并计算出一个一致估计量。当然,如果确实是这样,更理智的做法是,转而使用可行广义最小二乘法,而不是把样本信息浪费在一个非有效的估计量上。第二种方法类似于在异方差情形下怀特估计量的使用。

将怀特的结论扩展到自相关的更一般的情形比异方差情形下更加复杂。估计式(9-3)中

$$\mathbf{Q}_*=\frac{1}{n}\sum_{i=1}^{n}\sum_{j=1}^{n}\sigma_{ij}\mathbf{x}_i\mathbf{x}_j' \tag{20-16}$$

的对应式子为

$$\mathbf{Q}_*=\frac{1}{T}\sum_{t=1}^{T}\sum_{s=1}^{T}e_te_s\mathbf{x}_t\mathbf{x}_s'$$

但是该估计量存在两个问题,一个是理论上的,另一个是实际中的。

与异方差的情形不同,式(20-16)中的矩阵是 $1/T$ 乘以 T^2 项的总和,所以我们很难推导出它将收敛于任何一个值。这里的应用很像在时间序列背景下的应用。为了获得收敛值,有必要假定包括式(20-16)中的不相等下标在内的这些项随着 T 的增大,其重要性会逐渐减弱。一个充分条件是,下标对为 $|t-s|$ 的这些项会随着它们之间距离的增加而变小。在实际的项中,随着时间间隔的增加,观测值的相关性会逐渐减弱。直觉上,如果我们认为对角线元素的权重为 1,那么随着我们向远离对角线的方向移动,总的权重是减小的。如果我们认为是权重的求和而非项的数目,那么随着 n 的增大,这个权重和会快速地下降(这里的和是 T 阶而非 T^2 阶)。通过假设 $\mathbf{X}$ 的行向量表现良好,并且协方差会随着时间间隔的增加而衰减,我们计算出了 $\mathbf{Q}_*$ 的收敛值(对这个条件更正式的讲解参见 9.2 节)。

实际的问题是,不必将 $\hat{\mathbf{Q}}_*$ 定义为正定。Newey and West(1987a)设计了一个估计量,解

决了这个问题［见式（9－5）］，即

$$\hat{\mathbf{Q}}_* = \mathbf{S}_0 + \frac{1}{T}\sum_{l=1}^{L}\sum_{t=l+1}^{T} w_l e_t e_{t-l}(\mathbf{x}_t\mathbf{x}'_{t-l} + \mathbf{x}_{t-l}\mathbf{x}'_t)$$

$$w_l = 1 - \frac{l}{(L+1)} \tag{20-17}$$

纽韦-韦斯特自相关一致协方差估计量（Newey-West autocorrelation consistent covariance estimator）不仅出奇地简单，并且相对容易使用。① 还有最后一个问题需要解决，即需要提前决定 L 的大小。一般而言，并不存在理论上的指南。目前实际中设定 $L \approx T^{1/4}$。遗憾的是，结果并不如异方差一致估计量那样简洁。

我们于是可以得出以下结果：$\mathbf{b}$ 和 $\mathbf{b}_{\mathrm{IV}}$ 是渐近正态分布的，并且我们有渐近协方差矩阵的一个合适的估计量。不过，我们并没有设定扰动项的分布。于是，出于推断的目的，使用 F 统计量进行分析是最合适的。而且，在更复杂的假设中，似然比和拉格朗日乘数检验是不合适的。还剩下沃尔德统计量，包括渐近 t 值，来作为统计推断的主要工具。在接下来的章节中，我们将检验更多的应用。

计量经济学著作是将怀特和纽韦-韦斯特估计量作为标准。我们在接下来的章节中会多次论述它们。

例 20.5　自相关一致协方差估计

沿用例 20.1 的模型，表 20.1 展示了未修正的标准误和 5 个季度滞后的纽韦-韦斯特自相关稳健协方差矩阵。高度自相关的效应是很明显的。

表 20.1　稳健协方差估计

变量	OLS 估计值	OLS 标准误	修正后的标准误
常数项	−1.633 1	0.228 6	0.333 5
产出对数	0.287 1	0.047 38	0.078 06
CPI 对数	0.971 8	0.033 77	0.065 85
$R^2=0.989\ 52$，$r=0.987\ 62$			

20.6　GMM 估计

在含自相关扰动项的回归模型中，GMM 估计量（GMM estimator）来自如下经验矩方程：

$$\frac{1}{T}\sum_{t=1}^{T}\mathbf{x}_t(y_t - \mathbf{x}'_t\hat{\boldsymbol{\beta}}_{\mathrm{GMM}}) = \frac{1}{T}\mathbf{X}'\hat{\varepsilon}(\hat{\boldsymbol{\beta}}_{\mathrm{GMM}}) = \bar{\mathbf{m}}(\hat{\boldsymbol{\beta}}_{\mathrm{GMM}}) = \mathbf{0} \tag{20-18}$$

① 这两个估计量现在是现代计量经济学计算程序的标准特点。不同权重设定的更多结果可以参见 Hayashi（2000，pp. 406－410）。

通过最小化下式就可以计算出估计量

$$q=\bar{\mathbf{m}}'(\hat{\boldsymbol{\beta}}_{\text{GMM}})\mathbf{W}\bar{\mathbf{m}}(\hat{\boldsymbol{\beta}}_{\text{GMM}})$$

式中，**W** 是一个正定加权矩阵。最优加权矩阵为

$$\mathbf{W}=\{\text{Asy. Var}[\sqrt{T}\,\bar{\mathbf{m}}(\boldsymbol{\beta})]\}^{-1}$$

它是如下矩阵的逆：

$$\text{Asy. Var}[\sqrt{T}\,\bar{\mathbf{m}}(\boldsymbol{\beta})]=\text{Asy. Var}\left[\frac{1}{\sqrt{T}}\sum_{i=1}^{n}\mathbf{x}_i\varepsilon_i\right]=\underset{n\to\infty}{\text{plim}}\frac{1}{T}\sum_{t=1}^{T}\sum_{s=1}^{T}\sigma^2\rho_{ts}\mathbf{x}_t\mathbf{x}'_s=\sigma^2\mathbf{Q}^*$$

最优加权矩阵将是 $[\sigma^2\mathbf{Q}^*]^{-1}$。与异方差情形中一样，这个最小化问题恰好是一个可识别情形，所以加权矩阵与解无关。含自相关扰动项的模型的 GMM 估计量就是普通最小二乘估计量。我们可以使用 20.5.2 小节中的结论来构造渐近协方差矩阵。要推导出矩收敛和渐近正态性的结论，我们还要求 20.4 节中的假定。我们还希望在下一种情况下能扩展这个简单结论。在 $\mathbf{x}_t$ 包含 y_t 滞后值的常见情形中，我们想使用一个工具变量估计量。我们在 20.9.3 小节中将再次分析这个估计问题。

20.7 自相关检验

可以利用的自相关检验都基于如下原则：若扰动项真是自相关的，则这一现象可以通过最小二乘残差的自相关检测出。最简单的指标是如下人工回归的斜率：

$$e_t=re_{t-1}+v_t$$
$$e_t=y_t-\mathbf{x}'_t\mathbf{b}$$
$$r=\left(\sum_{t=2}^{T}e_te_{t-1}\right)\Big/\left(\sum_{t=1}^{T-1}e_t^2\right) \tag{20-19}$$

若存在自相关，则该回归中的斜率将是 $\rho=\text{Corr}[\varepsilon_t,\varepsilon_{t-1}]$的一个估计量。这一分析的复杂之处在于，如何确立一个判断估计量是否足够大的准则，即在什么样的统计基础上能拒绝 $\rho=0$ 的原假设。作为一种近似，把式（20-19）视为一个经典线性模型，并利用一个 t 或 F（t 平方）检验来检验假设，是基于拉格朗日乘数原理而继续进行分析的有效方法。我们在例 20.3 中使用了这个工具。我们在本节中分析的检验是对这一方法的精练。

□ 20.7.1 拉格朗日乘数检验

布鲁施（Breusch，1978）-戈弗雷（Godfrey，1978）检验是相对“H_0：无自相关”而对“H_1：$\varepsilon_t=\text{AR}(P)$或 $\varepsilon_t=\text{MA}(P)$”的一个拉格朗日乘数检验。同样的检验可用于各种不同的结构。检验统计量可以表示为

$$LM=T\left(\frac{\mathbf{e}'\mathbf{X}_0(\mathbf{X}'_0\mathbf{X}_0)^{-1}\mathbf{X}'_0\mathbf{e}}{\mathbf{e}'\mathbf{e}}\right)=TR_0^2 \tag{20-20}$$

式中，$\mathbf{X}_0$ 将原来的 **X** 矩阵增加了 P 列，以包含 OLS 残差滞后值 e_{t-1}，…，e_{t-P}。只需要将普

通最小二乘残差 e_t 对 $\mathbf{x}_{t0}$ 进行回归（没有滞后残差的地方以零补上），并将 TR_0^2 与自由度为 P 的卡方分布临界值表对照，即可进行上述检验。[①] 由于 $\mathbf{X}'\mathbf{e}=\mathbf{0}$，所以这个检验等价于将 e_t 对滞后残差中未被 $\mathbf{X}$ 解释的部分进行回归。因此，它具有一种令人信服的逻辑；如果发现存在拟合，那就是源于当前残差与滞后残差之间的相关性。该检验是对 ε_t 的前 P 个自相关性的联合检验，而不仅仅是对第一个自相关性的检验。

例 20.6　自相关检验

对于例 20.1 和例 20.4 中的模型，以常数，$\ln GDP$，$\ln CPI$，以及残差的两期滞后值（初始值设为 0）为自变量，对最小二乘残差进行回归，得到 $R^2=0.976\ 32$。在 $T=204$ 的情况下，拉格朗日乘数统计量为 199.17。而卡方分布表中自由度为 2 时临界值为 5.99，因此便拒绝了没有 2 阶（或更高阶）自相关的假设。

20.7.2　博克斯-皮尔斯（Box-Pierce）检验及其改进

Box and Pierce（1970）给出了另一种检验方法，在原假设 $\rho=0$ 为真且 $\mathbf{X}$ 不包含 y 的滞后值。Q 检验通过将

$$Q=T\sum_{j=1}^{P}r_j^2 \tag{20-21}$$

与自由度为 P 的卡方分布临界值表对照进行，其中 $r_j=(\sum_{t=j+1}^{T}e_te_{t-j})/(\sum_{t=1}^{T}e_t^2)$。Ljung and Box（1979）提出了一种改进方案，即

$$Q'=T(T+2)\sum_{j=1}^{P}\frac{r_j^2}{T-j} \tag{20-22}$$

布鲁施-戈弗雷检验与博克斯-皮尔斯检验的本质区别在于，前者使用的是偏相关（控制了 $\mathbf{X}$ 及其他变量），而后者使用的是简单相关。在原假设下，ε_t 中无自相关，$\mathbf{x}_t$ 和 ε_s 之间也根本不存在相关关系，所以这两个检验是渐近等价的。另外，由于博克斯-皮尔斯检验不以 $\mathbf{x}_t$ 为条件，所以从直观上讲，当原假设错误时，它没有 LM 检验那么强效。

20.7.3　德宾-沃森检验

德宾-沃森统计量[②]是第一个提出用最小二乘残差检验自相关的规范程序。检验统计量可以表示为

$$d=\frac{\sum_{t=2}^{T}(e_t-e_{t-1})^2}{\sum_{t=1}^{T}e_t^2}=2(1-r)-\frac{e_1^2+e_T^2}{\sum_{t=1}^{T}e_t^2} \tag{20-23}$$

式中，r 为上述两个统计量背后相同的一阶自相关系数。若样本足够大，则最后一项可忽略不

① 对使用者的一个提示：目前的软件在计算统计量时，有的对滞后的残差用 0 填满，有的简单地剔除最开始的 P 个观测值。为了保证复制的准确性，在得到结果之前，使用者必须搞清楚用的是哪种情形。

② Durbin and Watson（1950，1951，1971）.

计，只剩下 $d \approx 2(1-r)$。统计量采用这个形式，因为作者能够确定自相关这一变换形式的精确分布，并给出对于 T 和 K 的特定值的临界值表。相对 H_0：$\rho=0$ 而对 H_1：$\rho>0$ 的单侧检验可通过将 d 值与 $d_L(T, K)$ 和 $d_U(T, K)$ 相比较来进行：若 $d<d_L$，则拒绝原假设；若 $d>d_U$，则不拒绝原假设；若 d 介于 d_L 和 d_U 之间，则没有结论。

□ 20.7.4 出现滞后因变量时的检验

当方程中出现滞后因变量时，德宾-沃森检验（Durbin-Watson test）不太可能有效。[①] 统计结果通常会偏向于无自相关的结论。另外有三种选择。LM 和 Q 检验无论回归是否包含滞后因变量都可以使用。作为对标准检验的补充，Durbin（1970）设计了一个拉格朗日乘数检验，适用于出现滞后因变量的情形。通过计算

$$h=r\sqrt{T/(1-Ts_c^2)} \tag{20-24}$$

式中，s_c^2 为 y_{t-1} 的最小二乘回归系数的估计方差，将这个统计量与标准正态表对照，便可以进行该检验。h 值越大，拒绝 H_0 的理由就越充分。这个检验的优点是：即便回归中包含了 y_t 的其他滞后值，它也是可用的，而且其计算只用到原回归的标准结论，而不需要任何进一步的回归。但若 $s_c^2>1/T$，则无法计算。另一种办法是，将 e_t 对 $\mathbf{x}_t$，y_{t-1}，…，e_{t-1} 和任何适合于 e_t 的其他滞后值进行回归，然后用标准的 F 检验来检验滞后残差系数的联合显著性。这个方法是对布鲁施-戈弗雷检验的轻微修改。在 H_0 下，其余变量的系数都将是零，所以这两个检验渐近相同。

□ 20.7.5 检验过程小结

我们在前面的章节中分析了各种在扰动项中查找自相关性的检验程序。在所有情形下，其程序都是检验最小二乘残差。我们可将这些程序总结如下：

LM 检验：在最小二乘残差对 $[\mathbf{x}_t, e_{t-1}, \cdots, e_{t-P}]$ 的回归中 $LM=TR^2$，若 $LM>\chi^2_*[P]$，则拒绝 H_0。这个检验在控制了自变量的介入效应后，考察了残差与其滞后值之间的协方差。

Q 检验：$Q=T(T-2)\sum_{j=1}^{P} r_j^2/(T-j)$。若 $Q>\chi^2_*[P]$，则拒绝 H_0。这个检验考察了残差与其 P 阶滞后值之间的原始相关性。

德宾-沃森（DW）检验：$d=2(1-r)$，若 $d<d_L^*$ 则拒绝 H_0：$\rho=0$。这个检验直接考察残差的一阶自相关。

德宾检验：F_D 表示在最小二乘残差对 $[\mathbf{x}_t, y_{t-1}, \cdots, y_{t-R}, e_{t-1}, \cdots, e_{t-P}]$ 的回归中，残差 P 阶滞后联合显著性的 F 统计量。若 $F_D>F_*[P, T-K-P]$，则拒绝 H_0。这个检验在控制了自变量和滞后因变量的介入效应后，考察了残差与滞后残差之间的偏相关。

德宾-沃森（DW）检验存在一些主要的缺点。如果 T 很小或不是很大，那么无结论区域就会很大。边界分布尽管与参数 $\boldsymbol{\beta}$ 和 σ 无关，但却依赖于数据（并假定 $\mathbf{X}$ 是非随机的）。基于 Im-

① Nerlove and Wallis（1966），Durbin（1970）以及 Dezhbaksh（1990）对这个问题进行了研究。

hof (1980) 提出的算法而得到的一个精确形式虽然避免了无结论区域，但却极少被使用。LM 和博克斯-皮尔斯统计量则没有这些缺点，它们的极限分布是独立于数据和参数的卡方分布，基于此，LM 检验已成为应用研究中的标准方法。

20.8 Ω 已知时的有效估计

作为推导该模型中 $\boldsymbol{\beta}$ 的有效估计量的一个铺垫，我们考虑在假设 $\boldsymbol{\Omega}$ 已知的情况下进行完整的广义最小二乘估计。在下一节中，我们将转向必须估计 $\boldsymbol{\Omega}$ 的这种更现实的情形。

若 $\boldsymbol{\Omega}$ 的参数已知，则可以一步计算出 GLS 估计量

$$\hat{\boldsymbol{\beta}}=(\mathbf{X}'\boldsymbol{\Omega}^{-1}\mathbf{X})^{-1}(\mathbf{X}'\boldsymbol{\Omega}^{-1}\mathbf{y}) \tag{20-25}$$

及抽样方差估计值

$$\text{Est. Asy. Var}[\hat{\boldsymbol{\beta}}]=\hat{\sigma}_\varepsilon^2[\mathbf{X}'\boldsymbol{\Omega}^{-1}\mathbf{X}]^{-1} \tag{20-26}$$

式中

$$\hat{\sigma}_\varepsilon^2=\frac{(\mathbf{y}-\mathbf{X}\hat{\boldsymbol{\beta}})'\boldsymbol{\Omega}^{-1}(\mathbf{y}-\mathbf{X}\hat{\boldsymbol{\beta}})}{T} \tag{20-27}$$

对于 AR(1) 情形，变换后模型的数据为

$$\mathbf{y}_*=\begin{bmatrix}\sqrt{1-\rho^2}\,y_1\\ y_2-\rho y_1\\ y_3-\rho y_2\\ \vdots\\ y_T-\rho y_{T-1}\end{bmatrix},\quad \mathbf{X}_*=\begin{bmatrix}\sqrt{1-\rho^2}\,\mathbf{x}_1\\ \mathbf{x}_2-\rho\mathbf{x}_1\\ \mathbf{x}_3-\rho\mathbf{x}_2\\ \vdots\\ \mathbf{x}_T-\rho\mathbf{x}_{T-1}\end{bmatrix} \tag{20-28}$$

这些变换拥有各种各样的名称，例如**偏差分**（partial differences）、**拟差分**（quasi differences）或**伪差分**（pseudo-differences）等。应注意的是，在变换后的模型中，除第一个观测之外，其余每个观测都包含常数项。$\mathbf{X}$ 中的一列 1 被变换成$[(1-\rho^2)^{1/2},(1-\rho),(1-\rho),\cdots]$。因此，如果样本相对较小，那么我们在 3.5 节中指出的拟合度量问题便会再次出现。

变换后扰动项的方差为

$$\text{Var}[\varepsilon_t-\rho\,\varepsilon_{t-1}]=\text{Var}[u_t]=\sigma_u^2$$

第一个扰动项的方差也是 σ_u^2 [参见式（20-6）]，这就可以用 $(1-\rho^2)\hat{\sigma}_\varepsilon^2$ 来估计。

更高阶自回归过程的对应结论也已经被推导出来了。对于 AR(2) 模型，我们有

$$\varepsilon_t=\theta_1\varepsilon_{t-1}+\theta_2\varepsilon_{t-2}+u_t \tag{20-29}$$

广义最小二乘法的变换后数据为

$$\mathbf{z}_{*1}=\left[\frac{(1+\theta_2)[(1-\theta_2)^2-\theta_1^2]}{1-\theta_2}\right]^{1/2}\mathbf{z}_1$$

$$\mathbf{z}_{*2}=(1-\theta_2^2)^{1/2}\mathbf{z}_2-\frac{\theta_1(1-\theta_1^2)^{1/2}}{1-\theta_2}\mathbf{z}_1$$

$$\mathbf{z}_{*t}=\mathbf{z}_t-\theta_1\mathbf{z}_{t-1}-\theta_2\mathbf{z}_{t-2},t>2 \tag{20-30}$$

式中，$\mathbf{z}_t$ 用作 y_t 或 $\mathbf{x}_t$。对于更高阶过程，变换就变得更加复杂。[1]

必须注意的是，在 AR(1) 和 AR(2) 模型中，对 $\mathbf{y}_*$ 和 $\mathbf{X}_*$ 的变换都涉及仅取决于前一个或前两个观测的起始值。我们可以把这个过程视为从无限过去开始的过程。不过，因为这个样本仅仅包括 T 个观测值，所以把前一个或前两个（或 P 个）观测值看作初始值是很方便的。无论我们把这个过程看成始于时间 $t=1$ 还是无限过去的某一时刻，就估计量的渐近性质而言，二者最终并无实质区别。

给定 20.4 节中搜集的那些工具，GLS 估计量的渐近性质的推导就相当简单。我们从假定 $\{\mathbf{x}_t, \varepsilon_t\}$ 是联合遍历而又平稳的过程开始推导。于是，经过 GLS 变换，$\{\mathbf{x}_{*t}, \varepsilon_{*t}\}$ 也是平稳和遍历的。此外，根据构造，ε_{*t} 是无自相关的。于是，在变换后的模型中，$\{\mathbf{w}_{*t}\}=\{\mathbf{x}_{*t}\varepsilon_{*t}\}$是一个平稳而又遍历的鞅差分序列。我们可以用遍历定理证明一致性，并用鞅差分序列的中心极限定理证明该模型中的 GLS 的渐近正态性。有关结论的证明留给读者作为练习。

20.9 Ω 未知时的估计

对一个未知的 $\mathbf{\Omega}$，我们有多种估计方法。从 9.4.2 小节的定理 9.5 可知，$\boldsymbol{\beta}$ 的有效估计所需要的，无非就是 $\mathbf{\Omega}(\rho)$ 的任何一个一致估计量。如同所料，估计自相关参数时会遇到一些困难。

□ 20.9.1 一阶自回归扰动项

研究者最广泛使用和研究的一个模型是 AR(1) 模型。最常见的程序是，第一步，从残差自相关的一个自然估计量 ρ 开始 FGLS。既然 $\mathbf{b}$ 是一致的，我们就可以使用 r。其他方法包括 Treil（1971）提出的估计量 $r[(T-K)/(T-1)]$，以及 Durbin（1970）提出的 y_t 对 y_{t-1}，$\mathbf{x}_t$ 和 $\mathbf{x}_{t-1}$ 的回归中 y_{t-1} 的斜率系数。第二步是基于式（20－25）～式(20－28) 的 FGLS。这是 Prais and Winsten（1954）估计量。基于计算便利的 Cochrane and Orcutt（1949）估计量则省略了第一次观测。

这些估计量中的任何一个都可能迭代至收敛。由于在每次迭代中，估计量都是渐近有效的，所以这样做并不能得到什么好处。与异方差模型不同，存在自相关时的迭代并不能推导出极大似然估计量。无论 ρ 的估计量是什么，迭代 FGLS 估计量都无法解释对数似然函数中的 $(1/2)\ln(1-\rho^2)$项［见下面的式（20－31）］。

通过关于 $\boldsymbol{\beta}$，σ_u^2 和 ρ 最大化对数似然函数，便能得到极大似然估计量。对数似然函数可以写成

$$\ln L=-\frac{\sum_{t=1}^{T}u_t^2}{2\sigma_u^2}+\frac{1}{2}\ln(1-\rho^2)-\frac{T}{2}(\ln 2\pi+\ln\sigma_u^2) \tag{20-31}$$

和前面一样，使用式（20－28）时，第一次观测的计算方法与其他观测的计算方法不同。基于

---

① 见 Box and Jenkins（1984）与 Fuller（1976）。

MLE，估计量的渐近方差的标准近似结果是

$$\text{Est. Asy. Var}[\hat{\boldsymbol{\beta}}_{\text{ML}}]=\hat{\sigma}^2_{\varepsilon,\text{ML}}[\mathbf{X}'\boldsymbol{\Omega}^{-1}_{\text{ML}}\mathbf{X}]^{-1}$$

$$\text{Est. Asy. Var}[\hat{\sigma}^2_{u,\text{ML}}]=2\hat{\sigma}^4_{u,\text{ML}}/T$$

$$\text{Est. Asy. Var}[\hat{\rho}_{\text{ML}}]=(1-\hat{\rho}^2_{\text{ML}})/T \tag{20-32}$$

所有前述估计量都具有相同的渐近性质。其小样本性质的可用证据来自蒙特卡洛研究，但遗憾的是，这也只是启发性的证据而已。Griliches and Rao（1969）发现的证据表明，如果样本相对较小，而 ρ 也不是特别大，比方说小于 0.3，那么最小二乘和 FGLS 一样好，或者更好。问题是，r 的变化在抽样方差中引入了额外的变异。此外，这些结论看起来相当含糊。极大似然看起来通常表现不错，但普雷斯-温斯滕（Prais-Winsten）估计量明显接近有效。所有现代计算软件中都包含了这两个估计量。在实践中，Prais and Winsten（1954）以及 Beach and MacKinnon（1978a）的极大似然估计量可能是最常见的选择。

□ 20.9.2 应用：对自相关模型的估计

我们在例 6.20 中分析的美国汽油市场模型的一个约束形式为

$$\ln\left(\frac{G}{Pop}\right)_t=\beta_1+\beta_2\ln\left(\frac{Income}{Pop}\right)_t+\beta_3\ln P_{G,t}+\beta_4\ln P_{NC,t}+\beta_5\ln P_{UC,t}+\beta_6 t+\varepsilon_t$$

图 20.2 中的结论表明，上述设定可能是不完全的。如果如此，则这一设定的扰动项中便存在着自相关。使用在线附表 F2.2 的数据，对方程进行最小二乘估计就可以推导出表 20.2 中 OLS 的结论。[因变量为 $\ln(Gas\ expenditure/(price\times population))$。我们在例 6.20 中报告过这些 OLS 的结果。] 最小二乘残差的前 5 阶自相关分别为 0.667，0.438，0.142，−0.018 和 −0.198。这就可以计算出博克斯-皮尔斯统计量和 Box-Ljung 统计量，分别为 36.217 和 38.789，它们都大于卡方表中的临界值 11.07。我们将最小二乘残差对自变量和残差的 5 阶滞后进行回归（前 5 年遗失的数值用 0 补足）。滞后残差的系数及相关 t 统计量分别为 0.741(4.635)，0.153(0.789)，−0.246(−1.262)，0.094 2(0.472)和−0.125(−0.658)。该回归中的 R^2 为 0.549 086，这就可以计算出卡方值为 28.55。这比临界值 11.07 大，于是零自相关的原假设被拒绝了。图 20.5 所示的残差图看来与这个结论是一致的。

表 20.2　　参数估计值（括号中为标准误）

	β_1	β_2	β_3	β_4	β_5	β_6	ρ
OLS	−26.43	1.625 0	−0.053 92	−0.083 4	−0.084 67	−0.013 93	0.000 0
R^2=0.964 93	(2.000)	(0.195 2)	(0.042 16)	(0.176 5)	(0.102 4)	(0.004 77)	(0.000 0)
普雷斯-	−18.58	0.744 7	−0.113 8	−0.136 4	−0.08 956	0.006 689	0.956 7
温斯滕	(1.768)	(0.176 1)	(0.036 89)	(0.152 8)	(0.072 13)	(0.004 974)	(0.040 78)
科克伦-	−18.76	0.730 0	−0.108 0	−0.066 75	0.041 90	−0.000 165 3	0.969 5
奥克特	(1.382)	(0.137 7)	(0.028 85)	(0.120 1)	(0.057 13)	(0.004 082)	(0.034 34)
极大似然	−16.25	0.469 0	−0.138 7	−0.096 82	−0.001 485	0.012 80	0.979 2
	(1.391)	(0.135 0)	(0.027 94)	(0.127 0)	(0.051 98)	(0.004 427)	(0.028 44)
AR (2)	−19.45	0.811 6	−0.095 38	−0.090 99	0.040 91	−0.001 374	0.861 0
	(1.495)	(0.150 2)	(0.031 17)	(0.129 7)	(0.065 58)	(0.004 227)	(0.070 53)

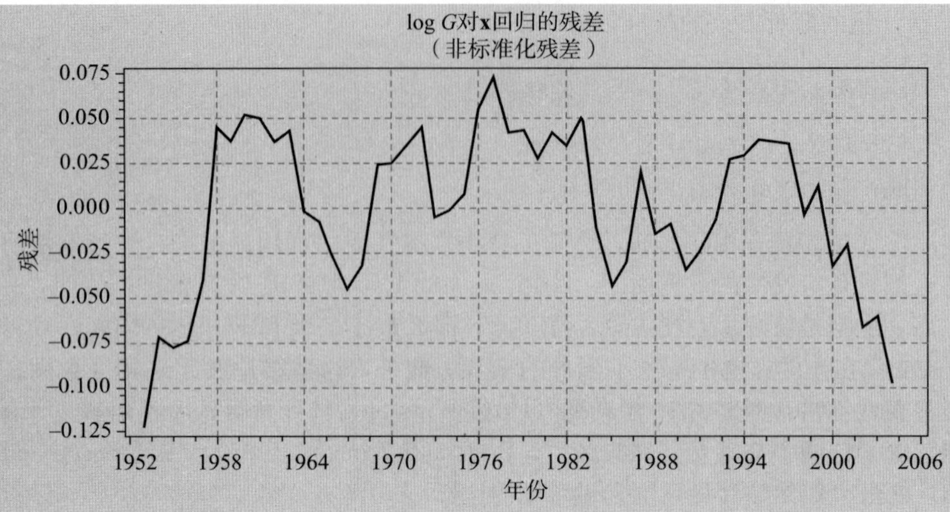

图 20.5 最小二乘残差

表 20.2 依次显示的是普雷斯和温斯滕的 FGLS 估计值、科克伦和奥克特的结论，以及极大似然估计值。[使用（$1-d/2$）（见 20.7.3 小节）计算出的自相关系数为 0.787 50。计算极大似然估计值时，可以使用比奇和麦金农的算法。] 最后，先用最小二乘残差 e_t 对滞后项 e_{t-1} 和 e_{t-2} 的回归来拟合 AR(2) 模型（如果没有常数项，则前两个观测值为 0）。估计出的系数分别为 0.751 941 和−0.022 464。利用估计出的 θ_1 和 θ_2 值，我们使用 $y_t^*=y_t-\theta_1 y_{t-1}-\theta_2 y_{t-2}$ 来转换数据，对每一个估计量都做同样的转换。有两个观测值会被抛弃，于是 AR(2) 模型使用的是 50 个观测值，而普雷斯-温斯滕估计使用的是 52 个观测值，科克伦-奥克特回归使用 51 个观测值。在每一种情形中，我们都计算了 FGLS 残差的自相关系数，并表示在表的最后一列。

你或许在考虑检验估计后的残差，以验证 AR(1) 模型是否适当。在上述结论中，根据残差检验会发现，有两个自相关系数很大，而且，在计算 LM 统计量时，我们发现，前两个系数统计上显著。如果 AR(1) 模型适当，那么你应该发现，在第二步的辅助回归中，只有滞后一阶的残差的系数是统计显著的。FGLS 残差本身又提供了另一个指标。在计算了 FGLS 回归后，估计的残差

$$\hat{\varepsilon}=y_t-\mathbf{x}_t'\hat{\boldsymbol{\beta}}$$

仍将自相关。在利用普雷斯-温斯滕估计值的结论中，FGLS 残差的自相关系数为 0.957。这在预料之中。然而，若模型正确，则变换后的残差

$$\hat{u}_t=\hat{\varepsilon}_t-\hat{\rho}\hat{\varepsilon}_{t-1}$$

应该至少接近无自相关。但根据我们的数据，调整后残差的自相关系数为 0.292。由此看来，AR(1) 模型的设定事实上还不完整。

□ 20.9.3 含滞后因变量时的估计

在 20.5.1 小节中，我们考虑了当模型同时包含自相关和滞后因变量时，使用最小二乘估计的问题。由于 OLS 估计量不一致，所以 ρ 的一个估计量所基于的残差同样也是不一致的。因

此，$\hat{\rho}$ 也是不一致的。结果是，前面描述的 FGLS 估计量此时是不能用的。但是，另有一种基于工具变量法的方法使我们可以继续进行分析。我们在 8.3.2 小节中曾介绍过工具变量法。作为一种复习，其一般问题是，在回归模型中，若

$$\text{plim}(1/T)\mathbf{X}'\boldsymbol{\varepsilon}\neq\mathbf{0}$$

则最小二乘估计量是不一致的。一个一致估计量是

$$\mathbf{b}_{\text{IV}}=(\mathbf{Z}'\mathbf{X})^{-1}(\mathbf{Z}'\mathbf{y})$$

式中，$\mathbf{Z}$ 为使得 $\text{plim}(1/\text{T})\mathbf{Z}'\boldsymbol{\varepsilon}=\mathbf{0}$ 但 $\text{plim}(1/\text{T})\mathbf{Z}'\mathbf{X}\neq\mathbf{0}$ 的 K 个变量构成的一个集合。仅仅为了保证一致性，任何一个这样的工具变量集就足够了。其意义是，得到一致 FGLS 的障碍是，我们缺少 ρ 的一个一致估计量，至少目前是如此。通过工具变量法，我们可以一致地估计 $\boldsymbol{\beta}$，然后估计 ρ 并继续进行分析。

Hatanaka（1974，1976）基于这一原则设计了一种有效的两步估计法。为了在当前背景下介绍这个估计法，我们考虑如下回归模型

$$y_t=\mathbf{x}_t'\boldsymbol{\beta}+\gamma y_{t-1}+\varepsilon_t$$
$$\varepsilon_t=\rho\,\varepsilon_{t-1}+u_t$$

为了得到第二步的 FGLS，我们需要斜率参数的一个一致估计量。使用 IV 估计量就可以得到这些估计值，其中 $\mathbf{Z}$ 中只有与 y_{t-1} 对应的列才需要与 $\mathbf{X}$ 的列不同。使用 y_t 对 $\mathbf{x}_t$ 和 $\mathbf{x}_{t-1}$ 的回归拟合值，便可以得到一个合适的工具，于是 IV 回归的残差就可以用于构造

$$\hat{\rho}=\frac{\sum_{t=3}^{T}\hat{\varepsilon}_t\hat{\varepsilon}_{t-1}}{\sum_{t=3}^{T}\hat{\varepsilon}_t^2} \tag{20-33}$$

式中

$$\hat{\varepsilon}_t=y_t-\mathbf{b}_{\text{IV}}'\mathbf{x}_t-c_{\text{IV}}y_{t-1}$$

现在通过将 $y_{*t}=y_t-\hat{\rho}y_{t-1}$ 对

$$\mathbf{x}_{*t}=\mathbf{x}_t-\hat{\rho}\mathbf{x}_{t-1}$$
$$y_{*t-1}=y_{t-1}-\hat{\rho}y_{t-2}$$
$$\hat{\varepsilon}_{t-1}=y_{t-1}-\mathbf{b}_{\text{IV}}'\mathbf{x}_{t-1}-c_{\text{IV}}y_{t-2}$$

回归，就可以计算 FGLS 估计值了。令 d 是此回归中 $\hat{\varepsilon}_{t-1}$ 的系数，则 ρ 的有效估计量为

$$\hat{\hat{\rho}}=\hat{\rho}+d$$

从第二步计算出的 $s^2[\mathbf{X}_*'\mathbf{X}_*]^{-1}$ 中便能得到这些估计量（包括 $\hat{\hat{\rho}}$）的适当渐近标准误。这些估计量渐近等价于极大似然估计量。①

有些人会认为对最小二乘法有偏性的顾虑是被误导了的，我们再来考虑式（20－12）中的模型，

$$y_t=\beta y_{t-1}+\varepsilon_t$$

① 见 Hatanaka（2000）。

$$\varepsilon_t = \rho\varepsilon_{t-1} + u_t$$

我们建立起了 y_t 对 y_{t-1} 估计值而不是 β 的线性回归，但是仍有 $\gamma=(\beta+\rho)/(1-\beta\rho)$。该模型依从于

$$E[y_t \mid y_{t-1}] = \gamma y_{t-1}$$

而且这是我们从一开始就感兴趣的部分。如果是这样，那么 ε_t 中是否存在自相关性就成为一个有争议的问题。在一个设定更加完全的模型中，

$$y_t = \mathbf{x}_t'\boldsymbol{\beta} + \gamma y_{t-1} + \varepsilon_t$$

有可能会让我们感兴趣的是 $E[y_t \mid \mathbf{x}_t, y_{t-1}] = \mathbf{x}_t'\lambda + \delta y_{t-1}$，而且 ε_t 的自相关性就变成了枝节问题。ε_t 的自相关性的本质将决定是否有 $\boldsymbol{\beta}=\boldsymbol{\lambda}$ 和 $\gamma=\delta$ 成立。在最简单的情形中，正如我们在之前看到的，如果 $\text{Cov}[\varepsilon_t, \varepsilon_{t-s}]=0$ 对于所有的 s 都成立，那么这些等价性就会保持。如果 ε_t 是自相关的，那么等价性就不会继续保持。然而在这个处理中存在一个基本的模糊。在此简单模型中，我们也在早些时候发现 $E[y_t \mid y_{t-1}, y_{t-2}] = \gamma_1 y_{t-1} + \gamma_2 y_{t-2}$。在二阶方程是否比一阶方程更准确抑或是更不准确的问题上没有争议，它们不过是相同时间序列的两种不同表述。[①] 这一观点对回归中自相关性的"修正"概念提出了质疑。在例 20.2 中我们看到了另一层含义。模型构建者的目标是通过模型建立残差自相关性，而在扰动项中出现的自相关性则显示方程的回归部分是不完全的。

❖例 20.7　动态完整回归

图 20.6 显示了 20.9.2 小节汽油需求模型的两种设定下的残差：一种是静态形式，

$$\ln\left(\frac{G}{Pop}\right)_t = \beta_1 + \beta_2 \ln\left(\frac{Income}{Pop}\right)_t + \beta_3 \ln P_{G,t} + \beta_4 \ln P_{NC,t} + \beta_5 \ln P_{UC,t} + \beta_6 t + \varepsilon_t$$

另一种是动态形式，

$$\ln\left(\frac{G}{Pop}\right)_t = \beta_1 + \beta_2 \ln\left(\frac{Income}{Pop}\right)_t + \beta_3 \ln P_{G,t} + \beta_4 \ln P_{NC,t} + \beta_5 \ln P_{UC,t} + \beta_6 t + \gamma \ln\left(\frac{G}{Pop}\right)_{t-1} + \varepsilon_t$$

动态模型的残差在图中用实线标示，上下的水平线包含了这些残差变动的全部范围。虚线标示静态模型的残差。前者更窄的变动范围反映了通过增加额外的（高度显著的）解释变量，模型有了更好的拟合。同时我们也观察到更多的波动，这代表了更加动态的完整回归模型的残差的自相关性较小。为检验残差的自相关性，我们计算了每组回归的残差并且用滞后残差和方程中的其他变量对它们进行了回归。对于动态模型，LM 统计量（TR^2）等于 1.641。这是一个自由度为 1 的卡方变量。临界值为 3.84，所以不能拒绝没有自相关性的原假设。该方程表现出动态的完整性。而对于静态模型的相同计算所得到的卡方值为 29.787。

表 20.3 给出了关于两个方程参数的估计值。尽管两种情况下的拟合值都非常好，但动态模型中更加接近于 1。长期收入和价格弹性按照 $\eta=\beta_k/(1-\gamma)$ 计算得到。

① 这是沃尔德（Wold）分解定理的含义，参见 Anderson（1971）或者 Greene（2003b，p. 619）。

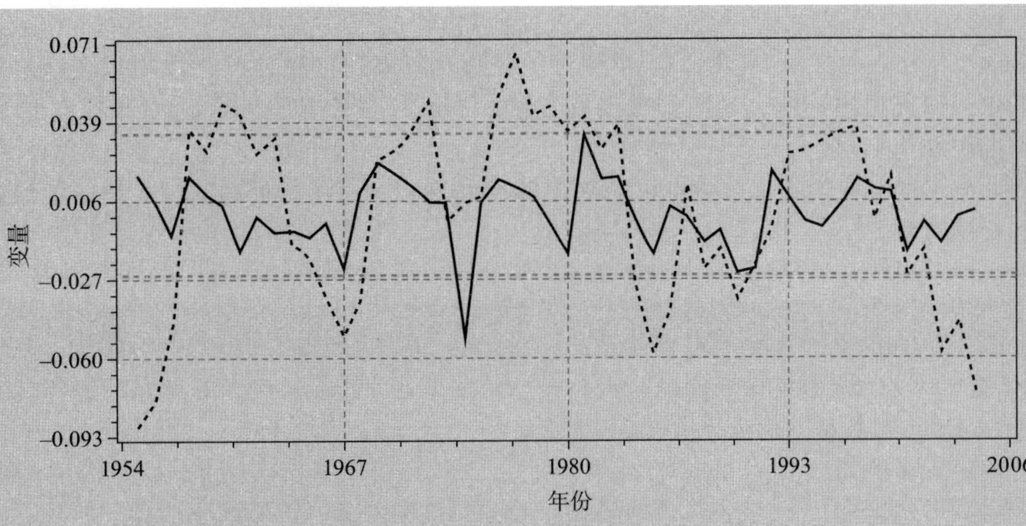

图 20.6 回归残差值

表 20.3 估计的汽油需求方程

	动态模型				静态模型	
			弹性			
变量	估计值	标准误	短期	长期	估计值	标准误
常数	−5.319 20	1.454 63	—	—	−26.431 9	1.835 01
ln *Income*	0.339 45	0.102 03	0.339	1.642	1.601 70	0.179 04
ln *Price*	−0.076 17	0.014 63	−0.076	−0.368	−0.061 67	0.038 72
ln *P New Cars*	−0.117 13	0.061 44	−0.117	−0.567	−0.140 83	0.162 84
ln *P Used Cars*	0.100 16	0.037 09	0.100	0.484	−0.012 93	0.096 64
Time trend	−0.003 62	0.001 80	—	—	−0.015 18	0.004 39
ln *Demand* [−1]	0.793 27	0.048 07	—	—	—	—
R^2	0.995 52				0.967 80	
LM 统计量 (1)	1.641				29.787	

20.10 自回归条件异方差

时间序列经常在同方差进程的背景下研究，而异方差则与横截面数据相关。在宏观经济数据分析中，Engle (1982，1983) 和 Cragg (1982) 发现了一些证据，这些证据说明，对于某种数据，时间序列模型中扰动项方差没有通常假设的那么稳定。恩格尔 (Engle) 的结果表明，在通货膨胀模型中，当群组中出现大的和小的预测误差时，就意味着一种异方差的形式，其中，预测误差的方差由先前扰动项的规模决定。他提出，自回归条件异方差（autoregressive，conditionally heteroscedastic，ARCH）模型对于普通时间序列过程是可选择的。最近关于金融市场的更多研究提出，这个现象是普遍存在的。ARCH 模型被证明在研究通货膨胀波动性[①]、利率期限结构[②]、股票市场回报波动率[③]以及外汇市场行为[④]的时候是非常有效的，但是很少有因此出名的。我们在本节中将在 ARCH 模型构建以及一些扩展的基础上描述模型设定、估计和检验过程。[⑤]

∵例 20.8　　随机波动

图 20.7 显示的是博勒斯莱弗（Bollerslev）和古伊塞尔斯（Ghysel）1974 年分析的德国马克对英镑汇率的每日名义回报数据（这些数据如在线附表 F20.1 所示）。序列中的变动看起来波幅很大，存在大小不一的一些聚类群。

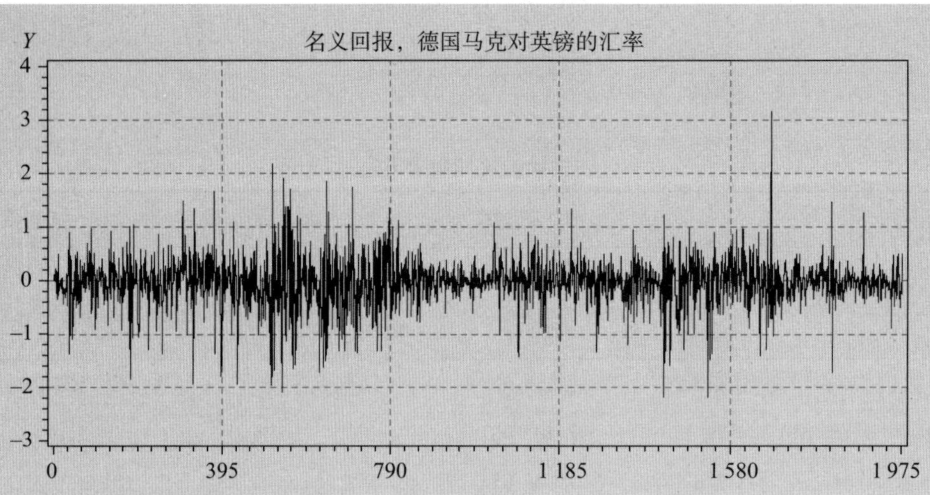

图 20.7　名义汇率回报

□ 20.10.1　ARCH(1) 模型

ARCH(1) 模型的最简单形式可以表示为

$$y_t=\mathbf{x}_t'\boldsymbol{\beta}+\varepsilon_t$$
$$\varepsilon_t=u_t\sqrt{\alpha_0+\alpha_1\varepsilon_{t-1}^2} \tag{20-34}$$

式中，u_t 服从标准正态分布。[⑥] 由于 $E[\varepsilon_t|\mathbf{x}_t,\varepsilon_{t-1}]=0$，因此 $E[\varepsilon_t|\mathbf{x}_t]=0$，$E[y_t|\mathbf{x}_t]=\mathbf{x}_t'\boldsymbol{\beta}$。所

---

① Coulson and Robins (1985).

② Engle, Hendry, and Trumble (1985).

③ Engle, Lilien, and Robins (1987).

④ Domowitz and Hakkio (1985); Bollerslev and Ghysels (1996).

⑤ Engle and Rothschild (1992) 撰写了一个文献综述，描述了很多关于这个问题的扩展。Mills (1993) 也分析了一些应用。同样参见 Bollerslev (1986) 以及 Li, Ling, and McAleer (2001)。关于这个模型检验的讨论参见 McCullough and Renfro (1999)。

⑥ u_t 存在单位方差的假设并不是一个限制。通过任何其他方差的比例化将会被其他参数所吸收。

以，这个模型是经典回归模型。但是

$$\text{Var}[\varepsilon_t|\varepsilon_{t-1}]=E[\varepsilon_t^2|\varepsilon_{t-1}]=E[u_t^2][\alpha_0+\alpha_1\varepsilon_{t-1}^2]=\alpha_0+\alpha_1\varepsilon_{t-1}^2$$

所以，ε_t 为条件异方差，这并不像我们在第 9 章中论述的与 $\mathbf{x}_t$ 相关，而是与 ε_{t-1} 相关。ε_t 的非条件方差为

$$\text{Var}[\varepsilon_t]=\text{Var}\{E[\varepsilon_t|\varepsilon_{t-1}]\}+E\{\text{Var}[\varepsilon_t|\varepsilon_{t-1}]\}=\alpha_0+\alpha_1 E[\varepsilon_{t-1}^2]=\alpha_0+\alpha_1\text{Var}[\varepsilon_{t-1}]$$

如果生成扰动项的过程是弱（协方差）平稳的（参见定义 20.2）[①]，那么非条件方差就不会随着时间的推移而发生变化，所以

$$\text{Var}[\varepsilon_t]=\text{Var}[\varepsilon_{t-1}]=\alpha_0+\alpha_1\text{Var}[\varepsilon_{t-1}]=\frac{\alpha_0}{1-\alpha_1}$$

为了使这个比率有限且为正，$|\alpha_1|$必须小于 1。那么，在非条件情况下，ε_t 服从均值为 0，方差为 $\sigma^2=\alpha_0/(1-\alpha_1)$的分布。因此，模型符合经典假设，同时普通最小二乘是 $\boldsymbol{\beta}$ 最有效的线性无偏估计量。

但是，存在更有效的非线性估计。这个模型的对数似然函数参见 Engle(1982)。在初始值 y_0 和 $\mathbf{x}_0$（以及 ε_0）的条件下，观测值 $t=1$，…，T 下的条件对数似然函数就是我们在 14.10.3 小节中用来检验广义异方差回归模型的函数［参见式（14-58)］，

$$\ln L=-\frac{T}{2}\ln(2\pi)-\frac{1}{2}\sum_{t=1}^{T}\ln(\alpha_0+\alpha_1\varepsilon_{t-1}^2)-\frac{1}{2}\sum_{t=1}^{T}\frac{\varepsilon_t^2}{\alpha_0+\alpha_1\varepsilon_{t-1}^2}，\varepsilon_t=y_t-\boldsymbol{\beta}'\mathbf{x}_t \tag{20-35}$$

$\ln L$ 的最大化可以用更便捷的方式进行，如同我们在在线附录 E 中所讨论的。[②]

□ 20.10.2 ARCH(q)、均值 ARCH 和广义 ARCH 模型

我们在前面章节中论述的 ARCH(1) 模型的普通扩展是带有更长拖尾的更一般模型。ARCH(q) 过程

$$\sigma_t^2=\alpha_0+\alpha_1\varepsilon_{t-1}^2+\alpha_2\varepsilon_{t-2}^2+\cdots+\alpha_q\varepsilon_{t-q}^2$$

是一个 q 阶移动平均［MA(q)］过程。[③] 正如 Bollerslev（1986）所论述的，我们在 21.2 节中将朝自回归-移动平均模型（autoregressive-moving average，ARMA）方向一般化 ARCH(q) 模型。这里的讨论与他对模型的发展一致，尽管为简化起见，许多细节将被忽略。之所以推荐读者阅读这篇论文，是为了帮助读者丰富背景知识和了解其他不重要的细节。

Merton（1980）论述的跨期公式是资本资产定价模型（CAPM）许多种类中的一种，它分析了回报和市场组合方差之间的近似线性关系。模型中可能存在的一个缺陷是它关于市场组合不变方差的假设。由 Engle，Lilien，and Robins（1987）提出的**均值 ARCH**（ARCH-in-Mean，

---

① 该探讨会让我们想起 20.3 节关于时间序列分析的结果和术语。读者可能希望细读相关的材料。

② Engle（1982）和 Judge et al.（1985，pp.441-444）基于得分法（类似 14.10.3 小节我们用在乘数异方差模型中的两步法）提出了一个四步程序。然而完全 MLE 没有植入大部分现代软件中，因此基于这个很难一般化方法的简单回归在目前的文献中不太具有吸引力。但是，关于极大似然估计的一些评论以及原因可以参见 McCullough and Renfro（1999）以及 Fiorentini，Calzolari，and Panattoni（1996）。

③ 也可参见 Engle（1982）。

ARCH-M）模型是对它的很自然的扩展。模型定义

$$y_t=\boldsymbol{\beta}'\mathbf{x}_t+\delta\sigma_t^2+\varepsilon_t$$
$$\mathrm{Var}[\varepsilon_t|\boldsymbol{\Psi}_t]=\mathrm{ARCH}(q)$$

在标准模型修正下，我们可以得出的有趣的结论是：在一些假设条件下，δ 是相关风险厌恶的系数。ARCH-M 模型在资产回报的波动性研究中应用非常广泛，包括每日标准普尔指数[①]和每周纽约证券交易回报[②]。Bollerslev，Chou，and Kroner（1992）进行了长篇的应用列举。

ARCH-M 模型存在一些显著统计学特征。与标准回归模型不同，方差函数的误设会影响均值参数估计值的一致性。[③] 回忆在经典回归模型中，只要权重与扰动项不相关，即便权重是误设的，加权最小二乘也是一致的。但这里并非如此。如果模型的 ARCH 部分为误设的，那么传统的 $\boldsymbol{\beta}$ 和 δ 的估计量会不一致。Bollerslev，Chou，and Kroner（1992）对 ARCH-M 模型的设定问题进行了大量研究，他们后来通过重设模型得出了迥异的结果。一个很接近于实际的问题是，模型中参数的均值和方差不再相关。在对这个问题的分析上，我们充分利用了异方差模型对数似然函数海塞矩阵分块对角性质。但是 ARCH-M 模型的海塞矩阵不是分块对角矩阵。在实践层面，估计问题不能分割，因为在前面的章节中，我们采用的是异方差回归模型。所有的参数必须同步估计。

我们现在定义广义自回归条件异方差（generalized autoregressive conditional heteroscedasticity，GARCH）模型。[④] 潜在回归在式（20－34）中是很常见的。在时间 t 的信息集条件下，标记为 $\boldsymbol{\Psi}_t$，假设扰动项的分布为

$$\varepsilon_t|\boldsymbol{\Psi}_t\sim N[0,\sigma_t^2]$$

式中，条件方差为

$$\sigma_t^2=\alpha_0+\delta_1\sigma_{t-1}^2+\delta_2\sigma_{t-2}^2+\cdots+\delta_p\sigma_{t-p}^2+\alpha_1\varepsilon_{t-1}^2+\alpha_2\varepsilon_{t-2}^2+\cdots+\alpha_q\varepsilon_{t-q}^2 \tag{20－36}$$

定义

$$\mathbf{z}_t=[1,\sigma_{t-1}^2,\sigma_{t-2}^2,\cdots,\sigma_{t-p}^2,\varepsilon_{t-1}^2,\varepsilon_{t-2}^2,\cdots,\varepsilon_{t-q}^2]'$$

和

$$\boldsymbol{\gamma}=[\alpha_0,\delta_1,\delta_2,\cdots,\delta_p,\alpha_1,\cdots,\alpha_q]'=[\alpha_0,\boldsymbol{\delta}',\boldsymbol{\alpha}']'$$

那么

$$\sigma_t^2=\boldsymbol{\gamma}'\mathbf{z}_t$$

注意到，条件方差是通过创新项 ε_t^2 中的自回归移动平均［ARMA(p，q)］过程定义的。这里的区别是，感兴趣的随机变量 y_t 的均值完全由异方差描述，否则就是普通回归模型。然而条件方差会依据变量值以及 p、q，以非常复杂的方式随着时间变化。式（20－36）中的模型是 GARCH（p，q）

① French，Schwert，and Stambaugh（1987）.

② Chou（1988）.

③ 参见 Pagan and Ullah（1988）关于这个问题的正式分析。

④ 正如时间序列计量经济学的大部分领域那样，关于 GARCH 模型的文献近几年来发展很快，并且未来也会继续发展下去。除了一些最近的扩展外，我们较细致地讲解了博勒斯莱弗模型，不仅仅是为了概述其内容以作为学习这些文献的桥梁，还因为它提供了一种便捷、有趣的背景来讨论一些相关的话题，例如双长度回归和伪极大似然估计。

模型，其中 p 像之前一样代表自回归部分的阶数。① 如同 Bollerslev (1986) 用一个例子所证明的，这种方法的特征是，滞后项少的 GARCH 模型与滞后项多的 ARCH 模型表现得一样好，甚至更好。

平稳性条件（stationarity conditions）对这里的分析非常重要，它保证了正态分布的矩是有限的，原因是正态分布的高阶矩为方差的有限次方。一个方差为 σ_t^2 的正态分布有四阶矩 $3\sigma_t^4$、六阶矩 $15\sigma_t^6$，等等［正态分布方差的偶数矩的精确公式为 $\mu_{2k}=(\sigma^2)^k(2k)!/(k!2^k)$］。简单地保证 σ_t^2 是稳定的并不能保证高阶的也如此。② 博勒斯莱弗画出了一个有用的图形，从中可以看出，对于 GARCH(1，1) 模型，阶数到 12 阶时，就需要确认矩是否稳定。他对此进行了更进一步的讨论。比如，对于 GARCH(1，1) 过程，如果四阶矩存在，那么 $3\alpha_1^2+2\alpha_1\delta_1+\delta_1^2$ 必须小于 1。

我们很容易就可以把式（20-36）写成带有拖尾量的多项式结构，即

$$\sigma_t^2=\alpha_0+D(L)\sigma_t^2+A(L)\varepsilon_t^2$$

上式稳定的条件为特征方程 $1-D(z)=0$ 的根需要落在单位圆之外。现在，我们假设这种情况对我们考虑的模型成立，同时 $A(1)+D(1)<1$［这个假设比需要在高阶自回归模型中保证稳定性，只由 $D(L)$ 决定的假设更强］。这意味着，GARCH 进程关于 $E[\varepsilon_t]=0$(非条件性的)、$\text{Var}[\varepsilon_t]=\alpha_0/[1-A(1)-D(1)]$和 $\text{Cov}[\varepsilon_t,\varepsilon_s]=0$(当 $t\neq s$ 时)的协方差稳定。因此，非条件性模型就是我们在第 2～6 章中证明的经典回归模型。

GARCH 设定的用途在于允许方差随着时间的推移按照一种比简单设定的 ARCH 模型更一般的方式进行变化。对于在他的论文中讨论的例子，博勒斯莱弗提出，虽然 Engle and Kraft (1983) 用于讨论 GNP 平减指数通货膨胀率的 ARCH(8) 模型看似去除了所有的 ARCH 效应，但进一步的研究发现，在几阶以后就会出现 GARCH 效应。通过为相同的数据建立 GARCH(1，1) 模型，博勒斯莱弗发现，由恩格尔和克拉夫特（Kraft）建立的相同的 8 期滞后 ARCH 效应以及他观测到的 GARCH 效应都被考虑到了。

□ 20.10.3 GARCH 模型的极大似然估计

博勒斯莱弗基于 BHHH 运算法则描述了一种估计方法。这种方法非常简单，尽管相对于他提出的线性研究和一阶导数方法，这个方法包含了更多必要的计算以及迭代过程。按照 Harvey (1976) 的想法，我们这里给出了也很具有启迪意义的估计 GARCH 模型的更简单的方法。这个模型实际上与我们在 14.10.3 小节中检验的更传统的乘数异方差模型非常相似。

对于正态分布扰动项，T 个观测值样本的对数似然函数为③

$$\ln L=\sum_{t=1}^{T}-\frac{1}{2}\left[\ln(2\pi)+\ln\sigma_t^2+\frac{\varepsilon_t^2}{\sigma_t^2}\right]=\sum_{t=1}^{T}\ln f_t(\boldsymbol{\theta})=\sum_{t=1}^{T}l_t(\boldsymbol{\theta})$$

① 我们稍微改变了博勒斯莱弗的概念，这样就不会和我们先前的表述产生冲突。在式（20-36）中他用 $\boldsymbol{\beta}$ 替代了 $\boldsymbol{\delta}$，在式（20-34）中用 $\mathbf{b}$ 替代了 $\boldsymbol{\beta}$。

② 这些条件不能被当作是先验的。事实上，不存在参数的非零集以保证所有矩的平稳性，即使正态分布存在所有阶的有限矩。由此，正态性假设应该被视为一个近似。

③ 在博勒斯莱弗的推导中存在三个小错误，我们在这里表示出来以避免明显的不一致性。在他的式（22）中，$\frac{1}{2}h_t$ 应该为 $\frac{1}{2}h_t^{-1}$；在式（23）中，$-2h_t^{-2}$ 应该为$-h_t^{-2}$；在式（28）中，每一种情形下 $h\partial h/\partial\omega$ 应该为$(1/h)\partial h/\partial\omega$。［在他的式（8）中，$\alpha_0\alpha_1$ 应该为 $\alpha_0+\alpha_1$，但是我们的推导没有暗示这一点。］

式中，$\varepsilon_t = y_t - \mathbf{x}_t'\boldsymbol{\beta}$，且 $\boldsymbol{\theta} = (\boldsymbol{\beta}', \alpha_0, \boldsymbol{\alpha}', \boldsymbol{\delta}')' = (\boldsymbol{\beta}', \boldsymbol{\gamma}')'$。$\ln L$ 的导数通过求和就可以得到。令 l_t 表示 $\ln f_t(\boldsymbol{\theta})$。于是，关于参数方差的一阶导数可以表示为

$$\frac{\partial l_t}{\partial \boldsymbol{\gamma}} = -\frac{1}{2}\left[\frac{1}{\sigma_t^2} - \frac{\varepsilon_t^2}{(\sigma_t^2)^2}\right]\frac{\partial \sigma_t^2}{\partial \boldsymbol{\gamma}} = \frac{1}{2}\left(\frac{1}{\sigma_t^2}\right)\frac{\partial \sigma_t^2}{\partial \boldsymbol{\gamma}}\left(\frac{\varepsilon_t^2}{\sigma_t^2} - 1\right) = \frac{1}{2}\left(\frac{1}{\sigma_t^2}\right)\mathbf{g}_t v_t = \mathbf{b}_t v_t \tag{20-37}$$

注意到，$\mathrm{E}[v_t] = 0$。现在假设，如果没有回归参数，那么用于参数方差估计的牛顿法为

$$\hat{\boldsymbol{\gamma}}^{i+1} = \hat{\boldsymbol{\gamma}}^{i} - \mathbf{H}^{-1}\mathbf{g} \tag{20-38}$$

式中，$\mathbf{H}$ 为海塞矩阵；$\mathbf{g}$ 为一阶导数向量。按照哈维（参见 14.10.3 小节）的观点，我们将使用得分法作为替代的方法。为了进行分析，我们假设 $E[v_t] = 0$ 和 $E[\varepsilon_t^2/\sigma_t^2] = 1$。通过对式（20-37）求期望，迭代减少为 $v_{*t} = (1/\sqrt{2})v_t$ 对回归元 $\mathbf{w}_{*t} = (1/\sqrt{2})\mathbf{g}_t/\sigma_t^2$ 的线性回归，即

$$\hat{\boldsymbol{\gamma}}^{i+1} = \hat{\boldsymbol{\gamma}}^{i} + [\mathbf{W}_*'\mathbf{W}_*]^{-1}\mathbf{W}_*'\mathbf{v}_* = \hat{\boldsymbol{\gamma}}^{i} + [\mathbf{W}_*'\mathbf{W}_*]^{-1}\left(\frac{\partial \ln L}{\partial \boldsymbol{\gamma}}\right) \tag{20-39}$$

式中，$\mathbf{W}_*$ 的第 t 行为 $\mathbf{w}_{*t}'$。当斜率向量为 0 时，迭代收敛，这种情况下一阶导数向量为 0。当迭代结束后，估计的渐近协方差矩阵就可以简化为基于参数估计值的

$$\text{Est. Asy. Var}[\hat{\boldsymbol{\gamma}}] = [\hat{\mathbf{W}}_*'\mathbf{W}_*]^{-1}$$

我们刚刚推导出的有用结果实际上就是 $E[\partial^2 \ln L/\partial\boldsymbol{\gamma}\partial\boldsymbol{\beta}'] = 0$。因为预期的海塞矩阵具有分块对角性，对所有参数向量使用得分法可以分为两部分进行，正如在 14.10.3 小节中对乘数异方差模型的处理。这就是说，参数向量的均值和方差的修正值可以分别计算。我们现在分析斜率参数 $\boldsymbol{\beta}$。

现在对我们在前面章节中使用的修正得分法的相同形式进行迭代

$$\begin{aligned}\hat{\boldsymbol{\beta}}^{i+1} &= \hat{\boldsymbol{\beta}}^{i} + \left[\sum_{t=1}^{T}\frac{\mathbf{x}_t\mathbf{x}_t'}{\sigma_t^2} + \frac{1}{2}\left(\frac{\mathbf{d}_t}{\sigma_t^2}\right)\left(\frac{\mathbf{d}_t}{\sigma_t^2}\right)'\right]^{-1}\left[\sum_{t=1}^{T}\frac{\mathbf{x}_t\varepsilon_t}{\sigma_t^2} + \frac{1}{2}\left(\frac{\mathbf{d}_t}{\sigma_t^2}\right)v_t\right] \\ &= \hat{\boldsymbol{\beta}}^{i} + \left[\sum_{t=1}^{T}\frac{\mathbf{x}_t\mathbf{x}_t'}{\sigma_t^2} + \frac{1}{2}\left(\frac{\mathbf{d}_t}{\sigma_t^2}\right)\left(\frac{\mathbf{d}_t}{\sigma_t^2}\right)'\right]^{-1}\left(\frac{\partial \ln L}{\partial \boldsymbol{\beta}}\right) \\ &= \hat{\boldsymbol{\beta}}^{i} + \mathbf{h}^{i}\end{aligned} \tag{20-40}$$

这被称为**双长度回归**（double-length regression）。①在增广或双长度广义回归中，修正向量 $\mathbf{h}^i$ 为斜率向量，即

$$\mathbf{h}^{i} = [\mathbf{C}'\boldsymbol{\Omega}^{-1}\mathbf{C}]^{-1}[\mathbf{C}'\boldsymbol{\Omega}^{-1}\mathbf{a}] \tag{20-41}$$

式中，$\mathbf{C}$ 为 $2T \times K$ 矩阵，其前 T 行为原始回归模型中的 $\mathbf{X}$，接下来的 T 行是 $(1/\sqrt{2})\mathbf{d}_t'/\sigma_t^2$，$t=1, \cdots, T$；$\mathbf{a}$ 为 $2T \times 1$ 矢量，其前 T 个元素为 ε_t，接下来的 T 个元素为 $(1/\sqrt{2})v_t/\sigma_t^2$，$t=1, \cdots, T$；同时 $\boldsymbol{\Omega}$ 为在位置 1，…，T 为 $1/\sigma_t^2$ 以及 T 观测值下面一行为 1 的对角矩阵。在收敛点上，$[\mathbf{C}'\boldsymbol{\Omega}^{-1}\mathbf{C}]^{-1}$ 给出了 MLE 的渐近协方差矩阵。广义回归模型熟悉结果的相似性是惊人的，但是注意，这个结果是基于双长度回归的。

这个迭代过程可简单地通过由之前所得的参数来计算修正向量而完成。② 一个重要的考虑

① 参见 Orme（1990）和 Davidson and MacKinnon（1993，Chapter 14）。

② 关于 GARCH 模型中导数的计算，参见 Fiorentini et al.（1996）。

因素是，在使用得分法时，$\boldsymbol{\beta}$ 和 $\boldsymbol{\gamma}$ 的估计量会同时被修正，即在修正 GLS 回归权重来计算式（20－40）中新的 $\boldsymbol{\beta}$ 时，不使用式（20－39）中修正的 $\boldsymbol{\gamma}$ 估计值。同样的估计值（先前迭代的结果）被用在式（20－39）和式（20－40）的右边。剩下的问题是如何获得迭代的初始值。显而易见的选择是，对 $\boldsymbol{\beta}$ 而言，OLS 估计量为 $\mathbf{b}$；对 α_0 而言，$\mathbf{e}'\mathbf{e}/T=s^2$；所有其他参数为 0。OLS 斜率估计量在所有设定下都是一致的。在这个背景下，一个有用的选择是，在 OLS 残差平方 e_t^2 对一个常数和 q 阶滞后值的最小二乘回归斜率向量处开始 $\boldsymbol{\alpha}$。[①] 我们在后面的章节中将讨论，GARCH 效应存在时的 LM 检验为第一次迭代的副产品。从原理上讲，第一次迭代的修正结果是所有参数的**有效两步估计量**（efficient two-step estimator）。但是，全力构建迭代之后，没有达到收敛的迭代什么也推导不出。允许迭代过程达到收敛情况的好处在于，推导出的对数似然函数可以在似然比检验中使用。

□ 20.10.4　GARCH 效应检验

前面的过程看似非常复杂。其实不然，因为每一步除了线性最小二乘回归以外什么假设都不需要。计算中难以理解的部分是要建立导数。另外，目前确实需要相当多的进程来推导这个问题的答案。[②] 正如博勒斯莱弗论述的，它必须首先在检验 GARCH 效应方面起作用。

最简单的方法是检验最小二乘残差平方。残差平方的自回归（与滞后值相关）提供了 ARCH 效应的证据。ARCH(q) 相对不存在 ARCH 效应［ARCH(0)，经典模型］的原假设的 LM 检验，可以通过在 e_t^2 对常量和 q 阶滞后值的回归中计算 $\chi^2=TR^2$ 来实现。在不存在 ARCH 效应的原假设下，统计量服从有 q 个自由度的极限卡方分布。比临界值更大的值给出了 ARCH（或 GARCH）效应存在的证据。

博勒斯莱弗提出，拉格朗日乘数统计量实际上相当容易计算。GARCH(p，0) 相对 GARCH(p，q) 的 LM 检验可进行如下：将 T 与式（20－42）所定义的线性回归的 R^2 的乘积，与自由度为 q 的卡方分布临界值相比较。遗憾的是，在这个检验过程中存在不确定性。相对于 GARCH(p，q) 的 ARCH(q) 检验与相对于 ARCH($p+q$) 的 ARCH(p) 检验是完全一样的。为了执行检验过程，可以将包含 $\boldsymbol{\delta}=\mathbf{0}$ 以及任何 $\boldsymbol{\beta}$ 和 $\boldsymbol{\alpha}$ 的一致估计量的一系列估计作为起始值。然后，在起始迭代中，回归的 TR^2 给出了检验统计量。[③] 最近，大量的文献提出了只以正态为基础的检验统计量用途方面的问题。Wooldridge（1991）使用几个例子进行了很有用的总结。

例 20.9　　汇率波动的 GARCH 模型

博勒斯莱弗和古伊塞尔斯使用 GARCH(1，1) 模型分析了在线附表 F20.1 中的汇率数据，即

$$y_t=\mu+\varepsilon_t$$
$$E[\varepsilon_t|\varepsilon_{t-1}]=0$$

---

① 检验 ARCH(q) 效应是否会出现可以通过将该回归中的 TR^2 与卡方分布的临界值相比较来进行。但是 GARCH 效应的出现导致该程序丧失了有效性。

② 因为这个步骤是很多计算机程序的预编程序——包括 TSP，EViews，Stata，RATS，NLOGIT 以及 Shazam——可以实现的，所以这警告我们它可能言过其实了。

③ 博勒斯莱弗认为，考虑到估计 GARCH 模型的计算复杂性，因此有一个对 GARCH 效应的检验是有帮助的。与很多其他极大似然问题一样，这个检验的结构与估计这个模型的结构是一样的。通过计算 GARCH 效应的 LM 统计量，我们只需允许这个程序迭代到收敛，就可以估计模型。除了等待答案之外，没有任何附加成本。

$$\text{Var}[\varepsilon_t | \varepsilon_{t-1}] = \sigma_t^2 = \alpha_0 + \alpha_1 \varepsilon_{t-1}^2 + \delta \sigma_{t-1}^2$$

这个模型的最小二乘残差为简单的 $e_t = y_t - \bar{y}$。使用第 11 个至第 1 974 个观测值，基于常数项和 10 阶滞后平方值的这些残差平方回归产生了 $R^2 = 0.097\ 95$。当 $T = 1\ 964$ 时，卡方统计量为 192.37，这比临界值表中的临界值 18.31 大很多。我们得出结论：在这些残差中存在 GARCH 效应。GARCH 模型的极大似然估计如表 20.4 所示。注意 OLS 的非条件方差（0.221 128）与由 GARCH 模型估计出的均衡方差 0.263 1 之间的相似程度。

表 20.4　　GARCH（1，1）模型的极大似然估计[①]

	μ	α_0	α_1	δ	$\alpha_0/(1-\alpha_1-\delta)$
估计值	−0.006 190	0.010 76	0.153 1	0.806 0	0.263 1
标准误	0.008 73	0.003 12	0.027 3	0.030 2	0.594
t 值	−0.709	3.445	5.605	26.731	0.443

$\ln L = -1\ 106.61$，$\ln L_{\text{OLS}} = -1\ 311.09$，$\bar{y} = -0.016\ 42$，$s^2 = 0.221\ 128$

□ 20.10.5　伪极大似然估计

我们现在考虑非正态分布的含义。假定正态性假设减弱到只有

$$E[\varepsilon_t | \Psi_t] = 0, \quad E\left[\frac{\varepsilon_t^2}{\sigma_t^2} \Big| \Psi_t\right] = 1, \quad E\left[\frac{\varepsilon_t^4}{\sigma_t^4} \Big| \Psi_t\right] = \kappa < \infty$$

式中，σ_t^2 与先前定义的一致。现在正态对数似然函数是不相称的。在这种情形下，非线性（普通或加权的）最小二乘估计量的特性与我们在第 7 章中论述的相同。然而，这将使它变得比前面的 MLE 更难计算。我们在前面的章节中曾指出[②]，伪 MLE 可以通过最大化相同的对数似然函数得到，如同其可以推导出一致的估计量且不考虑误设问题。[③] 但是，必须对参数估计量的渐近协方差矩阵进行调整。

正如这个例子所述，这种情况[④]的一般性结论是：参数向量 $\boldsymbol{\theta}$ 的伪 MLE 的渐近协方差矩阵为

$$\text{Asy. Var}[\hat{\boldsymbol{\theta}}] = \mathbf{H}^{-1}\mathbf{F}\mathbf{H}^{-1} \tag{20-42}$$

式中

$$\mathbf{H} = -E\left[\frac{\partial^2 \ln L}{\partial \boldsymbol{\theta} \partial \boldsymbol{\theta}'}\right]$$

---

① 这些数据已经是估计 GARCH 模型的软件所需的一个标准数据集。这里给出的值是基准估计值。一种方法的标准误与另一种方法的标准误存在很大的不同。这里给出的是 Bollerslev and Wooldridge（1992）的结论。参见 McCullough and Renfro（1999）。

② 参见 White（1982a）和 Weiss（1982）。

③ White（1982a）给出了关于 ε_t 的真实密度的一些附加要求。Gourieroux，Monfort，and Trognon（1984）同样也考虑到了这个问题。在给出的假设下，式（20－36）和式（20－41）中的矩阵期望值仍然与正态性假设下的相同。在 GMM 估计的逻辑下，伪 MLE 的一致性和渐近正态性是有争议的。

④ 参见 Gourieroux，Monfort，and Trognon（1984）。

并且

$$\mathbf{F}=E\left[\left(\frac{\partial\ln L}{\partial\boldsymbol{\theta}}\right)\left(\frac{\partial\ln L}{\partial\boldsymbol{\theta}'}\right)\right]$$

（比如，BHHH 估计量。）其中，$\ln L$ 为所使用但是并不合适的对数似然函数。出于当前的目的，$\mathbf{H}$ 和 $\mathbf{F}$ 仍然是分块对角矩阵，因此我们可以分别计算参数的均值和方差。此外，由于 $E[v_t]$ 仍然为零，因此两个分块矩阵中的二阶导数形式很相似(包含$\partial^2\sigma_t^2/\partial\boldsymbol{\gamma}\partial\boldsymbol{\gamma}'$和$\partial^2\sigma_t^2/\partial\boldsymbol{\beta}\partial\boldsymbol{\beta}'$的部分在期望之外)。取期望值并插入该部分就可以推导出方差参数的修正渐近协方差矩阵

$$\text{Est. Asy. Var}[\hat{\boldsymbol{\gamma}}_{\text{PMLE}}]=[\mathbf{W}'_*\mathbf{W}_*]^{-1}\mathbf{B}'\mathbf{B}[\mathbf{W}'_*\mathbf{W}_*]^{-1}$$

式中，$\mathbf{W}^*$ 的行在式（20－39）中定义；$\mathbf{B}$ 的行在式（20－37）中定义。对于这个斜率参数，调整后的渐近协方差矩阵为

$$\text{Est. Asy. Var}[\hat{\boldsymbol{\beta}}_{\text{PMLE}}]=[\mathbf{C}'\boldsymbol{\Omega}^{-1}\mathbf{C}]^{-1}\left[\sum_{t=1}^{T}\mathbf{b}_t\mathbf{b}_t'\right][\mathbf{C}'\boldsymbol{\Omega}^{-1}\mathbf{C}]^{-1}$$

式中，外部的矩阵由式（20－41）定义。同时，由式（20－37）和式（20－40）[①] 中所示的一阶导函数可知

$$\mathbf{b}_t=\frac{\mathbf{x}_t\varepsilon_t}{\sigma_t^2}+\frac{1}{2}\left(\frac{v_t}{\sigma_t^2}\mathbf{d}_t\right)$$

20.11　归纳与总结

我们在本章中分析了扰动项中含有序列相关的广义回归模型。我们是从分析时间序列数据的某些一般结论开始我们的分析的。当我们考虑非独立观测和序列相关问题时，用于分析独立观测的大数定律和中心极限定理都不再适用。我们介绍了将这些结论推广到时间序列背景中去的一些工具；分析了出现自相关问题时的估计和检验方法。OLS 照常是一致而非有效的。纽韦-韦斯特估计量是 OLS 估计量的渐近协方差矩阵的一个稳健估计量。该估计量也构成了含自相关的回归模型的 GMM 估计量。我们还针对同行们时常分析的特殊情形——AR(1) 模型，分析了其两步 FGLS 和极大似然估计。对自相关加以修正的模型，只是更一般模型（同时包含因变量和自变量的滞后值）的一种约束形式。我们考虑了检验这种设定的一种方式，并作为“修正”自相关问题的另一种方法。我们还在 ARCH 和 GARCH 效应下，对与条件均值自回归模型相对应的条件方差自回归进行了扩展。这个模型同时包含了自相关和异方差的相关要素。该方法在现代金融数据波动性分析中发挥着基础性作用。

关键术语与概念

一阶自回归［AR(1)］	自回归条件异方差（ARCH）	均值 ARCH

---

① McCullough and Renfro（1999）检验了关于 GARCH 模型计算适合的渐近协方差矩阵的一些方法，包括传统的海塞矩阵和 BHHH 估计量以及三个“三明治”式的估计量［包括我们前面论述过的一个，另两个基于 Bollerslev and Wooldridge（1992）提出的得分法］。没有一个表现是特别好的，但是基于一个实际海塞矩阵的博勒斯莱弗和 QMLE 估计量在蒙特卡洛研究中表现得很好。

渐近可忽略性	渐近正态性	自相关系数
自相关函数	自相关矩阵	自协方差
自协方差矩阵	自回归形式	自回归过程
科克伦-奥克特估计量	协方差平稳	双长度回归
德宾-沃森检验	有效两步估计量	遍历性
附加预期的菲利普斯曲线	创新项	LM 检验
鞅序列	鞅差分序列	移动平均形式
移动平均过程	纽韦-韦斯特自相关一致协方差估计量	
偏差分	普雷斯-温斯滕估计	伪差分
Q 检验	拟差分	随机游走
平稳性	平稳性条件	可求和性
时间序列过程	时间窗	弱平稳
白噪音	于勒-沃克方程	

练习

1. 一阶差分会减小自相关性吗？考虑以下模型 $y_t=\boldsymbol{\beta}'\mathbf{x}_t+\varepsilon_t$，其中 $\varepsilon_t=\rho\varepsilon_{t-1}+u_t$，$\varepsilon_t=u_t-\lambda u_{t-1}$。比较在原始模型中的 ε_t 的自相关与 $y_t-y_{t-1}=\boldsymbol{\beta}'(\mathbf{x}_t-\mathbf{x}_{t-1})+v_t$ 中 v_t 的自相关，其中 $v_t=\varepsilon_t-\varepsilon_{t-1}$。

2. 推导下述模型的扰动项协方差矩阵

$$y_t=\boldsymbol{\beta}'\mathbf{x}_t+\varepsilon_t$$
$$\varepsilon_t=\rho\varepsilon_{t-1}+u_t-\lambda u_{t-1}$$

什么参数是由 OLS 残差对它们的滞后值回归估计出来的？

3. 通常认为德宾-沃森统计量仅仅适合检验一阶自回归扰动项。德宾-沃森统计量可以估计 $2(1-\rho)$，其中 ρ 是残差的一阶自回归。德宾-沃森统计量在以下情形，即 AR(1)、AR(2) 和 MA(1) 中估计出的模型的系数组合是什么？在每一种情形下，假定回归模型不含滞后因变量。放松这个假设后，评价这对你的模型的影响。

应用

1. 在例 20.3 中用于拟合附加预期的菲利普斯曲线的数据如在线附表 F5.2 所示。使用这些数据，重新估计这个例子给出的模型。使用 LM 统计量检验一阶自相关。然后，对扰动过程，用 AR(1) 重新估计模型。因为是大样本，所以普雷斯-温斯滕和科克伦-奥克特估计量将会给出同样的结论。它们确实是这样吗？当拟合模型得到转换的残差后，检验它们是否有一阶自相关。AR(1) 模型是否充分地“修正”了这个问题？

2. 拟合改良的菲利普斯曲线模型的数据可以从很多途径获得，包括经济分析局（Bureau of Economic Analysis，BEA）的网站 www.economagic.com 等。获得必要的数据并扩展例 20.3 的模型。将额外解释变量增加到这个模型是否会减少图 20.3 中 OLS 残差所表现出的极端形式？

3.（这个练习要求恰当的计算机软件。这个计算可以用 RATS，EViews，Stata，TSP，LIMDEP 以及很多其他软件的预编程序完成。）消费者价格指数 1950 年第 1 季度至 2000 年第 4 季度的季度数据如在线附表 F5.2 所示。使用这些数据拟合 Engle and Kraft（1983）提出的模型。模型为

$$\pi_t=\beta_0+\beta_1\pi_{t-1}+\beta_2\pi_{t-2}+\beta_3\pi_{t-3}+\beta_4\pi_{t-4}+\varepsilon_t$$

式中，$\pi_t=100\ln[p_t/p_{t-1}]$；$p_t$ 为价格指数。

a. 用最小二乘法拟合该模型，然后使用本书中所分析的检验查看是否存在 ARCH 效应。

b. 作者拟合了一个权重逐渐下降的 ARCH(8) 模型

$$\sigma_t^2=\alpha_0+\sum_{i=1}^{8}\left(\frac{9-i}{36}\right)\varepsilon_{t-i}^2$$

拟合这个模型。如果软件不允许对系数有所限制，你仍然可以利用一个两步最小二乘法，且使用第一步的最小二乘残差来完成拟合。你发现了什么？

c. Bollerslev（1986）使用 GARCH(1，1) 重新计算了这个模型。使用 GARCH(1，1) 形式重新拟合你的模型。

21 非平稳数据

21.1 引言

大部分趋势性很强的经济变量，例如GDP、消费或物价水平，通常并不是平稳的，因而不满足前面章节的数据分析结果。在多数情况下，平稳过程可以通过简单的差分或其他简单的转换实现。但是，在只通过表面观察而保守阐述的非平稳序列分析中，许多新的统计问题浮出水面。本章将调查并解决在非平稳数据分析中出现的一些主要问题。① 我们在 21.2 节中将给出单一非平稳时间序列的分析结果；21.3 节分析非平稳过程的含义，以进一步研究回归关系；在 21.4 节中我们把时间序列结论扩展到面板数据。

21.2 非平稳过程与单位根

我们在本节中将基于单变量时间序列的一些基本结论来分析非平稳时间序列。这些结论涉及非平稳序列的特征和观测数据非平稳特性的统计检验。

□ 21.2.1 滞后算子与差分算子

滞后算子 L 可以显著简化时间序列的数学分析过程。滞后算子定义的滞后计算为，

$$Ly_t = y_{t-1}$$

从定义出发，

$$L^2 y_t = L(Ly_t) = Ly_{t-1} = y_{t-2}$$

接着可以得到

① 有关面板数据的非平稳数据分析是计量经济学中一个飞速发展的领域，这方面的文献大量出现。我们只能在表面展开。一些近期的调查和著作提供了有用的扩展，其中 Enders（2004）和 Tsay（2005）会有助于理解。

$$L^P y_t = y_{t-P}$$
$$(L^P)^Q y_t = L^{PQ} y_t = y_{t-PQ}$$
$$(L^P)(L^Q) y_t = L^P y_{t-Q} = L^{Q+P} y_t = y_{t-Q-P}$$

最后，对于自回归序列 $y_t = \beta y_{t-1} + \varepsilon_t$，其中 $|\beta| < 1$，我们发现 $(1-\beta L) y_t = \varepsilon_t$，或者

$$y_t = \left(\frac{1}{1-\beta L}\right)\varepsilon_t = [1 + \beta L + \beta^2 L^2 + \cdots]\varepsilon_t = \sum_{s=0}^{\infty} \beta^s \varepsilon_{t-s}$$

一阶差分算子依据 L 的定义而来，是一个有效的简略表达，

$$(1-L) y_t = y_t - y_{t-1} = \Delta y_t$$

因此，例如有，

$$\Delta^2 y_t = \Delta(\Delta y_t) = \Delta(y_t - y_{t-1}) = (y_t - y_{t-1}) - (y_{t-1} - y_{t-2})$$

□ 21.2.2 单整过程和差分

带截距项的随机游走（random walk with drift）在近期研究中常被提及，即

$$y_t = \mu + y_{t-1} + \varepsilon_t$$

通过直接替代，于是有

$$y_t = \frac{\mu + \varepsilon_t}{1-L} = \sum_{s=0}^{\infty} (\mu + \varepsilon_{t-s})$$

即 y_t 是无限个随机变量的简单加总，并可能具有非零均值。若扰动项由同一个均值为零、方差为常数的分布生成，则 y_t 的方差显然为无穷大。由此可见，即使 μ 等于 0，随机游走也明显是**非平稳过程**（nonstationary process）。另外，y_t 的一阶差分

$$z_t = y_t - y_{t-1} = \Delta y_t = \mu + \varepsilon_t$$

为扰动项与 z_t 的均值之和，我们已经假设其为平稳序列。

序列 y_t 经过一阶差分会变为平稳过程，这一过程称为**一阶单整**（integrated of order one），记为 $I(1)$。如果一个非平稳序列经过 d 次一阶差分变成平稳序列，那么它就是 d 阶单整序列，记为 $I(d)$。ARMA 模型 $y_t = \gamma y_{t-1} + \varepsilon_t - \theta\varepsilon_{t-1}$ 更一般的形式为序列

$$z_t = (1-L)^d y_t = \Delta^d y_t$$

由此得到的模型被称为**自回归单整移动平均**（autoregressive integrated moving-average，ARIMA）模型或 ARIMA（p，d，q）。[①] 完整的模型为

$$\Delta^d y_t = \mu + \gamma_1 \Delta^d y_{t-1} + \gamma_2 \Delta^d y_{t-2} + \cdots + \gamma_p \Delta^d y_{t-p} + \varepsilon_t - \theta_1 \varepsilon_{t-1} - \cdots - \theta_q \varepsilon_{t-q}$$

式中

① 还有更细致的改动需要考虑，比如按季度或月做差分以从中消除季节性影响。见 Harvey（1990）与 Davidson and MacKinnon（1993）。近期一些著作放松了关于 d 是整数的假设。分整（fractionally integrated）序列或 ARFIMA 被应用于构造序列，在这些序列中，长期乘数以比我们预测的更慢的速度缩减。

$$\Delta y_t = y_t - y_{t-1} = (1-L)y_t$$

这个结论可简单地写成

$$C(L)[(1-L)^d y_t] = \mu + D(L)\varepsilon_t$$

式中，$C(L)$和$D(L)$是滞后算子多项式；$(1-L)^d y_t = \Delta^d y_t$ 为 y_t 的 d 阶差分项。

原始（未差分）形式的$I(1)$序列会显著地持续增长，或者并不趋向某一固定均值而随机游走。许多与人口规模有关的宏观经济流量和存量（比如产出或就业）都是$I(1)$。$I(2)$序列则是以递增的速度增长。附表F5.2中以及随后出现的价格水平数据显然是$I(2)$。$I(3)$或更高阶的序列极为罕见，但它们确实存在。在少数可列举的明显序列中，发生恶性通货膨胀的经济体（诸如两次世界大战之间的德国和第二次世界大战后的匈牙利等）的货币存量和价格水平便是这样的例子。

∵例 21.1　一个非平稳序列

在线附表F5.2显示的名义GNP和消费者价格指数变量的趋势都很强，所以均值会随着时间的推移发生变化。图21.1～图21.3描述了在线附表F5.2中消费者价格指数序列的对数及其一阶和二阶差分序列。原序列和一阶差分序列显然是非平稳的，二阶差分序列则呈现出平稳序列特性。

表21.1给出了GNP平减指数序列对数的前10阶自相关（自相关函数的具体细节参见例20.4）。原序列的自相关显示它是一个趋势很强的非平稳序列。由于自相关在滞后10期以后仍然很强，所以其一阶差分也表现出非平稳性。二阶差分看似是平稳的，虽然在一阶滞后处存在适度的负自相关，但此后基本上就不存在自相关了。直觉表明，继续做差分可能会进一步减小自相关性，但事实并非如此。我们留给读者证明，实际上，对小于0.5的γ值，对AR(1)过程的一阶差分反倒会提高自相关水平。

表21.1　消费者价格指数的自相关

滞后期	自相关函数 原始序列，价格对数	自相关函数 价格对数的一阶差分	自相关函数 价格对数的二阶差分
1	0.989	0.654	−0.422
2	0.979	0.600	−0.111
3	0.968	0.621	0.075
4	0.958	0.600	0.147
5	0.947	0.469	−0.112
6	0.936	0.418	−0.037
7	0.925	0.393	0.008
8	0.914	0.361	0.034
9	0.903	0.303	−0.023
10	0.891	0.262	−0.041

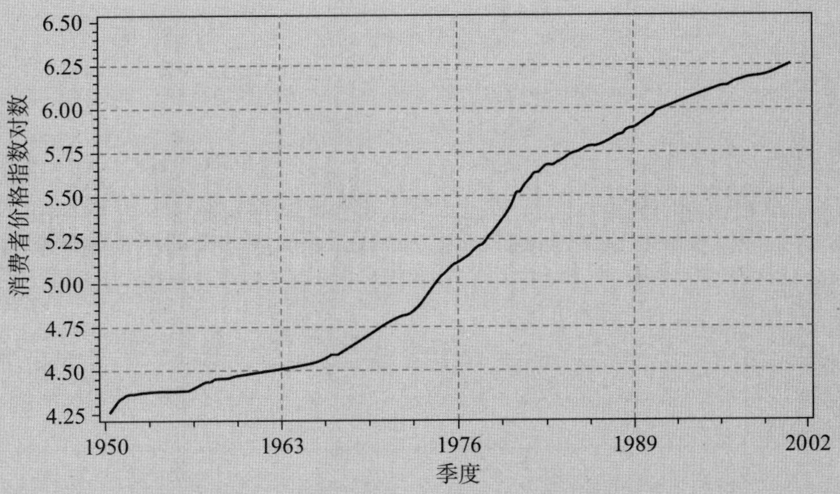

图 21.1　消费者价格指数对数季度数据

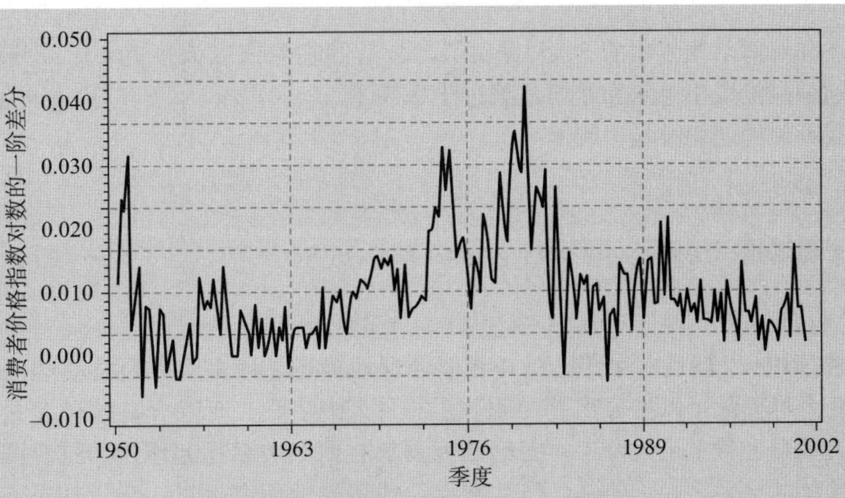

图 21.2　消费者价格指数对数的一阶差分

□ 21.2.3　随机游走、趋势与伪回归

Granger and Newbold（1974）在一篇经典论文中指出，研究者没有对普通回归模型残差中的高度自相关关系给予充分关注。在他们的结论中，宏观经济数据通常都应被合并在一起，而在包含这种数据的回归中，标准的显著性检验通常都会误导研究者。常规的 t 检验和 F 检验在大多数情况下会拒绝无相关关系的原假设，但实际情况可能恰恰相反。这些发现的中心结论是，通常的线性回归忽略了随机游走过程之间的序列相关性（即一个对于另一个具有很强的相关关系），即便它们事实上应该相互独立，但却几乎无一例外地表现出显著的相关关系。格兰杰（Granger）和纽博尔德（Newbold）在他们的极端结论中建议，研究者应该使用临界 t 值 11.2 而非标准正态值 1.96 来评价系数估计值的显著性。Phillips（1986）却对此结论提出异议。他建议，基于一个更一般的回归分析模型，应该弃用蒙特卡洛方法，改用标准化统计量 $t_\beta/\sqrt{T}$ 而非 t_β 本身进行检验。

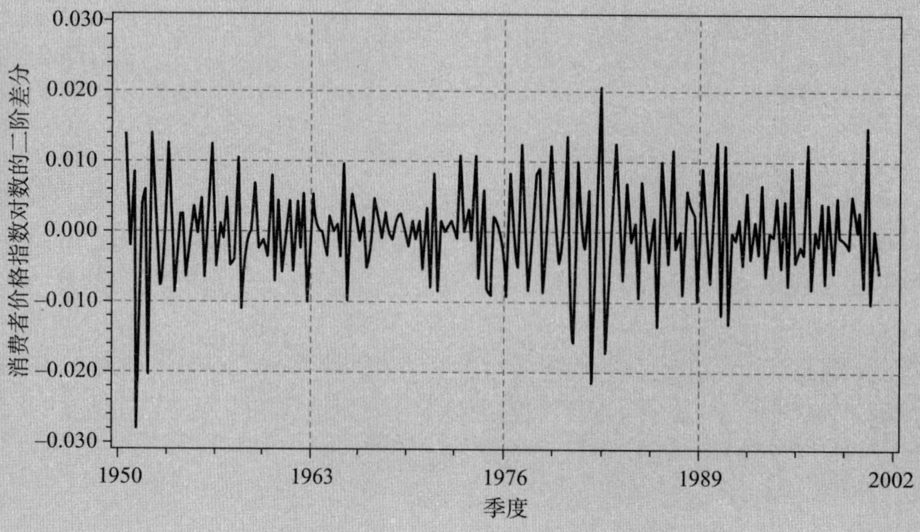

图 21.3 消费者价格指数对数的二阶差分

对于格兰杰和纽博尔德使用的 50 次观测值，合适的临界值应该接近 15！如果说他们的研究存在什么区别，只能说格兰杰和纽博尔德过于乐观了。

带有截距项的随机游走过程

$$z_t = \mu + z_{t-1} + \varepsilon_t \tag{21-1}$$

以及**趋势平稳过程**（trend stationary process）

$$z_t = \mu + \beta t + \varepsilon_t \tag{21-2}$$

（在这两个情形中 ε_t 都是白噪音过程）看似合理地描述了诸多宏观经济时间序列特征。[①] 显然，使用以上两个过程都可以推导出趋势很强的非平稳序列[②]，所以含有这种变量的回归总呈现出显著的相关关系也就不足为奇了。无论是否真的有回归关系在起作用，这种强相关关系似乎是某种潜在趋势的结果之一。但是，格兰杰和纽博尔德的研究更进一步。如果有纯粹的**随机游走**（random walk）过程在起作用，则

$$z_t = z_{t-1} + \varepsilon_t \tag{21-3}$$

就不是那么容易理解。但在这里，即便在无关的序列中，他们也能发现回归"关系"持续存在。

这三个序列都可由一个**单位根**（unit root）描述。在每种情形中，**数据生成过程**（data-generating process，DGP）都可写为

$$(1-L)z_t = \alpha + v_t \tag{21-4}$$

① 接下来的分析将扩展到更一般的扰动过程，但那会大大增加问题的复杂性。事实上，在这种情形下我们的假设的确需要相当的一般性，但是扩展内容超出了我们研究的范围。这个问题的相关资料见 Phillips and Perron（1988）和 Davidson and MacKinnon（1993）。

② 在带有截距项的随机游走中，常数项 μ 产生了确定性趋势。为方便起见，假定过程始于 0 时刻，则 $z_t = \sum_{s=0}^{t}(\mu + \varepsilon_s) = \mu t + \sum_{s=0}^{t}\varepsilon_s$。所以，$z_t$ 由一个确定性趋势和一个由扰动项之和构成的随机过程组成。结论是一个其方差随着线性趋势不断增大的变量。

式中，α 分别取 μ，β 和 0；v_t 为一个平稳过程。因此，特征方程只有一个等于 1 的单位根，故得名。格兰杰和纽博尔德以及菲利普斯的结论是：使用由单位根描述的数据，可能会导致推断过程产生很严重的偏差。

在上述三种情形中，通常第一步是将原模型进行差分或消除趋势。然而，接下来采用哪种方法是正确的则不那么清楚（这三种情形中的数据都具有很强的趋势），而错误的方法只会使问题变得更为复杂。比如，虽然对式（21－1）或式（21－3）进行一阶差分能得到白噪音序列，但对式（21－2）进行一阶差分只能将趋势变成形如 MA(1) 过程的自相关。另外，在式（21－2）中消除趋势（即在对时间的回归中计算残差）看似是正确的方法，但在式（21－1）和式（21－3）中却不奏效，尽管对趋势的回归看似与我们的讨论不谋而合。[①] 因为上述各种方法并没有在开始时表现出明显的优越性，所以有必要进行某种选择。考虑在上述三个模型中嵌入单一方程

$$z_t=\mu+\beta t+z_{t-1}+\varepsilon_t$$

现在，在这个方程的两边同时减去 z_{t-1}，并引入人为参数 γ，于是有

$$\begin{aligned} z_t-z_{t-1}&=\mu\gamma+\beta\gamma t+(\gamma-1)z_{t-1}+\varepsilon_t \\ &=\alpha_0+\alpha_1 t+(\gamma-1)z_{t-1}+\varepsilon_t \end{aligned} \tag{21-5}$$

根据原假设，$\gamma=1$。式（21－5）为经济数据中的一系列单位根检验提供了基础。原则上，对 $\gamma-1=0$ 的原假设进行检验能够确认带有截距项的随机游走过程，因为若 $\gamma=1$（且 $\alpha_1=0$），则可得到式（21－1）。若 $\gamma-1<0$，则有证据表明模型为趋势平稳（或其他）模型，且消除趋势（或其他方法）是相对较好的方法。但实际问题是，基于最小二乘以及我们熟悉的检验统计量的标准推断程序在这种情况下并不是有效的。这个问题我们将在下一节中讨论。

□ 21.2.4　经济数据中的单位根检验

在宏观经济数据中，单位根的意义深远（至少是潜在的）。如果诸如真实产出之类的结构变量确实为 $I(1)$，那么对它的冲击就存在永久性的影响。若这一结果被证实，那么需要重新对宏观经济政策分析进行考虑。比如货币政策变化对真实产出只具有短期影响的论点将不复存在。[②] 但文献中并非没有异议，这会使得这个结论处于两难境地。尽管文献中充满了不能拒绝原假设 $\gamma=1$ 的检验结论，但还有许多检验也未能拒绝 $\gamma\geqslant 0.95$ 和在 0.95（甚或 0.99）处的原假设，这使得整个问题变得毫无意义。[③]

考虑具有零均值、白噪音扰动项的简单 AR(1) 模型

$$y_t=\gamma y_{t-1}+\varepsilon_t$$

当 γ 接近于 1 时，最小二乘估计量存在着向下的偏误已经广为人知。[④] 但在 $|\gamma|<1$ 时，最小二乘估计量

---

① 参见 Nelson and Kang（1984）。

② 20 世纪 80 年代见证了一大批有关经济数据中的单位根问题的理论性和应用性学术成果的出现。重要的一篇研讨论文是 Nelson and Plosser（1982）。其观测发生在实证宏观经济学基本范式变迁的早期，除此之外，几乎没有其他问题。

③ Maddala（1992，pp. 582－588）中有大量此类议题。

④ 比如，可参见 Evans and Savin（1981，1984）。

$$c=\frac{\sum_{t=2}^{T}y_t y_{t-1}}{\sum_{t=2}^{T}y_{t-1}^2}$$

确实有

$$\text{plim } c=\gamma$$

和

$$\sqrt{T}(c-\gamma)\xrightarrow{d}N[0,1-\gamma^2]$$

如果 $\gamma=1$，这个结论能否继续成立？这种情形被称为单位根情形，因为在 ARMA 表述 $C(L)y_t=\varepsilon_t$ 中，特征方程 $1-\gamma z=0$ 有一个等于 1 的根。极限方差趋于零应该引起怀疑。有关这些问题的文献可追溯到 Mann and Wald（1943）与 Rubin（1950）。但从计量经济学角度看，研究的焦点源自著名文献 Dickey and Fuller（1979，1981）。他们证明了，若 $\gamma=1$，则

$$T(c-\gamma)\xrightarrow{d}v$$

式中，随机变量 v 具有有限的正方差，而且在有限样本中，$E[c]<1$。[①]

迪基-富勒的结论有两个重要含义。第一，若 $\gamma=1$，则其估计量存在向下的偏误；第二，γ 的 OLS 估计量收敛于其概率极限的速度比通常的估计量快。也就是说，在原假设下，c 的方差是 $O(1/T^2)$ 而非 $O(1/T)$。（在均方误差的意义上，OLS 估计量具有超一致性。）后来证明，这一发现对带有趋势数据的回归意义重大。

在某些情形下，我们还发现，为实现序列的平稳性需要进行差分或消除趋势。但在这里，假设我们不加思索地用上述 AR(1) 模型去拟合一个 $I(1)$ 序列。前面讨论的结果是，常规方法倾向于隐藏 γ 的真实值；样本估计值存在向下的偏误，而且借助很小的真实抽样方差，常规 t 检验将倾向于错误地拒绝原假设 $\gamma=1$。迪基和富勒为这个问题设计的实际解决办法是，利用蒙特卡洛方法推导出一个合适的临界值集，以在单位根实际存在的 AR(1) 回归中进行 $\gamma=1$ 的假设检验。他们的结论之一是，虽然用一个常规统计量便可进行检验，但检验的临界值必须加以修正；而且标准的 t 表并不适用。这种检验程序的很多变形先后被提出，我们只考虑其中几个。

□ 21.2.5 迪基-富勒检验

待分析模型的最简单形式是随机游走过程，即

$$y_t=\gamma y_{t-1}+\varepsilon_t,\varepsilon_t\sim N[0,\sigma^2],\text{ 且 Cov}[\varepsilon_t,\varepsilon_s]=0\ \forall\, t\neq s$$

对于原假设 $\gamma=1$，存在两种进行检验的方法。第一种方法，带有修正临界值集的常规 t 值 $\text{DF}_\tau=(\hat{\gamma}-1)/\text{Est. Std. Error}(\hat{\gamma})$ 可用于单侧检验。这个检验的临界值如表 21.2 最上面的部分所示。注意，通常这个临界值的绝对值比 t 分布中的相应值大不少。第二种方法基于统计量 $\text{DF}_\gamma=T(\hat{\gamma}-1)$。这个检验的临界值如表 21.3 最上面的部分所示。

---

① 这个结论完整的推导过程超出了本书的范围。对于有兴趣的读者，Hamilton（1994，pp. 475－542）的第 17 章给出了易于理解的解法。

表 21.2	迪基-富勒 DF_{τ} 检验临界值			
	样本容量			
	25	50	100	∞
F 值（$D-F$）[a]	7.24	6.73	6.49	6.25
F 值（标准）	3.42	3.20	3.10	3.00
AR 模型[b]（随机游走）				
0.01	−2.66	−2.62	−2.60	−2.58
0.025	−2.26	−2.25	−2.24	−2.23
0.05	−1.95	−1.95	−1.95	−1.95
0.10	−1.60	−1.61	−1.61	−1.62
0.975	1.70	1.66	1.64	1.62
带有常数项的 AR 模型（带有截距项的随机游走）				
0.01	−3.75	−3.59	−3.50	−3.42
0.025	−3.33	−3.23	−3.17	−3.12
0.05	−2.99	−2.93	−2.90	−2.86
0.10	−2.64	−2.60	−2.58	−2.57
0.975	0.34	0.29	0.26	0.23
带有常数项与时间趋势（趋势平稳）的 AR 模型				
0.01	−4.38	−4.15	−4.04	−3.96
0.025	−3.95	−3.80	−3.69	−3.66
0.05	−3.60	−3.50	−3.45	−3.41
0.10	−3.24	−3.18	−3.15	−3.13
0.975	−0.50	−0.58	−0.62	−0.66

a. 来自 Dickey and Fuller（1981，p. 1063）。自由度为 2 和 $T-p-3$。

b. 来自 Fuller（1976，p. 373；1996，Table 10. A. 2）。

简单的随机游走模型对许多序列而言都是不充分适用的。考虑 1950 年第 2 季度至 2000 年第 4 季度期间的通货膨胀率（见图 21.4）和同期 GDP 对数（见图 21.5）。虽然前者可能是随机游走，但显然也带有截距项。相比之下，GDP 对数序列则具有很强的趋势。对于前者，或许可以设定一个带有截距项的随机游走，

$$y_t=\mu+z_t$$
$$z_t=\gamma z_{t-1}+\varepsilon_t$$

或者

$$y_t=\mu(1-\gamma)+\gamma y_{t-1}+\varepsilon_t$$

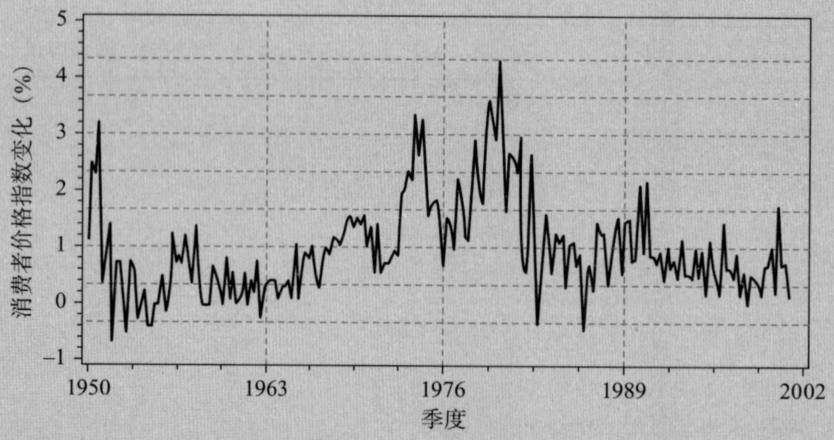

图 21.4　消费者价格指数通货膨胀率

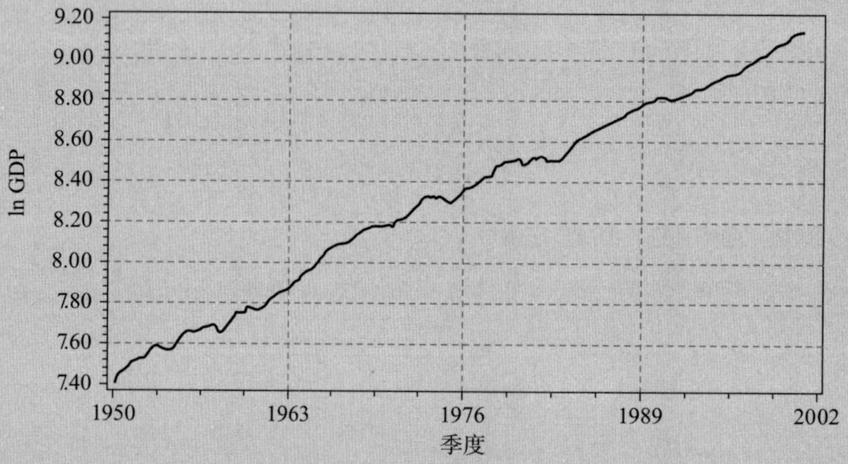

图 21.5　GDP 对数

对第二种类型的序列，我们可设定趋势平稳形式

$$y_t = \mu + \beta t + z_t$$
$$z_t = \gamma z_{t-1} + \varepsilon_t$$

或者

$$y_t = [\mu(1-\gamma) + \gamma\beta] + \beta(1-\gamma) + \gamma y_{t-1} + \varepsilon_t$$

对这些形式的检验可按同样的方式进行。对于只含有截距项的模型，可以使用表 21.2 和表 21.3 中间部分的临界值；而包含趋势项时，则可以使用表中最下面的临界值。

表 21.3　　迪基-富勒 DF_γ 检验的临界值

	样本容量			
	25	50	100	∞
AR 模型[a]（随机游走）				
0.01	−11.8	−12.8	−13.3	−13.8
0.025	−9.3	−9.9	−10.2	−10.5
0.05	−7.3	−7.7	−7.9	−8.1
0.10	−5.3	−5.5	−5.6	−5.7
0.975	1.78	1.69	1.65	1.60
带有常数项的 AR 模型（带有截距项的随机游走）				
0.01	−17.2	−18.9	−19.8	−20.7
0.025	−14.6	−15.7	−16.3	−16.9
0.05	−12.5	−13.3	−13.7	−14.1
0.10	−10.2	−10.7	−11.0	−11.3
0.975	0.65	0.53	0.47	0.41
带有常数项与时间趋势（趋势平稳）的 AR 模型				
0.01	−22.5	−25.8	−27.4	−29.4
0.025	−20.0	−22.4	−23.7	−24.4
0.05	−17.9	−19.7	−20.6	−21.7
0.10	−15.6	−16.8	−17.5	−18.3
0.975	−1.53	−1.667	−1.74	−1.81

a. 源自 Fuller（1976，p. 373；1996，Table 10. A. 1）。

❖例 21.2　单位根检验

Cecchetti and Rich（2001）研究了近期货币政策对美国经济的影响。以下变量对应他们在研究中使用的数据：

π＝单期通货膨胀率＝CPI 变化率

y＝真实 GDP 的对数

i＝名义利率＝90 天国库券的季度平均收益

Δm＝货币存量 M1 对数的变化

$i-\pi$＝事后真实利率

$\Delta m-\pi$＝货币存量的真实增长

他们的分析使用的数据期间为 1959 年第 1 季度至 1997 年第 4 季度。作为分析的一部分，他们检验了每个序列的单位根，并指出只有最后两个变量存在时，单位根假设才可能被拒绝。我们将在更长的期间——1950 年第 2 季度至 2000 年第 4 季度中重新分析这些数据。数据在在线附表 F5.2 中给出。

图 21.6～图 21.9 显示的是后四个变量的表现，而前面两个变量如图 21.4 和图 21.5 所示。如图所示，只有真实产出图表现出很强的趋势，所以我们对其他所有变量都采用带有截距项的随机游走形式。

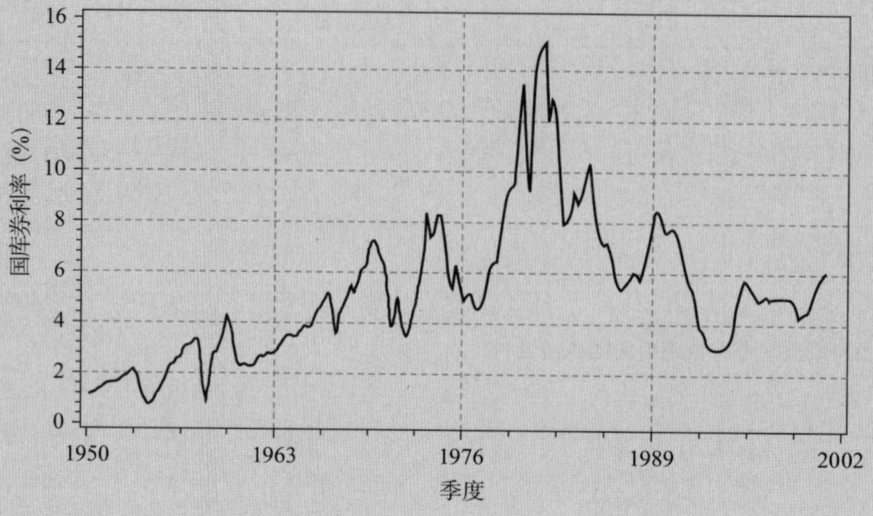

图 21.6　国库券利率

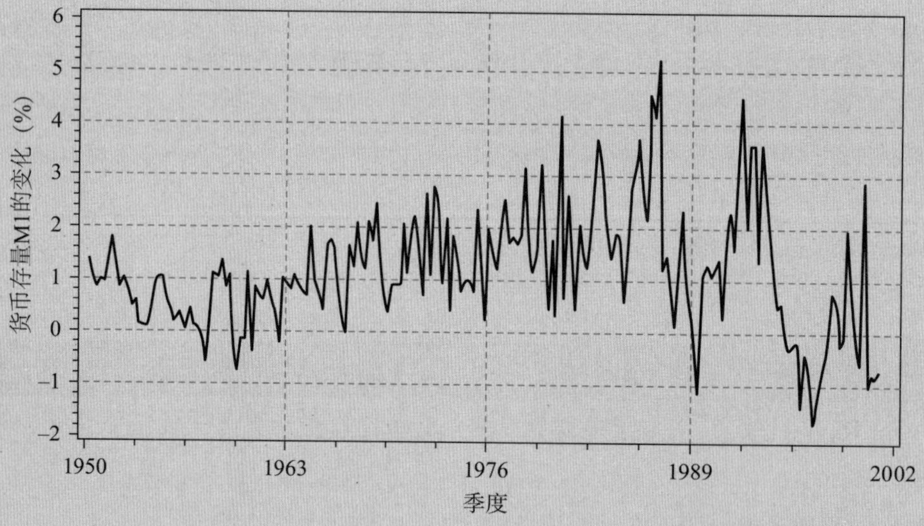

图 21.7　货币存量的变化百分比

迪基-富勒检验如表 21.4 所示。其中，每种情形都存在 203 个观测值。在计算通货膨胀率和货币存量的变化时会缺失第一个观测值，而在回归中进行差分处理时又将缺失一个观测值。在对包含时间趋势的产出方程进行的显著性为 95% 的单侧检验中，通过对每个板块第二行最后一列进行插值计算，相应就可以得到 DF_τ 和 DF_γ 的临界值分别为 -3.68 和 -24.2；对于其他只包含常数项但不包含趋势项的方程，相应的临界值为 -3.14 和 -16.8。对于产出方程（y），检验统计量为

表 21.4　单位根检验（估计值的标准误在括号中给出）

	μ	β	γ	DF_τ	DF_γ	结论
π	0.332		0.659	−6.40	−68.88	拒绝 H_0
	(0.069 6)		(0.053 2)	$R^2=0.432$	$s=0.643$	
y	0.320	0.000 33	0.958	−2.35	−8.48	不拒绝 H_0
	(0.134)	(0.000 15)	(0.017 9)	$R^2=0.999$	$s=0.001$	
i	0.228		0.961	−2.14	−7.88	不拒绝 H_0
	(0.109)		(0.018 2)	$R^2=0.933$	$s=0.743$	
Δm	0.448		0.596	−7.05	−81.61	拒绝 H_0
	(0.092 3)		(0.057 3)	$R^2=0.351$	$s=0.929$	
$i-\pi$	0.615		0.557	−7.57	−89.49	拒绝 H_0
	(0.185)		(0.058 5)	$R^2=0.311$	$s=2.395$	
$\Delta m-\pi$	0.070 0		0.490	−8.25	−103.02	拒绝 H_0
	(0.083 3)		(0.061 8)	$R^2=0.239$	$s=1.176$	

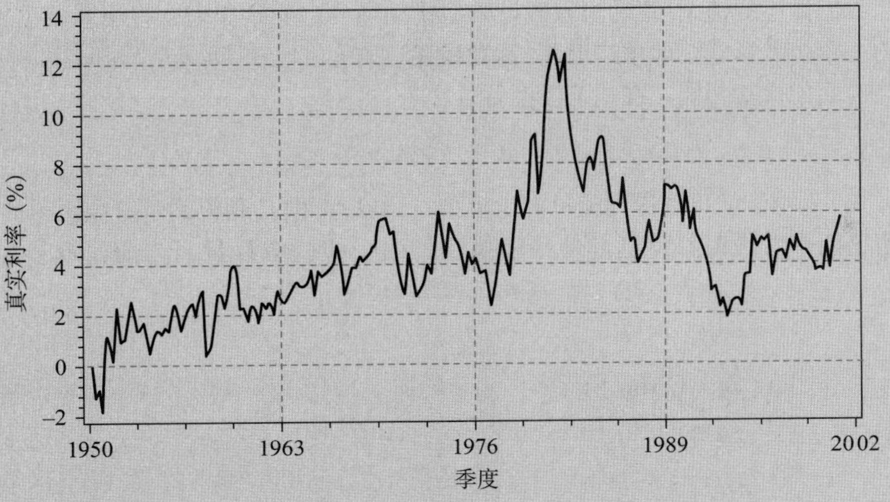

图 21.8　事后真实国库券利率

$$DF_\tau=\frac{0.958\,494\,038\,4-1}{0.017\,880\,922}=-2.32>-3.44$$

和

$$DF_\gamma=202\times(0.958\,494\,038\,4-1)=-8.38>-21.2$$

二者均大于临界值，所以我们断定（与其他研究者一样），在 GDP 对数过程中存在单位根。其他检验的结果如表 21.4 所示。令人惊讶的是，对于 π 和 Δm，这里的结论与 Cecchetti and Rich（2001）的极为不同。样本期间显得至关重要；如果我们利用凯切蒂和里奇的区间 1959 年第 4 季度至 1997 年第 4 季度重新计算，则 DF_τ 等于−3.51。虽然该值位于边界上，但至少不是截然对立的。对于 Δm，当我们使用更短的样本区间时，DF_τ 为−4.204。

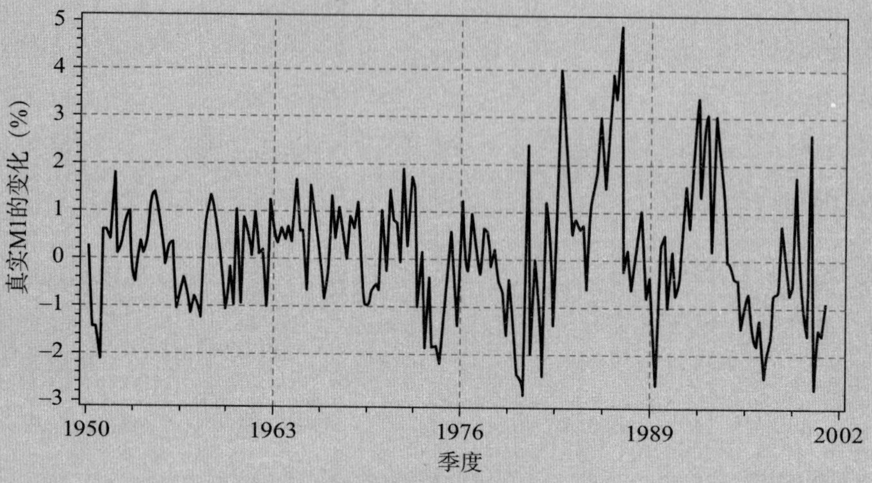

图 21.9　真实货币存量的变化

以上我们描述的迪基-富勒检验假设模型扰动项为白噪音序列。将序列相关性纳入考虑时便得到它的一个扩展形式，即**增广迪基-富勒检验**（augmented Dickey-Fuller test）。增广迪基-富勒检验与前面的检验相同，在如下模型背景中进行：

$$y_t=\mu+\beta t+\gamma y_{t-1}+\gamma_1\Delta y_{t-1}+\cdots+\gamma_p\Delta y_{t-p}+\varepsilon_t$$

当 $\mu=0$，$\beta=0$ 时，就可以得到随机游走模型；当 $\beta=0$ 时，则得到带有截距项的随机游走模型；而当保留这两个参数时，得到趋势平稳模型。两个检验统计量（与前面章节中构造的完全一样）为

$$DF_\tau=\frac{\hat{\gamma}-1}{\text{Est. Std. Error}(\hat{\gamma})}$$

和

$$DF_\gamma=\frac{T(\hat{\gamma}-1)}{1-\hat{\gamma}_1-\cdots-\hat{\gamma}_p}$$

这个表达式的优点在于，它能处理 ε_t 中的更高阶自回归过程。

另一种表述形式更为简便。等式两边同时减去 y_{t-1}，我们有

$$\Delta y_t=\mu+\beta t+\gamma^* y_{t-1}+\sum_{j=1}^{p}\phi_j\Delta y_{t-j}+\varepsilon_t$$

式中

$$\phi_j=-\sum_{k=j+1}^{p}\gamma_k \text{ 和 } \gamma^*=\Big(\sum_{i=1}^{p}\gamma_i\Big)-1$$

与之前一样，单位根检验设定原假设 $\gamma^*=0$ 而不是 $\gamma^*<0$。[①] 其中会用到 t 检验统计量 DF_τ。如果不能拒绝单位根，则表明单位根存在，即 $\gamma^*=0$，则模型可转化为一阶差分的 $AR(p-1)$ 模型，也就是 y_t 的 $ARIMA(p-1, 1, 0)$ 模型。对一个包含时间趋势的模型

$$\Delta y_t=\mu+\beta t+\gamma^* y_{t-1}+\sum_{j=1}^{p-1}\phi_j \Delta y_{t-j}+\varepsilon_t$$

通过检验联合假设 $\beta=\gamma^*=0$ 即可进行单位根检验。Dickey and Fuller（1981）给出了检验这个假设的对应临界 F 统计量，其中部分值如表 21.2 中第一行结果所示。（作者不断强调 γ^* 而忽略了时间趋势，只把它作为适当表述的一部分。此时，依旧可以用 DF_τ 临界值进行 $\gamma^*=0$ 的简单检验。）

滞后阶数 p 仍有待确定。通常，我们建议采用从上往下检验直至正确值，而非从下往上检验。研究者可以使用熟悉的方法，并分析最后一个系数的统计量——通常的检验依然适用。另一种方法是，将模型拟合的度量指标（比如回归 s^2）与信息准则之一相结合。赤池和施瓦茨（贝叶斯）信息准则存在两个信息度量标准

$$IC(p)=\ln\left(\frac{\mathbf{e}'\mathbf{e}}{T-p_{\max}-K^*}\right)+(p+K^*)\left(\frac{A^*}{T-p_{\max}-K^*}\right)$$

式中

$K^*=1$（对随机游走）；2（对带有截距项的随机游走）；3（对趋势平稳）

$A^*=2$（对赤池准则）；$\ln(T-p_{\max}-K^*)$（对贝叶斯准则）

$p_{\max}=$所考虑的最大滞后阶数

余下的工作就是要确定 $p_{\max}$，然而理论并未对此加以介绍。基于大量模拟试验，Schwert（1989）发现，使用

$p_{\max}=[12\times(T/100)^{0.25}]$的整数部分（取整）

能够推导出很好的结果。

除迪基-富勒检验之外，许多其他方法先后被提出，有些是为了改善有限样本性质，有些是为了适应更一般的模型框架。通过如下函数形式计算就可以得到 Phillips（1987）与 Phillips and Perron（1988）统计量，即

$$y_t=\delta_t+\gamma y_{t-1}+\gamma_1 \Delta y_{t-1}+\cdots+\gamma_p \Delta y_{t-p}+\varepsilon_t \tag{21-6}$$

式中，δ_t 可能是 0，μ 或 $\mu+\beta t$。这个程序修正了我们前面分析的两个迪基-富勒统计量

$$Z_\tau=\sqrt{\frac{c_0}{a}}\left(\frac{\hat{\gamma}-1}{v}\right)-\frac{1}{2}(a-c_0)\frac{Tv}{\sqrt{as^2}}$$

$$Z_\gamma=\frac{T(\hat{\gamma}-1)}{1-\hat{\gamma}_1-\cdots-\hat{\gamma}_p}-\frac{1}{2}\left(\frac{T^2v^2}{s^2}\right)(a-c_0)$$

式中

---

① 容易证明，特征多项式的其中一个根是 $1/(\gamma_1+\gamma_2+\cdots+\gamma_p)$。

$$s^2=\frac{\sum_{t=1}^{T}e_t^2}{T-K}$$

$v^2=\hat{\gamma}$ 的估计渐近方差

$$c_j=\frac{1}{T}\sum_{s=j+1}^{T}e_te_{t-s},j=0,\cdots,L=\text{残差的第 } j \text{ 个自协方差}$$

$$c_0=[(T-K)/T]s^2$$

$$a=c_0+2\sum_{j=1}^{L}\left(1-\frac{j}{L+1}\right)c_j$$

[注意，计算 a 时使用了纽韦-韦斯特（巴特利特）权重。和前面一样，分析人员必须选择 L 的值。] 这些检验统计量同样参照了我们前面使用的迪基-富勒表。

Elliot，Rothenberg，and Stock（1996）提出了一种叫 ADFGLS 程序的方法，以适应 ε 的更一般形式；生成 ε_t 的程序被假定为一个 $I(0)$ 平稳过程，并可能是 ARMA(r，s) 过程。原假设和前面一样，是式（21-6）中的 $\gamma=1$，其中 $\delta_t=\mu$ 或 $\delta_t=\mu+\beta t$。这个方法有以下几个步骤：

第一步：对于带有截距项的随机游走和趋势平稳情形，模型

$$\mathbf{y}^*=\begin{bmatrix}y_1\\y_2-\bar{r}y_1\\\cdots\\y_T-\bar{r}y_{T-1}\end{bmatrix}\text{对 }\mathbf{X}^*=\begin{bmatrix}1\\1-\bar{r}\\\cdots\\1-\bar{r}\end{bmatrix}\text{或 }\mathbf{X}^*=\begin{bmatrix}1&1\\1-\bar{r}&2-\bar{r}\\\cdots&\cdots\\1-\bar{r}&T-\bar{r}(T-1)\end{bmatrix}$$

进行线性回归 [注意，最后一个矩阵的第二列无非就是 $\bar{r}+(1-\bar{r})t$]。从回归 $\tilde{y}=y_t-\hat{\delta}_t$ 中计算残差。在随机游走模型中，$\bar{r}=1-7/T$；在含趋势的模型中则为 $1-13.5/T$。

第二步：利用如下模型进行迪基-富勒 DF_τ 检验

$$\tilde{y}_t=\gamma\tilde{y}_{t-1}+\gamma_1\Delta\tilde{y}_{t-1}+\cdots+\gamma_p\Delta\tilde{y}_{t-p}+\eta_t$$

若模型不包含时间趋势，则 $\gamma-1$ 的 t 统计量可参照表 21.2 中间那部分临界值。而对于趋势平稳模型，应参照埃利奥特（Elliot）等人所给出的临界值表。在该表中，置信水平为 97.5% 的单侧检验临界值为 −3.15。

与许多类似的新方法一样，研究人员对上述检验进行了大小不一的修正，所以在现实中人们使用时可能会遇到困难。事实上，迪基-富勒程序在大量应用中都给出了很好的检验结果，是一种经受了时间考验的稳健工具。**菲利普斯-佩龙检验**（Phillips-Perron tests）虽更具一般性，但却不适用于小样本。研究者仍在对上述这些方法（比如埃利奥特等人的方法）进行探讨，而其他检验方法可参见 Maddala and Kim（1998）。

❖例 21.3　对 GDP 中单位根的增广迪基-富勒检验

Dickey and Fuller（1981）将他们的方法用于季度产出序列（取对数）模型，即美联储生产指数（Federal Reserve Board Production Index）。所用的模型为

$$y_t=\mu+\beta t+\gamma y_{t-1}+\phi(y_{t-1}-y_{t-2})+\varepsilon_t \tag{21-7}$$

该检验为假设模型中 β 和 γ^* 都为零的联合假设检验，即

$$y_t - y_{t-1} = \mu^* + \beta t + \gamma^* y_{t-1} + \phi(y_{t-1} - y_{t-2}) + \varepsilon_t$$

（若 $\gamma=0$，则 μ^* 也等于零。）我们再次利用在线附表 F5.2 中 1950 年第 1 季度至 2000 年第 4 季度期间真实 GDP 的观测数据进行分析。

我们首先采用增广迪基-富勒检验。第一步是确定增广回归的适当滞后阶数。利用施沃特（Schwert）检验，可以计算出最大滞后阶数应该是 14。由于在方程中要估计的系数多达 17 个，所以设定搜索利用第 18 个观测值至第 204 个观测值，于是有

$$y_t = \mu + \beta t + \gamma y_{t-1} + \sum_{j=1}^{p} \gamma_j \Delta y_{t-j} + \varepsilon_t$$

在 $j=14$，13，…的 14 个回归序列中，只有最后一个回归中的一阶差分才具有统计显著性，迪基和富勒所用的模型也正是基于此。两个信息准则得到的结论类似。它们都从 $j=14$ 到 $j=1$ 单调递减，由此我们最终锁定 $j=1$，并继续研究迪基和富勒的模型。

式（21－7）中方程的线性回归结果为

$$y_t = 0.368 + 0.000\ 391t + 0.952 y_{t-1} + 0.360\ 25 \Delta y_{t-1} + e_t\ ,\ s = 0.009\ 12$$
$$(0.125)(0.000\ 138)\ (0.016\ 7)\quad (0.064\ 7)\qquad R^2 = 0.999\ 647$$

两个检验统计量为

$$\mathrm{DF}_\tau = \frac{0.951\ 66 - 1}{0.016\ 716} = -2.892$$

和

$$\mathrm{DF}_\gamma = \frac{201 \times (0.951\ 66 - 1)}{1 - 0.360\ 25} = -15.263$$

两个统计量分别大于相应的临界值－3.70 和－24.5。我们由此断定（和许多其他研究一样），GDP 对数中存在单位根。

为了得出菲利普斯-佩龙统计量，我们需要附加几个中间统计量。根据 Hamilton（1994，p.512）的计算，我们选择 $L=4$ 计算长期方差。所需的其他值分别为 $T=202$，$\hat{\gamma}=0.951\ 661\ 3$，$s^2=0.000\ 083\ 114\ 88$，$v^2=0.000\ 279\ 426\ 47$，以及前 5 阶自协方差 $c_0=0.000\ 081\ 469$，$c_1=-0.000\ 003\ 511\ 62$，$c_2=0.000\ 006\ 880\ 53$，$c_3=-0.000\ 000\ 597\ 305$ 和 $c_4=-0.000\ 001\ 281\ 63$。将这些值加权求和得到 $a=0.000\ 084\ 072\ 2$，它只是对 c_0 略加修正。综合这些结论，我们便得到菲利普斯-佩龙统计量 $Z_\tau=-2.899\ 21$ 和 $Z_\gamma=-15.441\ 33$。由于它们同样适用于迪基-富勒表中的临界值，所以我们可以得到和前面一致的结论，即不拒绝 GDP 对数中存在单位根的假设。

□ 21.2.6 KPSS 稳定性检验

Kwiatkowski et al.（1992）（KPSS）研究出了一种替代迪基-富勒时间序列稳定性检验的方法。其具体的操作是一种非稳定性检验，而不是在模型中进行直接基于稳定性原假设的检验，即

$$\begin{aligned} y_t &= \alpha + \beta t + \gamma \sum_{i=1}^{t} z_i + \varepsilon_t,\ t = 1, \cdots, T \\ &= \alpha + \beta t + \gamma Z_t + \varepsilon_t \end{aligned}$$

式中，ε_t 是平稳序列；z_t 是均值为 0、方差为 1 的独立同分布平稳序列（这里运用正态化进行了简化，因为 α 包含非零均值而 γ 包含非单位方差）。如果 $\gamma=0$，那么当 $\beta=0$ 时，该过程是平稳的；而当 $\beta\neq0$ 时是趋势平稳的。因为 Z_t 是 $I(1)$，所以当 γ 非零时，y_t 是非平稳的。

原假设为 H_0：$\gamma=0$，备择假设为 H_1：$\gamma\neq0$ 的 KPSS 检验颠覆了迪基-富勒统计量的方案（迪基-富勒检验的原假设为 $\gamma<1$，备择假设为 $\gamma=1$）。在此原假设下，α 和 β 可以使用 OLS 法估计。令 e_t 表示第 t 个 OLS 残差，即

$$e_t=y_t-a-bt$$

并令部分和的结果为

$$E_t=\sum_{s=1}^{t}e_s,t=1,\cdots,T$$

（注意，$E_T=0$。）KPSS 统计量为

$$\text{KPSS}=\frac{\sum_{t=1}^{T}E_t^2}{T^2\hat{\sigma}^2}$$

式中

$$\hat{\sigma}^2=\frac{\sum_{t=1}^{T}e_t^2}{T}+2\sum_{j=1}^{L}(1-\frac{j}{L+1})r_j$$

$$r_j=\frac{\sum_{s=j+1}^{T}e_se_{s-j}}{T}$$

L 由研究人员选定［见式（20－17）］。在扰动项正态性条件下，KPSS 统计量为 LM 统计量。作者在更一般的条件下推导了这个统计量。检验统计量的临界值可以通过模拟估计得到。作者公布的 0.05 上界临界值（参见他们的表 1，p. 166），在 $\beta=0$ 和 $\beta\neq0$ 时分别是 0.463 和 0.146。

例 21.4　　GDP 中是否存在单位根？

借助例 21.3 中迪基-富勒检验的数据，我们使用 KPSS 方法（$L=10$）重复检验过程。得到的两个统计量分别为 1.953（不存在趋势时）和 0.312（存在趋势时）。将这些结果与表 21.4 中的值相比较，我们再次得出结论，即 GDP 对数中的确存在单位根。或者更准确地说，我们断定 GDP 对数既不是平稳序列，也不是趋势平稳序列。

21.3　协整

实证宏观经济学研究几乎总能遇到非平稳的趋势变量，比如收入、消费、货币需求、价格水平、贸易流量和汇率等。根据以往积累的研究经验和前面几节的结论，处理这种序列恰当的方法是，使用差分及其他变形（比如季节性调整）使之平稳，然后把由此得到的序列当作向量自回归（vector autoregressions，VARs）过程或用 Box and Jenkins（1984）方法进行分析。但近期的研究和文献表明，还存在更有趣和更恰当的方法来分析趋势变量。

在充分设定的回归模型

$$y_t=\beta x_t+\varepsilon_t$$

中，预先假定扰动项 ε_t 为平稳白噪音序列。[①] 但如果 y_t 和 x_t 都是单整序列，那么这个假定就是错误的。通常，如果两个序列是不同阶数的单整序列，那么其线性组合将与二者中的高阶序列同阶。因此，如果 y_t 和 x_t 都是 $I(1)$——如果二者都是趋势变量——那么一般会得出这样的结论：无论 β 取何值，$y_t-\beta x_t$ 都将是 $I(1)$ 而非 $I(0)$（即不是平稳序列）。如果 y_t 和 x_t 都有向上漂移的趋势，那么除非两种趋势之间存在某种关系，否则二者之差也应该是以某种趋势增长的。模型中则一定会出现某种不一致性。另外，如果两个序列都是 $I(1)$，就可能存在一个 β，使得

$$\varepsilon_t=y_t-\beta x_t$$

是 $I(0)$。很明显，如果两个序列都是 $I(1)$，那么两个序列间的偏差将围绕着一个固定均值保持稳定。也就是说，两个序列会以大体相同的速率漂移。满足这个要求的两个序列之间的关系被称为**协整**（cointegrated），向量 $[1, -\beta]$（或其任意倍数）被称为协整向量（cointegrating vector）。在这种情况下，我们可以识别 y_t 和 x_t 之间的长期关系（即两个变量一起向上漂移的方式）和短期动态关系，也就是二者相对各自长期趋势的背离之间的关系。若是这种情况，数据的差分便达不到预期目的，因为差分会掩盖 y_t 和 x_t 之间的长期关系。研究协整及其相关技术——误差修正（error correction）所用的估计方法，便保留了这两种共变形式的全部信息。[②]

❖例 21.5　消费与产出的协整分析

对于上述现象，我们比较熟悉的例子之一是消费和收入。图 21.10 描绘了 1950 年第 1 季度至 2000 年第 4 季度期间 GDP 和消费的对数。两个变量明显都是非平稳序列。我们已经验证了在收入数据中存在一个单位根，消费变量同样也是 $I(1)$ 序列，留给读者验证。不过，消费与产出之间存在一种明显的关系。我们考虑消费对数对收入对数的简单回归，其中两个变量都采用了均值离差的形式（所以回归中包含一个常数项）。回归斜率为 1.056 765，回归残差 $u_t=[\ln\text{Cons}^*, \ln\text{GDP}^*][1, -1.056\,765]$（其中“*”表示均值离差）如图 21.11 所示。残差中显然没有趋势性，但残差序列是否平稳仍有待检验。在最小二乘残差对常数项（带有截距项的随机游走过程）、滞后值和滞后一阶差分的 ADF 回归中，u_{t-1} 的系数为 0.838 488(0.037 020 5)；$u_{t-1}-u_{t-2}$ 的系数为 −0.098 522。（因为在 ADF 回归中丢失了两个观测值，因此常数项趋于零。）使用 202 个观测值，我们发现 $\text{DF}_\tau=-4.63$，$\text{DF}_\gamma=-29.55$。二者都远小于临界值，这就表明残差序列不包含单位根。我们断定（至少看上去是这样），尽管含有趋势项的原变量都不平稳，但它们有一个平稳的线性组合。如果这个结论在经过一个更规范的检验分析之后依然成立，那么我们就说 GDP 对数和消费对数是协整的。

---

① 如果模型中存在自相关，那么其已经通过某种合适的变形被除去。

② 比如参见 Engle and Granger (1987) 和在 Hamilton (1994) 中引用的文献。另外一篇有关 VAR 和协整的综述文献是 Watson (1994)。

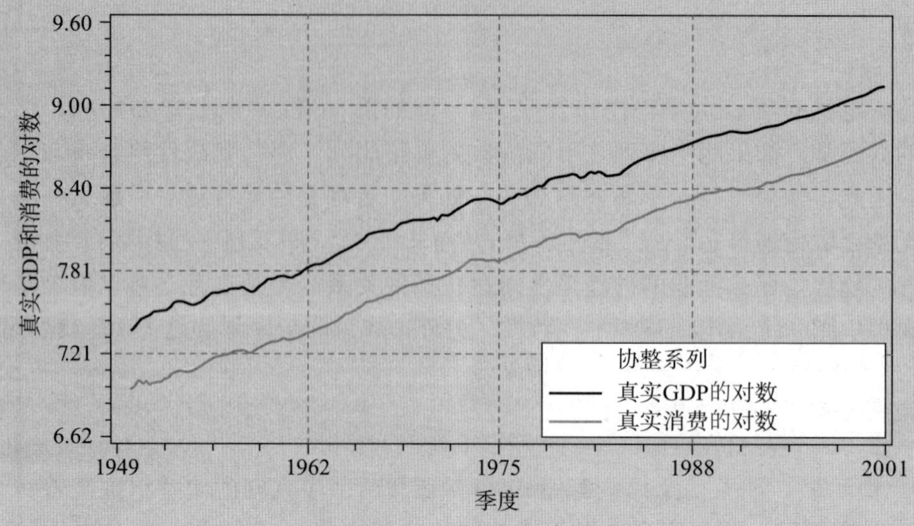

图 21.10　协整变量：GDP 和消费的对数

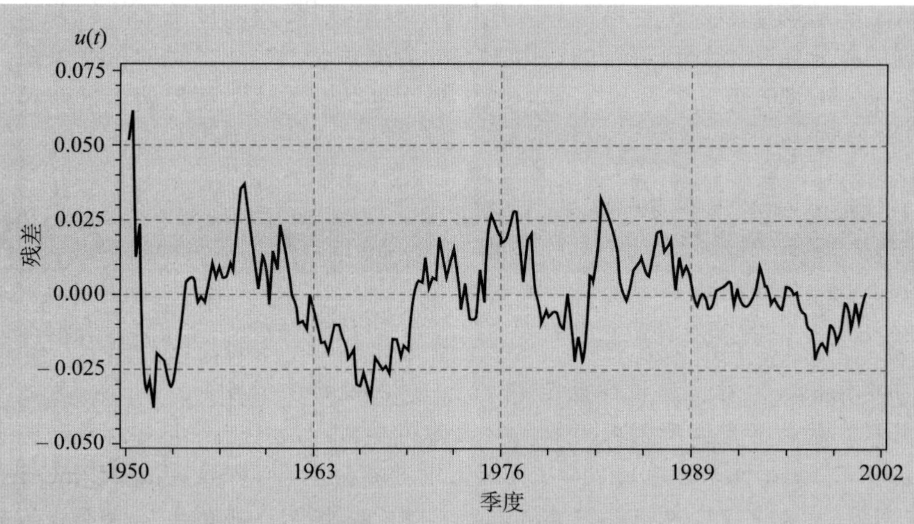

图 21.11　消费-收入回归的残差

❖例 21.6　几个协整序列

购买力平价理论阐述了，在一个长期均衡中，汇率可以自发调整并消除不同国家在购买力上的差异。因此，若 p_1 和 p_0 分别为两个国家的价格水平，E 为两国货币的汇率，则在均衡时有

$$v_t = E_t \frac{p_{1t}}{p_{0t}} = \mu$$

为一个常量。任何两个国家的价格水平都可能具有很强的趋势性。但在容许短期偏离均衡的情况下，理论表明，对于一个特定向量 $\boldsymbol{\beta} = (\ln\mu,\ -1,\ 1)'$，在模型

$$\ln E_t = \beta_1 + \beta_2 \ln p_{1t} + \beta_3 \ln p_{0t} + \varepsilon_t$$

中，$\varepsilon_t = \ln v_t$ 是一个平稳序列，也就意味着模型中三个变量的对数是协整的。

我们假设模型包含 M 个变量，$\mathbf{y}_t = [y_{1t}, \cdots, y_{Mt}]'$，它们是 $I(0)$ 或 $I(1)$ 序列，且长期均衡关系为

$$\mathbf{y}_t'\boldsymbol{\gamma} - \mathbf{x}_t'\boldsymbol{\beta} = 0$$

回归元可能包含一个常数项、假定为 $I(0)$ 的外生变量和/或时间趋势。参数向量 $\boldsymbol{\gamma}$ 是协整向量。在短期中，这个系统可能会偏离其均衡状态，所以其关系可重新写为

$$\mathbf{y}_t'\boldsymbol{\gamma} - \mathbf{x}_t'\boldsymbol{\beta} = \varepsilon_t$$

式中，**均衡误差**（equilibrium error）ε_t 一定是一个平稳序列。事实上，由于这个系统中有 M 个变量，所以至少在原则上有不止一个协整向量。在一个包含 M 个变量的系统中，最多只能有 $M-1$ 个线性无关的协整向量。虽然这个命题的证明很简单，但此时的确很有必要对其进行证明。

证明： 假设 $\boldsymbol{\gamma}_i$ 是一个协整向量，并且一共有 M 个线性无关的协整向量。暂不考虑 $\mathbf{x}_t'\boldsymbol{\beta}$，则对于每一个 $\boldsymbol{\gamma}_i$，$\mathbf{y}_t'\boldsymbol{\gamma}_i$ 都是一个平稳序列 v_{ti}。由于一组平稳序列的任何一个线性组合都是平稳的，所以协整向量的每个线性组合也都是一个协整向量。如果有 M 个这种线性无关的 $M\times 1$ 向量，则它们就构成 M 维空间的一组基，于是任意一个 $M\times 1$ 向量都可以用这些协整向量构成，包括 $M\times M$ 单位矩阵的列。因此，单位矩阵的第一列将会是一个协整向量，或者说 y_{t1} 是 $I(0)$，这一结论与我们令 y_{t1} 为 $I(1)$ 序列的前提相矛盾，因此最多只有 $M-1$ 个线性无关的协整向量。

均衡系统中存在的线性无关协整向量的个数被称为**协整秩**（cointegrating rank）。协整秩的取值范围为 1 至 $M-1$。如果它大于 1，我们会发现一个有趣的识别问题。基于对上述证明的观察，我们遗憾地发现，通常如果一个系统的协整秩超过 1，那么如果没有样本外的准确信息，就不能把行为关系作为协整向量进行估计。Enders（1995）给出了一个有用的例子。

❖例 21.7　多个协整向量

我们现在分析货币需求 m、价格水平 p、真实收入 y 和利率 r 这四个变量的对数。其基本关系为

$$m = \gamma_0 + \gamma_1 p + \gamma_2 y + \gamma_3 r + \varepsilon$$

假定价格水平和真实收入为 $I(1)$ 序列。货币市场长期均衡的存在意味着存在一个协整向量 $\boldsymbol{\alpha}_1$。如果美联储遵循一个特定反馈规则，在名义收入（$y+p$）偏低时增加货币存量，而在名义收入偏高时减少货币存量（用增长率表示更为有效），那么就有第二个协整向量，其中 $\gamma_1 = \gamma_2$，$\gamma_3 = 0$，假设我们把这个向量记为 $\boldsymbol{\alpha}_2$。货币需求方程中的参数，尤其是利率弹性，都是有趣的数量值，我们试图估计 $\boldsymbol{\alpha}_1$，以了解这个弹性的值。但由于 $\boldsymbol{\alpha}_1$ 和 $\boldsymbol{\alpha}_2$ 的每一个线性组合都是一个协整向量，所以我们这里只能估计出这两个协整向量的无用信息。

事实上，这个模型的参数（原则上）可以通过样本信息来识别。我们设定了两个协整向量

$$\boldsymbol{\alpha}_1 = [1, -\gamma_{10}, -\gamma_{11}, -\gamma_{12}, -\gamma_{13}]'$$

和

$$\boldsymbol{\alpha}_2=[1,-\gamma_{20},\gamma_{21},\gamma_{21},0]'$$

尽管 $\boldsymbol{\alpha}_1$ 和 $\boldsymbol{\alpha}_2$ 的每一个线性组合都确实是一个协整向量，但只有这两个初始向量才在第一个位置上都为 1，并且第二个向量在最后一个位置上为 0（这个等式约束实际上过度识别了参数矩阵）。当然，这个结论正是我们证明联立方程组的可识别性时所用的那种分析。

□ 21.3.1 共同趋势

如果两个 $I(1)$ 变量是协整的，那么它们的某个线性组合就是 $I(0)$。不难理解，线性组合无法创造出一个表现良好的新变量；相反，原变量在整合后缺失了部分内容。例如，假设两个 $I(1)$ 变量都具有线性趋势，即

$$y_{1t}=\alpha+\beta t+u_t$$
$$y_{2t}=\gamma+\delta t+v_t$$

式中，u_t 和 v_t 均为白噪音。利用 y_{1t} 和 y_{2t} 的一个线性组合与向量（1，θ）就可以得到新变量

$$z_t=(\alpha+\theta\gamma)+(\beta+\theta\delta)t+u_t+\theta v_t$$

一般来说，它仍是 $I(1)$ 序列。实际上，仅在 $\theta=-\beta/\delta$ 时，才存在使得序列 z_t 变为平稳序列的方法。如果是这样，那么这两个变量的线性组合就可以消除它们共同的线性趋势，这正是 Stock and Watson（1998）分析这个问题的基础。但是，他们的研究在此基础上前进了重要的一步。y_{1t} 和 y_{2t} 协整的必要条件是，它们具有某种共同趋势。为了进一步分析，假设左边的项 y_1 和 y_2，而非线性趋势 t 是一个随机游走过程 $w_t=w_{t-1}+\eta_t$ 的函数（其中 η_t 为白噪音）。分析还是与上面一样。现在假设每个变量 y_{it} 都有其各自的随机游走成分 w_{it}，$i=1$，2，则 y_{1t} 和 y_{2t} 的任一个线性组合都包含这两个随机游走。很明显，只有当 $w_{1t}=w_{2t}$ 时，它们才可能协整，这又一次说明它们必须具有**共同趋势**（common trend）。最后，假设 y_{1t} 和 y_{2t} 具有两个共同趋势，即

$$y_{1t}=\alpha+\beta t+\lambda w_t+u_t$$
$$y_{2t}=\gamma+\delta t+\pi w_t+v_t$$

我们对 λ 和 π 不加任何限定。对于上式，稍加整理后发现，尽管 y_{1t} 和 y_{2t} 具有共同趋势，但要推导出两个变量协整的线性组合却不太可能。这个例子最终说明，如果 y_{1t} 和 y_{2t} 协整，那么它们必须有且只有一个共同趋势。

正如斯托克和沃森所指出的，上述结论才是经济变量协整的关键。M 个协整变量构成的集合可以分解成一个平稳成分和一个较小的共同趋势集合的线性组合。如果这个系统的协整秩为 r，那么至多有 $M-r$ 个线性趋势和 $M-r$ 个共同的随机游走过程。[①]（两变量情形是特殊情况，在一个两变量系统中，有且只能有一个共同趋势。）协整的结果就是消除组合变量中的共同趋势。

□ 21.3.2 误差修正和 VAR 表述

假设两个 $I(1)$ 变量 y_t 和 z_t 协整，且协整向量为 $[1,\ -\theta]$，那么三个变量 $\Delta y_t=y_t-y_{t-1}$，Δz_t 和（$y_t-\theta z_t$）都是 $I(0)$。误差修正模型（error correction model）

① 见 Hamilton（1994，p. 578）。

$$\Delta y_t = \mathbf{x}_t'\boldsymbol{\beta} + \gamma(\Delta z_t) + \lambda(y_{t-1} - \theta z_{t-1}) + \varepsilon_t$$

描述了 y_t 围绕其长期趋势［用一组 $I(0)$ 外生因素 $\mathbf{x}_t$ 表示］、围绕 z_t 的长期趋势的变动和作为协整模型中均衡误差的误差修正项（$y_t - \theta z_t$）。协整模型与误差修正模型之间密切相关。按照现在的情况来看，上述形式的模型貌似合乎情理，但事实上它只在两个变量协整时才具有内在一致性。否则，第三项乃至整个右边变量都不是 $I(0)$ 序列，即便左边必然是这样。原因在于，我们为推导协整而做出的相同的假设条件暗示着误差修正模型的存在。[①] 如同我们在后文中将分析的，这个表述的作用在于，它提出了一种为 y_t 中的长期变量建立一个明确的模型，以及对协整关系进行检验的方法。在后续的研究中，我们会发现上述分析表明，所估计的协整模型的残差（即估计的均衡误差）可存在于 y_t 和 z_t 长期共变的精确模型中。由此，我们就得到了分析协整的恩格尔-格兰杰方法的基础。

Pesaran，Shin，and Smith（2001）提出了一种当误差修正形式中存在显著的滞后时，用于检验 y_t 与 $\mathbf{x}_t$ 不同水平的关系的方法。其**界域检定**（bounds test）兼容了解释变量是趋势平稳或者差分平稳的可能性。他们提供的临界值包含了解释变量是 $I(0)$ 的，或者是 $I(1)$ 的，抑或是交叉协整的情况。这一统计方法可用来检验水平方程的存在，且不论变量是不是 $I(0)$ 的、$I(1)$ 的，或者协整的。在其应用中，y_t 代表英国的实际收入，而 $\mathbf{x}_t$ 包括了生产力的度量、失业率、劳动力工会、衡量失业津贴和真实工资之间差异的替代率，以及实物工资和真实消费工资之间的楔子。已发现工资和生产力有单位根，因此接下来的主要问题就是识别工会、楔子、失业率［可能是 $I(0)$ 的］是否在模型中有水平影响。

考虑上述模型的 VAR 表达形式

$$\begin{pmatrix} y_t \\ z_t \end{pmatrix} = \begin{bmatrix} \gamma_{11} & \gamma_{12} \\ \gamma_{21} & \gamma_{22} \end{bmatrix} \begin{pmatrix} y_{t-1} \\ z_{t-1} \end{pmatrix} + \begin{pmatrix} \varepsilon_{1t} \\ \varepsilon_{2t} \end{pmatrix}$$

或者

$$\mathbf{y}_t = \boldsymbol{\Gamma}\mathbf{y}_{t-1} + \varepsilon_t$$

式中，向量 $\mathbf{y}_t$ 是［y_t，z_t］′。取一阶差分，于是有

$$\mathbf{y}_t - \mathbf{y}_{t-1} = (\boldsymbol{\Gamma} - \mathbf{I})\mathbf{y}_{t-1} + \boldsymbol{\varepsilon}_t$$

或

$$\Delta\mathbf{y}_t = \boldsymbol{\Pi}\mathbf{y}_{t-1} + \boldsymbol{\varepsilon}_t$$

如果所有变量都是 $I(1)$ 序列，那么左边所有 M 个变量都是 $I(0)$，右边变量是不是 $I(0)$ 还有待进一步确定。由矩阵 $\boldsymbol{\Pi}$ 可以推导出 $\mathbf{y}_t$ 中变量的线性组合。但正如我们所见，并不是所有的线性组合都是协整的。这种独立线性组合的个数为 $r<M$。因此，尽管模型一定有一个 VAR 表达形式，但协整意味着，必须对 $\boldsymbol{\Pi}$ 的秩施加一个限定：它不可能是满秩矩阵，且它的秩为 r。从另一个角度看，我们可以得到辨别协整的其他方法。假设我们把这个模型作为一个无约束的 VAR 模型进行估计，则所得到的系数矩阵应该是降秩的。这一结果意味着，假设我们拟合 VAR 模型，并对系数矩阵施加降秩限定（具体方法尚有待讨论），那么如果变量真的是协整的，这个约束就不应该导致拟合损失。这一结论也是 Johansen（1988）与 Stock and Watson（1988）

① 这个结论的一般形式即格兰杰表述定理。详见 Hamilton（1994，p. 582）。

分析协整的基础。

□ 21.3.3 协整检验

协整分析的第一步，自然是证明协整确实是数据的一个特征。关于协整检验，主要有两个方法。一是 Engle and Granger（1987）的方法，基于对均衡误差的单方程估计值是否平稳的判断；二是 Johansen（1988，1991）与 Stock and Watson（1988）提出的基于 VAR 的方法。我们在前面的章节中曾指出，如果一组变量确实是协整的，那么我们应该能够发现一个无约束 VAR 模型中隐含的约束条件。下面我们将依次分析这两个方法。

令 $\mathbf{y}_t$ 表示被协整的 M 个变量构成的集合。两种分析的第一步都需要证明变量是同阶单整序列。这可以使用 21.2.4 小节中讨论的迪基-富勒检验。如果有证据表明变量是不同阶的单整序列或根本就不是单整序列，那么就应该重新考虑模型的设定。

如果系统的协整秩为 r，那么便有 r 个独立向量，$\boldsymbol{\gamma}_i=[1,\ -\boldsymbol{\theta}_i]$，其中每个向量都可以通过对不同变量的正态化来区别。如果我们假设模型中存在一组包含一个常数项的 $I(0)$ 外生变量，那么每个协整向量都有以下均衡关系

$$\mathbf{y}_t'\boldsymbol{\gamma}_i=\mathbf{x}_t'\boldsymbol{\beta}+\varepsilon_{it}$$

我们可以把它改写成

$$y_{it}=\mathbf{Y}_{it}'\boldsymbol{\theta}_i+\mathbf{x}_t'\boldsymbol{\beta}+\varepsilon_{it}$$

通过最小二乘回归，我们可以得到 $\boldsymbol{\theta}_i$ 的估计值。若理论正确，且 OLS 估计量是一致的，则这个回归的残差就可以估计均衡误差。但是得到一致性有两个困难。首先，由于方程两边都包含 $I(1)$ 变量，所以可能会出现伪回归的问题。其次，稍加思考便可发现，我们所做的其实就是抽取普通联立方程模型中的一个方程，并试图用普通最小二乘法估计其参数。正如第 10 章中的分析结论，这种情况下不太可能实现一致性。这套理论比较特别的结论之一是，在这个背景下，上述考虑都不成问题。实际上，许多研究者①都指出，$\boldsymbol{\theta}_i$ 的 OLS 估计量 $\mathbf{c}_i$ 不仅是一致的，而且还是**超一致的**（superconsistent），因为它的渐近方差是 $O(1/T^2)$，而不是通常的 $O(1/T)$。因此，伪回归的问题得以解决。下一步就是使用 OLS 估计协整向量。在迄今为止的所有假定之下，从这些回归中所得到的残差 e_{it} 就是均衡误差 ε_{it} 的估计值。由此，它们应该是 $I(0)$。对这些残差进行检验时，很自然会想到应用熟悉的迪基-富勒检验。虽然这在逻辑上似乎合理，但迪基-富勒表并不适合于这些估计误差。这些检验的合适临界值的估计值可参见 Engle and Granger（1987），Engle and Yoo（1987），Phillips and Ouliaris（1990）以及 Davidson and MacKinnon（1993）等文献。如果怀疑均衡误差中存在自相关，那么使用模型

$$\Delta e_{it}=\delta e_{i,t-1}+\phi_1(\Delta e_{i,t-1})+\cdots+u_t$$

就可以进行增广恩格尔-格兰杰检验。若不能拒绝原假设 $\delta=0$（备择假设为 $\delta<0$），我们就可以断定变量不是协整的。（这个方法可以否定协整，当然，不否定并不是确认其存在。若不能否定协整的存在，我们就可以像得到肯定结论一样继续进行分析。）

① 比如参见 Davidson and MacKinnon（1993）。

∵例 21.8　消费与产出的协整

在这个讨论给出的前一个例子中，我们正是用 Phillips and Ouliaris (1990) 提出的检验来判定消费（对数）和 GDP（对数）是否协整。我们在前面的章节中曾指出，这种方法在逻辑上合理，但仍有一些因素需要考虑。检验所用的迪基-富勒临界值只在少数情形中适用，而且在方程中出现趋势变量时便不再适用。对于我们这里只有两个趋势变量的情形，研究者可以使用迪基-富勒表中趋势平稳型方程的无限样本值（原回归要么将残差中的截距项和趋势包含在变量中，要么明确放在方程中，从而将它们移除）。最后，仍存在 ADF 回归中包含滞后差分阶数的问题。我们在这里设定了一个，但仍需要进一步分析［这类问题的详细分析见 Hayashi (2000, pp. 645 - 648)］。因此，若不是有这个可能的设定问题，本章引言中建议使用的 ADF 方法便符合要求。我们在前面的章节中得到的样本值为 -4.63，而表中 5%显著性水平的临界值为 -3.45，2.5%显著性水平的临界值为 -3.67。因此，我们可以得出结论（和其他分析者一样）：消费对数和 GDP 对数是协整的。

Johansen (1988, 1992) 与 Stock and Watson (1988) 的方法相似，所以我们只介绍前一个。虽然计算细节颇具建设性，但理论超出了本书的范围。为了进行约翰森检验，我们首先将 VAR 表示为

$$\mathbf{y}_t = \mathbf{\Gamma}_1 \mathbf{y}_{t-1} + \mathbf{\Gamma}_2 \mathbf{y}_{t-2} + \cdots + \mathbf{\Gamma}_p \mathbf{y}_{t-p} + \boldsymbol{\varepsilon}_t$$

模型阶数 p 必须事先确定。现在令 $\mathbf{z}_t$ 表示 $M(p-1)$ 个变量构成的向量，

$$\mathbf{z}_t = [\Delta \mathbf{y}_{t-1}, \Delta \mathbf{y}_{t-2}, \cdots, \Delta \mathbf{y}_{t-p+1}]$$

即 $\mathbf{z}_t$ 包含所有 M 个变量一阶差分的 1 阶至 $p-1$ 阶滞后项。现在，利用 T 个可用观测值，我们就可以推导出两个最小二乘残差 $T \times M$ 矩阵，即

$\mathbf{D} = \Delta \mathbf{y}_t$ 对 $\mathbf{z}_t$ 回归的残差

$\mathbf{E} = \mathbf{y}_{t-p}$ 对 $\mathbf{z}_t$ 回归的残差

我们现在需要 $\mathbf{D}$ 中的列与 $\mathbf{E}$ 中的列之间的 M^2 个**典型相关** (canonical correlations)。为了继续分析，我们先简要定义一下什么是典型相关。令 $\mathbf{d}_1^*$ 表示 $\mathbf{D}$ 中各列的一个线性组合，并对 $\mathbf{E}$ 类似定义 $\mathbf{e}_1^*$。我们希望选出可以使得它们之间相关系数最大的线性组合。这两个变量就是第一对典型变量，它们的相关系数便是第一个典型相关系数。在协整的背景下，这个计算具有某种直觉吸引力。现在有了 $\mathbf{d}_1^*$ 和 $\mathbf{e}_1^*$，我们就可以寻找第二对变量 $\mathbf{d}_2^*$ 和 $\mathbf{e}_2^*$，使之在与第一对变量正交的约束下最大化它们之间的相关系数。这个过程会一直持续到所有 M 对变量。结果发现，所有这些计算都相当简单。我们不必计算线性组合的系数向量。典型相关的平方无非就是矩阵

$$\mathbf{R}^* = \mathbf{R}_{DD}^{-1/2} \mathbf{R}_{DE} \mathbf{R}_{EE}^{-1} \mathbf{R}_{ED} \mathbf{R}_{DD}^{-1/2}$$

的有序特征根，其中 $\mathbf{R}_{ij}$ 为集合 i 和集合 j 中变量之间的（交叉）相关矩阵，$i, j = D, E$。

最后，利用检验统计量

$$\text{痕迹检验} = -T \sum_{i=r+1}^{M} \ln[1 - (r_i^*)^2]$$

便可检验协整向量数目小于或等于 r 的原假设。如果基于实际扰动项的相关系数被观测到而非估计而来，那么我们就可以将这个统计量与自由度为 $M-r$ 的卡方分布进行比较。其他合适的临界值表参见 Johansen and Juselius (1990) 与 Osterwald-Lenum (1992)。如果获得的统计量

较大，则说明可以拒绝协整向量数目小于或等于 r 的原假设。

□ 21.3.4 估计协整关系

由于上面讨论的检验程序实际上都涉及估计协整向量，所以本小节实际上是多余的。在恩格尔和格兰杰的框架中，在协整检验之后的第二步，我们可以像 21.3.2 小节那样，使用静态回归的残差作为动态一阶差分回归中的一个误差修正项。研究者可以"向下检验"，以找到一个令人满意的结构。在前面所分析的约翰森检验中，与典型相关对应的特征向量就是协整向量的样本估计值。同样，基于这些初步结论计算一个误差修正模型，自然是下一步的选择。我们将在接下来的具体应用中阐述这些思想。

□ 21.3.5 应用：德国货币需求

货币需求为协整分析方法提供了一个合适且又具有针对性的说明。模型的核心方程为

$$m_t - p_t = \mu + \beta y_t + \gamma i_t + \varepsilon_t \tag{21-8}$$

式中，m_t、p_t 和 y_t 分别为名义货币需求、价格水平和产出的对数；i 为名义利率（不取对数）。这个方程包括趋势变量（m_t，p_t，y_t）和一个我们在前面的章节中论述过的似乎是带有截距项的随机游走的变量 i_t。由此，通常基于平稳数据而对收入弹性和利率半弹性估计进行的统计推断形式很可能产生误导。

Beyer（1998）分析了德国 1975—1994 年的货币需求。研究的中心问题是，1990 年两德统一是否导致了长期需求函数出现结构变化（这一分析延续了他曾基于两德统一之前数据的一项研究）？这个文献所探究的一个有意思的问题是长期需求方程

$$(m-p)_t - y_t = \mu + \gamma i_t + \varepsilon_t \tag{21-9}$$

的稳定性。根据 Lucas（1988）的定义，等式左边是货币流通速度倒数的对数。在这个设定中必须面对的一个问题是利率变量的外生性，而在长期方程中，由于假定收入的系数为 1（根据卢卡斯（Lucas）的做法），所以收入的外生性［在 Engle，Hendry，and Richard（1993）定义的意义上］不再重要。拜尔（Beyer）在恩格尔等人提出的框架（见 21.3.5 小节）下阐释了这个问题。

拜尔研究的分析平台是真实货币存量 M3 的长期函数（我们采用他的符号）

$$(m-p)^* = \delta_0 + \delta_1 y + \delta_2 RS + \delta_3 RL + \delta_4 \Delta_4 p \tag{21-10}$$

式中，RS 为短期利率；RL 为长期利率；而 $\Delta_4 p$ 为年度通货膨胀率（季度数据）。第一步是数据检查。增广迪基-富勒检验表明，对于此期间德国的这些数据，m_t 和 p_t 是 $I(2)$，而 $(m_t - p_t)$、y_t、$\Delta_4 p_t$、RS_t 和 RL_t 都是 $I(1)$。表 21.5 中列举了拜尔推导这些结论的一些论据。注意，尽管 m_t 和 p_t 看上去都是 $I(2)$，但它们简单的差（线性组合）却是 $I(1)$，即整合成的序列具有较低阶。这就推导出了式（21-10）中给出的长期设定。卢卡斯的设定就是在此基础上得到的长期货币流通速度模型，即

$$(m-p-y)^* = \delta_0^* + \delta_2^* RS + \delta_3^* RL + \delta_4^* \Delta_4 p \tag{21-11}$$

表 21.5　拜尔模型中变量的增广迪基-富勒检验

变量	m	Δm	$\Delta^2 m$	p	Δp	$\Delta^2 p$	$\Delta_4 p$	$\Delta\Delta_4 p$
设定	TS	RW	RW	TS	RW/D	RW	RW/D	RW
滞后	0	4	3	4	3	2	2	2
DF_τ	−1.82	−1.61	−6.87	−2.09	−2.14	−10.6	−2.66	−5.48
临界值	−3.47	−1.95	−1.95	−3.47	−2.90	−1.95	−2.90	−1.95
变量	y	Δy	RS	ΔRS	RL	ΔRL	$(m-p)$	$\Delta(m-p)$
设定	TS	RW/D	TS	RW	TS	RW	RW/D	RW/D
滞后	4	3	1	0	1	0	0	0
DF_τ	−1.83	−2.91	−2.33	−5.26	−2.40	−6.01	−1.65	−8.50
临界值	−3.47	−2.90	−2.90	−1.95	−2.90	−1.95	−3.47	−2.90

21.3.5.a　协整分析和长期理论模型

欲使式（21－10）成为一个有效模型，必须至少存在一个协整向量将 $\mathbf{z}_t=[(m_t-p_t), y_t, RS_t, RL_t, \Delta_4 p_t]$变换成平稳序列。我们在 21.3.3 小节中论述的约翰森痕迹检验适用于由这 5 个 $I(1)$ 变量构成的 VAR 模型，且其分析选择了二阶滞后。痕迹检验的结论有些模棱两可：结果拒绝了 $r=0$ 的假设——尽管不太强烈（样本值＝90.17 相对 95%的临界值＝87.31）；而假设 $r\leqslant 1$ 未被拒绝（样本值＝60.1 相对 95%的临界值＝62.99）。[该模糊结论源自拜尔的前三个特征值（痕迹检验统计量中的典型相关）几乎相等的结论。检验统计量的变动来自典型相关的变动。] 基于这一点，即可断定协整秩等于 1。于是，方程的无约束协整向量（带有一个时间趋势）为

$$(m-p)=0.936y-1.780\Delta_4 p+1.601RS-3.279RL+0.002t \qquad (21-12)$$

（这些都是从约翰森典型相关分析的第一个特征向量中得到的系数，我们在 21.3.3 小节中详尽介绍了典型相关分析。）外生性检验［我们还未详细分析，参见 Beyer（1998，p. 59），Hendry and Ericsson（1991）和 Engle and Hendry（1993）］肯定了这一设定右边所有四个变量的弱外生性。最后的设定检验是针对卢卡斯表述和去除时间趋势而进行的。两项都通过了检验，从而得到协整向量

$$(m-p-y)=-1.832\Delta_4 p+4.352RS-10.89RL$$

协整分析得到的结论是：长期货币需求的单方程模型是一个既合适又有效的分析工具。进行这一分析前的最后一步，是对货币存量的变化与式（21－12）中右边四个变量（不包括趋势）之间的反馈进行一系列格兰杰因果检验。检验结果一般都是有利的，而关于 GDP 外生性的结论则有些含糊。

21.3.5.b　模型的非稳定性检验

令 $z_t=[(m_t-p_t), y_t, \Delta_4 p_t, RS_t, RL_t]$，并令 $\mathbf{z}_{t-1}^0$ 表示 $\mathbf{z}_t$ 到前一期为止的整个时间区间。

$\mathbf{z}_t$ 以 $\mathbf{z}_{t-1}^0$ 和一组参数 $\mathbf{\Psi}$ 为条件的联合分布可以进一步分解为

$$f(\mathbf{z}_t|\mathbf{z}_{t-1}^0,\mathbf{\Psi})=f[(m-p)_t|y_t,\Delta_4 p_t,RS_t,RL_t,\mathbf{z}_{t-1}^0,\mathbf{\Psi}_1]\times g(y_t,\Delta_4 p_t,RS_t,RL_t|\mathbf{z}_{t-1}^0,\mathbf{\Psi}_2)$$

我们在前面的章节中进行外生性检验得出的结论意味着，或许能独立于边缘分布而单独对条件分布进行分析，这就是我们在前面的章节中提到的恩格尔、亨德里和里查德结论的含义。这里必须注意参数向量的划分。因此，条件模型可以用一个误差修正形式来表示，这一形式中用于解释 $\Delta(m-p)_t$ 的因素有：自身滞后、误差修正项和（被证明为）弱外生变量的同期与滞后变化，以及其他诸如常数项、趋势和代表特定事件的虚拟变量等。所设定的误差修正模型为

$$\begin{aligned}\Delta(m-p)_t=&\sum_{i=1}^{4}c_i\Delta(m-p)_{t-i}+\sum_{i=0}^{4}d_{1,i}\Delta(\Delta_4 p_{t-i})+\sum_{i=0}^{4}d_{2,i}\Delta y_{t-i}\\&+\sum_{i=0}^{4}d_{3,i}\Delta RS_{t-i}+\sum_{i=0}^{4}d_{4,i}\Delta RL_{t-i}+\lambda(m-p-y)_{t-1}\\&+\gamma_1 RS_{t-1}+\gamma_2 RL_{t-1}+\mathbf{d}'_t\boldsymbol{\phi}+\omega_t\end{aligned}\tag{21-13}$$

式中，$\mathbf{d}_t$ 为附加变量集，包括常数项和 5 个一期虚拟变量，这些虚拟变量代表诸如 1992 年 9 月发生的货币危机等特殊事件。[①] 该模型可以用最小二乘法“逐渐简化并重新参数化”加以估计。(方程中的参数从 32 个减少到了 15 个。[②])

式（21-13）的估计形式是一个自回归分布滞后模型。我们现在用这个模型求解式（21-10）中真实货币存量的长期稳态增长路径。使用年增长率 $\Delta_4 m=g_m$，$\Delta_4 p=g_p$，$\Delta_4 y=g_y$ 和（假定的）$\Delta_4 RS=g_{RS}=\Delta_4 RL=g_{RL}=0$ 求解[③]

$$\frac{1}{4}(g_m-g_p)=\frac{c_4}{4}(g_m-g_p)-d_{1,1}g_p+\frac{d_{2,2}}{2}g_y+\gamma_1 RS+\gamma_2 RL+\lambda(m-p-y)$$

在假定 $g_m=(g_y+g_p)$ 之下，这个方程解出 $(m-p)^*$ 为

$$(m-p)^*=\hat{\delta}_0+\hat{\delta}_1 g_y+y+\hat{\delta}_2\Delta_4 p+\hat{\delta}_3 RS+\hat{\delta}_4 RL$$

于是便可以基于这个估计的长期关系继续进行分析。

该研究的主要关注点在于两德统一前后需求方程的稳定性。结论与使用相同的程序对 1976—1989 年间数据进行分析得到的参数估计值令人吃惊地相似，前者为[(1.22－3.67g_y)，1，－3.67，3.67，－6.44]，后者为[(1.25－2.09g_y)，1，－3.625，3.5，－7.25]。这意味着，尽管不太正式，但函数没有发生变化（至少变化不大）。结构突变的多种检验程序都推导出了长期货币需求函数在样本期内没有本质改变的结论，尽管 1990 年发生的变化引人注目。

21.4 非平稳面板数据

在 11.10 节中，我们检验了当每组观测值（例如国家）的数量 T 像 n 一样逐渐增大时的面

---

① Beyer（1998，p. 62，footnote 4）。

② 最终被用到的方程是 $\Delta(m_t-p_t)=h[\Delta(m-p)_{t-4},\Delta\Delta_4 p_t,\Delta^2 y_{t-2},\Delta RS_{t-1}+\Delta RS_{t-3},\Delta^2 RL_t,RS_{t-1},RL_{t-1},\Delta_4 p_{t-1},(m-p-y)_{t-1},\mathbf{d}_t]$。

③ 系数被划分是因为介于其间的滞后项未在估计方程中出现。

板数据情况。其具体应用包括使用佩恩表关于增长的跨国研究①、购买力平价研究②以及医疗支出研究③。在 T 很小的纵向微观数据集情形中，数据的时间序列特性往往都是不被注意的细枝末节。但是当 T 以 n 一样的速率逐渐增大时，比如在跨国研究中，这些特性就变成研究的中心问题了。

较大的 T 和 n 的情形给研究者提出了不少难题。在纵向分析中，数据混合一般是给定的，尽管我们已经将模型扩展以兼容参数的异质性（见 11.10 节）。在长期跨国模型中，任何类型的数据混合都是不可信的。时间序列是长期的，这表明应使用合适的建模策略分别研究各国的情况。但这会忽略国家之间可能存在（假设其存在）的共性，比如（被提议的）共同增长率。因此，近期关于时间序列面板数据的文献正试图寻找调和数据的对立特性的方法。

与我们在本章前面检验过的单一时间序列模型一样，长期综合序列通常是非平稳的，这就对常规方法（见 11.10 节）提出了疑问。比如，近期文献的一个研究重点是对一个类似于增广迪基-富勒检验（见 21.2 节）的结构模式进行单位根检验，即

$$\Delta y_{it}=\rho_i y_{i,t-1}+\sum_{m=1}^{L_i}\gamma_{im}\Delta y_{i,t-m}+\alpha_i+\beta_i t+\varepsilon_{it}$$

很多人研究过这个模型的不同表达形式，例如 Levin，Lin，and Chu（2002），他们假设 $\rho_i=\rho$；Im，Pesaran，and Shin（2003）放松了那个限定；Breitung（2000）考虑了很多不同情形的混合形式。我们在 21.2.5 小节中提出了一个非常易于计算的 KPSS 检验的扩展形式，即 Hadri（2000）的 LM 统计量，

$$\mathrm{LM}=\frac{1}{n}\sum_{i=1}^{n}\left(\frac{\sum_{t=1}^{T}E_{it}^2}{T^2\hat{\sigma}_\varepsilon^2}\right)=\frac{\sum_{i=1}^{n}KPSS_i}{n}$$

它是 n 个国家的 KPSS 统计量的样本平均。注意，它包含两个假设：国家间是独立的，且所有国家共有一个 σ_ε^2。另一个方法则允许 σ_ε^2 在国家间变动。

事实是这样，前述模型建议的合适方法是将不同国家分开研究。这就需要考虑怎样以最优的范式综合各个结论。例如，Maddala and Wu（1999）提出了基于 $P=-2\Sigma_i \ln p_i$ 的“费雪范式”卡方检验，其中 p_i 是单个检验中的 p 值。在原假设 $\rho_i=0$ 的条件下，其极限分布是自由度为 $2n$ 的卡方分布。

有关面板数据协整的分析和协整序列模型与单一时间序列是并行不悖的，但在某些重要方面仍有所不同。④ 在单一时间序列情形中，协整分析主要研究同一国家两个变量（比如 x_t 和 z_t）的长期关系；而面板数据情形（比如对汇率、通货膨胀、购买力平价、国际 R&D 溢出效应等的研究）则主要研究两个（或 n 个）国家的变量 x_{it} 和 x_{mt} 之间的长期关系。但这会使得研究变得复杂。这些同样超出了本书的范围。相关主题的外延研究可参见 Baltagi（2005，Chapter 12）与 Smith（2000）。

① Im，Pesaran，and Shin（2003）与 Sala-i-Martin（1996）。

② Pedroni（2001）.

③ McCoskey and Selden（1998）.

④ 比如，见 Kao（1999），McCoskey and Kao（1999）与 Pedroni（2000，2004）。

21.5 归纳与总结

我们在本章中论述了时间序列数据的分析方法。本章的多数结论都基于单个时间序列自身的内部结构。尽管 AR(p)和 MA(q)序列之间看似存在特定的实证区别，但沃尔德分解保证了大量模型可慎重地用于时间序列分析。本章论述了现代宏观计量经济学基本工具的非平稳性检验。对宏观经济数据的现代计量分析使得趋势变量（比非趋势变量更常见）的结构和程序有了可观的增加。迪基-富勒和 KPSS 单位根检验的各种变体都是时间序列数据分析者不可或缺的工具。21.4 节考虑了协整的问题。这个建模框架是本章开始时所用回归建模方法的一个扩展形式。协整关系和均衡关系构成了对应于回归关系的时间序列基础。但此时，条件均值不是我们的研究兴趣所在。在这里，数据中的长期均衡和围绕着趋势的短期关系都值得考虑。

关键术语与概念

增广迪基-富勒检验
典型相关
协整秩
数据生成过程（DGP）
一阶单整
随机游走
趋势平稳过程
自回归单整移动平均（ARIMA）过程
协整
协整向量
迪基-富勒检验
非平稳过程
带有截距项的随机游走
单位根
界域检定
协整关系
共同趋势
均衡误差
菲利普斯-佩龙检验
超一致

练习

1. 求以下 MA(2) 过程的前两阶自相关和偏自相关系数：

$$\varepsilon_t = v_t - \theta_1 v_{t-1} - \theta_2 v_{t-2}$$

应用

1. 利用在线附表 F5.2 中的宏观经济数据，用最小二乘法估计如下模型的参数 $c_t = \beta_0 + \beta_1 y_t + \beta_2 c_{t-1} + \beta_3 c_{t-2} + \varepsilon_t$，式中，$c_t$ 为真实消费的对数，y_t 为实际可支配收入的对数。

a. 利用布鲁施-帕甘 LM 检验对残差进行自相关检验。

b. 所估计的方程平稳吗？模型自回归部分的特征方程是什么？利用你估计的参数，特征方程的根又是什么？

c. y_t 的变化对 c_t 所造成的短期（影响）乘数的估计值是什么？

2. 利用在线附表 F5.2 中自 1974 年第 1 季度以来的数据，对通货膨胀率进行 ADF 检验。（这是 1973 年石油冲击后的第一个季度。）

3. 利用两阶段最小二乘法估计例 10.4 中模型的参数，并得到两个方程的残差。这些残差看上去是白噪音序列吗？基于你的结论，你对模型设定有什么看法？

参考文献

Abowd, J., and H. Farber. "Job Queues and Union Status of Workers." *Industrial and Labor Relations Review*, 35, 1982, pp. 354 - 367.

Abramovitz, M., and I. Stegun. *Handbook of Mathematical Functions*. New York: Dover Press, 1971.

Abrevaya, J. "The Equivalence of Two Estimators of the Fixed Effects Logit Model." *Economics Letters*, 55, 1997, pp. 41 - 43.

Achen, C. "Two-Step Hierarchical Estimation: Beyond Regression Analysis." *Political Analysis*, 13, 4, 2005 pp. 447 - 456.

Afifi, T., and R. Elashoff. "Missing Observations in Multivariate Statistics." *Journal of the American Statistical Association*, 61, 1966, pp. 595 - 604.

Afifi, T., and R. Elashoff. "Missing Observations in Multivariate Statistics." *Journal of the American Statistical Association*, 62, 1967, pp. 10 - 29.

Agresti, A. *Categorical Data Analysis*. 2nd ed., John Wiley and Sons, New York, 2002.

Aguirregabiria, V., and P. Mira. "Dynamic Discrete Choice Structural Models: A Survey." *Journal of Econometrics*, 156, 1, 2010, pp. 38 - 67.

Ahn, S., and P. Schmidt. "Efficient Estimation of Models for Dynamic Panel Data." *Journal of Econometrics*, 68, 1, 1995, pp. 5 - 28.

Ai, C., and E. Norton. "Interaction Terms in Logit and Probit Models." *Economics Letters*, 80, 2003, pp. 123 - 129.

Aigner, D. "MSE Dominance of Least Squares with Errors of Observation." *Journal of Econometrics*, 2, 1974, pp. 365 - 372.

Aigner, D., K. Lovell, and P. Schmidt. "Formulation and Estimation of Stochastic Frontier Production Models." *Journal of Econometrics*, 6, 1977, pp. 21 - 37.

Aitcheson, J., and S. Silvey. "The Generalization of Probit Analysis to the Case of Multiple Responses." *Biometrika*, 44, 1957, pp. 131 - 140.

Aitchison, J., and J. Brown. *The Lognormal Distribution with Special Reference to Its Uses in Economics*. New York: Cambridge University Press, 1969.

Aitken, A. C. "On Least Squares and Linear Combinations of Observations." *Proceedings of the Royal Statistical Society*, 55, 1935, pp. 42 - 48.

Akin, J., D. Guilkey, and R. Sickles. "A Random Coefficient Probit Model with an Application to a Study of Migration." *Journal of Econometrics*, 11, 1979, pp. 233 - 246.

Albert, J., and S. Chib. "Bayesian Analysis of Binary and Polytomous Response Data." *Journal of the American Statistical Association*, 88, 1993a, pp. 669 - 679.

Aldrich, J., and F. Nelson. *Linear Probability, Logit, and Probit Models*. Beverly Hills: Sage Publications, 1984.

Alemu, H., M. Morkbak, S. Olsen, and C. L. Jensen. "Attending the Reasons for Attribute Nonattendance in Choice Experiments." *Environmental and Resource Economics*, 54, 3, 2013, pp. 333 - 359.

Allison, P. "Problems with Fixed-Effects Negative Binomial Models." Manuscript, Department of Sociology, University of Pennsylvania, 2000.

Allison, P., and R. Waterman. "Fixed-Effects Negative Binomial Regression Models." *Sociological Methodology*, 32, 2002, pp. 247 - 256.

Allison, P. *Missing Data*. Beverly Hills: Sage Publications, 2002.

Allison, P. "What's the Best R-Squared for Logistic Regression." accessed July 6, 2016, http://statisticalhorizons.com/r2logistic, 2/13/2013.

Amemiya, T. "The Estimation of Variances in a Variance-Components Model." *International Economic Review*, 12, 1971, pp. 1 - 13.

Amemiya, T. "Some Theorems in the Linear Probability Model." *International Economic Review*, 18, 1977, pp. 645 - 650.

Amemiya, T. "Qualitative Response Models: A Survey." *Journal of Economic Literature*, 19, 4, 1981, pp. 481 - 536.

Amemiya, T. "Tobit Models: A Survey." *Journal of Econometrics*, 24, 1984, pp. 3 - 63.

Amemiya, T. *Advanced Econometrics*. Cambridge: Harvard University Press, 1985.

Amemiya, T., and T. MaCurdy. "Instrumental Variable Estimation of an Error Components Model." *Econometrica*, 54, 1986, pp. 869 - 881.

Andersen, D. "Asymptotic Properties of Conditional Maximum Likelihood Estimators." *Journal of the Royal Statistical Society*, Series B, 32, 1970, pp. 283 - 301.

Anderson, T. *The Statistical Analysis of Time Series*. New York: John Wiley and Sons, 1971.

Anderson, R., and J. Thursby. "Confidence Intervals for Elasticity Estimators in Translog Models." *Review of Economics and Statistics*, 68, 1986, pp. 647 - 657.

Anderson, G. and R. Blundell. "Estimation and Hypothesis Testing in Dynamic Singular Equation Systems." *Econometrica*, 50, 6, 1982, pp. 1559 - 1571.

Anderson, T., and C. Hsiao. "Estimation of Dynamic Models with Error Components." *Journal of the American Statistical Association*, 76, 1981, pp. 598 - 606.

Anderson, T., and C. Hsiao. "Formulation and Estimation of Dynamic Models Using Panel Data." *Journal of Econometrics*, 18, 1982, pp. 67 - 82.

Anderson, T., and H. Rubin. "Estimation of the Parameters of a Single Equation in a Complete System of Stochastic Equations." *Annals of Mathematical Statistics*, 20, 1949, pp. 46 - 63.

Anderson, T., and H. Rubin. "The Asymptotic Properties of Estimators of the Parameters of a Single Equation in a Complete System of Stochastic Equations." *Annals of Mathematical Statistics*, 21, 1950, pp. 570 - 582.

Anderson, K., R. Burkhauser, J. Raymond, and C. Russell. "Mixed Signals in the Job Training Partnership Act." *Growth and Change*, 22, 3, 1991, pp. 32 - 48.

Andrews, D. "A Robust Method for Multiple Linear Regression." *Technometrics*, 16, 1974, pp. 523 - 531.

Andrews, D. "Hypothesis Tests with a Restricted Parameter Space." *Journal of Econometrics*, 84, 1998, pp. 155 - 199.

Andrews, D. "Estimation When a Parameter Is on a Boundary." *Econometrica*, 67, 1999, pp. 1341 - 1382.

Andrews, D. "Inconsistency of the Bootstrap When a Parameter Is on the Boundary of the Parameter Space." *Econometrica*, 68, 2000, pp. 399 - 405.

Andrews, D. "Testing When a Parameter Is on a Boundary of the Maintained Hypothesis." *Econometrica*, 69, 2001, pp. 683 - 734.

Andrews, D. "GMM Estimation When a Parameter Is on a Boundary." *Journal of Business and Economic Statistics*, 20, 2002, pp. 530 - 544.

Andrews, D. and M. Buchinsky. "A Three Step Method for Choosing the Number of Bootstrap Replication." *Econometrica*, 68, 2000, pp. 23 - 51.

Andrews, D., and R. Fair. "Inference in Nonlinear Econometric Models with Structural Change." *Review of Economic Studies*, 55, 1988, pp. 615 - 640.

Andrews, D., and W. Ploberger. "Optimal Tests When a Nuisance Parameter Is Present Only Under the Alternative." *Econometrica*, 62, 1994, pp. 1383 - 1414.

Andrews, D., and W. Ploberger. "Admissability of the LR Test When a Nuisance Parameter Is Present Only Under the Alternative." *Annals of Statistics*, 23, 1995, pp. 1609 - 1629.

Angelini, V., D. Cavapozzi, L. Corazzini, and O. Paccagnella. "Do Danes and Italians Rate Life Satisfaction in the Same Way? Using Vignettes to Correct for Individual-Specific Scale Biases?" manuscript, University of Padua, 2008.

Angrist, J. "Estimation of Limited Dependent Variable Models with Dummy Endogenous Regressors: Simple Strategies for Empirical Practice." *Journal of Business and Economic Statistics*, 29, 1, 2001, pp. 2 - 15.

Angrist, J., G. Imbens, and D. Rubin. "Identification of Causal Effects Using Instrumental Variables." *Journal of the American Statistical Association*, 91, 1996, pp. 444 - 455.

Angrist, J., and A. Krueger. "Does Compulsory School Attendance Affect Schooling and Earnings." *Quarterly Journal of Economics*, 106, 4, 1991, pp. 979 - 1014.

Angrist, J., and A. Krueger. "The Effect of Age at School Entry on Educational Attainment: An Application of Instrumental Variables with Moments Form Two Samples." *Journal of the American Statistical Association*, 87, 1992, pp 328 - 336.

Angrist, J., and A. Krueger. "Why Do World War II Veterans Earn More Than Nonveterans?" *Journal of Labor Economics*, 12, 1994, pp. 74 - 97.

Angrist, J., and A. Krueger. "Instrumental Variables and the Search for Identification: From Supply and Demand to Natural Experiments." *Journal of Economic Perspectives*, 15, 4, 2001, pp. 69 -85.

Angrist, J., and V. Lavy. "Using Maimonides' Rule to Estimate the Effect of Class Size on Scholastic Achievement." *Quarterly Journal of Economics*. 144, 1999, pp. 533 - 576.

Angrist, J., and V. Lavy. "The Effect of High School Matriculation Awards; Evidence from Randomized Trials." Working paper, Department of Economics, MIT, NJ, 2002.

Angrist, J., and J. Pischke. *Mostly Harmless Econometrics*. Princeton: Princeton University Press, 2009.

Angrist, J., and J. Pischke. "The Credibility Revolution in Empirical Economics: How Better Research Design Is Taking the Con out of Econometrics." *Journal of Economic Perspectives*, 24, 2, 2010, pp. 3 - 30.

Aneuryn-Evans, G., and A. Deaton. "Testing Linear versus Logarithmic Regression Models." *Review of Economic Studies*, 47, 1980, pp. 275 - 291.

Anselin, L. *Spatial Econometrics: Methods and Models*. Dordrecht: Kluwer Academic Publishers, 1988.

Anselin, L. "Spatial Econometrics." In *A Companion to Theoretical Econometrics*, edited by B. Baltagi, Oxford: Blackwell Puplishers, 2001, pp. 310 - 330.

Anselin, L., and S. Hudak. "Spatial Econometrics in Practice: A Review of Software Options." *Regional Science and Urban Economics*, 22, 3, 1992, pp. 509 - 536.

Antweiler, W. "Nested Random Effects Estimation in Unbalanced Panel Data." *Journal of Econometrics*, 101, 2001, pp. 295 - 312.

Arabmazar, A., and P. Schmidt. "An Investigation into the Robustness of the Tobit Estimator to Nonnormality." *Econometrica*, 50, 1982a, pp. 1055 - 1063.

Arabmazar, A., and P. Schmidt. "Further Evidence on the Robustness of the Tobit Estimator to Heteroscedasticity." *Journal of Econometrics*, 17, 1982b, pp. 253 - 258.

Arellano, M. "Computing Robust Standard Errors for Within-Groups Estimators." *Oxford Bulletin of Economics and Statistics*, 49, 1987, pp. 431 - 434.

Arellano, M. "A Note on the Anderson-Hsiao Estimator for Panel Data." *Economics Letters*, 31, 1989, pp. 337 - 341.

Arellano, M. "Discrete Choices with Panel Data." *Investigaciones Economica*, Lecture 25, 2000.

Arellano, M. "Panel Data: Some Recent Developments." In *Handbook of Econometrics*, Vol. 5, edited by J. Heckman and E. Leamer, North Holland, Amsterdam, 2001.

Arellano, M. *Panel Data Econometrics*. Oxford: Oxford University Press, 2003.

Arellano, M., and S. Bond. "Some Tests of Specification for Panel Data: Monte Carlo Evidence and an Application to Employment Equations." *Review of Economics Studies*, 58, 1991, pp. 277 - 297.

Arellano, M., and C. Borrego. "Symmetrically Normalized Instrumental Variable Estimation Using Panel Data." *Journal of Business and Economic Statistics*, 17, 1999, pp. 36 - 49.

Arellano, M., and O. Bover. "Another Look at the Instrumental Variables Estimation of Error Components Models." *Journal of Econometrics*, 68, 1, 1995, pp. 29 - 52.

Arellano, M., and J. Hahn. "A Likelihood Based Approximate Solution to the Incidental Parameters Problem in Dynamic Nonlinear Models with Multiple Effects." unpublished manuscript, CEMFI, 2006.

Arellano, M., and J. Hahn. "Understanding Bias in Nonlinear Panel Models: Some Recent Developments." In *Advances in Economics and Econometrics; Theory and Applications, Ninth World Congress*, Vol. 3, edited by R. Blundell, W. Newey, and T. Persson, Cambridge: Cambridge University Press, 2007.

Arrow, K., H. Chenery, B. Minhas, and R. Solow. "Capital-Labor Substitution and Economic Efficiency." *Review of Economics and Statistics*, 45, 1961, pp. 225 - 247.

Arulampalam, W., and M. Stewart. "Simplified Implementation of the Heckman Estimator of the Dynamic Probit Model and a Comparison with Alternative Estimators." *Oxford Bulletin of Economics and Statistics*, 71, 5, 2009, pp. 659 - 681.

Asche, F., and R. Tveteras. "Modeling Production Risk with a Two-Step Procedure." *Journal of Agricultural and Resource Economics*, 24, 2, 1999, pp. 424 - 439.

Ashenfelter, O., and D. Card. "Using the Longitudinal Structure of Earnings to Estimate the Effect of Training Programs." *Review of Economics and Statistics*, 67, 4, 1985, pp. 648 - 660.

Ashenfelter, O., and J. Heckman. "The Estimation of Income and Substitution Effects in a Model of Family Labor Supply." *Econometrica*, 42, 1974, pp. 73 - 85.

Ashenfelter, O., and A. Kreuger. "Estimates of the Economic Return to Schooling from a New Sample of Twins." *American Economic Review*, 84, 1994, pp. 1157 - 1173.

Ashenfelter, O., and C. Rouse. "Income, Schooling and Ability: Evidence from a New Sample of Identical Twins." *Quarterly Journal of Economics*, 113, 1, 1998, pp. 253 - 284.

Ashenfelter, O., and D. Zimmerman. "Estimates of the Returns to Schooling from Sibling Data: Fathers, Sons, and Brothers." *The Review of Economics and Statistics*, 79, 1, 1997, pp. 1 - 9.

Avery, R., L. Hansen, and J. Hotz. "Multiperiod Probit Models and Orthogonality Condition Estimation." *International Economic Review*, 24, 1983, pp. 21 - 35.

Bago d'Uva, T., and A. Jones. "Health Care Utilization in Europe: New Evidence from the ECHP." *Journal of Health Economics*, 28, 2, 2009, pp. 265 - 279.

Bago d'Uva, T., E. van Doorslaer, M. Lindeboom, and O. O'Donnell. "Does Reporting Heterogeneity Bias the Measurement of Health Disparities?" *Health Economics*, 17, 2008, pp. 351 - 375.

Balestra, P., and M. Nerlove. "Pooling Cross Section and Time Series Data in the Estimation of a Dynamic Model: The Demand for Natural Gas." *Econometrica*, 34, 1966, pp. 585 - 612.

Baltagi, B. "Pooling Under Misspecification: Some Monte Carlo Evidence on the Kmenta and Error Components Techniques." *Econometric Theory*, 2, 1986, pp. 429 - 441.

Baltagi, B. "Applications of a Necessary and Sufficient Condition for OLS to be BLUE." *Statistics and Probability Letters*, 8, 1989, pp. 457 - 461.

Baltagi, B. *Econometric Analysis of Panel Data*. 2nd ed., New York: John Wiley and Sons, 2001.

Baltagi, B. *Econometric Analysis of Panel Data*. 3rd ed., New York: John Wiley and Sons, 2005.

Baltagi, B. *Econometric Analysis of Panel Data*. 5th ed., New York: John Wiley and Sons, 2013.

Baltagi, B., *Oxford Handbook of Panel Data*, Badi H. Baltagi, editor, Oxford University Press, Oxford, 2015.

Baltagi, B., and Griffin, J. "Gasoline Demand in the OECD: An Application of Pooling and Testing Procedures." *European Economic Review*, 22, 1983, pp. 117 - 137.

Baltagi, B., and C. Kao. "Nonstationary Panels, Cointegration in Panels and Dynamic Panels: A Survey." *Advances in Econometrics*, 15, 2000, pp. 7 - 51.

Baltagi, B., and D. Levin. "Estimating Dynamic Demand for Cigarettes Using Panel Data: The Effects of Bootlegging, Taxation and Advertising Reconsidered." *Review of Economics and Statistics*, 68, 1, 1986, pp. 148 - 155.

Baltagi. B., and Q. Li. "Double Length Artificial Regressions for Testing Spatial Dependence."*Econometric Reviews*, 20, 2001, pp. 31 - 40.

Baltagi, B., S. Song, and B. Jung. "The Unbalanced Nested Error Component Regression Model." *Journal of Econometrics*, 101, 2001, pp. 357 - 381.

Bannerjee, A. "Panel Data Unit Roots and Cointegration: An Overview." *Oxford Bulletin of Economics and Statistics*, 61, 1999, pp. 607 - 629.

Barnow, B., G. Cain, and A. Goldberger. "Issues in the Analysis of Selectivity Bias." In *Evaluation Studies Review Annual*, Vol. 5, edited by E. Stromsdorfer and G. Farkas, Beverly Hills: Sage Publications, 1981.

Bartels, R., and D. Fiebig. "A Simple Characterization of Seemingly Unrelated Regressions Models in Which OLS is BLUE." *American Statistician*, 45, 1992, pp. 137 - 140.

Battese, G., and T. Coelli. "Frontier Production Functions, Technical Efficiency and Panel Data: With Application to Paddy Farmers in India." *Journal of Produc-*

tivity Analysis, 3, 1/2, 1992, pp. 153 - 169.

Battese, G. , and T. Coelli. "A Model for Technical Inefficiency Effects in a Stochastic Frontier Production for Panel Data." *Empirical Economics*, 20, 1995, pp. 325 - 332.

Bazaraa, M. , and C. Shetty. *Nonlinear Programming: Theory and Algorithms*. New York: John Wiley and Sons, 1979.

Beach, C. , and J. MacKinnon. "A Maximum Likelihood Procedure for Regression with Autocorrelated Errors." *Econometrica*, 46, 1978a, pp. 51 - 58.

Beach, C. , and J. MacKinnon. "Full Maximum Likelihood Estimation of Second Order Autoregressive Error Models." *Journal of Econometrics*, 7, 1978b, pp. 187 - 198.

Beck, N. , D. Epstein, and S. Jackman. "Estimating Dynamic Time Series Cross Section Models with a Binary Dependent Variable." Manuscript, Department of Political Science, University of California, San Diego, 2001.

Beck, N. , D. Epstein, S. Jackman, and S. O' Halloran. "Alternative Models of Dynamics in Binary Time-Series Cross-Section Models: The Example of State Failure." Manuscript, Department of Political Science, University of California, San Diego, 2001.

Becker, G. , and K. Murphy. "A Theory of Rational Addiction." *Journal of Political Economy*, 96, 4, 1988, pp. 675 - 700.

Becker, S. , and A. Ichino. "Estimation of Average Treatment Effects Based on Propensity Scores." *The Stata Journal*, 2, 2002, pp. 358 - 377.

Becker, W. , and P. Kennedy. "A Graphical Exposition of the Ordered Probit Model." *Econometric Theory*, 8, 1992, pp. 127 - 131.

Behrman, J. , and M. Rosenzweig. "'Ability' Biases in Schooling Returns and Twins: A Test and New Estimates." *Economics of Education Review*, 18, 2, 1999, pp. 159 - 67.

Behrman, J. , and P. Taubman. "Is Schooling 'Mostly in the Genes'? Nature-Nurture Decomposition Using Data on Relatives." *Journal of Political Economy*, 97, 6, 1989, pp. 1425 - 1446.

Bekker, P. , and T. Wansbeek. "Identification in Parametric Models." In *A Companion to Theoretical Econometrics*, edited by B. Baltagi, Oxford: Blackwell, 2001.

Bell, K. , and N. Bockstael. "Applying the Generalized Method of Moments Approach to Spatial Problems Involving Micro-Level Data." *Review of Economic and Statistics* 82, 1, 2000, pp. 72 - 82.

Belsley, D. , E. Kuh, and R. Welsh. *Regression Diagnostics: Identifying Influential Data and Sources of Collinearity*. New York: John Wiley and Sons, 1980.

Ben-Akiva, M. , and S. Lerman. *Discrete Choice Analysis*. London: MIT Press, 1985.

Bera, A. , and C. Jarque. "Efficient Tests for Normality, Heteroscedasticity, and Serial Independence of Regression Residuals: Monte Carlo Evidence." *Economics Letters*, 7, 1981, pp. 313 - 318.

Bera, A. , and C. Jarque. "Model Specification Tests: A Simultaneous Approach." *Journal of Econometrics*, 20, 1982, pp. 59 - 82.

Bera, A. , C. Jarque, and L. Lee. "Testing for the Normality Assumption in Limited Dependent Variable Models." Mimeo, Department of Economics, University of Minnesota, 1982.

Berndt, E. *The Practice of Econometrics*. Reading, MA: Addison-Wesley, 1990.

Berndt, E. , and L. Christensen. "The Translog Function and the Substitution of Equipment, Structures, and Labor in U. S. Manufacturing, 1929 - 1968." *Journal of Econometrics*, 1, 1973, pp. 81 - 114.

Berndt, E. , B. Hall, R. Hall, and J. Hausman. "Estimation and Inference in Nonlinear Structural Models." *Annals of Economic and Social Measurement*, 3/4, 1974, pp. 653 - 665.

Berndt, E. , and E. Savin. "Conflict Among Criteria for Testing Hypotheses in the Multivariate Linear Regression Model." *Econometrica*, 45, 1977, pp. 1263 - 1277.

Berndt, E. , and D. Wood. "Technology, Prices, and the Derived Demand for Energy." *Review of Economics and Statistics*, 57, 1975, pp. 376 - 384.

Beron, K. , J. Murdoch, and M. Thayer. "Hierarchical Linear Models with Application to Air Pollution in the South Coast Air Basin." *American Journal of Agricultural Economics*, 81, 5, 1999, pp. 1123 - 1127.

Berry, S. , J. Levinsohn, and A. Pakes. "Automobile Prices in Market Equilibrium." *Econometrica*, 63, 4, 1995, pp. 841 - 890.

Bertrand, M. , E. Dufflo, andS. Mullainathan. "How

Much Should We Trust Difference in Differences Estimates?" Working paper, Department of Economics, MIT, 2002.

Bertschek, I. "Product and Process Innovation as a Response to Increasing Imports and Foreign Direct Investment, *Journal of Industrial Economics*. 43, 4, 1995, pp. 341 - 357.

Bertschek, I. , and M. Lechner. "Convenient Estimators for the Panel Probit Model. " *Journal of Econometrics*, 87, 2, 1998, pp. 329 - 372.

Berzeg, K. "The Error Components Model: Conditions for the Existence of Maximum Likelihood Estimates. " *Journal of Econometrics*, 10, 1979, pp. 99 - 102.

Bester, C. , and A. Hansen. "A Penalty Function Approach to Bias Reduction in Nonlinear Panel Models with Fixed Effects. " *Journal of Business and Economic Statistics*, 27, 2, 2009, pp. 235 - 250.

Beyer, A. "Modelling Money Demand in Germany. " *Journal of Applied Econometrics*, 13, 1, 1998, pp. 57 - 76.

Bhargava, A. , and J. Sargan. "Testing Residuals from Least Squares Regression for Being Generated by the Gaussian Random Walk. " *Econometrica*, 51, 1, 1983, pp. 153 - 174.

Bhat, C. "A Heteroscedastic Extreme Value Model of Intercity Mode Choice. " *Transportation Research*, 30, 1, 1995, pp. 16 - 29.

Bhat, C. "Accommodating Variations in Responsiveness to Level-of-Service Measures in Travel Mode Choice Modeling. " Department of Civil Engineering, University of Massachusetts, Amherst, 1996.

Bhat, C. "Quasi-Random Maximum Simulated Likelihood Estimation of the Mixed Multinomial Logit Model. " Manuscript, Department of Civil Engineering, University of Texas, Austin, 1999.

Billingsley, P. *Probability and Measure*. 3rd ed. New York: John Wiley and Sons, 1995.

Binkley, J. "The Effect of Variable Correlation on the Efficiency of Seemingly Unrelated Regression in a Two Equation Model. " *Journal of the American Statistical Association*, 77, 1982, pp. 890 - 895.

Binkley, J. , and C. Nelson. "A Note on the Efficiency of Seemingly Unrelated Regression. " *American Statistician*, 42, 1988, pp. 137 - 139.

Birkes, D. , and Y. Dodge. *Alternative Methods of Regression*. New York: John Wiley and Sons, 1993.

Blinder, A. "Wage Discrimination: Reduced Form and Structural Estimates. " *Journal of Human Resources*, 8, 4, 1973, pp. 436 - 455.

Blundell, R. , ed. "Specification Testing in Limited and Discrete Dependent Variable Models. " *Journal of Econometrics*, 34, 1/2, 1987, pp. 1 - 274.

Blundell, R. , and S. Bond. "Initial Conditions and Moment Restrictions in Dynamic Panel Data Models. " *Journal of Econometrics*, 87, 1998, pp. 115 - 143.

Blundell, R. , M. Browning, and I. Crawford. "Nonparametric Engel Curves and Revealed Preference. " *Econometrica*, 71, 1, 2003, pp. 205 - 240.

Blundell, R. , F. Laisney, and M. Lechner. "Alternative Interpretations of Hours Information in an Econometric Model of Labour Supply. " *Empirical Economics*, 18, 1993, pp. 393 - 415.

Blundell, R. , and J. Powell. "Endogeneity in Semiparametric Binary Response Models. " *Review of Economic Studies*, 71, 2004, pp. 655 - 679.

Bockstael, N. , I. Strand, K. McConnell, and F. Arsanjani. "Sample Selection Bias in the Estimation of Recreation Demand Functions: An Application to Sport Fishing. " *Land Economics*, 66, 1990, pp. 40 - 49.

Boes, S. , and R. Winkelmann. " Ordered Response Models. " Working paper 0507, Socioeconomic Institute, University of Zurich, 2005.

Boes, S. , and R. Winkelmann. " Ordered Response Models. " *Allgemeines Statistisches Archiv*, 90, 1, 2006a, pp. 165 - 180.

Boes, S. , and R. Winkelmann. "The Effect of Income on Positive and Negative Subjective Well-Being. " University of Zurich, Socioeconomic Institute, manuscript, IZA discussion paper Number 1175, 2006b.

Bogart, W. , and B. Cromwell. "How Much Is a Neighborhood School Worth?" *Journal of Urban Economics*, 47, 2000, pp. 280 - 305.

Bollerslev, T. " Generalized Autoregressive Conditional Heteroscedasticity. " *Journal of Econometrics*, 31, 1986, pp. 307 - 327.

Bollerslev, T. , R. Chou, and K. Kroner. "ARCH Modeling in Finance. " *Journal of Econometrics*, 52, 1992, pp. 5 - 59.

Bollerslev, T. , and E. Ghysels. "Periodic Autoregressive

Conditional Heteroscedasticity." *Journal of Business and Economic Statistics*, 14, 1996, pp. 139 - 151.

Bollerslev, T., and J. Wooldridge. "Quasi Maximum Likelihood Estimation and Inference in Dynamic Models with Time-Varying Covariances." *Econometric Reviews*, 11, 1992, pp. 143 - 172.

Bonjour, D., L. Cherkas, J. Haskel, D. Hawkes, and T. Spector. "Returns to Education: Evidence from U.K. Twins." *The American Economic Review*, 92, 5, 2003, pp. 1719 - 1812.

Boot, J., and G. deWitt. "Investment Demand: An Empirical Contribution to the Aggregation Problem." *International Economic Review*, 1, 1960, pp. 3 - 30.

Bornstein, M., and R. Bradley. *Socioeconomic Status, Parenting, and Child Development*, Lawrence Erlbaum Associates, London, 2003.

Börsch-Supan, A., and V. Hajivassiliou. "Smooth Unbiased Multivariate Probability Simulators for Maximum Likelihood Estimation of Limited Dependent Variable Models." *Journal of Econometrics*, 58, 3, 1990, pp. 347 - 368.

Boskin, M. "A Conditional Logit Model of Occupational Choice." *Journal of Political Economy*, 82, 1974, pp. 389 - 398.

Bound, J., D. Jaeger, and R. Baker. "Problems with Instrumental Variables Estimation When the Correlation Between the Instruments and the Endogenous Explanatory Variables Is Weak." *Journal of the American Statistical Association*, 90, 1995, pp. 443 - 450.

Bourguignon, F., F. Ferriera, and P. Leite. "Beyond Oaxaca-Blinder: Accounting for Differences in Household Income Distributions Across Countries." Discussion Paper 452, Department of Economics, Pontifica University, Catolica do Riode Janiero, 2002. www.econ.pucrio.rb/pdf/td452.pdf.

Bover, O., and M. Arellano. "Estimating Dynamic Limited Dependent Variable Models from Panel Data." *Investigaciones Economicas, Econometrics Special Issue*, 21, 1997, pp. 141 - 165.

Box, G., and D. Cox. "An Analysis of Transformations." *Journal of the Royal Statistical Society*, 1964, Series B, 1964, pp. 211 - 264.

Box, G., and G. Jenkins. *Time Series Analysis: Forecasting and Control*. 2nd ed. San Francisco: Holden Day, 1984.

Box, G., and M. Muller. "A Note on the Generation of Random Normal Deviates." *Annals of Mathematical Statistics*, 29, 1958, pp. 610 - 611.

Boyes, W., D. Hoffman, and S. Low. "An Econometric Analysis of the Bank Credit Scoring Problem." *Journal of Econometrics*, 40, 1989, pp. 3 - 14.

Brannas, K. "Explanatory Variables in the AR(1) Count Data Model." Working paper no. 381, Department of Economics, University of Umea, Sweden, 1995.

Brant, R. "Assessing Proportionality in the Proportional Odds Model for Ordered Logistic Regression." *Biometrics*, 46, 1990, pp. 1171 - 1178.

Breitung, J. "The Local Power of Some Unit Root Tests for Panel Data." *Advances in Econometrics*, 15, 2000, pp. 161 - 177.

Breslaw, J. "Evaluation of Multivariate Normal Probabilities Using a Low Variance Simulator." *Review of Economics and Statistics*, 76, 1994, pp. 673 - 682.

Breusch, T., and A. Pagan. "A Simple Test for Heteroscedasticity and Random Coefficient Variation." *Econometrica*, 47, 1979, pp. 1287 - 1294.

Breusch, T., and A. Pagan. "The LM Test and Its Applications to Model Specification in Econometrics." *Review of Economic Studies*, 47, 1980, pp. 239 - 254.

Brewer, C., C. Kovner, W. Greene, and Y. Cheng. "Predictors of RNs' Intent to Work and Work Decisions One Year Later in a U.S. National Sample." *The International Journal of Nursing Studies*, 46, 7, 2009, pp. 940 - 956.

Brock, W., and S. Durlauf. "Discrete Choice with Social Interactions." Working paper # 2007, Department of Economics, University of Wisconsin, Madison, 2000.

Brown, S., M. Harris, and K. Taylor. "Modeling Charitable Donations toan Unexpected Natural Disaster: Evidence from the U.S. Panel Study of Income Dynamics." Institute for the Study of Labor, IZA, Working paper 4424, 2009.

Brown, C., and R. Moffitt. "The Effect of Ignoring Heteroscedasticity on Estimates of the Tobit Model." Mimeo, University of Maryland, Department of Economics, June 1982.

Brownstone, D., and C. Kazimi. "Applying the Bootstrap." Manuscript, Department of Economics, University of California Irvine, 1998.

Brundy, J., and D. Jorgenson. "Consistent and Efficient Estimation of Systems of Simultaneous Equations by Means of Instrumental Variables." *Review of Economics and Statistics*, 53, 1971, pp. 207 – 224.

Buchinsky, M. "Recent Advances in Quantile Regression Models: A Practical Guide for Empirical Research." *Journal of Human Resources*, 33, 1998, pp. 88 – 126.

Buckles, K., and D. Hungerman. "Season of Birth and Later Outcomes: Old Questions and New Answers." NBER working paper 14573, Cambridge, MA, 2008.

Burnett, N. "Gender Economics Courses in Liberal Arts Colleges." *Journal of Economic Education*, 28, 4, 1997, pp. 369 – 377.

Burnside, C., and M. Eichenbaum. "Small-Sample Properties of GMM-Based Wald Tests." *Journal of Business and Economic Statistics*, 14, 3, 1996, pp. 294 – 308.

Buse, A. "Goodness of Fit in Generalized Least Squares Estimation." *American Statistician*, 27, 1973, pp. 106 – 108.

Buse, A. "The Likelihood Ratio, Wald, and Lagrange Multiplier Tests: An Expository Note." *American Statistician*, 36, 1982, pp. 153 – 157.

Business Week. "Learning Labor Market Lessons from Germany." accessed April 30, 2009, http://www.bloomberg.com/news/articles/2009-04-30/learning-labor-market-lessons-from-germany.

Butler, J., and R. Moffitt. "A Computationally Efficient Quadrature Procedure for the One Factor Multinomial Probit Model." *Econometrica*, 50, 1982, pp. 761 – 764.

Butler, J., and P. Chatterjee. "Pet Econometrics: Ownership of Cats and Dogs." Working paper 95-WP1, Department of Economics, Vanderbilt University, 1995.

Butler, J., and P. Chatterjee. "Tests of the Specification of Univariate and Bivariate Ordered Probit." *Review of Economics and Statistics*, 79, 1997, pp. 343 – 347.

Butler, J., T. Finegan, and J. Siegfried. "Does More Calculus Improve Student Learning in Intermediate Micro and Macro Economic Theory?" *American Economic Review*, 84, 1994, pp. 206 – 210.

Butler, R., J. McDonald, R. Nelson, and S. White. "Robust and Partially Adaptive Estimation of Regression Models." *Review of Economics and Statistics*, 72, 1990, pp. 321 – 327.

Calhoun, C. "BIVOPROB: Computer Program for Maximum-Likelihood Estimation of Bivariate Ordered-Probit Models for Censored Data, Version 11.92." *Economic Journal*, 105, 1995, pp. 786 – 787.

Cameron, C., and D. Miller. "A Practioner's Guide to Cluster-Robust Inference." *Journal of Human Resources*, 50, 2, 2015, pp. 317 – 373.

Cameron, A., and P. Trivedi. "Econometric Models Based on Count Data: Comparisons and Applications of Some Estimators and Tests." *Journal of Applied Econometrics*, 1, 1986, pp. 29 – 54.

Cameron, A., and P. Trivedi. "Regression-Based Tests for Overdispersion in the Poisson Model." *Journal of Econometrics*, 46, 1990, pp. 347 – 364.

Cameron, C., and P. Trivedi. *Regression Analysis of Count Data*. New York: Cambridge University Press, 1998.

Cameron, C., and P. Trivedi. *Microeconometrics: Methods and Applications*. Cambridge: Cambridge University Press, 2005.

Cameron, C., T. Li, P. Trivedi, and D. Zimmer. "Modeling the Differences in Counted Outcomes Using Bivariate Copula Models: With Applications to Mismeasured Counts." *Econometrics Journal*, 7, 2004, pp. 566 – 584.

Cameron, C., and F. Windmeijer. "*R*-Squared Measures for Count Data Regression Models with Applications to Health Care Utilization." Working paper no. 93 – 24, Department of Economics, University of California, Davis, 1993.

Campbell, J., A. Lo, and A. MacKinlay. *The Econometrics of Financial Markets*. Princeton: Princeton University Press, 1997.

Campbell, J., and G. Mankiw. "Consumption, Income, and Interest Rates: Reinterpreting the Time Series Evidence." Working paper 2924, NBER, Cambridge, MA, 1989.

Cappellari, L., and S. Jenkins. "Calculation of Multivariate Normal Probabilities by Simulation, with Applications to Maximum Simulated Likelihood Estimation." Discussion Paper 2112, IZA, 2006.

Card, D. "The Impact of the Mariel Boatlift on the Miami Labor Market." *Industrial and Labor Relations Review*, 43, 1990, pp. 245 – 257.

Card, D. "The Effect of Unions on Wage Inequality in the U. S. Labor Market." *Industrial and Labor Relations Review*, 54, 2, 2001, pp. 296 - 315.

Card, D., and A. Krueger. "Minimum Wages and Employment: A Case Study of the Fast-Food Industry in New Jersey and Pennsylvania." *American Economic Review*, 14, 4, 1994, pp. 772 - 794.

Card, D., and A. Krueger. "Minimum Wages and Employment: A Case Study of the Fast Food Industry in New Jersey and Pennsylvania: Reply." *The American Economic Review*, 90, 2000, pp. 397 - 420.

Card, D., D. Lee, Z. Pei, and A. Weber. "Nonlinear Policy Rules and the Identification and Estimation of Causal Effects in a Generalized Regression Kink Design." NBER, Cambridge, MA, Working paper 18564, Nov. 2012.

Carey, K. "A Panel Data Design for Estimation of Hospital Cost Functions." *Review of Economics and Statistics*, 79, 3, 1997, pp. 443 - 453.

Carneiro, P., K. Hansen, and J. Heckman. "Estimating Distributions of Treatment Effects with an Application to Schooling and Measurement of the Effects of Uncertainty on College Choice." *International Economic Review*, 44, 2003, pp. 361 - 422.

Carro, J. "Estimating Dynamic Panel Data Discrete Choice Models with Fixed Effects." *Journal of Econometrics*, 140, 2, 2007, pp. 503 - 528.

Case, A. "Spatial Patterns in Household Demand." *Econometrica*, 59, 4, 1991, pp. 953 - 965.

Case, A. "Neighborhood Influence and Technological Change." *Regional Science and Urban Economics*, 22, 3, September 1992: 491 - 508.

Casella, G., and E. George. "Explaining the Gibbs Sampler." *American Statistician*, 46, 3, 1992, pp. 167 - 174.

Cecchetti, S. "The Frequency of Price Adjustment: A Study of the Newsstand Prices of Magazines." *Journal of Econometrics*, 31, 3, 1986, pp. 255 - 274.

Cecchetti, S., and R. Rich. "Structural Estimates of the U. S. Sacrifice Ratio." *Journal of Business and Economic Statistics*, 19, 4, 2001, pp. 416 - 427.

Chamberlain, G. "Omitted Variable Bias in Panel Data: Estimating the Returns to Schooling." *Annales de L'Insee*, 30/31, 1978, pp. 49 - 82.

Chamberlain, G. "Analysis of Covariance with Qualitative Data." *Review of Economic Studies*, 47, 1980, pp. 225 - 238.

Chamberlain, G. "Multivariate Regression Models for Panel Data." *Journal of Econometrics*, 18, 1, 1982, pp. 5 - 46.

Chamberlain, G. "Panel Data." In *Handbook of Econometrics*, edited by Z. Griliches and M. Intriligator, Amsterdam: North Holland, 1984.

Chamberlain, G. "Heterogeneity, Omitted Variable Bias and Duration Dependence." In *Longitudinal Analysis of Labor Market Data*, Edited by J. Heckman and B. Singer, Cambridge: Cambridge University Press, 1985.

Chamberlain, G. "Asymptotic Efficiency in Estimation with Conditional Moment Restrictions." *Journal of Econometrics*, 34, 1987, pp. 305 - 334.

Chen, T. "Root N Consistent Estimation of a Panel Data Sample Selection Model." Manuscript, Hong Kong University of Science and Technology, 1998.

Cheng, T., and P. Trivedi. "Attrition Bias in Panel Data: A Sheep in Wolf's Clothing? A Case Study Based on the MABEL Survey." *Health Economics*, 24, 9, 2015, pp. 1101 - 1117.

Chesher, A., and M. Irish. "Residual Analysis in the Grouped Data and Censored Normal Linear Model." *Journal of Econometrics*, 34, 1987, pp. 33 - 62.

Chesher, A., T. Lancaster, and M. Irish. "On Detecting the Failure of Distributional Assumptions." *Annales de L'Insee*, 59/60, 1985, pp. 7 - 44.

Cheung, S. "Provincial Credit Rating in Canada: An Ordered Probit Analysis." Bank of Canada, working paper 96 - 6, http://www.bankofcanada.ca/wp-content/uploads/2010/05/wp96-6.pdf, 1996.

Chung, C., and A. Goldberger. "Proportional Projections in Limited Dependent Variable Models." *Econometrica*, 52, 1984, pp. 531 - 534.

Chiappori, R. "Econometric Models of Insurance Under Asymmetric Information." Manuscript, Department of Economics, University of Chicago, 1998.

Chou, R. "Volatility Persistence and Stock Valuations: Some Empirical Evidence Using GARCH." *Journal of Applied Econometrics*, 3, 1988, pp. 279 - 294.

Chib, S., and E. Greenberg. "Understanding the Metropolis-Hastings Alagorithm." *The American Statistician*,

49, 4, 1995, pp. 327 - 335.

Chib, S. , and E. Greenberg. "Markov Chain Monte Carlo Simulation Methods in Econometrics." *Econometric Theory*, 12, 1996, pp. 409 - 431.

Chow, G. "Tests of Equality Between Sets of Coefficients in Two Linear Regressions." *Econometrica*, 28, 1960, pp. 591 - 605.

Chow, G. "Random and Changing Coefficient Models." In *Handbook of Econometrics*, Vol. 2, edited by Griliches, Z. and M. Intriligator, Amsterdam: North Holland, 1984.

Christensen, B. , and Kallestrup-Lamb, M. "The Impact of Health Changes on Labor Supply: Evidence from Merged Data on Individual Objective Medical Diagnosis Codes and Early Retirement Behavior." *Health Economics*, 21, 2012, pp. 56 - 100.

Christensen, L. , and W. Greene. "Economies of Scale in U. S. Electric Power Generation." *Journal of Political Economy*, 84, 1976, pp. 655 - 676.

Christensen, L. , D. Jorgenson, and L. Lau. "Transcendental Logarithmic Utility Functions." *American Economic Review*, 65, 1975, pp. 367 - 383.

Christofides, L. , T. Stengos, and R Swidinsky. "On the Calculation of Marginal Effects in the Bivariate Probit Model." *Economics Letters*, 54, 3, 1997, pp. 203 - 208.

Christofides, L. , T. Hardin, and R. Stengos. "On the Calculation of Marginal Effects in the Bivariate Probit Model: Corrigendum." *Economics Letters*, 68, 2000, pp. 339 - 340.

Chung, C. , and A. Goldberger. "Proportional Projections in Limited Dependent Variable Models." *Econometrica*, 52, 1984, pp. 531 - 534.

CIC. "Penn World Tables." Center for International Comparisons of Production, Income and Prices, University of Pennsylvania, http://cid. econ. ucdavis. edu/pwt. html, 2010.

Clark, A. , Y. Georgellis, and P. Sanfey. "Scarring: The Psychological Impact of Past Unemployment." *Economica*, 68, 2001, pp. 221 - 241.

Cleveland, W. "Robust Locally Weighted Regression and Smoothing Scatter Plots." *Journal of the American Statistical Association*, 74, 1979, pp. 829 - 836.

Coakley, J. , F. Kulasi, and R. Smith. "Current Account Solvency and the Feldstein-Horioka Puzzle." *Economic Journal*, 106, 1996, pp. 620 - 627.

Cochrane, D. , and G. Orcutt. "Application of Least Squares Regression to Relationships Containing Autocorrelated Error Terms." *Journal of the American Statistical Association*, 44, 1949, pp. 32 - 61.

Coelli, T. "Recent Developments in Frontier Modelling and Efficiency Measurement." *Australian Journal of Agricultural and Resource Economics*, 39, 3, 1995, pp. 219 - 245.

Coelli, T. "Frontier 4. 1." CEPA working paper, Centre for Efficiency and Productivity Analysis, University of Queensland, 1996, www. uq. edu. au/economics/cepa/frontier. htm.

Colombi, C. , A. Martini, and S. Vittadini. "Closed Skew Normality in Stochastic Frontiers with Individual Effects and Long/Short Run Efficiency." *Journal of Productivity Analysis*, 42, 2014, pp. 123 - 136.

Cohen, R. , and Wallace, J. "A-Rod: Signing the Best Player in Baseball." *Harvard Business School*, *Case* 9-203-047, Cambridge, 2003.

Congdon, P. *Bayesian Models for Categorical Data*. New York: John Wiley and Sons, 2005.

Conway, D. , and H. Roberts. "Reverse Regression, Fairness and Employment Discrimination." *Journal of Business and Economic Statistics*, 1, 1, 1983, pp. 75 - 85.

Contoyannis, C. , A. Jones, and N. Rice. "The Dynamics of Health in the British Household Panel Survey." *Journal of Applied Econometrics*, 19, 4, 2004, pp. 473 - 503.

Cook, D. "Influential Observations in Linear Regression." *Journal of the American Statistical Association*, 74, 365, 1977, pp. 169 - 174.

Cornwell, C. , and P. Rupert. "Efficient Estimation with Panel Data: An Empirical Comparison of Instrumental Variable Estimators." *Journal of Applied Econometrics*, 3, 1988, pp. 149 - 155.

Cornwell, C. , and P. Schmidt. "Panel Data with Cross-Sectional Variation in Slopes as Well as in Intercept." Econometrics workshop paper no. 8404, Michigan State University, Department of Economics, 1984.

Coulson, N. , and R. Robins. "Aggregate Economic Activity and the Variance of Inflation: Another Look." *Economics Letters*, 17, 1985, pp. 71 - 75.

Council of Economic Advisors. *Economic Report of the*

President. Washington, D. C.: United States Government Printing Office, 1994.

Council of Economic Advisors. *Economic Report of the President*. Washington, D. C.: United States Government Printing Office, 2016.

Cox, D. "Tests of Separate Families of Hypotheses." *Proceedings of the Fourth Berkeley Symposium on Mathematical Statistics and Probability*, Vol. 1. Berkeley: University of California Press, 1961.

Cox, D. "Further Results on Tests of Separate Families of Hypotheses." *Journal of the Royal Statistical Society, Series B*, 24, 1962, pp. 406 - 424.

Cox, D. "Regression Models and Life Tables." *Journal of the Royal Statistical Society, Series B*, 34, 1972, pp. 187 - 220.

Cox, D., and D. Oakes. *Analysis of Survival Data*. New York: Chapman and Hall, 1985.

Cragg. J. "On the Relative Small Sample Properties of Several Structural Equations Estimators." *Econometrica*, 35, 1967, pp. 136 - 151.

Cragg, J. "Some Statistical Models for Limited Dependent Variables with Application to the Demand for Durable Goods." *Econometrica*, 39, 5, 1971, pp. 829 - 844.

Cragg, J. "Estimation and Testing in Testing in Time Series Regression Models with Heteroscedastic Disturbances." *Journal of Econometrics*, 20, 1982, pp. 135 - 157.

Cragg., J. "Using Higher Moments to Estimate the Simple Errors in Variables Model." *Rand Journal of Economics*, 28, 0, 1997, pp. S71 - S91.

Cragg, J., and R. Uhler. "The Demand for Automobiles." *Canadian Journal of Economics*, 3, 1970, pp. 386 - 406.

Cramèr, H. *Mathematical Methods of Statistics*. Princeton: Princeton University Press, 1948.

Cramer, J. "Predictive Performance of the Binary Logit Model in Unbalanced Samples." *Journal of the Royal Statistical Society, Series D (The Statistician)*, 48, 1999, pp. 85 - 94.

Creel, M., and J. Loomis. "Theoretical and Empirical Advantages of Truncated Count Data Estimators for Analysis of Deer Hunting in California." *American Journal of Agricultural Economics*, 72, 1990, pp. 434 - 441.

Culver, S., and D. Pappell. "Is There a Unit Root in the Inflation Rate? Evidence from Sequential Break and Panel Data Model." *Journal of Applied Econometrics*, 12, 1997, pp. 435 - 444.

Cumby, R., J. Huizinga, and M. Obstfeld. "Two-Step, Two-Stage Least Squares Estimation in Models with Rational Expectations." *Journal of Econometrics*, 21, 1983, pp. 333 - 355.

Cuesta, R. "A Production Model with Firm-Specific Temporal Variation in Technical Inefficiency: With Application to Spanish Dairy Farms." *Journal of Productivity Analysis*, 13, 2, 2000, pp. 139 - 158.

Cunha, F., J. Heckman, and S. Navarro. "The Identification & Economic Content of Ordered Choice Models with Stochastic Thresholds." University College Dublin, Gery Institute, discussion paper WP/26/2007, 2007.

D'Addio, A., T. Eriksson, and P. Frijters. "An Analysis of the Determinants of Job Satisfaction When Individuals' Baseline Satisfaction Levels May Differ." Working paper 2003-16, Center for Applied Microeconometrics, University of Copenhagen, 2003.

Dahlberg, M., and E. Johansson. "An Examination of the Dynamic Behaviour of Local Governments Using GMM Bootstrapping Methods." *Journal of Applied Econometrics*, 15, 2000, pp. 401 - 416.

Dale, S., and A. Krueger. "Estimating the Return to College Selectivity of the Career Using Administrative Earnings Data." NBER, Cambridge, MA, Working paper 17159, 2011.

Dale, S., and A. Krueger. "Estimating the Payoff of Attending a More Selective College: An Application of Selection on Observables and Unobservables." *Quarterly Journal of Economics*, 107, 4, 2002, pp. 1491 - 1527.

Daly, A., S. Hess, and K. Train. "Assuring Finite Moments for Willingness to Pay in Random Coefficient Models." Institute for Transport Studies, University of Leeds, October, 2009.

Das, M., S. Olley, and A. Pakes. "The Evolution of the Market for Consumer Electronics." mimeo, Department of Economics, Harvard University, 1996.

Das, M., and A. van Soest. "A Panel Data Model for Subjective Information on Household Income Growth." *Journal of Economic Behavior and Organization*, 40, 2000, 409 - 426.

Dastoor, N. "Some Aspects of Testing Nonnested Hypotheses." *Journal of Econometrics*, 21, 1983, pp. 213 – 228.

Davidson, A., and D. Hinkley. *Bootstrap Methods and Their Application*. Cambridge: Cambridge University Press, 1997.

Davidson, J. *Econometric Theory*. Oxford: Black-well, 2000.

Davidson, R., and J. MacKinnon. "Several Tests for Model Specification in the Presence of Alternative Hypotheses." *Econometrica*, 49, 1981, pp. 781 – 793.

Davidson, R., and J. MacKinnon. "Model Specification Tests Based on Artificial Linear Regressions." *International Economic Review*, 25, 1984, pp. 485 – 502.

Davidson, R., and J. MacKinnon. *Estimation and Inference in Econometrics*. New York: Oxford University Press, 1993.

Davidson, R., and J. MacKinnon. *Econometric Theory and Methods*. New York: Oxford University Press, 2004.

Davidson, R., and J. MacKinnon. "Bootstrap Methods in Econometrics." In *Palgrave Handbook of Econometrics, Volume 1: Econometric Theory*, edited by T. Mills and K. Patterson, Hampshire: Palgrave Macmillan, 2006.

Davies, R. "Evaluation of an OFT Intervention." UK Office of Fair Trading, WP 1416, http://dera.ioe.ac.uk/14610/1/oft1416.pdf, 2012.

Daykin, A., and P. Moffatt. "Analyzing Ordered Responses: A Review of the Ordered Probit Model." *Understanding Statistics*, I, 3, 2002, pp. 157 – 166.

Deaton, A. "Model Selection Procedures, or, Does the Consumption Function Exist?" In *Evaluating the Reliability of Macroeconomic Models*, edited by G. Chow and P. Corsi, New York: John Wiley and Sons, 1982.

Deaton A. *The Analysis of Household Surveys: A Microeconometric Approach to Development Policy*. Baltimore: Johns Hopkins University Press, 1997.

Deaton, A. "Health, Inequality and Economic Development." *Journal of Economic Literature*, 41, 1, 2003, pp. 113 – 150.

Deaton, A., and J. Muellbauer. *Economics and Consumer Behavior*. New York: Cambridge University Press, 1980.

Deb, P., and P. K. Trivedi. "The Structure of Demand for Health Care: Latent Class versus Two-part Models." *Journal of Health Economics*, 21, 2002, pp. 601 – 625.

Debreu, G. "The Coefficient of Resource Utilization." *Econometrica*, 19, 3, 1951, pp. 273 – 292.

DeFusco, A., and A. Paciorek. "The Interest Rate Elasticity of Mortgage Demand: Evidence from Bunching at the Conforming Loan Limit." *American Economic Journal: Economic Policy*, 2016, Forthcoming.

DeFusco, A., and A. Paciorek. "The Interest Rate Elasticity of Mortgage Demand: Evidence from Bunching at the Conforming Loan Limit." Finance and Research Discussion Series, Federal Reserve Board, Washington DC, Working paper 2014-11, 2014.

Dehejia, R. "Practical Propensity Score Matching, A Reply to Smith and Todd." *Journal of Econometrics*, 125, 2005, pp. 355 – 364.

Dehejia, R., and S. Wahba. "Causal Effects in Non-experimental Studies: Evaluating the Valuation of Training Programs." *Journal of the American Statistical Association*, 94, 1999, pp. 1053 – 1062.

DeMaris, A. *Regression with Social Data: Modeling Continuous and Limited Response Variables*. Hoboken, NJ: Wiley, 2004.

Dempster, A., N. Laird, and D. Rubin. "Maximum Likelihood Estimation from Incomplete Data via the EM Algorithm." *Journal of the Royal Statistical Society, Series B*, 39, 1977, pp. 1 – 38.

DesChamps, P. "Full Maximum Likelihood Estimation of Dynamic Demand Models." *Journal of Econometrics*, 82, 1998, pp. 335 – 359.

De Vany, A. *Hollywood Economics: How Extreme Uncertainty Shapes the Film Industry*. New York: Routledge, 2003.

De Vany, A., and D. Walls. "Uncertainty in the Movies: Can Star Power Reduce the Terror of the Box Office?" *Journal of Cultural Economics*, 23, 4, 1999, pp. 285 – 318.

DeVany, A., and D. Walls. "Does Hollywood Make Too Many R-Rated Movies? Risk, Stochastic Dominance, and the Illusion of Expectation." *The Journal of Business*, 75, 3, 2002, pp. 425 – 451.

De Vany, A., and D. Walls. "Movie Stars, Big Budgets, and Wide Releases: Empirical Analysis of the Blockbuster Strategy." In *Hollywood Economics: How Extreme Uncertainty Shapes the Film Industry*, edited by Arthur De Vany, New York: Routledge, 2003.

Dezhbaksh, H. "The Inappropriate Use of Serial Correlation Tests in Dynamic Linear Models." *Review of Economics and Statistics*, 72, 1990, pp. 126 – 132.

Dhrymes, P. "Limited Dependent Variables." In *Handbook of Econometrics*, Vol. 2, edited by Z. Griliches and M. Intriligator, Amsterdam: North Holland, 1984.

Dickey, D., and W. Fuller. "Distribution of the Estimators for Autoregressive Time Series with a Unit Root." *Journal of the American Statistical Association*, 74, 1979, pp. 427 – 431.

Dickey, D., and W. Fuller. "Likelihood Ratio Tests for Autoregressive Time Series with a Unit Root." *Econometrica*, 49, 1981, pp. 1057 – 1072.

Diebold, F. *Elements of Forecasting*. Cincinnati: South-Western. 4th ed., 2007.

Dielman, T. *Pooled Cross-Sectional and Time Series Data Analysis*. New York: Marcel-Dekker, 1989.

Diewert, E. "Applications of Duality Theory." In *Frontiers in Quantitative Economics*, edited by M. Intriligator and D. Kendrick, Amsterdam: North Holland, 1974.

Di Maria, C., S. Ferreira, and E. Lazarova. "Shedding Light on the Light Bulb Puzzle: The Role of Attitudes and Perceptions in the Adoption of Energy Efficient Light Bulbs." *Scottish Journal of Political Economy*, 57, 1, 2010, pp. 48 – 68.

Domowitz, I., and C. Hakkio. "Conditional Variance and the Risk Premium in the Foreign Exchange Market." *Journal of International Economics*, 19, 1985, pp. 47 – 66.

Donald, S., and K. Lang. "Inference with Difference-in-Differences and Other Panel Data." *Review of Economics and Statistics*, 89, 2, 2007, pp. 221 – 233.

Dong, Y., and A. Lewbel. "Simple Estimators for Binary Choice Models with Endogenous Regressors." unpublished manuscript, Department of Economics, Boston College, 2010 (posted at http://www2.bc.edu/~lewbel/simplenew8.pdf).

Doob, J. *Stochastic Processes*. New York: John Wiley and Sons, 1953.

Doppelhofer, G., R. Miller, and S. Sala-i-Martin. "Determinants of Long-Term Growth: A Bayesian Averaging of Classical Estimates (BACE) Approach." NBER Working paper no. 7750, June, 2000.

Dowd, B., W. Greene, and E. Norton. "Computation of Standard Errors." *Health Services Research*, 29, 2, 2014, pp. 731 – 750.

Duan, N. "Smearing Estimate: A Nonparametrics Retransformation Method." *Journal of the American Statistical Association*, 78, 1983, pp. 605 – 612.

Duncan, G. "A Semi-parametric Censored Regression Estimator." *Journal of Econometrics*, 31, 1986a, pp. 5 – 34.

Duncan, G., ed. "Continuous/Discrete Econometric Models with Unspecified Error Distribution." *Journal of Econometrics*, 32, 1, 1986b, pp. 1 – 187.

Dunlap, R. "The New Environmental Paradigm Scale: From Marginality to Worldwide Use." *Journal of Environmental Education*, 40, 1, 2008, pp. 3 – 18.

Durbin, J. "Errors in Variables." *Review of the International Statistical Institute*, 22, 1954, pp. 23 – 32.

Durbin, J. "Testing for Serial Correlation in Least Squares Regression When Some of the Regressors Are Lagged Dependent Variables." *Econometrica*, 38, 1970, pp. 410 – 421.

Durbin, J., and G. Watson. "Testing for Serial Correlation in Least Squares Regression—Ⅰ." *Biometrika*, 37, 1950, pp. 409 – 428.

Durbin, J., and G. Watson. "Testing for Serial Correlation in Least Squares Regression—Ⅱ." *Biometrika*, 38, 1951, pp. 159 – 178.

Durbin, J., and G. Watson. "Testing for Serial Correlation in Least Squares Regression—Ⅲ." *Biometrika*, 58, 1971, pp. 1 – 42.

Dwivedi, T., and K. Srivastava. "Optimality of Least Squares in the Seemingly Unrelated Regressions Model." *Journal of Econometrics*, 7, 1978, pp. 391 – 395.

Efron, B. "Regression and ANOVA with Zero-One Data: Measures of Residual Variation." *Journal of the American Statistical Association*, 73, 1978, pp. 113 – 212.

Efron, B. "Bootstrapping Methods: Another Look at the Jackknife." *Annals of Statistics*, 7, 1979, pp. 1 – 26.

Efron, B., and R. Tibshirani. *An Introduction to the Bootstrap*. New York: Chapman and Hall, 1994.

Egan, K., and J. Herriges. "Multivariate Count Data Regression Models with Individual Panel Data from an On-

Site Sample." *Journal of Environmental Economics and Management*, 52, 2, 2006, pp. 567 – 581.

Eichengreen, B., M. Watson, and R. Grossman. "Bank Rate Policy Under the Interwar Gold Standard: A Dynamic Probit Approach." *Economic Journal*, 95, 1985, pp. 725 – 745.

Eicker, F. "Limit Theorems for Regression with Unequal and Dependent Errors." In *Proceedings of the Fifth Berkeley Symposium on Mathematical Statistics and Probability*, edited by L. LeCam and J. Neyman, Berkeley: University of California Press, 1967, pp. 59 – 82.

Eisenberg, D., and B. Rowe. "The Effect of Serving in the Vietnam War on Smoking Behavior Later in Life." Manuscript, School of Public Health, University of Michigan, 2006.

Elliot, G., T. Rothenberg, and J. Stock. "Efficient Tests for an Autoregressive Unit Root." *Econometrica*, 64, 1996, pp. 813 – 836.

Eluru, N., C. Bhat, and D. Hensher. "A Mixed Generalized Ordered Response Model for Examining Pedestrian and Bicyclist Injury Severity Levels in Traffic Crashes." *Accident Analysis and Prevention*, 40, 3, 2008, pp. 1033 – 1054.

Enders, W. *Applied Econometric Time Series*. 2nd ed., New York: John Wiley and Sons, 2004.

Engle, R. "Autoregressive Conditional Heteroscedasticity with Estimates of the Variance of United Kingdom Inflations." *Econometrica*, 50, 1982, pp. 987 – 1008.

Engle, R. "Estimates of the Variance of U. S. Inflation Based on the ARCH Model." *Journal of Money, Credit, and Banking*, 15, 1983, pp. 286 – 301.

Engle, R. "Wald, Likelihood Ratio, and Lagrange Multiplier Tests in Econometrics." In *Handbook of Econometrics*, Vol. 2, edited by Z. Griliches and M. Intriligator, Amsterdam: North Holland, 1984.

Engle, R., and C. Granger. "Cointegration and Error Correction: Representation, Estimation, and Testing." *Econometrica*, 35, 1987, pp. 251 – 276.

Engle, R., and D. Hendry. "Testing Super Exogeneity and Invariance." *Journal of Econometrics*, 56, 1993, pp. 119 – 139.

Engle, R., D. Hendry, and J. Richard. "Exogeneity." *Econometrica*, 51, 1983, pp. 277 – 304.

Engle, R., D. Hendry, and D. Trumble. "Small Sample Properties of ARCH Estimators and Tests." *Canadian Journal of Economics*, 18, 1985, pp. 66 – 93.

Engle, R., and M. Rothschild. "ARCH Models in Finance." *Journal of Econometrics*, 52, 1992, pp. 1 – 311.

Engle, R., D. Lilen, and R. Robins. "Estimating Time Varying Risk Premia in the Term Structure: The ARCH-M Model." *Econometrica*, 55, 1987, pp. 391 – 407.

Engle, R., and B. Yoo. "Forecasting and Testing in Cointegrated Systems." *Journal of Econometrics*, 35, 1987, pp. 143 – 159.

Englin, J., and J. Shonkwiler. "Estimating Social Welfare Using Count Data Models: An Application to Long-Run Recreation Demand Under Conditions of Endogenous Stratification and Truncation." *Review of Economics and Statistics*, 77, 1995, pp. 104 – 112.

Estes, E., and B. Honorè. "Partially Linear Regression Using One Nearest Neighbor." Manuscript, Department of Economics, Princeton University, 1995.

Evans, M., N. Hastings, and B. Peacock. *Statistical Distributions*, 4th ed. New York: John Wiley and Sons, 2010.

Evans, D., A. Tandon, C. Murray, and J. Lauer. "The Comparative Efficiency of National Health Systems in Producing Health: An Analysis of 191 Countries." World Health Organization, GPE discussion paper, no. 29, EIP/GPE/EQC, 2000a.

Evans D., A. Tandon, C. Murray, and J. Lauer. "Measuring Overall Health System Performance for 191 Countries." World Health Organization GPE Discussion Paper, No. 30, EIP/GPE/EQC, 2000b.

Evans, G., and N. Savin. "Testing for Unit Roots: Ⅰ." *Econometrica*, 49, 1981, pp. 753 – 779.

Evans, G., and N. Savin. "Testing for Unit Roots: Ⅱ." *Econometrica*, 52, 1984, pp. 1241 – 1269.

Evans, W., and R. Schwab. "Finishing High and Starting College: Do Catholic Schools Make a Difference." *Quarterly Journal of Economics*, 110, 4, 1995, pp. 971 – 974.

Fair, R. "A Note on Computation of the Tobit Estimator." *Econometrica*, 45, 1977, pp. 1723 – 1727.

Fair, R. "A Theory of Extramarital Affairs." *Journal of Political Economy*, 86, 1978, pp. 45 – 61.

Fair, R. *Specification and Analysis of Macroeconomic Models*. Cambridge: Harvard University Press, 1984.

Farrell, M. "The Measurement of Productive Efficiency." *Journal of the Royal Statistical Society, Series A, Gener-*

al, 120, part 3, 1957, pp. 253 – 291.

Farsi, M. , M. Filippini, and W. Greene. "Efficiency Measurement in Network Industries, Application to the Swiss Railroads. " *Journal of Regulatory Economics*, 28, 1, 2005, pp. 69 – 90.

Feldstein, M. "The Error of Forecast in Econometric Models When the Forecast-Period ExogenousVariables Are Stochastic. "*Econometrica*, 39, 1971, pp. 55 – 60.

Fernandez, A. , and J. Rodriguez-Poo. "Estimation and Testing in Female Labor Participation Models: Parametric and Semiparametric Models. " *Econometric Reviews*, 16, 1997, pp. 229 – 248.

Fernandez, L. "Nonparametric Maximum Likelihood Estimation of Censored Regression Models. " *Journal of Econometrics*, 32, 1, 1986, pp. 35 – 38.

Fernandez-Val, I. "Fixed Effects Estimation of Structural Parameters and Marginal Effects in Panel Probit Models. " *Journal of Econometrics*, 150, 1, 2009, pp. 71 – 85.

Ferrer-i-Carbonel, A. , and P. Frijters. "The Effect of Metholodogy on the Determinants of Happiness. " *Economic Journal*, 114, 2004, pp. 641 – 659.

Fiebig, D. , M. Keane, J. Louviere, and N. Wasi. "The Generalized Multinomial Logit: Accounting for Scale and Coefficient Heterogeneity. "*Marketing Science*, published online before print July 23, DOI: 10.1287/mksc.1090.0508, 2009.

Filippini, M. , and W. Greene. "Persistent and Transient Productive Inefficiency: A Maximum Simulated Likelihood Approach. " *Journal of Productivity Analysis*, 45, 2, 2016, pp. 187 – 196.

Fin, T. , and P. Schmidt. "A Test for the Tobit Specification versus an Alternative Suggested by Cragg. " *Review of Economics and Statistics*, 66, 1984, pp. 174 – 177.

Finkelstein, A. , S. Taubman, B. Wright, M. Bernstein, J. Gruber, J. Newhouse, H. Allen, and K. Baicker. "The Oregon Health Insurance Experiment: Evidence from the First Year. " The Oregon Health Study Group, NBER Working paper no. 17190, 2011.

Finney, D. *Probit Analysis*. Cambridge: Cambridge University Press, 1971.

Fiorentini, G. , G. Calzolari, and L. Panattoni. "Analytic Derivatives and the Computation of GARCH Estimates. " *Journal of Applied Econometrics*, 11, 1996, pp. 399 – 417.

Fisher, R. "The Theory of Statistical Estimation. " *Proceedings of the Cambridge Philosophical Society*, 22, 1925, pp. 700 – 725.

Fisher, G. , and D. Nagin. "Random versus Fixed Coefficients Coefficient Quantal Choice Models. " In *Structural Analysis of Discrete Data with Econometric Applications*, C. Manski and D. McFadden, Cambridge: MIT Press, 1981.

Fitzgerald, J. , P. Gottshalk, and R. Moffitt. "An Analysis of Sample Attrition in Panel Data: The Michigan Panel Study on Income Dynamics. " *Journal of Human Resources*, 33, 1998, pp. 251 – 299.

Fleissig, A. , and J. Strauss. "Unit Root Tests on Real Wage Panel Data for the G7. " *Economics Letters*, 54, 1997, pp. 149 – 155.

Fletcher, R. *Practical Methods of Optimization*. New York: John Wiley and Sons, 1980.

Flores-Lagunes, A. and K. Schnier. "Sample Selection and Spatial Dependence. " *Journal of Applied Econometrics*, 27, 2, 2012, pp. 173 – 204.

Florens, J. , D. Fougere, and M. Mouchart. "Duration Models. " In *The Econometrics of Panel Data*, 2nd ed. , edited by L. Matyas and P. Sevestre, Norwell, MA: Kluwer, 1996.

Fomby, T. , C. Hill, and S. Johnson. *Advanced Econometric Methods*. Needham, MA: Springer-Verlag, 1984.

Fowler, C. , J. Cover, and R. Kleit. "The Geography of Fringe Banking. " *Journal of Regional Science*, 54, 4, 2014, pp. 688 – 710.

Frankel, J. , and A. Rose. "A Panel Project on Purchasing Power Parity: Mean Reversion Within and Between Countries. " *Journal of International Economics*, 40, 1996, pp. 209 – 224.

Freedman, D. "On the So-Called 'Huber Sandwich Estimator' and Robust Standard Errors. " *The American Statistician*, 60, 4, 2006, pp. 299 – 302.

French, K. , W. Schwert, and R. Stambaugh. "Expected Stock Returns and Volatility. " *Journal of Financial Economics*, 19, 1987, pp. 3 – 30.

Fried, H. , K. Lovell, and S. Schmidt, eds. *The Measurement of Efficiency*. Oxford: Oxford University Press, 2008.

Friedman, M. *A Theory of the Consumption Function*. Princeton: Princeton University Press, 1957.

Frijters P. , J. Haisken-DeNew, and M. Shields. "The Value

of Reunification in Germany: An Analysis of Changes in Life Satisfaction." *Journal of Human Resources*, 39, 3, 2004, pp. 649 – 674.

Frisch, R. "Editorial." *Econometrica*, 1, 1933, pp. 1 – 4.

Frisch, R., and F. Waugh. "Partial Time Regressions as Compared with Individual Trends." *Econometrica*, 1, 1933, pp. 387 – 401.

Frolich, M. "Nonparametric Regression for Binary Dependent Variables." *Econometrics Journal*, 9, 2006, pp. 511 – 540.

Fu, A., M. Gordon, G. Liu, B. Dale, and R. Christensen. "Inappropriate Medication Use and Health Outcomes in the Elderly." *Journal of the American Geriatrics Society*, 52, 11, 2004, pp. 1934 – 1939.

Fuller, W., and G. Battese. "Estimation of Linear Models with Crossed-Error Structure." *Journal of Econometrics*, 2, 1974, pp. 67 – 78.

Gallant, A. *Nonlinear Statistical Models*. New York: John Wiley and Sons, 1987.

Gallant, A., and A. Holly. "Statistical Inference in an Implicit Nonlinear Simultaneous Equation in the Context of Maximum Likelihood Estimation." *Econometrica*, 48, 1980, pp. 697 – 720.

Gallant, R., and T. Nychka. "Semiparametric Maximum Likelihood Estimation." *Econometrica*, 55, 1987, pp. 363 – 390.

Gallant, R., and H. White. *A Unified Theory of Estimation and Inference for Nonlinear Dynamic Models*. Oxford: Basil Blackwell, 1988.

Gannon, B. "A Dynamic Analysis of Disability and Labour Force Participation in Ireland 1995 – 2000." *Health Economics*, 14, 2005, pp. 925 – 938.

Garber, S., and S. Klepper. "Extending the Classical Normal Errors in Variables Model." *Econometrica*, 48, 1980, pp. 1541 – 1546.

Garrett, T., G. Wagner, and D. Wheelock. "A Spatial Analysis of State Banking Regulation." St. Louis Federal Reserve Bank working paper 2003-044, St. Louis, 2003.

Gaudry, M., and M. Dagenais. "The Dogit Model." *Transportation Research*, 13, 1979, pp. 105 – 112.

Gaver, K., and M. Geisel. "Discriminating Among Alternative Models: Bayesian and Non-Bayesian Methods." In *Frontiers in Econometrics*, P. Zarembka, ed., New York, Academic Press, pp. 49 – 77.

Gentle, J. *Random Number Generation and Monte Carlo Methods*. 2nd ed., Springer, New York, 2003.

Gelman, A. *Bayesian Data Analysis*, Boca Raton, FL, Chapman and Hall, 2003.

Gelman, A., J. Carlin, H. Stern, and D. Rubin. *Bayesian Data Analysis*. 2nd ed., Suffolk: Chapman and Hall, 2004.

Gentle, J. *Elements of Computational Statistics*. NewYork: Springer-Verlag, 2002.

Gentle, J. *Random Number Generation and Monte Carlo Methods*. 2nd ed., New York: Springer-Verlag, 2003.

Gertler, P. "Do Conditional Cash Transfers Improve Child Health? Evidence from PROGRESSA's Control Randomized Experiment." *The American Economic Review*, 94, 2, 2004, pp. 336 – 341.

Geweke, J. "Exact Inference in the Inequality Constrained Normal Linear Regression Model." *Journal of Applied Econometrics*, 2, 1986, pp. 127 – 142.

Geweke, J. "Antithetic Acceleration of Monte Carlo Integration in Bayesian Inference." *Journal of Econometrics*, 38, 1988, pp. 73 – 90.

Geweke, J. "Bayesian Inference in Econometric Models Using Monte Carlo Integration." *Econometrica*, 57, 1989, pp. 1317 – 1340.

Geweke, J. *Contemporary Bayesian Econometrics and Statistics*. New York: John Wiley and Sons, 2005.

Geweke, J., M. Keane, and D. Runkle. "Alternative Computational Approaches to Inference in the Multinomial Probit Model." *Review of Economics and Statistics*, 76, 1994, pp. 609 – 632.

Geweke, J., M. Keane, and D. Runkle. "Statistical Inference in the Multinomial Multiperiod Probit Model." *Journal of Econometrics*, 81, 1, 1997, pp. 125 – 166.

Gill, J. *Bayesian Methods: A Social and Behavioral Sciences Approach*. Suffolk: Chapman and Hall, 2002.

Godfrey, L. *Misspecification Tests in Econometrics*. Cambridge: Cambridge University Press, 1988.

Godfrey, L. "Instrument Relevance in Multivariate Linear Models." *Review of Economics and Statistics*, 81, 1999, pp. 550 – 552.

Goffe, W., G. Ferrier, and J. Rodgers. "Global Optimization of Statistical Functions with Simulated Annealing." *Journal of Econometrics*, 60, 1/2, 1994, pp. 65 – 100.

Golan, A. "Information and Entropy Econometrics—A Review

and Synthesis." *Foundations and Trends in Econometrics*, 2, 1–2, pp. 1–145, 2009.

Golan, A., G. Judge, and D. Miller. *Maximum Entropy Econometrics: Robust Estimation with Limited Data*. New York: John Wiley and Sons, 1996.

Goldberg, P. "Product Differentiation and Oligopoly in International Markets: The Case of the U.S. Automobile Industry." *Econometrica*, 63, 4, 1995, pp. 891–951.

Goldberger, A. "Selection Bias in Evaluating Treatment Effects: Some Formal Illustrations." Discussion paper 123-172, Institute for Research on Poverty, University of Wisconsin, Madison, 1972.

Goldberger, A. "Dependency Rates and Savings Rates: Further Comment." *American Economic Review*, 63, 1, 1973, pp. 232–233.

Goldberger, A. "Linear Regression After Selection." *Journal of Econometrics*, 15, 1981, pp. 357–366.

Goldberger, A. "Abnormal Selection Bias." In *Studies in Econometrics, Time Series, and Multivariate Statistics*, edited by S. Karlin, T. Amemiya, and L. Goodman, New York: Academic Press, 1983.

Goldberger, A. *A Course in Econometrics*. Cambridge: Harvard University Press, 1991.

Goldberger, A. "Selection Bias in Evaluating Greatment Effects: Some Formal Illustrations." In *Modelling and Evaluating Treatment Effects in Econometrics, Advances in Econometrics*, 21, edited by S. Karlin, T. Amemiya, and L. Goodman, Oxford: Elsevier, 2008.

Goldfeld, S., and R. Quandt. *Nonlinear Methods in Econometrics*. Amsterdam: North Holland, 1971.

Goldfeld, S., R. Quandt, and H. Trotter. "Maximization by Quadratic Hill Climbing." *Econometrica*, 1966, pp. 541–551.

Gonzaláz, P., and W. Maloney. "Logit Analysis in a Rotating Panel Context and an Application to Self-Employment Decisions." Policy Research working paper no. 2069, Washington, D.C: World Bank, 1999.

Gordin, M. "The Central Limit Theorem for Stationary Processes." *Soviet Mathematical Dokl.*, 10, 1969, pp. 1174–1176.

Gourieroux, C., and A. Monfort. "Testing Nonnested Hypotheses." In *Handbook of Econometrics*, Vol. 4, edited by Z. Griliches and M. Intriligator, Amsterdam: North Holland, 1994.

Gourieroux, C., and A. Monfort. "Testing, Encompassing, and Simulating Dynamic Econometric Models." *Econometric Theory*, 11, 1995, pp. 195–228.

Gourieroux, C., and A. Monfort. *Simulation-Based Methods Econometric Methods*. Oxford: Oxford University Press, 1996.

Gourieroux, C., A. Monfort, and A. Trognon. "Testing Nested or Nonnested Hypotheses." *Journal of Econometrics*, 21, 1983, pp. 83–115.

Gourieroux, C., A. Monfort, and A. Trognon. "Pseudo Maximum Likelihood Methods: Applications to Poisson Models." *Econometrica*, 52, 1984, pp. 701–720.

Gourieroux, C., A. Monfort, E. Renault, and A. Trognon. "Generalized Residuals." *Journal of Econometrics*, 34, 1987, pp. 5–32.

Granger, C., and P. Newbold. "Spurious Regressions in Econometrics." *Journal of Econometrics*, 2, 1974, pp. 111–120.

Granger, C., and M. Pesaran. "A Decision Theoretic Approach to Forecast Evaluation." In *Statistics and Finance: An Interface*, edited by W. S. Chan, W. Li, and H. Tong, London: Imperial College Press, 2000.

Gravelle H., R. Jacobs, A. Jones, and A. Street. "Comparing the Efficiency of National Health Systems: Econometric Analysis Should Be Handled with Care." Manuscript, University of York, Health Economics, UK, 2002a.

Gravelle H., R. Jacobs, A. Jones, and A. Street. "Comparing the Efficiency of National Health Systems: A Sensitivity Approach." Manuscript, University of York, *Health Economics*, UK, 2002b.

Greenberg, E., and C. Webster. *Advanced Econometrics: A Bridge to the Literature*. New York: John Wiley and Sons, 1983.

Greene, W. "Maximum Likelihood Estimation of Econometric Frontier Functions." *Journal of Econometrics*, 13, 1980a, pp. 27–56.

Greene, W. "On the Asymptotic Bias of the Ordinary Least Squares Estimator of the Tobit Model." *Econometrica*, 48, 1980b, pp. 505–514.

Greene, W. "Sample Selection Bias as a Specification Error: Comment." *Econometrica*, 49, 1981, pp. 795–798.

Greene, W. "Estimation of Limited Dependent Variable Models by Ordinary Least Squares and the Method of Moments." *Journal of Econometrics*, 21, 1983, pp. 195–

212.

Greene, W. "A Gamma Distributed Stochastic Frontier Model." *Journal of Econometrics*, 46, 1990, pp. 141 – 163.

Greene, W. "A Statistical Model for Credit Scoring." Working paper no. EC-92-29, Department of Economics, Stern School of Business, New York University, 1992.

Greene, W. "Accounting for Excess Zeros and Sample Selection in Poisson and Negative Binomial Regression Models." Working paper no. EC-94-10, Department of Economics, Stern School of Business, New York University, 1994.

Greene, W. "Count Data." Manuscript, Department of Economics, Stern School of Business, New York University, 1995a.

Greene, W. "Sample Selection in the Poisson Regression Model." Working paper no. EC-95-6, Department of Economics, Stern School of Business, New York University, 1995b.

Greene, W. "Marginal Effects in the Bivariate Probit Model." Working paper no. 96-11, Department of Economics, Stern School of Business, New York University, 1996.

Greene, W. "FIML Estimation of Sample Selection Models for Count Data." Working paper no. 97-02, Department of Economics, Stern School of Business, New York University, 1997.

Greene, W. "Gender Economics Courses in Liberal Arts Colleges: Further Results." *Journal of Economic Education*, 29, 4, 1998, pp. 291 – 300.

Greene W. "Marginal Effects in the Censored Regression Model." *Economics Letters*, 64, 1, 1999, pp. 43 – 50.

Greene, W. "Fixed and Random Effects in Nonlinear Models." Working paper EC-01-01, Department of Economics, Stern School of Business, New York University, 2001.

Greene, W. "Simulated Maximum Likelihood Estimation of the Normal-Gamma Stochastic Frontier Model." *Journal of Productivity Analysis*, 19, 2, 2003, pp. 179 – 190.

Greene, W. "The Behavior of the Fixed Effects Estimator in Nonlinear Models." *The Econometrics Journal*, 7, 1, 2004a, pp. 98 – 119.

Greene, W. "Distinguishing Between Heterogeneity and Inefficiency: Stochastic Frontier Analysis of the World Health Organization's Panel Data on National Health Care Systems." *Health Economics*, 13, 2004b, pp. 959 – 980.

Greene, W. "Convenient Estimators for the Panel Probit Model." *Empirical Economics*, 29, 1, 2004c, pp. 21 – 47.

Greene, W. "Fixed Effects and Bias Due to the Incidental Parameters Problem in the Tobit Model." *Econometric Reviews*, 23, 2, 2004d, pp. 125 – 147.

Greene, W. "Functional Form and Heterogeneity in Models for Count Data." *Foundations and Trends in Econometrics*, 1, 2, 2005, pp. 1 – 110.

Greene, W. "The Econometric Approach to Efficiency Analysis." In *The Measurement of Productive Efficiency*, 2nd ed., edited by H. Fried, K. Lovell, and S. Schmidt, Oxford: Oxford University Press, 2007a.

Greene, W. *LIMDEP 9.0 Reference Guide*. Plainview, NY: Econometric Software, Inc., 2007b.

Greene, W. "A Statistical Model for Credit Scoring." In *Credit Risk: Quantitative Methods and Analysis*, D. Hensher and S. Jones, eds. Cambridge University Press, Cambridge, 2007c.

Greene, W. "Functional Form and Heterogeneity and Models for Count Data." Working paper EC-07-10, Department of Economics, Stern School of Business, New York University, 2007d.

Greene, W. "Discrete Choice Models." In *Palgrave Handbook of Econometrics, Volume 2: Applied Econometrics*, edited by T. Mills and K. Patterson, Hampshire: Palgrave, 2008a.

Greene, W. "Functional Forms for the Negative Binomial Model for Count Data." *Economics Letters*, 99, 3, 2008b, pp. 585 – 590.

Greene, W. *Econometric Analysis*. 6th ed., Prentice Hall, Upper Saddle River, NJ, 2008c.

Greene, W. "Discrete Choice Modeling." In *The Handbook of Econometrics: Vol. 2, Applied Econometrics*, T. Mills and K. Patterson, eds., Palgrave, London, 2009a.

Greene, W. "Models for Count Data with Endogenous Participation." *Empirical Economics*, 36, 1, 2009b, pp. 133 – 173.

Greene, W. "A Sample Selection Corrected Stochastic Frontier Model." *Journal of Productivity Analysis*, 34, 1, 2010a, pp. 15 – 24.

Greene, W. "Testing Hypotheses About Interaction Terms in

Nonlinear Models." *Economics Letters*, 107, 2010b, pp. 291–296.

Greene, W. "Panel Data Models for Discrete Choices." Chapter 15 in *Oxford Handbook of Panel Data*, B. Baltagi, e., 2015.

Greene, W. *LIMDE P. Version* 11, Econometric Software, Plainview, NY, 2016.

Greene, W., M. Harris, B. Hollingsworth, and P. Maitra. "A Bivariate Latent Class Correlated Generalized Ordered Probit Model with an Application to Modeling Observed Obesity Levels." Working paper EC-08-18, Stern School of Business, New York University, 2008.

Greene, W., and Hensher, D. "Specification and Estimation of Nested Logit Models." *Transportation Research*, B, 36, 1, pp. 1–18, 2002.

Greene, W., and D. Hensher. "Multinomial Logit and Discrete Choice Models." In W. Greene, *NLOGIT Version 4.0 User's Manual, Revised*, Plainview, NY: Econometric Software, Inc., 2007.

Greene, W., and D. Hensher. *Modeling Ordered Choices: A Primer*, Cambridge University Press, Cambridge, 2010a.

Greene, W., and D. Hensher. "Ordered Choices and Heterogeneity in Attribute Processing." *Journal of Transport Economics and Policy*, 44, 3, 2010b, pp. 331–364.

Greene, W., and C. McKenzie. "An LM Test for Random Effects Based on Generalized Residuals." *Economics Letters*, 127, 1, 2015, pp. 47–50.

Greene, W., and T. Seaks. "The Restricted Least Squares Estimator: A Pedagogical Note." *Review of Economics and Statistics*, 73, 1991, pp. 563–567.

Griffiths, W., C. Hill, and G. Judge. *Learning and Practicing Econometrics*. New York: John Wiley and Sons, 1993.

Griliches, Z. "Hedonic Price Indexes for Automobiles: An Econometric Analysis of Quality Change." In *Price Statistics of the Federal Government*, prepared by the Price Statistics Review Committee of the National Bureau of Economic Research. New York: National Bureau of Economic Research, 1961.

Griliches, Z. "Economic Data Issues." In *Handbook of Econometrics*, Vol. 3, edited by Z. Griliches and M. Intriligator, Amsterdam: North Holland, 1986.

Griliches, Z., and P. Rao. "Small Sample Properties of Several Two Stage Regression Methods in the Context of Autocorrelated Errors." *Journal of the American Statistical Association*, 64, 1969, pp. 253–272.

Grogger, J., and R. Carson. "Models for Truncated Counts." *Journal of Applied Econometrics*, 6, 1991, pp. 225–238.

Gronau, R. "Wage Comparisons: A Selectivity Bias." *Journal of Political Economy*, 82, 1974, pp. 1119–1149.

Groot, W., and H. Maassen van den Brink. "Match Specific Gains to Marriages: A Random Effects Ordered Response Model." *Quality and Quantity*, 37, 3, 2003, pp. 317–325.

Grootendorst, P. "A Review of Instrumental Variables Estimation of Treatment Effects in the Applied Health Sciences." *Health Services Outcomes Research Methods*, 7, 2007, pp. 159–179.

Grossman, M. "On the Concept of Health Capital and the Demand for Health." *Journal of Political Economy*, 80, 2, 1972, pp. 223–255.

Grunfeld, Y. "The Determinants of Corporate Investment." Unpublished Ph.D. thesis, Department of Economics, University of Chicago, 1958.

Grunfeld, Y., and Z. Griliches. "Is Aggregation Necessarily Bad?" *Review of Economics and Statistics*, 42, 1960, pp. 1–13.

Guilkey, D. "Alternative Tests for a First-Order Vector Autoregressive Error Specification." *Journal of Econometrics*, 2, 1974, pp. 95–104.

Guilkey, D., and P. Schmidt. "Estimation of Seemingly Unrelated Regressions with Vector Autoregressive Errors." *Journal of the American Statistical Association*, 1973, pp. 642–647.

Gupta, K, N. Kristensen, and D. Possoli. "External Validation of the Use of Vignettes in Cross-Country Health Studies." Health Econometrics Workshop, Milan, Department of Economics, Aarhus School of Business, University of Aarhus, 2008.

Gurmu, S. "Tests for Detecting Overdispersion in the Positive Poisson Regression Model." *Journal of Business and Economic Statistics*, 9, 1991, pp. 215–222.

Gurmu, S., P. Rilstone, and S. Stern. "Semiparametric Estimation of Count Regression Models." *Journal of Econometrics*, 88, 1, 1999, pp. 123–150.

Gurmu, S., and P. Trivedi. "Recent Developments in Models of Event Counts: A Survey." Man-uscript, Department of

Economics, Indiana University, 1994.

Hadri, K., C. Guermat, and J. Whittaker. "Estimating Farm Efficiency in the Presence of Double Heteroscedasticity Using Panel Data." *Journal of Applied Economics*, 6, 2, 2003, pp. 255-268.

Hafner, C., H. Manner, and L. Simar. "The 'Wrong Skewness' Problem in Stochastic Frontier Models: A New Approach." *Econometric Reviews*, 2016, forthcoming.

Hahn, J. "Asymptotically Unbiased Inference for a Dynamic Panel Model with Fixed Effects When Both n and T Are Large." *Econometrica*, 70, 2002, pp. 1639-1657.

Hahn, J., and J. Hausman. "A New Specification Test for the Validity of Instrumental Variables." *Econometrica*, 70, 2002, pp. 163-189.

Hahn, J., and J. Hausman. "Weak Instruments: Diagnosis and Cures in Empirical Economics." *American Economic Review*, 93, 2003, pp. 118-125.

Hahn, J., and G. Kuersteiner. "Bias Reduction for Dynamic Nonlinear Panel Models with Fixed Effects." Unpublished manuscript, Department of Economics, University of California, Los Angeles, 2004.

Hahn, J., and W. Newey. "Jackknife and Analytical Bias Reduction for Nonlinear Panel Models." *Econometrica*, 72, 2004, pp. 1295-1313.

Hajivassiliou, V. "Smooth Simulation Estimation of Panel Data LDV Models." Department of Economics, Yale University, 1990.

Hajivassiliou, A. "Some Practical Issues in Maximum Simulated Likelihood." In *Simulation Based Inference in Econometrics*, edited by R. Mariano, T. Schuermann, and M. Weeks, Cambridge: Cambridge University Press, 2000.

Hall, B. *TSP Version* 4.0 *Reference Manual*. Palo Alto: TSP International, 1982.

Hall, B. "Software for the Computation of Tobit Model Estimates." *Journal of Econometrics*, 24, 1984, pp. 215-222.

Hall, R. "Stochastic Implications of the Life Cycle - Permanent Income Hypothesis: Theory and Evidence." *Journal of Political Economy*, 86, 6, 1978, pp. 971-987.

Hamilton, J. *Time Series Analysis*. Princeton: Princeton University Press, 1994.

Hansen, B. "Challenges for Econometric Model Selection." *Econometric Theory*, 21, 2005, pp. 60-68.

Hansen, L. "Large Sample Properties of Generalized Method of Moments Estimators." *Econometrica*, 50, 1982, pp. 1029-1054.

Hansen, L., J. Heaton, and A. Yaron. "Finite Sample Properties of Some Alternative GMM Estimators." *Journal of Business and Economic Statistics*, 14, 3, 1996, pp. 262-280.

Hansen, L., and K. Singleton. "Generalized Instrumental Variable Estimation of Nonlinear Rational Expectations Models." *Econometrica*, 50, 1982, pp. 1269-1286.

Hanushek, E. "Efficient Estimators for Regressing Regression Coefficients." *The American Statistician*, 28, 2, 1974, pp. 21-27.

Hanushek, E. "The Evidence on Class Size." In *Earning and Learning: How Schools Matter*, edited by S. Mayer and P. Peterson, Washington, DC: Brookings Institute Press, 1999, 6-37.

Hanushek, E. *The Economics of Schooling and School Quality*. ed., Edward Elgar Publishing, 2002.

Hardle, W. *Applied Nonparametric Regression*. New York: Cambridge University Press, 1990.

Hardle, W., H. Liang, and J. Gao. *Partially Linear Models*. Springer-Verlag, Heidelberg, 2000.

Harris, M., and X. Zhao. "A Zero-Inflated Ordered Probit Model, with an Application to Modeling Tobacco Consumption." *Journal of Econometrics*, 141, 2, 2007, pp. 1073-1099.

Harvey, A. "Estimating Regression Models with Multiplicative Heteroscedasticity." *Econometrica*, 44, 1976, pp. 461-465.

Hausman, J. "Specification Tests in Econometrics." *Econometrica*, 46, 1978, pp. 1251-1271.

Hausman, J., B. Hall, and Z. Griliches. "Economic Models for Count Data with an Application to the Patents—R&D Relationship." *Econometrica*, 52, 1984, pp. 909-938.

Hausman, J., and A. Han. "Flexible Parametric Estimation of Duration and Competing Risk Models." *Journal of Applied Econometrics*, 5, 1990, pp. 1-28.

Hausman, J., and D. McFadden. "A Specification Test for the Multinomial Logit Model." *Econometrica*, 52, 1984, pp. 1219-1240.

Hausman, J., J. Stock, and M. Yogo. "Asymptotic Properties of the Hahn-Hausman Test for Weak Instruments." *Economics Letters*, 89, 2005, pp. 333-342.

Hausman, J., and W. Taylor. "Panel Data and Unobservable Individual Effects." *Econometrica*, 49, 1981, pp. 1377 – 1398.

Hausman, J., and D. Wise. "Social Experimentation, Truncated Distributions, and Efficient Estimation." *Econometrica*, 45, 1977, pp. 919 – 938.

Hausman, J., and D. Wise. "A Conditional Probit Model for Qualitative Choice: Discrete Decisions Recognizing Interdependence and Heterogeneous Preferences." *Econometrica*, 46, 1978, pp. 403 – 426.

Hausman, J. and D. Wise. "Attrition Bias in Experimental and Panel Data: The Gary Income Maintenance Experiment." *Econometrica*, 47, 2, 1979, pp. 455 – 573.

Hawcroft, L., and T. Milmont. "The Use (and Abuse) of the New Environmental Paradigm Scale over the Last 30 Years: A Meta-Analysis." *Journal of Environmental Psychology*, 30, 2, pp. 143 – 158.

Hayashi, F. *Econometrics*. Princeton: Princeton University Press, 2000.

Heckman, J. "The Common Structure of Statistical Models of Truncation, Sample Selection, and Limited Dependent Variables and a Simple Estimator for Such Models." *Annals of Economic and Social Measurement*, 5, 1976, pp. 475 – 492.

Heckman, J. "Simple Statistical Models for Discrete Panel Data Developed and Applied to the Hypothesis of True State Dependence Against the Hypothesis of Spurious State Dependence." *Annalse de l'INSEE*, 30, 1978, pp. 227 – 269.

Heckman, J. "Sample Selection Bias as a Specification Error." *Econometrica*, 47, 1979, pp. 153 – 161.

Heckman, J. "Statistical Models for Discrete Panel Data." In *Structural Analysis of Discrete Data with Econometric Applications*, edited by C. Manski and D. McFadden, Cambridge: MIT Press, 1981a.

Heckman, J. "Heterogeneity and State Dependence." In *Studies of Labor Markets*, edited by S. Rosen, NBER, Chicago: University of Chicago Press, 1981b.

Heckman, J. "Varieties of Selection Bias." *American Economic Review*, 80, 1990, pp. 313 – 318.

Heckman, J., H. Ichimura, J. Smith, and P. Todd. "Characterizing Selection Bias Using Exper-imental Data." *Econometrica*, 66, 5, 1998, pp. 1017 – 1098.

Heckman, J., H. Ichimura, and P. Todd. "Matching as an Econometric Evaluation Estimator: Evidence from Evaluating a Job Training Program." *Review of Economic Studies*, 64, 4, 1997 pp. 605 – 654.

Heckman, J., H. Ichimura, and P. Todd. "Matching as an Econometric Evaluation Estimator." *Review of Economic Studies*, 65, 2, 1998, pp. 261 – 294.

Heckman, J., R. LaLonde, and J. Smith. "The Economics and Econometrics of Active Labour Market Programmes." In *The Handbook of Labor Economics*, Vol. 3., edited by O. Ashenfelter and D. Card, Amsterdam: North Holland, 1999.

Heckman, J., and T. MaCurdy. "A Life Cycle Model of Female Labor Supply." *Review of Economic Studies*, 47, 1980, pp. 247 – 283.

Heckman, J., and B. Singer. "Econometric Duration Analysis." *Journal of Econometrics*, 24, 1984a, pp. 63 – 132.

Heckman, J., and B. Singer. "A Method for Minimizing the Impact of Distributional Assumptions in Econometric Models for Duration Data." *Econometrica*, 52, 1984b, pp. 271 – 320.

Heckman, J., J. Tobias, and E. Vytlacil. "Simple Estimators for Treatment Parameters in a Latent Variable Framework." *Review of Economics and Statistics*, 85, 3, 2003, pp. 748 – 755.

Heckman, J., and E. Vytlacil. "Instrumental Variables, Selection Models and Tight Bounds on the Average Treatment Effect." NBER Technical Working paper 0259, 2000.

Heckman, J., and E. Vytlacil. "Econometric Evaluation of Social Programs, Part I: Causal Models, Structural Models and Econometric Policy Evaluation." In *Handbook of Econometrics*, Chapter 70, edited by J. Heckman and E. E. Leamer, North Holland, Amsterdam, 2007.

Heilbron, D. "Generalized Linear Models for Altered Zero Probabilities and Overdispersion in Count Data." Technical Report, Department of Epidemiology and Biostatistics, University of California, San Francisco, 1989.

Henderson, D., and C. Parmeter. *Applied Nonparametric Econometrics*. Cambridge University Press, New York, 2015.

Hendry, D. "Monte Carlo Experimentation in Econometrics." In *Handbook of Econometrics*, Vol. 2, edited by Z. Griliches and M. Intriligator, Amsterdam: North Holland, 1984.

Hendry, D., and N. Ericsson. "An Econometric Analysis of

UK Money Demand." In M. Friedman and A. Schwartz, eds., *American Economic Review*, 81, 1991, pp. 8－38.

Hensher, D. "Dimensions of Automobile Demand－An Overview of an Australian Research Project." *Environment and Planning*, A., 18, 2010, pp. 1339－1374.

Hensher, D. "Efficient Estimation of Hierarchical Logit Mode Choice Models." *Journal of the Japanese Society of Civil Engineers*, 425/IV-14, 1991, pp. 117－128.

Hensher, D. "Sequential and Full Information Maximum Likelihood Estimation of a Nested Logit Model." *Review of Economics and Statistics*, 68, 4, 1986, pp. 657－667.

Hensher, D., and W. Greene. "The Mixed Logit Model: The State of Practice." *Transportation Research*, *B*, 30, 2003, pp. 133－176.

Hensher, D. and W. Greene. "Non-attendance and Dual Processing of Common-Metric Attributes in Choice Analysis: A Latent Class Specification." *Empirical Economics*, 39, 2010, pp. 413－426.

Hensher, D., and S. Jones. "Predicting Corporate Failure: Optimizing the Performance of the Mixed Logit Model." *ABACUS*, 43, 3, 2007, pp. 241－264.

Hensher, D., J. Louviere, and J. Swait. *Stated Choice Methods: Analysis and Applications*. Cambridge: Cambridge University Press, 2000.

Hensher, D., J. Rose, and W. Greene. *Applied Choice Analysis*. 2nd ed., Cambridge: Cambridge University Press, 2015.

Hensher, S., Rose, J., and W. Greene. "The Implications of Willingness to Pay of Respondents Ignoring Specific Attributes." *Transportation Research Part E: Logistics and Transportation Review*, 32, 2005, pp. 203－222.

Hensher D., J. Rose, and W. Greene. "Inferring Attribute Non-attendance from Stated Choice Data: Implication for Willingness to Pay Estimates and a Warning for Stated Choice Experiment Design." *Transportation Journal*, 39, 2012, pp. 235－245.

Hess, S., and D. Hensher. "Making Use of Respondent Reported Processing Information to Understand Attribute Importance: A Latent Variable Scaling Approach." *Transportation Journal*, 40, 2, 2013, pp. 397－412.

Hilbe, J. *Negative Binomial Regression*. Cambridge University, Cambridge, 2007.

Hildebrand, G., and T. Liu. *Manufacturing Production Functions in the United States*. Ithaca, NY: Cornell University Press, 1957.

Hildreth, C., and C. Houck. "Some Estimators for a Linear Model with Random Coefficients." *Journal of the American Statistical Association*, 63, 1968, pp. 584－595.

Hill, C., and L. Adkins. "Collinearity." In *A Companion to Theoretical Econometrics*, edited by B. Baltagi, Oxford: Blackwell, 2001.

Hilts, J. "Europeans Perform Highest in Ranking of World Health." *New York Times*, June 21, 2000.

Hirano, K., G. Imbens, and G. Ridder. "Efficient Estimation of Average Treatment Effects Using Estimated Propensity Scores." *Econometrica*, 71, 2003, 1161－1189.

Hodge, A and S. Shankar. "Partial Effects in Ordered Response Models with Factor Variables." *Econometric Reviews*, 33, 8, 2014, pp. 854－868.

Hoeting, J., D. Madigan, A. Raftery, and C. Volinsky. "Bayesian Model Averaging: A Tutorial." *Statistical Science*, 14, 1999, pp. 382－417.

Hole, A. "A Comparison of Approaches to Estimating Confidence Intervals for Willingness to Pay Measures." Paper CHE 8, Center for Health Economics, University of York, 2006.

Hole, A. "A Discrete Choice Model with Endogenous Attribute Attendance." *Economics Letters*, 110, 3, 2011, pp. 203－205.

Hollingshead, A. B. *Four Factor Index of Social Status*, unpublished manuscript, Department of Sociology, Yale University, New Haven, CT, 1975.

Hollingsworth, J., and B. Wildman. "The Efficiency of Health Production: Re-estimating the WHO Panel Data Using Parametric and Nonparametric Approaches to Provide Additional Information." *Health Economics* 11, 2002, pp. 1－11.

Holt, M. "Autocorrelation Specification in Singular Equation Systems: A Further Look." *Economics Letters*, 58, 1998, pp. 135－141.

Holtz-Eakin, D. "Testing for Individual Effects in Autoregressive Models." *Journal of Econometrics*, 39, 1988, pp. 297－307.

Holtz-Eakin, D., W. Newey, and H. Rosen. "Estimating Vector Autoregressions with Panel Data." *Econometrica*, 56, 6, 1988, pp. 1371－1395.

Hong, H., B. Preston, and M. Shum. "Generalized Empirical Likelihood Based Model Selection Criteria for Moment

Condition Models." *Econometric Theory*, 19, 2003, pp. 923 – 943.

Hornbrook, M. "Was David Li the Guy Who Blew Up Wall Street?" *CBC News Canada*, April 8, 2009, www. cbc. ca/news/canada/was-david-li-the-guy-who-blew-up-wall-street-1. 775372.

Honorè, B., and E. Kyriazidou. "Estimation of a Panel Data Sample Selection Model." *Econometrica*, 65, 6, 1997, pp. 1335 – 1364.

Honorè, B., and E. Kyriazidou. "Panel Data Discrete Choice Models with Lagged Dependent Variables." *Econometrica*, 68, 4, 2000, pp. 839 – 874.

Horn, D., A. Horn, and G. Duncan. "Estimating Heteroscedastic Variances in Linear Models." *Journal of the American Statistical Association*, 70, 1975, pp. 380 – 385.

Horowitz, J. "A Smoothed Maximum Score Estimator for the Binary Response Model." *Econometrica*, 60, 1992, pp. 505 – 531.

Horowitz, J. "Semiparametric Estimation of a Work-Trip Mode Choice Model." *Journal of Econometrics*, 58, 1993, pp. 49 – 70.

Horowitz, J. "The Bootstrap." In *Handbook of Econometrics*, Vol. 5, edited by J. Heckman and E. Leamer, Amsterdam: North Holland, 2001, pp. 3159 – 3228.

Horowitz, J., and G. Neumann. "Specification Testing in Censored Regression Models." *Journal of Applied Econometrics*, 4(S), 1989, pp. S35 – S60.

Hoxby, C. "Does Competition Among Public Schools Benefit Students and Taxpayers?" *American Economic Review*, 69, 5, 2000, pp. 1209 – 1238.

Hsiao, C. "Some Estimation Methods for a Random Coefficient Model." *Econometrica*, 43, 1975, pp. 305 – 325.

Hsiao, C. *Analysis of Panel Data*. Cambridge: Cambridge University Press, 1986.

Hsiao, C. *Analysis of Panel Data*. 2nd ed., New York: Cambridge University Press, 2003.

Hsiao, C., K. Lahiri, L. Lee, and H. Pesaran. *Analysis of Panels and Limited Dependent Variable Models*. New York: Cambridge University Press, 1999.

Hsiao, C., M. Pesaran, and A. Tahmiscioglu. "A Panel Analysis of Liquidity Constraints and Firm Investment." In *Analysis of Panels and Limited Dependent Variable Models*, edited by C. Hsiao, K. Lahiri, L. Lee, and M. Pesaran, Cambridge: Cambridge University Press, 2002, pp. 268 – 296.

Huang, R. "Estimation of Technical Inefficiencies with Heterogeneous Technologies." *Journal of Productivity Analysis*, 21, 2003, pp. 277 – 296.

Huber, P. "The Behavior of Maximum Likelihood Estimates Under Nonstandard Conditions." In *Proceedings of the Fifth Berkeley Symposium in Mathematical Statistics*, Vol. 1. Berkeley: University of California Press, 1967.

Huber, P. *Robust Statistical Procedures*. Washington, DC: National Science Foundation, 1987.

Hurd, M. "Estimation in Truncated Samples When There Is Heteroscedasticity." *Journal of Econometrics*, 11, 1979, pp. 247 – 258.

Hyslop, D. "State Dependence, Serial Correlation, and Heterogeneity in Labor Force Participation of Married Women." *Econometrica*, 67, 6, 1999, pp. 1255 – 1294.

Im, K., M. Pesaran, and Y. Shin. "Testing for Unit Roots in Heterogeneous Panels." *Journal of Econometrics*, 115, 2003, pp. 53 – 74.

Imbens, G. "Generalized Method of Moments and Empirical Likelihood." *Journal of Business and Economic Statistics*, 20, 2002, pp. 493 – 506.

Imbens, G., and J. Angrist. "Identification and Estimation of Local Average Treatment Effects." *Econometrica*, 62, 1994, pp. 467 – 476.

Imbens, G., and D. Hyslop. "Bias from Classical and Other Forms of Measurement Error." *Journal of Business and Economic Statistics*, 19, 2001, pp. 141 – 149.

Imbens, G., and J. Wooldridge. "What's New in Econometrics, Part 2: Linear Panel Data Models." NBER Econometrics Summer Institute, 2007a.

Imbens, G., and J. Wooldridge. "What's New in Econometrics, Part 4: Nonlinear Panel Data Models." NBER Econometrics Summer Institute, 2007b.

Imbens, G., and J. Wooldridge. "Recent Developments in the Econometrics of Program Evaluation." *Journal of Economic Literature*, 47, 1, 2009, pp. 5 – 86.

Imhof, J. "Computing the Distribution of Quadratic Forms in Normal Variables." *Biometrika*, 48, 1980, pp. 419 – 426.

Inkmann, J. "Misspecified Heteroscedasticity in the Panel Probit Model: A Small Sample Comparison of GMM and SML Estimators." *Journal of Econometrics*, 97, 2, 2000, pp. 227 – 259.

Isacsson, Gunnar. "Estimates of the Return to Schooling in Sweden from a Large Sample of Twins." *Labour Economics*, 6, 4, 1999, pp. 471－489.

Jacob, B., and S. Levitt. "Rotten Apples: An Investigation of the Prevalence and Predictors of Teacher Cheating." Natural Bureau of Economic Research, Working paper 9413, NBER, Cambridge, MA, 2002.

Jacob, B., and S. Levitt. "Rotten Apples: An Investigation of the Prevalence and Predictors of Teacher Cheating." *Quarterly Journal of Economics*, 118, 3, 2003, pp. 843－877.

Jain, D., N. Vilcassim, and P. Chintagunta. "A Random-Coefficients Logit Brand Choice Model Applied to Panel Data." *Journal of Business and Economic Statistics*, 12, 3, 1994, pp. 317－328.

Jarque, C. "An Application of LDV Models to Household Expenditure Analysis in Mexico." *Journal of Econometrics*, 36, 1987, pp. 31－54.

Jakubson, G. "The Sensitivity of Labor Supply Parameters to Unobserved Individual Effects: Fixed and Random Effects Estimates in a Nonlinear Model Using Panel Data." *Journal of Labor Economics*, 6, 1988, pp. 302－329.

Jensen, M. "A Monte Carlo Study on Two Methods of Calculating the MLE's Covariance Matrix in a Seemingly Unrelated Nonlinear Regression." *Econometric Reviews*, 14, 1995, pp. 315－330.

Johansen, S. "Statistical Analysis of Cointegration Vectors." *Journal of Economic Dynamics and Control*, 12, 1988, pp. 231－254.

Jobson, J., and W. Fuller. "Least Squares Estimation When the Covariance Matrix and Parameter Vector Are Functionally Related." *Journal of the American Statistical Association*, 75, 1980, pp. 176－181.

Johansen, S. "Estimation and Hypothesis Testing of Cointegrated Vectors in Gaussian VAR Models." *Econometrica*, 59, 6, 1991, pp. 1551－1580.

Johansen, S. "A Representation of Vector Autoregressive Processes of Order 2." *Econometric Theory*, 8, 1992, pp. 188－202.

Johnson, V., and J. Albert. *Ordinal Data Modeling*. New York, Springer Verlag, 1999.

Johansen, S., and K. Juselius. "Maximum Likelihood Estimation and Inference on Cointegration, with Applications for the Demand for Money." *Oxford Bulletin of Economics and Statistics*, 52, 1990, pp. 169－210.

Johnson, N., and S. Kotz. *Distributions in Statistics—Continuous Multivariate Distributions*. New York: John Wiley and Sons, 1974.

Johnson, N., S. Kotz, and A. Kemp. *Distributions in Statistics—Univariate Discrete Distributions*. 2nd ed., New York: John Wiley and Sons, 1993.

Johnson, N., S. Kotz, and A. Balakrishnan. *Distributions in Statistics, Continuous Univariate Distributions—Vol. 1*. 2nd ed., New York: John Wiley and Sons, 1994.

Johnson, N., S. Kotz, and N. Balakrishnan. *Distributions in Statistics, Continuous Univariate Distributions—Vol. 2*. 2nd ed., New York: John Wiley and Sons, 1995.

Johnson, N., S. Kotz, and N. Balakrishnan. *Distributions in Statistics, Discrete Multivariate Distributions*. New York: John Wiley and Sons, 1997.

Johnson, R., and D. Wichern. *Applied Multivariate Statistical Analysis*. 5th ed., Englewood Cliffs, NJ: Prentice Hall, 2005.

Johnson, V., and J. Albert. *Ordinal Data Modeling*, Springer-Verlag, New York, 1999.

Johnston, J. *Econometric Methods*. New York: McGraw-Hill, 1984.

Johnston, J., and J. DiNardo. *Econometric Methods*. 4th ed., New York: McGraw-Hill, 1997.

Jondrow, J., K. Lovell, I. Materov, and P. Schmidt. "On the Estimation of Technical Inefficiency in the Stochastic Frontier Production Function Model." *Journal of Econometrics*, 19, 1982, pp. 233－238.

Jones, A. "A Double Hurdle Model of Cigarette Consumption." *Journal of Applied Econometrics*, 4, 1, 1989, pp. 23－39.

Jones, A. *Applied Econometrics for Health Economists: A Practical Guide*. 2nd ed., Taylor and Francis, London, 2007.

Jones, A., X. Koolman, and N. Rice. "Health Related Non-response in the BHPS and ECHP: Using Inverse Probability Weighted Estimators in Nonlinear Models." *Journal of the Royal Statistical Society, Series A (Statistics in Society)*, 169, 2006, pp. 543－569.

Jones, J., and J. Landwehr. "Removing Heterogeneity Bias from Logit Model Estimation." *Marketing Science*, 7, 1, 1988, pp. 41－59.

Jones, A., J. Lomas and N. Rice. "Applying Betatype Size

Distributions to Healthcare Cost Regressions." *Journal of Applied Econometrics*, 29, 4, 2014, pp. 649–670.

Jones, A., J. Lomas and N. Rice. "Healthcare Cost Regressions: Going Beyond the Mean to Estimate the Full Distribution." *Health Economics*, 24, 9, 2015, pp. 1192–1212.

Jones, A., and N. Rice. "Econometric Evaluation of Health Policies." In *The Oxford Handbook of Health Economics*, S. Glied and P. Smith, eds., Oxford: Oxford University Press, 2011.

Jones, A., and S. Schurer. "How Does Heterogeneity Shape the Socioeconomic Gradient in Health Satisfaction." *Journal of Applied Econometrics*, 26, 3, April/May 2011.

Jones, S. "The Formula that Felled Wall Street." *Financial Times Magazine*, 4/24/09.

Joreskog, K., and G. Gruvaeus. "A Computer Program for Minimizing a Function of Several Variables." Educational Testing Services, Research bulletin no. 70-14, 1970.

Joreskog, K., and D. Sorbom. *LISREL V User's Guide*. Chicago: National Educational Resources, 1981.

Judd, K. *Numerical Methods in Economics*. Cambridge: MIT Press, 1998.

Judge, G., C. Hill, W. Griffiths, and T. Lee. *The Theory and Practice of Econometrics*. New York: John Wiley and Sons, 1985.

Just, R., and R. Pope. "Stochastic Specification of Production Functions and Economic Implications." *Journal of Econometrics* 7, 1, 1978, pp. 67–86.

Just, R. E., and R. D. Pope. "Production Function Estimation and Related Risk Considerations." *American Journal of Agricultural Economics*, 61, 1979, pp. 276–284.

Kalbfleisch, J., and R. Prentice. *The Statistical Analysis of Failure Time Data.*, 2nd ed., New York: John Wiley and Sons, 2002.

Kamlich, R., and S. Polachek. "Discrimination: Fact or Fiction? An Examination Using an Alternative Approach." *Southern Economic Journal*, October 1982, pp. 450–461.

Kalbfleisch, J., and D. Sprott. "Application of Likelihood Methods to Models Involving Large Numbers of Parameters." *Journal of the Royal Statistical Society*, *Series B*, 32, 2, 1970, pp. 175–208.

Kao, C. "Spurious Regression and Residual Based Tests for Cointegration in Panel Data." *Journal of Econometrics*, 90, 1999, pp. 1–44.

Kaplan, E., and P. Meier. "Nonparametric Estimation from Incomplete Observations." *Journal of the American Statistical Association*, 53, 1958, pp. 457–481.

Kapteyn, A., J. Smith, and A. van Soest. "Vignettes and Self-Reports of Work Disability in the United States and the Netherlands." *American Economic Review*, 97, 1, 2007, pp. 461–473.

Kasteridis, P., M. Munkin, and S. Yen. "Demand for Cigarettes: A Mixed Binary-Ordered Probit Approach." *Applied Economics*, 42, 4, 2010, pp. 413–426.

Katz, E. "Bias in Conditional and Unconditional Fixed Effects Logit Estimation." *Political Analysis*, 9, 2001, pp. 379–384.

Kaufman, A. "The Influence of Fannie and Freddie on Mortgage Loan Terms." *Real Estate Economics*, 42, 2, 2014, pp. 472–496.

Kay, R., and S. Little. "Assessing the Fit of the Logistic Model: A Case Study of Children with Haemolytic Uraemic Syndrome." *Applied Statistics*, 35, 1986, pp. 16–30.

Keane, M. "Simulation Estimators for Panel Data Models with Limited Dependent Variables." In, *Handbook of Statistics*, Volume 11, Chapter 20, edited by G. Maddala and C. Rao, Amsterdam: North Holland, 1993.

Keane, M. "A Computationally Practical Simulation Estimator for Panel Data." *Econometrica*, 62, 1, 1994, pp. 95–116.

Keane, M. "A Structural Perspective on the Experimentalist School." *Journal of Economic Perspectives*, 24, 2, 2010, pp. 47–58.

Keele, L., and D. Park. "Difficult Choices: An Evaluation of Heterogeneous Choice Models." presented at the 2004 Meeting of the American Political Science Association, Department of Politics and International Relations, Oxford University, manuscript, 2005.

Kelejian, H., and I. Prucha. "A Generalized Moments Estimator for the Autoregressive Parameter in a Spatial Model." *International Economic Review*, 40, 1999, pp. 509–533.

Kennan, J. "The Duration of Contract Strikes in U. S. Manufacturing." *Journal of Econometrics*, 28, 1985, pp. 5–28.

Kennedy, W., and J. Gentle. *Statistical Computing*. New

York: Marcel Dekker, 1980.

Kerkhofs, M., and M. Lindeboom. "Subjective Health Measures and State Dependent Reporting Errors." *Health Economics* 4, 1995, pp. 221 – 235.

Keuzenkamp, H., and J. Magnus. "The Significance of Testing in Econometrics." *Journal of Econometrics*, 67, 1, 1995, pp. 1 – 257.

Keynes, J. *The General Theory of Employment, Interest, and Money*. New York: Harcourt, Brace, and Jovanovich, 1936.

Kezde, G. "Robust Standard Error Estimation in Fixed-Effects Panel Models." Working paper, Department of Economics, Michigan State University, 2001.

Khan, S. "Distribution Free Estimation of Heteroskedastic Binary Choice Models Using Probit Criterion Functions", *Journal of Econometrics*, 172, 2013, pp. 168 – 182.

Kiefer, N. "Testing for Independence in Multivariate Probit Models." *Biometrika*, 69, 1982, pp. 161 – 166.

Kiefer, N., ed. "Econometric Analysis of Duration Data." *Journal of Econometrics*, 28, 1, 1985, pp. 1 – 169.

Kiefer, N. "Economic Duration Data and Hazard Functions." *Journal of Economic Literature*, 26, 1988, pp. 646 – 679.

King, G., C. J. Murray, J. A. Salomon, and A. Tandon. "Enhancing the Validity and Cross-cultural Comparability of Measurement in Survey Research." *American Political Science Review*, 98, 2004, pp. 191 – 207, gking.harvard.edu/files/abs/vign-abs.shtml.

Kingdon, G., and R. Cassen. "Explaining Low Achievement at Age 16 in England." Mimeo, Department of Economics, University of Oxford, 2007.

Kitchin, B. "Big Data, New Epistemologies and Paradigm Shifts." *Big Data and Society*, April – June, 2014, pp. 1 – 12.

Kiviet, J. "On Bias, Inconsistency, and Efficiency of Some Estimators in Dynamic Panel Data Models." *Journal of Econometrics*, 68, 1, 1995, pp. 63 – 78.

Kiviet, J., G. Phillips, and B. Schipp. "The Bias of OLS, GLS and ZEF Estimators in Dynamic SURModels." *Journal of Econometrics*, 69, 1995, pp. 241 – 266.

Kleiber, C., and A. Zeileis. "The Grunfeld Data at 50." *German Economic Review*, 11, 4, 2010, pp. 403 – 546.

Kleibergen, F. "Pivotal Statistics for Testing Structural Parameters in Instrumental Variables Regression." *Econometrica*, 70, 2002, pp. 1781 – 1803.

Klein, L. *Economic Fluctuations in the United States 1921 – 1941*. New York: John Wiley and Sons, 1950.

Klein, R., and R. Spady. "An Efficient Semiparametric Estimator for Discrete Choice Models." *Econometrica*, 61, 1993, pp. 387 – 421.

Klier, T., and D. McMillen. "Clustering of Auto Supplier Plants in the United States." Journal of Business and Economic Statistics, 26. 4, 2008, pp. 460 – 471.

Klugman, S., and R. Parsa. "Fitting Bivariate Loss Distributions with Copulas." *Insurance: Mathematics and Economics*, 24, 2000, pp. 139 – 148.

Kmenta, J. *Elements of Econometrics*. New York: Macmillan, 1986.

Knapp, L., and T. Seaks. "An Analysis of the Probability of Default on Federally Guaranteed Student Loans." *Review of Economics and Statistics*, 74, 1992, pp. 404 – 411.

Knight, F. *The Economic Organization*. New York: Harper and Row, 1933.

Knuth, D. E. *The Art of Computer Programming*, Vol. 1, *Fundamental Algorithms*. Boston: Addison-Wesley, 1997.

Kodde, D. A., and Palm, F. C. "Wald Criteria for Jointly Testing Equality and Inequality Restrictions." *Econometrica*, 54, 5, 1986, pp. 1243 – 1248.

Koenker, R. "A Note on Studentizing a Test for Heteroscedasticity." *Journal of Econometrics*, 17, 1981, pp. 107 – 112.

Koenker, R. *Quantile Regression*, Econometric Society Monographs, Cambridge University Press, Cambridge, 2005.

Koenker, R., and G. Bassett. "Regression Quantiles." *Econometrica*, 46, 1978, pp. 107 – 112.

Koenker, R., and G. Bassett. "Robust Tests for Heteroscedasticity Based on Regression Quantiles." *Econometrica*, 50, 1982, pp. 43 – 61.

Koenker, R., and V. D'Orey. "Algorithm AS229: Computing Regression Quantiles." *Journal of the Royal Statistical Society, Series C (Applied Statistics)*, 36, 3, 1987, pp. 383 – 393.

Koenker, R., and K. Hallock. "Quantile Regression." *Journal of Economic Perspectives*, 15, 4, 2001, pp. 143 – 156.

Koop, G. *Bayesian Econometrics*. New York: John Wiley and Sons, 2003.

Koop, G., and S. Potter. "Forecasting in Large Macroeconomic Panels Using Bayesian Model Averaging." *Econometrics Journal*, 7, 2, 2004, pp. 161 – 185.

Koop, G., and J. Tobias. "Learning About Heterogeneity in Returns to Schooling." *Journal of Applied Econometrics*, 19, 7, 2004, pp. 827 – 849.

Kotz, S., N. Balakrishnan, and N. Johnson. *Continuous Multivariate Distributions, Volume 1, Models and Applications*. 2nd ed., New York, John Wiley and Sons, 2000.

Krailo, M., and M. Pike. "Conditional Multivariate Logistic Analysis of Stratified Case-Control Studies." *Applied Statistics*, 44, 1, 1984, pp. 95 – 103.

Krinsky, I., and L. Robb. "On Approximating the Statistical Properties of Elasticities." *Review of Economics and Statistics*, 68, 4, 1986, pp. 715 – 719.

Krinsky, I., and L. Robb. "On Approximating the Statistical Properties of Elasticities: Correction." *Review of Economics and Statistics*, 72, 1, 1990, pp. 189 – 190.

Krinsky, I., and L. Robb. "Three Methods for Calculating Statistical Properties for Elasticities." *Empirical Economics*, 16, 1991, pp. 1 – 11.

Kristensen, N., and E. Johansson. "New Evidence on Cross Country Differences in Job Satisfaction Using Anchoring Vignettes." *Labor Economics*, 15, 2008, pp. 96 – 117.

Krueger, A. "Experimental Estimates of Education Production Functions." *Quarterly Journal of Economics*, 114, 2, 1999, pp. 497 – 532.

Krueger, A. "Economic Scene." *New York Times*, April 27, 2000, p. C2.

Kreuger, A., and S. Dale. "Estimating the Pay-off to Attending a More Selective College." NBER, Cambridge, Working paper 7322, 1999.

Kruskal, W. "When are Gauss-Markov and Least Squares Estimators Identical." *Annals of Mathematical Statistics*, 39, 1968, 70 – 75.

Kumbhakar, S. "Efficiency Estimation with Heteroscedasticity in a Panel Data Model." *Applied Economics*, 29, 1997a, pp. 379 – 386.

Kumbhakar, S. "Modeling Allocative Inefficiency in a Translog Cost Function and Cost Share Equations: An Exact Relationship." *Journal of Econometrics*, 76, 1997b, pp. 351 – 356.

Kumbhakar, S., and K. Lovell. *Stochastic Frontier Analysis*. New York: Cambridge University Press, 2000.

Kumbhakar, S., and L. Orea. "Efficiency Measurement Using a Latent Class Stochastic Frontier Model, *Empirical Economics*, 29, 2004, pp. 169 – 183.

Kumbhakar, S., and C. Parmeter. "Efficiency Analysis: A Primer on Recent Advances." *Foundations and Trends in Econometrics*, 7, 2014, pp. 191 – 385.

Kumbhakar, S., L. Simar, T. Park, and E. Tsionas. "Nonparametric Stochastic Frontiers: A Local Maximum Likelihood Approach." *Journal of Econometrics*, 137, 2007, pp. 1 – 27.

Kwiatkowski, D., P. Phillips, P. Schmidt, and Y. Shin. "Testing the Null Hypothesis of Stationarity Against the Alternative of a Unit Root." *Journal of Econometrics*, 54, 1992, pp. 159 – 178.

Kyriazidou, E. "Estimation of a Panel Data Sample Selection Model." *Econometrica*, 65, 1997, pp. 1335 – 1364.

Kyriazidou, E. "Estimation of Dynamic Panel Data Sample Selection Models." *Review of Economic Studies*, 68, 2001, pp. 543 – 572.

L'Ecuyer, P. "Good Parameters and Implementations for Combined Multiple Recursive Random Number Generators." Working paper, Department of Information Science, University of Montreal, 1998.

Lagarde, M. "Investigating Attribute Non-Attendance and Its Consequences in Choice Experiments with Latent Class Models." *Health Economics*, 22, 2013, pp. 554 – 567.

Lahart, J. "New Light on the Plight of Winter Babies." *Wall Street Journal*, September 22, 2009.

LaLonde, R. "Evaluating the Econometric Evaluations of Training Programs with Experimental Data." *American* Economic *Review*, 76, 4, 1986, pp. 604 – 620.

Lambert, D. "Zero-Inflated Poisson Regression, with an Application to Defects in Manufacturing." *Technometrics*, 34, 1, 1992, pp. 1 – 14.

Lancaster, T. *The Analysis of Transition Data*. New York: Cambridge University Press, 1990.

Lancaster, T. "The Incidental Parameters Problem since 1948." *Journal of Econometrics*, 95, 2, 2000, pp. 391 – 414.

Lancaster, T. *An Introduction to Modern Bayesian Inference*. Oxford: Oxford University Press, 2004.

Laporte, A., A. Karimova, and B. Ferguson. "Quantile Regression Analysis of the Rational Addiction Model: Investigating Heterogeneity in Forward-Looking Behavior." *Health Economics*, 19, 9, 2010, pp. 1063 – 1074.

Lawless, J. *Statistical Models and Methods for Lifetime Data*. New York: John Wiley and Sons, 1982.

Leamer, E. "A Bayesian Interpretation of Pretesting." *Journal of the Royal Statistical Society, Series B*, 38, 1, 1976, pp. 85 – 94.

Leamer, E. *Specification Searches: Ad Hoc Inferences with Nonexperimental Data*. New York: John Wiley and Sons, 1978.

Leamer, E. "Model Choice and Specification Analysis." In *Handbook of Econometrics*, Vol. I, S. Griliches and M. Intriligator, Amsterdam, North Holland, 1983.

Leamer, E. "Tantalus on the Road to Asymptopia." *Journal of Economic Perspectives*, 24, 2, 2010, pp. 31 – 46.

LeCam, L. "On Some Asymptotic Properties of Maximum Likelihood Estimators and Related Bayes Estimators." *University of California Publications in Statistics*, 1, 1953, pp. 277 – 330.

Lechner, M. "The Estimation of Causal Effects by Difference-in-Difference Methods." *Foundations and Trends in Econometrics*, 4, 3, 2011, pp. 165 – 224.

Lee, K., M. Pesaran, and R. Smith. "Growth and Convergence in a Multi-country Empirical Stochastic Solow Model." *Journal of Applied Econometrics*, 12, 1997, pp. 357 – 392.

Lee, L. "Generalized Econometric Models with Selectivity." *Econometrica*, 51, 1983, pp. 507 – 512.

Lee, L. "Specification Tests for Poisson Regression Models." *International Economic Review*, 27, 1986, pp. 689 – 706.

Lee, M. *Method of Moments and Semiparametric Econometrics for Limited Dependent Variables*. New York: Springer-Verlag, 1996.

Lee, M. *Limited Dependent Variable Models*. New York: Cambridge University Press, 1998.

Lee, J., and K. Seo. "A Computationally Fast Estimator for Random Coefficients Logit Demand Models Using Aggregate Data." *Rand Journal of Economics*, 46, 1, 2015, pp. 86 – 102.

Lee, S. "Formula from Hell." *Forbes Magazine*, May 8, 2009.

Leff, N. "Dependency Rates and Savings Rates." *American Economic Review*, 59, 5, 1969, pp. 886 – 896.

Leff, N. "Dependency Rates and Savings Rates: Reply." *American Economic Review*, 63, 1, 1973, p. 234.

Lemke, R. M. Leonard, and K. Tlhokwand. "Estimating Attendance at Major League Baseball Games for the 2007 Season." *Journal of Sports Economics*, August, 2009, pp. 875 – 886.

Lerman, R., and C. Manski. "On the Use of Simulated Frequencies to Approximate Choice Probabilities." In *Structural Analysis of Discrete Data with Econometric Applications*, edited by C. Manski and D. McFadden, Cambridge: MIT Press, 1981.

LeSage, J. *Introduction to Spatial Econometrics*, Chapman and Hall/CRC Press, Boca Raton, FL, 2009.

Levi, M. "Errors in the Variables in the Presence of Correctly Measured Variables." *Econometrica*, 41, 1973, pp. 985 – 986.

Levin, A., and C. Lin. "Unit Root Tests in Panel Data: Asymptotic and Finite Sample Properties." Discussion paper 92-93, Department of Economics, University of California, San Diego, 1992.

Lewbel, A. "Semiparametric Qualitative Response Model Estimation with Unknown Heteroscedasticity or Instrumental Variables." *Journal of Econometrics*, 97, 1, 2000, pp. 145 – 177.

Lewbel, A. "An Overview of the Special Regressor Method." In *Oxford Handbook of Applied Nonparametric and Semiparametric Econometrics and Statistics*, edited by A. Ullah, J. Racine and L. Su, Oxford University Press, 2014, pp. 38 – 62.

Lewbel, A. "A Simple Estimator for Binary Choice Models with Endogenous Regressors." *Econometric Reviews*, 34, 2015, pp. 82 – 105.

Lewbel, A., Y. Dong, and T. Yang. "Comparing Features of Convenient Estimators for Binary Choice Models with Endogenous Regressors." *Canadian Journal of Economics*, 45, 3, 2012, pp. 809 – 829.

Lewis, H. "Comments on Selectivity Biases in Wage Comparisons." *Journal of Political Economy*, 82, 1974, pp. 1149 – 1155.

Li, M., and J. Tobias. "Calculus Attainment and Grades Received in Intermediate Economic Theory." *Journal of Applied Economics*, 21, 9, 2006, pp. 893 – 896.

Li, Q., and J. Racine. *Nonparametric Econometrics*. Princeton: Princeton University Press, 2007.

Li, W., S. Ling, and M. McAleer. *A Survey of Recent Theoretical Results for Time Series Models with GARCH Errors*. Manuscript, Institute for Social and Economic Research,

Osaka University, Osaka, 2001.

Liang, K., and S. Zeger. "Longitudinal Data Analysis Using Generalized Linear Models." *Biometrika*, 73, 1986, pp. 13–22.

Li, D. "On Default Correlation: A Copula Approach." *Journal of Fixed Income*, 9, 4, 2000, 43–54.

Li, D. "On Default Correlation: A Copula Approach." Working paper 99-07, Risk-Metrics, New York, 1999. (www.msci.com/resources/research/working_papers/defcorr.pdf).

Lindeboom, M., and E. van Doorslaer. "Cut Point Shift and Index Shift in Self-reported Health." *Equity Ⅲ Project*, working paper #2, 2003.

Litman, B. "Predicting Success of Theatrical Movies: An Empirical Study." *Journal of Popular Culture*, 16, 4, 1983, pp. 159–175.

Little, R., and D. Rubin. *Statistical Analysis with Missing Data*. New York: Wiley, 1987.

Little, R., and D. Rubin, *Statistical Analysis of Missing Data*. Hoboken, NJ: John Wiley and Sons, 2002.

Loeve, M. *Probability Theory*. NewYork: Springer-Verlag, 1977.

Long, S. *Regression Models for Categorical and Limited Dependent Variables*. Thousand Oaks, CA: Sage Publications, 1997.

Long, S., and J. Freese, *Regression Models for Categorical Dependent Variables Using Stata*. College Station, TX: Stata Press, 2006.

Longley, J. "An Appraisal of Least Squares Programs from the Point of the User." *Journal of the American Statistical Association*, 62, 1967, pp. 819–841.

Loudermilk, M. "Estimation of Fractional Dependent Variables in Dynamic Panel Data Models with an Application to Firm Dividend Policy." *Journal of Business and Economic Statistics*, 25, 4, 2007, pp. 462–472.

Louviere, J., and J. Swait. "Discussion of Alleviating the Constant Stochastic Variance Assumption in Decision Research: Theory, Measurement and Experimental Test." *Marketing Science*, 29, 1, 2010, pp. 18–22.

Lovell, M. "Seasonal Adjustment of Economic Time Series and Multiple Regression Analysis." *Journal of the American Statistical Association*, 58, 1963, pp. 993–1010.

Lucas, R. "On the Mechanics of Economic Development." *Journal of Monetary Economics*, 22, 1988, pp. 3–42.

Machin, S., and A. Vignoles, *What's the Good of Education? The Economics of Education in the UK*. Princeton: Princeton University Press, 2005.

MacKinnon, J. "Bootstrap Inference in Econometrics." *Canadian Journal of Economics*, 35, 2002, pp. 615–645.

MacKinnon, J., and H. White. "Some Heteroscedasticity Consistent Covariance Matrix Estimators with Improved Finite Sample Properties." *Journal of Econometrics*, 19, 1985, pp. 305–325.

Maddala, G. "The Use of Variance Components Models in Pooling Cross Section and Time Series Data." *Econometrica*, 39, 1971, pp. 341–358.

Maddala, G., *Econometrics*. New York, McGraw Hill, 1977.

Maddala, G. *Limited Dependent and Qualitative Variables in Econometrics*. New York: Cambridge University Press, 1983.

Maddala, G. "Limited Dependent Variable Models Using Panel Data." *Journal of Human Resources*, 22, 1987, pp. 307–338.

Maddala, G. *Introduction to Econometrics*, 2nd ed. New York: Macmillan, 1992.

Maddala, G., and T. Mount. "A Comparative Study of Alternative Estimators for Variance Components Models." *Journal of the American Statistical Association*, 68, 1973, pp. 324–328.

Maddala, G., and F. Nelson. "Specification Errors in Limited Dependent Variable Models." Working paper 96, National Bureau of Economic Research, Cambridge, MA, 1975.

Maddala, G., and A. Rao. "Tests for Serial Correlation in Regression Models with Lagged Dependent Variables and Serially Correlated Errors." *Econometrica*, 41, 1973, pp. 761–774.

Maddala, G., and S. Wu. "A Comparative Study of Unit Root Tests with Panel Data and a New Simple Test." *Oxford Bulletin of Economics and Statistics*, 61, 1999, pp. 631–652.

Magee, L., J. Burbidge, and L. Robb. "The Correlation Between Husband's and Wife's Education: Canada, 1971–1996." Social and Economic Dimensions of an Aging Population research papers, 24, McMaster University, 2000.

Magnac, T. "State Dependence and Heterogeneity in Youth Unemployment Histories." Working paper, INRA and

CREST, Paris, 1997.

Magnus, J., and H. Neudecker. *Matrix Differential Calculus with Applications in Statistics and Econometrics*. 3rd ed., New York: John Wiley and Sons, 2007.

Malinvaud, E. *Statistical Methods of Econometrics*. Amsterdam: North Holland, 1970.

Mandy, D., and C. Martins-Filho. "Seemingly Unrelated Regressions Under Additive Heteroscedasticity: Theory and Share Equation Applications." *Journal of Econometrics*, 58, 1993, pp. 315 – 346.

Mankiw, G. "A Letter to Ben Bernanke." *The American Economic Review*, 96, 2, 2006, pp. 182 – 184.

Mann, H., and A. Wald. "On the Statistical Treatment of Linear Stochastic Difference Equations." *Econometrica*, 11, 1943, pp. 173 – 220.

Manski, C. "The Maximum Score Estimator of the Stochastic Utility Model of Choice." *Journal of Econometrics*, 3, 1975, pp. 205 – 228.

Manski, C. "Semiparametric Analysis of Discrete Response: Asymptotic Properties of the Maximum Score Estimator." *Journal of Econometrics*, 27, 1985, pp. 313 – 333.

Manski, C. "Operational Characteristics of the Maximum Score Estimator." *Journal of Econometrics*, 32, 1986, pp. 85 – 100.

Manski, C. "Semiparametric Analysis of the Random Effects Linear Model from Binary Response Data." *Econometrica*, 55, 1987, pp. 357 – 362.

Manski, C. "Anatomy of the Selection Problem." *Journal of Human Resources*, 24, 1989, pp. 343 – 360.

Manski, C. "Nonparametric Bounds on Treatment Effects." *American Economic Review*, 80, 1990, pp. 319 – 323.

Manski, C. *Analog Estimation Methods in Econometrics*. London: Chapman and Hall, 1992.

Manski, C., and S. Lerman. "The Estimation of Choice Probabilities from Choice Based Samples." *Econometrica*, 45, 1977, pp. 1977 – 1988.

Manski, C., and D. McFadden. "Structural Analysis of Discrete Data and Econometric Applications." Cambridge, MIT Press, 1981.

Manzan, S., and D. Zerom. "A Semiparametric Analysis of Gasoline Demand in the United States Re-examining the Impact of Price." *Econometric Reviews*, 29, 4, 2010, pp. 439 – 468.

Marcus, A., and W. Greene. "The Determinants of Rating Assignment and Performance." Working paper CRC528, Center for Naval Analyses, 1985.

Marsaglia, G., and T. Bray. "A Convenient Method of Generating Normal Variables." *SIAM Review*, 6, 1964, pp. 260 – 264.

Martínez-Espinera, R., and J. Amoako-Tuffour. "Recreation Demand Analysis under Truncation, Overdispersion and Endogenous Stratification: An Application to Gros Morne National Park." *Journal of Environmental Management*, 88, 2008, pp. 1320 – 1332.

Martins, M. "Parametric and Semiparametric Estimation of Sample Selection Models: An Empirical Application to the Female Labour Force in Portugal." *Journal of Applied Econometrics*, 16, 1, 2001, pp. 23 – 40.

Matsumoto, M., Nishimura, T. "Mersenne Twister: a 623-Dimensionally Equidistributed Uniform Pseudo-Random Number Generator." *ACM Transactions on Modeling and Computer Simulation*, 8, 1,1998, pp. 3 – 30.

Matyas, L. *Generalized Method of Moments Estimation*. Cambridge: Cambridge University Press, 1999.

Matyas, L., and P. Sevestre, eds. *The Econometrics of Panel Data: Handbook of Theory and Applications*. 2nd ed., Dordrecht: Kluwer-Nijhoff, 1996.

McAleer, M. "The Significance of Testing Empirical Non-nested Models." *Journal of Econometrics*, 67, 1995, pp. 149 – 171.

McAleer, M., G. Fisher, and P. Volker. "Separate Misspecified Regressions and the U. S. Long-Run Demand for Money Function." *Review of Economics and Statistics*, 64, 1982, pp. 572 – 583.

McCallum, B. "A Note Concerning Covariance Expressions." *Econometrica*, 42, 1973, pp. 581 – 583.

McCoskey, S., and T. Selden. "Health Care Expenditures and GDP: Panel Data Unit Root Test Results." *Journal of Health Economics*, 17, 1998, pp. 369 – 376.

McCullagh, P., and J. Nelder. *Generalized Linear Models*. New York: Chapman and Hall, 1983.

McCullough, B. "Econometric Software Reliability: E-Views, LIMDEP, SHAZAM, and TSP." *Journal of Applied Econometrics*, 14, 2, 1999, pp. 191 – 202.

McCullough, B., and C. Renfro. "Benchmarks and Software Standards: A Case Study of GARCH Procedures." *Journal of Economic and Social Measurement*, 25, 2, 1999, pp. 27 – 37.

McCullough, B., and H. Vinod. "The Numerical Reliability of Econometric Software." *Journal of Economic Literature*, 37, 2, 1999, pp. 633-665.

McDonald, J., and R. Moffitt. "The Uses of Tobit Analysis." *Review of Economics and Statistics*, 62, 1980, pp. 318-321.

McCullough, B. "Consistent Forecast Intervals When the Forecast Period Exogenous Variable Is Stochastic." *Journal of Forecasting*, 15, 4, 1996, pp. 293-304.

McDonald, J. and S. White. "A Comparison of Some Robust, Adaptive and Partially Adaptive Estimators of Regression Models." *Econometric Reviews*, 12, 1993, pp. 103-124.

McFadden, D. "Conditional Logit Analysis of Qualitative Choice Behavior." In *Frontiers in Econometrics*, edited by P. Zarembka, New York: Academic Press, 1974.

McFadden, D. "The Measurement of Urban Travel Demand." *Journal of Public Economics*, 3, 1974, pp. 303-328.

McFadden, D. "Econometric Analysis of Qualitative Response Models." In *Handbook of Econometrics*, Vol. 2, edited by Z. Griliches and M. Intriligator, Amsterdam: North Holland, 1984.

McFadden, D., and P. Ruud. "Estimation by Simulation." *Review of Economics and Statistics*, 76, 1994, pp. 591-608.

McFadden, D., and K. Train. "Mixed Multinomial Logit Models for Discrete Response." *Journal of Applied Econometrics*, 15, 2000, pp. 447-470.

McKenzie, C. "Microfit 4.0." *Journal of Applied Econometrics*, 13, 1998, pp. 77-90.

McKoskey, S., and C. Kao. "Testing the Stability of a Production Function with Urbanization as a Shift Factor: An Application of Nonstationary Panel Data Techniques." *Oxford Bulletin of Economics and Statistics*, 61, 1999, pp. 57-84.

McKoskey, S., and T. Selden. "Health Care Expenditures and GDP: Panel Data Unit Root Tests." *Journal of Health Economics*, 17, 1998, pp. 369-376.

McLachlan, G., and T. Krishnan. *The EM Algorithm and Extensions*. New York: John Wiley and Sons, 1997.

McLachlan, G., and D. Peel. *Finite Mixture Models*. New York: John Wiley and Sons, 2000.

McLaren, K. "Parsimonious Autocorrelation Corrections for Singular Demand Systems." *Economics Letters*, 53, 1996, pp. 115-121.

McMillen, D. "Probit with Spatial Autocorrelation." *Journal of Regional Science*, 32, 3, 1992, pp. 335-348.

Melenberg, B., and A. van Soest. "Parametric and Semi-Parametric Modelling of Vacation Expenditures." *Journal of Applied Econometrics*, 11, 1, 1996, pp. 59-76.

Messer, K., and H. White. "A Note on Computing the Heteroscedasticity Consistent Covariance Matrix Using Instrumental Variable Techniques." *Oxford Bulletin of Economics and Statistics*, 46, 1984, pp. 181-184.

Metz, A., and R. Cantor. "Moody's Credit Rating Prediction Model." Moody's, Inc., https://www.moodys.com/sites/products/DefaultResearch/2006200000425644.pdf, 2006.

Meyer, B. "Semiparametric Estimation of Hazard Models." Northwestern University, Department of Economics, 1988.

Michelsen, C., and R. Madlener. "Homeowners' Preferences for Adopting Innovative Residential Heating Systems: A Discrete Choice Analysis for Germany." *Energy Economics*, 34, 2012, pp. 1271-1283.

Miller, P., C. Mulvey, and N. Martin. "What Do Twins Studies Reveal About the Economic Returns to Education? A Comparison of Australian and U.S. Findings." *American Economic Review*, 85, 3, 1995, pp. 586-599.

Millimet, D., J. Smith, and E. Vytlacil, eds., *Modelling and Evaluating Treatment Effects in Econometrics*, *Advances in Econometrics*, Vol. 21, Oxford: Elsevier, 2008.

Mills, T. *Time Series Techniques for Economists*. New York: Cambridge University Press, 1990.

Mills, T. *The Econometric Modelling of Financial Time Series*. New York: Cambridge University Press, 1993.

Min, C., and A. Zellner. "Bayesian and Non-Bayesian Methods for Combining Models and Forecasts with Applications to Forecasting International Growth Rates." *Journal of Econometrics*, 56, 1993, pp. 89-118.

Mittelhammer, R., G. Judge, and D. Miller. *Econometric Foundations*. Cambridge: Cambridge University Press, 2000.

Mizon, G. "A Note to Autocorrelation Correctors: Don't." *Journal of Econometrics*, 69, 1, 1995, pp. 267-288.

Mizon, G., and J. Richard. "The Encompassing Principle and Its Application to Testing Nonnested Models." *Econometrica*, 54, 1986, pp. 657-678.

Moffitt, R., J. Fitzgerald, and P. Gottshalk. "Sample Attrition in Panel Data: The Role of Selection on Observables."

Annales d'Economie et de Statistique, 55 – 56, 1999, pp. 129 – 152.

Mohanty, M. "A Bivariate Probit Approach to the Determination of Employment: A Study of Teen Employment Differentials in Los Angeles County." *Applied Economics*, 34, 2, 2002, pp. 143 – 156.

Monfardini, C., and R. Radice. "Testing Exogeneity in the Bivariate Probit Model: A Monte Carlo Study." *Oxford Bulletin of Economics and Statistics*, 70, 2, 2008, pp. 271 – 282.

Moran, P. "Notes on Continuous Stochastic Phenomena." *Biometrika* 37, 1950, pp. 17 – 23.

Moscone, F., M. Knapp, and E. Tosetti. "Mental Health Expenditures in England: A Spatial Panel Approach." *Journal of Health Economics*, forthcoming, 2007.

Moshino, G., and D. Moro. "Autocorrelation Specification in Singular Equation Systems." *Economics Letters*, 46, 1994, pp. 303 – 309.

Mosteller, F. "The Tennessee Study of Class Sizes in the Early School Grades." *The Future of Children*, 5, 2, Summer/Fall, 1995, pp. 113 – 127.

Moulton, R. "An Illustration of a Pitfall in Estimating the Effects of Aggregate Variables on Micro Units." *Review of Economics and Statistics*, 72, 1990, pp. 334 – 338.

Moulton, B. "Random Group Effects and the Precision of Regression Estimates." *Journal of Econometrics*, 32, 3, 1986, 385 – 397.

Mroz, T. "The Sensitivity of an Empirical Model of Married Women's Hours of Work to Economic and Statistical Assumptions." *Econometrica*, 55, 1987, pp. 765 – 799.

Mullahy, J. "Specification and Testing of Some Modified Count Data Models." *Journal of Econometrics*, 33, 1986, pp. 341 – 365.

Mundlak, Y. "On the Pooling of Time Series and Cross Sectional Data." *Econometrica*, 56, 1978, pp. 69 – 86.

Munkin, M., and P. Trivedi. "Simulated Maximum Likelihood Estimation of Multivariate Mixed Poisson Regression Models with Application." *Econometric Journal*, 1, 1, 1999, pp. 1 – 21.

Munkin, M., and P. Trivedi. "Dental Insurance and Dental Care: The Role of Insurance and Income." HEDG working paper, University of York, 2007.

Munnell, A. "How Does Public Infrastructure Affect Regional Economic Performance." *New England Economic Review*, September/October, 1990, pp. 11 – 32.

Murphy, K., and R. Topel. "Estimation and Inference in Two Step Econometric Models." *Journal of Business and Economic Statistics*, 3, 1985, pp. 370 – 379. Reprinted, 20, 2002, pp. 88 – 97.

Murray, C., A. Tandon, C. Mathers, and R. Sudana. "New Approaches to Enhance Cross-Population Comparability of Survey Results." In C. Murray, A. Tandon, R. Mathers, R. Sudana, eds., *Summary Measures of Population Health*, Chapter 8. 3, World Health Organization, 2002.

Nagin, D., and K. Land. "Age, Criminal Careers, and Population Heterogeneity: Specification and Estimation of a Nonparametric Mixed Poisson Model." *Criminology*, 31, 3, 1993, pp. 327 – 362.

Nagler, J. "Scobit: An Alternative Estimator to Logit and Probit." *American Journal of Political Science*, 38, 1, 1994, pp. 230 – 255.

Nair-Reichert, U., and D. Weinhold. "Causality Tests for Cross Country Panels: A Look at FDI and Economic Growth in Less Developed Countries." *Oxford Bulletin of Economics and Statistics*, 63, 2, 2001, pp. 153 – 171.

Nakamura, A., and M. Nakamura. "Part-Time and Full-Time Work Behavior of Married Women: A Model with a Doubly Truncated Dependent Variable." *Canadian Journal of Economics*, 1983, pp. 229 – 257.

Nakosteen, R., and M. Zimmer. "Migration and Income: The Question of Self-Selection." *Southern Economic Journal*, 46, 1980, pp. 840 – 851.

Ndebele, T., & Marsh, D. "Consumer choice of electricity supplier: Investigating preferences for attributes of electricity services." In *New Zealand Agricultural and Economics Society* 2013 *Conference*. Conference held at Lincoln University, New Zealand, 2013. (http://ageconsearch. umn. edu//handle/160417.)

Nelder, J., and R. Mead. "A Simplex Method for Function Minimization." *Computer Journal*, 7, 1965, pp. 308 – 313.

Nelson, F. "A Test for Misspecification in the Censored Normal Model." *Econometrica*, 49, 1981, pp. 1317 – 1329.

Nelson, C., and H. Kang. "Pitfalls in the Use of Time as an Explanatory Variable in Regression." *Journal of Business and Economic Statistics*, 2, 1984, pp. 73 – 82.

Nelson, C., and R. Startz. "Some Further Results on the Exact Small Sample Properties of the Instrumental Variable

Estimator. "*Econometrica*, 58, 4, 1990a, pp. 967 – 976.

Nelson, C., and R. Startz. "The Distribution of the Instrumental Variables Estimator and Its t-Ratio with the Instrument Is a Poor One." *Journal of Business*, 63, 1, 1990b, pp. S125 – S140.

Nerlove, M. "Returns to Scale in Electricity Supply." In *Measurement in Economics: Studies in Mathematical Economics and Econometrics in Memory of Yehuda Grunfeld*, edited by C. Christ, Palo Alto: Stanford University Press, 1963.

Nerlove, M. "Further Evidence on the Estimation of Dynamic Relations from a Time Series of Cross Sections." *Econometrica*, 39, 1971a, pp. 359 – 382.

Nerlove, M. "A Note on Error Components Models." *Econometrica*, 39, 1971b, pp. 383 – 396.

Nerlove, M. *Essays in Panel Data Econometrics*. Cambridge: Cambridge University Press, 2002.

Nerlove, M., and S. Press. "Univariate and Multivariate Log-Linear and Logistic Models." RAND—R1306-EDA/NIH, Santa Monica, 1973.

Nerlove, M., and K. Wallis. "Use of the Durbin-Watson Statistic in Inappropriate Situations." *Econometrica*, 34, 1966, pp. 235 – 238.

Nevo, A. "A Practitioner's Guide to Estimation of Random-Coefficients Logit Models of Demand." *Journal of Economics and Management Strategy*, 9, 4, 2000, pp. 513 – 548.

Nevo, A. "Measuring Market Power in the Ready-to-Eat Cereal Industry." *Econometrica*, 69, 2, 2001, pp. 307 – 342.

Nevo, A., and M. Whinston. "Taking the Dogma out of Econometrics: Structural Modeling and Credible Evidence." *Journal of Economic Perspectives*, 24, 2, 2010, pp. 69 – 82.

Newey, W. "A Method of Moments Interpretation of Sequential Estimators." *Economics Letters*, 14, 1984, pp. 201 – 206.

Newey, W. "Maximum Likelihood Specification Testing and Conditional Moment Tests." *Econometrica*, 53, 1985a, pp. 1047 – 1070.

Newey, W. "Generalized Method of Moments Specification Testing." *Journal of Econometrics*, 29, 1985b, pp. 229 – 256.

Newey, W. "Specification Tests for Distributional Assumptions in the Tobit Model." *Journal of Econometrics*, 34, 1986, pp. 125 – 146.

Newey, W. "Efficient Estimation of Limited Dependent Variable Models with Endogenous Explanatory Variables." *Journal of Econometrics*, 36, 1987, pp. 231 – 250.

Newey, W. "Two Step Series Estimation of Sample Selection Models." Manuscript, Department of Economics, MIT, 1991.

Newey, W. "The Asymptotic Variance of Semiparametric Estimators." *Econometrica*, 62, 1994, pp. 1349 – 1382.

Newey, W., and D. McFadden. "Large Sample Estimation and Hypothesis Testing." In *Handbook of Econometrics*, Vol. IV, Chapter 36, edited by R. Engle and D. McFadden, 1994.

Newey, W., J. Powell, and J. Walker. "Semiparametric Estimation of Selection Models." *American Economic Review*, 80, 1990, pp. 324 – 328.

Newey, W., and K. West. "A Simple Positive Semi-Definite, Heteroscedasticity and Auto-correlation Consistent Covariance Matrix." *Econometrica*, 55, 1987a, pp. 703 – 708.

Newey, W., and K. West. "Hypothesis Testing with Efficient Method of Moments Estimation." *International Economic Review*, 28, 1987b, pp. 777 – 787.

NewYork Post. "America's New Big Wheels of Fortune." May 22, 1987, p. 3.

Neyman, J., and E. Scott. "Consistent Estimates Based on Partially Consistent Observations." *Econometrica*, 16, 1948, pp. 1 – 32.

Nickell, S. "Biases in Dynamic Models with Fixed Effects." *Econometrica*, 49, 1981, pp. 1417 – 1426.

Nicoletti, C., and F. Peracchi. "Survey Response and Survey Characteristics: Micro-level Evidence from the European Community Household Panel." *Journal of the Royal Statistical Society Series A* (*Statistics in Society*), 168, 2005, pp. 763 – 781.

Oaxaca, R. "Male-Female Wage Differentials in Urban Labor Markets." *International Economic Review*, 14, 3, 1973, pp. 693 – 709.

Oberhofer, W., and J. Kmenta. "A General Procedure for Obtaining Maximum Likelihood Estimates in Generalized Regression Models." *Econometrica*, 42, 1974, pp. 579 – 590.

Ohtani, K., and M. Kobayashi. "A Bounds Test for Equality Between Sets of Coefficients in Two Linear Regression Models Under Heteroscedasticity." *Econometric Theory*, 2, 1986, pp. 220 – 231.

Ohtani, K., and T. Toyoda. "Small Sample Properties of Tests of Equality Between Sets of Coefficients in Two Linear Regressions Under Heteroscedasticity." *International Economic Review*, 26, 1985, pp. 37 – 44.

Olsen, R. "A Note on the Uniqueness of the Maximum Likelihood Estimator in the Tobit Model." *Econometrica*, 46, 1978, pp. 1211 – 1215.

Orea, C., and S. Kumbhakar. "Efficiency Measurement Using a Latent Class Stochastic Frontier Model." *Empirical Economics*, 29, 2004, pp. 169 – 184.

Oreopoulos, P. "Estimating Average and Local Average Treatment Effects of Education When Compulsory Schooling Laws Really Matter." *American Economic Review*, 96, 1, 2006, pp. 152 – 181.

Orcutt, G., S. Caldwell, and R. Wertheimer. *Policy Exploration through Microanalytic Simulation*. Washington, D.C.: Urban Institute, 1976.

Orme, C. "Double and Triple Length Regressions for the Information Matrix Test and Other Conditional Moment Tests." Mimeo, University of York, U.K., Department of Economics, 1990.

Osterwald-Lenum, M. "A Note on Quantiles of the Asymptotic Distribution of the Maximum Likelihood Cointegration Rank Test Statistics." *Oxford Bulletin of Economics and Statistics*, 54, 1992, pp. 461 – 472.

Pagan, A., and A. Ullah. "The Econometric Analysis of Models with Risk Terms." *Journal of Applied Econometrics*, 3, 1988, pp. 87 – 105.

Pagan, A., and A. Ullah. *Nonparametric Econometrics*. Cambridge: Cambridge University Press, 1999.

Pagan, A., and F. Vella. "Diagnostic Tests for Models Based on Individual Data: A Survey." *Journal of Applied Econometrics*, 4, Supplement, 1989, pp. S29 – S59.

Pagan, A., and M. Wickens. "A Survey of Some Recent Econometric Methods." *Economic Journal*, 99, 1989, pp. 962 – 1025.

Pakes, A., and D. Pollard. "Simulation and the Asymptotics of Optimization Estimators." *Econometrica*, 57, 1989, pp. 1027 – 1058.

Papke, L., and J. Wooldridge. "Panel Data Methods for Fractional Response Variables with an Application to Test Pass Rates." *Journal of Econometrics*, 145, 2008, pp. 121 – 133.

Passmore, W. "The GSE Implicit Subsidy and the Value of Government Ambiguity." *FEDS* Working paper no. 2005-05, Board of Governors of the Federal Reserve—Household and Real Estate Finance Section, 2005.

Passmore, W., S. Sherlund, and G. Burgess. "The Effect of Housing Government Sponsored Enterprises on Mortgage Rates." *Real Estate Economics*, 33, 3, 2005, pp. 427 – 463.

Passmore, W., R. Sparks, and J. Ingpen. "GSEs, Mortgage Rates, and the Long-Run Effects of Mortgage Securitization." *Journal of Real Estate Finance and Economics*, 25, 2, 2002, pp. 215 – 242.

Pedroni, P. "Fully Modified OLS for Heterogeneous Cointegrated Panels." *Advances in Econometrics*, 15, 2000, pp. 93 – 130.

Pedroni, P. "Purchasing Power Parity Tests in Cointegrated Panels." *Review of Economics and Statistics*, 83, 2001, pp. 727 – 731.

Pedroni, P. "Panel Cointegration: Asymptotic and Finite Sample Properties of Pooled Time Series Tests with an Application to the PPP Hypothesis." *Econometric Theory*, 20, 2004, pp. 597 – 625.

Pesaran, H., and M. Weeks. "Nonnested Hypothesis Testing: An Overview." In *A Companion to Theoretical Econometrics*, edited by B. Baltagi Blackwell, Oxford, 2001.

Pesaran, M., Y. Shin, and R. Smith. "Pooled Mean Group Estimation of Dynamic Heterogeneous Panels." *Journal of the American Statistical Association*, 94, 1999, pp. 621 – 634.

Pesaran, M., Y. Shin, and R. Smith. "Bounds Testing Approaches to the Analysis of Long Run Relationships." *Journal of Applied Econometrics*, 16, 3, 2001, pp. 289 – 326.

Pesaran, M., and R. Smith. "Estimating Long Run Relationships from Dynamic Heterogeneous Panels." *Journal of Econometrics*, 68, 1995, pp. 79 – 113.

Pesaresi, E., C. Flanagan, D. Scott, and P. Tragear. "Evaluating the Office of Fair Trading's 'Fee-Paying Schools' Intervention." *European Journal of Law and Economics*, 40, 3, 2015, pp. 413 – 429.

Petersen, D., and D. Waldman. "The Treatment of Heteroscedasticity in the Limited Dependent Variable Model." Mimeo, University of North Carolina, Chapel Hill, November 1981.

Pforr, K. "Implementation of a Multinomial Logit Model with Fixed Effects." Manuscript, Mannheim Center for European Social Research, University of Mannheim, 2011 (www.stata.com/meeting/germany11/desug11_pforr.pdf).

Phillips, A. "Stabilization Policies and the Time Form of Lagged Responses." *Economic Journal*, 67, 1957, pp. 265 – 277.

Phillips, P. "Exact Small Sample Theory in the Simultaneous Equations Model." In *Handbook of Econometrics*, Vol. 1, edited by Z. Griliches and M. Intriligator, Amsterdam: North Holland, 1983.

Phillips, P. "Understanding Spurious Regressions." *Journal of Econometrics*, 33, 1986, pp. 311 – 340.

Phillips, P., and H. Moon. "Nonstationary Panel Data Analysis: An Overview of Some Recent Developments." *Econometric Reviews*, 19, 2000, pp. 263 – 286.

Phillips, P., and S. Ouliaris. "Asymptotic Properties of Residual Based Tests for Cointegration." *Econometrica*, 58, 1990, pp. 165 – 193.

Phillips, P., and P. Perron. "Testing for a Unit Root in Time Series Regression." *Biometrika*, 75, 1988, pp. 335 – 346.

Pinske, J., and Slade, M. "Contracting in Space: An Application of Spatial Statistics to Discrete Choice Models." *Journal of Econometrics*, 85, 1, 1998, pp 125 – 154.

Pinkse, J., M. Slade, and L. Shen. "Dynamic Spatial Discrete Choice Using One Step GMM: An Application to Mine Operating Decisions." *Spatial Economic Analysis*, 1, 1, 2006, pp. 53 – 99.

Pitt, M., and L. Lee. "The Measurement and Sources of Technical Inefficiency in the Indonesian Weaving Industry." *Journal of Development Economics*, 9, 1984, pp. 43 – 64.

Poirier, D. "Frequentist and Subjectivist Perspectives on the Problems of Model Building in Economics." *Journal of Economic Perspectives*, 2, 1988, pp. 121 – 170.

Poirier, D., ed. "Bayesian Empirical Studies in Economics and Finance." *Journal of Econometrics*, 49, 1991, pp. 1 – 304.

Poirier, D. *Intermediate Statistics and Econometrics*. Cambridge: MIT Press, 1995, pp. 1 – 217.

Poirier, D., and J. Tobias. "Bayesian Econometrics." In *Palgrave Handbook of Econometrics, Volume 1: Theoretical Econometrics*, edited by T. Mills and K. Patterson, London: Palgrave-Macmillan, 2006.

Powell, J. "Least Absolute Deviations Estimation for Censored and Truncated Regression Models." Technical Report 356, Stanford University, IMSSS, 1981.

Powell, J. "Least Absolute Deviations Estimation for the Censored Regression Model." *Journal of Econometrics*, 25, 1984, pp. 303 – 325.

Powell, J. "Censored Regression Quantiles." *Journal of Econometrics*, 32, 1986a, pp. 143 – 155.

Powell, J. "Symmetrically Trimmed Least Squares Estimation for Tobit Models." *Econometrica*, 54, 1986b, pp. 1435 – 1460.

Powell, J. "Estimation of Semiparametric Models." In the *Handbook of Econometrics*, Vol. 4, edited by ed. R. Engle and D. McFadden, Amsterdam, North Holland, 1994.

Powell, M. "An Efficient Method for Finding the Minimum of a Function of Several Variables Without Calculating Derivatives." *Computer Journal*, 1964, pp. 165 – 172.

Prais, S., and C. Winsten. "Trend Estimation and Serial Correlation." Cowles Commission discussion paper no. 383, Chicago, 1954.

Pratt, J. "Concavity of the Log Likelihood." *Journal of the American Statistical Association*, 76, pp. 103 – 106.

Prentice, R., and L. Gloeckler. "Regression Analysis of Grouped Survival Data with Application to Breast Cancer Data." *Biometrics*, 34, 1978, pp. 57 – 67.

Press, W., B. Flannery, S. Teukolsky, and W. Vetterling. *Numerical Recipes: The Art of Scientific Computing*. 3rd ed., Cambridge: Cambridge University Press, 2007.

Preston, S. "The Changing Relation Between Mortality and Level of Economic Development." *Population Studies*, 29, 1975, pp. 231 – 248.

Pudney, S., and M. Shields. "Gender, Race, Pay and Promotion in the British Nursing Profession: Estimation of a Generalized Ordered Probit Model." *Journal of Applied Econometrics*, 15, 4, 2000, pp. 367 – 399.

Quandt, R. "Computational Problems and Methods." In *Handbook of Econometrics*, Vol. 1, edited by Z. Griliches and M. Intriligator, Amsterdam: North Holland, 1983.

Quandt, R., and J. Ramsey. "Estimating Mixtures of Normal Distributions and Switching Regressions." *Journal of the American Statistical Association*, 73, December 1978, pp. 730 – 738.

Quester, A., and W. Greene. "Divorce Risk and Wives' Labor Supply Behavior." *Social Science Quarterly*, 63,

1982, pp. 16 – 27.

Rabe-Hesketh, S., A. Skrondal, and A. Pickles. "Maximum Likelihood Estimation of Limited and Discrete Dependent Variable Models with Nested Random Effects." *Journal of Econometrics*, 128, 2005, pp. 301 – 323.

Ramsey, J. "Tests for Specification Errors in Classical Linear Least Squares Regression Analysis." *Journal of the Royal Statistical Society, Series B*, 31, 1969, pp. 350 – 367.

Raj, B., and B. Baltagi, eds. *Panel Data Analysis*. Heidelberg: Physica-Verlag, 1992.

Rao, C. *Linear Statistical Inference and Its Applications*. New York: John Wiley and Sons, 1973.

Rao, C. "Information and Accuracy Attainable in Estimation of Statistical Parameters." *Bulletin of the Calcutta Mathematical Society*, 37, 1945, pp. 81 – 91.

Rasch, G. "Probabilistic Models for Some Intelligence and Attainment Tests." *Denmark Paedogiska*, Copenhagen, 1960.

Ravid, A. "Information, Blockbusters, and Stars: A Study of the Film Industry." *Journal of Business*, 72, 4, 1999, pp. 463 – 492.

Renfro, C. "Econometric Software." *Journal of Economic and Social Measurement*, 2007.

Renfro, C. "Econometric Software." in *Handbook of Computational Econometrics*, E. Kontoghiorghes and D. Belsley, eds., John Wiley and Sons, London, 2009, pp. 1 – 60.

Revelt, D., and K. Train. "Incentives for Appliance Efficiency: Random-Parameters Logit Models of Households' Choices." Manuscript, Department of Economics, University of California, Berkeley, 1996.

Revelt, D., and K. Train. "Customer Specific Taste Parameters and Mixed Logit: Households' Choice of Electricity Supplier." Economics Working paper, E00-274, Department of Economics, University of California at Berkeley, 2000.

Ridder, G., and T. Wansbeek. "Dynamic Models for Panel Data." In *Advanced Lectures in Quantitative Economics*, edited by R. van der Ploeg, New York: Academic Press, 1990, pp. 557 – 582.

Riphahn, R., A. Wambach, and A. Million. "Incentive Effects in the Demand for Health Care: A Bivariate Panel Count Data Estimation." *Journal of Applied Econometrics*, 18, 4, 2003, pp. 387 – 405.

Rivers, D., and Q. Vuong. "Limited Information Estimators and Exogeneity Tests for Simultaneous Probit Models." *Journal of Econometrics*, 39, 1988, pp. 347 – 366.

Robertson, D., and J. Symons. "Some Strange Properties of Panel Data Estimators." *Journal of Applied Econometrics*, 7, 1992, pp. 175 – 189.

Robins, J., A. Rotnitzky, and L. Zhao. "Analysis of Semiparametric Regression Models for Repeated Outcomes in the Presence of Missing Data." *Journal of the American Statistical Association*, 90, 1995, pp. 106 – 121.

Robinson, C., and N. Tomes. "Self-Selection and Interprovincial Migration in Canada." *Canadian Journal of Economics*, 15, 1982, pp. 474 – 502.

Robinson, P. "Semiparametric Econometrics: A Survey." *Journal of Applied Econometrics*, 3, 1988, pp. 35 – 51.

Rogers, W. "Calculation of Quantile Regression Standard Errors." Stata Technical Bulletin No. 13, Stata Corporation, College Station, TX, 1993.

Rosenbaum, P., and D. Rubin. "The Central Role of the Propensity Score in Observational Studies for Causal Effects." *Biometrika*, 70, 1983, pp. 41 – 55.

Rosett, R., and F. Nelson. "Estimation of the Two-Limit Probit Regression Model." *Econometrica*, 43, 1975, pp. 141 – 146.

Rossi, P., and G. Allenby. "Marketing Models of Consumer Heterogeneity." *Journal of Econometrics*, 89, 1999, pp. 57 – 78.

Rossi, P., and G. Allenby. "Bayesian Statistics and Marketing." *Marketing Science*, 22, 2003, 304 – 328.

Rossi, P., G. Allenby, and R. McCulloch. *Bayesian Statistics and Marketing*. New York: John Wiley and Sons, 2005.

Rothstein, J. "Does Competition Among Public Schools Benefit Students and Taxpayers? A Comment on Hoxby (2000)." Working paper no. 10, Princeton University, Education Research Section, 2004.

Rotnitzky, A., and J. Robins. "Inverse Probability Weighted Estimation in Survival Analysis." In *Encyclopedia of Biostatistics*, edited by P. Armitage and T. Coulton, New York: Wiley, 2005.

Rouse, C. "Further Estimates of the Economic Return to Schooling from a New Sample of Twins." *Economics of Education Review*, 18, 2, 1999, pp. 149 – 157.

Rubin, D. "Estimating Causal Effects of Treatments in Randomized and Nonrandomized Studies." *Journal of Educational Psychology*, 55, 1974, pp. 688－701.

Rubin, D. "Inference and Missing Data." *Biometrika*, 63, 1976, pp. 581－592.

Rubin, D. "Bayesian Inference for Causal Effects." *Annals of Statistics*, 6, 1978, pp. 34－58.

Rubin, D. *Multiple Imputation for Non-response in Surveys*. New York: John Wiley and Sons, 1987.

Rubin, H. "Consistency of Maximum Likelihood Estimators in the Explosive Case." In *Statistical Inference in Dynamic Economic Models*, edited by T. Koopmans, New York: John Wiley and Sons, 1950.

Ruud, P. *An Introduction to Classical Econometric Theory*. Oxford: Oxford University Press, 2000.

Ruud, P. "A Score Test of Consistency." Manuscript, Department of Economics, University of California, Berkeley, 1982.

Ruud, P. "Tests of Specification in Econometrics." *Econometric Reviews*, 3, 1984, pp. 211－242.

Sala-i-Martin, X. "The Classical Approach to Convergence Analysis." *Economic Journal*, 106, 1996, pp. 1019－1036.

Sala-i-Martin, X. "I Just Ran Two Million Regressions." *American Economic Review*, 87, 1997, pp. 178－183.

Salisbury, L., and F. Feinberg. "Alleviating the Constant Stochastic Variance Assumption in Decision Research: Theory, Measurement and Experimental Test." *Marketing Science*, 29, 1, 2010, pp. 1－17.

Salmon, F. "Recipe for Disaster: The Formula that Killed Wall Street." *Wired Magazine*, 17, 3, 2009 (www.wired.com/2009/02/wp-quant/).

Samuelson, P. *Foundations of Economic Analysis*, Harvard University Press, Cambridge, 1938.

Saxonhouse, G. "Estimated Parameters as Dependent Variables." *American Economic Review*, 66, 1, 1976, pp. 178－183.

Scarpa R, M. Thiene, and D. Hensher. "Monitoring Choice Task Attribute Attendance in Nonmarket Valuation of Multiple Park Management Services: Does It Matter?" *Land Economics*, 86, 4, 2010, pp. 817－839.

Scarpa, R., M. Thiene, and K., Train. "Utility in Willingness To Pay Space: A Tool to Address Confounding Random Scale Effects in Destination Choice to the Alps." *American Journal of Agricultural Economics*, 90, 4, 2008, pp. 994－1010.

Scarpa, R., and K. Willis. "Willingness to Pay for Renewable Energy: Primary and Discretionary Choice of British Households' for Micro-Generation Technologies." *Energy Economics*, 32, 2010, pp. 129－136.

Schimek, M. ed. *Smoothing and Regression: Approaches, Computation, and Applications*, New York: John Wiley and Sons, 2000.

Schmidt, P., and R. Sickles. "Some Further Evidence on the Use of the Chow Test Under Heteroscedasticity." *Econometrica*, 45, 1977, pp. 1293－1298.

Schmidt, P., and R. Sickles. "Production Frontiers and Panel Data." *Journal of Business and Economic Statistics*, 2, 1984, pp. 367－374.

Schmidt, P., and R. Strauss. "The Prediction of Occupation Using Multinomial Logit Models." *International Economic Review*, 16, 1975a, pp. 471－486.

Schmidt, P., and R. Strauss. "Estimation of Models with Jointly Dependent Qualitative Variables: A Simultaneous Logit Approach." *Econometrica*, 43, 1975b, pp. 745－755.

Scott, A., S. Schurer, P. Jensen and P. Sivey. "The Effects of an Incentive Program on Quality of Care in Diabetes Management." *Health Economics*, 18, 2009, pp. 1091－1108.

Seaks, T., and K. Layson. "Box－Cox Estimation with Standard Econometric Problems." *Review of Economics and Statistics*, 65, 1983, pp. 160－164.

Sepanski, J. "On a Random Coefficients Probit Model." *Communications in Statistics—Theory and Methods*, 29, 2000, pp. 2493－2505.

Shaw, D. "On-Site Samples' Regression Problems of Nonnegative Integers, Truncation, and Endogenous Stratification." *Journal of Econometrics*, 37, 1988, pp. 211－223.

Shea, J. "Instrument Relevance in Multivariate Linear Models: A Simple Measure." *Review of Economics and Statistics*, 79, 1997, pp. 348－352.

Shephard, R. *Cost and Production Functions*. Princeton: Princeton University Press, 1953.

Shephard, R. *The Theory of Cost and Production*. Princeton: Princeton University Press, 1970.

Sherlund, S., and Gillian Burgess. "The Effect of Housing Government Sponsored Enterprises on Mortgage Rates."

Real Estate Economics, 33, 3, 2005, pp. 427 – 463.

Sickles, R. "Panel Estimators and the Identification of Firm-Specific Efficiency Levels in Semiparametric and Non-Parametric Settings." *Journal of Econometrics*, 126, 2005, pp. 305 – 324.

Sickles, R., D. Good, and R. Johnson. "Allocative Distortions and the Regulatory Transition of the Airline Industry." *Journal of Econometrics*, 33, 1986, pp. 143 – 163.

Silver, J., and M. Ali. "Testing Slutsky Symmetry in Systems of Linear Demand Equations." *Journal of Econometrics*, 41, 1989, pp. 251 – 266.

Silverman, B. W., *Density Estimation*. London: Chapman and Hall, 1986.

Simar, L., and P. Wilson. "A General Methodology for Bootstrapping in Nonparametric Frontier Models." *Journal of Applied Statistics*, 27, 6, 2000, pp. 779 – 802.

Simar, L., and P. Wilson. "Estimation and Inference in Two Stage, Semiparametric Models of Production Processes." *Journal of Econometrics*, 136, 1, 2007, pp. 31 – 64.

Simonoff, J., and I. Sparrow. "Predicting Movie Grosses: Winners and Losers, Blockbusters and Sleepers." *Chance*, 13, 3, 2000, pp. 15 – 24.

Somonsen, M., L. Skipper, and N. Skipper. "Price Sensitivity of Demand for Prescription Drugs: Exploiting a Regression Kink Design." *Journal of Applied Econometrics*, 31, 2, 2016, pp. 320 – 337.

Sims, C. "But Economics Is Not an Experimental Science." *Journal of Economic Perspectives*, 24, 2, 2010, pp. 59 – 68.

Sirven, N., B. Santos-Egglmann, and J. Spagnoli. "Comparability of Health Care Responsiveness in Europe Using Anchoring Vignettes." Working paper 15, IRDES (France), 2008.

Sklar, A. "Random Variables, Joint Distributions and Copulas." *Kybernetica*, 9, 1973, pp. 449 – 460.

Smirnov, O. "Modeling Spatial Discrete Choice." *Regional Science and Urban Economics*, 40, 2010, pp. 292 – 298.

Smith, M. "Modeling Selectivity Using Archimedean Copulas." *Econometrics Journal*, 6, 2003, pp. 99 – 123.

Smith, M. "Using Copulas to Model Switching Regimes with an Application to Child Labour." *Economic Record*, 81, 2005, pp. S47 – S57.

Smith, R. "Estimation and Inference with Nonstationary Panel Time Series Data." Manuscript, Department of Economics, Birkbeck College, 2000.

Smith, V. "Selection and Recreation Demand." *American Journal of Agricultural Economics*, 70, 1988, pp. 29 – 36.

Smith, M., D. Hochberg, and W. Greene. "The Effectiveness of Pre-purchase Homeownership Counseling and Financial Management Skills." Federal Reserve Bank of Philadelphia, 2014, Retrievedfrom www.philadelphiafed.org/communitydevelopment/homeownership-counseling-study/2014/homeownership-counselingstudy-042014.pdf.

Smith, J., and P. Todd. "Does Matching Overcome LaLonde's Critique of Nonexperimental Methods." *Journal of Econometrics*, 125, 2005, pp. 305 – 353.

Snell, E. "A Scaling Procedure for Ordered Categorical Data." *Biometrics*, 20, 1964, pp. 592 – 607.

Snow J., *On the Mode of Communication of Cholera*, London: Churchill, 1855. [Reprinted 1965 by Hafner, New York.]

Solow, R. "Technical Change and the Aggregate Production Function." *Review of Economics and Statistics*, 39, 1957, pp. 312 – 320.

Sonnier, G., A. Ainslie, and T. Otter. "Heterogeneity Distributions of Willingness-To-Pay in Choice Models." *Quantitative Marketing Economics*, 5, 3, 2007, pp. 313 – 331.

Spector, L., and M. Mazzeo. "Probit Analysis and Economic Education." *Journal of Economic Education*, 11, 1980, pp. 37 – 44.

Srivistava, V., and D. Giles. *Seemingly Unrelated Regression Models: Estimation and Inference*. New York: Marcel Dekker, 1987.

Staiger, D., and J. Stock. "Instrumental Variables Regression with Weak Instruments." *Econometrica*, 65, 1997, pp. 557 – 586.

Staiger, D., J. Stock, and M. Watson. "How Precise Are Estimates of the Natural Rate of Unemployment?" NBER Working paper no. 5477, Cambridge, 1996.

Stata. *Stata User's Guide*, *Version* 14. College Station, TX: Stata Press, 2014.

Stern, S. "Two Dynamic Discrete Choice Estimation Problems and Simulation Method Solutions." *Review of Economics and Statistics*, 76, 1994, pp. 695 – 702.

Stevenson, R. 1980. "Likelihood Functions for Generalized Stochastic Frontier Estimation." *Journal of Economet-*

rics, 13, pp. 58 – 66.

Stewart, M. "Maximum Simulated Likelihood Estimation of Random Effects Dynamic Probit Models with Autocorrelated Errors." *Stata Journal*, 6, 2, 2006, pp. 256 – 272.

Stock, J. "The Other Transformation in Econometric Practice: Robust Tools for Inference." *Journal of Economic Perspectives*, 24, 2, 2010, pp. 83 – 94.

Stock, J., and M. Watson. "Forecasting Output and Inflation: The Role of Asset Prices." *NBER*, Working paper no. 8180, Cambridge, MA, 2001.

Stock, J., and M. Watson. "Combination Forecases of Output Growth in a Seven-Country Data Set." *Journal of Forecasting*, 23, 6, 2004, pp. 405 – 430.

Stock, J., and M. Watson. *Introduction to Econometrics*. 2nd ed., 2007.

Stock, J., J. Wright, and M. Yogo. "A Survey of Weak Instruments and Weak Identification in Generalized Method of Moments." *Journal of Business and Economic Statistics*, 20, 2002, pp. 518 – 529.

Stoker, T. "Consistent Estimation of Scaled Coefficients." *Econometrica*, 54, 1986, pp. 1461 – 1482.

Stoker, T. "Lectures on Semiparametric Econometrics." Lecture Series, CORE Foundation, Louvain-la-Neuve, Belgium, 1992.

Strang, G. *Linear Algebra and Its Applications*. 5th ed., New York: Academic Press, 2016.

Stuart, A., and S. Ord. *Kendall's Advanced Theory of Statistics*. New York: Oxford University Press, 1989.

Suits, D. "Dummy Variables: Mechanics vs. Interpretation." *Review of Economics and Statistics*, 66, 1984, pp. 177 – 180.

Susin, S. "Hazard Hazards: The Inconsistency of the "Kaplan-Meier Empirical Hazard." and Some Alternatives." Manuscript, U.S. Census Bureau, 2001.

Swamy, P. "Efficient Inference in a Random Coefficient Regression Model." *Econometrica*, 38, 1970, pp. 311 – 323.

Swamy, P. *Statistical Inference in Random Coefficient Regression Models*. New York: Springer-Verlag, 1971.

Swamy, P. "Statistical Inference in Random Coefficient Models." *Springer Lecture Notes in Economic and Mathematical Systems*, Heidelberg, 1971, p. 126

Swamy, P. "Linear Models with Random Coefficients." In *Frontiers in Econometrics*, edited by P. Zarembka, New York: Academic Press, 1974.

Swamy, P., and G. Tavlas. "Random Coefficients Models: Theory and Applications." *Journal of Economic Surveys*, 9, 1995, pp. 165 – 182.

Swamy, P., and G. Tavlas. "Random Coefficient Models." In *A Companion to Theoretical Econometrics*, edited by B. Baltagi, Oxford: Blackwell, 2001.

Tamm, M., H. Tauchmann, J. Wasem, and S. Gress. "Elasticities of Market Shares and Social Health Insurance Choice in Germany: A Dynamic Panel Data Approach." *Health Economics*, 16, 2007, pp. 243 – 256.

Tandon, A., C. Murray, J. Lauer, and D. Evans. "Measuring the Overall Health System Per-formance for 191 Countries." World Health Organization, GPE discussion paper, EIP/GPE/EQC, no. 30, 2000, www.who.int/entity/healthinfo/paper30.pdf.

Taubman, P. "The Determinates of Earnings: Genetics, Family and Other Environments, A Study of White Male Twins." *American Economic Review*, 66, 5, 1976, pp. 858 – 870.

Tauchen, H., A. Witte, and H. Griesinger. "Criminal Deterrence: Revisiting the Issue with a Birth Cohort." *Review of Economics and Statistics*, 3, 1994, pp. 399 – 412.

Taylor, L. "Estimation by Minimizing the Sum of Absolute Errors." In *Frontiers in Econometrics*, edited by P. Zarembka, New York: Academic Press, 1974.

Taylor, W. "Small Sample Properties of a Class of Two Stage Aitken Estimators." *Econometrica*, 45, 1977, pp. 497 – 508.

Terza, J. "Ordinal Probit: A Generalization." *Communications in Statistics*, 14, 1985a, pp. 1 – 12.

Terza, J. "A Tobit Type Estimator for the Censored Poisson Regression Model." *Economics Letters*, 18, 1985b, pp. 361 – 365.

Terza, J. "Estimating Count Data Models with Endogenous Switching and Sample Selection." Working paper IPRE-95-14, Department of Economics, Pennsylvania State University, 1995.

Terza, J. "Estimating Count Data Models with Endogenous Switching: Sample Selection and Endogenous Treatment Effects." *Journal of Econometrics*, 84, 1, 1998, pp. 129 – 154.

Terza, J. "Parametric Nonlinear Regression with Endogenous Switching." *Econometric Reviews*, 28, 6, 2009, pp. 555 –

581.

Terza, J., A. Basu, and P. Rathouz. "Two State Residual Inclusion Estimation: Addressing Endogeneity in Health Econometric Modeling." *Journal of Health Economics*, 27, 2008, pp. 531 – 543.

Terza, J., and D. Kenkel. "The Effect of Physician Advice on Alcohol Consumption: Count Regression with an Endogenous Treatment Effect." *Journal of Applied Econometrics*, 16, 2, 2001, pp. 165 – 184.

Theil, H. *Economic Forecasts and Policy*. Amsterdam: North Holland, 1961.

Theil, H. *Principles of Econometrics*. New York: John Wiley and Sons, 1971.

Theil, H. "Linear Algebra and Matrix Methods in Econometrics." In *Handbook of Econometrics*, Vol. 1, edited by Z. Griliches and M. Intriligator, New York: North Holland, 1983.

Theil, H., and A. Goldberger. "On Pure and Mixed Estimation in Economics." *International Economic Review*, 2, 1961, pp. 65 – 78.

Theil, H. "Three Stage Least Squares: Simultaneous Estimation of Simultaneous Equations." *Econometrica*, 30, 1962, pp. 54 – 78.

Tjur, T. "Coefficients of Determination in Logistic Regression Models—A New Proposal: The Coefficient of Discrimination." *The American Statistician*, 63, 2009, pp. 366 – 372.

Tobin, J. "Estimation of Relationships for Limited Dependent Variables." *Econometrica*, 26, 1958, pp. 24 – 36.

Toyoda, T., and K. Ohtani. "Testing Equality Between Sets of Coefficients After a Preliminary Test for Equality of Disturbance Variances in Two Linear Regressions." *Journal of Econometrics*, 31, 1986, pp. 67 – 80.

Train, K. "Halton Sequences for Mixed Logit." Manuscript, Department of Economics, University of California, Berkeley, 1999.

Train, K. "A Comparison of Hierarchical Bayes and Maximum Simulated Likelihood for Mixed Logit." Manuscript, Department of Economics, University of California, Berkeley, 2001.

Train, K. *Discrete Choice Methods with Simulation*. Cambridge: Cambridge University Press, 2003. 2nd ed., 2009.

Train, K., and G. Sonnier. "Mixed Logit with Bounded Distributions of Correlated Part-worths." In *Applications of Simulation Methods in Environmental and Resource Economics*, A. Alberini and R. l Scarpa, eds., Boston: Kluwer, 2003.

Train, K., and D. McFadden. "Mixed MNL Models for Discrete Response." *Journal of Applied Econometrics*, 15, 2000, pp. 447 – 470.

Train, K., and M. Weeks. "Discrete Choice Models in Preference Space and Willingness to Pay Space." In *Applications of Simulation Methods in Environmental and Resource Economics*, R. Scarpa and A. Alberini, eds., Springer Publisher, Dordrecht, Chapter 1, pp. 1 – 16, 2005.

Trivedi, P., and D. Zimmer. "Copula Modeling: An Introduction for Practitioners." *Foundations and Trends in Econometrics*, 2007.

Trochim, W. *Regression Research Design for Program Evaluation: The Regression Discontinuity Approach*. Beverly Hills: Sage Publications, 1984.

Trochim, W. "The Regression Discontinuity Design." Social Research Methods, http://www.socialresearchmethods.net/kb/quasird.php, 2006.

Tsay, R., *Analysis of Financial Time Series*, 2nd ed., John Wiley and Sons, New York, 2005.

Tsionas, E. "Stochastic Frontier Models with Random Coefficients." *Journal of Applied Econometrics*, 17, 2002, pp. 127 – 147.

Tunali, I. "A General Structure for Models of Double Selection and an Application to a Joint Migration/Earnings Process with Remigration." *Research in Labor Economics*, 8, 1986, pp. 235 – 282.

UK Office of Fair Trading. "Evaluation of an OFT Intervention, Independent Fee-Paying Schools." Working paper OFT 1416, 2012.

Van der Klaauw, W. "Estimating the Effect of Financial Aid Offers on College Enrollment: A Regression-Discontinuity Approach." *International Economic Review*, 43, 2002, pp. 1249 – 1287.

van Ooijen, R., R. Alessie, and M. Knoef. "Health Status over the Life Cycle." Health Econometrics and Data Group, University of York, working paper 15/21, 2015.

van Soest, A., L. Delaney, C. Harmon, A. Kapteyn, and J. Smith. "Validating the Use of Vignettes for Subjective Threshold Scales." Working paper WP/14/2007, Geary

Institute, University College, Dublin, 2007.

Varian, H. "Big Data: New Tricks for Econometrics." *Journal of Economic Perspectives*, 28, 2, 2014, pp. 3 - 28.

Veall, M. "Bootstrapping the Probability Distribution of Peak Electricity Demand." *International Economic Review*, 28, 1987, pp. 203 - 212.

Veall, M. "Bootstrapping the Process of Model Selection: An Econometric Example." *Journal of Applied Econometrics*, 7, 1992, pp. 93 - 99.

Veall, M., and K. Zimmermann. "Pseudo-R^2's-in the Ordinal Probit Model." *Journal of Mathematical Sociology*, 16, 1992, pp. 333 - 342.

Vella, F. "Estimating Models with Sample Selection Bias: A Survey." *Journal of Human Resources*, 33, 1998, pp. 439 - 454.

Vella, F., and M. Verbeek. "Whose Wages Do Unions Raise? A Dynamic Model of Unionism and Wage Rate Determination for Young Men." *Journal of Applied Econometrics*, 13, 2, 1998, pp. 163 - 184.

Vella, F., and M. Verbeek. "Two-Step Estimation of Panel Data Models with Censored Endogenous Variables and Selection Bias." *Journal of Econometrics*, 90, 1999, pp. 239 - 263.

Verbeek, M. "On the Estimation of a Fixed Effects Model with Selectivity Bias." *Economics Letters*, 34, 1990, pp. 267 - 270.

Verbeek, M., and T. Nijman. "Testing for Selectivity Bias in Panel Data Models." *International Economic Review*, 33, 3, 1992, pp. 681 - 703.

Versaci, A. "You Talkin' to Me? Using Internet Buzz as an Early Predictor of Movie Box Office." Stern School of Business, Department of Marketing, manuscript, 2009.

Vinod, H. "Bootstrap, Jackknife, Resampling and Simulation: Applications in Econometrics." In *Handbook of Statistics: Econometrics, Vol* Ⅱ., Chapter 11, edited by G. Maddala, C. Rao, and H. Vinod, Amsterdam: North Holland, 1993.

Vinod, H., and B. Raj. "Economic Issues in Bell System Divestiture: A Bootstrap Application." *Applied Statistics* (*Journal of the Royal Statistical Society, Series C*), 37, 2, 1994, pp. 251 - 261.

Vuong, Q. "Likelihood Ratio Tests for Model Selection and Non-nested Hypotheses." *Econometrica*, 57, 1989, pp. 307 - 334.

Vytlacil, E., A. Aakvik, and J. Heckman. "Treatment Effects for Discrete Outcomes When Responses to Treatments Vary Among Observationally Identical Persons: An Application to Norwegian Vocational Rehabilitation Programs." *Journal of Econometrics*, 125, 1/2, 2005, pp. 15 - 51.

Wald, A. "The Fitting of Straight Lines if Both Variables Are Subject to Error." *Annals of Mathematical Statistics*, 11, 3, 1940, pp. 284 - 300.

Waldman, D. "A Stationary Point for the Stochastic Frontier Likelihood." *Journal of Econometrics*, 18, 1982, pp. 275 - 279.

Waldman, D. "A Note on the Algebraic Equivalence of White's Test and a Variant of the Godfrey/Breusch-Pagan Test for Heteroscedasticity." *Economics Letters*, 13, 1983, pp. 197 - 200.

Waldman, M., S. Nicholson, N. Adilov, and J. Williams. "Autism Prevalence and Precipitation Rates in California, Oregon, and Washington Counties." *Archives of Pediatrics & Adolescent Medicine*, 162, 2008, pp. 1026 - 1034.

Walker, S., and D. Duncan. "Estimation of the Probability of an Event as a Function of Several Independent Variables." *Biometrika*, 54, 1967, pp. 167 - 179.

Wallace, T., and A. Hussain. "The Use of Error Components in Combining Cross Section with Time Series Data." *Econometrica*, 37, 1969, pp. 55 - 72.

Wang, P., I. Cockburn, and M. Puterman. "Analysis of Panel Data: A Mixed Poisson Regression Model Approach." *Journal of Business and Economic Statistics*, 16, 1, 1998, pp. 27 - 41.

Wang, H., E. Iglesias, and J. Wooldridge. "Partial Maximum Likelihood Estimation of Spatial Probit Models." *Journal of Econometrics*, 172, 1, 2013, pp. 77 - 89.

Wang, X., and K. Kockelman. "Application of the Dynamic Spatial Ordered Probit Model: Patterns of Ozone Concentration in Austin, Texas." Manuscript, Department of Civil Engineering, University of Texas, Austin, 2009.

Wang, C., and Y. Zhou. "Deliveries to Residential Units: A Rising Form of Freight Transportation in the U.S.." *Transportation Research Part C*, 58, 2015, pp. 46 - 55.

Wasi, N., and R. Carson. "The Influence of Rebate Programs on the Demand for Water Heaters: The Case of New South Wales." *Enerty Economics*, 40, 2013, pp. 645 - 656.

Watson, M. "Vector Autoregressions and Cointegration." In *Handbook of Econometrics*, Vol. 4., R. Engle and D. McFadden, eds., Amsterdam: North Holland, 1994.

Wedel, M., W. DeSarbo, J. Bult, and V. Ramaswamy. "A Latent Class Poisson Regression Model for Heterogeneous Count Data." *Journal of Applied Econometrics*, 8, 1993, pp. 397 – 411.

Weinhold, D. "A Dynamic 'Fixed Effects' Model for Heterogeneous Panel Data." Manuscript, Department of Economics, London School of Economics, 1999.

Weinhold, D. "Investment, Growth and Causality Testing in Panels" (in French). *Economie et Prevision*, 126-5, 1996, pp. 163 – 175.

Weiss, A. "Asymptotic Theory for ARCH Models: Stability, Estimation, and Testing." Discussion paper 82-36, Department of Economics, University of California, San Diego, 1982.

West, K. "On Optimal Instrumental Variables Estimation of Stationary Time Series Models." *International Economic Review*, 42, 4, 2001, pp. 1043 – 1050.

White, H. "A Heteroscedasticity-Consistent Covariance Matrix Estimator and a Direct Test for Heteroscedasticity." *Econometrica*, 48, 1980, pp. 817 – 838.

White, H. "Maximum Likelihood Estimation of Misspecified Models." *Econometrica*, 53, 1982a, pp. 1 – 16.

White, H., ed. "Non-nested Models." *Journal of Econometrics*, 21, 1, 1983, pp. 1 – 160.

White, H. *Asymptotic Theory for Econometricians*, *Revised*. New York: Academic Press, 2001.

Whitehouse, M. "Mind and Matter: Is an Economist Qualified To Solve Puzzle of Autism?" *Wall Street Journal*, February 27, 2007.

Wickens, M. "A Note on the Use of Proxy Variables." *Econometrica*, 40, 1972, pp. 759 – 760.

Wilde, J. "Identification of Multiple Equation Probit Models with Endogenous Dummy Regressors." Economics Letters, 69, 3, 2000, pp. 309 – 312.

Williams, R. "Logistic Regression, Part Ⅱ: The Logistic Regression Model (LRM) – Interpreting Parameters." Manuscript, Department of Sociology, Notre Dame University, accessed August 15, 2016, www3.nd.edu/~rwilliam/stats2/182.pdf.

Willis, J. "Magazine Prices Revisited." *Journal of Applied Econometrics*, 21, 3, 2006, pp. 337 – 344.

Willis, R., and S. Rosen. "Education and Self-Selection." *Journal of Political Economy*, 87, 1979, pp. S7 – S36.

Windmeijer, F. "Goodness of Fit Measures in Binary Choice Models." *Econometric Reviews*, 14, 1995, pp. 101 – 116.

Winkelmann, R. "Subjective Well-Being and the Family: Results from an Ordered Probit Model with Multiple Random Effects." Discussion Paper 1016, IZA/Bonn and University of Zurich, 2002.

Winkelmann, R. *Econometric Analysis of Count Data*. 4th ed., Heidelberg: Springer-Verlag, 2003.

Winkelmann, R. "Subjective Well-being and the Family: Results from an Ordered Probit Model with Multiple Random Effects." *Empirical Economics*, 30, 3, 2005, pp. 749 – 761.

Winship, C., and R. Mare. "Regression Models with Ordered Variables." *American Sociological Review*, 49, 1984, pp. 512 – 525.

Witte, A. "Estimating an Economic Model of Crime with Individual Data." *Quarterly Journal of Economics*, 94, 1980, pp. 57 – 84.

Wooldridge, J. "Selection Corrections for Panel Data Models Under Conditional Mean Assumptions." *Journal of Econometrics*, 68, 1995, pp. 115 – 132.

Wooldridge, J. "Asymptotic Properties of Weighted *M* Estimators for Variable Probability Samples." *Econometrica*, 67, 1999, pp. 1385 – 1406.

Wooldridge, J. "Inverse Probability Weighted *M*-Estimators for Sample Stratification, Attrition and Stratification." *Portuguese Economic Journal*, 1, 2002, pp. 117 – 139.

Wooldridge, J. "Simple Solutions to the Initial Conditions Problem in Dynamic Nonlinear Panel Data Models with Unobserved Heterogeneity." CEMMAP Working paper CWP18/02, Centre for Microdata and Practice, IFS and University College, London, 2002c.

Wooldridge, J. "Cluster-Sample Methods in Applied Econometrics." *American Economic Review*, 93, 2003, pp. 133 – 138.

Wooldridge, J. "Simple Solutions to the Initial Conditions Problem in Dynamic, Nonlinear Panel Data Models with Unobserved Heterogeneity." *Journal of Applied Econometrics*, 20, 1, 2005, pp. 39 – 54.

Wooldridge, J. *Econometric Analysis of Cross Section and Panel Data*: *Solutions Manual*, MIT Press, Cambridge, 2010.

Working, E. "What Do Statistical Demand Curves Show?" *Quarterly Journal of Economics*, 41, 1926, pp. 212 – 235.

World Health Organization. *The World Health Report*, 2000, *Health Systems*: *Improving Performance*. Geneva. 2000.

Wright, J. "Forecasting U. S. Inflation by Bayesian Model Averaging." Board of Governors, Federal Reserve System, International Finance Discussion Papers Number 780, 2003.

Wu, D. "Alternative Tests of Independence Between Stochastic Regressors and Disturbances." *Econometrica*, 41, 1973, pp. 733 – 750.

Wynand, P., and B. van Praag. "The Demand for Deductibles in Private Health Insurance: A Probit Model with Sample Selection." *Journal of Econometrics*, 17, 1981, pp. 229 – 252.

Yatchew, A. "Nonparametric Regression Techniques in Econometrics." *Journal of Econometric Literature*, 36, 1998, pp. 669 – 721.

Yatchew, A. "An Elementary Estimator of the Partial Linear Model." *Economics Letters*, 57, 1997, pp. 135 – 143.

Yatchew, A. "Scale Economies in Electricity Distribution." *Journal of Applied Econometrics*, 15, 2, 2000, pp. 187 – 210.

Yatchew, A., and Z. Griliches. "Specification Error in Probit Models." *Review of Economics and Statistics*, 66, 1984, pp. 134 – 139.

Zabel, J. "Estimating Fixed and Random Effects Models with Selectivity." *Economics Letters*, 40, 1992, pp. 269 – 272.

Zaninotto, P., and E. Falischetti. "Comparison of Methods for Modelling a Count Outcome with Excess Zeros: Application to Activities of Daily Living (ADLs)." *Journal of Epidemiology and Community Health*, 65, 3, 2011.

Zarembka, P. "Transformations of Variables in Econometrics." In *Frontiers in Econometrics*, P. Zarembka, ed., Boston: Academic Press, 1974.

Zavoina, R., and W. McKelvey. "A Statistical Model for the Analysis of Ordinal Level Dependent Variables." *Journal of Mathematical Sociology*, Summer, 1975, pp. 103 – 120.

Zellner, A. "An Efficient Method of Estimating Seemingly Unrelated Regressions and Tests of Aggregation Bias." *Journal of the American Statistical Association*, 57, 1962, pp. 500 – 509.

Zellner, A. "Estimators for Seemingly Unrelated Regression Equations: Some Finite Sample Results." *Journal of the American Statistical Association*, 57, 1963, pp. 977 – 992.

Zellner, A. *Introduction to Bayesian Inference in Econometrics*. New York: John Wiley and Sons, 1971.

Zellner, A., and D. Huang. "Further Properties of Efficient Estimators for Seemingly Unrelated Regression Equations." *International Economic Review*, 3, 1962, pp. 300 – 313.

Zellner, A., J. Kmenta, and J. Dreze. "Specification and Estimation of Cobb-Douglas Production Functions." *Econometrica*, 34, 1966, pp. 784 – 795.

Zellner, A., and N. Revankar. "Generalized Production Functions." *Review of Economic Studies*, 37, 1970, pp. 241 – 250.

Zellner, A., and A. Siow. "Posterior Odds Ratios for Selected Regression Hypotheses (with Discussion)." In *Bayesian Statistics*, edited by J. Bernardo, M. DeGroot, D. Lindley, and A. Smith, Valencia, Spain: University Press, 1980.

Zellner, A., and H. Theil. "Three Stage Least Squares: Simultaneous Estimation of Simultaneous Equations." *Econometrica*, 30, 1962, pp. 63 – 68.

Zigante, V. "Ever Rising Expectations—The Determinants of Subjective Welfare in Croatia." School of Economics and Management, Lund University, masters thesis www.essays.se/about/Ordered+Probit+Model, 2007.

经济科学译丛						
序号	书名	作者	Author	单价	出版年份	ISBN
1	计量经济分析(第八版)(上下册)	威廉·H.格林	William H. Greene	158.00	2020	978-7-300-27645-8
2	微观经济学(第四版)	保罗·克鲁格曼等	Paul Krugman	86.00	2020	978-7-300-28321-0
3	发展宏观经济学(第四版)	皮埃尔·理查德·阿根诺等	Pierre-Richard Agenor	79.00	2020	978-7-300-27425-6
4	平狄克《微观经济学》(第九版)学习指导	乔纳森·汉密尔顿等	Jonathan Hamilton	42.00	2020	978-7-300-28281-7
5	经济地理学:区域和国家一体化	皮埃尔-菲利普·库姆斯等	Pierre-Philippe Combes	56.00	2020	978-7-300-28276-3
6	公共部门经济学(第四版)	约瑟夫·E.斯蒂格利茨等	Joseph E. Stiglitz	96.00	2020	978-7-300-28218-3
7	递归宏观经济理论(第三版)	拉尔斯·扬奎斯特等	Lars Ljungqvist	128.00	2020	978-7-300-28058-5
8	策略博弈(第四版)	阿维纳什·迪克西特等	Avinash Dixit	85.00	2020	978-7-300-28005-9
9	劳动关系(第10版)	小威廉·H.霍利等	William H. Holley, Jr.	83.00	2020	978-7-300-25582-8
10	微观经济学(第九版)	罗伯特·S.平狄克等	Robert S. Pindyck	93.00	2020	978-7-300-26640-4
11	宏观经济学(第十版)	N.格里高利·曼昆	N. Gregory Mankiw	79.00	2020	978-7-300-27631-1
12	宏观经济学(第九版)	安德鲁·B.亚伯等	Andrew B. Abel	95.00	2020	978-7-300-27382-2
13	商务经济学(第二版)	克里斯·马尔赫恩等	Chris Mulhearn	56.00	2019	978-7-300-24491-4
14	管理经济学:基于战略的视角(第二版)	蒂莫西·费希尔等	Timothy Fisher	58.00	2019	978-7-300-23886-9
15	投入产出分析:基础与扩展(第二版)	罗纳德·E.米勒等	Ronald E. Miller	98.00	2019	978-7-300-26845-3
16	宏观经济学:政策与实践(第二版)	弗雷德里克·S.米什金	Frederic S. Mishkin	89.00	2019	978-7-300-26809-5
17	国际商务:亚洲视角	查尔斯·W.L.希尔等	Charles W. L. Hill	108.00	2019	978-7-300-26791-3
18	统计学:在经济和管理中的应用(第10版)	杰拉德·凯勒	Gerald Keller	158.00	2019	978-7-300-26771-5
19	经济学精要(第五版)	R.格伦·哈伯德等	R. Glenn Hubbard	99.00	2019	978-7-300-26561-2
20	环境经济学(第七版)	埃班·古德斯坦等	Eban Goodstein	78.00	2019	978-7-300-23867-8
21	管理者微观经济学	戴维·M.克雷普斯	David M. Kreps	88.00	2019	978-7-300-22914-0
22	税收与企业经营战略:筹划方法(第五版)	迈伦·S.斯科尔斯等	Myron S. Scholes	78.00	2018	978-7-300-25999-4
23	美国经济史(第12版)	加里·M.沃尔顿等	Gary M. Walton	98.00	2018	978-7-300-26473-8
24	组织经济学:经济学分析方法在组织管理上的应用(第五版)	塞特斯·杜玛等	Sytse Douma	62.00	2018	978-7-300-25545-3
25	经济理论的回顾(第五版)	马克·布劳格	Mark Blaug	88.00	2018	978-7-300-26252-9
26	实地实验:设计、分析与解释	艾伦·伯格等	Alan S. Gerber	69.80	2018	978-7-300-26319-9
27	金融学(第二版)	兹维·博迪等	Zvi Bodie	75.00	2018	978-7-300-26134-8
28	空间数据分析:模型、方法与技术	曼弗雷德·M.费希尔等	Manfred M. Fischer	36.00	2018	978-7-300-25304-6
29	《宏观经济学》(第十二版)学习指导书	鲁迪格·多恩布什等	Rudiger Dornbusch	38.00	2018	978-7-300-26063-1
30	宏观经济学(第四版)	保罗·克鲁格曼等	Paul Krugman	68.00	2018	978-7-300-26068-6
31	计量经济学导论:现代观点(第六版)	杰弗里·M.伍德里奇	Jeffrey M. Wooldridge	109.00	2018	978-7-300-25914-7
32	经济思想史:伦敦经济学院讲演录	莱昂内尔·罗宾斯	Lionel Robbins	59.80	2018	978-7-300-25258-2
33	空间计量经济学入门——在R中的应用	朱塞佩·阿尔比亚	Giuseppe Arbia	45.00	2018	978-7-300-25458-6
34	克鲁格曼经济学原理(第四版)	保罗·克鲁格曼等	Paul Krugman	88.00	2018	978-7-300-25639-9
35	发展经济学(第七版)	德怀特·H.波金斯等	Dwight H. Perkins	98.00	2018	978-7-300-25506-4
36	线性与非线性规划(第四版)	戴维·G.卢恩伯格等	David G. Luenberger	79.80	2018	978-7-300-25391-6
37	产业组织理论	让·梯若尔	Jean Tirole	110.00	2018	978-7-300-25170-7
38	经济学精要(第六版)	巴德、帕金	Bade, Parkin	89.00	2018	978-7-300-24749-6
39	空间计量经济学——空间数据的分位数回归	丹尼尔·P.麦克米伦	Daniel P. McMillen	30.00	2018	978-7-300-23949-1
40	高级宏观经济学基础(第二版)	本·J.海德拉	Ben J. Heijdra	88.00	2018	978-7-300-25147-9
41	税收经济学(第二版)	伯纳德·萨拉尼耶	Bernard Salanié	42.00	2018	978-7-300-23866-1
42	国际贸易(第三版)	罗伯特·C.芬斯特拉	Robert C. Feenstra	73.00	2017	978-7-300-25327-5
43	国际宏观经济学(第三版)	罗伯特·C.芬斯特拉	Robert C. Feenstra	79.00	2017	978-7-300-25326-8
44	公司治理(第五版)	罗伯特·A.G.蒙克斯	Robert A. G. Monks	69.80	2017	978-7-300-24972-8
45	国际经济学(第15版)	罗伯特·J.凯伯	Robert J. Carbaugh	78.00	2017	978-7-300-24844-8
46	经济理论和方法史(第五版)	小罗伯特·B.埃克伦德等	Robert B. Ekelund. Jr.	88.00	2017	978-7-300-22497-8
47	经济地理学	威廉·P.安德森	William P. Anderson	59.80	2017	978-7-300-24544-7
48	博弈与信息:博弈论概论(第四版)	艾里克·拉斯穆森	Eric Rasmusen	79.80	2017	978-7-300-24546-1
49	MBA宏观经济学	莫里斯·A.戴维斯	Morris A. Davis	38.00	2017	978-7-300-24268-2
50	经济学基础(第十六版)	弗兰克·V.马斯切纳	Frank V. Mastrianna	42.00	2017	978-7-300-22607-1
51	高级微观经济学:选择与竞争性市场	戴维·M.克雷普斯	David M. Kreps	79.80	2017	978-7-300-23674-2
52	博弈论与机制设计	Y.内拉哈里	Y. Narahari	69.80	2017	978-7-300-24209-5

经济科学译丛						
序号	书名	作者	Author	单价	出版年份	ISBN
53	宏观经济学精要:理解新闻中的经济学(第三版)	彼得・肯尼迪	Peter Kennedy	45.00	2017	978-7-300-21617-1
54	宏观经济学(第十二版)	鲁迪格・多恩布什等	Rudiger Dornbusch	69.00	2017	978-7-300-23772-5
55	国际金融与开放宏观经济学:理论、历史与政策	亨德里克・范登伯格	Hendrik Van den Berg	68.00	2016	978-7-300-23380-2
56	经济学(微观部分)	达龙・阿西莫格鲁等	Daron Acemoglu	59.00	2016	978-7-300-21786-4
57	经济学(宏观部分)	达龙・阿西莫格鲁等	Daron Acemoglu	45.00	2016	978-7-300-21886-1
58	发展经济学	热若尔・罗兰	Gérard Roland	79.00	2016	978-7-300-23379-6
59	中级微观经济学——直觉思维与数理方法(上下册)	托马斯・J.内契巴	Thomas J. Nechyba	128.00	2016	978-7-300-22363-6
60	环境与自然资源经济学(第十版)	汤姆・蒂坦伯格等	Tom Tietenberg	72.00	2016	978-7-300-22900-3
61	劳动经济学基础(第二版)	托马斯・海克拉克等	Thomas Hyclak	65.00	2016	978-7-300-23146-4
62	货币金融学(第十一版)	弗雷德里克・S.米什金	Frederic S. Mishkin	85.00	2016	978-7-300-23001-6
63	动态优化——经济学和管理学中的变分法和最优控制(第二版)	莫顿・I.凯曼等	Morton I. Kamien	48.00	2016	978-7-300-23167-9
64	用Excel学习中级微观经济学	温贝托・巴雷托	Humberto Barreto	65.00	2016	978-7-300-21628-7
65	国际经济学:理论与政策(第十版)	保罗・R.克鲁格曼等	Paul R. Krugman	89.00	2016	978-7-300-22710-8
66	国际金融(第十版)	保罗・R.克鲁格曼等	Paul R. Krugman	55.00	2016	978-7-300-22089-5
67	国际贸易(第十版)	保罗・R.克鲁格曼等	Paul R. Krugman	42.00	2016	978-7-300-22088-8
68	经济学精要(第3版)	斯坦利・L.布鲁伊等	Stanley L. Brue	58.00	2016	978-7-300-22301-8
69	投资学精要(第九版)	兹维・博迪等	Zvi Bodie	108.00	2016	978-7-300-22236-3
70	环境经济学(第二版)	查尔斯・D.科尔斯塔德	Charles D. Kolstad	68.00	2016	978-7-300-22255-4
71	MWG《微观经济理论》习题解答	原千晶等	Chiaki Hara	75.00	2016	978-7-300-22306-3
72	横截面与面板数据的计量经济分析(第二版)	杰弗里・M.伍德里奇	Jeffrey M. Wooldridge	128.00	2016	978-7-300-21938-7
73	宏观经济学(第十二版)	罗伯特・J.戈登	Robert J. Gordon	75.00	2016	978-7-300-21978-3
74	动态最优化基础	蒋中一	Alpha C. Chiang	42.00	2015	978-7-300-22068-0
75	城市经济学	布伦丹・奥弗莱厄蒂	Brendan O'Flaherty	69.80	2015	978-7-300-22067-3
76	管理经济学:理论、应用与案例(第八版)	布鲁斯・艾伦等	Bruce Allen	79.80	2015	978-7-300-21991-2
77	微观经济分析(第三版)	哈尔・R.范里安	Hal R. Varian	68.00	2015	978-7-300-21536-5
78	财政学(第十版)	哈维・S.罗森等	Harvey S. Rosen	68.00	2015	978-7-300-21754-3
79	经济数学(第三版)	迈克尔・霍伊等	Michael Hoy	88.00	2015	978-7-300-21674-4
80	发展经济学(第九版)	A.P.瑟尔沃	A. P. Thirlwall	69.80	2015	978-7-300-21193-0
81	宏观经济学(第五版)	斯蒂芬・D.威廉森	Stephen D. Williamson	69.00	2015	978-7-300-21169-5
82	资源经济学(第三版)	约翰・C.伯格斯特罗姆等	John C. Bergstrom	58.00	2015	978-7-300-20742-1
83	应用中级宏观经济学	凯文・D.胡佛	Kevin D. Hoover	78.00	2015	978-7-300-21000-1
84	现代时间序列分析导论(第二版)	约根・沃特斯等	Jürgen Wolters	39.80	2015	978-7-300-20625-7
85	空间计量经济学——从横截面数据到空间面板	J.保罗・埃尔霍斯特	J. Paul Elhorst	32.00	2015	978-7-300-21024-7
86	国际经济学原理	肯尼思・A.赖纳特	Kenneth A. Reinert	58.00	2015	978-7-300-20830-5
87	经济写作(第二版)	迪尔德丽・N.麦克洛斯基	Deirdre N. McCloskey	39.80	2015	978-7-300-20914-2
88	计量经济学方法与应用(第五版)	巴蒂・H.巴尔塔基	Badi H. Baltagi	58.00	2015	978-7-300-20584-7
89	战略经济学(第五版)	戴维・贝赞可等	David Besanko	78.00	2015	978-7-300-20679-0
90	博弈论导论	史蒂文・泰迪里斯	Steven Tadelis	58.00	2015	978-7-300-19993-1
91	社会问题经济学(第二十版)	安塞尔・M.夏普等	Ansel M. Sharp	49.00	2015	978-7-300-20279-2
92	博弈论:矛盾冲突分析	罗杰・B.迈尔森	Roger B. Myerson	58.00	2015	978-7-300-20212-9
93	时间序列分析	詹姆斯・D.汉密尔顿	James D. Hamilton	118.00	2015	978-7-300-20213-6
94	经济问题与政策(第五版)	杰奎琳・默里・布鲁克斯	Jacqueline Murray Brux	58.00	2014	978-7-300-17799-1
95	微观经济理论	安德鲁・马斯-克莱尔等	Andreu Mas-Collel	148.00	2014	978-7-300-19986-3
96	产业组织:理论与实践(第四版)	唐・E.瓦尔德曼等	Don E. Waldman	75.00	2014	978-7-300-19722-7
97	公司金融理论	让・梯若尔	Jean Tirole	128.00	2014	978-7-300-20178-8
98	公共部门经济学	理查德・W.特里西	Richard W. Tresch	49.00	2014	978-7-300-18442-5
99	统计学:在经济中的应用	玛格丽特・刘易斯	Margaret Lewis	45.00	2014	978-7-300-19082-2
100	计量经济学导论(第三版)	詹姆斯・H.斯托克等	James H. Stock	69.00	2014	978-7-300-18467-8
101	发展经济学导论(第四版)	秋山裕	秋山裕	39.80	2014	978-7-300-19127-0
102	中级微观经济学(第六版)	杰弗里・M.佩罗夫	Jeffrey M. Perloff	89.00	2014	978-7-300-18441-8
103	微观银行经济学(第二版)	哈维尔・弗雷克斯等	Xavier Freixas	48.00	2014	978-7-300-18940-6
104	施米托夫论出口贸易——国际贸易法律与实务(第11版)	克利夫・M.施米托夫等	Clive M. Schmitthoff	168.00	2014	978-7-300-18425-8

经济科学译丛						
序号	书名	作者	Author	单价	出版年份	ISBN
105	计量经济学原理与实践	达摩达尔·N.古扎拉蒂	Damodar N. Gujarati	49.80	2013	978-7-300-18169-1
106	高级国际贸易:理论与实证	罗伯特·C.芬斯特拉	Robert C. Feenstra	59.00	2013	978-7-300-17157-9
107	经济学简史——处理沉闷科学的巧妙方法(第二版)	E.雷·坎特伯里	E. Ray Canterbery	58.00	2013	978-7-300-17571-3
108	微观经济学原理(第五版)	巴德、帕金	Bade, Parkin	65.00	2013	978-7-300-16930-9
109	宏观经济学原理(第五版)	巴德、帕金	Bade, Parkin	63.00	2013	978-7-300-16929-3
110	环境经济学	彼得·伯克等	Peter Berck	55.00	2013	978-7-300-16538-7
111	高级微观经济理论	杰弗里·杰里	Geoffrey A. Jehle	69.00	2012	978-7-300-16613-1
112	高级宏观经济学导论:增长与经济周期(第二版)	彼得·伯奇·索伦森等	Peter Birch Sørensen	95.00	2012	978-7-300-15871-6
113	卫生经济学(第六版)	舍曼·富兰德等	Sherman Folland	79.00	2011	978-7-300-14645-4
114	现代劳动经济学:理论与公共政策(第十版)	罗纳德·G.伊兰伯格等	Ronald G. Ehrenberg	69.00	2011	978-7-300-14482-5
115	经济学原理(第四版)	威廉·博伊斯等	William Boyes	59.00	2011	978-7-300-13518-2
116	计量经济学基础(第五版)(上下册)	达摩达尔·N.古扎拉蒂	Damodar N. Gujarati	99.00	2011	978-7-300-13693-6
117	《计量经济学基础》(第五版)学生习题解答手册	达摩达尔·N.古扎拉蒂等	Damodar N. Gujarati	23.00	2012	978-7-300-15080-8

金融学译丛						
序号	书名	作者	Author	单价	出版年份	ISBN
1	金融市场与金融机构(第12版)	杰夫·马杜拉	Jeff Madura	99.00	2020	978-7-300-27836-0
2	个人理财(第11版)	E.托马斯·加曼等	E. Thomas Garman	108.00	2020	978-7-300-25653-5
3	银行学(第二版)	芭芭拉·卡苏等	Barbara Casu	99.00	2020	978-7-300-28034-9
4	金融衍生工具与风险管理(第十版)	唐·M.钱斯	Don M. Chance	98.00	2020	978-7-300-27651-9
5	投资学导论(第十二版)	赫伯特·B.梅奥	Herbert B. Mayo	89.00	2020	978-7-300-27653-3
6	金融几何学	阿尔文·库鲁克	Alvin Kuruc	58.00	2020	978-7-300-14104-6
7	银行风险管理(第四版)	若埃尔·贝西	Joël Bessis	56.00	2019	978-7-300-26496-7
8	金融学原理(第八版)	阿瑟·J.基翁等	Arthur J. Keown	79.00	2018	978-7-300-25638-2
9	财务管理基础(第七版)	劳伦斯·J.吉特曼等	Lawrence J. Gitman	89.00	2018	978-7-300-25339-8
10	利率互换及其他衍生品	霍华德·科伯	Howard Corb	69.00	2018	978-7-300-25294-0
11	固定收益证券手册(第八版)	弗兰克·J.法博齐	Frank J. Fabozzi	228.00	2017	978-7-300-24227-9
12	金融市场与金融机构(第8版)	弗雷德里克·S.米什金等	Frederic S. Mishkin	86.00	2017	978-7-300-24731-1
13	兼并、收购和公司重组(第六版)	帕特里克·A.高根	Patrick A. Gaughan	89.00	2017	978-7-300-24231-6
14	债券市场:分析与策略(第九版)	弗兰克·J.法博齐	Frank J. Fabozzi	98.00	2016	978-7-300-23495-3
15	财务报表分析(第四版)	马丁·弗里德森	Martin Fridson	46.00	2016	978-7-300-23037-5
16	国际金融学	约瑟夫·P.丹尼尔斯等	Joseph P. Daniels	65.00	2016	978-7-300-23037-1
17	国际金融	阿德里安·巴克利	Adrian Buckley	88.00	2016	978-7-300-22668-2
18	个人理财(第六版)	阿瑟·J.基翁	Arthur J. Keown	85.00	2016	978-7-300-22711-5
19	投资学基础(第三版)	戈登·J.亚历山大等	Gordon J. Alexander	79.00	2015	978-7-300-20274-7
20	金融风险管理(第二版)	彼德·F.克里斯托弗森	Peter F. Christoffersen	46.00	2015	978-7-300-21210-4
21	风险管理与保险管理(第十二版)	乔治·E.瑞达等	George E. Rejda	95.00	2015	978-7-300-21486-3
22	个人理财(第五版)	杰夫·马杜拉	Jeff Madura	69.00	2015	978-7-300-20583-0
23	企业价值评估	罗伯特·A.G.蒙克斯等	Robert A. G. Monks	58.00	2015	978-7-300-20582-3
24	基于Excel的金融学原理(第二版)	西蒙·本尼卡	Simon Benninga	79.00	2014	978-7-300-18899-7
25	金融工程学原理(第二版)	萨利赫·N.内夫特奇	Salih N. Neftci	88.00	2014	978-7-300-19348-9
26	国际金融市场导论(第六版)	斯蒂芬·瓦尔德斯等	Stephen Valdez	59.80	2014	978-7-300-18896-6
27	金融数学:金融工程引论(第二版)	马雷克·凯宾斯基等	Marek Capinski	42.00	2014	978-7-300-17650-5
28	财务管理(第二版)	雷蒙德·布鲁克斯	Raymond Brooks	69.00	2014	978-7-300-19085-3
29	期货与期权市场导论(第七版)	约翰·C.赫尔	John C. Hull	69.00	2014	978-7-300-18994-2
30	国际金融:理论与实务	皮特·塞尔居	Piet Sercu	88.00	2014	978-7-300-18413-5
31	货币、银行和金融体系	R.格伦·哈伯德等	R. Glenn Hubbard	75.00	2013	978-7-300-17856-1
32	并购创造价值(第二版)	萨德·苏达斯纳	Sudi Sudarsanam	89.00	2013	978-7-300-17473-0
33	个人理财——理财技能培养方法(第三版)	杰克·R.卡普尔等	Jack R. Kapoor	66.00	2013	978-7-300-16687-2
34	国际财务管理	吉尔特·贝克特	Geert Bekaert	95.00	2012	978-7-300-16031-3
35	应用公司财务(第三版)	阿斯沃思·达摩达兰	Aswath Damodaran	88.00	2012	978-7-300-16034-4
36	资本市场:机构与工具(第四版)	弗兰克·J.法博齐	Frank J. Fabozzi	85.00	2011	978-7-300-13828-2

图书在版编目（CIP）数据

计量经济分析：第八版/（美）威廉·H. 格林著；张成思译. --北京：中国人民大学出版社，2020.8
（经济科学译丛）
书名原文：ECONOMETRIC ANALYSIS（EIGHTH EDITION）
ISBN 978-7-300-27645-8

Ⅰ. ①计… Ⅱ. ①威… ②张… Ⅲ. ①计量经济学—经济分析 Ⅳ. ①F224.0

中国版本图书馆 CIP 数据核字（2020）第 038203 号

“十三五”国家重点出版物出版规划项目
经济科学译丛
计量经济分析（第八版）
威廉·H. 格林 著
张成思 译
Jiliang Jingji Fenxi

出版发行	中国人民大学出版社		
社　　址	北京中关村大街 31 号	**邮政编码**	100080
电　　话	010－62511242（总编室）		010－62511770（质管部）
	010－82501766（邮购部）		010－62514148（门市部）
	010－62515195（发行公司）		010－62515275（盗版举报）
网　　址	http://www.crup.com.cn		
经　　销	新华书店		
印　　刷	涿州市星河印刷有限公司		
开　　本	890 mm×1240 mm　1/16	**版　　次**	2020 年 8 月第 1 版
印　　张	65.5 插页 4	**印　　次**	2024 年 12 月第 3 次印刷
字　　数	1 708 000	**定　　价**	158.00 元（上下册）

Pearson

尊敬的老师：

您好！

为了确保您及时有效地申请培生整体教学资源，请您务必完整填写如下表格，加盖学院的公章后传真给我们，我们将会在2-3个工作日内为您处理。

请填写所需教辅的开课信息：

采用教材			□中文版□英文版□双语版
作　者		出版社	
版　次		ISBN	
课程时间	始于　年　月　日	学生人数	
	止于　年　月　日	学生年级	□专　科　□本科 1/2 年级 □研究生　□本科 3/4 年级

请填写您的个人信息：

学　校			
院系/专业			
姓　名		职　称	□助教□讲师□副教授□教授
通信地址/邮编			
手　机		电　话	
传　真			
official email(必填) (eg:XXX@ruc.edu.cn)		email (eg:XXX@163.com)	
是否愿意接受我们定期的新书讯息通知：　□是　□否			

系 / 院主任：__________（签字）

（系 / 院办公室章）

____年__月__日

资源介绍：

--教材、常规教辅（PPT、教师手册、题库等）资源：请访问 www.pearsonhighered.com/educator；（免费）

--MyLabs/Mastering 系列在线平台：适合老师和学生共同使用；访问需要 Access Code；（付费）

地址：北京市东城区北三环东路 36 号环球贸易中心 D 座 1208 室 100013

Please send this form to：copub.hed@pearson.com

Website:www.pearson.com